「2025 시대에듀 EBS 공인노무사 1차 노동법Ⅰ·Ⅱ」의 특징은 다음과 같다.

첫 번째 최신 개정법령과 최근 기출문제의 출제경향을 완벽하게 반영하였다.

두 번째 EBS 교수진의 철저한 검수를 통하여 교재상의 오류를 없애고, 최신 학계동향을 정확하게 반영하였으므로, 출제가능성이 높은 주제를 빠짐없이 학습할 수 있다.

세 번째 상세한 이론 및 해설을 수록하였고, 기출표기를 통하여 해당 조문의 중요도를 한눈에 파악할 수 있도록 하였다.

네 번째 매 Chapter와 관련된 기출문제만을 모아 구성한 실전대비문제로 문제해결능력을 습득하고, 변형·심화문제에 대비할 수 있다.

다섯 번째 대한민국을 대표하는 교육방송 EBS와의 강의연계를 통하여 검증된 강의를 지원받을 수 있다.

본 교재가 공인노무사시험을 준비하는 수험생 여러분에게 합격을 위한 좋은 안내서가 되기를 바라며, 여러분의 합격을 기원한다.

편저자 올림

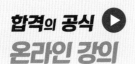

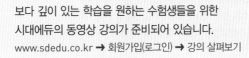

보다 깊이 있는 학습을 원하는 수험생들을 위한
시대에듀의 동영상 강의가 준비되어 있습니다.
www.sdedu.co.kr ➜ 회원가입(로그인) ➜ 강의 살펴보기

이 책의 구성과 특징

핵심이론

CHAPTER

01 총설

제1절 노동법의 개념

I 정의

자본주의 사회에서 근로자가 인간다운 생활을 할 수 있도록 노동관계를 규율하는 법규범의 총체를 의미한다.

◀ **핵심이론**

최근 12년간의 기출문제 보기지문을 바탕으로 핵심이론을 구성하였고, 기출연도를 표시하여 반복출제된 내용을 확인할 수 있도록 하였다.

IV 내용

헌법 제32조 [기출] 20 · 21 · 22 · 23 · 24

① 모든 국민은 근로의 권리를 가진다. 국가는 사회적 · 경제적 방법으로 근로자의
   하며, 법률이 정하는 바에 의하여 최저임금제를 시행하여야 한다.
② 모든 국민은 근로의 의무를 진다. 국가는 근로의 의무의 내용과 조건을 민
③ 근로조건의 기준은 인간의 존엄성을 보장하도록 법률로 정한다.
④ 여자의 근로는 특별한 보호를 받으며, 고용 · 임금 및 근로조건에 있어서 부
⑤ 연소자의 근로는 특별한 보호를 받는다.
⑥ 국가유공자 · 상이군경 및 전몰군경의 유가족은 법률이 정하는 바에 의하여

◀ **법령박스**

학습의 토대가 되는 조문을 수록하여 어떠한 조문이 중요한지, 시험에 자주 출제되는지를 파악할 수 있도록 하였다.

근로자의 취업청구권

근로관계에 있어서 근로자의 근로제공은 자신의 인격과
목적으로 하는 것은 아니고 근로자는 근로를 통하여
원만한 인간관계를 형성하는 등으로 참다운 인격의 발
수 없다(대판 1996.4.23. 95다6823).

◀ **심화박스**

보충학습이 필요한 부분에 대해서는 상세이론을 수록하여 해당 이론을 보다 쉽게 이해할 수 있도록 하였다.

✔ **핵심문제**

01 근로기준법상 근로계약에 관한 설명으로 옳지 않은 것은?(다툼이 있는

① 사용자가 근로계약을 체결할 때 임금에 관한 근로조건을 근로자에게
② 시용기간 중에 있는 근로자를 해고하는 것은 보통의 해고보다 넓게 인
   가 존재하여 사회통념상 상당하다고 인정되어야 한다.
③ 근로자가 연수를 종료한 후 의무복무기간을 근무하지 않으면 연수기
   유효하다.
④ 취업규칙에서 정한 기준에 미달하는 근로조건을 정한 근로계약은 그
⑤ 사용자는 근로자가 노무를 제공하는 과정에서 생명, 신체, 건강을 해치

◀ **관련 핵심문제**

해당 이론과 관련된 핵심문제를 수록하여 학습한 내용을 확인 · 복습할 수 있도록 하였다.

O | X 💬

1. 사용자는 근로자가 노무를 제공하는 과정에서 생명, 신체, 건강을
   강구하여야 한다.
2. 사용자는 특별한 사정이 없는 한, 근로자와 사이에 근로계약의 체결
   근로자가 인격을 실현시킬 수 있도록 배려하여야 할 신의칙상의
3. 사용자가 정당한 이유 없이 계속하여 근로자의 근로를 수령 거
4. 근로계약의 체결을 위한 교섭이 사실상 개시된 경우, 양 당사자에게
   의 행태의무가 있다.

◀ **OX문제**

이론 구간별로 중요지문을 재구성한 OX문제를 수록하여 주요 출제포인트를 파악할 수 있도록 하였다.

실전대비문제

02 기출 24   ☑ 확인Check! ○ △ ✕

노동조합 및 노동관계조정법상 노동조합의 설립에 관한 설명으로 옳지 않은 것은?

① 노동조합의 설립신고서에는 목적과 사업을 기재해야 한다.

② 노동조합은 매년 1월 31일까지 전년도 12월 31일 현재의 조합원수를 행정관청에 통보하여야 한다.

③ 노동조합이 신고증을 교부받은 경우에는 설립신고서가 접수된 때에 설립된 것으로 본다.

④ 행정관청은 설립신고서 또는 규약이 기재사항의 누락등으로 보완이 필요한 경우에는 대통령령이 정하는 바에 따라 20일 이내의 기간을 정하여 보완을 요구하여야 한다.

⑤ 행정관청은 설립하고자 하는 노동조합이 근로자가 아닌 자의 가입을 허용하는 경우 설립신고서를 반려하여야 한다.

02

① (✕) 노동조합의 설립신고서에는 명칭, 주된 사무소의 소재지, 조합원수, 임원의 성명과 주소, 소속된 연합단체가 있는 경우에는 그 명칭, 연합단체인 노동조합에 있어서는 그 구성노동단체의 명칭, 조합원수, 주된 사무소의 소재지 및 임원의 성명·주소 등을 기재하여야 하나(노조법 제10조 제1항), 목적과 사업은 규약기재사항임을 유의하여야 한다(동법 제11조 제2호).

② (○) 노조법 제13조 제2항 제3호

③ (○) 노조법 제12조 제4항

④ (○) 노조법 제12조 제2항 전문

⑤ (○) 노조법 제12조 제3항 제1호, 제2조 제4호 라목

정답 ①

▲ **실전대비문제**

매 Chapter별로 기출문제를 수록하여 문제해결능력을 습득하고, 최근 출제경향을 파악할 수 있도록 하였다.

▲ **상세해설 및 정답**

가능한 모든 지문에 대하여 최신 개정법령과 출제포인트를 반영한 상세한 해설을 정답과 함께 수록하였다.

➕ **PLUS**

신고증의 교부(노조법 제12조)

② 행정관청은 설립신고서 또는 규약이 기재사항의 누락등으로 보완이 필요한 경우에는 대통령령이 정하는 바에 따라 20일 이내의 기간을 정하여 보완을 요구하여야 한다. 이 경우 보완된 설립신고서 또는 규약을 접수한 때에는 3일 이내에 신고증을 교부하여야 한다.

③ 행정관청은 설립하고자 하는 노동조합이 다음 각 호의 1에 해당하는 경우에는 설립신고서를 반려하여야 한다.

  1. 제2조 제4호 각 목의 1에 해당하는 경우

  2. 제2항의 규정에 의하여 보완을 요구하였음에도 불구하고 그 기간 내에 보완을 하지 아니하는 경우

④ 노동조합이 신고증을 교부받은 경우에는 설립신고서가 접수된 때에 설립된 것으로 본다.

정의(노조법 제2조)

이 법에서 사용하는 용어의 정의는 다음과 같다.

  4. "노동조합"이라 함은 근로자가 주체가 되어 자주적으로 단결하여 근로조건의 유지·개선 기타 근로자의 경제적·사회적 지위의 향상을 도모함을 목적으로 조직하는 단체 또는 그 연합단체를 말한다. 다만, 다음 각 목의 1에 해당하는 경우에는 노동조합으로 보지 아니한다.

▲ **PLUS 심화학습**

문제와 관련된 중요조문은 바로 확인할 수 있도록 해당 문제 하단에 배치하여 학습의 효율성을 높였다.

자격시험 소개

★ 2024년 제33회 시험공고 기준

◉ 공인노무사란?

⋯ 노동관계법령 및 인사노무관리 분야에 대한 전문적인 지식과 경험을 제공함으로써 사업 또는 사업장의 노동관계업무의 원활한 운영을 도모하며, 노사관계를 자율적이고 합리적으로 개선시키는 전문인력을 말한다.

◉ 주요업무

❶ 공인노무사는 다음의 직무를 수행한다.
  (1) 노동관계법령에 따라 관계기관에 대하여 행하는 신고 · 신청 · 보고 · 진술 · 청구(이의신청 · 심사청구 및 심판청구를 포함한다) 및 권리구제 등의 대행 또는 대리
  (2) 노동관계법령에 따른 서류의 작성과 확인
  (3) 노동관계법령과 노무관리에 관한 상담 · 지도
  (4) 「근로기준법」을 적용받는 사업이나 사업장에 대한 노무관리진단
  (5) 「노동조합 및 노동관계조정법」에서 정한 사적(私的) 조정이나 중재
  (6) 사회보험관계법령에 따라 관계기관에 대하여 행하는 신고 · 신청 · 보고 · 진술 · 청구(이의신청 · 심사청구 및 심판청구를 포함한다) 및 권리구제 등의 대행 또는 대리

❷ "노무관리진단"이란 사업 또는 사업장의 노사당사자 한쪽 또는 양쪽의 의뢰를 받아 그 사업 또는 사업장의 인사 · 노무관리 · 노사관계 등에 관한 사항을 분석 · 진단하고, 그 결과에 대하여 합리적인 개선방안을 제시하는 일련의 행위를 말한다.

◉ 응시자격

❶ 공인노무사법 제4조 각 호의 결격사유에 해당하지 아니하는 사람

> **다음의 어느 하나에 해당하는 사람은 공인노무사가 될 수 없다.**
> ① 미성년자
> ② 피성년후견인 또는 피한정후견인
> ③ 파산선고를 받은 사람으로서 복권(復權)되지 아니한 사람
> ④ 공무원으로서 징계처분에 따라 파면된 사람으로서 3년이 지나지 아니한 사람
> ⑤ 금고(禁錮) 이상의 실형을 선고받고 그 집행이 끝나거나(집행이 끝난 것으로 보는 경우를 포함한다) 집행이 면제된 날부터 3년이 지나지 아니한 사람
> ⑥ 금고 이상의 형의 집행유예를 선고받고 그 유예기간이 끝난 날부터 1년이 지나지 아니한 사람
> ⑦ 금고 이상의 형의 선고유예기간 중에 있는 사람
> ⑧ 징계에 따라 영구등록취소된 사람

❷ 2차시험은 당해 연도 1차시험 합격자 또는 전년도 1차시험 합격자
❸ 3차시험은 당해 연도 2차시험 합격자 또는 전년도 2차시험 합격자

◉ 시험일정

구 분	인터넷 원서접수	시험일자	시행지역	합격자 발표
2025년 제34회 1차	2025년 4월 중	2025년 5월 중	서울, 부산, 대구, 인천, 광주, 대전	2025년 6월 중
2025년 제34회 2차	2025년 7월 중	2025년 8월 중		2025년 11월 중
2025년 제34회 3차		2025년 11월 중	서 울	2025년 12월 중

※ 시험에 응시하려는 사람은 응시원서와 함께 영어능력검정시험 성적표를 제출하여야 한다.

◉ 시험시간

구 분	교 시	시험과목	문항수	시험시간	시험방법
1차시험	1	1. 노동법Ⅰ 2. 노동법Ⅱ	과목당 40문항 (총 200문항)	80분 (09:30~10:30)	객관식 (5지 택일형)
	2	3. 민 법 4. 사회보험법 5. 영어(영어능력검정시험 성적으로 대체) 6. 경제학원론 · 경영학개론 중 1과목		120분 (11:20~13:20)	
2차시험	1 2	1. 노동법	4문항	교시당 75분 (09:30~10:45) (11:15~12:30)	주관식 (논문형)
	3	2. 인사노무관리론	과목당 3문항	과목당 100분 (13:50~15:30) (09:30~11:10) (11:40~13:20)	
	4 5	3. 행정쟁송법 4. 경영조직론 · 노동경제학 · 민사소송법 중 1과목			
3차시험		1. 국가관 · 사명감 등 정신자세 3. 예의 · 품행 및 성실성 2. 전문지식과 응용능력 4. 의사발표의 정확성과 논리성		1인당 10분 내외	면 접

◉ 합격기준

구 분	합격자 결정
1차시험	영어과목을 제외한 나머지 과목에서 과목당 100점을 만점으로 하여 각 과목의 점수가 40점 이상이고, 전 과목 평균점수가 60점 이상인 사람
2차시험	• 과목당 만점의 40% 이상, 전 과목 총점의 60% 이상을 득점한 사람을 합격자로 결정 • 각 과목의 점수가 40% 이상이고, 전 과목 평균점수가 60% 이상을 득점한 사람의 수가 최소합격인원보다 적은 경우에는 최소합격인원의 범위에서 모든 과목의 점수가 40% 이상을 득점한 사람 중에서 전 과목 평균점수가 높은 순서로 합격자를 결정
3차시험	• 평정요소마다 "상"(3점), "중"(2점), "하"(1점)로 구분하고, 총 12점 만점으로 채점하여 각 시험위원이 채점한 평점의 평균이 "중"(8점) 이상인 사람 • 위원의 과반수가 어느 하나의 같은 평정요소를 "하"로 평정하였을 때에는 불합격

◉ 영어능력검정시험

시험명	토플(TOEFL)		토익 (TOEIC)	텝스 (TEPS)	지텔프 (G-TELP)	플렉스 (FLEX)	아이엘츠 (IELTS)
	PBT	IBT					
일반응시자	530	71	700	340	65(Level 2)	625	4.5
청각장애인	352	–	350	204	43(Level 2)	375	–

자격시험 검정현황

◉ 공인노무사 수험인원 및 합격자현황

구 분	1차시험				2차시험				3차시험			
	대 상	응 시	합 격	합격률	대 상	응 시	합 격	합격률	대 상	응 시	합 격	합격률
제27회('18)	4,744	4,044	2,420	59.8%	3,513	3,018	300	9.9%	300	300	300	100%
제28회('19)	6,211	5,269	2,494	47.3%	3,750	3,231	303	9.4%	303	303	303	100%
제29회('20)	7,549	6,203	3,439	55.4%	4,386	3,871	343	8.9%	343	343	343	100%
제30회('21)	7,654	6,692	3,413	51.0%	5,042	4,514	322	7.1%	322	322	320	99.4%
제31회('22)	8,261	7,002	4,221	60.3%	5,745	5,128	549	10.7%	551	551	551	100%
제32회('23)	10,225	8,611	3,019	35.1%	5,327	4,724	395	8.4%	395	395	551	100%
제33회('24)	11,646	9,602	2,150	22.4%	인쇄일 현재 2024년 제33회 2차 · 3차 검정현황 미발표							

◉ 검정현황(그래프)

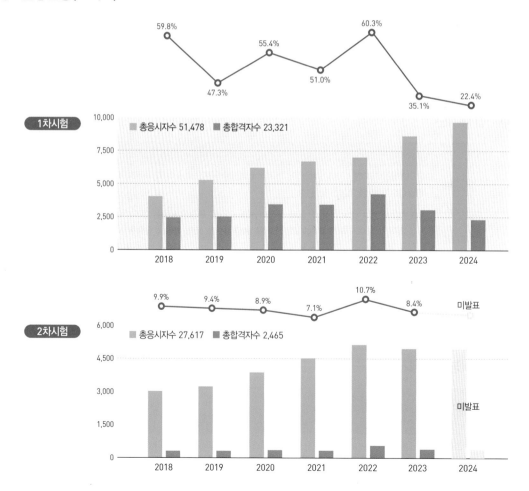

최신 개정법령 소개

❖ 본 교재에 반영한 최신 개정법령은 아래와 같다.

노동법 I		
구 분	법 령	시행일자
근로기준법	근기법	2021.11.19.
	근기법 시행령	2021.11.19.
	근기법 시행규칙	2023.12.14.
파견근로자 보호 등에 관한 법률	파견법	2020.12.08.
	파견법 시행령	2020.01.16.
	파견법 시행규칙	2024.06.12.
기간제 및 단시간근로자 보호 등에 관한 법률	기단법	2021.05.18.
	기단법 시행령	2021.04.08.
	기단법 시행규칙	2007.07.01.
산업안전보건법	산안법	2024.05.17.
	산안법 시행령	2025.01.01.
	산안법 시행규칙	2023.09.28.
직업안정법	직안법	2024.07.24.
	직안법 시행령	2023.03.28.
	직안법 시행규칙	2024.06.12.
남녀고용평등과 일 · 가정 양립 지원에 관한 법률	고평법	2022.05.19.
	고평법 시행령	2023.12.12.
	고평법 시행규칙	2024.04.01.
최저임금법	최임법	2020.05.26.
	최임법 시행령	2019.01.01.
	최임법 시행규칙	2019.01.01.
근로자퇴직급여 보장법	근퇴법	2022.07.12.
	근퇴법 시행령	2024.05.28.
	근퇴법 시행규칙	2022.07.12.
임금채권보장법	임채법	2024.08.07.
	임채법 시행령	2021.10.14.
	임채법 시행규칙	2023.07.01.
근로복지기본법	근복법	2023.06.11.
	근복법 시행령	2024.01.01.
	근복법 시행규칙	2024.01.01.
외국인근로자의 고용 등에 관한 법률	외고법	2022.12.11.
	외고법 시행령	2023.02.03.
	외고법 시행규칙	2024.01.10.

노동법 II		
구 분	법 령	시행일자
노동조합 및 노동관계조정법	노조법	2021.07.06.
	노조법 시행령	2024.01.01.
	노조법 시행규칙	2024.01.01.
근로자참여 및 협력증진에 관한 법률	근참법	2022.12.11.
	근참법 시행령	2022.12.11.
	근참법 시행규칙	2023.06.08.
노동위원회법	노위법	2022.05.19.
	노위법 시행령	2024.06.08.
	노위법 시행규칙	2015.07.21.
공무원의 노동조합 설립 및 운영 등에 관한 법률	공노법	2023.12.11.
	공노법 시행령	2023.12.11.
	공노법 시행규칙	2024.01.01.
교원의 노동조합 설립 및 운영 등에 관한 법률	교노법	2023.12.11.
	교노법 시행령	2023.12.11.
	교노법 시행규칙	2021.07.06.

최근 7개년 출제경향

◉ 노동법 I ▶ 회별 최다 출제항목 : 기타 법령(11.9문), 근로기준법 개설(3.6문), 휴게·휴일·휴가 및 여성과 연소근로자의 보호(2.7문) 순이다.

구 분		2018	2019	2020	2021	2022	2023	2024	누 계	출제비율	회별출제
Ch01	총 설	1	1	1	1	1	1	1	7	3.7%	1.0
Ch02	근로기준법 개설	4	2	5	3	3	4	4	25	13.2%	3.6
Ch03	근로관계의 성립	2	3	-	1	1	1	1	9	4.7%	1.3
Ch04	임 금	-	1	2	2	2	1	2	10	5.3%	1.4
Ch05	근로시간	1	1	1	1	3	1	2	10	5.3%	1.4
Ch06	휴게 · 휴일 · 휴가 및 여성과 연소근로자의 보호	2	2	3	3	2	4	3	19	10.0%	2.7
Ch07	취업규칙 및 기숙사	1	1	1	1	1	1	2	8	4.2%	1.1
Ch08	근로관계의 변경	1	-	1	-	1	-	2	5	2.6%	0.7
Ch09	근로관계의 종료	3	4	1	3	1	-	2	14	7.4%	2.0
Ch10	기타 법령	10	10	10	10	10	12	21	83	43.7%	11.9

◉ 노동법 II ▶ 회별 최다 출제항목 : 단체교섭권(5.4문), 단결권(5문), 단체행동권(4문) 순이다.

구 분		2018	2019	2020	2021	2022	2023	2024	누 계	출제비율	회별출제
Ch01	총 설	2	3	2	1	1	1	2	12	6.3%	1.7
Ch02	단결권	4	5	5	5	4	6	6	35	18.4%	5.0
Ch03	단체교섭권	6	6	4	5	6	6	5	38	20.0%	5.4
Ch04	단체행동권	4	4	4	5	4	3	4	28	14.7%	4.0
Ch05	노동쟁의조정제도	2	2	4	3	3	2	5	21	11.1%	3.0
Ch06	부당노동행위구제제도	3	1	2	2	3	1	2	14	7.4%	2.0
Ch07	노사협의회	1	1	1	1	1	2	4	11	5.8%	1.6
Ch08	노동위원회	1	1	1	1	1	2	4	11	5.8%	1.6
Ch09	기타 법령	2	2	2	2	2	2	8	20	10.5%	2.9

◉ 민법 ▶ 회별 최다 출제항목 : 권리의 변동(6.9문), 채권의 효력(3.9문), 계약각론(3.1문) 순이다.

	구 분		2018	2019	2020	2021	2022	2023	2024	누 계	출제비율	회별출제
제1편 민법총칙	Ch01	민법 서론	-	-	-	-	-	-	-	-	-	-
	Ch02	권리 일반	1	1	-	-	1	-	-	3	1.6%	0.4
	Ch03	권리의 주체	3	2	3	2	2	2	3	17	8.9%	2.4
	Ch04	권리의 객체	1	1	1	1	1	1	1	7	3.7%	1.0
	Ch05	권리의 변동	6	7	6	7	6	7	9	48	25.3%	6.9
	Ch06	기 간	-	-	-	1	1	1	-	3	1.6%	0.4
	Ch07	소멸시효	1	1	1	1	1	1	2	8	4.2%	1.1
제2편 채권총론	Ch01	채권법 서론	-	-	-	-	-	-	-	-	-	-
	Ch02	채권의 목적	-	-	1	-	1	-	-	2	1.1%	0.3
	Ch03	채권의 효력	5	4	4	4	1	4	5	27	14.2%	3.9
	Ch04	다수당사자의 채권관계	1	-	1	1	1	1	1	6	3.2%	0.9
	Ch05	채권양도와 채무인수	-	2	1	1	1	-	2	7	3.7%	1.0
	Ch06	채권의 소멸	1	-	1	-	2	-	2	6	3.2%	0.9
제3편 채권각론	Ch01	계약총론	1	2	1	3	3	3	5	18	9.5%	2.6
	Ch02	계약각론	2	3	3	2	2	3	7	22	11.6%	3.1
	Ch03	법정채권관계	3	2	2	2	2	2	3	16	8.4%	2.3

◉ 사회보험법 ▶ 회별 최다 출제항목 : 고용보험법(6.7문), 산업재해보상보험법(6.6문), 징수법(5.0문) 순이다.

	구 분	2018	2019	2020	2021	2022	2023	2024	누 계	출제비율	회별출제
Ch01	사회보장기본법	4	4	3	3	4	3	3	24	12.6%	3.4
Ch02	고용보험법	6	5	7	6	6	7	10	47	24.7%	6.7
Ch03	산업재해보상보험법	6	6	6	6	6	6	10	46	24.2%	6.6
Ch04	국민연금법	2	2	2	2	2	2	5	17	8.9%	2.4
Ch05	국민건강보험법	2	3	2	2	2	4	6	21	11.1%	3.0
Ch06	징수법	5	5	5	6	5	3	6	35	18.4%	5.0

◉ 경제학원론 ▶ 회별 최다 출제항목 : 인플레이션과 실업(4.3문), 생산요소시장과 소득분배(3.7문), 시장이론(3.4문) 순이다.

	구 분	2018	2019	2020	2021	2022	2023	2024	누 계	출제비율	회별출제
Ch01	수요와 공급	5	3	2	1	2	2	4	19	10.0%	2.7
Ch02	소비자이론	1	2	2	1	1	1	1	9	4.7%	1.3
Ch03	생산자이론	1	3	1	1	1	3	4	14	7.4%	2.0
Ch04	시장이론	2	2	3	6	2	3	6	24	12.6%	3.4
Ch05	생산요소시장과 소득분배	6	3	3	3	5	3	3	26	13.7%	3.7
Ch06	시장과 효율성	-	2	2	3	2	-	-	9	4.7%	1.3
Ch07	국민소득결정이론	1	1	3	3	3	1	3	15	7.9%	2.1
Ch08	거시경제의 균형	-	3	2	2	1	2	3	13	6.8%	1.9
Ch09	거시경제안정화정책	-	1	1	1	1	-	-	4	2.1%	0.6
Ch10	미시적 기초	2	-	2	1	1	2	1	9	4.7%	1.3
Ch11	인플레이션과 실업	4	3	3	2	5	6	7	30	15.8%	4.3
Ch12	경기변동과 경제성장	-	-	-	1	-	1	5	7	3.7%	1.0
Ch13	국제경제학	3	2	1	-	1	1	3	11	5.8%	1.6

◉ 경영학개론 ▶ 회별 최다 출제항목 : 조직구조와 조직행위(4.7문), 마케팅(3.7문), 재무관리(3.4문) 순이다.

	구 분	2018	2019	2020	2021	2022	2023	2024	누 계	출제비율	회별출제
Ch01	경영의 기초	-	-	1	-	-	-	-	1	0.5%	0.1
Ch02	경영의 역사	-	1	-	2	1	-	3	7	3.7%	1.0
Ch03	경영환경	-	-	-	-	-	1	1	2	1.1%	0.3
Ch04	기업형태 및 기업집중	1	1	1	1	-	1	-	5	2.6%	0.7
Ch05	경영목표와 의사결정	-	1	-	-	-	1	1	3	1.6%	0.4
Ch06	경영관리론	-	-	-	-	1	1	1	3	1.6%	0.4
Ch07	전략수립과 전략실행	1	1	2	1	2	1	1	9	4.7%	1.3
Ch08	조직구조와 조직행위	3	4	6	4	3	6	7	33	17.4%	4.7
Ch09	인사관리와 노사관계관리	5	4	1	3	3	-	5	21	11.1%	3.0
Ch10	생산관리	3	-	2	2	3	4	6	20	10.5%	2.9
Ch11	마케팅	4	4	3	3	4	3	5	26	13.7%	3.7
Ch12	재무관리	3	3	4	4	4	1	6	24	12.6%	3.4
Ch13	경영정보시스템	2	2	3	1	2	2	2	14	7.4%	2.0
Ch14	회계학	3	4	3	3	2	4	3	22	11.6%	3.1

제1과목　노동법 I

Chapter 01　총 설

제1절 노동법의 개념 · 004

제2절 노동법의 특수성 · 006

제3절 노동법의 경향 · 006

제4절 노동법의 법원 · 008

Chapter 01 실전대비문제 · 015

Chapter 02　근로기준법 개설

제1절 근로의 권리 · 022

제2절 개별적 근로관계법과 근로기준법 · · · · · · · · · · · · · · · 025

제3절 근로기준법의 적용범위 · 026

제4절 근로기준법상 근로자 · 031

제5절 근로기준법상 사용자 · 035

제6절 근로기준법상 근로조건결정규범 · · · · · · · · · · · · · · · · 039

제7절 근로기준법의 기본원리 · 040

제8절 근로기준법의 실효성 확보 · · · · · · · · · · · · · · · · · · 055

Chapter 02 실전대비문제 · 058

Chapter 03　근로관계의 성립

제1절 근로계약의 의의 및 법적 성질 · · · · · · · · · · · · · · · · 074

제2절 근로계약의 체결 · 075

제3절 근로계약과 근로관계 · 085

제4절 근로계약과 당사자의 권리 및 의무 · · · · · · · · · · · · · · 091

Chapter 03 실전대비문제 · 100

Chapter 04 임 금

제1절 임금의 의의 · 105

제2절 평균임금 · 108

제3절 통상임금 · 118

제4절 임금지급방법의 보호 · 139

제5절 휴업수당 · 148

제6절 임금채권의 보호 · 153

Chapter 04 실전대비문제 · 165

Chapter 05 근로시간

제1절 근로시간의 개념과 산정 · 174

제2절 근로시간의 보호 · 178

제3절 시간외근로와 시간외근로수당 · 184

제4절 근로시간의 신축적 운용 · 194

Chapter 05 실전대비문제 · 202

Chapter 06 휴게 · 휴일 · 휴가 및 여성과 연소근로자의 보호

제1절 휴게 · 휴일 · 휴가 · 212

제2절 여성과 연소근로자의 보호 · 229

Chapter 06 실전대비문제 · 237

Chapter 07 취업규칙 및 기숙사

제1절 취업규칙 · 252

제2절 기숙사 · 270

Chapter 07 실전대비문제 · 272

이 책의 목차

Chapter 08 근로관계의 변경

제1절 인사이동 · 281

제2절 전 직 · 284

제3절 전 적 · 287

제4절 휴 직 · 290

제5절 징 계 · 294

제6절 직위해제(대기발령) · 308

제7절 근로관계의 이전 · 313

Chapter 08 실전대비문제 · 321

Chapter 09 근로관계의 종료

제1절 근로관계 종료의 유형 · 327

제2절 해고의 실체적 정당성 · 332

제3절 해고의 절차적 정당성 · 348

제4절 부당해고의 구제 · 355

제5절 근로관계 종료 후의 근로자 보호 · · · · · · · · · · · · · · · · · 366

Chapter 09 실전대비문제 · 369

Chapter 10 기타 법령

제1절 파견근로자 보호 등에 관한 법률 · · · · · · · · · · · · · · · · · 379

제2절 기간제 및 단시간근로자 보호 등에 관한 법률 · · · · · · · · 385

제3절 산업안전보건법 · 404

제4절 직업안정법 · 422

제5절 남녀고용평등과 일 · 가정 양립 지원에 관한 법률 · · · · · · 435

제6절 최저임금법 · 447

제7절 근로자퇴직급여 보장법 · 453

제8절 임금채권보장법 · 468

제9절 근로복지기본법 · 477

제10절 외국인근로자의 고용 등에 관한 법률 · · · · · · · · · · · · · 488

Chapter 10 실전대비문제 · 497

CONTENTS

합격의 공식 Formula of pass • 시대에듀 www.sdedu.co.kr

제2과목 노동법 Ⅱ

Chapter 01 총 설

제1절 집단적 노사관계법 · 004
제2절 노동3권 · 005
Chapter 01 실전대비문제 · 012

Chapter 02 단결권

제1절 서 설 · 019
제2절 노동조합의 설립 · 029
제3절 노동조합의 운영과 활동 · 041
Chapter 02 실전대비문제 · 072

Chapter 03 단체교섭권

제1절 단체교섭 · 097
제2절 단체협약 · 129
Chapter 03 실전대비문제 · 158

Chapter 04 단체행동권

제1절 서 설 · 183
제2절 쟁의행위의 정당성 · 185
제3절 쟁의행위의 법적 책임 · 205
제4절 쟁의행위의 법적 효과 · 211
제5절 사용자의 쟁의행위 · 217
제6절 안전보호시설과 필수유지업무 · 223
제7절 쟁의기간 중 대체근로 등의 제한 · 230
Chapter 04 실전대비문제 · 234

이 책의 목차

Chapter 05 노동쟁의조정제도

제1절 서 설 ··· 249

제2절 노동쟁의조정제도 ······························· 250

Chapter 05 실전대비문제 ······························· 263

Chapter 06 부당노동행위구제제도

제1절 서 설 ··· 275

제2절 부당노동행위의 유형 ··························· 278

제3절 부당노동행위의 구제절차 ··················· 301

Chapter 06 실전대비문제 ······························· 309

Chapter 07 노사협의회

제1절 서 설 ··· 319

제2절 노사협의제도 ··· 320

Chapter 07 실전대비문제 ······························· 329

Chapter 08 노동위원회

제1절 서 설 ··· 333

제2절 노동위원회의 종류와 소관사무 및 조직 ··· 335

제3절 노동위원회의 회의 ······························· 341

제4절 보 칙 ··· 345

Chapter 08 실전대비문제 ······························· 346

Chapter 09 기타 법령

제1절 공무원의 노동조합 설립 및 운영 등에 관한 법률 ··· 351

제2절 교원의 노동조합 설립 및 운영 등에 관한 법률 ··· 361

Chapter 09 실전대비문제 ······························· 370

공인노무사 1차

노동법 Ⅰ

이론 + 실전대비문제

IX 근로감독관 등

2025 시대에듀 EBS 공인노무사 1차 노동법 Ⅰ·Ⅱ

출제경향 & 수험대책

2024년 실시된 제33회 공인노무사 1차시험부터 노동법Ⅰ 시험문제가 40문항으로 증가함에 따라 노동법 분야의 폭넓은 이해를 요구하는 문제뿐만 아니라 부속법령에 관한 지엽적인 조문문제도 다수 출제되어, 수험가에서 예상한 바와 같이 시험의 난이도가 상당한 정도로 상승한 결과를 가져왔다. 새로운 출제경향에 대비하기 위해 다음과 같이 준비하면 될 것으로 보인다. 노동법Ⅰ은 까다로운 문제가 많아 법조문 및 판례에 대한 정확한 이해와 암기가 요구되고 법령개정도 빈번하여 시험 전까지 수시로 개정사항을 파악하여야 한다. 기본서에 수록된 기출분석표의 각 Chapter별 출제비율을 참고하여 중요한 내용 위주로 준비하면 충분하리라 판단된다. 이와 더불어 부속법령에 대한 출제에 대응하여 지면이 허락하는 한 개별법률뿐만 아니라 시행령, 시행규칙도 소개하려고 노력하였으므로 이를 기준으로 학습의 강약을 조절할 필요가 있다.

PART 01

노동법 I

제1장 총 설

제2장 근로기준법 개설

제3장 근로관계의 성립

제4장 임 금

제5장 근로시간

제6장 휴게·휴일·휴가 및 여성과 연소근로자의 보호

제7장 취업규칙 및 기숙사

제8장 근로관계의 변경

제9장 근로관계의 종료

제10장 기타 법령

CHAPTER
01 총 설

제1절 노동법의 개념

I 정 의

자본주의 사회에서 근로자가 인간다운 생활을 할 수 있도록 노동관계를 규율하는 법규범의 총체를 의미한다.

II 시민법과 노동법

시민법은 소유권의 보장, 계약의 자유 및 과실책임주의를 그 기본원리로 발전하였으나, 선진각국에서는 시민법 아래서의 노동관계를 둘러싸고 제기되는 문제에 대처할 수 있도록 노동법이 생성·발전해 왔다. 즉, 노동법은 시민법의 원리를 상당 부분 수정하면서 등장하였다.

시민법과 노동법의 구별

시민법	노동법
사적 자치	인간다운 생활의 실현
소유권 절대의 원칙(소유권의 보장)	소유권의 제한
계약자유의 원칙	최저기준의 설정
과실책임주의	무과실책임주의
단결활동의 금지	노동3권의 보장

Ⅲ   종속노동관계

1. 의 의

노동법은 사용자의 지휘·명령 아래에서 근로자가 노동력을 제공하는 종속노동관계를 규율하는 법이다. 여기서의 노동은 종속노동을 의미한다. 근로자는 사용자가 근로의 대가로 지급하는 임금에 종속되고 사용자의 지시·감독을 받으며 근로를 제공해야 하기 때문이다.

2. 노동의 종속성

(1) 인격적 종속성

근로자는 그 노동력을 자신의 신체·인격과 분리하여 제공할 수 없기 때문에 노동력 제공과정에서 사용자의 지시·감독을 받게 된다.

(2) 경제적 종속성

근로자는 누군가에게 노동력을 제공하지 않고서는 살아갈 수 없기 때문에 상대방이 제시한 거래조건이 불리하더라도 계약관계를 맺을 수밖에 없다.

(3) 검 토

근로자의 종속성은 인격적 측면뿐만 아니라 경제적 측면에서도 나타날 수 있어, 노동의 종속성은 개별법률이 보호하고자 하는 종속노동의 본질을 종합적으로 고려하여 판단해야 할 것이다. 근로기준법 등 개별적 근로관계법규에서는 인격적 종속성을 상대적으로 중요하게 고려해야 하나, 노조법 등 집단적 노사관계법규에서는 경제적 종속성을 중심으로 판단해야 한다.

Ⅳ   노동법의 이념과 목적

목적(근기법 제1조)
이 법은 헌법에 따라 근로조건의 기준을 정함으로써 근로자의 기본적 생활을 보장, 향상시키며 균형 있는 국민경제의 발전을 꾀하는 것을 목적으로 한다.

목적(노조법 제1조)
이 법은 헌법에 의한 근로자의 단결권·단체교섭권 및 단체행동권을 보장하여 근로조건의 유지·개선과 근로자의 경제적·사회적 지위의 향상을 도모하고, 노동관계를 공정하게 조정하여 노동쟁의를 예방·해결함으로써 산업평화의 유지와 국민경제의 발전에 이바지함을 목적으로 한다.

노동법은 근로자의 인간다운 생활의 실현을 기본이념으로 하는 법이다. 종속노동관계를 대상으로 하여, 개별적 근로관계에서의 국가 개입이라는 수단과 집단적 노사관계에서의 집단적 사적 자치의 보장이라는 수단을 통해 노동문제를 해결함으로써 근로자의 경제적·사회적 지위 향상 또는 생존권의 보장 등을 목적으로 하는 법이라고 할 수 있다.

제3장

제2장

제3장

제4장

제5장

제6장

제7장

제8장

제9장

제10장

제2절   노동법의 특수성

Ⅰ   공법과 사법의 교차

노동법은 시민법체계의 사법적 원리의 모순을 극복하기 위해 시민법의 원리를 수정한 것이다. 따라서 계약자유의 원칙을 우선하면서도 일정한 기준을 설정하여 공법과 사법의 교차영역을 만들어 규율하고 있다.

Ⅱ   노동의 특수한 상품성

노동은 객관적으로 상품으로서의 성질을 가지나 근로자의 인격과 주관적으로 깊이 관련되어 있어 다른 상품과는 다르다. 즉, 노동은 상품이 아니다.

Ⅲ   실질적 평등과 배분적 정의

형식적 평등을 목적으로 하는 시민법을 수정하는 과정에서 실질적 평등을 목적으로 하는 노동법인 집단적 노사관계법이 만들어졌는데, 노동법은 배분적 정의를 실현하는 것 또한 그 목적으로 하고 있어 개별적 근로관계법이 탄생하게 되었다.

Ⅳ   집단적 자치의 존중

노동법은 집단적 자치를 존중하여 집단적 노사관계에서뿐만 아니라 개별적 노사관계에서도 이를 바탕으로 하는 규율을 하고 있다. 예로서 취업규칙의 불이익변경 시 근로자집단의 동의요구(근기법 제94조 제1항), 근로시간·휴식제도에서 근로자대표와 서면합의(근기법 제51조 등) 등을 들 수 있다. 즉, 근로조건의 최저기준을 정하여 근로관계에 개입은 하나, 노동3권을 보장하여 노사대등을 통한 단체협약이라는 자율입법으로 노사관계를 규율한다. 집단적 자치의 일환으로 인정되는 단체협약에는 다른 노동법의 법원에 비하여 우월성도 인정된다.

제3절   노동법의 경향

Ⅰ   노동관습에 기인하는 경향

노동법은 현실적인 노동관습이나 노동관행에 의하여 생성되는 성격을 가지고 있다. 따라서 노동법은 노사 상호 간에 오랜 기간을 통하여 받아들인 노동관습을 기초로 발전하고 있다.

Ⅱ 발전적 · 진보적 경향

노동법은 경제적 약자인 근로자의 생존권 보장(노동인격의 완성)을 주된 목적으로 하므로, 내재적으로는 현재보다도 장래에 보다 더 잘 살기 위한 발전적·진보적 경향을 가진다.

Ⅲ 통일적 경향

각국 간의 국제적인 협력관계 속에 노동법은 국제노동기구를 통하여 근로자의 근로조건을 개선·향상시키고자 하는 방향으로 통일되어 가는 경향을 가진다.

Ⅳ 협력적 경향

기업은 생존전략차원에서 노사 간의 대립적인 측면을 지양하고, 보다 협력적인 노사관계의 수립을 위한 방안을 모색하고 있다. 변화된 노동법환경에서 협력적 노사관계를 확립하려는 노동법의 경향은 특히 각국의 노사협의제도 속에 구현된다.

Ⅴ ILO(국제노동기구)

> **국제노동기구(ILO)의 기본협약(Fundamental Conventions)** 기출 18·19·20·21·24
> • 강제근로의 폐지에 관한 협약(비준 X)
> • 결사의 자유 및 단결권 보호에 관한 협약(비준 O)
> • 단결권 및 단체교섭에 대한 원칙 적용에 관한 협약(비준 O)
> • 강제근로에 관한 협약(비준 O)
> • 동일가치노동에 대한 남녀노동자 동일보수에 관한 협약(비준 O)
> • 고용 및 직업상 차별대우에 관한 협약(비준 O)
> • 취업최저연령에 관한 협약(비준 O)
> • 가혹한 형태의 아동노동 폐지에 관한 협약(비준 O)
> • 산업안전보건과 작업환경에 관한 협약(비준 O)
> • 산업안전보건 증진체계에 관한 협약(비준 O)

1. 설 립

국제노동기구(ILO)는 17~20세기 산업화 과정에서 발생한 노동문제와 자본주의의 모순을 합리적으로 해결하기 위하여 1919년 4월 체결된 베르사유 평화조약(제13편)에 따라 국제연맹 산하에 설립되었다. 그 후 1946년 12월 최초로 국제연합(UN) 전문기구로 편입되었으며, 현재 187개 회원국이 가입해 있다.

2. 목적(ILO의 목적에 관한 필라델피아선언문)

① 노동은 상품이 아니다.

② 사회의 지속적인 진보를 위해 표현 및 결사의 자유는 필수불가결하다.

③ 일부 계층의 빈곤은 전체의 번영에 위험하다.

④ 빈곤의 극복은 근로자대표 및 사용자대표가 정부대표와 동등한 지위에서 자유로운 토의 및 민주적 결정에 참가함으로써 수행하는 것이 필요하다.

3. 가 입

국제연합(UN) 회원국은 신청만으로, 회원국이 아닌 경우에는 총회의 의결을 요한다. 우리나라는 1991년 12월 9일 152번째 회원국으로서 국제노동기구(ILO)에 가입하였다. [기출] 21·23

4. 협약 및 권고

ILO는 현재 190개 협약(Conventions)과, 206개 권고(Recommendations)를 채택하고 있으며, 1919년 설립 이후 채택한 주요 선언문으로는 1944년 필라델피아 선언문, 1998년 노동기본권 선언문, 2019년 100주년 선언문 등이 있다.

5. ILO 기본협약[1]의 비준

ILO 기본협약 중 결사의 자유 및 단결권 보호에 관한 협약(제87호), 단결권 및 단체교섭권에 대한 원칙 적용에 관한 협약(제98호), 강제근로에 관한 협약에 대한 비준동의안 등이 2021.2.26. 국회본회의를 통과하여 정부가 비준서를 ILO에 기탁한 시점부터 1년(2022.4.20.)이 경과하여 발효되었으므로, 2022년 6월 현재 기본협약 중 비준되지 않은 강제근로의 폐지에 관한 협약(제105호)을 제외한 9개의 기본협약은 국내법과 같은 효력을 가진다.

제4절 노동법의 법원(法源)

Ⅰ 의 의

일반적으로 법원이라 함은 법의 존재형식을 의미한다. 노동법의 법원에는 실정노동법, 노동관행, 자치규범이 있다. 다만, 실정노동법과 노동관행은 일반적·추상적인 객관적 법규범임에 반하여, 자치규범은 노사당사자에게만 적용된다는 점에서 주관적 법규범이다. 따라서 자치규범은 법원의 개념을 주관적 재판규범으로 파악할 때에만 법원성이 인정된다.

---

1) 국제노동기구는 5개 분야에서 각각 2개씩 총 10개의 협약을 기본협약으로 정하고 있다. 산업안전보건과 작업환경에 관한 협약(제155호), 산업안전보건 증진체계에 관한 협약(제187호) 등은 기존의 8개의 기본협약에 더하여 2022년 6월 제110차 국제노동기구 총회에서 안전하고 건강한 노동환경 분야의 기본협약으로 채택되었다.

Ⅱ 법원의 종류

1. 실정노동법

(1) 국내법

노동법의 법원으로서 가장 중요하며, 헌법과 법률 그리고 시행령 등이 있다.

(2) 국제법

헌법 제6조 제1항에 의하여 우리나라가 체결·비준·공포한 ILO협약 등 노동에 관한 국제협약이나, 일반적으로 승인된 국제법규는 국내법과 같은 효력이 있다. 기출 15·23

2. 노동관행 기출 17·21·23

노동법은 그 특성상 관습기원의 성질을 갖기 때문에 노동관행이나 관습이 성문법으로 제정되어 왔으며 노사관계에 대해서는 노동관행이 보완적용되어 왔다. 노동관행은 노동관계에서 계속·반복적으로 행해짐으로써 노사 간의 행위준칙으로 인정되는 것을 말한다. 노동관행은 그 자체로 특별한 법적 효력이 없으므로 원칙적으로 법원으로 인정되지 않는다. 다만, 판례에 의하면 기업의 내부에 존재하는 특정의 관행이 근로계약의 내용을 이루고 있다고 하기 위하여는 그러한 관행이 기업사회에서 일반적으로 근로관계를 규율하는 규범적인 사실로서 명확히 승인되거나 기업의 구성원에 의하여 일반적으로 아무도 이의를 제기하지 아니한 채 당연한 것으로 받아들여져서 기업 내에서 사실상의 제도로서 확립되어 있다고 할 수 있을 정도의 규범의식에 의하여 지지되고 있거나(대판 2002.4.23. 2000다50701)[2]), 관행에 따라 계속적으로 이루어져 노사 간에 그 지급이 당연한 것으로 여겨질 정도의 관례가 형성된 경우에는 노동관행의 구속력이 인정된다고(대판 1997.5.28. 96누15084) 한다.

3. 노사자치규범

(1) 단체협약

노동조합과 사용자가 단체교섭을 실시하고 그 결과 합의된 사항을 문서화한 것으로, 계약으로 보든 규범으로 보든 노사당사자를 구속하는 재판규범으로서의 법원성이 인정된다. 기출 18·21

(2) 취업규칙

사업장에서 사용자가 근로자에게 적용하는 근로조건 및 복무규율 등에 관하여 일방적으로 작성한 것으로, 대체로 법원성이 인정된다. 다만, 그 근거에 대해서는 근로기준법 제97조에서 법원성을 찾는 견해 또는 사실인 관습에서 법원성을 찾는 견해 등이 있다. 기출 20·21

(3) 조합규약

노동조합의 조직 및 활동, 운영에 관하여 조합원이 자율적으로 정한 기본규칙으로, 조합 내 조합원을 구속하는 한도 내에서 법원성이 인정된다. 기출 18·23

(4) 근로계약

그 적용을 받는 당사자의 권리·의무를 규율하고 있으므로, 법원성이 인정된다. 기출 20·23

---

2) 사용자가 이미 퇴직한 근로자들에게 퇴직 이후에 체결된 단체협약에 의한 임금인상분 및 퇴직금인상분 차액을 추가지급한 관행이 있었으나 그것은 노동조합 또는 근로자집단과 사용자 사이의 규범의식이 있는 노사관행으로는 볼 수 없다고 한 사례(대판 2002.4.23. 2000다50701)

4. 부정례

행정해석, 판례 및 사용자의 지시는 법원성이 부정된다. `기출` 15 · 18 · 20

(1) 행정해석

행정해석은 고용노동부 또는 법무부가 노동행정의 지침이나 노동법에 관한 유권해석을 국민 또는 하부기관에 표명하는 것을 말한다. 행정해석은 하급 행정기관을 구속하나, 국민에 대하여 재판기준으로서의 법적 구속력은 갖지 아니하는 것이 원칙이다. 판례도 업무상 재해인정기준에 관한 노동부 예규는 그 규정의 성질과 내용이 행정기관 내부의 사무처리준칙을 규정한 데 불과한 것이어서 국민이나 법원을 구속하는 것이 아니라고(대판 1990.9.25. 90누2727) 판시하고 있다. `기출` 21 · 23

(2) 판 례

대륙법체계를 채택하고 있는 우리나라에서 판례는 원칙적으로 법원으로 인정되지 아니한다. 다만, 하급심법원은 상급심법원의 판단을 그대로 따를 가능성이 높으므로, 판례는 사실상 하급심법원을 구속한다.

5. 관련 판례

(1) 관행의 구속력이 인정되는 사례

1) 차량운행수당의 임금총액에의 산입

[1] 평균임금 산정의 기초가 되는 임금총액에는 사용자가 근로의 대상으로 근로자에게 지급하는 일체의 금품으로서, 근로자에게 계속적·정기적으로 지급되고 그 지급에 관하여 단체협약, 취업규칙 등에 의하여 사용자에게 지급의무가 지워져 있으면, 그 명칭 여하를 불문하고 모두 포함되는바, 사용자에게 근로의 대상성이 있는 금품에 대하여 그 지급의무가 있다는 것은 그 지급 여부를 사용자가 임의적으로 결정할 수 없다는 것을 의미하는 것이고, 그 지급의무의 발생근거는 단체협약이나 취업규칙, 급여규정, 근로계약에 의한 것이든 그 금품의 지급이 사용자의 방침이나, 관행에 따라 계속적으로 이루어져 노사 간에 그 지급이 당연한 것으로 여겨질 정도의 관례가 형성된 경우처럼 노동관행에 의한 것이든 무방하다.

[2] 1회당 금 10,000원씩이라는 지급기준을 정하여 두고 운행횟수에 비례하여 계산한 금액을 차량운행수당으로 매월 임금지급일에 계속적·정기적으로 지급하여 온 경우, 사용자는 관례에 의하여 1회당 금 10,000원씩의 운행수당을 일률적으로 지급하여야 할 의무가 있었다고 할 것이고, 아울러 이러한 운행수당은 장거리운행으로 인하여 추가로 소요되는 비용을 보전하여 주려는 실비변상적 성격의 금원이라기보다는 근로의 대상으로 지급된 것이라고 봄이 상당하므로, 평균임금 산정의 기초가 되는 임금총액에 산입되어야 한다(대판 1997.5.28. 96누15084).

2) 특별생산격려금의 임금총액에의 산입

회사가 특별생산격려금을 지급하게 된 경위가 노동쟁의의 조정 결과 생산격려금을 지급하기로 합의가 된데 따른 것이고 당시 조정안에서 위 생산격려금은 전년도의 경영성과를 감안한 특별상여금으로서 1회에 한하기로 약정하였다고 하더라도 이후 회사의 경영실적의 변동이나 근로자들의 업무성적과 관계없이 근로자들에게 정기적·계속적·일률적으로 특별생산격려금을 지급하여 왔다면 이는 근로계약이나 노동관행 등에 의하여 사용자에게 그 지급의무가 지워져 있는 것으로서 평균임금 산정의 기초가 되는 임금에 해당한다(대판 2001.10.23. 2001다53950).

(2) 관행의 구속력이 부정되는 사례

1) 동의 없는 전적

근로자를 그가 고용된 기업으로부터 다른 기업으로 적을 옮겨 그 다른 기업의 업무에 종사하게 하는 이른바 전적(轉籍, 원심판결은 "계열회사 간의 전출"이라고 표현)은, 종래에 종사하던 기업과 간의 근로계약을 합의 해지하고 이적하게 될 기업과 간에 새로운 근로계약을 체결하는 것이거나, 근로계약상의 사용자의 지위를 양도하는 것이므로, 동일 기업 내의 인사이동인 전근이나 전보와 달라, 특별한 사정이 없는 한 근로자의 동의를 얻어야 효력이 생기는 것인바, 사용자가 근로자의 동의를 얻지 아니하고 기업그룹 내의 다른 계열회 사로 근로자를 전적시키는 관행이 있어서 그 관행이 근로계약의 내용을 이루고 있다고 인정하기 위하여는, 그와 같은 관행이 기업사회에서 일반적으로 근로관계를 규율하는 규범적인 사실로서 명확히 승인되거나, 기업의 구성원이 일반적으로 아무런 이의도 제기하지 아니한 채 당연한 것으로 받아들여 기업 내에서 사실상 의 제도로서 확립되어 있지 않으면 안 된다. 사실관계가 원심이 확정한 바와 같다면, 소론과 같이 대우그룹 내 계열회사 간의 전적이 20여 년간 계속 시행되어 왔고 현존 관리직사원의 30% 이상이 위와 같이 전적된 경력을 가지고 있다고 하더라도, 사용자가 당해 사원의 동의를 얻지 아니하고 일방적으로 다른 계열회사로 전적시키는 관행이 규범적인 사실로서 명확히 승인되었거나 사실상의 제도로서 확립되어 있다고 단정하기 어렵다(대판 1993.1.26. 92다11695).

2) 임금 및 퇴직금인상분의 차액 지급

원고들로서는 피고에 재직할 당시 피고가 이미 퇴직한 근로자들에게 위와 같이 임금 및 퇴직금인상분 차액을 지급하여 온 사실에 기하여 자기들도 퇴직하게 되면 같은 대우를 받을 것이라는 기대를 가지고 있었다고 볼 수는 있으나, 이러한 기대가 원심이 인정하는 바와 같은 조건부채권이 되기 위해서는 피고와 그 재직 근로자들 사이에서 규범적으로 "단체협약이 퇴직자에게도 적용된다"는 내용의 노사관행이 성립되어 있었어 야 할 것이다. 그런데 기업의 내부에 존재하는 특정의 관행이 근로계약의 내용을 이루고 있다고 하기 위하여 는 그러한 관행이 기업 사회에서 일반적으로 근로관계를 규율하는 규범적인 사실로서 명확히 승인되거나 기업의 구성원에 의하여 일반적으로 아무도 이의를 제기하지 아니한 채 당연한 것으로 받아들여져서 기업 내에서 사실상의 제도로서 확립되어 있다고 할 수 있을 정도의 규범의식에 의하여 지지되고 있어야 하나, 단체협약이 그 본래적인 성질에 있어서 협약 당사자인 구성원에게만 그 효력이 미치는 점, 이미 퇴직한 근로 자는 원칙적으로 노동조합과 사용자 사이의 단체교섭에 간여하거나 이를 조종·선동할 수 없는 점(구 노조법 제40조) 등에 비추어 보면, 위와 같은 내용의 노사관행은 그 성립요건인 규범의식 자체가 인정될 수 없는 것이 고, 기록상 달리 위와 같은 규범의식이 있었다고 볼 자료가 없으므로, 이를 전제로 하여 원심이 설시한 조건 부채권의 성립을 단정할 수도 없다(대판 2002.4.23. 2000다50701).

Ⅲ 법원의 경합

1. 서 설

노동법의 법원이 경합하는 경우에도 법원 상호 간에 관계를 설정하는 일반원칙인 ① 상위법 우선의 원칙, ② 특별법 우선의 원칙, ③ 신법 우선의 원칙(신·구법의 적용범위가 동일한 경우)이 그대로 적용된다. 다만, 노동법에 특유한 유리성의 원칙이 존재하므로 그 적용범위가 문제된다.

2. 유리성의 원칙

(1) 의 의

하위의 법원(근로계약)이 상위의 법원(취업규칙)보다 근로자에게 유리한 내용을 규정하고 있는 경우, 하위의 법원이 효력을 발생하고 상위의 법원은 적용되지 않는 노동법의 원칙이다.

(2) 관련 조문

근로기준법보다 개별 근로계약이 근로자에게 유리하면 그 근로계약이 우선 적용되고(근기법 제15조), 취업규칙보다 개별 근로계약이 근로자에게 유리하면 그 근로계약이 우선 적용된다(근기법 제97조). 또한 근로기준법이 정한 근로조건은 최저기준이므로(근기법 제3조), 단체협약이나 취업규칙, 근로계약이 근로기준법보다 유리하면 이들 규정이 우선 적용된다. `기출 22`

(3) 유리성의 원칙 적용 여부

1) 취업규칙과 근로계약[3]

① 판례 : 취업규칙보다 유리한 근로조건을 정한 근로계약을 우선 적용할 것인가에 대해 최근 판례는, 개별적 노사 간의 합의라는 형식을 빌려 근로자로 하여금 취업규칙이 정한 기준에 미달하는 근로조건을 감수하도록 하는 것을 막아 종속적 지위에 있는 근로자를 보호하기 위한 규정인 근로기준법 제97조를 반대해석하면, 취업규칙에서 정한 기준보다 유리한 근로조건을 정한 개별 근로계약 부분은 유효하고 취업규칙에서 정한 기준에 우선하여 적용되고, 근로기준법 제94조는 사용자가 일방적으로 정하는 취업규칙을 근로자에게 불리하게 변경하려고 할 경우 근로자를 보호하기 위하여 위와 같은 집단적 동의를 받을 것을 요건으로 정하고 있고, 근로기준법 제4조는 사용자가 일방적으로 근로조건을 결정하여서는 아니 되고, 근로조건은 근로관계 당사자 사이에서 자유로운 합의에 따라 정해져야 하는 사항임을 분명히 함으로써 근로자를 보호하고자 하는 것이 주된 취지이므로 이러한 각 규정 내용과 그 취지를 고려하면, 근로기준법 제94조가 정하는 집단적 동의는 취업규칙의 유효한 변경을 위한 요건에 불과하므로, 취업규칙이 집단적 동의를 받아 근로자에게 불리하게 변경된 경우에도 근로기준법 제4조가 정하는 근로조건 자유결정의 원칙은 여전히 지켜져야 한다. 따라서 근로자에게 불리한 내용으로 변경된 취업규칙은 집단적 동의를

---

3) 판례는 근로자에게 불리한 내용으로 변경된 취업규칙은 집단적 동의를 받았다고 하더라도 그보다 유리한 근로조건을 정한 기존의 개별 근로계약 부분에 우선하는 효력을 갖는다고 할 수 없어, 이 경우에도 근로계약의 내용은 유효하게 존속하고, 변경된 취업규칙의 기준에 의하여 유리한 근로계약의 내용을 변경할 수 없으며, 근로자의 개별적 동의가 없는 한 취업규칙보다 유리한 근로계약의 내용이 우선하여 적용되나, 근로기준법 제4조, 제94조 및 제97조의 규정 내용과 입법 취지를 고려할 때, 위와 같은 법리는 근로자와 사용자가 취업규칙에서 정한 기준을 상회하는 근로조건을 개별 근로계약에서 따로 정한 경우에 한하여 적용될 수 있는 것이고, 개별 근로계약에서 근로조건에 관하여 구체적으로 정하지 않고 있는 경우에는 취업규칙 등에서 정하는 근로조건이 근로자에게 적용된다고 보아야 한다고(대판 2022.1.13. 2020다232136) 판시하고 있다.

받았다고 하더라도 그보다 유리한 근로조건을 정한 기존의 개별 근로계약 부분에 우선하는 효력을 갖는다고 할 수 없다. 이 경우에도 근로계약의 내용은 유효하게 존속하고, 변경된 취업규칙의 기준에 의하여 유리한 근로계약의 내용을 변경할 수 없으며, 근로자의 개별적 동의가 없는 한 취업규칙보다 유리한 근로계약의 내용이 우선하여 적용된다고(대판 2019.11.14. 2018다200709) 판시하고 있다. **기출 22**

② **검토** : 근로자를 보호하려는 근로기준법 관련 규정의 입법취지를 고려하면, 근로자의 개별적 동의가 없는 한 취업규칙보다 유리한 근로계약의 내용이 우선하여 적용된다고 보는 것이 타당하다고 판단된다.

2) 단체협약과 근로계약

① **문제점** : 단체협약에서 정한 기준에 미달하는 근로계약은 무효로 한다(노조법 제33조 제1항). 이때 단체협약에서 정한 기준이 최저기준인지 절대기준인지가 문제된다.

② **학설** : 학설은 최저기준으로 보는 견해와 절대기준으로 보는 견해로 나뉜다. 최저기준으로 보는 견해에 의하면, 근로계약의 기준이 단체협약의 기준보다 불리한 경우에는 단체협약의 기준이 근로계약의 기준을 대체하여 적용되고, 반대의 경우에는 근로계약의 기준이 적용된다(유리한 조건의 우선원칙). 절대기준으로 보는 견해에 의하면, 근로계약의 기준이 유리하든지 불리하든지 상관없이 언제나 단체협약의 기준이 적용되어 유리한 조건의 우선원칙은 적용되지 아니한다.

③ **검토** : 노조법 제33조가 미달이 아니라 위반이라는 표현을 사용하고 있고, 우리나라는 기업별 협약이 주를 이루고 있어 유리성의 원칙을 적용하면 사용자가 이를 남용하여 조합세력의 약화를 유도하는 등 악용가능성이 있음을 고려하면, 유리성의 원칙은 적용되지 아니한다고 보는 것이 타당하다.

3) 단체협약과 취업규칙

① **문제점** : 단체협약에서 정한 근로조건의 기준에 위반하는 취업규칙은 무효가 된다. 이때 단체협약과 취업규칙 간에 유리성의 원칙이 적용되는지가 문제된다.

② **학설** : 유리성의 원칙을 인정하는 견해와 단체협약의 기준을 절대적 기준으로 보아 유리성의 원칙 적용을 부정하는 견해가 있다.

③ **판례** : 단체협약의 개정에도 불구하고 종전의 단체협약과 동일한 내용의 취업규칙이 그대로 적용된다면 단체협약의 개정은 그 목적을 달성할 수 없으므로 개정된 단체협약에는 당연히 취업규칙상의 유리한 조건의 적용을 배제하고 개정된 단체협약이 우선적으로 적용된다는 내용의 합의가 포함된 것이라고 봄이 당사자의 의사에 합치한다(대판 2002.12.27. 2002두9063).

④ **검토** : 단체협약의 취지와 목적을 고려할 때 조합원은 스스로 계약자유를 일정 범위에서 제한하였다고 볼 수 있으므로, 유리성의 원칙 적용을 부정하는 견해가 타당하다고 판단된다. 다만, 산업별 노조의 통일교섭에 따라 체결된 단체협약과 개별기업의 취업규칙이 경합하는 경우에는 전자가 최저기준의 성질을 가지므로, 그 취지상 유리한 개별기업의 취업규칙이 우선 적용된다고 보아도 좋을 것이다.

01 우리나라 노동법에 관한 설명으로 옳지 않은 것은?

① 근로자의 인간다운 생활의 실현을 기본이념으로 한다.
② 종속노동에 관한 법적 관계를 규율한다.
③ 사용자 및 노동조합의 부당노동행위를 금지하여 공정한 시장경제질서의 확립을 목적으로 한다.
④ 근대 시민법 원리를 수정한 내용을 담고 있다.
⑤ 사유재산제 등 자본주의사회의 필수적 요소를 부정하는 것은 아니다.

【 해설 】
현형 노조법 제81조에서는 사용자의 부당노동행위만을 규정하고 있다.

정답 ③

02 노동법의 법원으로 보기 어려운 것으로 묶인 것은?

㉠ 노동관계법률	㉡ 단체협약
㉢ 근로계약	㉣ 취업규칙
㉤ 노동관습법	㉥ 노동조합규약
㉦ 고용노동부 예규	㉧ 고용노동부장관 업무지침

① ㉠, ㉡, ㉣　　　　　　　　　　　　② ㉢, ㉣, ㉤
③ ㉡, ㉤, ㉥　　　　　　　　　　　　④ ㉤, ㉥, ㉦
⑤ ㉦, ㉧

【 해설 】
업무상 재해인정기준에 관한 노동부 예규는 행정기관 내부의 사무처리준칙에 불과하므로 대외적 구속력이 없다(대판 1990.9.25. 90누2727)는 판례의 취지를 고려하면, 행정청은 최종적 권위가 있는 법해석을 할 수 없기 때문에 고용노동부 예규나 고용노동부장관 업무지침은 노동법의 법원에 해당하지 아니한다고 판단된다.

정답 ⑤

03 한국이 비준하고 있는 국제노동기구(ILO)의 협약이 아닌 것은?

① 강제근로의 폐지에 관한 협약(제105호)　　　② 최저임금결정제도 협약(제26호)
③ 차별(고용과 직업) 협약(제111호)　　　　　④ 최저연령 협약(제138호)
⑤ 근로감독 협약(제81호)

【 해설 】
헌법 제6조 제1항에 의하여 우리나라가 체결·비준한 ILO협약이나 일반적으로 승인된 국제법규는 국내법과 같은 효력이 있다. 우리나라는 ILO 기본협약 중 강제근로의 폐지에 관한 협약(제105호)을 제외하고 지금까지 비준되지 않았던 강제근로에 관한 협약(제29호), 결사의 자유 및 단결권 보호에 관한 협약(제87호), 단결권 및 단체교섭권의 원칙의 적용에 관한 협약(제98호)에 대한 비준동의안 등을 비준하였다. 제29호, 제87호, 제98호 협약 등은 비준동의안이 2021.2.26. 국회본회의를 통과하여 정부가 비준서를 ILO에 기탁한 시점부터 1년(2022.4.20.)이 지나 발효되었으므로, 국내법과 같은 효력을 가진다.

정답 ①

01 총 설

01 기출 24

☑ 확인Check! ○ △ ✕

우리나라가 비준한 국제노동기구(ILO)의 협약을 모두 고른 것은?

> ㄱ. 취업최저연령에 관한 협약(제138호)
> ㄴ. 산업안전보건과 작업환경에 관한 협약(제155호)
> ㄷ. 결사의 자유 및 단결권 보호에 관한 협약(제87호)
> ㄹ. 단결권 및 단체교섭권 원칙의 적용에 관한 협약(제98호)

① ㄱ, ㄴ
② ㄱ, ㄴ, ㄷ
③ ㄱ, ㄷ, ㄹ
④ ㄴ, ㄷ, ㄹ
⑤ ㄱ, ㄴ, ㄷ, ㄹ

정답 및 해설 ◇◇◇◇◇◇◇◇◇◇◇◇◇◇◇◇◇◇◇◇◇◇

01

ㄱ. 취업최저연령에 관한 협약(제138호)은 1999년 1월, ㄴ. 산업안전보건과 작업환경에 관한 협약(제155호)은 2008년 2월, ㄷ. 결사의 자유 및 단결권 보호에 관한 협약(제87호) 및 ㄹ. 단결권 및 단체교섭권 원칙의 적용에 관한 협약(제98호)은 2021년 2월에 각각 우리나라의 비준을 얻었다.

정답 ⑤

제1장

제2장

제3장

제4장

제5장

제6장

제7장

제8장

제9장

제10장

☑ 확인Check! ○ △ ✕

노동법의 법원(法源)에 관한 설명으로 옳지 않은 것은?(다툼이 있으면 판례에 따름)

① 헌법에 따라 체결·공포된 조약은 국내법과 같은 효력을 가지므로 노동법의 법원이 된다.

② 노동조합규약은 일종의 자치적 법규범으로서 소속조합원에 대하여 법적 효력을 가진다.

③ 고용노동부의 행정해석은 고용노동부의 그 소속기관의 내부적 업무처리 지침에 불과하여 노동법의 법원이 아니다.

④ 노동관행은 그 자체로서는 법적 구속력을 가지지 않지만, 일정한 요건을 갖춘 경우에는 법원으로 인정된다.

⑤ 근로자와 사용자가 개별적으로 체결한 근로계약은 노동법의 법원이 아니다.

02

① (○) 헌법에 의하여 체결·공포된 조약은 국내법과 같은 효력을 가진다(헌법 제6조 제1항). 따라서 우리나라가 체결·비준한 국제노동기구(ILO)의 협약들은 노동법의 법원이 된다.

② (○) 노동조합규약은 노동조합의 조직 및 활동, 운영에 관하여 조합원이 자율적으로 정한 일종의 자치적 법규범으로서, 조합 내 조합원을 구속하는 한도 내에서 법적 효력을 가진다.

③ (○) 업무상 재해 인정기준에 관한 노동부[현 고용노동부(註)] 예규는 행정기관 내부의 사무처리준칙에 불과하므로 대외적 구속력이 없다는 판례(대판 1990.9.25. 90누2727)의 취지를 고려하면, 고용노동부의 행정해석은 통일적인 업무처리를 위한 내부적 업무처리 지침에 불과하여 일반 국민을 구속하는 법적 구속력이 있다고 보기 어려우므로 노동법의 법원에 해당하지 아니한다고 판단된다.

④ (○) 노동관행은 그 자체로 특별한 법적 효력이 없으므로 원칙적으로 법원으로 인정되지 않는다. 다만, 기업의 내부에 존재하는 특정의 관행이 기업사회에서 일반적으로 근로관계를 규율하는 규범적인 사실로서 명확히 승인되거나 기업의 구성원에 의하여 일반적으로 아무도 이의를 제기하지 아니한 채 당연한 것으로 받아들여져서 기업 내에서 사실상의 제도로서 확립되어 있다고 할 수 있을 정도의 규범의식에 의하여 지지되고 있는 경우에는 근로계약의 내용을 이루고 있다고 볼 수 있고(대판 2002.4.23. 2000다50701), 이러한 경우에는 노동관행이 법원으로 인정된다고 할 것이다.

⑤ (✕) 근로자와 사용자가 개별적으로 체결한 근로계약은 그 적용을 받는 당사자의 권리·의무를 규율하고 있으므로, 법원성이 인정된다고 이해하여야 한다.

정답 ⑤

노동법의 법원(法源)에 관한 설명으로 옳은 것은?(다툼이 있으면 판례에 따름)

① 근로관계 당사자의 권리와 의무를 규율하는 취업규칙은 노동법의 법원에 해당한다.

② 국제노동기구(ILO)의 강제근로의 폐지에 관한 협약(제105호)은 노동법의 법원에 해당한다.

③ 노동사건에 관련한 대법원 전원합의체 판결은 노동법의 법원에 해당한다.

④ 노동관계법령에 대한 법제처의 유권해석은 노동법의 법원에 해당한다.

⑤ 사용자와 개별근로자가 체결한 근로계약은 노동법의 법원에 해당하지 않는다.

03

① (○) 노동법의 법원으로서는 일반성을 요소로 하는 노동법령뿐만 아니라, 단체협약, 취업규칙, 근로계약 등도 법원으로 인정된다.

② (✕) 헌법 제6조 제1항에 의하여 우리나라가 체결·비준한 ILO협약이나 일반적으로 승인된 국제법규는 국내법과 같은 효력이 있다. 우리나라는 ILO 기본협약 중 강제근로의 폐지에 관한 협약(제105호)을 제외하고 지금까지 비준되지 않았던 강제근로에 관한 협약(제29호), 결사의 자유 및 단결권 보호에 관한 협약(제87호), 단결권 및 단체교섭권의 원칙의 적용에 관한 협약(제98호)에 대한 비준동의안 등을 비준하였다. 제29호, 제87호, 제98호 협약 등은 비준동의안이 2021.2.26. 국회본회의를 통과하여 정부가 비준서를 ILO에 기탁한 시점부터 1년(2022.4.20.)이 지나 발효되었으므로, 국내법과 같은 효력을 가진다. 그러나 강제근로의 폐지에 관한 협약(제105호)은 비준되지 아니하였으므로 노동법의 법원성은 부정된다고 보는 것이 타당하다.

③ (✕) 대륙법계를 취하는 우리나라의 노동사건에 관한 판결은 원칙적으로 노동법의 법원으로서 인정되지 아니한다.

④ (✕) 업무상 재해 인정기준에 관한 노동부[현 고용노동부(註)] 예규는 행정기관 내부의 사무처리준칙에 불과하므로, 대외적 구속력이 없다는 판례(대판 1990.9.25. 90누2727)의 취지를 고려하면, 행정청은 최종적 권위가 있는 법해석을 할 수 없기 때문에 법제처의 유권해석은 노동법의 법원에 해당하지 아니한다고 판단된다.

⑤ (✕) 사용자와 개별근로자가 체결한 근로계약을 통하여 양자 사이의 중요한 권리·의무를 규정하게 되므로 근로계약은 근로관계에 대한 직접적인 법원이 된다.

정답 ①

04 기출 22

☑ 확인Check! ○ △ ✕

노동법 법원(法源)의 상충 등에 관한 설명으로 옳은 것을 모두 고른 것은?

> ㄱ. 근로계약에서 정한 근로조건이 근로기준법에서 정하는 기준에 미치지 못하는 경우에는 그 근로계약을 무효로 한다.
> ㄴ. 취업규칙에서 정한 기준에 미달하는 근로조건을 정한 근로계약은 그 부분에 관하여는 무효로 하며 무효로 된 부분은 취업규칙에 정한 기준에 따른다.
> ㄷ. 취업규칙은 근로기준법과 어긋나서는 아니 된다.
> ㄹ. 취업규칙은 해당 사업 또는 사업장에 대하여 적용되는 단체협약과 어긋나서는 아니 된다.

① ㄱ, ㄴ
② ㄷ, ㄹ
③ ㄱ, ㄴ, ㄹ
④ ㄴ, ㄷ, ㄹ
⑤ ㄱ, ㄴ, ㄷ, ㄹ

05 기출 21

☑ 확인Check! ○ △ ✕

노동법의 법원(法源) 등에 관한 설명으로 옳은 것은?(다툼이 있으면 판례에 따름)

① 취업규칙은 노동법의 법원(法源)으로 인정되지 않는다.
② 단체협약은 노동법의 법원(法源)으로 인정되지 않는다.
③ 고용노동부 예규가 그 성질과 내용이 행정기관 내부의 사무처리지침에 불과한 경우에는 법원을 구속하지 않는다.
④ ILO 제100호 협약(동등보수에 관한 협약)은 국내법과 동일한 효력을 갖지 않는다.
⑤ 노동관행이 기업사회에서 일반적으로 근로관계를 규율하는 규범적인 사실로서 명확히 승인되더라도 근로계약의 내용으로 인정되지 않는다.

04

- ㄱ. (✕) 이 법에서 정하는 기준에 미치지 못하는 근로조건을 정한 근로계약은 그 부분에 한정하여 무효로 한다(근기법 제15조 제1항).
- ㄴ. (○) 근기법 제97조
- ㄷ. (○), ㄹ. (○) 취업규칙은 법령이나 해당 사업 또는 사업장에 대하여 적용되는 단체협약과 어긋나서는 아니 된다(근기법 제96조 제1항).

정답 ④

05

① (✕) 취업규칙은 사업장에서 사용자가 근로자에게 적용하는 근로조건 및 복무규율 등에 관하여 일방적으로 작성한 것으로, 대체로 법원성이 인정된다.
② (✕) 단체협약은 노동법의 법원으로 인정된다.
③ (○) 업무상 재해 인정기준에 관한 노동부[현 고용노동부(註)] 예규는 그 규정의 성질과 내용이 행정기관 내부의 사무처리준칙을 규정한 데 불과한 것이어서 국민이나 법원을 구속하는 것이 아니라고 할 것이다(대판 1990.9.25. 90누2727).
④ (✕) 제100호 동등보수에 관한 협약은 우리나라가 비준한 ILO협약 중 하나이므로, 국내법과 동일한 효력을 갖는다.
⑤ (✕) 기업 내부에 존재하는 특정 관행이 근로계약의 내용을 이루고 있다고 하기 위해서는 그러한 관행이 기업사회에서 일반적으로 근로관계를 규율하는 규범적인 사실로서 명확히 승인되거나 기업의 구성원에 의하여 일반적으로 아무도 이의를 제기하지 아니한 채 당연한 것으로 받아들여져서 기업 내에서 사실상의 제도로서 확립되어 있다고 할 수 있을 정도의 규범의식에 의하여 지지되고 있어야 한다(대판 2014.2.27. 2011다109531). 즉, 사용자 또는 근로자가 특정 관행을 계속적으로 반복하여 왔고, 이를 사용자가 승인하거나 근로자가 묵시적으로 동의함으로써 기대나 예견이 가능할 정도라면, 그 관행은 법원으로서 인정된다고 보아야 한다.

정답 ③

06 기출 17

☑ 확인Check! ○ △ ✕

우리나라 노동법의 법원(法源)에 관한 설명으로 옳지 않은 것은?(다툼이 있으면 판례에 따름)

① 판례는 법원으로 인정되지 않는다.
② 기업의 내부에 존재하는 특정 관행이 기업 사회에서 일반적으로 근로관계를 규율하는 규범적인 사실로서 명확히 승인된 경우 그 특정 관행은 근로계약의 내용을 이루고 있다고 인정되어 법원으로 인정된다.
③ 민법은 법원으로 인정된다.
④ 국제노동기구(ILO)의 강제근로의 폐지에 관한 협약(제105호)은 노동법의 법원에 해당한다.
⑤ 고용노동부의 행정해석은 법원으로 인정되지 않는다.

06

① (○) 대륙법계를 취하는 우리나라에서 판례는 원칙적으로 노동법의 법원으로서 인정되지 아니한다.
② (○) 노동관행은 그 자체로 특별한 법적 효력이 없으므로 원칙적으로 법원으로 인정되지 않는다. 다만, 기업의 내부에 존재하는 특정의 관행이 기업사회에서 일반적으로 근로관계를 규율하는 규범적인 사실로서 명확히 승인되거나 기업의 구성원에 의하여 일반적으로 아무도 이의를 제기하지 아니한 채 당연한 것으로 받아들여져서 기업 내에서 사실상의 제도로서 확립되어 있다고 할 수 있을 정도의 규범의식에 의하여 지지되고 있는 경우에는 근로계약의 내용을 이루고 있다고 볼 수 있고(대판 2014.2.27. 2011다109531), 이러한 경우에는 노동관행이 법원으로 인정된다고 할 것이다.
③ (○) 노동관계법규 외에 민사법 등도 노동관계에 관한 기초적 또는 보충적 규정으로서 노동법의 법원이 된다.
④ (✕) 헌법 제6조 제1항에 의하여 우리나라가 체결·비준한 ILO협약이나 일반적으로 승인된 국제법규는 국내법과 같은 효력이 있다. 우리나라는 ILO 기본협약 중 강제근로의 폐지에 관한 협약(제105호)을 제외하고 지금까지 비준되지 않았던 강제근로에 관한 협약(제29호), 결사의 자유 및 단결권 보호에 관한 협약(제87호), 단결권 및 단체교섭권의 원칙의 적용에 관한 협약(제98호)에 대한 비준동의안 등을 비준하였다. 제29호, 제87호, 제98호 협약 등은 비준동의안이 2021.2.26. 국회본회의를 통과하여 정부가 비준서를 ILO에 기탁한 시점부터 1년(2022.4.20.)이 지나 발효되었으므로, 국내법과 같은 효력을 가진다. 그러나 강제근로의 폐지에 관한 협약(제105호)은 비준되지 아니하였으므로 노동법의 법원성은 부정된다고 보는 것이 타당하다.
⑤ (○) 업무상 재해 인정기준에 관한 노동부[현 고용노동부(註)] 예규는 행정기관 내부의 사무처리준칙에 불과하므로 대외적 구속력이 없다는 판례(대판 1990.9.25. 90누2727)의 취지를 고려하면, 고용노동부의 행정해석은 통일적인 업무처리를 위한 내부적 업무처리 지침에 불과하여 일반 국민을 구속하는 법적 구속력이 있다고 보기 어려우므로 노동법의 법원에 해당하지 아니한다고 판단된다.

정답 ④

노동관계법에 관한 헌법재판소의 결정으로 옳지 않은 것은?

① 헌법 제32조 제3항은 "근로조건의 기준은 인간의 존엄성을 보장하도록 법률로 정한다"고 규정하고 있는바, 인간의 존엄에 상응하는 근로조건의 기준이 무엇인지를 구체적으로 정하는 것은 일차적으로 입법자의 형성의 자유에 속한다.

② 근로자가 퇴직급여를 청구할 수 있는 권리도 헌법상 바로 도출되는 것이 아니라 근로자퇴직급여 보장법 등 관련 법률이 구체적으로 정하는 바에 따라 비로소 인정될 수 있는 것이다.

③ 근로의 권리는 "일할 자리에 관한 권리"만이 아니라 "일할 환경에 관한 권리"도 함께 내포하고 있는바, 후자는 생존권적 기본권의 성격을 갖고 있으므로 외국인근로자에게는 근로의 권리에 관한 기본권주체성이 인정되지 않는다.

④ 해고예고제도는 근로관계의 존속이라는 근로자 보호의 본질적 부분과 관련되는 것이 아니므로, 해고예고제도를 둘 것인지 여부, 그 내용 등에 대해서는 상대적으로 넓은 입법 형성의 여지가 있다.

⑤ 근로자공급사업은 성질상 사인이 영리를 목적으로 운영할 경우 근로자에 대한 중간착취, 강제근로, 인권침해, 인신매매 등의 부작용이 초래될 가능성이 매우 크므로 고용노동부장관의 허가를 받은 자만이 근로자공급사업을 할 수 있도록 제한하는 것을 직업 선택의 자유의 본질적인 내용을 침해하는 것으로 볼 수는 없다.

07

① (○) 헌법 제32조 제3항은 "근로조건의 기준은 인간의 존엄성을 보장하도록 법률로 정한다"고 규정하고 있는바, 인간의 존엄에 상응하는 근로조건의 기준이 무엇인지를 구체적으로 정하는 것은 일차적으로 입법자의 형성의 자유에 속한다고 할 것이다(헌재 1999.9.16. 98헌마310).

② (○) 근로자가 퇴직급여를 청구할 수 있는 권리도 헌법상 바로 도출되는 것이 아니라 퇴직급여법 등 관련 법률이 구체적으로 정하는 바에 따라 비로소 인정될 수 있는 것이므로 계속근로기간 1년 미만인 근로자가 퇴직급여를 청구할 수 있는 권리가 헌법 제32조 제1항에 의하여 보장된다고 보기는 어렵다(헌재 2011.7.28. 2009헌마408).

③ (✕) 헌법재판소는 인간의 존엄성을 보장하기 위하여 최소한의 근로조건을 요구할 수 있는 권리(일할 환경에 관한 권리)는 자유권적 기본권의 성격도 아울러 가지므로 이러한 경우 외국인근로자에게도 그 기본권주체성을 인정함이 타당하다고 하여 외국인산업기술연수생도 근로의 권리의 주체가 된다고 하였다(헌재 2007.8.30. 2004헌마670).

④ (○) 해고예고제도는 해고 자체를 금지하는 제도는 아니며, 대법원 판례 또한 예고의무를 위반한 해고도 유효하다고 보므로 해고 자체의 효력과도 무관한 제도이다. 즉 해고예고제도는 근로관계의 존속이라는 근로자 보호의 본질적 부분과 관련되는 것이 아니므로, 해고예고제도를 둘 것인지 여부, 그 내용 등에 대해서는 상대적으로 넓은 입법 형성의 여지가 있다(헌재 2001.7.19. 99헌마663).

⑤ (○) 근로자공급사업은 성질상 사인이 영리를 목적으로 운영할 경우 근로자의 안전 및 보건상의 위험, 근로조건의 저하, 공중도덕상 유해한 직종에의 유입, 미성년자에 대한 착취, 근로자에 대한 중간착취, 강제근로, 인권침해, 약취·유인, 인신매매 등의 부작용이 초래될 가능성이 매우 크므로 노동부장관의 허가를 받은 자만이 근로자공급사업을 할 수 있도록 제한하는 것은 그 목적의 정당성, 방법의 적절성, 피해의 최소성, 법익의 균형성 등에 비추어 볼 때 합리적인 제한이라고 할 것이고, 과잉 금지의 원칙에 위배되어 직업 선택의 본질적인 내용을 침해하는 것으로 볼 수는 없다(헌재 1998.11.26. 97헌바31).

정답 ③

08 기출 18

☑ 확인 Check! ○ △ ×

우리나라 노동법의 법원(法源)에 관한 설명으로 옳지 않은 것은?(다툼이 있으면 판례에 따름)

① 고용노동부의 업무지침 등이 그 성질과 내용이 행정기관 내부의 사무처리지침에 불과한 경우에는 대외적인 구속력은 없다.
② 국제노동기구(ILO)의 강제근로의 폐지에 관한 협약(제105호)은 노동법의 법원에 해당한다.
③ 노동사건에 대한 판례는 노동법의 법원으로 인정되지 않는다.
④ 단체협약은 노동법의 법원으로 인정된다.
⑤ 노동조합규약은 일종의 자치적 법규범으로서 소속 조합원에 대하여 법적 효력을 가진다.

08

① (○) 업무상 재해 인정기준에 관한 노동부[현 고용노동부(註)] 예규는 행정기관 내부의 사무처리준칙에 불과하므로 대외적 구속력이 없다는 판례(대판 1990.9.25. 90누2727)의 취지를 고려하면, 고용노동부의 업무처리지침 등이 사무처리준칙에 불과하다면 일반 국민을 구속하는 법적 구속력이 있다고 보기 어렵다.

② (×) 헌법 제6조 제1항에 의하여 우리나라가 체결·비준한 ILO협약이나 일반적으로 승인된 국제법규는 국내법과 같은 효력이 있다. 우리나라는 ILO 기본협약 중 강제근로의 폐지에 관한 협약(제105호)을 제외하고 지금까지 비준되지 않았던 강제근로에 관한 협약(제29호), 결사의 자유 및 단결권 보호에 관한 협약(제87호), 단결권 및 단체교섭권의 원칙의 적용에 관한 협약(제98호)에 대한 비준동의안 등을 비준하였다. 제29호, 제87호, 제98호 협약 등은 비준동의안이 2021.2.26. 국회본회의를 통과하여 정부가 비준서를 ILO에 기탁한 시점부터 1년(2022.4.20.)이 지나 발효되었으므로, 국내법과 같은 효력을 가진다. 그러나 강제근로의 폐지에 관한 협약(제105호)은 비준되지 아니하였으므로 노동법의 법원성은 부정된다고 보는 것이 타당하다.

③ (○) 대륙법계를 취하는 우리나라의 노동사건에 관한 판례는 원칙적으로 노동법의 법원으로서 인정되지 아니한다.

④ (○) 노동법상의 법원으로서는 일반성을 요소로 하는 노동법령뿐만 아니라, 단체협약, 취업규칙, 근로계약 등도 법원으로 인정된다.

⑤ (○) 노동조합은 근로자들이 자신들의 이익을 옹호하기 위하여 자주적으로 결성한 임의단체로서 그 내부 운영에 있어서 조합규약 및 다수결에 의한 자치가 보장되므로, 노동조합이 자체적으로 마련한 선거관리규정은 조합 민주주의를 실현하기 위한 강행법규에 적합한 범위 내에서는 일종의 자치적 법규범으로서 국가법질서 내에서 법적 효력을 가진다(대판 1998.2.27. 97다43567).

정답 ②

02 근로기준법 개설

제1절 근로의 권리

Ⅰ 의 의

1. 자유권적 측면

개인이 근로를 행함에 있어서 국가 또는 타인의 방해를 받지 아니하고 자유로이 근로를 하거나 하지 아니할 수 있는 권리를 말한다.

2. 생존권적 측면

국가가 실업근로자에게 적절한 근로의 기회를 제공할 수 있도록 입법이나 정책을 취하라고 요구할 수 있는 권리를 말한다.

Ⅱ 법적 성질

1. 자유권설

개인이 근로의 기회를 얻음에 있어서 국가 또는 타인이 이를 침해하지 못하며 개인이 근로의 여부, 종류, 내용 및 장소를 자유로이 선택할 수 있는 권리를 말한다.

2. 생존권설

국가의 책임하에 근로기회의 보장을 요구할 수 있는 권리를 말한다.

(1) 추상적 권리설

국가가 근로의 권리를 보장하기 위하여 구체적인 법령을 제정하는 경우에만 법률에 근거하여 근로의 권리를 요구할 수 있는 권리로 파악하며, 헌법상 근로의 권리는 이러한 법률 제정 및 해석의 지침이 된다.

(2) 구체적 권리설

근로의 권리 실현을 위한 구체적인 입법이 없는 경우에도, 입법부작위에 대한 위헌소송을 제기하는 등 국민이 국가에 대해 구체적으로 근로를 요구할 수 있는 권리로 파악한다.

(3) 검 토

근로의 권리는 자유권적 성격과 생존권적 성격을 동시에 갖는다고 볼 수 있다. 또한 근로의 권리는 그 자체로서 구체적 권리가 아닌, 입법에 의하여 그 내용이 구체화되어야 하는 추상적 권리라고 보는 것이 타당하다.

Ⅲ 주 체

1. 인정범위

근로자에 한정하는 견해가 있으나, 모든 국민이 근로의 권리의 주체가 된다고 보는 것이 타당하다. 헌법 제32조는 모든 국민은 근로의 권리를 가진다고 규정하고 있다.

2. 외국인의 주체성

사회권적 기본권은 자국민의 인간다운 생활을 보장하기 위한 기본권이므로, 외국인은 근로의 권리의 주체가 될 수 없다. 다만, 근로의 권리가 일할 자리에 관한 권리(생존권적 기본권)만이 아니라 일할 환경에 관한 권리(자유권적 기본권)도 내포하고 있는바, 건강한 작업환경, 일에 대한 정당한 보수, 합리적인 근로조건의 보장 등을 요구할 수 있는 권리 등을 포함한다 할 것이므로, 외국인 근로자라고 하여 이 부분에까지 기본권 주체성을 부인할 수는 없다(헌재 2007.8.30. 2004헌마670). 기출 15

Ⅳ 내 용

> **헌법 제32조** 기출 20 · 21 · 22 · 23 · 24
> ① 모든 국민은 근로의 권리를 가진다. 국가는 사회적·경제적 방법으로 근로자의 고용의 증진과 적정임금의 보장에 노력하여야 하며, 법률이 정하는 바에 의하여 최저임금제를 시행하여야 한다.
> ② 모든 국민은 근로의 의무를 진다. 국가는 근로의 의무의 내용과 조건을 민주주의원칙에 따라 법률로 정한다.
> ③ 근로조건의 기준은 인간의 존엄성을 보장하도록 법률로 정한다.
> ④ 여자의 근로는 특별한 보호를 받으며, 고용·임금 및 근로조건에 있어서 부당한 차별을 받지 아니한다.
> ⑤ 연소자의 근로는 특별한 보호를 받는다.
> ⑥ 국가유공자·상이군경 및 전몰군경의 유가족은 법률이 정하는 바에 의하여 우선적으로 근로의 기회를 부여받는다.

1. 본원적 내용

(1) 근로기회제공청구권

근로기회제공청구권은 근로의 의사와 능력이 있는 자는 누구든지 국가에 대하여 근로의 기회를 청구할 수 있는 권리를 그 내용으로 한다.

(2) 생계비지급청구권

생계비지급청구권은 국가가 근로의 기회를 제공할 수 없는 경우, 이에 상응하는 상당한 생계비의 지급을 국가에 청구할 수 있는 권리를 그 내용으로 한다. 그러나 우리 헌법은 근로의 권리와 관련하여 생계비 지급을 규정하지 아니하고 있기 때문에 생계비 지급에 관하여는 근로의 권리를 생계비지급청구권으로 이해할 수 없다.

제1장

제2장

제3장

제4장

제5장

제6장

제7장

제8장

제9장

제10장

2. 파생적 내용

(1) 국가의 고용 증진 및 적정·최저임금의 보장

고용 증진 및 적정임금 보장 노력, 최저임금제 시행의무 등이 인정된다.

(2) 근로조건의 법정화

인간의 존엄성을 보장하도록 법률로 정한다. 이를 구체화한 법이 근로기준법이다.

(3) 여성근로자의 보호와 차별대우의 금지

근로기준법 제5장에 규정하고 있고, 남녀고용평등과 일·가정 양립 지원에 관한 법률이 구체화하고 있다.

(4) 연소자의 보호

근로기준법 제5장은 여성과 소년의 근로 보호에 관한 특별규정을 두고 있다.

(5) 국가유공자 유가족 등의 근로기회 보장

국가유공자 등 예우 및 지원에 관한 법률, 독립유공자예우에 관한 법률이 구체화하고 있다.

✔ 핵심문제

01 헌법 제32조 근로의 권리에 관한 설명으로 옳지 않은 것은?

① 최저임금제의 시행은 헌법상 근로의 권리에 명시된 내용이다.
② 국가유공자·상이군경 및 전몰군경의 유가족은 법률이 정하는 바에 의하여 우선적으로 근로의 기회를 부여받는다.
③ 헌법재판소는 국가에 대하여 고용 증진을 위한 사회적·경제적 정책을 요구할 수 있는 권리에 대하여 외국인의 기본권 주체성을 인정한다.
④ 헌법재판소는 인간의 존엄성을 보장하기 위한 최소한의 근로조건을 요구할 수 있는 권리에 대하여 외국인의 기본권 주체성을 인정한다.
⑤ 헌법재판소는 건강한 작업환경 및 일에 대한 정당한 보수 등을 요구할 수 있는 권리가 근로의 권리에 포함되는 것으로 본다.

[해설]
국가에 대해 고용 증진을 위한 사회적·경제적 정책을 요구할 수 있는 권리는 사회권적 기본권으로서 국민에 대하여만 인정해야 하지만, 자본주의 경제질서하에서 근로자가 기본적 생활수단을 확보하고 인간의 존엄성을 보장받기 위하여 최소한의 근로조건을 요구할 수 있는 권리는 자유권적 기본권의 성격도 아울러 가지므로 이러한 경우 외국인근로자에게도 그 기본권 주체성이 인정된다(헌재 2007.8.30, 2004헌마670).

정답 ③

Ⅴ 효 력

1. 대국가적 효력

국가는 소극적으로 취업을 방해하거나 강요해서는 아니 되며, 적극적으로 취업의 기회를 확대하도록 노력해야 한다.

2. 대사인적 효력

근로의 권리는 대사인적 효력을 가진다는 것이 일반적인 견해인바, 사인은 다른 개인의 근로의 권리를 침해해서는 아니 된다. 이와 관련하여 사용자의 해고의 자유 제한의 근거가 될 수 있는지 여부가 논의되고 있는바, 근로의 권리는 사인 간의 개별적 근로관계에도 적용되므로, 사용자의 해고의 자유 제한의 근거가 된다고 보는 것이 타당하다.

제2절 개별적 근로관계법과 근로기준법

Ⅰ 개별적 근로관계법

개개의 근로자와 개개의 사용자와의 법률관계로서 근로관계법과 사용자 또는 국가와의 관계에 있어서의 근로자 보호의 법률관계인 노동보호법을 말한다. 이에는 근로기준법, 선원법, 산업재해보상보험법, 직업안정법, 남녀고용평등과 일·가정 양립 지원에 관한 법률, 산업안전보건법 및 최저임금법 등이 있다.

Ⅱ 근로기준법

(1) 의 의

근로조건의 최저기준을 정한 것으로서 개별근로자에게 적용되는 노동보호법이다. 근로관계의 성립, 내용, 변경, 및 종료 등 근로조건 전반에 걸쳐 규정하고 있는 일반법이다. **기출 19**

(2) 법적 성질

강행법규이므로 근로자도 근로기준법상 권리를 포기할 수 없다. 사용자의 의무 설정은 물론, 사용자에 대한 근로자의 권리까지 설정함으로써 사법관계인 근로관계를 직접 규율하는 법이다.

I 전부적용

> **적용범위(근기법 제11조)**
> ① 이 법은 상시 5명 이상의 근로자를 사용하는 모든 사업 또는 사업장에 적용한다. 다만, 동거하는 친족만을 사용하는 사업 또는 사업장과 가사(家事)사용인에 대하여는 적용하지 아니한다.
> ② 상시 4명 이하의 근로자를 사용하는 사업 또는 사업장에 대하여는 대통령령으로 정하는 바에 따라 이 법의 일부 규정을 적용할 수 있다.
> ③ 이 법을 적용하는 경우에 상시 사용하는 근로자 수를 산정하는 방법은 대통령령으로 정한다.

1. 상시 5인 이상의 근로자의 사용

(1) 상시 5인 이상

'상시 5인 이상의 근로자를 사용하는 사업 또는 사업장'이라 함은 '상시 근무하는 근로자의 수가 5인 이상인 사업 또는 사업장'이 아니라 '사용하는 근로자의 수가 상시 5인 이상인 사업 또는 사업장'을 뜻하는 것이고, 이 경우 상시라 함은 상태라고 하는 의미로서 근로자의 수가 때때로 5인 미만이 되는 경우가 있어도 사회통념에 의하여 객관적으로 판단하여 상태적으로 5인 이상이 되는 경우에는 이에 해당할 것이다(대판 2024.1.25. 2023다 275998).

(2) 근로자

여기의 근로자에는 당해 사업장에 계속 근무하는 근로자뿐만 아니라 그때그때의 필요에 의하여 사용하는 일용근로자를 포함한다고 해석하여야 할 것이다(대판 2008.3.27. 2008도364). **기출 18** 또한 정규직 근로자뿐만 아니라 기간제·단시간 근로자(대판 1997.11.28. 97다28971), 불법체류외국인근로자의 경우에도 근로기준법상 근로자에 포함된다(대판 1997.8.26. 97다18875).

2. 사업 또는 사업장

(1) 개 념

사업과 사업장은 동일한 개념으로 파악하는 것이 일반적이다. 근로기준법이 적용되는 사업이 되기 위해서는 일정한 장소에서 유기적인 조직하에 업으로 행해져야 한다. 업으로 행하는 경우 이를 계속적으로 행하여야 한다는 견해가 있으나, 그 사업이 일회적이거나 일시적이라 해도 근로기준법이 적용된다(다수설·판례). 이때 "업으로 행한다"라고 함은 반드시 영리를 목적으로 하여야 하는 것은 아니다. **기출 18·24**

(2) 하나의 사업장의 판단기준

5인 이상이라 함은 하나의 사업 또는 사업장을 전제로 하고 있으므로, 독립된 개체로서의 하나의 사업 또는 사업장의 범위를 확정지어 주는 판단기준이 필요하게 된다. 사업주가 여러 개의 사업을 영위하고 있을 때 각각의 사업에 근로기준법이 개별적으로 적용되는지, 아니면 이들 중 일부 또는 전부를 하나의 사업으로 보아 근로기준법이 일괄적용되는지는 개개 사업의 독립성 여부에 따라 판단된다.

1) 여러 개의 사업장이 동일한 장소에 있는 경우

본사, 지점, 출장소 및 공장 등 여러 개의 사업장이 동일한 장소에 있다면, 원칙적으로 하나의 사업으로 보는 것이 일반적이다. 다만, 동일한 장소에 있는 경우라도 현저하게 근로의 형태가 다른 부문이 존재하고, 독립적으로 운영되는 경우에는 서로 다른 사업장으로 보아야 할 것이다.

2) 여러 개의 사업장이 서로 다른 장소에 있는 경우

원칙적으로 각각 독립된 사업장으로 본다. 다만, 장소적으로 분산되어 있더라도 하나의 사업장으로 독립성을 갖추고 있지 아니한 경우에는 별개의 사업장으로 볼 수 없다.

상시 사용하는 근로자 수의 산정방법(근기법 시행령 제7조의2)

① 법 제11조 제3항에 따른 "상시 사용하는 근로자 수"는 해당 사업 또는 사업장에서 법적용사유(휴업수당 지급, 근로시간 적용 등 법 또는 이 영의 적용 여부를 판단하여야 하는 사유) 발생일 전 1개월(사업이 성립한 날부터 1개월 미만인 경우에는 그 사업이 성립한 날 이후의 기간. 이하 "산정기간") 동안 사용한 근로자의 연인원을 같은 기간 중의 가동일수로 나누어 산정한다.

② 제1항에도 불구하고 다음 각 호의 구분에 따라 그 사업 또는 사업장에 대하여 5명(법 제93조의 적용 여부를 판단하는 경우에는 10명. 이하 "법적용기준") 이상의 근로자를 사용하는 사업 또는 사업장(이하 "법적용사업 또는 사업장")으로 보거나 법적용사업 또는 사업장으로 보지 않는다.

  1. 법적용사업 또는 사업장으로 보는 경우 : 제1항에 따라 해당 사업 또는 사업장의 근로자 수를 산정한 결과 법적용사업 또는 사업장에 해당하지 않는 경우에도 산정기간에 속하는 일(日)별로 근로자 수를 파악하였을 때 법적용기준에 미달한 일수(日數)가 2분의 1 미만인 경우

  2. 법적용사업 또는 사업장으로 보지 않는 경우 : 제1항에 따라 해당 사업 또는 사업장의 근로자 수를 산정한 결과 법적용사업 또는 사업장에 해당하는 경우에도 산정기간에 속하는 일별로 근로자 수를 파악하였을 때 법적용기준에 미달한 일수가 2분의 1 이상인 경우

③ 법 제60조부터 제62조까지의 규정(제60조 제2항에 따른 연차유급휴가에 관한 부분은 제외)의 적용 여부를 판단하는 경우에 해당 사업 또는 사업장에 대하여 제1항 및 제2항에 따라 월 단위로 근로자 수를 산정한 결과 법적용사유 발생일 전 1년 동안 계속하여 5명 이상의 근로자를 사용하는 사업 또는 사업장은 법적용사업 또는 사업장으로 본다.

④ 제1항의 연인원에는 파견근로자 보호 등에 관한 법률 제2조 제5호에 따른 파견근로자를 제외한 다음 각 호의 근로자 모두를 포함한다.

  1. 해당 사업 또는 사업장에서 사용하는 통상근로자, 기간제 및 단시간근로자 보호 등에 관한 법률 제2조 제1호에 따른 기간제근로자, 단시간근로자 등 고용형태를 불문하고 하나의 사업 또는 사업장에서 근로하는 모든 근로자

  2. 해당 사업 또는 사업장에 동거하는 친족과 함께 제1호에 해당하는 근로자가 1명이라도 있으면 동거하는 친족인 근로자

판례에 의하면 주휴일은 근로기준법 제55조 제1항에 의하여 주 1회 이상 휴일로 보장되는 근로의무가 없는 날이므로, 주휴일에 실제 근무하지 않은 근로자는 근로기준법 제11조 제3항의 '상시 사용하는 근로자 수'를 산정하는 기준이 되는 같은 법 시행령 제7조의2 제1항의 '산정기간 동안 사용한 근로자의 연인원' 및 같은 조 제2항 각 호의 '일(日)별 근로자 수'에 포함하여서는 아니 된다고 하면서, 이는 주휴일은 매주 일정하게 발생하는 휴일로서, 주휴일에 실제 출근하지 않은 근로자를 상시 사용 근로자 수에서 제외하여야 해당 사업장의 보통 때의 통상적인 사용 상태를 제대로 반영할 수 있고, 이를 제외하여도 사용자나 근로자가 근로기준법의 적용 여부를 사전에 파악하는 데에 어려움이 없어 법적 안정성과 예측가능성을 해하지 않기 때문이라고 (대판 2023.6.15. 2020도16228) 한다. 최근 판례는 이에 더하여 매월 또는 매주 휴일이 발생하는 일자나 요일이 특정되어 있고 휴무일수가 일정한 경우뿐만 아니라, 근로자들이 매월 또는 매주를 주기로 순환하여 휴무일을 가짐에 따라 휴무일이 발생하는 일자나 요일 및 휴무일수가 변동되는 경우에도 마찬가지로 근로기준법이나 근로계약 등에 따라 '휴일로 보장되는 근로의무가 없는 날'에 실제 근로자가 근무하지 않았다면 '산정기간 동안 사용한 근로자의 연인원' 및 '일별 근로자 수'에 포함되지 아니한다고(대판 2024.1.25. 2023다275998) 한다.

Ⅱ 일부적용

1. 상시 4인 이하의 근로자를 사용하는 사업 또는 사업장에 적용되는 규정

(1) 취 지

대통령령이 정하는 바에 따라 일부 규정을 적용할 수 있다. 이는 근로기준법상 의무에 따른 사용자의 부담 증가와 산업사회의 계속적인 변화를 고려하여 그 적용범위를 규모별로 신축성 있게 확대해 나가려는 취지이다. 기출 19·21

(2) 근로기준법 시행령 [별표 1] 기출 23·24

[상시 4명 이하의 근로자를 사용하는 사업 또는 사업장에 적용하는 법규정]

구 분	적용 법규정
제1장 총 칙	• 적용 법규정 : 목적(제1조), 정의(제2조), 근로조건의 기준(제3조), 근로조건의 결정(제4조), 근로조건의 준수(제5조), 균등한 처우(제6조), 강제근로의 금지(제7조), 폭행의 금지(제8조), 중간착취의 배제(제9조), 공민권 행사의 보장(제10조), 적용범위(제11조, 제12조), 보고·출석의 의무(제13조) • 제14조는 적용되지 아니하므로, 사용자는 근기법 및 동법 시행령의 주요내용과 취업규칙을 사업장에 게시하지 아니하여도 무방하다.
제2장 근로계약	• 적용 법규정 : 근기법을 위반한 근로계약(제15조), 근로조건의 명시(제17조), 단시간근로자의 근로조건(제18조), 근로조건 위반에 대한 손배청구와 해제(제19조 제1항), 위약예정의 금지(제20조), 전차금 상계의 금지(제21조), 강제저금의 금지(제22조), 해고시기의 제한(제23조 제2항), 해고의 예고(제26조), 금품청산(제36조), 미지급임금에 대한 지연이자(제37조), 임금채권의 우선변제(제38조), 사용증명서(제39조), 취업방해의 금지(제40조), 근로자의 명부(제41조), 계약서류의 보존(제42조) • 제19조 제2항은 적용되지 아니하므로, 명시된 근로조건이 사실과 다른 경우에 근로자는 노동위원회에 손해배상신청을 할 수 없고, 근로계약이 해제되었을 경우에 사용자는 취업을 목적으로 거주를 변경한 근로자에게 귀향여비를 지급할 의무가 없다. • 제23조 제1항은 적용되지 아니하므로, 사용자는 정당한 이유의 존재 여부와 관계없이 해고·휴직·정직·전직·감봉 기타 징벌을 할 수 있다. • 그 밖에 적용되지 아니하는 규정 : 경영상 이유에 의한 해고의 제한(제24조), 우선재고용 등(제25조), 해고 사유 등의 서면통지(제27조), 부당해고등의 구제신청(제28조), 조사 등(제29조), 구제명령 등(제30조), 구제명령 등의 확정(제31조), 구제명령 등의 효력(제32조), 이행강제금(제33조)
제3장 임 금	• 적용 법규정 : 임금지급(제43조), 체불사업주 명단공개(제43조의2), 임금등 체불자료의 제공(제43조의3), 도급사업에 대한 임금지급(제44조), 건설업에서의 임금지급연대책임(제44조의2), 건설업의 공사도급에 있어서의 임금에 관한 특례(제44조의3), 비상시 지급(제45조), 도급근로자(제47조), 임금대장(제48조), 임금의 시효(제49조) • 제46조는 적용되지 아니하므로, 사용자는 휴업수당을 지급할 의무가 없다.
제4장 근로시간과 휴식 기출 20	• 적용 법규정 : 휴게(제54조), 1주 평균 1회 이상 유급휴일 보장(제55조 제1항), 근로시간, 휴게·휴일규정의 적용제외규정(제63조) • 대부분의 근로시간제도(근로시간제, 가산임금, 연차휴가, 보상휴가제 등)는 적용되지 아니한다.
제5장 여성과 소년	• 적용 법규정 : 최저연령과 취직인허증(제64조), 유해·위험사업에 사용금지, 임산부 등의 사용금지직종(제65조 제1항·제3항, 임산부와 18세 미만인 자로 한정), 연소자증명서(제66조), 근로계약(제67조), 임금의 청구(제68조), 근로시간(제69조), 야간근로와 휴일근로의 제한(제70조 제2항·제3항, 임산부와 18세 미만인 자로 한정), 시간외근로(제71조), 갱내근로의 금지(제72조), 임산부의 보호(제74조) • 제65조 제2항은 적용되지 아니하므로, 사용자는 임산부가 아닌 18세 이상의 여성을 임신 또는 출산에 관한 기능에 유해·위험한 사업에 사용할 수 있다. • 제70조 제1항은 적용되지 아니하므로, 사용자는 18세 이상의 여성을 오후 10시부터 오전 6시까지의 시간 및 휴일에 근로시키려는 경우, 그 근로자의 동의를 받을 필요 없다. • 생리휴가(제73조), 육아시간(제75조)의 규정도 적용되지 아니한다.

제6장 안전과 보건	• 적용 법규정 : 안전과 보건(제76조)
제8장 재해보상	• 적용 법규정 : 요양보상(제78조), 휴업보상(제79조), 장해보상(제80조), 휴업보상과 장해보상의 예외(제81조), 유족보상(제82조), 장례비(제83조), 일시보상(제84조), 분할보상(제85조), 보상청구권(제86조), 다른 손해배상과의 관계(제87조), 고용노동부장관의 심사와 중재(제88조), 노동위원회의 심사와 중재(제89조), 도급사업에 대한 예외(제90조), 서류의 보존(제91조), 시효(제92조)
제11장 근로감독관 등	• 적용 법규정 : 감독기관(제101조), 근로감독관의 권한(제102조), 근로감독관의 의무(제103조), 감독기관에 대한 신고(제104조), 사법경찰권행사자의 제한(제105조), 권한의 위임(제106조)
제12장 벌 칙	• 적용 법규정 : 벌칙(제107조, 제108조, 제109조, 제110조, 제111조, 제113조, 제114조), 고발(제112조), 양벌규정(제115조), 과태료(제116조)(제1장부터 제6장, 제8장, 제11장의 규정 중 상시 4명 이하 근로자를 사용하는 사업 또는 사업장에 적용되는 규정을 위반한 경우로 한정)

2. 관련 판례

[1] 구 근로기준법상 상시 4인 이하의 근로자를 사용하는 사업 또는 사업장에 대하여는 사용자가 정당한 이유 없이 근로자를 해고하지 못한다는 같은 법 제23조 제1항이 적용되지 않고, 이 경우 그 근로계약이 기간의 정함이 없는 것이라면 민법 제660조 제1항을 적용할 수 있게 되어 사용자는 사유를 불문하고 언제든지 근로계약의 해지를 통고할 수 있다. 그러나 민법 제660조 제1항은 당사자의 의사에 의하여 그 적용을 배제할 수 있는 임의규정이므로, 상시 4인 이하의 근로자를 사용하는 사업 또는 사업장의 사용자가 근로자와 기간의 정함이 없는 근로계약을 체결하면서 해고의 사유를 열거하고 그 사유에 의해서만 근로자를 해고할 수 있도록 하는 해고제한의 특약을 하였다면, 근로자에 대한 해고는 민법 제660조 제1항이 아닌 위 해고제한의 특약에 따라야 하고 이러한 제한을 위반한 해고는 무효라고 보아야 한다.

[2] 상시 4인 이하의 근로자를 사용하는 사업장의 사용자인 대구광역시 태권도협회가 직원에 대하여 면직통고를 하면서 그 사유로 삼은 채용 전의 유죄판결 확정사실이 위 협회의 사무규정에 해임사유의 하나로 정한 '형사상 유죄판결이 확정된 경우'에 해당하지 않고 그 밖의 다른 해임사유 또는 징계사유에도 해당하지 아니하므로, 위 면직통고는 사무규정의 해고제한을 위반한 것으로 무효이다(대판 2008.3.14. 2007다1418).

✔ 핵심문제

01 근로기준법상 상시 4명 이하 근로자를 사용하는 사업 또는 사업장에 적용되는 규정이 아닌 것은?

① 제7조(강제근로의 금지)
② 제17조(근로조건의 명시)
③ 제24조(경영상 이유에 의한 해고의 제한)
④ 제36조(금품청산)
⑤ 제55조(휴일)

[해설]
경영상 이유에 의한 해고의 제한(근기법 제24조)의 경우, 상시 4명 이하 근로자를 사용하는 사업 또는 사업장에는 적용되지 아니한다.

정답 ③

Ⅲ 적용제외

1. 근로기준법상의 예외

(1) 동거의 친족만을 사용하는 사업 또는 사업장(근기법 제11조 제1항 단서) [기출] 23

사용종속관계를 쉽사리 인정할 수 없고, 동거의 친족관계에까지 국가가 개입하는 것은 바람직하지 않기 때문이다. 동거란 세대를 같이 하면서 생활을 공동으로 하는 것을 말한다. 친족이란 8촌 이내의 혈족, 4촌 이내의 인척 및 배우자를 말한다(민법 제777조). 근로자 중에 동거의 친족뿐만 아니라, 동거하지 아니하는 친족 또는 친족이 아닌 자가 혼합되어 있는 경우에는 근로기준법이 적용된다.

(2) 가사사용인(근기법 제11조 제1항 단서)[4]

가사사용인의 근로제공은 주로 개인의 사생활과 밀접한 관련을 맺고 있어 국가가 개입하여 지도·감독하는 것은 적합하지 않기 때문이다. 가사사용인지 여부는 근로의 장소 및 내용 등을 그 실제에 따라 구체적으로 판단하여, 가정의 사생활에 관한 것인가의 여부를 결정하여야 할 것이다. 가사와 다른 업무를 겸하는 경우 본래의 업무가 어느 쪽에 속하느냐에 따라 판단한다. [기출] 24

2. 특별법상의 예외

① **국가공무원법의 적용을 받는 공무원** : 다만, 특별한 규정이 없는 경우에는 공무원에 대하여도 근로기준법 제46조(휴업수당)가 적용된다.
② **선원** : 선원법이 적용된다.
③ **사립학교 교원** : 사립학교법이 적용된다.
④ **청원경찰** : 청원경찰법이 적용된다.

Ⅳ 국가·지자체 등

근로기준법과 이 법에 따른 대통령령은 국가, 특별시·광역시·도, 시·군·구, 읍·면·동, 그 밖에 이에 준하는 것에 대하여도 적용된다(근기법 제12조). 판례는 근로기준법 제12조에 의하면 근로기준법이 국가에도 적용된다고 규정하고 있으므로 근로자와 국가 사이에 고용관계가 인정된다면 국가소속 역의 일용잡부로 근무하는 사람이 그 근로자 한사람뿐이라고 하더라도 근로기준법의 적용이 배제되는 것은 아니라고(대판 1987.6.9. 85다카2473) 판시하고 있다. [기출] 23

---

4) 2021.6.15. 제정된 가사근로자의 고용개선 등에 관한 법률에 의하면 가사서비스 제공기관의 사용자와 근로계약을 체결하고, 이용자에게 가사서비스를 제공하는 가사근로자는 근로기준법상의 일정 규정을 제외하고 동법이 적용되므로 근로자로 간주되어 법적 보호를 받게 되었다.

> **정의(근기법 제2조)**
> ① 이 법에서 사용하는 용어의 뜻은 다음과 같다.
> 1. "근로자"란 직업의 종류와 관계없이 임금을 목적으로 사업이나 사업장에 근로를 제공하는 사람을 말한다.

I 의 의

직업의 종류와 관계없이 임금을 목적으로 사업이나 사업장에 근로를 제공하는 사람을 근로자로 정의하고 있다(근기법 제2조 제1항 제1호). 이 규정은 근로기준법상 보호의 대상인 근로자의 개념을 정의하기 위한 것이다. 기출 17

II 취 지

근로기준법은 근로조건의 최저기준을 정함으로써 인간다운 생활을 보장하기 위한 법으로, 보호 대상인 근로자의 범위를 확정하는 것이다.

III 근로기준법상 근로자 개념

1. 직업의 종류 불문

근로기준법상의 근로자는 종사하는 직업의 종류와 상관없이 성립된다. 이때 근로의 내용이 정신노동, 육체노동 및 사무노동인지를 불문하고 상용, 일용, 임시직 및 촉탁직 등 근무형태나 직종·직급도 불문한다.

2. 임금을 목적으로

사용자에게 고용되어 사용자의 지휘·명령에 따라 자신의 노무를 제공하고 그 대가로 임금을 수령하는 사람을 말하며, 임금이라 함은 근로기준법 제2조 제1항 제5호의 임금, 즉 사용자가 근로의 대가로 근로자에게 지급하는 모든 금품을 말한다.

3. 사업 또는 사업장에서 근로를 제공하는 사람

사업 또는 사업장에서 근로를 제공하여야 한다. 따라서 사용자에게 현실적으로 고용되어 있는 취업자만이 근로자에 해당하며, 실업자 및 해고자는 이에 해당하지 아니한다.

Ⅳ 대법원의 근로자성 판단기준

1. 사용종속관계의 인정

근로기준법상의 근로자에 해당하는지 여부를 판단함에 있어 그 계약의 형식이 민법상의 고용계약인지 또는 도급계약인지에 관계없이 그 실질에 있어 근로자가 사업 또는 사업장에 임금을 목적으로 종속적인 관계에서 사용자에게 근로를 제공하였는지 여부에 따라 판단하여야 한다(대판 1994.12.9. 94다22859).

2. 구체적 기준

종속적인 관계가 있는지 여부는, 업무내용을 사용자가 정하고 취업규칙 또는 복무(인사)규정 등의 적용을 받으며 업무수행과정에서 사용자가 상당한 지휘·감독을 하는지, 사용자가 근무시간과 근무장소를 지정하고 근로자가 이에 구속을 받는지, 노무제공자가 스스로 비품·원자재나 작업도구 등을 소유하거나 제3자를 고용하여 업무를 대행하게 하는 등 독립하여 자신의 계산으로 사업을 영위할 수 있는지, 노무 제공을 통한 이윤의 창출과 손실의 초래 등 위험을 스스로 안고 있는지, 보수의 성격이 근로 자체의 대상적 성격인지, 기본급이나 고정급이 정하여졌는지 및 근로소득세의 원천징수 여부 등 보수에 관한 사항, 근로제공관계의 계속성과 사용자에 대한 전속성의 유무와 그 정도, 사회보장제도에 관한 법령에서 근로자로서 지위를 인정받는지 등의 경제적·사회적 여러 조건을 종합하여 판단하여야 한다. 다만, 기본급이나 고정급이 정하여졌는지, 근로소득세를 원천징수하였는지, 사회보장제도에 관하여 근로자로 인정받는지 등의 사정은 사용자가 경제적으로 우월한 지위를 이용하여 임의로 정할 여지가 크다는 점에서, 그러한 점들이 인정되지 않는다는 것만으로 근로자성을 쉽게 부정하여서는 안 된다(대판 2007.9.7. 2006도777).

3. 관련 판례 – 사용종속관계 인정 여부에 관하여 추가적 요소를 요구하는 사례

[1] 근로를 제공하는 자가 기계, 기구 등을 소유하고 있다고 하여, 곧바로 독립하여 자신의 계산으로 사업을 영위하고 노무 제공을 통한 이윤의 창출과 손실의 초래 등 위험을 안는 사업자라고 단정할 것은 아니다. 다만, 기본급이나 고정급이 정하여졌는지, 근로소득세를 원천징수하였는지, 사회보장제도에 관하여 근로자로 인정받는지 등의 사정은 사용자가 경제적으로 우월한 지위를 이용하여 임의로 정할 여지가 크다는 점에서 그러한 점들이 인정되지 않는다는 것만으로 근로자성을 쉽게 부정하여서는 안 된다.

[2] 근로기준법상 '임금'은 사용자가 '근로의 대가'로 근로자에게 임금, 봉급, 그 밖에 어떠한 명칭으로든지 지급하는 일체의 금품을 말하고(제2조 제1항 제5호), 이는 평균임금 산정의 기초가 되는 임금의 경우에도 마찬가지이다. 근로자가 자신이 소유하는 차량에 관하여 사용자와 사이에 월 임대료를 정하여 차량임대계약을 체결하고 계속하여 그 차량을 이용하여 물품을 운송하는 형태로 근로를 제공하는 경우에, 임대료 중 근로의 대가로 볼 수 없고 차량 사용의 대가에 해당하는 부분이 있는 때에는 그 부분의 임대료를 평균임금 산정의 기초가 되는 임금으로 삼을 수 없다. 한편, 평균임금 산정의 기초가 되는 임금총액에는 사용자가 근로의 대상으로 근로자에게 지급하는 금품으로서, 근로자에게 계속적·정기적으로 지급되고 단체협약, 취업규칙, 급여규정, 근로계약, 노동관행 등에 의하여 사용자에게 그 지급의무가 지워져 있는 것은 그 명칭 여하를 불문하고 모두 포함된다 할 것이나, 근로자가 특수한 근무조건이나 환경에서 직무를 수행함으로 말미암아 추가로 소요되는 비용을 변상하기 위하여 지급되는 실비변상적 금원 또는 사용자가 지급의무 없이 은혜적으로 지급하는 금원 등은 평균임금 산정의 기초가 되는 임금총액에 포함되지 아니한다(대판 2013.4.26. 2012도5385).

Ⅴ 임원의 근로자성

1. 임원의 법적 지위

주식회사의 이사, 감사 등 임원은 회사로부터 일정한 사무처리의 위임을 받고 있는 것이므로, 사용자의 지휘·감독 아래 일정한 근로를 제공하고 소정의 임금을 받는 고용관계에 있는 것은 아니어서 원칙적으로 회사의 근로자라고 할 수 없다(대판 2003.9.26. 2002다64681).

2. 임원의 근로자성 인정 여부

(1) 상법상 임원인 경우

주주총회에 의한 선임절차를 거쳤다고 하더라도 회사로부터 위임받은 사무를 처리하는 외에 대표이사 등의 지휘·감독 아래 일정한 노무를 담당하고 그 대가로 일정한 보수를 지급받아 왔다면 그러한 임원은 근로기준법상의 근로자에 해당한다 할 것이다(대판 2003.9.26. 2002다64681).

(2) 상법상 임원이 아닌 경우

회사의 이사 또는 감사 등 임원이라고 하더라도 주주총회에 의한 선임절차를 거치지 아니하여 그 지위 또는 명칭이 형식적·명목적인 것이고 실제로는 매일 출근하여 업무집행권을 갖는 대표이사나 사용자의 지휘·감독 아래 일정한 근로를 제공하면서 그 대가로 보수를 받는 관계에 있다거나 또는 회사로부터 위임받은 사무를 처리하는 외에 대표이사 등의 지휘·감독 아래 일정한 노무를 담당하고 그 대가로 일정한 보수를 지급받아 왔다면 그러한 임원은 근로기준법상의 근로자에 해당한다(대판 2003.9.26. 2002다64681).

Ⅵ 노무제공자의 근로자성

1. 노무제공자의 개념

노무제공자란 자신이 아닌 다른 사람의 사업을 위하여 노무제공자가 사업주로부터 직접 노무제공을 요청받은 경우, 노무제공자가 사업주로부터 일하는 사람의 노무제공을 중개·알선하기 위한 전자적 정보처리시스템(이하 "온라인 플랫폼")을 통해 노무제공을 요청받는 경우 등에 자신이 직접 노무를 제공하고 그 대가를 지급받는 사람으로서 업무상 재해로부터의 보호 필요성, 노무제공 형태 등을 고려하여 대통령령으로 정하는 직종에 종사하는 사람을 말한다(산재법 제91조의15 제1호).

2. 노무제공자에 대한 특례

산재법 제125조에 따르면 특수형태근로종사자가 산재보험을 적용받기 위해서는 '특정 사업에의 전속성' 요건을 충족하여야 하는데, 온라인 플랫폼 등을 통해 복수의 사업에 노무를 제공하는 경우에는 이러한 요건을 충족하지 못하여 산업재해 보호의 사각지대가 발생하고 있고, 특수형태근로종사자가 '특정 사업에의 전속성' 요건을 충족하더라도, 주된 사업장 외의 보조사업장에서 업무상 재해를 입은 경우에는 산재보험이 적용되지 않는 상황이므로 산재보험의 전속성 요건을 폐지하고, 기존 특수형태근로종사자 및 온라인 플랫폼 종사자 등을 포괄하는 개념으로 "노무제공자"의 정의를 신설하여 산재보험의 적용을 받을 수 있도록 하며, 이로 인하여 새롭게 보험의 적용을 받는 사람들의 노무제공 특성에 맞는 보험 적용·징수 체계와 급여·보상 제도를 마련함으로써 산재보험을 통한 보호 범위를 보다 확대하려는 취지에서 2022.6.10. 산재법 제125조를 삭제하고 산재법 제3장의4(산재법 제91조의15 이하)에서 노무제공자에 대한 특례를 신설하였다. 이에 의하면 산재법의 근로자는 근로기준법상의 근로자와 마찬가지로 직업의 종류와 관계없이 임금을 목적으로 사업이나 사업장에 근로를 제공하는 사람을 말함에도 불구하고(산재법 제5조 제2호), 노무제공자를 산재법의 적용을 받는 근로자로 보고, 노무제공자의 노무를 제공받는 사업을 산재법의 적용을 받는 사업으로 보고 있다(산재법 제91조의16 이하).

✔ 핵심문제

01 다음은 대법원 판례의 근로기준법상 근로자성 인정에 관한 판단기준들이다. 이 중 사용자가 경제적으로 우월한 지위를 이용하여 임의로 정할 여지가 크기 때문에 이러한 기준에 의해 근로자로 인정되지 아니한다는 것만으로 근로자성을 쉽게 부정하여서는 아니 된다고 하는 사항에 해당하는 것은?

① 업무내용을 사용자가 정하고 취업규칙 또는 복무(인사)규정 등의 적용을 받는지 여부
② 사용자가 근무시간과 근무장소를 지정하고 근로자가 이에 구속을 받는지 여부
③ 노무제공자가 스스로 비품·원자재나 작업도구 등을 소유하거나 제3자를 고용하여 업무를 대행하게 하는 등 독립하여 자신의 계산으로 사업을 영위할 수 있는지 여부
④ 노무 제공을 통한 이윤의 창출과 손실의 초래 등 위험을 스스로 안고 있는지 여부
⑤ 기본급이나 고정급이 정하여졌는지 여부

【 해설 】
기본급이나 고정급이 정하여졌는지, 근로소득세를 원천징수하였는지, 사회보장제도에 관하여 근로자로 인정받는지 등의 사정은 사용자가 경제적으로 우월한 지위를 이용하여 임의로 정할 여지가 크다는 점에서 그러한 점들이 인정되지 않는다는 것만으로 근로자성을 쉽게 부정하여서는 안 된다(대판 2007.9.7. 2006도777).

정답 ⑤

02 노동법상 근로자의 개념에 관한 설명으로 옳은 것을 모두 고른 것은?(다툼이 있는 경우 판례에 의함)

> ㄱ. 노동조합 및 노동관계조정법상 근로자라 함은 직업의 종류를 불문하고 임금·급료 기타 이에 준하는 수입에 의하여 생활하는 자를 말한다.
> ㄴ. 구직 중인 실업자는 근로기준법상 근로자와 노동조합 및 노동관계조정법상 근로자에 해당한다.
> ㄷ. 최저임금법상 근로자란 직업의 종류와 관계없이 임금을 목적으로 사업이나 사업장에 근로를 제공하는 자를 말한다.

① ㄱ
② ㄱ, ㄴ
③ ㄱ, ㄷ
④ ㄴ, ㄷ
⑤ ㄱ, ㄴ, ㄷ

【 해설 】
ㄱ. (ㅇ) 노조법상 근로자에 해당한다(노조법 제2조 제1호).
ㄴ. (×) 구직 중인 실업자는 노조법상 근로자에 해당하지만(대판 2004.2.27. 2001두8568), 근기법상 근로자에는 해당하지 않는다.
ㄷ. (ㅇ) 최임법상 근로자는 근기법상 근로자와 동일하다(최임법 제2조).

정답 ③

Ⅶ 기타 근로자성 인정 여부가 문제되는 사례

1. 불법체류외국인의 근로자성

취업자격 없는 외국인이 출입국관리법령상의 고용제한규정을 위반하여 근로계약을 체결하였다 하더라도 그 것만으로 그 근로계약이 당연히 무효라고는 할 수 없고, 불법체류외국인이 사용종속관계에서 근로를 제공하고 임금을 받아온 자라면 근로기준법상 근로자에 해당한다(대판 1995.9.15. 94누12067). **기출 12**

2. 소사장(도급제사원)의 근로자성

종전에는 단순한 근로자에 불과하였다가 어떠한 계기로 하나의 경영주체로서의 외관을 갖추고 종전의 사용자(모기업)와 도급계약을 맺는 방법으로 종전과 동일 내지 유사한 내용의 근로를 제공하게 된 경우(이른바 소사장의 형태를 취한 경우)에는, 근로기준법상의 근로자에 해당하는지 여부를 판단함에 있어서 스스로 종전의 근로관계를 단절하고 퇴직한 것인지 아니면 그 의사에 반하여 강제적·형식적으로 소사장의 형태를 취하게 되었는지 여부, 사업계획, 손익계산, 위험부담 등의 주체로서 사업운영에 독자성을 가지게 되었는지 여부, 작업수행과정이나 노무관리에 있어서 모기업의 개입 내지 간섭의 정도, 보수지급방식과 보수액이 종전과 어떻게 달라졌으며 같은 종류의 일을 하는 모기업 소속 근로자에 비하여는 어떠한 차이가 있는지 여부 등도 아울러 참작하여야 한다(대판 2016.5.26. 2014도12141).

3. 채권추심원의 근로자성

채권추심 및 신용조사사업 등을 영위하는 회사와 위임계약을 체결하고 채권추심원의 업무를 수행한 채권추심원들은 회사에게 임금을 목적으로 종속적인 관계에서 근로를 제공하였다고 보기 어려우므로 근로기준법의 적용을 받는 근로자에 해당하지 않는다(대판 2022.8.19. 2020다296819).

제5절 근로기준법상 사용자

> **정의(근기법 제2조)**
> ① 이 법에서 사용하는 용어의 뜻은 다음과 같다.
> 　2. "사용자"란 사업주 또는 사업경영담당자, 그 밖에 근로자에 관한 사항에 대하여 사업주를 위하여 행위하는 자를 말한다.

Ⅰ 의 의

사용자라 함은 사업주 또는 사업경영담당자, 그 밖에 근로자에 관한 사항에 대하여 사업주를 위하여 행위하는 자를 말한다(근기법 제2조 제1항 제2호). **기출 17** 근로기준법이 그 법의 준수의무자인 사용자를 사업주에 한정하지 아니하고 사업 경영 담당자 등으로 확대한 이유는 노동현장에서 근로기준법의 실효성을 확보하기 위한 정책적 배려이다(대판 2024.4.25. 2024도1309). 근로기준법상의 사용자는 법에서 정한 최저기준을 준수해야 할 의무주체이며 이를 위반한 경우 책임을 져야 할 책임주체이나, 노조법상의 사용자는 노동조합의 상대방이며 단체교섭의 당사자 또는 부당노동행위 금지의 수규자로서의 의미를 가진다.

제1장

제2장

제3장

제4장

제5장

제6장

제7장

제8장

제9장

제10장

Ⅱ 사용자의 범위

1. 사업주

경영의 주체로서 개인기업의 경우에는 경영주 개인, 법인기업의 경우에는 법인을 말한다. 사업주는 근로자와 체결한 근로계약의 타방당사자인 것이 일반적이다. 하도급의 경우 하도급회사에 고용된 근로자는 하도급회사의 사업주가 사용자로 되는 것이 원칙이지만, 하도급회사 전체가 원기업의 지휘·명령에 따르는 경우에는 그 원기업의 사업주가 사용자로 된다.

2. 사업경영담당자

사업경영담당자란 사업경영 일반에 관하여 책임을 지는 자로서 사업주로부터 사업경영의 전부 또는 일부에 대하여 포괄적인 위임을 받고 대외적으로 사업을 대표하거나 대리하는 자를 말한다(대판 2008.4.10. 2007도1199). 구체적으로는 주식회사의 대표이사, 합명회사·합자회사의 업무집행사원, 유한회사의 이사·지배인 등이 이에 해당한다. 다만, 명목상의 대표이사는 사업경영담당자라고 할 수 없다(대판 2000.1.18. 99도2910).

3. 근로자에 관한 사항에 대하여 사업주를 위하여 행위하는 자

근로자에 관한 사항에 대하여 사업주를 위하여 행위하는 자란 근로자의 인사, 급여, 후생 및 노무관리 등 근로조건의 결정 또는 업무상의 명령이나 지휘감독을 하는 등의 사항에 대하여 사업주로부터 일정한 권한과 책임을 부여받은 자를 말한다. 이와 같은 권한과 책임의 유무는 부장, 과장이라는 형식적인 직명에 따를 것이 아니라, 구체적인 권한과 책임에 의하여 판단하여야 한다.

Ⅲ 사용자 개념의 상대성 및 양벌규정

1. 사용자 개념의 상대성

사업주가 아닌 사용자, 즉 사업경영담당자와 사업주를 위하여 행위하는 자는 한편으로 사용자에 해당하지만, 다른 한편으로는 근로계약의 당사자인 근로자에 해당하는 경우도 있는데, 이사나 총무과장, 공장장, 지점장, 영업소장 등 중간관리자들이 그 예이다. 이들은 재해보상, 퇴직금 및 해고 등의 근로조건에 있어서는 근로자에 해당하고, 근로기준법의 준수의무와 그에 대한 책임에 있어서는 사용자에 해당한다.

2. 양벌 규정

사용자의 지위에 있는 자가 근로기준법을 위반하면 벌칙의 적용을 받고 일정한 경우 사업주에게도 벌금이 부과된다(근기법 제115조 본문).

Ⅳ 사용자 개념의 확장

1. 의 의

근로계약을 체결한 사업 또는 사업장이 아닌 다른 사업장의 사업주에게도 사용자성을 확장적용하는 경우가 있다. 사실상 사용종속관계의 존재 여부는 객관적으로 추인할 수 있는 묵시적인 의사의 합치가 있었는지를 기준으로 판단한다.

2. 판례법리에 의한 사용자 개념의 확장

(1) 판례법리

1) 묵시적 근로계약관계의 법리

판례에 의하면 원고용주에게 고용되어 제3자의 사업장에서 제3자의 업무에 종사하는 자를 제3자의 근로자라고 할 수 있으려면, 원고용주는 사업주로서의 독자성이 없거나 독립성을 결하여 제3자의 노무대행기관과 동일시할 수 있는 등 그 존재가 형식적·명목적인 것에 지나지 아니하고, 사실상 당해 피고용인은 제3자와 종속적인 관계에 있으며, 실질적으로 임금을 지급하는 자도 제3자이고, 또 근로제공의 상대방도 제3자이어서 당해 피고용인과 제3자 간에 묵시적 근로계약관계가 성립되어 있다고 평가될 수 있어야 한다고(대판 2020.4.9. 2019다267013) 판시하고 있다.

2) 법인격 부인의 법리

[1] 모회사인 사업주가 업무도급의 형식으로 자회사(원고용주)의 근로자들을 사용하였으나, 실질적으로는 위장도급으로서 사업주와 근로자들 사이에 직접 근로계약관계가 존재한다.

[2] 원심이 적법하게 확정한 사실과 기록에 의하면, 인사이트코리아는 참가인의 자회사로서 형식상으로는 독립된 법인으로 운영되어 왔으나 실질적으로는 참가인 회사의 한 부서와 같이 사실상 경영에 관한 결정권을 참가인이 행사하여 왔고, 참가인이 물류센터에서 근로할 인원이 필요한 때에는 채용광고 등의 방법으로 대상자를 모집한 뒤 그 면접과정에서부터 참가인의 물류센터 소장과 관리과장 등이 인사이트코리아의 이사와 함께 참석한 가운데 실시하였으며, 원고들을 비롯한 인사이트코리아가 보낸 근로자들에 대하여 참가인의 정식직원과 구별하지 않고 업무지시, 직무교육 실시, 표창, 휴가사용 승인 등 제반 인사관리를 참가인이 직접 시행하고, 조직도나 안전환경점검팀 구성표 등의 편성과 경조회의 운영에 있어서 아무런 차이를 두지 아니하였으며, 그 근로자들의 업무수행능력을 참가인이 직접 평가하고 임금인상수준도 참가인의 정식직원들에 대한 임금인상과 연동하여 결정하였음을 알 수 있는바, 이러한 사정을 종합하여 보면 참가인은 '위장도급'의 형식으로 근로자를 사용하기 위하여 인사이트코리아라는 법인격을 이용한 것에 불과하고, 실질적으로는 참가인이 원고들을 비롯한 근로자들을 직접 채용한 것과 마찬가지로서 참가인과 원고들 사이에 근로계약관계가 존재한다고 보아야 할 것이다. 그렇다면 참가인이 2000.11.1. 원고들을 계약직 근로자의 형식으로 신규 채용하겠다고 제의한 데 대하여 원고들이 동의하지 아니한다는 이유로 참가인이 원고들의 근로제공을 수령하기를 거부한 것은 부당해고에 해당한다 할 것이다(대판 2003.9.23. 2003두3420).

(2) 검 토

묵시적 근로계약관계의 법리는 외형상 근로관계를 체결하지 아니한 당사자 사이에 직접적인 고용관계가 성립할 수 있다는 것을 인정하는 유용한 이론이나, 동 법리가 적용되기 위하여는 원고용주에게 사업주로서의 독립성이 없어야 하는바, 약간의 독립성만 있으면 근로계약관계가 부정될 수 있다는 점에서 그 요건이 너무 엄격하다는 문제가 있다.

3. 법령상 인정되는 사용자책임의 특례

(1) 원수급인의 사용자책임

사업이 여러 차례의 도급에 따라 행하여지는 경우의 재해보상에 대하여는 원수급인을 사용자로 본다(근기법 제90조 제1항).

(2) 직상수급인의 연대책임

사업이 한 차례 이상의 도급에 따라 행하여지는 경우에 하수급인이 직상수급인(도급이 한 차례에 걸쳐 행하여진 경우에는 도급인)의 귀책사유로 근로자에게 임금을 지급하지 못한 경우에는 그 직상수급인은 그 하수급인과 연대하여 책임을 진다(근기법 제44조 본문). 기출 17

(3) 파견법상 사용자책임

근로자파견의 경우, 근로계약을 체결한 파견사업주는 물론, 사용사업주도 파견근로자에 대하여 근로기준법상 사용자로서의 일정한 법적 책임을 부담하게 하고 있다(파견법 제34조).

4. 관련 판례

(1) 소사장기업 사례에서의 사용자 개념의 확장

[1] 기존기업 중 일부 생산부문의 인적 조직이 이른바 '소사장기업'이라는 별개의 기업으로 분리된 경우 그 소사장기업에 고용된 채 기존기업의 사업장에서 기존기업의 생산업무에 종사하는 자를 기존기업의 근로자로 보기 위해서는 그가 소속된 소사장기업이 사업주로서 독자성이 없거나 독립성을 결여하여 기존기업의 한 부서와 동일시할 수 있는 등 그 존재가 형식적, 명목적인 것에 지나지 아니하고, 사실상 당해 근로자는 기존기업과 사용종속관계에 있다고 평가될 수 있어야 한다.

[2] 기존기업이 경영합리화라는 명목으로 소사장법인을 설립한 후 그 소속 근로자들에게 직접 임금을 지급하고, 인사 및 노무관리에도 구체적이고 직접적인 관리·감독을 하여 온 경우, 기존기업의 대표이사는 소사장법인 소속 근로자들에 대한 관계에서도 사용자의 지위에 있다(대판 2002.11.26. 2002도649).

(2) 현대미포조선 사례에서의 사용자 개념의 확장[5]

용인기업은 형식적으로는 피고 회사(주식회사 현대미포조선)와 도급계약을 체결하고 소속 근로자들인 원고들로부터 노무를 제공받아 자신의 사업을 수행한 것과 같은 외관을 갖추었다고 하더라도, 실질적으로는 업무수행의 독자성이나 사업경영의 독립성을 갖추지 못한 채, 피고 회사의 일개 사업부서로서 기능하거나 노무대행기관의 역할을 수행하였을 뿐이고, 오히려 피고 회사가 원고들로부터 종속적인 관계에서 근로를 제공받고, 임금을 포함한 제반 근로조건을 정하였다고 봄이 상당하므로, 원고들과 피고 회사 사이에는 직접 피고 회사가 원고들을 채용한 것과 같은 묵시적인 근로계약관계가 성립되어 있었다고 보는 것이 옳다(대판 2008.7.10. 2005다75088).

(3) 대우조선해양 사례에서의 사용자 개념의 확장

갑 주식회사가 을 주식회사(대우조선해양)로부터 단체급식, 수송, 시설물유지관리, 경비업 등의 업무를 도급받아 수행하다가 갑 회사의 직원이었던 병이 설립한 정 업체에 위 수송업무를 맡기는 내용의 도급계약을 체결하였는데, 정 업체와 근로계약을 체결하고 통근버스 운행 등 갑 회사와 정 업체의 도급계약에서 정한 수송업무를 수행한 무가 갑 회사를 상대로 근로자 지위 확인 등을 구한 경우, 제반 사정에 비추어 갑 회사와 무 사이에는 갑 회사가 무를 직접 채용한 것과 같은 묵시적인 근로계약관계가 성립되어 있었다고 봄이 타당하다(대판 2020.4.9. 2019다267013).

---

5) 이 판례는 소사장기업 사례 등 기존의 판례가 경영적 지배가 있는 경우에 한하여 인정하였던 사용자 개념의 확장범위를 넓혔다는 데 그 의의가 있다.

I 의 의

근로계약, 관계법령, 단체협약, 취업규칙 및 노사관행 등 근로기준을 결정하는 규범을 말한다.

II 근로조건결정규범 상호 간의 관계

근로조건은 근로자와 사용자가 근로계약을 통해 자유로이 결정하는 것이 원칙이지만, 관계법령이나 단체협약, 취업규칙, 노사관행 등에 의해 결정되는 경우도 있다.

1. 법령과 단체협약 간의 관계

① 헌법·강행법규에 위반되는 단체협약 : 무효
② 행정관청은 단체협약 중 위법한 내용이 있는 경우에는 노동위원회의 의결을 얻어 그 시정을 명할 수 있다 (노조법 제31조 제3항).

2. 법령과 취업규칙 간의 관계(근기법 제96조)

① 법령에 위반된 취업규칙 : 무효
② 고용노동부장관은 취업규칙의 변경을 명할 수 있다(근기법 제96조 제2항). 이때 무효가 된 취업규칙이 법령에 의해 대체되느냐에 대해서는 견해가 대립한다. 기출 15

3. 법령과 근로계약 간의 관계(근기법 제15조)

법령에 위반된 근로계약은 그 부분에 한정하여 무효가 되고, 무효인 부분은 법령에서 정하고 있는 기준으로 대체된다. 기출 23

4. 단체협약과 근로계약 간의 관계(노조법 제33조)

① 단체협약에 정한 근로조건, 기타 근로자의 대우에 관한 기준에 위반하는 근로계약부분은 무효가 된다(규범적 효력 중 강행적 효력).
② 근로계약에 규정되지 않은 사항, 단체협약에 위반되어 무효가 된 부분은 단체협약에 정한 기준에 의한다 (규범적 효력 중 대체적 효력).

5. 단체협약과 취업규칙 간의 관계

(1) 근로기준법 제96조

① 취업규칙은 법령이나 해당 사업 또는 사업장에 대하여 적용되는 단체협약과 어긋나서는 아니 된다. 기출 22

② 고용노동부장관은 법령이나 단체협약에 어긋나는 취업규칙의 변경을 명할 수 있다. 기출 18

(2) 노조법 제33조

① 단체협약에 정한 근로기준에 위반되는 취업규칙은 무효이다.
② 무효로 된 취업규칙의 부분에는 단체협약의 기준이 적용된다.

(3) 유리한 조건 우선의 원칙과의 관계

단체협약상 해고의 사유는 불리하게 변경한 반면, 취업규칙상의 해고사유는 변경하지 않은 사안에서, 판례는 단체협약의 개정에도 불구하고 종전의 단체협약과 동일한 내용의 취업규칙이 그대로 적용된다면 단체협약의 개정은 그 목적을 달성할 수 없으므로, <u>개정된 단체협약에는 당연히 취업규칙상의 유리한 조건의 적용을 배제하고, 개정된 단체협약이 우선적으로 적용된다는 내용의 합의가 포함된 것이라고 봄이 당사자의 의사에 합치된다</u>고 하여 유리한 취업규칙의 적용을 부정한 바 있다(대판 2002.12.27. 2002두9063).

6. 취업규칙과 근로계약 간의 관계(근기법 제97조)

취업규칙에서 정한 기준에 미달하는 근로조건을 정한 근로계약은 그 부분에 관하여는 무효로 한다(강행적 효력). 이 경우 <u>무효로 된 부분은 취업규칙에 정한 기준</u>에 따른다(직접·보충적 효력).

제7절　근로기준법의 기본원리

I　최저근로조건 보장의 원칙

> **근로조건의 기준(근기법 제3조)**
> 이 법에서 정하는 근로조건은 최저기준이므로 근로관계 당사자는 이 기준을 이유로 근로조건을 낮출 수 없다.

이 법에서 정하는 근로조건은 최저기준이므로 근로관계 당사자는 <u>이 기준을 이유로 근로조건을 낮출 수 없다</u>(근기법 제3조). 다만, 사회·경제적 사정의 변경이 있는 경우에는 근로조건을 낮출 수 있다. 기출 12·16·20·23

II　근로조건 노사대등결정원칙

> **근로조건의 결정(근기법 제4조)**
> 근로조건은 근로자와 사용자가 동등한 지위에서 자유의사에 따라 결정하여야 한다.

<u>근로조건은 근로자와 사용자가 동등한 지위에서 자유의사에 따라 결정하여야 한다</u>(근기법 제4조). 기출 12·16·19
이 규정은 사용자가 일방적으로 근로조건을 결정하여서는 아니 되고, 근로조건은 근로관계 당사자 사이에서 자유로운 합의에 따라 정해져야 하는 사항임을 분명히 함으로써 근로자를 보호하고자 하는 것이 주된 취지이다(대판 2019.11.14. 2018다200709). 한편 근로기준법 제4조가 근로자에게 유리한 내용의 근로조건의 기준을 지방의회의 의결로 결정하는 것을 제한하는 취지는 아니라고 할 것이므로, <u>근로자에게 유리한 내용의 근로조건의 기준을 조례로써</u>

규정하고 그 내용이 사용자의 근로조건 결정에 관한 자유를 일부 제약한다 하더라도 그와 같은 내용을 규정한 조례가 무효라고 볼 수 없다(대판 2023.7.13. 2022추5156).

Ⅲ 근로조건의 준수원칙

> **근로조건의 준수(근기법 제5조)**
> 근로자와 사용자는 각자가 단체협약, 취업규칙과 근로계약을 지키고 성실하게 이행할 의무가 있다.

1. 의 무

근로자와 사용자는 각자가 단체협약, 취업규칙과 근로계약을 지키고 성실하게 이행할 의무가 있다(근기법 제5조).

_{기출} 12 · 18 · 19 · 23 · 24

2. 벌칙규정

단체협약 중 일부 중요한 내용 위반에 대한 벌칙규정은 있으나, 취업규칙이나 근로계약 위반에 대해서는 벌칙규정이 없다.

Ⅳ 균등처우의 원칙

> **균등한 처우(근기법 제6조)**
> 사용자는 근로자에 대하여 남녀의 성(性)을 이유로 차별적 대우를 하지 못하고, 국적·신앙 또는 사회적 신분을 이유로 근로조건에 대한 차별적 처우를 하지 못한다.

1. 의 의

사용자는 근로자에 대하여 남녀의 성(性)을 이유로 차별적 대우를 하지 못하고, 국적·신앙 또는 사회적 신분을 이유로 근로조건에 대한 차별적 처우를 하지 못한다(근기법 제6조). 기출 16 · 18 · 19 · 20 · 23

2. 차별적 처우

근로기준법에서 말하는 차별적 처우란 본질적으로 같은 것을 다르게, 다른 것을 같게 취급하는 것을 말하며, 본질적으로 같지 않은 것을 다르게 취급하는 경우에는 차별 자체가 존재한다고 할 수 없다. 따라서 근로기준법이 금지하는 차별적 처우에 해당하기 위해서는 우선 그 전제로서 차별을 받았다고 주장하는 사람과 그가 비교대상자로 지목하는 사람이 본질적으로 동일한 비교집단에 속해 있어야 한다(대판 2015.10.29. 2013다1051).

제1장
제2장
제3장
제4장
제5장
제6장
제7장
제8장
제9장
제10장

3. 차별금지사유

(1) 남녀의 성

헌법 제32조 제4항은 여자의 근로는 특별한 보호를 받고, 고용·임금 및 근로조건에 있어서 부당한 차별을 받지 아니한다고 규정하고 있으며, 남녀의 차별적 대우란 합리적인 이유 없이 남성 또는 여성이라는 이유만으로 부당하게 차별대우하는 것을 의미한다.

(2) 국 적

국적이란 국적법상 국민으로서의 지위를 말한다. 사용자가 합리적 이유 없이 근로조건에서 외국인을 내국인보다 불리하게 대우하는 것은 국적에 따른 차별에 해당한다.

(3) 신 앙

특정 종교를 가지고 있거나, 종교가 없는 것을 이유로 차별하지 못한다. 다만, 종교 또는 정치적 활동을 사업의 목적으로 하는 경향사업체의 경우에는, 해당 종교나 정당의 목적에 반하는 행위를 한 근로자에 대하여 차별대우를 하더라도, 근로기준법 위반에 해당하지 아니한다.

(4) 사회적 신분

사회적 신분이란 사회에서 장기간 점하는 지위로서 일정한 사회적 평가를 수반하는 것을 말한다. 사회적 신분에는 선천적 신분뿐만 아니라 자기의사에 의해서도 피할 수 없는 후천적 신분도 포함되므로, 후천적으로 근로자가 상당 기간 동안 차지하고 있고 개인의 의사로 쉽게 변경할 수 없는 인격적 표지로서, 소수자의 차별로 연결되기 쉬운 사회적 지위도 이에 포함된다(서울고판 2017.11.24. 2016나2070186). 노동조합의 임원과 같은 일시적 지위는 사회적 신분에 해당하지 아니한다. 최근 판례는 개별 근로계약에 따른 고용상 지위는 공무원과의 관계에서 근로기준법 제6조가 정한 차별적 처우 사유인 '사회적 신분'에 해당한다고 볼 수 없고, 공무원은 동일한 근로자 집단에 속한다고 보기 어려워 비교대상 집단이 될 수도 없으므로 무기계약직 국도관리원들이 공무원을 비교대상으로 삼아 사용자인 국가를 상대로 차별적 처우를 주장하는 경우, 국도관리원들의 고용상 지위가 공무원에 대한 관계에서 사회적 신분에 해당한다거나 공무원이 국도관리원들의 비교대상이 될 수 없으므로 대한민국이 공무원에게 지급하는 가족수당, 성과상여금 등을 국도관리원들에게 지급하지 않은 것은 근로기준법이 금지하는 차별적 처우에 해당한다고 볼 수 없다고(대판 2023.9.21. 2016다255941[전합]) 판시하고 있다.

4. 차별금지영역

(1) 근로조건

근로조건에는 임금, 근로시간, 휴일 및 휴가는 물론 퇴직급여, 재해부조 등이 포함된다.

(2) 모집·채용

근로기준법은 근로관계가 성립한 때부터 종료할 때까지의 근로조건을 규율·보호대상으로 하고 있으므로, 근로관계의 성립 전 단계에 속하는 사용자의 행위인 모집·채용은 근로조건에 해당하지 아니한다. 다만, 고평법은 모집·채용 시의 차별대우까지 금지하고 있다.

5. 합리적 이유

헌법 제11조 제1항이 규정하고 있는 평등의 원칙은 본질적으로 같은 것을 같게, 다른 것을 다르게 취급하여야 함을 의미한다. 그러나 이는 일체의 차별대우를 부정하는 절대적 평등을 의미하는 것이 아니라, 법의 적용이나 입법에 있어서 불합리한 조건에 의한 차별을 하여서는 아니 된다는 상대적·실질적 평등을 의미하므로, 합리적 근거 없이 차별하는 경우에 한하여 평등의 원칙에 위반될 뿐이다.

6. 입증책임

차별대우에 대한 입증책임은 그 법률효과의 발생을 주장하는 근로자에게 있다. 반면, 고평법은 사용자의 입증책임을 명문으로 규정하고 있다(고평법 제30조).

7. 관련 판례

(1) 인사고과의 공정성 여부

판례는 근로자에 대한 인사고과는 원칙적으로 인사권자인 사용자의 권한에 속하므로 업무상 필요한 범위 안에서는 상당한 재량을 가진다 할 것이나, 사용자는 근로자의 근무실적이나 업무능력 등을 중심으로 객관적이고 공정한 평정의 기준에 따라 이루어지도록 노력하여야 하고 그것이 해고에 관한 법적 규제를 회피하고 퇴직을 종용하는 수단으로 악용되는 등의 불순한 동기로 남용되어서는 아니 된다고 할 것이어서 이와 같이 사용자의 인사고과가 헌법, 근로기준법 등에 위반되거나 객관적이고 공정한 평정의 기준을 현저하게 위반하여 정당한 인사권의 범위를 벗어난 때에는 인사고과의 평가 결과는 사법심사의 대상이 되어 그 효력을 부인할 수 있어, 피고가 부진인력 관리계획을 수립한 후 원고들이 포함된 부진인력 대상자에게 인사고과, 업무분담 등에서 불이익을 주는 차별정책을 시행하였고, 원고들에게 합리적인 이유 없이 부당한 인사고과를 하였으므로 원고들에 대한 2009년도 인사고과는 재량권을 남용한 것으로서 위법하다고(대판 2015.6.24. 2013다22195) 한다.

(2) 합리적 기준이 있는 정년규정의 유효 여부

판례는 정년규정은 당해 사업장에 있어서 근로자가 제공하는 근로의 성질, 내용, 근무형태 등 제반 여건에 따라 합리적인 기준을 둔다면 같은 사업장 내에서도 직책 또는 직급에 따라 서로 차이가 있을 수 있는 것이고, 이와 같은 기준에 따라 회사가 정한 정년규정이 일용노동자의 가동연한이나 공무원 및 동종 회사 직원의 정년보다 다소 하회한다고 하여 이를 법률상 무효라고는 할 수 없다고(대판 1991.4.9. 90다16245) 한다.

(3) 임금피크제(성과연급제)의 유효 여부

[1] 구 고령자고용법 제4조의4 제1항 제2호의 규정의 강행규정 여부

고용의 영역에서 나이를 이유로 한 차별을 금지하여 헌법상 평등권을 실질적으로 구현하려는 구 고령자고용법상 차별 금지 조항의 입법 취지를 고려하면, 구 고령자고용법 제4조의4 제1항은 강행규정에 해당한다. 따라서 단체협약, 취업규칙 또는 근로계약에서 이에 반하는 내용을 정한 조항은 무효이다. 원심은 같은 취지에서 구 고령자고용법 제4조의4 제1항을 위반하여 합리적인 이유 없이 제2호의 영역에서 연령을 이유로 차별을 하는 내용의 취업규칙은 구 고령자고용법을 위반하여 효력이 없다고 판단하였다. 앞서 본 법리에 따라 기록을 살펴보면, 원심의 위와 같은 판단에 구 고령자고용법의 강행규정성에 관한 법리를 오해한 잘못이 없다.

[2] 이 사건 성과연급제가 구 고령자고용법 제4조의4 제1항 제2호에서 금지하고 있는 연령을 이유로 한 합리적인 이유 없는 차별에 해당하는지 여부

① 연령을 이유로 한 차별을 금지하고 있는 구 고령자고용법 제4조의4 제1항에서 말하는 '합리적인 이유가 없는' 경우란 연령에 따라 근로자를 다르게 처우할 필요성이 인정되지 아니하거나 달리 처우하는 경우에도 그 방법·정도 등이 적정하지 아니한 경우를 말한다. 사업주가 근로자의 정년을 그대로 유지하면서 임금을 정년 전까지 일정기간 삭감하는 형태의 이른바 '임금피크제'를 시행하는 경우 연령을 이유로 한 차별에 합리적인 이유가 없어 그 조치가 무효인지 여부는 임금피크제 도입 목적의 타당성, 대상 근로자들이 입는 불이익의 정도, 임금 삭감에 대한 대상 조치의 도입 여부 및 그 적정성, 임금피크제로 감액된 재원이 임금피크제 도입의 본래 목적을 위하여 사용되었는지 등 여러 사정을 종합적으로 고려하여 판단하여야 한다.

② 다음과 같은 사정들을 종합하여 보면 이 사건 성과연급제는 연령을 이유로 임금 분야에서 원고를 차별하는 것으로 그 차별에 합리적인 이유가 있다고 볼 수 없다.

  ㉠ 이 사건 성과연급제는 피고의 인건비 부담을 완화하고 실적 달성률을 높이기 위한 목적으로 도입된 것으로 보인다. 피고의 주장에 따르더라도 51세 이상 55세 미만 정규직 직원들의 수주 목표 대비 실적 달성률이 55세 이상 정규직 직원들에 비하여 떨어진다는 것이어서, 위와 같은 목적을 55세 이상 정규직 직원들만을 대상으로 한 임금삭감 조치를 정당화할 만한 사유로 보기 어렵다.

  ㉡ 이 사건 성과연급제로 인하여 원고는 임금이 일시에 대폭 하락하는 불이익을 입었고, 그 불이익에 대한 대상조치가 강구되지 않았다. 피고가 대상조치라고 주장하는 명예퇴직제도는 근로자의 조기 퇴직을 장려하는 것으로서 근로를 계속하는 근로자에 대하여는 불이익을 보전하는 대상조치로 볼 수도 없다.

  ㉢ 이 사건 성과연급제를 전후하여 원고에게 부여된 목표 수준이나 업무의 내용에 차이가 있었다고 보이지 아니한다.

③ 같은 취지의 원심 판단은 정당하고, 상고이유 주장과 같이 연령차별의 합리적인 이유에 관한 법리를 오해하거나 논리와 경험의 법칙을 위반하여 자유심증주의의 한계를 벗어난 잘못이 없다(대판 2022.5.26. 2017다 292343).

(4) 강의료 차등지급의 차별적 대우 여부

[1] 사용자는 근로자에 대하여 성별·국적·신앙 또는 사회적 신분을 이유로 근로조건에 대한 차별적 처우를 하지 못한다(근로기준법 제6조). 여기에서 '차별적 처우'란 사용자가 근로자를 임금 및 그 밖의 근로조건 등에서 합리적인 이유 없이 불리하게 처우하는 것을 의미하고, '합리적인 이유가 없는 경우'란 당해 근로자가 제공하는 근로의 내용을 종합적으로 고려하여 달리 처우할 필요성이 인정되지 아니하거나 달리 처우하는 경우에도 그 방법·정도 등이 적정하지 아니한 경우를 말한다.

[2] 사업주는 동일한 사업 내의 동일 가치 노동에 대하여는 동일한 임금을 지급하여야 한다(남녀고용평등과 일·가정 양립 지원에 관한 법률 제8조 제1항). 여기에서 '동일 가치의 노동'이란 당해 사업장 내의 서로 비교되는 노동이 동일하거나 실질적으로 거의 같은 성질의 노동 또는 직무가 다소 다르더라도 객관적인 직무평가 등에 의하여 본질적으로 동일한 가치가 있다고 인정되는 노동에 해당하는 것을 말하고, 동일 가치의 노동인지는 직무 수행에서 요구되는 기술, 노력, 책임 및 작업조건을 비롯하여 근로자의 학력·경력·근속연수 등의 기준을 종합적으로 고려하여 판단하여야 한다.

[3] 근로기준법 제6조에서 정하고 있는 균등대우원칙이나 남녀고용평등과 일·가정 양립 지원에 관한 법률 제8조에서 정하고 있는 동일가치노동 동일임금 원칙 등은 어느 것이나 헌법 제11조 제1항의 평등원칙을 근로관계에서 실질적으로 실현하기 위한 것이다. 그러므로 국립대학의 장으로서 행정청의 지위에 있는 총장으로서는 근로계약을 체결할 때에 사회적 신분이나 성별에 따른 임금 차별을 하여서는 아니 됨은 물론 그 밖에 근로계약상의 근로 내용과는 무관한 다른 사정을 이유로 근로자에 대하여 불합리한 차별 대우를 해서는 아니 된다. 기출 24

[4] 갑이 국립대학인 을 대학과 시간강사를 전업과 비전업으로 구분하여 시간당 강의료를 차등지급하는 내용의 근로계약을 체결하고 자신이 전업강사에 해당한다고 고지함에 따라 전업 시간강사 단가를 기준으로 3월분 강의료를 지급받았는데, 국민연금공단으로부터 '갑이 부동산임대사업자로서 별도의 수입이 있는 사람에 해당한다'는 사실을 통보받은 을 대학 총장이 이미 지급한 3월분 강사료 중 비전업 시간강사료와의 차액 반환을 통보하고, 4월분과 5월분의 비전업 시간강사료를 지급한(이하 차액 반환통보 및 감액지급을 '각 처분') 경우, 근로계약서상의 전업·비전업 기준이 국립대학교인 을 대학교에 전속되어 일하여야 한다는 것인지, 출강은 어느 대학이든 자유로 할 수 있으나 시간강사 외의 일은 하지 않아야 한다는 것인지, 강사료 외에는 다른 소득이 없어야 한다는 것인지 분명하지 않고, 이를 어떻게 이해하더라도 시간제 근로자인 시간강사에 대하여 근로제공에 대한 대가로서 기본급 성격의 임금인 강사료를 근로의 내용과 무관한 사정에 따라 차등을 두는 것은 합리적이지 않은 점, 시간강사에 대한 열악한 처우를 개선할 의도로 강사료 단가를 인상하고자 하였으나 예산 사정으로 부득이 전업 여부에 따라 강사료 단가에 차등을 둔 것이라는 사용자 측의 재정 상황은 시간제 근로자인 시간강사의 근로 내용과는 무관한 것으로서 동일한 가치의 노동을 차별적으로 처우하는 데 대한 합리적인 이유가 될 수 없는 점 등을 종합하면, 위 각 처분은 위법함에도, 을 대학 총장이 시간강사를 전업과 비전업으로 구분하여 시간당 강의료를 차등지급하는 것이 부당한 차별적 대우에 해당하지 않는다고 본 원심판단에 헌법 제11조 제1항, 근로기준법 제6조, 남녀고용평등과 일·가정 양립 지원에 관한 법률 제8조 등의 해석에 관한 법리를 오해한 잘못이 있다(대판 2019.3.14. 2015두46321).

(5) 보수 차등지급의 차별적 대우 여부

[1] 처분문서는 진정성립이 인정되면 특별한 사정이 없는 한 처분문서에 기재되어 있는 문언의 내용에 따라 당사자의 의사표시가 있었던 것으로 해석하여야 한다. 그러나 당사자 사이에 계약의 해석을 둘러싸고 이견이 있어 처분문서에 나타난 당사자의 의사해석이 문제 되는 경우에는 문언의 내용, 그와 같은 약정이 이루어진 동기와 경위, 약정으로 달성하려는 목적, 당사자의 진정한 의사 등을 종합적으로 고찰하여 논리와 경험의 법칙에 따라 합리적으로 해석하여야 한다. 단체협약과 같은 처분문서를 해석할 때에는 단체협약이 근로자의 근로조건을 유지·개선하고 복지를 증진하여 경제적·사회적 지위를 향상시킬 목적으로 근로자의 자주적 단체인 노동조합과 사용자 사이에 단체교섭을 통하여 이루어지는 것이므로, 명문의 규정을 근로자에게 불리하게 변형 해석해서는 안 된다.

[2] 단체협약이나 취업규칙에서 근로관계에서의 차별적 처우를 금지하고 있는 경우 '차별적 처우'란 사용자가 근로자를 임금 그 밖의 근로조건 등에서 합리적인 이유 없이 불리하게 처우하는 것을 가리킨다. '합리적인 이유가 없는 경우'란 근로자가 제공하는 근로의 내용을 종합적으로 고려하여 달리 처우할 필요성이 인정되지 않거나 달리 처우하는 경우에도 그 방법·정도 등이 적정하지 않은 경우를 말한다. 합리적인 이유가 있는지는 개별 사안에서 문제가 된 불리한 처우의 내용과 사용자가 불리한 처우의 사유로 삼은 사정을 기준으로 근로자의 고용형태, 업무의 내용과 범위·권한·책임, 임금 그 밖의 근로조건 등의 결정요소 등을 종합적으로 고려하여 판단하여야 한다.

[3] 일반적으로 '동일가치의 노동'이란 해당 사업장 내에서 서로 비교되는 근로자 간의 노동이 동일하거나 실질적으로 거의 같은 성질의 노동 또는 직무가 다소 다르더라도 객관적인 직무평가 등에 따라 본질적으로 동일한 가치가 있다고 인정되는 노동에 해당하는 것을 말한다. 동일가치의 노동인지는 직무 수행에서 요구되는 기술, 노력, 책임과 작업조건을 비롯하여 근로자의 학력·경력·근속연수 등의 기준을 종합적으로 고려하여 판단하여야 한다.

[4] 갑 지방자치단체가 설립한 중·고등학교에서 사무행정, 시설관리 등 업무를 지원하고 학교회계에서 보수를 받아 온 교육공무직 호봉제근로자인 을 등이 지방공무원법에 따라 채용된 일반직 공무원 등과 비교하여 근속승진에 따른 본봉 인상분과 이에 연동되어 증액되는 정근수당 등, 시간외근무수당 정액분, 1, 2월분 본봉 인상분을 지급받지 못하는 것은 호봉제근로자들을 불리하게 처우하는 것으로 단체협약 등에 위반된다고 주장하며 갑 지방자치단체를 상대로 위 수당 등의 지급을 구한 사안에서, 갑 지방자치단체가 위 수당 등의 지급에 관하여 을 등을 일반직 공무원과 달리 처우한 것에 합리적인 이유가 있고, 동일가치노동 동일임금 원칙을 규정한 단체협약 위반이라고 단정하기도 어렵다고 한 사례(대판 2020,11,26, 2019다262193)

(6) 국도관리원에 대한 불리한 처우의 차별적 대우 여부

[1] 근로기준법 제6조는 "사용자는 근로자에 대하여 남녀의 성을 이유로 차별적 대우를 하지 못하고, 국적·신앙 또는 사회적 신분을 이유로 근로조건에 대한 차별적 처우를 하지 못한다"라고 하여 '균등한 처우 원칙' 또는 '차별적 처우 금지 원칙'을 규정하는 한편, 제114조 제1호에서 그 위반 행위에 대한 형사처벌까지 규정하고 있다. 이는 사용자로 하여금 복수의 근로자들 사이에 합리적 이유 없는 차등 처우를 금지하여 헌법 제11조의 평등원칙을 개별적 근로관계에서 구현하기 위한 조항으로서, 차별적 처우는 복수의 근로자들이 본질적으로 동일한 근로자 집단에 속하는 것을 전제로, 그럼에도 합리적 이유 없이 서로 다르게 취급하는 경우에 한하여 성립할 수 있다. 이 사건에서 원고들에 대한 처우가 사회적 신분을 이유로 한 차별적 처우라고 보기 위해서는 차별의 사유가 되는 원고들의 지위가 '사회적 신분'에 해당하여야 하고, 원고들이 지목하는 비교대상자인 공무원들이 본질적으로 동일한 근로자 집단에 속하여야 한다. 근로기준법 제6조에서 말하는 사회적 신분이 반드시 선천적으로 고정되어 있는 사회적 지위에 국한된다거나 그 지위에 변동가능성이 없을 것까지 요구되는 것은 아니지만, 개별 근로계약에 따른 고용상 지위는 공무원과의 관계에서 근로기준법 제6조가 정한 차별적 처우 사유인 '사회적 신분'에 해당한다고 볼 수 없고, 공무원은 그 근로자와의 관계에서 동일한 근로자 집단에 속한다고 보기 어려워 비교대상 집단이 될 수도 없다. 그 이유는 다음과 같다. **기출** 24

① **공무원 지위의 특수성** : 공무원은 국민 전체에 대한 봉사자이며, 국민에 대하여 책임을 진다(헌법 제7조). 공무원은 노무의 대가로 얻는 수입에 의존하여 생활한다는 점에서 근로자로서의 성격을 가지지만, 국민 전체에 대한 봉사자로서 공공성, 공정성, 성실성, 중립성 등이 요구되기 때문에 일반 근로자와는 다른 특별한 근무관계에 있다. 공무원과 국가 또는 지방자치단체 사이의 근무관계는 사법상 근로계약으로 형성되는 관계가 아니라 임용주체의 행정처분인 임명행위로 인하여 설정되는 공법상 신분관계이다. 일반 근로자가 사용자에 대하여 취업규칙이 정한 복무규율에 따라 직무상 명령에 복종할 의무 등을 부담하는 것과 달리, 공무원은 국가공무원법 및 지방공무원법 규정에 따라 소속 상관의 직무상 명령에 복종할 의무를 비롯하여 국민 전체의 봉사자로서 친절하고 공정하게 직무를 수행할 의무, 청렴의 의무, 종교중립의 의무 등 헌법과 법령이 정한 다양한 의무를 부담하고, 근무시간 외에도 영리를 목적으로 하는 업무에 종사하지 못하며, 정치운동이 금지되고 집단행위도 원칙적으로 금지된다(국가공무원법 제56조 내지 제66조, 지방공무원법 제48조 내지 제58조). 이처럼 공무원은 업무 내·외적으로 일반 근로자보다 무거운 책임과 높은 윤리성을 요구받는 지위에 있다.

② **근무조건의 결정방식** : 공무원의 보수 등에 관하여 국가공무원법과 지방공무원법은 이른바 '근무조건 법정주의'를 규정하고 있다(국가공무원법 제46조 제5항, 지방공무원법 제44조 제4항). 이는 공무원이 헌법 제7조에 정한 직업공무원 제도에 기하여 국민 전체에 대한 봉사자로서의 특수한 지위를 가지므로 국민 전체의 의사를 대표하는 국회에서 그 근무조건을 결정하도록 함이 타당할 뿐 아니라, 공무원의 보수 등은 국가예산에서 지급되는 것이므로 헌법 제54조에 따라 예산안 심의·확정 권한을 가진 국회로 하여금 예산상의 고려가 함께 반영된 법률로써 공무원의 근무조건을 정하도록 할 필요가 있기 때문이다. 헌법 제33조 제1항은 근로자의 자주적인 노동3권을 보장하고 있으면서도, 공무원의 국민 전체에 대한 봉사자로서의 지위 및 그 직무의 공공성을 고려하여 합리적인 직업공무원 제도를 보장하고 이와 관련한 주권자의 권익을 공공복리의 목적 아래 통합적으로 조정하기 위하여 같은 조 제2항에서 공무원인 근로자에 대하여는 법률로 이를 제한할 수 있도록 하였다. 이에 따라 공무원의 노동조합 설립 및 운영 등에 관한 법률은 법령·조례·예산 및 하위규정과 다른 내용으로 체결되는 단체협약에 대하여 효력이 발생하지 않는다고 규정하고(제10조 제1항), 공무원에 대하여 일체의 쟁의행위도 금지하고 있다(제11조). 이러한 규정들로 인하여 노동조합에 가입할 수 있는 공무원의 경우에도 헌법이 보장하는 노동3권의 행사를 통해 근로조건의 향상을 도모할 수 있는 여지가 적다. 이와 달리 국가나 지방자치단체와 사법상 근로계약을 체결한 근로자들은 근로기준법이 강행규정을 통해 보호하는 범위 내에서 그 근로계약 및 단체협약이 정한 바에 따라 처우가 결정되므로, 노동3권의 행사에 있어서 특별한 법적 제한을 받지 않는 것이 원칙이다. 이 사건에서도 국도관리원들은 이 사건 공무원들과는 달리 보수에 관해서도 단체협약을 체결할 수 있고, 실제로 단체협약을 통해 호봉제를 도입하는 등 임금 등 근로조건을 개선하여 왔다.

③ **공무원 보수의 성격** : 공무원에게 지급되는 보수는 근로의 대가로서의 성격만 가지는 것이 아니라 안정적인 직업공무원 제도의 유지를 위한 목적도 포함되어 있다. 이 사건 각 수당 중 직급보조비는 지급 대상자인 공무원의 직급에 따른 업무 수행에 수반되는 제 비용을 보전해주는 차원에서 지급되는 수당이고, 성과상여금은 실적과 성과가 우수한 공무원에게 더 많은 동기를 부여함으로써 공무원들의 근무의욕을 고취시켜 업무수행능력의 지속적 향상을 유도하고 공직사회의 경쟁력과 생산성을 제고하기 위한 목적에서 도입된 것이다. 가족수당 역시 공무원의 처우개선 및 생활비 보조를 위하여 도입된 것이다. 이처럼 공무원에게 지급되는 각 수당은 공무원 조직의 특수성을 반영하거나 공무원의 생활 보장 등 정책적 목적을 함께 가지고 있다.

④ **업무의 변경가능성과 보수체계** : 근로자에 대한 전직이나 전보처분은 근로자에게 불이익한 처분이 될 수 있으므로 정당한 이유 없이 전직 등을 할 수 없다는 제한을 받고(근로기준법 제23조 제1항), 근로계약에서 근로내용이나 근무장소를 특별히 한정한 경우에 이를 벗어난 전직에 대해서는 근로자의 동의가 요구된다. 반면 공무원에 대한 전보인사는 국가공무원법, 지방공무원법 등 공무원 관련 법령에 근거한 것으로서 위와 같은 법령의 제한 내에서 인사권자는 상당한 재량을 가지고 있고, 인사권자가 한 전보인사는 법령이 정한 기준과 원칙에 위반하여 인사재량권을 일탈·남용하는 등 특별한 사정이 없는 한 적법하다. 이 사건 공무원들 역시 국토교통부 소속 국가공무원으로서 국토교통부장관의 전보인사에 따라 근무장소를 이동하거나 도로보수 및 과적차량 단속과 관련이 없는 부서에서 보직을 맡아 수행할 가능성이 열려 있는 반면, 국도관리원은 근로계약에서 정한 근무장소(국토관리사무소)에서 도로보수 및 과적차량 단속 업무만을 수행하는 것이 원칙이어서 채용권자가 가지는 인사권의 폭이 좁다. 공무원의 봉급은 기본적으로 공무원의 종류(일반직, 연구직, 경찰·소방직 등), 계급 또는 직무등급, 호봉 등에 따라 결정되고,

공무원이 특정 시기에 담당하는 보직이나 업무의 내용에 따라 달라지지는 않는다. 원고들이 문제 삼는 이 사건 각 수당을 포함하여 공무원수당규정이 정한 수당 중 대부분은 국가공무원 일반에게 공통적으로 지급되는 것이지, 이 사건 공무원들이나 이와 유사한 업무를 수행하는 공무원에게만 지급되는 것이 아니다. 이처럼 공무원의 보수체계는 공무원이 담당하는 업무를 기초로 설정된 것이 아니므로 특별한 법률의 규정이 없는 한 공무원과 공무원이 아닌 근로자의 업무 내용에 유사한 부분이 있다는 사정만으로는 앞서 본 지위 및 근로조건 결정 방법 등의 차이에도 불구하고 공무원과 같은 처우가 보장되어야 할 근거가 되지 못한다. 한편 원고들은 근로계약 기간 중 언제든지 공무원 채용 절차를 거쳐 공무원으로 임용됨으로써 업무 및 보수에서 공무원과 같은 처우를 받을 수 있고, 거기에 어떠한 법률적, 제도적 장애사유도 존재하지 않는다.

[2] 원고들의 무기계약직 근로자 지위의 사회적 신분 해당성 및 공무원의 비교대상성 앞서 본 바와 같이 공무원의 경우 헌법이 정한 직업공무원 제도에 따라 국가 또는 지방자치단체와 공법상 신분관계를 형성하고 각종 법률상 의무를 부담하는 점, 공무원의 근무조건은 법령의 규율에 따라 정해지고 단체협약을 통해 근로조건 개선을 도모할 수 있는 대상이 아닌 점, 전보인사에 따른 공무원 보직 및 업무의 변경가능성과 보수체계 등의 사정을 고려하면, 원고들의 무기계약직 근로자로서의 고용상 지위는 공무원에 대한 관계에서 근로기준법 제6조에서 정한 사회적 신분에 해당한다고 볼 수 없고, 공무원을 본질적으로 동일한 비교집단으로 삼을 수 없다(대판 2023.9.21. 2016다255941[전합]).

Ⅴ 강제근로 금지의 원칙

> **강제근로의 금지(근기법 제7조)**
> 사용자는 폭행, 협박, 감금, 그 밖에 정신상 또는 신체상의 자유를 부당하게 구속하는 수단으로써 근로자의 자유의사에 어긋나는 근로를 강요하지 못한다.

1. 의 의 기출 18·19

사용자는 폭행, 협박, 감금, 그 밖에 정신상 또는 신체상의 자유를 부당하게 구속하는 수단으로써 근로자의 자유의사에 어긋나는 근로를 강요하지 못한다(근기법 제7조). 근로의 실행뿐만 아니라 준비단계의 착수도 포함된다.

2. 정신상·신체상의 자유를 부당하게 구속하는 수단

장기근로계약, 사표수리 거부 등을 포함한다.

3. 근로의 강제

근로자의 자유의사에 반하는 근로의 강요이면 족하다. 따라서 근로의 강요 그 자체가 금지되어 강요를 한 이상 강제근로가 실제로 이루어지지 아니한 경우에도 동조 위반이 된다(다수설).

4. 기타의 강제근로수단

위약예정(근기법 제20조), 전차금 상계(근기법 제21조), 강제저금(근기법 제22조) 등도 그 제도를 둘러싼 각종의 구체적 조건이 그것이 근로자의 의사에 반하여 근로할 것을 강요할 수 있을 정도의 것이면 부당한 구속수단이라고 볼 수 있다. 다만, 기업체에서 비용을 부담하여 직원을 해외에 파견하여 위탁교육훈련을 시키고 일정한 의무 재직기간 이상 근무하지 아니한 때에는 그 부담한 교육비용의 전부 또는 일부를 상환하도록 하는 기업체의 규정 등은 구 근로기준법 제21조에서 말하는 근로계약기간이 아니라 교육비용반환채무의 면제기간을 정한 것으로 봄이 상당하므로 근로자의 자유의사에 반하는 근로를 강요하는 것이 아니다(대판 1992.2.25. 91다26232).

5. 위반의 효과

벌칙(근기법 제107조)이 적용되며, 민법 제103조의 반사회질서의 법률행위로서 무효가 된다.

VI 폭행 금지의 원칙

> **폭행의 금지(근기법 제8조)**
> 사용자는 사고의 발생이나 그 밖의 어떠한 이유로도 근로자에게 폭행을 하지 못한다.

1. 의 의

사용자는 사고의 발생이나 그 밖에 어떠한 이유로도 근로자에게 폭행을 하지 못한다(근기법 제8조). **기출 19**

2. 내 용

업무와 관련되어 발생할 것을 요한다. 업무시간 외에 사업장 밖에서 발생한 폭행이라도 업무와 관련하여 발생하였다면 본조에 해당한다.

✔ 핵심문제

01 근로기준법상 근로계약 등에 관한 설명으로 옳지 않은 것은?

① 사용자는 근로계약 불이행에 대한 위약금 또는 손해배상액을 예정하는 계약을 체결하지 못한다.
② 사용자는 전차금이나 그 밖에 근로할 것을 조건으로 하는 전대채권과 임금을 상계하지 못한다.
③ 법 제36조(금품청산)를 위반한 자에 대하여는 피해자의 명시적인 의사와 다르게 공소를 제기할 수 있다.
④ 근로자는 근로계약 체결 시 명시된 근로조건이 사실과 다를 경우에 근로조건 위반을 이유로 즉시 근로계약을 해제할 수 있다.
⑤ 사용자는 근로계약에 덧붙여 강제저축 또는 저축금의 관리를 규정하는 계약을 체결하지 못한다.

[해설]
금품청산(제36조), 임금지급(제43조), 도급사업에 대한 임금지급(제44조), 건설업에서의 임금지급연대책임(제44조의2), 휴업수당(제46조), 근로한 기간이 단위기간보다 짧은 경우의 임금정산(제51조의3), 1개월을 초과하는 정산기간을 정하는 경우, 통상임금의 100분의 50 이상을 가산지급(제52조 제2항 제2호) 또는 연장 · 야간 및 휴일근로(제56조)를 위반한 자에 대하여는 피해자의 명시적인 의사와 다르게 공소를 제기할 수 없다(근기법 제109조 제2항).

정답 ③

3. 근로기준법 제7조의 폭행과 근로기준법 제8조의 폭행의 구별

근로기준법 제7조(강제근로의 금지)의 폭행이 근로자의 자유의사가 구속되면서 행하여지는 강제근로를 금지하려는 데 목적이 있다면, 근로기준법 제8조(폭행의 금지)는 근로자에 대한 폭행이나 구타행위 자체를 금지하려는 데 그 목적이 있다.

4. 형법과의 관계

형법상의 폭행죄(형법 제260조 제1항)는 피해자가 원하는 경우에 한하여 처벌되는 반의사불벌죄이나, 동조 위반죄는 피해자가 원하지 않아도 처벌되는 일반범죄이다.

Ⅶ 중간착취의 배제원칙

중간착취의 배제(근기법 제9조)
누구든지 법률에 따르지 아니하고는 영리로 다른 사람의 취업에 개입하거나 중간인으로서 이익을 취득하지 못한다.

1. 의 의

누구든지 법률에 따르지 아니하고는 영리로 다른 사람의 취업에 개입하거나 중간인으로서 이익을 취득하지 못한다(근기법 제9조). 이 규정은 타인의 취업을 소개·알선하는 조건으로 소개료·수수료 등의 명목으로 이익을 취득하거나 또는 취업 후에 중개인·감독자 등의 지위를 이용하여 근로자의 임금의 일부를 착취하는 행위를 금지하려는 데 목적이 있다. 기출 16·19·20·23·24

✔ 핵심문제

01 근로기준법에 규정된 내용으로 옳지 않은 것은?

① 근로기준법에서 정하는 근로조건은 최저기준이므로 근로관계 당사자는 이 기준을 이유로 근로조건을 낮출 수 없다.
② 근로조건은 근로자와 사용자가 동등한 지위에서 자유의사에 따라 결정하여야 한다.
③ 사용자는 근로자에 대하여 남녀의 성(性)을 이유로 차별적 대우를 하지 못한다.
④ 누구든지 법률에 따르지 아니하고는 영리로 다른 사람의 취업에 개입하거나 중간인으로서 이익을 취득하지 못한다.
⑤ 사용자는 근로자가 공(公)의 직무를 집행하기 위하여 근로시간 중에 필요한 시간을 청구하면 이를 거부할 수 있다.

[해설]
사용자는 근로자가 근로시간 중에 선거권, 그 밖의 공민권(公民權) 행사 또는 공(公)의 직무를 집행하기 위하여 필요한 시간을 청구하면 거부하지 못한다. 다만, 그 권리 행사나 공(公)의 직무를 수행하는 데에 지장이 없으면 청구한 시간을 변경할 수 있다(근기법 제10조).

정답 ⑤

2. 내 용

(1) 누구든지

근로기준법의 적용을 받는 사업주 또는 사용자는 물론이고, 기타 사인이나 단체 등을 묻지 아니하며, 공무원도 이에 포함될 수 있다.

(2) 법률에 의하지 아니하고

법률에 근거하는 경우에는 동조의 적용을 받지 아니한다. 직업안정법과 파견근로자 보호 등에 관한 법률에 의한 경우가 이에 해당한다.

(3) 영리의 목적

단, 1회의 행위라도 영리의 목적으로 한 것이면 동조 위반이 된다(대판 2001.12.14. 2001도5025). 따라서 대기업에 입사할 수 있도록 해 달라는 청탁을 받고 영리의 목적 없이 입사추천을 받도록 해 준 다음 취업사례금 명목의 돈을 받은 경우, 구 근로기준법 제8조에 규정된 '영리로 타인의 취업에 개입'하는 행위에 해당하는지 여부만이 문제될 뿐 '중간인으로서 이익을 취득'하는 행위에 해당하지는 않는다(대판 2007.8.23. 2007도3192).

(4) 타인의 취업에 개입

근로기준법이 적용되는 근로관계의 개시 및 존속 등에 관여하여 알선 또는 소개행위를 하는 것을 말한다. 근로관계의 성립과정에서 취업을 조건으로 하는 개입과 근로관계의 성립 후에 근로관계의 존속, 유지를 조건으로 하는 개입이 모두 해당한다. 또한, 취업을 원하는 사람에게 취업을 알선해 주기로 하면서 그 대가로 금품을 수령하는 정도의 행위도 포함되고, 반드시 근로관계 성립 또는 갱신에 직접적인 영향을 미칠 정도의 구체적인 소개 또는 알선행위에까지 나아가야만 하는 것은 아니다(대판 2008.9.25. 2006도7660). `기출` 18

(5) 이익의 취득

이익이라 함은 보상금, 수수료, 소개료, 중개 및 수고비 등 형식적 명칭에 상관없이 일체의 금품 및 경제적 가치가 있는 것을 포함하며, 유·무형 모두가 포함된다. 또한 근로자, 사용자는 물론 제3자 등 누구로부터 이익을 받았는가도 묻지 않는다.

Ⅷ 공민권 행사의 보장원칙

> **공민권 행사의 보장(근기법 제10조)**
> 사용자는 근로자가 근로시간 중에 선거권, 그 밖의 공민권(公民權) 행사 또는 공(公)의 직무를 집행하기 위하여 필요한 시간을 청구하면 거부하지 못한다. 다만, 그 권리 행사나 공(公)의 직무를 수행하는 데에 지장이 없으면 청구한 시간을 변경할 수 있다.

1. 의 의

사용자는 근로자가 근로시간 중에 선거권, 그 밖의 공민권 행사 또는 공(公)의 직무를 집행하기 위하여 필요한 시간을 청구하면 거부하지 못한다. 다만, 그 권리 행사나 공의 직무를 수행하는 데에 지장이 없으면 청구한 시간을 변경할 수 있다(근기법 제10조). `기출` 16 · 18 · 19 · 24

2. 요건

(1) 공민권

법령에 근거한 공직의 선거권, 피선거권은 물론 국민투표권과 같이 국민으로서 공무에 참가하는 권리를 말한다. 근로자가 스스로 입후보하는 피선거권은 포함되나, 다른 후보자를 위한 선거운동은 공민권 행사에 포함되지 아니한다. 공법상의 소권(공직선거법상 선거 또는 당선소송)은 공민권의 행사라고 보아야 할 것이나, 사법상의 채권·채무에 관한 소송은 공민권의 행사라고 볼 수 없다.

(2) 공의 직무 `기출` 15

법령에 근거를 두고 있는 공적인 직무를 말한다. 지방의회 의원·노동위원회 위원으로 직무를 수행하는 경우, 민사소송법·노동위원회법 등 법령에 의한 증인·감정인의 직무 등이 해당된다. 그러나 노동조합활동, 정당활동 또한 공의 직무가 아니다. 따라서 근로시간 중의 노동조합활동은 여기에 해당하지 아니하고, 또한 부당노동행위구제신청을 한 당사자가 사건조사를 위하여 노동위원회의 요구에 따라 출석하는 시간은, 공권이 아닌 사권의 성격이 강하므로 공의 직무로 볼 수 없다.

(3) 근로자의 청구

공민권 행사 또는 공의 직무에 해당한다고 하더라도 근로자의 청구가 있어야 사용자의 의무가 발생한다.

3. 내용

(1) 필요한 시간의 부여

필요한 시간은 공민권의 행사, 공의 직무의 성질에 따라 판단해야 한다. 권리의 행사를 위한 사전준비나 사후정리 등을 포함한 충분한 시간이 되어야 할 것이다. 사용자의 거부만으로 동조 위반이 되고, 거부의 결과 당해 근로자가 권리를 행사할 수 없었느냐의 여부는 문제되지 않는다.

(2) 시각의 변경

사용자는 공민권의 행사, 공의 직무의 집행에 지장이 없는 한, 청구한 시각을 근로시간 중의 다른 시각으로 변경하는 것이 허용된다. 또한 청구한 날짜의 변경도 시각의 변경에 포함된다(다수설).

✔ 핵심문제

01 근로기준법상 공민권의 행사 또는 공(公)의 직무로 볼 수 없는 것은?

① 민사소송법상 증인으로 출석
② 노동조합 임원으로서 조합원 총회에 참가
③ 향토예비군훈련에 참가
④ 공직선거 입후보자로서의 선거운동
⑤ 노동위원회 위원으로서의 회의에 참석

[해설]
노동조합 임원으로서 조합원 총회에 참가하는 것은 공의 직무에 해당하지 않는다(근기법 제10조 참조).

`정답` ②

4. 공민권 행사와 근로관계

① 평균임금 산정 시 병역법, 예비군법 또는 민방위기본법에 따른 의무를 이행하기 위하여 휴직하거나 근로하지 못한 기간 중, 임금을 지급받지 못한 기간이 있을 경우에는 그 기간은 평균임금의 산정기준이 되는 기간에서 제외한다(근기법 시행령 제2조 제7호).

② 연차휴가를 부여하기 위한 개근 여부를 산정하는 경우, 공민권 행사를 위한 기간은 이를 근로한 것으로 본다.

③ '사용자의 승인을 얻지 않고 공직에 취임한 때는 해고한다'고 정한 취업규칙은 근로자의 공민권 행사를 중대하게 제한하는 것으로 무효이다. 다만, 공직수행으로 인하여 회사의 업무수행에 현저한 지장을 주는 등 겸직이 불가능한 경우에는 해고의 대상이 된다.

④ 근로자가 필요한 시간을 청구하면 사용자는 공민권 행사 등에 필요한 시간을 거부할 수 없다는 것이므로(근기법 제10조), 공민권 행사에 필요하여 근로하지 못한 시간에 대하여 사용자가 임금을 지급하여야 한다는 의미는 아니다. 따라서 임금은 법률에 특별한 규정이 없는 한 취업규칙이나 단체협약에서 정한 바에 따르고, 따로 정함이 없는 경우에는 무급으로 해도 위법이 아니다. 다만, 공직선거법이나 향토예비군 설치법, 민방위기본법에 의한 공민권행사기간은 유급으로 해석된다. `기출` 15 · 23

Ⅸ   직장 내 괴롭힘의 금지

1. 신설취지

사용자 또는 근로자는 직장에서의 지위 또는 관계 등의 우위를 이용하여, 업무상 적정범위를 넘어 다른 근로자에게 신체적·정신적 고통을 주거나 근무환경을 악화시키는 직장 내 괴롭힘을 해서는 안 되고, 누구든지 직장 내 괴롭힘 발생사실을 알게 된 경우, 그 사실을 사용자에게 신고할 수 있도록 하기 위해 2019.1.15.에 근로기준법 제76조의2 이하를 신설하였다.

2. 직장 내 괴롭힘의 금지(근기법 제76조의2)

사용자 또는 근로자는 직장에서의 지위 또는 관계 등의 우위를 이용하여, 업무상 적정범위를 넘어 다른 근로자에게 신체적·정신적 고통을 주거나 근무환경을 악화시키는 행위(이하 "직장 내 괴롭힘")를 하여서는 아니 된다. `기출` 22 · 23 이를 위해 사용자는 직장 내 괴롭힘을 예방하고 근로자가 안전한 근로환경에서 일할 수 있는 여건을 조성하기 위하여 직장 내 괴롭힘 예방 교육을 실시하는 것이 바람직하나, 근로기준법에는 예방교육의 의무적 실시에 대한 규정은 존재하지 아니한다. `기출` 24

3. 직장 내 괴롭힘 발생 시 조치(근기법 제76조의3)

(1) 발생사실의 신고 `기출` 20 · 21 · 22

누구든지 직장 내 괴롭힘 발생사실을 알게 된 경우, 그 사실을 사용자에게 신고할 수 있다.

(2) 사실확인 조사

사용자는 신고를 접수하거나 직장 내 괴롭힘 발생사실을 인지한 경우에는 지체 없이 당사자 등을 대상으로 그 사실확인을 위하여 객관적으로 조사를 실시하여야 한다. `기출` 23

제1장
제2장
제3장
제4장
제5장
제6장
제7장
제8장
제9장
제10장

(3) 적절한 조치 _{기출} 20 · 21 · 22 · 23 · 24

① 사용자는 조사기간 동안 직장 내 괴롭힘과 관련하여 피해를 입은 근로자 또는 피해를 입었다고 주장하는 근로자(이하 "피해근로자등")를 보호하기 위하여 필요한 경우, 해당 피해근로자등에 대하여 근무장소의 변경, 유급휴가명령 등 적절한 조치를 하여야 한다. 이 경우 사용자는 피해근로자등의 의사에 반하는 조치를 하여서는 아니 된다.

② 사용자는 조사결과 직장 내 괴롭힘 발생사실이 확인된 때에는, 피해근로자가 요청하면 근무장소의 변경, 배치전환, 유급휴가명령 등 적절한 조치를 하여야 한다. 사용자는 조사결과 직장 내 괴롭힘 발생사실이 확인된 때에는 지체 없이 행위자에 대하여 징계, 근무장소의 변경 등 필요한 조치를 하여야 한다. 이 경우 사용자는 징계 등의 조치를 하기 전에 그 조치에 대하여 피해근로자의 의견을 들어야 한다.

(4) 불리한 처우의 금지 _{기출} 20 · 22

사용자는 직장 내 괴롭힘 발생사실을 신고한 근로자 및 피해근로자등에게 해고나 그 밖의 불리한 처우를 하여서는 아니 된다.

(5) 비밀누설의 금지 _{기출} 23

직장 내 괴롭힘 발생사실을 조사한 사람, 조사내용을 보고받은 사람 및 그 밖에 조사과정에 참여한 사람은 해당 조사과정에서 알게 된 비밀을 피해근로자등의 의사에 반하여 다른 사람에게 누설하여서는 아니 된다. 다만, 조사와 관련된 내용을 사용자에게 보고하거나 관계기관의 요청에 따라 필요한 정보를 제공하는 경우는 제외한다.

4. 과태료의 부과

사용자(사용자의 민법상 친족 중 대통령령으로 정하는 사람이 해당 사업 또는 사업장의 근로자인 경우를 포함)가 직장 내 괴롭힘을 한 경우에는 1천만원 이하의 과태료를 부과한다(근기법 제116조 제1항). _{기출} 23

5. 관련 판례

[1] 성적 표현행위의 위법성 여부는, 쌍방당사자의 연령이나 관계, 행위가 행해진 장소 및 상황, 성적 동기나 의도의 유무, 행위에 대한 상대방의 명시적 또는 추정적인 반응의 내용, 행위의 내용 및 정도, 행위가 일회적 또는 단기간의 것인지 아니면 계속적인 것인지 여부 등의 구체적 사정을 종합하여, 그것이 사회공동체의 건전한 상식과 관행에 비추어 볼 때 용인될 수 있는 정도의 것인지 여부, 즉 선량한 풍속 또는 사회질서에 위반되는 것인지 여부에 따라 결정되어야 하고, 상대방의 성적 표현행위로 인하여 인격권의 침해를 당한 자가 정신적 고통을 입는다는 것은 경험칙상 명백하다.

[2] 이른바 성희롱의 위법성의 문제는 종전에는 법적 문제로 노출되지 아니한 채 묵인되거나 당사자 간에 해결되었던 것이나 앞으로는 빈번히 문제될 소지가 많다는 점에서는 새로운 유형의 불법행위이기는 하나, 이를 논함에 있어서는 이를 일반 불법행위의 한 유형으로 파악하여 행위의 위법성 여부에 따라 불법행위의 성부를 가리면 족한 것이지, 불법행위를 구성하는 성희롱을 고용관계에 한정하여, 조건적 성희롱과 환경형 성희롱으로 구분하고, 특히 환경형의 성희롱의 경우, 그 성희롱의 태양이 중대하고 철저한 정도에 이르러야 하며, 불법행위가 성립하기 위하여는 가해자의 성적 언동 자체가 피해자의 업무수행을 부당히 간섭하고 적대적 굴욕적 근무환경을 조성함으로써 실제상 피해자가 업무능력을 저해당하였다거나 정신적인 안정에 중대한

영향을 입을 것을 요건으로 하는 것이므로 불법행위에 기한 손해배상을 청구하는 피해자로서는 가해자의 성희롱으로 말미암아 단순한 분노, 슬픔, 울화, 놀람을 초과하는 정신적 고통을 받았다는 점을 주장·입증하여야 한다는 견해는 이를 채택할 수 없다. 또한 피해자가 가해자의 성희롱을 거부하였다는 이유로 보복적으로 해고를 당하였든지 아니면 근로환경에 부당한 간섭을 당하였다든지 하는 사정은 위자료를 산정하는 데에 참작사유가 되는 것에 불과할 뿐 불법행위의 성립 여부를 좌우하는 요소는 아니다.

[3] 민법 제756조에 규정된 사용자책임의 요건인 '사무집행에 관하여'라는 뜻은 피용자의 불법행위가 외형상 객관적으로 사용자의 사업활동 내지 사무집행행위 또는 그와 관련된 것이라고 보여질 때에는 행위자의 주관적 사정을 고려함이 없이 이를 사무집행에 관하여 한 행위로 본다는 것이고, 외형상 객관적으로 사용자의 사무집행에 관련된 것인지의 여부는 피용자의 본래 직무와 불법행위와의 관련 정도 및 사용자에게 손해 발생에 대한 위험 창출과 방지조치 결여의 책임이 어느 정도 있는지를 고려하여 판단하여야 한다.

[4] 고용관계 또는 근로관계는 이른바 계속적 채권관계로서 인적 신뢰관계를 기초로 하는 것이므로, 고용계약에 있어 피용자가 신의칙상 성실하게 노무를 제공할 의무를 부담함에 대하여, 사용자로서는 피용자에 대한 보수지급의무 외에도 피용자의 인격을 존중하고 보호하며 피용자가 그 의무를 이행하는 데 있어서 손해를 받지 아니하도록 필요한 조치를 강구하고 피용자의 생명, 건강, 풍기 등에 관한 보호시설을 하는 등 쾌적한 근로환경을 제공함으로써 피용자를 보호하고 부조할 의무를 부담하는 것은 당연한 것이지만, 어느 피용자의 다른 피용자에 대한 성희롱행위가 그의 사무집행과는 아무런 관련이 없을 뿐만 아니라, 가해자의 성희롱행위가 은밀하고 개인적으로 이루어지고 피해자로서도 이를 공개하지 아니하여 사용자로서는 이를 알거나 알 수 있었다고 보여지지도 아니하다면, 이러한 경우에서까지 사용자가 피해자에 대하여 고용계약상의 보호의무를 다하지 아니하였다고 할 수는 없다(대판 1998.2.10. 95다39533).

제8절 근로기준법의 실효성 확보

I 의 의

근로기준법은 최저근로조건을 명문의 법률로 규정함으로써 근로자의 생활을 보장, 향상시키는 것을 목적으로 한다. 이 법이 정한 최저근로기준은 강행법규로서 반드시 준수되어 실효성이 확보되어야 한다.

1. 민사상 수단

> **이 법을 위반한 근로계약(근기법 제15조)**
> ① 이 법에서 정하는 기준에 미치지 못하는 근로조건을 정한 근로계약은 그 부분에 한정하여 무효로 한다.
> ② 제1항에 따라 무효로 된 부분은 이 법에서 정한 기준에 따른다.

(1) 내 용

근로계약의 내용이 근로기준법상의 최저기준에 미달하는 경우에는 당해 근로계약의 민사상 효력은 무효가 되고 무효가 된 부분에는 근로기준법의 근로조건이 대체적으로 적용된다(근기법 제15조).

(2) 관련 판례

1) 통상임금 산정에 관한 노사 간 합의

판례는 근로기준법 제15조 제1항, 제2항은 근로기준법의 목적을 달성하기 위하여 개별적 노사 간의 합의라는 형식을 빌려 근로자로 하여금 근로기준법에서 정한 기준에 미치지 못하는 근로조건을 감수하도록 하는 것을 저지함으로써 근로자에게 실질적으로 최소한의 근로조건을 유지시켜 주기 위한 것으로, 이러한 위 각 규정의 문언과 취지에 비추어 보면, 근로기준법에서 정한 통상임금에 산입될 수당을 통상임금에서 제외하기로 하는 노사 간의 합의는 그 전부가 무효가 되는 것이 아니라, 근로기준법에서 정한 기준과 전체적으로 비교하여 그에 미치지 못하는 근로조건이 포함된 부분에 한하여 무효로 된다고(대판 2019.11.28. 2019다261084) 한다.

기출 23

2) 퇴직금 산정에 관한 노사 간 합의

판례는 퇴직금급여에 관한 근로기준법의 규정은 사용자가 퇴직하는 근로자에게 지급하여야 할 퇴직금액의 하한을 규정한 것이므로, 노사 간에 급여의 성질상 근로기준법이 정하는 평균임금에 포함될 수 있는 급여를 퇴직금 산정의 기초로 하지 아니하기로 하는 별도의 합의가 있는 경우에 그 합의에 따라 산정한 퇴직금액이 근로기준법이 보장한 하한을 상회하는 금액이라면 그 합의가 구 근로기준법 제34조에 위반되어 무효라고 할 수는 없으나, 만약 그 합의에 따라 산정한 퇴직금액이 근로기준법이 보장한 하한에 미달하는 금액이라면, 그 합의는 구 근로기준법 제34조에 위반되어 무효라고(대판 2007.7.12. 2005다25113) 한다.

2. 형사상 수단

(1) 내 용

사용자가 근로기준법상의 최저근로조건을 근로자에게 적용하지 아니하는 등 근로기준법을 위반하는 경우에는 형사상의 벌칙이 적용된다(근기법 제107조 이하).

(2) 관련 판례 – 사업경영담당자 인정 여부

1) 자기의 업무를 수행한 이사·감사

근로기준법상 근로자에게 임금지급의무를 부담하는 사업경영담당자(근로기준법 제2조 제1항 제2호)라 함은 사업경영 일반에 관하여 책임을 지는 자로서 사업주로부터 사업경영의 전부 또는 일부에 대하여 포괄적인 위임을 받고 대외적으로 사업을 대표하거나 대리하는 자를 말하고 피고인 1은 공소외 주식회사의 생산관리이사로서 책장 및 걸상 등을 제조하는 공장의 업무관리를, 피고 2는 영업담당이사로서 영업관계업무를, 피고 3은 감사 겸 기획실장으로서 기획업무를 담당하면서 위 피고인들이 위 회사의 운영을 위하여 자기가 맡은 분야의 업무를 각자 수행하였음에 지나지 아니하여 피고인들은 위 회사의 근로자들에게 임금지급의무를 부담하는 사업 경영자라 할 수 없으므로 이 사건 근로자들에 대한 임금 미지급의 책임을 물을 수 없다(대판 1988.11.22. 88도1162).

2) 명목상 대표이사

주식회사의 대표이사는 대외적으로는 회사를 대표하고 대내적으로는 회사의 업무를 집행할 권한을 가지는 것이므로, 특별한 사정이 없는 한 근로기준법 제2조 제1항 제2호 소정의 사업경영담당자로서 사용자에 해당한다고 할 것이나, 탈법적인 목적을 위하여 특정인을 명목상으로만 대표이사로 등기하여 두고 그를 회사의 모든 업무집행에서 배제하여 실질적으로 아무런 업무를 집행하지 아니하는 경우에 그 대표이사는 사업주로부터 사업경영의 전부 또는 일부에 대하여 포괄적인 위임을 받고 대외적으로 사업주를 대표하거나 대리하는 자라고 할 수 없으므로 사업경영담당자인 사용자라고 볼 수 없다(대판 2000.1.18. 99도2910).

3. 행정상 수단

근로기준법이 입법취지에 부합되게 제대로 시행되고 있는지를 사전에 점검 및 감독하고, 근로자의 사후적 권리구제를 효율적으로 보장하기 위하여, 고용노동부 산하에 근로감독관을 설치하여 근로조건의 기준을 확보하고 있다.

Ⅱ 근로감독관제도

1. 설 치 `기출` 14 · 20 · 22

근로조건의 기준을 확보하기 위하여 고용노동부와 그 소속기관에 근로감독관을 둔다(근기법 제101조 제1항).

2. 근로감독관의 권한과 의무

(1) 근로감독관의 권한

1) **행정상 권한**(근기법 제102조)

① 근로감독관은 사업장, 기숙사, 그 밖의 부속건물을 현장조사하고, 장부와 서류의 제출을 요구할 수 있으며, 사용자와 근로자에 대하여 심문할 수 있다. `기출` 14 · 18 · 20 · 22

② 의사인 근로감독관이나 근로감독관의 위촉을 받은 의사는, 취업을 금지하여야 할 질병에 걸릴 의심이 있는 근로자에 대하여 검진할 수 있다. `기출` 14 · 18 · 20 · 22

③ 위의 경우 근로감독관이나 그 위촉을 받은 의사는, 그 신분증명서와 고용노동부장관의 현장조사 또는 검진지령서를 제시하여야 한다.

④ 현장조사 또는 검진지령서에는 그 일시, 장소 및 범위를 분명하게 적어야 한다.

2) **사법상 권한**(근기법 제102조, 제105조)

① 근로감독관은 이 법이나 그 밖의 노동관계법령 위반의 죄에 관하여, 사법경찰관리의 직무를 행할 자와 그 직무범위에 관한 법률에서 정하는 바에 의하여 사법경찰관의 직무를 수행한다. `기출` 20

② 이 법이나 그 밖의 노동관계법령에 따른 현장조사, 서류의 제출, 심문 등의 수사는 검사와 근로감독관이 전담하여 수행한다. 다만, 근로감독관의 직무에 관한 범죄의 수사는 그러하지 아니하다. `기출` 14 · 22

(2) 근로감독관의 의무(근기법 제103조)

근로감독관은 직무상 알게 된 비밀을 엄수하여야 한다. 근로감독관을 그만 둔 때에도 또한 같다.

`기출` 14 · 18 · 22

3. 감독기관에 대한 신고(근기법 제104조)

① 사업 또는 사업장에서 이 법 또는 이 법에 따른 대통령령을 위반한 사실이 있으면, 근로자는 그 사실을 고용노동부장관이나 근로감독관에게 통보할 수 있다.

② 사용자는 통보를 이유로 근로자에게 해고나 그 밖에 불리한 처우를 하지 못한다.

4. 벌 칙

근로감독관이 이 법을 위반한 사실을 고의로 묵과하면 3년 이하의 징역 또는 5년 이하의 자격정지에 처한다(근기법 제108조). `기출` 18

01 기출 24

☑ 확인Check! ○ △ ✕

헌법 제32조에 명시된 내용으로 옳은 것은?

① 국가는 근로의 의무의 내용과 조건을 민주주의원칙에 따라 법률로 정한다.
② 사용자는 적정임금의 보장에 노력하여야 한다.
③ 전몰군경은 법률이 정하는 바에 의하여 우선적으로 근로의 기회를 부여받는다.
④ 근로의 권리는 인간의 존엄성을 보장하도록 법률로 정한다.
⑤ 미성년자의 근로는 고용·임금 및 근로조건에 있어서 부당한 차별을 받지 아니한다.

정답 및 해설 ╳╳╳╳╳╳╳╳╳╳╳

01

① (○) 헌법 제32조 제2항 후문
② (✕) <u>국가는</u> 사회적·경제적 방법으로 근로자의 고용의 증진과 <u>적정임금의 보장에 노력하여야</u> 하며, 법률이 정하는 바에 의하여 최저임금제를 시행하여야 한다(헌법 제32조 제1항 후문).
③ (✕) 국가유공자·상이군경 및 <u>전몰군경의 유가족은</u> 법률이 정하는 바에 의하여 우선적으로 근로의 기회를 부여받는다(헌법 제32조 제6항).
④ (✕) <u>근로조건의 기준은</u> 인간의 존엄성을 보장하도록 <u>법률로 정한다</u>(헌법 제32조 제3항).
⑤ (✕) <u>여자의 근로는</u> 특별한 보호를 받으며, 고용·임금 및 근로조건에 있어서 부당한 차별을 받지 아니한다(헌법 제32조 제4항).

정답 ①

02 기출 24

☑ 확인Check! ○ △ ✕

근로기준법령상 적용범위에 관한 설명으로 옳지 않은 것은?(다툼이 있으면 판례에 따름)

① 가사(家事) 사용인에 대하여는 적용하지 아니한다.

② 상시 5명인 이상의 근로자를 사용하는 사업이라면 그 사업이 1회적이라도 근로기준법의 적용대상이다.

③ 근로조건의 명시(제17조)는 상시 4명 이하의 근로자를 사용하는 사업에 적용한다.

④ 근로기준법상 사업은 그 사업의 종류를 한정하지 아니하고 영리사업이어야 한다.

⑤ 연차 유급휴가(제60조)는 상시 4명 이하의 근로자를 사용하는 사업에 적용하지 않는다.

02

① (○) 이 법은 상시 5명 이상의 근로자를 사용하는 모든 사업 또는 사업장에 적용한다. 다만, 동거하는 친족만을 사용하는 사업 또는 사업장과 <u>가사(家事) 사용인에 대하여는 적용하지 아니한다</u>(근기법 제11조 제1항 단서).

② (○) 대판 2007.10.26. 2005도9218

③ (○) 근기법 시행령 [별표 1]에 의하면 근로조건의 명시(제17조)는 상시 4명 이하의 근로자를 사용하는 사업에 적용된다.

④ (✕) 근로기준법의 적용범위를 규정한 근로기준법 제11조는 상시 5인 이상의 근로자를 사용하는 모든 사업 또는 사업장에 적용한다고 규정하고 있는바, 여기서 말하는 사업장인지 여부는 하나의 활동주체가 유기적 관련 아래 사회적 활동으로서 계속적으로 행하는 모든 작업이 이루어지는 단위 장소 또는 장소적으로 구획된 사업체의 일부분에 해당되는지에 달려있으므로, <u>그 사업의 종류를 한정하지 아니하고 영리사업인지 여부도 불문하며, 1회적이거나 그 사업기간이 일시적이라 하여 근로기준법의 적용대상이 아니라 할 수 없고</u>, 근로자를 정의한 같은 법 제2조 제1항 제1호에서도 직업의 종류를 한정하고 있지 아니하므로, 정치단체도 위 각 조문의 사업이나 사업장 또는 직업에 해당된다 할 것이다(대판 2007.10.26. 2005도9218).

⑤ (○) 근기법 시행령 [별표 1]에 의하면 연차유급휴가(제60조)는 상시 4명 이하의 근로자는 사용하는 사업 또는 사업장에 적용되지 아니한다.

정답 ④

03 기출 24

☑ 확인Check! ○ △ ✕

근로기준법상 기본원칙에 관한 설명으로 옳지 않은 것은?(다툼이 있으면 판례에 따름)

① 근로기준법상 균등대우원칙은 헌법상 평등원칙을 근로관계에서 실질적으로 실현하기 위한 것이다.

② 근로기준법 제6조에서 말하는 사회적 신분은 그 지위에 변동 가능성이 없어야 한다.

③ 사용자는 근로자가 근로시간 중에 공(公)의 직무를 집행하고자 필요한 시간을 청구하는 경우 그 공(公)의 직무를 수행하는 데에 지장이 없으면 청구한 시간을 변경할 수 있다.

④ 근로자와 사용자는 각자가 단체협약, 취업규칙과 근로계약을 지키고 성실하게 이행할 의무가 있다.

⑤ 누구든지 법률에 따르지 아니하고는 영리로 다른 사람의 취업에 개입하거나 중간인으로서 이익을 취득하지 못한다.

04 기출 24

☑ 확인Check! ○ △ ✕

근로기준법상 직장 내 괴롭힘의 금지 등에 관한 설명으로 옳은 것을 모두 고른 것은?

> ㄱ. 사용자는 직장 내 괴롭힘 예방 교육을 매년 실시하여야 한다.
>
> ㄴ. 사용자는 조사 기간 동안 직장 내 괴롭힘과 관련하여 피해를 입은 근로자를 보호하기 위하여 필요한 경우 해당 피해근로자에 대하여 근무장소의 변경 등 적절한 조치를 하여야 한다. 이 경우 사용자는 피해근로자의 의사에 반하는 조치를 하여서는 아니 된다.
>
> ㄷ. 사용자는 조사 결과 직장 내 괴롭힘 발생 사실이 확인된 때에는 피해근로자가 요청하면 배치전환, 유급휴가 명령 등 적절한 조치를 하여야 한다.

① ㄱ
② ㄴ
③ ㄱ, ㄷ
④ ㄴ, ㄷ
⑤ ㄱ, ㄴ, ㄷ

03

① (○) 근로기준법 제6조에서 정하고 있는 균등대우원칙이나 남녀고용평등과 일·가정 양립 지원에 관한 법률 제8조에서 정하고 있는 동일가치노동 동일임금 원칙 등은 어느 것이나 헌법 제11조 제1항의 평등원칙을 근로관계에서 실질적으로 실현하기 위한 것이다 (대판 2019.3.14. 2015두46321).

② (✕) 근로기준법 제6조에서 말하는 사회적 신분이 반드시 선천적으로 고정되어 있는 사회적 지위에 국한된다거나 그 지위에 변동가능성이 없을 것까지 요구되는 것은 아니지만, 개별 근로계약에 따른 고용상 지위는 공무원과의 관계에서 근로기준법 제6조가 정한 차별적 처우 사유인 '사회적 신분'에 해당한다고 볼 수 없고, 공무원은 그 근로자와의 관계에서 동일한 근로자 집단에 속한다고 보기 어려워 비교대상 집단이 될 수도 없다(대판 2023.9.21. 2016다255941[전합]).

③ (○) 사용자는 근로자가 근로시간 중에 선거권, 그 밖의 공민권(公民權) 행사 또는 공(公)의 직무를 집행하기 위하여 필요한 시간을 청구하면 거부하지 못한다. 다만, 그 권리 행사나 공(公)의 직무를 수행하는 데에 지장이 없으면 청구한 시간을 변경할 수 있다(근기법 제10조).

④ (○) 근기법 제5조

⑤ (○) 근기법 제9조

정답 ②

04

ㄱ. (✕) 사용자는 직장 내 괴롭힘을 예방하고 근로자가 안전한 근로환경에서 일할 수 있는 여건을 조성하기 위하여 직장 내 괴롭힘 예방 교육을 실시하는 것이 바람직하나, 근기법에는 예방 교육의 의무적 실시에 대한 규정은 존재하지 아니한다.

ㄴ. (○) 사용자는 조사 기간 동안 직장 내 괴롭힘과 관련하여 피해를 입은 근로자 또는 피해를 입었다고 주장하는 근로자(이하 "피해근로자등")를 보호하기 위하여 필요한 경우 해당 피해근로자등에 대하여 근무장소의 변경, 유급휴가 명령 등 적절한 조치를 하여야 한다. 이 경우 사용자는 피해근로자등의 의사에 반하는 조치를 하여서는 아니 된다(근기법 제76조의3 제3항).

ㄷ. (○) 사용자는 조사 결과 직장 내 괴롭힘 발생 사실이 확인된 때에는 피해근로자가 요청하면 근무장소의 변경, 배치전환, 유급휴가 명령 등 적절한 조치를 하여야 한다(근기법 제76조의3 제4항).

정답 ④

05 기출 23
☑확인 Check! ○ △ ✕

헌법 제32조에 명시적으로 규정된 내용은?

① 국가는 법률이 정하는 바에 의하여 적정임금제를 시행하여야 한다.
② 국가는 사회적·경제적 방법으로 근로자의 고용을 보장하여야 한다.
③ 장애인의 근로는 특별한 보호를 받으며, 고용·임금 및 근로조건에 있어서 부당한 차별을 받지 아니한다.
④ 국가는 근로의 의무의 내용과 조건을 민주주의 원칙에 따라 법률로 정한다.
⑤ 국가는 전몰군경의 유가족이 우선적으로 근로의 기회를 부여받도록 노력하여야 한다.

05
① (✕) 국가는 사회적·경제적 방법으로 근로자의 고용의 증진과 적정임금의 보장에 노력하여야 하며, 법률이 정하는 바에 의하여 최저임금제를 시행하여야 한다(헌법 제32조 제1항 후문).
② (✕) 국가는 사회적·경제적 방법으로 근로자의 고용의 증진과 적정임금의 보장에 노력하여야 하며, 법률이 정하는 바에 의하여 최저임금제를 시행하여야 한다(헌법 제32조 제1항 후문).
③ (✕) 여자의 근로는 특별한 보호를 받으며, 고용·임금 및 근로조건에 있어서 부당한 차별을 받지 아니한다고(헌법 제32조 제4항) 규정하고 있을 뿐, 장애인의 근로에 대한 규정은 존재하지 아니한다.
④ (○) 헌법 제32조 제2항 후문
⑤ (✕) 국가유공자·상이군경 및 전몰군경의 유가족은 법률이 정하는 바에 의하여 우선적으로 근로의 기회를 부여받는다(헌법 제32조 제6항).

정답 ④

➕ PLUS

헌법 제32조
① 모든 국민은 근로의 권리를 가진다. 국가는 사회적·경제적 방법으로 근로자의 고용의 증진과 적정임금의 보장에 노력하여야 하며, 법률이 정하는 바에 의하여 최저임금제를 시행하여야 한다.
② 모든 국민은 근로의 의무를 진다. 국가는 근로의 의무의 내용과 조건을 민주주의원칙에 따라 법률로 정한다.
③ 근로조건의 기준은 인간의 존엄성을 보장하도록 법률로 정한다.
④ 여자의 근로는 특별한 보호를 받으며, 고용·임금 및 근로조건에 있어서 부당한 차별을 받지 아니한다.
⑤ 연소자의 근로는 특별한 보호를 받는다.
⑥ 국가유공자·상이군경 및 전몰군경의 유가족은 법률이 정하는 바에 의하여 우선적으로 근로의 기회를 부여받는다.

06 기출 23

☑ 확인Check! ○ △ ✕

근로기준법상 기본원리에 관한 설명으로 옳지 않은 것은?

① 사용자뿐만 아니라 근로자도 취업규칙과 근로계약을 지키고 성실하게 이행할 의무가 있다.

② 사용자는 근로자에 대하여 국적·신앙 또는 사회적 신분을 이유로 근로조건에 대한 차별적 처우를 하지 못한다.

③ 누구든지 법률에 따르지 아니하고는 영리로 다른 사람의 취업에 개입하지 못한다.

④ 근로기준법에서 정하는 근로조건은 최저기준이므로 근로관계 당사자는 이 기준을 이유로 근로조건을 낮출 수 없다.

⑤ 사용자는 근로자가 근로시간 중에 공(公)의 직무를 집행하기 위하여 필요한 시간을 청구하면 유급으로 보장하여야 한다.

06

① (○) 근로자와 사용자는 각자가 단체협약, 취업규칙과 근로계약을 지키고 성실하게 이행할 의무가 있다(근기법 제5조).

② (○) 사용자는 근로자에 대하여 남녀의 성(性)을 이유로 차별적 대우를 하지 못하고, 국적·신앙 또는 사회적 신분을 이유로 근로조건에 대한 차별적 처우를 하지 못한다(근기법 제6조).

③ (○) 누구든지 법률에 따르지 아니하고는 영리로 다른 사람의 취업에 개입하거나 중간인으로서 이익을 취득하지 못한다(근기법 제9조).

④ (○) 근기법 제3조

⑤ (✕) 근로자가 필요한 시간을 청구하면 사용자는 공민권 행사 등에 필요한 시간을 거부할 수 없다는 것이므로(근기법 제10조 본문) 공민권 행사에 필요하여 근로하지 못한 시간에 대하여 사용자가 임금을 지급하여야 한다는 의미는 아니다. 따라서 임금은 법률에 특별한 규정이 없는 한 취업규칙이나 단체협약에서 정한 바에 따르고, 따로 정함이 없는 경우에는 무급으로 해도 위법이 아니다. 다만, 공직선거법이나 향토예비군 설치법, 민방위기본법에 의한 공민권행사기간은 유급으로 해석된다.

정답 ⑤

07 기출 23

☑ 확인Check! ○ △ ✕

근로기준법 제23조(해고 등의 제한) 제1항이 적용되는 사업장을 모두 고른 것은?(다툼이 있으면 판례에 따름)

> ㄱ. 상시 5명의 동거하는 친족만을 사용하는 사업장
> ㄴ. 상시 1명의 공무원이 아닌 근로자를 사용하는 지방자치단체
> ㄷ. 상시 3명의 근로자를 사용하는 건설업체
> ㄹ. 상시 5명의 유치원 교사를 채용하여 사용하는 종교단체

① ㄱ, ㄴ
② ㄱ, ㄷ
③ ㄴ, ㄷ
④ ㄴ, ㄹ
⑤ ㄴ, ㄷ, ㄹ

07

ㄱ. (✕) 동거하는 친족만을 사용하는 사업 또는 사업장에서는 근기법이 적용되지 아니하므로(근기법 제11조 제1항 단서), 상시 5명의 동거하는 친족만을 사용하는 사업장에서는 근기법 제23조(해고 등의 제한) 제1항이 적용되지 아니한다.

ㄴ. (○) 근로기준법 제12조에 의하면 근로기준법이 국가에도 적용된다고 규정하고 있으므로 근로자와 국가 사이에 고용관계가 인정된다면 국가소속 역의 일용 잡부로 근무하는 사람이 그 근로자 한사람뿐이라고 하더라도 근로기준법의 적용이 배제되는 것은 아니다(대판 1987.6.9. 85다카2473). 판례의 취지와 근기법 제12조를 고려할 때 지방자치단체의 경우에는 상시 근로자의 수와 관계없이 근기법이 적용된다고 할 수 있어, 상시 1명의 공무원이 아닌 근로자를 사용하는 지방자치단체에게도 근기법 제23조(해고 등의 제한) 제1항이 적용된다.

ㄷ. (✕), ㄹ. (○) 상시 4명 이하의 근로자를 사용하는 사업 또는 사업장에는 근기법 제23조(해고 등의 제한) 제1항이 적용되지 아니한다. 따라서 ㄷ. 상시 3명의 근로자를 사용하는 건설업체 등에는 근기법 제23조(해고 등의 제한) 제1항이 적용되지 아니하나, ㄹ. 상시 5명의 유치원 교사를 채용하여 사용하는 종교단체의 경우에는 적용된다.

정답 ④

08

근로기준법상 직장 내 괴롭힘에 관한 설명으로 옳지 않은 것은?

① 사용자는 직장 내 괴롭힘 발생 사실을 인지한 경우에는 지체 없이 당사자 등을 대상으로 그 사실 확인을 위하여 객관적으로 조사를 실시하여야 한다.

② 사용자는 조사 기간 동안 직장 내 괴롭힘과 관련하여 피해를 입은 근로자를 보호하기 위하여 행위자에 대하여 근무장소의 변경 조치를 하여야 한다.

③ 직장 내 괴롭힘 발생 사실을 조사한 사람은 해당 조사 과정에서 알게 된 비밀을 피해근로자등 의 의사에 반하는 경우에도 관계 기관의 요청에 따라 필요한 정보를 제공할 수 있다.

④ 근로자는 직장에서의 지위 또는 관계 등의 우위를 이용하여 업무상 적정범위를 넘어 다른 근로자에게 신체적·정신적 고통을 주거나 근무환경을 악화시키는 행위를 하여서는 아니 된다.

⑤ 사용자가 직장 내 괴롭힘의 금지를 위반하여 직장 내 괴롭힘을 한 경우에는 1천만원 이하의 과태료를 부과한다.

08

① (○) 사용자는 직장 내 괴롭힘 발생 사실에 대한 신고를 접수하거나 직장 내 괴롭힘 발생 사실을 인지한 경우에는 지체 없이 당사자 등을 대상으로 그 사실 확인을 위하여 객관적으로 조사를 실시하여야 한다(근기법 제76조의3 제2항).

② (✕) 사용자는 조사 기간 동안 직장 내 괴롭힘과 관련하여 피해를 입은 근로자 또는 피해를 입었다고 주장하는 근로자를 보호하기 위하여 필요한 경우 해당 피해근로자등에 대하여 근무장소의 변경, 유급휴가 명령 등 적절한 조치를 하여야 한다(근기법 제76조의3 제3항 전문).

③ (○) 직장 내 괴롭힘 발생 사실을 조사한 사람, 조사 내용을 보고받은 사람 및 그 밖에 조사 과정에 참여한 사람은 해당 조사 과정에서 알게 된 비밀을 피해근로자등의 의사에 반하여 다른 사람에게 누설하여서는 아니 된다. 다만, 조사와 관련된 내용을 사용자에게 보고하거나 관계 기관의 요청에 따라 필요한 정보를 제공하는 경우는 제외한다(근기법 제76조의3 제7항).

④ (○) 근기법 제76조의2

⑤ (○) 사용자(사용자의 민법상 친족 중 대통령령으로 정하는 사람이 해당 사업 또는 사업장의 근로자인 경우를 포함)가 직장 내 괴롭힘을 한 경우에는 1천만원 이하의 과태료를 부과한다(근기법 제116조 제1항).

정답 ②

09 기출 22

☑ 확인 Check! ○ △ ✕

헌법상 근로의 권리와 의무에 관한 설명으로 옳지 않은 것은?

① 법인은 헌법상 근로의 권리의 주체가 될 수 없다.

② 근로조건의 기준은 인간의 존엄성을 보장하도록 법률로 정한다.

③ 근로의 권리는 공공복리를 위하여 필요한 경우에 한하여 법률로써 제한할 수 있다.

④ 국가유공자·상이군경 및 전몰군경의 유가족은 법률이 정하는 바에 의하여 우선적으로 근로의 의무를 이행하여야 한다.

⑤ 여자의 근로는 특별한 보호를 받으며, 고용·임금 및 근로조건에 있어서 부당한 차별을 받지 아니한다.

09

① (○), ② (○), ③ (○), ④ (✕), ⑤ (○)
국가유공자·상이군경 및 전몰군경의 유가족은 <u>법률이 정하는 바에 의하여 우선적으로 근로의 기회를 부여받는다</u>(헌법 제32조 제6항).

정답 ④

➕ PLUS

헌법 제32조

① <u>모든 국민은 근로의 권리를 가진다. 국가는 사회적·경제적 방법으로 근로자의 고용의 증진과 적정임금의 보장에 노력하여야 하며, 법률이 정하는 바에 의하여 최저임금제를 시행하여야 한다.

② 모든 국민은 근로의 의무를 진다. 국가는 근로의 의무의 내용과 조건을 민주주의원칙에 따라 법률로 정한다.

③ <u>근로조건의 기준은 인간의 존엄성을 보장하도록 법률로 정한다.</u>

④ <u>여자의 근로는 특별한 보호를 받으며, 고용·임금 및 근로조건에 있어서 부당한 차별을 받지 아니한다.</u>

⑤ 연소자의 근로는 특별한 보호를 받는다.

⑥ 국가유공자·상이군경 및 전몰군경의 유가족은 <u>법률이 정하는 바에 의하여 우선적으로 근로의 기회를 부여받는다.</u>

헌법 제37조

② <u>국민의 모든 자유와 권리는 국가안전보장·질서유지 또는 공공복리를 위하여 필요한 경우에 한하여 법률로써 제한할 수 있으며</u>, 제한하는 경우에도 자유와 권리의 본질적인 내용을 침해할 수 없다.

10 기출 19

☑ 확인 Check! ○ △ ×

근로기준법에서 규정하고 있는 기본원칙이 아닌 것은?

① 공민권 행사의 보장
② 균등한 처우
③ 강제근로의 금지
④ 폭행의 금지
⑤ 국제협약의 준수

➕ PLUS

근기법의 기본원칙

1. <u>근로조건의 기준</u> : 이 법에서 정하는 근로조건은 최저기준이므로 근로관계 당사자는 이 기준을 이유로 근로조건을 낮출 수 없다(근기법 제3조).
2. <u>근로조건의 결정</u> : 근로조건은 근로자와 사용자가 동등한 지위에서 자유의사에 따라 결정한다(근기법 제4조).
3. <u>근로조건의 준수</u> : 근로자와 사용자는 각자가 단체협약, 취업규칙과 근로계약을 지키고 성실하게 이행할 의무가 있다(근기법 제5조).
4. <u>균등한 처우</u> : 사용자는 근로자에 대하여 남녀의 성(性)을 이유로 차별적 대우를 하지 못하고, 국적·신앙 또는 사회적 신분을 이유로 근로조건에 대한 차별적 처우를 하지 못한다(근기법 제6조).
5. <u>강제근로의 금지</u> : 사용자는 폭행, 협박, 감금, 그 밖에 정신상 또는 신체상의 자유를 부당하게 구속하는 수단으로써 근로자의 자유의사에 어긋나는 근로를 강요하지 못한다(근기법 제7조).
6. <u>폭행의 금지</u> : 사용자는 사고의 발생이나 그 밖의 어떠한 이유로도 근로자에게 폭행을 하지 못한다(근기법 제8조).
7. <u>중간착취의 배제</u> : 누구든지 법률에 따르지 아니하고는 영리로 다른 사람의 취업에 개입하거나 중간인으로서 이익을 취득하지 못한다(근기법 제9조).
8. <u>공민권 행사의 보장</u> : 사용자는 근로자가 근로시간 중에 선거권, 그 밖의 공민권(公民權) 행사 또는 공(公)의 직무를 집행하기 위하여 필요한 시간을 청구하면 거부하지 못한다. 다만, 그 권리 행사나 공(公)의 직무를 수행하는 데에 지장이 없으면 청구한 시간을 변경할 수 있다(근기법 제10조).

10

① (○), ② (○), ③ (○), ④ (○), ⑤ (×)
국제협약의 준수는 근기법에서 규정하고 있는 기본원칙에 해당하지 아니한다.

정답 ⑤

제3장

제2장

제3장

제4장

제5장

제6장

제7장

제8장

제9장

제10장

11 기출 22

☑확인Check! ○ △ ✕

근로기준법상 직장 내 괴롭힘의 금지 및 발생 시 조치에 관한 설명으로 옳은 것은?

① 근로자에게 신체적·정신적 고통을 주는 행위 외에 근무환경을 악화시키는 행위는 직장 내 괴롭힘에 관한 규정으로 규율되지 아니한다.
② 직장 내 괴롭힘의 발생 사실을 알게 된 경우 그 피해근로자의 동의가 없으면 누구든지 그 사실을 사용자에게 신고할 수 없다.
③ 사용자는 직장 내 괴롭힘 사실을 인지하더라도 그 신고의 접수가 없으면 사실 확인을 위한 조사를 실시할 수 없다.
④ 사용자는 조사 결과 직장 내 괴롭힘 발생 사실이 확인된 때에는 피해근로자의 요청과 무관하게 피해근로자의 근무장소 변경, 배치전환 등 적절한 조치를 하여야 한다.
⑤ 사용자는 직장 내 괴롭힘의 피해근로자는 물론 그 발생 사실을 신고한 근로자에게도 해고나 그 밖의 불리한 처우를 하여서는 아니 된다.

11

① (✕) 사용자 또는 근로자는 직장에서의 지위 또는 관계 등의 우위를 이용하여 업무상 적정범위를 넘어 다른 근로자에게 신체적·정신적 고통을 주거나 근무환경을 악화시키는 행위를 하여서는 아니 된다(근기법 제76조의2).
② (✕) 누구든지 직장 내 괴롭힘 발생 사실을 알게 된 경우 그 사실을 사용자에게 신고할 수 있다(근기법 제76조의3 제1항).
③ (✕) 사용자는 직장 내 괴롭힘 발생 사실에 대한 신고를 접수하거나 직장 내 괴롭힘 발생 사실을 인지한 경우에는 지체 없이 당사자 등을 대상으로 그 사실 확인을 위하여 객관적으로 조사를 실시하여야 한다(근기법 제76조의3 제2항).
④ (✕) 사용자는 조사 결과 직장 내 괴롭힘 발생 사실이 확인된 때에는 피해근로자가 요청하면 근무장소의 변경, 배치전환, 유급휴가 명령 등 적절한 조치를 하여야 한다(근기법 제76조의3 제4항).
⑤ (○) 근기법 제76조의3 제6항

정답 ⑤

12 기출 22

☑확인Check! ○ △ ✕

근로기준법상 근로감독관 등에 관한 설명으로 옳지 않은 것은?

① 근로조건의 기준을 확보하기 위하여 고용노동부와 그 소속 기관에 근로감독관을 둔다.
② 근로감독관은 사업장을 현장조사하고 장부와 서류의 제출을 요구할 수 있으며 사용자와 근로자에 대하여 심문(尋問)할 수 있다.
③ 의사인 근로감독관은 취업을 금지하여야 할 질병에 걸릴 의심이 있는 근로자에 대하여 검진할 수 있다.
④ 근로감독관은 근로감독관을 그만 둔 경우에도 직무상 알게 된 비밀을 엄수하여야 한다.
⑤ 근로기준법에 따른 현장조사, 서류의 제출, 근로감독관의 직무에 관한 범죄 등의 수사는 검사와 근로감독관이 전담하여 수행한다.

12

① (○) 근기법 제101조 제1항
② (○) 근기법 제102조 제1항
③ (○) 근기법 제102조 제2항
④ (○) 근로감독관은 직무상 알게 된 비밀을 엄수하여야 한다. 근로감독관을 그만 둔 경우에도 또한 같다(근기법 제103조).
⑤ (✕) 근로기준법이나 그 밖의 노동 관계 법령에 따른 현장조사, 서류의 제출, 심문 등의 수사는 검사와 근로감독관이 전담하여 수행한다. 다만, 근로감독관의 직무에 관한 범죄의 수사는 그러하지 아니하다(근기법 제105조).

정답 ⑤

13 기출 21

☑ 확인Check! ○ △ ✕

근로기준법령상 상시 4명 이하의 근로자를 사용하는 사업 또는 사업장에 적용되지 않는 것은?

① 근로조건의 명시(근로기준법 제17조)
② 해고의 예고(근로기준법 제26조)
③ 미지급임금에 대한 지연이자(근로기준법 제37조)
④ 근로자의 명부 작성(근로기준법 제41조)
⑤ 근로시간(근로기준법 제50조)

13

대부분의 근로시간제도는 상시 4명 이하의 근로자를 사용하는 사업 또는 사업장에 적용되지 아니한다.

정답 ⑤

➕ PLUS

구 분	적용 법규정
상시 4명 이하의 근로자를 사용하는 사업 또는 사업장에 적용하는 법규정(근기법 시행령 [별표 1])	
제1장 총 칙	• 적용 법규정 : 목적(제1조), 정의(제2조), 근로조건의 기준(제3조), 근로조건의 결정(제4조), 근로조건의 준수(제5조), 균등한 처우(제6조), 강제근로의 금지(제7조), 폭행의 금지(제8조), 중간착취의 배제(제9조), 공민권 행사의 보장(제10조), 적용범위(제11조, 제12조), 보고・출석의 의무(제13조) • 제14조는 적용되지 아니하므로, 사용자는 근기법 및 동법 시행령의 주요내용과 취업규칙을 사업장에 게시하지 아니하여도 무방하다.
제2장 근로계약	• 적용 법규정 : 근기법을 위반한 근로계약(제15조), 근로조건의 명시(제17조), 단시간근로자의 근로조건(제18조), 근로조건 위반에 대한 손해청구와 해제(제19조 제1항), 위약예정의 금지(제20조), 전차금 상계의 금지(제21조), 강제저금의 금지(제22조), 해고시기의 제한(제23조 제2항), 해고의 예고(제26조), 금품청산(제36조), 미지급임금에 대한 지연이자(제37조), 임금채권의 우선변제(제38조), 사용증명서(제39조), 취업방해의 금지(제40조), 근로자의 명부(제41조), 계약서류의 보존(제42조) • 제19조 제2항은 적용되지 아니하므로, 명시된 근로조건이 사실과 다른 경우에 근로자는 노동위원회에 손해배상신청을 할 수 없고, 근로계약이 해제되었을 경우에 사용자는 취업을 목적으로 거주를 변경한 근로자에게 귀향여비를 지급할 의무가 없다. • 제23조 제1항은 적용되지 아니하므로, 사용자는 정당한 이유의 존재 여부와 관계없이 해고・휴직・정직・전직・감봉 기타 징벌을 할 수 있다. • 그 밖에 적용되지 아니하는 규정 : 경영상 이유에 의한 해고의 제한(제24조), 우선재고용 등(제25조), 해고사유 등의 서면통지(제27조), 부당해고등의 구제신청(제28조), 조사 등(제29조), 구제명령 등(제30조), 구제명령 등의 확정(제31조), 구제명령 등의 효력(제32조), 이행강제금(제33조)
제3장 임 금	• 적용 법규정 : 임금지급(제43조), 체불사업주 명단공개(제43조의2), 임금등 체불자료의 제공(제43조의3), 도급사업에 대한 임금지급(제44조), 건설업에서의 임금지급연대책임(제44조의2), 건설업의 공사도급에 있어서의 임금에 관한 특례(제44조의3), 비상시 지급(제45조), 도급근로자(제47조), 임금대장(제48조), 임금의 시효(제49조) • 제46조는 적용되지 아니하므로, 사용자는 휴업수당을 지급할 의무가 없다.
제4장 근로시간과 휴식	• 적용 법규정 : 휴게(제54조), 1주 평균 1회 이상 유급휴일 보장(제55조 제1항), 근로시간, 휴게・휴일규정의 적용제외규정(제63조) • 대부분의 근로시간제도(근로시간제, 가산임금, 연차휴가, 보상휴가제 등)는 적용되지 아니한다.
제5장 여성과 소년	• 적용 법규정 : 최저연령과 취직인허증(제64조), 유해・위험사업에 사용금지, 임산부 등의 사용금지직종(제65조 제1항・제3항, 임산부와 18세 미만인 자로 한정), 연소자증명서(제66조), 근로계약(제67조), 임금의 청구(제68조), 근로시간(제69조), 야간근로와 휴일근로의 제한(제70조 제2항・제3항, 임산부와 18세 미만인 자로 한정), 시간외근로(제71조), 갱내근로의 금지(제72조), 임산부의 보호(제74조) • 제65조 제2항은 적용되지 아니하므로, 사용자는 임산부가 아닌 18세 이상의 여성을 임신 또는 출산에 관한 기능에 유해・위험한 사업에 사용할 수 있다.

	• 제70조 제1항은 적용되지 아니하므로, 사용자는 18세 이상의 여성을 오후 10시부터 오전 6시까지의 시간 및 휴일에 근로시키려는 경우, 그 근로자의 동의를 받을 필요 없다. • 생리휴가(제73조), 육아시간(제75조)의 규정도 적용되지 아니한다.
제6장 안전과 보건	• 적용 법규정 : 안전과 보건(제76조)
제8장 재해보상	• 적용 법규정 : 요양보상(제78조), 휴업보상(제79조), 장해보상(제80조), 휴업보상과 장해보상의 예외(제81조), 유족보상(제82조), 장례비(제83조), 일시보상(제84조), 분할보상(제85조), 보상청구권(제86조), 다른 손해배상과의 관계(제87조), 고용노동부장관의 심사와 중재(제88조), 노동위원회의 심사와 중재(제89조), 도급사업에 대한 예외(제90조), 서류의 보존(제91조), 시효(제92조)
제11장 근로감독관 등	• 적용 법규정 : 감독기관(제101조), 근로감독관의 권한(제102조), 근로감독관의 의무(제103조), 감독기관에 대한 신고(제104조), 사법경찰권행사자의 제한(제105조), 권한의 위임(제106조)
제12장 벌 칙	• 적용 법규정 : 벌칙(제107조, 제108조, 제109조, 제110조, 제111조, 제113조, 제114조), 고발(제112조), 양벌규정(제115조), 과태료(제116조)(제1장부터 제6장, 제8장, 제11장의 규정 중 상시 4명 이하 근로자를 사용하는 사업 또는 사업장에 적용되는 규정을 위반한 경우로 한정)

14 기출 21

☑ 확인 Check! ○ △ ✕

근로기준법상 직장 내 괴롭힘에 관한 설명으로 옳지 않은 것은?

① 누구든지 직장 내 괴롭힘 발생사실을 알게 된 경우 그 사실을 사용자에게 신고하여야 한다.

② 사용자는 직장 내 괴롭힘 발생사실을 인지한 경우에는 지체 없이 그 사실확인을 위한 조사를 실시하여야 한다.

③ 사용자는 직장 내 괴롭힘에 대한 조사기간 동안 피해근로자등을 보호하기 위하여 필요한 경우 해당 피해근로자등에 대하여 근무장소의 변경, 유급휴가명령 등 적절한 조치를 하여야 한다. 이 경우 사용자는 피해근로자등의 의사에 반하는 조치를 하여서는 아니 된다.

④ 사용자는 직장 내 괴롭힘과 관련한 조사결과 직장 내 괴롭힘 발생사실이 확인된 때에는 지체 없이 행위자에 대하여 징계, 근무장소의 변경 등 필요한 조치를 하여야 한다. 이 경우 사용자는 징계 등의 조치를 하기 전에 그 조치에 대하여 피해근로자의 의견을 들어야 한다.

⑤ 사용자는 직장 내 괴롭힘에 대한 조사결과 직장 내 괴롭힘 발생사실이 확인된 때에는 피해근로자가 요청하면 근무장소의 변경, 배치전환, 유급휴가명령 등 적절한 조치를 하여야 한다.

14

① (✕) 누구든지 직장 내 괴롭힘 발생사실을 알게 된 경우 그 사실을 사용자에게 신고할 수 있다(근기법 제76조의3 제1항).

② (○) 사용자는 직장 내 괴롭힘에 대한 신고를 접수하거나 직장 내 괴롭힘 발생사실을 인지한 경우에는 지체 없이 당사자 등을 대상으로 그 사실확인을 위하여 객관적으로 조사를 실시하여야 한다(근기법 제76조의3 제2항).

③ (○) 근기법 제76조의3 제3항

④ (○) 근기법 제76조의3 제5항

⑤ (○) 근기법 제76조의3 제4항

정답 ①

15 기출 20

☑ 확인Check! ○ △ ✕

근로기준법상 근로감독관에 관한 설명으로 옳지 않은 것은?

① 근로감독관은 사용자와 근로자에 대하여 심문할 수 있다.
② 근로조건의 기준을 확보하기 위하여 고용노동부와 그 소속 기관에 근로감독관을 둔다.
③ 근로감독관은 사업장, 기숙사, 그 밖의 부속건물을 현장조사하고 장부와 서류의 제출을 요구할 수 있다.
④ 근로감독관의 위촉을 받은 의사는 취업을 금지하여야 할 질병에 걸릴 의심이 있는 근로자에 대하여 검진할 수 있다.
⑤ 근로감독관은 근로기준법 위반의 죄에 관하여 경찰관 직무집행법에서 정하는 바에 따라 사법경찰관의 직무를 수행한다.

16 기출 21

☑ 확인Check! ○ △ ✕

헌법 제32조에 명시된 내용으로 옳은 것을 모두 고른 것은?

> ㄱ. 근로조건의 기준은 인간의 존엄성을 보장하도록 법률로 정한다.
> ㄴ. 국가는 사회적·경제적 방법으로 근로자의 고용의 증진과 최저임금의 보장에 노력하여야 한다.
> ㄷ. 국가는 여자의 복지와 권익의 향상을 위하여 노력하여야 한다.
> ㄹ. 국가는 근로의 의무의 내용과 조건을 민주주의원칙에 따라 법률로 정한다.

① ㄱ
② ㄱ, ㄹ
③ ㄴ, ㄷ
④ ㄴ, ㄷ, ㄹ
⑤ ㄱ, ㄴ, ㄷ, ㄹ

➕ PLUS

헌법 제32조
① 모든 국민은 근로의 권리를 가진다. 국가는 사회적·경제적 방법으로 근로자의 고용의 증진과 적정임금의 보장에 노력하여야 하며, 법률이 정하는 바에 의하여 최저임금제를 시행하여야 한다.
② 모든 국민은 근로의 의무를 진다. 국가는 근로의 의무의 내용과 조건을 민주주의원칙에 따라 법률로 정한다.
③ 근로조건의 기준은 인간의 존엄성을 보장하도록 법률로 정한다.
④ 여자의 근로는 특별한 보호를 받으며, 고용·임금 및 근로조건에 있어서 부당한 차별을 받지 아니한다.
⑤ 연소자의 근로는 특별한 보호를 받는다.
⑥ 국가유공자·상이군경 및 전몰군경의 유가족은 법률이 정하는 바에 의하여 우선적으로 근로의 기회를 부여받는다.

헌법 제34조
③ 국가는 여자의 복지와 권익의 향상을 위하여 노력하여야 한다.

15
① (○) 근기법 제102조 제1항
② (○) 근기법 제101조 제1항
③ (○) 근기법 제102조 제1항
④ (○) 근기법 제102조 제2항
⑤ (✕) 근로감독관은 근로기준법이나 그 밖의 노동관계 법령 위반의 죄에 관하여 사법경찰관리의 직무를 행할 자와 그 직무범위에 관한 법률에서 정하는 바에 따라 사법경찰관의 직무를 수행한다(근기법 제102조 제5항).

정답 ⑤

16
ㄱ. (○) 헌법 제32조 제3항
ㄴ. (✕) 국가는 사회적·경제적 방법으로 근로자의 고용의 증진과 적정임금의 보장에 노력하여야 한다(헌법 제32조 제1항).
ㄷ. (✕) 국가는 여자의 복지와 권익의 향상을 위하여 노력하여야 한다(헌법 제34조 제3항).
ㄹ. (○) 헌법 제32조 제2항

정답 ②

17 ☑ 확인Check! ○ △ ✕

근로기준법상 직장 내 괴롭힘의 금지에 관한 설명으로 옳지 않은 것은?

① 누구든지 직장 내 괴롭힘 발생사실을 알게 된 경우 그 사실을 사용자에게 신고할 수 있다.

② 사용자는 직장 내 괴롭힘 발생사실을 인지한 경우에는 지체 없이 당사자 등을 대상으로 그 사실확인을 위하여 객관적으로 조사를 실시하여야 한다.

③ 사용자는 직장 내 괴롭힘 발생사실의 확인조사결과 그 사실이 확인된 때에는 피해근로자가 요청하면 근무장소의 변경 등 적절한 조치를 하여야 한다.

④ 사용자는 직장 내 괴롭힘 발생사실을 신고한 근로자 및 피해근로자등에게 해고나 그 밖의 불리한 처우를 하여서는 아니된다.

⑤ 사용자가 직장 내 괴롭힘 발생사실의 확인조사결과 그 사실이 확인되었음에도 지체 없이 행위자에 대하여 필요한 조치를 하지 아니한 경우에는 1천만원 이하의 과태료를 부과한다.

17

① (○) 근기법 제76조의3 제1항
② (○) 근기법 제76조의3 제2항
③ (○) 근기법 제76조의3 제4항
④ (○) 근기법 제76조의3 제6항
⑤ (✕) 사용자가 직장 내 괴롭힘 발생사실의 확인조사결과 그 사실이 확인되었음에도 지체 없이 행위자에 대하여 필요한 조치를 하지 아니한 경우에는 <u>500만원 이하의 과태료를 부과한</u>다(근기법 제116조 제2항 제2호).

정답 ⑤

➕ PLUS

과태료(근기법 제116조)

① <u>사용자</u>(사용자의 민법 제767조에 따른 친족 중 대통령령으로 정하는 사람이 해당 사업 또는 사업장의 근로자인 경우를 포함한다)가 제76조의2를 위반하여 직장 내 괴롭힘을 한 경우에는 1천만원 이하의 과태료를 부과한다.

② <u>다음 각 호의 어느 하나에 해당하는 자에게는 500만원 이하의 과태료를 부과한다.</u>

1. 제13조에 따른 고용노동부장관, 노동위원회 또는 근로감독관의 요구가 있는 경우에 보고 또는 출석을 하지 아니하거나 거짓된 보고를 한 자

2. 제14조, 제39조, 제41조, 제42조, 제48조, 제66조, 제74조 제7항·제9항, <u>제76조의3</u> 제2항·제4항·<u>제5항</u>·제7항, 제91조, 제93조, 제98조 제2항 및 제99조를 <u>위반한 자</u>

3. 제51조의2 제5항에 따른 임금보전방안을 신고하지 아니한 자

4. 제102조에 따른 근로감독관 또는 그 위촉을 받은 의사의 현장조사나 검진을 거절, 방해 또는 기피하고 그 심문에 대하여 진술을 하지 아니하거나 거짓된 진술을 하며 장부·서류를 제출하지 아니하거나 거짓장부·서류를 제출한 자

18 기출 18

☑ 확인Check! ○ △ ✕

근로기준법상 근로감독관에 관한 설명으로 옳지 않은 것은?

① 근로감독관이 근로기준법을 위반한 사실을 고의로 묵과하면 5년 이하의 징역에 처한다.
② 사용자는 근로기준법의 시행과 관련하여 근로감독관의 요구가 있으면 지체 없이 필요한 사항에 대하여 보고하거나 출석하여야 한다.
③ 근로감독관은 사용자와 근로자에 대하여 심문할 수 있다.
④ 근로감독관은 재직 여부를 불문하고 직무상 알게 된 비밀을 엄수하여야 한다.
⑤ 근로감독관의 위촉을 받은 의사는 취업을 금지하여야 할 질병에 걸릴 의심이 있는 근로자에 대하여 검진할 수 있다.

19 기출 18

☑ 확인Check! ○ △ ✕

근로기준법상 적용범위에 관한 설명으로 옳지 않은 것은?(다툼이 있으면 판례에 따름)

① 동거하는 친족만을 사용하는 사업 또는 사업장과 가사사용인에 대하여는 적용하지 아니한다.
② 상시 사용하는 근로자 수의 산정에 있어 일용근로자는 포함되지 않는다.
③ 근로기준법이 상시 4명 이하의 사업 또는 사업장에 원칙상 적용되지 않는 것은 영세사업장의 현실과 국가의 근로감독능력의 한계를 고려한 것이다.
④ 근로기준법의 적용 사업장은 영리사업인지 여부를 불문한다.
⑤ 야간근로에 대해 통상임금의 100분의 50 이상을 가산하여 지급하는 규정은 상시 4명 이하 사업장에는 적용되지 않는다.

18

① (✕) 근로감독관이 이 법을 위반한 사실을 고의로 묵과하면 3년 이하의 징역 또는 5년 이하의 자격정지에 처한다(근기법 제108조).
② (○) 근기법 제13조
③ (○) 근기법 제102조 제1항
④ (○) 근기법 제103조
⑤ (○) 근기법 제102조 제2항

정답 ①

19

① (○) 근로기준법은 동거하는 친족만을 사용하는 사업 또는 사업장과 가사사용인에 대하여는 적용하지 아니한다(근기법 제11조 제1항 단서).
② (✕) 근로기준법의 적용범위를 정한 같은 법 제11조 제1항 소정의 상시 5인 이상의 근로자를 사용하는 사업 또는 사업장이라 함은 상시 근무하는 근로자의 수가 5인 이상인 사업 또는 사업장이 아니라 사용하는 근로자의 수가 상시 5인 이상인 사업 또는 사업장을 뜻하는 것이고, 이 경우 상시라 함은 상태(常態)라고 하는 의미로서 근로자의 수가 때때로 5인 미만이 되는 경우가 있어도 사회통념에 의하여 객관적으로 판단하여 상태적으로 5인 이상이 되는 경우에는 이에 해당하며, 여기의 근로자에는 당해 사업장에 계속 근무하는 근로자뿐만 아니라 그때그때의 필요에 의하여 사용하는 일용근로자를 포함한다(대판 2000.3.14. 99도1243).
③ (○) 상시 사용 근로자 수 5인이라는 기준을 분수령으로 하여 근로기준법의 전면적용 여부를 달리한 것은, 근로기준법의 확대적용을 위한 지속적인 노력을 기울이는 과정에서, 한편으로 영세사업장의 열악한 현실을 고려하고, 다른 한편으로 국가의 근로감독능력의 한계를 아울러 고려하면서 근로기준법의 법규범성을 실질적으로 관철하기 위한 입법정책적 결정으로서 거기에는 나름대로의 합리적 이유가 있다고 할 것이므로 평등원칙에 위배된다고 할 수 없다(헌재 1999.9.16. 98헌마310).
④ (○) 영리사업은 물론 사회단체, 종교단체 등 비영리 공익사업에도 적용된다.
⑤ (○) 상시 4인 이하의 근로자를 사용하는 사업장은 대부분의 근로시간제도(근로시간제, 가산임금, 연차휴가 등)가 적용되지 아니한다.

정답 ②

20 기출 18

☑확인Check! ○ △ ✕

근로기준법상 기본원칙에 관한 설명으로 옳지 않은 것은?(다툼이 있으면 판례에 따름)

① 사용자는 근로자에 대하여 국적·신앙 또는 사회적 이유로 근로조건에 대한 차별적 처우를 하지 못한다.

② 영리로 다른 사람의 취업에 개입하는 행위에는 취업을 원하는 사람에게 취업을 알선해 주기로 하면서 그 대가로 금품을 수령하는 정도의 행위는 포함되지 않는다.

③ 사용자는 정신상의 자유를 부당하게 구속하는 수단으로써 근로자의 자유의사에 어긋나는 근로를 강요하지 못한다.

④ 근로자와 사용자는 각자가 단체협약, 취업규칙과 근로계약을 지키고 성실하게 이행할 의무가 있다.

⑤ 사용자는 근로자가 근로시간 중에 선거권 행사를 위해 필요한 시간을 청구한 경우, 그 행사에 지장이 없으면 청구한 시간을 변경할 수 있다.

20

① (○) 근기법 제6조

② (✕) 영리로 타인의 취업에 개입하는 행위, 즉 제3자가 영리로 타인의 취업을 소개 또는 알선하는 등 근로관계의 성립 또는 갱신에 영향을 주는 행위에는 **취업을 원하는 사람에게 취업을 알선해 주기로 하면서 그 대가로 금품을 수령하는 정도의 행위도 포함되고, 반드시 근로관계 성립 또는 갱신에 직접적인 영향을 미칠 정도로 구체적인 소개 또는 알선행위에까지 나아가야만 하는 것은 아니다**(대판 2008.9.25. 2006도7660).

③ (○) 근기법 제7조

④ (○) 근기법 제5조

⑤ (○) 근기법 제10조 단서

정답 ②

21 기출 17

☑확인Check! ○ △ ✕

근로기준법에서 사용하는 용어의 뜻으로 옳은 것은?

① 사용자란 사업주 또는 사업경영담당자, 그 밖에 사용자의 이익을 대표하여 행동하는 자를 말한다.

② 근로자란 직업의 종류를 불문하고 임금·급료 기타 이에 준하는 수입에 의하여 생활하는 자를 말한다.

③ 근로계약이란 근로자가 사용자에게 근로를 제공하고 사용자는 이에 대하여 임금을 지급하는 것을 목적으로 체결된 계약을 말한다.

④ 단시간근로자란 1일의 소정근로시간이 통상근로자의 1일의 소정근로시간에 비하여 짧은 근로자를 말한다.

⑤ 평균임금이란 이를 산정하여야 할 사유가 발생한 날 이전 3개월 동안에 전체 근로자에게 지급된 임금의 총액을 그 기간의 총일수로 나눈 금액을 말한다.

21

① (✕) 사용자란 사업주 또는 사업경영담당자, 그 밖에 근로자에 관한 사항에 대하여 <u>사업주를 위하여 행위하는 자</u>를 말한다(근기법 제2조 제1항 제2호).

② (✕) 근로자란 직업의 종류와 관계없이 임금을 목적으로 사업이나 사업장에 근로를 제공하는 사람을 말한다(근기법 제2조 제1항 제1호).

③ (○) 근기법 제2조 제1항 제4호

④ (✕) 단시간근로자란 1주 동안의 소정근로시간이 그 사업장에서 같은 종류의 업무에 종사하는 <u>통상근로자의 1주 동안의 소정근로시간에 비하여 짧은 근로자</u>를 말한다(근기법 제2조 제1항 제9호).

⑤ (✕) 평균임금이란 이를 산정하여야 할 사유가 발생한 날 이전 3개월 동안에 그 근로자에게 지급된 임금의 총액을 그 기간의 총일수로 나눈 금액을 말한다(근기법 제2조 제1항 제6호).

정답 ③

22 기출 15

☑ 확인Check! ○ △ ✕

근로기준법의 총칙에 관한 설명으로 옳은 것은?(다툼이 있는 경우에는 판례에 의함)

① 근로기준법은 사용자가 근로자를 모집·채용할 때 차별을 금지하고 있다.

② 노동조합 대의원선거에 입후보하여 그 선거운동을 하는 것은 공민권의 행사 또는 공(公)의 직무에 해당한다.

③ 법률에 따르더라도 타인의 취업에 개입하여 이익을 취득하는 것은 허용되지 않는다.

④ 가사사용인에 대해 차별적 처우를 하면 근로기준법에 따라 벌금형에 처해진다.

⑤ 다른 법률이나 단체협약, 취업규칙 등에서 정함이 없으면 공(公)의 직무를 수행하는 데 필요한 시간은 임금을 지급하지 않아도 무방하다.

23 기출 18

☑ 확인Check! ○ △ ✕

헌법상 근로의 권리에 관한 설명으로 옳지 않은 것은?(다툼이 있으면 판례에 따름)

① 헌법은 근로의 권리주체를 국민으로 규정하고 있다.

② 근로조건의 기준은 인간의 존엄성을 보장하도록 법률로 정한다.

③ 국가에 대한 직접적인 직장존속보장청구권은 헌법상 근로의 권리에서 도출된다.

④ 국가는 사회적·경제적 방법으로 근로자의 고용의 증진과 적정임금의 보장에 노력하여야 한다.

⑤ 국가유공자·상이군경 및 전몰군경의 유가족은 법률이 정하는 바에 의하여 우선적으로 근로의 기회를 부여받는다.

➕ PLUS

헌법 제32조
① 모든 국민은 근로의 권리를 가진다. 국가는 사회적·경제적 방법으로 근로자의 고용의 증진과 적정임금의 보장에 노력하여야 하며, 법률이 정하는 바에 의하여 최저임금제를 시행하여야 한다.
② 모든 국민은 근로의 의무를 진다. 국가는 근로의 의무의 내용과 조건을 민주주의원칙에 따라 법률로 정한다.
③ 근로조건의 기준은 인간의 존엄성을 보장하도록 법률로 정한다.
④ 여자의 근로는 특별한 보호를 받으며, 고용·임금 및 근로조건에 있어서 부당한 차별을 받지 아니한다.
⑤ 연소자의 근로는 특별한 보호를 받는다.
⑥ 국가유공자·상이군경 및 전몰군경의 유가족은 법률이 정하는 바에 의하여 우선적으로 근로의 기회를 부여받는다.

22

① (✕) 사용자는 근로자에 대하여 남녀의 성(性)을 이유로 차별적 대우를 하지 못하고, 국적·신앙 또는 사회적 신분을 이유로 근로조건에 대한 차별적 처우를 하지 못한다(근기법 제6조). 모집이나 채용 시의 차별에 대해서는 규정하고 있지 아니하다.

② (✕) 공직선거에서 타인을 위한 선거운동, 법원이나 노동위원회 사건에서 당사자로서의 활동, 정당활동, 노동조합활동 등은 공의 직무가 아니라고 해석된다.

③ (✕) 누구든지 법률에 따르지 아니하고는 영리로 다른 사람의 취업에 개입하거나 중간인으로서 이익을 취득하지 못한다(근기법 제9조). 따라서 법률에 따라 영리로 다른 사람의 취업에 개입하거나 이익을 취득하는 것은 허용된다.

④ (✕) 근로기준법은 가사(家事)사용인에 대하여는 적용하지 아니한다(근기법 제11조 제1항 단서).

⑤ (○) 근기법 제10조에서는 근로자에게 공민권 행사와 직무집행에 필요한 시간을 보장할 뿐 그 시간의 임금에 관해서는 규정하고 있지 아니하므로, 특별한 약정이 없는 한 사용자에게 임금지급의무가 없다.

정답 ⑤

23

① (○), ② (○), ③ (✕), ④ (○), ⑤ (○)
헌법 제15조의 직업의 자유 또는 헌법 제32조의 근로의 권리, 사회국가원리 등에 근거하여 실업 방지 및 부당한 해고로부터 근로자를 보호하여야 할 국가의 의무를 도출할 수는 있을 것이나, 국가에 대한 직접적인 직장존속보장청구권을 근로자에게 인정할 헌법상의 근거는 없다(헌재 2002.11.28. 2001헌바50).

정답 ③

제1절 근로계약의 의의 및 법적 성질

I 근로계약의 의의

> **정의(근기법 제2조)**
> ① 이 법에서 사용하는 용어의 뜻은 다음과 같다.
> 4. 근로계약이란 근로자가 사용자에게 근로를 제공하고 사용자는 이에 대하여 임금을 지급하는 것을 목적으로 체결된 계약을 말한다.

II 근로계약의 법적 성질

1. 채권계약설[6]

근로자와 사용자 간의 근로제공 및 임금지급에 관한 순수한 쌍무적 채권채무관계로 파악한다.

2. 신분계약설[7]

채권계약설에서 주장하는 내용은 물론이고, 나아가 종업원 지위의 취득이라는 신분관계를 형성하는 것으로 파악한다.

3. 판 례

판례의 입장은 분명하지 아니하나, 기본적으로 채권계약적 성질을 전제로 하면서 인간관계의 형성 등 인격실현행위(대판 1997.12.13. 97다25477)라는 표현을 쓰고 있다.

4. 검 토

근로계약은 근로제공 및 임금지급에 관한 채권계약적 성질뿐만 아니라, 신분관계를 형성하는 인격적 결합계약의 성질도 가진다고 하여야 한다.

---

6) 채권계약설 : 충실의무 및 배려의무 등 부수적인 의무는 채권계약에 따른 신의칙상 의무로 파악한다.
7) 신분계약설 : 충실의무 및 배려의무 등 부수적인 의무는 신분관계의 설정에 따라 도출될 수 있는 의무로 파악한다.

Ⅲ   근로계약 체결의 자유 및 법적 제한

근로자와 사용자가 근로계약을 체결하기 전에는 근로계약 체결 여부에 관하여 대체로 이를 자유로이 결정할 수 있는 것이 원칙이다. 그러나 근로자와 사용자가 근로계약을 일단 체결하기로 결정한 경우에는, 체결의 형식, 방법, 내용 및 기간 등에 관하여 근로기준법 등 관련 법령에서 법적 제한을 부과하고 있다.

제2절   근로계약의 체결

Ⅰ   근로계약의 당사자

1. 근로자

(1) 의 의

근로계약 체결의 당사자로서의 근로자는 근로의 능력과 의사가 있는 자로서, 사용자와 근로계약을 체결하고 이에 따라 근로를 제공하고자 하는 자를 말한다.

(2) 미성년자인 근로자에 대한 특칙

1) 근로계약의 대리체결 금지

친권자 또는 후견인은 미성년자의 근로계약을 대리할 수 없다(근기법 제67조 제1항). 민법에서는 미성년자가 고용계약을 체결하고자 하는 경우 미성년자 자신이 친권자 또는 후견인의 동의를 얻어 직접 계약을 체결하는 방법과, 친권자 또는 후견인이 법정대리인으로서 미성년자의 계약을 체결하는 방법 두 가지가 있으나, 근로기준법에서 전자의 방법은 허용되나 후자의 방법은 허용되지 아니한다. 그 이유는 법정대리인이 그 권한을 남용하여 미성년자가 원하지 않는 근로를 강제할 우려가 있기 때문이다. **기출** 16 · 17

> **미성년자의 소송능력**
> 미성년자는 원칙적으로 법정대리인에 의하여서만 소송행위를 할 수 있으나, 미성년자 자신의 노무제공에 따른 임금의 청구는 근기법 제68조의 규정에 의하여 미성년자가 독자적으로 할 수 있다.

2) 친권자등의 근로계약해지권   **기출** 20

친권자, 후견인 또는 고용노동부장관은 근로계약이 미성년자에게 불리하다고 인정하는 경우에는 향후 이를 해지할 수 있다(근기법 제67조 제2항). 미성년자가 그 근로를 감당할 수 없을 정도의 사정이 존재할 것이 필요한 것은 아니고, 법정대리인 또는 고용노동부장관이 불리하다고 인정하면 족하다.

O | X 💬

1. 근로기준법상 근로계약이란 근로자가 사용자에게 근로를 제공하고, 사용자는 이에 대하여 임금을 지급하는 것을 목적으로 체결된 계약을 말한다.
2. 근로관계가 성립하기 위해서는 반드시 명시적인 근로계약이 있어야 한다는 것이 판례의 입장이다.
3. 근로제공은 근로자의 인격과 불가분의 관계에서 이루어지므로, 그 의무의 불이행에 대해서는 강제이행이 허용되지 않는다.
4. 친권자라 할지라도 미성년자의 근로계약을 대리 또는 해지할 수 없다.

정답   1. ○   2. ×   3. ○   4. ×

3) 미성년자에 대한 근로조건의 서면명시의무

사용자는 18세 미만인 사람과 근로계약을 체결하는 경우에는 근로조건을 서면(전자문서를 포함)으로 명시하여 교부하여야 한다(근기법 제67조 제3항). 기출 19

2. 사용자

근로계약 체결의 당사자로서 사용자는 사업주에 국한된다. 사업경영담당자 또는 사업주를 위하여 행위하는 자는, 사업주로부터 근로계약 체결의 권한을 위임받은 경우에 한하여 근로계약 체결의 당사자가 될 수 있다. 그러나 사업주가 아닌 사용자와 근로자 간에 근로계약이 체결되지 아니한 경우에도, 실제로 사용종속관계가 존재한다면 당해 사용자는 사업주로 간주될 수 있음에 유의해야 한다(파견근로자 사용사업주 등의 소위 사용자 개념이 확장되는 경우).

Ⅱ 근로계약의 형식

특별한 형식을 요구하지 아니하며, 문서는 물론 구두에 의해서도 체결할 수 있다. 일반적으로 사용종속관계 아래서 근로의 제공과 임금의 지급이라는 실질적 사실이 있다고 인정되면, 서면계약이 체결되어 있지 아니한 경우에도 구두계약 및 관행, 관습에 의하여 근로계약이 체결되어 있는 것으로 보아야 한다.

Ⅲ 근로계약의 내용

1. 근로조건의 명시의무

근로조건의 명시(근기법 제17조)
① 사용자는 근로계약을 체결할 때에 근로자에게 다음 각 호의 사항을 명시하여야 한다. 근로계약 체결 후 다음 각 호의 사항을 변경하는 경우에도 또한 같다.
  1. 임금
  2. 소정근로시간
  3. 제55조에 따른 휴일
  4. 제60조에 따른 연차유급휴가
  5. 그 밖에 대통령령으로 정하는 근로조건
② 사용자는 제1항 제1호와 관련한 임금의 구성항목·계산방법·지급방법 및 제2호부터 제4호까지의 사항이 명시된 서면(전자문서 및 전자거래 기본법 제2조 제1호에 따른 전자문서를 포함)을 근로자에게 교부하여야 한다. 다만, 본문에 따른 사항이 단체협약 또는 취업규칙의 변경 등 대통령령으로 정하는 사유로 인하여 변경되는 경우에는 근로자의 요구가 있으면 그 근로자에게 교부하여야 한다.

근로조건의 위반(근기법 제19조)
① 제17조에 따라 명시된 근로조건이 사실과 다를 경우에 근로자는 근로조건 위반을 이유로 손해의 배상을 청구할 수 있으며 즉시 근로계약을 해제할 수 있다.
② 제1항에 따라 근로자가 손해배상을 청구할 경우에는 노동위원회에 신청할 수 있으며, 근로계약이 해제되었을 경우에는 사용자는 취업을 목적으로 거주를 변경하는 근로자에게 귀향여비를 지급하여야 한다.

[명시사항]

명시해야 할 사항	서면으로 명시해야 할 사항
• 임 금 • 소정근로시간 • 유급주휴일 • 연차유급휴가 • 취업규칙에서 정한 사항 • 기숙하는 경우 기숙사규칙에서 정한 사항 • 취업의 장소와 종사하여야 할 업무	• 임금의 구성항목·계산방법·지급방법 • 소정근로시간 • 유급주휴일 • 연차유급휴가

(1) 의 의

1) 명시사항

사용자는 근로계약을 체결할 때에 근로자에게 임금, 소정근로시간, 휴일, 연차유급휴가 및 그 밖에 대통령령으로 정하는 근로조건을 명시하여야 한다. 근로계약을 변경하는 경우에도 또한 같다(근기법 제17조 제1항). **기출** 23·24 대통령령으로 정하는 근로조건이란 ① 취업의 장소와 종사하여야 할 업무에 관한 사항, ② 취업 규칙에서 정한 사항, ③ 사업장의 부속 기숙사에 근로자를 기숙하게 하는 경우에는 기숙사규칙에서 정한 사항을 말한다(근기법 시행령 제8조). 판례에 따르면 취업규칙에 신규채용하는 근로자에 대한 시용기간의 적용을 선택적 사항으로 규정하고 있는 경우에는, 그 근로자에 대하여 시용기간을 적용할 것인가의 여부를 근로계약에 명시하여야 하고, 만약 근로계약에 시용기간이 적용된다고 명시하지 아니한 경우에는, 시용근로자가 아닌 정식사원으로 채용되었다고 보아야 한다고(대판 1999.11.12. 99다30473) 판시하고 있다.

2) 서면명시사항

① 사용자는 근로계약 체결 시 임금의 구성항목·계산방법·지급방법 및 소정근로시간, 휴일, 연차유급휴가 까지의 사항을 서면(전자문서를 포함)으로 명시하여야 한다(근기법 제17조 제2항). **기출** 15·17·22

② 사용자는 기간제근로자 또는 단시간근로자와 근로계약을 체결하는 때에는 근로계약기간, 근로시간·휴게, 임금의 구성항목·계산방법 및 지불방법, 휴일·휴가, 취업의 장소와 종사하여야 할 업무를 서면으로 명시하여야 한다. 또한, 단시간근로자의 경우에는 근로일 및 근로일별 근로시간도 명시하여야 한다(기단법 제17조).

명시하여야 할 근로조건(근기법 시행령 제8조)

법 제17조 제1항 제5호에서 "대통령령으로 정하는 근로조건"이란 다음 각 호의 사항을 말한다.

1. 취업의 장소와 종사하여야 할 업무에 관한 사항
2. 법 제93조 제1호부터 제12호까지의 규정에서 정한 사항
3. 사업장의 부속 기숙사에 근로자를 기숙하게 하는 경우에는 기숙사규칙에서 정한 사항

(2) 근로조건의 명시시기

근로계약의 체결 시이다. 근로계약의 체결 이전이라도 근로자와 사용자 간에 계약에 관한 교섭이 진행되는 시기를 포함하는 것으로 넓게 해석해야 한다. 근로계약이 변경되는 경우에도 근로조건을 명시해야 하는가에 관한 명문의 규정은 없지만, 근로계약의 변경이 새로운 계약에 준한다고 인정될 때에는 이를 긍정적으로 해석하여야 할 것이다.

(3) 근로조건의 명시방법

근로조건의 명시는 구두로 하여도 무방하다(임금의 구성항목·계산방법·지급방법 및 소정근로시간, 휴일, 연차유급휴가에 관한 사항은 제외). 그러나 서면으로 하면 이후에 발생할 수 있는 분쟁을 줄일 수 있다.

(4) 교부의무

1) 일반근로자

① **근로계약 체결·변경 시 교부의무** : 사용자는 근로계약 체결·변경 시 임금의 구성항목·계산방법·지급방법 및 소정근로시간, 휴일, 연차유급휴가까지의 사항이 명시된 서면(전자문서를 포함)을 근로자에게 교부하여야 한다(근기법 제17조 제2항 본문).

② **근로계약 외의 사유로 근로조건 변경 시 교부의무** : 임금의 구성항목·계산방법·지급방법 및 소정근로시간, 휴일, 연차유급휴가에 관한 사항이 단체협약 또는 취업규칙의 변경 등 대통령령으로 정하는 사유로 인하여 변경되는 경우에는 근로자의 요구가 있으면 그 근로자에게 교부하여야 한다(근기법 제17조 제2항 단서). 단체협약 또는 취업규칙의 변경 등 대통령령으로 정하는 사유로 인하여 변경되는 경우란 ㉠ 서면합의로 변경되는 경우, ㉡ 취업규칙에 의하여 변경되는 경우, ㉢ 단체협약에 의하여 변경되는 경우, ㉣ 법령에 의하여 변경되는 경우를 말한다(근기법 시행령 제8조의2).

③ **관련 판례** : 판례는 근로기준법 제17조에 의하면, 사용자는 근로계약을 체결할 때에 근로자에게 임금, 소정근로시간, 주휴일, 연차유급휴가가 그 밖에 대통령령으로 정하는 근로조건을 명시하여야 하고, 그중 임금의 구성항목·계산방법·지급방법 및 소정근로시간, 주휴일, 연차유급휴가에 대해서는 그 사항이 명시된 서면을 교부하여야 하며, 근로계약 체결 후 단체협약 또는 취업규칙의 변경 등의 사유로 인하여 위 사항이 변경되는 경우에는 근로자의 요구가 있으면 그 근로자에게 교부하여야 하나, 이는 근로계약을 체결할 때뿐만 아니라, 이를 변경하는 경우에도 위 법에서 열거하고 있는 중요한 근로조건에 대해서는 서면으로 명시하도록 하고, 사용자로 하여금 변경된 근로조건이 명시된 근로계약서를 교부하도록 하여 근로자의 법적 지위를 강화하고자 하는 데 그 입법취지가 있으므로, 위 규정에서 근로자의 요구에 따라 사용자가 교부하여야 하는 것은 '변경된 사항이 명시된 근로계약서 등 서면'을 의미하는 것이지, 변경된 단체협약이나 취업규칙 자체를 말하는 것이 아니라고(대판 2016.1.28, 2015도11659) 한다.

2) 연소근로자

사용자는 18세 미만인 사람과 근로계약을 체결하는 경우에는 제17조에 따른 근로조건을 서면(전자문서를 포함)으로 명시하여 교부하여야 한다(근기법 제67조 제3항). 기출 22

(5) 위반 시 근로계약의 효력

근로조건이 명시되지 않았다 하더라도 그 계약 자체는 유효하게 성립한다. 다만 처벌의 대상이 될 뿐이다.

> **근로계약의 효력**
> 근기법 제17조는 사용자에게 의무를 부과하고, 위반 시 제재를 가하는 단속규정이며, 근로계약의 효력요건은 아니다. 따라서 사용자가 근기법 제17조를 위반하더라도, 근로계약은 유효하게 성립한다.

(6) 명시의무 위반에 대한 구제방법

1) 사용자에 대한 제재

벌칙이 부과된다(500만원 이하의 벌금)(근기법 제114조 제1호). 명시한 근로조건이 사실과 다를 경우의 사용자에 대한 벌칙규정은 없다. 기출 13

2) 근로자에 대한 구제(근기법 제19조) 기출 23

명시된 근로조건이 사실과 다르다는 의미는 사실에 미달하는 경우만을 의미한다.
① 손해배상청구 : 근로자는 근로조건 위반으로 인한 손해배상을 노동위원회에 청구할 수 있고, 또한 일반법원에 손해배상 청구도 가능하다. 근로자는 두 개의 절차 중 어느 한 절차를 선택할 수 있다.
② 계약의 즉시해지권 : 명시된 근로조건이 사실과 다를 때에는 근로자는 근로계약을 즉시 해제할 수 있다. 상당한 기간이 지난 뒤에는 즉시해제권을 행사할 수 없다. 기출 14 · 19 · 21

> **근로계약의 즉시해제**
> 근기법 제19조 제2항은 '해제'라는 문언을 사용하고 있으나, 이 경우 근로계약관계를 장래에 향하여 소멸시키는 것이므로 '해지'를 의미한다 할 것이다.

✔ 핵심문제

01 근로기준법령상 사용자가 근로자에게 근로조건을 명시하여야 할 의무에 관한 설명으로 옳지 않은 것은?

① 17세 근로자 A와 근로계약을 체결할 때 취업의 장소와 종사하여야 할 업무에 관한 사항을 서면으로 명시하여 A에게 교부하여야 한다.
② 17세 근로자 B와 근로계약을 체결할 때 법 제55조에 따른 휴일에 관한 사항을 서면으로 명시하여 B에게 교부하여야 한다.
③ 21세 근로자 C와 근로계약을 체결할 때 임금의 구성항목 · 계산방법 · 지급방법이 명시된 서면을 C에게 교부하여야 한다.
④ 21세 근로자 D와 근로계약을 체결할 때 소정근로시간이 명시된 서면을 D에게 교부하여야 한다.
⑤ 21세 근로자 E와 근로계약을 체결할 때 표창과 제재에 관한 사항이 명시된 서면을 E에게 교부하여야 한다.

[해설]
사용자는 근로계약을 체결할 때에 임금의 구성항목 · 계산방법 · 지급방법 및 소정근로시간, 휴일, 연차유급휴가가 명시된 서면(전자문서를 포함)을 근로자에게 교부하여야 한다(근기법 제17조 제2항). 표창과 제재에 관한 사항은 사용자가 취업규칙에 작성해야 할 사항이다.
정답 ⑤

③ **귀향여비** : 근로자가 근로관계를 해제하고 귀향하는 경우, 사용자는 취업을 목적으로 거주를 변경하는 근로자에게 귀향여비를 지급하여야 한다. 귀향여비는 금품청산이므로 14일 이내에 지급하여야 한다.

④ **관련 판례** : 판례는 구 근로기준법 제22조, 제23조의 규정취지는 근로계약 체결 시에 사용자가 명시한 근로조건이 근로계약 체결 후에 사실과 다른 것을 알게 되었음에도 근로계약관계의 구속에서 벗어나기 어려운 근로자의 입장을 고려하여 취업 초기에 근로자가 원하지 않는 근로를 강제당하는 폐단을 방지하고 근로자를 신속히 구제하려는 데에 있는 것이라 할 것이므로 구법 제23조에 정한 계약의 즉시해제권은 취업 후 상당한 기간이 지나면 행사할 수 없다고 해석되며, 같은 손해배상청구권의 소멸시효기간은 위와 같은 법규정의 취지와 규정내용 등에 비추어 근로조건의 내용 여부를 묻지 않고 <u>구법 제41조에 정한 임금채권에 준하여 3년이라고 보아야 한다고</u>(대판 1997.10.10. 97누5732) 판시하고 있다.

2. 금지되는 근로조건

> **위약예정의 금지(근기법 제20조)**
> 사용자는 근로계약 불이행에 대한 위약금 또는 손해배상액을 예정하는 계약을 체결하지 못한다.
>
> **전차금 상계의 금지(근기법 제21조)**
> 사용자는 전차금(前借金)이나 그 밖에 근로할 것을 조건으로 하는 전대(前貸)채권과 임금을 상계하지 못한다.
>
> **강제저금의 금지(근기법 제22조)**
> ① 사용자는 근로계약에 덧붙여 강제저축 또는 저축금의 관리를 규정하는 계약을 체결하지 못한다.
> ② 사용자가 근로자의 위탁으로 저축을 관리하는 경우에는 다음 각 호의 사항을 지켜야 한다.
> 　1. 저축의 종류・기간 및 금융기관을 근로자가 결정하고, 근로자 본인의 이름으로 저축할 것
> 　2. 근로자가 저축증서 등 관련 자료의 열람 또는 반환을 요구할 때에는 즉시 이에 따를 것

(1) 의 의

어떠한 경우에도 근로계약의 내용으로 규정되어서는 아니 되는 근로조건을 말한다. 근로기준법은 금지되는 계약으로서 위약예정의 금지, 전차금 상계의 금지, 강제저축의 금지 등 3가지 형태를 명문으로 규정하고 있다. 다만, 판례에 의하면 사용자가 근로자에게 일정한 금전을 지급하면서 의무근로기간을 설정하고 이를 지키지 못하면 그 전부 또는 일부를 반환받기로 약정한 경우, 의무근로기간의 설정 양상, 반환 대상인 금전의 법적 성격 및 규모・액수, 반환 약정을 체결한 목적이나 경위 등을 종합할 때 그러한 반환 약정이 해당 금전을 지급받은 근로자의 퇴직의 자유를 제한하거나 그 의사에 반하는 근로의 계속을 부당하게 강요하는 것이라고 볼 수 없다면, 이는 근로기준법 제20조가 금지하는 약정이라고 보기 어려워, 갑 주식회사가 발행 주식 매각을 통한 소속 기업집단의 변경과정에서 이를 반대하는 근로자 측과 '갑 회사가 직원들에게 매각위로금 등을 지급하고, 매각위로금을 받은 직원이 지급일로부터 8개월 안에 퇴사할 경우 이미 지급받은 매각위로금을 월할로 계산하여 반납한다'는 내용의 약정을 한 사안에서, 약정 중 위로금 반환 부분은 의무근로기간의 설정 양상, 반환 대상인 금전의 법적 성격 및 규모・액수, 반환 약정을 체결한 목적이나 경위 등을 종합할 때 그러한 반환 약정이 해당 금전을 지급받은 근로자의 퇴직의 자유를 제한하거나 그 의사에 반하는 근로의 계속을 부당하게 강요하는 것이라고 볼 수 없어, <u>이는 근로기준법 제20조가 금지하는 약정이라고 단정하기 어렵다고</u>(대판 2022.3.11. 2017다202272) 판시하고 있다. 또한 근로기준법 제20조는 사용자가 근로자와의 사이에서

근로계약 불이행에 대한 위약금 또는 손해배상액을 예정하는 계약의 체결을 금지하는 데 그치는 것이므로 근로자에 대한 신원보증계약은 이에 해당되지 아니한다고(대판 1980.9.24. 80다1040) 하고 있음을 유의하여야 한다.

기출 18

(2) 위약예정의 금지

1) 위약금 또는 손해배상액 예정계약의 금지 기출 14 · 17 · 21

사용자는 근로계약 불이행에 대한 위약금 또는 손해배상액을 예정하는 계약을 체결하지 못한다(근기법 제20조). 위약금의 예정은 근로자의 채무불이행 시 근로자가 사용자에게 실제 손해의 발생 여부 및 손해의 액수에 상관없이 일정액을 지불할 것을 미리 약정하는 것을 말하며, 손해배상액의 예정은 근로자의 채무불이행의 경우에 실제 발생된 손해액과 관계없이 손해배상액을 미리 정하는 것을 말한다. 근로기준법은 채무불이행으로 인한 손해배상의 예정만 금지하도록 규정하고 있으나, 동조의 취지가 손해배상의 사유 및 액수를 불문하고 손해배상액의 예정을 통한 근로자의 강제노동을 금지하고 있는 것이므로, 불법행위로 인한 손해배상의 예정도 금지된다. 그러나 근로자의 채무불이행 및 불법행위 등으로 사용자에게 손해가 발생했을 때, 실제로 발생한 손해에 해당하는 손해배상을 할 수 있도록 단체협약 및 취업규칙 등에 정하는 것은 허용된다.

2) 의무재직 불이행 시 임금반환약정과 연수비상환약정의 효력

① **임금반환약정** : [1] 사용자가 근로계약의 불이행에 대하여 위약금 또는 손해배상을 예정하는 계약을 체결하는 것은 강행규정인 근로기준법 제20조에 위반되어 무효라 할 것인바, 기업체에서 비용을 부담·지출하여 직원에 대하여 위탁교육훈련을 시키면서 일정 임금을 지급하고 이를 이수한 직원이 교육 수료일자부터 일정한 의무재직기간 이상 근무하지 아니할 때에는 기업체가 지급한 임금이나 해당 교육비용의 전부 또는 일부를 상환하도록 하되 의무재직기간 동안 근무하는 경우에는 이를 면제하기로 약정한 경우, 교육비용의 전부 또는 일부를 근로자로 하여금 상환하도록 한 부분은 근로기준법 제20조에서 금지된 위약금 또는 손해배상을 예정하는 계약이 아니므로 유효하지만, 임금 반환을 약정한 부분은 기업체가 근로자에게 근로의 대상으로 지급한 임금을 채무불이행을 이유로 반환하기로 하는 약정으로서 실질적으로는 위약금 또는 손해배상을 예정하는 계약이므로 근로기준법 제20조에 위반되어 무효이다.

[2] 해외 타 회사에서의 실제 근무를 통한 기술 습득의 목적으로 교육훈련의 파견근무가 이루어진 경우, 근로자는 파견근무기간 중 파견한 기업체에게 재적(在籍)한 채 기술 습득을 목적으로 해외의 타 회사에 파견되어 파견된 회사에 근로를 제공하였고, 파견된 회사로부터 지급받은 봉급 및 집세는 현지근무를 통한 실무훈련에 대하여 파견된 회사가 지급한 물품에 해당할 뿐 원래 근로자가 부담하여야 할 비용을 파견한 기업체가 우선 부담함으로써 근로자에 대하여 반환청구권을 가지게 되는 금품이라고는 할 수 없으므로, 근로자가 의무복무기간을 근무하지 아니할 경우에 파견한 기업체에게 파견된 해외 회사로부터 지급받은 봉급 및 집세 상당액을 반환하여야 한다는 약정은 근로기준법 제20조에서 금지된 위약금 또는 손해배상을 예정하는 계약으로서 무효이다(대판 1996.12.6. 95다24944). 기출 13

② **연수비상환약정[8]** : 근로자가 일정 기간 동안 근무하기로 하면서 이를 위반할 경우 소정 금원을 사용자에게 지급하기로 약정하는 경우, 그 약정의 취지가 약정한 근무기간 이전에 퇴직하면 그로 인하여 사용자에게 어떤 손해가 어느 정도 발생하였는지 묻지 않고 바로 소정 금액을 사용자에게 지급하기로 하는 것이라면 이는 명백히 근로기준법 제20조에 반하는 것이어서 효력을 인정할 수 없다. 또 그 약정이 미리 정한

---

8) 판례(대판 2008.10.23. 2006다37274)는 연수비 상환의무 면제취지의 약정, 근로자가 부담하여야 할 성질의 비용, 약정근무기간 및 상환비용의 적정성 등 세 가지 요건을 충족하는 경우 상환약정을 유효한 것으로 인정하고 있다.

근무기간 이전에 퇴직하였다는 이유로 마땅히 근로자에게 지급되어야 할 임금을 반환하기로 하는 취지일 때에도, 결과적으로 위 조항의 입법목적에 반하는 것이어서 역시 그 효력을 인정할 수 없다. 다만, 그 약정이 사용자가 근로자의 교육훈련 또는 연수를 위한 비용을 우선 지출하고 근로자는 실제 지출된 비용의 전부 또는 일부를 상환하는 의무를 부담하기로 하되 장차 일정 기간 동안 근무하는 경우에는 그 상환의무를 면제해 주기로 하는 취지인 경우에는, 그러한 약정의 필요성이 인정된다. 이때 주로 사용자의 업무상 필요와 이익을 위하여 원래 사용자가 부담하여야 할 성질의 비용을 지출한 것에 불과한 정도가 아니라 근로자의 자발적 희망과 이익까지 고려하여 근로자가 전적으로 또는 공동으로 부담하여야 할 비용을 사용자가 대신 지출한 것으로 평가되며, 약정근무기간 및 상환해야 할 비용이 합리적이고 타당한 범위 내에서 정해져 있는 등 위와 같은 약정으로 인하여 근로자의 의사에 반하는 계속근로를 부당하게 강제하는 것으로 평가되지 않는다면, 그러한 약정까지 근로기준법 제20조에 반하는 것은 아니다(대판 2008.10.23. 2006다 37274).

③ **실질이 근로인 해외파견근무** : 판례에 의하면 직원의 해외파견근무의 주된 실질이 연수나 교육훈련이 아니라 기업체의 업무상 명령에 따른 근로장소의 변경에 불과한 경우, 이러한 해외근무기간 동안 임금 이외에 지급 또는 지출한 금품은 장기간 해외근무라는 특수한 근로에 대한 대가이거나 또는 업무수행에 있어서의 필요불가결하게 지출할 것이 예정되어 있는 경비에 해당하여 <u>재직기간의무근무 위반을 이유로 이를 반환하기로 하는 약정 또한 마찬가지로 무효라고 보고 있다</u>(대판 2004.4.28. 2001다53875).

3) 무사고 승무수당

<u>근무 중 교통사고가 발생한 경우 실제 손해발생 여부 및 손해의 액수에 관계없이 일정 기간 동안 일정액을 임금에서 공제하는 약정은 근로기준법 제20조에 위반된다.</u> 판례에 의하면 임금이란 사용자가 근로의 대가로 근로자에게 지급하는 일체의 금품으로서, 근로자에게 계속적·정기적으로 지급되고 그 지급에 관하여 단체 협약, 취업규칙, 급여규정, 근로계약, 관행 등에 의하여 사용자에게 지급의무가 지워져 있다면 그 명목 여하를 불문하고 임금에 해당하는바, 피고인과 D 사이에 작성된 근로계약서에는 무사고 승무수당 200,000원을 매월 고정적으로 지급하는 것으로 기재되어 있고 달리 D의 실제 근무성적에 따라 그 지급 여부와 지급액이 달라지는 것은 아니므로, 위 무사고 승무수당도 근로기준법에서 정하는 '임금'에 해당한다고 봄이 상당하고, 근무 중 교통사고가 발생한 경우 실제 손해 발생 여부 및 손해의 액수에 관계없이 3개월 동안 매월 무사고 승무수당 200,000원을 임금에서 공제하기로 하는 약정은 근로기준법 제20조가 금지하는 근로계약 불이행에 대한 위약금 또는 손해배상액의 예정에 해당할 뿐만 아니라 근로기준법 제43조가 정하는 임금의 전액 지급 원칙에도 반하여 무효이므로 피고인은 D에게 무사고 승무수당 합계 1,200,000원을 지급할 의무가 있다고(의정부지판 2018.10.15. 2018노676; 대판 2019.6.13. 2018도17135) 한다.

4) 교육훈련비

근로자가 교육훈련비를 선납하여 교육훈련을 받고 근무하다가 계약기간 내 퇴사한 경우에는 잔여 교육훈련비를 반환받을 수 없다는 취지로 정한 계약은 근로계약 불이행에 따른 위약금 또는 손해배상예정에 해당하여 근로기준법 제20조에 위반하여 무효라고 보아야 한다. 판례는 수습부기장 교육훈련을 받고 정식부기장으로 승격한 뒤 계약기간 내 퇴사한 때에는 잔여 교육훈련비를 반환받을 수 없다는 취지로 정한 고용계약서 제3조 제4항은, 피고가 신입부기장 채용공고에 따라 다단계 전형을 거쳐 합격자로 최종 선발된 원고들을 대상으로

한 오리엔테이션에서 비로소 교육훈련비 8,000만원을 선납하라고 요구함에 따라 원고들이 수습부기장 교육훈련비 중 일부금 명목으로 1인당 8,000만원을 지급하기로 한 약정의 무효를 전제로 잔여 교육훈련비를 부당이득으로 반환을 구하는 청구에 적용될 수 없거나, 불공정한 법률행위에 해당하거나 근로계약 불이행에 따른 위약금 또는 손해배상액 예정에 해당하여 근로기준법 제20조에 위반되어 무효라고(대판 2019.1.31. 2018다 209706) 판시하고 있다.

(3) 전차금 상계의 금지 기출 14 · 15 · 21

① 사용자는 전차금, 기타 근로할 것을 조건으로 하는 전대채권과 임금을 상계하지 못한다(근기법 제21조).
② 전차금은 근로자가 근로를 제공하여 향후 임금에서 변제하기로 하고 근로계약을 체결할 때에 사용자로부터 미리 차용한 금전을 말하며, 전대채권이란 전차금 이외에 근로자 또는 친권자 등에게 근로를 조건으로 지급된 금전으로, 전차금과 동일한 내용을 가지는 것이다.
③ 임금과의 상계 금지 : 사용자가 근로자에게 임금과의 상계를 전제로 하지 않고 전차금을 대여하는 것은 허용된다. 가불, 학자금대여 및 주택구입자금의 대부 등은 근로자의 편의를 위하여 임금의 일부를 미리 지급한 것으로서 근로기준법에 위배되지 아니한다.

(4) 강제저축 및 저축금관리의 금지(근기법 제22조 제1항)

사용자는 근로계약에 덧붙여 강제저축 또는 저축금의 관리를 규정하는 계약을 체결하지 못한다. 강제저축의 범위에는 사용자 자신이 명의인이 되는 것은 물론, 사용자가 지정하는 제3자, 즉 특정 은행, 우체국 및 공제조합 등의 금융기관과 저축계약을 하는 것도 포함된다. 기출 15 · 17 · 21 · 22 · 23

3. 근로자의 위탁에 의한 저축금관리(근기법 제22조 제2항)

사용자가 근로자의 위탁으로 저축을 관리하는 경우에는 다음의 사항을 준수하여야 한다.
① 저축의 종류·기간 및 금융기관을 근로자가 결정하고, 근로자 본인의 이름으로 저축할 것
② 근로자가 저축증서 등 관련 자료의 열람 또는 반환을 요구할 때에는 즉시 이에 따를 것

O | X 💬

1. 사용자는 근로계약 불이행에 대한 위약금 또는 손해배상액을 예정하는 계약을 체결할 수 있다.
2. 근로계약 불이행에 대한 위약금을 예정하는 계약을 체결한 경우, 사용자는 근로자의 근로계약 불이행이 있으면 약정된 위약금을 청구할 수 있다.
3. 근로자의 신원보증계약은 근로기준법상 위약예정의 금지에 해당되어 무효이다.
4. 근로자가 해외연수를 종료한 후 의무복무기간을 근무하지 아니한 경우, 연수기간 중에 지급받은 임금을 사용자에게 반환하여야 한다는 약정은 유효하다.

정답 1. × 2. × 3. × 4. ×

4. 사이닝보너스

(1) 사이닝보너스의 의의

기업이 경력 있는 전문인력을 채용하기 위한 방법으로, 근로계약 등을 체결하면서 일회성의 인센티브 명목으로 지급하는 금원을 의미한다(대판 2015.6.11. 2012다55518).

(2) 사이닝보너스계약의 해석방법

이른바 사이닝보너스가 이직에 따른 보상이나 근로계약 등의 체결에 대한 대가로서의 성격만 가지는지, 더나아가 의무근무기간 동안의 이직 금지 내지 전속근무약속에 대한 대가 및 임금 선급으로서의 성격도 함께 가지는지는 해당 계약이 체결된 동기 및 경위, 당사자가 계약에 의하여 달성하려고 하는 목적과 진정한 의사, 계약서에 특정 기간 동안의 전속근무를 조건으로 사이닝보너스를 지급한다거나, 기간의 중간에 퇴직하거나 이직할 경우 이를 반환한다는 등의 문언이 기재되어 있는지 및 거래의 관행 등을 종합적으로 고려하여 판단하여야 한다(대판 2015.6.11. 2012다55518).

(3) 사이닝보너스의 법적 성격

1) 입사사례금

사이닝보너스는 이직에 따른 보상이나 근로계약 등의 체결에 따른 대가로서의 성격을 가질 수 있다(대판 2015.6.11. 2012다55518).

2) 전속계약금

의무근무기간 동안의 이직 금지 내지 전속근무약속에 대한 대가 및 임금 선급으로서의 성격도 함께 가질 수 있다(대판 2015.6.11. 2012다55518).

(4) 사이닝보너스반환약정의 유효성

1) 유효성 판단기준

사이닝보너스반환약정은 사용자가 근로자를 위하여 일정한 비용을 지출하고 의무근무기간을 설정한 후, 근로자의 의무근무기간 위반 시 일정 비용을 반환하기로 한다는 점에서 연수비반환약정과 유사하다. 따라서 연수비반환약정에 관한 판례법리를 유추적용한다면 반환약정 자체의 유효성은 인정할 수 있을 것이다.

2) 사이닝보너스의 성격에 따른 반환약정의 유효성

① **입사사례금** : 최근 판례의 설시대로 사이닝보너스가 이직에 따른 보상이나 근로계약 등의 체결에 대한 대가로서의 성격에 그칠 뿐이라면, 계약당사자 사이에 근로계약 등이 실제로 체결된 이상 근로자 등이 약정근무기간을 준수하지 아니하였더라도, 사이닝보너스가 예정하는 대가적 관계에 있는 반대급부는 이행된 것으로 볼 수 있으므로, 약정근무기간을 준수하지 아니한 것에 대한 반환약정에 대하여는 그 효력을 부정하여야 할 것이다.

② **전속계약금** : 만일 사이닝보너스가 의무근무기간 중 제공할 장래의 근로에 대한 선급임금의 성격을 갖는다면, 전체 사이닝보너스의 금액에서 근로자의 퇴사시점까지 근로를 제공한 기간에 대한 임금조로 지급된 부분을 공제한 나머지 금액에 대한 반환약정은 허용된다고 볼 여지가 있으나, 사이닝보너스 중에서 근로자가 퇴사시점까지 제공한 근로에 대한 임금에 해당하는 부분의 반환은 허용되지 않는다고 해야 한다.

(5) 사이닝보너스의 반환의무

1) 입사사례금

사이닝보너스가 이직에 따른 보상이나 근로계약 등의 체결에 대한 대가로서의 성격에 그칠 뿐이라면 반환약정은 무효이고, 판례에 따르면 계약당사자 사이에 근로계약 등이 실제로 체결된 이상, 근로자 등이 약정근무기간을 준수하지 아니하였더라도 사이닝보너스가 예정하는 대가적 관계에 있는 반대급부는 이행된 것으로 볼 수 있어 반환의무가 없다(대판 2015.6.11. 2012다55518).

2) 전속계약금

사이닝보너스가 전속계약금의 성격을 가지고 있다면 반환약정은 유효하므로 이론적으로는 반환청구가 가능하다고 하는 것이 타당하나, 판례는 이에 대하여 판단하고 있지는 아니하다(대판 2015.6.11. 2012다55518).

Ⅳ 근로계약의 해석

계약당사자 사이에 어떠한 계약 내용을 처분문서인 서면으로 작성한 경우에 문언의 의미가 명확하다면, 특별한 사정이 없는 한 문언대로 의사표시의 존재와 내용을 인정해야 한다. 그러나 문언의 의미가 명확하게 드러나지 않는 경우에는 문언의 내용, 계약이 이루어지게 된 동기와 경위, 당사자가 계약으로 달성하려고 하는 목적과 진정한 의사, 거래의 관행 등을 종합적으로 고찰하여 논리와 경험의 법칙, 그리고 사회일반의 상식과 거래의 통념에 따라 계약 내용을 합리적으로 해석해야 한다. 특히 문언의 객관적인 의미와 다르게 해석함으로써 당사자 사이의 법률관계에 중대한 영향을 초래하는 경우에는 문언의 내용을 더욱 엄격하게 해석해야 한다(대판 2022.2.10. 2020다279951).

제1장 제2장 제3장 제4장 제5장 제6장 제7장 제8장 제9장 제10장

제3절 근로계약과 근로관계

Ⅰ 근로관계의 의의

일반적으로 근로자가 사용자에게 근로를 제공하고, 사용자는 근로자에게 임금을 지급하는 것을 내용으로 하는 근로계약의 체결에 의하여 성립되는 당사자 간의 법률관계를 말한다.

Ⅱ 근로계약과 근로관계

유효한 근로계약이 체결되면 이와 동시에 근로관계가 성립한다는 견해(계약설), 유효한 근로계약 이외에 근로자의 작업 개시 또는 경영체계로의 편입이라는 사실적 요소가 필요하다고 하는 견해(편입설)가 있으나, 판례는 근로관계가 성립하기 위해서는 양 당사자 사이에 명시적 또는 묵시적으로 체결된 계약이 있거나, 기타의 법적 근거가 있어야 한다고 하여 계약설의 입장을 취하고 있다(대판 1972.11.14. 72다895).

Ⅲ 비전형적 근로관계

1. 채용내정

(1) 의 의

회사가 근로자를 채용하기로 내정은 되어 있으나, 아직 정식의 근로계약을 체결하지 아니한 경우를 의미한다.

(2) 법적 성질

근로계약예정설, 근로계약체결과정설, 근로계약성립설 등이 있으나 다수설은 근로계약성립설을 취하고 있다. 즉, 회사의 모집공고를 사용자에 의한 청약의 유인으로, 응모자의 응모를 근로자의 청약으로, 채용내정을 사용자의 승낙으로 간주함으로써 근로계약이 성립한다고 본다. 판례 또한 채용내정 시에 근로계약이 성립한다고 보고 있으나, '채용내정 시부터 정식발령일 사이에는 사용자에게 근로계약의 해약권이 유보되어 있다'고 판시하고 있다. 또한 회사가 채용내정자들에게 최종합격통보를 하여 줌으로써 당사자 간에는 근로계약관계가 유효하게 성립되어 늦어도 근무개시약속기한 이후에는 채용내정자들이 회사의 근로자가 되었다고 할 것이므로 그 후의 신규채용의 취소통보는 실질적으로 해고에 해당한다고(대판 2000.11.28. 2000다51476) 판시하고 있다.

(3) 채용내정과 근로관계

채용내정을 근로계약의 체결로 보면 채용내정기간은 근로제공의무의 이행시기가 도래하지 아니하거나 근로계약의 효력이 발생하지 아니한 것이 된다. 근로관계의 효력발생시기는 채용내정에서 정하여진 정식발령일(취업개시일)이라고 할 수 있다. 따라서 채용내정기간에는 근로제공과 관련된 근로기준법상의 규정들은 적용되지 않는다. 다만, 채용내정의 취소는 근로계약의 해지로, 근로기준법 제23조가 적용되어 사용자는 정당한 이유 없이는 채용내정자를 해고하여서는 아니 된다.

(4) 채용내정의 취소

1) 채용내정의 취소사유

채용내정자의 사유로는 졸업, 건강상태 악화 등이 있고, 기업 측의 사유로는 인력 감축 등이 있다. 채용내정은 이미 근로계약이 성립한 경우이므로, 취소통보는 근로기준법상의 해고에 해당하여 동법 제23조 등의 제한을 받는다. 다만, 사용자에게 유보된 해약권의 행사는 합리적인 이유가 존재하여 사회통념상 상당하다고 인정되는 경우이어야 한다. 판례는 원심에 의하면 피고의 정리해고는 여러 인정사실에 비추어 긴박한 경영상의 필요에 의하여, 해고 회피를 위한 사용자의 노력이 병행되면서, 객관적·합리적 기준에 의하여 해고대상자를 선정하여, 근로자 측과의 성실한 협의를 거쳐서 행하여진 것이고, 한편 피고 회사의 취업규칙에 비추어

O | X 💬

1. 채용내정은 본채용 때까지 사용종속관계하에서의 근로가 제공되지 않는 점에서 시용과 구분된다.
2. 채용내정자가 채용발령연기에 대하여 사전에 동의하고 이에 대하여 부제소합의를 하였다면, 임금채권까지 포기한 것이라고 할 수 있다.

`정답` 1. ○ 2. ✕

신규채용된 자들의 채용내정 시부터 정식발령일까지 사이에는 사용자에게 근로계약의 해약권이 유보된다고 할 것이어서 원고들에 대하여는 근로기준법 제24조 제3항이 적용되지 않는다고 보아야 하므로, 결국 피고의 원고들에 대한 정리해고가 정당하다고 판단한 것은 모두 정당하고 정리해고의 유효요건에 관한 법리를 오해한 위법이 있다고 할 수 없다고(대판 2000,11,28, 2000다51476) 판시하고 있으므로, 채용내정자에 대한 정리해고의 경우 그 요건을 완화하여 적용하고 있음을 유의하여야 한다. 기출 19

2) 채용내정의 취소와 민사책임

사용자가 특별한 사정 없이 채용내정을 취소하는 경우에는 채용내정자의 기대권을 침해하는 것이 되어 불법행위를 구성하게 되고(대판 1993,9,10, 92다42897), 채용내정자가 근로를 제공할 수 있음에도 불구하고 사용자가 정당한 이유 없이 이를 거부한 경우에는 채용자에게 임금 전액을 배상하여야 할 것이다(대판 2002,12,10, 2000다25910). 한편, 판례는 원고들이 회사 측과 1년 이상을 기다리다 채용이 취소되더라도 법적 청구를 하지 아니하기로 하는 내용의 채용발령 연기동의서를 작성해 부제소합의가 이루어진 사실은 인정되나 근로자가 사전에 자신의 임금청구권을 포기하는 것은 허용되지 아니하여 최종 입사예정일부터 채용내정이 확정적으로 취소된 날까지의 대기기간은 사실상 근로기간과 다르지 아니하므로 임금을 지급하여야 한다고(대판 2002,12,10, 2000다25910) 판시하고 있다. 기출 19

3) 구제절차

정당한 이유 없는 채용내정의 취소는 근로기준법상 부당해고에 해당하므로 사법상 무효가 된다. 따라서 채용내정자는 법원에 제소하거나 노동위원회에 구제신청을 하여 구제받을 수 있다.

2. 시용

(1) 의의

시용이란 근로계약을 체결하기 전에 해당 근로자의 직업적 능력, 자질, 인품, 성실성 등 업무적격성을 관찰·판단하고 평가하기 위해 근로자를 일정 기간 시험적으로 고용하는 것을 말한다. 시용기간에 있는 근로자의 경우에도 사용자의 해약권이 유보되어 있다는 사정만 다를 뿐 그 기간에 확정적 근로관계는 존재한다(대판 2022,4,14, 2019두55859). 기출 24

(2) 법적 성질

정지조건부 근로계약설과 해제조건부 근로계약설 등의 견해가 있으나, 해약권유보부 근로계약설이 통설·판례이다.

(3) 시용계약의 성립

업무적격성 평가와 해약권 유보라는 시용의 목적에 따라 시용기간에 제공된 근로 내용이 정규 근로자의 근로 내용과 차이가 있는 경우에도 종속적 관계에서 사용자를 위해 근로가 제공된 이상 시용계약은 성립한다. 제공된 근로 내용이 업무수행에 필요한 교육·훈련의 성격을 겸하고 있는 경우에도 마찬가지이다. 시용기간 중의 임금 등 근로조건은 경제적으로 우월한 지위에 있는 사용자가 자신의 의사대로 정할 여지가 있으므로 종속적 관계에서 사용자를 위해 근로가 제공된 이상, 시용기간 중의 임금 등을 정하지 않았다는 사정만으로 시용 근로계약의 성립을 쉽게 부정해서는 안 되고, 단순히 근로계약 체결 과정 중에 있다고 볼 수도 없다(대판 2022.4.14. 2019두55859).

(4) 시용기간과 근로관계

1) 시용기간의 명시

사용자가 어떤 근로자를 시용근로자로 채용하기 위해서는 근로계약이나 취업규칙에 시용에 관한 내용을 명확하게 명시해야 한다. 즉 취업규칙에 시용기간의 적용을 선택적으로 규정하고 있는 경우에는 해당 근로자에 대하여 시용기간을 적용할지 여부를 근로계약에 명시하여야 한다. 만약 근로계약에 시용기간을 명시하지 아니한 경우에는 시용 근로자가 아니라 정식 근로자로 채용한 것으로 보아야 한다(대판 1999.11.12. 99다30473).
`기출 18·19`

2) 시용기간과 근로관계 종료

① 해고제한규정의 적용 : 시용기간 중에 있는 근로자를 해고하거나 시용기간 만료 시 본계약의 체결을 거부하는 것은 사용자에게 유보된 해약권의 행사에 해당한다(대판 2006.2.24. 2002다62432). `기출 16·17·19` 또한 본채용 거부 시에는 근로기준법 제27조의 해고서면통지규정이 적용되며, 시용근로관계에서 사용자가 본 근로계약 체결을 거부하는 경우에는 근로자에게 거부사유를 파악하여 대처할 수 있도록 구체적·실질적 거부사유를 서면으로 통지하여야 한다. 따라서 사용자인 피고 보조참가인이 근로자인 원고에게 단순히 '시용기간의 만료로 해고한다'는 취지로만 통지한 것은, 근로기준법 제27조 규정을 위반한 절차상 하자가 있어 효력이 없다(대판 2015.11.27. 2015두48136). `기출 16·19·20·22`

② 정당한 이유 : 당해 근로자의 업무능력, 자질, 인품, 성실성 등 업무적격성을 관찰·판단하려는 시용제도의 취지·목적에 비추어 볼 때 보통의 해고보다는 넓게 인정되나, 이 경우에도 객관적으로 합리적인 이유가 존재하여 사회통념상 상당하다고 인정되어야 한다(대판 2006.2.24. 2002다62432). `기출 24`

(5) 시용기간 만료 후 효과

1) 해약권 유보가 없는 정규근로자로의 전환

시용근로자에 대하여 사용자가 본채용을 거절하지 않은 채 시용기간이 지나면 사용자의 해약권은 소멸하고, 시용근로자는 정규종업원으로 전환된다고 해석된다.

2) 계속근로연수 산입

기존의 시용기간은 퇴직금, 연차휴가 등의 계산 시 계속근로연수에 산입되고, 정규근로관계의 존속기간으로 산입된다. 판례도 같은 취지에서 시용기간 만료 후 본 근로계약을 체결하여 공백 기간 없이 계속 근무한 경우에도 시용기간과 본 근로계약기간을 통산한 기간을 퇴직금 산정의 기초가 되는 계속근로기간으로 보아야 한다고(대판 2022.2.17. 2021다218083) 판시하고 있다.

(6) 관련 판례

1) 운전면허정지처분을 받은 시용운전사에 대한 해고

판례는 시용기간 중에 있는 운전사가 시내버스를 운전 중 앞차를 충돌하여 승객들이 부상하고 앞차가 파손되는 사고가 발생하여 운전면허정지처분까지 받았다면 시용제도의 목적에 비추어 운전사를 해고할 수 있는 정당한 사유에 해당된다고(대판 1987.9.8. 87다카555) 한다.

2) 운전경력증명서를 미제출한 수습운전기사에 대한 해고

[1] 시용기간 중에 있는 근로자를 해고하거나 시용기간 만료 시 본계약의 체결을 거부하는 것은 사용자에게 유보된 해약권의 행사로서, 당해 근로자의 업무능력, 자질, 인품, 성실성 등 업무적격성을 관찰·판단하려는 시용제도의 취지·목적에 비추어 볼 때 보통의 해고보다는 넓게 인정되나, 이 경우에도 객관적으로 합리적인 이유가 존재하여 사회통념상 상당하다고 인정되어야 할 것이다.

[2] 수습운전기사와 근로계약을 체결한 운수회사가 취업규칙에 규정되어 있지도 않은 대형차량의 운전경력 증명서를 요구하면서 위 운전경력증명서의 미제출을 이유로 근로자를 해고한 경우, 운수회사에게 유보된 해약권을 행사하는 데에 있어 객관적으로 합리적인 이유가 존재하여 사회통념상 상당하다고 인정하기 부족하므로 위 해고는 위법하다(대판 2005.7.15. 2003다50580).

3) 시용근로자에 대한 해고

[1] 근로기준법 제23조 제2항은, 사용자는 근로자가 업무상 부상 또는 질병의 요양을 위하여 휴업한 기간과 그 후 30일 동안은 해고하지 못한다고 규정하여 해고를 제한하고 있다. 이는 근로자가 업무상의 재해로 인하여 노동력을 상실하고 있는 기간과 노동력을 회복하는 데 필요한 그 후의 30일간은 근로자를 실직의 위협으로부터 절대적으로 보호하기 위한 것이다. 이와 같은 규정의 내용과 입법 목적에 비추어 보면, 요양을 위하여 필요한 휴업에는 정상적인 노동력을 상실하여 출근을 전혀 할 수 없는 경우뿐만 아니라, 노동력을 일부 상실하여 정상적인 노동력으로 근로를 제공하기 곤란한 상태에서 치료 등 요양을 계속하면서 부분적으로 근로를 제공하는 부분 휴업도 포함된다. 이 경우 요양을 위하여 휴업이 필요한지는 업무상 부상 등의 정도, 치료 과정 및 치료 방법, 업무의 내용과 강도, 근로자의 용태 등 객관적인 사정을 종합하여 판단하여야 한다.

[2] 위와 같이 근로자의 노동력 회복을 도모하고 생계를 유지하도록 일정 기간 해고를 절대적으로 제한하는 근로기준법 제23조 제2항의 내용과 취지 및 판단 기준 등에 비추어 볼 때, 업무상 재해를 입은 근로자를 보호하기 위한 해고 제한의 필요성은 시용 근로자에 대하여도 동일하게 인정되므로, 시용 근로관계에 있는 근로자가 업무상 부상 등으로 요양이 필요한 휴업 기간 중에는 사용자가 시용 근로자를 해고하거나 본계약 체결을 거부하지 못한다(대판 2021.4.29. 2018두43958).

3. 수습기간

(1) 의 의

정식의 근로계약을 체결한 후에 근로자의 근무능력이나 사업장에서의 적응능력을 향상시키기 위하여 설정되는 근로관계를 말한다.

(2) 수습기간과 근로관계

근로기준법이 전면적용된다. 따라서 근로기준법 제23조의 정당한 이유 없이는 해고하여서는 아니 된다. 다만, 수습사용 중인 근로자가 계속 근로한 기간이 3개월 미만인 경우 해고예고규정은 적용되지 않는다(근기법 제26조). 또한 1년 이상의 기간을 정하여 근로계약을 체결하고 수습 중에 있는 근로자로서 수습을 시작한 날부터 3개월 이내인 사람에 대해서는 시간급 최저임금액(최저임금으로 정한 금액)에서 100분의 10을 뺀 금액을 그 근로자의 시간급 최저임금액으로 한다(최임법 시행령 제3조). 기출 12·16

> **해고예고규정이 적용되지 아니하는 경우(근기법 제26조)**
> 1. 근로자가 계속 근로한 기간이 3개월 미만인 경우
> 2. 천재·사변, 그 밖의 부득이한 사유로 사업을 계속하는 것이 불가능한 경우
> 3. 근로자가 고의로 사업에 막대한 지장을 초래하거나, 재산상 손해를 끼친 경우로서 고용노동부령으로 정하는 사유에 해당하는 경우

✔ 핵심문제

01 채용내정 및 시용에 관한 설명으로 옳지 않은 것은?(다툼이 있으면 판례에 따름)

① 채용내정자의 해약권유보부 근로계약에는 근로기준법 제23조(해고 등의 제한)가 적용되지 않는다.
② 채용내정 취소가 무효인 경우 채용내정자는 취업하여 근로하였더라면 받을 수 있었을 임금의 지급을 청구할 수 있다.
③ 시용기간의 적용이 선택적 사항임에도 불구하고 근로자에게 시용기간이 명시되지 않았다면 근로자는 시용근로자가 아닌 정식사원으로 채용되었다고 보아야 한다.
④ 시용기간 만료 후 사용자가 근로자에게 단순히 시용기간의 만료로 해고한다는 취지로만 통지한 것은 절차상 하자가 있어 근로계약 종료의 효력이 없다.
⑤ 사용자가 시용기간 만료 후 본 근로계약 체결을 거부하는 경우에도 객관적으로 합리적인 이유가 존재하여 사회통념상 상당성이 있어야 한다.

[해설]
채용내정자의 정식채용을 거부하거나 채용내정을 취소하는 것은 사실상 해고에 해당한다. 따라서 사용자가 채용내정을 취소하기 위해서는 근기법 제23조 제1항의 정당한 이유 또는 제24조의 경영상 이유에 의한 해고의 정당성 요건을 갖추어야 한다(대판 2000.11.28. 2000다51476).

정답 ①

Ⅰ 의 의

근로계약이 체결되는 경우 당사자 간의 대표적인 권리·의무는 근로자의 근로제공의무 및 사용자의 근로수령권과, 임금지급에 대한 근로자의 임금수령권 및 사용자의 임금지급의무이다. 또한 근로자는 충실의무(성실의무)를, 사용자는 배려의무(보호의무)를 부담한다.

Ⅱ 근로자의 권리

1. 주된 권리 – 임금청구권

근로자는 근로계약에 따라 근로를 제공하고 사용자에게 임금을 청구할 권리를 갖는다. 임금청구권의 소멸시효기간은 3년이다.

2. 종된 권리 – 취업청구권 기출 18

사용자가 업무를 주지 않는 경우 근로자가 업무수행을 위한 보직을 청구할 권리를 말한다. 판례는 사용자는 특별한 사정이 없는 한 근로자와 사이에 근로계약의 체결을 통하여 자신의 업무지휘권·업무명령권의 행사와 조화를 이루는 범위 내에서 근로자가 근로제공을 통하여 참다운 인격의 발전을 도모함으로써 자신의 인격을 실현시킬 수 있도록 배려하여야 할 신의칙상의 의무를 부담한다. 따라서 사용자가 근로자의 의사에 반하여 정당한 이유 없이 근로자의 근로제공을 계속적으로 거부하는 것은 이와 같은 근로자의 인격적 법익을 침해하는 것이 되어 사용자는 이로 인하여 근로자가 입게 되는 정신적 고통에 대하여 배상할 의무가 있다고(대판 2012.5.9. 2010다88880) 판시하고 있다.

> **근로자의 취업청구권**
> 근로관계에 있어서 근로자의 근로제공은 자신의 인격과 분리될 수 없는 것이고, 근로자의 근로제공은 단순히 임금획득만을 목적으로 하는 것은 아니고 근로자는 근로를 통하여 자아를 실현하고 나아가 기술을 습득하고 능력을 유지·향상시키며 원만한 인간관계를 형성하는 등으로 참다운 인격의 발전을 도모함으로써 자신의 인격을 실현시키고 있다는 점도 부인할 수 없다(대판 1996.4.23. 95다6823).

Ⅲ 근로자의 의무

1. 근로제공의무

근로자는 근로계약에 따라 사용자에게 근로를 제공하여야 할 의무를 부담한다. 근로자가 근로의무를 이행한다는 것은 반드시 근로를 실제로 제공해야 하는 것을 의미하는 것이 아니며, 근로자 자신의 노동력을 사용자의 지휘·명령하에 처분 가능한 상태에 두는 것으로 충분하다. 근로제공의무의 내용은 관련 법령, 단체협약, 취업규칙, 근로계약, 경영관행 및 사회통념에 의하여 결정된다.

2. 충실의무

근로자는 근로제공의무 외에도 사용자에 대한 충실의무를 지는데, 이는 사용자 또는 경영상의 이익이 침해되지 아니하도록 특정 행위를 하여야 하는 작위의무와 특정 행위를 하여서는 아니 되는 부작위의무를 말한다. 충실의무의 개념 및 범위는 근로관계의 내용에 따라 구체적·개별적으로 판단되어야 한다. 대체로 명령이행의무, 직무전념의무, 비밀유지의무, 경업금지의무, 기타 진실고지의무 및 회사의 사회적 신용을 훼손하지 아니할 의무 등이 이에 해당된다.

3. 경업금지의무

(1) 의 의

경업금지의무란 근로자가 사용자의 이익에 현저히 반하여 경쟁사업체에 취직하거나, 경쟁사업체를 경영하지 아니할 의무를 말한다.

(2) 경업금지의무의 부담

근로계약의 존속 중에는 경업금지약정이 없더라도 근로자는 근로계약의 부수적 의무로서 경업금지의무를 부담하나, 근로계약이 종료한 경우에는 원칙적으로 경업금지의무를 부담하지 아니한다. 다만, 근로관계의 종료 후에도 경업을 금지하는 법률의 규정이 있거나 당사자 간의 약정이 있으면, 종료 후에도 의무를 부담한다고 하여야 한다.

(3) 경업금지약정의 유효성

1) 경업금지약정의 유효성 판단기준

사용자와 근로자 사이에 경업금지약정이 존재한다고 하더라도, 그와 같은 약정이 헌법상 보장된 근로자의 직업 선택의 자유와 근로권 등을 과도하게 제한하거나 자유로운 경쟁을 지나치게 제한하는 경우에는 민법 제103조에 정한 선량한 풍속 기타 사회질서에 반하는 법률행위로서 무효라고 보아야 하며, 이와 같은 경업금지약정의 유효성에 관한 판단은 보호할 가치 있는 사용자의 이익, 근로자의 퇴직 전 지위, 경업 제한의 기간·지역 및 대상직종, 근로자에 대한 대가의 제공 유무, 근로자의 퇴직경위, 공공의 이익 및 기타 사정 등을 종합적으로 고려하여야 하고, 여기에서 말하는 '보호할 가치 있는 사용자의 이익'이라 함은 부정경쟁방지 및 영업비밀보호에 관한 법률 제2조 제2호에 정한 '영업비밀'뿐만 아니라 그 정도에 이르지 아니하였더라도 당해 사용자만이 가지고 있는 지식 또는 정보로서 근로자와 이를 제3자에게 누설하지 않기로 약정한 것이거나 고객관계나 영업상의 신용의 유지도 이에 해당한다(대판 2010.3.11. 2009다82244).

2) 유효성 증명책임

경업금지약정의 유효성을 인정할 수 있는 제반 사정은 사용자가 주장·증명할 책임이 있다(대판 2016.10.27. 2015다221903).

(4) 경업금지약정 위반의 효과

1) 전직금지가처분신청

근로자가 경업금지약정을 위반하여 경쟁회사에 취직하거나 경쟁회사를 설립·운영하는 경우, 사용자는 관할법원에 전직금지가처분을 신청할 수 있다.

2) 손해배상청구

손해가 발생한 경우 사용자는 경업금지약정 위반을 이유로 근로자에 대하여 손해배상을 청구할 수 있다.

(5) 관련 판례

1) 경업금지약정의 성립 여부

[1] 사용자와 근로자 사이에 경업금지약정이 존재한다고 하더라도, 그와 같은 약정이 헌법상 보장된 근로자의 직업선택의 자유와 근로권 등을 과도하게 제한하거나 자유로운 경쟁을 지나치게 제한하는 경우에는 민법 제103조에 정한 선량한 풍속 기타 사회질서에 반하는 법률행위로서 무효라고 보아야 한다. 이와 같은 경업금지약정의 유효성에 대한 판단은 보호할 가치가 있는 사용자의 이익, 근로자의 퇴직 전 지위, 경업 제한의 기간·지역 및 대상 직종, 근로자에 대한 대가의 제공 유무, 근로자의 퇴직 경위, 공공의 이익 및 기타 사정 등을 종합적으로 고려하여야 한다. 여기에서 말하는 '보호할 가치 있는 사용자의 이익'이라 함은 부정경쟁방지 및 영업비밀보호에 관한 법률 제2조 제2호에 정한 '영업비밀'뿐만 아니라 그 정도에 이르지 아니하였더라도 당해 사용자만이 가지고 있는 지식 또는 정보로서 근로자와 이를 제3자에게 누설하지 않기로 약정한 것이거나 고객관계나 영업상의 신용의 유지도 이에 해당한다.

[2] 이 사건 각서(갑 주식회사의 직원인 을 등이 명예퇴직을 하면서 '퇴직 후 3년 내 동종 경쟁업체에 취직하는 경우 명예퇴직금을 전액 반납하겠다'는 취지의 각서)는 직원들의 명예퇴직 과정에 수반하여 제출된 것으로 그 내용이 '직원들의 퇴직 후 3년 내 동종 경쟁업체에 취직하는 경우 명예퇴직이 아니라 일반퇴직으로 전환되는 것을 인정하고 명예퇴직금을 전액 반납하겠다'는 것이다. 이 사건 각서에는 퇴직 후 일정 기간 다른 회사로의 전직을 명시적으로 금지하는 의무규정이 포함되어 있지는 아니하므로, 위와 같은 문언만으로 곧바로 피고들에게 경업금지의무가 부과된다고 보기는 어렵고, 오히려 그 문언의 내용과 그 작성 동기 및 경위, 당사자가 계약에 의하여 달성하려고 하는 목적과 진정한 의사, 거래의 관행 등을 종합적으로 고찰하면, 명예퇴직 후 3년 내 동종 경쟁업체에 취직하면 명예퇴직의 효력이 상실되어 지급받은 명예퇴직금을 반환해야 하는 '명예퇴직의 해제조건'에 관하여 약정한 것으로 봄이 타당하다.

[3] 갑 주식회사의 직원인 을 등이 명예퇴직을 하면서 '퇴직 후 3년 내 동종 경쟁업체에 취직하는 경우 명예퇴직금을 전액 반납하겠다'는 취지의 각서를 작성한 사안에서, 위 각서는 명예퇴직 후 3년 내 동종 경쟁업체에 취직하면 명예퇴직의 효력이 상실되어 지급받은 명예퇴직금을 반환해야 하는 '명예퇴직의 해제조건'에 관하여 약정한 것인데, 위 각서에서 정한 명예퇴직에 관한 해제조건은 단순한 경쟁업체에의 재취업만으로는 부족하고, '재취업 직장이 갑 회사와 동종 경쟁관계에 있어 갑 회사에서 알게 된 정보를 부당하게 영업에 이용함으로써 갑 회사에 손해를 끼칠 염려가 있는 경우'로 엄격하게 해석할 필요가 있으므로, 을 등의 경우 그 해제조건이 성취되지 아니하였고, 갑 회사에 보호할 가치 있는 사용자의 이익이 침해되었다고 보기 어렵다고 한 원심판단이 정당하다고 한 사례(대판 2021.9.9. 2021다234924).

2) 경업금지약정의 효력 여부

[1] ① 원고3과 피고 학원의 강의계약은 계약기간이 1년에 불과함에도 그 계약기간을 모두 마치고 퇴직하더라도, 이 사건 경업금지약정에 따라 그 후 1년 동안은 경업금지의무를 부담하게 되는데, 이는 위 계약기간과 대비하여 볼 때 다른 특별한 사정이 없는 한 근로자의 부담이 과도하고, ② 위 원고에 대한 보수구조가 사용자에 종속된 근로자관계에서 급여를 지급받는 것이 아니라 강사의 강의능력 등에 따른 성과에 연동하여 지급되는 이익배분적 성격을 가지는 것으로 되어 있고, 그 수익의 창출에 피고 학원 고유의 고객관계나 신용 등이 크게 기여하는 것으로 볼만한 사정도 뚜렷하지 않으며, ③ 위 원고에 대한 보수지급약정이 경업금지약정을 하지 아니한 경우의 통상적인 보수조건보다 상당히 유리한 점이 있어 거기에 경업금지약정에 대한 특별한 대가가 포함되어 있다고 볼만한 사정이 나타난 것도 없고, ④ 위 원고의 사직사유가 전적으로 위 원고의 일방적인 계약 파기로 인한 것이라고 보기도 어려운 사유가 있는 것으로 보이며, ⑤ 위 원고가 새로 개설한

학원으로 옮겨간 수강생들 대부분은 위 원고를 따라왔다가 다시 이동해 간 점에 비추어, 피고 학원의 운영상 노하우 등이 수강생들의 선택에 그다지 큰 영향을 미쳤다고는 보이지 않고, ⑥ 그 밖에 위 원고가 피고 학원 인근에 동종의 학원을 개설·운영함으로써 수강생들의 학습권 보장이나 관련 업계의 영업질서 등과 관련한 공공의 이익이 침해된다고 볼 사정도 찾아볼 수 없다.

[2] 위와 같이 원고 3과 피고 사이에 체결된 근로계약에 이 사건 경업금지약정이 포함되어 있기는 하지만 그 유효성이 인정되기 위한 제반 사정, 특히 그 약정에 따라 경업 금지를 강제함으로써 보호할 가치가 있는 피고의 이익이 존재하고, 위 원고가 경업금지의무를 부담하는 데 대하여 적정한 대가가 지급되었으며, 위 원고에 대하여 일정 기간 특정 지역에서 경업을 금지하지 아니하면 공공의 이익이 침해될 수 있다는 점 등이 인정되지 아니하는 이상, 이 사건 경업금지약정은 효력이 없다고 할 것이다. 그리고 그와 같이 약정 자체의 효력을 인정하기 어려운 이상, 경업 금지의 기간 등에 대한 합리적인 제한의 범위가 어느 정도인지는 더 나아가 판단할 필요가 없다(대판 2016.10.27. 2015다221903).

4. 비밀유지의무

(1) 의 의

비밀유지의무란 근로자가 근로제공과 관련하여 알게 된 경영상의 비밀을 타인에게 누설하지 아니할 의무를 말한다.

(2) 근로자에 대한 전직금지조치

1) 전직금지약정이 없는 경우 전직금지신청 가부

판례는 근로자가 전직한 회사에서 영업비밀과 관련된 업무에 종사하는 것을 금지하지 않고서는 회사의 영업비밀을 보호할 수 없다고 인정되는 경우에는 구체적인 전직금지약정이 없다고 하더라도 부정경쟁방지 및 영업비밀보호에 관한 법률 제10조 제1항에 의한 침해행위의 금지 또는 예방 및 이를 위하여 필요한 조치 중의 한 가지로서 그 근로자로 하여금 전직한 회사에서 영업비밀과 관련된 업무에 종사하는 것을 금지하도록 하는 조치를 취할 수 있다고 한다.

2) 영업비밀침해금지청구 시 고려사항

판례는 부정경쟁방지 및 영업비밀보호에 관한 법률 제2조 제2호의 영업비밀이라 함은 공연히 알려져 있지 아니하고 독립된 경제적 가치를 가지는 것으로서, 상당한 노력에 의하여 비밀로 유지된 생산방법·판매방법 기타 영업활동에 유용한 기술상 또는 경영상의 정보를 말하는 것이고, 영업비밀 침해 금지를 명하기 위해서는 그 영업비밀이 특정되어야 할 것이지만, 상당한 정도의 기술력과 노하우를 가지고 경쟁사로 전직하여 종전의 업무와 동일·유사한 업무에 종사하는 근로자를 상대로 영업비밀 침해 금지를 구하는 경우 사용자가 주장하는 영업비밀이 영업비밀로서의 요건을 갖추었는지의 여부 및 영업비밀로서 특정이 되었는지 등을 판단함에 있어서는, 사용자가 주장하는 영업비밀 자체의 내용뿐만 아니라 근로자의 근무기간, 담당업무, 직책, 영업비밀에의 접근 가능성, 전직한 회사에서 담당하는 업무의 내용과 성격, 사용자와 근로자가 전직한 회사와의 관계 등 여러 사정을 고려하여야 한다고 판시하고 있다.

3) 영업비밀침해금지기간 및 전직금지기간의 기산점

판례는 근로자가 회사에서 퇴직하지는 않았지만 전직을 준비하고 있는 등으로 영업비밀을 침해할 우려가 있어서 이를 방지하기 위한 예방적 조치로서 미리 영업비밀 침해 금지 및 전직 금지를 구하는 경우에는 근로자가 회사에서 퇴직하지 않았다고 하더라도 <u>실제로 그 영업비밀을 취급하던 업무에서 이탈한 시점을 기준으로 영업비밀침해금지기간 및 전직금지기간을 산정할 수 있을 것이지만</u>, 근로자가 회사에서 퇴직한 이후 전직 금지를 신청하는 경우에는, 전직 금지는 기본적으로 근로자가 사용자와 경쟁관계에 있는 업체에 취업하는 것을 제한하는 것이므로, 근로자가 영업비밀을 취급하지 않는 부서로 옮긴 이후 퇴직할 당시까지의 제반 상황에서 사용자가 근로자가 퇴직하기 전에 미리 전직 금지를 신청할 수 있었다고 볼 특별한 사정이 인정되지 아니하는 이상 <u>근로자가 퇴직한 시점을 기준으로 산정하여야 한다고</u>(대결 2003.7.16. 2002마4380) 판시하고 있다.

5. 진실고지의무

(1) 의 의

근로계약의 당사자는 계약 체결의 개시와 함께 각 상대방에 대하여, 근로계약의 체결과 관련된 사항들을 고지하거나 조회에 응할 의무를 부담하게 되는데, 이를 진실고지의무라 한다.

(2) 관련 판례

1) 경력사칭과 근로계약의 취소

[1] <u>근로계약은 근로자가 사용자에게 근로를 제공하고 사용자는 이에 대하여 임금을 지급하는 것을 목적으로 체결된 계약으로서</u>(근로기준법 제2조 제1항 제4호) 기본적으로 그 법적 성질이 사법상 계약이므로 계약 체결에 관한 당사자들의 의사표시에 무효 또는 취소의 사유가 있으면 상대방은 이를 이유로 근로계약의 무효 또는 취소를 주장하여 그에 따른 법률효과의 발생을 부정하거나 소멸시킬 수 있다. 다만 그와 같이 <u>근로계약의 무효 또는 취소를 주장할 수 있다 하더라도 근로계약에 따라 그동안 행하여진 근로자의 노무 제공의 효과를 소급하여 부정하는 것은 타당하지 않으므로</u> 이미 제공된 근로자의 노무를 기초로 형성된 취소 이전의 법률관계까지 효력을 잃는다고 보아서는 아니 되고, <u>취소의 의사표시 이후 장래에 관하여만 근로계약의 효력이 소멸된다고 보아야 한다.</u> 기출 24

[2] 갑 주식회사가 을에게서 백화점 의류판매점 매니저로 근무한 경력이 포함된 이력서를 제출받아 그 경력을 보고 갑 회사가 운영하는 백화점 매장에서 을이 판매 매니저로 근무하는 내용의 근로계약을 체결하였으나, 이력서의 기재와 달리 을의 일부 백화점 근무경력은 허위이고, 실제 근무한 경력 역시 근무기간은 1개월에 불과함에도 그 기간을 과장한 것이었으며, 이에 갑 회사가 위 근로계약은 을이 이력서를 <u>허위기재함으로써 갑 회사를 기망하여 체결된 것이라는 이유로 이를 취소한다는 의사표시를 한 사안</u>에서, 백화점에서 의류판매점을 운영하면서 매장의 매니저를 고용하려는 갑 회사로서는 고용하고자 하는 근로자의 백화점 매장 매니저 근무경력이 노사 간의 신뢰관계를 설정하거나 갑 회사의 내부질서를 유지하는 데 직접적인 영향을 미치는 중요한 부분에 해당하고, 사전에 을의 경력이 허위임을 알았더라면 을을 고용하지 않았거나 적어도 같은 조건으로 계약을 체결하지 아니하였을 것이므로, 을의 기망으로 체결된 위 근로계약은 하자의 정도나 을의 근무기간 등에 비추어 하자가 치유되었거나 계약의 취소가 부당하다고 볼만한 특별한 사정이 없는 한 갑 회사의 취소의 의사표시로써 적법하게 취소되었고, 다만 취소의 소급효가 제한되어 위 근로계약은 취소의 의사표시 이후의 장래에 관하여만 효력이 소멸할 뿐 이전의 법률관계는 여전히 유효하다(대판 2017.12.22. 2013다 25194).

2) 경력사칭과 징계해고

① 정당하지 않은 해고라고 한 사례 1 : [1] 근로기준법 제23조 제1항은 사용자는 근로자에게 정당한 이유 없이 해고하지 못한다고 하여 해고를 제한하고 있으므로, 징계해고사유가 인정된다고 하더라도 사회통념 상 고용관계를 계속할 수 없을 정도로 근로자에게 책임 있는 사유가 있는 경우에 한하여 해고의 정당성이 인정된다. 이는 근로자가 입사 당시 제출한 이력서 등에 학력 등을 허위로 기재한 행위를 이유로 징계해고 를 하는 경우에도 마찬가지이고, 그 경우 사회통념상 고용관계를 계속할 수 없을 정도인지는 사용자가 사전에 허위기재사실을 알았더라면 근로계약을 체결하지 않았거나 적어도 동일 조건으로는 계약을 체결 하지 않았으리라는 등 고용 당시의 사정뿐 아니라, 고용 후 해고에 이르기까지 근로자가 종사한 근로내용 과 기간, 허위기재를 한 학력 등이 종사한 근로의 정상적인 제공에 지장을 가져오는지 여부, 사용자가 학력 등 허위기재사실을 알게 된 경위, 알고 난 후 당해 근로자의 태도 및 사용자의 조치내용, 학력 등이 종전에 알고 있던 것과 다르다는 사정이 드러남으로써 노사 간 및 근로자 상호 간 신뢰관계 유지와 안정적 인 기업경영과 질서 유지에 미치는 영향 기타 여러 사정을 종합적으로 고려하여 판단하여야 한다. 다만 사용자가 이력서에 근로자의 학력 등의 기재를 요구하는 것은 근로능력평가 외에 근로자의 진정성과 정직 성, 당해 기업의 근로환경에 대한 적응성 등을 판단하기 위한 자료를 확보하고 나아가 노사 간 신뢰관계 형성과 안정적인 경영환경 유지 등을 도모하고자 하는 데에도 목적이 있는 것으로, 이는 고용계약 체결뿐 아니라 고용관계 유지에서도 중요한 고려요소가 된다고 볼 수 있다. 따라서 취업규칙에서 근로자가 고용 당시 제출한 이력서 등에 학력 등을 허위로 기재한 행위를 징계해고사유로 특히 명시하고 있는 경우에 이를 이유로 해고하는 것은, 고용 당시 및 그 이후 제반 사정에 비추어 보더라도 사회통념상 현저히 부당 하지 않다면 정당성이 인정된다. [기출] 20

[2] 부품조립업 등을 영위하는 甲 주식회사 등이, 4년제 대학졸업자임에도 입사 당시 이력서에 대학졸업 사실을 기재하지 않음으로써 학력을 허위로 기재하였다는 이유로 근로자 乙 등을 해고한 경우, 학력 등의 허위기재를 징계해고사유로 규정한 취업규칙에 근거하여 근로자를 해고하는 경우에도 고용 당시에 사용 자가 근로자의 실제 학력 등을 알았더라면 어떻게 했을지에 대하여 추단하는 이른바 가정적 인과관계의 요소뿐 아니라 고용 이후 해고 시점까지의 제반 사정을 보태어 보더라도 해고가 사회통념상 현저히 부당 한 것이 아니라고 인정되어야만 정당성이 인정될 수 있으므로, 甲 회사 등이 취업규칙에서 학력 등의 허위기재행위를 해고사유로 명시한 취지와 4년제 대학졸업자는 생산직 사원으로 고용하지 않을 방침이라 면서 채용 당시 그러한 조건을 명시적으로 요구하지 아니한 이유, 乙 등이 학력을 허위기재하여 취업한 경위 및 목적과 의도, 고용 이후 해고에 이르기까지 종사한 근로의 내용과 기간, 학력이 당해 근로의 정상적인 제공 등과 관련이 있는지 등 여러 사정을 제대로 살피지 않은 채 해고에 정당한 이유가 있다고 단정한 원심판결에 해고에 관한 법리를 오해한 위법이 있다(대판 2012.7.5. 2009두16763).

② 정당하지 않은 해고라고 한 사례 2 : [1] 원심은 제1심 판결을 인용하여 그 판시와 같은 사실을 인정한 다음, 원고의 취업규칙에는 입사 당시 이력서 등에 주요사항을 누락 또는 허위로 기재한 것을 해고사유로 규정하고 있기는 하지만, 원고는 채용공고 당시 '경력조건 : 관계없음', '학력조건 : 학력 무관'이라고 명시하였고 원고의 직원 중 전문대 졸업의 학력을 갖추고 참가인과 동일한 업무를 수행하는 직원도 있는 점, 참가인은 창고관리원으로 채용되어 입·출고 등 단순노무직의 성격을 가진 업무를 수행하였는데, 그 업무와 최종학력 및 경력 사이에 별다른 관련성이 없다고 보이는 점, 원고는 2011.10. 말경 참가인의 실제 학력과 경력이 이력서에 기재된 것과 다르다는 사실을 알게 되었음에도 급여에 대한 불만을 표출한

이 사건 소란행위가 있기 전까지 아무런 조치를 취하지 않은 점, 원고는 이 사건 소란행위 직후 참가인을 해고하였는데 그 해고사유에는 이 사건 소란행위가 포함되어 있지 않은 점, 한편 참가인의 근무태도가 불성실하였다거나 최종 학력 등이 이력서의 기재와 다르다는 사정이 드러남으로써 노사 간 및 근로자 상호 간 신뢰관계 유지와 안정적인 기업 경영과 질서 유지에 악영향을 미쳤다고 볼만한 사정이 없는 점 등을 종합해 볼 때, 참가인이 입사 당시 최종학력, 경력 등을 허위로 기재한 이력서를 제출하였다는 이유로 이루어진 이 사건 해고는 사회통념상 현저히 부당하여 정당성이 인정되지 않는다고 판단하였다.
[2] 앞서 본 법리와 기록에 비추어 살펴보면, 원심의 위와 같은 판단은 정당한 것으로 수긍할 수 있고, 거기에 상고이유 주장과 같이 논리와 경험칙에 반하여 자유심증주의의 한계를 벗어나거나 해고의 정당성에 관한 법리를 오해하여 필요한 심리를 다하지 아니하는 등의 위법이 없다(대판 2013.9.12. 2013두11031).

Ⅳ 근로자의 책임

1. 위험작업에서의 책임 제한

① 근로자가 근로의무를 이행하는 과정에서 자신의 과실에 의해 사용자에게 손해를 발생케 한 경우에는 채무불이행, 불법행위책임을 부담하게 된다.

② 위험작업에서 작업수행 중에 발생한 모든 손해의 책임을 근로자가 부담하는 것은 정당하지 않다. 따라서 위험작업에 종사하는 근로자에게 손해발생에 경과실이 있는 경우에는 배상책임이 경감되거나 면제되는 것이 타당하다(통설, 판례). 또한 제3자에게 발생한 손해에 대해서도 근로자는 그의 책임이 경감·면제되는 한도 내에서 사용자에게 제3자에 대한 책임을 면제해 줄 것을 요구할 수 있다.

2. 결손책임

① 근로자가 사용자에게 위임받아 관리하고 있는 금고 또는 창고에 금전이나 물품의 결손이 발생한 경우에 근로자가 부담하는 책임을 결손책임이라 한다.

② 결손책임에 관한 특별한 약정이 없는 경우에 민법의 일반원칙에 따라 근로자의 고의, 과실이 있는 경우에는 채무불이행, 불법행위책임을 질 수 있다. 그러나 이 경우에도 근로자의 책임경감방안이 강구되어야 할 것이다.

Ⅴ 사용자의 권리

1. 주된 권리 - 근로수령채권

사용자는 근로계약에 따라 근로자에게 근로를 시킬 권리를 갖는다.

2. 종된 권리 - 지휘명령권 · 시설관리권

사용자는 근로를 수령하고, 이를 지휘·감독할 수 있으며, 회사의 물적 시설 등을 관리·사용할 수 있는 권리를 갖는다.

Ⅵ 사용자의 의무

1. 임금지급의무

사용자는 근로계약에 따라 근로자에게 임금을 지급하여야 한다. 근로자가 근로를 제공하지 않은 경우, 사용자에게는 임금지급의무가 없다. 다만, 유급휴일, 유급휴가 및 유급휴직 등의 경우에는 임금을 지급해야 한다.

2. 근로수령의무

근로수령의무를 부정하는 견해도 없지는 않으나, 근로자는 근로를 함으로써 임금을 받는 이익 이외에도 근로제공 그 자체에 특별한 이익이 있으므로, 특별한 사정이 없는 한 마땅히 사용자에게 근로수령의무가 인정되어야 한다(다수설·판례). 따라서 사용자가 근로자의 의사에 반하여 정당한 이유 없이 근로자의 근로제공을 계속적으로 거부하는 것은 이와 같은 근로자의 인격적 법익을 침해하는 것이 되어 사용자는 이로 인하여 근로자가 입게 되는 정신적 고통에 대하여 배상할 의무가 있다(대판 1996.4.23. 95다6823).

3. 안전배려의무

사용자는 생산시설, 기계, 기구 등의 위험으로부터 근로자의 생명, 신체, 건강을 안전하게 보호할 의무가 있다. 기출 13 따라서 사용자는 근로계약에 수반되는 신의칙상의 부수적 의무로서 근로자가 노무를 제공하는 과정에서 생명, 신체, 건강을 해치는 일이 없도록 인적·물적 환경을 정비하는 등 필요한 조치를 강구하여야 하는 보호의무를 부담하고, 이러한 보호의무를 위반하여 근로자가 손해를 입었다면 이를 배상할 책임을 진다(대판 2021.8.19. 2018다270876). 기출 24 근로자는 사용자의 경영체 또는 사업장 내에 현실적으로 편입됨으로써 안전배려의무의 효력이 발생하기 때문에, 근로계약이 무효로 되거나 취소되더라도 안전배려의무의 효력은 부인될 수 없다.

✔ 핵심문제

01 근로기준법상 근로계약에 관한 설명으로 옳지 않은 것은?(다툼이 있는 경우에는 판례에 의함)

① 사용자가 근로계약을 체결할 때 임금에 관한 근로조건을 근로자에게 명시하지 아니하는 경우에는 벌칙이 적용된다.
② 시용기간 중에 있는 근로자를 해고하는 것은 보통의 해고보다 넓게 인정되나, 이 경우에도 객관적으로 합리적인 이유가 존재하여 사회통념상 상당하다고 인정되어야 한다.
③ 근로자가 연수를 종료한 후 의무복무기간을 근무하지 않으면 연수기간 중에 받은 임금을 반환하기로 하는 약정은 유효하다.
④ 취업규칙에서 정한 기준에 미달하는 근로조건을 정한 근로계약은 그 부분에 관하여는 무효로 한다.
⑤ 사용자는 근로자가 노무를 제공하는 과정에서 생명, 신체, 건강을 해치는 일이 없도록 인적·물적 환경을 정비하는 등 필요한 조치를 강구하여야 한다.

〔해설〕
근로자가 약정한 근무기간 이전에 퇴직하였다는 이유로 근로자에게 마땅히 지급되어야 할 임금을 반환하기로 하는 약정은 효력이 없다(대판 2008.10.23. 2006다37274).

정답 ③

4. 균등처우의무

사용자는 정당한 이유가 없는 한 근로자를 균등하게 처우할 의무를 부담한다.

5. 공법상의 의무

근로기준법은 행정감독의 편의를 위해 여러 공법상의 의무를 사용자에게 부과하고 있으며, 이를 이행하지 않을 경우 사용자에게 일정한 처벌을 과할 것을 정하고 있다.

제1장

제2장

제3장

제4장

제5장

제6장

제7장

제8장

제9장

제10장

O | X 💬

1. 사용자는 근로자가 노무를 제공하는 과정에서 생명, 신체, 건강을 해치는 일이 없도록 인적·물적 환경을 정비하는 등 필요한 조치를 강구하여야 한다.

2. 사용자는 특별한 사정이 없는 한, 근로자와 사이에 근로계약의 체결을 통하여 자신의 업무지휘권의 행사와 조화를 이루는 범위 내에서, 근로자가 인격을 실현시킬 수 있도록 배려하여야 할 신의칙상의 의무를 부담한다.

3. 사용자가 정당한 이유 없이 계속하여 근로자의 근로를 수령 거부하면 손해배상책임을 부담한다.

4. 근로계약의 체결을 위한 교섭이 사실상 개시된 경우, 양 당사자에게는 상대방에 대하여 배려·조사·고지·주의 등을 해야 할 신의칙상의 행태의무가 있다.

정답 1. ○ 2. ○ 3. ○ 4. ○

03 근로관계의 성립

01 기출 24

☑ 확인 Check! ○ △ ✕

근로기준법상 근로계약에 관한 설명으로 옳지 않은 것은?(다툼이 있으면 판례에 따름)

① 근로계약 체결에 관한 의사표시에 무효 또는 취소의 사유가 있으면 상대방은 이를 이유로 근로계약의 무효 또는 취소를 주장할 수 있다.

② 시용기간 중에는 사용자의 해약권이 유보되어 있으므로 그 기간 중에 확정적 근로관계는 존재한다고 볼 수 없다.

③ 사용자는 근로계약 체결 후 소정근로시간을 변경하는 경우에 근로자에게 이를 명시하여야 한다.

④ 시용기간 중에 있는 근로자를 해고하는 것은 보통의 해고보다는 넓게 인정된다.

⑤ 피용자가 노무를 제공하는 과정에서 생명을 해치는 일이 없도록 필요한 조치를 강구하여야 할 사용자의 보호의무는 근로계약에 수반되는 신의칙상의 부수적 의무이다.

정답 및 해설

01

① (○) 근로계약은 근로자가 사용자에게 근로를 제공하고 사용자는 이에 대하여 임금을 지급하는 것을 목적으로 체결된 계약으로서, 기본적으로 그 법적 성질이 사법상 계약이므로 계약 체결에 관한 당사자들의 의사표시에 무효 또는 취소의 사유가 있으면 상대방은 이를 이유로 근로계약의 무효 또는 취소를 주장하여 그에 따른 법률효과의 발생을 부정하거나 소멸시킬 수 있다(대판 2017.12.22. 2013다25194).

② (✕) 시용기간에 있는 근로자의 경우에도 사용자의 해약권이 유보되어 있다는 사정만 다를 뿐 그 기간에 확정적 근로관계는 존재한다(대판 2022.4.14. 2019두55859).

③ (○) 사용자는 근로계약을 체결할 때에 근로자에게 소정근로시간을 명시하여야 한다. 근로계약 체결 후 소정근로시간을 변경하는 경우에도 또한 같다(근기법 제17조 제1항 제2호).

④ (○) 시용기간 중에 있는 근로자를 해고하거나 시용기간 만료 시 본계약의 체결을 거부하는 것은 사용자에게 유보된 해약권의 행사로서, 해당 근로자의 업무능력, 자질, 인품, 성실성 등 업무적격성을 관찰·판단하려는 시용제도의 취지·목적에 비추어 볼 때 보통의 해고보다는 넓게 인정되나, 이 경우에도 객관적으로 합리적인 이유가 존재하여 사회통념상 타당하다고 인정되어야 한다(대판 2023.11.16. 2019두59349).

⑤ (○) 사용자는 근로계약에 수반되는 신의칙상의 부수적 의무로서 근로자가 노무를 제공하는 과정에서 생명, 신체, 건강을 해치는 일이 없도록 인적·물적 환경을 정비하는 등 필요한 조치를 강구하여야 하는 보호의무를 부담하고, 이러한 보호의무를 위반하여 근로자가 손해를 입었다면 이를 배상할 책임을 진다(대판 2021.8.19. 2018다270876).

정답 ②

> **근로조건의 명시(근기법 제17조)**
> ① 사용자는 근로계약을 체결할 때에 근로자에게 다음 각 호의 사항을 명시하여야 한다. 근로계약 체결 후 다음 각 호의 사항을 변경하는 경우에도 또한 같다.
> 1. 임 금
> 2. <u>소정근로시간</u>
> 3. 제55조에 따른 휴일
> 4. 제60조에 따른 연차 유급휴가
> 5. 그 밖에 대통령령으로 정하는 근로조건

02 기출 23

☑ 확인Check! ○ △ ✕

근로기준법상 근로계약에 관한 설명으로 옳지 않은 것은?

① 근로기준법에 정하는 기준에 미치지 못하는 근로조건을 정한 근로계약은 그 부분에 한정하여 무효로 한다.
② 사용자는 근로계약에 덧붙여 저축금의 관리를 규정하는 계약을 체결할 수 있다.
③ 근로자는 근로계약 체결 시 명시된 근로조건이 사실과 다를 경우에 근로조건 위반을 이유로 손해의 배상을 청구할 수 있다.
④ 사용자는 근로계약 체결 후 소정근로시간을 변경하는 경우에 근로자에게 명시하여야 한다.
⑤ 단시간근로자의 근로조건은 그 사업장의 같은 종류의 업무에 종사하는 통상 근로자의 근로시간을 기준으로 산정한 비율에 따라 결정되어야 한다.

02
① (○) 근기법 제15조 제1항
② (✕) 사용자는 <u>근로계약에 덧붙여 강제 저축 또는 저축금의 관리를 규정하는 계약을 체결하지 못한다</u>(근기법 제22조 제1항).
③ (○) 명시된 근로조건이 사실과 다를 경우에 근로자는 <u>근로조건 위반을 이유로 손해의 배상을 청구할 수 있으며 즉시 근로계약을 해제할 수 있다</u>(근기법 제19조 제1항).
④ (○) 사용자는 근로계약을 체결할 때에 근로자에게 소정근로시간을 명시하여야 한다. <u>근로계약 체결 후 소정근로시간을 변경하는 경우에도 또한 같다</u>(근기법 제17조 제1항 제2호).
⑤ (○) 근기법 제18조 제1항

정답 ②

03 기출 22

☑ 확인 Check! ○ △ ✕

근로기준법상 근로계약에 관한 설명으로 옳은 것을 모두 고른 것은?(다툼이 있으면 판례에 따름)

> ㄱ. 사용자는 근로계약에 덧붙여 강제 저축 또는 저축금의 관리를 규정하는 계약을 체결하지 못한다.
> ㄴ. 단시간근로자의 근로조건은 그 사업장의 같은 종류의 업무에 종사하는 통상 근로자의 근로시간을 기준으로 산정한 비율에 따라 결정되어야 한다.
> ㄷ. 소정근로시간은 사용자가 근로계약을 체결할 때에 근로자에게 명시하여야 할 사항에 해당한다.
> ㄹ. 시용근로관계는 사용자가 본 근로계약 체결의 거절을 구두로 통보하면 그 근로관계 종료의 정당성이 인정된다.

① ㄱ, ㄴ
② ㄷ, ㄹ
③ ㄱ, ㄴ, ㄷ
④ ㄴ, ㄷ, ㄹ
⑤ ㄱ, ㄴ, ㄷ, ㄹ

03

ㄱ. (○) 근기법 제22조 제1항
ㄴ. (○) 근기법 제18조 제1항
ㄷ. (○) 근기법 제17조 제1항 제2호
ㄹ. (✕) 시용근로관계에서 사용자가 본 근로계약 체결을 거부하는 경우에는 근로자에게 거부사유를 파악하여 대처할 수 있도록 구체적·실질적인 거부사유를 서면으로 통지하여야 한다(대판 2015.11.27. 2015두48136).

정답 ③

04 기출 21

☑ 확인 Check! ○ △ ✕

근로기준법상 근로계약에 관한 설명으로 옳지 않은 것은?

① 사용자는 전차금(前借金)이나 그 밖에 근로할 것을 조건으로 하는 전대(前貸)채권과 임금을 상계하지 못한다.
② 취업규칙에서 정한 기준에 미달하는 근로조건을 정한 근로계약은 그 부분에 관하여는 무효로 한다. 이 경우 무효로 된 부분은 취업규칙에 정한 기준에 따른다.
③ 근로계약서에 명시된 근로조건이 사실과 다를 경우에 근로자는 근로조건 위반을 이유로 손해의 배상을 청구할 수 있으나 즉시 근로계약을 해제할 수는 없다.
④ 사용자는 근로계약 불이행에 대한 손해배상액을 예정하는 계약을 체결하지 못한다.
⑤ 사용자는 근로계약에 덧붙여 강제저축을 규정하는 계약을 체결하지 못한다.

04

① (○) 근기법 제21조
② (○) 근기법 제97조
③ (✕) 근로계약서에 명시된 근로조건이 사실과 다를 경우에 근로자는 근로조건 위반을 이유로 손해의 배상을 청구할 수 있으며 즉시 근로계약을 해제할 수 있다(근기법 제19조 제1항).
④ (○) 근기법 제20조
⑤ (○) 근기법 제22조 제1항

정답 ③

05 기출 17

☑확인 Check! ○ △ ✕

근로기준법상 근로계약에 관한 설명으로 옳지 않은 것은?

① 친권자는 미성년자의 근로계약을 대리할 수 있다.
② 근로기준법에 따른 연차유급휴가는 사용자가 근로계약을 체결할 때에 근로자에게 명시하여야 할 사항에 해당한다.
③ 사용자는 근로계약 불이행에 대한 손해배상액을 예정하는 계약을 체결하지 못한다.
④ 사용자는 근로계약에 덧붙여 저축금의 관리를 규정하는 계약을 체결하지 못한다.
⑤ 근로계약을 체결할 때에 명시된 임금이 사실과 다를 경우 근로조건 위반을 이유로 근로자가 손해배상을 청구할 경우에는 노동위원회에 신청할 수 있다.

05

① (✕) 친권자나 후견인은 <u>미성년자의 근로계약을 대리할 수 없다</u>(근기법 제67조 제1항).
② (○) <u>임금, 소정근로시간, 휴일, 연차유급휴가</u> 등은 근로계약을 체결할 때 <u>사용자가 근로자에게 명시하여야</u> 한다(근기법 제17조 제1항).
③ (○) 근기법 제20조
④ (○) <u>사용자는 근로계약에 덧붙여 강제저축 또는 저축금의 관리를 규정하는 계약을 체결하지 못한다</u>(근기법 제22조 제1항).
⑤ (○) 근기법 제19조

정답 ①

➕ PLUS

근로조건의 명시(근기법 제17조)
① 사용자는 근로계약을 체결할 때에 근로자에게 <u>다음 각 호의 사항을 명시하여야 한다. 근로계약 체결 후 다음 각 호의 사항을 변경하는 경우에도 또한 같다.</u>
　1. 임 금
　2. 소정근로시간
　3. 제55조에 따른 휴일
　4. 제60조에 따른 연차유급휴가
　5. 그 밖에 대통령령으로 정하는 근로조건

명시하여야 할 근로조건(근기법 시행령 제8조)
법 제17조 제1항 제5호에서 "<u>대통령령으로 정하는 근로조건</u>"이란 다음 각 호의 사항을 말한다.
　1. 취업의 장소와 종사하여야 할 업무에 관한 사항
　2. 법 제93조 제1호부터 제12호까지의 규정에서 정한 사항
　3. 사업장의 부속기숙사에 근로자를 기숙하게 하는 경우에는 기숙사규칙에서 정한 사항

☑ 확인Check! ○ △ ✕

채용내정 및 시용에 관한 설명으로 옳지 않은 것은?(다툼이 있으면 판례에 따름)

① 채용내정자의 해약권유보부 근로계약에는 근로기준법 제23조(해고 등의 제한)가 적용되지 않는다.

② 채용내정 취소가 무효인 경우 채용내정자는 취업하여 근로하였더라면 받을 수 있었을 임금의 지급을 청구할 수 있다.

③ 시용기간의 적용이 선택적 사항임에도 불구하고 근로자에게 시용기간이 명시되지 않았다면 근로자는 시용근로자가 아닌 정식사원으로 채용되었다고 보아야 한다.

④ 시용기간 만료 후 사용자가 근로자에게 단순히 시용기간의 만료로 해고한다는 취지로만 통지한 것은 절차상 하자가 있어 근로계약 종료의 효력이 없다.

⑤ 사용자가 시용기간 만료 후 본근로계약 체결을 거부하는 경우에도 객관적으로 합리적인 이유가 존재하여 사회통념상 상당성이 있어야 한다.

---

① (✕) 채용내정자의 정식채용을 거부하거나 채용내정을 취소하는 것은 사실상 해고에 해당한다. 따라서 사용자가 채용내정을 취소하기 위해서는 근로기준법 제23조 제1항의 정당한 이유 또는 제24조의 경영상 이유에 의한 해고의 정당성 요건을 갖추어야 한다(대판 2000.11.28. 2000다51476).

② (○) 채용내정 취소사유에 해당하지 아니하는데도 불구하고 채용내정을 취소한 경우에는 정당한 이유 없는 해고로 무효가 되므로, 채용내정자는 취업하여 근로하였더라면 받을 수 있었을 임금의 지급을 청구할 수 있다.

③ (○) 취업규칙에 신규채용하는 근로자에 대한 시용기간의 적용을 선택적 사항으로 규정하고 있는 경우에는 그 근로자에 대하여 시용기간을 적용할 것인가의 여부를 근로계약에 명시하여야 하고, 만약 근로계약에 시용기간이 적용된다고 명시하지 아니한 경우에는 시용근로자가 아닌 정식사원으로 채용되었다고 보아야 한다(대판 1999.11.12. 99다30473).

④ (○) 본채용 거부 시에는 해고서면통지규정도 적용되며, 사용자가 본근로계약 체결을 거부하는 경우에는 근로자에게 거부사유를 파악하여 대처할 수 있도록 구체적·실질적 거부사유를 서면으로 통지하여야 한다(대판 2015.11.27. 2015두48136).

⑤ (○) 시용기간 중에 있는 근로자를 해고하거나 시용기간 만료 시 본계약의 체결을 거부하는 것은 사용자에게 유보된 해약권의 행사로, 보통의 해고보다는 넓게 인정되나, 이 경우에도 객관적으로 합리적인 이유가 존재하여 사회통념상 상당하다고 인정되어야 한다(대판 2006.2.24. 2002다62432).

정답 ①

04 임금

제1절 임금의 의의

I 임금의 개념 기출 12 · 16

이 법에서 임금이라 함은 사용자가 근로의 대가로 근로자에게 임금, 봉급, 그 밖에 어떠한 명칭으로든지 지급하는 모든 금품을 말한다(근기법 제2조 제1항 제5호). 판례는 모든 임금은 근로의 대가이므로, 현실의 근로제공을 전제로 하지 않고 단순히 근로자의 지위에 기하여 발생한다는 생활보장적 임금이란 있을 수 없다고 하여, 임금이분설을 폐기하고 임금일체설의 입장을 취하고 있다.

II 구체적 내용

1. 사용자가 근로자에게 지급하는 금품

(1) 사용자가 지급할 것

임금은 사용자가 지급하는 것이므로, 사용자가 아닌 제3자가 지급하였다면 임금이 아니다. 사용자가 지급하는 금품은 금전뿐만 아니라 물건 또는 이익도 포함하는 것이며, 현실적인 수수뿐만 아니라 널리 이익의 제공도 포함된다. 문제가 되는 경우는 다음과 같다.

1) 봉사료

손님으로부터 받는 봉사료 또는 팁은 임금이 아니다. 다만, 봉사료나 팁을 사용자가 고객으로부터 일단 받은 후 이를 나중에 근로자에게 분배하는 경우에는 임금이라고 볼 수 있다(대판 1992.4.28. 91누8104).

2) 사납금 초과 운송수입금

판례는 택시운전사들이 하루의 운송수입금 중 사납금 등을 납입하고 남은 금액을 개인 수입으로 자신에게 직접 귀속시킨 경우, 그 개인 수입 부분의 발생 여부나 그 금액 범위 또한 일정하지 않으므로 운송회사로서는 택시운전사들의 개인 수입 부분이 얼마가 되는지 알 수도 없고 이에 대한 관리가능성이나 지배가능성도 없다고 할 것이어서 택시운전사들의 개인 수입 부분은 퇴직금 산정의 기초인 평균임금에 포함되지 않는다고 보아야 한다고(대판 1998.3.13. 95다55733) 판시하였으나, 운송회사가 그 소속 운전사들에게 매월 실제 근로일수에 따른 일정액을 지급하는 이외에 그 근로형태의 특수성과 계산의 편의 등을 고려하여 하루의 운송수입금 중 회사에 납입하는 일정액의 사납금을 공제한 잔액을 그 운전사 개인의 수입으로 하여 자유로운 처분에 맡겨 왔다면 위와 같은 운전사 개인의 수입으로 되는 부분 또한, 그 성격으로 보아 근로의 대가인 임금에 해당한다 할 것이므로, 사납금 초과 수입금은 특별한 사정이 없는 한 퇴직금 산정의 기초가 되는 평균임금에 포함된다고 한다. 즉 운송회사의 근로자들이 총운송수입금을 전부 운송회사에 납부하는 경우에는 근로자들이 사납금 초과 수입금을 개인 자신에게 직접 귀속시킨 경우와 달리, 운송회사로서는 사납금 초과 수입금의 발생 여부와 금액 범위를 명확히 확인·특정할 수 있어 사납금 초과 수입금을 관리하고 지배할 수 있다고 보아야 할 것이고, 운송회사가 추후에 근로자들로부터 납부받은 사납금 초과 수입금 상당의 금원을 근로자들에게 지급하였다고 하여 달리 볼 것이 아니라 할 것이므로 운송회사가 근로자들로부터 납부받은 사납금 초과 수입금은 퇴직금 산정의 기초가 되는 평균임금에 포함되는 것으로 보아야 한다고(대판 2002.8.23. 2002다4399) 판시하고 있다.

(2) 근로자에게 지급할 것

근로자에게 지급하여야 하므로 사회보험에서 사용자부담부분은 임금이라고 할 수 없으나(대판 1994.7.29. 92다30801), 근로자부담부분의 보험료, 근로소득세 등은 임금에서 원천징수된 것에 불과하므로 임금에 해당한다.

2. 근로의 대가

근로의 대가라 함은 사용종속관계 아래서 제공되는 근로에 대한 보상을 의미한다. 임의적·은혜적으로 지급되는 것, 복리후생을 위하여 지급되는 이익, 비용, 기업설비의 일환으로 지급되는 것은 임금이 아니다. 사용자가 근로자에게 지급하는 금품이 임금에 해당하려면 먼저 그 금품이 근로의 대상으로 지급되는 것이어야 하므로, 비록 금품이 계속적·정기적으로 지급된 것이라 하더라도, 그것이 근로의 대상으로 지급되는 것으로 볼 수 없다면 임금에 해당한다고 할 수 없다. 여기서 어떤 금품이 근로의 대상으로 지급된 것이냐를 판단함에 있어서는, 금품지급의무의 발생이 근로 제공과 직접적으로 관련되거나 그것과 밀접하게 관련된 것으로 볼 수 있어야 한다(대판 2019.9.9. 2017다230079). 최근 판례는 승진발령이 무효임에도 근로자가 승진발령이 유효함을 전제로 승진된 직급에 따라 계속 근무하여 온 경우, 승진 전후 각 직급에 따라 수행하는 업무에 차이가 있어 승진된 직급에 따른 업무를 수행하고 그에 대한 대가로 임금이 지급되었다면, 근로자가 지급받은 임금은 제공된 근로의 대가이므로 근로자에게 실질적인 이득이 있다고 볼 수 없어 사용자가 이에 대해 부당이득으로 반환을 청구할 수 없으나, 승진 전후 각 직급에 따라 수행하는 업무에 차이가 없어 승진 후 제공된 근로의 가치가 승진 전과 견주어 실질적 차이가 없음에도 단지 직급의 상승만을 이유로 임금이 상승한 부분이 있다면, 근로자는 임금 상승분 상당의 이익을 얻었다고 볼 수 있고, 승진이 무효인 이상 그 이득은 근로자에게 법률상 원인 없이 지급된 것으로서 부당이득으로 사용자에게 반환되어야 한다고 하면서 승진 전후 제공된 근로의 가치 사이에 실질적으로 차이가 있는지는 제공된 근로의 형태와 수행하는 업무의 내용, 보직의 차이 유무, 직급에 따른 권한과 책임의 정도 등 여러 사정을 종합적이고 객관적으로 평가하여 판단하여야 한다고 (대판 2022.8.19. 2017다292718) 판시하고 있다.

> 평균임금 산정의 기초가 되는 임금총액에는 사용자가 근로의 대상으로 근로자에게 지급하는 일체의 금품으로서, 근로자에게 계속적, 정기적으로 지급되고 그 지급에 관하여 단체협약, 취업규칙 등에 의하여 사용자에게 지급의무가 지워져 있으면 그 명칭 여하를 불문하고 모두 포함되는 것이다(대판 1990.12.7. 90다카19647).

O | X 💬

1. 사회보험제도에 따라 사용자가 부담하는 보험료는 임금에 해당하지 않는다.
2. 골프장 사업자가 고객으로부터 받은 금액 중 봉사료 상당금액의 전액을 캐디들에게 준 경우 이는 임금에 해당된다고 볼 수 있다.

정답 1. ○ 2. ○

(1) 근로의 대가로서 임금인 것

① 단체협약, 취업규칙 또는 관례에 따라 지급되는 급식비, 교육비, 급식수당, 체력단련비 및 가족수당

② 퇴직금, 휴업수당

③ 정기적·제도적으로 지급되는 상여금

④ 유급휴일, 연차유급휴가기간 중에 지급되는 급여 등

⑤ 단체협약에 따라 지급된 선물포인트(현물)(대판 2005.10.13. 2004다13762)

⑥ 의사에게 지급하는 진료포상비(대판 2011.3.10. 2010다77514)

⑦ 영업사원에게 지급하는 인센티브(대판 2011.7.14. 2011다23149)

⑧ 근무일마다 실비변상 명목으로 지급되는 일정 금액(대판 2020.4.29. 2016다7647)[9]

(2) 임금이 아닌 것

① 임의적·의례적인 경조금, 위문금

② 해고예고수당, 재해보상금

③ 회사창립일에 호의적으로 특별히 지급되는 금품

④ 장비구입비, 출장비, 판공비 및 업무비용 등과 같은 실비변상적 금품 **기출** 20

⑤ 사회보험제도에 따라 사용자가 부담하는 보험료(대판 1994.7.29. 92다30801)

⑥ 노조전임자의 급여(대판 1998.4.24. 97다54727)

⑦ 자기 차량을 소유 직원에 한하여 지급하는 자가운전보조비(대판 1995.5.12. 94다55934)

⑧ 선택적 복지제도시행과 관련된 복지포인트(대판 2019.8.22. 2016다48785[전합])

3. 명칭 여하를 불문

수당, 퇴직금, 정보비 및 복리후생비 등 명칭만을 가지고 임금에의 해당 여부를 판단하여서는 아니 되며, 구체적으로 근로에 대한 대가로 지급되었는가를 기준으로 판단하여야 한다.

---

9) 여객자동차 운수업을 영위하는 갑 주식회사가 운행버스에 설치한 CCTV를 교체하면서 노동조합과 합의한 협약서에서 당일 출근하는 모든 운전직 근로자들에게 실비변상 조로 장갑, 음료수, 담배, 기타 잡비 명목으로 일비 10,000원에 상당하는 갑 회사 발행의 구내매점용 물품구입권을 지급한다고 정하였고, 이에 따라 갑 회사가 실제 경비로 사용되는지를 불문하고 근로를 제공한 운전직 근로자 모두에게 물품구입권을 지급한 사안에서, 위 CCTV 수당은 통상임금에 포함된다고 한 사례(대판 2020.4.29. 2016다7647)

정의(근기법 제2조)
① 이 법에서 사용하는 용어의 뜻은 다음과 같다.
　6. "평균임금"이란 이를 산정하여야 할 사유가 발생한 날 이전 3개월 동안에 그 근로자에게 지급된 임금의 총액을 그 기간의 총일수로 나눈 금액을 말한다. 근로자가 취업한 후 3개월 미만인 경우도 이에 준한다. 기출 20·22

평균임금의 계산에서 제외되는 기간과 임금(근기법 시행령 제2조)
② 법 제2조 제1항 제6호에 따른 임금의 총액을 계산할 때에는 임시로 지급된 임금 및 수당과 통화 외의 것으로 지급된 임금을 포함하지 아니한다. 다만, 고용노동부장관이 정하는 것은 그러하지 아니하다.

정의(근기법 제2조)
② 제1항 제6호에 따라 산출된 금액이 그 근로자의 통상임금보다 적으면 그 통상임금액을 평균임금으로 한다. 기출 22

일용근로자의 평균임금(근기법 시행령 제3조)
일용근로자의 평균임금은 고용노동부장관이 사업이나 직업에 따라 정하는 금액으로 한다. 기출 24

특별한 경우의 평균임금(근기법 시행령 제4조)
법 제2조 제1항 제6호, 이 영 제2조 및 제3조에 따라 평균임금을 산정할 수 없는 경우에는 고용노동부장관이 정하는 바에 따른다.

I　평균임금의 개념

평균임금이라 함은 이를 산정하여야 할 사유가 발생한 날 이전 3월간에 그 근로자에 대하여 지급된 임금의 총액을 그 기간의 총일수로 나눈 금액을 말한다. 취업 후 3월 미만도 이에 준한다(근기법 제2조 제1항 제6호). 평균임금은 근로자가 현실적으로 지급받는 임금이 아니라, 어떤 급여 산출에 기초가 되는 단위 개념에 지나지 않는다.

기출 16·17·24

평균임금 산정의 취지
평균임금은 근로자의 통상적인 생활임금을 사실대로 산정하는 것을 기본원리로 하여, 근로자의 통상적인 생활을 종전과 같이 보장하려는 데 그 취지가 있다(대판 1999.5.12. 97다5015).

II　평균임금을 기초로 산정하여야 할 경우

퇴직금(근기법 제34조, 근퇴법 제8조 제1항), 휴업수당(근기법 제46조), 연차유급휴가수당(근기법 제60조 제5항), 재해보상금(근기법 제79조 내지 제85조), 감급액(근기법 제95조), 산업재해보상보험법상의 보험급여 및 고용보험법상 구직급여기초일액 산정 등을 산출하는 경우에는 평균임금을 기초로 한다. 기출 13

Ⅲ 평균임금에 산입되는 임금의 범위

$$1일 \ 평균임금 = \frac{사유가 \ 발생한 \ 날 \ 이전 \ 3개월간의 \ 임금총액}{사유가 \ 발생한 \ 날 \ 이전 \ 3개월간의 \ 총일수}$$

1. 의 의

근로기준법상 임금은 사용자가 근로의 대가로 근로자에게 임금, 봉급, 그 밖에 어떠한 명칭으로든지 지급하는 일체의 금품을 말하고, 이는 평균임금 산정의 기초가 되는 임금의 경우에도 마찬가지이다. 평균임금 산정의 기초가 되는 임금총액에는 사용자가 근로의 대가로서 근로자에게 지급한 일체의 금품으로, 근로자에게 계속적·정기적으로 지급되고 그 지급에 관하여 단체협약, 취업규칙 등에 의하여 사용자에게 지급의무가 지워져 있으면 그 명칭 여하를 불문하고 모두 포함되며(대판 2005.9.9. 2004다41217), 근로자가 현실적으로 지급받은 금액뿐 아니라 평균임금을 산정하여야 할 사유가 발생한 때를 기준으로 사용자가 지급 의무를 부담하는 금액도 포함된다(대판 2023.4.13. 2022두64518).

2. 평균임금에 산입되는 임금인지 여부

(1) 문제되는 사례

1) 근로의 대가로 지급된 현물

사용자가 근로의 대상으로 근로자에게 지급한 금품이 비록 현물로 지급되었다 하더라도 근로의 대가로 지급하여 온 금품이라면 평균임금의 산정에 포함되는 임금으로 보아야 한다(대판 2020.4.29. 2016다7647).

2) 1임금지급기를 초과하여 지급되는 임금

판례는 상여금과 같이 1임금지급기를 초과하여 지급되는 임금의 경우, 월할로 계산하여 산정사유 발생일 이전 12개월간 지급된 총액의 3/12을 산정기간인 3개월 중에 지급된 것으로 보아 포함하는 것이 타당하다고 (대판 1989.4.11. 87다카2901) 판시하고 있다.

> **임시로 지급되는 금원**
> 근로의 대상으로 지급받은 것이 아니라 실비변상적인 것이거나 해외근무라는 특수한 근무조건에 따라 국외주재직원으로 근무하는 동안 임시로 지급받은 임금이라고 보아야 할 것이므로, 피고 회사의 취업규칙에 국외주재직원에 대한 퇴직금의 액수를 산출함에 있어서 그 부분의 급여를 평균임금 산정의 기초가 되는 임금의 총액에 산입하지 아니하도록 규정되어 있다고 하여 그 취업규칙이 무효일 리는 없는 것이다(대판 1990.11.9. 90다카4683).

3) 연차휴가수당[10]

퇴직금 산정의 기준이 되는 평균임금은 퇴직하는 근로자에 대하여 퇴직한 날 이전 3개월간에 그 근로의 대상으로 지급된 임금의 총액을 그 기간의 총일수로 나눈 금액을 말하고, 퇴직하는 해의 전 해에 개근하거나 8할 이상 출근함으로써 연차유급휴가를 받을 수 있었는데도 이를 사용하지 아니하여 그 기간에 대한 연차휴가수당청구권이 발생하였다고 하더라도 연차휴가수당은 퇴직하는 해의 전 해 1년간의 근로에 대한 대가이지

---

10) 이는 연차유급휴가미사용수당을 의미한다. 자세한 사항은 연차유급휴가에 대한 논의를 참조하라.

퇴직하는 그 해의 근로에 대한 대가가 아니므로, 연차휴가권의 기초가 된 개근 또는 8할 이상 근로한 1년간의 일부가 퇴직한 날 이전 3개월간 내에 포함되는 경우에 그 포함된 부분에 해당하는 연차휴가수당만이 평균임금 산정의 기준이 되는 임금총액에 산입된다(대판 2011.10.13. 2009다86246).

4) 성과급(상여금)

① **임금성 판단기준** : 상여금이 계속적 · 정기적으로 지급되고 그 지급액이 확정되어 있다면 이는 근로의 대가로 지급되는 임금의 성질을 가지나 그 지급사유의 발생이 불확정이고 일시적으로 지급되는 것은 임금 이라고 볼 수 없다(대판 2005.9.9. 2004다41217).

② **유형별 검토(판례)**

　　㉠ **특별생산격려금** : 회사가 특별생산격려금을 지급하게 된 경위가 노동쟁의의 조정결과 생산격려금을 지급하기로 합의가 된 데 따른 것이고 당시 조정안에서 위 생산격려금은 전년도의 경영성과를 감안한 특별상여금으로서 1회에 한하기로 약정하였다고 하더라도 이후 회사의 경영실적의 변동이나 근로자 들의 업무성적과 관계없이 근로자들에게 정기적 · 계속적 · 일률적으로 특별생산격려금을 지급하여 왔다면 이는 근로계약이나 노동관행 등에 의하여 사용자에게 그 지급의무가 지워져 있는 것으로서 평균임금 산정의 기초가 되는 임금에 해당한다(대판 2001.10.23. 2001다53950).

　　㉡ **개인성과급** : [1] 평균임금 산정의 기초가 되는 임금총액에는 사용자가 근로의 대상으로 근로자에게 지급하는 일체의 금품으로서, 근로자에게 계속적 · 정기적으로 지급되고 그에 관하여 단체협약, 취업 규칙 등에 의하여 사용자에게 지급의무가 지워져 있으면 명칭 여하를 불문하고 모두 포함된다. 한편 어떤 금품이 근로의 대상으로 지급된 것인지를 판단할 때에는 금품지급의무의 발생이 근로제공과 직접적으로 관련되거나 그것과 밀접하게 관련된 것으로 볼 수 있어야 하고, 이러한 관련 없이 지급의 무의 발생이 개별근로자의 특수하고 우연한 사정에 의하여 좌우되는 경우에는 금품의 지급이 단체협 약 · 취업규칙 · 근로계약 등이나 사용자의 방침 등에 의하여 이루어진 것이라 하더라도 그러한 금품 은 근로의 대상으로 지급된 것으로 볼 수 없다.

　　[2] 甲 자동차 판매회사가 영업사원들에게 매월 자동차 판매수량에 따른 일정 비율의 인센티브(성과 급)를 지급한 것이 퇴직금 산정의 기초가 되는 평균임금에 포함되는지가 문제된 경우, 인센티브지급규 정이나 영업프로모션 등으로 정한 지급기준과 지급시기에 따라 인센티브를 지급하여 왔고, 영업사원 들이 차량판매를 위하여 하는 영업활동은 甲 회사에 대하여 제공하는 근로의 일부라 볼 수 있어 인센 티브는 근로의 대가로 지급되는 것이며, 인센티브의 지급이 매월 정기적 · 계속적으로 이루어지고, 지급기준 등 요건에 맞는 실적을 달성하였다면 甲 회사로서는 그 실적에 따른 인센티브의 지급을 거절할 수 없을 것이며, 인센티브를 일률적으로 임금으로 보지 않을 경우 인센티브만으로 급여를 지급 받기로 한 근로자는 근로를 제공하되 근로의 대상으로서의 임금은 없는 것이 되고 퇴직금도 전혀 받을 수 없게 되는 불합리한 결과가 초래될 것인 점 등에 비추어 위 인센티브는 퇴직금 산정의 기초가 되는 평균임금에 해당한다(대판 2011.7.14. 2011다23149).

ⓒ 공공기관의 경영평가성과급[11] : [1] 평균임금 산정의 기초가 되는 임금은 사용자가 근로의 대가로 근로자에게 지급하는 금품으로서, 근로자에게 계속적·정기적으로 지급되고 단체협약, 취업규칙, 급여규정, 근로계약, 노동관행 등에 의하여 사용자에게 그 지급의무가 지워져 있는 것을 말한다. 경영평가성과급이 계속적·정기적으로 지급되고 지급대상, 지급조건 등이 확정되어 있어 사용자에게 지급의무가 있다면, 이는 근로의 대가로 지급되는 임금의 성질을 가지므로 평균임금 산정의 기초가 되는 임금에 포함된다고 보아야 한다. 경영실적평가결과에 따라 그 지급 여부나 지급률이 달라질 수 있다고 하더라도 그러한 이유만으로 경영평가성과급이 근로의 대가로 지급된 것이 아니라고 볼 수 없다. [2] 갑이 한국감정원에 입사하여 근무하던 중 업무상 재해로 사망하여 근로복지공단이 갑의 유족인 을에게 유족급여 및 장의비를 지급하였는데, 을이 근로복지공단을 상대로 평균임금을 산정할 때 성과상여금 등을 누락하였다면서 평균임금 정정 및 보험급여차액 지급을 청구한 경우, 정부는 한국감정원이 정부산하기관에 해당하는 기간 동안에는 구 정부산하기관 관리기본법에 의한 경영실적평가결과에 따라, 공공기관의 운영에 관한 법률 시행 이후에는 공공기관의 운영에 관한 법률에 의한 경영실적평가결과에 따라 한국감정원에 적용되는 성과급지급률을 정하였고, 이에 한국감정원은 매년 정부가 정한 성과급지급률을 기초로 보수규정과 내부경영평가편람에서 정한 기준과 계산방식에 따라 소속 직원들에게 잔여 성과상여금을 지급하였으며, 갑이 업무상 재해로 사망한 이후 퇴직금을 지급할 때에도 위와 같이 지급한 성과상여금을 모두 포함하여 평균임금을 산정한 점 등에 비추어, 한국감정원이 갑에게 지급한 잔여 성과상여금은 계속적·정기적으로 지급되고, 지급대상과 지급조건 등이 확정되어 있어 사용자에게 지급의무가 지워져 있으므로 근로의 대가로 지급되는 임금의 성질을 가진다고 보아야 하므로, 잔여 성과상여금이 평균임금 산정의 기초가 되는 임금총액에 포함된다고 본 원심판단은 정당하다(대판 2018.10.12. 2015두36157). **기출 24**

ⓓ 순수 경영성과급 : 피고 회사가 원고들에게 지급한 성과금이 경영실적이나 무쟁의 달성 여부에 따라 그 지급 여부나 지급금액이 달라지는 경영성과의 일부분배로 볼 수 있을 뿐, 근로의 대상으로서의 임금이라 할 수 없으므로, 퇴직금 산정의 기초가 되는 평균임금에 포함되지 않는다(대판 2006.2.23. 2005다 54029).

5) 사납금 초과 운송수입금

판례는 운송회사가 그 소속 운전사들에게 매월 실제 근로일수에 따른 일정액을 지급하는 이외에 그 근로형태의 특수성과 계산의 편의 등을 고려하여 하루의 운송수입금 중 회사에 납입하는 일정액의 사납금을 공제한 잔액을 그 운전사 개인의 수입으로 하여 자유로운 처분에 맡겨 왔다면 위와 같은 운전사 개인의 수입으로 되는 부분 또한, 그 성격으로 보아 근로의 대가인 임금에 해당한다 할 것이므로, 사납금 초과 수입금은 특별한 사정이 없는 한 퇴직금 산정의 기초가 되는 평균임금에 포함된다고(대판 2002.8.23. 2002다4399) 판시하고 있다.

---

11) 같은 취지의 다음 판례도 중요하다. 판결요지를 살펴본다.
  공공기관 경영평가성과급이 계속적·정기적으로 지급되고 지급대상, 지급조건 등이 확정되어 있어 사용자에게 지급의 무가 있다면, 이는 근로의 대가로 지급되는 임금의 성질을 가지므로 평균임금 산정의 기초가 되는 임금에 포함된다고 보아야 한다. 한편 2012년부터는 공공기관 경영평가성과급의 최저지급률과 최저지급액이 정해져 있지 않아 소속 기관의 경영실적 평가결과에 따라서는 경영평가성과급을 지급받지 못할 수도 있다. 이처럼 경영평가성과급을 지급받지 못하는 경우가 있다고 하더라도 성과급이 전체 급여에서 차지하는 비중, 지급 실태와 평균임금 제도의 취지 등에 비추어 볼 때 근로의 대가로 지급된 임금으로 보아야 한다(대판 2018.12.13. 2018다231536).

6) 근로소득세 상당액

판례는 평균임금 산정의 기초가 되는 임금총액에는 사용자가 근로의 대상으로 근로자에게 지급하는 일체의 금품으로서, 근로자에게 계속적·정기적으로 지급되고 그 지급에 관하여 사용자에게 지급의무가 지워져 있으면 그 명칭 여하를 불문하고 모두 포함되므로 사용자가 매달 근로자의 실수령액에 대한 근로소득세 등을 대납하기로 하였다면 그 명칭 여하를 불문하고 사용자가 대납하기로 한 해당 근로소득세 등 상당액은 평균임금 산정의 기초가 되는 임금총액에 포함되어야 한다고(대판 2021.6.24. 2016다200200) 판시하고 있다.

7) 실비변상 또는 임시로 지급되는 금원

근로의 대가인지 여부가 불분명한 실비변상적 금원 또는 사용자가 지급의무 없이 은혜적으로 지급하는 금원 등은, 평균임금 산정의 기초가 되는 임금총액에 포함되지 않는다.

8) 임의적·의례적으로 지급되는 금원

임의적·의례적인 경조금, 위문금이나 주택자금·학자금의 대여 등은 근로자에게 유익하지만 원칙적으로 임금이라고 할 수 없다.

9) 복리후생적 성격의 금원

종래에는 임금에 해당하지 아니한다고 해석하는 견해가 일반적이었으나, 판례는 전체 근로자에게 지급된 통근수당과 급식비, 체력단련비, 개인연금보조비. 하계휴가비 등을 임금으로 이해한다. 또한 일정한 요건을 갖춘 근로자에게만 지급되는 가족수당(대판 2003.6.27. 2003다10421), 차량 소유에 관계없이 일정 직급에 해당하는 자에게 지급되는 차량유지비(대판 2002.5.31. 2000다18127)도 임금에 해당한다고 한다.

10) 지급사유의 발생이 확정되지 아니한 금품

판례는 평균임금 산정의 기초가 되는 임금 총액에는 사용자가 근로의 대상으로 근로자에게 지급하는 일체의 금품으로서 근로자에게 계속적·정기적으로 지급되고 그 지급에 관하여 단체협약, 취업규칙 등에 의하여 사용자에게 지급 의무가 지워져 있으면 명칭 여하를 불문하고 모두 포함되고, 근로자가 현실적으로 지급받은 금액뿐 아니라 평균임금을 산정하여야 할 사유가 발생한 때를 기준으로 사용자가 지급 의무를 부담하는 금액도 포함되나, 지급 사유의 발생이 확정되지 아니한 금품은 포함되지 않으므로, 단체협약이나 취업규칙 등으로 달리 정하지 않는 한 퇴직금 중간정산 당시를 기준으로 지급 사유의 발생이 확정되지 아니한 금품을 평균임금에 포함하여 중간정산 퇴직금을 산정할 수는 없다고(대판 2024.1.25. 2022다215784) 한다.

(2) 관련 판례 — 통상임금, 평균임금의 해당 여부

1) 판결요지

[1] 상여금이 계속적·정기적으로 지급되고 그 지급액이 확정되어 있다면 이는 근로의 대가로 지급되는 임금의 성질을 가지나 그 지급사유의 발생이 불확정이고 일시적으로 지급되는 것은 임금이라고 볼 수 없다.

`기출 21`

[2] 본래 통상임금이란 정기적·일률적으로 소정근로의 양 또는 질에 대하여 지급하기로 된 임금으로서 실제 근무일이나 실제 수령한 임금에 구애됨이 없이 고정적이고 평균적으로 지급되는 일반임금인바, 위의 '일률적'으로 지급되는 것이라 함은 '모든 근로자'에게 지급되는 것뿐만 아니라 '일정한 조건 또는 기준에 달한 모든 근로자'에게 지급되는 것도 포함되고, 여기서 말하는 '일정한 조건'이란 '고정적이고 평균적인 임금'을 산출하려는 통상임금의 개념에 비추어 볼 때 '고정적인 조건'이어야 한다.

[3] 고열작업수당은 일정한 공정에 종사하는 모든 근로자들에 대해서 일정한 조건이 충족되면 일정한 금액이 매년 정기적·일률적으로 지급된 것으로서 통상임금에 포함된다.

[4] 가족수당은 회사에게 그 지급의무가 있는 것이고 일정한 요건에 해당하는 근로자에게 일률적으로 지급되어 왔다면, 이는 임의적·은혜적인 급여가 아니라 근로에 대한 대가의 성질을 가지는 것으로서 임금에 해당한다.

[5] 평균임금 산정의 기초가 되는 임금총액에는 사용자가 근로의 대상으로 근로자에게 지급하는 일체의 금품으로서, 근로자에게 계속적·정기적으로 지급되고 그 지급에 관하여 단체협약, 취업규칙 등에 의하여 사용자에게 지급의무가 지워져 있으면 그 명칭 여하를 불문하고 모두 포함되는 것이고, 비록 현물로 지급되었다 하더라도 근로의 대가로 지급하여 온 금품이라면 평균임금의 산정에 있어 포함되는 임금으로 봄이 상당하다.

2) 판결이유

① **1997년도 성과금청구 부분** : [1] 원심은 채택증거를 종합하여 그 판시와 같은 사실을 인정한 다음, 피고 회사가 1997년도 성과금에 관한 노사합의 당시 생산목표 달성과 무관하게 상여금 기준임금의 150%를 지급하기로 합의하였는지의 점에 관하여는, 피고 회사는 노동조합과 사이의 합의 시 1999년도까지는 (1998년 제외) '설정한 생산목표 달성률'을 기준으로 지급률을 합의하여 성과금을 지급하여 오다가, 2000년에 이르러서야 생산목표 달성 여부에 관계없이 확정성과금을 지급하기로 합의하였던 점에 비추어 볼 때 피고 회사와 노동조합은 1999년도까지는 노사합의 시 설정한 생산목표 달성을 전제로 성과금을 지급하기로 약정하였다고 볼 것이어서, 1997년 성과금에 관한 노사합의 당시 구체적 생산목표가 명시되어 있지 않다는 이유만으로 피고 회사가 1997년 생산목표 달성 성과금을 목표 달성 여부에 관계없이 확정지급하기로 합의하였다고 단정할 수는 없고 적어도 1996년까지의 목표 달성 성과금 지급의 최저기준이었던 생산목표의 90% 이상 달성이 전제되었던 것으로 보인다고 한 다음, 나아가 그 판시증거들만으로는 1997년 생산목표의 90% 이상 달성하였음을 인정하기에 부족하고 달리 이를 인정할 증거가 없다는 이유로 원고들의 1997년도 성과금청구를 배척하였다. 기록에 비추어 살펴보면, 원심의 사실인정 및 판단은 정당한 것으로 수긍이 가고 거기에 채증법칙 위배로 인한 사실오인이나 목표 달성 성과금에 관한 법리오해의 위법이 없다.

[2] 또한 원심이 피고 회사가 위 원고들에게 위 성과금을 지급할 의무가 있다 하더라도 위 원고들의 성과금청구권은 근로기준법 소정의 시효기간인 3년이 경과함으로써 시효로 소멸하였다고 판단한 것은 가정적·부가적 판단에 불과하여 그 당부는 판결의 결론에 영향이 없다. 따라서 이 점에 대한 상고이유는 받아들일 수 없다.

② **중식대의 평균임금 불산입 부분** : [1] 원심은 그 채용증거를 종합하여, 판시와 같이 이 사건 중식대는 현물로 제공된 사실을 인정한 다음, 피고 회사가 식사를 하지 않는 근로자에게 식비에 상응하는 현금이나 다른 물품을 지급하였다거나 지급할 의무가 있다는 점을 인정할 증거가 없다는 이유로, 위 중식대는 근로자의 후생복지를 위해 제공되는 것으로서 근로의 대가인 임금이라고 볼 수 없고, 따라서 퇴직금 산정의 기초가 되는 평균임금에 포함되지 않는다고 판단하였다.

[2] 기록에 비추어 살펴보면, 원심의 사실인정 및 판단은 정당하고 거기에 채증법칙 위배로 인한 사실오인이나 평균임금 산정에 관한 법리오해의 위법이 있다고 할 수 없다.

③ **성과금의 평균임금 불산입 부분** : 상여금이 계속적·정기적으로 지급되고 그 지급액이 확정되어 있다면 이는 근로의 대가로 지급되는 임금의 성질을 가지나 그 지급사유의 발생이 불확정이고 일시적으로 지급되는 것은 임금이라고 볼 수 없다. 원심은 목표 달성 성과금은 매년 노사 간 합의로 그 구체적 지급조건이 정해지며 그 해의 생산실적에 따라 지급 여부나 지급률이 달라질 수 있는 것이지 생산실적과 무관하게

계속적·정기적으로 지급된 것이라고 볼 수 없어 피고 회사에 그 지급의무가 있는 것이 아니라는 이유로 위 성과금은 위 원고들의 퇴직금 산정의 기초가 되는 평균임금에 산입될 수 없다고 판단하였다. 기록과 위 법리에 비추어 살펴보면, 원심의 판단은 정당하고 거기에 상고이유에서 주장하는 바와 같은 성과금의 평균임금 산정에 관한 법리오해의 위법이 없다.

④ **단체개인연금보험료의 평균임금 산입 부분** : 원심은 그 채용증거를 종합하여, 피고 회사는 1997.7.24. 노동조합과 사이에 1997년도 단체협약을 체결하면서 전 직원들을 대상으로 개인연금으로 월 20,000원씩을 10년간 불입하여 주기로 합의하였고, 이에 따라 같은 해 8. 국민투자신탁증권 주식회사와 사이에 전 직원들을 피보험자로 한 단체개인연금계약을 체결한 후 같은 달부터 1998.8.까지 매달 급여 지급일에 20,000원씩의 연금보험료를 대신 납부하여 오다가, 원고들이 퇴사한 후인 1998.8.23. 노사합의에 의하여 1998.9.부터 1년간 보험료 지급이 유예되긴 하였으나 원고들이 재직하는 동안에는 피고 회사가 이를 대납하고 위 연금보험료를 급여명세서에 기재한 후 근로소득세를 원천징수하여 온 사실을 인정한 다음, 비록 직접 근로자들에게 현실로 지급되는 것이 아니고 그 지급의 효과가 즉시 발생하는 것은 아니라 하더라도 위와 같이 사용자가 단체협약에 의하여 전 근로자를 피보험자로 하여 개인연금보험에 가입한 후 매월 그 보험료 전부를 대납하였고 근로소득세까지 원천징수하였다면, 이는 근로의 대상인 임금의 성질을 가진다고 할 것이고, 정기적·일률적·고정적 급부라는 통상임금의 개념적 징표까지 모두 갖추고 있는 이상, 위 연금보험료도 통상임금에 포함되고, 나아가 단체개인연금보험료를 통상임금에 포함시켜야 하는 이상, 이는 평균임금에도 당연히 포함된다 할 것이라고 판단하였다. 기록에 비추어 살펴보면, 원심의 판단은 정당하고 거기에 상고이유에서 주장하는 바와 같은 통상임금 및 평균임금 산입에 관한 법리오해의 위법이 없다.

⑤ **가족수당의 평균임금 산입 부분** : 가족수당은 회사에게 그 지급의무가 있는 것이고 일정한 요건에 해당하는 근로자에게 일률적으로 지급되어 왔다면, 이는 임의적·은혜적인 급여가 아니라 근로에 대한 대가의 성질을 가지는 것으로서 임금에 해당한다. 원심이 같은 취지에서, 가족수당은 노사 간 합의에 의하여 피고 회사에게 그 지급의무가 있고 일정한 요건에 해당하는 근로자에게 일률적으로 지급되어 왔다는 이유로 근로에 대한 대가의 성질을 가지는 것으로서 퇴직금 산정의 기초가 되는 평균임금에 포함시킨 것은 정당하고, 거기에 상고이유로 주장하는 바와 같은 평균임금 산입에 관한 법리오해의 위법이 없다.

⑥ **휴가비·선물비의 평균임금 산입 부분** : 평균임금 산정의 기초가 되는 임금총액에는 사용자가 근로의 대상으로 근로자에게 지급하는 일체의 금품으로서, 근로자에게 계속적·정기적으로 지급되고 그 지급에 관하여 단체협약, 취업규칙 등에 의하여 사용자에게 지급의무가 지워져 있으면 그 명칭 여하를 불문하고 모두 포함되는 것이고, 비록 현물로 지급되었다 하더라도 근로의 대가로 지급하여 온 금품이라면 평균임금의 산정에 있어 포함되는 임금으로 봄이 상당하다. 원심이 그 채용증거를 종합하여, 피고 회사는 단체협약에 따라 원고들을 포함한 전 사원들에게 매년 설 휴가비, 추석휴가비 각 150,000원, 하기휴가비 250,000원을 각 지급하여 왔고, 노사합의에 따라 선물비를 연 200,000원 상당으로 책정한 후 그에 상응하는 선물을 현품으로 지급하여 온 사실을 인정하고, 위 각 휴가비 및 선물비는 단체협약, 노사합의 및 관행에 따라 일률적·계속적·정기적으로 지급된 것으로서 그 월 평균액이 퇴직금 산정의 기초가 되는 평균임금에 포함된다고 할 것이라고 판단한 것은 정당하고 거기에 상고이유에서 주장하는 바와 같은 평균임금 산입에 관한 법리오해의 위법이 없다(대판 2005.9.9. 2004다41217).

Ⅳ 평균임금의 산정방법

1. 의 의

평균임금을 산정하기 위해서는 사유발생 전 3개월 동안의 총일수와, 사유발생 전 3개월 동안 지급된 임금총액을 파악해야 한다. 실근로일수가 아닌 역상의 일수를 의미한다.

2. 평균임금 산정에서 제외되는 기간과 임금

(1) 취 지

근로기준법 시행령 제2조 제1항은 예외 없이 평균임금 산정 시 평균임금이 지나치게 낮아질 수 있는 경우를 평균임금의 산정에서 제외하도록 규정하고 있다.

> **평균임금의 계산에서 제외되는 기간과 임금(근기법 시행령 제2조)**
> ① 근로기준법 제2조 제1항 제6호에 따른 평균임금산정기간 중에 다음 각 호의 어느 하나에 해당하는 기간이 있는 경우에는 그 기간과 그 기간 중에 지급된 임금은 평균임금산정기준이 되는 기간과 임금의 총액에서 각각 뺀다.
> 1. 근로계약을 체결하고 수습 중에 있는 근로자가 수습을 시작한 날부터 3개월 이내의 기간
> 2. 법 제46조에 따른 사용자의 귀책사유로 휴업한 기간
> 3. 법 제74조 제1항부터 제3항까지의 규정에 따른 출산전후휴가 및 유산·사산휴가기간 `기출` 22·24
> 4. 법 제78조에 따라 업무상 부상 또는 질병으로 요양하기 위하여 휴업한 기간
> 5. 남녀고용평등과 일·가정 양립 지원에 관한 법률 제19조에 따른 육아휴직기간
> 6. 노동조합 및 노동관계조정법 제2조 제6호에 따른 쟁의행위기간
> 7. 병역법, 예비군법 또는 민방위기본법에 따른 의무를 이행하기 위하여 휴직하거나 근로하지 못한 기간. 다만, 그 기간 중 임금을 지급받은 경우에는 그러하지 아니하다.
> 8. 업무 외 부상이나 질병, 그 밖의 사유로 사용자의 승인을 받아 휴업한 기간
> ② 법 제2조 제1항 제6호에 따른 임금의 총액을 계산할 때에는 임시로 지급된 임금 및 수당과 통화 외의 것으로 지급된 임금을 포함하지 아니한다. 다만, 고용노동부장관이 정하는 것은 그러하지 아니하다.

(2) 구체적 검토(판례)

1) 수습기간 중의 평균임금 산정

① 근로계약을 체결하고 수습 중에 있는 근로자가 수습을 시작한 날부터 3개월 이내의 기간과 임금은 평균임금의 계산에서 제외되므로, 그 수습기간을 제외하고 평균임금을 산정한다. 한편 최저임금법 제5조 제2항에 따르면, 수습 중에 있는 근로자로서 수습을 시작한 날부터 3개월 이내인 사람에 대하여는, 시간급 최저임금액에서 100분의 10을 뺀 금액을 그 근로자의 시간급 최저임금액으로 한다고 규정하고 있다.

② 판례는 근로기준법 시행령 제2조 제1항 제1호의 적용범위를 평균임금산정사유 발생일을 기준으로 그 전 3개월 동안 정상적으로 급여를 받은 기간뿐만 아니라 수습기간이 함께 포함되어 있는 경우에 한하므로, 근로자가 수습을 받기로 하고 채용되어 근무하다가 수습기간이 끝나기 전에 평균임금산정사유가 발생한 경우에는 위 시행령과 무관하게 수습사원으로서 받는 임금을 기준으로 평균임금을 산정[12]하는 것이 평균임금제도의 취지 등에 비추어 타당하다고 한다(대판 2014.9.4. 2013두1232).

---

12) 즉, 수습기간이 끝나기 전에 평균임금산정사유가 발생한 경우에는 그 수습기간을 제외하지 아니하고 수습기간 중의 임금을 기준으로 평균임금을 산정할 것이라는 취지이다.

2) 위법한 쟁의행위의 경우

판례는 근로기준법 시행령 제2조 제1항의 취지 및 성격을 고려할 때, 그 제6호 '노조법 제2조 제6호의 규정에 의한 쟁의행위기간'이란 헌법과 노조법에 의하여 보장되는 적법한 쟁의행위로서의 주체, 목적, 절차, 수단과 방법에 관한 요건을 충족한 쟁의행위기간만을 의미한다. 만약, 위법한 쟁의행위기간까지 포함되는 것으로 해석하게 되면, 결과적으로 평균임금산정방법에 관한 원칙 자체가 무의미하게 되는 상황에 이르게 되는바, 이는 평균임금 산정에 관한 원칙과 근로자이익보호정신을 조화시키려는 구 근로기준법 시행령 제2조 제1항의 취지 및 성격이나, 위 조항의 다른 기간들과 들어맞지 않기 때문이라고(대판 2009.5.28. 2006다17287) 한다.

3) 직장폐쇄기간

판례에 의하면 근로기준법 시행령 제2조 제1항의 입법취지와 목적을 감안하면, 사용자가 쟁의행위로 적법한 직장폐쇄를 한 결과 근로자에 대해 임금지급의무를 부담하지 않는 기간은 원칙적으로 같은 조항 제6호의 기간에 해당하나, 이러한 직장폐쇄기간이 근로자들의 위법한 쟁의행위참가기간과 겹치는 경우라면 근로기준법 시행령 제2조 제1항 제6호의 기간에 포함될 수 없고, 위법한 직장폐쇄로 사용자가 여전히 임금지급의무를 부담하는 경우라면, 근로자의 이익을 보호하기 위해 그 기간을 평균임금산정기간에서 제외할 필요성을 인정하기 어려우므로 근로기준법 시행령 제2조 제1항 제6호에 해당하는 기간이라고 할 수 없다고 하면서 이와 달리 직장폐쇄의 적법성, 이로 인한 사용자의 임금지급의무 존부 등을 고려하지 않은 채 일률적으로 사용자의 직장폐쇄기간이 근로기준법 시행령 제2조 제1항 제6호에서 말하는 '노조법 제2조 제6호에 따른 쟁의행위기간'에 해당한다고 할 수는 없다고(대판 2019.6.13. 2015다65561) 한다.

4) 근로자의 귀책사유에 의한 직위해제기간

판례에 의하면 개인적인 범죄로 구속기소되어 직위해제되었던 기간은 근로기준법 시행령 제2조 소정의 어느 기간에도 해당하지 않으므로 그 기간의 일수와 그 기간 중에 지급받은 임금액은 평균임금산정기초에서 제외될 수 없고, 만일 그 기간과 임금을 포함시킴으로 인하여 평균임금액수가 낮아져 평균임금이 통상임금을 하회하게 되는 경우에는 같은 법 제19조 제2항에 따라 통상임금을 평균임금으로 하여 퇴직금을 계산하여야 한다고(대판 1994.4.12. 92다20309) 판시하고 있다.

3. 통상임금보다 적은 경우

근로기준법 제2조 제2항에 의하면, 법령에 따라 산출된 평균임금이 통상임금보다 적으면 통상임금액을 평균임금으로 한다. 기출 20

4. 평균임금을 산정할 수 없는 특별한 경우의 평균임금

(1) 문제점

근로기준법 시행령 제4조에 의하면 법 제2조 제1항 제6호, 시행령 제2조 및 제3조에 따라 평균임금을 산정할 수 없는 경우에는 고용노동부장관이 정하는 바에 따른다. 이와 관련하여 평균임금을 산정할 수 없는 경우란 무엇인지가 문제된다.

(2) 평균임금을 산정할 수 없는 경우의 의미

근로기준법 시행령 제4조의 평균임금을 산정할 수 없는 경우를 산정이 기술상 불가능한 경우로만 한정할 것이 아니라, 근로기준법의 관계규정에 의하여 그 평균임금을 산정하는 것이 현저하게 부적당한 경우까지도 포함하는 것으로 본다.

(3) 산정이 기술상 불가능한 경우

근로기준법 및 그 시행령에 따라 평균임금의 산정이 어려운 경우에는 고용노동부장관의 고시에 따른다. 종래 고용노동부장관이 평균임금을 정하여 고시하지 않은 행정입법부작위에 대한 헌법재판소의 위헌확인결정에 따라, 근로기준법상 기준에 따른 평균임금 산정이 불가능한 경우 평균임금을 산정하는 방법에 대한 특례 고시가 공표되었으므로, 현재는 고용노동부장관의 고시에 따라 평균임금을 산정하면 된다.

(4) 평균임금 산정이 현저하게 부적당한 경우

1) 현저히 부적당한 경우의 산정방법

근로기준법 시행령 제4조의 적용범위와 관련하여 판례는 평균임금 산정이 현저히 부적당한 경우도 포함하고 있는데, 고용노동부장관은 근로기준법상 기준에 따른 평균임금 산정이 불가능한 경우만을 대상으로 하여 산정방법을 고시하고 있으므로, 법관에게는 관계법규의 규정상 허용되는 재량권을 넘지 않는 범위 내에서 이른바 법 형성을 할 수 있는 권한이 생긴다고 볼 수 있다.

2) 현저하게 부적당한 사례

① 현저하게 적게 산정된 경우 : [1] 평균임금은 근로자의 통상의 생활임금을 사실대로 산정하는 것을 그 기본원리로 하는 것으로서 평균임금의 계산에 산입되는 '그 사유가 발생한 날 이전 3월간에 그 근로자에 대하여 지급된 임금의 총액'이 특별한 사유로 인하여 통상의 경우보다 현저하게 적거나 많을 경우에는 이를 그대로 평균임금 산정의 기초로 삼을 수 없고, 이러한 평균임금을 그 산정의 기초로 하는 퇴직금제도 는 직급, 호봉 등에 따른 근로자의 통상의 생활을 종전과 같이 보장하려는 데 그 취지가 있다고 할 것이므 로, 퇴직급여가 특수하고 우연한 사정에 의하여 통상의 경우보다 현저하게 많거나 적은 금액으로 되는 것은 그 제도의 근본취지에 어긋난다 할 것이고, 따라서 퇴직금 산정의 기초인 평균임금이 특별한 사유로 인하여 통상의 경우보다 현저하게 적거나 많을 경우에는 구 근로기준법 시행령 제5조에 의하여 노동부장 관이 정하는 바에 따라 평균임금을 산정하여야 할 것인데, 아직까지 그 기준이나 방법 등을 정한 바가 없으므로, 평균임금의 기본원리와 퇴직금제도의 취지에 비추어 근로자의 통상의 생활임금을 사실대로 반영하는 방법으로 그 평균임금을 산정하여야 한다.

[2] 근로자가 구속되어 3개월 이상 휴직하였다가 퇴직함으로써 퇴직 전 3개월간 지급된 임금을 기초로 산정한 평균임금이 통상의 경우보다 현저하게 적은 경우, 휴직 전 3개월간의 임금을 기준으로 평균임금을 산정하여야 한다(대판 1999.11.12. 98다49357).

② 현저하게 많게 산정된 경우 : 평균임금은 근로자에 대한 퇴직금 등 여러 가지 급여금을 산정하는 기준이 되고 위 퇴직금에 관한 규정의 취지는 어디까지나 근로자의 생활을 보장하고자 하는 데 있으므로, 그 산정의 기준으로서의 평균임금은 원칙적으로 근로자의 통상의 생활임금을 사실대로 산정하는 것을 그 기본원리로 하여야 할 것인바, 이는 근로자가 의도적으로 현저하게 평균임금을 높이기 위한 행위를 하지 않았더라면 산정될 수 있는 평균임금 상당액이라고 할 수 있을 것이고, 근로자의 의도적인 행위로 인하여 근로기준법의 관계규정에 따라 평균임금을 산정할 수 없게 된 경우에는, 퇴직 직전의 기간이 그 통상의 생활임금을 가장 잘 반영하고 있다고 보아 그 퇴직 직전 기간의 임금을 기준으로 평균임금을 산정하는 것으로 규정하고 있는 근로기준법의 규정의 취지에 비추어, 그 근로자의 퇴직금의 기초가 되는 평균임금 은 특별한 사정이 없는 한, 위 평균임금의 산정기준에서 제외하여야 할 기간을 뺀 그 직전 3개월간의 임금을 기준으로 하여 근로기준법이 정하는 방식에 따라 산정한 금액 상당이라고 할 것이다(대판 1995.2.28. 94다8631).

통상임금(근기법 시행령 제6조)

① 법과 이 영에서 "통상임금"이란 근로자에게 정기적이고 일률적으로 소정(所定)근로 또는 총근로에 대하여 지급하기로 정한 시간급금액, 일급금액, 주급금액, 월급금액 또는 도급금액을 말한다.

② 제1항에 따른 통상임금을 시간급금액으로 산정할 경우에는 다음 각 호의 방법에 따라 산정된 금액으로 한다.

　1. 시간급금액으로 정한 임금은 그 금액

　2. 일급금액으로 정한 임금은 그 금액을 1일의 소정근로시간 수로 나눈 금액

　3. 주급금액으로 정한 임금은 그 금액을 1주의 통상임금 산정 기준시간 수(1주의 소정근로시간과 소정근로시간 외에 유급으로 처리되는 시간을 합산한 시간)로 나눈 금액

　4. 월급금액으로 정한 임금은 그 금액을 월의 통상임금 산정 기준시간 수(1주의 통상임금 산정 기준시간 수에 1년 동안의 평균 주의 수를 곱한 시간을 12로 나눈 시간)로 나눈 금액

　5. 일·주·월 외의 일정한 기간으로 정한 임금은 제2호부터 제4호까지의 규정에 준하여 산정된 금액

　6. 도급금액으로 정한 임금은 그 임금산정기간에서 도급제에 따라 계산된 임금의 총액을 해당 임금산정기간(임금마감일이 있는 경우에는 임금마감기간)의 총근로시간 수로 나눈 금액

　7. 근로자가 받는 임금이 제1호부터 제6호까지의 규정에서 정한 둘 이상의 임금으로 되어 있는 경우에는 제1호부터 제6호까지의 규정에 따라 각각 산정된 금액을 합산한 금액

③ 제1항에 따른 통상임금을 일급 금액으로 산정할 때에는 제2항에 따른 시간급 금액에 1일의 소정근로시간 수를 곱하여 계산한다.

Ⅰ 통상임금의 개념

통상임금이라 함은 근로자에게 정기적이고 일률적으로 소정근로 또는 총근로에 대하여 지급하기로 정하여진 시간급금액·일급금액·주급금액·월급금액 또는 도급금액을 말한다(근기법 시행령 제6조 제1항).

Ⅱ 통상임금을 기초로 하여 산정하여야 할 경우

해고예고수당(근기법 제26조), 주휴수당(근기법 제55조, 대판 2018.9.28. 2017다53210), 연장·야간·휴일근로수당(근기법 제56조), 출산전후휴가(근기법 제74조) 및 기타 법에 '유급'으로 표시되어 있는 경제적 보상의 경우에는 통상임금을 기준으로 한다.

Ⅲ 통상임금의 판단기준

1. 원 칙

임금이 소정근로의 대가로 근로자에게 지급되는 금품으로서 정기적·일률적·고정적으로 지급되는 것인지를 기준으로 객관적인 성질에 따라 판단하여야 하고, 임금의 명칭이나 지급주기의 장단 등 형식적 기준에 의해 정할 것은 아니다. 기출 15

2. 소정근로의 대가

소정근로의 대가라 함은 근로자가 소정근로시간에 통상적으로 제공하기로 정한 근로에 관하여 사용자와 근로자가 지급하기로 약정한 금품을 말한다. 근로자가 소정근로시간을 초과하여 근로를 제공하거나 근로계약에서 제공하기로 정한 근로 외의 근로를 특별히 제공함으로써 사용자로부터 추가로 지급받는 임금이나 소정근로시간의 근로와는 관련 없이 지급받는 임금은 소정근로의 대가라 할 수 없으므로 통상임금에 속하지 아니한다. 소정근로의 대가가 무엇인지는 근로자와 사용자가 소정근로시간에 통상적으로 제공하기로 정한 근로자의 근로의 가치를 어떻게 평가하고 그에 대하여 얼마의 금품을 지급하기로 정하였는지를 기준으로 전체적으로 판단하여야 하고, 그 금품이 소정근로시간에 근무한 직후나 그로부터 가까운 시일 내에 지급되지 아니하였다고 하여 그러한 사정만으로 소정근로의 대가가 아니라고 할 수는 없다(대판 2013.12.18. 2012다89399[전합]).

`기출` 21

3. 통상임금의 개념적 징표 : 정기성·일률성·고정성

(1) 정기성

1) 의 의

정기성은 어떤 임금이 일정한 간격을 두고 계속적으로 지급되는 것을 의미한다. `기출` 15

2) 판 례

[1] 어떤 임금이 통상임금에 속하기 위해서 정기성을 갖추어야 한다는 것은 그 임금이 일정한 간격을 두고 계속적으로 지급되어야 함을 의미한다. 통상임금에 속하기 위한 성질을 갖춘 임금이 1개월을 넘는 기간마다 정기적으로 지급되는 경우, 이는 노사 간의 합의 등에 따라 근로자가 소정근로시간에 통상적으로 제공하는 근로의 대가가 1개월을 넘는 기간마다 분할지급되고 있는 것일 뿐, 그러한 사정 때문에 갑자기 그 임금이 소정근로의 대가로서의 성질을 상실하거나 정기성을 상실하게 되는 것이 아님은 분명하다. 따라서 정기상여금과 같이 일정한 주기로 지급되는 임금의 경우 단지 그 지급주기가 1개월을 넘는다는 사정만으로 그 임금이 통상임금에서 제외된다고 할 수는 없다. 나아가 근로기준법 제43조 제2항은 임금을 매월 1회 이상 일정한 날짜를 정하여 지급하도록 규정하고 있으나, 이는 사용자로 하여금 매월 일정하게 정해진 기일에 임금을 근로자에게 어김없이 지급하도록 강제함으로써 근로자의 생활 안정을 도모하려는 것이므로, 위 규정을 근거로 1개월을 넘는 기간마다 정기적으로 지급되는 임금이 통상임금에서 제외된다고 해석할 수는 없다. `기출` 20·22

[2] 그리고 앞서 본 근로기준법 시행령 제6조 제1항은 통상임금에 관하여 규정하면서 '시간급금액, 일급금액, 주급금액, 월급금액 또는 도급금액'이라는 표현을 사용하고 있는데, 위 표현을 근거로 위 규정이 통상임금의 범위를 1개월을 단위로 산정 또는 지급되는 임금으로 한정한 취지라고 해석할 수는 없다. 1982.8.13. 대통령령 제10898호로 개정되기 전의 구 근로기준법 시행령 제31조는 '시간, 일, 주, 월, 월·주 외의 일정한 기간' 등 다양한 단위기간으로 정하여지는 임금을 시간급 통상임금으로 산정하는 방법에 관하여 규정하다가, 위 개정으로 제31조 제1항에 통상임금의 정의규정이 신설되고 1997.3.27. 대통령령 제15320호로 폐지·제정된 구 근로기준법 시행령 이후부터는 그 정의규정이 제6조 제1항으로 위치가 옮겨졌다. 위와 같은 개정 및 폐지·제정과정이나 그 이후에도 일·주·월 외의 일정한 기간으로 정한 임금의 시간급 통상임금산정방식이 제31조 제2항 또는 제6조 제2항으로 위치를 옮겨 종전과 동일한 내용으로 계속 규정되어 온 점에 비추어 보면, 근로기준법 시행령 제6조 제1항은 통상임금의 범위를 1개월을 단위로 산정 또는 지급되는 임금으로 한정한 것이 아니라, 다양한 기간을 단위로 산정·지급되는 임금의 형태를 예시한 것에 불과하다고 보아야

할 것이다. 한편, 최저임금법 제6조 제4항은 사용자가 근로자에게 지급하는 임금 중 매월 1회 이상 정기적으로 지급하는 임금 외의 임금으로서 고용노동부장관이 정하는 것을 최저임금과 비교할 '비교 대상임금'에서 제외하고 있다. 그러나 최저임금제도의 목적은 임금의 최저수준을 보장하여 근로자의 생활 안정과 노동력의 질적 향상을 기하고자 하는 데에 있어 연장·야간·휴일근로에 대한 가산임금 등을 산정하기 위한 통상임금 제도와 그 목적을 달리하므로, 위와 같은 최저임금법의 규정을 근거로 통상임금을 매월 1회 이상 정기적으로 지급하는 임금으로 한정하여야 한다고 보는 것은 타당하지 않다(대판 2013.12.18. 2012다89399[전합]).

(2) 일률성

1) 의 의 `기출` 15

일률성을 모든 근로자에게 지급되는 것이라고 좁게 해석하는 견해도 있으나 판례는 '일률적'으로 지급되는 것에는 '모든 근로자'에게 지급되는 것뿐만 아니라 '일정한 조건 또는 기준에 달한 모든 근로자'에게 지급되는 것도 포함된다고 한다.

2) 판 례

[1] 어떤 임금이 통상임금에 속하기 위해서는 그것이 일률적으로 지급되는 성질을 갖추어야 한다. '일률적'으로 지급되는 것에는 '모든 근로자'에게 지급되는 것뿐만 아니라 '일정한 조건 또는 기준에 달한 모든 근로자'에게 지급되는 것도 포함된다. 여기서 '일정한 조건'이란 고정적이고 평균적인 임금을 산출하려는 통상임금의 개념에 비추어 볼 때 고정적인 조건이어야 한다. 단체협약이나 취업규칙 등에 휴직자나 복직자 또는 징계대상자 등에 대하여 특정 임금에 대한 지급제한사유를 규정하고 있다 하더라도, 이는 해당 근로자의 개인적인 특수성을 고려하여 그 임금지급을 제한하고 있는 것에 불과하므로, 그러한 사정을 들어 정상적인 근로관계를 유지하는 근로자에 대하여 그 임금지급의 일률성을 부정할 것은 아니다.

[2] 한편, 일정 범위의 모든 근로자에게 지급된 임금이 일률성을 갖추고 있는지 판단하는 잣대인 '일정한 조건 또는 기준'은 통상임금이 소정근로의 가치를 평가한 개념이라는 점을 고려할 때, 작업내용이나 기술, 경력 등과 같이 소정근로의 가치평가와 관련된 조건이라야 한다. 따라서 부양가족이 있는 근로자에게만 지급되는 가족수당과 같이 소정근로의 가치평가와 무관한 사항을 조건으로 하여 지급되는 임금은 그것이 그 조건에 해당하는 모든 근로자에게 지급되었다 하더라도 여기서 말하는 '일정한 조건 또는 기준'에 따른 것이라 할 수 없어 '일률성'을 인정할 수 없으므로, 통상임금에 속한다고 볼 수 없다. 그러나 모든 근로자에게 기본금액을 가족수당 명목으로 지급하면서 실제 부양가족이 있는 근로자에게는 일정액을 추가적으로 지급하는 경우 그 기본금액은 소정근로에 대한 대가에 다름 아니므로 통상임금에 속한다(대판 2013.12.18. 2012다89399[전합]).

(3) 고정성

1) 의 의

근로기준법 시행령 제6조에 규정되어 있지 아니한 고정성을 통상임금의 구성요소로 고려하는 것을 비판하는 견해도 있으나, 판례는 고정성은 통상임금이 기준임금으로 기능하기 위한 본질적인 성질이라고 하면서, 고정성이라 함은 '근로자가 제공한 근로에 대하여 그 업적, 성과 기타의 추가적인 조건과 관계없이 당연히 지급될 것이 확정되어 있는 성질'을 말한다고 판시하고 있다.

2) 판 례

[1] 어떤 임금이 통상임금에 속하기 위해서는 그것이 고정적으로 지급되어야 한다. 이는 통상임금을 다른 일반적인 임금이나 평균임금과 확연히 구분 짓는 요소로서 앞서 본 바와 같이 통상임금이 연장·야간·휴일근로에 대한 가산임금을 산정하는 기준임금으로 기능하기 위하여서는 그것이 미리 확정되어 있어야 한다는 요청에서 도출되는 본질적인 성질이다. '고정성'이라 함은 '근로자가 제공한 근로에 대하여 그 업적, 성과

기타의 추가적인 조건과 관계없이 당연히 지급될 것이 확정되어 있는 성질'을 말하고, '고정적인 임금'은 '임금의 명칭 여하를 불문하고 임의의 날에 소정근로시간을 근무한 근로자가 그 다음 날 퇴직한다 하더라도 그 하루의 근로에 대한 대가로 당연하고도 확정적으로 지급받게 되는 최소한의 임금'이라고 정의할 수 있다. [2] 고정성을 갖춘 임금은 근로자가 임의의 날에 소정근로를 제공하면 추가적인 조건의 충족 여부와 관계없이 당연히 지급될 것이 예정된 임금이므로, 그 지급 여부나 지급액이 사전에 확정된 것이라 할 수 있다. 이와 달리 근로자가 소정근로를 제공하더라도 추가적인 조건을 충족하여야 지급되는 임금이나 그 조건 충족 여부에 따라 지급액이 변동되는 임금 부분은 고정성을 갖춘 것이라고 할 수 없다. 판례는 근로자의 실제 근무성적에 따라 지급 여부 및 지급액이 달라지는 항목의 임금을 통상임금에서 제외하여 왔는데, 그러한 임금은 고정성을 갖추지 못하였기 때문이다(대판 2013.12.18. 2012다89399[전합]). **기출 15**

3) 고정성의 징표

① 고정적인 임금이라 함은 '임금의 명칭 여하를 불문하고 임의의 날에 소정근로시간을 근무한 근로자가 그 다음 날 퇴직한다 하더라도 그 하루의 근로에 대한 대가로 당연하고도 확정적으로 지급받게 되는 최소한의 임금'을 말하므로, 근로자가 임의의 날에 소정근로를 제공하면 추가적인 조건의 충족 여부와 관계없이 당연히 지급될 것이 예정되어 지급 여부나 지급액이 사전에 확정된 임금은 고정성을 갖춘 것으로 볼 수 있다. 여기서 말하는 조건은 근로자가 임의의 날에 연장·야간·휴일근로를 제공하는 시점에 그 성취 여부가 아직 확정되어 있지 않은 조건을 말하므로, 특정 경력을 구비하거나 일정 근속기간에 이를 것 등과 같이 위 시점에 그 성취 여부가 이미 확정되어 있는 기왕의 사실관계를 조건으로 부가하고 있는 경우에는 고정성 인정에 장애가 되지 않지만, 근로자가 소정근로를 했는지 여부와는 관계없이 지급일 기타 특정 시점에 재직 중인 근로자에게만 지급하기로 정해져 있는 임금은 그 특정 시점에 재직 중일 것이 임금을 지급받을 수 있는 자격요건이 된다. 그러한 임금은 기왕에 근로를 제공했던 사람이라도 특정 시점에 재직하지 않는 사람에게는 지급하지 아니하는 반면, 그 특정 시점에 재직하는 사람에게는 기왕의 근로제공내용을 묻지 아니하고 모두 이를 지급하는 것이 일반적이다. 그와 같은 조건으로 지급되는 임금이라면, 그 임금은 이른바 '소정근로'에 대한 대가의 성질을 가지는 것이라고 보기 어려울 뿐 아니라 근로자가 임의의 날에 근로를 제공하더라도 그 특정 시점이 도래하기 전에 퇴직하면 당해 임금을 전혀 지급받지 못하여 근로자가 임의의 날에 연장·야간·휴일근로를 제공하는 시점에서 그 지급조건이 성취될지 여부는 불확실하므로, 고정성도 결여한 것으로 보아야 한다(대판 2017.9.26. 2016다238120). 그러나 근로자가 특정 시점 전에 퇴직하더라도 근무일수에 비례하여(즉 일할계산하여) 임금이 지급되는 경우에는 고정성이 인정된다는 것이 판례이다(대판 2013.12.18. 2012다89399[전합]).

② 지급 대상기간에 이루어진 근로자의 근무실적을 평가하여 이를 토대로 지급 여부나 지급액이 정해지는 임금은 지급 대상기간에 대한 임금으로서는 일반적으로 고정성이 부정된다. 그러나 근무실적에 관하여 최하 등급을 받더라도 일정액을 지급하는 경우와 같이 최소한도의 지급이 확정되어 있다면, 그 최소한도의 임금은 고정적 임금이라고 할 수 있다. 근로자의 전년도 근무실적에 따라 당해 연도에 대한 임금으로서 특정 임금의 지급 여부나 지급액을 정하는 경우, 당해 연도에 임금의 지급 여부나 지급액이 확정적이라면 당해 연도에 그 임금은 고정적인 임금에 해당하는 것으로 보아야 한다. 그러나 전년도 근무실적을 평가하여 이를 토대로 지급 여부나 지급액이 정해지는 임금이 당해 연도에 지급된다고 하더라도, 전년도에 대한 임금을 지급 시기만 당해 연도로 정한 것이라고 봄만한 특별한 사정이 있는 경우에는 전년도에 대한 임금으로서의 고정성을 인정할 수 없다. 이 경우에도 근무실적에 관하여 최하 등급을 받더라도 일정액을 최소한도로 보장하여 지급하기로 한 경우에는 그 한도 내에서 전년도에 대한 고정적인 임금으로 볼 수 있다(대판 2024.2.8. 2018다206899).

제1장

제2장

제3장

제4장

제5장

제6장

제7장

제8장

제9장

제10장

Ⅳ 통상임금성 인정 여부가 문제되는 사례

1. 복리후생비

(1) 통상임금성을 인정한 사례

근로기준법 소정의 임금이란 사용자가 근로의 대가로 근로자에게 지급하는 일체의 금품으로서, 근로자에게 계속적·정기적으로 지급되고 그 지급에 관하여 단체협약, 취업규칙, 급여규정, 근로계약, 노동관행 등에 의하여 사용자에게 지급의무가 지워져 있다면 그 명목 여하를 불문하고 임금에 해당된다. 따라서 근로자들에게 정기적·일률적으로 지급되는 선물비, 생일자지원금, 개인연금지원금, 단체보험료는 임금에 해당한다(대판 2013.12.18. 2012다94643[전합]).

(2) 통상임금성을 부정한 사례

다만, 복리후생적 명목의 급여(효도제례비, 연말특별소통장려금 및 출퇴근보조여비)가 단체협약 등에 의하여 일률적·정기적으로 지급되는 것으로 정해져 있다는 사정만으로 통상임금에 해당한다고 할 수 없다(대판 2013.12.18. 2012다89399[전합]).

2. 일할계산하여 지급하는 정기상여금

甲 주식회사가 상여금지급규칙에 따라 상여금을 근속기간이 2개월을 초과한 근로자에게는 전액을, 2개월을 초과하지 않는 신규입사자나 2개월 이상 장기휴직 후 복직한 자, 휴직자에게는 상여금 지급 대상기간 중 해당 구간에 따라 미리 정해 놓은 비율을 적용하여 산정한 금액을 각 지급하고, 상여금 지급 대상기간 중에 퇴직한 근로자에게는 근무일수에 따라 일할계산하여 지급한 경우, 위 상여금은 근속기간에 따라 지급액이 달라지기는 하나 일정 근속기간에 이른 근로자에게는 일정액의 상여금이 확정적으로 지급되는 것이므로, 위 상여금은 소정근로를 제공하기만 하면 지급이 확정된 것이라고 볼 수 있어 정기적·일률적으로 지급되는 고정적인 임금인 통상임금에 해당한다(대판 2013.12.18. 2012다89399[전합]).

3. 근속기간에 연동하는 임금

어떠한 임금이 일정 근속기간 이상을 재직할 것을 지급조건으로 하거나, 또는 일정 근속기간을 기준으로 하여 임금의 계산방법을 달리하거나 근속기간별로 지급액을 달리하는 경우와 같이 지급 여부나 지급액이 근속기간에 연동하는 임금유형이 있다. 근속기간은 근로자의 숙련도와 밀접한 관계가 있으므로 소정근로의 가치 평가와 관련이 있는 '일정한 조건 또는 기준'으로 볼 수 있고, 일정한 근속기간 이상을 재직한 모든 근로자에게 그에 대응하는 임금을 지급한다는 점에서 일률성을 갖추고 있다고 할 수 있다. 또한 근속기간은 근로자가 임의의 날에 연장·야간·휴일근로를 제공하는 시점에서는 그 성취 여부가 불확실한 조건이 아니라 그 근속기간이 얼마인지가 확정되어 있는 기왕의 사실이므로, 일정 근속기간에 이른 근로자는 임의의 날에 근로를 제공하면 다른 추가적인 조건의 성취 여부와 관계없이 근속기간에 연동하는 임금을 확정적으로 지급받을 수 있어 고정성이 인정된다. 따라서 임금의 지급 여부나 지급액이 근속기간에 연동한다는 사정은 그 임금이 통상임금에 속한다고 보는 데 장애가 되지 않는다(대판 2013.12.18. 2012다89399[전합]).

4. 근무일수에 연동하는 임금

[1] 매 근무일마다 일정액의 임금을 지급하기로 정함으로써 근무일수에 따라 일할계산하여 임금이 지급되는 경우에는 실제 근무일수에 따라 그 지급액이 달라지기는 하지만, 근로자가 임의의 날에 소정근로를 제공하기만 하면 그에 대하여 일정액을 지급받을 것이 확정되어 있으므로, 이러한 임금은 고정적 임금에 해당한다.

그러나 일정 근무일수를 충족하여야만 지급되는 임금은 소정근로를 제공하는 외에 일정 근무일수의 충족이라는 추가적인 조건을 성취하여야 비로소 지급되는 것이고, 이러한 조건의 성취 여부는 임의의 날에 연장·야간·휴일근로를 제공하는 시점에서 확정할 수 없는 불확실한 조건이므로 고정성을 갖춘 것이라 할 수 없다.

[2] 한편, 일정 근무일수를 기준으로 계산방법 또는 지급액이 달라지는 경우에도 소정근로를 제공하면 적어도 일정액 이상의 임금이 지급될 것이 확정되어 있다면 그와 같이 최소한도로 확정되어 있는 범위에서는 고정성을 인정할 수 있다. 예를 들어 근무일수가 15일 이상이면 특정 명목의 급여를 전액지급하고, 15일 미만이면 근무일수에 따라 그 급여를 일할계산하여 지급하는 경우, 소정근로를 제공하기만 하면 최소한 일할계산되는 금액의 지급은 확정적이므로, 그 한도에서 고정성이 인정된다. 다른 한편, 근무일수를 기준으로 계산방법을 달리 정하지 않고, 단순히 근무일수에 따라 일할계산하여 지급하는 경우도 앞서 본 매 근무일마다 지급하는 경우와 실질적인 차이가 없어 고정성을 인정할 수 있다(대판 2013.12.18. 2012다89399[전합]).

5. 근무실적에 연동하는 임금

지급 대상기간에 이루어진 근로자의 근무실적을 평가하여 이를 토대로 지급 여부나 지급액이 정해지는 임금은 일반적으로 고정성이 부정된다고 볼 수 있다. 그러나 근무실적에 관하여 최저등급을 받더라도 일정액을 지급하는 경우와 같이 최소한도의 지급이 확정되어 있다면, 그 최소한도의 임금은 고정적 임금이라고 할 수 있다. 근로자의 전년도 근무실적에 따라 당해 연도에 특정 임금의 지급 여부나 지급액을 정하는 경우, 당해 연도에는 그 임금의 지급 여부나 지급액이 확정적이므로 당해 연도에 있어 그 임금은 고정적인 임금에 해당하는 것으로 보아야 한다. 그러나 보통 전년도에 지급할 것을 그 지급시기만 늦춘 것에 불과하다고 볼만한 특별한 사정이 있는 경우에는 고정성을 인정할 수 없다.[13] 다만 이러한 경우에도 근무실적에 관하여 최하등급을 받더라도 일정액을 최소한도로 보장하여 지급하기로 한 경우에는 그 한도 내에서 고정적인 임금으로 볼 수 있다(대판 2013.12.18. 2012다89399[전합]).

---

13) 최근 판례도 같은 취지의 판시를 한바 있어 아래에 소개한다.

[1] 근로자의 전년도 근무실적에 따라 당해 연도에 대한 임금으로서 특정 임금의 지급 여부나 지급액을 정하는 경우, 당해 연도에 그 임금의 지급 여부나 지급액이 확정적이라면 당해 연도에 있어 그 임금은 고정적인 임금에 해당하는 것으로 보아야 하나 전년도 근무실적을 평가하여 이를 토대로 지급 여부나 지급액이 정해지는 임금이 당해 연도에 지급된다고 하더라도, 전년도에 대한 임금을 그 지급 시기만 당해 연도로 정한 것에 불과하다고 볼만한 특별한 사정이 있는 경우에는 전년도에 대한 임금으로서의 고정성을 인정할 수 없다. 이 경우에도 근무실적에 관하여 최하 등급을 받더라도 일정액을 최소한도로 보장하여 지급하기로 한 경우에는 그 한도 내에서 전년도에 대한 고정적인 임금으로 볼 수 있다.

[2] 갑 주식회사가 회사 경영실적평가 결과와 전년도 내부경영실적평가 결과에 따라 '전년도 연봉월액 × (내부평가급지급률 + 경영평가성과급지급률 − 차등재원 + 차등지급률)'의 산식으로 계산한 성과연봉을 근로자인 을 등에게 지급하였는데, 을 등이 내부평가급이 포함된 성과연봉 전액을 통상임금에 포함하여 재산정한 연장근로수당 등의 지급을 구한 사안에서, 근로자들은 내부평가급이 포함된 성과연봉 전액이 당해 연도에 대한 근로의 대가로서 당해 연도의 통상임금에 해당한다고 주장하였고, 갑 주식회사는 성과연봉은 전년도 근로의 대가에 해당한다고 다투었으나, 근로자들이 지급받은 내부평가급을 포함한 성과연봉은 전년도에 대한 임금을 그 지급 시기만 당해 연도로 정한 것임을 알 수 있고, 성과연봉 중 내부평가급이 경영평가성과급과 명확하게 구분된다고 볼 수 없고, 내부평가급도 차등지급의 대상이 된다고 봄이 타당하며 근로자들이 전년도 임의의 날에 연장·야간·휴일 근로를 제공하는 시점에 전년도에 대한 성과연봉 중 일정액이 최소한도로 보장되어 있었다고 단정하기도 어렵다는 이유로 내부평가급을 포함한 성과연봉은 전년도에 대한 임금으로서 고정성을 인정할 수 없다고 한 사례(대판 2020.6.11. 2018다249308).

6. 임금인상 소급분[14]

갑 주식회사가 노동조합과 매년 임금협상을 하면서 기본급 등에 관한 임금인상 합의가 기준일을 지나서 이루어지는 경우 인상된 기본급을 기준일로 소급하여 적용하기로 약정하고, 이에 따라 매년 소급기준일부터 합의가 이루어진 때까지 소정근로를 제공한 근로자들에게 임금인상 소급분을 일괄 지급하는 한편 임금인상 합의가 이루어지기 전에 퇴직한 근로자들에게는 이를 지급하지 않은 경우, 임금인상 소급분은 근로기준법 시행령 제6조에서 정한 통상임금에 해당한다(대판 2021.8.19. 2017다56226).

---

14) 같은 취지의 다음 판례도 중요하다. 판결요지를 살펴본다.

[1] 원심은 피고와 피고의 노동조합이 매년 12월경 정기적으로 임금협상을 진행하여 실제 노사합의에 이른 날과는 관계없이 1년 단위로 임금 인상률을 합의하고, 그에 따라 재직 중인 근로자에게 임금인상 소급분을 일시금으로 지급한 사실 등을 인정한 후, 그러한 임금인상 소급분이 통상임금에 해당한다고 판단하였다.

[2] 위 임금인상 소급분은 근로기준법 시행령 제6조에서 정한 통상임금에 해당한다고 보아야 한다. 그 이유는 다음과 같다.

① 통상임금은 소정근로의 대가로 근로자에게 지급되는 금품을 말하고, 여기서 소정근로는 근로자가 소정근로시간에 통상 제공하는 근로를 의미한다. 소정근로의 대가가 무엇인지는 근로자와 사용자가 소정근로시간에 통상 제공하기로 정한 근로자의 근로의 가치를 어떻게 평가하고 그에 대하여 얼마의 금품을 지급하기로 정하였는지를 기준으로 판단하여야 한다. 근로자가 소정근로시간을 초과하여 근로를 제공하거나 근로계약에서 제공하기로 정한 것 이상의 근로를 특별히 제공함으로써 사용자로부터 추가로 지급받는 임금이나 소정근로시간의 근로와는 관련 없이 지급받는 임금은 소정근로의 대가라 할 수 없지만, 근로자와 사용자가 소정근로의 가치를 평가하여 그에 대한 대가로 정한 이상 그것이 단체협상의 지연이라는 우연한 사정으로 인해 소급 적용되었다 하여 통상임금이 아니라고 할 수는 없다. 이 사건에서 임금인상 소급분은 소정근로시간을 초과한 근로나 통상 근로 이상의 근로에 대하여 또는 소정근로와 무관하게 지급된 것이 아니라 소정근로의 가치를 평가하여 그 대가로 지급된 것으로 보인다.

② 어떠한 임금이 통상임금에 속하는지 여부는 객관적인 성질에 따라 판단하여야 한다. 임금인상 소급분이라고 하더라도 단체협약 등에서 이를 기본급, 정기상여금과 같이 법정 통상임금에 해당하는 임금으로 정하였다면 그 성질은 원래의 임금과 동일하다.

③ 근로기준법은 실제 근로시간이나 근무실적 등에 따라 증감·변동될 수 있는 평균임금의 최저한을 보장하고 연장·야간·휴일 근로에 대한 가산임금, 해고예고수당 및 연차휴가수당 등을 산정하는 기준임금으로서 '통상임금'을 규정하고 있다. 근로자의 연장·야간·휴일 근로가 상시적으로 이루어지는 경우가 드물지 않은 우리나라의 현실에서 근로기준법이 위와 같이 통상임금에 부여하는 기능 중 가장 주목되는 것은 그것이 연장·야간·휴일 근로에 대한 가산임금 등을 산정하는 기준임금으로 기능한다는 점이다. 근로기준법은 사용자로 하여금 연장·야간·휴일 근로에 대하여 통상임금의 50% 이상을 가산하여 지급하도록 규정하는데 연장근로 등은 법정근로시간 내에서 행하여지는 근로보다 근로자에게 더 큰 피로와 긴장을 주고 근로자가 누릴 수 있는 생활상의 자유시간을 제한하므로 이에 상응하는 금전적 보상을 해주려는 데에 그 취지가 있다. 만약 소정근로시간에 대해 시간당 임금이 10,000원이라고 가정하면 1시간 연장 근로 시 그에 대하여 15,000원을 지급받게 된다. 사후적으로 시간당 임금을 15,000원으로 소급 인상하였음에도 소급인상분을 통상임금에 포함하지 않는다면 연장근로 1시간에 대한 임금은 여전히 15,000원으로 연장근로에 대한 임금이 소정근로에 대한 임금과 동일하게 되는데 이러한 결과는 통상임금의 기능적 목적에 반하는 것이 된다. 앞의 사안에서 사후적으로 시간당 임금을 10,000원에서 17,000원으로 소급하여 인상하였다고 가정하면 임금인상 소급분을 통상임금에 포함하지 않는 경우 소정근로시간에 대한 임금보다 연장근로에 대한 임금이 오히려 더 적게 되는데 이는 통상임금이 그 기능을 다하지 못하게 되는 부당한 결론이라고 할 수 있다.

④ 소급기준일 이후 임금인상 합의 전까지 근로자들이 소정근로를 제공할 당시에는 임금의 인상 여부나 폭이 구체적으로 정해지지 않았더라도, 원고들은 매년 반복된 소급인상 합의에 따라 임금이 인상되면 소급기준일 이후의 임금인상 소급분이 지급되리라고 기대할 수 있었다. 이러한 노사합의는 소정근로에 대한 추가적인 가치 평가시점만을 부득이 근로의 제공 이후로 미룬 것으로, 그에 따른 이 사건 임금인상 소급분은 근로자가 업적이나 성과의 달성 등 추가 조건을 충족해야만 지급되는 것이 아니라 소정근로의 제공에 대한 보상으로 당연히 지급될 성질의 것이므로 고정성을 갖추고 있다고 보아야 한다.

⑤ 피고는 임금인상 합의가 이루어지기 전에 퇴직한 근로자들에게는 임금인상 소급분을 지급하지 않았다. 그러나 이는 임금 등 근로조건을 결정하는 기준을 소급적으로 변경하는 내용의 단체협약의 효력이 단체협약 체결 이전에 이미 퇴직한 근로자에게 미치지 않기 때문에 발생하는 결과에 불과하므로, 소정근로를 제공한 근로자들에게 그에 대한 보상으로 당연히 지급되는 이 사건 임금인상 소급분의 성질을 달리 볼 사유가 될 수 없다(대판 2021.8.26. 2017다269145).

7. 특수한 기술, 경력 등을 조건으로 하는 임금

특수한 기술의 보유나 특정한 경력의 구비 등이 임금지급의 조건으로 부가되어 있는 경우, 근로자가 임의의 날에 연장·야간·휴일근로를 제공하는 시점에서 특수한 기술의 보유나 특정한 경력의 구비 여부는 그 성취 여부가 불확실한 조건이 아니라 기왕에 확정된 사실이므로, 그와 같은 지급조건은 고정성 인정에 장애가 되지 않는다(대판 2013.12.18, 2012다89399[전합]).

8. 야간교대수당

갑 주식회사가 4조 3교대 근무형태의 생산기능직 근로자 중 해당 월에 심야조 근무를 한 근로자들에게 단체협약에 따라 야간교대수당을 지급하였는데, 갑 회사의 근로자인 을 등이 야간교대수당을 통상임금에 포함하여 재산정한 추가법정수당의 지급을 구한 경우, 야간교대수당은 심야조 근무에 대한 대가로 일률적·정기적·고정적으로 지급되는 성질을 갖추고 있다고 봄이 타당하므로 야간교대수당이 통상임금에 해당한다(대판 2021.9.30, 2019다288898).

9. 근무일수에 비례하여 지급되는 정기상여금

(1) 사실관계

갑 주식회사의 사내협력업체들(이하 '피고')은 2009.9.23. 소속 근로자들(이하 '원고들')이 조합원으로 소속되는 있는 노동조합(이하 '노동조합')과 단체협약을 체결하였고, 2010, 2012년에도 노동조합과 단체협약을 체결하였는데, 원고들은 피고가 원고들에게 지급한 상여금, 식대, 야식비, 능률수당은 모두 정기성·일률성·고정성을 갖춘 소정근로의 대가로서 통상임금에 해당함에도, 피고는 이를 제외한 채 통상임금을 산정하여 연장·야간·휴일근로수당·휴일연장근로수당을 지급하였으므로 원고들은 피고에게 상여금, 식대, 야식비, 능률수당를 포함하여 재산정한 통상임금을 기준으로 연장·야간·휴일근로수당·휴일연장근로수당·연차수당을 재산정한 후 같은 기간 동안 기지급된 금액을 공제한 차액의 지급을 구하는 소를 제기하였다.

(2) 판결요지

[1] 단체협약이나 취업규칙 등에 정기적·계속적으로 일정 지급률에 따라 정기상여금을 지급하기로 하되, 지급기일 전에 근로자가 퇴직한 경우에 관한 지급조건에 대해서는 특별히 정하지 않았다면, 이미 근무한 기간에 비례하는 만큼의 정기상여금에 대해서는 근로의 대가로서 청구할 수 있다. 단체협약 등에서 정기상여금을 특정 시점에 재직 중인 근로자에 한하여 지급한다는 규정을 둔 경우에도, 그 규정만을 근거로 이미 근로를 제공했더라도 특정 시점에 재직하지 않는 사람에게는 정기상여금을 전혀 지급하지 않는 취지라고 단정할 것은 아니다. 특정 시점 전에 퇴직하더라도 이미 근무한 기간에 비례하는 만큼 정기상여금을 지급해야 하는지는 단체협약 등에서 정기상여금을 근무기간에 비례하여 지급한다는 규정을 두고 있는지 여부뿐만 아니라, 정기상여금의 지급 실태나 관행, 노사의 인식, 정기상여금 그 밖의 임금 지급에 관한 규정 등을 종합하여 구체적인 사안에서 개별적으로 판단해야 한다. 근로자가 특정 시점 전에 퇴직하더라도 근무일수에 비례하여 정기상여금이 지급되는 경우 정기상여금은 매 근무일마다 지급되는 임금과 실질적인 차이가 없어 통상임금에 해당한다.

[2] 갑 주식회사의 단체협약에서 '약정 통상급의 600% 지급률에 따라 상여금을 지급하되, 상여금 지급일 이전에 입사, 복직, 휴직하는 사람의 상여금은 일할 계산한다'고 정하는 한편 취업규칙에는 '상여금은 지급일 현재 재직 중인 자에 한하여 지급한다'고 정하고 있고, 이에 따라 갑 회사가 정기상여금을 매 2개월마다 약정 통상급의 100%씩 정기적·계속적으로 지급한 사안에서, 갑 회사는 지급일 이전에 퇴직한 근로자에게도 이미 근무한 기간에 비례하는 만큼 정기상여금을 지급하기로 하였다고 볼 수 있고, 이는 통상임금에 해당한다고 봄이 타당하다고 한 사례(대판 2022.4.28. 2019다238053).

10. 업적연봉

업적연봉은 비록 전년도 인사평가 결과에 따라 그 인상분이 달라질 수 있기는 하지만 일단 전년도 인사평가 결과를 바탕으로 한 인상분이 정해질 경우 월 기본급의 700%에 그 인상분을 더한 금액이 해당 연도의 근무실적과는 관계없이 해당 연도 근로의 대가로 액수 변동 없이 지급되는 것으로서 근로자가 소정근로를 제공하기만 하면 그 지급이 확정된 것이라고 볼 수 있어 정기적·일률적으로 지급되는 고정적인 임금인 통상임금에 해당한다. 그리고 업무 외의 상병으로 인한 휴직자에게는 업적연봉이 지급되지 않으나, 이는 해당 근로자의 개인적인 특수성을 고려하여 지급 여부에 차등을 둔 것에 불과하므로 그러한 사정만을 들어 업적연봉의 통상임금성을 부정할 것은 아니다(대판 2021.6.10. 2017다49297).

11. 재직조건이 부가된 정기상여금

상여금이 지급일 현재 재직하고 있는 근로자에게만 지급되고 근로자가 근로를 제공하더라도 지급일 전에 퇴직하면 당해 임금을 전혀 지급받지 못하는 경우, 소정근로에 대한 대가의 성질을 가지는 것이라고 보기 어려울 뿐 아니라 고정성도 인정되지 않고, 보전수당은 근로기준법의 개정으로 유급휴가가 감소한 것을 보전해 주기 위해 마련된 것으로서 근로와 무관하게 특정한 시점에 재직한 근로자에게 지급되므로 소정근로에 대한 대가의 성질을 가지는 것이라고 보기 어려워, 모두 통상임금에 해당하지 않는다(대판 2017.9.26. 2016다238120).

12. 특정 시점에 재직 중일 것을 조건으로 하는 임금

근로자가 소정근로를 했는지 여부와는 관계없이 지급일 기타 특정 시점에 재직 중인 근로자에게만 지급하기로 정해져 있는 임금은 그 특정 시점에 재직 중일 것이 임금을 지급받을 수 있는 자격요건이 된다. 그러한 임금은 기왕에 근로를 제공했던 사람이라도 특정 시점에 재직하지 않는 사람에게는 지급하지 아니하는 반면, 그 특정 시점에 재직하는 사람에게는 기왕의 근로제공내용을 묻지 아니하고 모두 이를 지급하는 것이 일반적이다. 그와 같은 조건으로 지급되는 임금이라면, 그 임금은 이른바 '소정근로'에 대한 대가의 성질을 가지는 것이라고 보기 어려울 뿐 아니라 근로자가 임의의 날에 근로를 제공하더라도 그 특정 시점이 도래하기 전에 퇴직하면 당해 임금을 전혀 지급받지 못하여 근로자가 임의의 날에 연장·야간·휴일근로를 제공하는 시점에서 그 지급조건이 성취될지 여부는 불확실하므로, 고정성도 결여한 것으로 보아야 한다. 그러나 근로자가 특정 시점 전에 퇴직하더라도 그 근무일수에 비례한 만큼의 임금이 지급되는 경우에는 앞서 본 매 근무일마다 지급되는 임금과 실질적인 차이가 없으므로, 근무일수에 비례하여 지급되는 한도에서는 고정성이 부정되지 않는다(대판 2013.12.18. 2012다89399[전합]).

13. CCTV 수당

여객자동차 운수업을 영위하는 갑 주식회사가 운행버스에 설치한 CCTV를 교체하면서 노동조합과 합의한 협약서에서 당일 출근하는 모든 운전직 근로자들에게 실비변상 조로 장갑, 음료수, 담배, 기타 잡비 명목으로 일비 10,000원에 상당하는 갑 회사 발행의 구내매점용 물품구입권을 지급한다고 정하였고, 이에 따라 갑 회사가 실제 경비로 사용되는지를 불문하고 근로를 제공한 운전직 근로자 모두에게 물품구입권을 지급한 경우, 위 CCTV 수당은 통상임금에 포함된다(대판 2020.4.29. 2016다7647).

14. 지급제한사유로 인해 휴직자 등에게 지급되지 아니한 임금

근로기준법이 연장·야간·휴일 근로에 대한 가산임금 등의 산정 기준으로 규정하고 있는 통상임금은 근로자가 소정근로시간에 통상적으로 제공하는 근로인 소정근로의 대가로 지급하기로 약정한 금품으로서, 정기적·일률적·고정적으로 지급되는 임금을 말한다. 여기서 고정적인 임금이란 명칭 여하를 불문하고 임의의 날에 소정근로시간을 근무한 근로자가 그 다음 날 퇴직한다고 하더라도 그 하루의 근로에 대한 대가로 당연하고도 확정적으로 지급받게 되는 최소한의 임금을 말하므로, 근로자가 임의의 날에 소정근로를 제공하면 업적, 성과 기타의 추가적인 조건의 충족 여부와 관계없이 당연히 지급될 것으로 예정되어 지급 여부나 지급액이 사전에 확정된 임금은 고정성을 갖춘 것으로 볼 수 있다. 단체협약이나 취업규칙 등에 휴직자나 복직자 또는 징계대상자 등에 대하여 특정 임금에 대한 지급 제한사유를 규정하고 있다 하더라도, 이는 해당 근로자의 개인적인 특수성을 고려하여 임금 지급을 제한하고 있는 것에 불과하므로, 그러한 사정만을 들어 정상적인 근로관계를 유지하는 근로자에 대하여 그 임금이 고정적 임금에 해당하지 않는다고 할 수는 없다(대판 2019.8.14. 2016다9704).

15. 선택적 복지제도시행과 관련된 복지포인트

사용자가 선택적 복지제도를 시행하면서 직원 전용 온라인 쇼핑사이트에서 물품을 구매하는 방식 등으로 사용할 수 있는 복지포인트를 단체협약, 취업규칙 등에 근거하여 근로자들에게 계속적·정기적으로 배정한 경우라고 하더라도, 이러한 복지포인트는 근로기준법에서 말하는 임금에 해당하지 않고, 그 결과 통상임금에도 해당하지 않는다(대판 2019.8.22. 2016다48785[전합]).

16. 사후에 노사협의로 지급액을 정하도록 한 금원

통상임금이 소정근로시간을 초과하는 근로를 제공할 때 지급되는 가산임금을 산정하는 기준임금으로 기능하는 점을 고려하면, 어떤 임금이 통상임금에 해당하기 위해서는 근로자가 실제로 연장·야간·휴일 근로를 하기 전에 그 지급과 지급액이 사전에 확정되어 있어야 하고, 여기서 지급과 지급액이 사전에 확정되어 있다는 것은 임의의 날에 소정근로를 제공하면 당연히 지급될 것이 예정되어 있는 것을 의미함은 앞서 본 바와 같다. 원심판결 이유와 기록에 의하면, 피고와 노동조합이 체결한 단체협약은 "회사는 김장철에 김장보너스를 지급하며, 지급금액은 노사협의하여 지급한다"고 정하고 있고, 이에 따라 이 사건 김장보너스는 지급 직전에 노사협의를 통해 정해졌는데, 2007년부터 2009년까지는 220,000원, 2010년에는 240,000원으로 정해진 사실을 알 수 있다. 이처럼 지급액을 결정하기 위한 객관적인 기준 없이 단지 사후에 노사협의를 통해 그 지급액을 정하도록 한 경우라면 그 지급액이 사전에 확정되어 있다고 볼 수 없다. 따라서 이 사건 김장보너스는 고정적인 임금이라고 할 수 없어 통상임금에 해당한다고 볼 수 없다(대판 2013.12.18. 2012다89399[전합]).

17. 고정OT수당[15]

(1) 사실관계

A사의 월급제 근로자의 경우, (i) 1980년 이래 고정OT만이 지급됐을 뿐 초과근로에 따른 근로기준법상 법정수당이 별도로 지급되지 않았고, (ii) 일정 기간 동안 '자기계발비'라는 명칭이 바뀌었으나 2004.9.경 노동부 특별근로감독 결과 사무직의 잔업에 대한 보상제도를 명확하게 하라는 지적을 받고 2005.3.1.부터는 '시간외수당'으로, 2011.3.부터는 '고정시간외수당'으로 명칭을 변경했다. (iii) A사의 '2013년도 급여기준'에는 월급제 근로자에게 지급된 고정OT에 관해서 월 소정근로시간(240시간) 외 통상적 연장근로 월 32시간분에 해당하는 '임금시간 48시간, 기본급의 20%'를 월 급여에 포함해 지급한다는 취지의 규정이 있었다. 한편, A사 시급제 근로자의 경우, (i) 1980년 이래 실제 평일 연장·야간근로의 시간에 따라 산정한 법정수당이 지급됐다. (ii) A사는 시급제 근로자들에게 1994.4.경부터 '기본급 20% 상당액의 수당'을 '자기계발비'라는 명칭으로 지급했다가 2006.3.경 기본급에 통합했고, (iii) 이후 시급제 근로자 일부에 대해서는 2011.3.경부터 '기본급 20% 상당액의 수당'을 기본급에서 분리해 '고정시간외수당'이라는 명칭으로 지급했다.

(2) 판결요지

어떠한 임금이 통상임금에 속하는지 여부는 그 임금이 소정근로의 대가로 근로자에게 지급되는 금품으로서 정기적·일률적·고정적으로 지급되는 것인지를 기준으로 그 객관적인 성질에 따라 판단하여야 한다. 소정근로의 대가라 함은 근로자가 소정근로시간에 통상적으로 제공하기로 정한 근로에 관하여 사용자와 근로자가 지급하기로 약정한 금품을 말한다. 근로자가 소정근로시간을 초과하여 근로를 제공하거나 근로계약에서 제공하기로 정한 근로 외의 근로를 특별히 제공함으로써 사용자로부터 추가로 지급받는 임금이나 소정근로시간의 근로와는 관련 없이 지급받는 임금은 소정근로의 대가라 할 수 없으므로 통상임금에 속하지 아니한다. 소정근로의 대가가 무엇인지는 근로자와 사용자가 소정근로시간에 통상적으로 제공하기로 정한 근로자의 근로의 가치를 어떻게 평가하고 그에 대하여 얼마의 금품을 지급하기로 정하였는지를 기준으로 전체적으로 판단하여야 한다.

A사는 1994.3.경 이전까지 시급제 근로자와 달리 월급제 근로자에게는 실제 평일 연장·야간근로시간을 별도로 산정하지 않은 채 기본급 20% 상당액을 '시간외수당'으로 지급한 것으로 보인다. 조기출퇴근제 시행 기간 동안 위 '시간외수당'의 명칭이 '자기계발비'로 변경되었으며 시급제 근로자에게도 같은 명칭의 수당이 지급되었다고 하더라도, 같은 기간 동안 시급제 근로자들에게는 평일 연장·야간근로에 대한 별도의 법정수당이 지급된 점 등에 비추어 보면 월급제 근로자들에게 종전과 마찬가지로 지급된 '기본급 20% 상당액의

---

15) 고정OT합의(고정Over Time수당합의)는 실제 초과근로시간과 관계없이 일정 시간을 초과근로시간으로 간주하기로 합의하고 고정액을 지급하는 제도를 말한다. 급여항목으로 고정OT를 설계하였다고 하더라도 일정 시간을 초과하여 근로한 경우 그 초과근로에 대하여는 근로기준법 제56조에 따라 근로자에게 별도의 법정수당을 추가로 지급하여야 한다. 반면 포괄임금약정은 일정한 연장·야간·휴일근로가 예상되는 근무형태에서, 기본임금을 미리 정하지 아니한 채 연장근로 등에 대한 가산임금을 합하여 일정한 금액을 임금(월급·일급)으로 정하는 경우, 또는 기본임금은 미리 정하되 연장근로 등에 대한 가산임금으로서 일정한 금액을 지급하기로 하는 경우를 말한다. 예를 들어 포괄임금약정으로서 일체의 연장·야간·휴일 근로수당을 월 100만원으로 정하였다면, 월 20시간의 연장근로를 하든, 40시간의 연장근로를 하든 상관없이 사용자는 근로자에게 월 100만원만 지급하면 된다는 점에서 고정OT합의와 구별된다. 포괄임금약정은 강행규정인 근로기준법 제56조의 적용을 배제할 수 있어 판례는 포괄임금약정을 엄격한 요건하에 인정하고 있음을 유의하여야 한다.

수당'의 성격이 소정근로의 대가로 변경되었다고 단정하기 어렵다. 오히려 조기출퇴근제 폐지 이후 2005.3.1.부터 대체로 월급제였다고 보이는 사무직 근로자들의 잔업에 대한 보상제도를 명확히 하려는 취지에서 다시 위 수당의 명칭이 '자기계발비'에서 '시간외수당'으로 환원된 점, 2006.3.경부터 2011.3.경까지 사이에는 시급제 근로자들에게 지급되던 '기본급 20% 상당액의 수당'이 기본급으로 흡수되었음에도 같은 기간 동안 월급제 근로자들에게 지급되던 같은 수당이 계속 '시간외수당' 명목으로 지급되었던 점 등에 비추어 볼 때, 적어도 조기출퇴근제 폐지 이후에는 '기본급 20% 상당액의 수당'이 월급제 근로자들의 평일 소정근로시간을 초과하여 제공하는 근로에 대한 대가로서 지급되었을 가능성을 배제할 수 없다. 특히 '2013년 급여기준'의 내용에 비추어 볼 때, 피고가 월급제 근로자들에게 실제의 평일 연장·야간근로시간과 관계없이 소정근로시간 월 240시간을 기준으로 그 20%에 해당하는 월 32시간을 평일 연장·야간근로시간으로 간주하고 그에 대한 대가로서 이 사건 고정시간외수당을 지급하였을 여지도 있다. A사가 이 사건 고정시간외수당을 신규채용자·퇴직자 등에게 일할 계산하여 지급하였다는 등의 사정만으로 위 수당이 소정근로의 대가로서 지급되었다고 단정할 수도 없다. 그런데도 원심은 판시와 같은 이유만으로 피고가 원고 B을 비롯한 피고의 월급제 근로자들에게 지급한 이 사건 고정시간외수당이 소정근로에 대한 대가로서 통상임금에 해당한다고 판단하였다. 이러한 원심의 판단에는 통상임금의 요건인 소정근로 대가성 등에 대한 법리를 오해하고 필요한 심리를 다하지 않음으로써 판결에 영향을 미친 잘못이 있다. 이를 지적하는 상고이유 주장은 원고 B에 대한 부분에 관하여 이유 있다(대판 2021.11.11. 2020다224739).

Ⅴ. 통상임금의 산정

통상임금을 기초로 산정하는 수당은 주로 시간단위로 계산되므로, 통상임금은 시간급으로 산정함이 원칙이다.

1. 원 칙

통상임금은 시간급으로 산정함이 원칙이다.

2. 시간급으로의 환산

(1) 일급의 환산

일급금액으로 정한 임금은 그 금액을 1일의 소정근로시간 수로 나눈 금액을 시간급 통상임금으로 한다(근기법 시행령 제6조 제2항 제2호).

(2) 주급의 환산

주급금액으로 정한 임금은 주휴임금을 포함하므로, 그 금액을 주의 통상임금 산정 기준시간 수로 나눈 금액을 시간급 통상임금으로 한다(근기법 시행령 제6조 제2항 제3호).

(3) 월급의 환산

월급금액으로 정한 임금은 주휴임금을 포함하므로, 그 금액을 월의 통상임금 산정 기준시간 수로 나눈 금액을 시간급 통상임금으로 한다(근기법 시행령 제6조 제2항 제4호).

Ⅵ 통상임금배제합의의 효력

1. 문제점

법률상 통상임금에 산입되어야 할 각종 수당을 통상임금의 범위에서 배제하는 것은, 최저기준을 정한 근로기준법 위반임이 명백함에도, 노사 간 합의를 이유로 통상임금에서 배제하는 사안을 인정할 수 있는지 여부가 문제된다.

2. 통상임금배제합의의 효력 기출 20

통상임금은 근로조건의 기준을 마련하기 위하여 법이 정한 도구 개념이므로, 사용자와 근로자가 통상임금의 의미나 범위 등에 관하여 단체협약 등에 의해 따로 합의할 수 있는 성질의 것이 아니다. 따라서 성질상 근로기준법상 통상임금에 속하는 임금을 통상임금에서 제외하기로 노사 간에 합의하였다 하더라도 그 합의는 효력이 없다(대판 2013.12.18. 2012다89399[전합]).

3. 통상임금배제합의에 의한 차액임금의 청구

(1) 차액임금의 청구 가부

1) 통상임금배제합의가 무효인 경우

통상임금에 속하는 임금을 통상임금에서 제외하기로 한 노사 간의 합의가 효력이 없다면, 근로자는 차액임금을 청구할 수 있는 것이 원칙이다.

2) 차액임금의 청구가 신의칙에 반하는 경우

판례는 노사합의 내용이 근로기준법의 강행규정을 위반한다고 하여 노사합의의 무효주장에 대하여 예외 없이 신의칙의 적용이 배제되는 것은 아니고, 신의칙을 적용하기 위한 일반적인 요건을 갖춤은 물론 근로기준법의 강행규정성에도 불구하고 신의칙을 우선적용하는 것을 수긍할 만한 특별한 사정이 있는 예외적인 경우에 한하여 노사합의의 무효를 주장하는 것은 신의칙에 위배되어 허용될 수 없다고 하면서, 임금협상과정을 거쳐 이루어진 노사합의에서 정기상여금은 그 자체로 통상임금에 해당하지 아니한다고 오인한 나머지 정기상여금을 통상임금산정기준에서 제외하기로 합의하고 이를 전제로 임금수준을 정한 경우, 근로자 측이 앞서 본 임금협상의 방법과 경위, 실질적인 목표와 결과 등은 도외시한 채 임금협상 당시 전혀 생각하지 못한 사유를 들어 정기상여금을 통상임금에 가산하고 이를 토대로 추가적인 법정수당의 지급을 구함으로써, 노사가 합의한 임금수준을 훨씬 초과하는 예상외의 이익을 추구하고 그로 말미암아 사용자에게 예측하지 못한 새로운 재정적 부담을 지워 중대한 경영상의 어려움을 초래하거나 기업의 존립을 위태롭게 한다면, 이는 종국적으로 근로자 측에게까지 그 피해가 미치게 되어 노사 어느 쪽에도 도움이 되지 않는 결과를 가져오므로 정의와 형평관념에 비추어 신의에 현저히 반하고 도저히 용인될 수 없음이 분명하므로, 이와 같은 경우 근로자 측의 추가법정수당청구는 신의칙에 위배되어 받아들일 수 없다고(대판 2013.12.18. 2012다89399[전합]) 판시하여, 상여금에 한하여 신의칙에 따른 예외를 인정하고 있다.

(2) 신의칙 위반 여부의 판단

1) 판단 기준

① 노사합의에서 정기상여금은 그 자체로 통상임금에 해당하지 아니한다는 전제로, 정기상여금을 통상임금 산정기준에서 제외하기로 합의하고 이를 전제로 임금수준을 정한 경우, 근로자 측이 정기상여금을 통상임금에 가산하고 이를 토대로 추가적인 법정수당 등의 지급을 구함으로써, 사용자에게 새로운 재정적 부담을 지워 중대한 경영상의 어려움을 초래하거나 기업의 존립을 위태롭게 하는 것은 정의와 형평관념에 비추어 신의에 현저히 반할 수 있다. 다만, 근로관계를 규율하는 강행규정보다 신의칙을 우선하여 적용할 것인지를 판단할 때에는 근로조건의 최저기준을 정하여 근로자의 기본적 생활을 보장·향상시키고자 하는 근로기준법 등의 입법취지를 충분히 고려할 필요가 있다. 또한 기업을 경영하는 주체는 사용자이고, 기업의 경영상황은 기업 내·외부의 여러 경제적·사회적 사정에 따라 수시로 변할 수 있으므로, 통상임금 재산정에 따른 근로자의 추가법정수당청구를 중대한 경영상의 어려움을 초래하거나 기업존립을 위태롭게 한다는 이유로 배척한다면, 기업경영에 따른 위험을 사실상 근로자에게 전가하는 결과가 초래될 수 있다. 따라서 근로자의 추가법정수당청구가 사용자에게 중대한 경영상의 어려움을 초래하거나 기업의 존립을 위태롭게 하여 신의칙에 위반되는지는 신중하고 엄격하게 판단하여야 한다(대판 2019.2.14. 2015다 217287).

② 대부분의 기업에서 정기상여금과 마찬가지로 특정 수당이 그 자체로 통상임금에 해당하지 않는다는 전제 아래에서, 임금협상 시 노사가 특정 수당을 통상임금에서 제외하기로 합의하는 실무가 장기간 계속되어 왔고, 이러한 노사합의가 일반화되어 이미 관행으로 정착된 경우가 아니라면, 단순히 개별 기업의 노사가 정기상여금이 아닌 특정 수당을 통상임금 산정 기준에서 제외하기로 합의한 후 이를 전제로 임금 수준을 정하였다는 등의 사정만으로는 근로자 측이 특정 수당을 통상임금에 가산하여 추가 법정수당 및 퇴직금의 지급을 구하는 것이 정의 관념에 비추어 용인될 수 없는 정도의 상태에 이르렀다거나 근로기준법의 강행 규정성에도 불구하고 신의칙을 우선하여 적용하는 것을 수긍할 만한 특별한 사정이 있는 예외적인 경우라고 할 수 없다. 결국 근로자 측의 이러한 권리행사가 신의칙에 위배된다고 할 수 없다(대판 2019.6.13. 2015다 69846).

③ [1] 특정 시점이 되기 전에 퇴직한 근로자에게 특정 임금 항목을 지급하지 않는 관행이 있더라도, 단체협약이나 취업규칙 등이 그러한 관행과 다른 내용을 명시적으로 정하고 있으면 그러한 관행을 이유로 해당 임금 항목의 통상임금성을 배척함에는 특히 신중해야 한다.

[2] 단체협약 등 노사합의의 내용이 근로기준법의 강행규정을 위반하여 무효인 경우에, 그 무효를 주장하는 것이 신의성실의 원칙(이하 "신의칙")에 위배되는 권리의 행사라는 이유로 이를 배척한다면, 강행규정으로 정한 입법 취지를 몰각시키는 결과가 되므로, 그러한 주장은 신의칙에 위배된다고 볼 수 없음이 원칙이다. 그러나 노사합의의 내용이 근로기준법의 강행규정을 위반한다는 이유로 노사합의의 무효 주장에 대하여 예외 없이 신의칙의 적용이 배제되는 것은 아니다. 신의칙을 적용하기 위한 일반적인 요건을 갖춤은 물론 근로기준법의 강행규정성에도 불구하고 신의칙을 우선하여 적용할 만한 특별한 사정이 있는 예외적인 경우에 한하여 그 노사합의의 무효를 주장하는 것이 신의칙에 위배되어 허용될 수 없다. 노사합의에서 정기상여금은 그 자체로 통상임금에 해당하지 않는다는 전제에서 정기상여금을 통상임금 산정 기준에서 제외하기로 합의하고 이를 기초로 임금수준을 정한 경우, 근로자 측이 정기상여금을 통상임금에 가산하고 이를 토대로 추가적인 법정수당의 지급을 구함으로써 사용자에게 예측하지 못한 새로운 재정적 부담을 지워 중대한 경영상의 어려움을 초래하거나 기업의 존립을 위태롭게 하는 것은 정의와 형평

관념에 비추어 신의에 현저히 반할 수 있다. 근로자의 추가 법정수당 청구가 사용자에게 중대한 경영상의 어려움을 초래하거나 기업의 존립을 위태롭게 하여 신의칙에 위배되는지는 신중하고 엄격하게 판단해야 한다. 통상임금 재산정에 따른 근로자의 추가 법정수당 청구가 기업에 중대한 경영상의 어려움을 초래하거나 기업 존립을 위태롭게 하는지는 추가 법정수당의 규모, 추가 법정수당 지급으로 인한 실질임금 인상률, 통상임금 상승률, 기업의 당기순이익과 그 변동 추이, 동원 가능한 자금의 규모, 인건비 총액, 매출액, 기업의 계속성·수익성, 기업이 속한 산업계의 전체적인 동향 등 기업운영을 둘러싼 여러 사정을 종합적으로 고려해서 판단해야 한다. 기업이 일시적으로 경영상의 어려움에 처하더라도 사용자가 합리적이고 객관적으로 경영 예측을 하였다면 그러한 경영상태의 악화를 충분히 예견할 수 있었고 향후 경영상의 어려움을 극복할 가능성이 있는 경우에는 신의칙을 들어 근로자의 추가 법정수당 청구를 쉽게 배척해서는 안 된다(대판 2021.12.16. 2016다7975).

④ 노사가 협의하여 정기상여금은 통상임금에 해당하지 않는다는 것을 전제로 정기상여금을 통상임금 산정기준에서 제외하기로 합의하고 이에 기초하여 임금수준을 정한 경우, 근로자가 정기상여금을 통상임금에 가산하고 이를 토대로 추가적인 법정수당의 지급을 청구함으로써 사용자에게 과도한 재정적 부담을 지워 중대한 경영상 어려움을 초래하거나 기업의 존립을 위태롭게 하는 것은 신의칙에 반할 수 있으나 통상임금에서 제외하기로 하는 노사합의가 없는 임금에 대해서는 근로자가 이를 통상임금에 가산하고 이를 토대로 추가적인 법정수당의 지급을 청구하더라도 신의칙에 반한다고 볼 수 없다(대판 2021.6.10. 2017다49297).

2) 판단 대상

[1] 원심은, 피고가 원고들을 비롯한 생산직 근로자들에게 정기상여금을 통상임금에 산입한 결과 추가로 발생하는 법정수당 및 퇴직금(이하 "추가 법정수당 등")을 지급하게 됨으로써 피고에게 중대한 경영상의 어려움이 초래되거나 그 존립이 위태롭게 되는지 여부를 판단하면서, 당해 사업부가 각각 별도의 조직을 갖추고 어느 정도 독립적인 형태로 사업을 영위하고 있는 것으로 보인다는 등의 이유를 들어 피고 회사 자체가 아닌 당해 사업부의 재정 상황 등을 기준으로 삼아 이를 판단하였다.

[2] 그러나 원심의 위와 같은 판단은 수긍하기 어렵다. 앞서 본 바와 같이, 근로자의 추가 법정수당 등의 청구는 그것이 사용자에게 예기치 못한 새로운 재정적 부담을 지워 중대한 경영상의 어려움을 초래하거나 기업의 존립을 위태롭게 하는 경우에 한하여 신의칙 위반을 이유로 배척될 수 있는데, 당해 사업부가 피고 내부의 다른 사업부와 조직 및 운영상 어느 정도 독립되어 있는 것에서 더 나아가 재무·회계 측면에서도 명백하게 독립되어 있는 등으로 당해 사업부를 피고와 구별되는 별도의 법인으로 취급하여야 할 객관적인 사정을 인정하기 어렵기 때문이다(대판 2020.8.27. 2016다16054).

3) 증명 책임

신의칙 위반은 강행규정에 위반하는 것으로 당사자의 주장이 없더라도 법원은 직권으로 판단할 수 있다는 점에서 직권조사사항이라고 보아야 한다. 직권조사사항의 조사방식인 직권조사(통설, 판례)에 의할 때 당사자에게 사실의 주장·증명책임이 인정된다. 판례도 같은 취지에서 추가 퇴직금 등의 지급으로 인해 피고인 사용자에게 중대한 경영상의 어려움이 초래되는지를 판단하기 위해서 원고들인 근로자들이 사실심 변론종결일을 기준으로 피고의 현금성자산이 얼마나 되는지, 피고 회사의 현금 흐름이 어떠한지 등을 주장·증명하여야 한다고(대판 2019.4.23. 2014다27807) 판시하고 있다.

관련 판례

1. 통상임금의 산정방법

(1) 월급금액으로 정한 임금의 산정

근로자에게 지급된 월급에 통상임금으로 볼 수 없는 근로기준법 제55조가 정한 유급휴일에 대한 임금이 포함되어 있어 월급 금액으로 정하여진 통상임금을 확정하기 곤란한 경우에는, 근로자가 이러한 유급휴일에 근무한 것으로 의제하여 이를 소정근로시간과 합하여 총근로시간을 산정한 후, 유급휴일에 대한 임금의 성격을 가지는 부분이 포함된 월급을 그 총근로시간 수로 나누는 방식에 의하여 그 시간급 통상임금을 산정하여도 무방하다. 이러한 법리는 근로자에게 지급된 월급에 근로계약이나 취업규칙 등에 따른 유급휴일에 대한 임금이 포함되어 있는 경우에도 마찬가지로 적용된다. 따라서 이러한 산정 방법에 따라 유급휴일에 근무한 것으로 의제하여 총근로시간에 포함되는 시간은 근로기준법 등 법령에 의하여 유급으로 처리되는 시간에 한정되지 않고, 근로계약이나 취업규칙 등에 의하여 유급으로 처리하기로 정해진 시간도 포함된다(대판 2019.10.18. 2019다230899).

(2) 기준근로시간 수의 산정

[1] 통상임금 여부는 근로기준법에 따르면서 시간급 통상임금의 산정 기준이 되는 기준시간 수에 관하여는 취업규칙, 단체협약에서 정한 바에 따르는 것은, 하나의 근로조건에 포함된 여러 가지 요소들을 개별적으로 비교하는 것일 뿐만 아니라 근로자에게 가장 유리한 내용을 각 요소별로 취사선택하는 것이어서 허용되지 않는다.

[2] 근로자에 대한 임금을 월급으로 지급할 경우 월급통상임금에는 근로기준법 제55조 제1항의 유급휴일에 대한 임금도 포함된다. 따라서 월급제 근로자는 근로계약·단체협약 등에서 달리 정하지 않는 한 통상임금이 증액됨을 들어 주휴수당의 차액을 청구할 수 없다(대판 2024.2.8. 2018다206899).

(3) 약정근로시간 수의 산정

1) 판결요지

[다수의견]

[1] 근로기준법이 정한 기준근로시간을 초과하는 약정근로시간에 대한 임금으로서 월급 형태로 지급되는 고정수당을 시간급 통상임금으로 환산하는 경우, 시간급 통상임금 산정의 기준이 되는 총근로시간 수에 포함되는 약정근로시간 수를 산정할 때는 특별한 정함이 없는 한 근로자가 실제로 근로를 제공하기로 약정한 시간 수 자체를 합산하여야 하는 것이지, 가산수당 산정을 위한 '가산율'을 고려한 연장근로시간 수와 야간근로시간 수를 합산할 것은 아니다. 이와 달리 기준근로시간을 초과하는 약정근로시간에 대한 임금으로 지급된 월급 또는 일급 형태 고정수당의 시간급 환산 시 연장근로시간 수와 야간근로시간 수에 '가산율'을 고려하여 총근로시간 수를 산정하여야 한다는 취지로 판단한 종전 판결의 해당 부분 판단은 부당하므로 더 이상 유지하기 어렵다.

[2] 위와 같은 법리는 기준근로시간을 초과하는 약정근로시간에 대한 임금으로서 일급의 형태로 지급되는 고정수당에 대한 시간급 통상임금을 산정하는 경우에도 동일하게 적용된다.

[3] 단체협약이나 취업규칙 등으로 주휴수당에 가산율을 정한 경우, 이는 주휴수당을 지급할 때에 기본 주휴수당에 일정한 비율을 가산하여 지급하기로 하는 취지에 불과하므로 위와 같은 법리는 이 경우에도 동일하게 적용된다. 따라서 총근로시간 수에 포함되어야 하는 주휴일에 근무한 것으로 의제되는 시간 수를 산정할 때 주휴수당에 정한 가산율을 고려할 것은 아니다(대판 2020.1.22. 2015다73067[전합]).

[반대의견]

[1] 다수의견은 고정수당의 결정·지급에 관한 근로관계 당사자의 의사를 고려하지 않는 것이어서 옳지 않다. 고정수당을 시간급으로 어떻게 환산할 것인지는, 당사자 사이의 의사합치에 의해 결정된 고정수당과 관련하여 그 지급의 근거가 된 단체협약이나 근로계약 등을 해석함으로써 고정수당의 내용과 산정방식 등에 관한 당사자의 의사를 확인해야 하는 문제에 불과하다.

[2] 근로의 가치에 관한 정당한 평가라는 측면에서도 다수의견에 동의하기 어렵다. 근로관계 당사자가 고정수당을 결정·지급할 때 이러한 근로기준법 제56조의 취지에 부합하게 고정수당 중 연장·야간근로에 대한 시간당 대가를 기준근로시간 내 주간근로의 대가에 비하여 가산율을 반영하여 이미 높이 평가한 경우라면, 그러한 고정수당의 시간급을 산정하는 과정에서도 마찬가지로 가산율을 고려하는 것이 당연하다.

[3] 월급 형태의 고정수당 중 근로기준법 제55조의 '유급휴일에 대응하는 부분'은 '유급으로 처리되는 시간에 대응하는 부분'을 의미한다. 따라서 주휴일에 유급으로 처리되는 시간 수가 얼마인지에 따라 고정수당 중에서 제외할 범위가 결정되어야 하고, 총근로시간 수 산정에도 그대로 반영되어야 한다. 주휴근로의제시간은 실제로는 근로자가 근로를 제공하지 않지만 사용자가 주휴수당을 지급하기 때문에 주휴일에 유급으로 처리되는 시간 수를 의미한다. 주휴수당에 가산율이 정해져 있다면 주휴수당이 그만큼 늘어나고, 그에 따라 주휴일에 유급으로 처리되는 시간 수가 늘어나는 것이므로, 결국 가산율이 고려된 유급으로 처리되는 시간 수가 시간급 통상임금 산정에 반영되어야 한다(대판 2020.1.22. 2015다73067[전합]).

2) 검 토[16]

쟁점은 기준근로시간(1일 8시간, 1주 40시간)을 초과하는 약정근로시간에 대한 임금으로 월급 또는 일급 형태의 고정수당이 지급되었는데, 사용자가 그러한 고정수당을 통상임금에서 제외하였으나 심리결과 고정수당이 통상임금에 해당하는 것으로 밝혀진 경우, 그 고정수당을 시간급으로 환산하기 위한 총근로시간 수의 산정방법이다. 예컨대 1일 10시간(8시간 + 2시간) 근로에 대한 대가로 10만원의 일급이 지급되었고, 그 일급이 통상임금에 해당하는 경우이다. 종래 판례에 따르면 일급 10만원을 연장근로시간에 대한 가산율을 합산한 11시간[8시간 + 3시간(= 2 × 1.5)]으로 나눈 약 9,090원이 시간급이 된다. 대상 판결은 당사자 사이에 다른 정함이 없는 한 각각의 근로제공시간에 대한 급여는 같은 액수로 정해져 있다고 보는 것이 통상적인 임금계산의 원리에 부합하고 가장 공평하며 합리적이므로, 고정수당의 시간급은 10만원을 10시간으로 나눈 1만원으로 구하는 것이 타당하다고 하면서 종래 대법원 판례를 변경한 것이다.

---

16) 인권과 정의 2021년 5월호 p.135, 서울시립대 법학전문대학원 노상헌 교수

2. 추가법정수당의 청구

(1) 신의칙 위반을 인정한 사례

[1] 어떠한 임금이 통상임금에 속하는지 여부는 그 임금이 소정근로의 대가로 근로자에게 지급되는 금품으로서 정기적·일률적·고정적으로 지급되는 것인지를 기준으로 객관적인 성질에 따라 판단하여야 하고, 임금의 명칭이나 지급주기의 장단 등 형식적 기준에 의해 정할 것이 아니다. 여기서 소정근로의 대가라 함은 근로자가 소정근로시간에 통상적으로 제공하기로 정한 근로에 관하여 사용자와 근로자가 지급하기로 약정한 금품을 말한다. 근로자가 소정근로시간을 초과하여 근로를 제공하거나 근로계약에서 제공하기로 정한 근로 외의 근로를 특별히 제공함으로써 사용자로부터 추가로 지급받는 임금이나 소정근로시간의 근로와는 관련 없이 지급받는 임금은 소정근로의 대가라 할 수 없으므로 통상임금에 속하지 아니한다. 위와 같이 소정근로의 대가가 무엇인지는 근로자와 사용자가 소정근로시간에 통상적으로 제공하기로 정한 근로자의 근로 가치를 어떻게 평가하고 그에 대하여 얼마의 금품을 지급하기로 정하였는지를 기준으로 전체적으로 판단하여야 한다. 어떤 임금이 통상임금에 속하기 위해서는 그것이 일률적으로 지급되는 성질을 갖추어야 한다. '일률적'으로 지급되는 것에는 '모든 근로자'에게 지급되는 것뿐만 아니라 '일정한 조건 또는 기준에 달한 모든 근로자'에게 지급되는 것도 포함된다. 여기서 '일정한 조건'이란 고정적이고 평균적인 임금을 산출하려는 통상임금의 개념에 비추어 볼 때 고정적인 조건이어야 한다. 한편 일정 범위의 모든 근로자에게 지급된 임금이 일률성을 갖추고 있는지 판단하는 잣대인 '일정한 조건 또는 기준'은 통상임금이 소정근로의 가치를 평가한 개념이라는 점을 고려할 때, 작업 내용이나 기술, 경력 등과 같이 소정근로의 가치 평가와 관련된 조건이라야 한다. 한편 사용자가 일정한 자격을 가진 근로자에게 자격수당 등의 명목으로 금품을 지급하는 경우에, 그러한 자격의 유무 또는 내용이 근로자가 사용자에게 제공하는 소정근로의 질이나 내용에 영향을 미칠 수 있다면, 특별한 사정이 없는 한 소정근로의 가치 평가와 관련된 일정한 조건이라고 볼 수 있으므로, 자격수당 등의 명목으로 지급된 금품은 통상임금에 해당할 수 있다.

[2] 원심은 그 판시와 같은 사정, 즉 피고는 2010년부터 채권자단과 자율협약을 맺고 채권자단에 의한 공동관리를 통한 구조조정절차를 거쳤음에도 여전히 상당한 채무를 부담하고 있는 점, 피고는 설립 이후 한 차례도 누적 당기순이익이 플러스인 적이 없었을 뿐만 아니라 최근까지도 당기순손실의 규모가 당기순이익의 규모를 크게 앞지르고 있는 점, 피고의 부채비율은 600~700% 정도로 자율협약에서 정한 목표 400%를 달성하지 못하고 있고, 오히려 피고가 신규 항공기 도입 등에 이용하고 있는 운용리스를 감안하면 외부 차입금이 계속 증가할 수밖에 없어 장차 부채액수 및 부채비율은 더 늘어날 것으로 예상되는 점, 2008년부터의 전체 기간의 이자보상배율은 약 60%에 불과하고 저비용항공사와의 경쟁으로 인하여 피고의 수익성 개선이 단기간에 이루어질 것으로 기대하기는 어려운 점, 피고는 2014.12. 근로자 과반수의 동의를 얻어 상여금 지급을 축소하는 내용으로 취업규칙을 변경함으로써 피고 근로자의 과반수가 피고의 경영 상태를 고려한 결단을 내리기도 한 점 등의 사정을 종합해 보면, 피고가 원고 등 소속 근로자들에게 이 사건 추가 법정수당을 지급한다면 피고에게 예측하지 못한 새로운 재정적 부담을 지워 중대한 경영상의 어려움이 초래될 수 있다는 이유를 들어, 원고들의 청구는 신의칙에 위배되어 허용될 수 없다고 판단하였다. 관련 법리에 따라 기록을 살펴보면, 원심의 위와 같은 판단에 상고이유 주장과 같이 신의칙에 관한 법리를 오해하거나 논리와 경험의 법칙을 위반하여 자유심증주의의 한계를 벗어난 잘못이 없다.

(2) 신의칙 위반을 인정하지 아니한 사례

1) 일시적인 경영상의 위기

[1] 단체협약 등 노사합의의 내용이 근로기준법의 강행규정을 위반하여 무효인 경우에, 그 무효를 주장하는 것이 신의칙에 위배되는 권리의 행사라는 이유로 이를 배척한다면, 강행규정으로 정한 입법 취지를 몰각시키는 결과가 되므로, 그러한 주장은 신의칙에 위배된다고 볼 수 없음이 원칙이다. 그러나 노사합의의 내용이 근로기준법의 강행규정을 위반한다는 이유로 노사합의의 무효 주장에 대하여 예외 없이 신의칙의 적용이 배제되는 것은 아니다. 위에서 본 신의칙을 적용하기 위한 일반적인 요건을 갖춤은 물론 근로기준법의 강행규정성에도 불구하고 신의칙을 우선하여 적용할 만한 특별한 사정이 있는 예외적인 경우에 한하여 그 노사합의의 무효를 주장하는 것이 신의칙에 위배되어 허용될 수 없다. 노사합의에서 정기상여금은 그 자체로 통상임금에 해당하지 않는다는 전제에서 정기상여금을 통상임금 산정 기준에서 제외하기로 합의하고 이를 기초로 임금수준을 정한 경우, 근로자 측이 정기상여금을 통상임금에 가산하고 이를 토대로 추가적인 법정수당의 지급을 구함으로써 사용자에게 예측하지 못한 새로운 재정적 부담을 지워 중대한 경영상의 어려움을 초래하거나 기업의 존립을 위태롭게 하는 것은 정의와 형평 관념에 비추어 신의에 현저히 반할 수 있다. 다만, 근로관계를 규율하는 강행규정보다 신의칙을 우선하여 적용할 것인지를 판단할 때에는 근로조건의 최저기준을 정하여 근로자의 기본적 생활을 보장·향상시키고자 하는 근로기준법 등의 입법 취지를 충분히 고려할 필요가 있다. 기업을 경영하는 주체는 사용자이고 기업의 경영상황은 기업 내·외부의 여러 경제적·사회적 사정에 따라 수시로 변할 수 있다. 통상임금 재산정에 따른 근로자의 추가법정수당청구를 중대한 경영상의 어려움을 초래하거나 기업 존립을 위태롭게 한다는 이유로 배척한다면, 기업경영에 따른 위험을 사실상 근로자에게 전가하는 결과가 초래될 수 있다. 따라서 근로자의 추가법정수당청구가 사용자에게 중대한 경영상의 어려움을 초래하거나 기업의 존립을 위태롭게 하여 신의칙에 위배되는지는 신중하고 엄격하게 판단해야 한다. 통상임금 재산정에 따른 근로자의 추가법정수당청구가 기업에 중대한 경영상의 어려움을 초래하거나 기업 존립을 위태롭게 하는지는 추가법정수당의 규모, 추가법정수당 지급으로 인한 실질임금 인상률, 통상임금 상승률, 기업의 당기순이익과 그 변동 추이, 동원 가능한 자금의 규모, 인건비 총액, 매출액, 기업의 계속성·수익성, 기업이 속한 산업계의 전체적인 동향 등 기업운영을 둘러싼 여러 사정을 종합적으로 고려해서 판단해야 한다. 기업이 일시적으로 경영상의 어려움에 처하더라도 사용자가 합리적이고 객관적으로 경영 예측을 하였다면 그러한 경영상태의 악화를 충분히 예견할 수 있었고 향후 경영상의 어려움을 극복할 가능성이 있는 경우에는 신의칙을 들어 근로자의 추가법정수당청구를 쉽게 배척해서는 안 된다.

[2] 원심판결 이유와 기록에서 알 수 있는 다음과 같은 사정을 위 법리에 비추어 살펴보면, 이 사건 상여금이 통상임금에 해당함을 전제로 재산정한 미지급 법정수당과 퇴직금 차액을 구하는 원고들의 청구가 신의칙에 위배된다고 볼 수 없다. 피고의 매출액, 영업이익, 당기순이익 등 경영 지표는 2012년경까지 전반적으로 양호하였다. 피고의 매출총이익률, 영업이익률, 당기순이익률은 2007년 이후 피고의 주된 제조분야인 선박 가격의 지속적 하락 등의 영향으로 감소 추세를 보였으나, 피고의 경영상태가 열악한 수준이었다고 보기 어렵다. 피고의 매출과 손익 등 경영상태는 2013년과 2014년 무렵 악화되었다. 그 원인은 2012년경부터 주요 수출처인 유럽의 경기침체에 따른 수출량 감소, 중국 기업의 급속한 성장세에 따른 수출 점유율 하락, 동종업계의 경쟁 심화 등으로 볼 수 있다. 그러나 이러한 경영상태의 악화는 피고가 예견할 수 없었던 사정이라고 보기 어렵다. 국내외 경제상황의 변동에 따른 위험과 불이익은 피고와 같이 오랫동안 대규모 사업을

영위해 온 기업이 예견할 수 있거나 부담해야 할 범위에 있고, 피고의 기업 규모 등에 비추어 극복할 가능성이 있는 일시적 어려움이라고 볼 수 있다. 실제로 피고는 경영 현황 설명 자료에서 2014년도부터 조선 산업이 점진적으로 회복될 것으로 예상하였고, 피고의 2015년도 영업이익과 당기순이익이 상당히 증가하여 위와 같은 예상에 부합한다. 통상임금 재산정 결과 피고 소속 근로자의 통상임금 상승률과 임금 인상률이 상당할 것으로 보이기는 하지만, 사실심 변론종결 당시를 기준으로 피고가 부담할 것으로 예상되는 추가법정수당의 규모(소멸시효가 완성한 부분을 제외하고 휴일근로수당 중복할증을 하지 않은 것을 전제로 한다), 추가법정수당의 연도별 총인건비와 당기순이익 대비 비율, 피고의 사업 규모와 그동안의 매출, 영업이익, 당기순이익 등 손익의 추이 또는 경영성과의 누적 상태 등 기업운영을 둘러싼 여러 사정을 종합적으로 고려해 보면, 추가법정수당과 이를 반영한 추가 퇴직금의 지급으로 피고에게 중대한 경영상 위기가 초래된다거나 기업의 존립 자체가 위태롭게 된다고 인정하기 어렵다. 피고의 경영상태는 원고들이 이 사건 소를 제기한 이후에 급격히 악화되었다가 사실심 변론종결 무렵에는 어느 정도 회복세를 보이고 있었다. 원심으로서는 피고의 일시적인 경영악화만이 아니라, 기업의 계속성이나 수익성, 경영상 어려움을 예견하거나 극복할 가능성이 있는지도 고려해서 추가법정수당 등 청구의 인용 여부를 판단했어야 한다. 그런데도 원심은, 피고의 추가부담액이 4년 6개월간 약 868억원에 이른다는 등의 사정을 들어, 원고들의 미지급 법정수당과 퇴직금 차액 청구가 신의칙에 위배되어 허용될 수 없다고 판단하였다. 원심판결에는 신의칙에 관한 법리를 오해하는 등으로 판결에 영향을 미친 잘못이 있다(대판 2021.12.16. 2016다10544).

2) 중대한 경영상 위기 부정

[1] 특정 임금 항목이 근로자가 소정근로를 했는지 여부와 상관없이 특정 시점에 재직 중인 근로자에게만 지급하는 임금인지를 판단할 때에는, 그에 관한 근로계약이나 단체협약 또는 취업규칙 등 규정의 내용, 사업장 내 임금 지급 실태나 관행, 노사의 인식 등을 종합적으로 고려해서 판단해야 한다. 그리고 특정 시점이 되기 전에 퇴직한 근로자에게 특정 임금 항목을 지급하지 않는 관행이 있더라도, 단체협약이나 취업규칙 등이 그러한 관행과 다른 내용을 명시적으로 정하고 있으면 그러한 관행을 이유로 해당 임금 항목의 통상임금성을 배척함에는 특히 신중해야 한다.

[2] 피고의 급여세칙에서 설날과 추석에 각각 50%의 명절상여를 지급하되, 퇴직자에 대한 상여금은 적용대상 기간 동안 근무분에 대해서 일할 계산하여 지급한다고 정하고 있으나, 피고가 퇴직한 근로자에게는 명절상여를 지급하지 않았는데, 명절상여가 통상임금에 해당하는지 문제된 경우, 피고의 사업장에서 근로자 개인 또는 노동조합이 지급일 그 밖의 특정 시점 이전에 퇴사함으로써 명절상여를 받지 못한 근로자에게도 근무일 수에 상응하는 명절상여를 지급할 것을 요구하거나 이의를 제기하지 않았다는 사정만으로 급여세칙 등 취업규칙이 정한 명절상여의 퇴직자 일할 지급 규정이 효력을 상실하였다거나 다른 내용으로 변경되었다고 단정할 수 없고, 피고가 퇴직한 근로자에게 명절상여를 지급하지 않는다는 사정을 공지하거나 근로자가 이러한 사정을 분명하게 인식하고 있었다고 볼 자료도 없으며, 피고의 사업장에서 퇴직자에게 명절상여를 지급하지 않는 관행이 있었다고 하더라도 그와 같은 일시적 관행이 있었다는 사정만으로 그것이 개별 근로자의 근로계약 내용이 되거나 근로관계를 규율하는 규범으로 확립되어 있었다고 보기 어려우므로, 명절상여를 소정근로 여부와 상관없이 특정 시점에 재직 중인 근로자에게만 지급하는 임금이라고 볼 수 없어, 명절상여는 통상임금에 해당한다고 보아야 한다.

[3] 단체협약 등 노사합의의 내용이 근로기준법의 강행규정을 위반하여 무효인 경우에, 그 무효를 주장하는 것이 신의성실의 원칙(이하 '신의칙')에 위배되는 권리의 행사라는 이유로 이를 배척한다면, 강행규정으로 정한 입법 취지를 몰각시키는 결과가 되므로, 그러한 주장은 신의칙에 위배된다고 볼 수 없음이 원칙이다. 그러나 노사합의의 내용이 근로기준법의 강행규정을 위반한다는 이유로 노사합의의 무효 주장에 대하여 예외 없이 신의칙의 적용이 배제되는 것은 아니다. 신의칙을 적용하기 위한 일반적인 요건을 갖춤은 물론 근로기준법의 강행규정성에도 불구하고 신의칙을 우선하여 적용할 만한 특별한 사정이 있는 예외적인 경우에 한하여 그 노사합의의 무효를 주장하는 것이 신의칙에 위배되어 허용될 수 없다. 노사합의에서 정기상여금은 그 자체로 통상임금에 해당하지 않는다는 전제에서 정기상여금을 통상임금 산정 기준에서 제외하기로 합의하고 이를 기초로 임금수준을 정한 경우, 근로자 측이 정기상여금을 통상임금에 가산하고 이를 토대로 추가적인 법정수당의 지급을 구함으로써 사용자에게 예측하지 못한 새로운 재정적 부담을 지워 중대한 경영상의 어려움을 초래하거나 기업의 존립을 위태롭게 하는 것은 정의와 형평 관념에 비추어 신의에 현저히 반할 수 있다. 다만 근로관계를 규율하는 강행규정보다 신의칙을 우선하여 적용할 것인지를 판단할 때에는 근로조건의 최저기준을 정하여 근로자의 기본적 생활을 보장·향상시키고자 하는 근로기준법 등의 입법 취지를 충분히 고려할 필요가 있다. 기업을 경영하는 주체는 사용자이고 기업의 경영상황은 기업 내·외부의 여러 경제적·사회적 사정에 따라 수시로 변할 수 있다. 통상임금 재산정에 따른 근로자의 추가법정수당청구를 중대한 경영상의 어려움을 초래하거나 기업 존립을 위태롭게 한다는 이유로 배척한다면, 기업 경영에 따른 위험을 사실상 근로자에게 전가하는 결과가 초래될 수 있다. 따라서 근로자의 추가법정수당청구가 사용자에게 중대한 경영상의 어려움을 초래하거나 기업의 존립을 위태롭게 하여 신의칙에 위배되는지는 신중하고 엄격하게 판단해야 한다. 통상임금 재산정에 따른 근로자의 추가법정수당청구가 기업에 중대한 경영상의 어려움을 초래하거나 기업 존립을 위태롭게 하는지는 추가법정수당의 규모, 추가법정수당 지급으로 인한 실질임금 인상률, 통상임금 상승률, 기업의 당기순이익과 그 변동 추이, 동원 가능한 자금의 규모, 인건비 총액, 매출액, 기업의 계속성·수익성, 기업이 속한 산업계의 전체적인 동향 등 기업운영을 둘러싼 여러 사정을 종합적으로 고려해서 판단해야 한다. 기업이 일시적으로 경영상의 어려움에 처하더라도 사용자가 합리적이고 객관적으로 경영 예측을 하였다면 그러한 경영상태의 악화를 충분히 예견할 수 있었고 향후 경영상의 어려움을 극복할 가능성이 있는 경우에는 신의칙을 들어 근로자의 추가법정수당청구를 쉽게 배척해서는 안 된다.

[4] 피고의 근로자인 을 등이 상여금을 통상임금에 포함하여 산정한 추가법정수당의 지급을 구하는 것이 신의성실의 원칙에 위배되는지 문제된 경우, 피고의 경영상태가 급격히 악화되었으나, 국내외 경제상황의 변동에 따른 위험과 불이익은 피고와 같이 오랫동안 대규모 사업을 영위해 온 기업이 예견할 수 있거나 부담해야 할 범위에 있고, 피고의 기업 규모 등에 비추어 극복할 가능성이 있는 일시적 어려움이라고 볼 수 있으며, 한편 사실심 변론종결 당시를 기준으로 보면 통상임금 재산정에 따른 추가법정수당 지급으로 피고에 경영상 어려움이 가중될 여지가 있으나, 피고가 부담할 것으로 예상되는 추가법정수당액이 피고에 중대한 경영상의 어려움을 초래하는지는 사실심 변론종결 시라는 특정 시점에 국한한 피고의 경영상태만을 기준으로 볼 것이 아니라 기업운영을 둘러싼 여러 사정을 종합적으로 고려해서 판단해야 하는데, 추가법정수당의 규모, 추가법정수당의 연도별 총인건비와 당기순이익 대비 비율, 피고의 사업 규모와 그동안의 매출, 영업이익, 당기순이익 등 손익의 추이 또는 경영성과의 누적 상태 등에 비추어 보면, 추가법정수당의 지급으로 피고에 중대한 경영상 위기가 초래된다거나 기업의 존립 자체가 위태롭게 된다고 인정하기 어려운데도, 을 등의 청구가 신의성실의 원칙에 위배되어 허용될 수 없다고 본 원심판결에 법리오해 등의 잘못이 있다(대판 2021.12.16. 2016다7975).

제4장

제4절 임금지급방법의 보호

I 서 설

근로기준법 제43조에서는 직접불, 전액불, 통화불, 매월 1회 이상의 정기불 등 임금지급의 4원칙을 규정하고 있다.

II 임금지급의 원칙

임금지급(근기법 제43조)
① 임금은 통화(通貨)로 직접 근로자에게 그 전액을 지급하여야 한다. 다만, 법령 또는 단체협약에 특별한 규정이 있는 경우에는 임금의 일부를 공제하거나 통화 이외의 것으로 지급할 수 있다.
② 임금은 매월 1회 이상 일정한 날짜를 정하여 지급하여야 한다. 다만, 임시로 지급하는 임금, 수당, 그 밖에 이에 준하는 것 또는 대통령령으로 정하는 임금에 대하여는 그러하지 아니하다.

취업규칙의 작성 · 신고(근기법 제93조)
상시 10명 이상의 근로자를 사용하는 사용자는 다음 각 호의 사항에 관한 취업규칙을 작성하여 고용노동부장관에게 신고하여야 한다. 이를 변경하는 경우에도 또한 같다.
　2. 임금의 결정 · 계산 · 지급방법, 임금의 산정기간 · 지급시기 및 승급(昇給)에 관한 사항

1. 직접불의 원칙

(1) 의 의 기출 17

임금은 반드시 근로자 본인에게 지급되어야 한다. 친권자나 후견인 또는 근로자의 위임을 받은 대리인에게 지급하는 것은 직접불의 원칙에 위배된다. 직접불의 원칙은 근로기준법상 법령 또는 단체협약에 의한 예외를 인정하고 있지 아니하다. 다만, 민사집행법이나 선원법 등에서 예외가 인정된다.

> **직접불원칙의 취지**
> 제3자가 근로자의 임금을 가로채는 일 없이, 임금이 근로자 본인의 수중에 들어가게 하여 그의 자유로운 처분에 맡김으로써 근로자의 생활을 보호하기 위한 것이다.

(2) 임금채권이 양도된 경우 기출 15 · 17 · 19 · 23

양수인에게 임금을 지급할 수 없고, 직접 양도인인 근로자에게 지급하여야 한다. 판례는 근로기준법 제43조에서 임금 직접지급의 원칙을 규정하는 한편 동법 제109조에서 그에 위반하는 자는 처벌을 하도록 하는 규정을 두어 그 이행을 강제하고 있는 취지가 임금이 확실하게 근로자 본인의 수중에 들어가게 하여 그의 자유로운 처분에 맡기고 나아가 근로자의 생활을 보호하고자 하는 데 있는 점에 비추어 보면 근로자가 그 임금채권을 양도한 경우라 할지라도 그 임금의 지급에 관하여는 같은 원칙이 적용되어 사용자는 직접 근로자에게 임금을 지급하지 아니하면 안 되는 것이고 그 결과 비록 양수인이라고 할지라도 스스로 사용자에 대하여 임금의 지급을 청구할 수는 없다고(대판 1988.12.13. 87다카2803[전합]) 판시하고 있다.

(3) 직접불의 원칙 위반이 아닌 경우

① 근로자의 희망에 의하여 지정된 은행의 본인 명의로 개설된 보통예금계좌에 입금하는 경우

② 사자(死者)에게 임금을 지급하는 경우

③ 선원법 제52조 제3항에 따라 선원의 청구에 의하여 가족 등 다른 제3자에게 지급하는 경우

④ 급료, 연금, 봉급, 상여금, 퇴직연금 등 이와 비슷한 성질을 가진 급여채권의 2분의 1에 해당하는 금액의 압류의 경우[민사집행법(이하 "민집법") 제246조 제1항 제4호]

(4) 관련 판례

[1] 채무자의 제3채무자에 대한 금전채권이 법률의 규정에 의하여 양도가 금지된 경우에는 특별한 사정이 없는 한 이를 압류하더라도 현금화할 수 없으므로 피압류적격이 없다. 또한 위와 같이 채권의 양도를 금지하는 법률의 규정이 강행법규에 해당하는 이상 그러한 채권에 대한 압류명령은 강행법규에 위반되어 무효라고 할 것이어서 실체법상 효력을 발생하지 아니하므로, 제3채무자는 압류채권의 추심금청구에 대하여 그러한 실체법상의 무효를 들어 항변할 수 있다. 그런데 근로자퇴직급여제도의 설정 및 운영에 필요한 사항을 정함으로써 근로자의 안정적인 노후생활 보장에 이바지함을 목적으로 '근로자퇴직급여 보장법'이 제정되면서 제7조에서 퇴직연금제도의 급여를 받을 권리에 대하여 양도를 금지하고 있으므로 위 양도금지규정은 강행법규에 해당한다. 따라서 퇴직연금제도의 급여를 받을 권리에 대한 압류명령은 실체법상 무효이고, 제3채무자는 그 압류채권의 추심금청구에 대하여 위 무효를 들어 지급을 거절할 수 있다.

[2] 민사집행법은 제246조 제1항 제5호에서 퇴직연금 그 밖에 이와 비슷한 성질을 가진 급여채권은 그 1/2에 해당하는 금액만 압류하지 못하는 것으로 규정하고 있으나, 이는 '근로자퇴직급여 보장법'(이하 "퇴직급여법")상 양도금지규정과의 사이에서 일반법과 특별법의 관계에 있으므로, 퇴직급여법상 퇴직연금채권은 그 전액에 관하여 압류가 금지된다고 보아야 한다(대판 2014.1.23. 2013다71180).

O | X 💬

1. 임금채권의 양수인은 스스로 사용자에 대하여 임금의 지급을 청구할 수 있다.

2. 임금채권을 타인에게 양도하는 계약도 유효하므로 사용자는 임금채권의 양수인에게 임금을 직접 지급할 수 있다.

3. 사용자가 근로자의 대리인에게 임금을 지급하는 것은 근로기준법에 위반된다.

4. 단체협약에 특별한 규정이 있는 경우에는 임금의 일부를 공제할 수 있다.

정답 1. × 2. × 3. ○ 4. ○

2. 전액불의 원칙

(1) 의 의

임금은 전액이 근로자에게 지급되어야 한다. 그러나 법령 또는 단체협약에 특별한 규정이 있는 경우에는 예외적으로 임금의 일부를 공제하여 지급할 수 있지만, 그 예외의 경우를 넓게 인정하게 되면 임금을 생계수단으로 하는 근로자의 생활안정을 저해할 우려가 있어 그에 해당하는지는 엄격하게 판단하여야 하므로 취업규칙이나 근로계약에 임금의 일부를 공제할 수 있는 근거를 마련하였다고 하더라도 그 효력은 없다고 보아야 한다(대판 2022.12.1. 2022다219540). 판례도 근로자에 대한 임금은 직접 근로자에게 전액을 지급하여야 하는 것이므로, 초과지급된 임금의 반환채권을 제외하고는 사용자가 근로자에 대하여 가지는 대출금이나 불법행위를 원인으로 한 채권으로써 근로자의 임금채권과 상계하지 못한다고 하여, 임금 전액지급의 원칙을 확인하고 있다(대판 1998.6.26. 97다14200).

(2) 취 지

이는 임금 전액이 지급되지 않음으로써 발생하는 근로자의 생활상의 곤란과, 사용자가 임금의 일부를 유보함으로써 근로자의 퇴직의 자유를 부당하게 구속할 위험으로부터 근로자를 보호하기 위함이다.

(3) 전액불의 원칙에 위반되는 경우

1) 임금지급약정에 붙은 위법한 부관

판례는 근로기준법 제15조 제1항은 근로기준법에서 정하는 기준에 미치지 못하는 근로조건을 정한 근로계약은 그 부분에 한하여 무효로 한다고 정하고 있으므로, 임금지급약정에 붙은 부관이 근로기준법 제43조에 반하여 허용될 수 없다면 부관만 무효이고, 나머지 임금지급약정은 유효하다고 보아야 한다(대판 2020.12.24. 2019다293098) 판시하고 있다.

2) 운송수입금 부족액을 공제하는 근로계약

하급심 판례에 의하면 여객자동차법상 전액 관리제를 분명하게 시행하여 기존 사납금제의 문제점을 확실하게 시정하고 고정급의 비율을 높임으로써 택시운수종사자의 생활 안정을 도모하고 택시운전산업을 발전시키고자 하는 입법자의 의사는 사용자가 일방적으로 임금을 공제함으로써 근로자의 경제활동이 위협받는 일이 없도록 보호하려는 근로기준법 제43조 제1항 본문의 해석에도 고려되는 것이 법질서 전체의 통일성에 비추어 타당한 점을 종합하면, 택시회사가 이 사건 근로계약 중 근로자의 운송수입금 부족액의 공제를 정한 부분은 강행규정인 근로기준법 제43조 제1항 본문에 위반되어 무효에 해당한다고(광주지판 2022.5.18. 2021나63388) 한다.[17]

---

17) 2021나63388에 대해 피고가 상고하였으나, 대법원은 「이 사건은 소액사건심판법 제2조 제1항, 소액사건심판규칙 제1조의2에 정한 소액사건인데, 상고이유는 소액사건심판법 제3조 각 호에 정한 어느 사유에도 해당하지 않아 적법한 상고이유가 될 수 없다」며 상고를 기각하였다(대판 2022.8.11. 2022다243871).

(4) 전액불의 원칙에 위반되지 않는 경우

1) 합의에 의한 경우

과다지급된 임금을 차기 임금에서 공제하는 것, 학자금·대출금·주택자금 등을 근로자의 자유로운 의사에 따라 근로자와의 합의에 의하여 임금에서 공제하는 것, 가불 등이 있다.

2) 법령에 의한 경우

법령에 의한 예외법령에 의하여 임금 일부의 공제가 인정되는 것에는 근로소득세, 국민연금기여금 및 의료보험료 등이 있다.

3) 단체협약에 의한 경우

노동조합의 조합비를 조합원의 임금에서 일괄공제하고, 사용자가 이를 노동조합에 일괄납입하는 조합비 사전공제제도 및 대부금 반환 등이 있다. 최근 판례는 구 여객자동차법하에서는 운송사업자가 운수종사자로부터 운송수입금의 전액을 받은 후 이를 배분하는 방식 등 근로조건을 노사 간의 자율적인 협의로 결정할 수 있으므로, 운송사업자가 운수종사자들로부터 근무 당일의 운송수입금 전액을 받는 이상 단체협약에서 실제 운송수입금 납부액이 기준 운송수입금액에 미치지 못하는 경우에는 월 정액급여에서 그 미달액을 공제하기로 정하는 것도 원칙적으로 가능하고, 그러한 공제 행위가 구 여객자동차법 제21조 제1항을 위반한 것이라고 볼 수도 없다고 하면서, 단체협약에 임금의 일부를 공제하기로 하는 규정을 둔 경우에도 최저임금법 제6조 제1항이 "사용자는 최저임금의 적용을 받는 근로자에게 최저임금액 이상의 임금을 지급하여야 한다"라고 규정하고 있으므로 지급된 임금이 최저임금에 미달하는지를 판단할 때에는 특별한 사정이 없는 한 이를 공제하기 전의 임금을 토대로 최저임금법령에 따라 최저임금에 산입되는 임금을 계산한 후 이를 최저임금액과 비교하는 것이 원칙이라고(대판 2022.9.29. 2017다242928) 판시하고 있다.

4) 근로자의 동의에 의한 상계

근로자의 동의를 얻어 근로자의 임금채권에 대하여 상계하는 경우에, 그 동의가 근로자의 자유로운 의사에 터 잡아 이루어진 것이라고 인정할 만한 합리적인 이유가 객관적으로 존재하는 때에는, 근로기준법 제43조 제1항 본문에 위반하지 아니한다고 보아야 할 것이다. 다만, 이 경우에도 임금 전액지급의 원칙에 비추어 볼 때, 그 동의가 근로자의 자유로운 의사에 기한 것이라는 판단은 엄격하고 신중하게 이루어져야 한다(대판 2001.10.23. 2001다25184).

5) 조정적 상계

① 초과지급임금의 조정적 상계 : 계산의 착오 등으로 임금이 초과지급되었을 때, 그 행사의 시기가 초과지급된 시기와 임금의 정산, 조정의 실질을 잃지 않을 만큼 합리적으로 밀접되어 있고, 금액과 방법이 미리 예고되는 등 근로자의 경제생활의 안정을 해할 염려가 없는 경우, 또는 근로자가 퇴직한 후에 그 재직 중 지급되지 아니한 임금이나 퇴직금을 청구할 경우에는, 사용자가 초과지급된 임금의 부당이득반환청구권을 자동채권으로 하여 상계할 수 있다(대판 1998.6.26. 97다14200).

② 퇴직금 명목의 금원에 대한 조정적 상계 : [1] 사용자가 근로자에게 퇴직금 명목의 금원을 실질적으로 지급하였음에도 불구하고, 정작 퇴직금 지급으로서의 효력이 인정되지 아니할 뿐만 아니라 근로기준법 제43조 제1항의 임금지급으로서의 효력도 인정되지 않는다면, 사용자는 법률상 원인 없이 근로자에게 퇴직금 명목의 금원을 지급함으로써 위 금원 상당의 손해를 입은 반면 근로자는 같은 금액 상당의 이익을 얻은 셈이 되므로, 근로자는 수령한 퇴직금 명목의 금원을 부당이득으로 사용자에게 반환하여야 한다고 보는 것이 공평의 견지에서 합당하다.

[2] 근로기준법 제43조 제1항 본문에 의하면 임금은 통화로 직접 근로자에게 그 전액을 지급하여야 하므로 사용자가 근로자에 대하여 가지는 채권으로써 근로자의 임금채권과 상계를 하지 못하는 것이 원칙이고, 이는 경제적·사회적 종속관계에 있는 근로자를 보호하기 위한 것인바, 근로자가 받을 퇴직금도 임금의 성질을 가지므로 역시 마찬가지이다. 다만 계산의 착오 등으로 임금을 초과지급한 경우에, 근로자가 퇴직 후 그 재직 중 받지 못한 임금이나 퇴직금을 청구하거나, 근로자가 비록 재직 중에 임금을 청구하더라도 위 초과지급한 시기와 상계권 행사의 시기가 임금의 정산, 조정의 실질을 잃지 않을 만큼 근접하여 있고 나아가 사용자가 상계의 금액과 방법을 미리 예고하는 등으로 근로자의 경제생활의 안정을 해할 염려가 없는 때에는, 사용자는 위 초과지급한 임금의 반환청구권을 자동채권으로 하여 근로자의 임금채권이나 퇴직금채권과 상계할 수 있다. 그리고 이러한 법리는 사용자가 근로자에게 이미 퇴직금 명목의 금원을 지급하였으나 그것이 퇴직금 지급으로서의 효력이 없어 사용자가 같은 금원 상당의 부당이득반환채권을 갖게 된 경우에 이를 자동채권으로 하여 근로자의 퇴직금채권과 상계하는 때에도 적용된다. 한편, 민사집행법 제246조 제1항 제5호는 근로자인 채무자의 생활 보장이라는 공익적, 사회정책적 이유에서 '퇴직금 그 밖에 이와 비슷한 성질을 가진 급여채권의 2분의 1에 해당하는 금액'을 압류금지채권으로 규정하고 있고, 민법 제497조는 압류금지채권의 채무자는 상계로 채권자에게 대항하지 못한다고 규정하고 있으므로, 사용자가 근로자에게 퇴직금 명목으로 지급한 금원 상당의 부당이득반환채권을 자동채권으로 하여 근로자의 퇴직금채권을 상계하는 것은 퇴직금채권의 2분의 1을 초과하는 부분에 해당하는 금액에 관하여만 허용된다고 봄이 상당하다(대판 2010.5.20. 2007다90760[전합]). **기출 23**

(5) 관련 판례

1) 불확정기한부 임금지급약정

판례는 지방문화원진흥법에 따라 설립된 갑 법인이 관할 지방자치단체로부터 받아 오던 보조금의 지급이 중단된 후 을을 사무국장으로 채용하면서 '월급을 350만원으로 하되 당분간은 월 100만원만 지급하고 추후 보조금을 다시 지급받으면 그때 밀린 급여 또는 나머지 월 250만원을 지급하겠다'는 취지로 설명하였고, 그 후 을에게 임금으로 매월 100만원을 지급한 경우, '갑 법인의 보조금 수령'이라는 사유는 조건이 아닌 불확정기한으로 봄이 타당하므로 이는 근로기준법 제43조에 반하여 무효이나, 나머지 월 250만원의 임금지급약정은 유효하다고(대판 2020.12.24. 2019다293098) 한다.

2) 퇴직금분할약정

사용자와 근로자가 매월 지급하는 월급이나 매일 지급하는 일당과 함께 퇴직금으로 일정한 금원을 미리 지급하기로 약정(이하 "퇴직금분할약정")하였다면, 그 약정은 구 근로기준법 제34조 제3항 전문 소정의 퇴직금 중간정산으로 인정되는 경우가 아닌 한 최종 퇴직 시 발생하는 퇴직금청구권을 근로자가 사전에 포기하는 것으로서 강행법규인 같은 법 제34조에 위배되어 무효이고, 그 결과 퇴직금분할약정에 따라 사용자가 근로자에게 퇴직금 명목의 금원을 지급하였다 하더라도 퇴직금 지급으로서의 효력이 있다. 그런데 근로관계의 계속 중에 퇴직금분할약정에 의하여 월급이나 일당과는 별도로 실질적으로 퇴직금을 미리 지급하기로 한 경우 이는 어디까지나 위 약정이 유효함을 전제로 한 것인바, 그것이 위와 같은 이유로 퇴직금 지급으로서의 효력이 없다면, 사용자는 본래 퇴직금 명목에 해당하는 금원을 지급할 의무가 있었던 것이 아니므로, 위 약정에 의하여 이미 지급한 퇴직금 명목의 금원은 같은 법 제18조 소정의 '근로의 대가로 지급하는 임금'에 해당한다고 할 수 없다. 이처럼 사용자가 근로자에게 퇴직금 명목의 금원을 실질적으로 지급하였음에도 불구하고 정작 퇴직금 지급으로서의 효력이 인정되지 아니할 뿐만 아니라 같은 법 제18조 소정의 임금지급으로서의 효력도 인정되지 않는다면, 사용자는 법률상 원인 없이 근로자에게 퇴직금 명목의 금원을 지급함으로써 위 금원 상당의 손해를 입은 반면 근로자는 같은 금액 상당의 이익을 얻은 셈이 되므로, 근로자는 수령한 퇴직금 명목의 금원을 부당이득으로 사용자에게 반환하여야 한다고 보는 것이 공평의 견지에서 합당하다(대판 2010.5.20. 2007다90760[전합]). 다만, 퇴직금제도를 강행법규로 규정한 입법취지를 감안할 때 위와 같은 법리는 사용자와 근로자 사이에 실질적인 퇴직금분할약정이 존재함을 전제로 하여 비로소 적용할 것이어서, 사용자와 근로자가 체결한 당해 약정이 그 실질은 임금을 정한 것에 불과함에도 불구하고 사용자가 퇴직금의 지급을 면탈하기 위하여 퇴직금분할약정의 형식만을 취한 것인 경우에는 위와 같은 법리를 적용할 수 없다. 즉 사용자와 근로자 사이에 월급이나 일당 등에 퇴직금을 포함시키고 퇴직 시 별도의 퇴직금을 지급하지 않는다는 취지의 합의가 존재할 뿐만 아니라, 임금과 구별되는 퇴직금 명목 금원의 액수가 특정되고, 위 퇴직금 명목 금원을 제외한 임금의 액수 등을 고려할 때 퇴직금분할약정을 포함하는 근로계약의 내용이 종전의 근로계약이나 근로기준법 등에 비추어 근로자에게 불이익하지 아니하여야 하는 등, 사용자와 근로자가 임금과 구별하여 추가로 퇴직금 명목으로 일정한 금원을 실질적으로 지급할 것을 약정한 경우에 한하여 위와 같은 법리가 적용된다 할 것이다(대판 2012.10.11. 2010다95147).

3. 통화불의 원칙

(1) 의 의

임금은 우리나라에서 강제통용력이 인정되는 화폐로 지급되어야 한다. 그러나 법령 또는 단체협약에 특별한 규정이 있는 경우에는 통화 이외의 것으로 지급할 수 있다. **기출** 15

(2) 통화불의 원칙에 위반되지 않는 경우

1) 원 칙

단체협약을 체결하여 근로자에게 점심식사 제공 및 현금수당 중에서 어느 하나를 임의로 선택하게 하거나, 은행발행 자기앞수표, 보증수표로 임금을 지급하는 것 또는 성과배분제도를 도입하면서 성과지급수단으로 주식을 지급하는 것 등이 이에 해당한다.

2) 예 외 **기출** 21

① 법령에 의한 예외 : 선원법 제52조 제4항에 의하여 기항지에서 통용되는 통화로 지급되는 경우
② 단체협약에 의한 예외 : 단체협약을 체결하여 수당, 상여금 등을 현물, 주식, 상품교환권으로 지급하는 경우

3) 임금지급에 갈음하여 채권을 양도하기로 한 합의의 효력

임금은 법령 또는 단체협약에 특별한 규정이 있는 경우를 제외하고는 통화로 직접 근로자에게 전액을 지급하여야 한다(근로기준법 제43조 제1항). 따라서 사용자가 근로자의 임금지급에 갈음하여 사용자가 제3자에 대하여 가지는 채권을 근로자에게 양도하기로 하는 약정은 전부 무효임이 원칙이다. 다만 당사자 쌍방이 위와 같은 무효를 알았더라면 임금의 지급에 갈음하는 것이 아니라 지급을 위하여 채권을 양도하는 것을 의욕하였으리라고 인정될 때에는 무효행위 전환의 법리(민법 제138조)에 따라 그 채권양도 약정은 '임금의 지급을 위하여 한 것'으로서 효력을 가질 수 있다(대판 2012.3.29. 2011다101308). **기출** 23

4. 매월 1회 이상 정기불의 원칙

(1) 의 의

임금은 매월 1회 이상 일정한 기일을 정하여 지급되어야 한다. 여기서 매월이라 함은 매월 1일부터 말일까지, 즉 역일상의 1월을 의미하는 것이 아니라 1개월의 기간을 말한다. 취업규칙에는 반드시 임금의 지급시기를 명시하여야 한다(근기법 제93조). 기출 17 · 19

(2) 정기불의 원칙에 위반되지 않는 경우

임시로 지급되는 임금, 수당, 기타 이에 준하는 것 및 대통령령으로 정하는 임금 기출 22

> **매월 1회 이상 지급하여야 할 임금의 예외(근기법 시행령 제23조)**
> 법 제43조 제2항 단서에서 "임시로 지급하는 임금, 수당, 그 밖에 이에 준하는 것 또는 대통령령으로 정하는 임금"이란 다음 각 호의 것을 말한다.
> 1. 1개월을 초과하는 기간의 출근성적에 따라 지급하는 정근수당
> 2. 1개월을 초과하는 일정 기간을 계속하여 근무한 경우에 지급되는 근속수당
> 3. 1개월을 초과하는 기간에 걸친 사유에 따라 산정되는 장려금, 능률수당 또는 상여금
> 4. 그 밖에 부정기적으로 지급되는 모든 수당

Ⅲ 임금지급의무 위반

1. 벌 칙

임금지급의 원칙(근로기준법 제43조)을 위반한 자는 3년 이하의 징역 또는 3천만원 이하의 벌금에 처한다(근기법 제109조 제1항). 다만, 반의사불벌죄이므로 피해자의 명시적 의사에 반하여 처벌할 수 없다(근기법 제109조 제2항).

2. 지연이자

임금체불과 관련하여 당사자 간에 별도의 약정이 없으면 민법 제379조에 따라 연 5분의 지연이자가 부과된다.

3. 관련 판례

(1) 연차유급휴가미사용수당의 미지급으로 근로기준법 위반죄가 성립하는 사례

[1] 근로기준법 제43조에 의하면, 임금은 통화로 직접 근로자에게 그 전액을 지급하여야 하고(제1항), 매월 1회 이상 일정한 날짜를 정하여 지급하여야 한다(제2항). 그리고 근로기준법 제109조 제1항은 근로기준법 제43조를 위반한 행위를 처벌하도록 정하고 있다. 이는 사용자로 하여금 매월 일정하게 정해신 기일에 근로자에게

O | X 💬

1. 단체협약에 특별한 규정 없이 취업규칙이 정하는 바에 따라 통화 대신 현물로 임금을 지급할 수 있다.
2. 임금은 법령 또는 단체협약에 특별한 규정이 없는 한 통화(通貨)로 근로자에게 전액을 지급하여야 한다.
3. 사용자가 근로자의 임금지급에 갈음하여, 자신이 제3자에 대하여 가진 채권을 근로자에게 양도하기로 하는 약정도 효력이 있다.

정답 1. × 2. O 3. ×

근로의 대가 전부를 직접 지급하게 강제함으로써 근로자의 생활안정을 도모하려는 데에 입법 취지가 있으므로, 사용자가 어느 임금의 지급기일에 임금 전액을 지급하지 아니한 경우에는 위 각 규정을 위반한 죄가 성립한다.

[2] 근로기준법 제43조의 입법 취지 등에 비추어 보면, 연차휴가미사용수당이 매월 일정한 날짜에 정기적으로 지급되는 임금은 아니어서 근로기준법 제43조 제2항이 곧바로 적용될 수는 없더라도, 사용자가 그 전액을 지급기일에 지급하지 아니하였다면 이로써 근로기준법 제109조 제1항, 제43조 제1항 위반죄는 성립한다(대판 2017.7.11. 2013도7896).

(2) 기대불가능성으로 근로기준법 위반죄가 불성립하는 사례

근로기준법 제109조, 제43조 제2항에서 규정하는 일정 기일 임금지급의 원칙은 사용자로 하여금 매월 일정하게 정해진 기일에 근로의 대가를 근로자에게 어김없이 지급하도록 강제함으로써 근로자의 생활 안정을 도모하고자 하는 데에 그 입법취지가 있으므로 사용자가 임금지급을 위하여 최선의 노력을 다하였으나 경영 부진으로 인한 자금사정의 악화 등으로 도저히 임금지급기일을 지킬 수 없었던 불가피한 사정이 인정되는 경우에는 위와 같은 임금체불의 죄책을 물을 수 없다(대판 1988.5.10. 87도2098).

(3) 근로기준법 위반죄의 고의의 인정 여부에 대한 사례

1) 근로기준법 위반죄의 고의를 인정하는 사례

피고인은 '공소외 1 등이 일방적으로 계약을 파기하게 될 경우 피고인에게 1개월 급여에 해당하는 금액을 위약금으로 지불한다'는 내용의 위약금 조항에 근거하여 공소외 1 등에 대한 2020.5.분 임금 지급을 거절한 경우, 근로기준법 제20조는 "사용자는 근로계약 불이행에 대한 위약금 또는 손해배상액을 예정하는 계약을 체결하지 못한다"라고 규정하고 있으므로, 이에 반하여 약정한 근무기간 이전에 퇴직할 경우 사용자에게 어떤 손해가 어느 정도 발생하였는지를 묻지 않고 곧바로 소정의 금액을 사용자에게 지급하기로 하는 약정의 효력을 인정할 수 없고, 근로자에 대한 임금은 직접 근로자에게 전액을 지급하여야 하므로 초과지급된 임금의 반환채권을 제외하고는 사용자가 근로자에 대하여 가지는 대출금이나 불법행위를 원인으로 한 채권으로써 근로자의 임금채권과 상계를 하지 못하므로 피고인이 위 위약금 조항에 근거하여 2020.5.분 임금을 지급하지 않은 데에 정당한 이유가 있다고 보기 어렵다(대판 2022.5.26. 2022도2188).

2) 근로기준법 위반죄의 고의를 부정하는 사례

임금 등 지급의무의 존재에 관하여 다툴 만한 근거가 있는 것이라면 사용자가 그 임금 등을 지급하지 아니한 데에는 상당한 이유가 있다고 보아야 할 것이어서 사용자에게 구 근로기준법 제112조, 제36조 위반죄의 고의가 있었다고 인정하기 어렵고, 임금 등 지급의무의 존부 및 범위에 관하여 다툴 만한 근거가 있는지 여부는 사용자의 지급거절이유 및 그 지급의무의 근거, 그리고 사용자가 운영하는 회사의 조직과 규모, 사업목적 등 제반 사항, 기타 임금 등 지급의무의 존부 및 범위에 관한 다툼 당시의 제반 정황에 비추어 판단하여야 할 것이며, 사후적으로 사용자의 민사상 지급책임이 인정된다고 하여 곧바로 사용자에 대한 같은 법 제112조, 제36조 위반죄의 고의가 인정된다고 단정해서는 안 된다(대판 2007.6.28. 2007도1539).

(4) 근로기준법 위반죄의 책임조각사유의 판단기준

[1] 기업에 대하여 회생절차개시결정이 있는 때에는 채무자의 업무의 수행과 재산의 관리 및 처분을 하는 권한은 관리인에게 전속한다[채무자 회생 및 파산에 관한 법률(이하 "채무자회생법") 제56조 제1항]. 그러나 관리인은 채무자나 그의 기관 또는 대표자가 아니고 채무자와 채권자 등으로 구성되는 이른바 이해관계인 단체의 관리자로서 일종의 공적 수탁자에 해당하고, 채권자·주주·지분권자 등 이해관계인의 법률관계를

조정하여 채무자 또는 사업의 효율적인 회생을 도모하기 위하여 업무수행 등을 하는 것이고, 재산의 처분이나 금전의 지출 등의 일정 행위에 대하여 미리 법원의 허가를 받아야 하거나(채무자회생법 제61조 등 참조), 채무자의 업무와 재산의 관리상태 등을 법원에 보고하여야 하는 등 다양한 방법으로 법원의 감독을 받게 된다(채무자회생법 제91조 내지 제93조 등 참조). 이러한 회생절차에서의 관리인의 지위 및 역할, 업무수행의 내용 등에 비추어 보면, 관리인이 채무자회생법 등에 따라 이해관계인의 법률관계를 조정하여 채무자 또는 사업의 효율적인 회생을 도모하는 업무를 수행하는 과정에서 자금사정의 악화나 관리인의 업무수행에 대한 법률상의 제한 등에 따라 불가피하게 근로자의 임금 또는 퇴직금을 지급기일 안에 지급하지 못한 것이라면 임금 및 퇴직금 등의 기일 내 지급의무 위반죄의 책임조각사유로 되는 하나의 구체적인 징표가 될 수 있다. [2] 나아가 관리인이 업무수행과정에서 임금이나 퇴직금을 지급기일 안에 지급할 수 없었던 불가피한 사정이 있었는지 여부는 채무자가 회생절차의 개시에 이르게 된 사정, 법원이 관리인을 선임한 사유, 회생절차개시 결정 당시 채무자의 업무 및 재산의 관리상태, 회생절차개시결정 이후 관리인이 채무자 또는 사업의 회생을 도모하기 위하여 한 업무수행의 내용과 근로자를 포함한 이해관계인과의 협의노력, 회생절차의 진행경과 등 제반 사정을 종합하여 개별·구체적으로 판단하여야 한다(대판 2015.2.12. 2014도12753).

Ⅳ 임금의 비상시 지불

1. 의 의

사용자는 근로자가 출산, 질병, 재해, 그 밖에 대통령령으로 정하는 비상한 경우의 비용에 충당하기 위하여 청구하는 경우에는 지급기일 전이라도 이미 제공한 근로에 대한 임금을 지급하여야 한다(근기법 제45조).

기출 16

2. 요 건

(1) 출산, 질병, 재해 등의 비상시(근기법 시행령 제25조)

근로기준법 제45조에서 '그 밖에 대통령령으로 정하는 비상한 경우'라 함은 근로자 또는 그의 수입에 의하여 생계를 유지하는 자가 다음의 어느 하나에 해당하게 되는 경우를 말한다.
① 출산하거나 질병 또는 재해를 입은 경우
② 혼인 또는 사망한 경우 기출 12 · 17 · 21
③ 부득이한 사유로 인하여 1주 이상 귀향하게 되는 경우

(2) 근로자의 청구

근로자의 청구가 있으면 사용자는 임금의 지급기일 전이라도 이미 제공한 근로에 대한 임금을 지급해야 한다 (근기법 제45조). 이때 이미 제공받은 근로에 대한 대가만 지급하면 된다.

3. 비상시 지불의 대상

비상시 지불을 청구할 수 있는 자는 근로자이나, 그 지불의 대상에는 근로자뿐만 아니라 그의 수입에 따라 생계를 유지하는 자도 포함된다. 친족이 아니라 해도 근로자가 부양의무를 지고 있다면, 그러한 자의 비상한 사유에 대한 비상시 지급이 인정된다.

I 휴업수당

> **휴업수당(근기법 제46조)**
> ① 사용자의 귀책사유로 휴업하는 경우에 사용자는 휴업기간 동안 그 근로자에게 <u>평균임금의 100분의 70 이상의 수당을 지급하여</u> <u>야</u> 한다. 다만, 평균임금의 100분의 70에 해당하는 금액이 통상임금을 초과하는 경우에는 <u>통상임금을 휴업수당으로 지급할</u> <u>수 있다.</u>
> ② 제1항에도 불구하고 부득이한 사유로 사업을 계속하는 것이 불가능하여 <u>노동위원회의 승인을 받은 경우</u>에는 제1항의 기준에 못 미치는 휴업수당을 지급할 수 있다.
>
> **휴업수당의 산출(근기법 시행령 제26조)**
> 사용자의 귀책사유로 휴업한 기간 중에 근로자가 임금의 일부를 지급받은 경우에는 사용자는 법 제46조 제1항 본문에 따라 그 근로자에게 평균임금에서 그 지급받은 임금을 뺀 금액을 계산하여 그 금액의 100분의 70 이상에 해당하는 수당을 지급하여야 한다. 다만, 법 제46조 제1항 단서에 따라 통상임금을 휴업수당으로 지급하는 경우에는 통상임금에서 휴업한 기간 중에 지급받은 임금을 뺀 금액을 지급하여야 한다.

1. 의 의

사용자의 귀책사유로 휴업하는 경우에 사용자는 휴업기간 동안 그 근로자에게 평균임금의 100분의 70 이상의 수당을 지급하여야 한다. 다만, 평균임금의 100분의 70에 해당하는 금액이 통상임금을 초과하는 경우에는 통상임금을 휴업수당으로 지급할 수 있다(근기법 제46조 제1항). 부득이한 사유로 사업을 계속하는 것이 불가능하여 노동위원회의 승인을 받은 경우에는 기준에 미달하는 휴업수당을 지급할 수 있다(근기법 제46조 제2항). **기출** 20

2. 요 건

(1) 사용자의 귀책사유가 있을 것

사용자에게 고의, 과실이 있는 경우뿐만 아니라, 사용자가 불가항력이라고 주장할 수 없는 모든 경우를 포함한다. 즉, 사용자의 고의·과실이 없는 경우라고 할지라도, 사용자의 세력범위 안에서 발생한 경영장애는 사용자의 귀책사유에 해당한다. 그러나 천재지변 및 이에 준하는 사유가 있는 경우에는 사용자의 귀책사유에 해당하지 아니한다. 판례는 <u>귀책사유의 증명책임은 사용자에게 있다</u>고(대판 1970.2.24. 69다1568) 판시하고 있다.

(2) 휴업을 할 것

1) 내 용

휴업이라 함은 근로계약을 존속시키면서 사업의 전부 또는 일부를 사용자의 결정에 의하여 정지하는 것을 말하며, 1일의 전부만이 아니라 1일의 일부만을 휴업하는 경우까지 포함한다.

> **휴 업**
> • 사용자의 책임 있는 사유(부당해고, 위법한 직장폐쇄 등) : 민법 제538조 제1항에 따라 임금 전액의 청구 가능
> • 경영상 장애 : 근로기준법 제46조에 따라 평균임금의 70%의 수당 지급
> • 천재지변 등(쌍방의 책임 없는 사유) : 민법 제537조에 따라 임금청구권의 소멸

2) 관련 판례

판례에 의하면 근로기준법 제46조는 근로자의 최저생활을 보장하려는 취지에서 사용자의 귀책사유로 인하여 휴업하는 경우에는 사용자는 휴업기간 중 당해 근로자에게 그 평균임금의 100분의 70 이상의 수당을 지급하여야 한다고 규정하고 있고, 여기서의 휴업에는 개개의 근로자가 근로계약에 따라 근로를 제공할 의사가 있음에도 불구하고 그 의사에 반하여 취업이 거부되거나 또는 불가능하게 된 경우도 포함되므로 근로자가 사용자의 귀책사유로 인하여 해고된 경우에도 위 휴업수당에 관한 근로기준법이 적용될 수 있으며 이 경우에 근로자가 지급받을 수 있는 해고기간 중의 임금액 중 위 휴업수당의 한도에서는 이를 중간수입 공제의 대상으로 삼을 수 없고, 그 휴업수당을 초과하는 금액범위에서만 공제하여야 할 것이라고(대판 1991.12.13. 90다18999) 판시하고 있다.

3. 휴업수당액

① 평균임금의 100분의 70 이상이다. 다만, 평균임금의 100분의 70에 해당하는 금액이 통상임금을 초과하는 경우에는 통상임금을 휴업수당으로 지급할 수 있다(근기법 제46조 제1항 단서).
② 사용자의 귀책사유로 휴업한 기간 중에 근로자가 임금의 일부를 지급받은 경우에는 사용자는 근로기준법 제46조 제1항 본문에 따라 그 근로자에게 평균임금에서 그 지급받은 임금을 뺀 금액을 계산하여 그 금액의 100분의 70 이상에 해당하는 수당을 지급하여야 한다. 다만, 근로기준법 제46조 제1항 단서에 따라 통상임금을 휴업수당으로 지급하는 경우에는 통상임금에서 휴업한 기간 중에 지급받은 임금을 뺀 금액을 지급하여야 한다(근기법 시행령 제26조).

4. 휴업수당의 감액

(1) 의 의

근로기준법은 부득이한 사유로 사업을 계속하는 것이 불가능하여 노동위원회의 승인을 받은 경우에는 평균 임금의 100분의 70에 못 미치는 휴업수당을 지급할 수 있다고 규정하고 있다(근기법 제46조 제2항).

(2) 감액지급의 요건

1) 부득이한 사유로 인한 사업 계속의 불가능

① 내용 : 부득이한 사유를 천재지변이나 그 밖에 불가항력적인 사유로 판단하는 견해가 있으나, 해당 사업 외부의 사정에 기인하여 사용자의 세력범위 내에서 발생한 사유로 판단하는 것이 타당하다.
② 관련 판례 : [1] 노동조합 및 조합원들의 파업행위가 집단적 근로조건의 유지·개선을 목적으로 한 것이 아니라 피고 보조참가인이 결정할 수 없는 정치적 사항인 노동관계법의 철폐를 목적으로 한 것으로 정당한 쟁의행위에 해당되지 아니하고, 노동조합의 주도 및 선동에 따른 조합원들의 장기간에 걸친 불법파업에 대하여 피고 보조참가인이 수차례에 걸쳐 여러 방법으로 불법파업의 중지 및 정상조업을 설득하였으나 노동조합 및 조합원들의 전국민주노동조합 총연맹의 지침에 따라 파업을 실행하고 그 수위를 조절하는 등으로 정상조업이 어려운 형편이었고, 그 후 부분조업이 이루어졌으나 불량률 때문에 사실상 정상적인 조업이라 하기 어려운 점, 또 본격적인 전체 파업이 예정되어 있던 점, 그 밖에 파업기간 동안의 피고 보조참가인의 손실 정도, 일련의 공정에 의하여 이루어지는 자동차 생산의 특수성과 아산공장의 경우에도 직접 조합원들이 파업에 참가한 것이 아닐지라도 언제든지 파업에 동참할 준비를 하고 있었고, 아산공장은 울산공장에서 부품을 공급받고 있어 울산공장이 파업하는 경우 정상조업이 어려운 점 등에 비추어

볼 때, 이와 같은 사정은 피고 보조참가인이 법 제46조 제2항 소정의 휴업지불예외사유인 '부득이한 사유로 사업 계속이 불가능한 경우'에 해당된다고 볼 것이다.

[2] 사용자가 부득이한 사유로 사업 계속이 불가능하여 노동위원회의 승인을 얻어 휴업을 하게 되는 경우에 휴업수당의 일부뿐만 아니라 전액을 지급하지 않는 것도 포함된다(대판 2000.11.24. 99두4280).

2) 노동위원회의 승인

① 내용 : 노동위원회의 승인을 감액지급의 요건으로 하고 있으므로, 노동위원회의 승인이 없으면 휴업수당을 감액할 수 없다.

② 관련 판례

    ㉠ 노동위원회의 승인 여부에 대한 불복 : 휴업기간 중의 수당 지급에 관한 노동위원회의 승인이나 그 승인을 취소하는 중앙노동위원회의 재심처분은 행정처분이다(대판 1968.9.17. 68누151). 따라서 행정소송의 제기가 가능하다.

    ㉡ 불복절차의 신청권자

        ㉮ 근로자의 재심신청적격 인정 여부 : [1] 근로기준법 제46조 제2항에 의한 지방노동위원회의 휴업지불예외승인처분의 상대방은 그 승인신청을 한 사용자뿐이므로 사용자에게만 그 처분의 통지를 하면 효력이 발생하고, 비록 그 처분에 따라 근로자들이 휴업수당을 감액지급받게 되거나 지급받지 못하게 된다고 하더라도 그 근로자들을 그 상대방으로 하거나 그들에게 이를 통지하여야 하는 것은 아니므로, 이러한 휴업지불예외승인처분을 함에 있어서 근로자들을 상대방으로 하지 않았거나 그들에게 송달하지 않았다고 하여 이를 당연무효로 볼 수는 없지만, 그 처분은 근로자들의 수당지급채권의 발생 여부에 직접 영향을 미치므로 근로자들은 그 처분에 대하여 이해관계를 가진 자로서 중앙노동위원회에 재심을 신청할 수 있는 법률상 이익이 있는 자라고 보아야 한다.

        [2] 구 노동위원회법 제19조 제2항이 중앙노동위원회에 대한 재심은 당사자에게 지방노동위원회의 처분이 송달된 날로부터 10일 이내에 당사자 쌍방 또는 일방의 신청에 의하여야 한다고 규정하고 있지만, 근로자들은 지방노동위원회의 휴업지불예외승인처분의 직접 당사자가 아닐 뿐만 아니라 그 처분을 송달받은 것도 아니고 다른 경로로 그러한 처분이 있었다는 것을 알게 되었을 뿐이며, 구법 제19조가 지방노동위원회의 처분에 대한 불복을 재심이라고 표현하고 있고, 구법 제19조의2가 중앙노동위원회의 판정에 대한 소는 중앙노동위원회 위원장을 피고로 하여 제기하도록 규정하고 있으나, 이 재심은 행정처분으로서의 성질을 가지고 있는 지방노동위원회의 처분에 대한 취소소송에 있어서의 전심절차로서의 성격을 가지고 있으므로, 지방노동위원회의 처분에 관하여 이해관계를 가진 근로자들로서는 이 처분이 사용자에 송달된 날이나, 그 처분이 있었던 것을 안 날로부터 10일이 아니라 행정심판법 제18조가 규정하는 기간 내에 재심신청을 제기하면 족하다(대판 1995.6.30. 94누9955).

O | X 💬

1. 근로자가 휴업수당을 지급받기 위해서는 근로의 현실적인 제공이 있어야 한다.
2. 휴업수당을 받은 근로자는 사용자에게 채무불이행에 의한 금전청구를 할 수 없다.
3. 휴업수당에서의 사용자의 귀책사유는 민법상의 귀책사유와 동일하다.

정답 1. ✕ 2. ✕ 3. ✕

㉰ **노동조합의 재심신청적격 인정 여부** : [1] 지방노동위원회의 휴업지불예외승인결정은 당해 근로자들의 수당지급채권의 발생 여부에 직접 영향을 미치는 것으로서 위 승인결정에 대한 재심신청당사자는 근로기준법상 임금청구권자인 근로자들이고 이들과 별개의 인격체인 노동조합은 위 승인결정이나 재심판정에 사실상 이해관계가 있거나, 구 노동위원회법 제16조 제1항 소정의 관계인에 해당한다 하더라도 재심신청인으로서의 적격이 인정되지 아니하며, 비록 중앙노동위원회가 노동조합의 재심신청을 각하하지 아니하고 본안에 들어가 재심신청을 기각하였다 할지라도 노동조합에게 재심신청자격이나 재심판정취소의 소를 제기할 수 있는 원고적격이 인정되지 않는다.
[2] 구 노동위원회법 제19조의2 제1항의 규정은 행정처분의 성질을 가지는 지방노동위원회의 처분에 대하여 행정소송을 제기할 경우의 전치요건에 관한 규정으로 중앙노동위원회의 재심절차가 지방노동위원회의 승인처분에 대한 취소소송에 있어서의 전심절차로서의 성격을 가지기 때문에 재심판정에 대하여 별도의 전심절차 없이 행정소송을 제기할 수 있게 한 것으로 보아야 하므로, 중앙노동위원회의 재심절차의 당사자가 아니었던 자는 그 재심판정에 대하여 취소소송을 제기할 수 없다(대판 1993.11.9. 93누1671).

(3) 감액의 정도

근로기준법 제46조 제2항은 사용자의 휴업지불의무의 예외를 정한 것이고, 그러한 예외의 경우에 휴업지불의 하한이 별도로 정해져 있지 않은 이상, 사정에 따라서는 사용자가 휴업지불을 전혀 하지 않는 것도 가능하다(대판 2000.11.24. 99두4280).

✔ 핵심문제

01 근로기준법상 임금에 관한 설명 중 옳지 않은 것을 모두 고른 것은?

> ㉠ 임금이란 사용자가 근로의 대가로 근로자에게 임금, 봉급, 그 밖에 어떠한 명칭으로든지 지급하는 일체의 금품을 말한다.
> ㉡ 평균임금이란 이를 산정하여야 할 사유가 발생한 날 이전 1개월 동안에 그 근로자에게 지급된 임금의 총액을 그 기간의 총일수로 나눈 금액을 말한다. 근로자가 취업한 후 1개월 미만인 경우도 이에 준한다.
> ㉢ 사용자는 근로자가 퇴직한 경우에는 퇴직일부터 10일 이내에 임금을 지급하여야 한다.
> ㉣ 사용자는 근로자가 출산 비용에 충당하기 위하여 임금지급을 청구하면 지급기일 전이라도 이미 제공한 근로에 대한 임금을 지급하여야 한다.

① ㉠   ② ㉣

③ ㉠, ㉡   ④ ㉡, ㉢

⑤ ㉡, ㉢, ㉣

【해설】
㉡ (×) 평균임금이란 이를 산정하여야 할 사유가 발생한 날 이전 3개월 동안에 그 근로자에게 지급된 임금의 총액을 그 기간의 총일수로 나눈 금액을 말한다. 근로자가 취업한 후 3개월 미만인 경우도 이에 준한다(근기법 제2조 제1항 제6호).
㉢ (×) 사용자는 근로자가 사망 또는 퇴직한 경우에는 그 지급 사유가 발생한 때부터 14일 이내에 임금, 보상금, 그 밖의 모든 금품을 지급하여야 한다. 다만, 특별한 사정이 있는 경우에는 당사자 사이의 합의에 의하여 기일을 연장할 수 있다(근기법 제36조).

정답 ④

1. 부분파업과 휴업수당

파업에 참가한 근로자에게는 당연히 휴업수당이 지급되지 아니한다. 부분파업 시에 파업불참가자나 비조합원이 근로를 희망하여 근로제공의 이행상태에 있었으나 사용자가 이의 수령을 거부한 경우, 근로자는 임금 또는 휴업수당을 청구할 수 있는지가 문제될 수 있다.

① 근로희망자만으로 조업을 할 수 있는 경우에는, 사용자가 근로제공을 거부하면 임금지급책임을 진다.

② 근로희망자만으로 조업을 할 수 없는 경우에는, 근로기준법 제46조에 규정된 휴업수당의 감액을 위한 부득이한 사유에 해당하는지가 문제된다. 이에 대하여 학설은 대립하고 있으나, 판례는 부득이한 사유에 해당한다고 이해한다.

2. 직장폐쇄와 휴업수당

직장폐쇄가 적법한 경우, 사용자는 임금지급의무나 휴업수당지급의무를 부담하지 아니한다. 직장폐쇄가 위법한 경우에는, 근로기준법 제46조의 휴업수당을 지급하여야 하는지에 대한 견해가 대립한다.

3. 민법상의 임금지급청구와 휴업수당

사용자의 고의·과실이 아닌 휴업의 경우, 민법상 손해배상을 청구할 수는 없어도 근로기준법상 휴업수당청구권을 행사할 수는 있다. 사용자의 고의·과실에 의한 휴업의 경우에는 두 청구권이 경합하게 되는데, 휴업수당 지급의 한도 내에서는 민법상 임금청구권이 소멸하고, 임금지급이 평균임금의 100분의 70 이상이 되는 부분에 관해서는 휴업수당청구권이 소멸한다.

> **휴업수당청구권과 임금전액청구권**
> • 근로기준법 제46조의 사용자의 귀책사유는 민법상의 귀책사유보다 그 범위가 넓어, 민법상의 책임을 물을 수 없더라도 근로자는 휴업수당청구권을 가질 수 있다.
> • 사용자가 민법상의 귀책사유가 있는 경우에는 양 청구권이 경합하게 되고, 근로자는 선택적으로 행사할 수 있다.

4. 휴업기간 중 다른 기업에 취업한 경우

휴업수당은 근로자의 최저생활을 보장하려는 취지에서 규정하고 있는 것이고, 사용자의 귀책사유로 인하여 해고된 근로자가 해고기간 중에 다른 직장에 종사하여 얻은 이익(중간수입)의 공제에 있어서 근로자가 지급받을 수 있는 임금액 중 근로기준법 소정의 휴업수당의 한도에서는 이를 이익 공제의 대상으로 삼을 수 없고, 그 휴업수당을 초과하는 금액에서 중간수입을 공제하여야 한다(대판 1991.6.28. 90다카25277).

I 체불임금에 대한 보호

1. 3년 이하의 징역 또는 3천만원 이하의 벌금

① 근로기준법 제36조(금품청산), 제43조(임금지급), 제44조(도급사업에 대한 임금지급), 제44조의2(건설업에서의 임금지급연대책임), 제46조(휴업수당), 제51조의3(근로한 기간이 단위기간보다 짧은 경우의 임금정산), 제52조 제2항 제2호(1개월을 초과하는 정산기간을 정하는 경우, 통상임금의 100분의 50 이상을 가산지급) 또는 제56조(연장·야간 및 휴일근로)를 위반한 자(근기법 제109조 제1항)

② 사용자가 근로자가 사망 또는 퇴직하여 그 지급 사유가 발생한 때부터 14일 이내에 임금 등의 금품을 지급하지 아니한 경우(근기법 제36조), 사용자가 임금지급의 원칙에 위반한 경우(근기법 제43조), 직상수급인이 하수급인과 연대하여 지급할 임금지급 책임을 부담하지 아니하는 경우(근기법 제44조, 제44조의2), 사용자의 귀책사유로 휴업하면서 휴업수당을 지급하지 않는 경우(근기법 제46조), 사용자가 3개월 이내의 탄력적 근로시간제, 3개월을 초과하는 탄력적 근로시간제에 따른 단위기간 중 근로자가 근로한 기간이 그 단위기간보다 짧은 경우 가산임금을 지급하지 아니하는 경우(근기법 제51조의3), 1개월을 초과하는 정산기간을 정하는 선택적 근로시간제에서 가산임금을 지급하지 아니하는 경우(근기법 제52조 제2항 제2호), 연장·야간·휴일근로에 대한 가산수당을 지급하지 않는 경우(근기법 제56조) 등에 해당하면 피해자의 명시적인 의사와 다르게 공소를 제기할 수 없다(근기법 제109조 제2항). **기출** 20·23 반의사불벌죄는 원칙적으로 공소제기가 가능하나 피해자가 처벌을 원하지 않는다는 의사를 명백하게 한 경우에는 소추가 불가능한 범죄를 말하며, 근로기준법 제109조 제2항에 열거된 구성요건은 피해자의 명시적인 의사와 다르게 공소를 제기할 수 없는 반의사불벌죄에 해당한다.

2. 1천만원 이하의 벌금(근기법 제113조)

근로기준법 제45조(비상시 지급)를 위반한 자

3. 500만원 이하의 벌금(근기법 제114조)

근로기준법 제47조[18]를 위반한 자

---

18) 사용자는 도급이나 그 밖에 이에 준하는 제도로 사용하는 근로자에게 근로시간에 따라 일정액의 임금을 보장하여야 한다(근기법 제47조).

1. 체불사업주 명단공개

① 고용노동부장관은 임금, 보상금, 수당, 그 밖의 모든 금품(이하 "임금등")을 지급하지 아니한 사업주(법인인 경우에는 그 대표자를 포함. 이하 "체불사업주")가 명단공개 기준일 이전 3년 이내 임금등을 체불하여 2회 이상 유죄가 확정된 자로서 명단공개 기준일 이전 1년 이내 임금등의 체불총액이 3천만원 이상인 경우에는 그 인적사항 등을 공개할 수 있다. 다만, 체불사업주의 사망·폐업으로 명단공개의 실효성이 없는 경우 등 대통령령으로 정하는 사유가 있는 경우에는 그러하지 아니하다(근기법 제43조의2 제1항). 고용노동부장관은 체불사업주의 성명·나이·상호·주소(체불사업주가 법인인 경우에는 그 대표자의 성명·나이·주소 및 법인의 명칭·주소), 명단공개 기준일 이전 3년간의 임금등 체불액 등을 관보에 싣거나 인터넷 홈페이지, 관할 지방고용노동관서 게시판 또는 그 밖에 열람이 가능한 공공장소에 3년간 게시하는 방법으로 인적사항을 공개한다(근기법 시행령 제23조의3). **기출** 21 · 24

② 고용노동부장관은 명단공개를 할 경우에 체불사업주에게 3개월 이상의 기간을 정하여 소명기회를 주어야 한다(근기법 제43조의2 제2항). **기출** 13 · 14 · 21 · 24

③ 체불사업주의 인적사항 등에 대한 공개 여부를 심의하기 위하여 고용노동부에 임금체불정보심의위원회(이하 "위원회")를 둔다. 이 경우 위원회의 구성·운영 등 필요한 사항은 고용노동부령으로 정한다(근기법 제43조의2 제3항). **기출** 21

체불사업주 명단공개 제외대상(근기법 시행령 제23조의2)

법 제43조의2 제1항 단서에서 "체불사업주의 사망·폐업으로 명단공개의 실효성이 없는 경우 등 대통령령으로 정하는 사유"란 다음 각 호의 어느 하나에 해당하는 경우를 말한다.

1. 법 제36조, 제43조, 제51조의3, 제52조 제2항 제2호 또는 제56조에 따른 임금, 보상금, 수당, 그 밖의 일체의 금품(이하 "임금등")을 지급하지 않은 사업주(이하 "체불사업주")가 사망하거나 민법 제27조에 따라 실종선고를 받은 경우(체불사업주가 자연인인 경우만 해당)
2. 체불사업주가 법 제43조의2 제2항에 따른 소명기간 종료 전까지 체불임금등을 전액지급한 경우
3. 체불사업주가 채무자 회생 및 파산에 관한 법률에 따른 회생절차개시결정을 받거나 파산선고를 받은 경우
4. 체불사업주가 임금채권보장법 시행령 제5조에 따른 도산등사실인정을 받은 경우
5. 체불사업주가 체불임금등의 일부를 지급하고, 남은 체불임금등에 대한 구체적인 청산계획 및 자금조달방안을 충분히 소명하여 법 제43조의2 제3항에 따른 임금체불정보심의위원회(이하 "위원회")가 명단공개 대상에서 제외할 필요가 있다고 인정하는 경우
6. 제1호부터 제5호까지의 규정에 준하는 경우로서 위원회가 체불사업주의 인적사항 등을 공개할 실효성이 없다고 인정하는 경우

임금체불정보심의위원회 구성 및 운영(근기법 시행규칙 제7조의2)

① 법 제43조의2 제3항 전단에 따른 임금체불정보심의위원회(이하 "위원회")는 위원장 1명을 포함한 11명의 위원으로 구성한다.

② 위원장은 고용노동부차관이 되고, 위원은 다음 각 호의 사람이 된다.
1. 고용노동부의 고위공무원단에 속하는 일반직공무원 중 고용노동부장관이 지정하는 직위에 있는 사람 3명
2. 변호사 또는 공인노무사 자격이 있는 사람 중에서 고용노동부장관이 위촉하는 사람 2명
3. 고등교육법 제2조에 따른 대학에서 부교수 이상의 직으로 재직하였거나 재직하고 있는 사람 중에서 고용노동부장관이 위촉하는 사람 2명
4. 제1호부터 제3호까지에 준하는 경험 또는 사회적 덕망이 있다고 인정되는 사람으로서 고용노동부장관이 위촉하는 사람 3명

③ 제2항 제2호부터 제4호까지에 따른 위원의 임기는 3년으로 한다.

---

④ 위원회의 회의는 <u>위원장을 포함한 재적위원 과반수의 출석으로 개의</u>하고, <u>출석위원 과반수의 찬성으로 의결</u>한다.
⑤ 제1항부터 제4항까지에서 규정한 사항 외에 위원회의 구성 및 운영에 필요한 사항은 고용노동부장관이 정한다.

2. 임금등 체불자료의 제공

고용노동부장관은 종합신용정보집중기관이 임금등 체불자료 제공일 이전 3년 이내 임금등을 체불하여 2회 이상 유죄가 확정된 자로서 임금등 체불자료 제공일 이전 1년 이내 임금등의 체불총액이 2천만원 이상인 체불사업주의 인적사항과 체불액 등에 관한 자료를 요구할 때에는 임금등의 체불을 예방하기 위하여 필요하다고 인정하는 경우에 그 자료를 제공할 수 있다. 다만, 체불사업주의 사망·폐업으로 임금등 체불자료 제공의 실효성이 없는 경우 등 대통령령으로 정하는 사유가 있는 경우에는 그러하지 아니하다(근기법 제43조의3 제1항).

기출 **24** 이때 임금등 체불자료를 받은 자는 이를 <u>체불사업주의 신용도·신용거래능력 판단과 관련한 업무 외의 목적으로 이용하거나 누설하여서는 아니 된다</u>(근기법 제43조의3 제2항). 기출 **21**

> **임금등 체불자료의 제공 제외대상(근기법 시행령 제23조의4)**
> 법 제43조의3 제1항 단서에서 "<u>체불사업주 사망·폐업으로 임금등 체불자료 제공의 실효성이 없는 경우 등 대통령령으로 정하는 사유</u>"란 다음 각 호의 어느 하나에 해당하는 경우를 말한다.
> 1. 체불사업주가 사망하거나 민법 제27조에 따라 실종선고를 받은 경우(체불사업주가 자연인인 경우만 해당)
> 2. 체불사업주가 법 제43조의3 제1항에 따른 임금등 체불자료 제공일 전까지 체불임금등을 전액지급한 경우
> 3. 체불사업주가 채무자 회생 및 파산에 관한 법률에 따른 회생절차개시결정을 받거나 파산선고를 받은 경우
> 4. 체불사업주가 임금채권보장법 시행령 제5조에 따른 도산등사실인정을 받은 경우
> 5. 체불자료 제공일 전까지 체불사업주가 체불임금등의 일부를 지급하고 남은 체불임금등에 대한 구체적인 청산계획 및 자금조달방안을 충분히 소명하여 고용노동부장관이 체불임금등 청산을 위하여 성실히 노력하고 있다고 인정하는 경우

Ⅲ 사망·퇴직 시 임금지급에 대한 보호

1. 금품청산

사용자는 근로자가 사망 또는 퇴직한 경우에는 <u>그 지급사유가 발생한 때부터 14일 이내에 임금, 보상금, 그 밖의 모든 금품을 지급</u>하여야 한다. 다만, 특별한 사정이 있을 경우에는 당사자 사이의 합의에 의하여 기일을 연장할 수 있다(근기법 제36조).

2. 미지급임금에 대한 지연이자

① 사용자는 제36조에 따라 지급하여야 하는 임금 및 근로자퇴직급여 보장법에 따른 급여(일시금만 해당)의 전부 또는 일부를 그 지급사유가 발생한 날부터 14일 이내에 지급하지 아니한 경우 그 다음 날부터 지급하는 날까지의 지연일수에 대하여 연 100분의 40 이내의 범위에서 은행법에 따른 은행이 적용하는 연체금리 등 경제여건을 고려하여 대통령령으로 정하는 이율에 따른 지연이자를 지급하여야 한다(근기법 제37조 제1항). 여기서 "대통령령으로 정하는 이율"이란 <u>연 100분의 20</u>을 말한다(근기법 시행령 제17조).

② 지연이자의 지급에 대한 규정은 사용자가 <u>천재·사변, 그 밖에 대통령령으로 정하는 사유</u>에 따라 임금지급을 지연하는 경우 그 사유가 존속하는 기간에 대하여는 적용하지 아니한다(근기법 제37조 제2항).

③ 판례는 근로기준법 제37조 제1항, 제2항, 근로기준법 시행령 제17조, 제18조 제3호의 각 규정에 의하면, 사용자는 임금 및 퇴직금의 전부 또는 일부를 그 지급사유가 발생한 날부터 14일 이내에 지급하지 아니한 경우 그 다음 날부터 지급하는 날까지의 지연일수에 대하여 연 100분의 20의 이율에 따른 지연이자를 지급하여야 하는 것이 원칙이지만, 그 지급이 지연되고 있는 임금 및 퇴직금의 전부 또는 일부의 존부를 법원이나 노동위원회에서 다투는 것이 적절하다고 인정되는 경우에는 그 사유가 존속하는 기간에 대하여는 위와 같은 이율에 따른 지연이자를 지급할 필요가 없다고 하면서, 여기서 '임금 등의 전부 또는 일부의 존부를 법원에서 다투는 것이 적절하다고 인정되는 경우'라 함은 임금 등 지급의무의 존부나 범위에 관하여 다투는 사용자의 주장에 상당한 근거가 있는 것으로 인정되는 때를 가리키는 것이라고(대판 2022.3.31. 2020다294486) 한다.

IV 임금채권의 우선변제

1. 의 의

① 임금, 재해보상금, 그 밖에 근로관계로 인한 채권은 사용자의 총재산에 대하여 질권·저당권 또는 동산·채권 등의 담보에 관한 법률에 따른 담보권에 따라 담보된 채권 외에는 조세·공과금 및 다른 채권에 우선하여 변제되어야 한다. 다만, 질권·저당권 또는 동산·채권 등의 담보에 관한 법률에 따른 담보권에 우선하는 조세·공과금에 대하여는 그러하지 아니하다(근기법 제38조 제1항).

② 최종 3개월분의 임금채권, 재해보상금채권은 사용자의 총재산에 대하여 질권·저당권 또는 동산·채권 등의 담보에 관한 법률에 따른 담보권에 따라 담보된 채권, 조세·공과금 및 다른 채권에 우선하여 변제되어야 한다(근기법 제38조 제2항).

③ 퇴직금에 대해서는 근로자퇴직급여 보장법에서 규율한다.

> **퇴직급여등의 우선변제(근퇴법 제12조)**
> ① 사용자에게 지급의무가 있는 퇴직금, 제15조에 따른 확정급여형퇴직연금제도의 급여, 제20조 제3항에 따른 확정기여형퇴직연금제도의 부담금 중 미납입부담금 및 미납입부담금에 대한 지연이자, 제23조의7 제1항에 따른 중소기업퇴직연금기금제도의 부담금 중 미납입부담금 및 미납입부담금에 대한 지연이자, 제25조 제2항 제4호에 따른 개인형퇴직연금제도의 부담금 중 미납입부담금 및 미납입부담금에 대한 지연이자(이하 "퇴직급여등")는 사용자의 총재산에 대하여 질권 또는 저당권에 의하여 담보된 채권을 제외하고는 조세·공과금 및 다른 채권에 우선하여 변제되어야 한다. 다만, 질권 또는 저당권에 우선하는 조세·공과금에 대하여는 그러하지 아니하다.
> ② 제1항에도 불구하고 최종 3년간의 퇴직급여등은 사용자의 총재산에 대하여 질권 또는 저당권에 의하여 담보된 채권, 조세·공과금 및 다른 채권에 우선하여 변제되어야 한다.
> ③ 퇴직급여등 중 퇴직금, 제15조에 따른 확정급여형퇴직연금제도의 급여는 계속근로기간 1년에 대하여 30일분의 평균임금으로 계산한 금액으로 한다.

2. 임금채권과 사용자의 총재산의 개념

(1) 임금채권

임금채권이라 함은 임금, 퇴직금, 재해보상금, 기타 근로관계로 인한 채권을 말하고, 이때 기타 근로관계로 인한 채권이라 함은 각종 수당, 상여금, 귀향여비 등 근로자가 근로관계를 원인으로 하여 사용자로부터 수령할 수 있는 모든 금품에 관한 채권을 말한다.

(2) 사용자의 총재산

① 사용자라 함은 근로기준법 제2조에 의한 사용자 중에서 사업주만이 해당된다. 회사인 경우에는 회사가 사용자가 되므로, 대표이사인 사장의 개인재산은 이에 포함되지 않는다.

② 사용자의 총재산은 동산·부동산은 물론, 각종 유·무형의 재산권을 포함한다. 따라서 사용자의 제3자에 대한 채권도 사용자의 총재산에 포함된다.

3. 최우선변제 임금채권

(1) 최종 3월분의 임금채권

1) 최종의 판단기준시기

최종 3개월분의 임금은 배당요구 이전에 이미 근로관계가 종료된 근로자의 경우에는 근로관계 종료일부터 소급하여 3개월 사이에 지급사유가 발생한 임금 중 미지급분, 배당요구 당시에도 근로관계가 종료되지 않은 근로자의 경우에는 배당요구시점부터 소급하여 3개월 사이에 지급사유가 발생한 임금 중 미지급분을 말한다(대판 2015.8.19. 2015다204762).

2) 1임금지급기를 초과하여 지급하는 상여금

1임금지급기를 초과하여 지급하는 상여금과 관련하여 최종 3개월분의 임금이란, 최종 3개월 사이에 지급사유가 발생한 임금채권을 의미하는 것이 아니라, 최종 3개월간 근무한 부분의 임금채권을 말하므로, 상여금 전액이 아닌 퇴직 전 최종 3개월의 근로대가에 해당하는 부분이다(대판 2002.3.29. 2001다83838).

3) 최종 3개월 사이에 지급사유가 발생한 임금 중 미지급분

판례에 의하면 구 근로기준법 제37조 제2항 제1호에 의하여 우선변제의 대상이 되는 '최종 3월분의 임금'은 근로계약관계 종료시점으로부터 소급하여 3개월 이내인 2003. 8월분, 9월분 및 10월분 급여 및 상여금이고, 피고 및 일부 선정자들이 2003. 8월분 급여를 소외 주식회사로부터 지급받았다고 하여 그 이전에 지급사유가 발생한 2003. 7월분 급여가 여기에 포함되는 것은 아니므로, 피고 및 선정자들에 대한 배당금액 중 2003. 7월분 급여에 해당하는 위 별지의 배당이익금액란 기재의 금원에 대한 배당은 위법하다고(대판 2008.6.26, 2006다 1930) 한다.

(2) 최종 3년간의 퇴직급여채권

[1] 근로기준법 제38조 제2항에 따른 최종 3개월분의 임금, 재해보상금과 구 근로자퇴직급여 보장법 제12조 제2항에 따른 최종 3년간의 퇴직금에 해당하는 채권은 사용자의 총재산에 대하여 질권·저당권 또는 동산·채권 등의 담보에 관한 법률에 따른 담보권에 따라 담보된 채권, 조세·공과금 및 다른 채권에 우선하여 변제되어야 한다. 이는 근로자의 최저생활을 보장하고자 하는 공익적 요청에서 일반 담보물권의 효력을 일부 제한하고 임금채권의 우선변제권을 규정한 것으로서 규정의 취지는 최종 3개월분의 임금 등에 관한 채권은 다른 채권과 동시에 사용자의 동일 재산에서 경합하여 변제받는 경우에 성립의 선후나 질권이나 저당권의 설정 여부에 관계없이 우선적으로 변제받을 수 있는 권리가 있을 뿐이므로, 근로기준법 등에 따라 우선변제 청구권을 갖는 임금채권자라고 하더라도 강제집행절차나 임의경매절차에서 배당요구의 종기까지 적법하게 배당요구를 하여야만 우선배당을 받을 수 있는 것이 원칙이다. 여기서 최종 3개월분의 임금은 배당요구 이전에 이미 근로관계가 종료된 근로자의 경우에는 근로관계 종료일부터 소급하여 3개월 사이에 지급사유가 발생한 임금 중 미지급분, 배당요구 당시에도 근로관계가 종료되지 않은 근로자의 경우에는 배당요구시점부터 소급하여 3개월 사이에 지급사유가 발생한 임금 중 미지급분을 말한다. 그리고 최종 3년간의 퇴직금도 이와 같이 보아야 하므로, 배당요구 종기일 이전에 퇴직금지급사유가 발생하여야 한다.

[2] 경매개시결정등기 전에 등기되고 매각으로 소멸하는 근저당권자는 배당요구를 하지 않더라도 당연히 배당을 받을 수 있는 채권자로서 배당요구 없이도 등기부상 기재된 채권최고액의 범위 내에서 순위에 따른 배당을 받을 수 있는데, 우선변제권이 있는 임금채권자가 현재 및 장래의 임금이나 퇴직금채권을 피담보채권 으로 하여 사용자의 재산에 관한 근저당권을 취득한 경우 배당요구의 종기까지 우선권 있는 임금채권임을 소명하지 않았다고 하더라도 배당표가 확정되기 전까지 피담보채권이 우선변제권이 있는 임금채권임을 소명 하면 최종 3개월분의 임금이나 최종 3년간의 퇴직금 등에 관한 채권에 대하여는 선순위 근저당권자 등보다 우선배당을 받을 수 있다. 다만 근저당권 설정 없이 우선변제권이 있는 임금채권자로서 배당요구의 종기까지 배당요구를 한 경우와 마찬가지로, 근저당권의 피담보채권이 우선권 있는 임금채권임을 소명함으로써 선순 위 근저당권자 등보다 우선배당을 받을 수 있는 최종 3개월분의 임금은 배당요구의 종기에 이미 근로관계가 종료된 근로자의 경우에는 근로관계 종료일부터, 배당요구의 종기 당시에도 근로관계가 종료되지 않은 근로 자의 경우에는 배당요구의 종기부터 소급하여 3개월 사이에 지급사유가 발생한 임금 중 미지급분을 말하는 것이고, 최종 3년간의 퇴직금도 배당요구 종기일 이전에 퇴직금지급사유가 발생하여야 한다(대판 2015.8.19, 2015 다204762).

(3) 재해보상금

재해보상금은 근로기준법에서 규정하고 있는 재해보상제도에 의한 보상금 전액을 의미한다.

4. 임금채권과 다른 채권의 우선순위

① 최종 3월분의 임금, 최종 3년간의 퇴직금 및 재해보상금

② 질권·저당권에 우선하는 조세, 공과금

③ 질권·저당권에 의하여 담보된 채권

④ ①에 해당하지 아니하는 임금, 퇴직금, 재해보상금 및 기타 근로관계로 인한 채권

⑤ 조세, 공과금 및 다른 채권

5. 최우선변제 임금채권과 피담보채권과의 관계

(1) 문제점

앞서 살펴본 바와 같이 근로기준법 제38조 제2항에 의하면 근로자의 최우선변제 임금채권은 사용자의 총재산에 대하여 저당권 등에 따라 담보된 채권에 우선하여 변제되어야 한다. 이때 담보권자가 채무자의 부동산에 저당권을 설정할 당시의 채무자는 사용자가 아니었으나, 이후 해당 저당권이 설정된 부동산이 사용자의 소유가 된 경우 임금채권이 우선변제될 수 있는지가 문제된다.

(2) 관련 판례

1) 사용자가 재산을 취득하기 전에 설정된 담보권

판례는 사용자가 재산을 특정승계취득하기 이전에 이미 설정된 담보권에 대해서는 최우선변제권을 주장할 수 없으나, 다만 담보된 재산만의 특정승계가 아닌 사업의 인적 조직·물적 시설이 동일성을 유지하면서 일체로 이전된 경우에는, 담보된 자산만이 특정승계된 경우와는 달라서 그 승계 이전에 설정된 담보권에 우선하여 최우선변제권을 주장할 수 있다고(대판 2004.5.27. 2002다65905) 판시하고 있다.

2) 사용자의 지위를 취득하기 전에 설정된 담보권

판례는 근로기준법 제38조 제2항은 근로자의 최저생활을 보장하고자 하는 공익적 요청에서 일반 담보물권의 효력을 일부 제한하고, 최종 3개월분의 임금과 재해보상금에 해당하는 채권의 우선변제권을 규정한 것이므로, 합리적 이유나 근거 없이 적용 대상을 축소하거나 제한하는 것은 허용되지 않는다는 입장이다. 따라서 최종 3개월분의 임금채권은 사용자의 총재산에 대하여 사용자가 사용자지위를 취득하기 전에 설정한 질권 또는 저당권에 따라 담보된 채권에도 우선하여 변제되어야 한다고(대판 2011.12.8. 2011다68777) 판시하고 있다.

(3) 검토

임금채권의 우선변제규정은 담보권자의 예측가능성 유무가 아닌 근로자의 최저생활 보장이라는 사회정책적 관점에서 판단하여야 하므로, 사용자가 재산을 취득하기 전에 설정된 담보권에 대하여도 최우선변제권이 인정되어야 한다.

6. 임금채권의 우선변제 방법

(1) 강제집행

먼저 임금채권을 확인받아 사용자의 재산에 대해 강제집행을 신청한 뒤 그 재산을 압류하여, 경매를 통해 환가한 경락대금에서 임금채권을 우선변제받을 수 있다.

(2) 배당요구

사용자의 다른 채권자가 담보물권을 행사하여 경매절차가 개시된 경우, 근로기준법에 따라 우선변제청구권을 갖는 임금채권자라고 하더라도 강제집행절차나 임의경매절차에서 배당요구의 종기까지 적법하게 배당요구를 하여야만 우선배당을 받을 수 있는 것이 원칙이다(대판 2015.8.19. 2015다204762). 최근 판례는 근로기준법 및 근로자퇴직급여 보장법에 의하여 우선변제청구권을 갖는 임금 및 퇴직금 채권자는 그 자격을 소명하는 서면을 붙인 배당요구서에 의하여 배당요구를 해야 하나, 민사집행절차의 안정성을 보장하여야 하는 절차법적 요청과 근로자의 임금채권을 보호하여야 하는 실체법적 요청을 형량하여 보면 우선변제청구권이 있는 임금 및 퇴직금 채권자가 배당요구 종기까지 위와 같은 소명자료를 제출하지 않았다고 하더라도 배당표가 확정되기 전까지 이를 보완하였다면 우선배당을 받을 수 있다고 해석하여야 한다고(대판 2022.4.28. 2020다299955) 판시하고 있다.

Ⅴ 임금채권의 지급보장제도

임금채권의 지급보장제도라 함은 임금 및 퇴직금을 지급받지 못한 상태로 퇴직한 근로자에게, 국가가 임금채권 보장기금에서 사업주를 대신하여 일정 범위의 체불임금·휴업수당 및 퇴직금을 지급함으로써, 근로자와 가족의 기본적인 생활 안정을 도모하는 제도이다(임채법 제17조).

Ⅵ 임금대장작성의무

사용자는 각 사업장별로 임금대장을 작성하고 임금과 가족수당 계산의 기초가 되는 사항, 임금액, 그 밖에 대통령령으로 정하는 사항을 임금을 지급할 때마다 적어야 한다. 사용자는 임금을 지급하는 때에는 근로자에게 임금의 구성항목·계산방법, 임금의 일부를 공제한 경우의 내역 등 대통령령으로 정하는 사항을 적은 임금명세서를 서면(전자문서를 포함)으로 교부하여야 한다.

> **임금대장의 기재사항(근기법 시행령 제27조)** 기출 22
> ① 사용자는 법 제48조 제1항에 따른 임금대장에 다음 각 호의 사항을 근로자 개인별로 적어야 한다.
>   1. 성 명
>   2. 주민등록번호
>   3. 고용 연월일
>   4. 종사하는 업무
>   5. 임금 및 가족수당의 계산기초가 되는 사항
>   6. 근로일수
>   7. 근로시간 수
>   8. 연장근로, 야간근로 또는 휴일근로를 시킨 경우에는 그 시간 수
>   9. 기본급, 수당, 그 밖의 임금의 내역별 금액(통화 외의 것으로 지급된 임금이 있는 경우에는 그 품명 및 수량과 평가총액)
>   10. 법 제43조 제1항 단서에 따라 임금의 일부를 공제한 경우에는 그 금액

② 사용기간이 30일 미만인 일용근로자에 대하여는 제1항 제2호 및 제5호의 사항을 적지 않을 수 있다.

③ 다음 각 호의 어느 하나에 해당하는 근로자에 대하여는 제1항 제7호 및 제8호의 사항을 적지 않을 수 있다.

    1. 법 제11조 제2항에 따른 상시 4명 이하의 근로자를 사용하는 사업 또는 사업장의 근로자

    2. 법 제63조 각 호의 어느 하나에 해당하는 근로자

임금명세서의 기재사항(근기법 시행령 제27조의2) 기출 22

사용자는 법 제48조 제2항에 따른 임금명세서에 다음 각 호의 사항을 적어야 한다.

    1. 근로자의 성명, 생년월일, 사원번호 등 근로자를 특정할 수 있는 정보

    2. 임금지급일

    3. 임금 총액

    4. 기본급, 각종 수당, 상여금, 성과금, 그 밖의 임금의 구성항목별 금액(통화 이외의 것으로 지급된 임금이 있는 경우에는 그 품명 및 수량과 평가총액)

    5. 임금의 구성항목별 금액이 출근일수·시간 등에 따라 달라지는 경우에는 임금의 구성항목별 금액의 계산방법(연장근로, 야간근로 또는 휴일근로의 경우에는 그 시간 수를 포함)

    6. 법 제43조 제1항 단서에 따라 임금의 일부를 공제한 경우에는 임금의 공제 항목별 금액과 총액 등 공제내역

VII 임금채권의 시효

임금채권의 소멸시효기간은 3년이다(근기법 제49조). 기출 12·14

① 소멸시효의 기산점은 그 채권을 행사할 수 있는 날부터 진행한다(민법 제166조 제1항).

    ㉠ **임금** : 정기지급일부터

    ㉡ **상여금** : 상여금에 관한 권리가 발생한 때부터

    ㉢ **연차휴가수당** : 휴가 취득 후 1년이 경과한 다음 날부터

② 근로자가 아닌 이사 등 임원에 대한 퇴직금은 임금이 아니므로, 일반채권의 소멸시효기간인 10년이 적용된다(민법 제162조 제1항).

VIII 도급근로자의 임금지급 보장

1. 의 의

사업이 한 차례 이상의 도급에 따라 행하여지는 경우에 하수급인(下受給人)(도급이 한 차례에 걸쳐 행하여진 경우에는 수급인)이 직상(直上) 수급인(도급이 한 차례에 걸쳐 행하여진 경우에는 도급인)의 귀책사유로 근로자에게 임금을 지급하지 못한 경우에는, 그 직상수급인은 그 하수급인과 연대하여 책임을 진다. 다만, 직상수급인의 귀책사유가 그 상위수급인의 귀책사유에 의하여 발생한 경우에는, 그 상위수급인도 연대하여 책임을 진다(근기법 제44조 제1항).

2. 직상수급인의 정의

직상수급인이라 함은 하수급인에게 직접 도급을 의뢰한 도급인을 말한다. 도급이 1차에 국한된 경우의 도급인은 직상수급인에 해당하지 않는다는 견해도 있으나, 직상수급인에 해당한다고 보는 것이 다수의 견해이다.

3. 수급인의 귀책사유 범위(근기법 시행령 제24조)

① 정당한 사유 없이 도급계약에서 정한 도급금액 지급일에 도급금액을 지급하지 아니한 경우
② 정당한 사유 없이 도급계약에서 정한 원자재 공급을 늦게 하거나 공급을 하지 아니한 경우
③ 정당한 사유 없이 도급계약의 조건을 이행하지 아니하여 하수급인이 도급사업을 정상적으로 수행하지 못한 경우

4. 직상수급인의 책임의 범위

직상수급인과 하수급인은 근로자의 임금에 대하여 연대채무를 진다. 따라서 근로자는 그중 1인 또는 양자 모두에 대하여 동시에 또는 순차적으로 임금채무의 전부 또는 일부의 이행을 청구할 수 있다.

5. 관련 판례

근로자가 상위 수급인의 처벌을 희망하지 아니하거나 처벌을 희망하는 의사를 철회하는 의사표시를 하는 경우에는, 근로자가 임금을 직접 청구하거나 형사고소 등의 법적 조치를 취한 대상이 누구인지, 상위 수급인과 합의에 이르게 된 과정 및 근로자가 처벌을 희망하지 아니하거나 처벌을 희망하는 의사를 철회하게 된 경위, 근로자가 그러한 의사표시에서 하수급인이나 직상 수급인을 명시적으로 제외하고 있는지, 상위 수급인의 변제 등을 통하여 근로자에 대한 임금지급채무가 어느 정도 이행되었는지 등의 여러 사정을 참작하여 여기에 하수급인 또는 그 직상 수급인의 처벌을 희망하지 아니하는 의사표시도 포함되어 있는지를 살펴보아야 하고, 하수급인과 직상 수급인을 배제한 채 오로지 상위 수급인에 대하여만 처벌을 희망하지 아니하는 의사표시를 하였다고 쉽게 단정하여서는 안 된다(대판 2022.12.29, 2018도2720).

Ⅸ 건설업에서의 임금지급연대책임

건설업에서의 임금지급연대책임(근기법 제44조의2)
① 건설업에서 사업이 2차례 이상 건설산업기본법에 따른 도급(이하 "공사도급")이 이루어진 경우에 같은 법에 따른 건설사업자가 아닌 하수급인이 그가 사용한 근로자에게 임금(해당 건설공사에서 발생한 임금으로 한정)을 지급하지 못한 경우에는 그 직상수급인은 하수급인과 연대하여 하수급인이 사용한 근로자의 임금을 지급할 책임을 진다.
② 제1항의 직상수급인이 건설산업기본법에 따른 건설사업자가 아닌 때에는 그 상위수급인 중에서 최하위의 건설사업자를 직상수급인으로 본다.

1. 의 의

직상수급인은 하수급인과 연대하여 해당 건설공사에서 발생한 임금에 한정하여 책임을 진다. 직상수급인이 비건설사업자여서 지불능력이 없는 경우에 대처하기 위하여, 그 상위의 건설사업자까지 책임을 지도록 연대책임의 범위를 확장하고 있다.

2. 관련 판례

(1) 임금지급의 연대책임자의 확정

[1] 인력공급업체가 직업안정법상 유료직업소개사업으로서 근로자를 공급받는 업체와 해당 근로자 사이에 고용계약이 성립되도록 알선하는 형태로 인력공급을 한 것이라면, 특별한 사정이 없는 한 해당 근로자의 사용자는 인력을 공급받는 업체로 봄이 타당하다. 특히 일용직 인력공급의 경우 그 특성상 외형상으로는 인력공급업체가 임금을 지급하거나 해당 근로자들을 지휘·감독한 것으로 보이는 사정이 있다고 하더라도 이는 실질적으로 업무의 편의 등을 위해 인력공급업체와 인력을 공급받는 업체 사이의 명시적·묵시적 동의 하에 구상을 전제로 한 임금의 대위지급이거나, 임금 지급과 관련한 근거 자료 확보 등을 위해 근로자들의 현장 근로상황을 파악하는 모습에 불과할 수 있으므로, 이를 근거로 섣불리 근로자들의 사용자를 인력공급업체라고 단정하여서는 안 된다.

[2] 갑 주식회사가 하도급받은 공사 일부를 미등록 건설사업자인 을에게 재하도급을 주었고, 인력공급업체를 운영하는 병 주식회사는 을과 인력공급계약을 체결하여 공사 현장에 근로자들을 공급하였는데, 병 회사는 공사 현장에 투입된 근로자들의 임금에서 알선수수료를 공제한 금원을 근로자들에게 먼저 지급하였고, 그 후 갑 회사를 상대로 을이 지급하지 않은 임금의 지급을 구한 사안에서, 위 근로자들의 사용자는 을이라고 봄이 타당하므로 갑 회사는 근로기준법 제44조의2 제1항에 따라 을과 연대하여 근로자들의 임금을 지급할 책임을 진다고 한 사례(대판 2021.11.11. 2021다255051).

(2) 임금지급의 연대책임 배제 약정의 효력

근로기준법 제44조의2는 건설업에서 2차례 이상 도급이 이루어진 경우 건설산업기본법 제2조 제7호에 따른 건설업자가 아닌 하수급인이 그가 사용한 근로자에게 임금을 지급하지 못할 경우 하수급인의 직상 수급인은 하수급인과 연대하여 하수급인이 사용한 근로자의 임금을 지급할 책임을 진다고 규정하고 있다. 따라서 건설 업자가 아닌 하수급인이 그가 사용한 근로자에게 임금을 지급하지 못하였다면, 하수급인의 직상 수급인은 자신에게 귀책사유가 있는지 여부 또는 하수급인에게 대금을 지급하였는지 여부와 관계없이 하수급인과 연 대하여 하수급인이 사용한 근로자의 임금을 지급할 책임을 부담한다. 이는 직상 수급인이 건설업 등록이 되어 있지 않아 건설공사를 위한 자금력 등이 확인되지 않는 자에게 건설공사를 하도급하는 위법행위를 함으로써 하수급인의 임금지급의무 불이행에 관한 추상적 위험을 야기한 잘못에 대하여 실제로 하수급인이 임금 지급의무를 이행하지 않아 이러한 위험이 현실화되었을 때 책임을 묻는 취지로서, 건설 하도급 관계에서 발생하는 임금지급방식을 개선하여 건설근로자의 권리를 보장할 수 있도록 하는 데 입법 취지를 두고 있다. 또한 근로기준법 제109조 제1항은 근로기준법 제44조의2를 위반하여 임금지급의무를 불이행한 직상 수급인에 대해 형사처벌을 하도록 정하고 있는바, 이와 같은 입법 취지, 규정 내용과 형식 등을 종합하여 보면 근로기준법 제44조의2는 개인의 의사에 의하여 적용을 배제할 수 없는 강행규정으로 봄이 타당하고 따라서 이를 배제하거나 잠탈하는 약정을 하였더라도 그 약정은 효력이 없다(대판 2021.6.10. 2021다217370).

(3) 직상수급인의 근로기준법 위반죄

임금 등 지급의무의 존재에 관하여 다툴 만한 근거가 있는 것이라면 사용자가 그 임금 등을 지급하지 아니한 데에는 상당한 이유가 있다고 보아야 할 것이어서 사용자에게 그 임금미지급에 관한 고의가 있었다고 인정하기 어려우므로, 근로기준법 제44조의2에 따라 임금지급의무를 연대하여 부담하는 직상 수급인의 경우에도 제반사정에 비추어 그 임금 등을 지급하지 아니한 데에 상당한 이유가 있다면 근로기준법 제44조의2, 제109조 위반죄의 고의가 인정되지 않아 형사책임을 부담하지 않는 경우가 있을 수 있으나, 그와 같은 사정은 임금지급의무 자체에 영향을 미치지 않는다(대판 2021.7.8. 2020다296321).

X 건설업에서의 직상수급인의 임금 직접지급

건설업의 공사도급에 있어서의 임금에 관한 특례(근기법 제44조의3)

① 공사도급이 이루어진 경우로서 다음의 어느 하나에 해당하는 때에는 직상수급인은 하수급인에게 지급하여야 하는 하도급대금
  채무의 부담범위에서 그 하수급인이 사용한 근로자가 청구하면 하수급인이 지급하여야 하는 임금(해당 건설공사에서 발생한
  임금으로 한정)에 해당하는 금액을 근로자에게 직접지급하여야 한다.
  1. 직상수급인이 하수급인을 대신하여 하수급인이 사용한 근로자에게 지급하여야 하는 임금을 직접지급할 수 있다는 뜻과
    그 지급방법 및 절차에 관하여 직상수급인과 하수급인이 합의한 경우
  2. 민사집행법에 따른 확정된 지급명령, 하수급인의 근로자에게 하수급인에 대하여 임금채권이 있음을 증명하는 같은 법에
    따른 집행증서, 소액사건심판법에 따라 확정된 이행권고결정, 그 밖에 이에 준하는 집행권원이 있는 경우
  3. 하수급인이 그가 사용한 근로자에 대하여 지급하여야 할 임금채무가 있음을 직상수급인에게 알려 주고, 직상수급인이
    파산 등의 사유로 하수급인이 임금을 지급할 수 없는 명백한 사유가 있다고 인정하는 경우
② 건설산업기본법에 따른 발주자의 수급인("원수급인")으로부터 공사도급이 2차례 이상 이루어진 경우로서 하수급인(도급받은
  하수급인으로부터 재하도급받은 하수급인을 포함)이 사용한 근로자에게 그 하수급인에 대한 제1항 제2호에 따른 집행권원이
  있는 경우에는 근로자는 하수급인이 지급하여야 하는 임금(해당 건설공사에서 발생한 임금으로 한정)에 해당하는 금액을
  원수급인에게 직접지급할 것을 요구할 수 있다. 원수급인은 근로자가 자신에 대하여 민법에 따른 채권자대위권을 행사할
  수 있는 금액의 범위 내에서 이에 따라야 한다.
③ 직상수급인 또는 원수급인이 하수급인이 사용한 근로자에게 임금에 해당하는 금액을 지급한 경우에는 하수급인에 대한 하도급
  대금채무는 그 범위에서 소멸한 것으로 본다.

① 하수급인의 근로자가 직상수급인에게 임금을 청구하면, 직상수급인은 하수급인이 지급하여야 하는 임금에
  해당하는 금액을 근로자에게 직접지급하여야 한다. 다만, 해당 건설공사에서 발생한 임금에 한정한다.
② 이때 하수급인에 대한 하도급대금채무는 그 범위에서 소멸한 것으로 본다.

04 임금

01 기출 24

☑ 확인Check! ○ △ ✕

근로기준법령상 평균임금에 관한 설명으로 옳은 것은?(다툼이 있으면 판례에 따름)

① 계속적·정기적으로 지급되고 지급대상, 지급조건 등이 확정되어 있어 사용자에게 지급의무가 있는 경영평가성과급은 평균임금 산정의 기초가 되는 임금에 포함된다.

② 사용자는 연장근로에 대하여는 평균임금의 100분의 50 이상을 가산하여 근로자에게 지급하여야 한다.

③ 평균임금의 산정기간 중에 출산전후휴가 기간이 있는 경우 그 기간은 산정기간에 포함된다.

④ 일용근로자의 평균임금은 최저임금위원회가 정하는 금액으로 한다.

⑤ 평균임금이란 이를 산정하여야 할 사유가 발생한 날 이전 3개월 동안에 그 근로자에게 지급된 임금의 총액을 그 기간의 총 근로시간 수로 나눈 금액을 말한다.

01

① (○) 경영평가성과급이 계속적·정기적으로 지급되고 지급대상, 지급조건 등이 확정되어 있어 사용자에게 지급의무가 있다면, 이는 근로의 대가로 지급되는 임금의 성질을 가지므로 평균임금 산정의 기초가 되는 임금에 포함된다고 보아야 한다(대판 2018.10.12. 2015두36157).

② (✕) 사용자는 연장근로에 대하여는 **통상임금의 100분의 50 이상**을 가산하여 근로자에게 지급하여야 한다(근기법 제56조 제1항).

③ (✕) 평균임금 산정기간 중에 출산전후휴가 기간이 있는 경우에는 그 기간과 그 기간 중에 지급된 임금은 평균임금산정기준이 되는 기간과 임금의 총액에서 각각 뺀다(근기법 시행령 제2조 제1항 제3호).

④ (✕) 일용근로자의 평균임금은 **고용노동부장관이 사업이나 직업에 따라 정하는 금액**으로 한다(근기법 시행령 제3조).

⑤ (✕) "**평균임금**"이란 이를 산정하여야 할 사유가 발생한 날 이전 3개월 동안에 그 근로자에게 지급된 임금의 총액을 **그 기간의 총일수**로 나눈 금액을 말한다(근기법 제2조 제1항 제6호 전문).

정답 ①

⊕ PLUS

평균임금의 계산에서 제외되는 기간과 임금(근기법 시행령 제2조)

① 근로기준법(이하 "법") 제2조 제1항 제6호에 따른 평균임금 산정기간 중에 다음 각 호의 어느 하나에 해당하는 기간이 있는 경우에는 그 기간과 그 기간 중에 지급된 임금은 평균임금 산정기준이 되는 기간과 임금의 총액에서 각각 뺀다.

1. 근로계약을 체결하고 수습 중에 있는 근로자가 수습을 시작한 날부터 3개월 이내의 기간
2. 법 제46조에 따른 사용자의 귀책사유로 휴업한 기간
3. 법 제74조 제1항부터 제3항까지의 규정에 따른 출산전후휴가 및 유산·사산 휴가 기간
4. 법 제78조에 따라 업무상 부상 또는 질병으로 요양하기 위하여 휴업한 기간
5. 남녀고용평등과 일·가정 양립 지원에 관한 법률 제19조에 따른 육아휴직 기간
6. 노동조합 및 노동관계조정법 제2조 제6호에 따른 쟁의행위기간
7. 병역법, 예비군법 또는 민방위기본법에 따른 의무를 이행하기 위하여 휴직하거나 근로하지 못한 기간. 다만, 그 기간 중 임금을 지급받은 경우에는 그러하지 아니하다.
8. 업무 외 부상이나 질병, 그 밖의 사유로 사용자의 승인을 받아 휴업한 기간

② 법 제2조 제1항 제6호에 따른 임금의 총액을 계산할 때에는 임시로 지급된 임금 및 수당과 통화 외의 것으로 지급된 임금을 포함하지 아니한다. 다만, 고용노동부장관이 정하는 것은 그러하지 아니하다.

02 기출 24

☑ 확인 Check! ○ △ ✕

근로기준법령상 체불사업주 명단 공개에 관한 설명으로 옳지 않은 것은?

① 고용노동부장관은 명단 공개를 할 경우에 체불사업주에게 3개월 이상의 기간을 정하여 소명 기회를 주어야 한다.

② 명단 공개는 공공장소에 1년간 게시한다.

③ 체불사업주가 법인인 경우에는 그 대표자의 성명·나이·주소 및 법인의 명칭·주소를 공개한다.

④ 관련 법령에 따라 임금등 체불자료를 받은 종합신용정보집중기관은 이를 체불사업주의 신용도·신용거래능력 판단과 관련한 업무에 이용할 수 있다.

⑤ 고용노동부장관은 체불사업주의 사망·폐업으로 임금등 체불자료 제공의 실효성이 없는 경우에는 종합신용정보집중기관에 임금등 체불자료를 제공하지 아니할 수 있다.

02

① (○) 근기법 제43조의2 제2항

② (✕) 명단 공개는 관보에 싣거나 인터넷 홈페이지, 관할 지방고용노동관서 게시판 또는 그 밖에 열람이 가능한 **공공장소에 3년간 게시하는 방법으로 한다**(근기법 시행령 제23조의3 제2항).

③ (○) 근기법 제43조의2 제1항, 동법 시행령 제23조의3 제1항 제1호

④ (○) 고용노동부장관이 제공한 체불사업주의 임금등 체불자료를 제공받은 종합신용정보집중기관은 이를 체불사업주의 신용도·신용거래능력 판단과 관련한 업무 외의 목적으로 이용하거나 누설하여서는 아니 된다(근기법 제43조의3 제1항, 제2항).

⑤ (○) 고용노동부장관은 체불사업주의 사망·폐업으로 임금등 체불자료 제공의 실효성이 없는 경우 등 대통령령으로 정하는 사유가 있는 경우에는 종합신용정보집중기관에 임금등 체불자료를 제공하지 아니할 수 있다(근기법 제43조의3 제1항).

정답 ②

03 기출 23

☑ 확인 Check! ○ △ ✕

근로기준법 위반사항 중 피해자의 명시적인 의사와 다르게 공소를 제기할 수 없는 경우는 몇 개인가?

- 근로자에게 1주에 평균 1회 이상의 유급휴일을 보장하지 않는 경우
- 사용자의 귀책사유로 휴업하면서 휴업수당을 지급하지 않는 경우
- 연장·야간·휴일근로에 대한 가산수당을 지급하지 않는 경우
- 친권자나 후견인이 미성년자의 근로계약을 대리하는 경우
- 근로자를 즉시 해고하면서 해고예고수당을 지급하지 않는 경우

① 1개
② 2개
③ 3개
④ 4개
⑤ 5개

03

반의사불벌죄는 원칙적으로 공소제기가 가능하나 피해자가 처벌을 원하지 않는다는 의사를 명백하게 한 경우에는 소추가 불가능한 범죄를 말한다. 사용자가 근로자가 사망 또는 퇴직하여 그 지급 사유가 발생한 때부터 14일 이내에 임금 등의 금품을 지급하지 아니한 경우(근기법 제36조), 사용자가 임금지급의 원칙에 위반한 경우(근기법 제43조), 직상 수급인이 하수급인과 연대하여 지급할 임금 지급 책임을 부담하지 아니하는 경우(근기법 제44조, 제44조의2), <u>사용자의 귀책사유로 휴업하면서 휴업수당을 지급하지 않는 경우</u>(근기법 제46조), 사용자가 3개월 이내의 탄력적 근로시간제, 3개월을 초과하는 탄력적 근로시간제에 따른 단위기간 중 근로자가 근로한 기간이 그 단위기간보다 짧은 경우 가산임금을 지급하지 아니하는 경우(근기법 제51조의3), 1개월을 초과하는 정산기간을 정하는 선택적 근로시간제에서 가산임금을 지급하지 아니하는 경우(근기법 제52조 제2항 제2호), <u>연장·야간·휴일근로에 대한 가산수당을 지급하지 않는 경우</u>(근기법 제56조) 등이 피해자의 명시적인 의사와 다르게 공소를 제기할 수 없는 반의사불벌죄에 해당한다(근기법 제109조 제2항 참조).

정답 ②

☑ 확인 Check! ○ △ ×

근로기준법령상 임금에 관한 설명으로 옳지 않은 것은?(다툼이 있으면 판례에 따름)

① 근로자가 임금채권을 양도한 경우 양수인이 스스로 사용자에 대하여 임금의 지급을 청구할 수 있다.

② 사용자가 근로자의 임금지급에 갈음하여 사용자가 제3자에 대하여 가지는 채권을 근로자에게 양도하기로 하는 약정은 전부 무효임이 원칙이다.

③ 사용자가 근로자에게 퇴직금 명목으로 지급한 금원 상당의 부당이득반환채권을 자동채권으로 하여 근로자의 퇴직금채권을 상계하는 것은 퇴직금채권의 2분의 1을 초과하는 부분에 해당하는 금액에 관하여만 허용된다.

④ 근로기준법에서 정한 통상임금에 산입될 수당을 통상임금에서 제외하기로 하는 노사 간의 합의는 근로기준법에서 정한 기준과 전체적으로 비교하여 그에 미치지 못하는 근로조건이 포함된 부분에 한하여 무효로 된다.

⑤ 근로자가 퇴직하여 더 이상 근로계약 관계에 있지 않은 상황에서 퇴직 시 발생한 퇴직금청구권을 나중에 포기하는 것은 허용된다.

04

① (×) 근로기준법 제43조 제1항에서 임금직접지급의 원칙을 규정하는 한편 동법 제109조에서 그에 위반하는 자는 처벌을 하도록 하는 규정을 두어 그 이행을 강제하고 있는 취지가 임금이 확실하게 근로자 본인의 수중에 들어가게 하여 그의 자유로운 처분에 맡기고 나아가 근로자의 생활을 보호하고자 하는데 있는 점에 비추어 보면 근로자가 그 임금채권을 양도한 경우라 할지라도 그 임금의 지급에 관하여는 같은 원칙이 적용되어 사용자는 직접 근로자에게 임금을 지급하지 아니하면 안되는 것이고 그 결과 비록 양수인이라고 할지라도 스스로 사용자에 대하여 임금의 지급을 청구할 수는 없다(대판 1988.12.13. 87다카2803[전합]).

② (○) 대판 2012.3.29. 2011다101308

③ (○) 근로기준법 제43조 제1항 본문에 의하면 임금은 통화로 직접 근로자에게 그 전액을 지급하여야 하므로 사용자가 근로자에 대하여 가지는 채권으로써 근로자의 임금채권이나 퇴직금과 상계를 하지 못하는 것이 원칙이다. 다만 사용자가 근로자에게 이미 퇴직금 명목의 금원을 지급하였으나 그것이 퇴직금 지급으로서의 효력이 없어 사용자가 같은 금원 상당의 부당이득반환채권을 갖게 된 경우에 이를 자동채권으로 하여 근로자의 퇴직금채권과 상계할 수 있다고 보아야 한다. 한편, 민사집행법 제246조 제1항 제5호는 근로자인 채무자의 생활 보장이라는 공익적, 사회정책적 이유에서 '퇴직금 그 밖에 이와 비슷한 성질을 가진 급여채권의 2분의 1에 해당하는 금액'을 압류금지채권으로 규정하고 있고, 민법 제497조는 압류금지채권의 채무자는 상계로 채권자에게 대항하지 못한다고 규정하고 있으므로, 사용자가 근로자에게 퇴직금 명목으로 지급한 금원 상당의 부당이득반환채권을 자동채권으로 하여 근로자의 퇴직금채권을 상계하는 것은 퇴직금채권의 2분의 1을 초과하는 부분에 해당하는 금액에 관하여만 허용된다고 봄이 상당하다(대판 2010.5.20. 2007다90760[전합]).

④ (○) 대판 2019.11.28. 2019다261084

⑤ (○) 최종 퇴직 시 발생하는 퇴직금청구권을 미리 포기하는 것은 강행법규인 근로기준법, 근로자퇴직급여 보장법에 위반되어 무효이다. 그러나 근로자가 퇴직하여 더 이상 근로계약관계에 있지 않은 상황에서 퇴직 시 발생한 퇴직금청구권을 나중에 포기하는 것은 허용되고, 이러한 약정이 강행법규에 위반된다고 볼 수 없다(대판 2018.7.12. 2018다21821).

정답 ①

☑ 확인 Check! ○ △ ✕

근로기준법령상 임금명세서의 기재사항으로 명시된 것을 모두 고른 것은?

> ㄱ. 임금 총액
> ㄴ. 임금지급일
> ㄷ. 고용 연월일
> ㄹ. 종사하는 업무

① ㄱ, ㄴ   ② ㄷ, ㄹ

③ ㄱ, ㄴ, ㄹ   ④ ㄴ, ㄷ, ㄹ

⑤ ㄱ, ㄴ, ㄷ, ㄹ

05

ㄱ. 임금 총액, ㄴ. 임금지급일이 임금명세서의 기재사항에 해당한다(근기법 제48조 제2항, 동법 시행령 제27조의2).

정답 ①

➕ PLUS

임금대장 및 임금명세서(근기법 제48조)
① 사용자는 각 사업장별로 임금대장을 작성하고 임금과 가족수당 계산의 기초가 되는 사항, 임금액, 그 밖에 대통령령으로 정하는 사항을 임금을 지급할 때마다 적어야 한다.
② 사용자는 임금을 지급하는 때에는 근로자에게 임금의 구성항목·계산방법, 제43조 제1항 단서에 따라 임금의 일부를 공제한 경우의 내역 등 대통령령으로 정하는 사항을 적은 임금명세서를 서면(전자문서를 포함)으로 교부하여야 한다.

임금명세서의 기재사항(근기법 시행령 제27조의2)
사용자는 법 제48조 제2항에 따른 임금명세서에 다음 각 호의 사항을 적어야 한다.
1. 근로자의 성명, 생년월일, 사원번호 등 근로자를 특정할 수 있는 정보
2. 임금지급일
3. 임금 총액
4. 기본급, 각종 수당, 상여금, 성과금, 그 밖의 임금의 구성항목별 금액(통화 이외의 것으로 지급된 임금이 있는 경우에는 그 품명 및 수량과 평가총액)
5. 임금의 구성항목별 금액이 출근일수·시간 등에 따라 달라지는 경우에는 임금의 구성항목별 금액의 계산방법(연장근로, 야간근로 또는 휴일근로의 경우에는 그 시간 수를 포함)
6. 법 제43조 제1항 단서에 따라 임금의 일부를 공제한 경우에는 임금의 공제 항목별 금액과 총액 등 공제내역

06 기출 22

☑확인Check! ○ △ ×

근로기준법령상 임금에 관한 설명으로 옳지 않은 것은?(다툼이 있으면 판례에 따름)

① 통상임금에는 1개월 이내의 주기마다 정기적으로 지급되는 임금과 수당만이 포함된다.
② 산출된 평균임금액이 그 근로자의 통상임금보다 적으면 그 통상임금액을 평균임금으로 한다.
③ 임금은 매월 1회 이상 일정한 날짜를 정하여 지급하여야 하며, 다만 임시로 지급하는 임금에 대하여는 그러하지 아니하다.
④ 평균임금의 산정기간 중에 출산전후휴가 기간이 있는 경우에는 그 기간과 그 기간 중에 지급된 임금은 평균임금 산정기준이 되는 기간과 임금의 총액에서 각각 뺀다.
⑤ 평균임금이란 이를 산정하여야 할 사유가 발생한 날 이전 3개월 동안에 그 근로자에게 지급된 임금의 총액을 그 기간의 총일수로 나눈 금액을 말한다.

06

① (×) 정기상여금과 같이 일정한 주기로 지급되는 임금의 경우 단지 그 지급주기가 1개월을 넘는다는 사정만으로 그 임금이 통상임금에서 제외된다고 할 수는 없다(대판 2013.12.18. 2012다89399[전합]). 지문은 2012다89399[전합]판결의 별개의견에서 제시된 견해임을 유의하여야 한다.
② (○) 근기법 제2조 제2항
③ (○) 임금은 매월 1회 이상 일정한 날짜를 정하여 지급하여야 한다. 다만, 임시로 지급하는 임금, 수당, 그 밖에 이에 준하는 것 또는 대통령령으로 정하는 임금에 대하여는 그러하지 아니하다(근기법 제43조 제2항).
④ (○) 근기법 시행령 제2조 제1항 제3호
⑤ (○) 근기법 제2조 제1항 제6호 전문

정답 ①

➕PLUS

평균임금의 계산에서 제외되는 기간과 임금(근기법 시행령 제2조)
① 근로기준법(이하 "법") 제2조 제1항 제6호에 따른 평균임금 산정기간 중에 다음 각 호의 어느 하나에 해당하는 기간이 있는 경우에는 그 기간과 그 기간 중에 지급된 임금은 평균임금 산정기준이 되는 기간과 임금의 총액에서 각각 뺀다.
  1. 근로계약을 체결하고 수습 중에 있는 근로자가 수습을 시작한 날부터 3개월 이내의 기간
  2. 법 제46조에 따른 사용자의 귀책사유로 휴업한 기간
  3. 법 제74조 제1항부터 제3항까지의 규정에 따른 출산전후휴가 및 유산·사산 휴가 기간
  4. 법 제78조에 따라 업무상 부상 또는 질병으로 요양하기 위하여 휴업한 기간
  5. 남녀고용평등과 일·가정 양립 지원에 관한 법률 제19조에 따른 육아휴직 기간
  6. 노동조합 및 노동관계조정법 제2조 제6호에 따른 쟁의행위기간
  7. 병역법, 예비군법 또는 민방위기본법에 따른 의무를 이행하기 위하여 휴직하거나 근로하지 못한 기간. 다만, 그 기간 중 임금을 지급받은 경우에는 그러하지 아니하다.
  8. 업무 외 부상이나 질병, 그 밖의 사유로 사용자의 승인을 받아 휴업한 기간
② 법 제2조 제1항 제6호에 따른 임금의 총액을 계산할 때에는 임시로 지급된 임금 및 수당과 통화 외의 것으로 지급된 임금을 포함하지 아니한다. 다만, 고용노동부장관이 정하는 것은 그러하지 아니하다.

근로기준법령상 임금에 관한 설명으로 옳지 않은 것은?(다툼이 있으면 판례에 따름)

① 근로자가 소정근로시간을 초과하여 근로를 제공함으로써 사용자로부터 추가로 지급받는 임금은 통상임금에 속한다.

② 평균임금산정기간 중에 업무 외 질병을 사유로 사용자의 승인을 받아 휴업한 기간이 있는 경우에는 그 기간과 그 기간 중에 지급된 임금은 평균임금산정기준이 되는 기간과 임금의 총액에서 각각 뺀다.

③ 법령 또는 단체협약에 특별한 규정이 있는 경우에는 임금의 일부를 공제하거나 통화 이외의 것으로 지급할 수 있다.

④ 상여금이 계속적·정기적으로 지급되고 그 지급액이 확정되어 있다면 이는 근로의 대가로 지급되는 임금의 성질을 가진다.

⑤ 사용자는 근로자가 혼인한 경우의 비용에 충당하기 위하여 임금지급을 청구하면 지급기일 전이라도 이미 제공한 근로에 대한 임금을 지급하여야 한다.

07

① (×) 근로자가 소정근로시간을 초과하여 근로를 제공하거나 근로계약에서 제공하기로 정한 근로 외의 근로를 특별히 제공함으로써 사용자로부터 추가로 지급받는 임금이나 소정근로시간의 근로와는 관련 없이 지급받는 임금은 소정근로의 대가라 할 수 없으므로 통상임금에 속하지 아니한다(대판 2013.12.18. 2012다89399[전합]).

② (○) 근기법 시행령 제2조 제1항 제8호

③ (○) 임금은 통화(通貨)로 직접 근로자에게 그 전액을 지급하여야 한다. 다만, 법령 또는 단체협약에 특별한 규정이 있는 경우에는 임금의 일부를 공제하거나 통화 이외의 것으로 지급할 수 있다(근기법 제43조 제1항).

④ (○) 상여금이 계속적·정기적으로 지급되고 그 지급액이 확정되어 있다면 이는 근로의 대가로 지급되는 임금의 성질을 가지나 그 지급사유의 발생이 불확정이고 일시적으로 지급되는 것은 임금이라고 볼 수 없다(대판 2011.6.9. 2010다50236).

⑤ (○) 근기법 시행령 제25조 제2호

정답 ①

➕PLUS

비상시 지급(근기법 제45조)
사용자는 근로자가 출산, 질병, 재해, 그 밖에 대통령령으로 정하는 비상(非常)한 경우의 비용에 충당하기 위하여 임금지급을 청구하면 지급기일 전이라도 이미 제공한 근로에 대한 임금을 지급하여야 한다.

지급기일 전의 임금지급(근기법 시행령 제25조)
법 제45조에서 "그 밖에 대통령령으로 정한 비상(非常)한 경우"란 근로자나 그의 수입으로 생계를 유지하는 자가 다음 각 호의 어느 하나에 해당하게 되는 경우를 말한다.
1. 출산하거나 질병에 걸리거나 재해를 당한 경우
2. 혼인 또는 사망한 경우
3. 부득이한 사유로 1주 이상 귀향하게 되는 경우

08 기출 21

☑ 확인 Check! ○ △ ✕

근로기준법령상 체불사업주 명단공개 등에 관한 설명으로 옳은 것은?

① 고용노동부장관은 체불사업주가 명단공개 기준일 이전 1년 이내 임금등의 체불총액이 2천만원 이상인 경우에는 그 인적사항을 공개하여야 한다.

② 체불사업주의 인적사항 등에 대한 공개 여부를 심의하기 위하여 고용노동부에 임금체불정보심의위원회를 둔다.

③ 고용노동부장관이 체불사업주 명단을 공개할 경우, 체불사업주가 법인이라면 그 대표자의 성명·나이는 명단공개의 내용에 포함되지 않는다.

④ 고용노동부장관은 체불사업주 명단을 공개할 경우에 체불사업주에게 1개월간 소명기회를 주어야 한다.

⑤ 임금등 체불자료를 받은 종합신용정보집중기관은 이를 체불사업주의 신용도·신용거래능력 판단과 관련한 업무 외의 목적으로 이용할 수 있다.

08

① (✕) 고용노동부장관은 임금, 보상금, 수당, 그 밖의 모든 금품(이하 "임금등")을 지급하지 아니한 사업주(법인인 경우에는 그 대표자를 포함한다. 이하 "체불사업주")가 명단공개 기준일 이전 3년 이내 임금등을 체불하여 2회 이상 유죄가 확정된 자로서 <u>명단공개 기준일 이전 1년 이내 임금등의 체불총액이 3천만원 이상인 경우에는 그 인적사항 등을 공개할 수 있다</u>(근기법 제43조의2 제1항 본문).

② (○) 근기법 제43조의2 제3항 전문

③ (✕) 고용노동부장관이 체불사업주 명단을 공개할 경우, 체불사업주가 <u>법인이라면 그 대표자의 성명·나이·주소 및 법인의 명칭·주소를 포함한다</u>(근기법 시행령 제23조의3 제1항).

④ (✕) 고용노동부장관은 명단공개를 할 경우에 체불사업주에게 <u>3개월 이상의 기간을 정하여 소명기회를 주어야</u> 한다(근기법 제43조의2 제2항).

⑤ (✕) 임금등 체불자료를 받은 종합신용정보집중기관은 이를 체불사업주의 신용도·신용거래능력 판단과 관련한 <u>업무 외의 목적으로 이용하거나 누설하여서는 아니 된다</u>(근기법 제43조의3 제2항).

정답 ②

09 기출 20

☑ 확인 Check! ○ △ ✕

상시 5명 이상의 근로자를 사용하는 사업장의 휴업수당 지급과 관련하여 근로기준법령에 위반하지 않은 것을 모두 고른 것은?

ㄱ. 사용자 A의 휴업에 귀책사유가 있어 평균임금의 100분의 80에 해당하는 금액을 휴업수당으로 지급하였나.

ㄴ. 사용자 B의 휴업에 귀책사유가 없어 휴업수당을 지급하지 아니하였다.

ㄷ. 사용자 C의 휴업에 귀책사유가 있는데 평균임금의 100분의 70에 해당하는 금액이 통상임금을 초과하므로 통상임금을 휴업수당으로 지급하였다.

① ㄱ   ② ㄴ
③ ㄱ, ㄷ   ④ ㄴ, ㄷ
⑤ ㄱ, ㄴ, ㄷ

09

사용자의 귀책사유로 휴업하는 경우에 사용자는 휴업기간 동안 그 근로자에게 평균임금의 100분의 70 이상의 수당을 지급하여야 한다. 다만, 평균임금의 100분의 70에 해당하는 금액이 통상임금을 초과하는 경우에는 통상임금을 휴업수당으로 지급할 수 있다(근기법 세46조 제1항).

정답 ⑤

10 기출 20

☑확인Check! ○ △ ✕

근로기준법상 임금에 관한 설명으로 옳지 않은 것은?(다툼이 있으면 판례에 따름)

① 실비변상적 금원은 평균임금 산정의 기초가 되는 임금총액에 포함되지 않는다.
② 산출된 평균임금액이 그 근로자의 통상임금보다 적으면 그 통상임금액을 평균임금으로 한다.
③ 사용자와 근로자는 통상임금의 의미나 범위에 관하여 단체협약 등에 의해 따로 합의할 수 있다.
④ "평균임금"이란 이를 산정하여야 할 사유가 발생한 날 이전 3개월 동안에 그 근로자에게 지급된 임금의 총액을 그 기간의 총일수로 나눈 금액을 말한다.
⑤ 정기상여금의 지급주기가 1개월을 넘는다는 사정만으로 그 임금이 통상임금에서 제외된다고 할 수는 없다.

10

① (○) 사용자 이외의 자가 지급한 금품이나 근로의 대상으로서 지급되는 것이 아니라 근로자가 특수한 근무조건이나 환경에서 직무를 수행함으로 말미암아 추가로 소요되는 비용을 변상하기 위하여 지급되는 실비변상적 금원 또는 사용자가 지급의무 없이 은혜적으로 지급하는 금원 등은 평균임금 산정의 기초가 되는 임금총액에 포함되지 아니한다(대판 1999.2.9. 97다56235).
② (○) 근기법 제2조 제2항
③ (✕) 통상임금은 근로조건의 기준을 마련하기 위하여 법이 정한 도구개념이므로, 사용자와 근로자가 통상임금의 의미나 범위 등에 관하여 단체협약 등에 의해 따로 합의할 수 있는 성질의 것이 아니다(대판 2013.12.18. 2012다89399[전합]).
④ (○) 근기법 제2조 제1항 제6호
⑤ (○) 정기상여금과 같이 일정한 주기로 지급되는 임금의 경우 단지 그 지급주기가 1개월을 넘는다는 사정만으로 그 임금이 통상임금에서 제외된다고 할 수는 없다(대판 2013.12.18. 2012다89399[전합]).

정답 ③

11 기출 17

☑확인Check! ○ △ ✕

근로기준법령상 임금지급에 관한 설명으로 옳지 않은 것은?(다툼이 있으면 판례에 따름)

① 사용자가 근로자의 대리인에게 임금을 지급하는 것은 근로기준법에 위반된다.
② 임금은 매월 1회 이상 일정한 날짜를 정하여 근로자에게 지급하여야 하며, 연봉제를 적용하는 경우에도 마찬가지이다.
③ 근로자가 임금채권을 타인에게 양도한 경우 사용자는 임금채권의 양수인에게 임금을 지급할 수 있다.
④ 근로자가 본인의 혼인비용에 충당하기 위하여 임금지급을 청구하면 임금지급기일 전이라도 이미 제공한 근로에 대한 임금을 지급하여야 한다.
⑤ 1개월을 초과하는 기간의 출근성적에 따라 지급하는 정근수당은 매월 1회 이상 일정한 날짜를 정하여 지급하지 아니할 수 있다.

11

① (○) 임금은 통화(通貨)로 직접 근로자에게 그 전액을 지급하여야 하므로(근기법 제43조 제1항 본문), 근로자의 위임을 받은 대리인에게 임금을 지급하는 것은 직접불의 원칙에 위반된다.
② (○) 임금은 매월 1회 이상 일정한 날짜를 정하여 지급하여야 하며(근기법 제43조 제2항 본문), 연봉제의 경우에도 당해연도의 연봉액을 월별로 나누어 매월 1회 이상 일정한 날짜에 지급해야 한다.
③ (✕) 근로자가 그 임금채권을 양도한 경우라 할지라도 그 임금의 지급에 관하여는 같은 원칙이 적용되어 사용자는 직접 근로자에게 임금을 지급하지 아니하면 안 되는 것이고 그 결과 비록 양수인이라고 할지라도 스스로 사용자에 대하여 임금의 지급을 청구할 수는 없다(대판 1988.12.13. 87다카2803[전합]).
④ (○) 혼인의 경우 지급기일 전이라도 이미 제공한 근로에 대한 임금을 지급하여야 한다(근기법 시행령 제25조 제2호).
⑤ (○) 임금은 매월 1회 이상 일정한 날짜를 정하여 통화로 근로자 본인에게 직접 지급하여야 하지만, 임시로 지급하는 임금, 수당, 기타 이에 준하는 것과 1개월을 초과하는 기간의 출근성적에 따라 지급하는 정근수당은 그러하지 아니하다(근기법 시행령 제23조 제1호).

정답 ③

12 기출 14

☑ 확인Check! ○ △ ✕

근로기준법령상 임금에 관한 설명으로 옳지 않은 것은?

① 사용자는 각 사업장별로 임금대장을 작성하고 임금과 가족수당 계산의 기초가 되는 사항, 임금액, 그 밖에 대통령령으로 정하는 사항을 임금을 지급할 때마다 적어야 한다.

② 고용노동부장관은 체불사업주의 명단을 공개할 경우에 해당 체불사업주에게 3개월 이상의 기간을 정하여 소명기회를 주어야 한다.

③ 일용근로자의 통상임금은 고용노동부장관이 사업이나 직업에 따라 근로시간을 고려하여 정하는 금액으로 한다.

④ 사용자는 도급으로 사용하는 근로자에게 근로시간에 따라 일정액의 임금을 보장하여야 한다.

⑤ 근로기준법에 따른 임금채권은 3년간 행사하지 아니하면 시효로 소멸한다.

13 기출 19

☑ 확인Check! ○ △ ✕

근로기준법상 임금에 관한 설명으로 옳지 않은 것은?(다툼이 있으면 판례에 따름)

① 임금은 통화(通貨)로 직접 근로자에게 그 전액을 지급하여야 한다.

② 임금은 매월 1회 이상 일정한 날짜를 정하여 지급하여야 한다.

③ 사용자가 근로자의 불법행위를 원인으로 한 손해배상채권을 가지고 있더라도 근로자의 임금채권과 상계할 수 없다.

④ 근로자의 임금포기에 관한 약정에 대해서는 문언의 기재내용에 따라 엄격하게 해석해야 하기 때문에 임금포기를 한 경위나 목적 등 여러 사정을 반영하는 합목적적 해석을 해서는 안 된다.

⑤ 근로자로부터 임금채권을 양수받은 자라 하더라도 사용자로부터 직접 임금을 지급받을 수 없다.

12

① (○) 근기법 제48조 제1항

② (○) 근기법 제43조의2 제2항

③ (✕) 일용근로자의 평균임금은 고용노동부장관이 사업이나 직업에 따라 정하는 금액으로 한다(근기법 시행령 제3조).

④ (○) 사용자는 도급이나 그 밖에 이에 준하는 제도로 사용하는 근로자에게 근로시간에 따라 일정액의 임금을 보장하여야 한다(근기법 제47조).

⑤ (○) 근기법 제49조

정답 ③

13

① (○) 근기법 제43조 제1항

② (○) 근기법 제43조 제2항

③ (○) 근로자의 퇴직금채권에 대하여 그가 근로자에 대하여 가지고 있는 불법행위를 원인으로 하는 채권으로 상계할 수는 없다(대판 1976.9.28. 75다1768).

④ (✕) 근로자의 기본적 생활을 유지하고 인간다운 생활을 보장하기 위하여 마련된 근로기준법상의 임금에 관한 규정의 입법취지에 비추어 보면 근로자의 임금포기에 관한 약정은 문언의 기재내용을 엄격하게 해석하여야 할 것이나 그 임금 포기를 한 경위나 목적 등 여러 사정에 따라 합목적적으로 해석하는 것이 오히려 근로자들의 의사나 이해에 합치되는 경우도 있다고 할 것이다(대판 2002.11.8. 2002다35867).

⑤ (○) 근로기준법 제43조 제1항에서 임금직접지급의 원칙을 규정하는 한편 동법 제109조에서 그에 위반하는 자는 처벌을 하도록 하는 규정을 두어 그 이행을 강제하고 있는 취지가 임금이 확실하게 근로자 본인의 수중에 들어가게 하여 그의 자유로운 처분에 맡기고 나아가 근로자의 생활을 보호하고자 하는 데 있는 점에 비추어 보면 근로자가 그 임금채권을 양도한 경우라 할지라도 그 임금의 지급에 관하여는 같은 원칙이 적용되어 사용자는 직접 근로자에게 임금을 지급하지 아니하면 안 되는 것이고 그 결과 비록 양수인이라고 할지라도 스스로 사용자에 대하여 임금의 지급을 청구할 수는 없다(대판 1988.12.13. 87다카2803[전합]).

정답 ④

05 근로시간

제1절 근로시간의 개념과 산정

Ⅰ 근로시간

1. 의의

(1) 개념

근로기준법상 근로시간이란 근로자가 사용자의 지휘·감독하에서 근로계약에 따라 실제로 근로를 제공하는 실근로시간이라고 보는 지휘·감독설이 통설·판례이다(대판 1992.10.9. 91다14406). 따라서 근로자가 그의 노동력을 사용자의 처분하에 둔 시간이면, 실제로 근로자가 근로를 제공하였는지 여부와 관계없이 근로시간에 포함된다.

(2) 근로시간인지 여부

① 사용자의 지휘·감독하에서 근로를 제공한 시간은 물론, 사용자의 지휘·감독이 없더라도 근로계약상의 근로를 제공하였다면, 그 시간 또한 근로시간에 포함된다고 보는 업무성설도 있으나, 근로기준법상 근로시간이란 근로자가 사용자의 지휘·감독하에서 근로계약에 따라 실제로 근로를 제공한 시간, 즉 실근로시간이라고 보는 지휘·감독설이 통설·판례이다. 따라서 근로자가 그의 노동력을 사용자의 처분하에 둔 시간이면, 실제로 근로자가 근로를 제공하였는지 여부와 관계없이 근로시간에 포함된다. 근로계약에서 정한 휴식시간이나 대기시간이 근로시간에 속하는지 휴게시간에 속하는지는 특정 업종이나 업무의 종류에 따라 일률적으로 판단할 것이 아니다. 이는 근로계약의 내용이나 해당 사업장에 적용되는 취업규칙과 단체협약의 규정, 근로자가 제공하는 업무 내용과 해당 사업장의 구체적 업무 방식, 휴게 중인 근로자에 대한 사용자의 간섭이나 감독 여부, 자유롭게 이용할 수 있는 휴게 장소의 구비 여부, 그 밖에 근로자의 실질적 휴식이 방해되었다거나 사용자의 지휘·감독을 인정할 만한 사정이 있는지와 그 정도 등 여러 사정을 종합하여 개별 사안에 따라 구체적으로 판단하여야 한다(대판 2018.6.28. 2013다28926).

② 판례에 의하면 근로자가 직무와 관련된 법령 또는 단체협약·취업규칙 등의 규정이나 사용자의 지시에 따라 소정근로시간 외에 교육을 받는 경우, 그러한 교육시간이 근로시간에 해당하는지는 관련 법령 또는 단체협약·취업규칙 등의 내용과 취지, 해당 교육의 목적 및 근로 제공과의 관련성, 교육의 주체가 누구인지, 사용자에게 이를 용인하여야 할 법령상 의무가 있는지, 근로자의 귀책사유로 말미암아 교육을 하게

되었는지, 근로자가 교육을 이수하지 않을 때에 받을 불이익의 존부와 그 정도 등 여러 사정을 종합적으로 고려하여 판단하여야 한다고 한다.[19]

(3) 관련 판례

1) 아파트 경비원의 야간휴게시간

[1] 근로기준법상의 근로시간이란 근로자가 사용자의 지휘·감독 아래 근로계약상의 근로를 제공하는 시간을 말한다. 근로자가 작업시간 도중에 현실로 작업에 종사하지 않은 대기시간이나 휴식·수면시간 등이라 하더라도 그것이 휴게시간으로서 근로자에게 자유로운 이용이 보장된 것이 아니고, 실질적으로 사용자의 지휘·감독 아래 놓여 있는 시간이라면 근로시간에 포함된다.

[2] 아파트 경비원으로 근무시간 18시간, 휴게시간 총 6시간(식사휴게시간 2시간, 야간휴게시간 4시간)의 격일제로 근무한 갑 등이 아파트입주자대표회의를 상대로 휴게시간 6시간에 대하여 초과 근무시간에 상응하는 임금의 지급을 구한 사안에서, 제반 사정에 비추어 갑 등의 휴게시간 중 상당시간은 실질적으로 아파트입주자대표회의의 지휘·감독을 벗어나 자유로운 휴식·수면시간의 이용이 보장되었다고 보기 어렵다(대판 2017.12.13. 2016다243078). 따라서 이러한 판례의 취지를 고려하면, 아파트 경비원의 야간휴게시간은 근로시간이라고 보는 것이 타당하다.

2) 초등학교 숙직경비원의 휴게시간

원심은 다음과 같은 사정 등을 들어 이 사건 고용계약에서 정한 휴게시간의 실질이 근로시간 또는 근로시간으로 간주할 수 있는 대기시간에 해당한다고 보기 어렵다고 판단하였다. 즉 ① 원고는 숙직경비 등을 목적으로 설립된 피고와 이 사건 고용계약을 체결한 다음, 2009.6.1.부터 2009.12.21.까지는 ○○초등학교에서, 2010.1.1.부터 2010.11.21.까지는 △△도서관에서 경비원으로 근무하였다. 원고의 업무는 평일 일과 후와 주말에 방범, 방호를 위한 경비 또는 순찰을 하는 것으로서 감시적 근로에 해당한다. ② ○○초등학교와 △△도서관에는 휴식이나 수면이 가능한 당직실이 마련되어 있어 원고는 휴게시간 동안 장소적으로 독립된 공간에서 휴식을 취할 수 있었다. ③ ○○초등학교와 △△도서관에는 1차적으로 경비업무를 담당하는 무인 전자경비시스템이 설치되어 있어, 무인전자경비시스템이 작동되면 원고로서는 달리 할 일이 거의 없었을 것으로 보인다. ④ 사용자인 피고가 근무 중에 원고에게 개별적·구체적으로 경비 또는 순찰을 지시하거나 근무상황을 감독하거나 별도의 보고를 요구한 흔적이 없고, 원고의 근무기간 동안 화재, 도난 등 긴급한 상황이 발생한 경우도 없는 것으로 보인다. 위에서 본 법리에 비추어 살펴보면, 원심의 판단은 정당하다(대판 2017.12.5. 2014다74254).

---

[19] 여객자동차 운수사업법(이하 '여객자동차법') 제25조 제1항 및 같은 법 시행규칙 제58조 제1항 제2호에 따라 운수종사자는 운전업무를 시작하기 전에 '보수교육'을 받아야 하고, 운송사업자도 운수종사자가 위와 같은 보수교육을 받는 데 필요한 조치를 하여야 함은 물론 보수교육을 받지 아니한 운수종사자를 운전업무에 종사하게 하여서는 아니 되므로, '보수교육'은 근로자인 운전종사자와 사용자인 운송사업자 모두에게 부과된 법령상 의무로서, 운전종사자의 적법한 근로 제공 및 운송사업자의 운전업무에 종사할 근로자 채용·결정에 관한 필수적인 전제조건이기도 하여 근로 제공과의 밀접한 관련성이 인정되는 점, 운송사업자가 운수종사자의 교육에 필요한 조치를 하지 아니한 경우에는 면허·허가·인가·등록의 취소 또는 6개월 이내의 기간을 정하여 사업의 전부 또는 일부에 대한 정지·노선폐지·감차 등의 사업계획 변경명령 등을 받게 되는 상당한 정도의 불이익이 규정되어 있는 점(여객자동차법 제85조 제1항 제23호) 등을 종합하면, 비록 교육의 주체가 사용자가 아닐지라도 여객자동차법 제25조 제1항에 근거를 둔 운수종사자에 대한 보수교육시간은 근로시간에 포함된다 본 사례(대판 2022.5.12. 2022다203798).

3) 버스운전기사의 대기시간

여객자동차 운송사업 등을 영위하는 갑 주식회사 등에 소속된 버스운전기사인 을 등이 버스운행을 마친 후 다음 운행 전까지 대기하는 시간이 근로시간에 해당하는지 문제된 경우, 갑 회사 등이 소속된 버스운송사업 조합과 을 등이 소속된 노동조합이 임금협정을 체결하면서 1일 근로시간을 기본근로 8시간에 연장근로 1시간을 더한 9시간으로 합의하였는데, 이는 당시 1일 단위 평균버스운행시간 8시간 외에 대기시간 중 1시간 정도가 근로시간에 해당할 수 있다는 점을 고려한 것으로 보이는 점, 을 등이 대기시간 동안 임금협정을 통해 근로시간에 이미 반영된 1시간을 초과하여 청소, 차량 점검 및 검사 등의 업무를 하였다고 볼만한 자료가 없는 점, 갑 회사 등이 대기시간 중에 을 등에게 업무에 관한 지시를 하는 등 구체적으로 을 등을 지휘·감독 하였다고 볼만한 자료가 없는 점, 갑 회사 등이 소속 버스운전기사들의 대기시간 활용에 대하여 간섭하거나 감독할 업무상 필요성도 크지 않았던 것으로 보이는 점, 실제로 갑 회사 등의 소속 버스운전기사들은 휴게실 에서 휴식을 취하거나 식사를 하는 등 대기시간 대부분을 자유롭게 활용한 것으로 보이는 점 등에 비추어 을 등의 대기시간에 근로시간에 해당하지 않는 시간이 포함되어 있다고 보아야 하는데도, 을 등의 대기시간 이 일정하지 않다는 등의 사정만으로 대기시간 전부가 근로시간에 해당한다고 본 원심판단에 법리오해 등의 잘못이 있다(대판 2018.6.28. 2013다28926).

2. 구 분

(1) 기준근로시간

기준근로시간은 근로자의 최장근로시간을 정하고 있는 법정근로시간을 말한다.

① 성인의 경우 : 1일 8시간, 1주 40시간(근기법 제50조)

② 연소자의 경우 : 1일 7시간, 1주 35시간(근기법 제69조)

③ 유해·위험작업 : 1일 6시간, 1주 34시간(산안법 제139조)

(2) 소정근로시간 　기출　 12·13

기준근로시간의 범위 안에서 근로자와 사용자 간에 정한 근로시간을 말한다(근기법 제2조 제1항 제8호). 소정근로시간의 개념은 시간급 통상임금의 산정에 있어 일급이나 월급을 시간급으로 환산하기 위하여 주로 사용한다. 소정근로시간을 초과하여 근무하는 경우, 총근로시간이 기준근로시간의 범위 내라면 시간외근로에 해당하지 않는다(대판 1991.6.28. 90다카14758).

O | X 💬

1. 소정근로시간이란 근로자와 사용자 사이에 정한 근로시간을 말한다.

2. 소정근로시간을 초과하였으나 법정근로시간범위 내에서 이루어진 법 내 초과근로에 대하여는 가산임금이 지급되지 않는다.

3. 근로자가 근로시간의 전부 또는 일부를 사업장 밖에서 근로하여 근로시간을 산정하기 어려운 경우에는 1주 40시간을 근로한 것으로 본다.

　정답　 1. O 2. O 3. ×

(3) 연장근로시간

기준근로시간을 초과한 근로시간을 말하며, 통상임금의 100분의 50 이상을 가산하여 지급하여야 한다(근기법 제56조 제1항). **기출** 16 · 24

> **초과근로와 연장근로**
> 초과근로는 소정근로시간을 초과하는 근로를 의미하고, 연장근로는 법정근로시간을 초과하는 근로를 의미한다.

(4) 야간근로시간

오후 10시부터 오전 6시까지 사이의 근로시간을 말하며, 통상임금의 100분의 50 이상을 가산하여 지급하여야 한다(근기법 제56조 제3항). **기출** 24

(5) 표준근로시간

선택적 근로시간제에서 유급휴가 등의 계산기준으로, 사용자와 근로자의 대표가 합의하여 정한 1일의 근로시간을 말한다.

(6) 임의근로시간대(선택근로시간대 · 자유근로시간대)

선택적 근로시간제에서 근로자의 선택에 맡겨진 시간대를 말한다.

(7) 의무근로시간대

선택적 근로시간제에서 근로자의 선택에 맡기지 않고 반드시 근로하도록 정한 시간대를 말한다.

Ⅱ 근로시간의 산정

1. 원 칙

근로시간은 작업의 개시부터 종료까지의 시간에서 휴게시간을 제외한 시간을 말한다. 특별한 사유가 없는 경우, 근로시간의 시업 · 종업시간은 단체협약 및 취업규칙 등에 정한 출근시간과 퇴근시간이 되는 것이 일반적이다.

2. 근로시간 계산의 특례(간주근로시간제)

(1) 유 형

① 근로자가 출장이나 그 밖의 사유로 근로시간의 전부 또는 일부를 사업장 밖에서 근로하여 근로시간을 산정하기 어려운 경우에는 소정근로시간을 근로한 것으로 본다. 다만, 그 업무를 수행하기 위하여 통상적으로 소정근로시간을 초과하여 근로할 필요가 있는 경우에는 그 업무의 수행에 통상 필요한 시간을 근로한 것으로 본다(근기법 제58조 제1항, 사업장 밖 근로 간주근로시간제). 그 업무에 관하여 근로자대표와의 서면합의를 한 경우에는 그 합의에서 정하는 시간을 그 업무의 수행에 통상 필요한 시간으로 본다(근기법 제58조 제2항).

② 업무의 성질에 비추어 업무수행방법을 근로자의 재량에 위임할 필요가 있는 업무로서 대통령령이 정하는 업무는 사용자가 근로자대표와 서면합의로 정한 시간을 근로한 것으로 본다. 이 경우 그 서면합의에는 다음의 사항을 명시하여야 한다(근기법 제58조 제3항, 재량근로 간주근로시간제). **기출** 20

> **간주근로시간제(근로자대표와의 서면합의)**
> • 사업장 밖 근로 간주근로시간제
> • 재량근로 간주근로시간제

(2) 서면합의의 명시사항(근기법 제58조 제3항)

① 대상업무

② 사용자가 업무의 수행수단 및 시간 배분 등에 관하여 근로자에게 구체적인 지시를 하지 아니한다는 내용

③ 근로시간의 산정은 당해 서면합의로 정하는 바에 따른다는 내용

(3) 재량근로의 대상업무(근기법 시행령 제31조) 기출 13 · 22

① 신상품 또는 신기술의 연구개발이나 인문사회과학 또는 자연과학 분야의 연구업무

② 정보처리시스템의 설계 또는 분석업무 기출 17

③ 신문·방송 또는 출판사업에 있어서 기사의 취재·편성 또는 편집업무

④ 의복·실내장식·공업제품·광고 등의 디자인 또는 고안업무

⑤ 방송프로그램·영화 등의 제작사업에서의 프로듀서 또는 감독업무 기출 14

⑥ 그 밖에 고용노동부장관이 정하는 업무

제2절 근로시간의 보호

I 서 설

근로자의 근로시간 보호는 근로기준법상 보호와 산업안전보건법상 보호로 나눌 수 있는데, 근로기준법상 보호는 크게 일반근로자의 근로시간 보호와 여성근로자·연소근로자의 근로시간 보호로 나눌 수 있다. 다만, 사업의 성질, 업무의 특수성으로 인하여 출퇴근시간을 엄격하게 적용하는 것이 부적절한 근로자에게는, 근로기준법상 근로시간에 관한 규정의 적용을 배제하고 있다.

O | X 💬

1. 선택적 근로시간제에서 유급휴가 등의 계산기준으로, 사용자와 근로자의 대표가 합의하여 정한 1일의 근로시간을 소정근로시간이라 한다.

2. 연소자의 기준근로시간은 1일 6시간, 주 34시간이다.

3. 업무의 성질에 비추어 업무수행방법을 근로자의 재량에 위임할 필요가 있는 업무로서 대통령령이 정하는 업무는 사용자가 근로자대표와 서면합의로 정한 시간을 근로한 것으로 본다.

정답 1. × 2. × 3. ○

일반근로자의 근로시간 보호

1. 기준근로시간(근기법 제50조)

(1) 근로기준법

① 1일의 근로시간은 휴게시간을 제외하고 8시간을 초과할 수 없다.

② 1주간의 근로시간은 휴게시간을 제외하고 40시간을 초과할 수 없다.

③ 근로시간을 산정하는 경우, 작업을 위하여 근로자가 사용자의 지휘·감독 아래에 있는 대기시간 등은 근로시간으로 본다. 기출 16·18

④ 1주 및 1일의 개념은 반드시 특정 일, 특정 시간부터 특정 일, 특정 시간까지를 의미하는 것이 아니라, 1일은 24시간 동안, 1주는 7일 동안의 시간적 길이를 의미한다. 따라서 하나의 근로가 2일에 걸쳐 지속적으로 행하여지는 경우에도, 전체 근로시간이 8시간 이내인 한 동조 위반이 아니다.

⑤ 근로시간의 신축적 운용 : 탄력적 근로시간제도(근기법 제51조, 제51조의2) 및 선택적 근로시간제도(근기법 제52조)를 채택하는 경우, 1주 평균 40시간을 초과하지 아니하는 범위 내에서 1일 8시간, 1주 40시간을 초과하여 근로하게 할 수 있다.

(2) 기준근로시간의 연장

1) 원칙(통상연장근로) - 당사자 간의 합의

당사자 간의 합의가 있는 경우에는 1주간에 12시간을 한도로 제50조의 근로시간을 연장할 수 있다(근기법 제53조 제1항). 당사자 간의 합의가 있는 경우에는 1주간에 12시간을 한도로 제51조 및 제51조의2의 근로시간을 연장할 수 있으며, 제52조 제1항 제2호의 정산기간을 평균하여 1주간에 12시간을 초과하지 아니하는 범위 안에서 제52조 제1항의 근로시간을 연장할 수 있다(근기법 제53조 제2항). 기출 20 근로기준법 제53조 제1항이 연장근로시간의 한도를 1주간을 기준으로 설정하고 있을 뿐이고 1일을 기준으로 삼고 있지 아니하므로, 1주간의 연장근로가 12시간을 초과하였는지는 근로시간이 1일 8시간을 초과하였는지를 고려하지 않고 1주간의 근로시간 중 40시간을 초과하는 근로시간을 기준으로 판단하여야 한다(대판 2023.12.7. 2020도15393).

① 당사자 : 당사자 간의 합의라 함은 원칙적으로 사용자와 근로자의 개별적 합의를 의미한다(대판 1995.2.10. 94다19228). 다만, 개별근로자의 연장근로에 관한 합의권을 박탈하거나 제한하지 아니하는 범위 내에서는, 단체협약에 의한 합의도 가능하다(대판 1993.12.21. 93누5796).

② 합의의 방법 : 연장근로에 관한 합의는 근로자 보호를 위하여 단체협약·노사합의서 및 근로계약 등과 같은 서면에 의한 협정을 말하며, 당해 합의에는 연장근로의 사유, 기간 및 시간, 종류 및 대상근로자 등이 반드시 명시되어야 한다. 이에 대하여 서면은 물론 구두합의도 인정된다는 견해도 있다. 판례는 개별근로자와의 연장근로에 관한 합의는 연장근로를 할 때마다 그때그때 할 필요는 없고 근로계약 등으로 미리 이를 약정하는 것도 가능하다고(대판 1995.2.10. 94다19228) 판시하고 있다. 기출 13

③ 1주 12시간 연장 : 1주 12시간을 초과하지 않는 범위 내에서 1일 8시간을 초과하여도 무방하다.

2) 예 외

① **특별한 사정에 의한 예외(인가연장근로 또는 응급연장근로)** : 사용자는 특별한 사정이 있는 경우에는 고용노동부장관의 인가와 근로자의 동의를 얻어 제53조 제1항과 제2항의 근로시간을 연장할 수 있다. 다만, 사태가 급박하여 고용노동부장관의 인가를 받을 시간이 없는 경우에는 사후에 지체 없이 승인을 얻어야 한다(근기법 제53조 제4항). 이때 고용노동부장관은 근로시간의 연장이 부적당하다고 인정할 경우에는 그 후 연장시간에 상당하는 휴게시간 또는 휴일을 줄 것을 명할 수 있다(근기법 제53조 제5항). 사용자는 연장근로를 하는 근로자의 건강보호를 위하여 건강검진 실시 또는 휴식시간 부여 등 고용노동부장관이 정하는 바에 따라 적절한 조치를 하여야 한다(근기법 제53조 제7항).

특별한 사정이 있는 경우의 근로시간 연장 신청 등(근기법 시행규칙 제9조)

① 법 제53조 제4항 본문에서 "특별한 사정"이란 다음 각 호의 어느 하나에 해당하는 경우를 말한다.
  1. 재난 및 안전관리 기본법에 따른 재난 또는 이에 준하는 사고가 발생하여 이를 수습하거나 재난 등의 발생이 예상되어 이를 예방하기 위해 긴급한 조치가 필요한 경우
  2. 사람의 생명을 보호하거나 안전을 확보하기 위해 긴급한 조치가 필요한 경우
  3. 갑작스런 시설·설비의 장애·고장 등 돌발적인 상황이 발생하여 이를 수습하기 위해 긴급한 조치가 필요한 경우
  4. 통상적인 경우에 비해 업무량이 대폭적으로 증가한 경우로서 이를 단기간 내에 처리하지 않으면 사업에 중대한 지장을 초래하거나 손해가 발생하는 경우
  5. 소재·부품·장비산업 경쟁력강화 및 공급망안정화를 위한 특별조치법 제2조 제1호 및 제2호에 따른 소재·부품 및 장비의 연구개발 등 연구개발을 하는 경우로서 고용노동부장관이 국가경쟁력 강화 및 국민경제 발전을 위해 필요하다고 인정하는 경우
② 사용자는 법 제53조 제4항에 따라 근로시간을 연장하려는 경우와 연장한 경우에는 별지 제5호서식의 근로시간 연장 인가 또는 승인 신청서에 근로자의 동의서 사본 및 근로시간 연장의 특별한 사정이 있음을 증명할 수 있는 서류 사본을 첨부하여 관할 지방고용노동관서의 장에게 제출해야 한다.
③ 관할 지방고용노동관서의 장은 제2항에 따른 근로시간 연장 인가 또는 승인 신청을 받은 날부터 3일 이내에 신청을 반려하거나 별지 제6호 서식의 근로시간 연장 인가서 또는 승인서를 신청인에게 내주어야 한다. 다만, 부득이한 사유로 본문의 처리기간을 준수하지 못하는 경우에는 신청인에게 그 사유와 예상되는 처리기간을 알려주고 처리기간을 연장할 수 있다.
④ 관할 지방고용노동관서의 장은 제3항에 따라 근로시간 연장 인가 또는 승인을 하는 경우, 근로시간을 연장할 수 있는 기간은 특별한 사정에 대처하기 위하여 필요한 최소한으로 한다.

---

② **특별한 사업에 대한 예외(특례연장근로)** : 다음의 어느 하나에 해당하는 사업에 대하여 사용자는 근로자대표와 서면합의를 한 경우에는 제53조 제1항에 따른 주 12시간을 초과하여 연장근로하게 하거나 제54조에 따른 휴게시간을 변경할 수 있다(근기법 제59조). **기출** 12·13·24
  ㉠ 육상운송 및 파이프라인운송업. 다만, 여객자동차 운수사업법에 따른 노선 여객자동차운송사업은 제외한다. **기출** 19
  ㉡ 수상운송업
  ㉢ 항공운송업
  ㉣ 기타 운송 관련 서비스업
  ㉤ 보건업
  이 경우 사용자는 근로일 종료 후 다음 근로일 개시 전까지 근로자에게 연속하여 11시간 이상의 휴식시간을 주어야 한다.

2. 소정근로시간

(1) 의 의

소정근로시간이란 기준근로시간의 범위 내에서 근로자와 사용자 사이에 정한 근로시간을 말한다.

(2) 탈법적 목적의 소정근로시간 단축 합의

판례에 의하면 최저임금법 제6조 제5항의 시행에 따라 정액사납금제하에서 생산고에 따른 임금을 제외한 고정급이 최저임금에 미달하는 것을 회피할 의도로 사용자가 소정근로시간을 기준으로 산정되는 시간당 고정급의 외형상 액수를 증가시키기 위해 택시운전근로자 노동조합과 사이에 실제 근무형태나 운행시간의 변경 없이 소정근로시간만을 단축하기로 한 합의의 효력은 무효이며 이러한 법리는 사용자가 택시운전근로자의 과반수로 조직된 노동조합 또는 근로자 과반수의 동의를 얻어 소정근로시간을 단축하는 내용으로 취업규칙을 변경하는 경우에도 마찬가지로 적용된다고(대판 2019.4.18. 2016다2451[전합]) 한다.

Ⅲ   연소근로자 및 여성근로자의 근로시간 보호

1. 연소근로자의 근로시간 보호

① 15세 이상 18세 미만인 사람(연소근로자)의 근로시간은 1일에 7시간, 1주에 35시간을 초과하지 못한다. 다만, 당사자 간의 합의에 의하여 1일에 1시간, 1주에 5시간을 한도로 연장할 수 있다(근기법 제69조).

기출 13 · 16 · 19

② 연소근로자에 대하여는 탄력적 근로시간제도 및 선택적 근로시간제도가 적용되지 아니한다(근기법 제51조, 제51조의2, 제52조).

2. 여성근로자의 근로시간 보호

(1) 임신 중인 여성근로자

사용자는 임신 중의 여성근로자에게 시간외근로를 하게 하여서는 아니 되며, 그 근로자의 요구가 있는 경우에는 쉬운 종류의 근로로 전환하여야 한다(근기법 제74조 제5항).

(2) 산후 1년이 경과하지 아니한 여성근로자

사용자는 산후 1년이 지나지 아니한 여성에 대하여는, 단체협약이 있는 경우라도 1일에 2시간, 1주에 6시간, 1년에 150시간을 초과하는 시간외근로를 시키지 못한다(근기법 제71조). 기출 17

3. 연소근로자와 여성근로자의 야간근로 및 휴일근로의 제한

(1) 18세 이상의 여성근로자(근기법 제70조 제1항)

사용자는 18세 이상의 여성을 오후 10시부터 오전 6시까지의 시간 및 휴일에 근로시키려면, 그 근로자의 동의를 받아야 한다.

(2) 임산부와 18세 미만자

사용자는 임산부와 18세 미만자를 오후 10시부터 오전 6시까지의 시간 및 휴일에 근로시키지 못한다. 다만, 다음의 어느 하나에 해당하는 경우로서 고용노동부장관의 인가를 받으면 그러하지 아니하다(근기법 제70조 제2항).

① 18세 미만자의 동의가 있는 경우

② 산후 1년이 지나지 아니한 여성의 동의가 있는 경우

③ 임신 중의 여성이 명시적으로 청구하는 경우 : 사용자는 임산부와 18세 미만자의 야간근로, 휴일근로에 대하여, 고용노동부장관의 인가를 받기 전에 근로자의 건강 및 모성보호를 위하여, 그 시행 여부와 방법 등에 관하여 그 사업 또는 사업장의 근로자대표와 성실하게 협의하여야 한다(근기법 제70조 제3항). 임신 중인 여성근로자에 대하여는 탄력적 근로시간제가 적용되지 아니한다(근기법 제51조 제3항, 제51조의2 제6항). 기출 20

[연장·야간·휴일근로의 제한]

구 분	기준근로시간		합의연장근로	야간·휴일근로	
	1일	1주		원 칙	예 외
18세 미만 근로자	7	35	1일 1시간, 1주 5시간	불 가	본인의 동의와 노동부장관의 인가
18세 이상 여성근로자	8	40	1주 12시간	가 능	근로자의 동의
임신 중인 여성근로자	8	40	불 가	불 가	본인의 명시적 청구와 노동부장관 인가
산후 1년 미만 여성근로자	8	40	1일 2시간, 1주 6시간, 1년 150시간	불 가	본인의 동의와 노동부장관의 인가

O | X 💬

1. 특별한 사정이 없더라도 당사자 간의 합의만 있으면 1주에 12시간의 연장근로를 시킬 수 있다.

2. 개별근로자의 연장근로에 관한 합의권을 박탈하거나 제한하지 않는 범위 내에서는, 단체협약에 의한 합의도 가능하다.

3. 개별근로자와의 연장근로에 관한 합의는 연장근로를 할 때마다 하여야 효력이 있다.

정답 1. ○ 2. ○ 3. ✕

Ⅳ 적용의 제외(근기법 제63조)

1. 적용제외 규정

제4장(근로시간과 휴식)과 제5장(여성과 소년)에서 정한 근로시간, 휴게와 휴일에 관한 규정은 근로기준법 제63조에서 정하는 근로자에 대하여는 적용하지 아니한다. **기출** 12·24

2. 적용제외 대상

① 토지의 경작·개간, 식물의 식재·재배·채취사업, 그 밖의 농림사업 : 제1호에서 정하는 '그 밖의 농림사업'은 같은 호에 규정된 '토지의 경작·개간, 식물의 재식·재배·채취 사업'과 유사한 사업으로서 제1차 산업인 농업·임업 및 이와 직접 관련된 사업을 의미한다고 보아야 한다. 만약 사용자가 농업·임업을 주된 사업으로 영위하면서 이와 구별되는 다른 사업도 함께 영위하는 경우라면, 그 사업장소가 주된 사업장소와 분리되어 있는지, 근로자에 대한 지휘·감독이 주된 사업과 분리되어 이루어지는지, 각각의 사업이 이루어지는 방식 등을 종합적으로 고려하여 그 사업이 '그 밖의 농림 사업'에 해당하는지 여부를 판단하여야 한다(대판 2020.2.6. 2018다241083).

② 동물의 사육, 수산동식물의 채취·포획·양식사업, 그 밖의 축산, 양잠, 수산사업

③ 감시 또는 단속적으로 근로에 종사하는 사람으로서 사용자가 고용노동부장관의 승인을 받은 사람 : 제3호에서 정하는 "감시적 근로에 종사하는 자"는 감시업무를 주 업무로 하며 상태적으로 정신적·육체적 피로가 적은 업무에 종사하는 자를 말한다(대판 2024.2.8. 2018다206899).

④ 대통령령으로 정하는 업무(사업의 종류에 관계없이 관리·감독업무 또는 기밀을 취급하는 업무)에 종사하는 근로자 **기출** 13

> **근로시간 등의 적용제외 승인 신청 등(근기법 시행령 제10조)**
> ① 사용자는 법 제63조 제3호에 따라 감시(監視) 또는 단속적(斷續的)으로 근로에 종사하는 자에 대한 근로시간 등의 적용제외 승인을 받으려면 별지 제7호 서식의 감시적 또는 단속적 근로종사자에 대한 적용 제외 승인 신청서를 관할 지방고용노동관서의 장에게 제출하여야 한다.
> ② 제1항에 따른 승인 대상이 되는 감시적 근로에 종사하는 자는 감시업무를 주 업무로 하며 상태적(狀態的)으로 정신적·육체적 피로가 적은 업무에 종사하는 자로 한다.
> ③ 제1항에 따른 승인 대상이 되는 단속적으로 근로에 종사하는 자는 근로가 간헐적·단속적으로 이루어져 휴게시간이나 대기시간이 많은 업무에 종사하는 자로 한다.
> ④ 관할 지방고용노동관서의 장은 제1항에 따른 신청에 대하여 승인을 할 경우에는 별지 제8호 서식의 감시적 또는 단속적 근로종사자에 대한 적용 제외 승인서를 내주어야 한다.

Ⅴ 산업안전보건법상의 근로시간의 보호

사업주는 유해하거나 위험한 작업으로서 높은 기압에서 하는 작업 등 대통령령으로 정하는 작업에 종사하는 근로자에게는 1일 6시간, 1주 34시간을 초과하여 근로하게 해서는 아니 된다(산안법 제139조 제1항). **기출** 16

Ⅰ 의 의

1. 시간외근로

근로기준법에 정한 기준근로시간 이외의 시간에 근로하는 것을 말한다.

2. 합의연장근로

당사자 간의 합의로 1일 8시간, 1주 40시간을 초과하여 근로하는 것을 말한다.

3. 인가연장근로

특별한 사정이 있는 경우, 고용노동부장관의 인가와 근로자의 동의를 얻어 기준근로시간을 연장하는 것을 말한다.

4. 야간근로

오후 10시부터 다음 날 오전 6시 사이에 근로하는 것을 말한다. 기출 13

5. 휴일근로

주휴일, 법정휴일, 단체협약이나 취업규칙에 정한 약정휴일에 근로하는 것을 말한다.

Ⅱ 시간외근로수당(가산임금)

1. 의 의

사용자는 연장근로(제53조·제59조 및 제69조 단서에 따라 연장된 시간의 근로)에 대하여는 통상임금의 100분의 50 이상을 가산하여 근로자에게 지급하여야 한다(근기법 제56조 제1항). 휴일근로에 대하여는 8시간 이내의 휴일근로는 통상임금의 100분의 50 이상을, 8시간을 초과한 휴일근로는 통상임금의 100분의 100 이상을 가산하여 근로자에게 지급하여야 한다(근기법 제56조 제2항). 기출 24 사용자는 야간근로(오후 10시부터 다음 날 오전 6시 사이의 근로)에 대하여는 통상임금의 100분의 50 이상을 가산하여 근로자에게 지급하여야 한다 (근기법 제56조 제3항). 기출 20 판례에 의하면 일반적인 숙·일직 근무가 주로 정기적 순찰, 전화와 문서의 수수, 기타 비상사태 발생 등에 대비한 시설 내 대기 등 업무를 내용으로 하고 있는 것과 달리, 숙·일직시 행한 업무의 내용이 본래의 업무가 연장된 경우이거나 그 내용과 질이 통상의 근로와 마찬가지로 평가되는 경우라면, 그러한 초과근무에 대하여는 야간·연장·휴일근로수당 등을 지급하여야 한다고(대판 2019.10.17. 2015다 213568) 판시하고 있다.

2. 연장근로와 시간외근로수당

(1) 연장근로시간의 간주합의

판례는 노사 간에 실제의 연장근로시간과 관계없이 일정 시간을 연장근로시간으로 간주하기로 합의하였다면 사용자로서는 근로자의 실제 연장근로시간이 합의한 시간에 미달함을 이유로 근로시간을 다투는 것이 허용되지 아니한다고 하면서, 사용자와 합의하여 체결한 각 임금협정에서 정한 근로시간보다 근로자들의 실제 근무시간이 적은 경우 실제 근무시간의 한도 내에서 연장근로수당 지급의무가 인정되어야 한다는 사용자의 주장은 인정되지 아니하는 것으로(대판 2020.4.9. 2015다44069) 판시하고 있다.

(2) 시간외근로수당의 지급 여부

1) 지급되는 경우

합의, 인가연장근로, 특별한 사업에 대하여 근로자대표와의 서면합의를 통하여 근로시간을 연장한 경우 및 연소근로자의 연장근로의 경우 모두에 연장된 근로시간에 대한 연장근로수당을 지급하여야 한다. 적법요건을 갖추지 못한 위법한 연장근로의 경우에도 지급하여야 함을 유의하여야 한다.

2) 지급되지 아니하는 경우

탄력적 근로시간제도 및 선택적 근로시간제도 등을 채택하는 경우에는, 1일 8시간을 초과하여도 연장근로수당을 지급하지 아니한다. 또한 법 내 초과근로의 경우에도 연장근로수당을 지급할 의무가 없다(대판 1991.6.28. 90다카14758). 다만, 단시간근로자의 법 내 초과근로의 경우에는 연장근로수당을 지급하여야 한다(기단법 제6조 제3항).

(3) 관련 판례 – 월 단위 상계약정

[1] 연장근로에 대하여 통상임금의 50% 이상을 가산하여 지급하도록 한 근로기준법 규정은 연장근로에 대한 임금 산정의 최저기준을 정한 것이므로, 연장근로에 대한 가산임금 산정방식에 관하여 노사 간에 합의한 경우 노사합의에 따라 계산한 금액이 근로기준법에서 정한 기준에 미치지 못할 때에는 그 부분만큼 노사합의는 무효이고, 무효로 된 부분은 근로기준법이 정하는 기준에 따라야 한다.

[2] 여객자동차 운수사업을 영위하는 갑 주식회사 소속 운전기사인 을 등에게 적용되는 단체협약 등에서 임금 산정 시간과 관련하여 주간근무일은 소정근로 8시간과 연장근로 1시간을 포함한 9시간, 연장근무일은 연장근로 5시간의 보장시간을 정하는 한편 보장시간에 미달되거나 초과되는 근로시간은 일 단위로 계산하지 않고 월 단위로 상계하기로 하는 '월 단위 상계약정'을 둔 경우, 위 상계약정은 월 단위로 합산한 실제 근로시간을 근무일수에 따라 계산한 보장시간의 월간 합계와 비교하여 연장근로수당을 추가로 지급할 연장근로시간을 계산하는 방법을 취하고 있는데, 이와 같이 임금 산정의 대상이 되는 근로시간이 소정근로시간인지 또는 연장근로시간인지를 구분하지 않은 채 전체 근로시간만을 단순 비교하여 연장근로시간을 계산한 결과 실제 연장근로시간 중 소정근로시간과 중첩되어 상쇄되는 부분이 발생하는 경우, 그 부분에 대해서는 통상시급에 해당하는 금액만이 임금으로 산정되어 연장근로에 대해서는 통상임금의 100분의 50 이상을 가산해야 한다는 근로기준법 제56조 제1항이 정한 기준에 미달하게 되므로, 그 한도에서 위 상계약정은 근로기준법에 위반되어 무효인데도, 이와 달리 본 원심판단에 법리오해 등의 잘못이 있다(대판 2020.11.26. 2017다239984).

3. 야간근로와 시간외근로수당

① 근로시간·휴게·휴일에 관한 규정이 적용되지 않는 사업(근로기준법 제63조 각 호의 사업)이라 하더라도 야간근로에 대해서는 시간외근로수당이 지급된다.

② 경비 등 야간에만 근무하는 근로자의 경우, 처음부터 시간외근로수당을 포함하여 임금이 정해진 것이 명백하다면, 별도로 시간외근로수당을 지급하지 않아도 무방하다.

4. 휴일근로와 시간외근로수당

(1) 시간외근로수당의 지급 `기출` 13

시간외근로수당이 지급되어야 하는 휴일근로는 유급휴일과 무급휴일을 구별하지 않는다. 휴일근로와 연장근로는 근로시간의 양이 제한의 기준이나 야간근로는 특정 시간대가 제한의 기준이 되므로 그 법적 성격과 보호목적이 달라 휴일근로나 연장근로가 야간근로에 해당하는 경우에는, 각각 시간외근로수당을 합산하여 지급하여야 한다.[20] 판례에 의하면 구 근로기준법에 따라 휴일근로수당으로 통상임금의 100분의 50 이상을 가산하여 지급하여야 하는 휴일근로에는 주휴일 근로뿐만 아니라 단체협약이나 취업규칙 등에 의하여 휴일로 정하여진 날의 근로도 포함되고, 휴일로 정하였는지는 단체협약이나 취업규칙 등에 있는 휴일 관련 규정의 문언과 그러한 규정을 두게 된 경위, 해당 사업장의 근로시간에 관한 규율 체계와 관행, 근로 제공이 이루어진 경우 실제로 지급된 임금의 명목과 지급금액, 지급액의 산정 방식 등을 종합적으로 고려하여 판단하여야 한다고(대판 2022.5.12. 2022다203798) 판시하고 있다. 이러한 법리는 1일 근무하고 그 다음 날 쉬는 격일제 근무 형태에서 근무가 없는 날에 근로를 제공한 경우에도 마찬가지로 적용되는 것이어서, 단체협약이나 취업규칙 등에서 휴일로 정하였다고 볼 수 없다면, 그날의 근로제공에 대하여 구 근로기준법상 휴일근로수당이 지급되어야 하는 것은 아니라고(대판 2020.6.25. 2016다3386) 하고 있으며, 상위법령의 위임을 받은 조례 또는 단체협약 등에서 특정된 휴일을 근로일로 하고 대신 통상의 근로일을 휴일로 교체할 수 있도록 하는 규정을 두거나 그렇지 않더라도 근로자의 동의를 얻은 경우, 미리 근로자에게 교체할 휴일을 특정하여 고지하면 달리 보아야 할 사정이 없는 한 이는 적법한 휴일대체가 되어, 원래의 휴일은 통상의 근로일이 되고 그날의 근로는 휴일근로가 아닌 통상근로가 되므로 사용자는 근로자에게 휴일근로수당을 지급할 의무를 지지 않는다고 한다(대판 2000.9.22. 99다7367).

(2) 구 근로기준법하에서의 근로수당의 중복지급 가부

1) 노동부의 유권해석

1주간 연장근로는 법정근로시간 40시간에서 12시간까지만 인정되고 있으므로(근기법 제53조 제1항), 근로자가 40시간 이외에 12시간 연장근로를 하고 휴일에 추가근무하는 경우, 그 추가근무가 근로기준법 제53조 제1항을 위반하는지, 이때 시간외근로수당을 중복지급(연장근로수당·휴일근로수당)하여야 하는지 논란이 있었는데, 노동부는 종래 휴일근로는 1주간 연장근로에 해당하지 아니하므로, 근로기준법 위반의 문제는 발생하지 아니한다고 유권해석을 하였다.

---

[20] 한편, 대법원은 최근 전합판결(대판 2018.6.21. 2011다112391[전합])을 통하여 휴일근로에 따른 가산임금 외에 연장근로에 따른 가산임금을 중복하여 지급하는 것을 부정하고 있음을 유의하여야 한다.

2) 종전판례

휴일근로와 시간외근로가 중복되는 경우에는 휴일근로에 대한 가산임금과 시간외근로에 대한 가산임금을 각각 가산하여 산정하여야 하므로, 휴일에 1일 8시간을 초과하는 근로에 대하여는 가산임금을 합산하여야 한다고 판시하였으나, 휴일근로가 1주간 연장근로에 해당하는지 여부에 대하여는 판단하지 아니하였다(대판 1991.3.22. 90다6545).

3) 전합판례

[1] 구 근로기준법과 구 근로기준법 시행령규정의 내용과 체계 및 취지, 법률규정의 제·개정연혁과 이를 통해 알 수 있는 입법취지 및 목적, 근로관계 당사자들의 인식과 기존 노동관행 등을 종합적으로 고려하면, 휴일근로시간은 구 근로기준법 제50조 제1항의 '1주간 기준근로시간 40시간' 및 제53조 제1항의 '1주간 연장근로시간 12시간'에 포함되지 않는다고 봄이 타당하다. 따라서 구 근로기준법상 휴일근로시간은 1주간 기준근로시간 및 1주간 연장근로시간에 포함되지 않는다고 보아야 하므로, 당연한 논리적 귀결로 휴일근로에 따른 가산임금과 연장근로에 따른 가산임금은 중복하여 지급될 수 없다.

[2] 원심은 1주간 기준근로시간을 초과하여 이루어진 8시간 이내의 휴일근로가 연장근로에도 해당한다고 보아 휴일근로에 따른 가산임금 외에 연장근로에 따른 가산임금을 중복하여 지급하여야 한다고 판단하였다. 이러한 원심의 판단에는 구 근로기준법 제50조 및 제53조가 정한 '1주'의 의미, 구 근로기준법 제56조의 휴일근로와 연장근로에 따른 각 가산임금 지급에 관한 법리를 오해하여 판결에 영향을 미친 잘못이 있다(대판 2018.6.21. 2011다112391[전합]).

4) 검 토

생각건대 법적 안정성을 고려하여 1주 40시간을 초과하는 근로를 연장근로로 보지 아니하는 구 근로기준법과 구 근로기준법 시행령에 대한 전합판결의 설시는 법 해석의 한계를 뛰어넘는 문제가 있으므로, 다소 혼란스러운 결과가 발생하더라도 법정근로시간을 초과하는 휴일근로는 연장근로라고 하는 것이 타당하고, 이에 대하여 연장근로수당을 지급하여야 한다. 개정 근로기준법(2018.3.20. 개정)은 법정근로시간을 초과하는 휴일근로에 대하여 연장근로에 대한 가산임금을 지급하지 아니한다는 전제하에 8시간 이내의 휴일근로는 통상임금의 100분의 50을, 8시간을 초과한 휴일근로는 통상임금의 100분의 100을 가산하여 근로자에게 지급하여야 한다고 규정하고 있다(근기법 제56조 제2항).

5. 보상휴가제도

(1) 의 의

사용자는 근로자대표와의 서면합의에 따라 연장근로·야간근로 및 휴일근로 등에 대하여 임금을 지급하는 것을 갈음하여 휴가를 줄 수 있다(근기법 제57조). **기출** 17·18·22·24

(2) 임금의 범위

보상휴가제도의 휴가일수는 가산임금제도의 취지를 고려해야 한다. 예를 들어 연장근로를 2시간 한 경우, 가산수당(50%)을 포함하면 총 3시간분의 임금이 지급되어야 하므로, 3시간의 휴가가 발생해야 할 것이다. 또한 근로자대표와의 서면합의를 통해 연장근로의 일부에 대해서는 임금으로 지급받고, 일부는 보상휴가로 받는 것도 가능할 것이다.

6. 포괄임금약정

(1) 의 의

근로조건의 명시 및 가산임금지급규정 등에 비추어 보면, 근로계약을 체결할 때에 기본임금을 미리 정하고 이를 기초로 연장·야간 또는 휴일근로에 대한 가산임금을 지급하는 것이 원칙이나, 일정한 연장·야간 또는 휴일근로가 예정된 근무형태에서, 기본임금을 미리 정하지 않은 채 연장근로 등에 대한 가산임금을 합하여 일정한 금액을 월급 또는 일급임금으로 정하는 경우, 또는 기본임금은 미리 정하되 연장근로 등에 대한 가산임금으로 일정한 금액을 지급하기로 하는 경우를 포괄임금약정이라고 한다.

(2) 문제점

포괄임금약정은 근로조건명시의무, 가산임금제, 통상임금의 정의 및 이를 기초로 한 각종 근로채권의 산정 등 근로기준법상의 임금 및 근로시간 규제의 중요한 부분을 무력화시킬 수 있는 제도이므로, 포괄임금약정에 따라 지급된 임금이 적법한 법정수당의 지급으로서 인정될 수 있는지가 문제된다.

(3) 포괄임금약정에 포함되는 임금의 범위

1) 연장·야간근로수당

판례는 포괄임금약정의 인정 취지가 실근로시간의 측정이 어려운 근로형태 등의 경우 당사자의 계약을 존중하려는데 있다는 점을 고려하면 연장근로수당과 야간근로수당 등은 포괄임금약정에 포함되는 임금의 범위에 속한다고(대판 2019.8.14. 2018다244631) 판시하고 있다.

2) 주휴수당·연월차휴가수당

판례는 주휴수당이나 연월차휴가수당이 구 근로기준법에서 정한 기간을 근로하였을 때 비로소 발생하는 것이라 할지라도 당사자 사이에 미리 그러한 소정기간의 근로를 전제로 하여 주휴수당이나 연월차휴가수당을 일당임금이나 매월 일정액에 포함하여 지급하는 것이 불가능한 것이 아니며, 포괄임금제란 각종 수당의 지급 방법에 관한 것으로서 근로자의 연월차휴가권의 행사 여부와는 관계가 없으므로 포괄임금제가 근로자의 연월차휴가권을 박탈하는 것이라고 할 수 없다고(대판 1998.3.24. 96다24699) 판시하고 있다.

3) 퇴직금

판례는 퇴직금이란 퇴직이라는 근로관계의 종료를 요건으로 하여 비로소 발생하는 것으로 근로계약이 존속하는 한 퇴직금지급의무는 발생할 여지가 없는 것이므로, 매일 지급받는 일당임금 속에 퇴직금이란 명목으로 일정한 금원을 지급하였다고 하여도 그것은 구 근로기준법 제28조에서 정하는 퇴직금 지급으로서의 효력은 없다고 하여 퇴직금은 원칙적으로 포괄임금약정에 포함되는 임금의 범위에는 속하지 아니한다고(대판 1998.3.24. 96다24699) 판시하고 있다.

(4) 포괄임금약정의 성립 여부

1) 판단기준

당사자의 계약의사가 불분명한 경우, 판례는 포괄임금제에 관한 약정이 성립하였는지는 근로시간, 근로형태와 업무의 성질, 임금산정의 단위, 단체협약과 취업규칙의 내용, 동종 사업장의 실태 등 여러 사정을 전체적·종합적으로 고려하여 구체적으로 판단하여야 하나, 근로형태나 업무의 성격상 연장·야간·휴일근로가 당연히 예상된다고 하더라도 기본급과는 별도로 연장·야간·휴일근로수당 등을 세부항목으로 명백히 나누어

지급하도록 단체협약이나 취업규칙, 급여규정 등에 정하고 있는 경우는 포괄임금제에 해당하지 아니하고(대판 2012.3.29. 2010다91046), 통상의 근로시간을 초과하는 연장·야간·휴일근로에 대한 사전합의 내지 취업규칙이 있다고 하더라도, 이는 근로시간에 대한 합의일 뿐 포괄임금제에 대한 합의라고 단정할 수 없다는 입장을 취하고 있다(대판 2009.12.10. 2008다57852). 최근에도 같은 취지로, 단체협약 등에 일정 근로시간을 초과한 연장근로시간에 대한 합의가 있다거나 기본급에 수당을 포함한 금액을 기준으로 임금인상률을 정하였다는 사정 등을 들어 바로 위와 같은 포괄임금제에 관한 합의가 있다고 섣불리 단정할 수는 없다고(대판 2020.2.6. 2015다233579) 판시한 바 있다.

2) 묵시적 합의에 의한 성립 여부

판례는 단체협약이나 취업규칙 및 근로계약서에 포괄임금이라는 취지를 명시하지 않았음에도 묵시적 합의에 의한 포괄임금약정이 성립하였다고 인정하기 위해서는, ① 근로형태의 특수성으로 인하여 실제 근로시간을 정확하게 산정하는 것이 곤란하거나 일정한 연장·야간·휴일근로가 예상되는 경우 등 실질적인 필요성이 인정될 뿐 아니라, ② 근로시간, 정하여진 임금의 형태나 수준 등 제반 사정에 비추어 사용자와 근로자 사이에 정액의 월급여액이나 일당임금 외에 추가로 어떠한 수당도 지급하지 않기로 하거나 특정한 수당을 지급하지 않기로 하는 합의가 있었다고 객관적으로 인정되는 경우이어야 한다고(대판 2016.10.13. 2016도1060) 판시하고 있다.

3) 검 토

포괄임금약정은 근로기준법상의 임금 및 근로시간 규제의 중요한 부분을 무력화시킬 수 있는 제도이므로, 원칙적으로 포괄임금약정에 대한 명시적인 약정이 있어야 한다. 따라서 포괄임금약정에 대한 명시적인 약정이 없거나 당사자의 계약의사가 불분명한 경우에는, 약정의 성립 여부에 대하여 신중하게 판단하여야 할 것이다.

(5) 포괄임금약정의 유효요건

1) 근로시간 산정이 어려울 것

감시단속적 근로 등과 같이 근로시간, 근로형태와 업무의 성질을 고려할 때 근로시간의 산정이 어려운 경우에는 포괄임금약정이 인정될 수 있다(대판 2005.8.19. 2003다66523).

2) 불이익이 없을 것

근로시간, 근로형태와 업무의 성질을 고려할 때 근로시간의 산정이 어려운 것으로 인정되는 경우에는 포괄임금제에 의한 임금 지급계약을 체결하더라도 그것이 달리 근로자에게 불이익이 없고 여러 사정에 비추어 정당하다고 인정될 때에는 유효하다(대판 2024.2.8. 2018다206899).

(6) 포괄임금약정의 효력과 차액정산의무

1) 의 의

종전 판례는 ① 근로시간, 근로형태와 업무의 성질 등을 참작하여 계산의 편의와 직원의 근무의욕을 고취하는 뜻에서 ② 근로자의 승낙하에 포괄임금제에 의한 임금지급계약을 체결하였다고 하더라도, ③ 단체협약이나 취업규칙에 비추어 근로자에게 불이익이 없고, 제반 사정에 비추어 정당하다고 인정될 때에는 그 계약은 유효하다고 판단하였다(대판 1997.4.25. 95다4056). 그러나 최근 판례는 근로시간 산정이 어려운 경우와 그러하지 아니한 경우로 구분하여 그 효력요건을 달리 판단하고 있음에 유의하여야 한다.

2) 근로시간 산정이 어려운 경우

[1] 원심은 그 채용증거들에 의하여 원고가 아파트입주자대표회의인 피고와의 사이에 근로계약을 체결하고 아파트 경비직으로 근무하면서 2인 1조로 야간경비를 맡거나 원고를 포함한 2명이 24시간 격일제로 경비를 하여 왔는데, 원고 등에 대하여는 채용 당시부터 야간수당, 시간외수당, 휴일수당에 관하여 기본급을 기준으로 한 시급에 추가근로시간을 곱하여 나온 금원을 가산하여 지급하는 것으로 정하지 아니하고 실제 근로시간과 무관하게 단순히 연장근로수당이라는 명목으로 매월 금 110,200원씩을 지급하기로 약정되었고, 그러한 약정에 따라 원고는 별다른 이의 없이 매월 확정금 110,200원을 연장근로수당 명목으로 지급받아 왔던 사실을 인정하고, 이를 바탕으로 <u>원고가 제공한 근로는 신체 또는 정신적 긴장이 적은 감시적 업무로서 경비·순찰이라는 근로형태의 특수성으로 인하여 근로기준법상의 기준근로시간을 초과한 연장근로, 야간근로 및 휴일근로가 당연히 예상된다</u> 할 것이어서, 원고와 피고 사이에는 기준근로시간을 초과한 근로 등에 대하여 매월 일정액을 제수당으로 지급한다는 내용의 포괄임금제에 의한 임금지급계약이 체결되었다고 판단하였다.

[2] 그러나 포괄임금제에 의한 임금지급계약이 체결되었다면 원고가 포괄임금으로 지급받은 연장근로수당 또는 이에 갈음한 시간외수당, 야간수당, 휴일수당 등에는 근로기준법의 규정에 의한 시간외근로수당, 야간근로수당, 휴일근로수당이 모두 포함되어 있다고 볼 것이어서, 원심이 그 판시와 같이 원고의 구체적인 시간외근로시간 등을 인정하고 포괄임금으로 지급된 제수당과 원심이 인정한 시간외근로 등에 대한 근로기준법의 규정에 의한 수당과의 차액의 지급을 명한 것에는 포괄임금제에 관한 법리오해의 위법이 있다고 할 것이다 (대판 2002.6.14. 2002다16958).

3) 근로시간 산정이 어렵지 아니한 경우

판례는 <u>실제 근로시간을 정확하게 산정하는 것이 곤란하지 아니하여 포괄임금약정을 체결한 것이라고 볼 수 없는 경우에 사용자가 근로자들에게 기본임금 외에 연장수당, 야간수당, 휴일수당 명목으로 기지급 수당을 지급한 경우, 기지급 수당이 추가 근로를 포함한 근로자들의 실제 근로시간을 기준으로 근로기준법에 따라 계산한 법정수당보다 많다면, 사용자는 근로자들에게 추가 근로에 대한 임금을 추가로 지급할 의무가 없고, 미달하는 부분이 있다면 그 미달하는 차액을 지급할 의무가 있을 뿐</u>이라고(대판 2023.7.27. 2023다221359) 판시하고 있다. 또한 최근 판례도 같은 취지에서 근로시간의 산정이 어려운 경우가 아니라면 근로기준법상의 근로시간에 관한 규정을 그대로 적용할 수 없다고 볼 만한 특별한 사정이 없는 한 근로기준법상의 근로시간에 따른 임금 지급의 원칙이 적용되어야 하므로, 이러한 경우에 앞서 본 포괄임금제 방식의 임금지급계약을 체결한 때에는 그것이 근로기준법이 정한 근로시간에 관한 규제를 위반하는지를 따져, <u>포괄임금에 포함된 법정수당이 근로기준법이 정한 기준에 따라 산정된 법정수당에 미달한다면 그에 해당하는 포괄임금제에 의한 임금 지급계약 부분은 근로자에게 불이익하여 무효라 할 것이고, 사용자는 근로기준법의 강행성과 보충성 원칙에 의하여 근로자에게 미달되는 법정수당을 지급할 의무가 있다</u>고(대판 2024.2.8. 2018다206899) 한다.

(7) 관련 판례

① [1] 원심은, 시외버스운송사업 등을 영위하는 피고와 그 노동조합 사이에 체결된 이 사건 임금협정이 <u>기본임금을 미리 산정하지 않고 실제 근로시간과 관계없이 총 주행거리에 비례하여 각종 수당을 산정하며, 총 주행거리에 비례하여 산정된 각종 수당은 근로기준법이 정하고 있는 연장근로수당과 야간근로수당 등을 포함하는 것으로 간주된다는 점에서 포괄임금제에 해당한다</u>고 보았다. 나아가 원심은, 피고 소속 직행버스 운전기사인 원고들이 주장하는 방식으로 원고들의 실제 근로시간을 산정하는 것은 불가능하다는 등 판시와 같은 이유를 들어 이 사건 임금협정에서 정한 포괄임금제가 유효하다고 판단하여, 이 사건

임금협정이 근로기준법에 위배되어 무효임을 전제로 추가 연장근로수당 및 야간근로수당의 지급을 구하는 원고들의 청구를 모두 기각하였다. 원심판결 이유를 앞에서 본 법리와 기록에 비추어 살펴보면, 원심의 판단에 상고이유 주장과 같이 논리와 경험의 법칙에 반하여 자유심증주의의 한계를 벗어나거나 포괄임금제에 관한 법리를 오해하거나 판단을 누락하는 등으로 판결에 영향을 미친 잘못이 없다.

[2] 시외버스운송사업 등을 영위하는 갑 주식회사와 노동조합이 체결한 임금협정에서 기본임금을 미리 산정하지 않고 실제 근로시간과 관계없이 총주행거리에 비례하여 각종 수당을 산정하며, 위와 같이 산정된 각종 수당은 근로기준법이 정하고 있는 연장근로수당 등을 포함하는 것으로 간주하고 있었는데, 갑 회사 소속 직행버스 운전기사인 을 등이 위 임금협정이 근로기준법에 위배되어 무효라고 주장하며 추가 연장근로수당 등의 지급을 구한 사안에서, 위 임금협정은 포괄임금제에 해당하는데, 을 등의 실제 근로시간을 산정하는 것이 불가능하다는 등의 이유로 위 임금협정에서 정한 포괄임금제가 유효하다고 본 원심판단을 수긍한 사례(대판 2020.6.25. 2015다8803).

② 운수회사와 노동조합과의 사이에 체결한 임금협정이나 단체협약에, 운전사, 안내원 등의 일당 중에 기본급 및 연장근로수당과 월 25일 이내에 해당하는 주휴수당이 포함되어 있고, 근로시간은 1일 8시간으로 하되 노사 간 합의에 따라 1일 2시간 이내에서 연장근로를 할 수도 있으며, 근로일수는 월 25일로 한다고 규정되어 있다면 위 회사가 위 임금협정이나 단체협약에 근거하여 근로자들에게 지급한 일당에는 근로기준법상 기준근로시간인 1일 8시간과 2시간의 연장근로를 합한 10시간씩 월 25일 근로하는 것을 만근으로 삼아 그 한도 내에서의 연장근로수당과 주휴근로수당만이 포함되어 있다고 보는 것이 타당하고, 거기에 제한 없는 연장근로수당 일체가 포함되어 있다고 보기는 어렵다(대판 1992.7.14. 91다37256).

③ 주휴수당이나 연월차휴가수당이 구 근로기준법에서 정한 기간을 근로하였을 때 비로소 발생하는 것이라 할지라도 당사자 사이에 미리 그러한 소정기간의 근로를 전제로 하여 주휴수당이나 연월차휴가수당을 일당임금이나 매월 일정액에 포함하여 지급하는 것이 불가능한 것이 아니며, 포괄임금제란 각종 수당의 지급방법에 관한 것으로서 근로자의 연월차휴가권의 행사 여부와는 관계가 없으므로 포괄임금제가 근로자의 연월차휴가권을 박탈하는 것이라고 할 수 없다(대판 1998.3.24. 96다24699).

④ 월급금액으로 정하여진 통상임금을 시간급금액으로 산정할 때에는 그 금액을 월의 통상임금 산정 기준시간 수(주의 통상임금 산정 기준시간 수에 1년 동안의 평균주의 수를 곱한 시간을 12로 나눈 시간)로 나눈 금액에 의하여야 하므로(근로기준법 시행령 제6조 제2항 제4호), 그 시간급 통상임금 산정을 위해서는 먼저 월급금액으로 정하여진 통상임금을 확정하여야 한다. 그런데 근로자가 근로기준법 제50조의 기준근로시간을 초과하는 약정근로시간에 대한 임금으로 월급을 지급받거나 기본시급과 함께 매월 고정수당을 지급받았다면, 그 월급이나 월급의 형태로 지급받는 고정수당에는 통상임금으로 볼 수 없는 근로기준법 제55조 소정의 유급휴일에 대한 임금과 같은 법 제56조 소정의 연장·야간근로에 대한 임금이 포함되어 있어 그 통상임금을 확정하기가 곤란하므로, 이러한 경우에는 근로자가 유급휴일에 근무한 것으로 의제하여 이를 약성근로시간과 합하여 종근로시간을 산정한 후, 유급휴일에 대한 임금의 성격을 가지는 부분과 연장·야간근로수당분이 포함된 월급 또는 고정수당을 그 총근로시간 수로 나누는 방식에 의하여 그 시간급 통상임금을 산정하여도 무방하다(대판 2012.3.29. 2010다91046).

⑤ [1] 사용자가 근로계약을 체결할 때에는 근로자에 대하여 기본임금을 결정하고 이를 기초로 각종 수당을 가산하여 합산지급하는 것이 원칙이다. 그러나 사용자와 근로자가 기본임금을 미리 정하지 아니한 채 법정수당까지 포함된 금액을 월 급여액이나 일당임금으로 정하거나 기본임금을 미리 정하면서도 법정제 수당을 구분하지 아니한 채 일정액을 법정제수당으로 정하여 이를 근로시간 수에 관계없이 지급하기로 약정하는 내용의 이른바 포괄임금제에 의한 임금지급계약 또는 단체협약을 한 경우 그것이 근로기준법이 정한 기준에 미치지 못하는 근로조건을 포함하는 등 근로자에게 불이익하지 않고 여러 사정에 비추어 정당하다고 인정될 때에는 유효하다. 포괄임금제에 관한 약정이 성립하였는지는 근로시간, 근로형태와 업무의 성질, 임금 산정의 단위, 단체협약과 취업규칙의 내용, 동종 사업장의 실태 등 여러 사정을 전체적·종합적으로 고려하여 구체적으로 판단하여야 한다. 비록 개별사안에서 근로형태나 업무의 성격상 연장·야간·휴일근로가 당연히 예상된다고 하더라도 기본급과는 별도로 연장·야간·휴일근로수당 등을 세부항목으로 나누어 지급하도록 단체협약이나 취업규칙, 급여규정 등에 정하고 있는 경우에는 포괄임금 제에 해당하지 아니한다. 그리고 단체협약 등에 일정 근로시간을 초과한 연장근로시간에 대한 합의가 있다거나 기본급에 수당을 포함한 금액을 기준으로 임금인상률을 정하였다는 사정 등을 들어 바로 위와 같은 포괄임금제에 관한 합의가 있다고 섣불리 단정할 수는 없다.

[2] 甲 주식회사의 버스 운전기사로 근무하는 乙 등이 甲 회사를 상대로 통상임금을 재산정하는 데 따른 추가법정수당의 지급을 구한 경우, 乙 등이 소속한 노동조합과 甲 회사가 체결한 임금협정서에 기본급과는 별도로 연장근로수당, 야간근로수당 등을 세부항목으로 나누어 지급할 것을 정하고 있고, 甲 회사는 실제로 임금협정서, 임금조견표, 급여명세서에 기재된 세부항목에 따라 乙 등에게 임금을 지급한 것으로 보이며, 임금협정상 임금체계가 법정기준근로시간을 초과하는 약정근로시간에 대한 사전합의를 전제로 월별 근무일수에 따른 기본급과 약정근로시간 등에 대한 제수당 금액을 합산하여 월별 보수를 지급하는 형태에 불과할 뿐 포괄임금제에 관한 합의를 포함하고 있다고 할 수 없고, 임금협정서에 포괄임금방식으로 임금을 지급한다는 취지의 문구가 기재되어 있으나, 甲 회사는 월 고정액 외에 별도의 법정수당을 지급하였던 점, 임금협정서에는 임금조견표에 나타나지 않은 각종 수당은 별도 해당 월 지급기준에 의거 지급한다는 규정을 따로 두고 있는 점, 임금협정서에 기본급과 수당을 포괄하여 지급하여야 할 월 임금액 조차 정하고 있지 않은 점 등 위와 같은 임금협정서의 기재 부분은 甲 회사의 임금지급실무와 일치하지 아니하는데도, 명시적으로 포괄임금약정이 성립하였다고 보아 乙 등의 청구를 배척한 원심판단에 법리오해의 잘못이 있다(대판 2020.2.6. 2015다233579).

⑥ [1] 사용자가 근로계약을 체결할 때에는 근로자에 대하여 기본임금을 결정하고 이를 기초로 각종 수당을 가산하여 합산 지급하는 것이 원칙이다. 그러나 사용자와 근로자가 기본임금을 미리 정하지 아니한 채 법정수당까지 포함된 금액을 월급여액이나 일당임금으로 정하거나 기본임금을 미리 정하면서도 법정 제 수당을 구분하지 아니한 채 일정액을 법정 제 수당으로 정하여 이를 근로시간 수에 관계없이 지급하기로 약정하는 내용의 이른바 포괄임금제에 의한 임금 지급계약 또는 단체협약을 한 경우 그것이 근로기준법이 정한 기준에 미치지 못하는 근로조건을 포함하는 등 근로자에게 불이익하지 않고 여러 사정에 비추어 정당하다고 인정될 때에는 유효하다. 포괄임금제에 관한 약정이 성립하였는지는 근로시간, 근로형태와 업무의 성질, 임금 산정의 단위, 단체협약과 취업규칙의 내용, 동종 사업장의 실태 등 여러 사정을 전체적·종합적으로 고려하여 구체적으로 판단하여야 한다. 비록 개별 사안에서 근로형태나 업무의 성격상 연장·야간·휴일근로가 당연히 예상된다고 하더라도 기본급과는 별도로 연장·야간·휴일근로수당 등을 세부항목으로 나누어 지급하도록 단체협약이나 취업규칙, 급여규정 등에 정하고 있는 경우에는 포괄임금제에 해당하지 아니한다. 그리고 단체협약 등에 일정 근로시간을 초과한 연장근로시간에 대한 합의가 있다거나

기본급에 수당을 포함한 금액을 기준으로 임금인상률을 정하였다는 사정 등을 들어 바로 위와 같은 포괄임금제에 관한 합의가 있다고 섣불리 단정할 수는 없다.

[2] 위 법리에 비추어 연장근로수당, 야간근로수당 부분에 관하여 원심판결 이유와 기록에 나타난 사정들을 살펴본다.

㉠ 전국공공운수사회서비스노동조합 민주버스본부 삼화고속지회와 피고가 체결한 2011년도 임금협정에서는 "임금내역은 운송업의 특수한 근무내용, 근무형태, 근무시간을 감안하여, 법정 제 수당을 포함한 포괄역산 방식의 체계를 유지한다. 노선수당은 근무실적에 따라 발생하는 연장근로수당, 야간근로수당, 휴일근로수당을 포괄한 수당이며, 노선수당을 지급함에 있어서 실제 근로시간과의 차이에 대하여는 노·사 간 이의를 제기치 않기로 한다"라고 규정하였다.

㉡ 2011년도 임금협정은 승무직 근로자가 월 18일 만근하였을 경우 월 76시간의 연장근로, 월 40시간의 야간근로에 상응한 정액의 협정노선수당을 정하였고, 이와 별도로 실제 지급할 노선수당은 개별 노선별 협정편도수와 편도수당을 정한 다음 승무직 근로자의 실제 운행횟수에 따라 산출하도록 하였다. 위 임금협정은 승무직 근로자의 산출된 노선수당이 협정노선수당에 미달하는 경우에도 임금보전을 위해 협정노선수당을 최저지급액으로 하고, 반대로 산출된 노선수당이 협정노선수당을 초과하는 경우에는 초과분에 대하여 40%를 증액하여 지급하도록 하였다. 한편, 위 임금협정에서는 대기수당, 입고수당, 임시차수당 및 특정 노선·시간대 운행의 경우 가산되는 노선수당을 정하는 등의 방법으로 초과근로가 예상되는 노선의 특성이나 시간대를 고려한 금액도 추가로 지급하도록 정하였다.

㉢ 피고는 2011년도 임금협정에서 정한 방법과 같이 원고 4, 원고 5, 원고 14, 원고 7을 포함한 승무직 근로자별 월간 운행실적에 따라 산출된 노선수당을 협정노선수당의 연장근로시간과 야간근로시간 비율에 따라 나눈 다음, 해당 금액을 각 연장근로수당, 야간근로수당 명목으로 승무직 근로자에게 지급하였다. 그리고 피고는 승무직 근로자에게 노선수당이 협정노선수당을 초과한 부분의 40%에 해당하는 금액을 초과노선수당 명목으로 별도로 지급하였다.

㉣ 이와 같이 2011년도 임금협정에 따라 피고가 연장근로수당, 야간근로수당 명목으로 지급하는 돈은 실제 연장근로시간, 야간근로시간의 수와 상관없이 운행실적에 따라 산출된 노선수당을 사전에 합의한 비율대로 나누어 역산하는 방식으로 결정될 뿐이고, 여기에 피고가 운영하는 버스운송사업의 특수한 근무내용, 근무형태, 근무시간 등을 함께 고려하면, 2011년도 임금협정은 연장근로수당, 야간근로수당에 관한 포괄임금약정을 포함하고 있다고 볼 수 있다. 원심은 피고가 2011년도 임금협정에 따라 해당 노선별 편도수당액에 실제 운행횟수를 곱하여 산정한 정액의 노선수당을 승무직 근로자들에게 지급하였다는 등 그 판시와 같은 사정을 들어 연장근로수당, 야간근로수당에 대하여 포괄임금약정이 성립하였다고 판단한 다음, 재산정된 통상임금을 기준으로 추가 연장근로수당, 야간근로수당의 지급을 구하는 원고 4, 원고 5, 원고 7의 청구를 배척하였다. 원심판결 이유를 관련 법리에 비추어 살펴보면, 위와 같은 원심의 판단에 상고이유 주장과 같이 포괄임금약정에 관한 법리를 오해한 잘못이 없다.

[3] 앞서 본 법리에 비추어 휴일근로수당 부분에 관하여 원심판결 이유와 기록에 나타난 사정들을 살펴본다.

㉠ 2011년도 임금협정에서 "임금내역은 운송업의 특수한 근무내용, 근무형태, 근무시간을 감안하여, 법정 제 수당을 포함한 포괄역산 방식의 체계를 유지한다. 노선수당은 근무실적에 따라 발생하는 연장근로수당, 야간근로수당, 휴일근로수당을 포괄한 수당이며, 노선수당을 지급함에 있어서 실제 근로시간과의 차이에 대하여는 노·사 간 이의를 제기치 않기로 한다"라고 규정하였음은 앞서 본 바와 같다.

ⓛ 그러나 위 규정과 달리 휴일근로수당은 2011년도 임금협정 및 피고의 임금 지급 실무상 앞서 본 것과 같은 노선수당에 기초하여 산출된 것이 아니라 노선수당과는 별도로 지급되어 온 것으로 보인다. 즉, 2011년도 임금협정은 기본급, 노선수당과 별도로 휴일근로수당을 구분하고 있다. 휴일근로수당은 위 임금협정에서 정한 소정 근로일수 18일을 초과한 날마다 1일당 8시간의 근로에 대해 기본시급에 150%의 가산율을 고려하여 산정되었는바, 위 임금협정은 시간급의 개념을 출발점으로 두고 휴일근로수당의 액수를 위 시간급을 기준으로 산정하고 있다. 실제로 피고는 원고 4 등 근로자들에게 위와 같은 방식으로 산정된 휴일근로수당을 기본급, 노선수당(연장근로수당, 야간근로수당 명목으로 나누어 지급되었음은 앞서 본 바와 같다) 등과는 별도의 내역으로 구분하여 지급하였다.

ⓒ 이러한 사정을 고려하면, 위 ⓖ에서 본 2011년도 임금협정의 규정에도 불구하고 휴일근로수당에 관하여는 포괄임금약정이 성립하였다고 보기 어렵다. 그런데도 원심은 피고가 2011년도 임금협정에 따라 해당 노선별 편도수당액에 실제 운행횟수를 곱하여 산정한 정액의 노선수당을 승무직 근로자들에게 지급하였다는 등 그 판시와 같은 사정을 들어 휴일근로수당에 대하여도 포괄임금약정이 성립하였다고 판단한 다음, 재산정된 통상임금을 기준으로 추가 휴일근로수당의 지급을 구하는 원고 4, 원고 5, 원고 7의 청구를 배척하였다. 이러한 원심의 판단에는 포괄임금약정에 관한 법리를 오해하여 판결에 영향을 미친 잘못이 있다. 이 점을 지적하는 상고이유 주장은 위 인정범위 내에서 이유 있다(대판 2022.2.11. 2017다238004).

Ⅰ 탄력적 근로시간제도

1. 의 의

업무량이 많고 바쁜 시기에는 근로시간을 집중적으로 배치하고, 업무량이 적고 한가한 시기에는 근로시간의 배치를 줄일 수 있도록, 사업자의 근로시간 운용실태에 부합시키기 위하여 마련한 제도이다. 즉, 탄력적 근로시간제도란 일정 기간을 평균한 근로시간이 법정근로시간을 초과하지 않는 범위 내에서, 특정 일 또는 특정 주의 근로시간을 탄력적으로 운용하여 법정근로시간을 초과할 수 있도록 한 제도를 말한다.

2. 유 형

(1) 3개월 이내의 탄력적 근로시간제

1) 2주 단위 탄력적 근로시간제

① 사용자는 취업규칙(취업규칙에 준하는 것을 포함)에서 정하는 바에 따라 2주 이내의 일정한 단위기간을 평균하여 1주간의 근로시간이 근기법 제50조 제1항의 근로시간(40시간)을 초과하지 아니하는 범위에서 특정한 주에 근로기준법 제50조 제1항의 근로시간(40시간)을, 특정한 날에 근로기준법 제50조 제2항(8시간)의 근로시간을 초과하여 근로하게 할 수 있다. 다만, 특정한 주의 근로시간은 48시간을 초과할 수 없다(근기법 제51조 제1항). 기출 17

② 취업규칙의 작성의무가 있는 10인 이상의 사업장은 취업규칙의 작성 및 변경을 통하여, 10인 미만의 사업장에서는 취업규칙에 준하는 것으로 이를 채택하여야 한다. 취업규칙에 준하는 것이란 명칭 또는 호칭에 구애됨이 없이 당사자 간의 서면합의에 의한 것이면 충분하다고 할 것이다. **기출 17** 3개월 52시간제도와 달리 1일 최장근로시간을 규정하고 있지 아니하므로, 1일 근로시간의 한도는 없는 것으로 해석되어야 할 것이다.

③ 탄력적 근로시간제는 구 근로기준법 제50조 제1항과 제2항에서 정한 1주간 및 1일의 기준근로시간을 초과하여 소정근로시간을 정할 수 있도록 한 것으로서 법률에 규정된 일정한 요건과 범위 내에서만 예외적으로 허용된 것이므로 법률에서 정한 방식, 즉 취업규칙에 의하여만 도입이 가능할 뿐 근로계약이나 근로자의 개별적 동의를 통하여 도입할 수 없다(대판 2023.4.27. 2020도16431).

2) 3개월 단위 탄력적 근로시간제

사용자는 근로자대표와의 서면합의에 따라 다음의 사항을 정하면 3개월 이내의 단위기간을 평균하여 1주간의 근로시간이 제50조 제1항의 근로시간(40시간)을 초과하지 아니하는 범위에서 특정한 주에 제50조 제1항의 근로시간(40시간)을, 특정한 날에 제50조 제2항의 근로시간(8시간)을 초과하여 근로하게 할 수 있다. 다만, 특정한 주의 근로시간은 52시간을, 특정한 날의 근로시간은 12시간을 초과할 수 없다(근기법 제51조 제2항).

기출 17 · 21

① 대상근로자의 범위
② 단위기간(3개월 이내의 일정한 기간으로 정하여야 한다)
③ 단위기간의 근로일과 그 근로일별 근로시간
④ 그 밖에 대통령령으로 정하는 사항

(2) 3개월을 초과하는 탄력적 근로시간제 **기출 22**

① 사용자는 근로자대표와의 서면합의에 따라 다음의 사항을 정하면 3개월을 초과하고 6개월 이내의 단위기간을 평균하여 1주간의 근로시간이 제50조 제1항의 근로시간(40시간)을 초과하지 아니하는 범위에서 특정한 주에 제50조 제1항의 근로시간(40시간)을, 특정한 날에 제50조 제2항의 근로시간(8시간)을 초과하여 근로하게 할 수 있다. 다만, 특정한 주의 근로시간은 52시간을, 특정한 날의 근로시간은 12시간을 초과할 수 없다(근기법 제51조의2 제1항).

㉠ 대상근로자의 범위
㉡ 단위기간(3개월을 초과하고 6개월 이내의 일정한 기간으로 정하여야 한다)
㉢ 단위기간의 주별 근로시간
㉣ 그 밖에 대통령령으로 정하는 사항

② 사용자는 근로자를 근로시킬 경우에는 근로일 종료 후 다음 근로일 개시 전까지 근로자에게 연속하여 11시간 이상의 휴식시간을 주어야 한다. 다만, 천재지변 등 대통령령으로 정하는 불가피한 경우에는 근로자대표와의 서면합의가 있으면 이에 따른다. **기출 23**

③ 사용자는 단위기간의 주별 근로시간에 따른 각 주의 근로일이 시작되기 2주 전까지 근로자에게 해당 주의 근로일별 근로시간을 통보하여야 한다.

④ 사용자는 근로자대표와의 서면합의 당시에는 예측하지 못한 천재지변, 기계 고장, 업무량 급증 등 불가피한 사유가 발생한 때에는 단위기간 내에서 평균하여 1주간의 근로시간이 유지되는 범위에서 근로자대표와의 협의를 거쳐 단위기간의 주별 근로시간을 변경할 수 있다. **기출 23** 이 경우 해당 근로자에게 변경된 근로일이 개시되기 전에 변경된 근로일별 근로시간을 통보하여야 한다.

3. 효 과

기준근로시간을 초과하는 근로시간에 대하여 단위기간의 평균근로시간이 40시간을 초과하지 않는 한, 시간외근로수당을 지급하지 않아도 무방하다. 그러나 사용자는 단위기간 중 근로자가 근로한 기간이 그 단위기간보다 짧은 경우에는 그 단위기간 중 해당 근로자가 근로한 기간을 평균하여 1주간에 40시간을 초과하여 근로한 시간 전부에 대하여 가산임금을 지급하여야 한다(근기법 제51조의3). **기출 24** 탄력적 근로시간제도는 15세 이상 18세 미만의 연소근로자와 임신 중인 여성근로자에 대하여는 적용하지 아니한다(근기법 제51조 제3항, 제51조의2 제6항). **기출 23**

3개월 이내의 탄력적 근로시간제에 관한 합의사항 등(근기법 시행령 제28조)
① 법 제51조 제2항 제4호에서 "그 밖에 대통령령으로 정하는 사항"이란 서면합의의 유효기간을 말한다.
② 고용노동부장관은 법 제51조 제4항에 따른 임금보전방안을 강구하게 하기 위해 필요한 경우에는 사용자에게 그 임금보전방안의 내용을 제출하도록 명하거나 직접 확인할 수 있다.

3개월을 초과하는 탄력적 근로시간제에 관한 합의사항 등(근기법 시행령 제28조의2)
① 법 제51조의2 제1항 제4호에서 "그 밖에 대통령령으로 정하는 사항"이란 서면합의의 유효기간을 말한다.
② 법 제51조의2 제2항 단서에서 "천재지변 등 대통령령으로 정하는 불가피한 경우"란 다음 각 호의 어느 하나에 해당하는 경우를 말한다.
   1. 재난 및 안전관리 기본법에 따른 재난 또는 이에 준하는 사고가 발생하여 이를 수습하거나 재난 등의 발생이 예상되어 이를 예방하기 위해 긴급한 조치가 필요한 경우
   2. 사람의 생명을 보호하거나 안전을 확보하기 위해 긴급한 조치가 필요한 경우
   3. 그 밖에 제1호 및 제2호에 준하는 사유로 법 제51조의2 제2항 본문에 따른 휴식시간을 주는 것이 어렵다고 인정되는 경우

---

4. 임금보전방안의 강구

사용자는 위의 2. (1) 및 (2)에 따라 근로자를 근로시킬 경우에는 기존의 임금수준이 낮아지지 아니하도록 임금보전방안을 강구하여야 한다(근기법 제51조 제4항). **기출 23** 3개월을 초과하는 탄력적 근로시간제에서는 근로자대표와의 서면합의로 임금보전방안을 마련한 경우 외에는 사용자는 임금보전방안을 마련하여 고용노동부장관에게 신고하여야 한다(근기법 제51조의2 제5항).

Ⅱ 선택적 근로시간제도

1. 의 의

선택적 근로시간제도란 일정한 정산기간 동안의 총근로시간을 당사자가 결정한 다음, 근로자가 자신의 근로시간의 시작과 종료를 일정한 시간대에서 자유롭게 선택할 수 있는 제도를 말한다.

2. 요건(근기법 제52조)

(1) 근로자대표와의 서면합의

취업규칙(취업규칙에 준하는 것을 포함)에 따라 업무의 시작 및 종료시각을 근로자의 결정에 맡기기로 하여야 한다.

(2) 서면합의의 내용 `기출` 12 · 18

① 대상근로자의 범위(15세 이상 18세 미만의 근로자는 제외)

② 정산기간 `기출` 20

③ 정산기간의 총근로시간

④ 반드시 근로하여야 할 시간대를 정하는 경우에는 그 시작 및 종료시각

⑤ 근로자가 그의 결정에 따라 근로할 수 있는 시간대를 정하는 경우에는 그 시작 및 종료시각

⑥ 그 밖에 대통령령으로 정하는 사항(표준근로시간)

(3) 정산기간의 확대

사용자는 신상품 또는 신기술의 연구개발업무에서 1개월을 초과하는 정산기간을 정하는 경우에는 다음의 조치를 하여야 한다(제2항).

① 근로일 종료 후 다음 근로일 시작 전까지 근로자에게 연속하여 11시간 이상의 휴식시간을 줄 것. 다만, 천재지변 등 대통령령으로 정하는 불가피한 경우에는 근로자대표와의 서면합의가 있으면 이에 따른다.

② 매 1개월마다 평균하여 1주간의 근로시간이 제50조 제1항의 근로시간(40시간)을 초과한 시간에 대해서는 통상임금의 100분의 50 이상을 가산하여 근로자에게 지급할 것. 이 경우 제56조 제1항[21]은 적용하지 아니한다.

> **표준근로시간**
> 선택적 근로시간제에서 유급휴가 등의 계산기준으로, 사용자와 근로자의 대표가 합의하여 정한 1일의 근로시간을 말한다.

3. 효 과

1개월(신상품 또는 신기술의 연구개발업무의 경우에는 3개월) 이내의 정산기간을 평균하여 1주간의 근로시간이 40시간을 초과하지 아니하는 범위에서 1일에 8시간을, 1주간에 40시간을 초과하여 근로하게 할 수 있다.

Ⅲ 재량적 근로시간제도

> **근로시간 계산의 특례(근기법 제58조)**
> ① 근로자가 출장이나 그 밖의 사유로 근로시간의 전부 또는 일부를 사업장 밖에서 근로하여 근로시간을 산정하기 어려운 경우에는 소정근로시간을 근로한 것으로 본다. 다만, 그 업무를 수행하기 위하여 통상적으로 소정근로시간을 초과하여 근로할 필요가 있는 경우에는 그 업무의 수행에 통상 필요한 시간을 근로한 것으로 본다.
> ② 제1항 단서에도 불구하고 그 업무에 관하여 근로자대표와의 서면합의를 한 경우에는 그 합의에서 정하는 시간을 그 업무의 수행에 통상 필요한 시간으로 본다.
> ③ 업무의 성질에 비추어 업무수행방법을 근로자의 재량에 위임할 필요가 있는 업무로서 대통령령으로 정하는 업무는 사용자가 근로자대표와 서면합의로 정한 시간을 근로한 것으로 본다. 이 경우 그 서면합의에는 다음 각 호의 사항을 명시하여야 한다.

---

21) 사용자는 연장근로(제53조 · 제59조 및 제69조 단서에 따라 연장된 시간의 근로)에 대하여는 통상임금의 100분의 50 이상을 가산하여 근로자에게 지급하여야 한다(근기법 제56조 제1항).

> 1. 대상업무
> 2. 사용자가 업무의 수행수단 및 시간배분 등에 관하여 근로자에게 구체적인 지시를 하지 아니한다는 내용
> 3. 근로시간의 산정은 그 서면합의로 정하는 바에 따른다는 내용
>
> **재량근로의 대상업무(근기법 시행령 제31조)**
> 1. 신상품 또는 신기술의 연구개발이나 인문사회과학 또는 자연과학 분야의 연구업무
> 2. 정보처리시스템의 설계 또는 분석업무
> 3. 신문, 방송 또는 출판사업에서의 기사의 취재, 편성 또는 편집업무
> 4. 의복·실내장식·공업제품·광고 등의 디자인 또는 고안업무
> 5. 방송프로그램·영화 등의 제작사업에서의 프로듀서나 감독업무
> 6. 그 밖에 고용노동부장관이 정하는 업무

1. 의 의

업무의 성질에 따라서는 업무수행방법을 근로자의 재량에 맡기고, 근로의 시간보다는 근로의 성과에 따른 임금지급 및 근로시간의 책정이 필요한 경우가 있다. 이와 같이 고도의 전문적 업무에 종사하는 근로자에 대하여는 실제 근로시간을 당사자의 약정에 의하여 결정하게 되는바, 이를 재량적 근로시간제도라고 한다.

2. 재량적 근로시간제도와 선택적 근로시간제도의 비교

① 재량적 근로시간제도는 전문직 근로자에게만 주로 인정되나, 선택적 근로시간제도는 주부 등 비전문직 근로자에게도 인정된다.

② 재량적 근로시간제도는 근로시간의 결정이 곤란한 경우 근로시간의 길이를 확정하겠다는 취지의 제도이나, 선택적 근로시간제도는 근로시간대의 변경과 배분에 관련된 제도이다.

3. 재량적 근로시간제도에서의 근로시간

실근로시간과 관계없이 근로자대표와 서면합의한 시간을 근로한 것으로 본다(재량근로 간주근로시간제)(근기법 제58조 제2항).

O | X 💬

1. 선택적 근로시간제는 연소자에게 적용되지 않는다.
2. 고도의 전문적 업무에 종사하는 근로자에 대하여는 실제 근로시간을 당사자의 약정에 의하여 결정하게 되는바, 이를 재량적 근로시간제도라고 한다.
3. 선택적 근로시간제에서 정산기간 및 정산기간의 총근로시간은 근로자대표와 서면합의하여야 하는 사항이다.
4. 재량적 근로시간제도에서는 실근로시간과 관계없이 근로자대표와 서면합의한 시간을 근로한 것으로 본다.
5. 단시간근로자란 1주 동안의 소정근로시간이 그 사업장에 근로하는 총근로자의 1주 동안의 소정근로시간에 비해 짧은 근로자를 말한다.
6. 신문, 방송 또는 출판사업에서의 기사의 취재, 편성 또는 편집업무는 재량근로의 대상업무에 해당한다.

정답 1. ○ 2. ○ 3. ○ 4. ○ 5. × 6. ○

> **정의(근기법 제2조)**
> ① 이 법에서 사용하는 용어의 뜻은 다음과 같다.
>   9. "<u>단시간근로자</u>"란 1주 동안의 소정근로시간이 그 사업장에서 같은 종류의 업무에 종사하는 통상 근로자의 1주 동안의
>   <u>소정근로시간에 비하여 짧은 근로자를 말한다.</u>
>
> **단시간근로자의 근로조건(근기법 제18조)**
> ① 단시간근로자의 근로조건은 <u>그 사업장의 같은 종류의 업무에 종사하는 통상 근로자의 근로시간을 기준으로 산정한 비율에</u>
>   <u>따라 결정되어야 한다.</u>
> ② 제1항에 따라 근로조건을 결정할 때에 기준이 되는 사항이나 그 밖에 필요한 사항은 대통령령으로 정한다.
> ③ <u>4주 동안(4주 미만으로 근로하는 경우에는 그 기간)을 평균하여 1주 동안의 소정근로시간이 15시간 미만인 근로자에 대하여는</u>
>   <u>제55조와 제60조를 적용하지 아니한다.</u>

1. 단시간근로자의 의의

단시간근로자란 1주 동안의 소정근로시간이 그 사업장에서 같은 종류의 업무에 종사하는 통상근로자의 1주 동안의 소정근로시간에 비하여 짧은 근로자를 말한다(근기법 제2조 제1항 제9호). **기출** 16 · 18

2. 단시간근로자의 근로조건

단시간근로자의 근로조건은 그 사업장의 같은 종류의 업무에 종사하는 통상근로자의 근로시간을 기준으로 산정한 비율에 따라 결정되어야 한다(근기법 제18조 제1항). **기출** 22 · 23

> **근로조건의 서면명시사항**(기단법 제17조)
> • 근로계약기간에 관한 사항
> • 근로시간 · 휴게에 관한 사항
> • 임금의 구성항목 · 계산방법 및 지불방법에 관한 사항
> • 휴일 · 휴가에 관한 사항
> • 취업의 장소와 종사하여야 할 업무에 관한 사항
> • 근로일 및 근로일별 근로시간
>
> **서면명시규정을 위반한 경우**
> • 근로조건의 서면명시규정을 위반한 자에게는 500만원 이하의 과태료 부과(기단법 제24조 제2항 제2호)

(1) 근로계약의 체결

사용자는 단시간근로자를 고용할 경우에는 임금, 근로시간 및 그 밖의 근로조건을 명확히 적은 근로계약서를 작성하여 근로자에게 내주어야 한다.

(2) 임금의 계산

① 단시간근로자의 임금산정단위는 시간급을 원칙으로 하며, 시간급임금을 일급 통상임금으로 산정할 경우에는 1일 소정근로시간 수에 시간급임금을 곱하여 산정한다(근기법 시행령 제9조 제1항 및 [별표 2] 제2호 가목).
② 단시간근로자의 1일 소정근로시간 수는 4주 동안의 소정근로시간을 그 기간의 통상근로자의 총소정근로일수로 나눈 시간 수로 한다.

(3) 초과근로

사용자는 단시간근로자를 소정근로일이 아닌 날에 근로시키거나 소정근로시간을 초과하여 근로시키고자 할 경우에는, 근로계약서나 취업규칙 등에 그 내용 및 정도를 명시하여야 하고, 초과근로에 대하여 가산임금을 지급하기로 한 경우에는, 그 지급률을 명시하여야 한다. 이 경우 사용자는 근로자와 합의한 경우에만 초과근로를 시킬 수 있다. `기출 18`

(4) 휴일·휴가의 적용

① 사용자는 단시간근로자에게 유급휴일을 주어야 한다.

② 사용자는 단시간근로자에게 연차유급휴가를 주어야 한다. 이 경우 유급휴가는 다음의 방식으로 계산한 시간단위로 하며, 1시간 미만은 1시간으로 본다.

$$\text{통상근로자의 연차휴가일수} \times \frac{\text{단시간근로자의 소정근로시간}}{\text{통상근로자의 소정근로시간}} \times 8\text{시간}$$

③ 사용자는 여성인 단시간근로자에 대하여 생리휴가 및 출산전후휴가와 유산·사산휴가를 주어야 한다.

(5) 취업규칙의 작성 및 변경

① 사용자는 단시간근로자에게 적용되는 취업규칙을 통상근로자에게 적용되는 취업규칙과 별도로 작성할 수 있다. `기출 14`

② 취업규칙을 작성하거나 변경하고자 할 경우에는, 적용 대상이 되는 단시간근로자 과반수의 의견을 들어야 한다. 다만, 취업규칙을 단시간근로자에게 불이익하게 변경하는 경우에는 그 동의를 받아야 한다.

③ 단시간근로자에게 적용될 별도의 취업규칙이 작성되지 아니한 경우에는, 통상근로자에게 적용되는 취업규칙이 적용된다. 다만, 취업규칙에서 단시간근로자에 대한 적용을 배제하는 규정을 두거나, 다르게 적용한다는 규정을 둔 경우에는 그에 따른다.

④ 단시간근로자에게 적용되는 취업규칙을 작성 또는 변경하는 경우에는, 근로기준법 제18조(단시간근로자의 근로조건) 제1항의 취지에 어긋나는 내용이 포함되어서는 아니 된다.

3. 적용배제(초단시간근로자)

4주 동안(4주 미만으로 근로하는 경우에는 그 기간)을 평균하여 1주 동안의 소정근로시간이 15시간 미만인 근로자에 대하여는 근기법 제55조(휴일)와 근기법 제60조(연차유급휴가)를 적용하지 아니한다(근기법 제18조 제3항).

O | X 💬

1. 사용자는 단시간근로자에게 유급휴일은 부여할 필요가 없다.
2. 사용자는 단시간근로자에게 적용되는 취업규칙을 통상근로자에게 적용되는 취업규칙과 별도로 작성할 수 있다.
3. 4주 동안을 평균하여 1주 동안의 소정근로시간이 20시간 미만인 근로자에 대하여는, 휴일과 연차유급휴가를 적용하지 않는다.

`정답` 1. × 2. ○ 3. ×

01 근로기준법령상 3개월 이내의 단위기간으로 탄력적 근로시간제를 도입하는 경우 사용자와 근로자대표가 서면으로 합의해야 할 사항에 해당하지 않는 것은?

① 서면합의의 유효기간
② 대상근로자의 범위
③ 반드시 근로하여야 할 시간의 시작 및 종료시각
④ 단위기간의 근로일과 그 근로일별 근로시간
⑤ 단위기간

【 해설 】
반드시 근로하여야 할 시간대를 정한 경우, 그 시작 및 종료시각을 서면합의사항에 넣어야 하는 것은 선택적 근로시간제이다.

정답 ③

02 근로시간 계산의 특례규정(근로기준법 제58조)에 관한 설명 중 옳지 않은 것은?

① 근로자가 출장 기타의 사유로 근로시간의 전부 또는 일부를 사업장 밖에서 근로하여 근로시간을 산정하기 어려운 때에는 소정근로시간을 근로한 것으로 본다.
② 근로자대표와의 서면합의가 있는 때에는 그 합의에서 정하는 시간을 그 업무의 수행에 통상 필요한 시간으로 본다.
③ 신상품 또는 신기술의 연구개발이나 정보처리시스템의 설계 또는 분석업무 등에 종사하는 전문직 근로자에게 주로 인정된다.
④ 사용자가 업무의 수행수단 및 시간 배분 등에 관하여 근로자에게 구체적인 지시를 하지 아니한다는 내용을 정하여야 한다.
⑤ 재량근로시간제에서는 원칙적으로 연장·야간·휴일근로에 대한 가산임금이 적용되지 않는다.

【 해설 】
재량근로시간제(재량근로 간주근로시간제)에는 가산임금에 관한 규정이 적용된다.

정답 ⑤

03 근로기준법상 연장근로에 관한 설명으로 옳지 않은 것은?(다툼이 있는 경우에는 판례에 의함)

① 탄력적 근로시간제를 채택한 경우에 당사자 간에 합의하면 1주간에 12시간을 한도로 근로시간을 연장할 수 있다.
② 개별근로자와의 연장근로에 관한 합의는 연장근로를 할 때마다 하여야 효력이 있다.
③ 소정근로시간을 초과하였으나 법정근로시간 범위 내에서 이루어진 법 내 초과근로에 대하여는 가산임금이 지급되지 않는다.
④ 개별근로자의 연장근로에 관한 합의권을 박탈하거나 제한하지 아니하는 범위에서는 단체협약에 의한 연장근로에 관한 합의도 가능하다.
⑤ 휴일근로에 따른 가산임금과 연장근로에 따른 가산임금은 중복하여 지급될 수 없다.

【 해설 】
개별근로자와의 연장근로에 관한 합의는 연장근로를 할 때마다 그때그때 할 필요는 없고 근로계약 등으로 미리 이를 약정하는 것도 가능하다 (대판 2000.6.23. 98다54960).

정답 ②

CHAPTER
05 근로시간

01 기출 24
☑ 확인 Check! ○ △ ✕

근로기준법상 탄력적 근로시간제에서 임금 정산에 관한 규정이다. (   )에 들어갈 내용으로 옳은 것은?

> 사용자는 제51조 및 제51조의2에 따른 단위기간 중 근로자가 근로한 기간이 그 단위기간보다 짧은 경우에는 그 단위기간 중 해당 근로자가 근로한 (   ) 전부에 대하여 제56조 제1항에 따른 가산임금을 지급하여야 한다.

① 기간에서 1일 8시간을 초과하여 근로한 시간
② 기간에서 1주 40시간을 초과하여 근로한 시간
③ 기간에서 1일 8시간을 초과하거나 1주 40시간을 초과하여 근로한 시간
④ 기간을 평균하여 1일 8시간을 초과하여 근로한 시간
⑤ 기간을 평균하여 1주간에 40시간을 초과하여 근로한 시간

정답 및 해설

01

사용자는 단위기간 중 근로자가 근로한 기간이 그 단위기간보다 짧은 경우에는 그 단위기간 중 해당 근로자가 근로한 <u>기간을 평균하여 1주간에 40시간을 초과하여 근로한 시간 전부에 대하여</u> 가산임금을 지급하여야 한다(근기법 제51조의3).

정답 ⑤

02 기출 24 ☑ 확인 Check! ○ △ ✕

근로기준법상 근로시간 및 휴게시간의 특례가 적용되는 사업을
모두 고른 것은?

> ㄱ. 노선여객자동차운송사업
> ㄴ. 수상운송업
> ㄷ. 보건업
> ㄹ. 영화업

① ㄱ, ㄴ   ② ㄱ, ㄷ
③ ㄴ, ㄷ   ④ ㄴ, ㄷ, ㄹ
⑤ ㄱ, ㄴ, ㄷ, ㄹ

⊕ PLUS

근로시간 및 휴게시간의 특례(근기법 제59조)
① 통계법 제22조 제1항에 따라 통계청장이 고시하는 산업에 관한 표준의 중분류 또는 소분류 중 다음 각 호의 어느 하나에 해당하
는 사업에 대하여 사용자가 근로자대표와 서면으로 합의한 경우에는 제53조 제1항에 따른 주(週) 12시간을 초과하여 연장근로
를 하게 하거나 제54조에 따른 휴게시간을 변경할 수 있다.
  1. 육상운송 및 파이프라인 운송업. 다만, 여객자동차 운수사업법 제3조 제1항 제1호에 따른 노선(路線) 여객자동차운송사업은
    제외한다.
  2. 수상운송업
  3. 항공운송업
  4. 기타 운송관련 서비스업
  5. 보건업
② 제1항의 경우 사용자는 근로일 종료 후 다음 근로일 개시 전까지 근로자에게 연속하여 11시간 이상의 휴식시간을 주어야 한다.

02

보기 중 수상운송업, 보건업 등이 근기법상 근로시간 및
휴게시간의 특례가 적용되는 사업에 해당한다(근기법 제
59조 제1항).

정답 ③

03 기출 22

☑ 확인Check! ○ △ ✕

근로기준법령상 3개월을 초과하는 탄력적 근로시간제에 관한 규정에 따라 사용자와 근로자대표가 서면 합의로 정하는 사항에 해당하지 않는 것은?

① 대상 근로자의 범위
② 단위기간(3개월을 초과하고 6개월 이내의 일정한 기간으로 정하여야 한다)
③ 단위기간의 주별 근로시간
④ 단위기간의 일별 근로시간
⑤ 서면 합의의 유효기간

➕ PLUS

3개월을 초과하는 탄력적 근로시간제(근기법 제51조의2)
① 사용자는 근로자대표와의 서면 합의에 따라 다음 각 호의 사항을 정하면 3개월을 초과하고 6개월 이내의 단위기간을 평균하여 1주간의 근로시간이 제50조 제1항의 근로시간을 초과하지 아니하는 범위에서 특정한 주에 제50조 제1항의 근로시간을, 특정한 날에 제50조 제2항의 근로시간을 초과하여 근로하게 할 수 있다. 다만, 특정한 주의 근로시간은 52시간을, 특정한 날의 근로시간은 12시간을 초과할 수 없다.
  1. 대상 근로자의 범위
  2. 단위기간(3개월을 초과하고 6개월 이내의 일정한 기간으로 정하여야 한다)
  3. 단위기간의 주별 근로시간
  4. 그 밖에 대통령령으로 정하는 사항

3개월을 초과하는 탄력적 근로시간제에 관한 합의사항 등(근기법 시행령 제28조의2)
① 법 제51조의2 제1항 제4호에서 "그 밖에 대통령령으로 정하는 사항"이란 서면 합의의 유효기간을 말한다.

03

① (○), ② (○), ③ (○), ④ (✕), ⑤ (○)
단위기간의 일별 근로시간은 3개월을 초과하는 탄력적 근로시간제에 관한 규정에 따라 사용자와 근로자대표가 서면 합의로 정하는 사항에 해당하지 아니한다(근기법 제51조의2, 동법 시행령 제28조의2 제1항).

정답 ④

☑ 확인Check! ○ △ ✕

근로기준법상 근로시간에 관한 설명으로 옳은 것은?

① 3개월 이내의 탄력적 근로시간제에 따라 근로자를 근로시킬 경우에는 근로일 종료 후 다음 근로일 개시 전까지 근로자에게 연속하여 11시간 이상의 휴식 시간을 주어야 한다.

② 3개월 이내의 탄력적 근로시간제에 따라 근로자를 근로시킬 경우에는 기존의 임금수준이 낮아지지 않도록 임금보전방안을 강구하여 고용노동부장관에게 신고하여야 한다.

③ 3개월 이내의 탄력적 근로시간제는 15세 이상 18세 미만의 근로자에 대하여는 적용하지 아니한다.

④ 3개월을 초과하는 탄력적 근로시간제에 있어 업무량 급증의 불가피한 사유가 발생한 때에는 근로자대표와의 합의를 거쳐 단위기간의 주별 근로시간을 변경해야 한다.

⑤ 15세 이상 18세 미만인 사람의 근로시간은 1일에 6시간, 1주에 30시간을 초과하지 못한다.

04

① (✕) 사용자는 3개월을 초과하는 탄력적 근로시간제에 따라 근로자를 근로시킬 경우에는 근로일 종료 후 다음 근로일 개시 전까지 근로자에게 연속하여 11시간 이상의 휴식 시간을 주어야 한다(근기법 제51조의2 제2항).

② (✕) 사용자는 3개월을 초과하는 탄력적 근로시간제에 따라 근로자를 근로시킬 경우에는 기존의 임금 수준이 낮아지지 아니하도록 임금항목을 조정 또는 신설하거나 가산임금 지급 등의 임금보전방안(賃金補塡方案)을 마련하여 고용노동부장관에게 신고하여야 하나, 3개월 이내의 탄력적 근로시간제에서는 기존의 임금 수준이 낮아지지 아니하도록 임금보전방안(賃金補塡方案)을 강구하는 것으로 족하다(근기법 제51조의2 제5항, 제51조 제4항 참조).

③ (○) 3개월 이내의 탄력적 근로시간제는 15세 이상 18세 미만의 근로자와 임신 중인 여성 근로자에 대하여는 적용하지 아니한다(근기법 제51조 제3항).

④ (✕) 사용자는 근로자대표와의 서면 합의 당시에는 예측하지 못한 천재지변, 기계 고장, 업무량 급증 등 불가피한 사유가 발생한 때에는 3개월을 초과하고 6개월 이내의 일정한 기간인 단위기간 내에서 평균하여 1주간의 근로시간이 유지되는 범위에서 근로자대표와의 협의를 거쳐 단위기간의 주별 근로시간을 변경할 수 있다(근기법 제51조의2 제4항).

⑤ (✕) 15세 이상 18세 미만인 사람의 근로시간은 1일에 7시간, 1주에 35시간을 초과하지 못한다(근기법 제69조 본문).

정답 ③

➕ PLUS

3개월 이내의 탄력적 근로시간제(근기법 제51조)
① 사용자는 취업규칙(취업규칙에 준하는 것을 포함)에서 정하는 바에 따라 2주 이내의 일정한 단위기간을 평균하여 1주간의 근로시간이 제50조 제1항의 근로시간을 초과하지 아니하는 범위에서 특정한 주에 제50조 제1항의 근로시간을, 특정한 날에 제50조 제2항의 근로시간을 초과하여 근로하게 할 수 있다. 다만, 특정한 주의 근로시간은 48시간을 초과할 수 없다.
③ 제1항과 제2항은 15세 이상 18세 미만의 근로자와 임신 중인 여성 근로자에 대하여는 적용하지 아니한다.
④ 사용자는 제1항 및 제2항에 따라 근로자를 근로시킬 경우에는 기존의 임금 수준이 낮아지지 아니하도록 임금보전방안(賃金補塡方案)을 강구하여야 한다.

3개월을 초과하는 탄력적 근로시간제(근기법 제51조의2)
① 사용자는 근로자대표와의 서면 합의에 따라 다음 각 호의 사항을 정하면 3개월을 초과하고 6개월 이내의 단위기간을 평균하여 1주간의 근로시간이 제50조 제1항의 근로시간을 초과하지 아니하는 범위에서 특정한 주에 제50조 제1항의 근로시간을, 특정한 날에 제50조 제2항의 근로시간을 초과하여 근로하게 할 수 있다. 다만, 특정한 주의 근로시간은 52시간을, 특정한 날의 근로시간은 12시간을 초과할 수 없다.
1. 대상 근로자의 범위
2. 단위기간(3개월을 초과하고 6개월 이내의 일정한 기간으로 정하여야 한다)
3. 단위기간의 주별 근로시간
4. 그 밖에 대통령령으로 정하는 사항

② 사용자는 제1항에 따라 근로자를 근로시킬 경우에는 근로일 종료 후 다음 근로일 개시 전까지 근로자에게 연속하여 11시간 이상의 휴식 시간을 주어야 한다. 다만, 천재지변 등 대통령령으로 정하는 불가피한 경우에는 근로자대표와의 서면 합의가 있으면 이에 따른다.

④ 사용자는 제1항에 따른 근로자대표와의 서면 합의 당시에는 예측하지 못한 천재지변, 기계 고장, 업무량 급증 등 불가피한 사유가 발생한 때에는 제1항 제2호에 따른 단위기간 내에서 평균하여 1주간의 근로시간이 유지되는 범위에서 근로자대표와의 협의를 거쳐 제1항 제3호의 사항을 변경할 수 있다. 이 경우 해당 근로자에게 변경된 근로일이 개시되기 전에 변경된 근로일별 근로시간을 통보하여야 한다.

⑤ 사용자는 제1항에 따라 근로자를 근로시킬 경우에는 기존의 임금 수준이 낮아지지 아니하도록 임금항목을 조정 또는 신설하거나 가산임금 지급 등의 임금보전방안(賃金補塡方案)을 마련하여 고용노동부장관에게 신고하여야 한다. 다만, 근로자대표와의 서면합의로 임금보전방안을 마련한 경우에는 그러하지 아니하다.

05 기출 22 ☑ 확인Check! ○ △ ✕

근로기준법령상 재량근로의 대상업무로 명시되지 않은 것은?

① 인문사회과학분야의 연구 업무
② 정보처리시스템의 교육 업무
③ 신문 사업에서의 기사의 취재 업무
④ 의복의 디자인 업무
⑤ 영화 제작 사업에서의 프로듀서 업무

05

① (○), ② (✕), ③ (○), ④ (○), ⑤ (○)
정보처리시스템의 교육 업무는 재량근로의 대상업무에 해당하지 아니한다(근기법 제58조 제3항, 동법 시행령 제31조).

정답 ②

➕ PLUS

근로시간 계산의 특례(근기법 제58조)
③ 업무의 성질에 비추어 업무 수행 방법을 근로자의 재량에 위임할 필요가 있는 업무로서 대통령령으로 정하는 업무는 사용자가 근로자대표와 서면 합의로 정한 시간을 근로한 것으로 본다.

재량근로의 대상업무(근기법 시행령 제31조)
법 제58조 제3항 전단에서 "대통령령으로 정하는 업무"란 다음 각 호의 어느 하나에 해당하는 업무를 말한다.
  1. 신상품 또는 신기술의 연구개발이나 인문사회과학 또는 자연과학분야의 연구 업무
  2. 정보처리시스템의 설계 또는 분석 업무
  3. 신문, 방송 또는 출판 사업에서의 기사의 취재, 편성 또는 편집 업무
  4. 의복・실내장식・공업제품・광고 등의 디자인 또는 고안 업무
  5. 방송 프로그램・영화 등의 제작 사업에서의 프로듀서나 감독 업무
  6. 그 밖에 고용노동부장관이 정하는 업무

06 기출 21

☑ 확인Check! ○ △ ✕

근로기준법 제51조 제2항의 규정이다. (   )에 들어갈 내용을 옳게 나열한 것은?

> 사용자는 근로자대표와의 서면합의에 따라 다음 각 호의 사항을 정하면 3개월 이내의 단위기간을 평균하여 1주간의 근로시간이 제50조 제1항의 근로시간을 초과하지 아니하는 범위에서 특정한 주에 제50조 제1항의 근로시간을, 특정한 날에 제50조 제2항의 근로시간을 초과하여 근로하게 할 수 있다. 다만, 특정한 주의 근로시간은 (ㄱ)시간을, 특정한 날의 근로시간은 (ㄴ)시간을 초과할 수 없다.

① ㄱ : 48,   ㄴ : 10
② ㄱ : 48,   ㄴ : 12
③ ㄱ : 52,   ㄴ : 10
④ ㄱ : 52,   ㄴ : 12
⑤ ㄱ : 68,   ㄴ : 12

06

사용자는 근로자대표와의 서면합의에 따라 다음 각 호의 사항을 정하면 3개월 이내의 단위기간을 평균하여 1주간의 근로시간이 제50조 제1항의 근로시간을 초과하지 아니하는 범위에서 특정한 주에 제50조 제1항의 근로시간을, 특정한 날에 제50조 제2항의 근로시간을 초과하여 근로하게 할 수 있다. 다만, 특정한 주의 근로시간은 <u>52시간</u>을, 특정한 날의 근로시간은 <u>12시간</u>을 초과할 수 없다(근기법 제51조 제2항).
1. 대상근로자의 범위
2. 단위기간(3개월 이내의 일정한 기간으로 정하여야 한다)
3. 단위기간의 근로일과 그 근로일별 근로시간
4. 그 밖에 대통령령으로 정하는 사항

정답 ④

07 기출 20

☑ 확인Check! ○ △ ✕

근로기준법령상 근로시간제도에 관한 설명으로 옳지 않은 것은?

① 임신 중인 여성근로자에 대하여는 탄력적 근로시간제를 적용하지 아니한다.
② 선택적 근로시간제의 정산기간은 1개월 이내의 일정한 기간으로 정하여야 한다.
③ 당사자 간에 합의하면 1주간에 12시간을 한도로 제50조의 근로시간을 연장할 수 있다.
④ 재량근로의 대상업무는 사용자가 근로자대표와 서면합의로 정한 시간을 근로한 것으로 본다.
⑤ 사용자는 야간근로에 대하여는 통상임금의 100분의 50 이상을 가산하여 근로자에게 지급하여야 한다.

07

① (○) 근기법 제51조 제3항, 제51조의2 제6항
② (✕) 신상품 또는 신기술의 연구개발업무의 정산기간은 3개월로 한다(근기법 제52조 제1항).
③ (○) 근기법 제53조 제1항
④ (○) 업무의 성질에 비추어 <u>업무수행방법을 근로자의 재량에 위임할 필요가 있는 업무로서 대통령령으로 정하는 업무는 사용자가 근로자대표와 서면합의로 정한 시간을 근로한 것으로 본다</u>(근기법 제58조 제3항 전문).
⑤ (○) 근기법 제56조 제3항

정답 ②

근로기준법령상 근로시간에 관한 설명으로 옳은 것은?

① 3개월 이내 탄력적 근로시간제에서 특정한 주의 근로시간의 한도는 56시간이다.

② 사용자가 2주 이내의 탄력적 근로시간제를 시행하려면 근로자대표와 서면합의에 의해 미리 정하여야 한다.

③ 수상운송업에 해당되는 사업에서 사용자가 근로자대표와 서면합의를 한 경우에는 1주간에 12시간을 초과하는 연장근로가 가능하다.

④ 사용자가 근로자대표와 서면합의로 정한 시간을 근로한 것으로 보는 재량근로의 대상업무에 정보처리시스템의 설계업무는 해당하지 않는다.

⑤ 2주 이내의 탄력적 근로시간제를 실시하는 경우 특정한 날의 근로시간은 명시규정에 의하여 12시간으로 제한된다.

08

① (×) 3개월 이내 탄력적 근로시간제에서 특정한 주의 근로시간은 52시간을, 특정한 날의 근로시간은 12시간을 초과할 수 없다(근기법 제51조 제2항).

② (×) 사용자는 취업규칙(취업규칙에 준하는 것을 포함)에서 정하는 바에 따라 2주 이내의 탄력적 근로시간제를 시행할 수 있다(근기법 제51조 제1항).

③ (○) 수상운송업의 경우 사용자가 근로자대표와 서면으로 합의한 경우에는 주 12시간을 초과하여 연장근로를 하게 할 수 있다(근기법 제59조 제1항).

④ (×) 정보처리시스템의 설계 또는 분석업무는 재량근로의 대상업무에 해당한다(근기법 시행령 제31조 제2호).

⑤ (×) 2주 이내의 탄력적 근로시간제를 실시하는 경우 특정한 날에 대한 규정은 없다.

정답 ③

➕ **PLUS**

근로시간 및 휴게시간의 특례(근기법 제59조)
① 통계법 제22조 제1항에 따라 통계청장이 고시하는 산업에 관한 표준의 중분류 또는 소분류 중 다음 각 호의 어느 하나에 해당하는 사업에 대하여 사용자가 근로자대표와 서면으로 합의한 경우에는 제53조 제1항에 따른 주(週) 12시간을 초과하여 연장근로를 하게 하거나 제54조에 따른 휴게시간을 변경할 수 있다.
  1. 육상운송 및 파이프라인운송업. 다만, 여객자동차 운수사업 제3조 제1항 제1호에 따른 노선(路線) 여객자동차운송사업은 제외한다.
  2. 수상운송업
  3. 항공운송업
  4. 기타 운송 관련 서비스업
  5. 보건업

09 기출 18

☑ 확인Check! ○ △ ✕

근로기준법상 근로시간과 휴식에 관한 설명으로 옳지 않은 것은?(다툼이 있으면 판례에 따름)

① 근로시간을 산정하는 경우 작업을 위하여 근로자가 사용자의 지휘·감독 아래에 있는 대기시간 등은 근로시간으로 본다.

② 15세 이상 18세 미만의 근로자에게는 탄력적 근로시간제가 적용되지 않는다.

③ 선택적 근로시간제를 시행하려는 사용자는 근로자대표와 서면합의를 하여야 한다.

④ 근로자에 대한 임금을 월급으로 지급할 경우 그 월급에는 근로기준법상 소정의 유급휴일에 대한 임금도 포함된다.

⑤ 사용자는 취업규칙이 정하는 바에 따라 연장근로에 대하여 임금을 지급하는 것을 갈음하여 휴가를 줄 수 있다.

09

① (○) 근기법 제50조 제3항

② (○) 근기법 제51조 제3항, 제51조의2 제6항

③ (○) 사용자는 취업규칙(취업규칙에 준하는 것을 포함)에 따라 업무의 시작 및 종료시각을 근로자의 결정에 맡기기로 한 근로자에 대하여 <u>근로자대표와의 서면합의</u>에 따라 다음 각 호의 사항을 정하면 1개월(<u>신상품또는 신기술의 연구개발업무의 경우에는 3개월</u>) 이내의 정산기간을 평균하여 1주간의 근로시간이 제50조 제1항의 근로시간을 초과하지 아니하는 범위에서 1주간에 제50조 제1항의 근로시간을, 1일에 제50조 제2항의 근로시간을 초과하여 근로하게 할 수 있다(근기법 제52조 제1항).

④ (○) 근로자에 대한 임금을 월급으로 지급한 경우 월급 통상임금에는 근로기준법 제55조가 정한 <u>유급휴일에 대한 임금도 포함된다</u>고 할 것이므로 월급 통상임금을 월 소정근로시간수로 나누는 방법에 의하여 시간급 통상임금을 산정함에 있어서는 <u>월 유급휴일 해당 근로시간수도 월 소정근로시간수에 포함되어야</u> 한다(대판 1990.12.26. 90다카12493).

⑤ (✕) 사용자는 <u>근로자대표와의 서면합의</u>에 따라 제51조의3, 제52조 제2항 제2호 및 제56조에 따른 연장근로·야간근로 및 휴일근로 등에 대하여 임금을 지급하는 것을 갈음하여 휴가를 줄 수 있다(근기법 제57조).

정답 ⑤

10 기출 19

☑ 확인Check! ○ △ ✕

근로기준법 제69조(근로시간)에 관한 규정이다. (ㄱ), (ㄴ), (ㄷ), (ㄹ)에 들어갈 각각의 시간을 모두 합한 시간은?

> 15세 이상 18세 미만인 사람의 근로시간은 1일에 (ㄱ)시간, 1주에 (ㄴ)시간을 초과하지 못한다. 다만, 당사자 사이의 합의에 따라 1일에 (ㄷ)시간, 1주에 (ㄹ)시간을 한도로 연장할 수 있다.

① 48시간

② 51시간

③ 56시간

④ 61시간

⑤ 68시간

10

15세 이상 18세 미만인 사람의 근로시간은 <u>1일 7시간, 1주 35시간</u>을 초과할 수 없다. 다만, 당사자 간의 합의에 의하여 <u>1일 1시간, 1주 5시간</u>을 한도로 연장할 수 있다(근기법 제69조).

정답 ①

11 기출 14

☑ 확인Check! ○ △ ✕

근로기준법령상 재량근로의 대상업무로 열거되지 않은 것은?

① 기밀을 취급하는 업무
② 신문사업에서의 기사의 취재업무
③ 실내장식의 디자인업무
④ 방송프로그램 제작사업에서의 프로듀서업무
⑤ 정보처리시스템의 설계업무

➕ PLUS

재량근로의 대상업무(근기법 시행령 제31조)
법 제58조 제3항 전단에서 "대통령령으로 정하는 업무"란 다음 각 호의 어느 하나에 해당하는 업무를 말한다.
1. 신상품 또는 신기술의 연구개발이나 인문사회과학 또는 자연과학분야의 연구업무
2. 정보처리시스템의 설계 또는 분석업무
3. 신문, 방송 또는 출판사업에서의 기사의 취재, 편성 또는 편집업무
4. 의복·실내장식·공업제품·광고 등의 디자인 또는 고안업무
5. 방송프로그램·영화 등의 제작사업에서의 프로듀서나 감독업무
6. 그 밖에 고용노동부장관이 정하는 업무

11

① (✕), ② (○), ③ (○), ④ (○), ⑤ (○)
기밀을 취급하는 업무는 재량근로의 대상업무에 해당하지 아니한다.

정답 ①

12 기출 16

☑ 확인Check! ○ △ ✕

근로기준법에 규정된 내용으로 옳지 않은 것은?

① 소정근로시간이란 근로기준법 제50조, 제69조 본문에 따른 근로시간의 범위에서 근로자와 사용자 사이에 정한 근로시간을 말한다.
② 사용자는 계속하여 근로한 기간이 1년 미만인 근로자에게 1개월간 80% 이상 출근 시 1일의 유급휴가를 주어야 한다.
③ 야간근로는 오후 10시부터 오전 6시까지 사이의 근로를 말한다.
④ 단시간근로자란 1주 동안의 소정근로시간이 그 사업장에서 같은 종류의 업무에 종사하는 통상근로자의 1주 동안의 소정근로시간에 비하여 짧은 근로자를 말한다.
⑤ 근로시간을 산정하는 경우 작업을 위하여 근로자가 사용자의 지휘·감독 아래에 있는 대기시간 등은 근로시간으로 본다.

12

① (○) 근기법 제2조 제1항 제8호
② (✕) 사용자는 계속하여 근로한 기간이 1년 미만인 근로자 또는 1년간 80% 미만 출근한 근로자에게 <u>1개월 개근 시 1일의 유급휴가</u>를 주어야 한다(근기법 제60조 제2항).
③ (○) 근기법 제56조 제3항
④ (○) 근기법 제2조 제1항 제9호
⑤ (○) 근기법 제50조 제3항

정답 ②

13 기출 14

☑ 확인Check! ○ △ ✕

근로기준법령상 단시간근로자에 관한 설명으로 옳은 것은?

① 단시간근로자의 근로조건은 다른 사업장의 같은 종류의 업무에 종사하는 단시간근로자와 동일하게 결정되어야 한다.

② 4주 동안을 평균하여 1주 동안의 소정근로시간이 15시간 미만인 근로자에 대하여는 법 제54조(휴게)를 적용하지 아니한다.

③ 단시간근로자란 4주 동안의 총근로시간이 그 사업장에서 같은 종류의 업무에 종사하는 통상근로자의 4주 동안의 총근로시간에 비하여 짧은 근로자를 말한다.

④ 사용자는 단시간근로자에게 적용되는 취업규칙을 통상근로자에게 적용되는 취업규칙과 별도로 작성할 수 있다.

⑤ 4주 동안을 평균하여 1주 동안의 소정근로시간이 15시간 미만인 근로자에 대하여는 법 제55조(휴일)가 적용된다.

13

① (✕) 단시간근로자의 근로조건은 그 사업장의 같은 종류의 업무에 종사하는 <u>통상근로자의 근로시간을 기준으로 산정한 비율에 따라 결정되어야</u> 한다(근기법 제18조 제1항).

② (✕) 단시간근로자에게 적용되지 아니하는 규정은 <u>휴일과 연차유급휴가</u>이다(근기법 제18조 제3항). 근기법 제54조 휴게는 적용된다.

③ (✕) 단시간근로자란 <u>1주 동안의 소정근로시간이</u> 그 사업장에서 같은 종류의 업무에 종사하는 <u>통상근로자의 1주 동안의 소정근로시간에</u> 비하여 짧은 근로자를 말한다(근기법 제2조 제1항 제9호).

④ (○) 근기법 시행령 [별표 2] 단시간근로자의 근로조건 결정기준 등에 관한 사항 제5호 가목

⑤ (✕) 4주 동안(4주 미만으로 근로하는 경우에는 그 기간)을 평균하여 1주 동안의 소정근로시간이 15시간 미만인 근로자에 대하여는 <u>제55조(휴일)와 제60조(연차유급휴가)</u>를 적용하지 아니한다(근기법 제18조 제3항).

정답 ④

CHAPTER
06 휴게 · 휴일 · 휴가 및 여성과 연소근로자의 보호

제1절 휴게 · 휴일 · 휴가

Ⅰ 의 의

근로가 장기간 계속되면 근로자의 건강·신체에 부정적 영향을 미치게 되고 업무상 능률이 저하되므로, 사용자는 근로자의 심신을 보호하고 생산성을 유지·향상시키기 위하여 휴게·휴일·휴가를 부여하여야 한다. 또한 휴게·휴일·휴가는 근로자가 인간으로서 사회적·문화적 생활의 향유를 위해서도 반드시 필요하다.

Ⅱ 휴게시간

1. 의 의

휴게시간이란 근로자가 근로시간 도중에 사용자의 지휘·감독을 받지 아니하고, 근로제공의 의무 없이 자유로이 사용할 수 있는 시간을 말한다. 실제로 근로를 제공하고 있지 아니하나, 사용자의 지휘·감독하에 놓여 있는 시간은 휴게시간에 해당하지 아니한다. 기출 13

2. 휴게시간의 길이와 부여방법

사용자는 근로시간이 4시간인 경우에는 30분 이상, 8시간인 경우에는 1시간 이상의 휴게시간을 근로시간 도중에 주어야 한다(근기법 제54조 제1항). 기출 12·13·22·24

3. 자유이용의 원칙

휴게시간은 근로자가 자유롭게 이용할 수 있다(근기법 제54조 제2항). 따라서 휴게시간 중에 유인물을 배포하는 등 노동조합활동을 하는 것은 다른 근로자의 휴게를 방해하거나, 직장질서를 문란하게 하지 아니하는 한 이를 위법하다고 할 수 없다.

O | X 💬

1. 휴게와 주휴일은 근로자의 청구가 없더라도 사용자가 주어야 한다.
2. 휴게시간은 근로자가 근로시간 도중 사용자의 지휘 또는 명령으로부터 벗어나 자유로이 이용할 수 있는 시간을 의미한다.

정답 1. ○ 2. ○

4. 적용제외

근로기준법 제59조의 특수업종의 경우, 사용자가 근로자대표와 서면합의를 한 경우에는 휴게시간을 변경할 수 있고, 근로기준법 제63조에 해당하는 농림수산업종사자 또는 감시·단속적으로 근로에 종사하는 근로자에 대하여는, 휴게·휴일에 관한 규정을 적용하지 않는다.

Ⅲ 휴일

휴일(근기법 제55조)
① 사용자는 근로자에게 1주에 평균 1회 이상의 유급휴일을 보장하여야 한다.
② 사용자는 근로자에게 대통령령으로 정하는 휴일을 유급으로 보장하여야 한다. 다만, 근로자대표와 서면으로 합의한 경우 특정한 근로일로 대체할 수 있다. 기출 22

연장·야간 및 휴일근로(근기법 제56조)
② 제1항에도 불구하고 사용자는 휴일근로에 대하여는 다음 각 호의 기준에 따른 금액 이상을 가산하여 근로자에게 지급하여야 한다.
　1. 8시간 이내의 휴일근로 : 통상임금의 100분의 50
　2. 8시간을 초과한 휴일근로 : 통상임금의 100분의 100

휴일(근기법 시행령 제30조)
② 법 제55조 제2항 본문에서 "대통령령으로 정하는 휴일"이란 관공서의 공휴일에 관한 규정 제2조 각 호(제1호는 제외)에 따른 공휴일 및 같은 영 제3조에 따른 대체공휴일을 말한다.

1. 의 의

휴일은 근로자가 사용자의 지휘·명령으로부터 완전히 벗어나 근로를 제공하지 아니하는 날을 의미한다. ILO협약이나 각국의 입법례와는 달리 주휴일를 유급으로 하고 있다는 점이 특징이다.

2. 구별 개념

휴일과 휴가는 사용자의 지휘·명령으로부터 완전히 벗어나는 날이라는 점에서 유사하나, 휴일은 처음부터 근로의 의무가 없고, 휴가는 본래 근로의무가 있는 날이나 근로자의 청구 또는 특별한 법정사유의 충족에 따라 근로의무가 면제된다는 점에서 차이가 있다.

O | X 💬

1. 사용자는 근로자에게 1주에 평균 1회 이상의 유급휴일을 주어야 한다.
2. 1주간 소정근로일수를 개근한 자에게 유급휴일을 부여하고 있으나, 개근하지 못한 근로자에게도 1주에 1회 이상의 유급휴일을 부여하여야 한다.
3. 휴일근로에 대하여는 평균임금의 100분의 50 이상을 가산하여 지급하여야 한다.

정답　1. ○ 2. × 3. ×

3. 종 류

휴일은 주휴일이나 근로자의 날 등 법으로 정하는 법정휴일과, 단체협약 또는 취업규칙에서 정하는 약정휴일이 있다.

4. 주휴일의 원칙

사용자는 근로자에 대하여 1주에 평균 1회 이상의 유급휴일을 주어야 한다(근기법 제55조 제1항). 주휴일22)은 반드시 일요일이어야 할 필요는 없다. **기출** 12 · 17 · 22 · 24

(1) 휴일부여대상자

격일제근무, 교대제근무, 일용직 및 시간제 근로 등 근로형태나 근로자의 종류를 불문하고, 주휴일 부여의 요건이 충족되면 당연히 부여하여야 한다. 다만, 근로기준법 제63조에 해당하는 농림수산업종사자 또는 감시·단속적으로 근로에 종사하는 근로자로서 사용자가 고용노동부장관의 승인을 받은 사람 등에게는, 근로기준법상의 휴일에 관한 규정이 적용되지 않는다. **기출** 17

(2) 주 1회 이상의 유급휴일을 가질 수 있는 자

1주 동안의 소정근로일을 개근한 자에게 주어야 한다(근기법 시행령 제30조 제1항). 근로자가 1주간의 소정근로일수를 하루라도 결근한 경우에는 유급으로 휴일을 청구할 수 없을 뿐 무급의 휴일청구권은 갖는다고 본다. 개근하지 못한 근로자에게도 1주에 1회 이상의 무급휴일을 부여하여야 한다(대판 2004.6.25. 2002두2857). 법정휴가·생리휴가 및 출산전후휴가 등 법정휴가를 사용한 기간은 출근한 것으로 보아야 한다. **기출** 12 · 13

(3) 1주 평균 1회 이상의 휴일

1회의 휴일이란 원칙적으로 오전 0시부터 오후 12시까지의 역일을 의미하나, 교대제작업 등의 경우에는 2일간에 걸쳐 계속 24시간의 휴식을 보장하면 휴일을 부여한 것으로 간주한다. **기출** 13

5. 휴일근로와 임금 **기출** 18

(1) 가산임금의 지급

8시간 이내의 휴일근로의 경우에는 통상임금의 100분의 50 이상, 8시간을 초과한 휴일근로의 경우에는 통상임금의 100분의 100 이상을 가산하여 지급하여야 한다(근기법 제56조 제2항).

(2) 관련 판례

[1] 휴일 및 유급휴일제도를 규정한 규범적 목적에 비추어 보면, 근로의 제공 없이도 근로자에게 임금을 지급하도록 한 유급휴일의 특별규정이 적용되기 위해서는 평상적인 근로관계, 즉 근로자가 근로를 제공하여 왔고, 또한 계속적인 근로제공이 예정되어 있는 상태가 당연히 전제되어 있다고 볼 것이다. 그러므로 개인적인 사정에 의한 휴직 등으로 인하여 근로자의 주된 권리·의무가 정지되어 근로자가 근로제공을 하지 아니한

---

22) 4주 동안(4주 미만으로 근로하는 경우에는 그 기간)을 평균하여 1주 동안의 소정근로시간이 15시간 미만인 근로자에 대하여는 주휴일을 부여하지 아니한다(근기법 제18조 제3항).

휴직기간 동안에는 달리 특별한 사정이 없는 한 근로제공의무와 대가관계에 있는 근로자의 주된 권리로서의 임금청구권은 발생하지 않는바, 이러한 경우에는 휴직기간 등에 포함된 유급휴일에 대한 임금청구권 역시 발생하지 않는다고 보아야 한다.

[2] 한편, 쟁의행위 시의 임금지급에 관하여 단체협약이나 취업규칙 등에서 이를 규정하거나 그 지급에 관한 당사자 사이의 약정이나 관행이 있다고 인정되지 아니하는 한, 근로자의 근로제공의무 등 주된 권리·의무가 정지되어 근로자가 근로제공을 하지 아니한 쟁의행위기간 동안에는 근로제공의무와 대가관계에 있는 근로자의 주된 권리로서의 임금청구권은 발생하지 않는다고 하여야 한다(대판 2009.12.24. 2007다73277).

6. 휴일의 대체[23]

휴일의 대체란 미리 휴일로 특정되어 있는 날에 근로를 시키고, 근로가 예정된 다른 날을 휴일로 대신하는 것을 말한다. 근로기준법에는 휴일의 대체에 대한 명문의 규정이 없다. 단체협약이나 취업규칙 등에 특별한 사정이 있는 경우의 휴일의 대체가 규정되어 있거나, 근로자의 동의를 얻은 경우에는 휴일의 대체를 할 수 있을 것이다. 휴일의 대체의 경우에는 휴일 자체가 변경되므로, 본래 휴일로 예정된 날에 근로를 시켜도 휴일근로가 되지 않는다. 따라서 시간외임금지급의무가 없다.

Ⅳ 휴가(연차유급휴가)

연차유급휴가(근기법 제60조)
① 사용자는 1년간 80퍼센트 이상 출근한 근로자에게 15일의 유급휴가를 주어야 한다.
② 사용자는 계속하여 근로한 기간이 1년 미만인 근로자 또는 1년간 80퍼센트 미만 출근한 근로자에게 1개월 개근 시 1일의 유급휴가를 주어야 한다.
③ 삭제 〈2017.11.28.〉
④ 사용자는 3년 이상 계속하여 근로한 근로자에게는 제1항에 따른 휴가에 최초 1년을 초과하는 계속근로연수 매 2년에 대하여 1일을 가산한 유급휴가를 주어야 한다. 이 경우 가산휴가를 포함한 총휴가일수는 25일을 한도로 한다.
⑤ 사용자는 제1항부터 제4항까지의 규정에 따른 휴가를 근로자가 청구한 시기에 주어야 하고, 그 기간에 대하여는 취업규칙 등에서 정하는 통상임금 또는 평균임금을 지급하여야 한다. 다만, 근로자가 청구한 시기에 휴가를 주는 것이 사업운영에 막대한 지장이 있는 경우에는 그 시기를 변경할 수 있다.
⑥ 제1항 및 제2항을 적용하는 경우 다음 각 호의 어느 하나에 해당하는 기간은 출근한 것으로 본다.
  1. 근로자가 업무상의 부상 또는 질병으로 휴업한 기간
  2. 임신 중의 여성이 제74조 제1항부터 제3항까지의 규정에 따른 휴가로 휴업한 기간
  3. 남녀고용평등과 일·가정 양립 지원에 관한 법률 제19조 제1항에 따른 육아휴직으로 휴업한 기간
⑦ 제1항·제2항 및 제4항에 따른 휴가는 1년간(계속하여 근로한 기간이 1년 미만인 근로자의 제2항에 따른 유급휴가는 최초 1년의 근로가 끝날 때까지의 기간) 행사하지 아니하면 소멸된다. 다만, 사용자의 귀책사유로 사용하지 못한 경우에는 그러하지 아니하다.

---

23) 휴일의 대체는 근로자대표와 서면으로 합의한 경우 특정한 근로일로 대체할 수 있는 공휴일의 대체(근기법 제55조 제2항)와 구별되어야 한다.

연차유급휴가의 사용촉진(근기법 제61조)

① 사용자가 제60조 제1항·제2항 및 제4항에 따른 유급휴가(계속하여 근로한 기간이 1년 미만인 근로자의 제60조 제2항에 따른 유급휴가는 제외)의 사용을 촉진하기 위하여 다음 각 호의 조치를 하였음에도 불구하고 근로자가 휴가를 사용하지 아니하여 제60조 제7항 본문에 따라 소멸된 경우에는 사용자는 그 사용하지 아니한 휴가에 대하여 보상할 의무가 없고, 제60조 제7항 단서에 따른 사용자의 귀책사유에 해당하지 아니하는 것으로 본다.

  1. 제60조 제7항 본문에 따른 기간이 끝나기 6개월 전을 기준으로 10일 이내에 사용자가 근로자별로 사용하지 아니한 휴가일수를 알려 주고, 근로자가 그 사용시기를 정하여 사용자에게 통보하도록 서면으로 촉구할 것

  2. 제1호에 따른 촉구에도 불구하고 근로자가 촉구를 받은 때부터 10일 이내에 사용하지 아니한 휴가의 전부 또는 일부의 사용시기를 정하여 사용자에게 통보하지 아니하면 제60조 제7항 본문에 따른 기간이 끝나기 2개월 전까지 사용자가 사용하지 아니한 휴가의 사용시기를 정하여 근로자에게 서면으로 통보할 것

② 사용자가 계속하여 근로한 기간이 1년 미만인 근로자의 제60조 제2항에 따른 유급휴가의 사용을 촉진하기 위하여 다음 각 호의 조치를 하였음에도 불구하고 근로자가 휴가를 사용하지 아니하여 제60조 제7항 본문에 따라 소멸된 경우에는 사용자는 그 사용하지 아니한 휴가에 대하여 보상할 의무가 없고, 같은 항 단서에 따른 사용자의 귀책사유에 해당하지 아니하는 것으로 본다.

  1. 최초 1년의 근로기간이 끝나기 3개월 전을 기준으로 10일 이내에 사용자가 근로자별로 사용하지 아니한 휴가일수를 알려 주고, 근로자가 그 사용시기를 정하여 사용자에게 통보하도록 서면으로 촉구할 것. 다만, 사용자가 서면촉구한 후 발생한 휴가에 대해서는 최초 1년의 근로기간이 끝나기 1개월 전을 기준으로 5일 이내에 촉구하여야 한다.

  2. 제1호에 따른 촉구에도 불구하고 근로자가 촉구를 받은 때부터 10일 이내에 사용하지 아니한 휴가의 전부 또는 일부의 사용시기를 정하여 사용자에게 통보하지 아니하면 최초 1년의 근로기간이 끝나기 1개월 전까지 사용자가 사용하지 아니한 휴가의 사용시기를 정하여 근로자에게 서면으로 통보할 것. 다만, 제1호 단서에 따라 촉구한 휴가에 대해서는 최초 1년의 근로기간이 끝나기 10일 전까지 서면으로 통보하여야 한다.

유급휴가의 대체(근기법 제62조)

사용자는 근로자대표와의 서면합의에 따라 제60조에 따른 연차유급휴가일을 갈음하여 특정한 근로일에 근로자를 휴무시킬 수 있다.

휴가수당의 지급일(근기법 시행령 제33조)

법 제60조 제5항에 따라 지급하여야 하는 임금은 유급휴가를 주기 전이나 준 직후의 임금지급일에 지급하여야 한다.

1. 연차유급휴가의 의의

(1) 법규정(근기법 제60조)

사용자는 1년간 80% 이상 출근한 근로자에게 15일의 유급휴가를 주어야 한다. 그러나 계속하여 근로한 기간이 1년 미만인 근로자 또는 1년간 80% 미만 출근한 근로자에게 1개월 개근 시 1일의 유급휴가를 주어야 한다. 사용자는 3년 이상 계속하여 근로한 근로자에게 최초 1년을 초과하는 계속근로연수 매 2년에 대하여 1일을 가산한 유급휴가를 주어야 한다. 이 경우 가산휴가를 포함한 총휴가일수는 25일을 한도로 한다.

`기출` 14·17·19·22·23

(2) 취지

장시간의 근로로부터 근로자의 건강을 보호함과 동시에 근로자의 여가를 확보하여 주기 위함이다.

(3) 개 념

1) 연차유급휴가 사용 또는 미사용에 따른 수당청구권

① **연차유급휴가수당청구권** : 재직근로자가 전년도 근로의 대가로 발생한 연차유급휴가를 사용한 경우, 그 기간에 대한 수당지급을 사용자에게 요청할 수 있는 권리로, 이와 같이 지급되는 연차유급휴가수당은 임금에 해당한다(근기법 제60조 제5항).

② **연차유급휴가미사용수당청구권** : 근로자가 전전년도 근로의 대가로 발생한 연차유급휴가를 전년도에 사용하지 아니하고 근로제공을 한 경우, 그 미사용 연차유급휴가일수에 대한 수당지급을 사용자에게 청구할 수 있는 권리로, 연차유급휴가청구권이 소멸된 시점에 발생한다. 또한 퇴직 등 근로관계가 종료되는 근로자가 이로 인하여 사용하지 못하게 된 미사용 연차휴가일수에 대한 수당지급을 사용자에게 청구할 수 있는 권리이기도 하다.

2) 양자의 구별

이와 관련한 용어가 근로기준법에 명시되어 있지 아니하고, 판례도 연차수당, 연차휴가수당 및 연차휴가근로수당 등으로 혼용하고 있으나, 이하에서는 고용노동부의 용례에 따라 양자를 구분하여 서술한다.

2. 연차유급휴가의 법적 성질

연차유급휴가는 근로자의 청구에 의하여 발생하는 권리가 아닌, 일정한 법적 요건을 갖추면 법률상 당연히 발생하는 권리이다. 근로기준법 제60조 제5항의 연차유급휴가의 청구는, 이미 발생한 연차유급휴가권에 대해 구체적인 시기지정권을 정한 것이라고 봄이 타당하다.

3. 연차유급휴가의 성립요건

(1) 1년간 80% 이상 출근(근기법 제60조 제1항)

1년간의 기산일은 당해 근로자의 채용일로 본다. 다만, 동일한 사업장에서 기산일의 통일을 기하기 위하여, 모든 근로자에게 획일적으로 적용되는 기산일을 정하여도 무방하다 할 것이다. 1년이라 함은 역일상의 365일을 의미하는 것이 아니라, 1년의 총일수에서 휴일을 제외한 총근로일수를 말한다. 80% 이상의 출근율은 출근일을 분자로, 소정근로일수를 분모로 하여 계산한다.

(2) 계속근로연수가 1년 미만인 근로자에 대하여는 1개월간 개근 시(근기법 제60조 제2항) **기출** 20 · 21 · 24

단기계약직 근로자를 배려하기 위하여 계속근로기간이 1년에 미달하더라도 1월당 1일의 휴가를 비례적으로 보장하고 있다.

(3) 출근율 산정에 관한 판례의 태도

1) 출근으로 처리되는 기간

① 법령상 출근간주기간

　㉠ 근로자가 업무상의 재해로 휴업한 기간, 임신 중의 여성이 출산 전후의 휴가로 휴업한 기간 및 육아휴직기간은 출근한 것으로 본다(근기법 제60조 제6항). **기출** 20 · 22

　㉡ [1] 근로자가 업무상 재해로 휴업한 기간은 장단(長短)을 불문하고 소정근로일수와 출근일수에 모두 포함시켜 출근율을 계산하여야 한다. 설령 그 기간이 1년 전체에 걸치거나 소정근로일수 전부를 차지한다고 하더라도, 이와 달리 볼 아무런 근거나 이유가 없다. 나아가 근로자가 연차휴가에 관한 권리를

취득한 후 1년 이내에 연차휴가를 사용하지 아니하거나 1년이 지나기 전에 퇴직하는 등의 사유로 인하여 더 이상 연차휴가를 사용하지 못하게 될 경우에는 사용자에게 그 연차휴가일수에 상응하는 임금인 연차휴가수당을 청구할 수 있다. 한편 연차휴가를 사용할 권리 혹은 연차휴가수당청구권은 근로자가 전년도에 출근율을 충족하면서 근로를 제공하면 당연히 발생하는 것으로서, 연차휴가를 사용할 해당 연도가 아니라 그 전년도 1년간의 근로에 대한 대가에 해당한다. 따라서 근로자가 업무상 재해 등의 사정으로 말미암아 연차휴가를 사용할 해당 연도에 전혀 출근하지 못한 경우라 하더라도, 이미 부여받은 연차휴가를 사용하지 않은 데 따른 연차휴가수당은 청구할 수 있다. 이러한 연차휴가수당의 청구를 제한하는 내용의 단체협약이나 취업규칙은 근로기준법에서 정하는 기준에 미치지 못하는 근로조건을 정한 것으로서, 효력이 없다고 보아야 한다.

[2] 노사 간의 합의에 따라 근로기준법에 규정되지 않은 급여를 추가지급하기로 한 경우 그 산정기준은 노사합의에서 정한 바에 의하면 되고, 반드시 근로기준법에 규정된 법정수당 등의 산정기준인 통상임금을 기준으로 하여야 하는 것은 아니다. 따라서 근로기준법상의 통상임금에 포함되는 임금항목 중 일부만을 위 추가지급하기로 한 급여의 산정기준으로 정하였다고 하더라도 그러한 합의는 유효하다(대판 2017.5.17. 2014다232296). **기출 23**

② **부당해고기간** : 사용자가 근로자를 해고하였으나 해고에 정당한 이유가 없어 무효인 경우에 근로자는 부당해고기간 동안에 정상적으로 일을 계속하였더라면 받을 수 있었던 임금을 모두 지급받을 수 있다. 해고근로자가 해고기간 동안 근무를 하지는 않았다고 하더라도 해고가 무효인 이상 그동안 사용자와의 근로관계는 계속되고 있는 것이고, 근로자가 해고기간 동안 근무를 하지 못한 것은 근로자를 부당하게 해고한 사용자에게 책임 있는 사유로 인한 것이기 때문이다. 따라서 근로자가 부당해고로 인하여 지급받지 못한 임금이 연차휴가수당인 경우에도 해당 근로자의 연간 소정근로일수와 출근일수를 고려하여 근로기준법 제60조 제1항의 요건을 충족하면 연차유급휴가가 부여되는 것을 전제로 연차휴가수당을 지급하여야 하고, 이를 산정하기 위한 연간 소정근로일수와 출근일수를 계산할 때 사용자의 부당해고로 인하여 근로자가 출근하지 못한 기간을 근로자에 대하여 불리하게 고려할 수는 없으므로 그 기간은 연간 소정근로일수 및 출근일수에 모두 산입되는 것으로 보는 것이 타당하며, 설령 부당해고기간이 연간 총근로일수 전부를 차지하고 있는 경우에도 달리 볼 수는 없다(대판 2014.3.13. 2011다95519). **기출 21**

③ **위법한 직장폐쇄기간** : 사용자의 위법한 직장폐쇄로 인하여 근로자가 출근하지 못한 기간을 근로자에 대하여 불리하게 고려할 수는 없으므로 원칙적으로 그 기간은 연간 소정근로일수 및 출근일수에 모두 산입되는 것으로 보는 것이 타당하다. 다만, 위법한 직장폐쇄 중 근로자가 쟁의행위에 참가하였거나 쟁의행위 중 위법한 직장폐쇄가 이루어진 경우에 만일 위법한 직장폐쇄가 없었어도 해당 근로자가 쟁의행위에 참가하여 근로를 제공하지 않았을 것이 명백하다면, 이러한 쟁의행위가 적법한지 여부를 살펴 적법한 경우에는 그 기간을 연간 소정근로일수에서 제외하고, 위법한 경우에는 연간 소정근로일수에 포함시키되 결근한 것으로 처리하여야 한다. 이처럼 위법한 직장폐쇄가 없었다고 하더라도 쟁의행위에 참가하여 근로를 제공하지 않았을 것임이 명백한지는 쟁의행위에 이른 경위 및 원인, 직장폐쇄사유와의 관계, 해당 근로자의 쟁의행위에서의 지위 및 역할, 실제 이루어진 쟁의행위에 참가한 근로자의 수 등 제반 사정을 참작하여 신중하게 판단하여야 하고, 그 증명책임은 사용자에게 있다(대판 2019.2.14. 2015다66052).

2) 결근으로 처리되는 기간

① **위법한 쟁의행위기간** : 근로자가 위법한 쟁의행위에 참가한 기간은 근로자의 귀책사유에 의한 것으로 결근으로 처리한다(대판 2019.2.14. 2015다66052).

② **정직·직위해제기간** : 구 근로기준법 제59조는 "사용자는 1년간 개근한 근로자에 대하여는 10일, 9할 이상 출근한 자에 대하여는 8일의 유급휴가를 주어야 한다"고 규정하면서 '개근'이나 '9할 이상 출근한 자'에 관하여 아무런 정의규정을 두고 있지 않은바, 위 규정에 의한 연차유급휴가는 근로자에게 일정 기간 근로의무를 면제함으로써 정신적·육체적 휴양의 기회를 제공하고 문화적 생활의 향상을 기하려는 데 그 의의가 있다. 그런데 정직이나 직위해제 등의 징계를 받은 근로자는 징계기간 중 근로자의 신분을 보유하면서도 근로의무가 면제되므로, 사용자는 취업규칙에서 근로자의 정직 또는 직위해제기간을 소정 근로일수에 포함시키되 그 기간 중 근로의무가 면제되었다는 점을 참작하여 연차유급휴가 부여에 필요한 출근일수에는 포함하지 않는 것으로 규정할 수 있고, 이러한 취업규칙의 규정이 구 근로기준법 제59조에 반하여 근로자에게 불리한 것이라고 보기는 어렵다(대판 2008.10.9. 2008다41666).

3) 소정근로일수에서 제외되는 기간

① **정당한 쟁의행위기간** : [1] 근로기준법 제60조 제1항은 연차유급휴가에 관하여 "사용자는 1년간 8할 이상 출근한 근로자에게 15일의 유급휴가를 주어야 한다"고 규정하고 있는데, 이는 근로자에게 일정 기간 근로의무를 면제함으로써 정신적·육체적 휴양의 기회를 제공하고 문화적 생활의 향상을 기하려는 데 취지가 있다. 이러한 연차유급휴가는 근로자가 사용자에게 근로를 제공하는 관계에 있다는 사정만으로 당연히 보장받을 수 있는 것이 아니라, 1년간 8할 이상 출근하였을 때 비로소 부여받을 수 있는 것이므로 다른 특별한 정함이 없는 이상 이는 1년간의 근로에 대한 대가라고 볼 수 있고, 근로자가 연차유급휴가를 사용하지 못하게 됨에 따라 사용자에게 청구할 수 있는 연차휴가수당은 임금이라고 할 것이다. 여기서 근로자가 1년간 8할 이상 출근하였는지는 1년간의 총역일(曆日)에서 법령, 단체협약, 취업규칙 등에 의하여 근로의무가 없는 날로 정하여진 날을 제외한 나머지 일수, 즉 연간 근로의무가 있는 일수(이하 "연간 소정근로일수")를 기준으로 그중 근로자가 현실적으로 근로를 제공한 날이 얼마인지를 비율적으로 따져 판단하여야 하고, 연간 소정근로일수는 본래 사용자와 근로자 사이에 평상적인 근로관계, 즉 근로자가 사용자에게 근로를 제공하여 왔고 또한 계속적인 근로제공이 예정되어 있는 상태를 전제로 한 것이다. [2] 근로자가 정당한 쟁의행위를 하거나 '남녀고용평등과 일·가정 양립 지원에 관한 법률'(이하 "남녀고용평등법")에 의한 육아휴직(이하 양자를 가리켜 "쟁의행위 등")을 하여 현실적으로 근로를 제공하지 아니한 경우, 쟁의행위 등은 헌법이나 법률에 의하여 보장된 근로자의 정당한 권리 행사이고 그 권리 행사에 의하여 쟁의행위 등 기간 동안 근로관계가 정지됨으로써 근로자는 근로의무가 없으며, 쟁의행위 등을 이유로 근로자를 부당하거나 불리하게 처우하는 것이 법률상 금지되어 있으므로(노조법 제3조, 제4조, 제81조 제1항 제5호, 남녀고용평등법 제19조 제3항), 근로자가 본래 연간 소정근로일수에 포함되었던 쟁의행위 등 기간 동안 근로를 제공하지 아니하였다 하더라도 이를 두고 근로자가 결근한 것으로 볼 수는 없다. 그런데 다른 한편 그 기간 동안 근로자가 현실적으로 근로를 제공한 바가 없고, 근로기준법, 노조법, 남녀고용평등법 등 관련 법령에서 그 기간 동안 근로자가 "출근한 것으로 본다"는 규정을 두고 있지도 아니하므로, 이를 두고 근로자가 출근한 것으로 의제할 수도 없다. 따라서 이러한 경우에는 헌법과 관련 법률에 따라 쟁의행위 등 근로자의 정당한 권리행사를 보장하고, 아울러 근로자에게 정신적·육체적 휴양의 기회를 제공하고 문화적 생활의 향상을 기하려는 연차유급휴가제도의 취지를 살리는 한편, 연차유급휴가가 1년간의

근로에 대한 대가로서의 성질을 갖고 있고 현실적인 근로의 제공이 없었던 쟁의행위 등 기간에는 원칙적으로 근로에 대한 대가를 부여할 의무가 없는 점 등을 종합적으로 고려할 때, 연간 소정근로일수에서 쟁의행위 등 기간이 차지하는 일수를 제외한 나머지 일수를 기준으로 근로자의 출근율을 산정하여 연차유급휴가 취득요건의 충족 여부를 판단하되, 그 요건이 충족된 경우에는 본래 평상적인 근로관계에서 8할의 출근율을 충족할 경우 산출되었을 연차유급휴가일수에 대하여 '연간 소정근로일수에서 쟁의행위 등 기간이 차지하는 일수를 제외한 나머지 일수'를 '연간 소정근로일수'로 나눈 비율을 곱하여 산출된 연차유급휴가일수를 근로자에게 부여함이 합리적이다(대판 2013.12.26. 2011다4629). **기출 21**

② **적법한 직장폐쇄기간** : 사용자의 적법한 직장폐쇄로 인하여 근로자가 출근하지 못한 기간은 원칙적으로 연차휴가일수 산정을 위한 연간 소정근로일수에서 제외되어야 한다. 다만 노동조합의 쟁의행위에 대한 방어수단으로서 사용자의 적법한 직장폐쇄가 이루어진 경우, 이러한 적법한 직장폐쇄 중 근로자가 위법한 쟁의행위에 참가한 기간은 근로자의 귀책으로 근로를 제공하지 않은 기간에 해당하므로, 연간 소정근로일수에 포함시키되 결근한 것으로 처리하여야 한다(대판 2019.2.14. 2015다66052).

③ **노조전임기간** : 노동조합의 전임자(이하 "노조전임자")는 사용자와의 사이에 기본적 노사관계는 유지되고 근로자로서의 신분도 그대로 가지는 것이지만 근로제공의무가 면제되고 사용자의 임금지급의무도 면제된다는 점에서 휴직상태에 있는 근로자와 유사하다. 이러한 노조전임자제도가 단체협약 또는 사용자의 동의에 근거한 것으로 근로자의 단결권 유지·강화를 위해 필요할 뿐만 아니라 사용자의 노무관리업무를 대행하는 성격 역시 일부 가지는 점 등을 고려하면, 노조전임기간 동안 현실적으로 근로를 제공하지 않았다고 하더라도 결근한 것으로 볼 수 없고, 다른 한편 노조법 등 관련 법령에서 출근한 것으로 간주한다는 규정 역시 두고 있지 않으므로 출근한 것으로 의제할 수도 없다. 결국, 근로제공의무가 면제되는 노조전임기간은 연차휴가일수 산정을 위한 연간 소정근로일수에서 제외함이 타당하다. 다만 노조전임기간이 연차휴가 취득기준이 되는 연간 총근로일 전부를 차지하고 있는 경우라면, 단체협약 등에서 달리 정하지 않는 한 이러한 노조전임기간에 대하여는 연차휴가에 관한 권리가 발생하지 않는다. 그리고 위와 같이 연간 소정근로일수에서 노조전임기간 등이 차지하는 일수를 제외한 후 나머지 일수(이하 "실질 소정근로일수")만을 기준으로 근로자의 출근율을 산정하여 연차휴가 취득요건의 충족 여부를 판단하게 되는 경우, 연차휴가제도의 취지, 연차휴가가 가지는 1년간의 근로에 대한 대가로서의 성질, 연간 소정근로일수에서 제외하지 않고 결근으로 처리할 때 인정되는 연차휴가일수와의 불균형 등을 고려하면, 해당 근로자의 출근일수가 연간 소정근로일수의 8할을 밑도는 경우에 한하여, 본래 평상적인 근로관계에서 8할의 출근율을 충족할 경우 산출되었을 연차휴가일수에 대하여 실질 소정근로일수를 연간 소정근로일수로 나눈 비율을 곱하여 산출된 연차휴가일수를 근로자에게 부여함이 합리적이다. 이러한 법리는 단체협약에서 정한 연월차휴가와 관련하여 연월차휴가 취득을 위한 출근율과 실질 소정근로일수를 기준으로 한 연차휴가일수를 산정할 때에도 다른 정함이 없는 한 마찬가지로 적용된다(대판 2019.2.14. 2015다66052).

4. 비례적 삭감설의 법리[24]

(1) 비례적 삭감설을 따른 사례

출근율의 요건이 충족된 경우의 연차휴가일수에 대하여 종래 판례는, 본래 평상적인 근로관계에서 8할의 출근율을 충족할 경우 산출되었을 연차유급휴가일수에 대하여 '연간 소정근로일수에서 쟁의행위 등 기간이 차지하는 일수를 제외한 나머지 일수'를 '연간 소정근로일수'로 나눈 비율을 곱하여 산출된 연차유급휴가일수를 근로자에게 부여함이 합리적이라 할 것이라고(대판 2013.12.26. 2011다4629) 판시하였다.

(2) 비례적 삭감설을 제한한 사례

최근 판례는 "연차휴가제도의 취지, 연차휴가가 가지는 1년의 근로에 대한 대가로서의 성질, 연간 소정근로일수에서 제외하지 않고 결근으로 처리할 때 인정되는 연차휴가일수와의 불균형 등을 고려하면, 해당 근로자의 출근일수가 연간 소정근로일수의 8할을 밑도는 경우에 한하여, 본래 평상적인 근로관계에서 8할의 출근율을 충족할 경우 산출되었을 연차휴가일수에 대하여 실질 소정근로일수를 연간 소정근로일수로 나눈 비율을 곱하여 산출된 연차휴가일수를 근로자에게 부여함이 합리적이라고(대판 2019.2.14. 2015다66052) 판시하여, 비례삭감설의 입장을 다소 제한하는 법리를 제시하고 있다. 즉, 해당 근로자의 출근일수가 연간 소정근로일수의 8할 이상이 되는 경우에는 법률에서 규정한 연차휴가일수 전부를 부여하고, 8할에 미치지 못하는 경우에만 비례적으로 삭감하여 연차를 부여하는 방식이다.

5. 연차유급휴가의 내용

(1) 휴가일수(근기법 제60조 제4항)

1) 계속근로연수가 1년 미만인 경우

1개월간 개근 시 1일의 유급휴가가 주어진다.

2) 계속근로연수가 1년 이상 3년 미만인 경우

15일의 연차유급휴가가 주어진다.

3) 계속근로연수가 3년 이상인 경우(가산휴가제도)

15일의 연차유급휴가일수에 매 2년에 대하여 1일을 가산한 유급휴가를 주어야 한다. 근로자가 가산휴가를 받기 위해서는 3년 이상 계속 근로하여야 하고, 휴가 산정 대상기간 중 80% 이상 출근하여야 하며, 80% 미만 출근자의 경우에는 가산의 전제가 되는 휴가 자체가 발생하지 아니하므로, 가산휴가도 발생하지 아니한다.

> **가산휴가제도**
> 가산휴가청구권은 산정 대상기간 중의 출근율을 기준으로 발생하고, 산정 대상기간 전년도 이전의 출근율은 고려하지 않는다. 가산일수를 포함한 총휴가일수는 25일을 한도로 한다.

---

24) 근로기준법 제60조 제6항에 의하면 업무상의 부상 또는 질병으로 휴업한 기간, 임신 중의 여성이 출산전후휴가 또는 유·사산휴가로 휴업한 기간, 육아휴직으로 휴업한 기간은 출근한 것으로 간주하여 연차유급휴가를 산정하도록 하고 있으나, 근로기준법에 규정되어 있지 아니한 사유로 출근하지 아니한 경우의 연차유급휴가의 산정은 판례에 맡겨져 있다. 판례의 태도를 살피건대 종래 판례는 정당한 쟁의행위기간의 경우는 비례적 삭감설에 의하여 연차유급휴가를 산정하였으나(대판 2013.12.26. 2011다4629), 최근 판례는 적법한 직장폐쇄와 노조전임기간에 대하여 비례적 삭감설을 제한하여 연차유급휴가를 산정하고 있다고(대판 2019.2.14. 2015다66052) 이해하면 족하다고 판단된다.

제1장 제2장 제3장 제4장 제5장 제6장 제7장 제8장 제9장 제10장

(2) 연차유급휴가수당

사용자는 취업규칙이나 그 밖의 정하는 바에 따라 통상임금 또는 평균임금을 지급하여야 한다(근기법 제60조 제5항). 연차유급휴가수당은 유급휴가를 주기 전 또는 준 직후의 임금지불일에 지급하여야 한다(근기법 시행령 제33조). 기출 23

(3) 휴가부여시기

1) 근로자의 시기지정권

사용자는 근로자가 청구한 시기에 연차유급휴가를 주어야 한다(근기법 제60조 제5항 본문). 시기지정권의 행사방법에 대해서는 단체협약 및 취업규칙 등에 구체적인 방법 및 절차 등을 규정하는 것이 원칙이나, 이러한 규정이 없다 할지라도 서면 또는 구두의 방법으로 시기 지정의 의사가 전달되었다면, 시기지정권의 행사로 보아야할 것이다(대판 1992.4.10. 92누404). 기출 15

2) 사용자의 시기변경권

사용자는 근로자가 청구한 시기에 연차유급휴가를 주어야 하나, 사업운영에 막대한 지장이 있는 경우에는 그 시기를 변경할 수 있다(근기법 제60조 제5항 단서). 시기변경권의 행사방법에 대해서는 단체협약 및 취업규칙 등에 구체적인 방법 및 절차 등을 규정하는 것이 좋다. 판례는 취업규칙에 연차유급휴가를 청구하는 경우 사전에 기관장에게 신청하여 승인을 얻도록 규정하고 있다면, 이는 근로자의 시기지정권을 박탈하는 것이 아닌 사용자의 시기변경권의 적절한 행사를 위한 조치이므로 유효하다고(대판 1992.6.23. 92다7542) 판시하고 있다.

기출 12

(4) 연차유급휴가의 분할사용 및 사용용도

1) 분할사용

연차유급휴가는 계속하여 부여하는 것이 원칙이나, 근로자가 분할하여 청구하는 경우에는 분할하여 부여할 수 있을 것이다. 다만, 근로자의 분할청구권도 사용자의 시기변경권에 의하여 제한받을 수 있음을 유의하여야 한다.

2) 사용용도

연차휴가의 사용용도는 특별한 규정이 없으므로, 근로자가 자유롭게 이용할 수 있다.

> **연차유급휴가의 사용용도**
> 정당한 쟁의행위의 목적이 없이 오직 업무 방해의 수단으로 이용하기 위하여 다수의 근로자가 집단적으로 일시에 월차유급휴가를 신청하여 일제히 결근함으로써 회사 업무의 정상적인 운영을 저해한 경우에는 업무방해행위를 구성한다(대판 1991.1.29. 90도2852).

O | X 💬

1. 사용자는 계속하여 근로한 기간이 1년 미만인 근로자에게 1개월간 80% 이상 출근 시 1일의 유급휴가를 주어야 한다.
2. 15일의 연차유급휴가를 부여받기 위해서는 1년간 9할 이상 출근해야 한다.
3. 계속근로연수가 1년 미만인 근로자에게는 1월간 개근 시 1일의 유급휴가를 주어야 한다.
4. 계속근로연수가 3년 이상인 경우, 15일의 연차유급휴가일수에 매 2년에 대하여 1일을 가산한 유급휴가를 주어야 한다.
5. 사용자는 근로자가 청구한 시기에 연차유급휴가를 주어야 하고, 사업운영에 막대한 지장이 있는 경우라도 그 시기를 변경할 수 없다.
6. 사용자는 1년간 80% 이상 출근한 근로자에게 10일의 유급휴가를 주어야 한다.

정답 1. × 2. × 3. ○ 4. ○ 5. × 6. ×

6. 연차유급휴가의 소멸

(1) 연차유급휴가의 소멸

연차유급휴가는 1년간(계속하여 근로한 기간이 1년 미만인 근로자의 연차유급휴가는 최초 1년의 근로가 끝날 때까지의 기간) 행사하지 아니하면 소멸된다. 다만, 사용자의 귀책사유로 사용하지 못한 경우에는 그러하지 아니하다(근기법 제60조 제7항). 휴가청구권의 소멸시효는 근로자가 휴가를 청구할 지위를 얻게 된 때, 즉 개근의 근로를 마친 다음 날부터 진행된다(대판 1972.11.28. 72다1758). 사용자의 귀책사유로 근로자가 연차유급휴가를 사용하지 못한 경우에는, 휴가청구권 발생일로부터 1년이 지나더라도 휴가청구권은 소멸되지 아니하고 이월된다. 이때 사용자의 귀책사유란 사용자가 시기변경권을 행사한 경우를 말한다. 근로자의 귀책사유로 1년간 연차유급휴가를 행사하지 아니한 경우에는, 휴가청구권은 소멸된다. 이때 근로자의 귀책사유란 근로자가 연차유급휴가를 청구하지 아니한 경우를 말한다. 기출 12 · 19

(2) 연차유급휴가미사용수당

1) 연차유급휴가미사용수당의 산정

판례는 근로기준법 제60조 제5항 본문은 "사용자는 제1항부터 제4항까지의 규정에 따른 휴가를 근로자가 청구한 시기에 주어야 하고, 그 기간에 대하여는 취업규칙 등에서 정하는 통상임금 또는 평균임금을 지급하여야 한다"라고 정하고 있어, 연차휴가기간에 근로자가 근로를 제공하지 않더라도 근로를 제공한 것으로 보아 지급되어야 하는 연차휴가수당은 취업규칙 등에서 산정기준을 정하지 않았다면, 그 성질상 통상임금을 기초로 하여 산정하여야 하고, 근로자가 연차휴가에 관한 권리를 취득한 후 1년 이내에 연차휴가를 사용하지 아니하거나 1년이 지나기 전에 퇴직하는 등의 사유로 인하여 더 이상 연차휴가를 사용하지 못하게 될 경우에 연차휴가일수에 상응하는 임금인 연차휴가수당을 청구할 수 있는데, 이러한 연차휴가수당 역시 취업규칙 등에 다른 정함이 없다면 마찬가지로 통상임금을 기초로 하여 산정할 수당으로 보는 것이 타당하다고(대판 2019.10.18. 2018다239110) 한다.

2) 연차유급휴가미사용수당의 청구

판례는 근로자가 연차휴가에 관한 권리를 취득한 후 1년 이내에 연차휴가를 사용하지 아니하거나 1년이 지나기 전에 퇴직하는 등의 사유로 인하여 더 이상 연차휴가를 사용하지 못하게 될 경우에는 사용자에게 연차휴가일수에 상응하는 임금인 연차휴가수당을 청구할 수 있고, 한편 연차휴가를 사용할 권리 혹은 연차휴가수당청구권은 근로자가 전년도에 출근율을 충족하면서 근로를 제공하면 당연히 발생하는 것으로서, 연차휴가를 사용할 해당 연도가 아니라 그 전년도 1년간의 근로에 대한 대가에 해당한다고(대판 2017.5.17. 2014다232296) 한다. 기출 21

O | X 💬

1. 연차유급휴가는 1년간 행사하지 아니하면 소멸된다.
2. 사용자의 귀책사유로 근로자가 연차유급휴가를 사용하지 못한 경우에는, 휴가청구권 발생일로부터 1년이 지나더라도 휴가청구권은 소멸되지 아니하고 이월된다.
3. 연차휴가의 미사용에 대한 사용자의 귀책사유로 인정되지 않으려면, 연차휴가청구권이 있는 기간이 끝나기 3개월 전을 기준으로 10일 이내에 사용자가 근로자별로 사용하지 아니한 휴가일수를 알려 주어야 한다.
4. 사용자가 연차유급휴가의 사용을 촉진하기 위한 근로기준법 제61조의 조치를 하였음에도 불구하고 근로자가 휴가를 1년간 사용하지 아니하였다면, 휴가는 소멸하지만 보상청구는 가능하다.
5. 사용자는 근로자대표와의 서면합의에 따라 연차유급휴가일을 갈음하여 특정한 근로일에 근로자를 휴무시킬 수 있다.

정답 1. ○ 2. ○ 3. × 4. × 5. ○

(3) 연차유급휴가미사용수당의 청구를 제한하는 단체협약 등의 효력

판례에 의하면 근로자가 업무상 재해 등의 사정으로 말미암아 연차휴가를 사용할 해당 연도에 전혀 출근하지 못한 경우라 하더라도, 이미 부여받은 연차휴가를 사용하지 않은 데 따른 연차휴가수당은 청구할 수 있고, 이러한 연차휴가수당의 청구를 제한하는 내용의 단체협약이나 취업규칙은 근로기준법에서 정하는 기준에 미치지 못하는 근로조건을 정한 것으로서, 효력이 없다고(대판 2017.5.17. 2014다232296) 한다. 기출 20 · 23

(4) 가산임금의 청구 가부

판례에 의하면 구 근로기준법 제46조가 정하는 할증임금지급제도와 구법 제47조, 제48조 소정의 연, 월차휴가제도는 그 취지가 상이한 제도이고, 각 법조문도 휴일과 휴가를 구별하여 규정하고 있는 점에 비추어, 구법 제46조 소정의 '휴일'에는 구법 제47조, 제48조 소정의 연, 월차휴가는 포함되지 않는다고 봄이 상당하고, 또한 구법 제48조 제2항에는 휴가총일수가 20일을 초과하는 경우에는 그 초과일수에 대하여 통상임금을 지급하고 유급휴가를 주지 아니할 수 있도록 되어 있어, 20일 이하인 휴가일수에 대하여 보상을 지급해야 할 경우에도 통상임금을 추가로 지급하면 된다고 보는 것이 균형상 타당하므로, 연, 월차휴가근로수당에 대하여는 구법 제46조 소정의 가산임금(수당)이 포함될 수 없다고(대판 1991.7.26. 90다카11636) 한다.

(5) 연차유급휴가미사용수당의 소멸시효

연차유급휴가권을 취득한 근로자가 휴가권이 발생한 때부터 1년 이내에 연차유급휴가를 사용하지 못하게 됨에 따라 발생하는 연차휴가미사용수당도 그 성질이 임금이므로, 연차휴가미사용수당 청구권에는 3년의 소멸시효가 적용되고(근로기준법 제49조), 그 기산점은 연차유급휴가권을 취득한 날부터 1년의 경과로 휴가의 불실시가 확정된 다음 날이다(대판 2023.11.16. 2022다231403).

✔ 핵심문제

01 근로기준법 제60조 제1항에서 규정하고 있는 1년간 80% 이상 출근한 근로자에게 부여되는 연차유급휴가에 관한 설명으로 옳지 않은 것은?(다툼이 있으면 판례에 따름)

① 연차유급휴가를 사용할 권리는 다른 특별한 정함이 없는 한 그 전년도 1년간의 근로를 마친 다음 날 발생한다.

② 연차유급휴가를 사용하기 전에 퇴직 등의 사유로 근로관계가 종료되더라도 연차유급휴가수당을 청구할 권리는 그대로 유지된다.

③ 사용하지 아니한 휴가에 대한 보상을 지급하는 연차유급휴가수당에 대하여는 별도의 휴일근로수당이 적용되지 않는다.

④ 연차유급휴가규정을 적용하는 경우 육아휴직으로 휴업한 기간은 출근한 것으로 보지 않는다.

⑤ 연차유급휴가수당청구권의 소멸시효는 연차유급휴가권을 취득한 날부터 1년이 경과하여 그 휴가 불실시가 확정된 다음 날부터 기산한다.

[해설]
근로자가 업무상의 재해로 휴업한 기간, 임신 중의 여성이 출산 전후의 휴가로 휴업한 기간 및 육아휴직기간은 출근한 것으로 본다(근기법 제60조 제6항).

정답 ④

7. 연차유급휴가의 사용촉진

(1) 법규정(근기법 제61조)

사용자가 연차유급휴가의 사용을 촉진하기 위하여 조치를 하였음에도 불구하고 근로자가 휴가를 사용하지 아니하여 소멸된 경우에는, 사용자는 그 사용하지 아니한 휴가에 대하여 보상할 의무가 없고, 사용자의 귀책사유에 해당하지 아니하는 것으로 본다.

(2) 취 지

휴가제도가 본래의 취지보다는 금전 보전의 수단으로 이용되고 있는 실태를 개선하여 휴가사용률을 제고할 필요가 있으므로, 사용자의 적극적인 사용권유에도 불구하고 근로자가 연차유급휴가를 사용하지 않은 경우에는, 근로자의 연차유급휴가는 소멸되고, 사용자의 금전보상의무는 면제되도록 규정하고 있다.

(3) 요 건

1) 일반근로자와 1년간 80% 미만 출근자의 연차유급휴가 사용촉진

사용자가 연차유급휴가(계속하여 근로한 기간이 1년 미만인 근로자의 제60조 제2항에 따른 유급휴가는 제외)의 사용을 촉진하기 위하여 다음의 조치를 하였음에도 불구하고 근로자가 휴가를 사용하지 아니하여 소멸된 경우에는 사용자는 그 사용하지 아니한 휴가에 대하여 보상할 의무가 없고, 사용자의 귀책사유에 해당하지 아니하는 것으로 본다(근기법 제61조 제1항).

① 연차유급휴가의 행사기간이 끝나기 6개월 전을 기준으로 10일 이내에 사용자가 근로자별로 사용하지 아니한 휴가일수를 알려 주고, 근로자가 그 사용시기를 정하여 사용자에게 통보하도록 서면으로 촉구할 것

② 근로자가 촉구를 받은 때부터 10일 이내에 사용하지 아니한 휴가의 전부 또는 일부의 사용시기를 정하여 사용자에게 통보하지 아니하면 연차유급휴가의 행사기간이 끝나기 2개월 전까지 사용자가 사용하지 아니한 휴가의 사용시기를 정하여 근로자에게 서면으로 통보할 것

2) 근로기간이 1년 미만인 근로자의 연차유급휴가 사용촉진

사용자가 계속하여 근로한 기간이 1년 미만인 근로자의 연차유급휴가의 사용을 촉진하기 위하여 다음의 조치를 하였음에도 불구하고 근로자가 휴가를 사용하지 아니하여 소멸된 경우에는 사용자는 그 사용하지 아니한 휴가에 대하여 보상할 의무가 없고, 사용자의 귀책사유에 해당하지 아니하는 것으로 본다(근기법 제61조 제2항).

① 최초 1년의 근로기간이 끝나기 3개월 전을 기준으로 10일 이내에 사용자가 근로자별로 사용하지 아니한 휴가일수를 알려 주고, 근로자가 그 사용시기를 정하여 사용자에게 통보하도록 서면으로 촉구할 것. 다만, 사용자가 서면촉구한 후 발생한 휴가에 대해서는 최초 1년의 근로기간이 끝나기 1개월 전을 기준으로 5일 이내에 촉구하여야 한다.

② 근로자가 촉구를 받은 때부터 10일 이내에 사용하지 아니한 휴가의 전부 또는 일부의 사용시기를 정하여 사용자에게 통보하지 아니하면 최초 1년의 근로기간이 끝나기 1개월 전까지 사용자가 사용하지 아니한 휴가의 사용시기를 정하여 근로자에게 서면으로 통보할 것. 다만, 사용자가 서면촉구한 휴가에 대해서는 최초 1년의 근로기간이 끝나기 10일 전까지 서면으로 통보하여야 한다.

(4) 효 과

사용자가 연차유급휴가의 사용촉진을 위하여 이와 같은 조치를 한 경우에는, 사용자는 근로자의 미사용휴가에 대하여 보상의무를 부담하지 아니하므로, 근로자는 미사용휴가수당청구권을 행사할 수 없고, 또한 사용자의 귀책사유가 인정되지 아니하므로, 근로자의 연차휴가는 이월되지 아니하고 소멸된다. 판례에 의하면 사용자가 연차유급휴가의 사용촉진을 하였음에도 근로자가 휴가를 사용하지 아니하여 연차유급휴가가 소멸된 경우에는 사용자는 그 사용하지 아니한 휴가에 대하여 보상할 의무가 없으나 이와 같은 휴가미사용은 근로자의 자발적인 의사에 따른 것이어야 하므로 근로자가 지정된 휴가일에 출근하여 근로를 제공한 경우, 사용자가 휴가일에 근로한다는 사정을 인식하고도 노무의 수령을 거부한다는 의사를 명확하게 표시하지 아니하거나 근로자에 대하여 업무지시를 하였다면 특별한 사정이 없는 한 근로자가 자발적인 의사에 따라 휴가를 사용하지 않은 것으로 볼 수 없어 사용자는 근로자가 이러한 근로의 제공으로 인해 사용하지 아니한 휴가에 대하여 여전히 보상할 의무를 부담한다고(대판 2020.2.27. 2019다279283) 한다.

8. 연차유급휴가의 대체

사용자는 근로자대표와의 서면합의에 따라 연차유급휴가일을 갈음하여 특정한 근로일에 근로자를 휴무시킬 수 있다(근기법 제62조). 대체휴가일을 근로일로 한정한 근로기준법 제62조의 규정 내용과 취지 및 휴일의 의의 등을 고려하면, 휴일을 대체휴가일로 정할 수는 없다(대판 2019.10.18. 2018다239110). **기출** 14 · 20 · 21 · 22 · 23

9. 관련 판례

(1) 확정되지 않은 연차유급휴가미사용수당의 평균임금 산입 가부

평균임금 산정의 기초가 되는 임금 총액에는 사용자가 근로의 대상으로 근로자에게 지급하는 일체의 금품으로서 근로자에게 계속적·정기적으로 지급되고 그 지급에 관하여 단체협약, 취업규칙 등에 의하여 사용자에게 지급 의무가 지워져 있으면 그 명칭 여하를 불문하고 모두 포함되고, 근로자가 현실적으로 지급받은 금액뿐 아니라 평균임금을 산정하여야 할 사유가 발생한 때를 기준으로 사용자가 지급 의무를 부담하는 금액도 포함되나, 지급 사유의 발생이 확정되지 아니한 금품은 포함되지 않는다. 따라서 단체협약이나 취업규칙 등으로 달리 정하지 않는 한 퇴직금 중간정산 당시를 기준으로 그 지급 사유의 발생이 확정되지 아니한 금품을 평균임금에 포함하여 중간정산 퇴직금을 산정할 수는 없다(대판 2024.1.25. 2022다215784).

(2) 기간제근로자의 연차유급휴가[25]

[1] 근로기준법에 따르면, 사용자는 1년간 80퍼센트 이상 출근한 근로자에게 15일의 연차휴가를 주어야 하고(제60조 제1항), 계속하여 근로한 기간이 1년 미만인 근로자 또는 1년간 80퍼센트 미만 출근한 근로자에게도 1개월 개근 시 1일의 유급휴가를 주어야 한다(제60조 제2항). 연차휴가를 사용할 권리 또는 연차휴가수당청구권은 근로자가 전년도에 출근율을 충족하면서 근로를 제공하면 당연히 발생하는 것으로서, 연차휴가를

---

25) 판례는 이와 유사한 사례에서 근로기준법 제60조 제1항은 최초 1년간 80% 이상 출근한 근로자가 그다음 해에도 근로관계를 유지하는 것을 전제로 하여 2년 차에 15일의 유급휴가를 부여하는 것이어서, 1년 기간제 근로계약을 체결하여 1년의 근로계약기간이 만료됨과 동시에 근로계약관계가 더 이상 유지되지 아니하는 근로자에게는 근로기준법 제60조 제2항에 따라 최대 11일의 연차휴가만 부여될 수 있을 뿐 근로기준법 제60조 제1항에서 정한 15일의 연차휴가가 부여될 수는 없으나, 1년을 초과하되 2년 이하의 기간 동안 근로를 제공한 근로자에 대하여는 최초 1년 동안의 근로제공에 관하여 근로기준법 제60조 제2항에 따른 11일의 연차휴가가 발생하고, 최초 1년의 근로를 마친 다음 날에 근로기준법 제60조 제1항에 따른 15일의 연차휴가까지 발생함으로써 최대 연차휴가일수는 총 26일이 된다고(대판 2022.9.7. 2022다245419) 한다.

사용할 해당 연도가 아니라 그 전년도 1년간의 근로에 대한 대가에 해당한다. 근로기준법 제60조 제1항이 규정한 유급 연차휴가는 1년간 80퍼센트 이상 출근한 근로자에게 부여되는 것으로, 근로자가 연차휴가에 관한 권리를 취득한 후 1년 이내에 연차휴가를 사용하지 아니하거나 1년이 지나기 전에 퇴직하는 등의 사유로 인하여 더 이상 연차휴가를 사용하지 못하게 될 경우에는 사용자에게 그 연차휴가일수에 상응하는 임금인 연차휴가수당을 청구할 수 있다. 다만 연차휴가를 사용할 권리는 다른 특별한 정함이 없는 한 그 전년도 1년간의 근로를 마친 다음 날 발생한다고 보아야 하므로, 그전에 퇴직 등으로 근로관계가 종료한 경우에는 연차휴가를 사용할 권리에 대한 보상으로서의 연차휴가수당도 청구할 수 없다.

[2] 1년 기간제 근로계약을 체결한 근로자에게는 최대 11일의 연차휴가가 부여된다고 보아야 한다. 그 이유는 다음과 같다.

① 근로기준법은 구 근로기준법 제60조 제3항에 규정되어 있던 "사용자는 근로자의 최초 1년간의 근로에 대하여 유급휴가를 주는 경우에는 제2항에 따른 휴가를 포함하여 15일로 하고, 근로자가 제2항에 따른 휴가를 이미 사용한 경우에는 그 사용한 휴가 일수를 15일에서 뺀다"라는 규정을 삭제하였다. 이와 같이 개정한 이유는 최초 1년간의 근로에 대한 유급휴가를 사용한 경우 이를 다음 해 유급휴가에서 빼는 규정을 삭제하여 1년차에 최대 11일, 2년차에 15일의 유급휴가를 각각 받을 수 있게 하기 위한 것이다. 이는 최초 1년간 연차휴가를 사용한 경우 그다음 해 연차휴가가 줄어드는 것을 방지하기 위한 것이므로, 이를 근거로 1년 동안만 근로를 제공한 근로자에게 제60조 제2항과 제1항이 중첩적으로 적용된다고 볼 수는 없다.

② 기간을 정하여 근로계약을 체결한 근로자의 경우 그 기간이 만료됨으로써 근로자로서의 신분관계는 당연히 종료되는 것이 원칙이다. 앞서 본 바와 같이 연차휴가를 사용할 권리는 다른 특별한 정함이 없는 한 그 전년도 1년간의 근로를 마친 다음 날 발생한다고 보아야 하므로, 그전에 퇴직 등으로 근로관계가 종료한 경우에는 연차휴가를 사용할 권리에 대한 보상으로서의 연차휴가수당도 청구할 수 없다. 피고 B의 경우 마지막 근로일인 2018. 7. 31.이 지나면서 원고와의 근로관계가 종료되었고, 그다음 날인 2018. 8. 1.에는 근로자의 지위에 있지 않으므로, 근로기준법 제60조 제1항이 규정한 연차휴가를 사용할 권리에 대한 보상으로서의 연차휴가수당을 청구할 수 없다고 봄이 타당하다.

③ 만약 피고 B의 주장과 같이 1년 기간제 근로계약을 체결한 근로자에게 근로기준법 제60조 제2항뿐 아니라 제1항도 함께 적용된다면, 근로기준법 제60조 제2항에 의한 연차휴가 11일에 더하여 제1항에 의한 연차휴가 15일까지 총 26일의 연차휴가가 부여된다는 결론에 이르게 된다. 그러나 근로기준법 제60조 제4항은 '가산휴가를 포함한 총휴가 일수는 25일을 한도로 한다'고 규정하고 있다. 피고 B의 주장에 의할 경우 1년의 기간제 근로계약을 체결한 근로자는 장기간 근속한 근로자의 휴가 일수인 25일을 초과하는 휴가를 부여받게 되는데, 이는 연차 유급휴가에 관한 근로기준법 제60조 제4항의 문언에 따른 해석의 범위를 넘는 것일 뿐만 아니라 장기근속 근로자와 비교하여 1년 기간제 근로계약을 체결한 근로자를 더 우대하는 결과가 되어 형평의 원칙에도 반한다.

④ 연차휴가를 사용할 권리 혹은 연차휴가수당 청구권은 근로자가 전년도에 출근율을 충족하면서 근로를 제공하면 당연히 발생하는 것으로서 연차휴가를 사용할 해당 연도가 아니라 그 전년도 1년간의 근로에 대한 대가라는 점과 일정기간 출근한 근로자에게 일정기간 유급으로 근로의무를 면제함으로써 정신적·육체적 휴양의 기회를 제공하고 문화적 생활의 향상을 기하기 위한 것이라는 연차휴가 제도의 목적을 고려하면, 근로기준법 제60조 제1항은 최초 1년간 80퍼센트 이상 출근한 근로자가 그다음 해에도 근로관계를 유지하는 것을 전제로 하여 2년차에 15일의 유급휴가를 주어야 한다는 취지로 해석함이 타당하다. 즉, 근로기준법 제60조 제1항은 1년 기간제 근로계약을 체결하여 1년의 근로계약기간이 만료됨과 동시에 근로계약관계가 더 이상 유지되지 아니하는 근로자에게는 적용되지 않는다(대판 2021.10.14. 2021다227100).

(3) 연차유급휴가의 사용촉진

구 근로기준법 제61조에서 정한 '연차휴가 사용촉진 제도'를 도입한 경우 사용자는 연차휴가를 사용할 수 있게 된 날부터 1년의 기간이 끝나기 6개월 전을 기준으로 10일 이내에 근로자별로 사용하지 아니한 휴가 일수를 알려주고, 근로자가 그 사용시기를 정하여 사용자에게 통보하도록 서면으로 촉구하여야 한다(같은 조 제1호). 이러한 촉구에도 불구하고 근로자가 촉구를 받은 때부터 10일 이내에 사용하지 아니한 휴가의 사용시기를 정하여 사용자에게 통보하지 아니하면 사용자는 휴가 사용 가능 기간이 끝나기 2개월 전까지 근로자가 사용하지 아니한 휴가의 사용시기를 정하여 근로자에게 서면으로 통보하여야 한다. 근로자가 촉구를 받은 때부터 10일 이내에 사용하지 아니한 휴가 중 일부의 사용시기만을 정하여 사용자에게 통보한 경우에는 사용자는 휴가 사용 가능 기간이 끝나기 2개월 전까지 나머지 휴가의 사용시기를 정하여 근로자에게 서면으로 통보하여야 한다(같은 조 제2호). 사용자가 위와 같은 조치를 하였음에도 근로자가 휴가를 사용하지 아니하여 연차휴가가 소멸된 경우에는 사용자는 그 사용하지 아니한 휴가에 대하여 보상할 의무가 없다(구 근로기준법 제61조). 다만 위와 같은 휴가 미사용은 근로자의 자발적인 의사에 따른 것이어야 한다. 근로자가 지정된 휴가일에 출근하여 근로를 제공한 경우, 사용자가 휴가일에 근로한다는 사정을 인식하고도 노무의 수령을 거부한다는 의사를 명확하게 표시하지 아니하거나 근로자에 대하여 업무 지시를 하였다면 특별한 사정이 없는 한 근로자가 자발적인 의사에 따라 휴가를 사용하지 않은 것으로 볼 수 없어 사용자는 근로자가 이러한 근로의 제공으로 인해 사용하지 아니한 휴가에 대하여 여전히 보상할 의무를 부담한다. 피고가 원고의 연차휴가 사용기간의 말일부터 6개월 전을 기준으로 10일 이내에 원고에게 사용하지 아니한 연차휴가 일수가 21일임을 알려주면서 휴가 사용시기를 정하여 통보해 줄 것을 서면으로 촉구하였으나 원고는 그중 11일에 대하여만 사용시기를 정하여 통보하였고, 그 후 원고가 연차휴가 사용기간의 말일부터 1개월 전에 다시 미사용 연차휴가 20일에 대하여 연차휴가사용(변경)계획서를 제출하였으나 실제로는 지정된 휴가일에 미국으로 출장을 다녀오거나 정상적으로 출근하여 피고에게 근로를 제공한 경우, 원고가 미사용 연차휴가 21일 중 10일의 사용시기를 정하여 통보하지 않았음에도 피고가 휴가 사용 가능 기간이 끝나기 2개월 전까지 휴가의 사용시기를 정하여 원고에게 서면으로 통보하지 않은 점, 원고가 지정된 휴가일 중 피고의 업무를 수행하기 위해 미국 출장을 다녀왔고, 나머지 지정된 휴가일에도 정상적으로 출근하여 근로를 제공하였는데 피고가 별다른 이의 없이 원고의 노무제공을 수령한 점, 위 연차휴가사용(변경)계획서는 연차휴가수당의 지급을 면하기 위해 형식적으로 작성된 것에 불과하다고 봄이 타당한 점에 비추어, 피고는 미사용 연차휴가 중 10일에 대하여는 구 근로기준법 제61조에서 정한 조치를 제대로 이행하였다고 볼 수 없고, 나머지 지정된 날짜에 대하여 휴가를 사용하지 않은 것이 원고의 자발적인 의사에 따른 것이었다고도 볼 수 없어 구 근로기준법 제61조에서 정한 미사용 연차휴가에 대한 보상의무가 면제되기 위한 요건을 충족하였다고 인정하기 어려우므로, 피고는 원고에게 연차휴가수당을 지급할 의무가 있다(대판 2020.2.27. 2019다279283).

I 여성과 연소근로자에 대한 공통된 특별보호

임산부의 특별보호
- 사용금지직종(도덕상·보건상 유해·위험한 사업에 사용 ×)
- 출산전후휴가(90일)
- 유산·사산휴가(임신기간에 따른 차등)
- 시간외근로 금지
- 출산전후휴가 후의 복귀보장
- 쉬운 근로로 전환 및 시간외근로 금지
- 근로시간단축청구권
- 태아검진시간의 허용
- 유급수유시간 부여
- 휴업한 기간과 그 후 30일 동안에는 해고 제한

18세 이상 여성의 특별보호
- 임산부의 특별보호
- 사용금지직종(보건상 유해·위험한 사업 중 임신 또는 출산에 관한 기능에 유해·위험한 사업에 사용 ×)
- 갱내근로 금지
- 월 1일의 생리휴가(무급)

연소자의 특별보호
- 취직인허증을 지닌 자에 한해 근로 가능
- 사용금지직종(도덕상 또는 보건상 유해·위험한 사업에 사용 ×)
- 갱내근로 금지
- 근로계약 시 서면명시
- 독자적 임금청구

1. 탄력적 근로시간제도의 금지

탄력적 근로시간제도는 15세 이상 18세 미만의 근로자와 임신 중인 여성근로자에 대하여는 적용하지 아니한다(근기법 제51조 제3항, 제51조의2 제6항). 기출 18

2. 유해·위험사업에의 사용 금지 기출 14·18·21·22

① 사용자는 임신 중이거나 산후 1년이 경과되지 아니한 여성(이하 "임산부")과 18세 미만자를 도덕상 또는 보건상 유해·위험한 사업에 사용하지 못한다(근기법 제65조 제1항). 기출 24

② 사용자는 임산부가 아닌 18세 이상의 여성을 보건상 유해·위험한 사업 중 임신 또는 출산에 관한 기능에 유해·위험한 사업에 사용하지 못한다(근기법 제65조 제2항).

③ 유해·위험작업에의 사용금지직종은 대통령령으로 정한다(근기법 제65조 제3항).

3. 야간 · 휴일근로의 금지

(1) 18세 이상의 여성근로자(근기법 제70조 제1항)

사용자는 18세 이상의 여성을 오후 10시부터 오전 6시까지의 시간 및 휴일에 근로시키려면 그 근로자의 동의를 받아야 한다. `기출` 12 · 18 · 21 · 24

(2) 임산부와 18세 미만자(근기법 제70조 제2항)

1) 원칙

사용자는 임산부, 즉 임신 중이거나 산후 1년이 경과하지 아니한 여성과 18세 미만자를 오후 10시부터 오전 6시까지의 시간 및 휴일에 근로시키지 못한다.

2) 예외(다음의 사유에 고용노동부장관의 인가를 받은 경우)

① 18세 미만자의 동의가 있는 경우 `기출` 24
② 산후 1년이 경과하지 아니한 여성의 동의가 있는 경우
③ 임신 중의 여성이 명시적으로 청구하는 경우 `기출` 14 · 24

4. 갱내근로의 금지

사용자는 여성과 18세 미만인 사람을 갱내에서 근로시키지 못한다. 다만, 보건 · 의료, 보도 · 취재 등 대통령령이 정하는 업무를 수행하기 위하여 일시적으로 필요한 경우에는 그러하지 아니하다(근기법 제72조).

`기출` 18 · 23

① 갱내란 광산과 같이 지하에 있는 광물을 채굴하는 장소 및 지표에 나타남이 없이 지하에 도달하기 위하여 만들어진 지하도를 말한다.
② 작업장소가 갱내로 판단되는 한 그 작업의 내용이 반드시 광업이 아닐지라도 갱내근로에 해당된다.

> **갱내근로 허용업무(근기법 시행령 제42조)**
> 법 제72조에 따라 여성과 18세 미만인 자를 일시적으로 갱내에서 근로시킬 수 있는 업무는 다음 각 호와 같다.
> 1. 보건, 의료 또는 복지업무
> 2. 신문 · 출판 · 방송프로그램 제작 등을 위한 보도 · 취재업무
> 3. 학술연구를 위한 조사업무
> 4. 관리 · 감독업무
> 5. 제1호부터 제4호까지의 규정의 업무와 관련된 분야에서 하는 실습업무

O | X 💬

1. 탄력적 근로시간제도는 15세 이상 18세 미만의 근로자와 여성근로자에 대하여는 적용하지 아니한다.
2. 사용자는 임신 중이거나 산후 1년이 경과되지 아니한 여성과 18세 미만자를 도덕상 또는 보건상 유해 · 위험한 사업에 사용하지 못한다.
3. 사용자는 18세 이상의 여성을 오후 10시부터 오전 6시까지의 시간 및 휴일에 근로시키고자 하는 경우에는, 근로자대표와 서면합의를 하여야 한다.
4. 임신 중인 여성이 명시적으로 청구하는 경우 오후 10시부터 오전 6시까지의 시간 및 휴일에 근로할 수 있다.

`정답` 1. × 2. ○ 3. × 4. ×

[여성과 연소근로자의 보호]

구 분	18세 미만 근로자	18세 이상 여성근로자	임신 중인 여성근로자	산후 1년 미만 여성근로자
기준근로시간	1일 7시간, 1주 35시간(제69조)	1일 8시간, 1주 40시간(제50조)	1일 8시간, 1주 40시간(제50조)	1일 8시간, 1주 40시간(제50조)
연장근로	당사자와의 합의로 1일 1시간, 1주 5시간 연장 가능함(제69조)	당사자와의 합의로 12시간 한도로 연장 가능함 (제53조)	금지되는 것이 원칙이며, 근로자의 요구가 있는 경우에는 쉬운 종류의 근로로 전환하여야 함 (제74조 제5항)	단체협약이 있는 경우라도 1일 2시간, 1주 6시간, 1년 150시간을 넘지 못함(제71조)
야간·휴일근로	1. 원칙 : 금지 2. 예외 : 고용노동부 장관의 인가와 당사자의 동의로 가능함 (제70조 제2항)	원칙 : 근로자와의 동의로 가능함 (제70조 제1항)	1. 원칙 : 금지 2. 예외 : 고용노동부 장관의 인가와 당사자의 명시적인 청구로 가능함 (제70조 제2항)	18세 미만의 근로자와 동일함
탄력적 근로시간제	적용 ×	적용 ○	적용 ×	적용 ○
선택적 근로시간제	적용 ×	적용 ○	적용 ○	적용 ○
유해·위험사업에의 사용 금지	사용 금지	임신 또는 출산에 관한 기능에 유해·위험한 사업에 사용 금지	사용 금지	사용 금지
갱내근로	1. 원칙 : 금지 2. 예외 : 대통령령이 정하는 업무를 수행하기 위하여 일시적으로 필요한 경우			

Ⅱ 연소근로자에 대한 특별보호

1. 최저취업연령의 제한

(1) 원 칙

15세 미만인 사람(초·중등교육법에 의한 중학교에 재학 중인 18세 미만인 사람을 포함)은 근로자로 사용하지 못한다(근기법 제64조).

(2) 예 외

대통령령이 정하는 기준에 따라 고용노동부장관이 발급한 취직인허증을 지닌 사람은 그러하지 아니하다(근기법 제64조). **기출** 19

1) 취직인허증의 발급 대상

취직인허증을 받을 수 있는 자는 13세 이상 15세 미만인 자로 한다. 다만, 예술공연 참가를 위한 경우에는 13세 미만인 자도 취직인허증을 받을 수 있다(근기법 시행령 제35조 제1항). **기출** 20·21

2) 취직인허증의 신청

취직인허증을 받으려는 자는 학교장(의무교육 대상자와 재학 중인 자로 한정) 및 친권자 또는 후견인의 서명을 받아 사용자가 될 자와 연명으로 고용노동부장관에게 신청하여야 한다(근기법 시행령 제35조 제2항·제3항).

기출 14·21

3) 취직인허증의 발행·재교부

① 취직인허증은 본인의 신청에 따라 의무교육에 지장이 없는 경우에는 직종을 지정하여서만 발행할 수 있다 (근기법 제64조 제2항). [기출] 14

② 고용노동부장관은 임산부, 임산부가 아닌 18세 이상인 여성 및 18세 미만인 자의 사용이 금지되는 직종에 대하여는 취직인허증을 발급할 수 없다(근기법 시행령 제37조).

③ 고용노동부장관은 취직인허증의 발행신청에 대하여 취직을 인허할 경우에는 고용노동부령으로 정하는 취직인허증에 직종을 지정하여 신청한 근로자와 사용자가 될 자에게 내주어야 한다(근기법 시행령 제36조 제1항). [기출] 21

④ 사용자 또는 15세 미만인 자는 취직인허증이 못쓰게 되거나 이를 잃어버린 경우에는 고용노동부령으로 정하는 바에 따라 지체 없이 재교부신청을 하여야 한다(근기법 시행령 제39조). [기출] 21·23

4) 취직인허증의 취소

고용노동부장관은 거짓이나 그 밖의 부정한 방법으로 취직인허증을 발급받은 사람에게는 그 인허를 취소하여야 한다(근기법 제64조 제3항). [기출] 14·21

2. 18세 미만 연소자증명서의 비치

① 사용자는 18세 미만인 사람에 대하여는 그 연령을 증명하는 가족관계기록사항에 관한 증명서와 친권자 또는 후견인의 동의서를 사업장에 비치하여야 한다(근기법 제66조). [기출] 16·17·22

② 15세 미만인 자를 사용하는 사용자가 취직인허증을 갖추어 둔 경우에는 가족관계기록사항에 관한 증명서와 친권자나 후견인의 동의서를 갖추어 둔 것으로 본다(근기법 시행령 제36조 제2항). [기출] 14·23

3. 미성년자의 근로계약

(1) 근로계약의 대리 금지

친권자 또는 후견인은 미성년자의 근로계약을 대리할 수 없다(근기법 제67조 제1항). [기출] 19·20

(2) 근로계약의 해지

친권자, 후견인 또는 고용노동부장관은 근로계약이 미성년자에게 불리하다고 인정하는 경우에는 향후 이를 해지할 수 있다(근기법 제67조 제2항). [기출] 18·19·20·21

O | X 💬

1. 15세 미만인 자는 근로자로 사용하지 못한다.
2. 취직인허증을 받으려는 자는 학교장 및 친권자 또는 후견인의 서명을 받아 사용자가 될 자와 연명으로 교육부장관에게 제출하여야 한다.
3. 고용노동부장관은 거짓이나 그 밖의 부정한 방법으로 취직인허증을 발급받은 자에게는 그 인허를 취소하여야 한다.
4. 15세 미만인 자를 사용하는 사용자가 취직인허증을 갖추어 둔 경우에는, 가족관계기록사항에 관한 증명서와 친권자나 후견인의 동의서를 갖추어 둔 것으로 본다.
5. 친권자 또는 후견인은 미성년자의 근로계약을 대리할 수 있다.
6. 친권자, 후견인 또는 고용노동부장관은 근로계약이 미성년자에게 불리하다고 인정하는 경우에는, 향후 이를 해지할 수 있다.
7. 미성년자의 임금청구는 친권자에게는 허용되지 않는다.

정답 1. O 2. X 3. O 4. O 5. X 6. O 7. X

4. 미성년자의 임금청구

① 미성년자는 독자적으로 임금을 청구할 수 있다(근기법 제68조). 기출 16·17·20
② 이는 민법상 행위능력이 없는 미성년자에게 법정대리인의 동의 없이 단독으로 임금을 청구할 수 있는 권리를 인정한 규정이다.
③ 임금의 청구는 미성년자뿐만 아니라 친권자에게도 허용된다. 다만, 임금은 미성년자에게 직접 지불되어야 하므로, 법정대리인이 대리수령할 수는 없다.

5. 연소자근로시간의 제한

(1) 원 칙

15세 이상 18세 미만인 사람의 근로시간은 1일에 7시간, 1주에 35시간을 초과하지 못한다(근기법 제69조 본문).
기출 20·21·23

(2) 예 외

당사자 간의 합의에 의하여 1일에 1시간, 1주에 5시간을 한도로 연장할 수 있다(근기법 제69조 단서). 기출 22

(3) 적용범위

① 탄력적 근로시간제도와 선택적 근로시간제도는 연소자에게 적용하지 아니한다(근기법 제51조 제3항, 제51조의2 제6항).
② 사용자는 18세 미만자를 야간(오후 10시부터 오전 6시까지) 및 휴일에 근로시키지 못함이 원칙이다. 다만, 18세 미만자의 동의가 있는 경우로서 고용노동부장관의 인가를 얻은 경우에는 예외적으로 근로시킬 수 있도록 하고 있다(근기법 제70조 제2항). 기출 17·22

> 근기법 시행령 제41조(근로시간의 계산), 근기법 제69조 및 산안법 제139조에 따른 근로시간은 휴게시간을 제외한 근로시간을 말한다.

✔ 핵심문제

01 근로기준법령상 미성년자 또는 연소자에 대한 설명으로 옳지 않은 것은?

① 사용자는 16세인 자를 사용하는 경우, 그 연령을 증명하는 가족관계기록사항에 관한 증명서와 친권자 또는 후견인의 동의서를 사업장에 갖추어 두어야 한다.
② 미성년자가 근로계약을 체결할 때에 친권자라 하더라도 그 근로계약을 대리할 수 없다.
③ 고용노동부장관은 근로계약이 미성년자에게 불리하다고 인정하는 경우에는 이를 해지할 수 있다.
④ 예술공연 참가를 위한 경우 13세 이상 15세 미만인 자는 취직인허증을 받을 수 있으나, 13세 미만인 자는 취직인허증을 받을 수 없다.
⑤ 고용노동부장관은 유류를 취급하는 업무 중 주유업무에 대하여는 취직인허증을 발급할 수 있다.

[해설]
취직인허증을 받을 수 있는 자는 13세 이상 15세 미만인 자로 한다. 다만, 예술공연 참가를 위한 경우에는 13세 미만인 자도 취직인허증을 받을 수 있다(근기법 시행령 제35조 제1항).

정답 ④

Ⅲ 여성근로자에 대한 특별보호

1. 생리휴가

사용자는 여성근로자가 청구하면 월 1일의 생리휴가(무급)를 주어야 한다(근기법 제73조). 기출 12·18 여성근로자의 특수한 신체적·생리적 사정을 보호하기 위한 제도이므로, 직종이나 근로시간, 개근 여부 등에 관계없이 임시직 근로자 및 시간제근로자 등을 포함한 모든 여성근로자에게 생리 여부 사실에 따라 부여되어야 한다. 임신, 폐경 등 생리현상이 없는 여성근로자에게는 생리휴가를 부여하지 아니하여도 무방하다. 증명책임에 관하여 최근 판례는 여성 근로자로 하여금 생리휴가를 청구하면서 생리현상의 존재까지 소명하라고 요구하는 것은 해당 근로자의 사생활 등 인권에 대한 과도한 침해가 될 뿐만 아니라 생리휴가 청구를 기피하게 만들거나 청구 절차를 어렵게 함으로써 생리휴가 제도 자체를 무용하게 만들 수 있으므로, 사용자로서는 여성 근로자가 생리휴가를 청구하는 경우, 해당 여성 근로자가 폐경, 자궁 제거, 임신 등으로 인하여 생리현상이 없다는 점에 관하여 비교적 명백한 정황이 없는 이상 여성 근로자의 청구에 따라 생리휴가를 부여하여야 한다고 봄이 타당하다고(대판 2021.4.8. 2021도1500) 한다.

2. 출산전후휴가와 임신기의 근로(근기법 제74조)

(1) 출산전후휴가의 부여

① 사용자는 임신 중의 여성에게 출산 전과 출산 후를 통하여 90일(한 번에 둘 이상 자녀를 임신한 경우에는 120일)의 출산전후휴가를 주어야 한다. 휴가기간의 배정은 출산 후에 45일(한 번에 둘 이상 자녀를 임신한 경우에는 60일) 이상이 되어야 한다(제1항). 기출 15·20·23·24

② 사용자는 임신 중인 여성근로자가 유산의 경험 등 대통령령으로 정하는 사유로 ①의 휴가를 청구하는 경우 출산 전 어느 때라도 휴가를 나누어 사용할 수 있도록 하여야 한다. 이 경우 출산 후의 휴가기간은 연속하여 45일(한 번에 둘 이상 자녀를 임신한 경우에는 60일) 이상이 되어야 한다(제2항). 기출 16

③ 출산 전 휴가는 근로자가 청구한 때에 주어야 하나, 출산 후 휴가는 근로자의 청구가 없더라도 주어야 한다.

④ 사업주는 근로자가 배우자의 출산을 이유로 휴가(이하 "배우자출산휴가")를 청구하는 경우에 10일의 휴가를 주어야 한다. 이 경우 사용한 휴가기간은 유급으로 한다. 배우자출산휴가는 근로자의 배우자가 출산한 날부터 90일이 지나면 청구할 수 없다(고평법 제18조의2). 기출 16·17

(2) 유산·사산휴가 기출 16·23

사용자는 임신 중인 여성이 유산 또는 사산한 경우로서 그 근로자가 청구하면 유산·사산휴가를 주어야 한다. 다만, 임신중절수술(모자보건법 제14조 제1항에 따른 경우는 제외)에 따른 유산의 경우는 그러하지 아니하다(제3항).

(3) 휴가기간 중 임금

① 휴가 중 최초 60일(한 번에 둘 이상 자녀를 임신한 경우에는 75일)은 유급으로 한다. 다만, 남녀고용평등과 일·가정 양립 지원에 관한 법률에 따라 출산전후휴가급여 등이 지급된 경우에는 그 금액의 한도에서 지급의 책임을 면한다(제4항). 기출 12·15

② 국가는 배우자출산휴가, 출산전후휴가 또는 유산·사산휴가를 사용한 근로자 중 일정한 요건에 해당하는 사람에게 그 휴가기간에 대하여 통상임금에 상당하는 금액(이하 "출산전후휴가급여등")을 지급할 수 있다(고평법 제18조 제1항).

(4) 근로제공의무의 경감

1) 시간외근로의 금지

사용자는 임신 중의 여성근로자에게 시간외근로를 하게 하여서는 아니 된다(제5항). 이때 시간외근로는 연장근로만을 의미하며, 고용노동부장관의 인가와 근로자의 명시적 청구가 있는 경우에는 휴일 및 야간근로는 인정된다(근기법 제70조 제2항). 기출 20·23

2) 경미한 근로로의 전환

사용자는 임신 중의 여성근로자의 요구가 있는 경우에는 쉬운 종류의 근로로 전환하여야 한다(제5항). 경미한 근로의 여부는 사회통념에 따라 구체적으로 판단하여야 한다. 기출 16·23

(5) 휴가 종료 후 직무 복귀

사업주는 출산전후휴가 종료 후에는 휴가 전과 동일한 업무 또는 동등한 수준의 임금을 지급하는 직무에 복귀시켜야 한다(제6항). 기출 16·20·23

(6) 근로시간의 단축

사용자는 임신 후 12주 이내 또는 36주 이후에 있는 여성근로자가 1일 2시간의 근로시간 단축을 신청하는 경우 이를 허용하여야 한다. 다만, 1일 근로시간이 8시간 미만인 근로자에 대하여는 1일 근로시간이 6시간이 되도록 근로시간 단축을 허용할 수 있다(제7항). 사용자는 근로시간 단축을 이유로 해당 근로자의 임금을 삭감하여서는 아니 된다(제8항). 기출 20·23

(7) 업무시각의 변경

사용자는 임신 중인 여성근로자가 1일 소정근로시간을 유지하면서 업무의 시작 및 종료시각의 변경을 신청하는 경우 이를 허용하여야 한다. 다만, 정상적인 사업운영에 중대한 지장을 초래하는 경우 등 대통령령으로 정하는 경우에는 그러하지 아니하다(제9항). 기출 24

(8) 해고의 제한

출산 전후의 여성이 이 법에 따라 휴업한 기간과 그 후 30일간은 해고하지 못한다. 다만, 사용자가 일시보상을 하였을 경우 또는 사업을 계속할 수 없게 된 경우에는 그러하지 아니하다(근기법 제23조 제2항).

유산·사산휴가의 청구 등(근기법 시행령 제43조)

① 법 제74조 제2항 전단에서 "대통령령으로 정하는 사유"란 다음 각 호의 어느 하나에 해당하는 경우를 말한다.
　1. 임신한 근로자에게 유산·사산의 경험이 있는 경우
　2. 임신한 근로자가 출산전후휴가를 청구할 당시 연령이 만 40세 이상인 경우 기출 24
　3. 임신한 근로자가 유산·사산의 위험이 있다는 의료기관의 진단서를 제출한 경우
② 법 제74조 제3항에 따라 유산 또는 사산한 근로자가 유산·사산휴가를 청구하는 경우에는 휴가청구사유, 유산·사산 발생일 및 임신기간 등을 적은 유산·사산휴가신청서에 의료기관의 진단서를 첨부하여 사업주에게 제출하여야 한다.
③ 사업주는 제2항에 따라 유산·사산휴가를 청구한 근로자에게 다음 각 호의 기준에 따라 유산·사산휴가를 주어야 한다.
　1. 유산 또는 사산한 근로자의 임신기간이 11주 이내인 경우 : 유산 또는 사산한 날부터 5일까지
　2. 임신기간이 12주 이상 15주 이내인 경우 : 유산 또는 사산한 날부터 10일까지
　3. 임신기간이 16주 이상 21주 이내인 경우 : 유산 또는 사산한 날부터 30일까지
　4. 임신기간이 22주 이상 27주 이내인 경우 : 유산 또는 사산한 날부터 60일까지
　5. 임신기간이 28주 이상인 경우 : 유산 또는 사산한 날부터 90일까지 기출 20

---

3. 태아검진 시간의 허용

사용자는 임신한 여성근로자가 임산부 정기건강진단을 받는데 필요한 시간을 청구하는 경우 이를 허용하여 주어야 한다. 사용자는 건강진단 시간을 이유로 그 근로자의 임금을 삭감하여서는 아니 된다(근기법 제74조의2).

`기출` 24

4. 유급수유시간

생후 1년 미만의 유아를 가진 여성근로자의 청구가 있는 경우에는 1일 2회 각각 30분 이상의 유급수유시간을 주어야 한다(근기법 제75조). `기출` 15 · 16 · 23

5. 연장근로시간의 제한

사용자는 산후 1년이 지나지 아니한 여성에 대하여는 단체협약이 있는 경우라도 1일에 2시간, 1주에 6시간, 1년에 150시간을 초과하는 시간외근로를 시키지 못한다(근기법 제71조). 취업규칙, 근로계약 및 기타 당사자의 약정에 의하더라도 연장근로를 시킬 수 없다. `기출` 13 · 14 · 21

O | X 💬

1. 사용자는 여성근로자가 청구하면 월 1일의 생리휴가(유급)를 주어야 한다.
2. 사용자는 한 번에 둘 이상 자녀를 임신한 경우에는 100일의 출산전후휴가를 주어야 한다.
3. 사용자는 임신 중인 여성이 유산 또는 사산한 경우에는, 그 근로자가 청구하지 않더라도 유산·사산휴가를 주어야 한다.
4. 사업주는 출산전후휴가 종료 후에는 휴가 전과 동일한 업무 또는 동등한 수준의 임금을 지급하는 직무에 복귀시켜야 한다.
5. 생후 1년 미만의 유아를 가진 여성근로자의 청구가 있는 경우에는 1일 2회 각각 1시간 이상의 유급수유시간을 주어야 한다.
6. 사용자는 산후 1년이 경과되지 아니한 여성에 대하여는 단체협약이 있는 경우라도 1일에 2시간, 1주에 5시간, 1년에 150시간을 초과하는 시간외근로를 시키지 못한다.

`정답` 1. ✕ 2. ✕ 3. ✕ 4. ○ 5. ✕ 6. ✕

01 기출 24 ☑ 확인 Check! ○ △ ✕

근로기준법상 휴식에 관한 설명으로 옳지 않은 것은?

① 사용자는 8시간을 초과한 휴일근로에 대하여는 통상임금의 100분의 50 이상을 가산하여 근로자에게 지급하여야 한다.

② 사용자는 근로자에게 1주에 평균 1회 이상의 유급휴일을 보장하여야 한다.

③ 사용자는 근로시간이 4시간인 경우에는 30분 이상의 휴게시간을 근로시간 도중에 주어야 한다.

④ 사용자는 계속하여 근로한 기간이 1년 미만인 근로자에게 1개월 개근 시 1일의 유급휴가를 주어야 한다.

⑤ 휴게(제54조)에 관한 규정은 감시(監視) 근로에 종사하는 사람으로서 사용자가 고용노동부장관의 승인을 받은 사람에 대하여는 적용하지 아니한다.

01

① (✕) 사용자는 8시간을 초과한 휴일근로에 대하여는 통상임금의 100분의 100 이상을 가산하여 근로자에게 지급하여야 한다(근기법 제56조 제2항 제2호).

② (○) 근기법 제55조 제1항

③ (○) 사용자는 근로시간이 4시간인 경우에는 30분 이상, 8시간인 경우에는 1시간 이상의 휴게시간을 근로시간도중에 주어야 한다(근기법 제54조 제1항).

④ (○) 사용자는 계속하여 근로한 기간이 1년 미만인 근로자 또는 1년간 80퍼센트 미만 출근한 근로자에게 1개월 개근 시 1일의 유급휴가를 주어야 한다(근기법 제60조 제2항).

⑤ (○) 휴게(제54조)에 관한 규정은 감시(監視) 또는 단속적(斷續的)으로 근로에 종사하는 사람으로서 사용자가 고용노동부장관의 승인을 받은 사람에 대하여는 적용하지 아니한다(근기법 제63조 제3호).

정답 ①

02 기출 24

☑ 확인Check! ○ △ ✕

근로기준법상 야간근로에 관한 설명으로 옳지 않은 것은?

① 사용자는 야간근로에 대하여 통상임금의 100분의 50 이상을 가산하여 근로자에게 지급하여야 한다.

② 사용자는 근로자대표와의 서면 합의에 따라 야간근로에 대하여 임금을 지급하는 것을 갈음하여 휴가를 줄 수 있다.

③ 사용자는 18세 미만자의 경우 그의 동의가 있고 고용노동부장관의 인가를 받으면 야간근로를 시킬 수 있다.

④ 사용자는 18세 이상의 여성에 대하여는 그 근로자의 동의가 있는 경우에도 1일에 2시간, 1주에 6시간, 1년에 150시간을 초과하는 야간근로를 시키지 못한다.

⑤ 사용자는 임신 중의 여성이 명시적으로 청구하고 고용노동부장관의 인가를 받으면 야간근로를 시킬 수 있다.

02

① (○) 근기법 제56조 제3항

② (○) 사용자는 근로자대표와의 서면 합의에 따라 연장근로·<u>야간근로 및 휴일근로 등에 대하여 임금을 지급하는 것을 갈음하여 휴가를 줄 수 있다</u>(근기법 제57조).

③ (○) 사용자는 임산부와 18세 미만자를 오후 10시부터 오전 6시까지의 시간 및 휴일에 근로시키지 못하나, <u>18세 미만자의 동의가 있는 경우로서 고용노동부장관의 인가를 받으면</u> 그러하지 아니하다(근기법 제70조 제2항 제1호).

④ (✕) <u>사용자는 18세 이상의 여성을 오후 10시부터 오전 6시까지의 시간 및 휴일에 근로시키려면 그 근로자의 동의를 받아야</u> 한다(근기법 제70조 제1항). 한편 사용자는 산후 1년이 지나지 아니한 여성에 대하여는 단체협약이 있는 경우라도 1일에 2시간, 1주에 6시간, 1년에 150시간을 초과하는 시간외근로를 시키지 못한다(근기법 제71조).

⑤ (○) 사용자는 임산부와 18세 미만자를 오후 10시부터 오전 6시까지의 시간 및 휴일에 근로시키지 못하나, 임신 중의 여성이 명시적으로 청구하는 경우로서 <u>고용노동부장관의 인가를 받으면</u> 그러하지 아니하다(근기법 제70조 제2항 제3호).

정답 ④

03 기출 24 ☑확인Check! ○ △ ✕

근로기준법상 임산부의 보호에 관한 설명으로 옳지 않은 것은?

① 사용자는 산후 1년이 지나지 아니한 여성 근로자가 1일 소정근로시간을 유지하면서 업무의 시작 및 종료 시각의 변경을 신청하는 경우 이를 허용하여야 한다.

② 사용자는 한 명의 자녀를 임신한 여성에게 출산 전과 출산 후를 통하여 90일의 출산전후휴가를 주어야 한다.

③ 사용자는 만 42세의 임신 중인 여성 근로자가 출산전후휴가를 청구하는 경우 출산 전 어느 때라도 휴가를 나누어 사용할 수 있도록 하여야 한다.

④ 사용자는 임신한 여성 근로자가 모자보건법상 임산부 정기건강진단을 받는데 필요한 시간을 청구하는 경우 이를 허용하여야 한다.

⑤ 사용자는 임산부를 도덕상 또는 보건상 유해·위험한 사업에 사용하지 못한다.

03

① (✕) 사용자는 임신 중인 여성 근로자가 1일 소정근로시간을 유지하면서 업무의 시작 및 종료 시각의 변경을 신청하는 경우 이를 허용하여야 한다(근기법 제74조 제9항 본문).

② (○) 사용자는 임신 중의 여성에게 출산 전과 출산 후를 통하여 90일(한 번에 둘 이상 자녀를 임신한 경우에는 120일)의 출산전후휴가를 주어야 한다(근기법 제74조 제1항 전문).

③ (○) 사용자는 임신 중인 여성 근로자가 출산전후휴가를 청구할 당시 연령이 만 40세 이상인 경우 출산 전 어느 때라도 휴가를 나누어 사용할 수 있도록 하여야 한다(근기법 제74조 제2항 전문, 동법 시행령 제43조 제1항 제2호).

④ (○) 근기법 제74조의2 제1항

⑤ (○) 사용자는 임신 중이거나 산후 1년이 지나지 아니한 여성과 18세 미만자(이하 "임산부")를 도덕상 또는 보건상 유해·위험한 사업에 사용하지 못한다(근기법 제65조 제1항).

정답 ①

➕ PLUS

임산부의 보호(근기법 제74조)
① 사용자는 임신 중의 여성에게 출산 전과 출산 후를 통하여 90일(한 번에 둘 이상 자녀를 임신한 경우에는 120일)의 출산전후휴가를 주어야 한다. 이 경우 휴가 기간의 배정은 출산 후에 45일(한 번에 둘 이상 자녀를 임신한 경우에는 60일) 이상이 되어야 한다.
② 사용자는 임신 중인 여성 근로자가 유산의 경험 등 대통령령으로 정하는 사유로 제1항의 휴가를 청구하는 경우 출산 전 어느 때 라도 휴가를 나누어 사용할 수 있도록 하여야 한다. 이 경우 출산 후의 휴가 기간은 연속하여 45일(한 번에 둘 이상 자녀를 임신한 경우에는 60일) 이상이 되어야 한다.

유산·사산휴가의 청구 등(근기법 시행령 제43조)
① 법 제74조 제2항 전단에서 "대통령령으로 정하는 사유"란 다음 각 호의 어느 하나에 해당하는 경우를 말한다.
  1. 임신한 근로자에게 유산·사산의 경험이 있는 경우
  2. 임신한 근로자가 출산전후휴가를 청구할 당시 연령이 만 40세 이상인 경우
  3. 임신한 근로자가 유산·사산의 위험이 있다는 의료기관의 진단서를 제출한 경우

☑ 확인Check! ○ △ ✕

근로기준법령상 여성과 소년의 보호에 관한 설명으로 옳지 않은 것은?

① 15세 미만인 자를 사용하는 사용자가 취직인허증을 갖추어 둔 경우에는 가족관계기록사항에 관한 증명서와 친권자나 후견인의 동의서를 갖추어 두지 않아도 된다.

② 사용자는 취직인허증이 못쓰게 된 경우에는 고용노동부령으로 정하는 바에 따라 지체 없이 재교부 신청을 하여야 한다.

③ 사용자는 임신 중의 여성이 명시적으로 청구하는 경우로서 고용노동부장관의 인가를 받은 경우 휴일에 근로하게 할 수 있다.

④ 생후 1년 미만의 유아를 가진 여성 근로자가 청구하면 1일 2회 각각 60분 이상의 유급 수유시간을 주어야 한다.

⑤ 사용자는 관리·감독 업무를 수행하기 위하여 일시적으로 필요한 경우 여성을 갱내(坑內)에서 근로시킬 수 있다.

04

① (○) 근기법 시행령 제36조 제2항

② (○) 사용자 또는 15세 미만인 자는 취직인허증이 못쓰게 되거나 이를 잃어버린 경우에는 고용노동부령으로 정하는 바에 따라 지체 없이 재교부 신청을 하여야 한다(근기법 시행령 제39조).

③ (○) 사용자는 임산부와 18세 미만자를 오후 10시부터 오전 6시까지의 시간 및 휴일에 근로시키지 못한다. 다만, 임신 중의 여성이 명시적으로 청구하는 경우로서 고용노동부장관의 인가를 받으면 그러하지 아니하다(근기법 제70조 제2항 제3호).

④ (✕) 생후 1년 미만의 유아(乳兒)를 가진 여성 근로자가 청구하면 1일 2회 각각 30분 이상의 유급 수유 시간을 주어야 한다(근기법 제75조).

⑤ (○) 근기법 제72조, 동법 시행령 제42조 제4호

정답 ④

➕ **PLUS**

갱내근로의 금지(근기법 제72조)
사용자는 여성과 18세 미만인 사람을 갱내(坑內)에서 근로시키지 못한다. 다만, 보건·의료, 보도·취재 등 대통령령으로 정하는 업무를 수행하기 위하여 일시적으로 필요한 경우에는 그러하지 아니하다.

갱내근로 허용업무(근기법 시행령 제42조)
법 제72조에 따라 여성과 18세 미만인 자를 일시적으로 갱내에서 근로시킬 수 있는 업무는 다음 각 호와 같다.
1. 보건, 의료 또는 복지 업무
2. 신문·출판·방송프로그램 제작 등을 위한 보도·취재업무
3. 학술연구를 위한 조사 업무
4. 관리·감독 업무
5. 제1호부터 제4호까지의 규정의 업무와 관련된 분야에서 하는 실습 업무

05 기출 23

☑ 확인 Check! ○ △ ✕

근로기준법상 임산부의 보호에 관한 설명으로 옳지 않은 것은?

① 사용자는 임신 중의 여성 근로자에게 시간외근로를 하게 하여서는 아니 되며, 그 근로자의 요구와 관계없이 쉬운 종류의 근로로 전환하여야 한다.

② 사용자는 임신 중인 여성이 사산한 경우로서 그 근로자가 청구하면 대통령령으로 정하는 바에 따라 사산 휴가를 주어야 한다.

③ 사용자는 한 번에 둘 이상 자녀를 임신 중의 여성에게 출산 전과 출산 후를 통하여 120일의 출산전후휴가를 주어야 한다.

④ 사업주는 출산전후휴가 종료 후에는 휴가 전과 동일한 업무 또는 동등한 수준의 임금을 지급하는 직무에 복귀시켜야 한다.

⑤ 사용자는 1일 근로시간이 8시간인 임신 후 36주 이후에 있는 여성 근로자가 1일 2시간의 근로시간 단축을 신청하는 경우 이를 허용하여야 한다.

05

① (✕) 사용자는 임신 중의 여성 근로자에게 시간외근로를 하게 하여서는 아니 되며, <u>그 근로자의 요구가 있는 경우에는 쉬운 종류의 근로로 전환하여야 한다</u>(근기법 제74조 제5항).

② (○) 사용자는 임신 중인 여성이 유산 또는 <u>사산한 경우로서</u> 그 근로자가 청구하면 <u>대통령령으로 정하는 바에 따라 유산·사산 휴가를 주어야 한다</u>(근기법 제74조 제3항 본문).

③ (○) 근기법 제74조 제1항 전문

④ (○) 근기법 제74조 제6항

⑤ (○) 사용자는 임신 후 12주 이내 또는 36주 이후에 있는 여성 근로자가 1일 2시간의 근로시간 단축을 신청하는 경우 이를 허용하여야 한다. 다만, 1일 근로시간이 8시간 미만인 근로자에 대하여는 1일 근로시간이 6시간이 되도록 근로시간 단축을 허용할 수 있다(근기법 제74조 제7항).

정답 ①

06 기출 22

☑ 확인 Check! ○ △ ✕

근로기준법상 근로시간과 휴식에 관한 설명으로 옳은 것은?

① 사용자는 모든 근로자에게 근로시간이 8시간인 경우에는 30분의 휴게시간을 근로시간 도중에 주어야 한다.

② 사용자는 근로자에게 매월 평균 1회 이상의 유급휴일을 보장해야 한다.

③ 사용자는 근로자에게 대통령령으로 정하는 휴일을 유급으로 보장하여야 하므로 근로자대표와 서면 합의를 하였더라도 특정한 근로일로 대체할 수 없다.

④ 사용자는 8시간을 초과한 연장근로에 대하여는 통상임금의 100분의 100 이상을 가산하여 지급하여야 한다.

⑤ 사용자는 근로자대표와의 서면 합의에 따라 야간근로에 대하여 임금을 지급하는 것을 갈음하여 휴가를 줄 수 있다.

06

① (✕) 사용자는 근로시간이 4시간인 경우에는 30분 이상, <u>8시간인 경우에는 1시간 이상의 휴게시간을 근로시간 도중에 주어야 한다</u>(근기법 제54조 제1항).

② (✕) 사용자는 근로자에게 <u>1주에 평균 1회 이상의 유급휴일을 보장하여야 한다</u>(근기법 제55조 제1항).

③ (✕) 사용자는 근로자에게 대통령령으로 정하는 휴일을 유급으로 보장하여야 한다. 다만, <u>근로자대표와 서면으로 합의한 경우 특정한 근로일로 대체할 수 있다</u>(근기법 제55조 제2항).

④ (✕) 사용자는 연장근로에 대하여는 <u>통상임금의 100분의 50 이상을 가산하여 근로자에게 지급하여야 한다</u>(근기법 제56조 제1항).

⑤ (○) 사용자는 근로자대표와의 서면 합의에 따라 연장근로·<u>야간근로</u> 및 휴일근로 등에 대하여 임금을 지급하는 것을 갈음하여 휴가를 줄 수 있다(근기법 제57조).

정답 ⑤

☑ 확인Check! ○ △ ✕

07

근로기준법령상 연차 유급휴가에 관한 설명으로 옳지 않은 것은?(다툼이 있으면 판례에 따름)

① 사용자는 1년간 80퍼센트 미만 출근한 근로자에게 1개월 개근 시 1일의 유급휴가를 주어야 한다.

② 연차 휴가기간에 지급하여야 하는 임금은 유급휴가를 주기 전이나 준 직후의 임금지급일에 지급하여야 한다.

③ 근로자가 업무상 재해 등의 사정으로 말미암아 연차휴가를 사용할 해당 연도에 전혀 출근하지 못한 경우라 하더라도 이미 부여받은 연차휴가를 사용하지 않은 데 따른 연차휴가수당은 청구할 수 있다.

④ 사용자는 근로자대표와의 서면 합의에 따라 연차 유급휴가일을 갈음하여 특정한 근로일에 근로자를 휴무시킬 수 있다.

⑤ 근로자가 업무상 재해로 휴업한 기간은 소정근로일수와 출근일수에 모두 제외시켜 출근율을 계산하여야 한다.

① (○) 사용자는 계속하여 근로한 기간이 1년 미만인 근로자 또는 1년간 80퍼센트 미만 출근한 근로자에게 1개월 개근 시 1일의 유급휴가를 주어야 한다(근기법 제60조 제2항).

② (○) 근기법 시행령 제33조

③ (○) 연차휴가를 사용할 권리 혹은 연차휴가수당 청구권은 근로자가 전년도에 출근율을 충족하면서 근로를 제공하면 당연히 발생하는 것으로서, 연차휴가를 사용할 해당 연도가 아니라 그 전년도 1년간의 근로에 대한 대가에 해당한다. 따라서 근로자가 업무상 재해 등의 사정으로 말미암아 연차휴가를 사용할 해당 연도에 전혀 출근하지 못한 경우라 하더라도, 이미 부여받은 연차휴가를 사용하지 않은 데 따른 연차휴가수당은 청구할 수 있다. 이러한 연차휴가수당의 청구를 제한하는 내용의 단체협약이나 취업규칙은 근로기준법에서 정하는 기준에 미치지 못하는 근로조건을 정한 것으로서, 효력이 없다(대판 2017.5.17. 2014다232296).

④ (○) 근기법 제62조

⑤ (✕) 근로기준법 제60조 제6항 제1호는 위와 같이 출근율을 계산할 때 근로자가 업무상의 부상 또는 질병(이하 '업무상 재해')으로 휴업한 기간은 출근한 것으로 간주하도록 규정하고 있다. 이는 근로자가 업무상 재해 때문에 근로를 제공할 수 없었음에도 업무상 재해가 없었을 경우보다 적은 연차휴가를 부여받는 불이익을 방지하려는 데에 취지가 있다. 그러므로 근로자가 업무상 재해로 휴업한 기간은 장단을 불문하고 소정근로일수와 출근일수에 모두 포함시켜 출근율을 계산하여야 한다. 설령 그 기간이 1년 전체에 걸치거나 소정근로일수 전부를 차지한다고 하더라도, 이와 달리 볼 아무런 근거나 이유가 없다(대판 2017.5.17. 2014다232296).

정답 ⑤

근로기준법상 18세 미만인 사람에 관한 설명으로 옳지 않은 것은?

① 사용자는 18세 미만인 사람을 보건상 유해·위험한 사업에 사용하지 못한다.

② 사용자는 18세 미만인 사람에 대하여는 그 연령을 증명하는 가족관계기록사항에 관한 증명서 또는 친권자나 후견인의 동의서를 사업장에 갖추어 두어야 한다.

③ 사용자는 18세 미만인 사람과 근로계약을 체결하는 경우에는 법령에 따른 근로조건을 서면으로 명시하여 교부하여야 한다.

④ 18세 미만인 사람의 근로시간은 당사자 사이의 합의에 따라 1일에 1시간, 1주에 5시간을 한도로 연장할 수 있다.

⑤ 18세 미만인 사람의 동의가 있는 경우로서 고용노동부장관의 인가를 받으면 사용자는 18세 미만인 사람을 휴일에 근로시킬 수 있다.

08

① (○) 사용자는 임신 중이거나 산후 1년이 지나지 아니한 여성과 18세 미만자를 도덕상 또는 보건상 유해·위험한 사업에 사용하지 못한다(근기법 제65조 제1항). 사용자는 18세 미만인 사람을 보건상 유해·위험한 사업에 사용하지 못한다.

② (✕) 사용자는 18세 미만인 사람에 대하여는 그 연령을 증명하는 가족관계기록사항에 관한 증명서와 친권자 또는 후견인의 동의서를 사업장에 갖추어 두어야 한다(근기법 제66조).

③ (○) 근기법 제67조 제3항

④ (○) 근기법 제69조

⑤ (○) 사용자는 임산부와 18세 미만자를 오후 10시부터 오전 6시까지의 시간 및 휴일에 근로시키지 못한다. 다만, 18세 미만자의 동의가 있는 경우로서 고용노동부장관의 인가를 받으면 그러하지 아니하다(근기법 제70조 제2항 제1호).

정답 ②

근로기준법령상 취직인허증에 관한 설명으로 옳지 않은 것은?

① 예술공연 참가를 위한 경우에는 13세 미만인 자도 취직인허증을 받을 수 있다.

② 의무교육대상자가 취직인허증을 신청하는 경우 신청인은 사용자가 될 자의 취업확인서를 받아 친권자 또는 후견인과 연명으로 고용노동부장관에게 신청하여야 한다.

③ 고용노동부장관은 취직인허증신청에 대하여 취직을 인허할 경우에는 고용노동부령으로 정하는 취직인허증에 직종을 지정하여 신청한 근로자와 사용자가 될 자에게 내주어야 한다.

④ 고용노동부장관은 거짓으로 취직인허증을 발급받은 사람에게는 그 인허를 취소하여야 한다.

⑤ 사용자 또는 15세 미만인 자는 취직인허증이 못쓰게 되거나 이를 잃어버린 경우에는 고용노동부령으로 정하는 바에 따라 지체 없이 재교부신청을 하여야 한다.

09

① (○) 취직인허증을 받을 수 있는 자는 13세 이상 15세 미만인 자로 한다. 다만, 예술공연 참가를 위한 경우에는 13세 미만인 자도 취직인허증을 받을 수 있다(근기법 시행령 제35조 제1항).

② (✕) 취직인허증을 받으려는 자는 학교장(의무교육대상자와 재학 중인 자로 한정) 및 친권자 또는 후견인의 서명을 받아 사용자가 될 자와 연명(連名)으로 고용노동부장관에게 신청하여야 한다(근기법 시행령 제35조 제2항·제3항).

③ (○) 근기법 시행령 제36조 제1항

④ (○) 근기법 제64조 제3항

⑤ (○) 근기법 시행령 제39조

정답 ②

10 기출 22

☑ 확인 Check! ○ △ ✕

근로기준법상 연차 유급휴가에 관한 설명으로 옳지 않은 것은?

① 사용자는 계속하여 근로한 기간이 1년 미만인 근로자에게 1개월 개근 시 1일의 연차유급휴가를 주어야 한다.

② 사용자는 1년간 80퍼센트 미만 출근한 근로자에게 1개월 개근 시 1일의 연차 유급휴가를 주어야 한다.

③ 연차 유급휴가 일수의 산정 시 근로자가 업무상의 질병으로 휴업한 기간은 출근한 것으로 보지 않는다.

④ 사용자가 근로자에게 주어야 하는 연차 유급휴가의 총 휴가 일수는 가산휴가를 포함하여 25일을 한도로 한다.

⑤ 사용자는 근로자대표와의 서면 합의에 따라 연차 유급휴가일을 갈음하여 특정한 근로일에 근로자를 휴무시킬 수 있다.

➕ PLUS

연차 유급휴가(근기법 제60조)
⑥ 제1항 및 제2항을 적용하는 경우 다음 각 호의 어느 하나에 해당하는 기간은 출근한 것으로 본다.
1. 근로자가 업무상의 부상 또는 질병으로 휴업한 기간
2. 임신 중의 여성이 제74조 제1항부터 제3항까지의 규정에 따른 휴가로 휴업한 기간
3. 남녀고용평등과 일·가정 양립 지원에 관한 법률 제19조 제1항에 따른 육아휴직으로 휴업한 기간

11 기출 21-

☑ 확인 Check! ○ △ ✕

근로기준법상 여성과 소년에 관한 설명으로 옳지 않은 것은?

① 사용자는 임신 중인 여성을 도덕상 또는 보건상 유해·위험한 사업에 사용하지 못한다.

② 고용노동부장관은 근로계약이 미성년자에게 불리하다고 인정하는 경우에는 이를 해지할 수 있다.

③ 15세 이상 18세 미만인 사람의 근로시간은 1일에 7시간, 1주에 35시간을 초과하지 못한다. 다만, 당사자 사이의 합의에 따라 1일에 1시간, 1주에 5시간을 한도로 연장할 수 있다.

④ 사용자는 18세 이상의 여성근로자에 대하여는 그 근로자의 동의 없이 휴일근로를 시킬 수 있다.

⑤ 사용자는 산후 1년이 지나지 아니한 여성에 대하여는 단체협약이 있는 경우라도 1일에 2시간, 1주에 6시간, 1년에 150시간을 초과하는 시간외근로를 시키지 못한다.

10
① (○) 사용자는 계속하여 근로한 기간이 1년 미만인 근로자 또는 1년간 80퍼센트 미만 출근한 근로자에게 1개월 개근 시 1일의 유급휴가를 주어야 한다(근기법 제60조 제2항).

② (○) 근기법 제60조 제2항

③ (✕) 근기법 제60조 제6항 제1호에 의하면 근로자가 업무상의 질병으로 휴업한 기간은 <u>출근한 것으로 본다.</u>

④ (○) 사용자는 3년 이상 계속하여 근로한 근로자에게는 15일의 유급휴가에 최초 1년을 초과하는 계속 근로 연수 매 2년에 대하여 1일을 가산한 유급휴가를 주어야 한다. 이 경우 <u>가산휴가를 포함한 총 휴가 일수는 25일을 한도로 한다</u>(근기법 제60조 제4항).

⑤ (○) 근기법 제62조

정답 ③

11
① (○) <u>사용자는 임신 중이거나 산후 1년이 지나지 아니한 여성(이하 "임산부")과 18세 미만자를 도덕상 또는 보건상 유해·위험한 사업에 사용하지 못한다</u>(근기법 제65조 제1항).

② (○) <u>친권자, 후견인 또는 고용노동부장관은 근로계약이 미성년자에게 불리하다고 인정하는 경우에는 이를 해지할 수 있다</u>(근기법 제67조 제2항).

③ (○) 근기법 제69조

④ (✕) <u>사용자는 18세 이상의 여성을 오후 10시부터 오전 6시까지의 시간 및 휴일에 근로시키려면 그 근로자의 동의를 받아야 한다</u>(근기법 제70조 제1항).

⑤ (○) 근기법 제71조

정답 ④

12 기출 21

☑ 확인Check! ○ △ ✕

근로기준법령상 연차유급휴가에 관한 설명으로 옳지 않은 것은?
(다툼이 있으면 판례에 따름)

① 근로자가 연차휴가에 관한 권리를 취득한 후 1년이 지나기 전에 퇴직하는 등의 사유로 인하여 더 이상 연차휴가를 사용하지 못하게 될 경우 사용자에게 그 연차휴가일수에 상응하는 연차휴가수당을 청구할 수 없다.

② 연간 소정근로일수에 정당한 쟁의행위기간이 차지하는 일수가 포함되어 있는 경우 연차유급휴가 취득요건과 관련한 출근율은 소정근로일수에서 그 쟁의행위기간이 차지하는 일수를 제외한 나머지 일수를 기준으로 산정한다.

③ 사용자는 근로자대표와의 서면합의에 따라 연차유급휴가일을 갈음하여 특정한 근로일에 근로자를 휴무시킬 수 있다.

④ 사용자는 계속하여 근로한 기간이 1년 미만인 근로자에게 1개월 개근 시 1일의 유급휴가를 주어야 한다.

⑤ 연간 소정근로일수와 출근일수를 계산함에 있어서 사용자의 부당해고로 인하여 근로자가 출근하지 못한 기간은 연간 소정근로일수 및 출근일수에 모두 산입된다.

12

① (✕) 근로기준법 제60조 제1항이 규정한 유급연차휴가는 1년간 80% 이상 출근한 근로자에게 부여되는 것으로, 근로자가 연차휴가에 관한 권리를 취득한 후 1년 이내에 연차휴가를 사용하지 아니하거나 1년이 지나기 전에 퇴직하는 등의 사유로 인하여 더 이상 연차휴가를 사용하지 못하게 될 경우에는 사용자에게 연차휴가일수에 상응하는 임금인 연차휴가수당을 청구할 수 있다. 다만 연차휴가를 사용할 권리는 다른 특별한 정함이 없는 한 전년도 1년간의 근로를 마친 다음 날 발생한다고 보아야 하므로, 그전에 퇴직 등으로 근로관계가 종료한 경우에는 연차휴가를 사용할 권리에 대한 보상으로서의 연차휴가수당도 청구할 수 없다(대판 2018.6.28. 2016다48297).

② (○) 근로자가 정당한 쟁의행위를 하거나 '남녀고용평등과 일·가정 양립 지원에 관한 법률'(이하 '남녀고용평등법')에 의한 육아휴직(이하 양자를 가리켜 '쟁의행위 등')을 하여 현실적으로 근로를 제공하지 아니한 경우, 연간 소정근로일수에서 쟁의행위 등 기간이 차지하는 일수를 제외한 나머지 일수를 기준으로 근로자의 출근율을 산정하여 연차유급휴가 취득요건의 충족 여부를 판단하되, 그 요건이 충족된 경우에는 본래 평상적인 근로관계에서 8할의 출근율을 충족할 경우 산출되었을 연차유급휴가일수에 대하여 '연간 소정근로일수에서 쟁의행위 등 기간이 차지하는 일수를 제외한 나머지 일수'를 '연간 소정근로일수'로 나눈 비율을 곱하여 산출된 연차유급휴가일수를 근로자에게 부여함이 합리적이다(대판 2013.12.26. 2011다4629).

③ (○) 근기법 제62조

④ (○) 근기법 제60조 제2항

⑤ (○) 근로자가 부당해고로 인하여 지급받지 못한 임금이 연차휴가수당인 경우에도 해당 근로자의 연간 소정근로일수와 출근일수를 고려하여 근로기준법 제60조 제1항의 요건을 충족하면 연차유급휴가가 부여되는 것을 전제로 연차휴가수당을 지급하여야 하고, 이를 산정하기 위한 연간 소정근로일수와 출근일수를 계산함에 있어서 사용자의 부당해고로 인하여 근로자가 출근하지 못한 기간을 근로자에 대하여 불리하게 고려할 수는 없으므로 그 기간은 연간 소정근로일수 및 출근일수에 모두 산입되는 것으로 보는 것이 타당하며, 설령 부당해고기간이 연간 총근로일수 전부를 차지하고 있는 경우에도 달리 볼 수는 없다(대판 2014.3.13. 2011다95519).

정답 ①

13 기출 20

☑확인 Check! ○ △ ✕

근로기준법상 연차유급휴가에 관한 설명으로 옳지 않은 것은?(다툼이 있으면 판례에 따름)

① 사용자는 계속하여 근로한 기간이 1년 미만인 근로자에게 1개월 개근 시 1일의 유급휴가를 주어야 한다.
② 연차유급휴가의 산정을 위한 출근율의 계산에서 출산전후휴가로 휴업한 기간은 출근한 것으로 본다.
③ 사용자는 근로자대표와의 서면합의에 따라 연차유급휴가일을 갈음하여 특정한 근로일에 근로자를 휴무시킬 수 있다.
④ 근로자가 업무상 재해로 연차유급휴가를 사용할 해당 연도에 전혀 출근하지 못한 경우라면 미사용 연차유급휴가에 대한 연차휴가수당은 청구할 수 없다.
⑤ 미사용 연차유급휴가에 대하여는 통상임금의 100분의 50을 가산하여 지급하지 않아도 된다.

13

① (○) 근기법 제60조 제2항
② (○) 근기법 제60조 제6항 제2호
③ (○) 근기법 제62조
④ (✕) 근로자가 업무상의 부상 또는 질병 등의 사정으로 연차휴가를 사용할 해당 연도에 전혀 출근하지 못한 경우, 이미 부여받은 연차휴가를 사용하지 않은 데 따른 연차휴가수당을 청구할 수 있다(대판 2017.5.17. 2014다232296).
⑤ (○) 구 근로기준법 제46조가 정하는 할증임금지급제도와 구법 제47조, 제48조 소정의 연, 월차휴가제도는 그 취지가 상이한 제도이고, 각 법조문도 휴일과 휴가를 구별하여 규정하고 있는 점에 비추어, 구법 제46조 소정의 '휴일'에는 구법 제47조, 제48조 소정의 연, 월차휴가는 포함되지 않는다고 봄이 상당하고, 또한 구법 제48조 제2항에는 휴가총일수가 20일을 초과하는 경우에는 그 초과일수에 대하여 통상임금을 지급하고 유급휴가를 주지 아니할 수 있도록 되어 있어, 20일 이하인 휴가일수에 대하여 보상을 지급해야 할 경우에도 통상임금을 추가로 지급하면 된다고 보는 것이 균형상 타당하므로, 연, 월차휴가근로수당에 대하여는 구법 제46조 소정의 가산임금(수당)이 포함될 수 없다(대판 1991.7.26. 90다카11636).

정답 ④

14 기출 20

☑확인 Check! ○ △ ✕

근로기준법령상 미성년자 또는 연소자의 보호에 관한 설명으로 옳지 않은 것은?

① 미성년자는 독자적으로 임금을 청구할 수 있다.
② 친권자나 후견인은 미성년자의 근로계약을 대리할 수 없다.
③ 예술공연 참가를 위한 경우에는 13세 미만인 자도 취직인허증을 받을 수 있다.
④ 15세 이상 18세 미만인 사람의 근로시간은 1일에 6시간, 1주에 34시간을 초과하지 못한다.
⑤ 고용노동부장관은 근로계약이 미성년자에게 불리하다고 인정하는 경우에는 이를 해지할 수 있다.

14

① (○) 근기법 제68조
② (○) 근기법 제67조 제1항
③ (○) 근기법 시행령 제35조 제1항 단서
④ (✕) 15세 이상 18세 미만인 사람의 근로시간은 1일에 7시간, 1주에 35시간을 초과하지 못한다. 다만, 당사자 사이의 합의에 따라 1일에 1시간, 1주에 5시간을 한도로 연장할 수 있다(근기법 제69조).
⑤ (○) 근기법 제67조 제2항

정답 ④

15 기출 20

☑확인 Check! ○ △ ✕

근로기준법령상 임산부의 보호에 관한 설명으로 옳지 않은 것은?

① 한 번에 둘 이상 자녀를 임신한 경우 출산전후휴가기간의 배정은 출산 후에 60일 이상이 되어야 한다.

② 사업주는 출산전후휴가 종료 후에는 휴가 전과 동일한 업무 또는 동등한 수준의 임금을 지급하는 직무에 복귀시켜야 한다.

③ 사용자는 임신 후 36주 이후에 있으며 1일 근로시간이 8시간 인 여성근로자가 1일 2시간의 근로시간 단축을 신청하는 경우 이를 허용하여야 한다.

④ 사용자는 임신 중의 여성근로자에게 시간외근로를 하게 하여 서는 아니 된다.

⑤ 사업주는 유산휴가를 청구한 근로자에게 임신기간이 28주 이 상인 경우 유산한 날부터 30일까지 유산휴가를 주어야 한다.

➕ PLUS

유산·사산휴가의 청구 등(근기법 시행령 제43조)

③ 사업주는 유산·사산휴가를 청구한 근로자에게 다음의 기준에 따라 유산·사산휴가를 주어야 한다.

1. 유산 또는 사산한 근로자의 임신기간이 11주 이내인 경우 : 유산 또는 사산한 날부터 5일까지
2. 임신기간이 12주 이상 15주 이내인 경우 : 유산 또는 사산한 날부터 10일까지
3. 임신기간이 16주 이상 21주 이내인 경우 : 유산 또는 사산한 날부터 30일까지
4. 임신기간이 22주 이상 27주 이내인 경우 : 유산 또는 사산한 날부터 60일까지
5. 임신기간이 28주 이상인 경우 : <u>유산 또는 사산한 날부터 90일까지</u>

15

① (○) 근기법 제74조 제1항 후문
② (○) 근기법 제74조 제6항
③ (○) 근기법 제74조 제7항
④ (○) 근기법 제74조 제5항
⑤ (✕) 근기법 시행령 제43조 제3항 제5호

정답 ⑤

16 기출 19

☑ 확인Check! ○ △ ✕

근로기준법 제60조 제1항에서 규정하고 있는 1년간 80% 이상 출근한 근로자에게 부여되는 연차유급휴가에 관한 설명으로 옳지 않은 것은?(다툼이 있으면 판례에 따름)

① 연차유급휴가를 사용할 권리는 다른 특별한 정함이 없는 한 그 전년도 1년간의 근로를 마친 다음 날 발생한다.
② 연차유급휴가를 사용하기 전에 퇴직 등의 사유로 근로관계가 종료되더라도 연차유급휴가수당을 청구할 권리는 그대로 유지된다.
③ 사용하지 아니한 휴가에 대한 보상을 지급하는 연차유급휴가수당에 대하여는 별도의 휴일근로수당이 적용되지 않는다.
④ 연차유급휴가 규정을 적용하는 경우 육아휴직으로 휴업한 기간은 출근한 것으로 보지 않는다.
⑤ 연차유급휴가 수당청구권의 소멸시효는 연차유급휴가권을 취득한 날부터 1년이 경과하여 그 휴가 불실시가 확정된 다음 날부터 기산한다.

16

① (○) 2018년에 80% 이상 출근한 근로자의 경우 <u>2019년 1월 1일에 연차유급휴가를 사용할 권리가 발생</u>한다.
② (○) 근로기준법 제60조 제1항이 규정한 유급연차휴가는 1년간 80% 이상 출근한 근로자에게 부여되는 것으로, <u>근로자가 연차휴가에 관한 권리를 취득한 후 1년 이내에 연차휴가를 사용하지 아니하거나 1년이 지나기 전에 퇴직하는 등의 사유로 인하여 더 이상 연차휴가를 사용하지 못하게 될 경우에는 사용자에게 연차휴가일수에 상응하는 임금인 연차휴가수당을 청구할 수 있다</u>(대판 2018.6.28. 2016다48297).
③ (○) 휴일과 휴가제도는 그 인정취지가 다르고 근로기준법 제56조의 휴일에는 연차유급휴가가 포함되지 아니하므로 사용자는 <u>연차유급휴가수당에 대하여 가산임금을 지급할 의무가 없다</u>(대판 1991.7.26. 90다카11636).
④ (✕) <u>육아휴직으로 휴업한 기간, 임신 중의 여성이 휴가로 휴업한 기간, 근로자가 업무상의 부상 또는 질병으로 휴업한 기간은 출근한 것으로 본다</u>(근기법 제60조 제6항).
⑤ (○) <u>연차휴가근로수당 지급청구권은</u> 구 근로기준법 제47조 소정의 연차유급휴가권을 취득한 근로자가 그 휴가권이 발생한 때로부터 1년 이내에 그 연차휴가를 사용하지 아니한 채 근로한 대가로 발생하는 것으로서 <u>그 성질은 임금이므로</u>, 이에 대하여는 구 근로기준법 제41조의 규정에 의한 3년의 소멸시효가 적용되고, 그 기산점은 연차유급휴가권을 취득한 날로부터 1년의 경과로 그 휴가 불실시가 확정된 다음 날이다(대판 1995.6.29. 94다18553).

정답 ④

17 기출 18

☑ 확인Check! ○ △ ✕

근로기준법상 여성의 보호에 관한 설명으로 옳은 것은?

① 사용자는 산후 2년이 지나지 아니한 여성을 보건상 유해·위험한 사업에 사용하지 못한다.

② 사용자는 임산부가 아닌 18세 이상의 여성을 보건상 유해·위험한 사업 중 임신 또는 출산에 관한 기능에 유해·위험한 사업에 사용하지 못한다.

③ 사용자는 여성을 휴일에 근로시키려면 근로자대표의 서면동의를 받아야 한다.

④ 여성은 보건·의료, 보도·취재 등의 일시적 사유가 있더라도 갱내(坑內)에서 근로를 할 수 없다.

⑤ 사용자는 여성근로자가 청구하면 월 1일의 유급생리휴가를 주어야 한다.

17

① (✕) 사용자는 <u>임신 중이거나 산후 1년이 지나지 아니한 여성과 18세 미만자를 도덕상 또는 보건상 유해·위험한 사업에 사용하지 못한다</u>(근기법 제65조 제1항).

② (○) 근기법 제65조 제2항

③ (✕) 사용자는 18세 이상의 여성을 <u>오후 10시부터 오전 6시까지의 시간 및 휴일에 근로시키려면 그 근로자의 동의를 받아야 한다</u>(근기법 제70조 제1항).

④ (✕) 사용자는 여성과 18세 미만인 사람을 <u>갱내(坑內)에서 근로시키지 못한다</u>. 다만, 보건·의료, 보도·취재 등 대통령령으로 정하는 업무를 수행하기 위하여 일시적으로 필요한 경우에는 그러하지 아니하다(근기법 제72조).

⑤ (✕) 사용자는 여성근로자가 청구하면 <u>월 1일의 생리휴가[무급(註)]를 주어야 한다</u>(근기법 제73조).

정답 ②

18 기출 19

☑ 확인Check! ○ △ ✕

근로기준법상 근로계약에 관한 설명으로 옳지 않은 것은?

① 15세 미만인 사람이 고용노동부장관이 발급한 취직인허증을 지니고 있으면 근로자로 사용할 수 있다.

② 사용자는 18세 미만인 사람과 근로계약을 체결하는 경우에는 근로기준법 제17조에 따른 근로조건을 서면으로 명시하여 교부하여야 한다.

③ 근로기준법 제17조에 따라 명시된 근로조건이 사실과 다를 경우에 근로자는 근로조건 위반을 이유로 손해의 배상을 청구할 수 있으며 즉시 근로계약을 해제할 수 있다.

④ 친권자, 후견인 또는 고용노동부장관은 근로계약이 미성년자에게 불리하다고 인정하는 경우에는 이를 해지할 수 있다.

⑤ 미성년자의 근로계약은 미성년자의 동의를 얻어 친권자 또는 후견인이 대리할 수 있다.

18

① (○) 15세 미만인 사람은 근로자로 사용하지 못한다. 다만, 고용노동부장관이 발급한 취직인허증을 지닌 사람은 근로자로 사용할 수 있다(근기법 제64조 제1항).

② (○) 사용자는 18세 미만인 사람과 근로계약을 체결하는 경우 임금, 소정근로시간, 제55조에 따른 휴일(주휴일), 제60조에 따른 연차유급휴가, 그 밖에 대통령령으로 정하는 근로조건을 서면(전자문서를 포함)으로 명시하여 교부하여야 한다(근기법 제67조 제3항).

③ (○) 근기법 제19조 제1항

④ (○) 근기법 제67조 제2항

⑤ (✕) 친권자나 후견인은 미성년자의 근로계약을 대리할 수 없다(근기법 제67조 제1항).

정답 ⑤

19 기출 17

☑ 확인 Check! ○ △ ✕

근로기준법에 관한 설명으로 옳은 것을 모두 고른 것은?

> ㄱ. 사용자는 산후 1년이 지나지 아니한 여성에 대하여는 단체협약이 있는 경우라도 1일에 2시간, 1주에 6시간, 1년에 150시간을 초과하는 시간외근로를 시키지 못한다.
>
> ㄴ. 4주 동안을 평균하여 1주 동안의 소정근로시간이 15시간 이상인 근로자에 대하여는 제55조에 따른 휴일을 적용하지 아니한다.
>
> ㄷ. 단체협약에 특별한 규정이 있는 경우에는 임금의 일부를 공제할 수 있다.
>
> ㄹ. 계속하여 근로한 기간이 1년 미만인 근로자가 80% 이상 출근한 경우 사용자는 그 근로자에게 15일의 유급휴가를 주어야 한다.

① ㄱ
② ㄱ, ㄷ
③ ㄴ, ㄹ
④ ㄴ, ㄷ, ㄹ
⑤ ㄱ, ㄴ, ㄷ, ㄹ

19

ㄱ. (○) 근기법 제71조

ㄴ. (✕) 4주 동안(4주 미만으로 근로하는 경우에는 그 기간)을 평균하여 1주 동안의 소정근로시간이 15시간 미만인 근로자에 대하여는 휴일과 연차유급휴가를 적용하지 아니한다(근기법 제18조 제3항). 따라서 4주 동안을 평균하여 1주 동안의 소정근로시간이 15시간 이상인 근로자에 대하여는 휴일 규정(근기법 제55조)을 적용할 수 있다.

ㄷ. (○) 법령 또는 단체협약에 특별한 규정이 있는 경우에는 임금의 일부를 공제하거나 통화 이외의 것으로 지급할 수 있다(근기법 제43조 제1항 단서).

ㄹ. (✕) 사용자는 계속하여 근로한 기간이 1년 미만인 근로자 또는 1년간 80% 미만 출근한 근로자에게 1개월 개근 시 1일의 유급휴가를 주어야 한다(근기법 제60조 제2항).

정답 ②

20 기출 17

☑ 확인 Check! ○ △ ✕

근로기준법령상 미성년자 또는 연소자에 관한 설명으로 옳지 않은 것은?

① 고용노동부장관은 근로계약이 미성년자에게 불리하다고 인정하는 경우에는 이를 해지할 수 있다.

② 사용자는 고용노동부장관의 허가가 있으면 오후 10시부터 오전 6시까지의 시간에 18세 미만자를 근로시킬 수 있다.

③ 미성년자는 독자적으로 임금을 청구할 수 있다.

④ 사용자는 18세 미만인 사람에 대하여는 그 연령을 증명하는 가족관계기록사항에 관한 증명서를 사업장에 갖추어 두어야 한다.

⑤ 고용노동부장관은 유류를 취급하는 업무 중 주유업무에 대하여는 취직인허증을 발급할 수 있다.

20

① (○) 근기법 제67조 제2항

② (✕) 18세 미만자를 오후 10시부터 오전 6시까지의 시간에 근로시키려면 18세 미만자의 동의와 고용노동부장관의 인가가 필요하다(근기법 제70조 제2항 제1호).

③ (○) 근기법 제68조

④ (○) 근기법 제66조

⑤ (○) 유류를 취급하는 업무는 금지되지만 주유업무는 취직인허증을 발급할 수 있다(근기법 시행령 [별표 4]).

정답 ②

➕ PLUS

> **임산부 등의 사용금지직종(근기법 시행령 제40조)**
> 법 제65조에 따라 임산부, 임산부가 아닌 18세 이상인 여성 및 18세 미만인 자의 사용이 금지되는 직종의 범위는 [별표 4]와 같다.

임산부 등의 사용금지직종(근기법 시행령 [별표 4])

구 분	사용금지직종
임신 중인 여성	1. 원자력안전법 제91조 제2항에 따른 방사선작업종사자 등의 피폭방사선량이 선량한도를 초과하는 원자력 및 방사선 관련 업무 2. 납, 수은, 크롬, 비소, 황린, 불소(불화수소산), 염소(산), 시안화수소(시안산), 2-브로모프로판, 아닐린, 수산화칼륨, 페놀, 에틸렌글리콜모노메틸에테르, 에틸렌글리콜모노에틸에테르, 에틸렌글리콜모노에틸에테르 아세테이트, 염화비닐, 벤젠 등 유해물질을 취급하는 업무 3. 사이토메갈로바이러스(Cytomegalovirus) · B형 간염 바이러스 등 병원체로 인하여 오염될 우려가 큰 업무. 다만, 의사 · 간호사 · 방사선기사 등의 면허증을 가진 사람 또는 해당 자격 취득을 위한 양성과정 중에 있는 사람의 경우는 제외한다. 4. 신체를 심하게 펴거나 굽히면서 해야 하는 업무 또는 신체를 지속적으로 쭈그려야 하거나 앞으로 구부린 채 해야 하는 업무 5. 연속작업에 있어서는 5킬로그램 이상, 단속(斷續)작업에 있어서는 10킬로그램 이상의 중량물을 취급하는 업무 6. 임신 중인 여성의 안전 및 보건과 밀접한 관련이 있는 업무로서 고용노동부령으로 정하는 업무 7. 그 밖에 고용노동부장관이 산업재해보상보험법 제8조에 따른 산업재해보상보험 및 예방심의위원회(이하 "산업재해보상보험 및 예방심의위원회")의 심의를 거쳐 지정하여 고시하는 업무
산후 1년이 지나지 않은 여성	1. 납, 비소를 취급하는 업무. 다만, 모유 수유를 하지 않는 여성으로서 본인이 취업의사를 사업주에게 서면으로 제출한 여성의 경우는 제외한다. 2. 2-브로모프로판을 취급하거나 2-브로모프로판에 노출될 수 있는 업무 3. 그 밖에 고용노동부장관이 산업재해보상보험 및 예방심의위원회의 심의를 거쳐 지정하여 고시하는 업무
임산부가 아닌 18세 이상인 여성	1. 2-브로모프로판을 취급하거나 2-브로모프로판에 노출될 수 있는 업무. 다만, 의학적으로 임신할 가능성이 전혀 없는 여성인 경우는 제외한다. 2. 그 밖에 고용노동부장관이 산업재해보상보험 및 예방심의위원회의 심의를 거쳐 지정하여 고시하는 업무
18세 미만인 자	1. 건설기계관리법, 도로교통법 등에서 18세 미만인 자에 대하여 운전 · 조종면허 취득을 제한하고 있는 직종 또는 업종의 운전 · 조종업무 2. 청소년보호법 등 다른 법률에서 18세 미만인 청소년의 고용이나 출입을 금지하고 있는 직종이나 업종 3. 교도소 또는 정신병원에서의 업무 4. 소각 또는 도살의 업무 5. 유류를 취급하는 업무(주유업무는 제외한다) 6. 2-브로모프로판을취급하거나 2-브로모프로판에 노출될 수 있는 업무 7. 18세 미만인 자의 안전 및 보건과 밀접한 관련이 있는 업무로서 고용노동부령으로 정하는 업무 8. 그 밖에 고용노동부장관이 산업재해보상보험 및 예방심의위원회의 심의를 거쳐 지정하여 고시하는 업무

제1절 취업규칙

I 서설

1. 의의

취업규칙이란 사용자가 기업경영의 필요상 사업장에서 근로자가 지켜야 할 복무규율과 임금·근로시간 등의 근로조건에 관한 구체적인 사항을 일방적·획일적·통일적으로 정한 준칙을 말한다. 취업규칙에서 정한 복무규율과 근로조건은 근로관계의 존속을 전제로 하는 것이지만, 사용자와 근로자 사이의 근로관계 종료 후의 권리·의무에 관한 사항이라고 하더라도 사용자와 근로자 사이에 존속하는 근로관계와 직접 관련되는 것으로서 근로자의 대우에 관하여 정한 사항이라면 이 역시 취업규칙에서 정한 근로조건에 해당한다(대판 2022.9.29. 2018다301527). **기출 24** 사용자가 일방적으로 취업규칙을 작성하고 근로자에게 복종할 것을 사실상 강요하기 때문에 근로기준법은 취업규칙에 관하여 여러 제한을 가하고 있다.

2. 법적 성질

사용자에 의하여 일방적으로 작성·변경되는 취업규칙이 근로자를 구속하는 근거와 관련하여 계약설과 법규범설이 대립한다.

(1) 학설

계약설은 취업규칙의 구속력의 근거를 근로자와 사용자 간의 약정 또는 동의에서 구하고 있으나, 법규범설은 취업규칙이 일종의 법규범으로서 근로자와 사용자를 구속한다고 한다.

(2) 판례

취업규칙이라 함은 그 명칭 여하를 불문하고 사업장에서의 근로자에 대한 복무규율과 근로조건에 관한 준칙의 내용을 정한 것으로서, 노사 간에 일반적으로 적용되는 일종의 법규범이라고 할 것이다(대판 2007.10.11. 2007두 11566).

(3) 검토

근로기준법 규정에 의하여 취업규칙 자체의 규범적 효력이 인정되므로, 법규범설이 타당하다고 판단된다.

Ⅱ 취업규칙의 작성

취업규칙의 작성ㆍ신고(근기법 제93조)
상시 10명 이상의 근로자를 사용하는 사용자는 다음 각 호의 사항에 관한 취업규칙을 작성하여 고용노동부장관에게 신고하여야 한다. 이를 변경하는 경우에도 또한 같다.

규칙의 작성, 변경절차(근기법 제94조)
① 사용자는 취업규칙의 작성 또는 변경에 관하여 해당 사업 또는 사업장에 근로자의 과반수로 조직된 노동조합이 있는 경우에는 그 노동조합, 근로자의 과반수로 조직된 노동조합이 없는 경우에는 근로자의 과반수의 의견을 들어야 한다. 다만, 취업규칙을 근로자에게 불리하게 변경하는 경우에는 그 동의를 받아야 한다.
② 사용자는 제93조에 따라 취업규칙을 신고할 때에는 제1항의 의견을 적은 서면을 첨부하여야 한다.

1. 작성절차

(1) 작성의무자

상시 10명 이상의 근로자를 사용하는 사용자는 취업규칙을 작성하여 고용노동부장관에게 신고하여야 한다. 이를 변경하는 경우에 있어서도 또한 같다(근기법 제93조). 상시 10인 이상의 근로자를 사용하는 모든 사업장의 사용자가 작성의무자이다. 일시적으로 10인 미만이 되는 경우가 있다고 하더라도 상태적으로 보아 10인 이상이 되는 경우에는 상시 10인에 해당한다. `기출` 13ㆍ18ㆍ20ㆍ21

(2) 근로자집단의 의견청취 및 동의

사용자는 취업규칙의 작성 또는 변경에 관하여 해당 사업 또는 사업장에 근로자의 과반수로 조직된 노동조합이 있는 경우에는 그 노동조합, 근로자의 과반수로 조직된 노동조합이 없는 경우에는 근로자의 과반수의 의견을 들어야 하고, 사용자는 취업규칙을 고용노동부장관에게 신고할 때에는 상기의 의견을 적은 서면을 첨부하여야 한다(근기법 제94조 제1항ㆍ제2항). 이 경우 의견을 들어야 함은 근로자의 단체적인 의견을 구하여야 한다는 의미이지, 반드시 동의를 받아야 하는 것은 아니다. 다만, 취업규칙을 근로자에게 불리하게 변경하는 경우에는 그 동의를 받아야 한다(제1항 단서). `기출` 19ㆍ20

O | X 💬

1. 상태적으로 10인 이상이 되는 경우라도 일시적으로 10인 미만이 되면 취업규칙을 작성할 필요가 없다.
2. 사용자는 취업규칙의 작성 또는 변경에 관하여, 해당 사업 또는 사업장에 근로자의 과반수로 조직된 노동조합이 있는 경우에는 그 노동조합, 근로자의 과반수로 조직된 노동조합이 없는 경우에는 근로자의 과반수의 의견을 들어야 한다.
3. 모든 사업장의 사용자는 취업규칙을 작성하여 행정관청에 신고하여야 한다.
4. 사용자는 근로자의 근로조건, 근로형태 및 직종 등의 특수성이 있더라도, 근로자 일부에 적용되는 별도의 취업규칙을 작성할 수는 없다.
5. 사용자는 단시간근로자에게 적용되는 취업규칙을 통상근로자에게 적용되는 취업규칙과 별도로 작성할 수 있다.

`정답` 1. × 2. O 3. × 4. × 5. O

2. 복수의 취업규칙 작성 가부

하나의 사업장 내에서 상이한 근로자에게 별도로 적용되는 복수의 취업규칙을 작성하거나, 근로자의 일부에게만 적용되는 취업규칙을 작성할 수 있는지 여부가 문제된다.

① 이에 대하여 근로기준법은 명문의 규정을 두고 있지는 아니하나, 단시간근로자의 취업규칙을 통상근로자와 별도로 작성할 수 있다고 규정하고 있다(근기법 시행령 제9조 제1항 및 [별표 2] 제5호 가목).

② 판례는 사용자는 같은 사업장에 소속된 모든 근로자에 대하여 일률적으로 적용되는 하나의 취업규칙만을 작성하여야 하는 것은 아니고, 근로자의 근로조건, 근로형태, 직종 등의 특수성에 따라 근로자 일부에 적용되는 별도의 취업규칙을 작성할 수 있다고(대판 2007.9.6. 2006다83246) 판시하고 있다. `기출 17·19`

> **복수의 취업규칙**
> 노동법은 모든 근로자를 획일적으로 동등하게 대우하는 것이 아니라, 근로자의 능력·지위·특성 및 업무 등에 따라 별도로 대우하는 것을 원칙으로 한다. 따라서 근로자의 근로조건·근로형태 및 업무의 특수성에 따라 별도의 취업규칙을 작성하는 것을 위법이라 볼 수는 없을 것이다.

3. 취업규칙에 반하는 개별합의

[1] 근로기준법 제97조는 "취업규칙에서 정한 기준에 미달하는 근로조건을 정한 근로계약은 그 부분에 관하여는 무효로 한다. 이 경우 무효로 된 부분은 취업규칙에 정한 기준에 따른다"라고 정하고 있다. 위 규정은, 근로계약에서 정한 근로조건이 취업규칙에서 정한 기준에 미달하는 경우 취업규칙에 최저기준으로서의 강행적·보충적 효력을 부여하여 근로계약 중 취업규칙에 미달하는 부분을 무효로 하고, 이 부분을 취업규칙에서 정한 기준에 따르게 함으로써, 개별적 노사 간의 합의라는 형식을 빌려 근로자로 하여금 취업규칙이 정한 기준에 미달하는 근로조건을 감수하도록 하는 것을 막아 종속적 지위에 있는 근로자를 보호하기 위한 규정이다.

[2] 원심은 그 판시와 같은 이유를 들어 원고들의 특별퇴직 신청에 관하여 원고들과 피고 사이에 이 사건 재채용 부분의 효력을 배제하고 재채용 신청의 기회 부여만을 특별퇴직조건으로 하는 것에 대하여 확정적인 의사의 합치가 있었다고 보기 어렵고, 설령 원고들과 피고 사이에 그와 같은 개별합의가 성립되었다고 가정하더라도 그러한 개별합의는 피고의 재채용 의무를 규정하고 있는 이 사건 재채용 부분에 반하여 원고들에게 불리한 내용의 합의로서 근로기준법 제97조에 따라 무효이므로 그에 대하여는 여전히 이 사건 재채용 부분이 적용된다고 판단하였다. 원심판결 이유를 앞서 본 법리와 기록에 비추어 살펴보면 원심의 위와 같은 판단은 정당하고, 거기에 상고이유 주장과 같이 필요한 심리를 다하지 아니한 채 논리와 경험의 법칙을 위반하여 자유심증주의의 한계를 벗어나거나 특별퇴직에 관한 의사표시 해석 등에 관한 법리를 오해하는 등의 잘못이 없다(대판 2022.9.29. 2018다301527).

4. 취업규칙의 해석

취업규칙은 사용자가 근로자의 복무규율이나 근로조건의 기준을 정립하기 위하여 작성한 것으로서 노사 간의 집단적인 법률관계를 규정하는 법규범의 성격을 가지는데, 이러한 취업규칙의 성격에 비추어 취업규칙은 원칙적으로 객관적인 의미에 따라 해석하여야 하고, 문언의 객관적 의미를 벗어나는 해석은 신중하고 엄격하여야 한다(대판 2022.9.29. 2018다301527).

Ⅲ 취업규칙의 기재사항

> **취업규칙의 작성·신고(근기법 제93조)**
>
> 상시 10명 이상의 근로자를 사용하는 사용자는 다음 각 호의 사항에 관한 취업규칙을 작성하여 고용노동부장관에게 신고하여야 한다. 이를 변경하는 경우에도 또한 같다.
> 1. 업무의 시작과 종료시각, 휴게시간, 휴일, 휴가 및 교대근로에 관한 사항
> 2. 임금의 결정·계산·지급방법, 임금의 산정기간·지급시기 및 승급(昇給)에 관한 사항
> 3. <u>가족수당의 계산·지급방법에 관한 사항</u>
> 4. 퇴직에 관한 사항
> 5. 근로자퇴직급여 보장법 제4조에 따라 설정된 퇴직급여, 상여 및 최저임금에 관한 사항
> 6. <u>근로자의 식비, 작업용품 등의 부담에 관한 사항</u>
> 7. 근로자를 위한 교육시설에 관한 사항
> 8. 출산전후휴가·육아휴직 등 근로자의 모성보호 및 일·가정 양립지원에 관한 사항
> 9. <u>안전과 보건에 관한 사항</u>
> 9의2. 근로자의 성별·연령 또는 신체적 조건 등의 특성에 따른 사업장환경의 개선에 관한 사항
> 10. <u>업무상과 업무 외의 재해부조(災害扶助)에 관한 사항</u>
> 11. <u>직장 내 괴롭힘의 예방 및 발생 시 조치 등에 관한 사항</u>
> 12. <u>표창과 제재에 관한 사항</u>
> 13. 그 밖에 해당 사업 또는 사업장의 근로자 전체에 적용될 사항

1. 기재사항

(1) 필요적 기재사항(근기법 제93조) 기출 21·22

① 업무의 시작과 종료시각, 휴게시간, 휴일, 휴가 및 교대근로에 관한 사항

② 임금의 결정·계산·지급방법, 임금의 산정기간·지급시기 및 승급에 관한 사항

③ <u>가족수당의 계산·지급방법에 관한 사항</u>

④ 퇴직에 관한 사항

⑤ 근로자퇴직급여 보장법에 따라 설정된 퇴직급여, 상여 및 최저임금에 관한 사항

⑥ <u>근로자의 식비, 작업용품 등의 부담에 관한 사항</u>

⑦ 근로자를 위한 교육시설에 관한 사항

⑧ 출산전후휴가·육아휴직 등 근로자의 모성보호 및 일·가정 양립지원에 관한 사항

⑨ <u>안전과 보건에 관한 사항</u>

⑩ 근로자의 성별·연령 또는 신체적 조건 등의 특성에 따른 사업장환경의 개선에 관한 사항

⑪ 업무상과 업무 외의 재해부조(災害扶助)에 관한 사항

⑫ 직장 내 괴롭힘의 예방 및 발생 시 조치 등에 관한 사항

⑬ 표창과 제재에 관한 사항

⑭ 그 밖에 해당 사업 또는 사업장의 근로자 전체에 적용될 사항

(2) 임의적 기재사항

위의 외에도 사용자는 법령이나 단체협약에 반하지 않는 한 어떠한 사항이라도 기재할 수 있다.

2. 필요적 기재사항이 미비된 경우

취업규칙의 작성·신고의무 위반이 되지만, 취업규칙 전체가 무효로 되는 것은 아니다. 기재되지 않은 부분에 대해서는 관련 법령·단체협약 및 근로계약 등에서 정한 내용이 적용된다.

Ⅳ 취업규칙의 변경

규칙의 작성, 변경절차(근기법 제94조)
① 사용자는 취업규칙의 작성 또는 변경에 관하여 해당 사업 또는 사업장에 근로자의 과반수로 조직된 노동조합이 있는 경우에는 그 노동조합, 근로자의 과반수로 조직된 노동조합이 없는 경우에는 근로자의 과반수의 의견을 들어야 한다. 다만, 취업규칙을 근로자에게 불리하게 변경하는 경우에는 그 동의를 받아야 한다.

1. 불이익하지 아니한 취업규칙의 변경

(1) 의견청취

사용자는 취업규칙의 작성 또는 변경에 관하여 해당 사업 또는 사업장에 근로자의 과반수로 조직된 노동조합이 있는 경우에는 그 노동조합, 근로자의 과반수로 조직된 노동조합이 없는 경우에는 근로자의 과반수의 의견을 들어야 한다(근기법 제94조 제1항 본문). 기출 21·22

(2) 의견청취절차 위반의 효력

의견청취 자체를 하지 아니한 경우, 유효라는 견해와 무효라는 견해가 대립하고 있다. 판례는 근로기준법상의 의견청취의무는 단속법규에 불과할 뿐 효력규정이라고는 볼 수 없으므로 사용자가 이러한 규정들을 준수하지 않았다고 하더라도 그로 인하여 바로 취업규칙의 작성 또는 변경이 무효로 되는 것은 아니고(대판 2004.2.12. 2001다63599), 취업규칙의 하나인 인사규정의 작성·변경에 관한 권한은 원칙적으로 사용자에게 있으므로 사용자는 그 의사에 따라 인사규정을 작성·변경할 수 있고, 원칙적으로 인사규정을 종전보다 근로자에게 불이익하게 변경하는 경우가 아닌 한 근로자의 동의나 협의 또는 의견청취절차를 거치지 아니하고 인사규정을 변경하였다고 하여 그 인사규정의 효력이 부정될 수는 없다고(대판 1999.6.22. 98두6647) 판시하고 있다. 기출 24

O | X 💬

1. 취업규칙을 근로자에게 불리하게 변경하는 경우에는, 근로자 과반수의 의견을 들어야 한다.
2. 안전과 보건에 관한 사항은 취업규칙의 필요적 기재사항에 해당한다.
3. 기숙사에 관한 사항은 취업규칙의 필요적 기재사항에 해당한다.

정답 1. × 2. O 3. ×

2. 불이익한 취업규칙의 변경

(1) 원 칙

사용자는 취업규칙을 근로자에게 불리하게 변경하는 경우, 해당 사업 또는 사업장에 근로자의 과반수로 조직된 노동조합이 있는 경우에는 그 노동조합, 근로자의 과반수로 조직된 노동조합이 없는 경우에는 근로자의 과반수의 동의를 받아야 한다(근기법 제94조 제1항 단서).

(2) 불이익변경

1) 의 의

취업규칙의 불이익한 변경이란 사용자가 종전 취업규칙 규정을 개정하거나 새로운 규정을 신설하여 근로조건이나 복무규율에 관한 근로자의 권리나 이익을 박탈하고 근로자에게 저하된 근로조건이나 강화된 복무규율을 일방적으로 부과하는 것을 말한다. 여기서 근로조건이나 복무규율에 관한 근로자의 권리나 이익이란 종전 취업규칙의 보호영역에 따라 보호되는 직접적이고 구체적인 이익을 가리킨다(대판 2022.4.14. 2021다280781).

2) 불이익변경의 판단기준

① 불리한 근로조건의 신설 : 취업규칙의 불이익한 변경이란 기존 취업규칙을 불이익하게 변경하여 근로조건을 저하시키는 경우뿐만 아니라 정년제의 신설과 같이 종전의 근로조건보다 불리한 근로조건을 신설하는 것도 이에 해당한다. 예컨대 판례는 취업규칙에서 징계시효를 연장하는 경우나 종래보다 징계사유가 확대되는 경우에는 취업규칙 불이익변경에 해당하지만(대판 1994.12.13. 94다27960), 기존의 규정이 불명확하거나 내용이 포괄적이어서 그 내용을 세분화·구체화한 데에 불과한 경우에는 불이익변경이 아니라고(대판 2009.3.26. 2007다54498) 판시하고 있다.

② 2 이상의 근로조건을 동시에 변경하는 경우

   ㉠ 근로조건 전체를 종합적으로 고려 : 취업규칙에서 2 이상의 근로조건을 동시에 변경하는 경우 어느 근로조건은 불이익으로, 다른 근로조건은 이익으로 변경된다면 변경되는 근로조건 전체를 종합적으로 고려하여 불이익변경의 여부를 판단하여야 할 것이다(대판 1984.11.13. 84다카414).

   ㉡ 근로조건을 결정짓는 여러 요소가 있는 경우 : 판례는 취업규칙의 일부인 퇴직금규정 중 어느 회사의 것이 근로자들에게 유리한지 불리한지 여부를 판단하기 위하여는 퇴직급지급률과 함께 그와 대가관계나 연계성이 있는 기초임금도 고려하여 종합적으로 판단하여야 한다고(대판 2001.4.24. 99다9370) 판시하고 있다. 또한 보수규정시행세칙과 같은 취업규칙의 작성·변경에 관한 권한은 사용자에게 있으므로 사용자는 그 의사에 따라 취업규칙을 작성·변경할 수 있는 것이 원칙이고, 다만 그것이 근로조건을 근로자에게 불이익하게 변경하는 것일 때에 한하여 근로자들의 집단적 의사결정방법에 의한 동의를 요하는 것으로 불이익변경인지 여부를 판단함에 있어서는, 근로조건을 결정짓는 여러 요소가 있는 경우 그중 한 요소가 불이익하게 변경되더라도 그와 대가관계나 연계성이 있는 다른 요소가 유리하게 변경되는 경우 이를 종합적으로 고려하여야 하는 것이므로 명예퇴직수당의 지급률이 낮아져 그 자체로는 불리해졌다고 하더라도 기초임금이 인상된 경우 반드시 불이익한 변경이라고 단정할 수는 없다고(대판 2004.1.27. 2001다42301) 한다.

③ 일부의 근로자에게는 유리하고, 일부의 근로자에게는 불리한 경우 : 취업규칙의 변경이 일부의 근로자에게는 유리하고, 일부의 근로자에게는 불리한 경우에는 근로자에게 불이익한 것으로 취급하여 근로자들 전체의 의사에 따라 결정하게 하는 것이 타당하다(대판 1993.5.14. 93다1893).

3) 불이익변경의 판단시점

취업규칙의 개정이 근로자들에게 불이익하게 변경된 것인지는 취업규칙의 개정이 이루어진 시점을 기준으로 판단하여야 한다(대판 2022.10.14. 2022다245518).[26] **기출 23**

4) 불이익변경 여부가 문제되는 사례

① **공무원보수규정의 변경** : [1] 사용자가 취업규칙의 변경에 의하여 기존의 근로조건을 근로자에게 불리하게 변경하려면 종전 근로조건 또는 취업규칙의 적용을 받고 있던 근로자의 집단적 의사결정방법에 의한 동의를 받아야 한다(근로기준법 제94조 제1항 단서). 근로기준법 제94조 제1항 단서에서 정한 취업규칙의 불이익 변경이란 사용자가 취업규칙을 작성 또는 변경하여 근로조건이나 복무규율에 관한 근로자의 기득의 권리나 이익을 박탈하고 근로자에게 저하된 근로조건이나 강화된 복무규율을 일방적으로 부과하는 것이고, 취업규칙 불이익 변경의 대상인 근로조건이나 복무규율에 관한 근로자의 기득의 권리나 이익은 종전 취업규칙의 보호영역에 의하여 보호되는 직접적이고 구체적인 이익을 말한다.

[2] 갑 학교법인이 운영하는 대학교의 정관에 '교원의 보수는 이사회의 의결을 거쳐 따로 정한다'고 규정하고, 교직원보수규정에 '교원과 직원의 봉급월액은 공무원보수규정 제5조에 의한다'고 규정하고 있는데, 갑 법인이 당해 연도에 시행된 공무원보수규정이 아닌 그전에 시행된 공무원보수규정에 따라 보수를 지급하기로 하는 내용의 이사회의결을 한 사안에서, 교직원보수규정에서 말하는 공무원보수규정은 보수를 책정할 당시 시행되는 당해 연도의 공무원보수규정을 의미하는 것으로 해석되고, 당해 연도의 공무원보수규정을 적용함에 따른 임금 인상에 대한 기득의 권리나 이익은 종전 취업규칙의 보호영역에 의해 보호되는 직접적이고 구체적인 이익이라고 봄이 타당한데도, 이사회의결로 교직원보수규정이 근로자에게 불리하게 변경되었다고 할 수 없다고 본 원심판단에 법리오해의 잘못이 있다고 한 사례(대판 2022.3.17. 2020다 219928)

② **정년규정의 변경** : 판례는 갑 조합의 조합장인 피고인이 근로자 과반수의 동의를 받지 않고 취업규칙인 인사규정을 근로자에게 불리하게 개정하였다고 하여 근로기준법 위반으로 기소되었는데, 갑 조합의 개정 전 인사규정은 "직원의 정년은 58세로 한다", "직원의 정년해직 기준일은 정년에 도달하는 날이 1월에서 6월 사이에 있는 경우에는 6월 30일로, 7월에서 12월 사이에 있는 경우에는 12월 31일로 한다"라고 규정되었다가 "직원의 정년해직 기준일은 정년에 도달한 날로 한다"라는 것으로 개정됨으로써, 개정 전 '근로자가 만 58세 되는 해의 6월 30일 또는 12월 31일에 퇴직하는 것'에서 개정 후 '만 60세에 도달하는 날에 퇴직하는 것'으로 변경된 사안에서, 고용상 연령차별금지 및 고령자고용촉진에 관한 법률 제19조에 따라 근로자의 정년을 60세 미만이 되도록 정한 근로계약이나 취업규칙, 단체협약의 정년 관련 규정은 이에 위반되는 범위 내에서 모두 무효이므로, 인사규정이 불이익하게 변경되었는지 여부는 정년에 관한 내용을 담고 있는 개정 전후의 인사규정 전체를 보고 판단하여야 하고 각 개별 조항의 효력을 하나씩 따로

---

26) 갑 의료원의 보수규정이 2000.1.11. 개정·시행되면서 퇴직금 지급과 관련하여 1999.12.31. 이전 입사자에 대하여는 개정 전 보수규정(누진제)을, 2000.1.1. 이후 입사자에 대하여는 개정된 보수규정(단수제)을 적용하기로 하였는데, 2000.1.1. 입사하여 퇴직한 을이 개정 전 보수규정에 따른 퇴직금 지급을 구한 사안에서, 개정된 보수규정은 기존 근로자들에게 불이익하게 변경된 경우에 해당하는데도 갑 의료원이 소속 근로자의 집단적 의사결정방법에 따른 동의를 얻지 못하였으므로, 보수규정이 개정되기 전부터 갑 의료원과 근로관계를 맺고 있었던 을은 개정된 보수규정으로 기득이익이 침해되는 기존 근로자에 해당하여 개정 전 보수규정이 적용된다고 한 사례(대판 2022.10.14. 2022다245518)

비교하여 판단할 것은 아니므로 개정 인사규정에서 근로자의 정년은 만 60세에 도달하는 날 퇴직하는 것으로 변경되어 전체적으로 정년은 연장되었다는 이유로, 이와 달리 정년해직 기준일을 정한 조항만을 비교하여 취업규칙이 근로자에게 불리하게 변경되었다고 볼 것은 아니라고(대판 2022.4.14. 2020도9257) 한다.

③ **휴직 중 승급 등의 제한** : 판례는 갑 주식회사가 을이 속해 있던 사업장을 매각하여 소속 근로자 등의 인적 조직을 다른 사업장에 통합하는 한편 신인사제도를 도입하여 취업규칙을 개정하면서 '휴직 중에는 승급 및 평가인상을 실시하지 않는다'고 규정하였고, 이에 업무상 재해로 휴직 중인 을에 대한 정기승급을 비롯하여 전년도 근무평가를 통한 기본급 인상이 불가능하게 되자 을이 취업규칙의 무효확인을 구한 경우, 위 규정은 을이 속해 있던 사업장 소속의 휴직 중인 근로자에 대한 관계에서 신인사제도 시행에 따라 정기승급 및 평가인상과 관련하여 새로이 마련된 확인 규정에 불과해 보이고, 정기승급이나 근무평가를 통한 기본급 인상에 관하여 을이 속해 있던 사업장의 종전 취업규칙 규정을 불이익하게 변경한 것이라고 볼 수 없다고(대판 2018.9.28. 2015다209699) 한다.

④ **연구보조비의 삭감** : 판례는 甲 학교법인이 운영하는 대학교의 교직원보수규정에서 예산의 범위에서 교원에게 연구보조비를 지급한다고 정하고 있고, 매 학년도별 봉급과 각종 수당의 세부 항목과 액수 등을 정한 교직원 보수표에서 연구보조비 액수를 정하고 있는데, 甲 법인이 일부 학년도의 연구보조비를 직전 학년도보다 적게 정한 것이 취업규칙의 불이익한 변경에 해당하는지 문제된 사안에서, 甲 법인이 매 학년도에 정한 연구보조비 액수가 매 학년도의 교직원 보수표의 보호영역에 따라 보호되는 직접적이고 구체적인 이익이라고 보기 어렵고, 일부학년도의 연구보조비 액수가 직전 학년도에 비해 줄어든 것을 실질적으로 연구보조비에 관한 종전 취업규칙을 교원에게 불리하게 개정하거나 변경한 것이라고 단정할 수 없다고 (대판 2022.4.14. 2021다280781) 한다.

(3) 동의의 주체

1) 의 의

사용자는 취업규칙을 근로자에게 불리하게 변경하는 경우, 해당 사업 또는 사업장에 근로자의 과반수로 조직된 노동조합이 있는 경우에는 그 노동조합, 근로자의 과반수로 조직된 노동조합이 없는 경우에는 근로자의 과반수의 동의를 받아야 한다(근기법 제94조 제1항 단서). 그러나 불이익하게 변경되는 취업규칙이 일부 직종 또는 일부 직급 근로자에게만 적용되는 경우에 동의의 주체를 어떻게 판단해야 하는가에 대하여 규정하고 있지 않아 해석론에 맡겨져 있다.

2) 동의의 주체가 되는 근로자집단

① **취업규칙이 모든 근로자집단에게 적용되는 경우** : 해당 사업 또는 사업장의 모든 근로자에게 공통적으로 적용되는 취업규칙의 경우, 동의의 주체로서 산정기준이 되는 근로자는 전체 근로자집단을 의미한다.

② **취업규칙이 일부 근로자집단에게 적용되는 경우**

㉠ **이원화된 근로조건** : 판례는 사원과 노무원으로 이원화된 개정 퇴직금규정이 개정 전의 그것보다도 퇴직금지급일수의 계산 및 퇴직금 산정 기초임금의 범위에 있어 근로자에게 불리하게 변경된 경우에는 이에 관하여 종전 취업규칙의 적용을 받고 있던 근로자집단의 동의가 있어야 유효하다고 할 것인 바, 노동조합원인 총근로자 중 85%가 넘는 수를 차지하는 노무원이 퇴직금 개정안에 완전히 동의하였다 하더라도 개정 퇴직금규정이 노무원에 대한 부분에 국한하여 효력이 있는 것일 뿐, 개정에 동의한 바 없는 사원에 대한 부분은 효력이 없다고 한다(대판 1990.12.7. 90다카19647).

ⓛ 이원화되어 있지 아니한 근로조건 : 여러 근로자집단이 하나의 근로조건체계 내에 있어 비록 취업규칙의 불이익변경시점에는 어느 근로자집단만이 직접적인 불이익을 받더라도 다른 근로자집단에게도 변경된 취업규칙의 적용이 예상되는 경우에는 일부 근로자집단은 물론 장래 변경된 취업규칙규정의 적용이 예상되는 근로자집단을 포함한 근로자집단이 동의주체가 되고, 그렇지 않고 근로조건이 이원화되어 있어 변경된 취업규칙이 적용되어 직접적으로 불이익을 받게 되는 근로자집단 이외에 변경된 취업규칙의 적용이 예상되는 근로자집단이 없는 경우에는 변경된 취업규칙이 적용되어 불이익을 받는 근로자집단만이 동의주체가 된다(대판 2009.5.28. 2009두2238). <mark>기출</mark> 19 · 23

(4) 동의의 방법

1) 노동조합의 동의를 받은 경우

근로자의 과반수로 조직된 노동조합 대표자의 동의를 요할 뿐, 별도로 조합원 과반수의 동의를 받을 필요는 없다. 여기서 근로자의 과반수로 조직된 노동조합이란 기존 취업규칙의 적용을 받고 있던 근로자 중 조합원 자격 유무를 불문한 전체 근로자의 과반수로 조직된 노동조합을 의미하고, 종전 취업규칙의 적용을 받고 있던 근로자 중 조합원 자격을 가진 근로자의 과반수로 조직된 노동조합을 의미하는 것이 아니므로, 정년퇴직연령을 단축하는 내용으로 취업규칙의 기존 퇴직규정을 변경하고 이에 관하여 기존 퇴직규정의 적용을 받던 근로자 전체의 과반수로 구성된 노동조합의 동의를 얻은 경우 그 취업규칙의 변경은 적법 · 유효하여 일정 직급 이상으로서 노동조합에 가입할 자격은 없지만 기존 퇴직규정의 적용을 받았던 근로자에게도 그 효력이 미친다(대판 2009.11.12. 2009다49377). <mark>기출</mark> 17

2) 근로자 과반수의 동의를 받은 경우

① 회의방식에 의한 과반수의 동의 : 근로자 과반수로 조직된 노동조합이 없는 경우에는 근로자들의 회의방식에 의한 과반수의 동의가 있어야 한다. 여기서 말하는 근로자의 과반수라 함은 기존 취업규칙의 적용을 받는 근로자 집단의 과반수를 뜻한다(대판 2008.2.29. 2007다85997). <mark>기출</mark> 23

② 찬반의견을 집약한 후 전체적으로 취합 : 회의방식에 의한 동의는 전 근로자가 반드시 한 자리에 모여 회의를 개최하는 방식만이 아니라 한 사업 또는 사업장의 기구별 또는 단위부서별로 사용자 측의 개입이나 간섭이 배제된 상태에서 근로자 간에 의견을 교환하여 찬반을 집약한 후 이를 전체적으로 모으는 방식도 허용된다(대판 2010.1.28. 2009다32522). <mark>기출</mark> 17 다만, 업무의 특성, 사업의 규모, 사업장의 산재(散在) 등의 사정으로 전체 근로자들이 회합하기 어려운 경우에는 단위부서별로 회합하는 방식도 허용될 수 있겠으나, 근로기준법이 '회의방식'에 의한 근로자 과반수의 동의를 요구하는 이유는 '집단의사의 주체로서 근로자'의 의사를 형성하기 위함이므로, 사용자의 특수한 사정으로 인하여 전체 근로자들의 회합이 어려워 단위부서별로 회합하는 방식을 택할 수밖에 없는 경우에, 사용자는 부분적 회합을 통한 의견취합을 하더라도 전체 근로자들의 회합이 있었던 것과 마찬가지로 근로자들이 집단의사를 확인, 형성할 수 있도록 상당한 조치를 할 의무를 부담한다고 봄이 상당하다(대판 2017.5.31. 2017다209129; 서울고판 2017.1.13. 2015나2049413).

③ 노사협의회의결의 동의간주 가부 : 노사협의회는 근로자와 사용자 쌍방이 이해와 협조를 통하여 노사 공동의 이익을 증진함으로써 산업평화를 도모할 것을 목적으로 하는 제도로서, 노동조합과 그 제도의 취지가 다르므로 비록 회사가 근로조건에 관한 사항을 그 협의사항으로 규정하고 있다 하더라도, 근로자들이 노사협의회를 구성하는 근로자위원들을 선출함에 있어 그들에게 근로조건을 불이익하게 변경하는

경우 근로자들을 대신하여 동의를 할 권한까지 포괄적으로 위임한 것이라고 볼 수 없으며, 그 근로자위원들이 퇴직금규정의 개정에 동의를 함에 있어서 사전에 그들이 대표하는 각 부서별로 근로자들의 의견을 집약 및 취합하여 그들의 의사표시를 대리하여 동의권을 행사하였다고 볼만한 자료도 없다면, 근로자위원들의 동의를 얻은 것을 근로자들 과반수의 동의를 얻은 것과 동일시할 수 없다(대판 1994.6.24. 92다28556).

3) 강행법규를 잠탈할 의도로 변경된 취업규칙의 유효성

[1] 구 근로기준법은 휴게시간을 제외하고 1주간의 근로시간은 40시간을, 1일의 근로시간은 8시간을 초과할 수 없도록 기준근로시간을 정하여 규제하면서(제50조 제1항, 제2항), 기준근로시간의 범위 내에서 근로자와 사용자가 합의한 근로시간을 소정근로시간으로 규정하고 있다(제2조 제1항 제7호). 근로자는 합의한 소정근로시간 동안 근로의무를 부담하고, 사용자는 근로의무 이행에 대하여 임금을 지급하게 되는데, 사용자와 근로자는 기준근로시간을 초과하지 않는 한 원칙적으로 자유로운 의사에 따라 소정근로시간에 관하여 합의할 수 있다. 다만, 소정근로시간의 정함이 단지 형식에 불과하다고 평가할 수 있는 정도에 이르거나, 노동관계법령 등 강행법규를 잠탈할 의도로 소정근로시간을 정하였다는 등의 특별한 사정이 있는 경우에는 소정근로시간에 관한 합의로서의 효력을 부정하여야 한다.

[2] 헌법 및 최저임금법 관련 규정내용과 체계, 최저임금법 제6조 제5항(이하 "특례조항")의 입법취지와 입법경과, 여객자동차 운수사업법의 규정취지 및 일반택시운송사업의 공공성, 소정근로시간을 단축하는 합의 관련 전후 사정 등을 종합적으로 고려하면, 정액사납금제하에서 생산고에 따른 임금을 제외한 고정급이 최저임금에 미달하는 것을 회피할 의도로 사용자가 소정근로시간을 기준으로 산정되는 시간당 고정급의 외형상 액수를 증가시키기 위해 택시운전근로자 노동조합과 사이에 실제 근무형태나 운행시간의 변경 없이 소정근로시간만을 단축하기로 합의한 경우, 이러한 합의는 강행법규인 최저임금법상 특례조항 등의 적용을 잠탈하기 위한 탈법행위로서 무효라고 보아야 한다. 이러한 법리는 사용자가 택시운전근로자의 과반수로 조직된 노동조합 또는 근로자 과반수의 동의를 얻어 소정근로시간을 단축하는 내용으로 취업규칙을 변경하는 경우에도 마찬가지로 적용된다(대판 2019.4.18. 2016다2451[전합]).

(5) 동의를 받지 못한 불이익변경의 효력

1) 의 의

취업규칙은 근로기준법이 근로자 보호의 목적으로 그 작성을 강제하고 이에 법규범성을 부여한 것이므로 이를 근로자에게 불이익하게 변경하려면 종전 취업규칙의 적용을 받고 있던 근로자 집단의 집단의사결정방법에 의한 동의를 요한다. 근로자 집단의 동의가 없는 한 취업규칙의 불이익한 변경에 대하여 개인적으로 동의한 근로자에 대하여도 그 효력이 없다(대판 1977.7.26. 77다355).

2) 동의를 받지 못한 취업규칙의 효력

① 기존근로자에 대한 효력 : 취업규칙의 작성·변경에 관한 권한은 원칙적으로 사용자에게 있으므로 사용자는 그 의사에 따라 취업규칙을 작성·변경할 수 있으나, 다만 근로기준법 제94조 제1항에 의하여 노동조합 또는 근로자 과반수의 의견을 들어야 하고 특히 근로자에게 불이익하게 변경하는 경우에는 동의를 얻어야 하는 제약을 받는바, 기존의 근로조건을 근로자에게 불리하게 변경하는 경우에 필요한 근로자의 동의는 근로자의 집단적 의사결정방법에 의한 동의임을 요하고 이러한 동의를 얻지 못한 취업규칙의 변경은 효력이 없다(대판 1992.12.22. 91다45165).

② 신규근로자에 대한 효력

　㉠ 학설 : 취업규칙을 근로자집단의 동의 없이 불이익하게 변경한 경우, 변경 그 자체가 무효이므로 모든 근로자에게 효력이 없다는 절대적 무효설과, 기존 근로자집단의 동의를 받지 못한 취업규칙은 기존근로자에게는 당연히 적용되지 아니하나, 신규근로자에게는 그 변경의 효력이 미친다는 상대적 효력설이 대립한다.

　㉡ 판례 : 판례는 사용자가 취업규칙에서 정한 근로조건을 근로자에게 불리하게 변경함에 있어서 근로자의 동의를 얻지 않은 경우에 그 변경으로 기득이익이 침해되는 기존의 근로자에 대한 관계에서는 변경의 효력이 미치지 않게 되어 종전 취업규칙의 효력이 그대로 유지되지만, 변경 후에 변경된 취업규칙에 따른 근로조건을 수용하고 근로관계를 갖게 된 근로자에 대한 관계에서는 당연히 변경된 취업규칙이 적용되어야 하고, 기득이익의 침해라는 효력배제사유가 없는 변경 후의 취업근로자에 대해서까지 변경의 효력을 부인하여 종전 취업규칙이 적용되어야 한다고 볼 근거가 없다고(대판 1992.12.22. 91다45165) 한다. 또한 보수규정이 근로자 집단의 동의 없이 불이익하게 변경될 당시 청원경찰로 근무하던 근로자가 다른 직종으로의 전직을 위하여 자유로운 의사에 따라 청원경찰을 사직하고 그 다음 날 신규채용 형식으로 고용원으로 재입사함으로써 근로관계가 단절된 경우, 그 재입사 당시 시행중인 법규적 효력을 가진 취업규칙은 개정된 보수규정이므로 재입사 후의 근속기간에 적용되는 보수규정은 개정된 보수규정이며, 그 근로자의 최초 입사일이 근로자 집단의 동의 없이 불이익하게 변경된 보수규정의 개정 이전이라고 하여 이와 달리 볼 것은 아니라고(대판 1996.10.15. 95다53188) 판시하고 있다.

　　　　　　　　　　　　　　　　　　　　　　　　　　　　　　　　기출 19·22·23·24

　㉢ 검토 : 상대적 효력설에 의한다면, 사실상 하나의 사업장에 둘 이상의 취업규칙을 허용하는 것이 되어 취업규칙의 근로조건 획일화기능이 상실된다고 볼 수밖에 없고, 근로기준법 제94조 제1항 단서를 무력화시킬 수 있다는 점에서 부당하므로, 절대적 효력설이 타당하다고 판단된다.

3) 단체협약에 의한 소급적 동의

① 소급적 동의의 허용 여부 : 판례에 의하면 단체협약은 노동조합이 사용자 또는 사용자단체와 근로조건, 기타 노사관계에서 발생하는 사항에 관하여 체결하는 협정으로서, 노동조합이 사용자 측과 기존의 임금, 근로시간, 퇴직금 등 근로조건을 결정하는 기준에 관하여 소급적으로 동의하거나 이를 승인하는 내용의 단체협약을 체결한 경우에, 그 동의나 승인의 효력은 단체협약이 시행된 이후에 그 사업체에 종사하며 그 협약의 적용을 받게 될 노동조합원이나 근로자들에 대하여 생긴다고 할 것이므로, 취업규칙 중 퇴직금에 관한 규정의 변경이 근로자에게 불이익함에도 불구하고, 사용자가 근로자의 집단적 의사결정방법에 의한 동의를 얻지 아니한 채 변경을 함으로써 기득이익을 침해받게 되는 기존의 근로자에 대하여는 종전의 퇴직금조항이 적용되어야 하는 경우에도, 노동조합이 사용자 측과 변경된 퇴직금조항을 따르기로 하는 내용의 단체협약을 체결한 경우에는 기득이익을 침해받게 되는 기존의 근로자에 대하여 종전의 퇴직금조항이 적용되어야 함을 알았는지의 여부에 관계없이, 그 협약의 적용을 받게 되는 기존의 근로자에 대하여도 변경된 퇴직금조항을 적용하여야 할 것이라고(대판 2005.3.11. 2003다27429) 한다. 기출 19

② 소급적 동의의 허용한계 : 단체협약은 노동조합이 사용자 또는 사용자단체와 근로조건 기타 노사관계에서 발생하는 사항에 관하여 체결하는 협정으로서, 노동조합이 사용자 측과 기존의 임금, 근로시간, 퇴직금 등 근로조건을 결정하는 기준에 관하여 소급적으로 동의하거나 이를 승인하는 내용의 단체협약을 체결한 경우에 그 동의나 승인의 효력은 단체협약이 시행된 이후에 그 사업체에 종사하며 그 협약의 적용을 받게 될 노동조합원이나 근로자들에 대하여만 생기고, 단체협약 체결 이전에 이미 퇴직한 근로자에게는 위와 같은 효력이 생길 여지가 없다(대판 1992.7.24. 91다34073).

③ **검토** : 노동조합의 소급적 동의로써 근로자의 기존에 확정된 권리를 침해하는 것은 헌법상 재산권 침해의 문제를 초래하므로, 불리한 규정을 노동조합이 동의한 경우에 그 효력은 장래에 대하여만 미친다고 보는 것이 타당하다.

4) 사회통념상 합리성의 법리

① **종전 판례의 태도** : 종전 판례는 사용자가 일방적으로 새로운 취업규칙의 작성·변경을 통하여 근로자가 가지고 있는 기득의 권리나 이익을 박탈하여 불이익한 근로조건을 부과하는 것은 원칙적으로 허용되지 아니하지만, 해당 취업규칙의 작성·변경이 필요성 및 내용의 양면에서 보아 그에 의하여 근로자가 입게 될 불이익의 정도를 고려하더라도 여전히 당해 조항의 법적 규범성을 시인할 수 있을 정도로 사회통념상 합리성이 있다고 인정되는 경우에는, 종전 근로조건 또는 취업규칙의 적용을 받고 있던 근로자의 집단적 의사결정방법에 의한 동의가 없다는 이유만으로 그의 적용을 부정할 수는 없다고(대판 2015.8.13, 2012다43522) 판시하여 왔다.

② **전합 판결의 태도**[27]

　　㉠ **다수의견**

　　　㉮ **동의 없이 작성·변경된 취업규칙의 효력** : 사용자가 취업규칙을 근로자에게 불리하게 변경하면서 근로자의 집단적 의사결정방법에 따른 동의를 받지 못한 경우, 노동조합이나 근로자들이 집단적 동의권을 남용하였다고 볼만한 특별한 사정이 없는 한 해당 취업규칙의 작성 또는 변경에 사회통념상 합리성이 있다는 이유만으로 그 유효성을 인정할 수는 없다.

　　㉡ **논 거**

　　　ⓐ 취업규칙의 불리한 변경에 대하여 근로자가 가지는 집단적 동의권은 사용자의 일방적 취업규칙의 변경 권한에 한계를 설정하고 헌법 제32조 제3항의 취지와 근로기준법 제4조가 정한 근로조건의 노사대등결정 원칙을 실현하는 데에 중요한 의미를 갖는 절차적 권리로서, 변경되는 취업규칙의 내용이 갖는 타당성이나 합리성으로 대체될 수 있는 것이라고 볼 수 없다.

　　　ⓑ 근로자의 집단적 동의권은 명문의 규정이 없더라도 위와 같은 근로조건의 노사대등결정 원칙과 근로자의 권익 보장에 관한 근로기준법의 근본정신, 기득권 보호의 원칙으로부터 도출된다. 이러한 집단적 동의는 단순히 요식적으로 거쳐야 하는 절차 이상의 중요성을 갖는 유효요건이다. 나아가 현재와 같이 근로기준법이 명문으로 집단적 동의절차를 규정하고 있음에도 취업규칙의 내용에 사회통념상 합리성이 있다는 이유만으로 근로자의 집단적 동의를 받지 않아도 된다고 보는 것은 취업규칙의 본질적 기능과 그 불이익변경 과정에서 필수적으로 확보되어야 하는 절차적 정당성의 요청을 도외시하는 것이다.

---

27) 사실관계는 다음과 같다.
현대자동차 주식회사(이하 '피고')는 취업규칙(이하 '구 취업규칙')을 제정하여 전체 직원에 대하여 적용하여 왔는데, 법정근로시간을 단축하여 주 5일 근무제를 도입한 구 근로기준법이 2004.7.1.부터 피고 사업장에 시행됨에 따라 이에 맞추어 과장급 이상의 간부사원에게만 적용되는 간부사원 취업규칙을 별도로 제정하였다. 간부사원 취업규칙은 구 취업규칙과 달리 월 개근자에게 1일씩 부여하던 월차휴가제도를 폐지하고, 총 인정일수에 상한이 없던 연차휴가에 25일의 상한을 신설하는 내용을 포함하였다. 피고는 간부사원 취업규칙을 제정하면서 전체 근로자 과반수가 가입한 노동조합인 현대자동차노동조합(이하 '현대차노조')의 동의를 받지 않았으나, 2004.8.16. 지역본부별, 부서별로 간부사원들을 모아 전체 간부사원 6,683명 중 약 89%에 해당하는 5,958명으로부터 동의서를 받았다. 피고소속 근로자들인 원고(선정당사자)들 및 선정자들(이하 통틀어 '원고등')은 피고에 입사하여 과장급 이상의 직위에서 근무하던 근로자들인데 제1심에서 간부사원 취업규칙 중 연월차휴가와 관련된 부분은 무효라고 주장하면서, 2004년부터 지급받지 못한 연월차휴가수당 상당액을 부당이득 반환으로서 청구하였다. 제1심이 청구원인 주장 자체에 의하더라도 원고 등이 피고를 상대로 미지급 연 월차휴가수당을 직접 청구할 수 있으므로 부당이득이 성립하지 않는다는 취지로 원고 등의 청구를 기각하는 판결을 선고하자, 원고(선정당사자)들은 항소하면서, 원심에서 미지급 연월차휴가수당의 지급청구를 추가하였다.

ⓒ 근로자의 집단적 동의가 있는 경우 취업규칙의 불리한 변경에 반대한 개별 근로자에 대해서도 변경된 취업규칙의 효력을 인정함으로써 근로조건의 통일적 결정에 관한 요청이 충족되고 있으므로, 사용자가 근로자의 집단적 동의를 받지 않은 채 일방적으로 근로조건을 불리하게 변경한 경우에까지 사회통념상 합리성을 이유로 그 유효성을 인정하여 근로조건의 통일성을 도모할 필요가 있다고 볼 수도 없다.

ⓓ 취업규칙의 불이익변경에 대하여는 단체협약보다 상위 규범인 법률에서 근로자의 집단적 동의권을 부여하고 있으므로, 취업규칙을 근로자에게 불리하게 변경하면서 근로자의 집단적 동의를 받지 않았다면 이를 원칙적으로 무효로 보되, 다만 노동조합이나 근로자들이 집단적 동의권을 남용한 경우에 한하여 유효성을 인정하는 것이 단체협약에 의한 노동조합의 동의권에 관한 대법원 판례의 태도와 일관되고 법규범 체계에 부합하는 해석이다.

ⓔ 사회통념상 합리성이라는 개념 자체가 매우 불확정적이어서 어느 정도에 이르러야 법적 규범성을 시인할 수 있는지 노동관계 당사자가 쉽게 알기 어려울 뿐만 아니라, 개별 사건에서 다툼의 대상이 되었을 때 그 인정 여부의 기준으로 대법원이 제시한 요소들을 종합적으로 고려한 법원의 판단 역시 사후적 평가일 수밖에 없는 한계가 있다. 이에 취업규칙 변경의 효력을 둘러싼 분쟁이 끊이지 않고 있고, 그 유효성이 확정되지 않은 취업규칙의 적용에 따른 법적 불안정성이 사용자나 근로자에게 끼치는 폐해 역시 적지 않았다.

ⓕ 그럼에도 종전 판례의 해석은 근로자의 집단적 동의가 없더라도 일정한 경우 사용자에 의한 일방적인 취업규칙의 작성 또는 변경으로 기존 근로조건을 낮추는 것을 인정하는 것이어서 강행규정인 근로기준법 제94조 제1항 단서의 명문 규정에 반하는 해석일 뿐만 아니라, 근로기준법이 예정한 범위를 넘어 사용자에게 근로조건의 일방적인 변경 권한을 부여하는 것이나 마찬가지여서 헌법 정신과 근로자의 권익 보장에 관한 근로기준법의 근본 취지, 근로조건의 노사대등결정 원칙에 위배된다.

㉱ **집단적 동의권 남용 법리** : 우리 민법은 신의성실과 권리남용의 금지를 민사법의 중요한 원칙으로 선언하고 있고, 이는 법질서 전체를 관통하는 일반 원칙으로서 실정법을 형식적이고 엄격하게 적용할 때 생길 수 있는 부당한 결과를 막고 구체적 타당성을 실현하는 작용을 하므로, 근로기준법상 취업규칙의 불이익변경 과정에서 노동조합이나 근로자들이 집단적 동의권을 행사할 때도 신의성실의 원칙과 권리남용금지 원칙이 적용되어야 한다. 따라서 노동조합이나 근로자들이 집단적 동의권을 남용하였다고 볼만한 특별한 사정이 있는 경우에는 그 동의가 없더라도 취업규칙의 불이익변경을 유효하다고 볼 수 있다. 여기에서 노동조합이나 근로자들이 집단적 동의권을 남용한 경우란 관계 법령이나 근로관계를 둘러싼 사회 환경의 변화로 취업규칙을 변경할 필요성이 객관적으로 명백히 인정되고, 나아가 근로자의 집단적 동의를 구하고자 하는 사용자의 진지한 설득과 노력이 있었음에도 불구하고 노동조합이나 근로자들이 합리적 근거나 이유 제시 없이 취업규칙의 변경에 반대하였다는 등의 사정이 있는 경우를 말한다. 다만, 취업규칙을 근로자에게 불리하게 변경하는 경우에 근로자의 집단적 동의를 받도록 한 근로기준법 제94조 제1항 단서의 입법 취지와 절차적 권리로서 동의권이 갖는 중요성을 고려할 때, 노동조합이나 근로자들이 집단적 동의권을 남용하였는지 여부는 엄격하게 판단할 필요가 있다. 한편 신의성실 또는 권리남용금지 원칙의 적용은 강행규정에 관한 것으로서 당사자의 주장이 없더라도 법원이 그 위반 여부를 직권으로 판단할 수 있으므로, 집단적 동의권의 남용에 해당하는지 여부에 대하여도 법원은 직권으로 판단할 수 있다(대판 2023.5.11. 2017다35588[전합]).

ⓛ **별개의견** : '사회통념상 합리성 법리'는 대법원이 오랜 기간 그 타당성을 인정하고 적용하여 온 것으로서 현재에도 여전히 법리적으로나 실무적으로 타당하므로 그대로 유지되어야 한다.

㉮ 1989년 근로기준법 개정 이후에도 대법원은 개정 전과 마찬가지로 사회통념상 합리성 법리를 적용하여 왔는데, 현재까지 빈번하게 이루어진 근로기준법의 개정 과정에서 사회통념상 합리성 법리를 배제하는 규정은 도입되지 않았다. 다시 말하면 1989년 근로기준법은 사회통념상 합리성 법리를 배제한 것이 아니라, 이를 포함하여 판례가 확립해 온 취업규칙 불이익변경에 관한 법리를 전면적으로 수용한 것이라고 보는 것이 옳다.

㉯ 대법원이 취업규칙의 불리한 변경에 대하여 근로자의 집단적 동의를 받도록 한 것은 사용자의 취업규칙 작성·변경 권한의 남용을 방지하는 데에 근본 취지가 있고, 사용자가 우월한 지위를 이용하여 일방적으로 취업규칙을 근로자에게 불리하게 변경하는 것을 방지하여 근로기준법의 법 이념을 실질적으로 구현하기 위한 것이다. 그런데 사용자가 변경하려는 취업규칙의 내용이 이러한 취지에 어긋나지 않고 관련 법령의 변화 및 그 취지를 반영하거나 단체협약에서 정한 다른 근로조건의 변경을 반영하는 경우 등 변경한 내용의 타당성을 충분히 받아들일 수 있어 그야말로 누가 보더라도 사회통념상 합리성이 있는 경우에는 사용자의 취업규칙의 작성·변경 권한을 굳이 제한할 이유가 없으므로, 이러한 변경에 대해서까지 근로자의 집단적 동의를 받지 못하였다고 하여 무효라고 볼 수는 없다.

㉰ 사회통념상 합리성 법리는 취업규칙의 불이익변경에 근로자의 집단적 동의를 요구하는 법리를 예외 없이 관철함으로써 생길 수 있는 불합리한 결과를 방지하기 위하여 신의성실의 원칙이나 조리 등 법의 일반원칙을 근로관계에 적용한 것이다. 따라서 이는 법문으로 명시되지 않았다고 하여 그 적용이 배제되는 것이 아니고 폐기할 수 있는 법리도 아니다.

㉱ 대법원이 지금까지 사회통념상 합리성 법리를 적용하여 근로자의 집단적 동의 없이 취업규칙이 불리하게 변경되었더라도 유효하다고 본 사례들은 취업규칙의 불이익변경에 해당하기는 하나 그와 같이 변경하게 된 경위와 동기, 내용, 근로자가 입는 불이익의 정도, 다른 근로조건의 개선상황 등에 비추어 볼 때, 변경된 내용의 타당성을 누구나 받아들일 수 있어 굳이 근로자의 집단적 동의를 받을 필요가 없을 정도로 사회통념상 합리성이 분명하게 인정되고, 근로기준법의 정신이나 기득권 보호의 원칙을 훼손한다고 볼 수 없는 사안들이었다. 오히려 위 사례들에서 근로자의 집단적 동의가 없었다는 이유만으로 취업규칙의 불이익변경을 무효라고 한다면 이는 일반적인 정의관념이나 구체적 타당성에도 반한다.

㉲ 대법원은 사회통념상 합리성 법리를 엄격하게 해석·적용하여 왔으며 상당한 기간의 사례 축적을 통하여 현재 재판실무상 위 법리의 폐기 여부가 문제 되는 사안을 쉽게 발견하기 어려울 정도로 법리 적용에 관한 예측가능성과 법적 안정성이 충분히 확보되었다.

③ **검토** : 생각건대 전합 판결의 다수의견은 취업규칙이 근로자에게 불리하게 변경되는 경우 근로자의 절차적 권리인 집단적 동의권이 침해되었다면 이를 사회통념상 합리성으로 대체할 수 없음을 명시하여 취업규칙 불이익변경의 유효요건을 법문대로 정립하였다는 점, 사용자에게는 근로자의 집단적 동의를 구하고자 하는 진지한 설득과 노력이 필요하다는 것을 확인시킴으로써 취업규칙 변경 절차를 근로조건 기준결정에 관한 헌법(인간의 존엄성 보장) 및 근로기준법(근로조건의 노사대등 결정, 자율적 결정)의 이념과 취지에 더욱 부합하도록 유도하였다는 점, 근로자 측이 집단적 동의권을 남용한 경우에는 예외적으로 불이익한 취업규칙 변경의 효력을 인정할 가능성을 열어 둠으로써 구체적 타당성을 기할 수 있도록 하였다는 점에서 타당하다고 판단된다.

(6) 관련 논점

1) 취업규칙의 수

사업장에 몇 개의 취업규칙이 존재할 수 있는가에 대하여 상대적 무효설에 따르면, 기존의 취업규칙과 변경된 취업규칙이 병존한다는 견해와, 변경된 취업규칙 1개만이 존재한다는 견해가 있는데, 판례는 취업규칙의 작성·변경권이 사용자에게 있는 이상 현행의 법규적 효력을 가진 취업규칙은 변경된 취업규칙이고, 기존근로자들의 근로조건은 기득권의 보호일 뿐이라고 보고 있다. 그러나 해당 불이익변경은 무효로 이해하여야 하므로, 그 사업장의 취업규칙은 기존의 취업규칙으로 보는 것이 타당하다고 판단된다.

2) 퇴직금차등제도

근로자퇴직급여 보장법 제4조 제2항은 퇴직금차등제도를 금지하고 있는데, 취업규칙의 변경으로 기존근로자에게는 퇴직금누진제가, 신규근로자에게는 퇴직금단수제가 적용된다면 하나의 사업장에 서로 다른 2개의 퇴직금제도가 존재하게 되고, 이러한 경우 퇴직금차등제도를 설정한 것과 동일한 법위반이 되는지가 문제된다. 이에 대하여 판례는 퇴직금차등제도를 설정한 경우에 해당하지 아니한다고(대판 1992,12.22, 91다45165) 판시하고 있다.

Ⅴ 고용노동부장관에의 신고·취업규칙의 심사·주지의무

1. 고용노동부장관에의 신고

상시 10명 이상의 근로자를 사용하는 사용자는 작성 또는 변경된 취업규칙에 근로자집단의 의견을 적은 서면을 첨부하여 고용노동부장관에게 신고하여야 한다(근기법 제93조, 제94조 제2항).

2. 취업규칙의 심사

고용노동부장관은 법령 또는 단체협약에 어긋나는 취업규칙의 변경을 명할 수 있다(근기법 제96조 제2항).

기출 13·16·21·22

3. 취업규칙의 주지의무

사용자는 이 법과 이 법에 의하여 발하는 대통령령의 주요내용과 취업규칙을 근로자가 자유롭게 열람할 수 있는 장소에 항상 게시하거나 갖추어 두어 근로자에게 널리 알려야 한다(근기법 제14조 제1항).

O | X 💬

1. 취업규칙의 불이익변경이 근로자집단의 동의를 받지 못하여 무효가 된 경우에도, 노동조합과 단체협약을 체결하여 이를 소급적으로 적용하기로 추인하였다면 취업규칙은 유효하게 된다.
2. 사업장에 근로자 과반수로 조직된 노동조합이 취업규칙의 불이익변경에 동의한 경우, 비조합원에게도 불이익변경된 취업규칙이 당연히 적용된다.
3. 고용노동부장관은 법령 또는 단체협약에 어긋나는 취업규칙의 변경을 명할 수 없다.

정답 1. ○ 2. ○ 3. ×

Ⅵ 취업규칙상의 징계권의 규제

취업규칙에서 근로자에 대하여 감급의 제재를 정할 경우에는 그 감액은 1회의 금액이 평균임금의 1일분의 2분의 1을, 총액이 1임금지급기의 임금총액의 10분의 1을 초과하지 못한다(근기법 제95조). **기출** 14 · 16 · 21 · 22

Ⅶ 취업규칙의 효력

1. 신설 또는 변경된 취업규칙의 효력발생요건

[1] 취업규칙은 사용자가 정하는 기업 내의 규범이기 때문에 사용자가 취업규칙을 신설 또는 변경하기 위한 조항을 정하였다고 하여도 그로 인하여 바로 효력이 생기는 것이라고는 할 수 없고 신설 또는 변경된 취업규칙의 효력이 생기기 위해서는 반드시 같은 근로기준법 제14조 제1항에서 정한 방법에 의할 필요는 없지만, 적어도 법령의 공포에 준하는 절차로서 그것이 새로운 기업 내 규범인 것을 널리 종업원 일반으로 하여금 알게 하는 절차, 즉 어떠한 방법이든지 적당한 방법에 의한 주지가 필요하다.

[2] 종업원의 근로조건 변경을 내용으로 하는 자구계획서가 명칭에 관계없이 취업규칙에 해당하고, 자구계획서의 내용이 회사 내 홍보매체를 통하여 전 종업원에게 알려지고, 회사근로자 과반수가 가입한 노조도 위와 같은 취업규칙의 변경에 동의하였다면 회사가 이미 존재하던 취업규칙의 개정절차를 거치지 않았다거나 변경된 취업규칙에 대한 신고의무, 게시 및 비치의무를 이행하지 않았다고 하더라도 위 변경된 취업규칙의 효력은 발생하였다 할 것이다(대판 2004.2.12. 2001다63599).

✔ 핵심문제

01 취업규칙의 불이익변경에 관한 설명 중 옳지 않은 것을 모두 고른 것은?(다툼이 있는 경우 판례에 의함)

> ㉠ 취업규칙의 불이익변경과 관련하여 '근로자의 과반수'라 함은 기존의 근로조건 또는 취업규칙의 적용을 받는 근로자 집단의 과반수를 뜻한다.
> ㉡ 근로자의 과반수로 조직된 노동조합의 동의를 얻어 변경된 취업규칙은 개별적 동의절차를 거치지 않은 비조합원에게는 적용되지 않는다.
> ㉢ 취업규칙의 규정이 근로자의 과반수의 동의 없이 불이익하게 변경된 후에 채용된 근로자는 변경 전의 취업규칙의 적용을 받는다.
> ㉣ 근로자의 과반수의 동의가 없었다면 노동조합이나 근로자들이 집단적 동의권을 남용하였다고 볼만한 특별한 사정이 없는 한 취업규칙의 작성 또는 변경에 사회통념상 합리성이 있다는 이유만으로 그 유효성을 인정할 수는 없다.

① ㉠, ㉡　　　　　　　　　　　　② ㉠, ㉢
③ ㉡, ㉢　　　　　　　　　　　　④ ㉡, ㉣
⑤ ㉢, ㉣

【해설】
㉡ (×) 근로자 과반수로 조직된 노동조합의 동의를 받아 취업규칙이 불리하게 변경된 경우에는, 이에 동의하지 않거나 반대한 근로자, 비조합원에게도 불리하게 변경된 취업규칙이 적용된다.
㉢ (×) 취업규칙의 불이익변경 후 입사한 신규근로자에게는 변경된 취업규칙이 적용된다.

정답 ③

2. 단체협약과의 관계

취업규칙은 법령이나 해당 사업 또는 사업장에 대하여 적용되는 단체협약과 어긋나서는 아니 된다(근기법 제96조 제1항). **기출** 13

3. 근로계약과의 관계

취업규칙에서 정한 기준에 미달하는 근로조건을 정한 근로계약은 그 부분에 관하여는 무효로 한다. 이 경우 무효로 된 부분은 취업규칙에 정한 기준에 따른다(근기법 제97조). **기출** 16·18·24

Ⅷ 관련 판례 - 취업규칙의 한계

기업의 경영에 관한 의사결정의 자유 등 영업의 자유와 근로자들이 누리는 일반적 행동자유권 등이 '근로조건' 설정을 둘러싸고 충돌하는 경우에는, 근로조건과 인간의 존엄성 보장 사이의 헌법적 관련성을 염두에 두고 구체적인 사안에서의 사정을 종합적으로 고려한 이익형량과 함께 기본권들 사이의 실제적인 조화를 꾀하는 해석 등을 통하여 이를 해결하여야 하고, 그 결과에 따라 정해지는 두 기본권 행사의 한계 등을 감안하여 두 기본권의 침해 여부를 살피면서 근로조건의 최종적인 효력 유무 판단과 관련한 법령 조항을 해석·적용하여야 한다. 취업규칙 조항은 항공운송업을 영위하는 사기업으로서 항공사에 대한 고객의 신뢰와 만족도 향상, 직원들의 책임의식 고취와 근무기강 확립 등을 위하여 소속 직원들의 용모와 복장들을 제한할 수 있는 원고의 영업의 자유와 참가인의 일반적 행동자유권이 충돌하는 결과를 가져오는데, 위 취업규칙 조항이 두 기본권에 대한 이익형량이나 조화로운 조정 없이 영업의 자유와 관련한 필요성과 합리성의 범위를 넘어 일률적으로 소속 직원들의 일반적 행동자유권을 전면적으로 제한하고 있는 것은 기본권 충돌에 관한 형량과 기본권의 상호조화 측면에서 문제가 있는 점, 오늘날 개인 용모의 다양성에 대한 사회 인식의 변화 등을 고려할 때 원고 소속 직원들이 수염을 기른다고 하여 반드시 고객에게 부정적인 인식과 영향을 끼친다고 단정하기 어려운 점, 더욱이 기장의 업무 범위에 항공기에 탑승하는 고객들과 직접적으로 대면하여 서비스를 제공하는 것이 당연히 포함되어 있다고 볼 수 없으며, 참가인이 자신의 일반적 행동자유권을 지키기 위해서 선택할 수 있는 대안으로는 원고에서 퇴사하는 것 외에는 다른 선택이 존재하지 않는데도 수염을 일률적·전면적으로 기르지 못하도록 강제하는 것은 합리적이라고 볼 수 없는 점 등에 비추어 보면, 원고가 헌법상 영업의 자유 등에 근거하여 제정한 위 취업규칙 조항은 참가인의 헌법상 일반적 행동자유권을 침해하므로 근로기준법 제96조 제1항, 민법 제103조 등에 따라서 무효라고 보아야 한다(대판 2018.9.13. 2017두38560).

01 취업규칙의 불이익변경에 관한 설명으로 옳지 않은 것은?(다툼이 있는 경우에는 판례에 의함)

① 불이익인지 여부를 판단하는 시점은 근로자의 집단적 동의가 행해지는 시점을 말한다.

② 취업규칙이 근로자들의 집단적 의사결정방법에 의한 동의 없이 불이익하게 변경된 경우, 기득이익이 침해되는 근로자에게 적용되는 것은 종전의 취업규칙이다.

③ 불리하게 변경된 취업규칙이 기존 근로자 과반수의 동의를 얻지 못하더라도 그 변경된 취업규칙은 변경 후 신규채용된 근로자에게 효력이 있다.

④ 일부 근로자에게는 유리하고 일부 근로자에게는 불리하여 근로자 상호 간에 유·불리에 따른 이익이 충돌되는 경우에는 전체적으로 보아 근로자에게는 불리한 것으로 취급한다.

⑤ 사용자가 취업규칙을 근로자에게 불리하게 변경하면서 근로자의 집단적 의사결정방법에 따른 동의를 받지 못한 경우, 노동조합이나 근로자들이 집단적 동의권을 남용하였다고 볼만한 특별한 사정이 없는 한 해당 취업규칙의 작성 또는 변경에 사회통념상 합리성이 있다는 이유만으로 그 유효성을 인정할 수는 없다.

[해설]

취업규칙의 일부인 퇴직금규정의 개정이 근로자들에게 유리한지 불리한지 여부를 판단하기 위하여 퇴직금지급률의 변화와 함께 그와 대가관계나 연계성이 있는 기초임금의 변화도 고려하여 종합하여 판단하여야 하지만, <u>그 판단기준시점은 퇴직금규정의 개정이 이루어진 시점이다</u> (대판 2000.9.29. 99다45376).

정답 ①

02 근로기준법상 취업규칙에 관한 설명으로 옳지 않은 것은?(다툼이 있으면 판례에 따름)

① 사용자는 근로자의 근로조건, 근로형태, 직종 등의 특수성에 따라 근로자 일부에게 적용되는 별도의 취업규칙을 작성할 수 있다.

② 취업규칙 작성 시 과반수노동조합이 있는 경우 사용자는 노동조합 대표자의 의견과 함께 집단적 회의방식으로 조합원의 의견을 들어야 한다.

③ 취업규칙의 변경이 여러 근로자집단 중 하나의 근로자집단에게만 불이익하지만 향후 나른 근로사집단에게도 변경된 취업규칙의 적용이 예상된다면, 해당 근로자집단을 포함한 근로자집단이 취업규칙 불이익변경의 동의주체가 된다.

④ 사용자가 취업규칙 불이익변경절차를 거치지 않았더라도 노동조합이 불이익변경된 취업규칙에 따르기로 하는 단체협약을 체결한 경우에는, 그 단체협약의 적용을 받게 되는 기존의 근로자들에게 변경된 취업규칙이 적용된다.

⑤ 취업규칙이 기존의 근로자들에게 불이익하게 변경되었는지 여부를 불문하고, 사용자가 취업규칙을 변경한 후 신규취업한 근로자에게는 변경된 취업규칙이 적용된다.

[해설]

사용자는 취업규칙의 작성 또는 변경에 관하여 해당 사업 또는 사업장에 근로자의 과반수로 조직된 노동조합이 있는 경우에는 그 노동조합, 근로자의 과반수로 조직된 노동조합이 없는 경우에는 근로자의 과반수의 의견을 들어야 한다(근기법 제94조 제1항 본문). 따라서 <u>노동조합 대표자의 의견을 들은 경우에는, 조합원의 의견은 들 필요가 없다.</u>

정답 ②

I 근로자의 기숙사 생활보장

1. 사생활의 자유와 안전보장

① 사용자는 사업 또는 사업장의 부속기숙사에 기숙하는 근로자의 사생활의 자유를 침해하지 못한다(근기법 제98조 제1항). 이에 따라 사용자는 기숙사에 기숙하는 근로자의 사생활 보호 등을 위하여 ㉠ 기숙사의 침실, 화장실 및 목욕시설 등에 적절한 잠금장치를 설치할 것, ㉡ 근로자의 개인용품을 정돈하여 두기 위한 적절한 수납공간을 갖출 것의 사항을 준수해야 한다(근기법 시행령 제58조의2).

② 사용자는 부속기숙사를 설치·운영할 때 ㉠ 기숙사의 구조와 설비, ㉡ 기숙사의 설치장소, ㉢ 기숙사의 주거환경 조성, ㉣ 기숙사의 면적, ㉤ 그 밖에 근로자의 안전하고 쾌적한 주거를 위하여 필요한 사항에 관하여 대통령령으로 정하는 기준을 충족하도록 하여야 한다(근기법 제100조).

2. 임원선거의 간섭 금지

사용자는 기숙사생활의 자치에 필요한 임원선거에 간섭하지 못한다(근기법 제98조 제2항). **기출 16**

II 기숙사규칙의 작성 및 준수의무

1. 기숙사규칙의 작성

① 부속기숙사에 근로자를 기숙시키는 사용자는 ㉠ 기상, 취침, 외출과 외박에 관한 사항, ㉡ 행사에 관한 사항, ㉢ 식사에 관한 사항, ㉣ 안전과 보건에 관한 사항, ㉤ 건설물과 설비의 관리에 관한 사항, ㉥ 그 밖에 기숙사에 기숙하는 근로자 전체에 적용될 사항에 관하여 기숙사규칙을 작성하여야 한다(근기법 제99조 제1항).

② 사용자는 기숙사규칙의 작성 또는 변경에 관하여 기숙사에 기숙하는 근로자의 과반수를 대표하는 자의 동의를 얻어야 한다(근기법 제99조 제2항).

> **기숙사규칙안의 게시 등(근기법 시행령 제54조)**
> 사용자는 법 제99조 제2항에 따라 근로자의 과반수를 대표하는 자의 동의를 받으려는 경우 기숙사에 기숙하는 근로자의 과반수가 18세 미만인 때에는 기숙사규칙안을 7일 이상 기숙사의 보기 쉬운 장소에 게시하거나 갖추어 두어 알린 후에 동의를 받아야 한다.

2. 기숙사규칙의 준수의무

사용자와 기숙사에 기숙하는 근로자는 기숙사규칙을 지켜야 한다(근기법 제99조 제3항).

Ⅲ 기숙사의 설치와 주거환경 조성

1. 구조와 설비

사용자는 기숙사를 설치하는 경우 기숙사의 구조와 설비에 관하여 ① 침실 하나에 8명 이하의 인원이 거주할 수 있는 구조일 것, ② 화장실과 세면・목욕시설을 적절하게 갖출 것, ③ 채광과 환기를 위한 적절한 설비 등을 갖출 것, ④ 적절한 냉・난방설비 또는 기구를 갖출 것, ⑤ 화재예방 및 화재발생 시 안전조치를 위한 설비 또는 장치를 갖출 것 등의 기준을 모두 충족해야 한다(근기법 시행령 제55조). 이때 기숙사 침실의 넓이는 1인당 $2.5m^2$ 이상으로 한다(근기법 시행령 제58조).

2. 설치장소

사용자는 <u>소음이나 진동이 심한 장소</u>, 산사태나 눈사태 등 자연재해의 우려가 현저한 장소, 습기가 많거나 침수의 위험이 있는 장소, 오물이나 폐기물로 인한 오염의 우려가 현저한 장소 등 근로자의 안전하고 쾌적한 거주가 어려운 환경의 장소에 기숙사를 설치해서는 안 된다(근기법 시행령 제56조).

3. 주거환경 조성

사용자는 기숙사를 운영하는 경우 ① 남성과 여성이 기숙사의 같은 방에 거주하지 않도록 할 것, ② 작업 시간대가 다른 근로자들이 같은 침실에 거주하지 않도록 할 것. 다만, 근로자들의 작업 시간대가 다르더라도 근로자들의 수면 시간대가 완전히 구분되는 등 수면에 방해가 되지 않는 경우에는 같은 침실에 거주하도록 할 수 있다. ③ 기숙사에 기숙하는 근로자가 감염병에 걸린 경우에는 ㉠ 해당 근로자의 침실, ㉡ 해당 근로자가 사용한 침구, 식기, 옷 등 개인용품 및 그 밖의 물건, ㉢ 기숙사 내 근로자가 공동으로 이용하는 장소에 대하여 소독 등 필요한 조치를 취할 것 등의 사항을 준수해야 한다(근기법 시행령 제57조).

O | X 💬

1. 안전과 보건에 관한 사항은 기숙사규칙의 기재사항에 해당하지 않는다.
2. 사용자는 기숙사생활의 자치에 필요한 임원선거에 간섭하지 못한다.
3. 사용자가 기숙사를 설치하는 경우에는, 소음 또는 진동이 심한 장소 등을 피하여야 한다.

정답 1. × 2. ○ 3. ○

01 기출 24

☑ 확인Check! ○ △ ✕

근로기준법상 취업규칙의 불이익변경에서 근로자 측의 집단적 동의권에 관한 설명으로 옳지 않은 것은?(다툼이 있으면 판례에 따름)

① 노동조합이나 근로자들이 집단적 동의권을 남용하였다고 볼만한 특별한 사정이 없는 한 해당 취업규칙의 변경에 사회통념상 합리성이 있다는 이유만으로 그 유효성을 인정할 수는 없다.

② 취업규칙의 불리한 변경에 대하여 근로자가 가지는 집단적 동의권은 변경되는 취업규칙의 내용이 갖는 타당성이나 합리성으로 대체될 수 없다.

③ 권리남용금지 원칙의 적용은 당사자의 주장이 있어야 가능하므로, 집단적 동의권의 남용에 해당하는지에 대하여는 법원이 직권으로 판단할 수 없다.

④ 근로자의 집단적 동의가 없다고 하여 취업규칙의 불리한 변경이 항상 불가능한 것은 아니다.

⑤ 근로자가 가지는 집단적 동의권은 사용자의 일방적 취업규칙의 변경 권한에 한계를 설정하고 헌법 제32조 제3항의 취지와 근로기준법 제4조가 정한 근로조건의 노사대등결정 원칙을 실현하는 데에 중요한 의미를 갖는 절차적 권리이다.

정답 및 해설

01

① (○) 사용자가 취업규칙을 근로자에게 불리하게 변경하면서 근로자의 집단적 의사결정방법에 따른 동의를 받지 못한 경우, 노동조합이나 근로자들이 집단적 동의권을 남용하였다고 볼만한 특별한 사정이 없는 한 해당 취업규칙의 작성 또는 변경에 사회통념상 합리성이 있다는 이유만으로 그 유효성을 인정할 수는 없다(대판 2023.5.11. 2017다35588[전합]).

② (○) 취업규칙의 불리한 변경에 대하여 근로자가 가지는 집단적 동의권은 사용자의 일방적 취업규칙의 변경 권한에 한계를 설정하고 헌법 제32조 제3항의 취지와 근로기준법 제4조가 정한 근로조건의 노사대등결정 원칙을 실현하는 데에 중요한 의미를 갖는 절차적 권리로서, 변경되는 취업규칙의 내용이 갖는 타당성이나 합리성으로 대체될 수 있는 것이라고 볼 수 없다(대판 2023.5.11. 2017다35588[전합]).

③ (✕) 신의성실 또는 권리남용금지 원칙의 적용은 강행규정에 관한 것으로서 당사자의 주장이 없더라도 법원이 그 위반 여부를 직권으로 판단할 수 있으므로, 집단적 동의권의 남용에 해당하는지에 대하여도 법원은 직권으로 판단할 수 있다(대판 2023.5.11. 2017다35588[전합]).

④ (○) 근로기준법상 취업규칙의 불이익변경 과정에서 노동조합이나 근로자들이 집단적 동의권을 행사할 때도 신의성실의 원칙과 권리남용금지 원칙이 적용되어야 한다. 따라서 노동조합이나 근로자들이 집단적 동의권을 남용하였다고 볼만한 특별한 사정이 있는 경우에는 그 동의가 없더라도 취업규칙의 불이익변경을 유효하다고 볼 수 있다(대판 2023.5.11. 2017다35588[전합]).

⑤ (○) 취업규칙의 불리한 변경에 대하여 근로자가 가지는 집단적 동의권은 사용자의 일방적 취업규칙의 변경 권한에 한계를 설정하고 헌법 제32조 제3항의 취지와 근로기준법 제4조가 정한 근로조건의 노사대등결정 원칙을 실현하는 데에 중요한 의미를 갖는 절차적 권리이다(대판 2023.5.11. 2017다35588[전합]).

정답 ③

02 기출 24

☑ 확인Check! ○ △ ✕

근로기준법상 취업규칙의 작성과 변경에 관한 설명으로 옳지 않은 것은?(다툼이 있으면 판례에 따름)

① 취업규칙에서 정한 기준에 미달하는 근로조건을 정한 근로계약은 그 부분에 관하여는 무효로 한다.

② 근로관계 종료 후의 권리·의무에 관한 사항은 사용자와 근로자 사이에 존속하는 근로관계와 직접 관련되는 것으로서 근로자의 대우에 관하여 정한 사항이라도 취업규칙에서 정한 근로조건에 해당한다고 할 수 없다.

③ 취업규칙의 작성·변경에 관한 권한은 원칙적으로 사용자에게 있다.

④ 취업규칙은 원칙적으로 객관적인 의미에 따라 해석하여야 하고, 문언의 객관적 의미를 벗어나는 해석은 신중하고 엄격하여야 한다.

⑤ 사용자가 근로자들에게 불리하게 취업규칙을 변경함에 있어서 근로자들의 집단적 의사결정 방법에 의한 동의를 얻지 아니하였다고 하더라도, 현행의 법규적 효력을 가진 취업규칙은 변경된 취업규칙이다.

02

① (○) 근기법 제97조 전문

② (✕) 취업규칙에서 정한 복무규율과 근로조건은 근로관계의 존속을 전제로 하는 것이지만, 사용자와 근로자 사이의 <u>근로관계 종료 후의 권리·의무에 관한 사항이라고 하더라도</u> 사용자와 근로자 사이에 존속하는 근로관계와 직접 관련되는 것으로서 <u>근로자의 대우에 관하여 정한 사항이라면 이 역시 취업규칙에서 정한 근로조건에 해당한다</u>(대판 2022.9.29. 2018다301527).

③ (○) <u>취업규칙의 작성·변경에 관한 권한은 원칙적으로 사용자에게 있으므로</u>, 사용자는 그 의사에 따라 취업규칙을 작성·변경할 수 있으나, 근로기준법 제94조에 따라 노동조합 또는 근로자 과반수의 의견을 들어야 하고, 특히 근로자에게 불이익하게 변경하는 경우에는 그 동의를 얻어야 한다(대판 2022.10.14. 2022다245518).

④ (○) 취업규칙은 사용자가 근로자의 복무규율이나 근로조건의 기준을 정립하기 위하여 작성한 것으로서 노사 간의 집단적인 법률관계를 규정하는 법규범의 성격을 가지는데, 이러한 취업규칙의 성격에 비추어 <u>취업규칙은 원칙적으로 객관적인 의미에 따라 해석하여야 하고, 문언의 객관적 의미를 벗어나는 해석은 신중하고 엄격하여야 한다</u>(대판 2022.9.29. 2018다301527).

⑤ (○) 사용자가 근로자들에게 불리하게 취업규칙을 변경함에 있어서 <u>근로자들의 집단적 의사결정 방법에 의한 동의를 얻지 아니하였다고 하더라도, 취업규칙의 작성, 변경권이 사용자에게 있는 이상 현행의 법규적 효력을 가진 취업규칙은 변경된 취업규칙이라고 보아야</u> 한다(대판 2003.12.18. 2002다2843[전합]).

정답 ②

03 기출 22

☑ 확인Check! ○ △ ✕

근로기준법상 취업규칙에 관한 설명으로 옳지 않은 것은?(다툼이 있으면 판례에 따름)

① 근로자에게 불이익하게 변경된 취업규칙은 집단적 동의를 받았다고 하더라도 근로자의 개별적 동의가 없는 한 그 취업규칙보다 유리한 근로계약의 내용이 우선하여 적용된다.

② 사용자는 취업규칙의 작성 시 해당 사업 또는 사업장에 근로자의 과반수로 조직된 노동조합이 없는 경우에는 근로자의 과반수의 의견을 들어야 한다.

③ 취업규칙에서 근로자에 대하여 감급(減給)의 제재를 정할 경우에 그 감액은 1회의 금액이 통상임금의 1일분의 2분의 1을, 총액이 1임금지급기의 임금 총액의 5분의 1을 초과하지 못한다.

④ 표창과 제재에 관한 사항이 없는 취업규칙의 경우 고용노동부장관은 그 변경을 명할 수 있다.

⑤ 취업규칙이 기존의 근로자에게 불이익하게 변경되었는지 여부를 불문하고 사용자가 취업규칙을 변경한 후 신규 취업한 근로자에게는 변경된 취업규칙이 적용된다.

03

① (○) 근로자에게 불리한 내용으로 변경된 취업규칙은 집단적 동의를 받았다고 하더라도 그보다 유리한 근로조건을 정한 기존의 개별 근로계약 부분에 우선하는 효력을 갖는다고 할 수 없다. 이 경우에도 근로계약의 내용은 유효하게 존속하고, 변경된 취업규칙의 기준에 의하여 유리한 근로계약의 내용을 변경할 수 없으며, 근로자의 개별적 동의가 없는 한 취업규칙보다 유리한 근로계약의 내용이 우선하여 적용된다(대판 2019.11.14. 2018다200709).

② (○) 근기법 제94조 제1항 본문

③ (✕) 취업규칙에서 근로자에 대하여 감급(減給)의 제재를 정할 경우에 그 감액은 1회의 금액이 평균임금의 1일분의 2분의 1을, 총액이 1임금지급기의 임금 총액의 10분의 1을 초과하지 못한다(근기법 제95조).

④ (○) 취업규칙에는 표창과 제재에 관한 사항이 포함되어 있어야 하므로(근기법 제93조 제12호), 이에 대한 사항이 없는 취업규칙에 대하여 고용노동부장관은 변경을 명할 수 있다(근기법 제96조 제2항).

⑤ (○) 불이익하게 변경된 취업규칙이 동의를 받지 못한 경우, 그 변경으로 기득이익이 침해되는 기존 근로자에게는 그 변경의 효력이 미치지 않게 되어 종전 취업규칙이 적용되지만, 그 변경 후 변경된 취업규칙에 따른 근로조건을 수용하고 근로관계를 갖게 된 신규근로자에게는 변경된 취업규칙이 적용된다(대판 1992.12.22. 91다45165).

정답 ③

04 기출 23

☑ 확인Check! ○ △ ×

근로기준법상 취업규칙 불이익 변경에 관한 설명으로 옳지 않은 것은?(다툼이 있으면 판례에 따름)

① 취업규칙의 개정이 근로자들에게 불이익하게 변경된 것인지는 취업규칙의 개정이 이루어진 시점을 기준으로 판단하여야 한다.

② 근로조건이 이원화되어 있어 변경된 취업규칙이 적용되어 직접적으로 불이익을 받게 되는 근로자 집단 이외에 변경된 취업규칙의 적용이 예상되는 근로자 집단이 없는 경우에는 변경된 취업규칙이 적용되어 불이익을 받는 근로자 집단만이 동의주체가 된다.

③ 취업규칙이 근로자의 동의 없이 불이익하게 변경된 후에 이루어진 자의에 따른 사직 및 재입사로 근로관계가 단절된 근로자에 대하여 재입사 후 적용되는 취업규칙은 변경 전 취업규칙이다.

④ 근로자의 동의를 얻지 않은 취업규칙 불이익변경의 경우 그 변경으로 기득이익이 침해되는 기존의 근로자에게는 종전 취업규칙의 효력이 그대로 유지되지만, 변경 후에 근로관계를 갖게 된 근로자에게는 변경된 취업규칙이 적용된다.

⑤ 취업규칙 불이익 변경 시 근로자 과반수로 구성된 노동조합이 없는 때에는 근로자들의 회의방식에 의한 과반수 동의가 필요하다.

04

① (○) 대판 2022.10.14. 2022다245518

② (○) 여러 근로자 집단이 하나의 근로조건 체계 내에 있어 비록 취업규칙의 불이익변경 시점에는 어느 근로자 집단만이 직접적인 불이익을 받더라도 다른 근로자 집단에게도 변경된 취업규칙의 적용이 예상되는 경우에는 일부근로자 집단은 물론 장래 변경된 취업규칙 규정의 적용이 예상되는 근로자 집단을 포함한 근로자 집단이 동의주체가 되고, 그렇지 않고 근로조건이 이원화되어 있어 변경된 취업규칙이 적용되어 직접적으로 불이익을 받게 되는 근로자 집단 이외에 변경된 취업규칙의 적용이 예상되는 근로자 집단이 없는 경우에는 변경된 취업규칙이 적용되어 불이익을 받는 근로자 집단만이 동의주체가 된다(대판 2009.5.28. 2009두2238).

③ (×) 보수규정이 근로자 집단의 동의 없이 불이익하게 변경될 당시 청원경찰로 근무하던 근로자가 다른 직종으로의 전직을 위하여 자유로운 의사에 따라 청원경찰을 사직하고 그 다음 날 신규채용 형식으로 고용원으로 재입사함으로써 근로관계가 단절된 경우, 그 재입사 당시 시행중인 법규적 효력을 가진 취업규칙은 개정된 보수규정이므로 재입사 후의 근속기간에 적용되는 보수규정은 개정된 보수규정이며, 그 근로자의 최초 입사일이 근로자 집단의 동의 없이 불이익하게 변경된 보수규정의 개정 이전이라고 하여 이와 달리 볼 것은 아니다(대판 1996.10.15. 95다53188). 따라서 이러한 판례의 취지를 고려할 때 재입사한 근로자에게 재입사 후 적용되는 취업규칙은 변경 후의 취업규칙이라고 보아야 한다.

④ (○) 대판 2022.10.14. 2022다245518

⑤ (○) 취업규칙의 작성·변경에 관한 권한은 원칙적으로 사용자에게 있으므로 사용자는 그 의사에 따라서 취업규칙을 작성·변경할 수 있고, 다만 취업규칙의 변경에 의하여 기존 근로조건의 내용을 일방적으로 근로자에게 불이익하게 변경하려면 종전 취업규칙의 적용을 받고 있던 근로자 집단의 집단적 의사결정방법에 의한 동의를 요한다고 할 것인바, 그 동의방법은 근로자 과반수로 조직된 노동조합이 있는 경우에는 그 노동조합의, 그와 같은 노동조합이 없는 경우에는 근로자들의 회의방식에 의한 과반수의 동의가 있어야 하고, 여기서 말하는 근로자의 과반수라 함은 기존 취업규칙의 적용을 받는 근로자 집단의 과반수를 뜻한다(대판 2008.2.29. 2007다85997).

정답 ③

근로기준법상 취업규칙에 관한 설명으로 옳지 않은 것은?

① 취업규칙을 작성하여 고용노동부장관에게 신고하여야 하는 사용자는 상시 10명 이상의 근로자를 사용하는 사용자이다.

② 사용자가 취업규칙을 작성하여 고용노동부장관에게 신고하여야 하는 경우, 해당 취업규칙에는 업무상과 업무 외의 재해부조(災害扶助)에 관한 사항이 포함되어야 한다.

③ 사용자는 취업규칙의 작성에 관하여 해당 사업 또는 사업장에 근로자의 과반수로 조직된 노동조합이 있는 경우에는 그 노동조합, 근로자의 과반수로 조직된 노동조합이 없는 경우에는 근로자의 과반수의 의견을 들어야 한다.

④ 취업규칙에서 근로자에 대하여 감급(減給)의 제재를 정할 경우에 그 감액은 1회의 금액이 평균임금의 1일분의 2분의 1을, 총액이 1임금지급기의 임금총액의 10분의 1을 초과하지 못한다.

⑤ 고용노동부장관은 법령이나 단체협약에 어긋나는 취업규칙에 대하여 노동위원회의 의결을 받아 그 변경을 명하여야 한다.

05

① (○) 상시 10명 이상의 근로자를 사용하는 사용자는 취업규칙을 작성하여 고용노동부장관에게 신고하여야 한다. 이를 변경하는 경우에도 또한 같다(근기법 제93조).

② (○) 근기법 제93조 제10호

③ (○) 근기법 제94조 제1항 본문

④ (○) 근기법 제95조

⑤ (✕) 고용노동부장관은 법령이나 단체협약에 어긋나는 취업규칙의 변경을 명할 수 있다(근기법 제96조 제2항). 이때 노동위원회의 의결을 요하지 아니한다.

정답 ⑤

➕ **PLUS**

취업규칙의 작성·신고(근기법 제93조)
상시 10명 이상의 근로자를 사용하는 사용자는 다음 각 호의 사항에 관한 취업규칙을 작성하여 고용노동부장관에게 신고하여야 한다. 이를 변경하는 경우에도 또한 같다.
1. 업무의 시작과 종료시각, 휴게시간, 휴일, 휴가 및 교대근로에 관한 사항
2. 임금의 결정·계산·지급방법, 임금의 산정기간·지급시기 및 승급(昇給)에 관한 사항
3. 가족수당의 계산·지급방법에 관한 사항
4. 퇴직에 관한 사항
5. 근로자퇴직급여 보장법 제4조에 따라 설정된 퇴직급여, 상여 및 최저임금에 관한 사항
6. 근로자의 식비, 작업용품 등의 부담에 관한 사항
7. 근로자를 위한 교육시설에 관한 사항
8. 출산전후휴가·육아휴직 등 근로자의 모성보호 및 일·가정 양립지원에 관한 사항
9. 안전과 보건에 관한 사항
9의2. 근로자의 성별·연령 또는 신체적 조건 등의 특성에 따른 사업장환경의 개선에 관한 사항
10. 업무상과 업무 외의 재해부조(災害扶助)에 관한 사항
11. 직장 내 괴롭힘의 예방 및 발생 시 조치 등에 관한 사항
12. 표창과 제재에 관한 사항
13. 그 밖에 해당 사업 또는 사업장의 근로자 전체에 적용될 사항

06 기출 20

☑ 확인Check! ○ △ ✕

근로기준법상 취업규칙에 관한 설명으로 옳은 것은?(다툼이 있으면 판례에 따름)

① 사용자는 취업규칙을 근로자에게 불리하게 변경하는 경우에는 근로자 과반수의 의견을 들어야 한다.

② 상시 5명 이상의 근로자를 사용하는 사용자는 근로기준법에서 정한 사항에 관한 취업규칙을 작성하여 고용노동부장관에게 신고하여야 한다.

③ 사용자가 애초에 취업규칙을 작성함에 있어 근로자 과반수의 의견을 듣지 아니하거나 그 동의를 얻지 아니한 경우 그 취업규칙의 내용이 근로기준법에 위반되는지와 관계없이 그 취업규칙은 전부 무효가 된다.

④ 취업규칙의 일부를 이루는 급여규정의 변경이 일부의 근로자에게는 유리하고 일부의 근로자에게는 불리한 경우 그러한 변경에 근로자집단의 동의를 요하는지를 판단하는 것은 근로자 전체에 대하여 획일적으로 결정되어야 한다.

⑤ 근로자의 집단적 의사결정방법에 의한 동의 없이 이루어진 취업규칙의 불리한 변경은 그 변경 후에 취업한 근로자에 대하여 효력이 없다.

06

① (✕) 취업규칙을 근로자에게 불리하게 변경하는 경우에는 그 동의를 받아야 한다(근기법 제94조 제1항 단서).

② (✕) 상시 10명 이상의 근로자를 사용하는 사용자는 근로기준법에서 정한 사항에 관한 취업규칙을 작성하여 고용노동부장관에게 신고하여야 한다. 이를 변경하는 경우에도 또한 같다(근기법 제93조).

③ (✕) 사용자가 취업규칙을 작성하거나 변경함에 있어 당해 사업장 근로자의 과반수의 의견을 들어야 하며, 취업규칙을 근로자에게 불이익하게 변경하는 경우에는 그 동의를 얻어야 하고 그 동의를 얻지 못한 경우에는 근로자에게 불이익하게 변경되는 부분은 무효라고 할 것이지만, 애초에 취업규칙을 작성함에 있어 근로자 과반수의 의견을 듣지 아니하거나 그 동의를 얻지 아니하였다 하더라도 그 취업규칙의 내용이 근로기준법에 위반되지 않는 한 그 취업규칙이 전부 무효가 되는 것은 아니다(대판 1991.4.9. 90다16245).

④ (○) 대판 1993.5.14. 93다1893

⑤ (✕) 사용자가 취업규칙에서 정한 근로조건을 근로자에게 불리하게 변경함에 있어서 근로자의 동의를 얻지 않은 경우에 그 변경으로 기득이익이 침해되는 기존의 근로자에 대한 관계에서는 변경의 효력이 미치지 않게 되어 종전 취업규칙의 효력이 그대로 유지되지만, 변경 후에 변경된 취업규칙에 따른 근로조건을 수용하고 근로관계를 갖게 된 근로자에 대한 관계에서는 당연히 변경된 취업규칙이 적용되어야 한다(대판 1992.12.22. 91다45165).

정답 ④

07 기출 18

☑ 확인Check! ○ △ ✕

근로기준법상 취업규칙에 관한 설명으로 옳지 않은 것은?(다툼이 있으면 판례에 따름)

① 고용노동부장관은 법령이나 단체협약에 어긋나는 취업규칙의 변경을 명할 수 있다.

② 상시 10명 이상의 근로자를 사용하는 사용자는 취업규칙을 작성하여 고용노동부장관에게 신고하여야 한다.

③ 사용자는 근로자의 근로조건, 근로형태, 직종 등의 특수성이 있더라도 근로자 일부에 적용되는 별도의 취업규칙을 작성할 수 없다.

④ 사용자는 취업규칙을 근로자에게 불리하게 변경하는 경우에 해당 사업장에 근로자의 과반수로 조직된 노동조합이 있는 경우에는 그 노동조합의 동의를 받아야 한다.

⑤ 취업규칙에서 정한 기준에 미달하는 근로조건을 정한 근로계약은 그 부분에 관하여는 무효로 한다.

07

① (○) 근기법 제96조 제2항

② (○) 근기법 제93조

③ (✕) 사용자는 같은 사업장에 소속된 모든 근로자에 대하여 일률적으로 적용되는 하나의 취업규칙만을 작성하여야 하는 것은 아니고, 근로자의 근로조건, 근로형태, 직종 등의 특수성에 따라 근로자 일부에 적용되는 별도의 취업규칙을 작성할 수 있다(대판 2007.9.6. 2006다83246).

④ (○) 근기법 제94조 제1항

⑤ (○) 근기법 제97조 전문

정답 ③

08 기출 19

☑ 확인 Check! ○ △ ✕

근로기준법상 취업규칙에 관한 설명으로 옳지 않은 것은?(다툼이 있으면 판례에 따름)

① 사용자는 근로자의 근로조건, 근로형태, 직종 등의 특수성에 따라 근로자 일부에게 적용되는 별도의 취업규칙을 작성할 수 있다.

② 취업규칙 작성 시 과반수노동조합이 있는 경우 사용자는 노동조합 대표자의 의견과 함께 집단적 회의방식으로 조합원의 의견을 들어야 한다.

③ 취업규칙의 변경이 여러 근로자집단 중 하나의 근로자집단에게만 불이익하지만 향후 다른 근로자집단에게도 변경된 취업규칙의 적용이 예상된다면, 해당 근로자집단을 포함한 근로자집단이 취업규칙 불이익변경의 동의주체가 된다.

④ 사용자가 취업규칙 불이익변경절차를 거치지 않았더라도 노동조합이 불이익변경된 취업규칙에 따르기로 하는 단체협약을 체결한 경우에는 그 단체협약의 적용을 받게 되는 기존의 근로자들에게 변경된 취업규칙이 적용된다.

⑤ 취업규칙이 기존의 근로자들에게 불이익하게 변경되었는지 여부를 불문하고, 사용자가 취업규칙을 변경한 후 신규취업한 근로자에게는 변경된 취업규칙이 적용된다.

08

① (○) 사용자는 같은 사업장에 소속된 모든 근로자에 대하여 일률적으로 적용되는 하나의 취업규칙만을 작성하여야 하는 것은 아니고, 근로자의 근로조건, 근로형태, 직종 등의 특수성에 따라 근로자 일부에 적용되는 별도의 취업규칙을 작성할 수 있다(대판 2007.9.6. 2006다83246).

② (✕) 사용자는 취업규칙의 작성에 관하여 해당 사업 또는 사업장에 근로자의 과반수로 조직된 노동조합이 있는 경우에는 그 노동조합, 근로자의 과반수로 조직된 노동조합이 없는 경우에는 근로자의 과반수의 의견을 들어야 한다(근기법 제94조 제1항 본문). 따라서 노동조합 대표자의 의견을 들은 경우, 조합원의 의견은 들을 필요가 없다.

③ (○) 취업규칙의 불이익변경 시점에는 어느 근로자집단만이 직접적인 불이익을 받더라도 다른 근로자집단에게도 변경된 취업규칙의 적용이 예상되는 경우에는 일부 근로자집단은 물론 장래 변경된 취업규칙규정의 적용이 예상되는 근로자집단을 포함한 근로자집단이 동의의 주체가 된다(대판 2009.5.28. 2009두2238).

④ (○) 취업규칙 중 퇴직금에 관한 규정의 변경이 근로자에게 불이익함에도 불구하고, 사용자가 근로자의 집단적 의사결정방법에 의한 동의를 얻지 아니한 채 변경을 함으로써 기득이익을 침해받게 되는 기존의 근로자에 대하여 종전의 퇴직금조항이 적용되어야 하는 경우에도, 노동조합이 사용자 측과 사이에 변경된 퇴직금조항을 따르기로 하는 내용의 단체협약을 체결한 경우에는, 기득이익을 침해받게 되는 기존의 근로자에 대하여 종전의 퇴직금조항이 적용되어야 함을 알았는지의 여부에 관계없이 그 협약의 적용을 받게 되는 기존의 근로자에 대하여도 변경된 퇴직금조항을 적용하여야 할 것이다(대판 2005.3.11. 2003다27429). 판례의 취지를 고려할 때 노동조합이 퇴직금 등 근로조건을 결정하는 기준에 관하여 소급적으로 동의하거나 이를 승인하는 내용의 단체협약을 체결한 경우에 그 동의나 승인의 효력은 단체협약이 시행된 이후에 그 사업체에 종사하며 그 협약의 적용을 받게 될 노동조합원이나 근로자들에 대하여 생긴다고 할 것이므로, 사용자가 취업규칙 불이익변경절차를 거치지 않았더라도 노동조합이 불이익변경된 취업규칙에 따르기로 하는 단체협약을 체결한 경우에는 기존의 근로자들에게 변경된 취업규칙이 적용된다.

⑤ (○) 불이익하게 변경된 취업규칙이 동의를 받지 못한 경우, 그 변경으로 기득이익이 침해되는 기존근로자에게는 그 변경을 효력이 미치지 않게 되어 종전 취업규칙이 적용되지만, 그 변경 후 변경된 취업규칙에 따른 근로조건을 수용하고 근로관계를 갖게 된 신규근로자에게는 변경된 취업규칙이 적용된다(대판 1992.12.22. 91다45165).

정답 ②

09

☑확인 Check! ○ △ ✕

근로기준법상 취업규칙의 변경에 관한 설명으로 옳은 것은?(다툼이 있으면 판례에 따름)

① 근로자의 집단적 의사결정방법에 의한 동의 없이 이루어진 취업규칙의 불리한 변경은 그 변경 후에 취업한 근로자에 대하여 효력이 없다.

② 노동조합이 없는 경우에 취업규칙의 불이익 변경은 근로자들이 직접 선출한 대표의 동의가 있어야 효력이 있다.

③ 근로자 과반수로 조직된 노동조합이 있는 경우 취업규칙의 불이익변경은 근로자 과반수의 동의가 있어야 효력이 있다.

④ 취업규칙의 변경이 일부 근로자에게는 유리하고 일부 근로자에게는 불리한 경우 각 근로자집단의 규모를 비교하여 불이익변경인지 여부를 판단한다.

⑤ 사용자가 취업규칙을 근로자에게 불리하게 변경하면서 근로자의 집단적 의사결정방법에 따른 동의를 받지 못한 경우, 노동조합이나 근로자들이 집단적 동의권을 남용하였다고 볼만한 특별한 사정이 없는 한 해당 취업규칙의 작성 또는 변경에 사회통념상 합리성이 있다는 이유만으로 그 유효성을 인정할 수는 없다.

09

① (✕) 사용자가 취업규칙에서 정한 근로조건을 근로자에게 불리하게 변경함에 있어서 근로자의 동의를 얻지 않은 경우에 그 변경으로 <u>기득이익이 침해되는 기존의 근로자에 대한 관계에서는</u> 변경의 효력이 미치지 않게 되어 종전 취업규칙의 효력이 그대로 유지되지만, <u>변경 후에 변경된 취업규칙에 따른 근로조건을 수용하고 근로관계를 갖게 된 근로자에 대한 관계에서는</u> 당연히 변경된 취업규칙이 적용되어야 한다(대판 1992.12.22. 91다45165).

② (✕) 사용자는 취업규칙의 작성 또는 변경에 관하여 해당 사업 또는 사업장에 근로자의 과반수로 조직된 노동조합이 있는 경우에는 그 노동조합, 근로자의 과반수로 조직된 노동조합이 없는 경우에는 <u>근로자의 과반수의 의견</u>을 들어야 한다. 다만, 취업규칙을 근로자에게 불리하게 변경하는 경우에는 그 <u>동의</u>를 받아야 한다(근기법 제94조 제1항).

③ (✕) 취업규칙을 불이익하게 변경하는 경우 사업 또는 사업장에 근로자의 과반수로 조직된 노동조합이 있으면 그 노동조합의 동의가 필요하다(근기법 제94조 제1항).

④ (✕) 근로자 상호 간에 유·불리에 따른 이익이 충돌되는 경우에는 그 변경은 <u>근로자에게 불리한 것으로 취급하여 근로자들 전체의 의사에 따라 결정해야 한</u>다. 따라서 유·불리를 달리하는 근로자집단규모를 비교할 필요 없이 <u>불이익변경으로 보아야</u> 한다(대판 1993.5.14. 93다1893).

⑤ (○) 대판 2023.5.11. 2017다35588[전합]

정답 ⑤

10

☑확인 Check! ○ △ ✕

취업규칙에 관하여 근로기준법에 규정된 내용에 관한 설명으로 옳지 않은 것은?(다툼이 있는 경우에는 판례에 의함)

① 취업규칙의 변경이 일부 근로자에게는 유리하지만 다른 일부 근로자에게는 불리할 수 있어서 근로자에게 전체적으로 유리한지 불리한지를 단정적으로 평가하기가 어려운 경우에는 근로자에게 불이익한 경우로 취급하여서는 아니 된다.

② 상시 10명 이상의 근로자를 사용하는 사용자는 근로기준법에서 정한 사항에 관한 취업규칙을 작성하여 고용노동부장관에게 신고하여야 한다.

③ 취업규칙은 법령이나 해당 사업 또는 사업장에 대하여 적용되는 단체협약과 어긋나서는 아니 된다.

④ 고용노동부장관은 법령이나 단체협약에 어긋나는 취업규칙의 변경을 명할 수 있다.

⑤ 취업규칙에서 정한 기준에 미달하는 근로조건을 정한 근로계약은 그 부분에 관하여는 무효로 한다.

10

① (✕) 근로자 상호 간에 유·불리에 따른 이익이 충돌되는 경우에는 그 변경은 <u>근로자에게 불리한 것으로 취급하여 근로자들 전체의 의사에 따라 결정해야 한</u>다. 따라서 유·불리를 달리하는 근로자집단규모를 비교할 필요 없이 <u>불이익변경으로 보아야</u> 한다(대판 1993.5.14. 93다1893).

② (○) 근기법 제93조

③ (○) 근기법 제96조 제1항

④ (○) 근기법 제96조 제2항

⑤ (○) 근기법 제97조 전문

정답 ①

11

☑ 확인 Check! ○ △ ✕

취업규칙에 관한 설명 중 옳지 않은 것은?(다툼이 있는 경우에는 판례에 의함)

① 상시 10인 이상의 근로자를 사용하는 사용자는 취업규칙을 작성해야 한다.

② 사용자는 취업규칙의 작성·변경 시에 근로자 측의 의견을 들어야 한다.

③ 취업규칙의 불이익한 변경에 대해 근로자 측이 반대의견을 보인 때에는 그 취업규칙은 변경 이후 신규로 채용된 근로자에 대해서는 규범적 효력을 갖지 않는다.

④ 사용자는 근로자에 대한 취업규칙의 불이익변경에 관하여 당해 사업장에 근로자의 과반수로 조직된 노동조합이 있는 경우에는 노동조합, 근로자의 과반수로 조직된 노동조합이 없는 경우에는 근로자의 과반수의 동의를 얻어야 한다.

⑤ 취업규칙에 정한 기준에 미달하는 근로조건을 정한 근로계약은 그 부분에 관하여는 무효로 하며, 이 경우에 무효로 된 부분은 취업규칙에 정한 기준에 의한다.

12

☑ 확인 Check! ○ △ ✕

취업규칙에 관한 설명 중 옳은 것은?

① 사용자는 취업규칙의 작성 또는 변경에 관하여 당해 사업 또는 사업장의 근로자대표의 동의를 얻어야 한다.

② 단시간근로자에 대하여 별도의 취업규칙을 작성할 수 없다.

③ 취업규칙에서 감급의 제재를 정할 경우에는 그 감액은 1회의 액이 평균임금의 1일분의 2분의 1을, 총액이 1임금지급기에 있어서의 임금총액의 10분의 1을 초과하지 못한다.

④ 사업의 규모와 관계없이 모든 사용자는 취업규칙을 작성해야 한다.

⑤ 사용자는 취업규칙을 작성하는 경우 노동위원회에 신고하여야 한다.

11

① (○) 근기법 제93조

②(○)·④(○) 사용자는 취업규칙의 작성 또는 변경에 관하여 해당 사업 또는 사업장에 근로자의 과반수로 조직된 노동조합이 있는 경우에는 그 노동조합, 근로자의 과반수로 조직된 노동조합이 없는 경우에는 근로자의 과반수의 의견을 들어야 한다. 다만, 취업규칙을 근로자에게 불리하게 변경하는 경우에는 그 동의를 받아야 한다(근기법 제94조 제1항).

③ (✕) 사용자가 취업규칙에서 정한 근로조건을 근로자에게 불리하게 변경함에 있어서 근로자의 동의를 얻지 않은 경우에 그 변경으로 기득이익이 침해되는 기존의 근로자에 대한 관계에서는 변경의 효력이 미치지 않게 되어 종전 취업규칙의 효력이 그대로 유지되지만, 변경 후에 변경된 취업규칙에 따른 근로조건을 수용하고 근로관계를 갖게 된 근로자에 대한 관계에서는 당연히 변경된 취업규칙이 적용되어야 한다(대판 2011.6.24. 2009다58364).

⑤ (○) 근기법 제97조

정답 ③

12

① (✕) 사용자는 취업규칙의 작성 또는 변경에 관하여 해당 사업 또는 사업장에 근로자의 과반수로 조직된 노동조합이 있는 경우에는 그 노동조합, 근로자의 과반수로 조직된 노동조합이 없는 경우에는 근로자의 과반수의 의견을 들어야 한다. 다만, 취업규칙을 근로자에게 불리하게 변경하는 경우에는 그 동의를 받아야 한다(근기법 제94조 제1항).

② (✕) 사용자는 단시간근로자에게 적용되는 취업규칙을 통상근로자에게 적용되는 취업규칙과 별도로 작성할 수 있다(근기법 시행령 [별표 2] 제5호 가목).

③ (○) 취업규칙에서 근로자에 대하여 감급의 제재를 정할 경우에 있어서는 그 감액은 1회의 액이 평균임금의 1일분의 반액을 초과하고 총액이 1임금지급기에 있어서의 임금총액의 10분의 1을 초과하지 못한다(근기법 제95조). 이는 감급의 최고한도를 정함으로써 근로자의 임금채권이 확보되도록 하여 그 생활을 보장하려는 데 그 취지가 있다.

④ (✕)·⑤ (✕) 상시 10명 이상의 근로자를 사용하는 사용자는 근로기준법에서 정한 사항에 관한 취업규칙을 작성하여 고용노동부장관에게 신고하여야 한다. 이를 변경하는 경우에도 또한 같다(근기법 제93조).

정답 ③

08 근로관계의 변경

제1절 인사이동

I 의 의

인사이동은 전직, 전적, 전출, 전근, 전보, 출장, 파견, 배치전환, 근로자공급 및 근로관계의 이전 등 다양한 형태의 근로관계 변경을 포함하는 개념이다.

II 인사권의 법적 근거

1. 학 설

(1) 포괄적 합의설

근로자는 사용자와의 근로계약을 통하여 자신의 노동력을 사용자의 지휘·관리권한에 속하게 하는 포괄적 합의를 하게 되며, 사용자는 이러한 포괄적 합의를 근거로 하여 인사권을 행사한다고 파악한다.

(2) 계약설

근로자와 사용자는 근로계약에 의하여 근로조건에 합의하게 되며, 인사권 행사 역시 하나의 근로조건으로서 근로계약의 합의사항에 포함되므로, 이러한 계약에 근거하여 사용자는 인사권을 행사할 수 있다고 파악한다.

2. 판 례

판례는 근로자에 대한 전직이나 전보처분은 근로자가 제공하여야 할 근로의 종류·내용·장소 등에 변경을 가져온다는 점에서 근로자에게 불이익한 처분이 될 수도 있으나, 원칙적으로 인사권자인 사용자의 권한에 속하므로 업무상 필요한 범위 안에서는 상당한 재량을 인정하여야 하고, 그것이 근로자에 대하여 정당한

O | X 💬

1. 인사권은 원칙적으로 인사권자인 사용자의 권한에 속하므로, 업무상 필요한 범위 안에서는 상당한 재량을 인정하여야 한다.
2. 전직명령권에 대한 별도의 합의가 없더라도, 사용자는 전직명령권을 갖는다는 것이 계약설의 입장이다.

정답 1. ○ 2. ×

이유 없이 해고·휴직·정직·감봉 기타 징벌을 하지 못하도록 하는 근로기준법에 위배되거나 권리남용에 해당하는 등 특별한 사정이 없는 한 무효라고는 할 수 없고, 전직처분 등이 정당한 인사권의 범위 내에 속하는지의 여부는 당해 전직처분 등의 업무상의 필요성과 전직에 따른 근로자의 생활상의 불이익을 비교·교량하고, 근로자가 속하는 노동조합과의 협의 등 그 전직처분을 하는 과정에서 신의칙상 요구되는 절차를 거쳤는지 여부를 종합적으로 고려하여 결정하여야 한다고(대판 2009.4.23. 2007두20157) 판시하고 있다. **기출 18**

3. 검 토

근로자에 대한 인사권 행사는 원칙적으로 인사권자인 사용자의 고유권한에 속한다는 점에서 포괄적 합의설이 타당하나, 계약설에 의하더라도 사용자는 근로자에 대하여 상당한 범위의 형성적인 명령·지휘권을 가진다는 점에서, 포괄적 합의설과 계약설은 큰 차이가 없다.

▐▐▐ III 인사이동의 주요형태

1. 기업 내 인사이동

사용자의 재량에 속하는 것으로, 근로기준법에 위반하거나 권리남용에 해당하는 등의 특별한 사정이 없는 한 유효하다. 권리남용에 해당하는지 여부는 전보처분 등의 업무상 필요성과 전보 등에 따른 근로자의 생활상 불이익을 비교·교량하고, 근로자 측과의 협의 등 그 전보처분과정에서 신의칙상 요구되는 절차를 거쳤는지 여부를 종합적으로 고려하여 결정하여야 한다.

(1) 전 근

전근은 동일한 기업 내에서 수개의 사업장이 있는 경우, 한 사업장에서 다른 사업장으로 근무장소가 변경되는 것을 말한다.

(2) 전 직

전직(전보·배치전환)은 근로자의 직무내용이나 근무장소가 장기간에 걸쳐 변경되는 것을 말한다. 다만, 전근과 전직은 그 법률효과가 동일하므로, 양자를 엄격하게 구별할 필요는 없다.

2. 기업 간 인사이동

(1) 전 출

전출은 근로자가 본래의 소속 기업에 재적한 채, 다른 기업에서 상당 기간 동안 근로를 제공하는 것을 말한다.

(2) 전 적

전적은 종래에 종사하던 기업과 사이의 근로계약을 합의해지하고 이적하게 될 기업과 사이에 새로운 근로계약을 체결하는 것이거나 근로계약상의 사용자의 지위를 양도하는 것이므로, 동일 기업 내의 인사이동인 전근이나 전보와 달리 특별한 사정이 없는 한 근로자의 동의를 얻어야 효력이 생긴다(대판 2006.1.12. 2005두9873).

(3) 관련 판례

[1] 전출은 근로자가 원소속 기업과의 근로계약을 유지하면서 휴직·파견·사외근무·사외파견 등의 형태로 원소속 기업에 대한 근로제공의무를 면하고 전출 후 기업의 지휘·감독 아래 근로를 제공함으로써 근로제공의 상대방이 변경되는 것으로서 근로자의 원소속 기업 복귀가 예정되어 있는 것이 일반적이다. 특히 고유한 사업 목적을 가지고 독립적 기업 활동을 영위하는 계열회사 간 전출의 경우 전출 근로자와 원소속 기업 사이에는 온전한 근로계약 관계가 살아있고 원소속 기업으로의 복귀 발령이 나면 기존의 근로계약 관계가 현실화되어 계속 존속하게 되는바, 위와 같은 전출은 외부 인력이 사업조직에 투입된다는 점에서 파견법상 근로자파견과 외형상 유사하더라도 그 제도의 취지와 법률적 근거가 구분되므로, 전출에 따른 근로관계에 대하여 외형상 유사성만을 이유로 원소속 기업을 파견법상 파견사업주, 전출 후 기업을 파견법상 사용사업주의 관계로 파악하는 것은 상당하지 않고, 앞서 본 바와 같이 여러 사정을 종합적으로 고려하여 신중하게 판단하여야 한다.

[2] 정보통신사업 등을 영위하는 갑 주식회사의 플랫폼 사업 부문이 분할되어 을 주식회사가 설립되었고, 그 후 을 회사의 분할을 통해 플랫폼 사업을 전담하는 병 주식회사가 설립되었는데, 갑 회사가 플랫폼 관련 신규 사업을 진행하면서 계열회사인 을 회사와 병 회사로부터 다수의 근로자를 전출받았고, 이에 따라 위 사업의 담당 부서로 전출되어 관련 업무를 수행한 을 회사 소속 근로자인 정 등이 갑 회사를 상대로 근로자지위확인 등을 구한 사안에서, 제반 사정에 비추어 을 회사와 병 회사를 '근로자파견을 업으로 하는 자'라고 보기는 어려운데도, 이와 달리 보아 갑 회사의 직접고용의무를 인정한 원심판단에 법리오해의 잘못이 있다고 한 사례(대판 2022.7.14. 2019다299393)

3. 사용자의 인사권 제한

사용자의 인사권 행사는 근로기준법에 규정된 '정당한 사유'가 있는 경우에 한하여 인정된다. 이때 정당한 사유는 단체협약 및 취업규칙 등에 구체적으로 정하는 것이 일반적이다. 이에 규정되지 아니한 경우에도, 당해 전직처분 등의 업무상의 필요성과 전직에 따른 근로자의 생활상의 불이익을 비교·교량하고, 근로자가 속하는 노동조합(노동조합이 없으면 근로자 본인)과의 협의 등 그 전직처분을 하는 과정에서 신의칙상 요구되는 절차를 거쳤는지의 여부에 의하여 결정되어야 한다(대판 2009.3.26. 2007다54498). 다만, 전보처분 등을 함에 있어서 근로자 본인과 성실한 협의절차를 거쳤는지의 여부는 정당한 인사권의 행사인지의 여부를 판단하는 하나의 요소라고는 할 수 있으나, 그러한 절차를 거치지 아니하였다는 사정만으로 전보처분 등의 권리남용에 해당하여 당연히 무효가 된다고는 볼 수 없다(대판 1997.7.22. 97다18165).

(1) 근로계약에 의한 제한

근로계약에서 근로내용이나 근무장소를 특별히 약정한 경우에는, 근로자의 동의 없이 사용자가 일방적으로 변경할 수 없다. `기출` 18

(2) 기타 법령에 의한 제한

사용자는 근로자가 노동조합에 가입 또는 가입하려고 하였거나 노동조합을 조직하려고 하였거나 기타 노동조합의 업무를 위한 정당한 행위를 한 것을 이유로 그 근로자를 해고하거나 그 근로자에게 불이익을 주는 행위를 할 수 없다(노조법 제81조 제1항 제1호).

I 의 의

전직이란 근로자의 직무내용이나 근무장소를 상당한 기간에 걸쳐 변경하는 인사처분을 말한다.

Ⅱ 전직의 제한

1. 직무내용·근무지의 약정이 없는 경우

(1) 전직명령의 효력

근로자에 대한 전보나 전직은 원칙적으로 인사권자인 사용자의 권한에 속하므로 업무상 필요한 범위 내에서는 사용자는 상당한 재량을 가지고, 그것이 근로기준법 제23조에 위반되거나 권리남용에 해당되는 등의 특별한 사정이 없는 한 유효하다(대판 2013.6.27. 2013다9475).

(2) 전직명령의 정당성

1) 업무상의 필요성

업무상의 필요란 업무의 원활하고 효율적인 운영을 위해 인원 배치를 변경할 필요성이 있고, 그 변경에 어떠한 근로자를 포함시키는 것이 적절할 것인가 하는 인원 선택의 합리성을 의미한다. 여기에는 업무능률의 증진, 직장질서의 유지나 회복, 근로자 간의 인화 등의 사정도 포함된다. 전직처분이 정당한 인사권의 범위 내에 속하는지 여부는 전직명령의 업무상의 필요성과 전직에 따른 근로자의 생활상의 불이익과의 비교교량, 근로자 본인과의 협의 등 그 전직처분을 하는 과정에서 신의칙상 요구되는 절차를 거쳤는지의 여부에 의하여 결정되어야 한다(대판 2013.2.28. 2010두20447).

2) 생활상의 불이익과의 비교형량

전보처분 등이 권리남용에 해당하는지 여부는 전보처분 등의 업무상의 필요성과 전보 등에 따른 근로자의 생활상의 불이익을 비교·교량하여 결정되어야 하고, 업무상의 필요에 의한 전보 등에 따른 생활상의 불이익이 근로자가 통상 감수하여야 할 정도를 현저하게 벗어난 것이 아니라면, 이는 정당한 인사권의 범위 내에 속하는 것으로서 권리남용에 해당하지 않는다(대판 1995.10.13. 94다52928).

3) 근로자와의 협의절차

근로자 본인과 성실한 협의 등 신의칙상 요구되는 절차를 거쳤는지도 정당한 인사권의 행사 여부를 판단하는 하나의 요소가 된다. 그러나 그러한 절차를 거치지 아니하였다는 사정만으로 배치전환 등이 권리남용에 해당하여 당연히 무효가 되는 것은 아니다(대판 1997.7.22. 97다18165). 기출 24 최근 판례도 같은 취지에서 사용자가

O | X 💬

1. 근로자에 대한 전직이나 전보처분은 원칙적으로 인사권자인 사용자의 권한에 속한다.
2. 인사권 행사 시 근로자 본인과 성실한 협의절차를 거치지 않은 경우, 그러한 인사권 행사는 권리남용에 해당하여 당연히 무효가 된다.

정답 1. ○ 2. ×

영업실적이 부진하거나 경영관리능력이 미흡한 직원 등을 후선업무로 배치하고, 후선배치기간 중의 업무실적 등을 평가하여 이들을 현업에 복귀시키거나 직역을 유지 또는 변경시키는 방법으로 소속 직원들을 관리하는 후선배치제도를 운영하는 경우, 전보명령에 앞서 근로자에게 후선배치사유 등을 설명하거나 소명의 기회를 부여하지 않았더라도, 그와 같은 사정만으로 전보명령이 무효가 된다고 볼 수는 없다고(대판 2023.7.13. 2020다 253744) 판시하고 있다.

2. 직무내용·근무지의 약정이 있는 경우

(1) 전직명령권의 제한

근로계약에서 근로내용이나 근무장소를 특별히 한정한 경우에 사용자가 근로자에 대하여 전보나 전직처분을 하려면 원칙적으로 근로자의 동의가 있어야 한다(대판 2013.2.28. 2010다52041).

(2) 묵시적 약정

직무내용이나 근무지에 대한 약정에는 묵시적 약정도 포함된다. 특수한 기능·자격을 가진 근로자나 사업장 인근지역의 연고를 전제로 채용된 경우 등은 직무내용이나 근무지에 대한 묵시적 약정이 있는 것으로 볼 수 있다(대판 1994.2.8. 92다893).

Ⅲ 부당전직의 효과

1. 부당전직에 대한 구제

부당전직에 대한 벌칙은 없으나 근로자는 노동위원회에 구제신청을 할 수 있고(근기법 제28조 제1항), 법원에 제소하여 사법적 구제를 받을 수 있다. 또한, 부당한 전직은 사법상 무효가 된다.

2. 관련 판례

[1] 근로자들이 전보명령 이후 해고되었다고 하더라도 그 해고의 효력을 둘러싸고 법률적인 다툼이 있어 그 해고가 정당한지 여부가 아직 확정되지 아니하였고, 그 해고가 전보명령에 따른 무단결근 등을 그 해고사유로 삼고 있어서 전보명령의 적법성 여부가 해고의 사유와도 직접 관련을 갖고 있다면, 그 전보명령에 대한 구제의 이익이 있다.

O | X 💬

1. 근로계약에서 근로내용이나 근무장소를 특별히 한정한 경우에 사용자가 근로자에 대하여 전보나 전직처분을 하려면, 원칙적으로 근로자의 동의가 있어야 한다.
2. 부당전직에 대한 벌칙규정이 있다.
3. 근로자가 소속기업과의 근로계약관계를 종료하고, 다른 기업과 근로계약관계를 새로이 체결하는 것을 전직이라고 한다.
4. 근로계약상 근무지를 특정한 경우에는, 근로자의 동의 없이 전직명령을 할 수 없다.
5. 전직의 정당성을 판단함에 있어 근로자의 생활상 불이익은 고려하지 아니한다.

정답 1. ○ 2. × 3. × 4. ○ 5. ×

[2] 근로자에 대한 전직이나 전보는 피용자가 제공하여야 할 근로의 종류와 내용 또는 장소 등에 변경을 가져온다는 점에서 피용자에게 불이익한 처분이 될 수 있으나 원칙적으로 사용자의 권한에 속하므로 업무상 필요한 범위 안에서는 상당한 재량을 인정하여야 하지만 그것이 근로기준법 제23조 제1항에 위반되거나 권리 남용에 해당하는 경우에는 부당전보로서 허용되지 아니한다.

[3] 근로자들에 대한 전보명령이 업무상 필요성이 그다지 크지 않은 데 비하여 근로자들이 출퇴근하는 것이 현실적으로 매우 곤란한 등 근로자들에게 큰 생활상 불이익을 주며, 인사관리 면에서 그 전보대상자의 선정도 적절하다고 할 수 없고, 또 사용자가 그 근로자들의 방송 인터뷰 및 평소의 노조활동 등으로 좋지 않은 감정을 갖고 있다가 근로자들의 동의를 구한 바 없이 공휴일에 형식적인 제청절차만을 거쳐 전보명령을 행한 것이라면, 사용자가 한 근로자들에 대한 전보명령은 인사에 관한 재량권을 남용한 것으로 근로기준법 제23조 제1항에 위반된 부당전보라고 할 것이다(대판 1995.2.17. 94누7959).

Ⅳ 관련 문제

1. 전직과 징계

(1) 전직의 징계 해당 여부

판례에 의하면 전직명령은 인사권자인 사용자가 자신의 고유 권한으로 발령한 인사명령이지 징계처분으로 볼 수 없다고(대판 2013.2.28. 2010두20447) 한 경우도 있으나 최근에는 전직명령이 근로자의 직장질서 침해행위에 대한 제재로써 행하여진 경우에는 징계처분에 해당한다고(대판 2021.1.14. 2020두48017) 판시한 바 있다.[28]

---

28) 아래에서 판결요지를 살펴본다.

[1] 일반적으로 근로관계에서 징계란 사용자가 근로자의 과거 비위행위에 대하여 기업질서 유지를 목적으로 하는 징벌적 제재를 말한다. 단체협약 등의 징계규정에 징계대상자에게 소명할 기회를 부여하도록 되어 있는 데도 사용자가 이러한 징계절차를 위반하여 징계를 하였다면, 이러한 징계권 행사는 징계사유가 인정되는지 여부와 관계없이 절차적 정의에 반하여 무효라고 보아야 한다. 따라서 사용자가 근로자의 과거 비위행위에 대한 제재로서 하는 불이익 처분이 단체협약 등의 징계규정에 징계절차를 밟아야 하는 징계의 일종으로 규정되어 있다면, 원칙적으로 그 불이익 처분은 징계절차를 밟아야만 유효하다.

[2] 원고에게 적용되는 참가인 사업장의 단체협약과 취업규칙은 '무단결근 연속 2일'을 감봉에 처할 수 있는 징계사유의 하나로 정하면서 전직을 감봉 대신 선택할 수 있는 징계의 종류로 정하고 있고, 참가인은 이러한 징계에 앞서 징계대상자에게 소명의 기회를 주어야 한다. 참가인은 원고의 이 사건 조퇴·결근이 징계사유인 '무단결근 연속 2일' 등에 해당한다고 보아 그 제재로서 원고에게 단체협약이 정한 징계처분 중 전직에 해당하는 이 사건 전보를 명한 것으로 볼 수 있다. 그런데도 참가인은 이 사건 전보 과정에서 원고에게 소명 기회를 부여하지 않음으로써 단체협약과 취업규칙에서 요구하는 징계절차를 거치지 않았으므로, 이 사건 전보는 무효이다. 같은 취지의 원심판결은 정당하고, 원심판결에 상고이유 주장과 같이 필요한 심리를 다하지 않은 채 논리와 경험의 법칙에 반하여 자유심증주의의 한계를 벗어나거나 징계와 인사명령의 구별 등에 관한 법리를 오해한 잘못이 없다. 상고이유 주장의 요지는, 참가인이 이 사건 전보에 대한 업무상 필요성이 있었고, 그에 비해 이 사건 전보에 따른 원고의 생활상 불이익이 크지 않으며, 참가인이 이 사건 전보 이전에 원고가 속한 노동조합과 협의함으로써 신의칙상 요구되는 절차를 거쳤으므로 이 사건 전보가 적법하다는 것이다. 그러나 위에서 보았듯이 이 사건 전보가 징계절차를 밟아야 하는 징계에 해당한다고 보는 이상, 이 사건 전보가 징계가 아니라 참가인의 고유 권한에 기하여 발령된 인사명령임을 전제로 한 이 부분 상고이유 주장은 더 나아가 살펴볼 필요 없이 이유 없다(대판 2021.1.14. 2020두48017).

(2) 전직과 징계절차

판례에 의하면 원심은 전직에 해당하는 이 사건 인사발령을 할 업무상 필요성이 존재하고, 위 인사발령으로 인한 참가인의 생활상 불이익이 관리자급 근로자로서 감내하여야 할 범주를 초과하지는 않지만, 위 인사발령의 근거가 된 사유는 징계사유에도 해당하는데, 취업규칙이 전직을 징계의 종류로 규정하고 있으므로, 취업규칙에서 정한 징계절차를 거치지 않은 채 이루어진 이 사건 인사발령은 절차적 하자가 있어 위법하다고 보았는바, 원심의 판단에 상고이유 주장과 같이 취업규칙상 징계의 종류, 징계처분의 개념 등에 관한 법리를 오해하거나 필요한 심리를 다하지 않은 채 논리와 경험의 법칙을 위반하여 자유심증주의의 한계를 벗어난 잘못이 없다고(대판 2021.12.10. 2020두44213) 판시하고 있다.

2. 전직에 대한 불응과 징계

정당한 전직명령에 불응하여 장기간 무단결근한 근로자를 징계하는 것은 정당하나(대판 1995.8.11. 95다10778), 전직명령이 무효라면 이에 따르지 아니한 근로자의 행위를 징계사유로 삼을 수는 없다(대판 1995.5.9. 93다51263).

3. 전직과 직장 내 괴롭힘

근로기준법 제76조의2에 따라 사용자 또는 근로자는 직장에서의 지위 또는 관계 등의 우위를 이용하여 업무상 적정범위를 넘어 다른 근로자에게 신체적·정신적 고통을 주거나 근무환경을 악화시키는 행위를 하여서는 아니 된다. 또한 동법 제76조의3 제6항에 따라 사용자는 직장 내 괴롭힘 발생 사실을 신고한 근로자 및 피해근로자등에게 해고나 그 밖의 불리한 처우를 하여서는 아니 된다. 판례는 직장 내 괴롭힘 피해 사실을 신고한 근로자에 대한 원거리 전보조치를 부당한 인사명령으로 판단하고 근로기준법 제76조의3 제6항을 위반한 것으로 보아 형사처벌을 수긍한 판시를 한바 있다(대판 2022.6.30. 2017두76005).

제3절	전 적

I 의 의

전적이란 근로자가 소속기업과의 근로계약관계를 종료하고, 다른 기업과 근로계약관계를 새로이 체결하는 것을 말한다. 통상적으로 기업집단을 구성하는 계열기업 사이에서 이루어지는 경우가 많다.

O | X 💬

1. 전적은 종래에 종사하던 기업과 사이의 근로계약을 합의해지하고 이적하게 될 기업과 사이에 새로운 근로계약을 체결하는 것이거나, 근로계약상의 사용자의 지위를 양도하는 것이므로, 특별한 사정이 없는 한 근로자대표의 동의를 얻어야 효력이 생긴다.
2. 사용자가 기업그룹 내부의 전적에 관하여 미리 근로자의 포괄적인 동의를 얻어 두더라도, 근로자의 개별적 동의를 얻지 않으면 유효하게 전직시킬 수 없다.
3. 전적은 특별한 약정이 없는 한 근로관계가 승계된다.
4. 회사의 일방적인 경영방침에 의하여 전적이 이루어져 근로자에게 원기업과의 근로관계를 단절할 의사가 없었다고 보여진다면, 원기업에서의 재직기간도 계속근로연수에 포함된다.

정답 1. × 2. × 3. × 4. ○

Ⅱ 전적의 유효요건

1. 전적계약

전적은 기업 외부로의 인사처분이므로, 전적이 유효하게 이루어지기 위해서는 전적계약이 체결되어야 한다.

2. 근로자의 동의

(1) 개별적 동의

전적은 종래에 종사하던 기업과 사이의 근로계약을 합의해지하고 이적하게 될 기업과 새로운 근로계약을 체결하는 것이므로, 특별한 사정이 없는 한 근로자의 동의를 얻어야 효력이 생긴다(대판 1993.1.26. 92다11695). 민법 제657조 제1항에 사용자는 노무자의 동의 없이 그 권리를 제3자에게 양도하지 못한다고 규정하고 있는데, 근로계약의 일신전속성에 비추어 이 규정에 따라 근로자의 동의를 얻어야 한다.

(2) 묵시적 동의

전적은 종전 기업과의 근로관계를 합의해지하고, 이적하게 될 기업과 사이에 새로운 근로계약을 체결하는 것이므로 원칙적으로 근로자의 동의가 필요한 것으로서, 근로자가 전적명령에 응하여 종전 기업에 사직서를 제출하고 퇴직금을 수령한 다음 이적하게 될 기업에 입사하여 근무를 하였다면 특별한 사정이 없는 한 이는 전적에 대한 동의를 전제로 한 행동이라고 볼 수 있다. 계약의 합의해지는 계속적 채권채무관계에서 당사자가 이미 체결한 계약의 효력을 장래에 향하여 소멸시킬 것을 내용으로 하는 새로운 계약으로서, 이를 인정하기 위해서는 계약이 성립하는 경우와 마찬가지로 기존 계약의 효력을 장래에 향하여 소멸시키기로 하는 내용의 청약과 승낙이라는 서로 대립하는 의사표시가 합치될 것을 요건으로 한다. 계약의 합의해지는 묵시적으로 이루어질 수도 있으나, 계약에 따른 채무의 이행이 시작된 다음에 당사자 쌍방이 계약실현 의사의 결여 또는 포기로 계약을 실현하지 않을 의사가 일치되어야만 한다(대판 2021.10.14. 2017다204087).29)

---

29) 이 판례는 회사의 인사명령에 의해 중국 현지법인으로 이동한 근로자들이 중국 현지법인으로의 전적에 동의한 것인지 여부에 대한 사례로 아래에서 판결이유를 살펴본다.

[1] 피고 회사 등이 원고들에게 인사명령을 한 것과 중국 현지법인으로의 이동 무렵 원고들에게 중간정산 퇴직금을 지급한 것이 전적 등 근로계약의 종료 의사를 표시한 것이라거나 근로계약의 종료를 전제로 한 것이라고 보기 어렵다. 원고들은 피고 회사 등의 인사명령에 따라 중국 현지법인에서 근무하였고, 원고들이 중국 현지법인으로의 이동 무렵 피고 회사 등에 사직서를 제출하는 등 퇴직의 의사를 표시하였다는 사정이 발견되지 않는다. 달리 피고 회사 등과 원고들이 근로계약 실현 의사의 결여 또는 포기로 근로계약을 실현하지 않을 의사를 표시하였다고 볼 사정을 찾기 어렵다.

[2] 근로관계에서 임금지급책임을 부담하는 주체의 임금지급능력은 근로자의 중요한 관심사이다. 그런데 원고들이 중국 현지법인에서 제공하는 근로에 관하여 피고 회사 등에 대한 임금채권을 포기 또는 피고 회사 등의 임금지급책임을 면제한다는 의사를 표시하였다거나 그럴만한 사정을 찾기도 어렵다.

[3] 원고들이 중국 취업비자를 발급받은 점, 중국 현지법인과 연봉계약을 체결한 점, 근로제공에 관하여 중국 현지법인의 지휘·감독을 받은 점, F에 대한 복귀 여부나 시기에 관하여 구체적으로 정하지 않은 점 등 원심이 드는 사정만으로는 원고들과 피고회사 등이 근로계약을 합의해지하였다고 볼 수 없다. 또한 원심과 같이 F가 원고들에게 고용보험 등을 제공한 사정이 H 기업집단의 계열회사로서 근로자들의 이익과 편의를 위한 것에 불과하다고 단정하기도 어렵다. 따라서 원고들은 피고 회사 등에 대한 기존 근로계약상 근로제공의무의 이행으로서 중국 현지법인에서 근무하였고, 이에 따라 피고는 원고들에게 원고들이 중국 현지법인에서 제공한 근로에 대하여 임금지급책임을 부담한다고 볼 여지가 큰 반면, 근로계약의 해지에 관한 원고들과 피고 회사 등의 객관적인 의사가 일치하였다고 단정하기는 어렵다(대판 2021.10.14. 2017다204087).

(3) 관행에 의한 동의

기업그룹 내의 다른 계열회사로 근로자를 전적시키는 관행이 있어서 그 관행이 근로계약의 내용을 이루고 있다고 인정하기 위해서는 그 관행이 기업사회에서 일반적으로 근로관계를 규율하는 규범적 사실로서 명확히 승인되거나, 기업의 구성원이 일반적으로 아무런 이의도 제기하지 아니한 채 당연한 것으로 받아들여 기업 내에서 사실상의 제도로서 확립되어 있지 않으면 안 된다(대판 1993.1.26. 92다11695).

(4) 포괄적 동의

[1] 근로자의 동의를 전적의 요건으로 하는 이유는 근로관계에 있어서 업무지휘권의 주체가 변경됨으로 인하여 근로자가 받을 불이익을 방지하려는 데에 있다고 할 것인바, 그룹 내의 기업에 고용된 근로자를 다른 계열기업으로 전적시키는 것은 형식적으로는 사용자의 법인격이 달라지게 된다 하더라도 실질적으로 업무지휘권의 주체가 변동된 것으로 보기 어려운 면이 있으므로, 사용자가 기업그룹 내부의 전적에 관하여 미리(근로자가 입사할 때 또는 근무하는 동안에) 근로자의 포괄적인 동의를 얻어 두면 그때마다 근로자의 동의를 얻지 아니하더라도 근로자를 다른 계열기업으로 유효하게 전적시킬 수 있다.

[2] 근로기준법 제17조와 같은 법 시행령 제8조 제1호에 의하면 사용자는 근로계약 체결 시에 근로자에 대하여 임금·근로시간·취업의 장소와 종사하여야 할 업무에 관한 사항 등의 근로조건을 명시하여야 되도록 규정되어 있는바, 근로자의 특정 기업에의 종속성을 배려하여 근로자의 보호를 도모하고 있는 위 규정의 취지에 비추어 볼 때, 사용자가 기업그룹 내의 전적에 관하여 근로자의 포괄적인 사전동의를 받는 경우에는 전적할 기업을 특정하고 그 기업에서 종사하여야 할 업무에 관한 사항 등의 기본적인 근로조건을 명시하여 근로자의 동의를 얻어야 된다(대판 1993.1.26. 92다11695).

✔ 핵심문제

01 전직에 관한 설명 중 옳지 않은 것은?(다툼이 있는 경우 판례에 의함)

① 근로계약상 근로의 장소가 특정되어 있는 경우에 이를 변경하는 전직에는 근로자의 동의가 필요하다.

② 전직이 권리남용에 해당하는지 여부는 전직의 업무상 필요성과 전직에 따른 근로자의 생활상의 불이익을 비교·형량하여 판단하여야 한다.

③ 전직은 원칙적으로 인사권자인 사용자의 권한에 속하므로, 업무상 필요한 범위 내에서는 사용자는 상당한 재량을 가진다.

④ 사용자가 근로자에게 부당한 전직을 하면 근로자는 노동위원회에 구제를 신청할 수 있다.

⑤ 사용자가 근로자에게 부당한 전직을 하면 근로기준법 위반으로 형사처벌을 받을 수 있다.

[해설]
부당전직에 대한 근기법상 벌칙규정은 없다.

정답 ⑤

Ⅲ 전적명령의 정당성

근로기준법 제23조 제1항에 의하면, 사용자는 근로자에게 정당한 이유 없이 해고, 휴직, 정직, 전직, 감봉 및 그 밖의 징벌을 하지 못한다. 이는 예시적 규정이라고 할 것이므로, 예시되지 아니한 전적의 경우에도 이에 의하여 정당한 이유가 충족되어야 한다. 정당한 이유 유무는 전적명령의 업무상 필요성과 전적에 따른 근로자의 생활상 불이익과의 비교·교량, 근로자 본인과의 협의 등 그 전적처분을 하는 과정에서 신의칙상 요구되는 절차를 거쳤는지 여부에 의하여 결정되어야 한다.

Ⅳ 부당전적의 효과

부당전적에 대한 근로기준법상 벌칙규정은 없으나, 근로자는 노동위원회에 구제신청을 할 수 있고(근기법 제28조 제1항), 법원에 제소하여 사법적 구제를 받을 수 있다. 또한, 부당전적은 사법상 무효가 된다.

Ⅴ 전적 후의 근로관계

전적은 원기업과의 근로관계를 합의해지하고 전적기업과 사이에 새로이 근로계약을 체결하는 것이므로, 특별한 사정이 없는 한 근로관계는 승계되지 아니한다(대판 1996.12.23. 95다29970). 다만, 회사의 일방적인 경영방침에 의하여 전적이 이루어져 근로자에게 원기업과의 근로관계를 단절할 의사가 없었다고 보여진다면, 근로관계가 단절되지 아니하므로 원기업에서의 재직기간도 계속근로연수에 포함된다(대판 2003.4.11. 2001다71528).

제4절　휴 직

Ⅰ 의 의

휴직이란 근로제공이 불가능하거나 부적당한 경우, 근로계약관계를 유지하면서 일정 기간 동안 근로제공을 금지하거나, 근로제공의무를 면제하는 인사처분을 말한다.

Ⅱ 휴직의 종류

1. 직권휴직

어떤 근로자를 그 직무에 종사하게 하는 것이 불능이거나 또는 적당하지 아니한 사유가 발생한 때에 그 근로자의 지위를 그대로 두면서 일정한 기간 그 직무에 종사하는 것을 금지시키는 사용자의 처분을 말한다(대판 1992.11.13. 92다16690).

> **휴직의 종류**
> 근로기준법 제23조 제1항의 제한을 받는 휴직은 직권휴직이다.

2. 의원휴직

근로자의 신청과 사용자의 승인에 따른 휴직을 말한다.

Ⅲ 휴직의 정당성

1. 원 칙

인사명령에 관해서는 업무상 필요한 범위 내에서 사용자에게 상당한 재량을 인정한다. 다만, 근로기준법 제23조 제1항에 따라 정당한 이유 없는 휴직은 금지하고 있다.

2. 정당성 판단기준

사용자의 취업규칙 및 단체협약 등의 휴직 근거규정에 의하여 사용자에게 일정한 휴직사유의 발생에 따른 휴직명령권을 부여하고 있으나 하더라도, 그 정해진 사유가 있는 경우 당해 휴직규정의 설정목적과 그 실제 기능, 휴직명령권 발동의 합리성 여부 및 그로 인하여 근로자가 받게 될 신분상·경제상의 불이익 등 구체적인 사정을 모두 참작하여, 근로자가 상당한 기간에 걸쳐 근로제공을 할 수 없다거나 근로제공을 함이 매우 부적당하다고 인정되는 경우에만 정당한 이유가 있다고 보아야 한다(대판 2005.2.18. 2003다63029). 최근 판례는 회사가 경영상의 필요를 이유로 휴직의 인사명령을 한 경우 이것이 정당한 이유가 있는 때에 해당하는지 여부는 그 휴직명령 등의 경영상 필요성과 그로 인하여 근로자가 받게 될 신분상·경제상의 불이익을 비교·교량하고, 휴직명령 대상자 선정의 기준이 합리적이어야 하며, 근로자가 속하는 노동조합과의 협의 등 그 휴직을 명하는 과정에서 신의칙상 요구되는 절차를 거쳤는지 여부를 종합적으로 고려하여 결정하여야 한다고 판시하고 있다.[30]

---

30) 대판 2018.4.12. 2015다24843 ; 아래에서 판결이유를 살펴본다.
　[1] 원심이 이 사건 무급휴직처분이 정리해고의 일환으로 실시된 것이라는 이유로 근로기준법 제24조의 정리해고의 요건에 따라 그 정당성 여부를 판단해야 한다고 본 부분이나 피고가 이 사건 무급휴직처분을 하게 된 경위 및 노동조합과 협의를 거쳤다는 점 등을 충분히 고려하지 않은 채 울산공장 전체가 아니라 인산공장 근로자들 중에서 그 대상자를 선정하였음만을 이유로 이 사건 무급휴직처분의 대상자 선정이 합리적이거나 공정하지 않다고 단정한 부분은 옳지 않다.
　[2] 그러나 원심판결 이유와 기록에 의하여 알 수 있는 다음의 사정, 즉 피고의 단체협약은 피고가 무급휴직의 사유와 기간을 임의로 판단하거나 정할 수 있을 뿐만 아니라 피고의 판단에 따라 근로관계의 종료에까지 이를 수 있도록 규정하고 있는 점, 이 사건 무급휴직처분의 경우 개별 근로자의 사정에 의한 휴직이 아니라 피고의 경영합리화 조치에 따른 것이므로 원칙적으로 근로기준법 제46조에 따라 휴업수당이 지급되어야 하는데 피고는 근로자의 동의 없이 이를 무급으로 처리한 점, 피고는 2013.7.1. 휴직기간을 6개월로 정하여 이 사건 무급휴직처분을 하였다가 이후 일방적으로 두 차례에 걸쳐 휴직기간을 4개월 더 연장한 점 등을 감안하면, 이 사건 무급휴직처분의 경영상 필요의 정도에 비추어 보아도 그로 인해 원고들이 받게 된 신분상·경제상 불이익이 현저히 크므로 이 사건 무급휴직처분은 사용자의 정당한 인사권의 범위를 넘은 것으로 볼 수 있다. 그렇다면 이 사건 무급휴직처분이 무효라고 판단한 원심의 결론은 수긍할 수 있고, 원심의 앞서 본 잘못은 판결 결과에 영향이 없으므로, 이 부분 상고이유 주장은 받아들이지 않는다.

3. 관련 판례

(1) 석방된 근로자에 대한 휴직처분

근로자가 형사사건으로 구속되었다가 불구속기소된 이상 사용자의 인사규정에서 정한 명령휴직의 사유 그 자체는 발생하였다고 할 것이고 근로자가 석방되기 전까지는 상당한 기간에 걸쳐 근로의 제공을 할 수 없는 경우에 해당하므로 위 근로자에 대한 사용자의 명령휴직처분에는 정당한 이유가 있다고 볼 수 있으나, 구속취소로 석방된 후에는 근로자가 상당한 기간에 걸쳐 근로의 제공을 할 수 없는 경우에 해당한다고 할 수 없고 명령휴직규정의 설정목적 등 제반 사정에 비추어 볼 때 근로자가 근로를 제공함이 매우 부적당한 경우라고도 볼 수 없어 위 명령휴직처분을 계속 유지하는 것에 정당한 이유가 없다(대판 2005.2.18. 2003다63029).

(2) 간염 보균자인 근로자에 대한 휴직처분

[1] 사용자의 취업규칙이나 단체협약 등 휴직근거규정에 의하여 사용자에게 일정한 휴직사유의 발생에 따른 휴직명령권을 부여하고 있다 하더라도 정해진 사유가 있는 경우 당해 휴직규정의 설정목적과 실제 기능, 휴직명령권 발동의 합리성 여부 및 그로 인하여 근로자가 받게 될 신분상, 경제상의 불이익 등 구체적인 사정을 모두 참작하여 근로자가 상당한 기간에 걸쳐 근로의 제공을 할 수 없다거나 근로제공을 함이 매우 부적당하다고 인정되는 경우에만 정당한 이유가 있다고 보아야 한다.

[2] 만성활동성 비(B)형 간염의 보균자인 근로자가 단체협약이나 취업규칙 소정의 휴직사유인 '전염병에 걸리거나 전염의 우려가 있는 질병에 걸린 자'에 해당하기는 하나 그에 대한 휴직처분은 정당한 이유 없는 무효의 처분이다(대판 1992.11.13. 92다16690).

(3) 경영상 필요에 의한 휴직처분

판례에 의하면 기업이 그 활동을 계속적으로 유지하기 위해서는 노동력을 재배치하거나 그 수급을 조절하는 것이 필요불가결하므로, 휴직명령을 포함한 인사명령은 원칙적으로 인사권자인 사용자의 고유권한에 속하고, 이러한 인사명령에 대하여는 업무상 필요한 범위 안에서 사용자에게 상당한 재량을 인정하여야 한다. 그리고 그것이 근로자에 대하여 정당한 이유 없이 해고·휴직·정직·감봉 기타 징벌을 하지 못하도록 하는 구 근기법 제30조 제1항에 위배되거나 권리남용에 해당하는 등 특별한 사정이 없는 한 무효라고 할 수 없으며, 경영상의 필요를 이유로 휴직명령이 취해진 경우 그 휴직명령이 정당한 인사권의 범위 내에 속하는지 여부는 당해 휴직명령 등의 경영상의 필요성과 그로 인하여 근로자가 받게 될 신분상·경제상의 불이익을 비교·교량하고, 휴직명령 대상자 선정의 기준이 합리적이어야 하며, 근로자가 속하는 노동조합과의 협의 등 그 휴직명령을 하는 과정에서 신의칙상 요구되는 절차를 거쳤는지 여부를 종합적으로 고려하여 결정해야 한다고 판시하고 있다.31)

---

31) 대판 2009.9.10. 2007두10440 ; 판결이유를 살펴본다.
　　원심은 그 채택 증거를 종합하여 판시와 같은 사실을 인정한 다음, 원고가 2003년부터 매출액과 영업이익이 꾸준히 증가하기 시작하여 2004년 상반기에는 영업이익이 흑자로 전환되는 등 경영상태가 호전되어 가고 있었고, 이 사건 휴업휴가 당시 근로자 1인당 매출액이나 생산성도 전년도에 비하여 증가하였으며, 이 사건 휴업휴가를 실시한 후에도 원고 내의 연장근로가 거의 전 부문에 걸쳐 꾸준히 행하여졌고, 그 동안의 경영적자가 주로 유휴인력의 존재에 기인한 것이라고 볼만한 객관적 증거가 없으며, 원고가 이 사건 휴업휴가를 회피하기 위한 노력을 다하였다고 인정하기도 어려운 사정들을 종합하여, 이 사건 휴업휴가의 실시가 경영상 부득이하게 필요한 경우로서 구 근로기준법 제30조 제1항 소정의 정당한 이유 있는 조치라고 보기 어려울 뿐만 아니라, 노조 지회와 전국금속노동조합이 원고와 작성한 합의서들의 내용이나 작성경위 등을 보더라도 이 사건 휴업휴가에 대해 노조 지회가 이를 승인하고 전국금속노동조합이 추인하는 등 그 실체적·절차적 하자가 치유된 것으로 보기는 어려워, 결국 이 사건 휴업휴가가 위법하다는 전제하에 내려진 재심판정은 적법하다고 판시하였다. 앞서 본 법리 및 기록에 비추어 살펴보면, 원심의 이 부분 사실인정 및 판단은 정당한 것으로 수긍할 수 있고, 거기에 상고이유에서 주장하는 바와 같은 근로기준법상 휴직 제한에 관한 법리오해 등의 위법이 없다.

Ⅳ   부당휴직의 효과

부당휴직에 대한 벌칙은 없으나 근로자는 노동위원회에 구제신청을 할 수 있고(근기법 제28조 제1항), 법원에 제소하여 사법적 구제를 받을 수 있다. 또한 부당한 휴직은 사법상 무효가 된다. 판례에 의하면 근로자에 대한 휴직명령의 무효확인을 구하는 소의 소송계속 중 이미 회사의 인사규정에 의한 당연퇴직사유인 정년을 지났다면 설령 휴직명령이 무효로 확인된다고 하더라도 근로자로서는 회사의 근로자로 더 이상 근무할 수 없으므로 휴직명령 무효확인의 소는 확인의 이익이 없다고(대판 2018.4.12. 2015다24843) 한다.

Ⅴ   휴직과 근로관계

1. 휴직 중의 근로관계

휴직 중의 근로계약관계는 존속하지만 근로자의 근로제공의무는 정지된다.

2. 휴직기간의 만료와 근로관계의 종료

휴직은 일정 기간 노무제공을 정지시키는 것이므로, 휴직기간이 만료되는 경우 사용자는 근로자를 복직시켜야 한다. 휴직기간이 만료될 때까지 휴직사유가 소멸되지 않거나, 복직신청을 하지 않은 경우 당해 근로자를 해고시킬 수 있다. 다만, 그러한 사유가 해고의 정당성을 갖춘 것은 아니므로, 해고에 있어서 정당한 사유가 필요하다.

O | X 💬

1. 휴직은 어떤 근로자를 그 직무에 종사하게 하는 것이 불능이거나 또는 적당하지 아니한 사유가 발생한 때에 그 근로자의 지위를 그대로 두면서 일정한 기간 그 직무에 종사하는 것을 금지시키는 사용자의 처분을 말한다.
2. 휴직의 정당성을 판단함에 있어서는 근로자가 상당한 기간에 걸쳐 근로의 제공을 할 수 없다거나, 근로제공을 함이 매우 부적당하다고 인정되는 경우에만 정당한 이유가 있다고 보아야 한다.
3. 사용자가 정당한 이유 없이 휴직을 명한 경우에는 처벌을 받는다.
4. 휴직 중 근로계약관계는 정지되고, 근로자의 근로제공의무도 정지된다.
5. 휴직기간 만료 시까지 복직신청을 하지 아니한 경우에는, 사용자는 정당한 사유 없이 근로자를 해고할 수 있다.
6. 부당휴직의 경우에는 법원에 제소하여 사법적 구제를 받을 수 있고, 사법상 무효가 된다.

정답   1. ○   2. ○   3. ×   4. ×   5. ×   6. ○

I　의 의

징계라 함은 근로자가 자신의 귀책사유로 인하여 법령·단체협약·취업규칙 및 근로계약 등에 위반하는 행위를 한 경우, 사용자가 취하는 제재조치를 말한다.

II　징계권의 법적 성질

1. 학 설

경영권의 한 내용으로서 경영질서의 형성 및 유지와 이의 위반에 대한 제재는 당연히 사용자의 고유권한에 속한다고 보는 사용자고유권설, 징계의 근거를 노사공동의 기업질서의 위반행위에 대한 제재조치를 규정하고 있는 자치규범에서 찾는 자치규범설, 사용자의 징계권은 근로계약 또는 취업규칙 등에 명시되어 근로자가 이에 합의하는 경우에 한하여 인정된다는 계약설이 대립하고 있다.

2. 판 례

판례는 단체협약에 명문으로 징계규정을 별도로 제정하기로 하였고, 그 규정에 의하여 징계규정이 만들어진 이상 다시 구체적인 징계규정의 내용에 관하여 회사와 근로자 간에 합의가 있어야 한다고 말할 수 없고, 근로자의 상벌 등에 관한 인사권은 사용자의 고유권한으로서 그 범위에 속하는 징계권 역시 기업운영 또는 노동계약의 본질상 당연히 사용자에게 인정되는 권한이기 때문에 그 징계규정의 내용이 강행법규나 단체협약의 내용에 반하지 않는 한 사용자는 그 구체적 내용을 자유롭게 정할 수 있고, 그 규정이 단체협약의 부속서나 단체협약체결절차에 준하여 제정되어야 하는 것은 아니라고(대판 1994.9.30. 94다21337) 판시하여, 사용자고유권설을 따르고 있다.

3. 검 토

생각건대 취업규칙의 작성과 변경에는 일정한 법적 제재가 가해진다는 점을 고려하면, 자치규범설이 타당하다고 판단된다.

III　징계의 종류

대표적인 징계의 종류는 다음과 같다.

1. 견 책

사용자가 근로자에게 시말서를 제출하도록 하는 징계방법이다.

2. 경 고

상대방을 구두 또는 문서로 훈계하는 데 그치고, 시말서의 제출은 요구되지 아니하는 징계방법이다.

3. 감봉(감급)

근로자가 실제로 제공한 근로의 대가로 수령하여야 할 임금액에서 일정액을 공제하는 징계처분이다. 취업규칙에서 근로자에 대하여 감급의 제재를 정할 경우에 그 감액은 1회의 금액이 평균임금의 1일분의 2분의 1을, 총액이 1임금지급기의 임금총액의 10분의 1을 초과하지 못한다(근기법 제95조). **기출** 19

4. 정 직

근로자와의 근로계약은 존속하나, 근로자의 보직을 해제하는 등 근로제공을 일정 기간 금지하는 징계처분이다. 출근정지 또는 징계휴직이라고도 부른다.

5. 징계해고

사용자의 일방적인 의사표시에 의하여 근로자와의 근로관계를 종료시키는 징계처분이다.

Ⅳ 징계의 사유·양정·절차의 정당성

1. 징계사유의 정당성

(1) 원 칙

사용자는 기업질서를 유지하기 위하여 필요하고도 합리적인 범위 내에서만 징계권을 행사할 수 있다. 징계사유의 유형은 근무태만, 업무명령 위반, 업무 방해, 복무규율 위반, 범법행위 등이 있다. 사용자가 단체협약이나 취업규칙에 의하여 근로자에 대한 징계권을 가지게 되는 경우에도 이를 남용해서는 아니 된다. 근로자에 대한 징계가 권리남용이 되지 아니하기 위해서는 우선 단체협약이나 취업규칙에 징계사유가 규정되어야 하고, 근로자의 구체적인 비위행위가 단체협약이나 취업규칙상의 징계사유에 해당될 뿐만 아니라, 징계사유 그 자체가 정당한 것으로 평가될 수 있어야 한다.

(2) 취업규칙·단체협약 등에 의한 징계의 정당성

근로자의 어떤 비위행위가 징계사유로 되어 있는지는 구체적인 자료들을 통하여 징계위원회 등에서 그것을 징계사유로 삼았는지 여부에 의하여 결정되어야 하고, 그 비위행위가 정당한 징계사유에 해당하는지 여부는 취업규칙상 징계사유를 정한 규정의 객관적인 의미를 합리적으로 해석하여 판단하여야 한다. 취업규칙은 노사 간의 집단적인 법률관계를 규정하는 법규범의 성격을 갖는 것이므로 명확한 증거가 없는 한 그 문언의 객관적 의미를 무시하게 되는 사실인정이나 해석은 신중하고 엄격하여야 한다(대판 2021.11.25. 2019두30270). **기출** 24 문제되는 비위행위가 징계사유에 해당함을 특정하여 표현하기 위해 징계권자가 징계처분 통보서에 어떤 용어를 쓴 경우, 그 비위행위가 징계사유에 해당하는지는 원칙적으로 해당 사업장의 취업규칙 등 징계규정에서 정하고 있는 징계사유의 의미와 내용을 기준으로 판단하여야 하고, 단지 그 비위행위가 통보서에 쓰인 용어의 개념에 포함되는지 여부만을 기준으로 판단할 것은 아니다(대판 2021.4.29. 2020다270770).[32] 단체협약이나

---

32) 갑 방송국의 인사위원회가 카메라기자로 근무하던 을에게 해고를 통보하면서, 해고처분 통보서에 징계사유를 "을이 동료 카메라기자들을 대상으로 '카메라기자 성향분석표'와 '요주의 인물 성향' 문건을 작성하고 이를 반영한 인사이동안을 취재센터장에게 보고하는 등 명예훼손에 해당하는 불법행위를 저지름은 물론, 부당노동행위의 원인을 제공하여 합리적 인사관리를 방해하고 직장 질서를 문란케 하는 심대한 해사행위를 하였다"라고 기재한 사안에서, 을의 행위는 '상호 인격을 존중하여 직장의 질서를 유지하여야 한다'고 정한 갑 방송국의 사규를 위반한 행위로서 취업규칙에서 정한 징계사유에 해당한다고 한 사례(대판 2021.4.29. 2020다270770).

취업규칙 등에서 근로자에 대한 징계사유가 제한적으로 열거되어 있는 경우에는 그와 같이 열거되어 있는 사유 이외의 사유로는 징계할 수 없고(대판 1994.12.27. 93다52525), 근로기준법 제23조 소정의 정당한 이유란 징계해고의 경우에는 사회통념상 근로계약을 계속시킬 수 없을 정도로 근로자에게 책임 있는 사유가 있는 것을 말하므로 징계해고규정 해당 사유가 있다는 점만으로 당연히 그 징계해고처분이 정당한 이유가 있다고는 볼 수 없다(대판 1992.5.12. 91다27518).

1) 징계사유 추가·변경의 제한

① 징계처분을 받은 근로자가 재심을 청구할 수 있는 경우 그 재심절차는 징계처분에 대한 구제절차에 해당하고, 징계처분이 그 요건을 모두 갖추었다 하더라도 재심절차를 전혀 이행하지 않거나 재심절차에 중대한 하자가 있어 재심의 효력을 인정할 수 없는 경우에는 그 징계처분은 무효로 되므로, 원래의 징계처분에서 징계사유로 삼지 아니한 징계사유를 재심절차에서 추가하는 것은 추가된 징계사유에 대한 재심의 기회를 박탈하는 것으로 되어 특별한 사정이 없는 한 허용되지 아니한다(대판 1996.6.14. 95누6410).

② 취업규칙 등 징계규정에서, 근로자에게 일정한 징계사유가 있을 때 징계의결 요구권자가 먼저 징계사유를 들어 징계위원회에 징계의결 요구를 하고 징계의결 결과에 따라 징계처분을 하되 징계위원회는 징계대상자에게 진술의 기회를 부여하고 이익되는 사실을 증명할 수 있도록 하며 징계의결을 하는 경우에는 징계의 원인이 된 사실 등을 명시한 징계의결서에 의하도록 규정하고 있을 경우, 징계위원회는 어디까지나 징계의결 요구권자에 의하여 징계의결이 요구된 징계사유를 심리 대상으로 하여 그에 대하여만 심리·판단하여야 하고 징계의결이 요구된 징계사유를 근본적으로 수정하거나 징계의결 이후에 발생한 사정 등 그 밖의 징계사유를 추가하여 징계의결을 할 수는 없다. 또한 징계대상자에게 징계위원회에 출석하여 변명과 소명자료를 제출할 기회를 부여하도록 되어 있음에도 이러한 징계절차를 위반하여 징계해고하였다면 이러한 징계권의 행사는 징계사유가 인정되는지와 관계없이 절차의 정의에 반하여 무효라고 보아야 한다(대판 2012.1.27. 2010다100919).

2) 단체협약의 우선적 적용

① 단체협약에 반하지 않는 한 사용자는 취업규칙에서 새로운 징계사유를 정할 수 있고 그 징계사유를 터 잡아 징계할 수도 있다. 한편 단체협약에 해고는 단체협약규정에 의하여야만 하고 취업규칙에 의해서 해고할 수 없다고 규정되어 있는 경우, 취업규칙에 의한 해고는 무효이다(대판 1993.4.27. 92다48697).

② 기업질서는 기업의 존립과 사업의 원활한 운영을 위하여 필요불가결한 것이고, 따라서 사용자는 이러한 기업질서를 확립하고 유지하는 데 필요하고도 합리적인 것으로 인정되는 한 근로자의 기업질서 위반행위에 대하여 근로기준법 등의 관련 법령에 반하지 않는 범위 내에서 이를 규율하는 취업규칙을 제정할 수 있고, 단체협약에서 규율하고 있는 기업질서 위반행위 외의 근로자의 기업질서에 관련된 비위행위에 대하여 이를 취업규칙에서 해고 등의 징계사유로 규정하는 것은 원래 사용자의 권한에 속하는 것이므로, 단체협약에서 "해고에 관하여는 단체협약에 의하여야 하고 취업규칙에 의하여 해고할 수 없다"는 취지로 규정하거나 "단체협약에 정한 사유 외의 사유로는 근로자를 해고할 수 없다"고 규정하는 등 근로자를 해고함에 있어서 해고사유 및 해고절차를 단체협약에 의하도록 명시적으로 규정하고 있거나 동일한 징계사유나 징계절차에 관하여 단체협약상의 규정과 취업규칙 등의 규정이 상호 저촉되는 경우가 아닌 한 사용자는 취업규칙에서 단체협약 소정의 해고사유와는 관련이 없는 새로운 해고사유를 정할 수 있고, 그 해고사유에 터 잡아 근로자를 해고할 수 있으며, 비록 단체협약에서 해고사유와 해고 이외의 징계사유를 나누어 구체적으로 열거하고 있다 하더라도 취업규칙에서 이와 다른 사유를 해고사유로 규정하는 것이 단체협약에 반하는 것이라고 할 수 없다(대판 1999.3.26. 98두4672).

3) 징계사유 유무 결정의 기준시점

[1] 취업규칙위반행위 시와 징계처분 시에 있어서 서로 다른 내용의 취업규칙이 있는 경우, 다른 특별한 사정이 없는 한 해고 등의 의사표시는 의사표시의 시점에 시행되고 있는 신 취업규칙 소정의 절차에 따라 행하면 족하지만, 징계권(징계사유)의 유무에 관한 결정은 징계가 근로자에게 있어서 불이익한 처분이므로 문제로 되어 있는 행위 시에 시행되고 있던 구 취업규칙에 따라 행하여야 할 것이다.

[2] 사용자가 징계권(징계사유)의 유무를 결정함에 있어 구 취업규칙을 적용하면서 신 취업규칙을 함께 적용하였다 하더라도 그 적용된 신 취업규칙 소정의 징계사유가 구 취업규칙상의 징계사유 이상으로 부가확대한 것이 아니라 이와 동일하거나 이를 유형화, 세분화한 것에 불과하다면 근로자에게 있어서 특별히 불이익한 것이 아니므로, 근로자는 이를 이유로 그 징계가 위법하여 무효라고 주장할 수는 없다(대판 1994.12.13. 94다27960).

4) 쟁의기간 중 징계금지

[1] 단체협약에서 "쟁의기간 중에는 징계나 전출 등의 인사조치를 아니한다"고 정하고 있는 경우, 이는 쟁의기간 중에 쟁의행위에 참가한 조합원에 대한 징계 등 인사조치 등에 의하여 노동조합의 활동이 위축되는 것을 방지함으로써 노동조합의 단체행동권을 실질적으로 보장하기 위한 것이므로, 쟁의행위가 그 목적이 정당하고 절차적으로 노조법의 제반 규정을 준수함으로써 정당하게 개시된 경우라면, 비록 쟁의과정에서 징계사유가 발생하였다고 하더라도 쟁의가 계속되고 있는 한 그러한 사유를 들어 쟁의기간 중에 징계위원회의 개최 등 조합원에 대한 징계절차의 진행을 포함한 일체의 징계 등 인사조치를 할 수 없다.

[2] 단체협약의 '쟁의 중 신분보장' 규정이 "회사는 정당한 노동쟁의행위에 대하여 간섭 방해, 이간행위 및 쟁의기간 중 여하한 징계나 전출 등 인사조치를 할 수 없으며 쟁의에 참가한 것을 이유로 불이익처분할 수 없다"라고 규정하고 있는 경우, 이러한 문언 자체로 징계사유의 발생시기나 그 내용에 관하여 특별한 제한을 두고 있지 않음이 분명하므로, 위 규정은 그 문언과 같이 정당한 쟁의행위기간 중에는 사유를 불문하고 회사가 조합원에 대하여 징계권을 행사할 수 없다는 의미로 해석함이 타당하다. 만일 이와 달리 비위사실이 쟁의행위와 관련이 없는 개인적 일탈에 해당하거나 노동조합의 활동이 저해될 우려가 없는 경우에는 정당한 쟁의행위기간 중에도 회사가 징계권을 행사할 수 있다는 식으로 '쟁의 중 신분보장' 규정의 적용범위를 축소하여 해석하게 되면, 위 규정의 문언 및 그 객관적인 의미보다 근로자에게 불리하게 되어 허용되지 않는다고 보아야 한다. 이와 같이 근로자에게 불리한 해석은, 쟁의기간 중에 쟁의행위에 참가한 조합원에 대한 징계 등 인사조치에 의하여 노동조합의 활동이 위축되는 것을 방지함으로써 노동조합의 단체행동권을 실질적으로 보장하기 위한 위 규정의 도입취지에 반한다.

[3] 사용자인 회사가 근로자를 징계하게 되면 적법성·정당성 여부를 떠나 그 자체로 노동조합의 활동을 위축시킬 추상적 위험이 있으므로, 정당한 쟁의행위기간 중에는 징계사유의 발생시기 및 그 내용을 불문하고 일률적으로 징계를 금지하기 위하여 '쟁의 중 신분보장' 규정이 도입된 것이지, 각각의 개별적인 징계사유 내지 징계로 야기되는 구체적인 결과별로 위 규정의 적용 여부를 다르게 취급하라는 취지로는 볼 수 없기 때문이다. '쟁의 중 신분보장' 규정이 앞서 본 취지에 따라 도입된 것임에도 쟁의행위와 무관하다거나 개인적 일탈이라 하여 징계가 허용된다고 새기게 되면, 사용자인 회사가 개인적 일탈에 해당한다는 명목으로 정당한 쟁의행위기간 중에 임의로 징계권을 행사함으로써 노동조합의 단체행동권을 침해할 우려가 있다. 근로자의 비위행위가 쟁의행위와 무관한 개인적 일탈에 불과한 것인지, 쟁의행위와 관련이 있는지를 구분하는 것 역시 항상 명확하게 판가름되는 것이 아니어서, 근로자는 그만큼 불안정한 지위에 놓이게 된다(대판 2019.11.28. 2017다257869).

5) 단체협약상 일부 징계사유의 인정

여러 개의 징계사유 중 일부가 인정되지 않더라도 인정되는 다른 일부 징계사유만으로도 해당 징계처분의 타당성을 인정하기에 충분한 경우에는 그 징계처분을 유지하여도 위법하지 아니하고, 부당해고구제재심판정을 다투는 소송에서 해고의 정당성에 관한 증명책임은 이를 주장하는 사용자가 부담하므로, 인정되는 일부 징계사유만으로 해당 징계처분의 타당성을 인정하기에 충분한지에 대한 증명책임은 사용자가 부담한다(대판 2019.11.28. 2017두57318). **기출** **20·22·24**

6) 취업규칙상 징계사유 간의 충돌

[1] 해고할 수 있는 징계사유를 규정한 취업규칙의 여러 규정의 내용이 서로 일부 다른 경우 어느 것을 적용하여야 하는지가 문제되나 이러한 경우에는 근로자에게 보다 유리한 규정을 적용하여야 한다.

[2] 회사의 명예를 훼손하는 허위내용의 유인물 배포행위가 취업규칙 소정의 회사의 사전승인 없이 이루어졌고, 장기간 5차례에 걸쳐 배포되었으며 배포수량, 배포대상 등에 비추어 근로자들로 하여금 사용자에 대하여 적개심을 유발시킬 염려가 있어 회사의 직장질서를 문란시킬 구체적 위험성이 있으므로 이를 이유로 한 해고는 사용자의 징계재량권을 일탈하지 아니한다(대판 1994.5.27. 93다57551).

(3) 구체적 검토

1) 근무성적 불량

회사가 보험업을 영위하는 영리법인으로서 업무상, 성격상 그 거수실적의 많고 적음에 따라 회사 운영의 성패가 좌우된다고 할 수 있는 점에 비추어 앞서 본 바와 같은 징계규정이 무효의 규정이라고 할 수 없고 또 그 거수실적 불량의 정도가 추상적 자의적인 기준에 의한 것이 아니라 근로자의 직위, 보수, 근무경력, 다른 근로자의 전반적인 근로성적, 회사의 경영실태 등 제반 사정을 참작하여 근로자로서 최소한도의 직무수행능력이 결여되었다고 인정되는 경우라면 위 징계규정에 따라 해고한 데에 정당한 이유가 있다고 할 것이다 (대판 1991.3.27. 90다카25420).

2) 사생활에서의 비행

① 사용자가 근로자에 대하여 징계권을 행사할 수 있는 것은 사업활동을 원활하게 수행하는 데 필요한 범위 내에서 규율과 질서를 유지하기 위한 데에 그 근거가 있으므로, 근로자의 사생활에서의 비행은 사업활동에 직접 관련이 있거나 기업의 사회적 평가를 훼손할 염려가 있는 것에 한하여 정당한 징계사유가 될 수 있다(대판 1994.12.13. 93누23275). **기출** **19·20·24**

② 징계처분에서 징계사유로 삼지 아니한 비위행위라고 하더라도 징계종류 선택의 자료로서 피징계자의 평소의 소행과 근무성적, 당해 징계처분사유 전후에 저지른 비위행위사실 등은 징계양정에 있어서의 참작자료로 삼을 수 있는 것이다(대판 2002.5.28. 2001두10455). **기출** **20·22**

3) 업무지시의 거부

구제명령을 받은 사용자가 구제명령을 이행하지 아니한 채, 오히려 구제명령에 반하는 업무지시를 하고 근로자가 그 지시를 거부하였다는 이유로 근로자를 징계하는 것은 그 구제명령이 당연무효라는 등의 특별한 사정이 없는 한 정당성을 가진다고 보기 어렵다. 한편, 그 업무지시 후 구제명령을 다투는 재심이나 행정소송에서 구제명령이 위법하다는 이유에서 이를 취소하는 판정이나 판결이 확정된 경우라면, 업무지시 당시 구제명령이 유효한 것으로 취급되고 있었다는 사정만을 들어 업무지시 거부 행위에 대한 징계가 허용되지 않는다고 볼 수 없다. 이때 그러한 징계가 정당한지는 앞서 본 구제명령 제도의 입법 취지를 충분히 고려하면서, 업무지시의 내용과 경위, 그 거부 행위의 동기와 태양, 구제명령 또는 구제명령을 내용으로 하는 재심판정의 이유, 구제명령에 대한 쟁송경과와 구제명령이 취소된 이유, 구제명령에 대한 근로자의 신뢰 정도와 보호가치 등을 종합적으로 고려하여 판단해야 한다(대판 2023.6.15. 2019두40260).[33]

4) 시말서 제출 관련

취업규칙 등에 징계처분을 당한 근로자는 시말서를 제출하도록 규정되어 있는 경우 징계처분에 따른 시말서의 부제출은 그 자체가 사용자의 업무상 정당한 명령을 거부한 것으로서 징계사유가 될 수 있다(대판 1991.12.24. 90다12991). 다만, 판례는 취업규칙에서 사용자가 사고나 비위행위 등을 저지른 근로자에게 시말서를 제출하도록 명령할 수 있다고 규정하는 경우, 그 시말서가 단순히 사건의 경위를 보고하는 데 그치지 않고 더 나아가 근로관계에서 발생한 사고 등에 관하여 '자신의 잘못을 반성하고 사죄한다는 내용'이 포함된 사죄문 또는 반성문을 의미하는 것이라면, 이는 헌법이 보장하는 내심의 윤리적 판단에 대한 강제로서 양심의 자유를 침해하는 것이므로, 그러한 취업규칙규정은 헌법에 위배되어 근로기준법 제96조 제1항에 따라 효력이 없고, 그에 근거한 사용자의 시말서제출명령은 업무상 정당한 명령으로 볼 수 없다는(대판 2010.1.14. 2009두6605) 입장을 취하고 있다.

5) 노동조합 내부의 문제

[1] 근로자의 어떤 비위행위가 징계사유로 되어 있느냐 여부는 구체적인 자료들을 통하여 징계위원회 등에서 그것을 징계사유로 삼았는가 여부에 의하여 결정되어야 하는 것이지, 반드시 징계의결서나 징계처분서에 기재된 취업규칙이나 징계규정에서 정한 징계근거사유만으로 징계사유가 한정되는 것은 아니다.

[2] 노동조합 내부의 문제라 하더라도 그로 인하여 회사의 손실 등이 초래되는 경우에는 회사 취업규칙 등에서 규정하는 징계사유에 해당할 수 있다.

[3] 항공사 객실승무원들이 단독노조 설립을 위하여 모금한 후원금의 모금 및 관리·사용과 관련하여 객실노동조합 설립추진위원회 객실승무원들 사이에 발생한 분쟁을 이유로 회사가 위 추진위원회 핵심임원들을 해고한 경우, 사회통념상 고용관계를 계속할 수 없을 정도로 근로자에게 책임이 있는 경우에 해당한다고 보기 어려우므로 그 해고는 재량권의 범위를 일탈한 것이다(대판 2009.4.9. 2008두22211).

6) 사용자에 대한 명예훼손

[1] 국민건강보험공단이 인사규정 위반을 이유로 근로자 甲을 해임처분한 경우, 공단의 징계의결 요구를 받은 징계위원회가 甲이 징계위원회에 음주상태로 출석하여서 한 진술과 관련하여 '진술 시 품위 손상'을 별도의 독립한 징계사유로 삼았으나, 징계의결 요구권자는 징계위원회에 甲의 사내 전자게시판 게시글 게시행위만을 징계사유로 삼아 경징계 요구하였으므로 징계의결에는 요구되지 않은 '진술 시 품위 손상'을 새로운 징계사유로 추가한 잘못이 있고, 징계위원회가 甲에게 '진술 시 품위 손상'이 징계사유로 된다는 점을 징계위원회 개최 중에라도 전혀 고지하지 않았으므로 甲이 음주상태로 징계위원회에 출석하게 된 경위에 관하여 답변하였다고 하여 징계사유에 대한 변명과 소명자료를 제출할 기회를 부여받았다고 할 수 없으므로, 공단 인사규정에서 정한 징계절차를 위반하여 이루어진 위 해임처분은 징계사유가 인정되는지와 관계없이 무효이다.

---

33) 근로자인 원고가 '원고를 원직에 복직시키라는 구제명령'에 반하는 업무지시를 거부한 행위를 비위행위로 한 징계해고가 부당하다고 다투며 재심판정의 취소를 구한 사안에서, '위 업무지시 거부 이후 구제명령을 취소하는 판결이 선고되어 확정되었다는 이유만으로 징계가 정당하다고 판단한 원심'에는, 구제명령과 징계사유 등에 관한 법리를 오해하여, 이 사건에서 문제되는 '업무지시 거부행위와 구제명령 취소 판결의 선고 시점의 선후 관계에 따른 업무지시 거부행위 당시 구제명령에 대한 근로자의 신뢰의 정도와 보호가치' 등을 심리하여 징계의 정당성 판단에 고려하지 않은 잘못이 있다는 이유로 원심판결을 파기·환송한 사례(대판 2023.6.15. 2019두40260).

[2] 사내 전자게시판에 게시된 문서에 기재되어 있는 문언에 의하여 타인의 인격, 신용, 명예 등이 훼손 또는 실추되거나 그렇게 될 염려가 있고, 또 문서에 기재되어 있는 사실관계 일부가 허위이거나 표현에 다소 과장되거나 왜곡된 점이 있다고 하더라도, 문서를 배포한 목적이 타인의 권리나 이익을 침해하려는 것이 아니라 근로조건의 유지·개선과 근로자의 복지 증진 기타 경제적·사회적 지위의 향상을 도모하기 위한 것으로서 문서내용이 전체적으로 보아 진실한 것이라면 이는 근로자의 정당한 활동범위에 속한다(대판 2012.1.27. 2010다100919).

7) 직장 내 성희롱

① **직장 내 성희롱의 인정요건 :** [1] 성희롱이란 업무, 고용, 그 밖의 관계에서 국가기관·지방자치단체, 각급 학교, 공직유관단체 등 공공단체의 종사자, 직장의 사업주·상급자 또는 근로자가 ㉠ 지위를 이용하 거나 업무 등과 관련하여 성적 언동 또는 성적 요구 등으로 상대방에게 성적 굴욕감이나 혐오감을 느끼게 하는 행위, ㉡ 상대방이 성적 언동 또는 요구 등에 따르지 아니한다는 이유로 불이익을 주거나 그에 따르 는 것을 조건으로 이익 공여의 의사표시를 하는 행위를 하는 것을 말한다. 여기에서 '성적 언동'이란 남녀 간의 육체적 관계나 남성 또는 여성의 신체적 특징과 관련된 육체적, 언어적, 시각적 행위로서 사회공동 체의 건전한 상식과 관행에 비추어 볼 때, 객관적으로 상대방과 같은 처지에 있는 일반적이고도 평균적인 사람으로 하여금 성적 굴욕감이나 혐오감을 느끼게 할 수 있는 행위를 의미한다.

[2] 성희롱이 성립하기 위해서는 행위자에게 반드시 성적 동기나 의도가 있어야 하는 것은 아니지만, 당사자의 관계, 행위가 행해진 장소 및 상황, 행위에 대한 상대방의 명시적 또는 추정적인 반응의 내용, 행위의 내용 및 정도, 행위가 일회적 또는 단기간의 것인지 아니면 계속적인 것인지 등의 구체적 사정을 참작하여 볼 때, 객관적으로 상대방과 같은 처지에 있는 일반적이고도 평균적인 사람으로 하여금 성적 굴욕감이나 혐오감을 느낄 수 있게 하는 행위가 있고, 그로 인하여 행위의 상대방이 성적 굴욕감이나 혐오감을 느꼈음이 인정되어야 한다.

[3] 성희롱을 사유로 한 징계처분의 당부를 다투는 행정소송에서 징계사유에 대한 증명책임은 그 처분의 적법성을 주장하는 피고에게 있다. 다만 민사소송이나 행정소송에서 사실의 증명은 추호의 의혹도 없어 야 한다는 자연과학적 증명이 아니고, 특별한 사정이 없는 한 경험칙에 비추어 모든 증거를 종합적으로 검토하여 볼 때 어떤 사실이 있었다는 점을 시인할 수 있는 고도의 개연성을 증명하는 것이면 충분하다. 민사책임과 형사책임은 지도이념과 증명책임, 증명의 정도 등에서 서로 다른 원리가 적용되므로, 징계사 유인 성희롱 관련 형사재판에서 성희롱행위가 있었다는 점을 합리적 의심을 배제할 정도로 확신하기 어렵 다는 이유로 공소사실에 관하여 무죄가 선고되었다고 하여 그러한 사정만으로 행정소송에서 징계사유의 존재를 부정할 것은 아니다.

O | X 💬

1. 시말서 제출이 사죄문 또는 반성문을 의미하는 것이라면 이는 양심의 자유를 침해하는 것이므로, 시말서제출명령을 정당한 업무상 명령으로 볼 수 없다.

2. 노동조합 내부의 문제라 하더라도 그로 인하여 회사의 손실 등이 초래되는 경우에는, 회사 취업규칙 등에서 규정하는 징계사유에 해당 할 수 있다.

3. 성희롱이 성립하기 위해서는 행위자에게 반드시 성적 동기나 의도가 있어야만 한다.

정답 1. ○ 2. ○ 3. ×

[4] 법원이 성희롱 관련 소송의 심리를 할 때에는 그 사건이 발생한 맥락에서 성차별문제를 이해하고 양성평등을 실현할 수 있도록 '성인지 감수성'을 잃지 않아야 한다(양성평등기본법 제5조 제1항 참조). 그리하여 우리 사회의 가해자 중심적인 문화와 인식, 구조 등으로 인하여 피해자가 성희롱사실을 알리고 문제를 삼는 과정에서 오히려 부정적 반응이나 여론, 불이익한 처우 또는 그로 인한 정신적 피해 등에 노출되는 이른바 '2차 피해'를 입을 수 있다는 점을 유념하여야 한다. 피해자는 이러한 2차 피해에 대한 불안감이나 두려움으로 인하여 피해를 당한 후에도 가해자와 종전의 관계를 계속 유지하는 경우도 있고, 피해사실을 즉시 신고하지 못하다가 다른 피해자 등 제3자가 문제를 제기하거나 신고를 권유한 것을 계기로 비로소 신고를 하는 경우도 있으며, 피해사실을 신고한 후에도 수사기관이나 법원에서 그에 관한 진술에 소극적인 태도를 보이는 경우도 적지 않다. 이와 같은 성희롱 피해자가 처하여 있는 특별한 사정을 충분히 고려하지 않은 채 피해자 진술의 증명력을 가볍게 배척하는 것은 정의와 형평의 이념에 입각하여 논리와 경험의 법칙에 따른 증거판단이라고 볼 수 없다(대판 2018.4.12. 2017두74702).

② **직장 내 성희롱과 징계해고** : [1] 객관적으로 상대방과 같은 처지에 있는 일반적이고도 평균적인 사람의 입장에서 보아 어떠한 성희롱 행위가 고용환경을 악화시킬 정도로 매우 심하거나 또는 반복적으로 행해지는 경우, 사업주가 사용자책임으로 피해 근로자에 대해 손해배상책임을 지게 될 수도 있을 뿐 아니라 성희롱 행위자가 징계해고되지 않고 같은 직장에서 계속 근무하는 것이 성희롱 피해 근로자들의 고용환경을 감내할 수 없을 정도로 악화시키는 결과를 가져 올 수도 있으므로, 근로관계를 계속할 수 없을 정도로 근로자에게 책임이 있다고 보아 내린 징계해고처분은 객관적으로 명백히 부당하다고 인정되는 경우가 아닌 한 쉽게 징계권을 남용하였다고 보아서는 안 된다.

[2] 카드회사의 지점장이 우월한 지위를 이용하여 자신의 지휘·감독을 받는 8명의 여직원을 상대로 일정 기간 동안 14회에 걸쳐 반복적으로 성희롱 행위를 한 경우, 그 성희롱 행위가 왜곡된 사회적 인습이나 직장문화 등에 의하여 형성된 평소의 생활태도에서 비롯된 것으로서 특별한 문제의식 없이 이루어진 것이라 하여 이를 가볍게 평가할 수는 없으므로, 그에 대한 징계해고처분은 정당하다(대판 2008.7.10. 2007두22498).

8) 고소·고발이나 진정

[1] 근로자가 뚜렷한 자료도 없이 사실을 허위로 기재하거나 왜곡하여 소속 직장의 대표자, 관리자나 동료 등을 수사기관 등에 고소·고발하거나 진정하는 행위는 징계규정에서 정한 징계사유가 될 수 있다. 다만 범죄에 해당한다고 의심할 만한 행위에 대해 처벌을 구하고자 고소·고발 등을 하는 것은 합리적인 근거가 있는 한 적법한 권리행사라고 할 수 있으므로 수사기관이 불기소처분을 하였다는 이유만으로 고소·고발 등이 징계사유에 해당하지 않는다.

[2] 노동조합 또는 노동조합의 대표자가 사용자 측을 근로기준법이나 노조법 위반 등으로 수사기관 등에 고소·고발·진정한 내용에 과장되거나 왜곡된 부분이 있더라도, 그것이 대체로 사실에 기초하고 있고 그 목적이 사용자에 의한 조합원들의 단결권 침해를 방지하거나 근로조건에 관한 법령을 준수하도록 하는 것이라면 고소·고발 등은 노동조합의 정당한 활동범위에 속하는 것으로 보아야 하므로, 이를 이유로 노동조합의 대표자에게 불이익을 주는 것은 원칙적으로 허용되지 않는다(대판 2020.8.20. 2018두34480).

2. 징계양정의 정당성

(1) 원 칙

징계처분 시 어떤 처분을 할 것인가는 징계권자의 재량이나 징계권자가 재량권의 행사로서 한 징계처분이 사회통념상 현저하게 타당성을 잃어 징계권자에게 맡겨진 재량권을 남용한 것이라고 인정되는 경우 그 처분은 위법하다고 할 수 있다. 그 징계처분이 사회통념상 현저하게 타당성을 잃은 처분이라고 하려면 구체적인 사례에 따라 직무의 특성, 징계의 사유가 된 비위사실의 내용과 성질 및 징계에 의하여 달성하려는 목적과 그에 수반되는 제반 사정을 참작하여 객관적으로 명백히 부당하다고 인정되는 경우라야 한다(대판 2002.8.23. 2000다60890).

1) 형평성의 원칙

종전에 다른 근로자에게 한 징계수단과 동등하거나 비슷한 수단의 징계를 하여야 한다.

2) 상당성의 원칙

징계권자가 재량권의 행사로서 한 징계처분이 사회통념상 현저하게 타당성을 잃어 재량권을 남용한 것이라고 인정되는 경우 그 처분은 위법한바, 징계권의 행사가 공익적 목적을 위하여 징계권을 행사하여야 할 공익의 원칙에 반하거나 일반적으로 징계사유로 삼은 비행의 정도에 비하여 균형을 잃은 과중한 징계처분을 선택함으로써 비례의 원칙에 반하거나 또는 같은 정도의 비행에 대하여 일반적으로 적용하여 온 기준에 비추어 합리적인 이유 없이 공평을 잃은 징계처분을 선택함으로써 평등의 원칙을 위반한 경우 이러한 징계처분은 재량권의 한계를 벗어난 처분으로서 위법하다(대판 1999.11.26. 98두6951).

(2) 구체적 검토 – 징계해고의 정당성

취업규칙 등의 징계해고사유에 해당하는 경우, 이에 따라 이루어진 해고처분이 당연히 정당한 것으로 되는 것이 아니라 사회통념상 고용관계를 계속할 수 없을 정도로 근로자에게 책임 있는 사유가 있는 경우에 행하여져야 정당성이 인정되고, 사회통념상 당해 근로자와의 고용관계를 계속할 수 없을 정도인지는 당해 사용자의 사업의 목적과 성격, 사업장의 여건, 당해 근로자의 지위 및 담당직무의 내용, 비위행위의 동기와 경위, 이로 인하여 기업의 위계질서가 문란하게 될 위험성 등 기업질서에 미칠 영향, 과거의 근무태도 등 여러 가지 사정을 종합적으로 검토하여 판단하여야 한다(대판 2013.10.31. 2013두13198).

3. 징계절차의 정당성

(1) 의 의

단체협약이나 취업규칙 또는 이에 근거를 둔 징계규정에서 징계절차를 규정한 것은 징계권의 공정한 행사를 확보하고 징계제도의 합리적인 운영을 도모하기 위한 것으로서 중요한 의미를 갖는다(대판 1991.7.9. 90다8077).

(2) 징계절차규정이 있는 경우 기출 19

1) 의 의

취업규칙이나 단체협약에 징계에 관한 절차규정이 있음에도 이러한 절차규정을 위반하여 징계한 경우에는, 절차에 관한 정의에 반하는 것으로서 징계의 정당성은 부정된다. 따라서 판례에 의하면 노사 간의 협상을 통해 사용자가 해고 권한을 제한하기로 합의하고 노동조합이 동의할 경우에 한하여 해고권을 행사하겠다는 의미로 해고의 사전 합의 조항을 단체협약에 두었다면, 그러한 절차를 거치지 아니한 해고처분은 원칙적으로 무효이며(대판 2007.9.6. 2005두8788), 단체협약 등의 징계규정에 징계대상자에게 소명할 기회를 부여하도록 되어 있는데도 사용자가 이러한 징계절차를 위반하여 징계를 하였다면, 이러한 징계권 행사는 징계사유가 인정되는지 여부와 관계없이 절차적 정의에 반하여 무효라고 보아야 하므로 사용자가 근로자의 과거 비위행위에 대한 제재로서 하는 불이익 처분이 단체협약 등의 징계규정에 징계절차를 밟아야 하는 징계의 일종으로 규정되어 있다면, 원칙적으로 그 불이익 처분은 징계절차를 밟아야만 유효하다고 이해하게 된다(대판 2021.1.14. 2020두48017).

2) 절차위반의 효력

① [1] 단체협약이나 취업규칙 또는 이에 근거를 둔 징계규정에서 징계위원회의 구성에 노동조합의 대표자를 참여시키도록 되어 있고 또 징계대상자에게 징계위원회에 출석하여 변명과 소명자료를 제출할 기회를 부여하도록 되어 있음에도 불구하고 이러한 징계절차를 위배하여 징계해고를 하였다면 이러한 징계권의 행사는 징계사유가 인정되는 여부에 관계없이 절차에 있어서의 정의에 반하는 처사로서 무효라고 보아야 한다.

[2] 징계대상자에게 징계위원회에 출석하여 변명과 소명자료를 제출할 기회를 부여하도록 되어 있다면, 통보의 시기와 방법에 관하여 특별히 규정한 바가 없다고 하여도 변명과 소명자료를 준비할 만한 상당한 기간을 두고 개최일시와 장소를 통보하여야 하며, 이러한 시간적 여유를 주지 않고 촉박하게 이루어진 통보는 징계규정이 규정한 사전통보의 취지를 몰각한 것으로서 부적법하다. 징계위원회의 개최일시 및 장소를 징계위원회가 개회되기 불과 30분 전에 통보한 것은 사실상 변명과 소명자료를 준비할 수 없게 만드는 것이어서 적법한 통보라고 볼 수 없다(대판 1991.7.9. 90다8077). 설사 징계대상자가 그 징계위원회에 출석하여 진술을 하였다 하여도 스스로 징계에 순응하는 것이 아닌 한 그 징계위원회의 의결에 터 잡은 징계해고는 징계절차에 위배한 부적법한 징계권의 행사라 할 것이다(대판 2004.6.25. 2003두15317).

② 단체협약 등에서 조합원의 징계 시 사전통지와 진술권 부여를 의무조항으로 규정하고 있다면 이는 징계의 객관성과 공정성을 확보하기 위한 것으로서 징계의 유효요건이고, 징계대상자가 구속 중이라고 하여도 서면 또는 대리인을 통하여 징계절차에서 변명을 하고 소명자료를 제출할 이익이 있는 것이므로 사전통지를 하지 아니함으로써 이러한 기회가 박탈되었다면 그 징계는 효력이 없다(대판 1996.9.6. 95다16400).

O | X 💬

1. 근로자의 귀책사유와 해고 사이에는 균형성이 요구된다.
2. 경미한 징계사유에 대하여 가혹한 제재를 가하는 것은 징계권의 남용으로서 무효이다.
3. 단체협약의 규정에 따른 징계처분이라 하여 모두 정당한 것은 아니다.
4. 취업규칙이나 단체협약에 징계에 관한 절차규정이 있음에도 이러한 절차규정을 위반하여 징계한 경우에는, 절차에 관한 정의에 반하는 것으로서 징계의 정당성은 부정된다.
5. 징계의 절차에 관한 규정이 없더라도, 절차를 거치지 않고 징계하는 경우에는 그 징계의 정당성이 부정된다.
6. 징계처분은 회사 내에서 이루어진 것이므로, 법원의 사법심사 대상이 아니다.

정답 1. ○ 2. ○ 3. ○ 4. ○ 5. × 6. ×

③ 징계처분에 대한 재심절차는 징계처분에 대한 구제 내지 확정절차로서 원래의 징계절차와 함께 전부가 하나의 징계처분절차를 이루는 것으로서 그 절차의 정당성도 징계과정 전부에 관하여 판단되어야 하므로, 원래의 징계처분이 그 요건을 갖추었더라도 재심절차를 전혀 이행하지 않거나 재심절차에 중대한 하자가 있어 재심의 효력을 인정할 수 없는 경우에는 그 징계처분은 현저히 절차적 정의에 반하는 것으로서 무효이다(대판 2020.11.26. 2017두70793).

④ 다만, 사용자가 단체협약에 규정된 여유기간을 두지 아니하고 피징계자에게 징계회부되었음을 통보한 경우에도 피징계자가 징계위원회에 출석하여 통지절차에 대한 이의를 제기하지 아니하고 충분히 소명을 한 경우에는 그와 같은 절차상의 하자는 치유된다(대판 1999.3.26. 98두4672). 또한 징계처분에 대한 재심절차는 원래의 징계절차와 함께 전부가 하나의 징계처분절차를 이루는 것으로서 그 절차의 정당성도 징계과정 전부에 관하여 판단되어야 할 것이므로, 원래의 징계과정에 절차위반의 하자가 있더라도 재심과정에서 보완되었다면 그 절차위반의 하자는 치유된다(대판 1997.11.11. 96다23627).

⑤ 단체협약이나 취업규칙에 징계대상자에게 징계혐의 사실을 통지하여야 한다는 규정이 있는 경우에 이러한 절차를 거치지 않은 징계처분을 유효하다고 할 수 없지만, 그러한 규정이 없는 경우까지 반드시 그 사실을 통지하여 줄 의무가 있는 것은 아니다. 또한 단체협약이나 취업규칙에서 당사자에게 징계사유와 관련한 소명기회를 주도록 규정하고 있는 경우에도 대상자에게 그 기회를 제공하면 되며, 소명 자체가 반드시 이루어져야 하는 것은 아니다. 그리고 징계위원회에서 징계대상자에게 징계혐의 사실을 고지하고 그에 대하여 진술할 기회를 부여하면 충분하고, 혐의사실 개개의 사항에 대하여 구체적으로 발문하여 징계대상자가 이에 대하여 빠짐없이 진술하도록 조치하여야 하는 것은 아니다(대판 2020.6.25. 2016두56042).

기출 22

⑥ 취업규칙에서 귀책사유를 이유로 근로자를 해고함에 있어서는 노동위원회의 승인을 받도록 규정하고 있는 경우, 현행 법령의 규정상 사용자가 근로자를 해고함에 관하여 사전에 인정이나 승인을 할 수 있는 권한이 노동위원회에는 없으므로 사용자가 근로자를 해고함에 있어서 취업규칙의 규정에 따라 노동위원회의 승인을 받지 않았다 하더라도 그 해고의 효력에 영향을 미칠 수 없다(대판 1994.9.30. 94다4042).

3) 징계위원회의 구성

① **근로자 측 징계위원의 위촉취지 및 위촉방법** : 취업규칙 등에서 노사 동수로 징계위원회를 구성하도록 하고 있다면 이는 근로자들 중에서 징계위원을 위촉하여 징계위원회에 대한 근로자들의 참여권을 보장함으로써 절차적 공정성을 확보함과 아울러 사 측의 징계권남용을 견제하기 위한 것이므로, 취업규칙에 직접적으로 징계위원의 자격과 선임절차에 관하여 규정하고 있지 않더라도, 노 측 징계위원들이 이전부터 근로자들을 대표하거나 근로자들의 의견을 대변해 왔다는 등의 특별한 사정이 없는 한 사용자가 근로자들의 의견을 반영하는 과정 없이 임의로 노 측 징계위원을 위촉할 수 있다고 해석할 수는 없다(대판 2006.11.23. 2006다48069).

O | X 💬

1. 징계해고에 관한 절차위반을 이유로 해고무효판결이 확정된 경우, 그 후 같은 징계사유를 들어 새로이 필요한 제반 징계절차를 밟아 다시 징계처분을 하는 것은, 일사부재리의 원칙 또는 이중처벌 금지의 원칙에 위배된다.

2. 사용자가 정당한 이유 없이 징계를 한 때에는 근로자는 노동위원회에 구제신청을 할 수 있고 노동위원회에 구제신청을 했다면 법원에 구제신청을 할 수 없다.

정답 1. × 2. ×

② **근로자 측 징계위원의 선정권 포기** : 단체협약이나 취업규칙 또는 이에 근거를 둔 징계규정에서 징계위원회의 구성에 근로자 측의 대표자를 참여시키도록 되어 있음에도 불구하고 이러한 징계절차를 위배하여 징계해고를 하였다면 이러한 징계권의 행사는 징계사유가 인정되는 여부에 관계없이 절차에 있어서의 정의에 반하는 처사로써 무효라고 보아야 할 것이지만, 근로자 측에 징계위원선정권을 행사할 기회를 부여하였는데도 근로자 측이 스스로 징계위원 선정을 포기한 것이라면 근로자 측 징계위원이 참석하지 않은 징계위원회의 의결을 거친 징계처분이라고 하더라도 이를 무효로 볼 수는 없다(대판 1997.5.16. 96다47074).

③ **근로자 측 징계위원의 자격** : 기업별 단위노동조합과 사용자가 체결한 단체협약에서 징계위원회를 노사 동수로 구성하기로 정하면서 근로자 측 징계위원의 자격에 관하여 아무런 규정을 두지 않은 경우, 근로자 측 징계위원은 사용자 회사에 소속된 근로자에 한정된다. 나아가 기업별 단위노동조합이 단체협약을 체결한 후 산업별 단위노동조합의 지부 또는 분회로 조직이 변경되고 그에 따라 산업별 단위노동조합이 단체협약상의 권리·의무를 승계한다고 하더라도, 노동조합의 조직이 변경된 후 새로운 단체협약이 체결되지 아니하였다면 근로자의 징계절차에는 기업별 단위노동조합일 때 제결된 단체협약이 그대로 적용되어야 하므로 징계절차에서도 근로자 측 징계위원은 사용자 회사에 소속된 근로자에 한정되어야 한다(대판 2015.5.28. 2013두3351).

④ **징계위원회 구성의 하자**

　㉠ 단체협약이나 취업규칙 또는 이에 근거를 둔 징계규정에서 징계위원회의 구성에 관하여 정하고 있는 경우 이와 다르게 징계위원회를 구성한 다음 그 결의를 거쳐 징계처분을 하였다면, 그 징계처분은 징계사유가 인정되는지 여부와 관계없이 원칙적으로 절차상 중대한 하자가 있어 무효이다(대판 2020.11.26. 2017두70793).

　㉡ 징계위원회의 구성 및 형식이 규정되어 있는 경우, 징계위원장 명의로 출석통지서 및 징계의결통보서가 발송되었지만 실제 징계위원장이 징계위원회에 참석한 바 없고, 그의 지위를 위임 또는 수권하지 않고 참석하지 않았다면 그 징계위원회는 징계위원장에 의하지 않고 진행된 것이므로 징계위원회의 구성 및 의결과정에서 절차상 하자가 있어 무효로 볼 여지가 있다. 또한 회사의 단체협약상의 징계규정에는 노동조합원을 징계하려면 상벌위원회의 심의를 거쳐야 하고 그 상벌위원회의 구성은 노사 각 4인씩으로 하여 노동조합원들을 참여시키도록 되어 있는데도 불구하고, 이러한 징계절차규정을 위배하여 노동조합 측의 위원 2명만 참석시키고 자격이 없는 상조회 소속 근로자 2명을 포함하여 상벌위원회를 구성한 다음 그 상벌위원회의 결의를 거쳐 징계해고하였다면, 이러한 징계권의 행사는 징계사유가 인정되는 여부에 관계없이 절차에 있어서의 정의에 반하는 처사로서 무효라고 보아야 할 것이고, 이는 자격이 없는 위원을 제외하고서도 의결정족수가 충족된다 하더라도 그 상벌위원회의 구성 자체에 위법이 있는 이상 마찬가지이다(대판 1996.6.28. 94다53716). **기출 19**

　㉢ 원징계질차에 있어 징계위원회 구성상의 하자가 있는 경우 하자 있는 징계위원을 배제한 재심위원회에서 적법한 심의·의결을 거쳤다면 원징계절차의 하자는 치유될 수 있지만, 재심인사위원회가 개최되지도 않은 채 재심청구가 각하된 경우까지 그 하자가 재심과정에서 보완되어 치유되었다고는 볼 수 없다(대판 1997.11.11. 96다23627).

(3) 징계절차규정이 없는 경우

징계에 관한 절차규정이 없는 경우, 절차를 거치지 않고 징계하더라도 그 징계의 정당성은 부정되지 않는다(대판 1992.4.14. 91다4775).

V 징계시효

1. 징계시효의 기산점

(1) 원칙 – 징계사유가 발생한 때

① 판례에 의하면 지방공기업 근로자에 대한 징계절차를 규정하고 있는 인사규정의 징계시효기간에 관한 규정은 근로자에 대한 징계사유가 발생하여 지방공기업이 일방적으로 근로자를 징계할 수 있었음에도 그 행사 여부를 확정하지 아니함으로써 근로자로 하여금 상당 기간 불안정한 지위에 있게 하는 것을 방지하고, 아울러 지방공기업이 비교적 장기간에 걸쳐 징계권 행사를 게을리하여 근로자로서도 이제는 지방공기업이 징계권을 행사하지 않으리라는 기대를 갖게 된 상태에서 지방공기업이 새삼스럽게 징계권을 행사하는 것은 신의칙에도 반하는 것이 되므로 위 기간의 경과를 이유로 사용자의 징계권 행사에 제한을 가하려는 취지에서 둔 규정으로서, 그 기산점은 원칙적으로 징계사유가 발생한 때라고(대판 2008.7.10. 2008두2484) 한다.

② 또한 징계사유에 해당하는 비위행위 자체에 대한 징계시효가 만료된 이후 비위행위가 수사대상이 되거나 언론에 보도되었다고 하여 이를 들어 새로운 징계사유가 발생한 것으로 본다면, 비위행위에 대한 징계시효가 연장되는 것과 다름없어 일정 기간의 경과를 이유로 징계권 행사를 제한하고자 하는 징계시효의 취지에 반할 뿐 아니라, 새로운 징계사유의 발생이 사용자 등에 의하여 의도될 우려도 있으므로 비위행위 자체에 대한 징계시효가 만료된 경우 비위행위에 대하여 나중에 수사나 언론보도 등이 있더라도 이로 인해 새로운 징계사유가 생긴 것으로 보거나 수사나 언론보도 등의 시점을 새로운 징계시효의 기산점으로 볼 수 없다고(대판 2019.10.18. 2019두40338) 한다.

(2) 예외 – 징계를 불가능하게 하는 사정이 없어진 때

1) 쟁의행위가 종료된 때

[1] 단체협약에서 '쟁의기간 중에는 징계나 전출 등의 인사 조치를 아니한다'고 정하고 있는 경우, 이는 쟁의기간 중에 쟁의행위에 참가한 조합원에 대한 징계 등 인사조치 등에 의하여 노동조합 활동이 위축되는 것을 방지함으로써 노동조합의 단체행동권을 실질적으로 보장하기 위한 것이므로, 쟁의행위가 그 목적이 정당하고 절차적으로 노조법의 제반 규정을 준수함으로써 정당하게 개시된 경우라면, 비록 그 쟁의 과정에서 징계사유가 발생하였다고 하더라도 쟁의가 계속되고 있는 한 그러한 사유를 들어 쟁의기간 중에 징계위원회의 개최 등 조합원에 대한 징계절차의 진행을 포함한 일체의 징계 등 인사 조치를 할 수 없다.

[2] 단체협약에서 '징계위원회는 징계사유 발생일로부터 15일 이내에 개최되어야 하고, 이를 따르지 않는 징계는 무효로 한다'고 정하고 있는 경우, 징계대상자 및 징계사유의 조사 및 확정에 상당한 기간이 소요되어 위 규정을 준수하기 어렵다는 등의 부득이한 사정이 없는 한, 위 규정을 위반하여 개최된 징계위원회에서 한 징계 결의는 무효이다. 한편 징계위원회 개최시한의 기산점은 원칙적으로 징계사유가 발생한 때이지만, 쟁의기간 중에 쟁의 과정에서 발생한 징계사유를 들어 징계하는 경우 '쟁의기간 중의 징계금지'와 같이 징계가 불가능한 사유가 있는 경우에는 쟁의행위가 종료된 때로부터 위 기간이 기산된다(대판 2013.2.15. 2010두20362).

2) 징계사유에 대한 증명이 있다는 것을 알게된 때

판례는 단체협약에서 징계위원회 개최시한을 규정하면서 이를 위반하여 개최된 징계위원회의 징계를 무효로 한다는 취지의 규정을 두는 경우, 그 징계위원회 개최시한의 기산점은 원칙적으로 징계사유가 생긴 때이지만, 징계를 하는 것이 불가능한 사정이 있는 경우에는 그러한 사정이 없어진 때부터 위 기간이 기산되고, 만일 근로자에게 징계사유가 있더라도 그 사유가 나중에 밝혀지기 전까지 징계를 할 수 없었던 부득이한 사정이 있다면, 사용자가 징계절차를 개시해도 충분할 정도로 징계사유에 대한 증명이 있다는 것을 알게된 때부터 징계위원회의 개최시한이 기산된다고 보아야 한다고(대판 2017.3.15. 2013두26750) 판시하고 있다.

2. 징계시효의 연장

판례는 사업자가 취업규칙을 작성·변경하면서 시행일을 정하였다면 특별한 사정이 없는 한 취업규칙은 정해진 시행일부터 효력이 발생하므로 징계사유의 발생 시와 징계절차 요구 시 사이에 취업규칙이 개정된 경우에 경과 규정에서 달리 정함이 없는 한 징계절차 요구 당시 시행되는 개정 취업규칙과 그에 정한 바에 의하는 것이 원칙이고, 개정 취업규칙이 기존의 사실 또는 법률관계를 적용대상으로 하면서 근로자에 대한 징계시효를 연장하는 등으로 불리한 법률효과를 규정하고 있는 경우에도 그러한 사실 또는 법률관계가 개정 취업규칙이 시행되기 이전에 이미 완성 또는 종결된 것이 아니라면 이를 헌법상 불소급의 원칙에 위배되어 근로기준법 제96조 제1항에 따라 효력이 없다고 할 수 없으며, 그러한 개정 취업규칙의 적용과 관련해서는 개정 전 취업규칙의 존속에 대한 근로자의 신뢰가 개정 취업규칙의 적용에 관한 공익상의 요구보다 더 보호가치가 있다고 인정되는 예외적인 경우에 한하여 그러한 근로자의 신뢰를 보호하기 위하여 신의칙상 적용이 제한될 수 있을 뿐이라고(대판 2014.6.12. 2014두4931) 한다.

✔ 핵심문제

01 징계에 관한 설명으로 옳지 않은 것은?(다툼이 있으면 판례에 따름)

① 근로자의 사생활에서의 비행은 기업활동에 직접 관련이 있거나 기업의 사회적 평가를 훼손할 염려가 있는 경우, 정당한 징계사유가 될 수 있다.

② 징계위원회에 무자격위원이 참여한 상태에서 징계처분이 이루어진 경우, 그 위원을 제외하더라도 의결정족수가 충족된다면 그 징계처분은 유효하다.

③ 노동조합 간부에 대한 징계처분을 함에 있어 노동조합과 합의를 하도록 단체협약에 규정된 경우, 그 절차를 거치지 않은 징계처분은 원칙적으로 무효이다.

④ 원래의 징계과정에 절차위반의 하자가 있더라도, 재심과정에서 보완되었다면 그 절차위반의 하자는 치유된다.

⑤ 취업규칙에서 근로자에 대하여 감급(減給)의 제재를 정할 경우에 그 감액은 1회의 금액이 평균임금의 1일분의 2분의 1을, 총액이 1임금지급기의 임금총액의 10분의 1을 초과하지 못한다.

[해설]

회사의 단체협약상의 징계규정에는 노동조합원을 징계하려면 상벌위원회의 심의를 거쳐야 하고 그 상벌위원회의 구성은 노사 각 4인씩으로 하여 노동조합원들을 참여시키도록 되어 있는데도 불구하고, 이러한 징계절차규정을 위배하여 노동조합 측의 위원 2명만 참석시키고 자격이 없는 상조회 소속 근로자 2명을 포함하여 상벌위원회를 구성한 다음 그 상벌위원회의 결의를 거쳐 징계해고하였다면, 이러한 징계권의 행사는 징계사유가 인정되는 여부에 관계없이 절차에 있어서의 정의에 반하는 처사로서 무효라고 보아야 할 것이고, 이는 자격이 없는 위원을 제외하고서도 의결정족수가 충족된다 하더라도 그 상벌위원회의 구성 자체에 위법이 있는 이상 마찬가지이다(대판 1996.6.28. 94다53716).

정답 ②

VI 징계의 구제절차

1. 노동위원회에 대한 구제신청

사용자가 근로자에게 정당한 이유 없이 해고, 휴직, 정직, 전직, 감봉, 그 밖의 징벌(이하 "부당해고등")을 하면 근로자는 노동위원회에 구제를 신청할 수 있다. 구제신청은 부당해고등이 있었던 날부터 3개월 이내에 하여야 한다(근기법 제28조). 이때 노동위원회 외에도 법원에 구제신청을 할 수 있음은 물론이다.

2. 이중징계 금지의 원칙

사용자가 근로자에 대하여 이중징계를 한 경우 일사부재리의 원칙 또는 이중처벌 금지의 원칙에 위배되므로 무효가 된다. 한편, 징계해고에 관한 절차위반을 이유로 해고무효판결이 확정된 경우 소급하여 해고되지 아니한 것으로 보게 될 것이지만, 그 후 같은 징계사유를 들어 새로이 필요한 제반 징계절차를 밟아 다시 징계처분을 한다고 하여 일사부재리의 원칙이나 신의칙에 위배된다고 볼 수는 없을 뿐더러 법원의 판결을 잠탈하는 것이라고 할 수도 없다(대판 1995.12.5. 95다36138).

제6절 직위해제(대기발령)

Ⅰ 의 의

1. 개 념

일반적으로 근로자가 직무수행능력이 부족하거나 근무성적 또는 근무태도 등이 불량한 경우, 근로자에 대한 징계절차가 진행 중인 경우, 근로자가 형사사건으로 기소된 경우 등에 있어서 당해 근로자가 장래에 계속 직무를 담당하게 될 경우 예상되는 업무상의 장애 등을 예방하기 위하여, 일시적으로 당해 근로자에게 직위를 부여하지 아니함으로써 직무에 종사하지 못하도록 하는 잠정적인 조치로서의 보직의 해제를 의미한다(대판 1996.10.29. 95누15926).

2. 구 별

직위해제는 어떠한 직무에도 종사하지 못하게 될 뿐만 아니라, 보수나 승급 등과 관련하여 불이익한 처우를 받고, 나아가 직권면직처분될 가능성도 있으므로 인사상의 불이익한 처분에 해당하는 반면, 징계는 과거 근로자의 비위행위에 대하여 기업질서 유지를 목적으로 행하는 징벌적 제재이므로 그 성질이 다르다.

O | X 💬

1. 대기발령은 일시적으로 해당 근로자에게 직위를 부여하지 아니함으로써 직무에 종사하지 못하도록 하는 잠정적 조치를 의미한다.
2. 직위해제는 잠정적 조치로서의 보직의 해제를 의미하므로, 근로자의 비위행위에 대하여 행하는 징벌적 제재로서의 징계와는 그 성질이 다르다.
3. 대기발령이 정당한 인사권의 범위 내에 속하는지 여부는, 대기발령의 업무상 필요성과 그에 따른 생활상 불이익을 비교교량하고, 신의칙상 협의절차를 거쳤는지 등에 의하여 판단한다.

정답 1. ○ 2. ○ 3. ○

3. 법적 성격

직위해제는 인사상의 불이익한 처분으로서 과거의 근로자의 비위행위에 대하여 기업질서 유지를 목적으로 행하여지는 징벌적 제재로서의 징계와는 그 성질이 다르다(대판 1996.10.29. 95누15926). 따라서 어느 사유로 인하여 징계를 받았다 하더라도 그것이 직위해제사유로 평가될 수 있다면 이를 이유로 새로이 직위해제를 할 수 있는 것이고, 직위해제 후 동일 사유에 근거한 징계권 행사는 일사부재리나 이중처벌 금지의 원칙에 저촉되는 것이 아니다(대판 1992.7.28. 91다30729).

Ⅱ 직위해제의 정당성

1. 사용자의 재량권 인정

대기발령 등 근로자에게 불이익한 처분이라도 취업규칙이나 인사관리규정 등에 징계처분의 하나로 규정되어 있지 않다면, 이는 원칙적으로 인사권자인 사용자의 고유권한에 속하는 인사명령의 범주에 속하는 것이라고 보아야 하고, 인사명령에 대하여는 업무상 필요한 범위 안에서 사용자에게 상당한 재량을 인정하여야 한다. 따라서 위와 같은 처분은 그것이 근로기준법에 위반되거나 권리남용에 해당하는 등의 특별한 사정이 없는 한, 단지 징계절차를 거치지 아니하였다는 사정만으로 위법하다고 할 수는 없다(대판 2013.5.9. 2012두64833).

기출 24

2. 직위해제의 정당성

① 근로자에 대한 전직, 전보처분, 대기발령 등의 인사명령이 정당한 인사권의 범위 내에 속하는지 여부는, 대기발령의 업무상 필요성과 그에 따른 근로자의 생활상 불이익과의 비교·교량, 근로자와의 협의 등 대기발령을 하는 과정에서 신의칙상 요구되는 절차를 거쳤는지 여부 등에 의하여 결정되어야 한다. 다만, 근로자 본인과 성실한 협의절차는 정당성 판단의 요소라 할 수 있으나, 그것을 거치지 아니하였다는 사정만으로 대기발령이 권리남용에 해당되어 당연히 무효가 된다고는 볼 수 없다(대판 2002.12.26. 2000두8011).

② 취업규칙 등에 직위해제처분과 관련된 절차를 거치도록 규정하고 있는 경우에는 그러한 절차를 거치지 아니한 직위해제처분은 무효가 되나(대판 1992.7.28. 91다30729), 취업규칙 등에 직위해제처분의 절차를 규정하지 아니한 경우에는 소명기회 부여 등의 절차를 거칠 필요가 없다(대판 1996.10.29. 95누15926).

3. 정당성이 부정된 사례

(1) 장기간에 걸친 대기발령

대기발령과 같은 잠정적인 인사명령이 그 명령 당시에는 정당한 경우라고 하더라도, 그러한 명령의 목적과 실제 기능, 그 유지의 합리성 여부 및 그로 인하여 근로자가 받게 될 신분상·경제상의 불이익 등 구체적인 사정을 모두 참작하여 그 기간은 합리적인 범위 내에서 이루어져야 한다. 대기발령 등의 인사명령을 받은 근로자가 상당한 기간에 걸쳐 근로제공을 할 수 없다거나, 근로제공을 함이 매우 부적당한 경우가 아닌데도 사회통념상 합리성이 없을 정도로 부당하게 장기간 동안 잠정적 지위의 상태로 유지하는 것은, 특별한 사정이 없는 한 정당한 이유가 있다고 보기 어려우므로 그와 같은 조치는 무효라고 보아야 한다(대판 2007.2.23. 2005다3991). 기출 22

(2) 기존 직무범위 중 본질적인 부분제한[34)

대기발령 등의 인사명령을 받은 근로자가 상당한 기간에 걸쳐 근로제공을 할 수 없다거나, 근로제공을 함이 매우 부적당한 경우가 아닌데도 사회통념상 합리성이 없을 정도로 부당하게 장기간 동안 잠정적 지위의 상태로 유지하는 것은, 특별한 사정이 없는 한 정당한 이유가 있다고 보기 어려우므로 그와 같은 조치는 무효라고 보아야 한다. 위와 같은 법리는, 대기발령처럼 근로자에게 아무런 직무도 부여하지 않아 근로의 제공을 할 수 없는 상태에서 단순히 다음 보직을 기다리도록 하는 경우뿐 아니라, 당해 근로자의 기존의 직무범위 중 본질적인 부분을 제한하는 등의 방식으로 사실상 아무런 직무도 부여하지 않은 것과 별 차이가 없는 경우 등에도 마찬가지로 적용된다고 보아야 한다(대판 2013.5.9. 2012다64833).

Ⅲ 직위해제 후의 당연퇴직(당연면직)

1. 당연퇴직의 법적 성격

인사규정 등에 대기발령 후 일정 기간이 경과하도록 복직발령을 받지 못하거나, 직위를 부여받지 못하는 경우에는 당연퇴직된다는 규정을 두는 경우 대기발령에 이은 당연퇴직처리를 일체로서 관찰하면, 이는 근로자의 의사에 반하여 사용자의 일방적 의사에 따라 근로계약관계를 종료시키는 것으로서 실질상 해고에 해당하므로, 사용자가 그 처분을 함에 있어서는 근로기준법 제23조 제1항 소정의 정당한 이유가 필요하다고 할 것이다(대판 2007.5.31. 2007두1460).

2. 당연퇴직의 정당성

(1) 판 례

1) 직무수행능력의 부족 등을 이유로 하는 당연퇴직

판례에 의하면 지역의료보험조합 운영규정에 의한 직위해제처분과 당연퇴직처리의 관계를 살펴보면, 그 운영규정상 직위해제처분을 받은 자는 직위해제처분 자체의 효력에 의하여 일정한 조건하에 당연퇴직처리를 당할 수 있는 상당한 개연성을 가지게 되고, 반면 당연퇴직처리는 직위해제 후 3월간 직위를 부여받음이 없이 직위해제상태가 계속됨으로 인하여 이루어지는 처분이므로, 일단 직위해제처분이 정당하게 내려진 경우라면 그 후 3월의 기간 동안 직무수행능력의 회복이나 근무태도 개선 등 직위해제사유가 소멸되어 마땅히 직위를 부여하여야 할 사정이 있음에도 합리적인 이유 없이 직위를 부여하지 아니하는 등의 경우가 아닌 한, 당연퇴직처리 그 자체가 인사권 내지 징계권의 남용에 해당한다고 볼 수는 없다고(대판 1995.12.5. 94다43351) 한다.

---

34) 甲 학교법인 산하 의과대학 교수이자 대학병원의 전문의인 乙에 대한 진료정지처분의 효력이 문제된 사안에서, 처분 당시에는 정당한 인사권의 범위 내에 속하였지만, 乙의 직능과 직책, 진료정지처분에 의한 乙의 직무 제한의 정도 및 乙이 입게 된 불이익의 내용, 잠정적인 인사명령 상태가 지속된 기간 등을 고려하면, 甲 법인이 진상조사위원회 조사를 거쳐 乙에게 연구전담교수로의 전환을 제안하기 훨씬 전에 乙을 원래의 지위로 복귀시키거나 다른 보직을 부여하는 확정적인 처분을 하였어야 한다는 이유로, 甲 법인이 위 처분을 부당하게 장기간 유지한 것은 위법하다고 본 원심판단을 수긍한 사례(대판 2013.5.9. 2012다64833)

2) 회사의 명예나 신용훼손을 이유로 하는 당연퇴직

[1] 기업이 그 활동을 계속적으로 유지하기 위해서는 노동력을 재배치하거나 그 수급을 조절하는 것이 필요불가결하므로, 대기발령을 포함한 인사명령은 원칙적으로 인사권자인 사용자의 고유권한에 속한다 할 것이고, 따라서 이러한 인사명령에 대하여는 업무상 필요한 범위 안에서 사용자에게 상당한 재량을 인정하여야 하며, 이것이 근로기준법 등에 위반되거나 권리남용에 해당하는 등의 특별한 사정이 없는 한 위법하다고 할 수 없다. 이러한 법리와 기록에 비추어 살펴보면, 원고의 피고 보조참가인(이하 "참가인")에 대한 대기발령의 정당성을 인정한 이 부분 원심판결 및 제1심 판결의 이유설시에는 다소 부적절한 부분이 없지 않으나, 원고의 이사회 결의에 따라 설치된 비상대책위원회의 위원장으로 발령받아 근무하던 참가인이 위 위원회 해체 후에도 원직복귀명령 및 업무인계지시에 응하지 않으면서 노동조합의 집회에 참석한 행위 등이 원고의 인사규정 제94조의4 제1항 제1호 소정의 대기발령사유인 '직장의 내외를 불문하고 회사의 명예나 신용을 손상케 하였을 때'에 해당한다고 판단한 조치는 충분히 수긍할 수 있다.

[2] 인사규정 등에 대기발령 후 일정 기간이 경과하도록 복직발령을 받지 못하거나 직위를 부여받지 못하는 경우에는 당연퇴직된다는 규정을 두는 경우, 대기발령에 이은 당연퇴직처리를 일체로서 관찰하면 이는 근로자의 의사에 반하여 사용자의 일방적 의사에 따라 근로계약관계를 종료시키는 것으로서 실질상 해고에 해당하므로, 사용자가 그 처분을 함에 있어서는 근로기준법 제23조 제1항 소정의 정당한 이유가 필요하다고 할 것이다. 따라서 일단 대기발령이 인사규정 등에 의하여 정당하게 내려진 경우라도 일정한 기간이 경과한 후의 당연퇴직처리 그 자체가 인사권 내지 징계권의 남용에 해당하지 아니하는 정당한 처분이 되기 위해서는 대기발령 당시에 이미 사회통념상 당해 근로자와의 고용관계를 계속할 수 없을 정도의 사유가 존재하였거나 대기발령기간 중 그와 같은 해고사유가 확정되어야 할 것이며, 사회통념상 당해 근로자와의 고용관계를 계속할 수 없을 정도인지의 여부는 당해 사용자의 사업의 목적과 성격, 사업장의 여건, 당해 근로자의 지위 및 담당직무의 내용, 비위행위의 동기와 경위, 이로 인하여 기업의 위계질서가 문란하게 될 위험성 등 기업질서에 미칠 영향, 과거의 근무태도 등 여러 가지 사정을 종합적으로 검토하여 판단하여야 한다(대판 2007.5.31. 2007두1460).[35]

(2) 검 토

전자의 판례(직무수행능력의 부족 등을 이유로 하는 경우)는 직위해제처분 이후의 당연퇴직이 해고에 해당함을 인정하면서도, 근로기준법 제23조에 의하여 그 해고에 정당한 이유가 있었는지 살피지 아니한 채 사용자의 인사권 또는 징계권 남용으로 이해한 문제가 있다. 생각건대 당연퇴직은 실질상 해고에 해당하므로, 사회통념상 근로계약을 계속할 수 없을 정도의 귀책사유가 해당 근로자에게 존재하는지를 엄격하게 판단하여야 한다.

---

35) 참가인에 대한 원고의 대기발령 당시에 이미 그 대기발령사유가 중하여 사회통념상 원고와 참가인 사이의 고용관계를 계속할 수 없을 정도였다거나 또는 대기발령기간 중 그와 같은 정당한 해고사유가 확정된 것으로 보기는 어렵다고 하지 않을 수 없고, 따라서 원고의 이 사건 당연퇴직처분은 인사권 내지 징계권의 남용에 해당하는 것으로 봄이 상당하다고 한 사례(대판 2007.5.31. 2007두1460)

Ⅳ 직위해제와 구제이익

1. 직위해제의 효력상실

직위해제처분은 근로자로서의 지위를 그대로 존속시키면서 다만 그 직위만을 부여하지 아니하는 처분이므로, 만일 어떤 사유에 기하여 근로자를 직위해제한 후 그 직위해제사유와 동일한 사유를 이유로 징계처분을 하였다면, 뒤에 이루어진 징계처분에 의하여 그전에 있었던 직위해제처분은 그 효력을 상실한다. 여기서 직위해제처분이 효력을 상실한다는 것은, 직위해제처분이 소급적으로 소멸하여 처음부터 직위해제처분이 없었던 것과 같은 상태로 되는 것이 아니라, 사후적으로 그 효력이 소멸한다는 의미이다(대판 2010.7.29. 2007두18406).

2. 실효된 직위해제에 대한 구제이익

(1) 원 칙

직위해제는 근로자로서의 지위를 그대로 존속시키면서 다만 그 직위만을 부여하지 아니하는 것이므로, 직위해제가 효력을 상실한 경우에는 인사규정 등에 의하여 승진·승급에 제한이 가하여지는 등의 특별한 사정이 없는 한, 그 무효 확인을 구할 이익이 없다(대판 2011.1.27. 2010다24541).

(2) 예 외

1) 직위해제처분 후의 해임처분

직위해제처분이 효력을 상실한다는 것은 직위해제처분이 소급적으로 소멸하여 처음부터 직위해제처분이 없었던 것과 같은 상태로 되는 것이 아니라, 사후적으로 그 효력이 소멸한다는 의미이다. 따라서 직위해제처분에 기하여 발생한 효과는 당해 직위해제처분이 실효되더라도 소급하여 소멸하는 것이 아니므로, 인사규정 등에서 직위해제처분에 따른 효과로 승진·승급에 제한을 가하는 등의 법률상 불이익을 규정하고 있는 경우에는, 직위해제처분을 받은 근로자는 이러한 법률상 불이익을 제거하기 위하여 그 실효된 직위해제처분에 대한 구제를 신청할 이익이 있다(대판 2010.7.29. 2007두18406).

2) 대기처분 후의 자동해임처분

[1] 근로기준법 제23조에서 말하는 해고란 실제 사업장에서 불리는 명칭이나 절차에 관계없이 근로자의 의사에 반하여 사용자의 일방적 의사로 하는 모든 근로계약관계의 종료를 뜻한다. 사용자가 어떠한 사유의 발생을 당연퇴직사유로 정하고 절차를 통상의 해고나 징계해고와 달리하였더라도 근로자의 의사와 관계없이 사용자가 일방적으로 근로관계를 종료시키는 것은 성질상 해고로서 근로기준법에 정한 제한을 받는다. 이 경우 근로자는 사용자를 상대로 당연퇴직조치에 근로기준법 제23조가 정한 정당한 이유가 없음을 들어 당연퇴직처분 무효확인의 소를 제기할 수 있다.

[2] 갑 주식회사의 포상징계규정에서 징계의 한 종류로 '대기'를 열거하면서 대기처분을 받은 뒤 6개월을 지나도 보직을 부여받지 못한 경우 자동해임된다고 정하고 있는데, 을이 대기처분을 받은 후 대기처분 기간 만료에 따라 보직을 받지 못하였음을 이유로 자동해임되자 대기처분의 무효확인을 구한 경우, 자동해임처분은 징계처분인 대기처분과 독립된 별개의 처분으로, 근로자인 을의 의사에 반하여 사용자인 갑 회사의 일방적 의사에 따라 근로계약관계를 종료시키는 해고에 해당하는데, 을은 대기처분 기간 동안 승진·승급에 제한을 받고 임금이 감액되는 등 인사와 급여에서 불이익을 입었고, 을이 대기처분 이후 자동해임처분에 따라

해고되었더라도 해고의 효력을 둘러싸고 법률적인 다툼이 있어 해고가 정당한지가 아직 확정되지 않았을 뿐만 아니라, 자동해임처분이 대기처분 후 6개월 동안의 보직 미부여를 이유로 삼고 있는 것이어서 대기처분이 적법한지 여부가 자동해임처분 사유에도 직접 영향을 주게 되므로, 여전히 이러한 불이익을 받는 상태에 있는 을로서는 자동해임처분과 별개로 대기처분의 무효 여부에 관한 확인판결을 받음으로써 유효·적절하게 자신의 현재의 권리 또는 법률상 지위에 대한 위험이나 불안을 제거할 수 있어 을에게 대기처분의 무효확인을 구할 법률상 이익이 있다(대판 2018.5.30. 2014다9632).

V 경영상 필요에 의한 대기발령과 휴업수당

1. 근기법상 휴직에 해당하는 대기발령

근로기준법 제46조 제1항에서 정하는 '휴업'에는, 개개의 근로자가 근로계약에 따라 근로를 제공할 의사가 있는데도 그 의사에 반하여 취업이 거부되거나 불가능하게 된 경우도 포함되므로, 이는 '휴직'을 포함하는 광의의 개념인데, 근로기준법 제23조 제1항에서 정하는 '휴직'은 어떤 근로자를 그 직무에 종사하게 하는 것이 불가능하거나 적당하지 아니한 사유가 발생한 때에, 그 근로자의 지위를 그대로 두면서 일정한 기간 그 직무에 종사하는 것을 금지시키는 사용자의 처분을 말하는 것이고, '대기발령'은 근로자가 현재의 직위 또는 직무를 장래에 계속 담당하게 되면 업무상 장애 등이 예상되는 경우에, 이를 예방하기 위하여 일시적으로 당해 근로자에게 직위를 부여하지 아니함으로써 직무에 종사하지 못하도록 하는 잠정적인 조치를 의미하므로, 대기발령은 근로기준법 제23조 제1항에서 정한 '휴직'에 해당한다고 볼 수 있다(대판 2013.10.11. 2012다12870).

2. 사용자의 휴업수당지급의무

사용자가 자신의 귀책사유에 해당하는 경영상의 필요에 따라 개별근로자들에 대하여 대기발령을 하였다면, 이는 근로기준법 제46조 제1항에서 정한 휴업을 실시한 경우에 해당하므로, 사용자는 그 근로자들에게 휴업수당을 지급할 의무가 있다(대판 2013.10.11. 2012다12870).

제7절 근로관계의 이전

I 의 의

근로관계의 이전이란 영업양도, 회사합병, 자회사의 독립 및 회사의 해산·폐업 등으로 사용자의 지위가 다른 사용자에게 이전되거나 소멸되는 경우, 기존의 근로관계가 다른 사용자에게 포괄적으로 이전될 수 있는지의 문제를 말한다. 이에 대하여 관련 법령은 명문의 규정을 두고 있지 아니하므로, 해석에 의존하는 수밖에 없다.

Ⅱ 영업양도와 근로관계

1. 영업양도의 의의

영업의 양도라 함은 일정한 영업목적에 의하여 조직화된 업체, 즉 인적·물적 조직을 그 동일성은 유지하면서 일체로서 이전하는 것으로서 영업의 일부만의 양도도 가능하고, 이러한 영업양도가 이루어진 경우에는 원칙적으로 해당 근로자들의 근로관계가 양수하는 기업에 포괄적으로 승계되는바, 여기서 영업의 동일성 여부는 일반 사회관념에 의하여 결정되어야 할 사실인정의 문제이기는 하지만, 양도계약관계가 영업의 양도로 인정되느냐 안 되느냐는 단지 어떠한 영업재산이 어느 정도로 이전되어 있는가에 의하여 결정되어야 하는 것이 아니고 거기에 종래의 영업조직이 유지되어 그 조직이 전부 또는 중요한 일부로서 기능할 수 있는가에 의하여 결정되어야 한다(대판 2005.6.9, 2002다70822).[36] 영업양도는 합병과는 달리 포괄승계되는 것이 아닌 특정 승계되는 것이므로, 개개의 재산에 대하여 별도의 이전절차를 거쳐야 한다. 기출 24

2. 영업양도와 근로관계의 승계

(1) 근로관계의 승계 여부

1) 문제점

영업양도 시 근로관계의 승계 여부와 관련하여 법령의 규정이 없는바, 기업의 물적 자산뿐만 아니라 근로관계도 당연히 승계되는지에 대하여 학설이 대립한다.

2) 학 설

① **당연승계설** : 양도인과 양수인 사이에 영업양도에 관한 법률행위가 있으면, 종래의 근로관계는 그 전체가 포괄적으로 당연히 이전한다는 견해이다. 이 견해에 따르면 승계배제특약은 무효라고 본다.

② **원칙승계설** : 영업양도에 의하여 근로관계는 원칙적으로 포괄승계되나, 당사자 간 승계배제특약이 유효하다는 견해이다. 다만, 승계배제특약이 유효하기 위해서는, 근로기준법 제23조 제1항의 정당한 이유가 있어야 한다.

③ **특약필요설** : 당연승계를 부정하는 견해이다. 즉, 근로관계를 승계하기 위해서는, 양도인과 양수인 간에 근로관계의 승계에 관한 묵시적·명시적 합의가 있어야 한다.

3) 판 례

판례에 의하면 영업이 양도되면 반대의 특약이 없는 한, 양도인과 근로자 사이의 근로관계는 원칙적으로 양수인에게 포괄적으로 승계된다고(대판 2002.3.29, 2000두8455) 한다. 기출 17

4) 검 토

근로기준법상 해고제한규정을 면탈하려는 시도를 방지하기 위해서는, 원칙적으로 근로관계의 승계를 긍정하는 것이 타당하다고 판단된다.

---

36) 영업재산의 일부를 유보한 채 영업시설을 양도했어도 그 양도한 부분만으로도 종래의 조직이 유지되어 있다고 사회관념상 인정되면 그것을 영업의 양도라 볼 것이지만, 반면에 영업재산의 전부를 양도했어도 그 조직을 해체하여 양도했다면 영업의 양도로 볼 수 없다(대판 2007.6.1, 2005다5812). 기출 24

(2) 승계되는 근로관계의 범위

1) 일부양도의 경우

① [1] 영업양도에 의하여 승계되는 근로관계는 계약체결일 현재 실제로 그 영업부문에서 근무하고 있는 근로자와의 근로관계만을 의미하고, 계약체결일 이전에 해당 영업부문에서 근무하다가 해고된 근로자로서 해고의 효력을 다투는 근로자와의 근로관계까지 승계되는 것은 아니다.

[2] 근로자들이 회사의 전적명령에 동의하지 아니함으로써 전적명령 자체가 아무런 효력이 없음이 객관적으로 명확하게 되었을 뿐만 아니라, 양수회사가 영업양수를 할 당시 근로자들에 대한 전적명령이 아무런 효력이 없게 된 사실을 알고 있었음이 명백하다면, 특별한 사정이 없는 한 근로자들의 근로관계가 양수회사에게 그대로 승계되는 것으로 봄이 상당하다(대판 1996.5.31. 95다33238).

② [1] 갑 회사가 을 회사로부터 그 영업의 일부만을 양수하였으나 그 영업에 관련된 모든 자산과 부채 및 관련 계약, 채권과 채무 그리고 위 영업에 종사하는 전 종업원 및 이에 대한 을 회사의 권리의무 등을 포괄적으로 양수하기로 합의하고 이에 따라 그 종업원들이 계속 근무하여 왔다면 을 회사와 그 종업원 사이의 근로계약관계는 위 합의에 따라 포괄적으로 갑 회사에 승계된 것으로 보아야 한다.

[2] 그 포괄승계 합의 시에 종업원의 퇴직금산정기간에 한하여 종전의 근속기간은 승계회사의 근속연수에 산입하지 않기로 하는 단서조항을 삽입하였다 하여도, 이는 종전의 근로계약관계를 포괄적으로 승계하면서 근속기간에 관한 근로자의 기득권을 제한하는 예외조항을 설정한 것이므로, 근로자의 동의가 없는 한 근로자에게 구속력이 미치지 않는다(대판 1991.11.12. 91다12806).

2) 전부양도의 경우

근로자가 영업양도일 이전에 정당한 이유 없이 해고된 경우 양도인과 근로자 사이의 근로관계는 여전히 유효하고, 해고 이후 영업 전부의 양도가 이루어진 경우라면 해고된 근로자로서는 양도인과의 사이에서 원직복직도 사실상 불가능하게 되므로, 영업양도 계약에 따라 영업 전부를 동일성을 유지하면서 이전받는 양수인으로서는 양도인으로부터 정당한 이유 없이 해고된 근로자와의 근로관계를 원칙적으로 승계한다. 영업 전부의 양도가 이루어진 경우 영업양도 당사자 사이에 정당한 이유 없이 해고된 근로자를 승계의 대상에서 제외하기로 하는 특약이 있는 경우에는 그에 따라 근로관계의 승계가 이루어지지 않을 수 있으나, 그러한 특약은 실질적으로 또 다른 해고나 다름이 없으므로, 근로기준법 제23조 제1항에서 정한 정당한 이유가 있어야 유효하고, 영업양도 그 자체만으로 정당한 이유를 인정할 수 없다(대판 2020.11.5. 2018두54705). **기출 24**

O | X 💬

1. 영업양도란 당사자 간의 계약에 의하여 영업조직체, 즉 인적·물적 조직을 그 동일성은 유지하면서 이전하는 것을 말한다.
2. 판례는 영업양도 시 당사자 간 근로관계는 포괄적으로 승계되지 않는다는 입장이다.
3. 영업이 양도된 경우에 근로관계의 승계를 거부하는 근로자에 대하여는 그 근로관계가 양수하는 기업에 승계되지 아니하고, 여전히 양도하는 기업과 사이에 존속되는 것이다.

정답 1. O 2. × 3. O

3) 임금청구소송의 승소판결이 확정된 경우

노조법 제84조 소정의 노동위원회의 사용자에 대한 구제명령은 사용자에게 이에 복종하여야 할 공법상의 의무를 부담시킬 뿐 직접 노사 간의 사법상의 법률관계를 발생 또는 변경시키는 것은 아니지만, 해고처분을 받은 근로자가 별도의 임금청구소송을 제기하여 승소판결이 확정되었으며 이 판결은 해고가 무효여서 여전히 근로자로서의 지위를 가지고 있음을 전제로 해고 이후 복직 시까지의 임금의 지급을 명하는 것이라면, 비록 현실적인 복직조치가 없었다 하더라도 위 근로자는 영업양도 당시 양도회사와 적법·유효한 근로관계에 있었다고 보아야 하므로 그 근로자와 양도회사와의 근로관계는 양수회사에게 승계된다(대판 1994.6.28. 93다33173).

4) 퇴직 및 재입사의 형식을 거친 경우

영업양도의 경우에는 특단의 사정이 없는 한 근로자들의 근로관계 역시 양수인에 의하여 계속적으로 승계되는 것으로, 영업양도 시 퇴직금을 수령하였다는 사실만으로 전 회사와의 근로관계가 종료되고 인수한 회사와 새로운 근로관계가 시작되었다고 볼 것은 아니고, 다만 근로자가 자의에 의하여 사직서를 제출하고 퇴직금을 지급받았다면 계속근로의 단절에 동의한 것으로 볼 여지가 있지만, 이와 달리 회사의 경영방침에 따른 일방적 결정으로 퇴직 및 재입사의 형식을 거친 것이라면 퇴직금을 지급받았더라도 계속근로관계는 단절되지 않는 것이다(대판 2001.11.13. 2000다18608).

(3) 근로자의 승계거부권

1) 승계거부권(동의) 인정 여부

영업양도에 따른 근로관계의 이전이 유효하기 위하여 근로관계 이전에 대한 근로자의 동의가 필요한지 여부에 대하여 견해가 대립하고 있는바, 판례는 영업이 양도된 경우에 근로관계의 승계를 거부하는 근로자에 대하여는 그 근로관계가 양수하는 기업에 승계되지 아니하고, 여전히 양도하는 기업과 사이에 존속되는 것이라고(대판 2010.9.30. 2010다41089) 판시하여, 동의가 필요하다는 입장을 취하고 있다. `기출 24`

2) 승계거부권 행사에 따른 법률관계

① **양도기업 잔류 또는 퇴직** : 영업양도에 의하여 양도인과 근로자 사이의 근로관계는 원칙적으로 양수인에게 포괄승계되는 것이지만, 근로자가 반대의 의사를 표시함으로써 양수기업에 승계되는 대신 양도기업에 잔류하거나 양도기업과 양수기업 모두에서 퇴직할 수도 있는 것이고, 영업이 양도되는 과정에서 근로자가 일단 양수기업에의 취업을 희망하는 의사를 표시하였다고 하더라도, 그 승계취업이 확정되기 전이라면 취업희망 의사표시를 철회하는 방법으로 위와 같은 반대의사를 표시할 수 있는 것으로 보아야 한다(대판 2002.3.29. 2000두8455).

② **양도기업 퇴직 또는 양수기업 입사** : 영업의 양도란 일정한 영업목적에 의하여 조직화된 업체, 즉 인적·물적 조직을 동일성은 유지하면서 일체로서 이전하는 것이어서 영업 일부만의 양도도 가능하고, 이러한 영업양도가 이루어진 경우에는 근로자가 자의에 의하여 계속근로관계를 단절할 의사로 양도기업에서 퇴직하고 양수기업에 새로이 입사할 수 있다(대판 2012.5.10. 2011다45217).

③ **거부권 행사의 상대방과 행사기간** : 이때 근로관계 승계에 반대하는 의사는, 근로자가 영업양도가 이루어진 사실을 안 날부터 상당한 기간 내에 양도기업 또는 양수기업에 표시하여야 한다(대판 2012.5.10. 2011다45217).

④ **상당한 기간 내에 표시하였는지의 판단기준** : 상당한 기간 내에 표시하였는지는 양도기업 또는 양수기업이 근로자에게 영업양도사실, 양도이유, 양도가 근로자에게 미치는 법적·경제적·사회적 영향, 근로자와 관련하여 예상되는 조치 등을 고지하였는지 여부, 그와 같은 고지가 없었다면 근로자가 그러한 정보를 알았거나 알 수 있었던 시점, 통상적인 근로자라면 그와 같은 정보를 바탕으로 근로관계 승계에 대한 자신의 의사를 결정하는 데 필요한 시간 등 제반 사정을 고려하여 판단하여야 한다(대판 2012.5.10. 2011다45217).

(4) 근로관계승계배제특약

영업양도당사자 사이에 근로관계의 일부를 승계의 대상에서 제외하기로 하는 특약이 있는 경우에는 그에 따라 근로관계의 승계가 이루어지지 않을 수 있으나, 그러한 특약은 실질적으로 해고나 다름이 없으므로 근로기준법 제23조 제1항 소정의 정당한 이유가 있어야 유효하며, 영업양도 그 자체만을 사유로 삼아 근로자를 해고하는 것은 정당한 이유가 있는 경우에 해당한다고 볼 수 없다(대판 2002.3.29. 2000두8455).

3. 근로관계 승계의 구체적 검토

(1) 영업양도와 개별적 근로관계

1) 원 칙

근로관계의 승계로 인하여 영업양수인과 근로자 사이의 근로관계에, 영업양도인과 근로자 사이의 취업규칙 등 개별적 근로관계의 내용이 변동 없이 그대로 적용되는지 여부가 문제된다.

2) 학 설

① **승계긍정설** : 근로관계 승계의 효과는 근로계약당사자의 변경에 불과하고, 근로조건의 변경을 당연히 수반하는 것은 아니므로, 신사업주는 구사업주로부터 승계한 취업규칙이나 근로계약에서 정한 내용을 준수하여야 한다는 입장이다.

② **승계부정설** : 취업규칙을 법규범으로 본다고 하더라도 사업변동의 효과로서 취업규칙이 승계되는 것은 아니고, 취업규칙의 내용이 근로관계의 내용으로 화체되어 승계되므로, 화체된 내용은 규범적 효력을 상실한다고 보는 입장이다.

3) 판 례

① **취업규칙의 승계** : 판례는 영업양도나 합병에 의하여 근로계약관계가 포괄적으로 승계된 경우에 근로자의 종전 근로계약상의 지위도 승계되는 것이므로 취업규칙에 의해 규율되던 임금·근로시간 등 근로조건도 그대로 유지된다고(대판 1995.12.26. 95다41659) 판시하고 있다. 즉 영업양도로 인해 기존의 양도기업의 취업규칙 등이 그대로 승계되므로 그 결과 양수기업에는 복수의 취업규칙이 존재하게 된다.

② **승계 후의 퇴직금규정 적용 여부** : 판례는 영업양도나 기업합병 등에 의하여 근로계약 관계가 포괄적으로 승계된 경우에 근로자의 종진 근로계약상의 지위도 그대로 승계되는 것이므로, 승계 후의 퇴직금규정이 승계 전의 퇴직금규정보다 근로자에게 불리하다면 근로기준법 제94조 제1항 소정의 당해 근로자집단의 집단적인 의사결정 방법에 의한 동의 없이는 승계 후의 퇴직금규정을 적용할 수 없다고(대판 1995.12.26. 95다41659) 한다.[37] **기출 24**

---

37) 최근 전합판결은 사용자가 취업규칙을 근로자에게 불리하게 변경하면서 근로자의 집단적 의사결정방법에 따른 동의를 받지 못한 경우, 노동조합이나 근로자들이 집단적 동의권을 남용하였다고 볼만한 특별한 사정이 없는 한 해당 취업규칙의 작성 또는 변경에 사회통념상 합리성이 있다는 이유만으로 그 유효성을 인정할 수는 없다고(대판 2023.5.11. 2017다35588 [전합]) 판시하고 있다.

③ **퇴직금차등제도 설정 여부** : 판례는 영업양도에 의하여 근로관계가 포괄적으로 승계된 후의 새로운 퇴직 금제도가 기존 근로자의 기득이익을 침해하는 것이나 집단적인 의사결정 방법에 의한 동의가 없어, 그들에게는 그 효력이 미치지 않고 부득이 종전의 퇴직금규정을 적용하지 않을 수 없어서 결과적으로 하나의 사업 내에 별개의 퇴직금제도를 운용하는 것으로 되었다고 하더라도, 이러한 경우까지 구 근로기준법 제28조 제2항, 부칙 제2항이 금하는 차등 있는 퇴직금제도를 설정한 경우에 해당한다고는 볼 수 없다고(대 판 1995.12.26. 95다41659) 한다.

4) 검 토

취업규칙은 법규범적 성격을 가지고 있으므로, 개별적 근로관계에서 구 사업주의 취업규칙이나 근로계약은 신 사업주에게 포괄적으로 승계된다고 하는 것이 타당하다.

(2) 영업양도와 집단적 근로관계

1) 노동조합의 지위

① **기업별 노동조합** : 노동조합이 있는 영업부문이 포괄적으로 양도된 경우에 그 노동조합의 지위가 문제되나, 노동조합은 기업과는 독립하여 근로자들이 주체가 되어 설립하는 것이므로 영업양도 이후 양수인 사업장에서도 그대로 노동조합의 지위를 유지한다고 보아야 한다. 판례도 영업양도 시 이미 설립된 노동조합은 영업양도에 의하여 그 존립에 영향을 받지 아니하고 양수인 사업장의 노동조합으로 존속한다고 판시하고 있다(대판 2002.3.26. 2000다3347).

② **초기업적 노동조합** : 산업별 노동조합과 같은 초기업적 노동조합으로 조직되어 있는 경우에는, 일부양도라고 하더라도 노동조합의 조직에 영향을 미치지 아니한다. 따라서 산업별 노동조합은 양수인에 대하여 조합원을 위한 모든 권리를 주장할 수 있다.

2) 단체협약

승계긍정설, 승계부정설 및 절충설(채무적 부분은 소멸하고, 규범적 부분은 근로관계의 내용으로 화체되어 그대로 존속)이 대립한다.

① **학 설**
  ㉠ **승계긍정설** : 영업양도는 영업재산의 포괄적 이전이고, 양수인은 양도인이 개별계약으로 취득한 권리만이 아닌 집단계약으로 취득한 단체협약상의 권리의무도 그대로 인수하므로, 승계된 단체협약은 효력이 있다고 보는 견해이다.
  ㉡ **승계부정설** : 단체협약의 일방당사자인 사업주가 변경되었으므로, 양도인·노조·양수인의 3면 합의가 없는 한 이론상 승계되지 않는다고 보는 견해이다.
  ㉢ **절충설** : 단체협약의 규정 중에서 협약당사자 사이의 채무적 부분은 영업양도에 의한 당사자 변경으로 인하여 소멸되나, 근로조건에 관한 규범적 부분은 단체협약의 효력 발생과 함께 근로관계내용으로 체화되어, 영업양도 후에도 그대로 존속한다고 보는 견해이다.

② **판례** : 판례에 의하면 영업양도 시 단체협약 승계 여부와 관련하여, 원칙적으로 양수기업은 영업양도로 인하여 양도기업이 체결한 단체협약상의 권리·의무를 승계한다고(대판 2002.3.26. 2000다3347) 한다. 다만, 유니온숍협정과 같이 그 성질상 승계를 인정하기 어려운 부분은 승계되지 아니한다.

③ **검토** : 원칙적으로 단체협약에 따른 모든 채무적·규범적 부분이 승계된다고 보는 것이 타당하나, 승계긍정설에 의할 경우에는 양수인이 상이한 단체협약에 따른 위험을 부담하게 되므로, 교섭창구단일화절차를 통하여 해결하여야 할 것이다.

Ⅲ 합병과 근로관계

1. 합병과 근로관계의 승계

(1) 당사자의 합의와 근로관계의 승계

합병의 경우 그 성질상 근로자의 근로관계는 당연히 합병회사에 포괄적으로 승계된다(대판 1994.3.8. 93다1589). 따라서 근로자의 전부 또는 일부를 승계 대상에서 제외한다는 당사자 간의 합의는 합병의 성질상 무효이다.

(2) 근로자의 승계거부권

근로관계의 승계를 거부하고자 하는 근로자는 사직의 의사표시로 근로관계를 종료하면 될 것이므로, 합병의 경우 근로자의 승계거부권에 대한 논의의 실익은 크지 아니하다.

2. 근로관계 승계의 구체적 검토

(1) 합병과 개별적 근로관계

피합병회사의 근로계약은 포괄적으로 합병회사에 승계되고, 근로자는 임금이나 근로시간 등 모든 근로조건에 있어서 종전과 동일한 대우를 받는 것이 원칙이다.

(2) 합병과 집단적 근로관계

흡수합병의 경우에는 피합병회사의 노동조합이 합병회사의 노동조합으로 흡수되거나, 두 개의 노동조합이 합병절차를 밟는 것이 일반적이고, 신설합병의 경우에는 피합병회사의 모든 노동조합이 해산되고, 새로운 노동조합으로 신설되는 것이 일반적이다. 따라서 기존의 노동조합이 체결한 단체협약상의 권리·의무는 새로운 합병회사와 노동조합에게 포괄적으로 승계된다.

Ⅳ 분할과 근로관계

1. 의 의

기존회사의 영업을 복수로 분리하고, 분리된 영업재산을 자본으로 하여 회사를 신설하거나, 다른 회사와 합병시키는 조직법적 행위이다.

2. 분할과 근로관계의 승계

상법 제530조의10에 의하면, 분할회사의 권리와 의무는 분할계획서 또는 분할합병계약서가 정하는 바에 따라 승계한다. 이와 관련하여 각 기업의 근로관계도 승계의 대상에 포함되는지가 문제된다.

(1) 근로관계의 승계 여부

1) 판 례

판례는 상법 제530조의10은 분할로 인하여 설립되는 회사는 분할하는 회사의 권리와 의무를 분할계획서가 정하는 바에 따라서 승계한다고 규정하고 있으므로, 분할하는 회사의 근로관계도 위 규정에 따른 승계의 대상에 포함될 수 있으나, 헌법이 직업 선택의 자유를 보장하고 있고, 근로기준법이 근로자의 보호를 도모하기 위하여 근로조건에 관한 근로자의 자기결정권, 강제근로의 금지, 사용자의 근로조건 명시의무, 부당해고등의 금지 또는 경영상 이유에 의한 해고의 제한 등을 규정한 취지에 비추어 볼 때, 회사분할에 따른 근로관계의 승계는 근로자의 이해와 협력을 구하는 절차를 거치는 등 절차적 정당성을 갖춘 경우에 한하여 허용되고, 해고의 제한 등 근로자 보호를 위한 법령 규정을 잠탈하기 위한 방편으로 이용되는 경우라면 그 효력이 부정될 수 있어야 한다고(대판 2013.12.12. 2011두4282) 판시하고 있다.

2) 검 토

영업양도의 경우에는 영업양도계약이 정하는 바에 따라 양수회사가 근로관계를 원칙적으로 승계하는 반면, 분할의 경우에는 근로자를 보호하기 위하여 근로자의 이해와 협력을 구하는 절차를 거친 후, 분할계획서 또는 분할합병계약서가 정하는 바에 따라 근로관계가 승계된다.

(2) 근로자의 승계거부권

1) 판 례

① **원칙적 부정** : 판례는 둘 이상의 사업을 영위하던 회사의 분할에 따라 일부 사업부문이 신설회사에 승계되는 경우, 분할하는 회사가 분할계획서에 대한 주주총회의 승인을 얻기 전에 미리 노동조합과 근로자들에게 회사분할의 배경, 목적 및 시기, 승계되는 근로관계의 범위와 내용, 신설회사의 개요 및 업무내용 등을 설명하고 이해와 협력을 구하는 절차를 거쳤다면, 그 승계되는 사업에 관한 근로관계는 해당 근로자의 동의를 받지 못한 경우라도 신설회사에 승계되는 것이 원칙이라고(대판 2013.12.12. 2011두4282) 한다.

② **예외적 인정** : 다만, 회사의 분할이 근로기준법상 해고의 제한을 회피하면서 해당 근로자를 해고하기 위한 방편으로 이용되는 등의 특별한 사정이 있는 경우에는, 해당 근로자는 근로관계의 승계를 통지받거나 이를 알게 된 때부터 사회통념상 상당한 기간 내에 반대의사를 표시함으로써, 근로관계의 승계를 거부하고 분할하는 회사에 잔류할 수 있다고(대판 2013.12.12. 2011두4282) 판시하고 있다.

2) 검 토

영업양도와는 달리 회사분할의 경우에는 원칙적으로 근로자의 승계거부권을 인정하고 있지 아니한데, 이는 민법 제657조 제1항의 적용을 배제하여, 근로자의 선택권보다 기업조직의 재편필요성이라는 사용자의 이익을 우선한 판결이라고 판단된다.

01 기출 24 ☑ 확인Check! ○ △ ✕

근로기준법상 인사와 징계에 관한 설명으로 옳지 않은 것은?(다툼이 있으면 판례에 따름)

① 인사명령은 원칙적으로 인사권자인 사용자의 고유권한에 속한다.

② 사용자가 근로자 측과 성실한 협의절차를 거쳤는지는 전직처분이 정당한 이유가 있는지를 판단하는 요소의 하나이다.

③ 사용자가 인사처분을 함에 있어 노동조합의 사전 동의를 얻도록 단체협약에 규정하는 것은 사용자의 인사권의 본질적 내용을 침해하는 것으로 무효이다.

④ 근로자의 사생활에서의 비행이 기업의 사회적 평가를 훼손할 염려가 있는 것이라면 정당한 징계사유가 될 수 있다.

⑤ 여러 개의 징계사유 중 인정되는 일부 징계사유만으로 해당 징계처분의 타당성을 인정하기에 충분한지에 대한 증명책임은 사용자가 부담한다.

01

① (○) 대기발령을 포함한 인사명령은 원칙적으로 인사권자인 사용자의 고유권한에 속한다 할 것이고, 따라서 이러한 인사명령에 대하여는 업무상 필요한 범위 안에서 사용자에게 상당한 재량을 인정하여야 하며, 이것이 근로기준법 등에 위반되거나 권리남용에 해당하는 등의 특별한 사정이 없는 한 위법하다고 할 수 없다(대판 2007.5.31. 2007두1460).

② (○) 업무상 필요에 의한 전직처분 등에 따른 생활상의 불이익이 근로자가 통상 감수하여야 할 정도를 현저하게 벗어나지 않으면 전직처분 등의 정당한 이유가 인정되고, 근로자 측과 성실한 협의절차를 거쳤는지는 정당한 이유의 유무를 판단하는 하나의 요소라고 할 수 있으나, 그러한 절차를 거치지 아니하였다는 사정만으로 전직처분 등이 무효가 된다고 볼 수 없다(대판 2023.9.21. 2022다286755).

③ (✕) 사용자가 인사처분을 함에 있어 노동조합의 사전 동의나 승낙을 얻어야 한다거나 노동조합과 인사처분에 관한 논의를 하여 의견의 합치를 보아 인사처분을 하도록 단체협약 등에 규정된 경우에는 그 절차를 거치지 아니한 인사처분은 원칙적으로 무효라고 보아야 할 것이나, 이는 사용자의 노동조합 간부에 대한 부당한 징계권 행사를 제한하자는 것이지 사용자의 본질적 권한에 속하는 피용자에 대한 인사권 내지 징계권의 행사 그 자체를 부정할 수는 없는 것이므로 노동조합의 간부인 피용자에게 징계사유가 있음이 발견된 경우에 어떠한 경우를 불문하고 노동조합 측의 적극적인 찬성이 있어야 그 징계권을 행사할 수 있다는 취지로 해석할 수는 없다(대판 2003.6.10. 2001두3136). 따라서 판례의 취지에 따라 판단하건대 노동조합의 사전동의권은 사용자의 인사권의 본질적 내용을 침해하는 것으로 볼 수 없다.

④ (○) 대판 1994.12.13. 93누23275

⑤ (○) 여러 개의 징계사유 중 일부가 인정되지 않더라도 인정되는 다른 일부 징계사유만으로 해당 징계처분의 타당성을 인정하기에 충분한 경우, 인정되는 일부 징계사유만으로 해당 징계처분의 타당성을 인정하기에 충분한지에 대한 증명책임은 사용자가 부담한다(대판 2019.11.28. 2017두57318).

정답 ③

☑확인Check! ○ △ ×

근로기준법상 근로관계와 영업양도에 관한 설명으로 옳지 않은 것은?(다툼이 있으면 판례에 따름)

① 영업양도란 일정한 영업목적에 의하여 조직화된 업체를 그 동일성은 유지하면서 일체로서 이전하는 것이다.

② 영업양도에 의하여 근로계약관계가 포괄적으로 승계된 경우에는 승계 후의 퇴직금 규정이 승계 전의 퇴직금 규정보다 근로자에게 불리하더라도 승계 후의 퇴직금 규정을 적용한다.

③ 영업 전부의 양도가 이루어진 경우 영업양도 당사자 사이에 정당한 이유 없이 해고된 근로자를 승계의 대상에서 제외하기로 하는 특약은 근로기준법 제23조 제1항에서 정한 정당한 이유가 있어야 유효하다.

④ 영업재산의 일부를 유보한 채 영업시설을 양도했어도 그 양도한 부분만으로도 종래의 조직이 유지되어 있다고 사회관념상 인정되면 영업의 양도이다.

⑤ 근로관계의 승계를 거부하는 근로자에 대하여는 그 근로관계가 양수하는 기업에 승계되지 아니하고 여전히 양도하는 기업과 사이에 존속된다.

02

① (○) 영업의 양도라 함은 일정한 영업목적에 의하여 조직화된 업체, 즉 인적·물적 조직을 그 동일성은 유지하면서 일체로서 이전하는 것으로서 영업의 일부만의 양도도 가능하고, 이러한 영업양도가 이루어진 경우에는 원칙적으로 해당 근로자들의 근로관계가 양수하는 기업에 포괄적으로 승계된다(대판 2005.6.9. 2002다70822).

② (×) 영업양도 등에 의하여 근로계약관계가 포괄적으로 승계된 경우에는 근로자의 종전 근로계약상의 지위도 그대로 승계되는 것이므로, 승계 후의 퇴직금 규정이 승계 전의 퇴직금 규정보다 근로자에게 불리하다면 근로기준법 제94조 제1항 소정의 당해 근로자집단의 집단적인 의사결정 방법에 의한 동의 없이는 승계 후의 퇴직금규정을 적용할 수 없다(대판 1997.12.26. 97다17575).

③ (○) 영업 전부의 양도가 이루어진 경우 영업양도 당사자 사이에 정당한 이유 없이 해고된 근로자를 승계의 대상에서 제외하기로 하는 특약이 있는 경우에는 그에 따라 근로관계의 승계가 이루어지지 않을 수 있으나, 그러한 특약은 실질적으로 또 다른 해고나 다름이 없으므로, 근로기준법 제23조 제1항에서 정한 정당한 이유가 있어야 유효하고, 영업양도 그 자체만으로 정당한 이유를 인정할 수 없다(대판 2020.11.5. 2018두54705).

④ (○) 영업재산의 일부를 유보한 채 영업시설을 양도했어도 그 양도한 부분만으로도 종래의 조직이 유지되어 있다고 사회관념상 인정되면 그것을 영업의 양도라 볼 것이지만, 반면에 영업재산의 전부를 양도했어도 그 조직을 해체하여 양도했다면 영업의 양도로 볼 수 없다(대판 2007.6.1. 2005다5812).

⑤ (○) 영업이 양도된 경우에 근로관계의 승계를 거부하는 근로자에 대하여는 그 근로관계가 양수하는 기업에 승계되지 아니하고 여전히 양도하는 기업과 사이에 존속되는 것이며, 이러한 경우 원래의 사용자는 영업 일부의 양도로 인한 경영상의 필요에 따라 감원이 불가피하게 되는 사정이 있어 정리해고로서의 정당한 요건이 갖추어져 있다면 그 절차에 따라 승계를 거부한 근로자를 해고할 수 있다고 할 것이다(대판 2010.9.30. 2010다41089).

정답 ②

03

☑ 확인Check! ○ △ ✕

징계에 관한 설명으로 옳지 않은 것은?(다툼이 있으면 판례에 따름)

① 합리적인 사유 없이 같은 정도의 비위행위에 대하여 일반적으로 적용하여 온 기준과 어긋나게 공평을 잃은 과중한 징계처분을 행하는 것은 위법하다.

② 단체협약에서 근로자에게 징계사유와 관련한 소명기회를 주도록 규정하고 있는 경우 근로자에게 그 기회를 제공하면 되는 것이고 소명 그 자체가 반드시 이루어져야 하는 것은 아니다.

③ 여러 개의 징계사유 중 일부가 인정되지 않더라도 인정되는 다른 일부 징계사유만으로도 해당 징계처분의 타당성을 인정하기에 충분한 경우에는 그 징계처분이 위법하지 않다.

④ 징계처분에서 징계사유로 삼지 아니한 비위행위사실은 징계양정의 참작자료로 삼을 수 없다.

⑤ 징계규정에서 징계위원회에 출석하여 소명할 기회를 부여하고 있으면, 출석통보의 시기와 방법에 관한 특별한 규정이 없더라도 소명자료를 준비할 만한 상당한 기간을 두고 개최일시와 장소를 통보하여야 한다.

03

① (○) 합리적인 사유 없이 같은 정도의 비행에 대하여 일반적으로 적용하여 온 기준과 어긋나게 공평을 잃은 징계처분을 선택함으로써 평등의 원칙에 위반한 경우에 이러한 징계처분은 재량권의 한계를 벗어난 처분으로서 위법하다(대판 2000.6.9. 98두16613).

② (○) 단체협약에서 당사자에게 징계사유와 관련한 소명기회를 주도록 규정하고 있는 경우에도 그 대상자에게 그 기회를 제공하면 되며, 소명 그 자체가 반드시 이루어져야 하는 것은 아니다(대판 2014.11.27. 2011다41420).

③ (○) 수 개의 징계사유 중 일부가 인정되지 않더라도 인정되는 다른 일부 징계사유만으로도 당해 징계처분의 타당성을 인정하기에 충분한 경우에는 그 징계처분을 유지하여도 위법하지 아니하다 할 것이다(대판 2002.9.24. 2002두6620).

④ (✕) 근로자의 어떤 비위행위가 징계사유로 되어 있느냐 여부는 구체적인 자료들을 통하여 징계위원회 등에서 그것을 징계사유로 삼았는가 여부에 의하여 결정되어야 하는 것이지 반드시 징계결의서나 징계처분서에 기재된 취업규칙이나 징계규정 소정의 징계근거사유만으로 징계사유가 한정되는 것은 아닐 뿐만 아니라, 징계처분에서 징계사유로 삼지 아니한 비위행위라고 하더라도 징계종류 선택의 자료로서 피징계자의 평소의 소행과 근무성적, 당해 징계처분사유 전후에 저지른 비위행위사실 등은 징계양정에 있어서의 참작자료로 삼을 수 있는 것이다(대판 2002.5.28. 2001두10455).

⑤ (○) 징계규정에 징계대상자에게 징계위원회에 출석하여 변명과 소명자료를 제출할 기회를 부여하도록 되어 있다면 그 통보의 시기와 방법에 관하여 특별히 규정한 바가 없다고 하여도 변명과 소명자료를 준비할 만한 상당한 기간을 두고 개최일시와 장소를 통보하여야 한다(대판 1991.7.9. 90다8077).

정답 ④

04 기출 22

☑확인Check! ○ △ ✕

근로자의 징계 등에 관한 설명으로 옳지 않은 것은?(다툼이 있으면 판례에 따름)

① 징계처분에서 징계사유로 삼지 아니한 비위행위라도 피징계자의 평소의 소행과 근무성적, 그 징계처분 사유 전후에 저지른 비위행위사실 등은 징계양정의 참작자료로 삼을 수 있다.

② 취업규칙에 따라 소명기회를 부여하였더라도 징계위원회가 그 개개의 혐의 사항에 대하여 구체적으로 질문하고 징계대상자가 이에 대하여 빠짐없이 진술하도록 조치하지 않았다면 부당한 징계가 된다.

③ 대기발령은 그 사유가 정당한 경우에도 그 기간은 합리적인 범위 내에서 이루어져야 한다.

④ 여러 개의 징계사유 중 일부가 인정되지 않더라도 인정되는 다른 일부 징계사유만으로도 해당 징계처분의 타당성을 인정하기에 충분한 경우에는 그 징계처분이 위법하지 않다.

⑤ 노동조합 간부에 대한 징계처분을 함에 있어 노동조합과 합의하도록 단체협약에 규정된 경우 그 합의를 거치지 않은 징계처분은 원칙적으로 무효이다.

05 기출 20

☑확인Check! ○ △ ✕

사용자의 징계권 행사에 관한 설명으로 옳지 않은 것은?(다툼이 있으면 판례에 따름)

① 징계처분에서 징계사유로 삼은 비위행위가 아닌 평소의 소행과 근무성적, 당해 징계처분사유 전후에 저지른 비위행위사실 등은 징계양정의 참작자료로 삼을 수 없다.

② 학력 등을 허위로 기재한 행위를 이유로 징계해고를 하는 경우에 그 정당성은 고용 당시의 사정뿐 아니라, 고용 이후 해고에 이르기까지 그 근로자가 종사한 근로의 내용과 기간, 허위기재를 한 학력 등이 종사한 근로의 정상적인 제공에 지장을 초래하는지 여부 등을 종합적으로 고려하여 판단하여야 한다.

③ 사생활에서의 비행은 사업활동에 직접 관련이 있거나 기업의 사회적 평가를 훼손할 염려가 있는 것에 한하여 정당한 징계사유가 될 수 있다.

④ 근로기준법 제23조 제1항의 '정당한 이유'란 징계해고의 경우에는 사회통념상 근로계약을 계속시킬 수 없을 정도로 근로자에게 책임 있는 사유가 있는 것을 말한다.

⑤ 여러 개의 징계사유 중 일부가 인정되지 않더라도 인정되는 다른 일부 징계사유만으로도 해당 징계처분의 타당성을 인정하기에 충분한 경우에는 그 징계처분이 위법하지 않다.

04

① (○) 징계처분에서 징계사유로 삼지 아니한 비위행위라고 하더라도 징계종류 선택의 자료로서 <u>피징계자의 평소의 소행과 근무성적, 당해 징계처분사유 전후에 저지른 비위행위사실 등은 징계양정에 있어서의 참작자료로 삼을 수 있는 것이다</u>(대판 2002.5.28. 2001두10455).

② (✕) 징계위원회에서 징계대상자에게 징계혐의 사실을 고지하고 그에 대하여 진술할 기회를 부여하면 충분하고, 혐의사실 개개의 사항에 대하여 구체적으로 발문하여 징계대상자가 이에 대하여 <u>빠짐없이 진술하도록 조치하여야 하는 것은 아니다</u>(대판 2020.6.25. 2016두56042).

③ (○) <u>대기발령과 같은 잠정적인 인사명령이 명령 당시에는 정당한 경우라고 하더라도</u>, 그러한 명령의 목적과 실제 기능, 유지의 합리성 여부 및 그로 인하여 근로자가 받게 될 신분상·경제상의 불이익 등 구체적인 사정을 모두 참작하여 <u>그 기간은 합리적인 범위 내에서 이루어져야</u> 한다(대판 2013.5.9. 2012다64833).

④ (○) 대판 2014.11.27. 2011다41420

⑤ (○) 사용자와 노동조합과의 사전 합의 조항을 둔 경우 그러한 절차를 거치지 않은 해고처분은 원칙적으로 무효이다(대판 2007.9.6. 2005두8788).

정답 ②

05

① (✕) 징계처분에서 징계사유로 삼지 아니한 비위행위라고 하더라도 징계종류 선택의 자료로서 <u>피징계자의 평소의 소행과 근무성적, 당해 징계처분사유 전후에 저지른 비위행위사실 등은 징계양정에 있어서의 참작자료로 삼을 수 있는 것이다</u>(대판 2002.5.28. 2001두10455).

② (○) 대판 2012.7.5. 2009두16763

③ (○) 대판 1994.12.13. 93누23275

④ (○) 대판 1992.4.24. 91다17931

⑤ (○) 대판 2014.11.27. 2011다41420

정답 ①

기출 15 　　　　　　　　　　☑ 확인Check! ○ △ ✕

직위해제 또는 대기발령에 관한 설명으로 옳지 않은 것은?(다툼이 있는 경우에는 판례에 의함)

① 대기발령의 사유가 해소된 이후에도 부당하게 장기간 동안 대기발령조치를 유지하는 것은 정당성이 없다.

② 직위해제는 잠정적 조치로서의 보직의 해제를 의미하므로 근로자의 비위행위에 대하여 행하는 징벌적 제재로서의 징계와는 그 성질이 다르다.

③ 실효된 직위해제처분이라도 인사규정 등에서 직위해제처분에 따른 효과로 승진·승급에 제한을 가하는 등의 법률상 불이익을 규정하고 있는 경우에는 그 직위해제처분에 대한 구제를 신청할 이익이 있다.

④ 대기발령 후 일정한 기간이 경과하도록 복직발령을 받지 못한 경우에 당연퇴직된다는 인사규정에 따라 행한 당연퇴직처리는 해고에 해당하지 않는다.

⑤ 사용자가 자신의 귀책사유에 해당하는 경영상의 필요에 따라 근로자들에게 대기발령을 한 경우에는 그 근로자들에게 휴업수당을 지급하여야 한다.

① (○) 대기발령을 받은 근로자가 상당한 기간에 걸쳐 근로의 제공을 할 수 없다거나, 근로제공을 함이 매우 부적당한 경우가 아닌데도 사회통념상 합리성이 없을 정도로 부당하게 장기간 동안 대기발령조치를 유지하는 것은 특별한 사정이 없는 한 정당한 이유가 있다고 보기 어려우므로 그와 같은 조치는 무효라고 보아야 할 것이다(대판 2007.2.23. 2005다3991).

② (○) 근로자에 대한 직위해제는 일반적으로 근로자가 직무수행능력이 부족하거나 근무성적 또는 근무태도 등이 불량한 경우, 근로자에 대한 징계절차가 진행 중인 경우, 근로자가 형사사건으로 기소된 경우 등에 있어서 당해 근로자가 장래에 있어서 계속 직무를 담당하게 될 경우 예상되는 업무상의 장애 등을 예방하기 위하여 일시적으로 당해 근로자에게 직위를 부여하지 아니함으로써 직무에 종사하지 못하도록 하는 잠정적인 조치로서의 보직의 해제를 의미하므로, 과거의 근로자의 비위행위에 대하여 기업질서 유지를 목적으로 행하여지는 징벌적 제재로서의 징계와는 그 성질이 다르다(대판 2007.5.31. 2007두1460).

③ (○) 직위해제처분에 기하여 발생한 효과는 당해 직위해제처분이 실효되더라도 소급하여 소멸하는 것이 아니므로, 인사규정 등에서 직위해제처분에 따른 효과로 승진·승급에 제한을 가하는 등의 법률상 불이익을 규정하고 있는 경우에는 직위해제처분을 받은 근로자는 이러한 법률상 불이익을 제거하기 위하여 그 실효된 직위해제처분에 대한 구제를 신청할 이익이 있다(대판 2010.7.29. 2007두18406).

④ (✕) 인사규정 등에 대기발령 후 일정 기간이 경과하도록 복직발령을 받지 못하거나 직위를 부여받지 못하는 경우에는 당연퇴직된다는 규정을 두는 경우, 대기발령에 이은 당연퇴직처리를 일체로서 관찰하면 이는 근로자의 의사에 반하여 사용자의 일방적 의사에 따라 근로계약관계를 종료시키는 것으로서 실질상 해고에 해당한다(대판 2007.5.31. 2007두1460).

⑤ (○) 사용자가 자신의 귀책사유에 해당하는 경영상의 필요에 따라 개별근로자들에 대하여 대기발령을 하였다면 이는 근로기준법 제46조 제1항에서 정한 휴업을 실시한 경우에 해당하므로 사용자는 그 근로자들에게 휴업수당을 지급할 의무가 있다(대판 2013.10.11. 2012다12870).

정답 ④

징계에 관한 설명으로 옳지 않은 것은?(다툼이 있으면 판례에 따름)

① 근로자의 사생활에서의 비행은 기업활동에 직접 관련이 있거나 기업의 사회적 평가를 훼손할 염려가 있는 경우 정당한 징계사유가 될 수 있다.

② 징계위원회에 무자격위원이 참여한 상태에서 징계처분이 이루어진 경우 그 위원을 제외하더라도 의결정족수가 충족된다면 그 징계처분은 유효하다.

③ 노동조합 간부에 대한 징계처분을 함에 있어 노동조합과 합의를 하도록 단체협약에 규정된 경우 그 절차를 거치지 않은 징계처분은 원칙적으로 무효이다.

④ 원래의 징계과정에 절차위반의 하자가 있더라도 재심과정에서 보완되었다면 그 절차위반의 하자는 치유된다.

⑤ 취업규칙에서 근로자에 대하여 감급(減給)의 제재를 정할 경우에 그 감액은 1회의 금액이 평균임금의 1일분의 2분의 1을, 총액이 1임금지급기의 임금총액의 10분의 1을 초과하지 못한다.

07

① (○) 근로자의 사생활에서의 비행은 원칙적으로 징계사유가 되지 않으나, 그러한 비행이 사업활동에 직접 관련이 있거나 기업의 사회적 평가를 훼손할 염려가 있는 경우에 한하여 정당한 징계사유가 될 수 있다(대판 1994.12.13. 93누23275).

② (✕) 회사의 단체협약상의 징계규정에는 노동조합원을 징계하려면 상벌위원회의 심의를 거쳐야 하고 그 상벌위원회의 구성은 노사 각 4인씩으로 하여 노동조합원들을 참여시키도록 되어 있는데도 불구하고, 이러한 징계절차규정을 위배하여 노동조합 측의 위원 2명만 참석시키고 자격이 없는 상조회 소속 근로자 2명을 포함하여 상벌위원회를 구성한 다음 그 상벌위원회의 결의를 거쳐 징계해고하였다면, 이러한 징계권의 행사는 징계사유가 인정되는 여부에 관계없이 절차에 있어서의 정의에 반하는 처사로서 무효라고 보아야 할 것이고, 이는 자격이 없는 위원을 제외하고서도 의결정족수가 충족된다 하더라도 그 상벌위원회의 구성 자체에 위법이 있는 이상 마찬가지이다(대판 1996.6.28. 94다53716).

③ (○) 사용자와 노동조합과의 사전동의조항을 둔 경우 그러한 절차를 거치지 않은 해고처분은 원칙적으로 무효이다(대판 2007.9.6. 2005두8788).

④ (○) 징계처분에 대한 재심절차는 원래의 징계절차와 함께 전부가 하나의 징계처분절차를 이루는 것으로서 그 절차의 정당성도 징계과정 전부에 관하여 판단되어야 할 것이므로, 원래의 징계과정에 절차위반의 하자가 있더라도 재심과정에서 보완되었다면 그 절차위반의 하자는 치유된다(대판 1997.11.11. 96다23627).

⑤ (○) 근기법 제95조

정답 ②

제1장

제2장

제3장

제4장

제5장

제6장

제7장

제8장

제9장

제10장

제1절 근로관계 종료의 유형

I 당연종료

1. 의 의

근로관계가 당연종료된다 함은 당사자의 의사표시와 상관없이 일정한 요건을 충족하면, 근로관계가 당연히 종료되는 것을 말한다.

2. 근로계약기간의 만료

① 기간의 정함이 있는 근로계약은 기간 만료로 자동적으로 종료되는데, 해고나 사직이 아니므로 별다른 의사표시나 해고예고를 요하지 않는다.

② 기간을 정한 근로계약서를 작성한 경우에도 예컨대 단기의 근로계약이 장기간에 걸쳐서 반복하여 갱신됨으로써 그 정한 기간이 단지 형식에 불과하게 된 경우 등 계약서의 내용과 근로계약이 이루어지게 된 동기 및 경위, 기간을 정한 목적과 당사자의 진정한 의사, 동종의 근로계약 체결방식에 관한 관행 그리고 근로자 보호법규 등을 종합적으로 고려하여 그 기간의 정함이 단지 형식에 불과하다는 사정이 인정되는 경우에는 계약서의 문언에도 불구하고 사실상 기간의 정함이 없는 근로계약을 맺었다고 볼 것이며, 그 경우에 사용자가 정당한 사유 없이 갱신계약의 체결을 거절하는 것은 해고와 마찬가지로 무효이다(대판 2011.7.28. 2009두5374). 한편, 아직 반복갱신의 이력은 없었으나, 근로자에게 근로계약이 갱신될 수 있으리라는 정당한 기대권이 인정되는 경우에도 이와 같다.

3. 정년퇴직

근로자가 일정 연령에 도달한 경우, 근로의 의사나 능력을 묻지 아니하고 근로계약을 종료시키는 제도이다. 정년에 도달한 자에게 하는 퇴직의 통지는 해고가 아닌, 근로계약 종료의 확인에 불과하다. 합리적인 기준에 따른 차등정년제는 허용된다.

4. 당사자 소멸

(1) 근로자의 사망

근로계약에 따른 근로제공의무는 일신전속적인 것으로서 근로자의 지위는 상속의 대상이 되지 않는다(민법 제657조, 제1005조).

(2) 사업주의 사망

사업주의 사망으로 사업이 존속할 수 없는 경우에는 근로관계가 당연종료되는 것으로 보아야 할 것이나, 상속인이 기업을 계속 경영하고 근로자의 지위 존속에 대하여 근로자 본인의 동의가 있다면 근로관계는 유지된다.

(3) 법인의 청산

사업주가 법인인 경우, 그 법인이 해산하면 근로계약관계는 청산의 종료로써 종료한다.

5. 구체적 검토

(1) 당연퇴직사유규정

1) 근로관계의 자동소멸사유에 해당하는 당연퇴직사유

[1] 사용자가 취업규칙 등에 어떤 사유의 발생을 당연퇴직 또는 면직사유로 규정하고 그 절차를 통상의 해고나 징계해고와 달리하였는데 그 당연퇴직사유가 근로자의 사망이나 정년, 근로계약기간의 만료 등 근로관계의 자동소멸사유로 보이는 경우, 위와 같은 당연퇴직사유를 규정한 취업규칙이 유효한 이상 그러한 사유의 발생만으로 그 사유발생일 또는 소정의 일자에 당연히 근로관계가 종료하고, 정년 등과 같은 근로관계의 자동소멸사유로 인한 퇴직처리는 법률상 당연히 발생한 퇴직의 사유 및 시기를 공적으로 확인하여 알려주는 '관념의 통지'에 불과할 뿐 근로자의 신분을 상실시키는 '해고처분'과 같은 새로운 형성적 행위가 아니다.

[2] 취업규칙 등에 명시된 정년에 도달하여 당연퇴직하게 된 근로자에 대하여 사용자가 그 정년을 연장하는 등의 방법으로 근로관계를 계속 유지할 것인지 여부는 특별한 사정이 없는 한 사용자의 권한에 속하는 것으로서, 해당 근로자에게 정년연장을 요구할 수 있는 권리가 있다고 할 수 없고, 사용자가 해당 근로자에게 정년연장을 허용하지 아니한 조치의 정당성은 사용자의 행위가 법률과 취업규칙 등의 규정 내용이나 규정 취지에 위배되는지 여부에 의하여 판단해야 하며, 단지 정년연장을 허용하지 아니하는 것이 해당 근로자에게 가혹하다든가 혹은 다른 근로자의 경우에 비추어 형평에 어긋난다는 사정만으로 그 정당성이 없는 것으로 단정할 수는 없다(대판 2008.2.29. 2007다85997).

2) 해고에 해당하는 당연퇴직사유

[1] 근로계약의 종료 사유는 근로자의 의사나 동의에 의하여 이루어지는 퇴직, 근로자의 의사에 반하여 사용자의 일방적 의사에 의하여 이루어지는 해고, 근로자나 사용자의 의사와는 관계없이 이루어지는 자동소멸 등으로 나눌 수 있으며 근로기준법 제27조에서 말하는 해고란 실제 사업장에서 불리우는 명칭이나 그 절차에 관계없이 위의 두 번째에 해당하는 모든 근로계약관계의 종료를 의미한다.

[2] 회사가 어떠한 사유의 발생을 당연퇴직사유로 규정하고 그 절차를 통상의 해고나 징계해고와는 달리 하였더라도 근로자의 의사와 관계없이 사용자 측에서 일방적으로 근로관계를 종료시키는 것이면 성질상 이는 해고로서 근로기준법에 의한 제한을 받는다고 보아야 할 것이므로 근로자에 대한 퇴직조치가 단체협약이나 취업규칙에서 당연퇴직으로 규정되었다 하더라도 위 퇴직조치가 유효하기 위하여는 근로기준법 제23조 제1항이 규정하는 바의 정당한 이유가 있어야 한다. 단체협약 등에서 당연퇴직 사유에 대하여 징계해고에 관한 절차 등을 거치도록 규정하고 있지 않다 하여 그것이 근로기준법상의 해고제한 규정을 회피하려는 것으로서 무효라고 할 수 없다 할 것이나, 그 당연퇴직 사유가 동일하게 징계사유로도 규정되어 있는 경우에는 당연퇴직 처분을 하면서 일반의 징계절차를 거쳐야 한다고 할 것이다(대판 2023.12.7. 2023도2318).

(2) 자진퇴직간주규정

회사의 취업규칙이 휴직한 직원이 취업규칙의 소정 기간 내에 복직원을 제출하지 아니하여 복직되지 아니한 때에는 자진퇴직으로 간주한다고 규정하고 있다고 하더라도 취업규칙이 법령과 같은 효력을 가지는 것은 아니므로, 회사가 취업규칙에 따라 위와 같은 퇴직사유를 근거로 직원이 퇴직한 것으로 처리할 것인지의 여부는 원칙적으로 회사의 재량에 맡겨져 있는 것으로 보아야 할 것이다. 따라서 휴직한 직원이 복직원을 제출하지 아니하면 회사가 퇴직처분을 할 수 있고 퇴직처분을 하였을 때 회사와 직원 사이의 근로계약관계가 종료된다는 의미로 해석하여야 할 것이지, 이와 달리 "자진퇴직으로 간주한다"는 문구에 구애되어 근로관계의 당연종료사유를 규정한 것으로 보아서는 안 된다(대판 1993.11.9. 93다7464).

Ⅱ 당사자의 의사표시에 의한 종료

1. 사 직

(1) 의 의

사직은 근로관계를 종료하겠다는 근로자 측의 일방적인 의사표시로, 상대방 있는 단독행위이다.

(2) 사직에 의한 근로관계 종료시기

당사자 사이의 근로계약관계는 사용자가 그 사직서 제출에 따른 사직의 의사표시를 수락하여 합의해지가 성립하거나, 민법 제660조 소정의 일정 기간의 경과로 그 사직서 제출에 따른 해지의 효력이 발생함으로써 종료된다.

O | X 💬

1. 근로계약의 해지를 통고하는 사직의 의사표시가 사용자에게 도달했더라도, 근로자는 사직의 의사표시를 철회할 수 있다.
2. 진의 아닌 의사표시에 있어서의 진의란 특정한 내용의 의사표시를 하고자 하는 표의자의 생각을 말하는 것이지, 표의자가 진정으로 마음속에서 바라는 사항을 뜻하는 것은 아니다.
3. 합의해지는 근로자와 사용자의 합의에 의해서 장래를 향해 근로계약관계를 종료시키는 것을 말한다.

정답 1. × 2. ○ 3. ○

제1장
제2장
제3장
제4장
제5장
제6장
제7장
제8장
제9장
제10장

2. 합의해지

(1) 의 의

근로계약의 당사자인 근로자와 사용자의 의사합치에 의한 근로계약관계의 종료로서 사용자의 승낙을 요하고, 사용자의 승낙이 근로자에게 도달한 때에 근로계약 종료의 효력이 발생한다.

(2) 종 류

① **의원면직** : 근로자가 사용자에게 사직서를 제출하고, 사용자가 이를 승낙하는 형태를 말한다.

② **권고사직** : 사용자가 먼저 근로자에게 합의해지의 청약의 의사표시를 하고, 근로자가 이를 승낙하는 형태를 말한다.

③ **명예퇴직** : 사용자가 일정한 조건에 해당하는 근로자들을 대상으로 명예퇴직 또는 희망퇴직을 공고함으로써 청약의 유인을 하고, 이에 해당하는 근로자들이 명예퇴직신청 등의 청약을 한 후 사용자가 일정한 심사 후에 명예퇴직 등의 대상자로 선정하여, 명예퇴직 등을 승낙하는 의사표시를 함으로써 집단적으로 퇴직하는 경우를 말한다.

④ **그 밖의 경우** : 근로자와 사용자 간에 일정한 합의금 지급 등을 조건으로, 근로계약을 합의해지하는 경우 등이 있다.

(3) 비진의의사표시에 의한 사직

1) 의 의

진의 아닌 의사표시에 있어서의 진의란 특정한 내용의 의사표시를 하고자 하는 표의자의 생각을 말하는 것이지 표의자가 진정으로 마음속에서 바라는 사항을 뜻하는 것은 아니므로, 표의자가 의사표시의 내용을 진정으로 마음속에서 바라지는 아니하였다고 하더라도 당시의 상황에서는 그것을 최선이라고 판단하여 그 의사표시를 하였을 경우에는 이를 내심의 효과의사가 결여된 진의 아닌 의사표시라고 할 수 없다(대판 2015.8.27. 2015다211630).

2) 판단기준

사용자가 사직의 의사 없는 근로자로 하여금 사직서를 작성·제출하게 한 후 이를 수리하는 의원면직의 형식을 취하여 근로계약관계를 종료시키는 경우에는 실질적으로 사용자의 일방적인 의사에 의하여 근로계약관계를 종료시키는 것이어서 해고에 해당하나, 그렇지 않은 경우에는 사용자가 사직서 제출에 따른 사직의 의사표시를 수락함으로써 사용자와 근로자의 근로계약관계는 합의해지에 의하여 종료되는 것이므로 사용자의 의원면직처분을 해고라고 볼 수 없다. 이때 의원면직이 실질적으로 해고에 해당하는지는 근로자가 사직서를 제출하게 된 경위, 사직서의 기재내용과 회사의 관행, 사용자 측의 퇴직권유 또는 종용의 방법, 강도 및 횟수, 사직서를 제출하지 않을 경우 예상되는 불이익의 정도, 사직서 제출에 따른 경제적 이익의 제공 여부, 사직서 제출 전후의 근로자의 태도 등을 종합적으로 고려하여 판단하여야 한다(대판 2017.2.3. 2016다255910).

3) 효 력

사직의 의사표시는 표의자가 진의 아님을 알고 한 것이라도 그 효력이 있다. 그러나 상대방이 표의자의 진의 아님을 알았거나 이를 알 수 있었을 경우에는 무효로 한다(민법 제107조 제1항). 따라서 사용자가 근로자의 사직서 제출이 진의 아님을 알았거나 알 수 있었을 경우에는 그 사직서 제출은 무효가 된다.

4) 사직의 의사표시의 철회 가부

① **합의해지청약과 해약고지의 구별** : 합의해지청약은 당사자 일방의 청약과 상대방의 승낙에 의하여 근로관계가 종료되나, 해약고지는 근로자의 일방적인 의사표시에 의하여 근로관계가 종료된다. 사직의 의사표시는 특별한 사정이 없는 한 당해 근로계약을 종료시키는 취지의 해약고지로 볼 것이다(대판 2000.9.5. 99두8657).

② **철회 가부**

  ㉠ **합의해지청약의 철회 가부** : 근로자가 사직원을 제출하여 근로계약관계의 해지를 청약하는 경우 그에 대한 사용자의 승낙의사가 형성되어 그 승낙의 의사표시가 근로자에게 도달하기 이전에는 그 의사표시를 철회할 수 있고, 다만 근로자의 사직 의사표시 철회가 사용자에게 예측할 수 없는 손해를 주는 등 신의칙에 반한다고 인정되는 특별한 사정이 있는 경우에 한하여 그 철회가 허용되지 않는다 할 것이다(대판 2000.9.5. 99두8657).

  ㉡ **해약고지의 철회 가부** : 사직의 의사표시는 특별한 사정이 없는 한 당해 근로계약을 종료시키는 취지의 해약고지로 볼 것이고, 근로계약의 해지를 통고하는 사직의 의사표시가 사용자에게 도달한 이상 근로자로서는 사용자의 동의 없이는 비록 민법 제660조 제3항 소정의 기간이 경과하기 이전이라 하여도 사직의 의사표시를 철회할 수 없다(대판 2000.9.5. 99두8657).

5) 관련 판례

① **비진의의사표시를 인정한 사례**

  ㉠ [1] 진의 아닌 의사표시인지의 여부는 효과의사에 대응하는 내심의 의사가 있는지 여부에 따라 결정되는 것인바, 근로자가 사용자의 지시에 좇아 일괄하여 사직서를 작성·제출할 당시 그 사직서에 기하여 의원면직처리될지 모른다는 점을 인식하였다고 하더라도 이것만으로 그의 내심에 사직의 의사가 있는 것이라고 할 수 없다.

  [2] 사용자가 근로자로부터 사직서를 제출받고 이를 수리하는 의원면직의 형식을 취하여 근로계약관계를 종료시킨다고 할지라도, 사직의 의사 없는 근로자로 하여금 어쩔 수 없이 사직서를 작성·제출하게 한 경우에는 실질적으로는 사용자의 일방적 의사에 의하여 근로계약관계를 종료시키는 것이어서 해고에 해당하고, 정당한 이유 없는 해고조치는 부당해고에 다름없는 것이다(대판 1991.7.12. 90다11554).

  ㉡ 피고 회사 중간관리자들의 퇴직권유 또는 종용과 관련한 언동 및 그 횟수, 중간관리자와 부부사원의 회사 내 지위에 비추어 자진퇴직을 권유 또는 종용하는 중간관리자들의 지휘·감독을 받는 지위에 있던 원고들을 비롯한 퇴직사원과 그 배우자들로서는 퇴직권유 또는 종용을 받아들이지 아니할 경우에 입게 될 불이익이 본인뿐만 아니라 배우자들에게까지 미칠 경우에는 그 압박감이 가중되고 지속될 것이며, 그러한 권유 또는 종용이 계속 반복될 경우에는 더 이상 저항하여도 달리 선택의 여지가 없을 것이라는 자포자기의 상태에 빠지게 될 것이므로, 이러한 상황하에 있는 원고들에 대하여 피고 회사의 중간관리자들이 계속 반복적으로 행한 퇴직권유 또는 종용행위는 원고들에 대하여 우월적인 지위에 있는 피고 회사의 강요행위라고 인식될 것이어서, 사직서를 제출한 대가로 별도의 이득도 얻지 못한 원고들이 1998.8.31.자로 퇴직을 원하는 내용의 사직서를 제출함으로써 표시한 사직의사는 피고의 강요에 의하여 어쩔 수 없이 이루어진 것으로서 내심의 효과의사 없는 비진의의사표시라고 할 것이고

따라서 이는 의원면직의 외형만을 갖추고 있을 뿐 실질적으로는 피고 회사에 의한 해고에 해당하고, 나아가 원고들을 해고할 만한 정당한 사유가 있고 정당한 징계절차를 밟아 해고하였다거나 근로기준법 제24조에 따른 정리해고의 요건을 갖추었다는 점에 관하여 피고로부터 아무런 주장, 입증이 없으므로 위 해고는 부당한 것으로서 당연무효라 할 것이다(대판 2002.7.26. 2002다19292).

② 비진의의사표시를 부정한 사례

㉠ 근로자가 징계면직처분을 받은 후 당시 상황에서는 징계면직처분의 무효를 다투어 복직하기는 어렵다고 판단하여 퇴직금 수령 및 장래를 위하여 사직원을 제출하고 재심을 청구하여 종전의 징계면직처분이 취소되고 의원면직처리된 경우, 그 사직의 의사표시는 비진의의사표시에 해당하지 않는다(대판 2000.4.25. 99다34475).

㉡ [1] 사용자가 근로자로부터 사직서를 제출받고 이를 수리하는 의원면직의 형식을 취하여 근로계약관계를 종료시킨 경우, 사직의 의사 없는 근로자로 하여금 어쩔 수 없이 사직서를 작성, 제출케 하였다면 실질적으로 사용자의 일방적인 의사에 의하여 근로계약관계를 종료시키는 것이어서 해고에 해당한다고 할 것이나, 그렇지 않은 경우에는 사용자가 사직서 제출에 따른 사직의 의사표시를 수락함으로써 사용자와 근로자의 근로계약관계는 합의해지에 의하여 종료되는 것이므로 사용자의 의원면직처분을 해고라고 볼 수 없다.

[2] 희망퇴직제 실시에 따라 근로자가 회사에 대하여 사직서를 제출하고 회사가 이를 수리하여 면직한 경우 근로기준법상의 해고에 해당하지 아니한다(대판 2003.4.11. 2002다60528).

제2절 해고의 실체적 정당성

I 해고의 의의

해고는 근로자의 의사와는 관계없이 사용자의 일방적인 의사에 의하여 근로계약 내지 근로관계를 종료하는 법률행위를 말한다. 해고는 명시적 또는 묵시적 의사표시에 의해서도 이루어질 수 있으므로, 묵시적 의사표시에 의한 해고가 있는지는 사용자의 노무 수령 거부 경위와 방법, 노무 수령 거부에 대하여 근로자가 보인 태도 등 제반 사정을 종합적으로 고려하여 사용자가 근로관계를 일방적으로 종료할 확정적 의사를 표시한 것으로 볼 수 있는지 여부에 따라 판단해야 한다(대판 2023.2.2. 2022두57695).[38] 사용자는 근로자와 자유로이 근로계약을 체결하고, 자유로이 이를 해지할 수 있는 것이 원칙이다. 그러나 사용자에 의한 해지의 자유는 근로제공을 유일한 생활수단으로 삼고 있는 근로자의 취업기회를 박탈하여 생존에 커다란 위협을 줄 수 있으므로, 사용자의 근로계약 해지의 자유에 대한 법적 제한이 요구되면서 노동법의 해고 제한의 법리가 대두되었다.

---

[38] 전세버스 운송사업을 하는 갑 유한회사의 관리팀장이 버스 운전원 을의 통근버스 무단결행을 지적하는 과정에서 을과 말다툼을 하면서 을에게 '사표를 쓰라'는 말을 수차례 반복하였고 을은 다음 날부터 출근하지 않았는데, 갑 회사는 이를 문제 삼지 않다가 약 3달 뒤 을에게 '해고한 적이 없으니 원하면 언제든지 출근하여 근무할 수 있으므로 속히 출근하여 근무하기 바란다'는 취지의 통지를 한 사안에서, 갑 회사가 을을 해고한 것으로 볼 수 없다고 단정한 원심판단에 법리오해의 잘못이 있다고 한 사례(대판 2023.2.2. 2022두57695).

Ⅱ 해고의 정당성 판단

> **해고 등의 제한(근기법 제23조)**
> ① 사용자는 근로자에게 정당한 이유 없이 해고, 휴직, 정직, 전직, 감봉, 그 밖의 징벌(懲罰)(이하 "부당해고등")을 하지 못한다.
>
> **경영상 이유에 의한 해고의 제한(근기법 제24조)**
> ① 사용자가 경영상 이유에 의하여 근로자를 해고하려면 긴박한 경영상의 필요가 있어야 한다. 이 경우 경영악화를 방지하기 위한 사업의 양도·인수·합병은 긴박한 경영상의 필요가 있는 것으로 본다.
> ② 제1항의 경우에 사용자는 해고를 피하기 위한 노력을 다하여야 하며, 합리적이고 공정한 해고의 기준을 정하고 이에 따라 그 대상자를 선정하여야 한다. 이 경우 남녀의 성을 이유로 차별하여서는 아니 된다.
> ③ 사용자는 제2항에 따른 해고를 피하기 위한 방법과 해고의 기준 등에 관하여 그 사업 또는 사업장에 근로자의 과반수로 조직된 노동조합이 있는 경우에는 그 노동조합(근로자의 과반수로 조직된 노동조합이 없는 경우에는 근로자의 과반수를 대표하는 자. 이하 "근로자대표")에 해고를 하려는 날의 50일 전까지 통보하고 성실하게 협의하여야 한다.
> ④ 사용자는 제1항에 따라 대통령령으로 정하는 일정한 규모 이상의 인원을 해고하려면 대통령령으로 정하는 바에 따라 고용노동부장관에게 신고하여야 한다.
> ⑤ 사용자가 제1항부터 제3항까지의 규정에 따른 요건을 갖추어 근로자를 해고한 경우에는 제23조 제1항에 따른 정당한 이유가 있는 해고를 한 것으로 본다.
>
> **우선재고용 등(근기법 제25조)**
> ① 제24조에 따라 근로자를 해고한 사용자는 근로자를 해고한 날부터 3년 이내에 해고된 근로자가 해고 당시 담당하였던 업무와 같은 업무를 할 근로자를 채용하려고 할 경우 제24조에 따라 해고된 근로자가 원하면 그 근로자를 우선적으로 고용하여야 한다.
> ② 정부는 제24조에 따라 해고된 근로자에 대하여 생계안정, 재취업, 직업훈련 등 필요한 조치를 우선적으로 취하여야 한다.
>
> **단체협약의 준수(근기법 제96조)**
> ① 취업규칙은 법령이나 해당 사업 또는 사업장에 대하여 적용되는 단체협약과 어긋나서는 아니 된다.
> ② 고용노동부장관은 법령이나 단체협약에 어긋나는 취업규칙의 변경을 명할 수 있다.

1. 정당한 이유

사용자는 근로자에게 정당한 이유 없이 해고, 휴직, 정직, 전직, 감봉, 그 밖의 징벌(懲罰)(이하 "부당해고 등")을 하지 못한다(근기법 제23조 제1항). 그러나 근로기준법은 무엇이 '정당한 이유'인가에 대하여 법 제24조에 규정된 경영해고 이외의 사유는 구체적으로 규정하고 있지 아니하다. 판례에 따르면 해고의 정당한 이유란 사회통념상 고용관계를 계속시킬 수 없을 정도로 근로자에게 책임이 있는 사유가 있다든가 부득이한 경영상의 필요가 있는 경우를 말한다(대판 1990.11.23. 90다카21589).

2. 근로자 측의 해고사유

(1) 통상해고

1) 의 의

통상해고란 근로자에게 귀책사유가 없으나 근로자 개인의 정신적·육체적 기타의 사유로 인하여 관련 법령, 단체협약, 취업규칙 및 근로계약 등에 규정된 근로제공의무를 충분히 이행할 수 없는 것을 이유로 한 해고처분을 말한다. 통상해고에는 해고에 대한 절차적 규정을 두지 않는 것이 보통이다.

2) 일부사업부문의 폐지에 따른 해고

[1] 어떤 기업이 경영상 이유로 사업을 여러 개의 부문으로 나누어 경영하다가 그중 일부를 폐지하기로 하였더라도 이는 원칙적으로 사업 축소에 해당할 뿐 사업 전체의 폐지라고 할 수 없으므로, 사용자가 일부 사업을 폐지하면서 그 사업 부문에 속한 근로자를 해고하려면 근로기준법 제24조에서 정한 경영상 이유에 의한 해고 요건을 갖추어야 하고, 그 요건을 갖추지 못한 해고는 정당한 이유가 없어 무효이다.

[2] 사용자가 사업체를 폐업하고 이에 따라 소속 근로자를 해고하는 것은 그것이 노동조합의 단결권 등을 방해하기 위한 위장 폐업이 아닌 한 원칙적으로 기업 경영의 자유에 속하는 것으로서 유효하고, 유효한 폐업에 따라 사용자와 근로자 사이의 근로관계도 종료한다. 따라서 사용자가 일부 사업 부문을 폐지하고 그 사업 부문에 속한 근로자를 해고하였는데 그와 같은 해고가 경영상 이유에 의한 해고로서의 요건을 갖추지 못하였지만, 폐업으로 인한 통상해고로서 예외적으로 정당하기 위해서는 일부 사업의 폐지·축소가 사업 전체의 폐지와 같다고 볼만한 특별한 사정이 인정되어야 한다. 이때 일부 사업의 폐지가 폐업과 같다고 인정할 수 있는지는 해당 사업 부문이 인적·물적 조직 및 운영상 독립되어 있는지, 재무 및 회계의 명백한 독립성이 갖추어져 별도의 사업체로 취급할 수 있는지, 폐지되는 사업 부문이 존속하는 다른 사업 부문과 취급하는 업무의 성질이 전혀 달라 다른 사업 부문으로의 전환배치가 사실상 불가능할 정도로 업무 종사의 호환성이 없는지 등 여러 사정을 구체적으로 살펴 종합적으로 판단하여야 한다. 근로기준법 제31조에 따라 부당해고구제 재심판정을 다투는 소송에서 해고의 정당성에 관한 증명책임은 이를 주장하는 사용자가 부담하므로, 사업 부문의 일부 폐지를 이유로 한 해고가 통상해고로서 정당성을 갖추었는지에 관한 증명책임 역시 이를 주장하는 사용자가 부담한다(대판 2021.7.29. 2016두64876).

(2) 징계해고

징계해고란 근로자가 자신의 귀책사유로 인하여 관련 법령, 단체협약, 취업규칙 및 근로계약 등에 규정된 근로제공의무를 위반하거나 사용자의 지시·명령에 불복종하는 것을 이유로 하는 해고처분을 말한다. 징계해고의 경우에는 원칙적으로 취업규칙 등에 해고에 대한 절차적 규정을 두게 된다. 특정사유가 취업규칙 등에서 징계해고사유와 통상해고사유의 양쪽에 모두 해당하는 경우뿐 아니라 징계해고사유에는 해당하나 통상해고사유에는 해당하지 않는 경우에도, 그 사유를 이유로 징계해고처분의 규정상 근거나 형식을 취하지 아니하고 근로자에게 보다 유리한 통상해고처분을 택하는 것은, 근로기준법 제23조 제1항에 반하지 않는 범위 내에서 사용자의 재량에 속하는 적법한 것이다. 다만 근로자에게 변명의 기회가 부여되지 않더라도 해고가 당연시될 정도라는 등의 특별한 사유가 없는 한, 징계해고사유가 통상해고사유에도 해당하여 통상해고의 방법을 취하더라도 징계해고에 따른 소정의 절차는 부가적으로 요구된다(대판 2023.12.28. 2021두33470).

(3) 근무성적 부진으로 인한 해고

1) 해고사유의 정당성

일반적으로 사용자가 근무성적이나 근무능력이 불량하여 직무를 수행할 수 없는 경우에 해고할 수 있다고 정한 취업규칙 등에 따라 근로자를 해고한 경우, 사용자가 근로자의 근무성적이나 근무능력이 불량하다고 판단한 근거가 되는 평가가 공정하고 객관적인 기준에 따라 이루어진 것이어야 할 뿐 아니라, 근로자의 근무성적이나 근무능력이 다른 근로자에 비하여 상대적으로 낮은 정도를 넘어 상당한 기간 동안 일반적으로 기대되는 최소한에도 미치지 못하고 향후에도 개선될 가능성을 인정하기 어렵다는 등 사회통념상 고용관계를 계속할 수 없을 정도인 경우에 한하여 해고의 정당성이 인정된다(대판 2021.2.25. 2018다253680).[39][40]

---

39) [1] 근로기준법 제23조 제1항은 사용자는 근로자에게 정당한 이유 없이 해고하지 못한다고 하여 해고를 제한하고 있다. 사용자가 취업규칙에서 정한 해고사유에 해당한다는 이유로 근로자를 해고할 때에도 정당한 이유가 있어야 한다. 일반적으로 사용자가 근무성적이나 근무능력이 불량하여 직무를 수행할 수 없는 경우에 해고할 수 있다고 정한 취업규칙 등에 따라 근로자를 해고한 경우, 사용자가 근로자의 근무성적이나 근무능력이 불량하다고 판단한 근거가 되는 평가가 공정하고 객관적인 기준에 따라 이루어진 것이어야 할 뿐 아니라, 근로자의 근무성적이나 근무능력이 다른 근로자에 비하여 상대적으로 낮은 정도를 넘어 상당한 기간 동안 일반적으로 기대되는 최소한에도 미치지 못하고 향후에도 개선될 가능성을 인정하기 어렵다는 등 사회통념상 고용관계를 계속할 수 없을 정도인 경우에 한하여 해고의 정당성이 인정된다. 이때 사회통념상 고용관계를 계속할 수 없을 정도인지는 근로자의 지위와 담당 업무의 내용, 그에 따라 요구되는 성과나 전문성의 정도, 근로자의 근무성적이나 근무능력이 부진한 정도와 기간, 사용자가 교육과 전환배치 등 근무성적이나 근무능력 개선을 위한 기회를 부여하였는지 여부, 개선의 기회가 부여된 이후 근로자의 근무성적이나 근무능력의 개선 여부, 근로자의 태도, 사업장의 여건 등 여러 사정을 종합적으로 고려하여 합리적으로 판단하여야 한다.
[2] 갑 주식회사가 취업규칙에서 정한 해고사유인 '근무성적 또는 능력이 현저하게 불량하여 직무를 수행할 수 없다고 인정되었을 때'에 해당한다는 이유로 을 등을 해고한 사안에서, 갑 회사가 다년간 실시한 인사평가 결과 을 등은 최하위권에 해당하는 저조한 업무수행실적을 보였고, 갑 회사로부터 수차례 직무경고를 받는 등 장기간 실적이 상당한 정도로 부진하였으며, 갑 회사는 을 등에게 10개월 동안 직무역량 향상과 직무재배치를 위한 직무교육을 실시한 다음 을 등을 직무재배치하였으나 이후 실시된 다면평가에서 을 등의 업무역량이 부족하고 을 등의 업무상 잘못으로 여러 차례 문제점이 발생하였다는 점이 지적된 사정에 비추어 보면 을 등의 직무역량이 상대적으로 저조하였던 것이 아니라 갑 회사가 부여하는 직무를 수행하기에 실질적으로 부족하였던 것으로 보이고, 을 등은 직무재배치 이후에도 부서 공동업무에 대한 관심이 부족하고 업무능력을 습득하려는 의지가 부족하다는 평가를 받거나, 직무재배치 교육 이전에도 여러 차례 업무향상계획서의 제출을 거부하기까지 하는 등 업무능력 향상에 대한 열의가 없었으며, 직무재배치 이후에도 능력부족과 개선의지 부족이라는 평가를 받는 등 을 등에게 업무능력 향상의지가 있다고 보기 어려우므로, 해고에 정당한 이유가 있다고 본 원심판단을 수긍한 사례(대판 2021.2.25. 2018다253680).

40) 판례는 근무성적 부진으로 인한 해고가 문제되는 또 다른 사안에서, 피고(선박의 건조 및 보수공사 등을 영위하는 회사)에 입사하여 근무하던 원고에 대하여 인사고과평가에서 낮은 점수를 받았다는 이유로 피고가 인사규정 및 취업규칙에 따라 원고를 대기발령한 후 해고한 것을 정당한 해고라고 판시한 원심에 대해, 원심으로서는 원고의 근무성적이나 근무능력의 부진이 다른 근로자에 비하여 상대적으로 낮은 정도를 넘어 상당한 기간 동안 일반적으로 기대되는 최소한에도 미치지 못하고 향후에도 개선될 가능성을 인정하기 어렵다는 등 사회통념상 고용관계를 계속할 수 없을 정도인지 여부를 심리하여 이 사건 해고에 정당한 이유가 있는지 여부를 판단하였어야 하나, 원심은 원고의 근무성적이나 근무능력의 부진이 어느 정도 지속되었는지, 그 부진의 정도가 다른 근로자에 비하여 상대적으로 낮은 정도를 넘어 상당한 기간 동안 일반적으로 기대되는 최소한에도 미치지 못하는지, 나아가 향후에도 개선될 가능성을 인정하기 어려운지, 피고가 원고에게 교육과 전환배치 등 근무성적이나 근무능력개선을 위한 기회를 충분히 부여하였는지 등에 관하여 제대로 심리하지 않은 채 단지 이 사건 대기발령이 정당하고 대기발령 기간 동안 원고의 근무성적이나 근무능력이 개선되지 않았다는 이유만으로 이 사건 해고가 정당하다고 판단하였으므로, 원심의 판단에는 해고의 정당성에 관한 법리를 오해하여 필요한 심리를 다하지 않음으로써 판결에 영향을 미친 잘못이 있다고 한 사례(대판 2022.9.15. 2018다251486).

2) 판단기준

사회통념상 고용관계를 계속할 수 없을 정도인지는 근로자의 지위와 담당 업무의 내용, 그에 따라 요구되는 성과나 전문성의 정도, 근로자의 근무성적이나 근무능력이 부진한 정도와 기간, 사용자가 교육과 전환배치 등 근무성적이나 근무능력 개선을 위한 기회를 부여하였는지 여부, 개선의 기회가 부여된 이후 근로자의 근무성적이나 근무능력의 개선 여부, 근로자의 태도, 사업장의 여건 등 여러 사정을 종합적으로 고려하여 합리적으로 판단하여야 한다(대판 2021.2.25. 2018다253680). 기출 24

(4) 단체협약·취업규칙에 의한 해고

이에 대한 자세한 논의는 본서의 관련부분을 참조하라.

(5) 직장 내 성희롱과 징계해고

이에 대한 자세한 논의는 본서의 관련부분을 참조하라.

> **근로자 측의 해고사유**
> 징계해고는 근로자의 행태상의 사유로 하는 해고이고, 통상해고는 근로자가 근로제공을 할 수 없다는 이유로 하는 해고이다. 징계해고는 절차적 규정을 두고 있는 반면, 통상해고는 절차적 규정을 두고 있지 아니하다.

3. 사용자 측의 해고사유(경영해고·정리해고)

사용자가 긴박한 경영상의 필요로 인하여 근로자와의 근로관계 존속이 불가능한 것을 이유로 하는 해고처분을 말한다. 근로기준법 제24조는 사용자가 경영상의 이유로 근로자를 해고할 경우 ① 긴박한 경영상의 필요, ② 해고회피노력, ③ 합리적이고 공정한 해고기준의 설정, ④ 근로자대표와의 사전협의 등 4가지 요건을 요구하고 있으나, 판례는 위 각 요건의 구체적 내용은 확정적·고정적인 것이 아니라 구체적 사건에서 다른 요건의 충족 정도와 관련하여 유동적으로 정해지는 것이므로 구체적 사건에서 경영상 이유에 의한 당해 해고가 위 각 요건을 모두 갖추어 정당한지 여부는 위 각 요건을 구성하는 개별사정들을 종합적으로 고려하여 판단하여야 한다는(대판 2002.7.9. 2001다29452) 입장이다.

O | X 💬

1. 해고란 사용자의 일방적 의사에 의한 근로계약관계의 종료를 의미한다.
2. 경영악화를 방지하기 위한 사업의 양도·인수·합병은 긴박한 경영상의 필요가 있는 것으로 본다.
3. 해고의 정당한 이유란 사회통념상 고용계약을 계속할 수 없을 정도로 근로자에게 책임이 있는 사유가 있다든가 부득이한 경영상의 필요가 있는 경우를 말한다.

정답 1. ○ 2. ○ 3. ○

(1) 경영해고의 요건

1) 긴박한 경영상의 필요

사용자가 경영상 이유에 의하여 근로자를 해고하려면 긴박한 경영상의 필요가 있어야 한다. 이 경우 경영악화를 방지하기 위한 사업의 양도·인수·합병은 긴박한 경영상의 필요가 있는 것으로 본다(근기법 제24조 제1항 후문). 긴박한 경영상의 필요 정도와 관련하여 판례는 다음과 같은 태도의 변화를 보이고 있다. **기출** 19·21·24

① **긴박성의 판단기준**

 ㉠ **도산회피** : 판례는 초기에는 기업이 일정수의 근로자를 정리해고하지 않으면 경영악화로 인하여 사업을 계속할 수 없거나, 적어도 기업재정상 심히 곤란한 처지에 놓일 개연성이 있는 긴박한 경영상의 필요가 있어야 한다고 하였다.

 ㉡ **객관적 합리성 인정** : 이후에는 기업의 도산을 회피하기 위한 경우뿐만 아니라, 기업에 종사하는 인원을 줄이는 것이 객관적으로 보아 합리성이 있다고 인정되는 경우에는 긴박한 경영상의 필요가 있는 것으로 보아야 할 수도 있다는 입장을 보이며, 그 범위를 확대하였다.

 ㉢ **장래위기 대처** : 최근에는 긴박한 경영상의 필요라 함은 반드시 기업의 도산을 회피하기 위한 경우에 한정되지 아니하고, 장래에 올 수도 있는 위기에 미리 대처하기 위하여 인원삭감이 객관적으로 보아 합리성이 있다고 인정되는 경우도 포함되는 것으로 보아야 한다는(대판 2012.2.23. 2010다3735) 입장이다. **기출** 21 또한 긴박한 경영상의 필요가 있는지를 판단할 때는 법인의 어느 사업부문이 다른 사업부문과 인적·물적·장소적으로 분리·독립되어 있고 재무 및 회계가 분리되어 있으며 경영여건도 서로 달리하는 예외적인 경우가 아니라면 법인의 일부 사업부문 내지 사업소의 수지만을 기준으로 할 것이 아니라 법인 전체의 경영사정을 종합적으로 검토하여 결정하여야 한다고(대판 2015.5.28. 2012두25873) 판시하고 있다. **기출** 19

② **긴박성의 판단시점** : 긴박한 경영상 필요란 반드시 기업의 도산을 회피하기 위한 경우에 한정되지 않고, 장래에 올 수도 있는 위기에 미리 대처하기 위하여 인원 감축이 필요한 경우도 포함되지만, 그러한 인원 감축은 객관적으로 보아 합리성이 있다고 인정되어야 한다. 이와 같은 긴박한 경영상 필요가 있는지는 정리해고를 할 당시의 사정을 기준으로 판단해야 한다(대판 2022.6.9. 2017두71604).

③ **인원삭감의 필요성** : 정리해고가 정당하기 위해서는 인원삭감의 필요성이 인정되어야 하고, 필요성의 판단은 회사의 예상매출수량 등 미래에 대한 추정이 전제되어야 한다.

 ㉠ 판례는 재무건전성 위기에 대하여 원심은 피고가 손상차손 인식의 대상이 된 유형자산에서 생산될 차량의 예상매출수량을 부당하게 과소 추정함으로써 해당 유형자산의 손상차손이 과다 계상되었다고 보았으나, 미래에 대한 추정은 불확실성이 존재할 수밖에 없는 점을 고려할 때 피고의 예상매출수량 추정이 합리적이고 객관적인 가정을 기초로 한 것이라면 그 추정이 다소 보수적으로 이루어졌다고 하더라도 그 합리성을 인정하여야 할 것이어서, 정리해고 당시 피고가 처한 경영위기는 상당 기간 신규설비 및 기술개발에 투자하지 못한 데서 비롯된 계속적·구조적인 것으로서, 외부적 경영여건의 변화로 잠시 재무상태 또는 영업실적이 악화되었다거나 단기간 내에 쉽게 개선될 수 있는 부분적·일시적 위기가 아니었던 것으로 봄이 타당하므로, 피고로서는 인원감축 등을 통해 위와 같은 경영위기를 극복할 긴박한 경영상의 필요가 있었다고 볼 수 있고, 경영진의 부실경영 등으로 경영위기가 초래되었다고 하여 이러한 필요성이 부정된다고 보기는 어렵다고(대판 2014.11.13. 2014다20875) 한다.

ⓛ 판례는 기업운영에 필요한 인력의 규모가 어느 정도인지, 잉여인력은 몇 명인지 등은 상당한 합리성이 인정되는 한 경영판단의 문제에 속하는 것이므로 특별한 사정이 없다면 경영자의 판단을 존중하여야 할 것이라고 하면서 정리해고 이후에 체결된 노사대타협으로 정리해고자 중 459명이 무급휴직으로 전환되어 결국 정리해고된 근로자 수가 165명으로 대폭 축소되기는 하였으나, 위 노사대타협은 이 사건 정리해고를 둘러싼 노사 간의 극심한 대립으로 기업의 존립 자체가 위태로워 피고의 회생 실패로 노사가 공멸하는 최악의 상황을 막기 위한 고육지책으로 노사가 막판에 상호 양보하여 체결된 점 등을 알 수 있는바, 이와 같은 사실관계에 비추어 볼 때 피고가 제시한 이 사건 인원감축규모가 비합리적이라거나 자의적이라고 볼 수 없다고(대판 2014.11.13. 2014다20875) 한다.

④ **구체적 검토**

ⓘ **일부 사업부문의 경영악화** : 법인의 어느 사업부문이 다른 사업부문과 인적 · 물적 · 장소적으로 분리 · 독립되어 있고 재무 및 회계가 분리되어 있으며 경영여건도 서로 달리하는 예외적인 경우가 아니라면 법인의 일부 사업부문 내지 사업소의 수지만을 기준으로 할 것이 아니라 법인 전체의 경영사정을 종합적으로 검토하여 결정하여야 한다. 기업 전체 경영실적이 흑자를 기록하고 있더라도 일부 사업부문이 경영악화를 겪고 있는 경우, 그러한 경영악화가 구조적인 문제 등에 기인한 것으로 쉽게 개선될 가능성이 없고 해당 사업부문을 그대로 유지한다면 결국 기업 전체의 경영상황이 악화될 우려가 있는 등 장래 위기에 대처할 필요가 있다는 사정을 인정할 수 있다면 해당 사업부문을 축소 또는 폐지하고 이로 인하여 발생하는 잉여인력을 감축하는 것이 객관적으로 보아 불합리한 것이라고 볼 수 없다(대판 2012.2.23. 2010다3735).

ⓛ **인원감축합의를 위반한 경영해고** : [1] 원심은, 피고 은행이 노동조합과의 합의에 의하여 감축하기로 한 인원수는 282명이었는데, 감축대상자 중 원고를 제외한 281명과 감축대상자가 아니었던 5명이 희망퇴직을 신청하여 노동조합과의 합의에 따른 감원목표량을 초과하여 달성하고서도 피고 은행이 원고를 정리해고한 것은 무효라고 판단하였다.

[2] 그러나 기록에 의하면, 피고 은행이 1999.2.12. 당초 계획하였던 감원인원수는 356명으로서 위에서 본 바와 같은 기준을 적용하여 같은 인원의 감축대상자 명단을 작성하였고, 희망퇴직을 실시한 결과 1999.2. 말경 감축대상자가 아니었던 5명이 희망퇴직을 신청하였으며, 당시 노동조합이 감축대상자 인원축소를 강력하게 요구하고 있었으므로 피고 은행은 1999.3.4. 당초의 감축대상자 356명 중에서 젊은 직원과 호봉이 낮은 직원 일부를 제외하고 282명만을 감축대상자로 하기로 하여 노동조합과 합의하였던 사실을 알 수 있는바, 감축대상자가 아니었던 5명이 희망퇴직을 신청하였던 시점과 위 합의의 시점, 감축인원수를 최소화하고자 한 노동조합과의 합의과정에 비추어 보면 피고 은행과 노동조합은 감축대상자가 아니었던 5명의 희망퇴직신청을 감안하여 그 외에 추가로 정리해고하여야 할 인원수를 282명으로 합의하였던 것으로 보아야 할 것이다. 그럼에도 불구하고, 원심은 피고 은행과 노동조합이 합의한 감축인원수 282명은 감축대상자가 아니었던 5명의 희망퇴직을 고려하지 않은 인원수이므로 희망퇴직 신청자가 286명으로서 노동조합과의 합의에 따른 감축인원수를 초과한 상황에서 피고 은행이 그 합의를 위반하여 원고를 정리해고한 것은 무효라고 판단하였으므로 이러한 원심의 판단에는 채증법칙을 위배하거나 경험칙에 반하여 위 합의의 내용을 잘못 해석한 위법이 있다고 할 것이다(대판 2002.7.9. 2001다29452).

ⓒ **도급화로 인한 경영해고** : [1] 관광호텔업 등을 경영하는 법인으로서 그 산하에 서울호텔사업부와 부산호텔사업부를 두고 있는 피고보조참가인(이하 '참가인')은 2008년 8월경 경영합리화를 위하여 서울호텔사업부의 객실정비, 기물세척, 미화, 린넨, 운전 등 5대 부문을 도급으로 전환하기로 결정하고 도급화를 진행하였으나, 도급업체로의 고용승계나 전환배치를 거부한 근로자들을 경영상 이유로 해고하였는데 원심은 참가인의 서울호텔사업부와 부산호텔사업부의 재무와 회계가 분리되어 있다는 것을 전제로 서울호텔사업부만을 따로 떼어 '긴박한 경영상의 필요' 여부를 판단할 수 있다고 보았다. 그러나 참가인의 공식적인 재무제표는 서울호텔사업부와 부산호텔사업부를 포함한 법인 전체를 기준으로 작성되고 있고, 참가인이 서울호텔사업부와 부산호텔사업부가 재무적으로 분리되어 있다는 근거로 제출한 회계자료는 참가인이 회계의 편의를 위하여 내부적으로 작성한 자료에 불과한 점, 참가인 내부에는 서울호텔사업부와 부산호텔사업부 외에도 외식사업부가 있는데 참가인의 본사에는 이들 사업부 전체의 인사와 재무를 관장하는 지원담당부서가 있었던 것으로 보이는 점, 참가인은 서울호텔사업부와 부산호텔사업부 소속 직원들에게 일률적으로 성과급을 지급하기도 하였던 점 등에 비추어 보면, 참가인의 서울호텔사입부와 부산호텔사업부의 재무와 회계가 분리되어 있다고 단정하기 어렵다. 따라서 원심판시와 같이 참가인의 서울호텔사업부와 부산호텔사업부가 인적·물적·장소적으로 분리되어 있고 노동조합이 별도로 조직되어 있더라도, 서울호텔사업부만을 분리하여 '긴박한 경영상의 필요' 여부를 판단할 수 있는 경우에 해당한다고 보기는 어렵다.

[2] 나아가 이 사건 정리해고 당시 참가인의 경영사정에 관하여 본다. 이 사건 정리해고 무렵 기업신용평가 전문업체인 한국기업데이터 주식회사와 한국신용평가 주식회사는 참가인의 신용등급과 현금흐름등급을 최상위 등급으로 평가하였던 점, 참가인의 서울호텔사업부는 2008회계연도에 약 38억원, 2009회계연도에 약 30억원의 영업손실을 기록하였으나 법인 전체로는 2009회계연도에 약 5억원, 2010회계연도에 약 49억원의 영업이익이 발생하였고, G20 정상회의 개최에 따른 것으로 보이기는 하나 서울호텔사업부만을 기준으로 하더라도 2010회계연도에 15억원 이상의 영업흑자를 기록하였던 점, 참가인은 이 사건 정리해고 직전인 2010.8.27.과 2011.1.12.에 서울호텔사업부와 부산호텔사업부 소속 직원들에게 통상임금의 200%에 해당하는 성과급을 지급하였고, 원고들의 업무와 다른 분야이기는 하나 이 사건 정리해고 직전인 2011년 1월경부터 41명의 신규인력을 공개 채용하기도 한 점 등에 비추어 보면, 이 사건 정리해고 당시 참가인의 전반적인 경영상태는 견고하였던 것으로 보이고, 참가인의 서울호텔사업부에 쉽게 개선되기 어려운 구조적인 문제가 있어 참가인 전체의 경영악화를 방지하기 위하여 인원을 감축하여야 할 불가피한 사정이 있었던 것으로 보이지는 아니한다.

[3] 위와 같은 사정에다가 이 사건 정리해고 당시 참가인의 매출규모에 비하여 이 사건 정리해고를 통하여 해고된 근로자들의 인건비 비율이 약 0.2%에 불과하였던 점, 참가인이 도급으로 전환하기로 한 객실정비, 기물세척 등은 호텔 영업을 위하여 반드시 필요한 업무이므로 이러한 부문에 대한 도급화 소지는 특정한 사업부문 자체가 폐지되어 인원삭감이 불가피한 경우와는 달리 보아야 하는 점 등까지 아울러 고려하여 보면, 이 사건 정리해고는 어떠한 경영상의 위기에 대처하기 위한 것이라기보다는 단순한 인건비 절감 또는 노무관리의 편의를 위하여 단행된 것으로 보일 뿐이어서 '긴박한 경영상의 필요'에 따른 것으로 보기 어렵다(대판 2015.5.28. 2012두25873).

2) 해고회피노력

① 판단기준

　㉠ 사용자가 정리해고를 실시하기 전에 다하여야 할 <u>해고회피노력의 방법과 정도는 확정적·고정적인 것이 아니라 당해 사용자의 경영위기의 정도, 정리해고를 실시하여야 하는 경영상의 이유, 사업의 내용과 규모, 직급별 인원상황 등에 따라 달라지는 것이고, 사용자가 해고를 회피하기 위한 방법에 관하여 노동조합 또는 근로자대표와 성실하게 협의하여 정리해고 실시에 관한 합의에 도달하였다면 이러한 사정도 해고회피노력의 판단에 참작되어야 한다</u>(대판 2002.7.9. 2001다29452).

　㉡ 판례는 정리해고의 요건 중 '해고를 피하기 위한 노력을 다하여야 한다'는 것은 경영방침이나 작업방식의 합리화, 신규채용의 금지, 일시휴직 및 희망퇴직의 활용 및 전근 등 사용자가 해고범위를 최소화하기 위하여 가능한 모든 조치를 취하는 것을 의미하고, 그 방법과 정도는 확정적·고정적인 것이 아니라 그 사용자의 경영위기의 정도, 정리해고를 실시하여야 하는 경영상의 이유, 사업의 내용과 규모, 직급별 인원상황 등에 따라 달라지는 것이라고 하면서 정리해고 이후에 이루어진 무급휴직조치는 이 사건 정리해고를 둘러싼 노사 간 극심한 대립으로 기업의 존립 자체가 위태로워지자 최악의 상황을 막기 위해 고육지책으로 시행되었고, 피고는 이 사건 정리해고에 앞서 부분휴업, 임금동결, 순환휴직, 사내협력업체 인원축소, 임직원복지 중단, 희망퇴직 등의 조치를 실시하였음을 알 수 있다. 위와 같은 사정과 당시 피고가 처한 경영위기의 성격이나 정도, 피고의 사업내용과 규모 등을 종합하여 보면, 피고로서는 해고회피를 위한 노력을 다한 것으로 보아야 할 것이라고(대판 2014.11.13. 2014다20875) 한다.

② **참작사유** : 사용자는 해고를 피하기 위한 노력을 다하여야 하며, 합리적이고 공정한 해고의 기준을 정하고 이에 따라 그 대상자를 선정하여야 한다. 이 경우 남녀의 성을 이유로 차별하여서는 아니 된다. 정리해고조치 이외의 경영상의 실현 가능한 모든 조치를 신의성실의 원칙에 따라 취하였음에도 불구하고 긴박한 경영상의 필요를 충족시키지 못하였거나 정리해고조치 이외의 다른 해결방안을 강구하는 것이 불가능해야 한다. <u>사용자가 해고를 회피하기 위한 방법에 관하여 노동조합 또는 근로자대표와 성실하게 협의하여 정리해고 실시에 관한 합의에 도달하였다면 이러한 사정도 해고회피노력의 판단에 참작되어야 한다</u>(대판 2002.7.9. 2001다29452). **기출 19**

③ **증명책임** : 경영상 이유에 의한 해고의 요건 중 해고를 피하기 위한 노력을 다하여야 한다는 것은 경영방침이나 작업방식의 합리화, 신규 채용의 금지, 일시휴직 및 희망퇴직의 활용, 전근 등 사용자가 해고범위를 최소화하기 위하여 가능한 모든 조치를 취하는 것을 의미하고, 그 방법과 정도는 확정적·고정적인 것이 아니라 당해 사용자의 경영위기의 정도, 해고를 실시하여야 하는 경영상의 이유, 사업의 내용과 규모, 직급별 인원상황 등에 따라 달라지는 것이다. <u>한편 경영상 이유에 의한 해고가 정당하기 위한 요건은 사용자가 모두 증명해야 하므로, 해고 회피 노력을 다하였는지에 관한 증명책임은 이를 주장하는 사용자가 부담한다</u>(대판 2021.7.29. 2016두64876).

3) 합리적이고 공정한 해고기준의 설정

① **판단기준** : 합리적이고 공정한 해고의 기준 역시 확정적·고정적인 것은 아니고, 당해 사용자가 직면한 경영위기의 강도와 정리해고를 실시하여야 하는 경영상의 이유, 정리해고를 실시한 사업부문의 내용과 근로자의 구성, 정리해고 실시 당시의 사회경제상황 등에 따라 달라지는 것이고, 사용자가 해고의 기준에 관하여 노동조합 또는 근로자대표와 성실하게 협의하여 해고의 기준에 관한 합의에 도달하였다면, 이러한 사정도 해고의 기준이 합리적이고 공정한 기준인지의 판단에 참작되어야 한다(대판 2002.7.9. 2001다29452).

② **객관적 합리성과 사회적 상당성** : 사용자가 경영상의 이유로 근로자를 해고하고자 하는 경우, 근로기준법 제24조 제1항 내지 제3항에 따라 합리적이고 공정한 해고의 기준을 정하고 이에 따라 대상자를 선정하여야 하는데, 이때 합리적이고 공정한 기준이 확정적·고정적인 것은 아니고 당해 사용자가 직면한 경영위기의 강도와 정리해고를 해야 하는 경영상 이유, 정리해고를 시행한 사업부문의 내용과 근로자의 구성, 정리해고 시행 당시의 사회경제상황 등에 따라 달라지는 것이기는 하지만, 객관적 합리성과 사회적 상당성을 가진 구체적인 기준이 마련되어야 하고, 그 기준을 실질적으로 공정하게 적용하여 정당한 해고대상자의 선정이 이루어져야 한다(대판 2012.5.24. 2011두11310).

③ **증명책임** : 해고대상자 선정기준은 단체협약이나 취업규칙 등에 정해져 있는 경우라면 특별한 사정이 없는 한 그에 따라야 하고, 만약 그러한 기준이 사전에 정해져 있지 않다면 근로자의 건강상태, 부양의무의 유무, 재취업 가능성 등 근로자 각자의 주관적 사정과 업무능력, 근무성적, 징계 전력, 임금 수준 등 사용자의 이익 측면을 적절히 조화시키되, 근로자에게 귀책사유가 없는 해고임을 감안하여 사회적·경제적 보호의 필요성이 높은 근로자들을 배려할 수 있는 합리적이고 공정한 기준을 설정하여야 한다. 경영상 이유에 의한 해고에 앞서 전환배치를 실시하는 경우 전환배치대상자 선정기준은 최종적으로 이루어지는 해고대상자 선정에도 영향을 미치게 되므로, 전환배치 기준은 해고대상자 선정기준에 준하여 합리성과 공정성을 갖추어야 하고, 이에 관한 증명책임 역시 이를 주장하는 사용자가 부담한다(대판 2021.7.29. 2016두64876).

④ **관련 판례** : [1] 사용자가 경영상의 이유로 근로자를 해고하고자 하는 경우 근로기준법 제24조 제1항 내지 제3항에 따라 합리적이고 공정한 해고의 기준을 정하고 이에 따라 대상자를 선정하여야 하는데, 이때 합리적이고 공정한 기준이 확정적·고정적인 것은 아니고 당해 사용자가 직면한 경영위기의 강도와 정리해고를 해야 하는 경영상 이유, 정리해고를 시행한 사업부문의 내용과 근로자의 구성, 정리해고 시행 당시의 사회경제상황 등에 따라 달라지는 것이기는 하지만, 객관적 합리성과 사회적 상당성을 가진 구체적인 기준이 마련되어야 하고 그 기준을 실질적으로 공정하게 적용하여 정당한 해고대상자의 선정이 이루어져야 한다.

[2] 이 사건 정리해고 대상자 선정기준은 근무태도에 대한 주관적 평가와 객관적 평가 및 근로자 측 요소가 각 1/3씩 비중을 차지하고 있는데, 근무태도라는 단일한 대상을 주관적 평가와 객관적 평가로 나누어 동일하게 배점하고 주관적 평가항목에서 참가인들과 잔존근로자들 사이에 점수를 현격하게 차이가 나도록 부여함으로써 결국 근무태도에 대한 주관적 평가에 의하여 해고 여부가 좌우되는 결과가 된 점, 근무태도에 대한 주관적 평가의 개별항목 중 현장직 근로자들의 업무특성에 비추어 적절해 보이지 않는 부분이 있고, 참가인들에 대하여 부여된 주관적 평가점수가 객관적 평가점수나 잔존근로자에 대한 주관적 평가점수와 비교해 볼 때 납득하기 어려울 만큼 차이가 큰 점 등 그 판시와 같은 사정들에 비추어 보면 그 선정기준 자체가 합리적이고 공정하다고 인정하기 어렵고, 원고가 그 기준을 정당하게 적용하여 해고대상자를 선정하였다고 보이지도 아니하므로 이 사건 참가인들에 대한 해고는 위법하다(대판 2012.5.24. 2011두11310).

4) 근로자대표와의 사전협의

① **의의** : 사용자는 해고를 피하기 위한 방법과 해고의 기준 등에 관하여 그 사업 또는 사업장에 근로자의 과반수로 조직된 노동조합이 있는 경우에는 그 노동조합(근로자의 과반수로 조직된 노동조합이 없는 경우에는 근로자대표)에 해고를 하려는 날의 50일 전까지 통보하고 성실하게 협의하여야 한다(근기법 제24조 제3항). 근로자라 함은 정식으로 근로계약이 체결되어 확정된 근로자를 의미한다. 따라서 채용내정자나 사용근로자를 해고하고자 하는 경우에는 별도의 협의를 거칠 필요가 없다. <u>기출</u> **19**

② **근로자대표의 의미**

　㉠ **과반수노동조합이 있는 경우** : 정리해고가 실시되는 사업장에 근로자의 과반수로 조직된 노동조합이 있는 경우, 그 노동조합과 협의하면 족하므로 사용자가 그 노동조합과의 협의 외에 정리해고의 대상인 일정 급수 이상 직원들만의 대표를 새로이 선출케 하여 그 대표와 별도로 협의를 하지 않았다고 하여 그 정리해고를 협의절차의 흠결로 무효라 할 수는 없다(대판 2002.7.9. 2001다29452). <u>기출</u> **24**

　㉡ **과반수노동조합이 없는 경우** : 근로자의 과반수로 조직된 노동조합이 없는 경우, 그 협의의 상대방이 형식적으로는 근로자 과반수의 대표로서의 자격을 명확히 갖추지 못하였더라도, 실질적으로 근로자의 의사를 반영할 수 있는 대표라고 볼 수 있는 사정이 있다면 위 절차적 요건도 충족하였다고 보아야 할 것이다(대판 2006.1.26. 2003다69393).

③ **협의의무를 위반한 경영해고의 효력**

　㉠ **근로기준법(경영상 해고규정) 개정 전 판례** : 정리해고의 실질적 요건이 충족되어 해고의 실행이 시급하게 요청되고, 한편 근로자들을 대표할 만한 노동조합 기타 근로자집단도 없고 취업규칙에도 그러한 협의조항이 없으며, 또 해고 대상근로자에 대하여는 해고조치 외에 마땅한 대안이 없어서 그 근로자와의 협의절차를 거친다고 하여도 별다른 효과를 기대할 수 없는 등 특별한 사정이 있는 때에는, 사용자가 근로자 측과 사전협의절차를 거치지 아니하였다 하여 그것만으로 정리해고를 무효라고 할 수는 없다(대판 1992.11.10. 91다19463).

　㉡ **근로기준법 개정 후 판례** : 이 사건 정리해고 이후의 조업 단축, 기능직 근로자들의 희망퇴직, 고정자산 매각 등을 해고범위를 최소화하기 위한 일련의 조치로 본 부분에는 잘못이 있고, 참가인 회사가 이 사건 정리해고에 앞서 노동조합이나 원고들과 구체적인 사전협의를 거치지 않았다고 하더라도, 원고들은 참가인 회사의 경영상 위기로 말미암아 어느 정도 감량경영이 따르리라는 것을 충분히 예상할 수 있었던 점, 원고들에 대하여는 해고조치 외에 마땅한 대안이 없어서 원고들과 협의절차를 거친다고 하여도 별다른 효과를 기대할 수 없었던 점 등의 절차상의 흠이 있더라도, 이 사건 정리해고를 둘러싼 모든 사정을 전체적·종합적으로 고려하여 볼 때 참가인 회사가 해고 회피를 위한 노력을 다한 것으로 보이므로 정리해고는 정당하다(대판 2002.6.28. 2000두4606).

　㉢ **검토** : 근로기준법을 개정하기 전의 판례는 사전협의의무를 효력요건으로 인정하지 아니하였고, 근로기준법을 개정하여 경영상 해고규정을 입법화한 후의 판례 역시 사전협의의무를 효력요건을 인정하지 아니하고 있음에 유의하여야 한다. 생각건대 근로자 보호의 필요성과 근로기준법 제24조 제5항의 규정을 고려하면, 경영상 해고의 요건을 결한 경우에 그 경영상 해고는 정당성이 없다고 보는 것이 타당하다.

④ 통보 · 협의기간을 위반한 경영해고의 효력

    ⑦ 판례 : 근로기준법 제24조 제3항이 해고를 피하기 위한 방법과 해고의 기준을 해고 실시 50일 이전까지 근로자대표에게 통보하게 한 취지는, 소속 근로자의 소재와 숫자에 따라 그 통보를 전달하는 데 소요되는 시간, 그 통보를 받은 각 근로자들이 통보내용에 따른 대처를 하는 데 소요되는 시간, 근로자대표가 성실한 협의를 할 수 있는 기간을 최대한으로 상정 · 허여하자는 데 있는 것이고, <u>50일 기간의 준수는 정리해고의 효력요건은 아니어서, 구체적 사안에서 통보 후 정리해고 실시까지의 기간이 그와 같은 행위를 하는 데 소요되는 시간으로 부족하였다는 등의 특별한 사정이 없으며, 정리해고의 그 밖의 요건은 충족되었다면 그 정리해고는 유효하다</u>(대판 2003.11.13. 2003두4119). `기출` `21`

    ⓛ 검토 : 판례가 징계해고 시 협의조항이나 전직 시 협의절차를 효력요건으로 이해하고 있지 아니한 것과 마찬가지로, 통보 · 협의기간을 위반한 경영해고를 유효하다고 판시한 것은, 근로자 보호의 필요성과 근로기준법 제24조 제5항의 규정을 고려하면 논란의 여지가 있다. 따라서 경영상 해고의 요건을 결한 경우에 그 경영상 해고는 정당성이 없다고 보는 것이 타당하다.

(2) 경영해고의 신고

사용자는 1개월 동안에 사업장의 규모에 따라 일정한 인원 이상을 해고하려면 <u>최초로 해고하려는 날의 30일 전까지 고용노동부장관에게 신고하여야</u> 한다(근기법 시행령 제10조). `기출` `19 · 21`

> **경영상의 이유에 의한 해고계획의 신고(근기법 시행령 제10조)**
> ① 법 제24조 제4항에 따라 사용자는 1개월 동안에 다음 각 호의 어느 하나에 해당하는 인원을 해고하려면 <u>최초로 해고하려는 날의 30일 전까지 고용노동부장관에게 신고하여야</u> 한다.
>   1. 상시근로자 수가 99명 이하인 사업 또는 사업장 : <u>10명 이상</u>
>   2. 상시근로자 수가 100명 이상 999명 이하인 사업 또는 사업장 : <u>상시근로자 수의 10% 이상</u>
>   3. 상시근로자 수가 1,000명 이상인 사업 또는 사업장 : <u>100명 이상</u>
> ② 제1항에 따른 <u>신고를 할 때에는 다음 각 호의 사항을 포함하여야</u> 한다.
>   1. 해고사유
>   2. 해고예정인원
>   3. 근로자대표와 협의한 내용
>   4. 해고일정

(3) 경영해고 후의 근로자 보호 `기출` `21`

1) 의 의

구 근로기준법에서는 우선재고용 노력의무로 규정하고 있었으나 2007년 근로기준법 개정에 의해 법적인 재고용의무를 부과하고 있다. 이는 자신의 귀책사유가 없음에도 경영상의 이유에 의하여 직장을 잃은 근로자가 이전 직장으로 복귀할 수 있는 기회를 보장하여 근로자를 보호하려는 데 그 취지가 있다.

2) 요 건

<u>근로자를 해고한 사용자는 근로자를 해고한 날부터 3년 이내에 해고된 근로자가 해고 당시 담당하였던 업무와 같은 업무를 할 근로자를 채용하려고 할 경우 해고된 근로자가 원하면 그 근로자를 우선적으로 고용하여야</u> 한다. 정부는 해고된 근로자에 대하여 생계안정, 재취업, 직업훈련 등 필요한 조치를 우선적으로 취하여야 한다(근기법 제25조).

제1장
제2장
제3장
제4장
제5장
제6장
제7장
제8장
제9장
제10장

3) 효 과

① **우선재고용의무** : 근로기준법 제25조 제1항의 규정내용과, 자신에게 귀책사유가 없음에도 경영상 이유에 의하여 직장을 잃은 근로자로 하여금 이전 직장으로 복귀할 수 있는 기회를 보장하여 해고근로자를 보호하려는 입법취지 등을 고려하면, 사용자는 근로기준법 제24조에 따라 근로자를 해고한 날부터 3년 이내의 기간 중에 해고근로자가 해고 당시에 담당하였던 업무와 같은 업무를 할 근로자를 채용하려고 한다면, 해고근로자가 반대하는 의사를 표시하거나 고용계약을 체결할 것을 기대하기 어려운 객관적인 사유가 있는 등의 특별한 사정이 있는 경우가 아닌 한 해고근로자를 우선재고용할 의무가 있다. 이때 사용자가 해고근로자에게 고용계약을 체결할 의사가 있는지 확인하지 않은 채 제3자를 채용하였다면, 마찬가지로 해고근로자가 고용계약 체결을 원하지 않았을 것이라거나 고용계약을 체결할 것을 기대하기 어려운 객관적인 사유가 있었다는 등의 특별한 사정이 없는 한 근로기준법 제25조 제1항이 정한 우선재고용의무를 위반한 것으로 볼 수 있다(대판 2020.11.16. 2016다13437).[41]

② **임금 상당의 손해배상금청구** : 근로기준법 제25조 제1항에 따라 사용자는 해고근로자를 우선재고용할 의무가 있으므로 해고근로자는 사용자가 위와 같은 우선재고용의무를 이행하지 아니하는 경우 사용자를 상대로 고용의 의사표시를 갈음하는 판결을 구할 사법상의 권리가 있고, 판결이 확정되면 사용자와 해고근로자 사이에 고용관계가 성립한다. 또한 해고근로자는 사용자가 위 규정을 위반하여 우선재고용의무를 이행하지 않은 데 대하여, 우선재고용의무가 발생한 때부터 고용관계가 성립할 때까지의 임금 상당 손해배상금을 청구할 수 있다(대판 2020.11.16. 2016다13437).

③ **중간수입의 공제** : 채무불이행이나 불법행위 등으로 손해를 입은 채권자 또는 피해자 등이 동일한 원인에 의하여 이익을 얻은 경우에는 공평의 관념상 그 이익은 손해배상액을 산정할 때 공제되어야 한다. 이와 같이 손해배상액을 산정할 때 손익상계가 허용되기 위해서는 손해배상책임의 원인이 되는 행위로 인하여 피해자가 새로운 이득을 얻었고, 그 이득과 손해배상책임의 원인인 행위 사이에 상당인과관계가 있어야 한다. 사용자의 고용의무 불이행을 이유로 고용의무를 이행하였다면 받을 수 있었던 임금 상당액을 손해배상으로 청구하는 경우, 근로자가 사용자에게 제공하였어야 할 근로를 다른 직장에 제공함으로써 얻은 이익이 사용자의 고용의무 불이행과 사이에 상당인과관계가 인정된다면, 이러한 이익은 고용의무 불이행으로 인한 손해배상액을 산정할 때 공제되어야 한다. 한편 사용자의 고용의무 불이행을 이유로 손해배상을 구하는 경우와 같이 근로관계가 일단 해소되어 유효하게 존속하지 않는 경우라면 근로기준법 제46조가 정한 휴업수당에 관한 규정을 적용할 수 없다(대판 2020.11.16. 2016다13437).

---

41) 갑이 을 재단법인이 운영하는 장애인복지시설에서 생활부업무 담당 생활재활교사로 근무하다가 경영상 이유에 의하여 해고된 후 3년 이내의 기간 중에 을 법인이 여러 차례 생활재활교사를 채용하면서 갑에게 채용사실을 고지하거나 고용계약을 체결할 의사가 있는지 확인하지 아니하였는데, 을 법인이 근로기준법 제25조 제1항에서 정한 우선재고용의무를 위반한 시점이 문제된 사안에서, 갑이 고용계약을 체결하기를 원하지 않았을 것이라거나 을 법인에 갑과 고용계약을 체결할 것을 기대하기 어려운 객관적인 사유가 있었다고 볼 수 없고, 을 법인이 갑에게 채용사실과 채용조건을 고지하여 고용계약을 체결할 의사가 있는지 확인하지 아니하였으므로, 늦어도 갑이 해고 당시 담당하였던 생활부업무 담당 생활재활교사업무에 근로자를 2명째 채용한 무렵에는 을 법인의 우선재고용의무가 발생하였다고 볼 수 있는데도, 이와 달리 갑이 을 법인에 재고용을 원한다는 뜻을 표시한 이후로서 을 법인이 신규채용을 한 때에 비로소 을 법인의 우선재고용의무가 발생하였다고 본 원심판단에 법리오해의 잘못이 있다고 한 사례(대판 2020.11.16. 2016다13437)

4. 단체협약·취업규칙상의 해고사유

(1) 단체협약·취업규칙상의 해고규정

1) 단체협약과 취업규칙의 해고사유의 관계

양자의 해고사유가 상호 저촉되는 경우에는 단체협약의 해고사유가 우선한다. 취업규칙은 단체협약을 위반할 수 없기 때문이다(근기법 제96조). 한편, 판례에 따르면 단체협약에 단체협약 이외의 사유로 해고할 수 없다고 규정한 경우에는 취업규칙에 의하여 해고할 수 없으나(대판 1995.2.14. 94누5069), 단체협약 의외의 사유로 해고할 수 있다고 규정한 경우에는 취업규칙에 새로운 해고사유를 정할 수 있고, 그 사유에 의하여 해고할 수 있다(대판 1994.6.14. 93누20115).

2) 단체협약 등의 해고사유규정의 의미

① 해고사유의 사회통념상 합리성 요구 : 해고사유가 단체협약이나 취업규칙에 규정되어 있다고 하더라도, 그 해고사유로 인한 해고가 반드시 정당한 이유가 있는 해고에 해당하는 것은 아니다. 그 해고사유가 근로기준법 등 관련 법령에 위배되지 아니히고, 신의칙을 위빈하거나 권리남용에 해당하지 아니하는 등 사회통념상 합리성을 지니고 있어야 정당한 이유로 인정된다.

② 제한적 해고사유 이외의 사유에 의한 해고 가부 : 사업장에서 발생하는 해고사유를 미리 예상하여 단체협 약 및 취업규칙에 빠짐없이 열거하는 것은 현실적으로 불가능하므로, 열거되지 아니한 사항이라도 사회 통념상 근로관계를 계속 유지할 수 없는 등 합리성이 인정된다면, 정당한 해고사유가 될 수 있다고 보는 견해가 있으나, 판례는 단체협약이나 취업규칙 등에서 근로자에 대한 징계사유가 제한적으로 열거되어 있는 경우에는, 그와 같이 열거되어 있는 사유 이외의 사유로는 징계할 수 없다고 한다(대판 1994.12.27. 93다 52525).

3) 단체협약 등에서 정한 형사유죄판결

여기서의 유죄판결은 유죄의 확정판결만을 의미하는 것으로 해석하여야 하나, 반드시 실형판결만을 뜻하는 것은 아니므로, 예컨대 금고 이상의 형의 판결을 해고사유로 규정한 경우 그 의미는 규정의 취지나 다른 면직사유의 내용 등에 비추어 합리적으로 판단해야 한다(대판 1997.5.23. 97다9239).

✔ 핵심문제

01 근로기준법상 경영상 이유에 의한 해고의 제한에 관한 설명으로 옳지 않은 것은?(다툼이 있으면 판례에 따름)

① 긴박한 경영상의 필요란 기업의 일부 영업부문 내지 영업소의 수지만을 기준으로 할 것이 아니라, 기업 전체의 경영사 정을 종합적으로 검토하여 결정되어야 한다.

② 근로자의 과반수로 조직된 노동조합이 있는 경우에도, 사용자가 그 노동조합과의 협의 외에 근로자집단의 대표와 별도로 협의하여야 한다.

③ 사용자는 대통령령으로 정하는 일정한 규모 이상의 인원을 해고하려면, 대통령령으로 정하는 바에 따라 고용노동부장 관에게 신고하여야 한다.

④ 경영악화를 방지하기 위한 사업의 양도·인수·합병은 긴박한 경영상의 필요가 있는 것으로 본다.

⑤ 사용자가 해고를 회피하기 위한 방법에 관하여 노동조합 또는 근로자대표와 성실하게 협의하여 정리해고 실시에 관한 합의에 도달하였다면, 이러한 사정도 해고회피노력의 판단에 참작되어야 한다.

[해설]
사용자는 해고를 피하기 위한 방법과 해고의 기준 등에 관하여 그 사업 또는 사업장에 근로자의 과반수로 조직된 노동조합이 있는 경우에는 그 노동조합(근로자의 과반수로 조직된 노동조합이 없는 경우에는 근로자대표)에 해고를 하려는 날의 50일 전까지 통보하고 성실하게 협의하여야 한다(근기법 제24조 제3항). 따라서 사용자가 노동조합과 협의한 경우에는, 별도로 근로자집단의 대표와 협의할 필요가 없다.

정답 ②

(2) 단체협약 · 취업규칙상 해고사유의 실체적 정당성

1) 해고사유의 정당성

근로기준법 제23조 제1항의 정당한 이유란, 징계해고의 경우에는 사회통념상 근로계약을 계속시킬 수 없을 정도로 근로자에게 책임 있는 사유가 있는 것을 말하므로 징계해고규정 해당 사유가 있다는 점만으로 당연히 그 징계해고처분이 정당한 이유가 있다고는 볼 수 없고, 구체적인 사정을 참작하여 위와 같은 의미의 정당한 이유가 있다고 인정되는 경우에야 비로소 그 징계해고처분에 정당한 이유가 있다고 할 수 있다(대판 1992.5.12. 91다27518). 해고처분은 사회통념상 고용관계를 계속할 수 없을 정도로 근로자에게 책임 있는 사유가 있는 경우에 행하여져야 그 정당성이 인정되는 것이고, 사회통념상 근로자와의 고용관계를 계속할 수 없을 정도인지 여부는 사용자의 사업의 목적과 성격, 사업장의 여건, 근로자의 지위 및 담당직무의 내용, 비위행위의 동기와 경위, 이로 인하여 기업의 위계질서가 문란하게 될 위험성 등 기업질서에 미칠 영향, 과거의 근무태도 등 여러 가지 사정을 종합적으로 검토하여 판단하여야 한다. 또한 근로자에게 여러 가지 징계혐의사실이 있는 경우, 이에 대한 징계해고처분이 적정한지 여부는 그 사유 하나씩 또는 그중 일부의 사유만 가지고 판단할 것이 아니고, 전체의 사유에 비추어 사회통념상 고용관계를 계속할 수 없을 정도로 근로자에게 책임이 있는 지 여부에 의하여야 한다(대판 2013.10.31. 2013두13198).

2) 경력사칭과 징계해고의 정당성

① 학 설

ㄱ **가정적 인과관계설** : 경력사칭은 근로자의 정직성에 대한 부정적 요소로서 전인격적 판단을 그르치는 것이므로, 사용자가 그 경력사칭을 알았더라면 고용계약을 체결하지 않았을 것이라는 인과관계가 인정되면 징계해고할 수 있다는 견해이다.

ㄴ **현실적 인과관계설** : 경력사칭으로 인하여 근로제공이나 규율 유지와 관련한 구체적인 피해가 발생한 경우에 한하여 징계해고할 수 있다는 견해이다.

② 판 례

ㄱ **종전 판례** : 허위기재 또는 은폐한 내용이 사전에 발각되었다면 고용계약을 체결하지 않았을 것이라고 인정될 때에는 징계해고의 사유가 된다고(대판 1997.5.28. 95다45903) 판시하여, 가정적 인과관계설에 따라 징계해고사유의 정당성을 판단하였다.

ㄴ **최근 판례** : 판례는 사용자가 사전에 그 허위기재사실을 알았더라면 근로계약을 체결하지 않았거나 적어도 동일 조건으로는 체결하지 않았으리라는 등 고용 당시의 사정뿐만 아니라, 고용 이후 해고에 이르기까지 근로자가 종사한 근로의 내용과 기간, 허위기재를 한 학력 등이 종사한 근로의 정상적인 제공에 지장을 가져오는지 여부, 사용자가 학력 등 허위기재사실을 알게 된 경위, 알고 난 후 당해 근로자의 태도 및 사용자의 조치내용, 학력 등이 종전에 알고 있던 것과 다르다는 사정이 드러남으로써 노사 간 및 근로자 상호 간 신뢰관계 유지와 안정적인 기업경영과 질서 유지에 미치는 영향, 기타 여러 사정을 종합적으로 고려하여 판단하여야 한다고 판시하고 있다. 다만, 사용자가 이력서에 근로자의 학력 등의 기재를 요구하는 것은 근로능력 평가 외에 근로자의 진정성과 정직성, 당해 기업의 근로환경에 대한 적응성 등을 판단하기 위한 자료를 확보하고, 나아가 노사 간 신뢰관계 형성과 안정적인 경영환경 유지 등을 도모하고자 하는 데에도 목적이 있는 것으로, 이는 고용계약 체결뿐 아니라 고용관계 유지에서도 중요한 고려요소가 된다고 볼 수 있으므로 취업규칙에서 근로자가 고용 당시 제출한 이력서 등에 학력 등을 허위로 기재한 행위를 징계해고사유로 특히 명시하고 있는 경우에 이를 이유로 해고하는 것은, 고용 당시 및 그 이후 제반 사정에 비추어 보더라도 사회통념상 현저히 부당하지 않다면 정당성이 인정된다고(대판 2012.7.5. 2009두16763) 한다.

③ **검토** : 경력사칭에는 근로제공의 지장과 같은 업무관련성은 없다는 점에서, 경력사칭을 하였다고 하더라도 채용 이후 해고 당시까지의 사실을 종합적으로 고려하여 판단한 후, 정당한 사유가 있는 경우에는 징계해고를 할 수 있다고 봄이 타당하다.

3) 학위논문 표절과 해고의 정당성

[1] 근로기준법 제23조 제1항은 사용자는 근로자에게 정당한 이유 없이 해고하지 못한다고 하여 해고를 제한하고 있으므로, 해고사유가 인정되더라도 사회통념상 고용관계를 계속할 수 없을 정도로 근로자에게 책임 있는 사유가 있는 경우에 한하여 해고의 정당성이 인정된다. 이는 근로자의 채용조건으로 일정 수준 이상의 학위소지자일 것을 요구하여 근로자가 이와 관련하여 학위논문을 제출한 경우, 학위논문에 표절 등 연구부정행위의 하자가 있음을 이유로 해고하는 때도 마찬가지이다. 이때 사회통념상 고용관계를 계속할 수 없을 정도인지는 학위논문 전체를 기준으로 한 연구부정행위의 정도, 사용자가 사전에 학위논문의 하자를 알았더라면 근로계약을 체결하지 아니하였거나 적어도 동일 조건으로는 계약을 체결하지 아니하였으리라는 등 고용 당시의 사정뿐 아니라, 고용 이후 해고에 이르기까지 근로자가 종사한 근로의 내용과 기간, 학위논문의 하자로 근로의 성상적인 제공에 지장을 초래하는지, 학위논문의 하자가 드러남으로써 노사 간 및 근로자 상호 간 신뢰관계 유지나 안정적인 기업경영과 질서 유지에 미치는 영향, 그 밖에 여러 사정을 종합적으로 고려하여 판단하여야 한다.

[2] 국책연구기관이 연구원의 채용조건으로 해당 분야의 박사학위 소지자일 것을 요구하고 박사학위논문을 제출하도록 하는 것은, 단순히 학위 소지를 증명하는 데 그치지 아니하고 해당 분야의 연구능력 및 전문지식과 함께 연구원으로서의 진정성과 정직성, 연구환경에 대한 적응성 등을 판단하기 위한 자료를 확보하고, 나아가 상호 간 신뢰관계의 형성과 안정적인 연구환경의 유지 등을 도모하고자 하는 데에도 목적이 있는 것으로서, 이는 고용계약의 체결뿐 아니라 고용관계의 유지에서도 중요한 고려요소가 된다. 따라서 고용계약서나 인사관리규정에서 연구원이 채용 당시 제출한 박사학위논문에 부정 또는 하자가 있는 때를 해고사유로 특히 명시하고 있는 경우, 이를 이유로 해고하는 것은 채용 당시 및 이후의 제반 사정에 비추어 보더라도 사회통념상 현저히 부당하지 아니하다면 정당성이 인정된다(대판 2016.10.27. 2015다5170).

(3) 당연퇴직규정에 의한 해고의 정당성

1) 당연퇴직규정의 법적 성격

① 근로계약의 종료사유는 근로자의 의사나 동의에 의하여 이루어지는 퇴직, 근로자의 의사에 반하여 사용자의 일방적 의사에 의하여 이루어지는 해고, 근로자나 사용자의 의사와는 관계없이 이루어지는 자동소멸 등으로 나눌 수 있으며, 근로기준법 제23조에서 말하는 해고란 실제 사업장에서 불리는 명칭이나 그 절차에 관계없이 모든 근로계약관계의 종료를 의미한다. 회사가 어떠한 사유의 발생을 당연퇴직사유로 규정하고 그 절차를 통상의 해고나 징계해고와는 달리 하였더라도, 근로자의 의사와 관계없이 사용자 측에서 일방적으로 근로관계를 종료시키는 것이면 성질상 이는 해고로서, 근로기준법에 의한 제한을 받는다고 보아야 할 것이다(대판 1993.10.26. 92다54210).

② 사용자가 어떤 사유의 발생을 당연퇴직 또는 면직사유로 규정하고 그 절차를 통상의 해고나 징계해고와 달리한 경우에, 그 당연퇴직사유가 근로자의 사망이나 정년, 근로계약기간의 만료 등 근로관계의 자동소멸사유로 보이는 경우를 제외하고는 이에 따른 당연퇴직처분은 근로기준법 제23조의 제한을 받는 해고이다. 따라서 주차관리 및 경비요원을 파견하는 사업을 하는 사용자가 근로자가 근무하는 건물의 소유자 등과의 관리용역계약이 해지될 때에 근로자와의 근로계약도 해지되는 것으로 본다고 근로자와 약정한 경우, 그와 같은 해지사유는 근로관계의 자동소멸사유라고 할 수 없다(대판 2009.2.12. 2007다62840).

2) 해고의 정당성

① 근로자에 대한 퇴직조치가 단체협약이나 취업규칙에서 당연퇴직으로 규정되었다 하더라도, 위 퇴직조치가 유효하기 위하여는 근로기준법 제23조 제1항이 규정하는 바의 정당한 이유가 있어야 하고, 이와 같은 정당한 이유가 없는 경우에는 퇴직처분무효확인의 소를 제기할 수 있다(대판 1993.10.26. 92다54210).

② [1] 근로계약의 종료 사유는 근로자의 의사나 동의에 의하여 이루어지는 퇴직, 근로자의 의사에 반하여 사용자의 일방적 의사에 의하여 이루어지는 해고, 근로자나 사용자의 의사와는 관계없이 이루어지는 자동소멸 등으로 나눌 수 있으며 근로기준법 제27조에서 말하는 해고란 실제 사업장에서 불리우는 명칭이나 그 절차에 관계없이 위의 두 번째에 해당하는 모든 근로계약관계의 종료를 의미한다.

[2] 회사가 어떠한 사유의 발생을 당연퇴직사유로 규정하고 그 절차를 통상의 해고나 징계해고와는 달리 하였더라도 근로자의 의사와 관계없이 사용자 측에서 일방적으로 근로관계를 종료시키는 것이면 성질상 이는 해고로서 근로기준법에 의한 제한을 받는다고 보아야 할 것이므로 근로자에 대한 퇴직조치가 단체협약이나 취업규칙에서 당연퇴직으로 규정되었다 하더라도 위 퇴직조치가 유효하기 위하여는 근로기준법 제23조 제1항이 규정하는 바의 정당한 이유가 있어야 한다. 단체협약 등에서 당연퇴직 사유에 대하여 징계해고에 관한 절차 등을 거치도록 규정하고 있지 않다 하여 그것이 근로기준법상의 해고제한 규정을 회피하려는 것으로서 무효라고 할 수 없다 할 것이나, 그 당연퇴직 사유가 동일하게 징계사유로도 규정되어 있는 경우에는 당연퇴직 처분을 하면서 일반의 징계절차를 거쳐야 한다고 할 것이다(대판 2023.12.7. 2023도2318).

제3절 해고의 절차적 정당성

Ⅰ 서 설

근로기준법은 해고절차와 관련하여 해고의 예고 등을 규정하고 있다. 또한 단체협약이나 취업규칙 등에 해고절차를 규정할 수 있는데, 판례는 단체협약이나 취업규칙 등에 해고절차를 규정한 경우에는 그 절차를 준수하지 아니한 해고처분은 무효라고 판시하고 있다.

해고 등의 제한(근기법 제23조)

② 사용자는 근로자가 업무상 부상 또는 질병의 요양을 위하여 휴업한 기간과 그 후 30일 동안 또는 산전(産前)·산후(産後)의 여성이 이 법에 따라 휴업한 기간과 그 후 30일 동안은 해고하지 못한다. 다만, 사용자가 제84조에 따라 일시보상을 하였을 경우 또는 사업을 계속할 수 없게 된 경우에는 그러하지 아니하다.

해고의 예고(근기법 제26조)

사용자는 근로자를 해고(경영상 이유에 의한 해고를 포함)하려면 적어도 30일 전에 예고를 하여야 하고, 30일 전에 예고를 하지 아니하였을 때에는 30일분 이상의 통상임금을 지급하여야 한다. 다만, 다음 각 호의 어느 하나에 해당하는 경우에는 그러하지 아니하다.

1. 근로자가 계속 근로한 기간이 3개월 미만인 경우
2. 천재·사변, 그 밖의 부득이한 사유로 사업을 계속하는 것이 불가능한 경우
3. 근로자가 고의로 사업에 막대한 지장을 초래하거나 재산상 손해를 끼친 경우로서 고용노동부령으로 정하는 사유에 해당하는 경우

Ⅱ 법령상 해고의 제한

1. 해고의 예고(근기법 제26조)

(1) 의 의

사용자는 근로자를 해고하려면 적어도 30일 전에 해고예고를 하여야 하고, 해고예고를 하지 아니하였을 경우에는 30일분 이상의 통상임금을 지급하여야 한다.

(2) 해고예고의무의 내용

1) 해고예고방법

사용자의 해고예고는 일정 시점을 특정하여 하거나 언제 해고되는지를 근로자가 알 수 있는 방법으로 하여야 할 것이다. 따라서 사용자인 피고인이 근로자 甲에게 "후임으로 발령받은 乙이 근무하여야 하니 업무인수인계를 해 달라", "당분간 근무를 계속하며 乙에게 업무인수인계를 해 주라"고만 말하고 甲을 해고한 경우, 피고인의 위와 같은 말만으로는 甲의 해고일자를 특정하거나 이를 알 수 있는 방법으로 예고한 것이라고 볼 수 없어 적법하게 해고예고를 하였다고 할 수 없다(대판 2010.4.15, 2009도13833). 사용자가 해고의 예고를 해고사유와 해고시기를 명시하여 서면으로 한 경우에는 해고사유 등의 서면통지를 한 것으로 본다(근기법 제27조 제3항).

2) 해고예고수당의 지급

사용자가 해고예고를 하지 아니하였을 때에는, 이에 대신하여 30일분 이상의 통상임금을 해고예고수당으로서 지급하여야 한다. 해고예고수당은 근로제공에 대한 반대급부가 아니므로, 근로기준법상의 임금에 해당하지 아니한다(대판 1962.3.22, 4294민상1301).

O | X 💬

1. 사용자는 근로자를 해고(경영상 이유에 의한 해고를 포함)하려면 적어도 30일 전에 예고를 하여야 하고, 30일 전에 예고를 하지 아니하였을 때에는 30일분 이상의 평균임금을 지급하여야 한다.

2. 사용자의 해고예고는 일정 시점을 특정하여 하거나 언제 해고되는지를 근로자가 알 수 있는 방법으로 하여야 할 것이다.

3. 근로자가 계속 근로한 기간이 3개월 미만인 경우에는 해고의 예고를 할 필요가 없다.

정답 1. × 2. ○ 3. ○

(3) 해고예고의무의 예외(근기법 제26조 단서)

1) 3개월 미만 취업자에 대한 예외

근로자가 계속 근로한 기간이 3개월 미만인 경우에는 해고예고를 하지 아니하여도 된다. 기출 19

2) 부득이한 사유가 있는 경우의 예외

천재·사변, 그 밖의 부득이한 사유로 사업을 계속하는 것이 불가능한 경우, 근로자가 고의로 사업에 막대한 지장을 초래하거나 재산상 손해를 끼친 경우로서 고용노동부령으로 정하는 사유에 해당하는 경우에는, 해고 예고를 하지 아니하거나 해고예고수당을 지급하지 아니하여도 된다. 기출 19

(4) 해고예고의무 위반의 효과

1) 학 설

① **유효설** : 해고예고의무규정은 단속법규이므로 이를 위반한 해고에 대하여는 벌칙이 적용되고, 근로자가 해고예고수당의 지급을 청구할 수는 있으나, 해고의 통지 그 자체는 유효라고 본다.

② **무효설** : 해고예고의무규정은 강행법규이므로 이를 위반한 해고의 통지는 무효라고 본다.

③ **상대적 무효설** : 즉시해고는 무효이나, 해고의 통지 후 30일이 경과하거나 해고예고수당을 지급하면, 그때부터 해고의 효력이 발생한다고 본다.

2) 판 례

판례에 의하면 해고예고의무를 위반한 해고라 하더라도 해고의 정당한 이유를 갖추고 있는 한 해고의 사법상 효력에는 영향이 없다고(대판 1993.9.24. 93누4199) 한다.

3) 검 토

해고된 근로자의 재취업을 위한 시간적·경제적 기회를 부여하기 위하여 해고예고제도를 규정하였으므로, 사용자가 그 의무를 위반하였다고 하더라도 그 해고를 무효로 볼 것은 아니다.

✔ 핵심문제

01 근로기준법령상 해고예고의 예외사유에 해당하지 않는 것은?

① 근로자가 계속 근로한 기간이 3개월 미만인 경우
② 6개월을 초과하여 단시간 근로를 계속한 경우
③ 천재·사변, 그 밖의 부득이한 사유로 사업을 계속하는 것이 불가능한 경우
④ 제품 또는 원료 등을 몰래 훔치거나 불법반출한 경우
⑤ 사업장의 기물을 고의로 파손하여 생산에 막대한 지장을 가져온 경우

【해설】

6개월을 초과하여 단시간 근로를 계속한 경우는 계속 근로한 기간이 3개월 미만이 아니므로, 해고예고의 예외사유에 해당하지 않는다.

정답 ②

> **해고예고의 예외가 되는 근로자의 귀책사유(근기법 시행규칙 [별표 1])**
> 1. 납품업체로부터 금품이나 향응을 제공받고 불량품을 납품받아 생산에 차질을 가져온 경우
> 2. 영업용 차량을 임의로 타인에게 대리운전하게 하여 교통사고를 일으킨 경우
> 3. 사업의 기밀이나 그 밖의 정보를 경쟁관계에 있는 다른 사업자 등에게 제공하여 사업에 지장을 가져온 경우
> 4. 허위사실을 날조하여 유포하거나 불법집단행동을 주도하여 사업에 막대한 지장을 가져온 경우
> 5. 영업용 차량 운송수입금을 부당하게 착복하는 등 직책을 이용하여 공금을 착복, 장기유용, 횡령 또는 배임한 경우
> 6. 제품 또는 원료 등을 몰래 훔치거나 불법반출한 경우
> 7. 인사·경리·회계 담당직원이 근로자의 근무상황실적을 조작하거나 허위서류 등을 작성하여 사업에 손해를 끼친 경우
> 8. 사업장의 기물을 고의로 파손하여 생산에 막대한 지장을 가져온 경우
> 9. 그 밖에 사회통념상 고의로 사업에 막대한 지장을 가져오거나 재산상 손해를 끼쳤다고 인정되는 경우

2. 해고가 무효인 경우 해고예고수당의 반환청구 가부

(1) 관련 판례

1) 법률상 원인의 유무

근로기준법 제26조 본문에 따라, 사용자가 근로자를 해고하면서 30일 전에 예고를 하지 아니하였을 때 근로자에게 지급하는 해고예고수당은 해고가 유효한지와 관계없이 지급되어야 하는 돈이고, 해고가 부당해고에 해당하여 효력이 없다고 하더라도 근로자가 해고예고수당을 지급받을 법률상 원인이 없다고 볼 수 없다(대판 2018.9.13. 2017다16778).

2) 반환청구 불가의 논거

① 근로기준법 제26조 본문은 "사용자는 근로자를 해고(경영상 이유에 의한 해고를 포함)하려면 적어도 30일 전에 예고를 하여야 하고, 30일 전에 예고를 하지 아니하였을 때에는 30일분 이상의 통상임금을 지급하여야 한다"라고 규정하고 있을 뿐이고, 위 규정상 해고가 유효한 경우에만 해고예고의무나 해고예고수당지급의무가 성립한다고 해석할 근거가 없다(대판 2018.9.13. 2017다16778).

② 근로기준법 제26조에서 규정하는 해고예고제도는 근로자로 하여금 해고에 대비하여 새로운 직장을 구할 수 있는 시간적·경제적 여유를 주려는 것으로, 해고의 효력 자체와는 관계가 없는 제도이다. 해고가 무효인 경우에도, 해고가 유효한 경우에 비해 해고예고제도를 통해 근로자에게 위와 같은 시간적·경제적 여유를 보장할 필요성이 작다고 할 수 없다(대판 2018.9.13. 2017다16778).

③ 사용자가 근로자를 해고하면서 해고예고를 하지 않고 해고예고수당도 지급하지 않은 경우, 그 후 해고가 무효로 판정되어 근로자가 복직을 하고 미지급임금을 지급받더라도, 그것만으로는 해고예고제도를 통하여 해고과정에서 근로자를 보호하고자 하는 근로기준법 제26조의 입법목적이 충분히 달성된다고 보기 어렵다. 해고예고 여부나 해고예고수당 지급 여부가 해고의 사법상 효력에 영향을 미치지 않는다는 점을 고려하면, 해고예고제도 자체를 통해 근로자를 보호할 필요성은 더욱 커진다(대판 2018.9.13. 2017다16778).

(2) 검토

근로기준법 제26조의 입법목적과 해고예고제도 자체를 통한 근로자 보호의 필요성을 고려하면, 사용자의 해고예고수당에 대한 반환청구는 인정되지 아니함이 타당하다고 할 것이다.

3. 해고의 서면통지

(1) 의 의

근로기준법 제27조 제1항에 의하면, 사용자는 근로자를 해고하려면 해고사유와 해고시기를 서면으로 통지하여야 하고, 이에 따라 서면으로 통지하지 아니한 경우에는 그 해고는 효력이 없다.

(2) 서면통지방법

1) 해고사유와 해고시기의 통지

① 사용자가 해고사유 등을 서면으로 통지할 때는 근로자의 처지에서 해고사유가 무엇인지를 구체적으로 알 수 있어야 하고, 특히 징계해고의 경우에는 해고의 실질적 사유가 되는 구체적 사실 또는 비위내용을 기재하여야 하며 징계대상자가 위반한 단체협약이나 취업규칙의 조문만 나열하는 것으로는 충분하다고 볼 수 없다(대판 2011.10.27. 2011다42324). 다만, 해고대상자가 이미 해고사유가 무엇인지 구체적으로 알고 있고 그에 대해 충분히 대응할 수 있는 상황이었다면 해고통지서에 징계사유를 축약해 기재하는 등 징계사유를 상세하게 기재하지 않았더라도 위 조항에 위반한 해고통지라고 할 수는 없다(대판 2015.7.9. 2014다76434). 그러나 해고 대상자가 해고사유가 무엇인지 알고 있고 그에 대해 대응할 수 있는 상황이었다고 하더라도, 사용자가 해고를 서면으로 통지하면서 해고사유를 전혀 기재하지 않았다면 이는 근로기준법 제27조를 위반한 해고통지에 해당한다고 보아야 한다(대판 2021.2.25. 2017다226605).[42] 판례는 징계해고의 경우 근로기준법 제27조에 따라 서면으로 통지된 해고사유가 축약되거나 다소 불분명하더라도 징계절차의 소명 과정이나 해고의 정당성을 다투는 국면을 통해 구체화하여 확정되는 것이 일반적이라고 할 것이므로 해고사유의 서면 통지 과정에서까지 그와 같은 수준의 특정을 요구할 것은 아니라고 하면서, 성비위행위의 경우 원칙적으로는 해고 대상자의 방어권을 보장하기 위해서는 각 행위의 일시, 장소, 상대방, 행위 유형 및 구체적 상황이 다른 행위들과 구별될 수 있을 정도로는 특정되어야 하나, 불특정 다수를 상대로 하여 복수의 행위가 존재하고 해고 대상자가 그와 같은 행위 자체가 있었다는 점을 인정하는 경우에도 해고사유의 서면 통지 과정에서 개개의 행위를 모두 구체적으로 특정하여야 하는 것은 아니라고(대판 2022.1.14. 2021두50642) 한다.

② 사용자가 해고사유 등을 서면으로 통지할 때 해고통지서 등 명칭과 상관없이 근로자의 처지에서 해고사유가 무엇인지를 구체적으로 알 수 있는 서면이면 충분하므로 판례에 의하면 갑 주식회사가 회사에서 구매한 물품에 대해서 송금처를 법인 명의 계좌가 아닌 개인 명의 계좌로 대금을 지급한 근로자 을의 업무처리와 관련하여 회의를 진행하면서 업무처리 경위와 후속조치 계획에 관한 사유서를 제출받고 퇴사를 명할 수 있다고 경고한 다음, 회의 결과 최종적으로 해고하기로 결정하고 이를 기재한 회의록에 을의 서명을 받고 그 사본을 교부한 경우, 위 회의록에 의한 해고통지는 근로기준법 제27조를 위반한 것으로 보기 어렵다고(대판 2021.7.29. 2021두36103) 한다.

---

42) 대판 2021.2.25. 2017다226605 ; 동 판례의 판결이유를 살펴보면, 피고 회사는 2015.1.19. 원고에게 2015.1.16. 자 계약종료통지서(이하 '이 사건 계약종료통지서')를 교부하였다. 이 사건 계약종료통지서에는 "2011.3.8. 상호 체결한 고용계약 제2항의 규정에 의거 당사는 귀하와의 고용계약을 2015.1.23.부로 종료함을 통지합니다"라는 내용만이 기재되어 있을 뿐 계약종료의 사유나 별도의 근거규정이 기재되어 있지 않다. 고용계약 제2항의 내용은 '원고의 근로계약은 기간의 정함이 없고, 피고 회사가 원고를 해고하려면 2개월 전에 통보하거나 2개월분의 임금을 지급해야 한다'라고 규정되어 있을 뿐이라고 설시하고 있다.

2) 이메일에 의한 해고통지

서면이란 일정한 내용을 적은 문서를 의미하고 이메일 등 전자문서와는 구별되지만, 전자문서 및 전자거래 기본법 제3조는 "이 법은 다른 법률에 특별한 규정이 있는 경우를 제외하고 모든 전자문서 및 전자거래에 적용한다"고 규정하고 있고, 같은 법 제4조 제1항은 "전자문서는 전자적 형태로 되어 있다는 이유만으로 법적 효력이 부인되지 아니한다"고 규정하고 있는 점, 출력이 즉시 가능한 상태의 전자문서는 사실상 종이형 태의 서면과 다를 바 없고 저장과 보관에서 지속성이나 정확성이 더 보장될 수도 있는 점, 이메일(E-mail)의 형식과 작성경위 등에 비추어 사용자의 해고의사를 명확하게 확인할 수 있고, 이메일에 해고사유와 해고시기 에 관한 내용이 구체적으로 기재되어 있으며, 해고에 적절히 대응하는 데 아무런 지장이 없는 등 서면에 의한 해고통지의 역할과 기능을 충분히 수행하고 있다면, 단지 이메일 등 전자문서에 의한 통지라는 이유만 으로 서면에 의한 통지가 아니라고 볼 것은 아닌 점 등을 고려하면, 근로자가 이메일을 수신하는 등으로 내용을 알고 있는 이상, 이메일에 의한 해고통지도 해고사유 등을 서면통지하도록 규정한 근로기준법 제27조 의 입법취지를 해치지 아니하는 범위 내에서 구체적 사안에 따라 서면에 의한 해고통지로서 유효하다고 보아 야 할 경우가 있다(대판 2015.9.10. 2015두41401).

(3) 서면통지 위반의 효과

사용자가 서면통지규정을 위반하여 근로자를 해고한 것에 대한 벌칙은 없으나, 근로자에 대한 해고는 해고의 사유와 시기를 서면으로 통지하여야 효력이 있다. 다만, 사용자가 서면으로 해고의 사유와 시기를 적어 근로 자에게 해고예고를 한 경우에는 서면통지를 한 것으로 본다. 따라서 근로기준법 제27조 제1항에 따라 해고의 사유와 시기를 서면으로 통지하지 아니하면 그 해고는 무효가 된다.

4. 해고시기의 제한[43]

(1) 의 의

근로기준법 제23조 제2항에 의하면, 사용자는 근로자가 업무상 부상 또는 질병의 요양을 위하여 휴업한 기간 과 그 후 30일 동안 또는 산전·산후의 여성이 이 법에 따라 휴업한 기간과 그 후 30일 동안은 해고하지 못한다.

(2) 취 지

해고금지기간을 규정한 취지는 근로자를 실직의 위협으로부터 절대적으로 보호하고자 함이다. 따라서 근로 자가 업무상 부상 등으로 치료 중이더라도 휴업하지 아니하고 정상적으로 출근하고 있는 경우, 또는 업무상 부상 등으로 휴업하고 있더라도 요양을 위하여 휴업할 필요가 있다고 인정되지 아니하는 경우에는, 해고가 제한되는 휴업기간에 해당하지 아니한다.

---

43) 고평법은 사업을 계속할 수 없는 경우 외에는 육아휴직기간에 근로자를 해고하는 것을 제한하고 있다(고평법 제19조 제3항).

(3) 요양을 위하여 휴업한 기간

1) 요양을 위하여 필요한 휴업의 의미

요양을 위하여 필요한 휴업에는 정상적인 노동력을 상실하여 출근을 전혀 할 수 없는 경우뿐만 아니라, 노동력을 일부 상실하여 정상적인 노동력으로 근로를 제공하기 곤란한 상태에서 치료 등 요양을 계속하면서 부분적으로 근로를 제공하는 부분 휴업도 포함된다(대판 2021.4.29. 2018두43958). 그러나 근로자가 업무상 부상 등을 입고 치료 중이라 하더라도 휴업하지 아니하고 정상적으로 출근하고 있는 경우 또는 업무상 부상 등으로 휴업하고 있는 경우라도 요양을 위하여 휴업할 필요가 있다고 인정되지 아니하는 경우에는 해고가 제한되는 휴업기간에 해당하지 아니한다. 여기서 '정상적으로 출근하고 있는 경우'란 단순히 출근하여 근무하고 있다는 것으로는 부족하고 정상적인 노동력으로 근로를 제공하는 경우를 말하는 것이므로, 객관적으로 요양을 위한 휴업이 필요함에도 사용자의 요구 등 다른 사정으로 출근하여 근무하고 있는 것과 같은 경우는 이에 해당하지 아니한다(대판 2011.11.10. 2009다63205).

2) 요양을 위한 휴업의 필요성 요부

요양을 위하여 휴업이 필요한지는 업무상 부상 등의 정도, 부상 등의 치료과정 및 치료방법, 업무의 내용과 강도, 근로자의 용태 등 객관적인 사정을 종합하여 판단하여야 한다(대판 2011.11.10. 2009다63205).

3) 해고금지기간 중의 해고

① 판례는 해고를 전후하여 근로자에 대하여 산업재해보상보험법에 의한 요양승인이 내려지고 휴업급여가 지급된 사정은 해고금지기간 중의 해고에 해당하는지를 판단하는 데에 참작할 사유가 될 수는 있지만, 법원은 이에 기속됨이 없이 앞서 든 객관적 사정을 기초로 실질적으로 판단하여 해고 당시 요양을 위하여 휴업을 할 필요가 있는지를 결정하여야 한다고 하면서, 근로자 甲을 해고한 것이 근로기준법 제23조 제2항에서 정한 휴업기간 중의 해고에 해당하는지 문제되는 경우, 해고 당시 甲이 담당업무를 통상적인 방법으로 수행할 수 없을 정도에 있었다고는 보기 어려운 점 등 제반 사정상 해고 당시 甲이 업무상 상병의 요양을 위하여 휴업을 할 객관적 필요가 있는 정도는 아니었고, 해고 당시 甲이 휴업할 필요가 있었는지는 해고시점의 상태를 기준으로 객관적으로 판단할 것이므로, 해고 이후에 근로복지공단이 해고시점을 포함한 기간에 대하여 요양을 승인하고 휴업급여를 지급하였다는 사정이 있다고 하여 반드시 결론을 달리해야 하는 것도 아니므로, 위 해고는 근로기준법 제23조 제2항에서 정한 휴업기간 중의 해고에 해당하지 않는다고(대판 2011.11.10. 2009다63205) 한다.

② 판례는 업무상 재해를 입은 근로자를 보호하기 위한 해고 제한의 필요성은 시용근로자에 대하여도 동일하게 인정되므로, 시용 근로관계에 있는 근로자가 업무상 부상 등으로 요양이 필요한 휴업 기간 중에는 사용자가 시용 근로자를 해고하거나 본계약 체결을 거부하지 못한다고(대판 2021.4.29. 2018두43958) 한다.

O | X 💬

1. 사용자는 근로자를 해고하려면 해고사유와 해고시기를 서면으로 통지하여야 한다.
2. 사용자가 해고사유 등을 서면으로 통지할 때는, 징계대상자가 위반한 단체협약이나 취업규칙의 조문을 나열하는 것만으로 충분하다.
3. 해고예고제도를 위반한 경우에는 해고의 정당한 이유를 갖추고 있더라도 사법상 효력이 없다.
4. 정당한 이유 없이 한 해고는 무효이다.
5. 사용자는 근로자가 업무상 부상 또는 질병의 요양을 위하여 휴업한 기간과 그 후 30일 동안 또는 산전(産前)·산후(産後)의 여성이 이 법에 따라 휴업한 기간과 그 후 60일 동안은 해고하지 못한다.

정답 1. ○ 2. × 3. × 4. ○ 5. ×

(4) 위반의 효과

해고금지기간에 근로자를 해고하면 해당 벌칙이 적용되고, 해고시기 제한규정에 위반하는 해고는 절대적으로 무효이며, 해고 후 해고금지기간의 경과로 인하여 무효였던 해고가 유효로 될 수도 없다(대판 2001.6.12. 2001다13044).

Ⅲ 자치규범에서 정한 해고사유의 절차적 정당성

1. 해고의 절차적 정당성

(1) 자치규범에 절차적 제한규정이 있는 경우

단체협약이나 취업규칙에 해고처분에 앞서 해당 근로자에게 사전통지를 하여 변명의 기회를 제공한다든지, 노동조합합의 등의 절차를 거치도록 한다든지, 또는 인사위원회(징계위원회)의 의결에 의해 해고처분을 하도록 하는 등 해고절차에 관한 규정을 둔 경우, 이러한 자치규범상 해고에 대한 절차적 제한규정을 위반하여 해고처분이 이루어진 경우에는 원칙적으로 해고의 정당성은 부정된다(대판 1994.10.25. 94다25889).

(2) 자치규범에 절차적 제한규정이 없는 경우

취업규칙 등에 제재에 관한 절차가 정하여져 있으면 반증이 없는 한 그 절차는 정의가 요구하는 것으로 유효요건이라 할 것이나, 회사의 징계에 관한 규정에 징계혐의사실의 고지, 진변(陳辯)의 기회 부여 등의 절차가 규정되어 있지 않는 경우에는 그와 같은 절차를 밟지 아니하고 한 징계처분도 정당하다(대판 1979.1.30. 78다304).

2. 징계해고사유와 통상해고사유에 모두 해당하는 경우

특정 사유가 단체협약이나 취업규칙 등에서 징계해고사유와 통상해고사유의 양쪽에 모두 해당하는 경우뿐 아니라, 징계해고사유에는 해당하나 통상해고사유에는 해당하지 않는 경우에도, 그 사유를 이유로 징계해고처분의 규정상 근거나 형식을 취하지 아니하고 근로자에게 보다 유리한 통상해고처분을 택하는 것은, 근로기준법 제23조 제1항에 반하지 않는 범위 내에서 사용자의 재량에 속하는 적법한 것이나, 근로자에게 변명의 기회가 부여되지 않더라도 해고가 당연시될 정도라는 등의 특별한 사유가 없는 한, 징계해고사유가 통상해고사유에도 해당하여 통상해고의 방법을 취하더라도 징계해고에 따른 소정의 절차는 부가적으로 요구된다고 할 것이고, 나아가 징계해고사유로 통상해고를 한다는 구실로 징계절차를 생략할 수는 없는 것이니, 절차적 보장을 한 관계규정의 취지가 회피됨으로써 근로자의 지위에 불안정이 초래될 수 있기 때문이다(대판 1994.10.25. 94다25889).

제4절 부당해고의 구제

Ⅰ 의 의

근로자는 노동위원회를 통한 행정적 구제와 법원에 의한 사법적 구제를 받을 수 있다(이원주의). 근로자는 이 두 가지 중 하나를 선택할 수 있고, 부당해고구제신청과 동시에 법원에 해고무효확인의 소도 제기할 수 있다. 과거에는 부당노동행위에 준하여 구제주의와 처벌주의를 병과하였으나, 노사관계선진화 입법을 통하여 부당해고등에 대한 벌칙규정을 삭제하였다.

제1장
제2장
제3장
제4장
제5장
제6장
제7장
제8장
제9장
제10장

부당해고등의 구제신청(근기법 제28조)
① 사용자가 근로자에게 부당해고등을 하면 근로자는 노동위원회에 구제를 신청할 수 있다.
② 제1항에 따른 구제신청은 부당해고등이 있었던 날부터 3개월 이내에 하여야 한다.

조사 등(근기법 제29조)
① 노동위원회는 제28조에 따른 구제신청을 받으면 지체 없이 필요한 조사를 하여야 하며 관계당사자를 심문하여야 한다.
② 노동위원회는 제1항에 따라 심문을 할 때에는 관계당사자의 신청이나 직권으로 증인을 출석하게 하여 필요한 사항을 질문할 수 있다.
③ 노동위원회는 제1항에 따라 심문을 할 때에는 관계당사자에게 증거제출과 증인에 대한 반대심문을 할 수 있는 충분한 기회를 주어야 한다.
④ 제1항에 따른 노동위원회의 조사와 심문에 관한 세부절차는 노동위원회법에 따른 중앙노동위원회가 정하는 바에 따른다.

구제명령 등(근기법 제30조)
① 노동위원회는 제29조에 따른 심문을 끝내고 부당해고등이 성립한다고 판정하면 사용자에게 구제명령을 하여야 하며, 부당해고 등이 성립하지 아니한다고 판정하면 구제신청을 기각하는 결정을 하여야 한다.
② 제1항에 따른 판정, 구제명령 및 기각결정은 사용자와 근로자에게 각각 서면으로 통지하여야 한다.
③ 노동위원회는 제1항에 따른 구제명령(해고에 대한 구제명령만을 말한다)을 할 때에 근로자가 원직복직(原職復職)을 원하지 아니하면 원직복직을 명하는 대신 근로자가 해고기간 동안 근로를 제공하였더라면 받을 수 있었던 임금 상당액 이상의 금품을 근로자에게 지급하도록 명할 수 있다.
④ 노동위원회는 근로계약기간의 만료, 정년의 도래 등으로 근로자가 원직복직(해고 이외의 경우는 원상회복)이 불가능한 경우에도 제1항에 따른 구제명령이나 기각결정을 하여야 한다. 이 경우 노동위원회는 부당해고등이 성립한다고 판정하면 근로자가 해고기간 동안 근로를 제공하였더라면 받을 수 있었던 임금 상당액에 해당하는 금품(해고 이외의 경우에는 원상회복에 준하는 금품)을 사업주가 근로자에게 지급하도록 명할 수 있다.

구제명령 등의 확정(근기법 제31조)
① 노동위원회법에 따른 지방노동위원회의 구제명령이나 기각결정에 불복하는 사용자나 근로자는 구제명령서나 기각결정서를 통지받은 날부터 10일 이내에 중앙노동위원회에 재심을 신청할 수 있다.
② 제1항에 따른 중앙노동위원회의 재심판정에 대하여 사용자나 근로자는 재심판정서를 송달받은 날부터 15일 이내에 행정소송법의 규정에 따라 소(訴)를 제기할 수 있다.
③ 제1항과 제2항에 따른 기간 이내에 재심을 신청하지 아니하거나 행정소송을 제기하지 아니하면 그 구제명령, 기각결정 또는 재심판정은 확정된다.

구제명령 등의 효력(근기법 제32조)
노동위원회의 구제명령, 기각결정 또는 재심판정은 제31조에 따른 중앙노동위원회에 대한 재심신청이나 행정소송 제기에 의하여 그 효력이 정지되지 아니한다.

이행강제금(근기법 제33조)
① 노동위원회는 구제명령(구제명령을 내용으로 하는 재심판정을 포함)을 받은 후 이행기한까지 구제명령을 이행하지 아니한 사용자에게 3천만원 이하의 이행강제금을 부과한다.
② 노동위원회는 제1항에 따른 이행강제금을 부과하기 30일 전까지 이행강제금을 부과·징수한다는 뜻을 사용자에게 미리 문서로써 알려 주어야 한다.
③ 제1항에 따른 이행강제금을 부과할 때에는 이행강제금의 액수, 부과사유, 납부기한, 수납기관, 이의제기방법 및 이의제기기관 등을 명시한 문서로써 하여야 한다.
④ 제1항에 따라 이행강제금을 부과하는 위반행위의 종류와 위반 정도에 따른 금액, 부과·징수된 이행강제금의 반환절차, 그 밖에 필요한 사항은 대통령령으로 정한다.
⑤ 노동위원회는 최초의 구제명령을 한 날을 기준으로 매년 2회의 범위에서 구제명령이 이행될 때까지 반복하여 제1항에 따른 이행강제금을 부과·징수할 수 있다. 이 경우 이행강제금은 2년을 초과하여 부과·징수하지 못한다.

⑥ 노동위원회는 구제명령을 받은 자가 구제명령을 이행하면 새로운 이행강제금을 부과하지 아니하되, 구제명령을 이행하기 전에 이미 부과된 이행강제금은 징수하여야 한다.

⑦ 노동위원회는 이행강제금 납부의무자가 납부기한까지 이행강제금을 내지 아니하면 기간을 정하여 독촉을 하고 지정된 기간에 제1항에 따른 이행강제금을 내지 아니하면 국세 체납처분의 예에 따라 징수할 수 있다.

⑧ 근로자는 구제명령을 받은 사용자가 이행기한까지 구제명령을 이행하지 아니하면 이행기한이 지난 때부터 15일 이내에 그 사실을 노동위원회에 알려 줄 수 있다.

벌칙(근기법 제111조)
제31조 제3항에 따라 확정되거나 행정소송을 제기하여 확정된 구제명령 또는 구제명령을 내용으로 하는 재심판정을 이행하지 아니한 자는 1년 이하의 징역 또는 1천만원 이하의 벌금에 처한다.

사용자가 근로자에게 부당해고등을 하면 근로자는 노동위원회에 구제를 신청할 수 있다(근기법 제28조 제1항).

1. 당사자

(1) 신청인

신청인은 사용자의 부당해고등으로 인하여 권리를 침해당한 근로자이다.

(2) 피신청인

피신청인은 원칙적으로 사용자이다.

2. 구제의 절차

(1) 초심절차

1) 구제신청

① 신청기간 : 구제신청은 부당해고등이 있었던 날부터 3개월 이내에 하여야 한다(근기법 제28조 제2항). 이 기간은 제척기간이므로 기간이 경과하면 구제신청을 할 수 없다(대판 1997.2.14. 96누5926). **기출** 16·20

② 신청기간의 기산점

㉠ 판례에 의하면 부당노동행위에 대한 행정적 구제절차에 있어서 그 심사 대상은 구제신청의 대상이 된 부당노동행위를 구성하는 구체적 사실에 한정되므로, 부당노동행위 등에 대한 구제신청기간은 근로자가 부당노동행위라고 주장하는 구체적 사실이 발생한 날이나 근로기준법 제28조 소정의 해고 등

O | X 💬

1. 사용자가 부당해고등을 한 경우, 해당 근로자는 부당해고등이 있었던 날부터 3개월 이내에 노동위원회에 구제를 신청할 수 있다.
2. 부당해고등의 구제신청은 해고된 근로자와 노동조합이 할 수 있다.
3. 노동위원회는 구제신청을 받으면 지체 없이 필요한 조사를 하여야 하며 관계당사자를 심문하여야 하고, 심문을 할 때는 관계당사자의 신청이나 직권으로 증인을 출석하게 하여 필요한 사항을 질문할 수 있다.
4. 노동위원회는 사용자에게 구제명령을 하는 때에는, 사용자가 구제명령을 서면으로 통지받은 날부터 30일 이내의 이행기한을 정하여야 한다.

정답 1. ○ 2. × 3. ○ 4. ○

사용자의 불이익처분이 있은 날(다만 계속하는 행위인 경우에는 그 종료일)로부터 기산되고, 해고 등 불이익처분에 대하여 근로자가 취업규칙 등의 규정에 따른 재심절차를 밟고 있다고 하더라도 그 결론을 달리할 수 없으며, 구제신청기간은 이와 같이 신속·간이한 행정적 구제절차로서의 기능을 확보하기 위한 것이므로 그 기간이 경과하면 그로써 행정적 권리구제를 신청할 권리는 소멸한다(대판 1996.8.23. 95누11238).

ⓛ 판례는 근로기준법 제28조 제2항, 제23조 제1항에 의하면 해고, 휴직, 정직, 전직, 감봉, 그 밖의 징벌(이하 "부당해고등")을 당한 근로자는 부당해고등이 있었던 날부터 3개월 이내에 노동위원회에 구제를 신청할 수 있고 이와 같은 권리구제신청기간은 제척기간이라 할 것이므로 그 기간이 경과하면 그로써 행정적 권리구제를 신청할 권리는 소멸한다고 한다. 참가인은 재심절차에서 이 사건 재징계처분을 직권으로 취소하였으므로 이 사건 재징계처분은 이미 존재하지 않게 되었고, 이 사건 재심처분은 이 사건 재징계처분을 감경하는 내용이므로 이 사건 재징계처분과 다른 내용이며, 원고는 이 사건 재징계처분이 아니라 이 사건 재심처분이 부당해고등에 해당한다고 주장하면서 그에 대한 구제신청을 하였으므로, 그 권리구제신청기간의 기산점은 원고가 이 사건 재심처분을 통지받은 날로 봄이 타당하다고(대판 2012.2.23. 2011두31505) 한다.

2) 구제의 이익

① 계약기간의 만료로 인한 근로관계의 종료

ㄱ 종전 판례 : [1] 근로자가 부당해고구제신청을 하여 해고의 효력을 다투던 중 근로계약기간의 만료로 근로관계가 종료하였다면 근로자로서는 비록 이미 지급받은 해고기간 중의 임금을 부당이득으로 반환하여야 하는 의무를 면하기 위한 필요가 있거나 퇴직금 산정 시 재직기간에 해고기간을 합산할 실익이 있다고 하여도, 그러한 이익은 민사소송절차를 통하여 해결될 수 있어 더 이상 구제절차를 유지할 필요가 없게 되었으므로 구제이익은 소멸한다고 보아야 한다.

[2] 근로자가 부당징계구제신청을 하여 징계의 효력을 다투던 중 지방노동위원회의 구제명령 후 사직서를 제출한 경우, 근로자는 더 이상 구제절차를 유지할 필요가 없게 되어 근로관계의 종료와 동시에 구제이익이 소멸하였다고 보아야 하므로, 지방노동위원회의 구제명령을 전부 취소하고 구제신청을 각하하였어야 함에도 그 구제명령을 일부 유지한 중앙노동위원회의 재심판정은 위법하다(대판 2009.12.10. 2008두22136).

ㄴ 전합 판례 : 부당해고구제명령제도에 관한 근로기준법의 규정내용과 목적 및 취지, 임금 상당액 구제명령의 의의 및 법적 효과 등을 종합적으로 고려하면, 근로자가 부당해고구제신청을 하여 해고의 효력을 다투던 중 정년에 이르거나 근로계약기간이 만료하는 등의 사유로 원직에 복직하는 것이 불가능하게 된 경우에도 해고기간 중의 임금 상당액을 지급받을 필요가 있다면 임금 상당액 지급의 구제명령을 받을 이익이 유지되므로 구제신청을 기각한 중앙노동위원회의 재심판정을 다툴 소의 이익이 있다고 보아야 한다(대판 2020.2.20. 2019두52386[전합]).

② 해고무효확인의 소의 기각판결의 확정 : 판례는 구제이익이란 노동위원회로부터 구제명령을 받기 위한 구체적인 이익을 의미하므로 구제신청 당시에는 있었으나, 판정시점에는 구제의 이익이 없는 경우에, 근로기준법 제28조에 의하여 사용자의 근로자에 대한 해고가 정당한 이유가 없음을 이유로 구제신청을 하여 구제절차가 진행 중에 근로자가 별도로 사용자를 상대로 같은 사유로 해고무효확인청구의 소를 제기하였다가 청구가 이유 없다 하여 기각판결을 선고받아 확정되었다면, 부당해고가 아니라는 점은 이미 확정되어 더 이상 구제절차를 유지할 필요가 없게 되었으므로 구제이익이 소멸한 것으로 보아야 할 것이라고(대판 1992.7.28. 92누6099) 한다.

③ **구제신청 당시 근로계약관계의 종료** : 판례는 또한 부당해고 등 구제신청을 할 당시 이미 정년에 이르거나 근로계약기간 만료, 폐업 등의 사유로 근로계약관계가 종료된 경우에는 더 이상 근로기준법 제28조 제1항이 정한 근로자의 지위에 있다고 볼 수 없으며, 부당해고 등 구제신청을 하기 전에 그 사용자와의 관계에서 근로계약관계가 있었다는 사정만으로 근로기준법 제28조 제1항의 구제신청권을 갖는 근로자의 범위에 포함된다고 해석하기는 어렵다고(대판 2022.7.14. 2021두46285; 대판 2022.7.14. 2020두54852) 한다.

3) 심사절차(근기법 제29조)

① **조사** : 노동위원회는 구제신청을 받으면 지체 없이 필요한 조사를 하여야 한다(제1항).

② **심문** : 노동위원회는 구제신청을 받으면 관계당사자를 심문하여야 한다(제1항). 심문을 할 때에는 관계당사자의 신청이나 직권으로 증인을 출석하게 하여 필요한 사항을 질문할 수 있다(제2항). 이때에는 관계당사자에게 증거제출과 증인에 대한 반대심문을 할 수 있는 충분한 기회를 주어야 한다(제3항). **기출** `14 · 24`

③ **의결** : 심판위원회가 심문을 종결하였을 때에는 판정회의를 개최하여야 한다.

④ **화해** : 노동위원회는 판정·명령 또는 결정이 있기 전까지 관계당사자의 신청 또는 직권에 의하여 화해를 권고하거나 화해안을 제시할 수 있다. 화해안을 작성함에 있어서는 관계당사자의 의견을 충분히 들어야 하며, 관계당사자가 화해안을 수락한 때에는 화해조서를 작성하여야 한다(노위법 제16조의3).

4) 구제명령

노동위원회는 심문을 끝내고 부당해고등이 성립한다고 판정하면 사용자에게 구제명령을 하여야 하며, 부당해고등이 성립하지 아니한다고 판정하면 구제신청을 기각하는 결정을 하여야 한다(근기법 제30조 제1항).

① **구제명령의 내용** : 통상 원직복직명령 및 임금상당액지급명령을 원칙으로 하고 금전보상명령을 새로이 도입하였으나, 사용자에 대한 형벌의 부과, 손해배상명령 및 원상회복을 초과하는 추상적 부작위명령은 허용되지 않는다. 구제명령은 부당해고 전 상태로의 회복을 원칙으로 한다. 즉, 노동위원회는 제29조에 따른 심문을 끝내고 부당해고등이 성립한다고 판정하면 사용자에게 구제명령을 하여야 하며, 부당해고등이 성립하지 아니한다고 판정하면 구제신청을 기각하는 결정을 하여야 한다(근기법 제30조 제1항). 이는 근로계약기간의 만료, 정년의 도래 등으로 근로자가 원직복직(해고 이외의 경우는 원상회복)이 불가능한 경우에도 마찬가지이다(근기법 제30조 제4항). **기출** `24` 노동위원회의 판정, 구제명령 및 기각결정은 사용자와 근로자에게 각각 서면으로 통지하여야 한다(근기법 제30조 제2항). 노동위원회는 사용자에게 구제명령을 하는 때에는 이행기한을 정하여야 한다. 이 경우 이행기한은 사용자가 구제명령을 서면으로 통지받은 날부터 30일 이내로 한다(근기법 시행령 제11조). **기출** `13 · 17 · 19 · 21 · 24`

㉠ **원직복직명령 및 임금상당액지급명령**

㉮ **원직복직명령** : 원직복귀란 해고된 근로자를 원래의 직장으로 복귀시키는 것을 의미한다. 따라서 판례는 해고무효확인의 소는 사용자의 근로자에 대한 전직, 보직발령권과 관련하여 볼 때 해고의 무효, 즉 근로자와 사용지 간의 고용관계의 존속을 확인함으로써 그 고용관세 자체를 회복하려는 데 목적이 있다 할 것이지, 해고 전의 원직을 회복하는 데에 소송의 목적이 있는 것은 아니라 할 것이므로 관광회사가 원고를 해고 전의 직책인 운전기사직이 아닌 영업사무직에 복직시켰다고 하더라도 이로써 위 회사 측이 원고와 간의 고용관계 그 자체의 존속을 인정하고 복직시킨 이상 원고가 영업사무직으로의 전직의 효력을 다투는 것은 별론으로 하고 해고무효확인을 구할 소의 이익은 없다고(대판 1991.2.22. 90다카27389) 판시하고 있다.

ⓐ **임금상당액지급명령** : <u>사용자의 근로자에 대한 해고가 무효인 경우 근로자는 근로계약관계가 유효하게 존속함에도 불구하고 사용자의 귀책사유로 인하여 근로제공을 하지 못한 셈이므로 민법 제538조 제1항에 의하여 그 기간 중에 근로를 제공하였을 경우에 받을 수 있는 반대급부인 임금의 지급을 청구할 수 있다</u>(대판 1994.10.25. 94다25889).

ⓛ **금전보상명령** : 원직복직명령은 근로자가 원직복직을 원하지 아니하는 경우에는 효과적인 구제수단이 되지 못하므로, <u>노동위원회는 구제명령(해고에 대한 구제명령만을 말한다)을 할 때에 근로자가 원직복직(原職復職)을 원하지 아니하면 원직복직을 명하는 대신 근로자가 해고기간 동안 근로를 제공하였더라면 받을 수 있었던 임금 상당액 이상의 금품을 근로자에게 지급하도록 명할 수 있다</u>(근기법 제30조 제3항). 근로계약기간의 만료, 정년의 도래 등으로 근로자가 원직복직(해고 이외의 경우는 원상회복)이 불가능한 경우에도 노동위원회는 부당해고등이 성립한다고 판정하면 근로자가 해고기간 동안 근로를 제공하였더라면 받을 수 있었던 임금 상당액에 해당하는 금품(해고 이외의 경우에는 원상회복에 준하는 금품)을 사업주가 근로자에게 지급하도록 명할 수 있다(근기법 제30조 제4항).

기출 16 · 18 · 20 · 22

ⓒ **중간수입의 공제** : 사용자의 귀책사유로 인하여 해고된 근로자가 그 기간 동안의 임금을 청구하는 경우에 사용자는 휴업수당을 초과하는 금액범위에서 다른 직장에서 얻은 수입인 중간수입을 공제할 수 있다(대판 1991.12.13. 90다18999). 한편 최근 판례는 사용자가 부당하게 해고한 근로자를 <u>원직(종전의 일과 다소 다르더라도 원직에 복직시킨 것으로 볼 수 있는 경우를 포함)이 아닌 업무에 복직시켜 근로를 제공하게 하였다면 근로자는 사용자에게 원직에서 지급받을 수 있는 임금 상당액을 청구할 수 있는데, 이 경우 근로자가 복직하여 실제 근로를 제공한 이상 휴업하였다고 볼 수는 없으므로 근로자가 원직이 아닌 업무를 수행하여 지급받은 임금은 그 전액을 청구액에서 공제하여야 하지, 근로기준법 제46조를 적용하여 휴업수당을 초과하는 금액의 범위 내에서만 이른바 중간수입을 공제할 것은 아니라고</u>(대판 2024.4.12. 2023다300559) 한다.

② **구제명령의 불이행에 대한 제재**

ⓐ **이행강제금**(근기법 제33조) : <u>정당한 이유 없는 해고 등에 대한 노동위원회의 구제명령의 실효성을 담보하기 위하여, 노동위원회는 구제명령(구제명령을 내용으로 하는 재심판정을 포함)을 받은 후 이행기한까지 구제명령을 이행하지 아니한 사용자에게 3천만원 이하의 이행강제금을 매년 2회의 범위에서 구제명령이 이행될 때까지 반복하여 부과·징수할 수 있다</u>(제1항·제5항). 노동위원회는 이행강제금을 부과하기 30일 전까지 이행강제금을 부과·징수한다는 뜻을 사용자에게 미리 문서로써 알려 주어야 한다(제2항). 이행강제금을 부과하는 때에는 이행강제금의 금액, 부과사유, 납부기한, 수납기관, 이의제기방법 또는 이의제기기관 등을 명시한 문서로써 하여야 한다(제3항). <u>노동위원회는 구제명령을 받은 자가 구제명령을 이행하면 새로운 이행강제금을 부과하지 아니하되, 구제명령을 이행하기 전에 이미 부과된 이행강제금은 징수하여야 한다</u>(제6항). <u>노동위원회는 이행강제금 납부의무자가 납부기한까지 이행강제금을 내지 아니하면 기간을 정하여 독촉을 하고 지정된 기간에 이행강제금을 내지 아니하면 국세 체납처분의 예에 따라 징수할 수 있다</u>(제7항). <u>근로자는 구제명령을 받은 사용자가 이행기한까지 구제명령을 이행하지 아니하면 이행기한이 지난 때부터 15일 이내에 그 사실을 노동위원회에 알려 줄 수 있다</u>(제8항). **기출** 17 · 18 · 20 · 21 · 22

ⓛ 벌칙 : 노동위원회의 구제명령이 확정되거나 행정소송을 제기하여 확정된 구제명령 또는 구제명령을 내용으로 하는 재심판정을 이행하지 아니한 자는 1년 이하의 징역 또는 1천만원 이하의 벌금에 처한다 (근기법 제111조). 이는 과거 부당해고등에 대한 벌칙규정을 삭제하는 대신, 확정된 구제명령을 이행하지 아니한 자에게 벌칙을 부과하기로 규정한 것이다. 최근 판례는 근로기준법 제111조는 '확정된 구제명령 또는 구제명령을 내용으로 하는 재심판정을 이행하지 아니한 자'를 형사처벌 대상으로 규정하고 있는데, 형식상으로는 대표이사가 아니지만 실질적으로는 사주로서 회사를 사실상 경영하여 온 자는 구제명령을 이행할 실질적 권한과 책임을 가지는 사람으로서 위 조항에서 말하는 구제명령을 이행하지 아니한 자에 해당한다고(대판 2024.4.25, 2024도1309) 판시하고 있다.

③ **구제명령의 사법상 효력** : 부당해고등구제명령은 사용자에 대하여 공법상 의무를 부담시키는 것에 국한될 뿐, 당사자 간의 사법상 법률관계를 발생·변경·소멸시키는 것은 아니다. 근로자가 부당해고등에 대하여 사법상 권리구제를 받기 위해서는, 사용자를 상대로 해고무효 또는 종업원지위의 확인 등을 구하는 민사소송을 법원에 제기하여야 한다.

구제명령의 이행기한(근기법 시행령 제11조)
노동위원회법에 따른 노동위원회는 법 제30조 제1항에 따라 사용자에게 구제명령을 하는 때에는 이행기한을 정하여야 한다. 이 경우 이행기한은 법 제30조 제2항에 따라 사용자가 구제명령을 서면으로 통지받은 날부터 30일 이내로 한다.

이행강제금의 납부기한 및 의견제출 등(근기법 시행령 제12조)
① 노동위원회는 법 제33조 제1항에 따라 이행강제금을 부과하는 때에는 이행강제금의 부과통지를 받은 날부터 15일 이내의 납부기한을 정하여야 한다. 기출 21
② 노동위원회는 천재·사변, 그 밖의 부득이한 사유가 발생하여 제1항에 따른 납부기한 내에 이행강제금을 납부하기 어려운 경우에는 그 사유가 없어진 날부터 15일 이내의 기간을 납부기한으로 할 수 있다.
③ 법 제33조 제2항에 따라 이행강제금을 부과·징수한다는 뜻을 사용자에게 미리 문서로써 알려 줄 때에는 10일 이상의 기간을 정하여 구술 또는 서면(전자문서를 포함)으로 의견을 진술할 수 있는 기회를 주어야 한다. 이 경우 지정된 기일까지 의견진술이 없는 때에는 의견이 없는 것으로 본다.
④ 이행강제금의 징수절차는 고용노동부령으로 정한다.

이행강제금의 부과기준(근기법 시행령 제13조)
법 제33조 제4항에 따른 위반행위의 종류와 위반 정도에 따른 이행강제금의 부과기준은 [별표 3]과 같다.

이행강제금의 부과기준(근기법 시행령 [별표 3])

위반행위	해당 법조문	금 액
정당한 이유 없는 해고에 대한 구제명령을 이행하지 않은 자	법 제33조 제1항	500만원 이상 3,000만원 이하
정당한 이유 없는 휴직, 정직(停職)에 대한 구제명령을 이행하지 않은 자		250만원 이상 1,500만원 이하
정당한 이유 없는 전직(轉職), 감봉에 대한 구제명령을 이행하지 않은 자		200만원 이상 750만원 이하
정당한 이유 없는 그 밖의 징벌(懲罰)에 대한 구제명령을 이행하지 않은 자		100만원 이상 750만원 이하

※ 비고 : 구체적인 이행강제금의 금액은 위반행위의 종류에 따른 부과금액의 범위에서 위반행위의 동기, 고의·과실 등 사용자의 귀책 정도, 구제명령 이행을 위한 노력의 정도, 구제명령을 이행하지 않은 기간, 해당 사업 또는 사업장에 상시 사용하는 근로자 수 등을 고려하여 결정한다.

이행강제금의 부과유예(근기법 시행령 제14조) 기출 21
노동위원회는 다음 각 호의 어느 하나에 해당하는 사유가 있는 경우에는 <u>직권 또는 사용자의 신청에 따라</u> 그 사유가 없어진 뒤에 이행강제금을 부과할 수 있다.
  1. 구제명령을 이행하기 위하여 사용자가 객관적으로 노력하였으나 근로자의 소재불명 등으로 구제명령을 이행하기 어려운 것이 명백한 경우
  2. 천재·사변, 그 밖의 부득이한 사유로 구제명령을 이행하기 어려운 경우

이행강제금의 반환(근기법 시행령 제15조)
① 노동위원회는 중앙노동위원회의 재심판정이나 법원의 확정판결에 따라 노동위원회의 구제명령이 취소되면 <u>직권 또는 사용자의 신청에 따라</u> 이행강제금의 부과·징수를 즉시 중지하고 이미 징수한 이행강제금을 반환하여야 한다. 기출 21
② 노동위원회가 제1항에 따라 이행강제금을 반환하는 때에는 이행강제금을 납부한 날부터 반환하는 날까지의 기간에 대하여 고용노동부령으로 정하는 이율을 곱한 금액을 가산하여 반환하여야 한다.
③ 제1항에 따른 이행강제금의 구체적 반환절차는 고용노동부령으로 정한다.

(2) 재심절차

1) 신 청

부당해고등에 대한 판정, 구제명령 및 기각결정은 사용자와 근로자에게 각각 서면으로 통지하여야 한다(근기법 제30조 제2항). 노동위원회법에 따른 지방노동위원회의 구제명령이나 기각결정에 불복하는 사용자나 근로자는 구제명령서나 기각결정서를 통지받은 날부터 10일 이내에 중앙노동위원회에 재심을 신청할 수 있다(근기법 제31조 제1항). 기출 24 그 기간 이내에 재심을 신청하지 아니하면 그 구제명령·기각결정은 확정된다(근기법 제31조 제3항).

2) 범 위

재심은 신청한 불복의 범위 내에서 행하여지므로, 불복신청에 대하여는 초심에서 청구한 범위를 벗어나지 아니하는 한도 내에서만 재심할 수 있다.

(3) 행정소송

중앙노동위원회의 재심판정에 대하여 사용자나 근로자는 재심판정서를 송달받은 날부터 15일 이내에 행정소송법의 규정에 따라 소(訴)를 제기할 수 있고(근기법 제31조 제2항), 그 기간 이내에 행정소송을 제기하지 아니하면 그 재심판정은 확정된다(근기법 제31조 제3항). 기출 24 노동위원회의 재심판정은 행정소송 제기에 의하여 그 효력이 정지되지 아니한다(근기법 제32조). – 집행부정지의 원칙 기출 17·18·19·21·22 부당해고 구제신청에 관한 중앙노동위원회의 명령 또는 결정의 취소를 구하는 소송에서 그 명령 또는 결정이 적법한지는 그 명령 또는 결정이 이루어진 시점을 기준으로 판단하여야 하고, 그 명령 또는 결정 후에 생긴 사유를 들어 적법 여부를 판단할 수는 없으나, 그 명령 또는 결정의 기초가 된 사실이 동일하다면 노동위원회에서 주장하지 아니한 사유도 행정소송에서 주장할 수 있다(대판 2021.7.29. 2016두64876).

(4) 관련 판례 – 복직과 동시에 행한 대기발령의 정당성

[1] 사용자가 부당해고된 근로자를 복직시키는 경우 원칙적으로 원직에 복귀시켜야 할 것이나, 해고 이후 복직 시까지 해고가 유효함을 전제로 이미 이루어진 인사질서, 사용주의 경영상의 필요, 작업환경의 변화 등을 고려하여 복직근로자에게 그에 합당한 일을 시킨 경우, 그 일이 비록 종전의 일과 다소 다르더라도 정당하게 복직시킨 것으로 볼 수 있다. 사용자가 부당해고한 근로자를 복직시키면서 일시적인 대기발령을 하는 경우 그 대기발령이 아무런 보직을 부여하지 않는 인사명령으로서 원직복직에 해당하지 않는다는 이유만으로 위법하다고 볼 것은 아니고, 그 대기발령이 앞서 본 바와 같이 이미 이루어진 인사질서, 사용주의 경영상 필요, 작업환경의 변화 등을 고려하여 근로자에게 원직복직에 해당하는 합당한 업무를 부여하기 위한 임시적인 조치로서 필요성과 상당성이 인정되는 경우에는 근로자의 생활상의 불이익과 비교·교량하고 근로자 측과의 협의 등 신의칙상 요구되는 절차를 거쳤는지 여부 등을 종합적으로 고려하여 대기발령의 정당성을 인정할 수 있다.

[2] 甲이 乙 주식회사의 사내협력업체와 근로계약을 체결하고 乙 회사의 공장에 파견되어 업무에 종사하던 중 위 업체의 징계해고에 따라 乙 회사가 甲의 사업장 출입을 금지하였는데, 甲과 乙 회사 사이의 파견근로관계의 성립을 인정하는 대법원판결이 선고됨에 따라 중앙노동위원회가 부당징계해고를 확인하고 원직복직명령을 하였으며, 乙 회사가 甲에게 보직을 제시하지 않은 채 배치대기발령을 하였으나 甲이 이에 불응하여 927일간 출근하지 않자 乙 회사가 甲을 해고하였고, 甲이 乙 회사를 상대로 종전 해고의 무효확인 및 해고일 이후의 임금과 '해고가 노동위원회 또는 법원의 판결에 의해 부당징계로 판명되었을 때에는 乙 회사는 원직복직명령을 하고 임금 및 해고 기간의 평균임금의 200%를 즉시 가산 지급한다'는 내용의 단체협약상 가산금 조항에 따른 가산금 지급을 구하는 소를 제기한 사안에서, 乙 회사가 사업장 출입을 금지함으로써 甲을 해고한 행위가 징계권의 행사 또는 징벌적 조치로서 이루어졌다고 보기 어려우므로 甲은 가산금 청구를 할 수 없고, 제반 사정에 비추어 배치대기발령의 정당성을 인정할 수 있다고 한 사례(대판 2024.1.4. 2021다169).

✔ 핵심문제

01 근로기준법령상 해고예고의 예외사유에 해당하지 않는 것은?

① 근로자가 계속 근로한 기간이 3개월 미만인 경우
② 6개월을 초과하여 단시간 근로를 계속한 경우
③ 천재·사변, 그 밖의 부득이한 사유로 사업을 계속하는 것이 불가능한 경우
④ 제품 또는 원료 등을 몰래 훔치거나 불법반출한 경우
⑤ 사업장의 기물을 고의로 파손하여 생산에 막대한 지장을 가져온 경우

[해설]
6개월을 초과하여 단시간 근로를 계속한 경우는 계속 근로한 기간이 3개월 미만이 아니므로, 해고예고의 예외사유에 해당하지 않는다.

정답 ②

Ⅲ 법원에 의한 구제절차

1. 의 의

근로기준법 제28조는 부당해고를 당한 근로자에게 노동위원회에 그 구제를 신청할 수 있는 길을 열어 놓고 있으나 그렇다고 해서 해고를 둘러싼 쟁송에 대한 민사소송의 관할권을 박탈한 것으로 해석되지 아니한다(대판 1991.7.12. 90다9353). 따라서 사용자의 부당해고등에 대하여 근로자는 법원에 해고무효 또는 근로자지위의 확인의 소 등을 제기하여 구제받을 수 있다.

2. 사법적 구제의 내용

(1) 임금 상당액의 청구

사용자의 해고처분이 부당해고로 인정되는 경우, 근로자는 사용자에게 민법 제538조 제1항에 의해 부당해고 기간 동안에 정상적으로 일을 계속하였더라면 받을 수 있었던 임금을 모두 지급받을 수 있다(대판 1994.10.25. 94다25889).

1) 문제되는 사례

① 해고가 없었다고 하더라도 취업이 사실상 불가능한 상태가 발생한 경우라든가 사용자가 정당한 사유에 의하여 사업을 폐지한 경우에는 사용자의 귀책사유로 인하여 근로제공을 하지 못한 것이 아니므로, 그 기간 중에는 임금을 청구할 수 없다(대판 1994.10.25. 94다25889).

② 해고된 근로자가 그 후 쟁의행위에 참가하였거나 쟁의행위 중 해고가 된 경우에 그 해고가 무효라고 하더라도 만일 해당 근로자가 해고가 없었어도 쟁의행위에 참가하여 근로를 제공하지 않았을 것임이 명백한 경우라면 이 역시 취업이 사실상 불가능한 상태가 발생한 경우에 준하여 해당 근로자는 쟁의행위기간 중의 임금을 청구할 수 없다고 봄이 타당하다. 다만 해당 근로자에 대한 무효인 해고가 직접적 원인이 되어 쟁의행위가 발생한 경우 등 쟁의행위기간 중 근로를 제공하지 못한 것 역시 사용자에게 귀책사유가 있다고 볼 수 있는 특별한 사정이 있는 경우에는 여전히 임금청구를 할 수 있다고 보아야 한다. 그리고 위와 같은 경우 해고가 없었다고 하더라도 쟁의행위에 참가하여 근로를 제공하지 않았을 것임이 명백한지는 쟁의행위에 이른 경위 및 원인, 해고사유와의 관계, 해당 근로자의 파업에서의 지위 및 역할, 실제 이루어진 쟁의행위에 참가한 근로자의 수 및 이로 인해 중단된 조업의 정도, 해당 근로자에 대한 해고사유와 이전 근무태도 등 제반 사정을 참작하여 신중하게 판단하여야 하고, 그 증명책임은 사용자에게 있다. 또한 해당 근로자가 쟁의행위에 참가하였을 것임이 명백한 경우에도 쟁의행위기간 중의 임금지급에 관한 단체협약이나 취업규칙의 규정 또는 관행의 유무, 쟁의행위에 참가한 다른 근로자에게 임금이 지급되었는지 여부 및 그 지급범위 등에 따라 사용자에게 임금을 지급할 의무가 있는지를 판단하여야 한다(대판 2012.9.27. 2010다99279).

2) 임금 상당액의 범위

임금 상당액은 통상임금에 국한되지 아니하고 평균임금 산정의 기초가 되는 모든 임금을 의미하므로, 시간외 근로수당이나 상여금, 연간 개근포상금, 연차휴가수당 등이 포함된다는 것이 판례이다.

3) 중간수입의 공제

[1] 사용자의 귀책사유로 인하여 해고된 근로자는 그 기간 중에 노무를 제공하지 못하였더라도 민법 제538조 제1항 본문의 규정에 의하여 사용자에게 그 기간 동안의 임금을 청구할 수 있고, 이 경우에 근로자가 자기의 채무를 면함으로써 얻은 이익이 있을 때에는 같은 법 제538조 제2항의 규정에 의하여 이를 사용자에게 상환할 의무가 있다고 할 것인데, 근로자가 해고기간 중에 다른 직장에 종사하여 얻은 수입은 근로제공의 의무를 면함으로써 얻은 이익이라고 할 것이므로 사용자는 근로자에게 해고기간 중의 임금을 지급함에 있어서 위의 이익(이른바 중간수입)을 공제할 수 있다.

[2] 근로기준법 제46조 제1항은 근로자의 최저생활을 보장하려는 취지에서 사용자의 귀책사유로 인하여 휴업하는 경우에는 사용자는 휴업기간 중 당해 근로자에게 그 평균임금의 100분의 70 이상의 수당을 지급하여야 한다고 규정하고 있고, 여기서의 휴업에는 개개의 근로자가 근로계약에 따라 근로를 제공할 의사가 있음에도 불구하고 그 의사에 반하여 취업이 거부되거나 또는 불가능하게 된 경우도 포함되므로 근로자가 사용자의 귀책사유로 인하여 해고된 경우에도 위 휴업수당에 관한 근로기준법이 적용될 수 있으며 이 경우에 근로자가 지급받을 수 있는 해고기간 중의 임금액 중 위 휴업수당의 한도에서는 중간수입 공제의 대상으로 삼을 수 없고, 그 휴업수당을 초과하는 금액범위에서만 공제하여야 할 것이다(대판 1991.12.13. 90다18999).

(2) 불법행위에 기한 손해배상청구

1) 불법행위의 요건 인정

① 일반적으로 사용자의 불이익처분이 정당하지 못하여 무효로 판단되더라도 그러한 사유에 의하여 곧바로 그 해고가 불법행위를 구성하지 않는다. 그러나 사용자가 근로자에 대하여 징계해고 등을 할 만한 사유가 전혀 없는데도 오로지 근로자를 사업장에서 몰아내려는 의도하에 고의로 어떤 명목상의 해고사유 등을 내세워 징계라는 수단을 동원하여 해고 등의 불이익처분을 한 경우나, 해고 등의 이유로 된 어느 사실이 취업규칙 등 소정의 징계사유에 해당되지 아니하거나 징계사유로 삼을 수 없는 것임이 객관적으로 명백하고 또 조금만 주의를 기울였더라면 이와 같은 사정을 쉽게 알아볼 수 있는데도 그것을 이유로 징계해고 등의 불이익처분을 한 경우처럼, 사용자에게 부당해고등에 대한 고의·과실이 인정되는 경우에 있어서는 불법행위가 성립된다(대판 1996.4.23. 95다6823). 기출 20

② 사용자가 근로자들에게 어떠한 해고사유도 존재하지 아니함에도 노동조합활동을 혐오한 나머지, 경영상 어려움 등 명목상 이유를 내세워 사업 자체를 폐지하고 근로자들을 해고함으로써 일거에 노동조합을 와해시키고 조합원 전원을 사업장에서 몰아내고는 다시 기업 재개, 개인기업으로의 이행, 신설회사 설립 등 다양한 방법으로 종전 회사와 다를 바 없는 회사를 통하여 여전히 예전의 기업활동을 계속하는 것은 우리의 건전한 사회통념이나 사회상규상 용인될 수 없는 행위이므로, 이러한 위장폐업에 의한 부당해고는 근로자에 대한 관계에서 불법행위를 구성한다(대판 2011.3.10. 2010다13282).

2) 선택적 청구의 가부

부당해고가 무효임을 이유로 계속 근로하였을 경우 그 반대급부로 받을 수 있는 임금의 지급을 구할 수 있음은 물론이고 아울러 부당해고가 불법행위에 해당함을 이유로 손해배상을 청구할 수 있고, 그중 어느 쪽의 청구권이라도 선택적으로 행사할 수 있다(대판 2011.3.10. 2010다13282).

3) 위자료청구

사용자가 근로자를 징계해고할 만한 사유가 전혀 없는데도 오로지 근로자를 사업장에서 몰아내려는 의도하에 고의로 어떤 명목상의 해고사유를 만들거나 내세워 징계라는 수단을 동원하여 해고한 경우나, 해고의 이유로 된 어느 사실이 소정의 해고사유에 해당되지 아니하거나 해고사유로 삼을 수 없는 것임이 객관적으로 명백하고, 또 조금만 주의를 기울이면 이와 같은 사정을 쉽게 알아볼 수 있는데도 그것을 이유로 징계해고에 나아간 경우 등 징계권의 남용이 우리의 건전한 사회통념이나 사회상규상 용인될 수 없음이 분명한 경우에 있어서는 그 해고가 근로기준법 제23조 제1항에서 말하는 정당성을 갖지 못하여 효력이 부정되는 데 그치는 것이 아니라, 위법하게 상대방에게 정신적 고통을 가하는 것이 되어 근로자에 대한 관계에서 불법행위를 구성할 수 있을 것이다(대판 1993.10.12. 92다43586).

3. 해고의 정당성에 관한 입증책임

부당해고구제재심판정을 다투는 소송에서 해고의 정당성에 관한 증명책임은 이를 주장하는 사용자가 부담하고, 인정되는 일부 징계사유만으로 해당 징계처분의 타당성을 인정하기에 충분한지에 대한 증명책임도 사용자가 부담한다(대판 2019.11.28. 2017두57318).

제5절   근로관계 종료 후의 근로자 보호

Ⅰ   금품청산(근기법 제36조)

사용자는 근로자가 사망 또는 퇴직한 경우에는 그 지급사유가 발생한 때부터 14일 이내에 임금, 보상금, 그 밖의 모든 금품을 지급하여야 한다. 다만, 특별한 사정이 있을 경우에는 당사자 사이의 합의에 의하여 기일을 연장할 수 있다. 기출 12

Ⅱ   귀향여비의 지급(근기법 제19조)

근로기준법 제17조에 따라 명시된 근로조건이 사실과 다를 경우에 근로자는 근로조건 위반을 이유로 손해의 배상을 청구할 수 있으며 즉시 근로계약을 해제할 수 있다. 근로자가 손해배상을 청구할 경우에는 노동위원회에 신청할 수 있으며, 근로계약이 해제되었을 경우에는 사용자는 취업을 목적으로 거주를 변경하는 근로자에게 귀향여비를 지급하여야 한다. 기출 16·17

Ⅲ 사용증명서의 교부(근기법 제39조 제1항)

1. 사용증명서 기재사항

사용기간, 업무종류, 지위와 임금, 그 밖에 필요한 사항 중 근로자가 요구하는 사항으로, 근로자가 청구하지 아니한 사항을 사용자가 임의로 기재하여서는 아니 된다. **기출** 12 · 16

2. 사용증명서의 형식

사용증명서는 별도의 형식을 요구하지 아니하며, 근로자의 요구사항이 반영되도록 합리적인 방식으로 작성하면 된다.

3. 사용증명청구권의 제한

사용증명서의 청구는 30일 이상 근무한 근로자에게만 인정되고, 퇴직한 후 3년 이내에 청구하여야 한다(근기법 시행령 제19조). **기출** 12 · 16

Ⅳ 근로자 명부(근기법 제41조)

1. 기재사항

사용자는 각 사업장별로 근로자 명부를 작성하고, 근로자의 성명, 생년월일, 이력, 그 밖에 대통령령으로 정하는 사항을 적어야 한다. 다만, 대통령령으로 정하는 일용근로자에 대해서는 근로자 명부를 작성하지 아니할 수 있다. **기출** 16

2. 변경사항

근로자 명부에 적을 사항이 변경된 경우에는 지체 없이 정정하여야 한다.

근로자 명부의 기재사항(근기법 시행령 제20조)
법 제41조 제1항에 따른 근로자 명부에는 고용노동부령으로 정하는 바에 따라 다음 각 호의 사항을 적어야 한다.
1. 성 명
2. 성(性)별
3. 생년월일
4. 주 소
5. 이력(履歷)
6. 종사하는 업무의 종류
7. 고용 또는 고용갱신 연월일, 계약기간을 정한 경우에는 그 기간, 그 밖의 고용에 관한 사항
8. 해고, 퇴직 또는 사망한 경우에는 그 연월일과 사유
9. 그 밖에 필요한 사항

근로자 명부 작성의 예외(근기법 시행령 제21조)
사용기간이 30일 미만인 일용근로자에 대하여는 근로자 명부를 작성하지 아니할 수 있다.

Ⅴ 취업방해의 금지(근기법 제40조)

누구든지 근로자의 취업을 방해할 목적으로 비밀기호 또는 명부를 작성·사용하거나 통신을 하여서는 아니 된다. 이는 목적범이므로, 비밀기호나 명부의 작성·사용 또는 통신행위라는 객관적 요건 이외에 주관적 요건으로서 취업방해의 목적을 필요로 한다. 기출 12

Ⅵ 근로자 명부와 계약서류의 보존(근기법 제42조)

사용자는 근로자 명부와 대통령령으로 정하는 근로계약에 관한 중요한 서류를 3년간 보존하여야 한다.

보존 대상서류 등(근기법 시행령 제22조)

① 법 제42조에서 "대통령령으로 정하는 근로계약에 관한 중요한 서류"란 다음 각 호의 서류를 말한다.

1. 근로계약서
2. 임금대장
3. 임금의 결정·지급방법과 임금 계산의 기초에 관한 서류
4. 고용·해고·퇴직에 관한 서류
5. 승급·감급에 관한 서류
6. 휴가에 관한 서류
7. 삭제〈2014.12.9.〉
8. 법 제51조 제2항, 제51조의2 제1항, 같은 조 제2항 단서, 같은 조 제5항 단서, 제52조 제1항, 같은 조 제2항 제1호 단서, 제53조 제3항, 제55조 제2항 단서, 제57조, 제58조 제2항·제3항, 제59조 제1항 및 제62조에 따른 서면합의서류
9. 법 제66조에 따른 연소자의 증명에 관한 서류

② 법 제42조에 따른 근로계약에 관한 중요한 서류의 보존기간은 다음 각 호에 해당하는 날부터 기산한다.

1. 근로자 명부는 근로자가 해고되거나 퇴직 또는 사망한 날
2. 근로계약서는 근로관계가 끝난 날
3. 임금대장은 마지막으로 써 넣은 날
4. 고용, 해고 또는 퇴직에 관한 서류는 근로자가 해고되거나 퇴직한 날
5. 삭제〈2018.6.29.〉
6. 제1항 제8호의 서면합의서류는 서면합의한 날
7. 연소자의 증명에 관한 서류는 18세가 되는 날(18세가 되기 전에 해고되거나 퇴직 또는 사망한 경우에는 그 해고되거나 퇴직 또는 사망한 날)
8. 그 밖의 서류는 완결한 날

O | X 💬

1. 명시된 근로조건이 사실과 다를 경우에 근로자는 근로조건 위반을 이유로 손해의 배상을 청구할 수 있으며, 즉시 근로계약을 해제할 수 있다.
2. 사용자는 사용증명서에 근로자가 요구한 사항과 상관없는 사항을 자유롭게 기재할 수 있다.
3. 누구든지 근로자의 취업을 방해할 목적으로 비밀기호 또는 명부를 작성·사용하거나 통신을 하여서는 아니 된다.
4. 사용자는 각 사업장별로 근로자 명부를 작성하고, 근로자의 성명, 생년월일, 이력, 그 밖에 대통령령으로 정하는 사항을 적어야 한다.

정답 1. ○ 2. × 3. ○ 4. ○

09 근로관계의 종료

01 기출 24

☑ 확인 Check! ○ △ ✕

근로기준법상 경영상 이유에 의한 해고에 관한 설명으로 옳지 않은 것은?(다툼이 있으면 판례에 따름)

① 경영 악화를 방지하기 위한 사업의 양도·인수·합병은 긴박한 경영상의 필요가 있는 것으로 본다.

② 해고가 요건을 모두 갖추어 정당한지 여부는 각 요건을 구성하는 개별 사정들을 종합적으로 고려하여 판단한다.

③ 사용자가 근로자의 과반수로 조직된 노동조합과의 협의 외에 해고의 대상인 일정 급수 이상 직원들만의 대표를 새로이 선출케 하여 그 대표와 별도로 협의를 하지 않았다고 하여 해고를 협의절차의 흠결로 무효라 할 수는 없다.

④ 사용자는 해고된 근로자에 대하여 생계안정, 재취업, 직업훈련 등 필요한 조치를 우선적으로 취하여야 한다.

⑤ 해고 근로자는 사용자의 우선 재고용의무 불이행에 대하여 우선 재고용의무가 발생한 때부터 고용관계가 성립할 때까지의 임금 상당 손해배상금을 청구할 수 있다.

정답 및 해설

01

① (○) 사용자가 경영상 이유에 의하여 근로자를 해고하려면 긴박한 경영상의 필요가 있어야 한다. <u>이 경우 경영악화를 방지하기 위한 사업의 양도·인수·합병은 긴박한 경영상의 필요가 있는 것으로 본다</u>(근기법 제24조 제1항).

② (○) 근로기준법 제24조 제1항 내지 제3항에서 정한 해고요건의 구체적 내용은 확정적·고정적인 것이 아니라 구체적 사건에서 다른 요건의 충족정도와 관련하여 유동적으로 정해지는 것이므로 구체적 사건에서 경영상 이유에 의한 <u>당해 해고가 위 각 요건을 모두 갖추어 정당한지 여부는 위 각 요건을 구성하는 개별사정들을 종합적으로 고려하여 판단하여야 한다</u>(대판 2002.7.9. 2000두9373).

③ (○) 정리해고가 실시되는 사업장에 근로자의 과반수로 조직된 노동조합이 있는 경우 사용자가 <u>그 노동조합과의 협의 외에 정리해고의 대상인 일정 급수 이상 직원들만의 대표를 새로이 선출케 하여 그 대표와 별도로 협의를 하지 않았다고 하여 그 정리해고를 협의절차의 흠결로 무효라 할 수는 없다</u>(대판 2002.7.9. 2001다29452).

④ (✕) <u>정부는</u> 해고된 근로자에 대하여 생계안정, 재취업, 직업훈련 등 필요한 조치를 우선적으로 취하여야 한다(근기법 제25조 제2항).

⑤ (○) 사용자는 해고 근로자를 우선 재고용할 의무가 있으므로 해고 근로자는 사용자가 우선 재고용의무를 이행하지 아니하는 경우 사용자를 상대로 고용의 의사표시를 갈음하는 판결을 구할 사법상의 권리가 있고, 판결이 확정되면 사용자와 해고 근로자 사이에 고용관계가 성립한다. 또한 해고 근로자는 사용자가 위 규정을 위반하여 <u>우선 재고용의무를 이행하지 않은 데 대하여, 우선 재고용의무가 발생한 때부터 고용관계가 성립할 때까지의 임금 상당 손해배상금을 청구할 수 있다</u>(대판 2020.11.16. 2016다13437).

정답 ④

☑ 확인Check! ○ △ ✕

근로기준법령상 구제신청과 구제명령에 관한 설명으로 옳은 것을 모두 고른 것은?

> ㄱ. 노동위원회는 구제신청에 따라 당사자를 심문할 때 직권으로 증인을 출석하게 하여 필요한 사항을 질문할 수 있다.
> ㄴ. 노동위원회는 근로계약기간의 만료로 원직복직이 불가능한 경우에도 부당해고가 성립한다고 판정하면 근로자가 해고기간 동안 근로를 제공하였더라면 받을 수 있었던 임금 상당액에 해당하는 금품을 사업주가 근로자에게 지급하도록 명할 수 있다.
> ㄷ. 노동위원회가 사용자에게 구제명령을 하는 때에 정하는 이행기간은 사용자가 구제명령을 서면으로 통지받은 날부터 30일 이내로 한다.
> ㄹ. 지방노동위원회의 구제명령에 불복하는 사용자는 중앙노동위원회에 재심을 신청하거나 행정소송법의 규정에 따라 소(訴)를 제기할 수 있다.

① ㄱ, ㄴ
② ㄷ, ㄹ
③ ㄱ, ㄴ, ㄷ
④ ㄴ, ㄷ, ㄹ
⑤ ㄱ, ㄴ, ㄷ, ㄹ

02

ㄱ. (○) 노동위원회는 구제신청에 따라 심문을 할 때에는 관계 당사자의 신청이나 <u>직권으로</u> 증인을 출석하게 하여 필요한 사항을 질문할 수 있다(근기법 제29조 제2항).

ㄴ. (○) 노동위원회는 <u>근로계약기간의 만료, 정년의 도래 등으로 근로자가 원직복직이 불가능한 경우에도</u> 구제명령이나 기각결정을 하여야 한다. 이 경우 노동위원회는 부당해고등이 성립한다고 판정하면 근로자가 해고기간 동안 근로를 제공하였더라면 받을 수 있었던 임금 상당액에 해당하는 <u>금품을 사업주가 근로자에게 지급하도록 명할 수 있다</u>(근기법 제30조 제4항).

ㄷ. (○) 근기법 시행령 제11조

ㄹ. (✕) 노동위원회법에 따른 지방노동위원회의 구제명령이나 기각결정에 불복하는 <u>사용자나 근로자는</u> 구제명령서나 기각결정서를 통지받은 날부터 10일 이내에 중앙노동위원회에 재심을 신청할 수 있다. 중앙노동위원회의 재심판정에 대하여 사용자나 근로자는 재심판정서를 송달받은 날부터 15일 이내에 <u>행정소송법의 규정에 따라 소(訴)를 제기할 수 있다</u>(근기법 제31조 제1항, 제2항).

정답 ③

☑ 확인Check! ○ △ ✕

근로기준법상 구제명령 등에 관한 설명으로 옳은 것은?

① 중앙노동위원회의 재심판정에 대하여 사용자나 근로자는 재심판정서를 송달받은 날부터 20일 이내에 행정소송법의 규정에 따라 소(訴)를 제기할 수 있다.

② 노동위원회의 구제명령, 기각결정 또는 재심판정은 중앙노동위원회에 대한 재심 신청이나 행정소송 제기에 의하여 그 효력이 정지된다.

③ 노동위원회는 부당해고에 대한 구제명령을 할 때에 근로자의 의사와 무관하게 사용자가 원하지 아니하면 원직복직을 명하는 대신 해고기간 동안 임금 상당액 이상의 금품을 근로자에게 지급하도록 명하여야 한다.

④ 노동위원회가 이행강제금을 부과할 때에는 이행강제금의 액수, 부과 사유 등을 구두로 통보하여야 한다.

⑤ 노동위원회는 이행강제금 납부의무자가 납부기한까지 이행강제금을 내지 아니하면 기간을 정하여 독촉을 하고 지정된 기간에 이행강제금을 내지 아니하면 국세 체납처분의 예에 따라 징수할 수 있다.

03

① (✕) 중앙노동위원회의 재심판정에 대하여 사용자나 근로자는 <u>재심판정서를 송달받은 날부터 15일 이내에</u> 행정소송법의 규정에 따라 소(訴)를 제기할 수 있다(근기법 제31조 제2항).

② (✕) 노동위원회의 구제명령, 기각결정 또는 재심판정은 중앙노동위원회에 대한 재심 신청이나 행정소송 제기에 의하여 <u>그 효력이 정지되지 아니한다</u>(근기법 제32조).

③ (✕) 노동위원회는 구제명령을 할 때에 근로자가 <u>원직복직을 원하지 아니하면</u> 원직복직을 명하는 대신 근로자가 해고기간 동안 근로를 제공하였더라면 받을 수 있었던 임금 상당액 이상의 금품을 근로자에게 지급하도록 명할 수 있다(근기법 제30조 제3항).

④ (✕) 이행강제금을 부과할 때에는 이행강제금의 액수, 부과 사유, 납부기한, 수납기관, 이의제기방법 및 이의제기기관 등을 명시한 <u>문서로써 하여야</u> 한다(근기법 제33조 제3항).

⑤ (○) 근기법 제33조 제7항

정답 ⑤

04 기출 21

☑ 확인Check! ○ △ ✕

근로기준법령상 경영상 이유에 의한 해고에 관한 설명으로 옳지 않은 것은?(다툼이 있으면 판례에 따름)

① 경영악화를 방지하기 위한 사업의 양도·인수·합병은 긴박한 경영상의 필요가 있는 것으로 본다.

② 상시근로자 수 99명 이하인 사업 또는 사업장의 사용자는 1개월 동안에 10명 이상의 인원을 경영상의 이유에 의하여 해고하려면 최초로 해고하려는 날의 30일 전까지 고용노동부장관에게 신고하여야 한다.

③ 사용자가 해고를 피하기 위한 방법과 해고의 기준 등에 관하여 근로자대표에게 해고를 하려는 날의 50일 전까지 통보하지 않은 경우 그 이유만으로 경영상 이유에 의한 해고는 부당하다.

④ 경영상의 이유에 의하여 근로자를 해고한 사용자는 근로자를 해고한 날로부터 3년 이내에 해고된 근로자가 해고 당시 담당하였던 업무와 같은 업무를 할 근로자를 채용하려고 할 경우 경영상의 이유에 의하여 해고된 근로자가 원하면 그 근로자를 우선적으로 고용하여야 한다.

⑤ 긴박한 경영상의 필요란 장래에 올 수도 있는 위기에 미리 대처하기 위하여 인원삭감이 필요한 경우도 포함하지만, 그러한 인원삭감은 객관적으로 보아 합리성이 있다고 인정되어야 한다.

04

① (○) 사용자가 경영상 이유에 의하여 근로자를 해고하려면 긴박한 경영상의 필요가 있어야 한다. 이 경우 경영악화를 방지하기 위한 사업의 양도·인수·합병은 긴박한 경영상의 필요가 있는 것으로 본다(근기법 제24조 제1항).

② (○) 근기법 시행령 제10조 제1항 제1호

③ (✕) 해고를 피하기 위한 방법과 해고의 기준을 해고실시 50일 이전까지 근로자대표에게 통보하게 한 취지는, 소속근로자의 소재와 숫자에 따라 그 통보를 전달하는 데 소요되는 시간, 그 통보를 받은 각 근로자들이 통보내용에 따른 대처를 하는 데 소요되는 시간, 근로자대표가 성실한 협의를 할 수 있는 기간을 최대한으로 상정·허여하자는 데 있는 것이고, 50일 기간의 준수는 정리해고의 효력요건은 아니어서, 구체적 사안에서 통보 후 정리해고 실시까지의 기간이 그와 같은 행위를 하는 데 소요되는 시간으로 부족하였다는 등의 특별한 사정이 없으며, 정리해고의 그 밖의 요건은 충족되었다면 그 정리해고는 유효하다(대판 2003.11.13. 2003두4119).

④ (○) 근기법 제25조 제1항

⑤ (○) 정리해고의 요건 중 '긴박한 경영상의 필요'란 반드시 기업의 도산을 회피하기 위한 경우에 한정되지 아니하고, 장래에 올 수도 있는 위기에 미리 대처하기 위하여 인원삭감이 필요한 경우도 포함되지만, 그러한 인원삭감은 객관적으로 보아 합리성이 있다고 인정되어야 한다(대판 2015.5.28. 2012두25873).

정답 ③

⊕ PLUS

경영상의 이유에 의한 해고계획의 신고(근기법 시행령 제10조)

① 법 제24조 제4항에 따라 사용자는 1개월 동안에 다음 각 호의 어느 하나에 해당하는 인원을 해고하려면 최초로 해고하려는 날의 30일 전까지 고용노동부장관에게 신고하여야 한다.

1. 상시근로자 수가 99명 이하인 사업 또는 사업장 : 10명 이상
2. 상시근로자 수가 100명 이상 999명 이하인 사업 또는 사업장 : 상시근로자 수의 10% 이상
3. 상시근로자 수가 1,000명 이상인 사업 또는 사업장 : 100명 이상

05 기출 21

☑ 확인Check! ○ △ ✕

근로기준법령상 이행강제금에 관한 설명으로 옳지 않은 것은?

① 노동위원회는 이행강제금을 부과하기 30일 전까지 이행강제금을 부과·징수한다는 뜻을 사용자에게 미리 문서로써 알려주어야 한다.

② 노동위원회는 구제명령을 받은 자가 구제명령을 이행하면 구제명령을 이행하기 전에 이미 부과된 이행강제금은 징수하지 아니한다.

③ 노동위원회는 이행강제금을 부과하는 때에는 이행강제금의 부과통지를 받은 날부터 15일 이내의 납부기한을 정하여야 한다.

④ 노동위원회는 천재·사변, 그 밖의 부득이한 사유로 구제명령을 이행하기 어려운 경우에는 직권 또는 사용자의 신청에 따라 그 사유가 없어진 뒤에 이행강제금을 부과할 수 있다.

⑤ 노동위원회는 중앙노동위원회의 재심판정이나 법원의 확정판결에 따라 노동위원회의 구제명령이 취소되면 직권 또는 사용자의 신청에 따라 이행강제금의 부과·징수를 즉시 중지하고 이미 징수한 이행강제금을 반환하여야 한다.

✚ PLUS

이행강제금의 부과유예(근기법 시행령 제14조)
노동위원회는 다음 각 호의 어느 하나에 해당하는 사유가 있는 경우에는 직권 또는 사용자의 신청에 따라 그 사유가 없어진 뒤에 이행강제금을 부과할 수 있다.
1. 구제명령을 이행하기 위하여 사용자가 객관적으로 노력하였으나 근로자의 소재불명 등으로 구제명령을 이행하기 어려운 것이 명백한 경우
2. 천재·사변, 그 밖의 부득이한 사유로 구제명령을 이행하기 어려운 경우

06 기출 21

☑ 확인Check! ○ △ ✕

근로기준법령상 구제명령 등에 관한 설명이다. (　　)에 들어갈 내용을 옳게 나열한 것은?

> - 중앙노동위원회의 재심판정에 대하여 사용자나 근로자는 재심판정서를 송달받은 날부터 (ㄱ)일 이내에 「행정소송법」의 규정에 따라 소(訴)를 제기할 수 있다.
> - 노동위원회의 구제명령이행기간은 사용자가 구제명령을 서면으로 통지받은 날부터 (ㄴ)일 이내로 한다.

① ㄱ : 10,　ㄴ : 15　　　② ㄱ : 10,　ㄴ : 30
③ ㄱ : 15,　ㄴ : 15　　　④ ㄱ : 15,　ㄴ : 30
⑤ ㄱ : 30,　ㄴ : 30

05

① (○) 근기법 제33조 제2항

② (✕) 노동위원회는 구제명령을 받은 자가 구제명령을 이행하면 새로운 이행강제금을 부과하지 아니하되, 구제명령을 이행하기 전에 이미 부과된 이행강제금은 징수하여야 한다(근기법 제33조 제6항).

③ (○) 근기법 시행령 제12조 제1항

④ (○) 근기법 시행령 제14조 제2호

⑤ (○) 근기법 시행령 제15조 제1항

정답 ②

06

- 중앙노동위원회의 재심판정에 대하여 사용자나 근로자는 재심판정서를 송달받은 날부터 15일 이내에 행정소송법의 규정에 따라 소(訴)를 제기할 수 있다(근기법 제31조 제2항).

- 노동위원회는 사용자에게 구제명령을 하는 때에는 이행기한을 정하여야 한다. 이 경우 이행기한은 사용자가 구제명령을 서면으로 통지받은 날부터 30일 이내로 한다(근기법 시행령 제11조).

정답 ④

07 기출 20

☑ 확인 Check! ○ △ ✕

근로기준법상 해고에 관한 설명으로 옳지 않은 것은?(다툼이 있으면 판례에 따름)

① 부당해고등의 구제신청은 부당해고등이 있었던 날부터 3개월 이내에 하여야 한다.

② 사용자의 근로자에 대한 해고가 무효로 판단되는 경우에는 그 해고가 곧바로 불법행위를 구성한다.

③ 사용자가 해고사유 등을 서면으로 통지할 때는 근로자의 처지에서 해고사유가 무엇인지를 구체적으로 알 수 있어야 한다.

④ 노동위원회는 최초의 구제명령을 한 날을 기준으로 매년 2회의 범위에서 구제명령이 이행될 때까지 반복하여 최대 2년간 이행강제금을 부과할 수 있다.

⑤ 노동위원회는 해고에 대한 구제명령을 할 때에 근로자가 원직복직을 원하지 아니하면 원직복직 대신 근로자가 해고기간 동안 근로를 제공하였더라면 받을 수 있었던 임금 상당액 이상의 금품을 근로자에게 지급하도록 명할 수 있다.

07

① (○) 근기법 제28조 제2항

② (✕) 일반적으로 사용자의 근로자에 대한 <u>해고 등의 불이익처분이 정당하지 못하여 무효로 판단되는 경우에 그러한 사유만으로 곧바로 그 해고 등이 불법행위를 구성하게 된다고는 할 수 없다</u>(대판 1997.1.21. 95다24821).

③ (○) 대판 2015.11.27. 2015두48136

④ (○) 근기법 제33조 제5항

⑤ (○) 근기법 제30조 제3항

정답 ②

08 기출 19

☑ 확인 Check! ○ △ ✕

근로기준법상 구제명령 등에 관한 설명으로 옳지 않은 것은?

① 노동위원회는 심문을 끝내고 부당해고등이 성립한다고 판정하면 사용자에게 구제명령을 하여야 한다.

② 노동위원회의 판정, 구제명령 및 기각결정은 사용자와 근로자에게 각각 서면으로 통지하여야 한다.

③ 지방노동위원회의 구제명령이나 기각결정에 불복하는 사용자나 근로자는 구제명령서나 기각결정서를 통지받은 날부터 10일 이내에 중앙노동위원회에 재심을 신청할 수 있다.

④ 중앙노동위원회의 재심판정에 대하여 사용자나 근로자는 재심판정서를 송달받은 날부터 30일 이내에 행정소송법의 규정에 따라 소(訴)를 제기할 수 있다.

⑤ 노동위원회의 구제명령, 기각결정 또는 재심판정은 중앙노동위원회에 대한 재심신청이나 행정소송의 제기에 의하여 그 효력이 정지되지 아니한다.

08

① (○) 근기법 제30조 제1항

② (○) 사용자와 근로자 모두에게 각각 서면통지하여야 한다(근기법 제30조 제2항).

③ (○) 지방노동위원회의 구제명령서나 기각결정서를 통지받은 날부터 10일 이내이다(근기법 제31조 제1항).

④ (✕) 중앙노동위원회의 재심판정에 대하여 사용자나 근로자는 재심판정서를 송달받은 날부터 15일 이내에 행정소송법의 규정에 따라 소(訴)를 제기할 수 있다(근기법 제31조 제2항).

⑤ (○) 근기법 제32조

정답 ④

09 기출 19

☑ 확인 Check! ○ △ ✕

근로기준법상 경영상 이유에 의한 해고의 제한에 관한 설명으로 옳지 않은 것은?(다툼이 있으면 판례에 따름)

① 긴박한 경영상의 필요란 기업의 일부 영업부문 내지 영업소의 수지만을 기준으로 할 것이 아니라 기업 전체의 경영사정을 종합적으로 검토하여 결정되어야 한다.

② 근로자의 과반수로 조직된 노동조합이 있는 경우에도 사용자가 그 노동조합과의 협의 외에 근로자집단의 대표와 별도로 협의하여야 한다.

③ 사용자는 대통령령으로 정하는 일정한 규모 이상의 인원을 해고하려면 대통령령으로 정하는 바에 따라 고용노동부장관에게 신고하여야 한다.

④ 경영악화를 방지하기 위한 사업의 양도·인수·합병은 긴박한 경영상의 필요가 있는 것으로 본다.

⑤ 사용자가 해고를 회피하기 위한 방법에 관하여 노동조합 또는 근로자대표와 성실하게 협의하여 정리해고 실시에 관한 합의에 도달하였다면 이러한 사정도 해고회피노력의 판단에 참작되어야 한다.

10 기출 18

☑ 확인 Check! ○ △ ✕

근로기준법령상 부당해고구제제도에 관한 설명으로 옳지 않은 것은?

① 노동위원회는 사용자에게 구제명령을 하는 때에는 구제명령을 한 날부터 15일 이내의 이행기한을 정하여야 한다.

② 중앙노동위원회의 재심판정에 대하여 사용자나 근로자는 재심판정서를 송달받은 날부터 15일 이내에 행정소송을 제기할 수 있다.

③ 노동위원회는 구제명령을 할 때에 근로자가 원직복직을 원하지 아니하면 원직복직 대신 해고기간 동안의 임금 상당액 이상의 금품을 근로자에게 지급하도록 명할 수 있다.

④ 노동위원회의 구제명령은 행정소송 제기에 의하여 그 효력이 정지되지 아니한다.

⑤ 지방노동위원회의 구제명령에 불복하는 사용자는 구제명령서를 통지받은 날부터 10일 이내에 중앙노동위원회에 재심을 신청할 수 있다.

09

① (○) 긴박한 경영상의 필요가 있는지를 판단할 때는 법인의 어느 사업부문이 다른 사업부문과 인적·물적·장소적으로 분리·독립되어 있고 재무 및 회계가 분리되어 있으며 경영여건도 서로 달리하는 예외적인 경우가 아니라면 법인의 일부 사업부문 내지 사업소의 수지만을 기준으로 할 것이 아니라 <u>법인 전체의 경영사정을 종합적으로 검토하여 결정하여야</u> 한다(대판 2015.5.28. 2012두25873).

② (✕) 사용자는 해고를 회피하기 위한 방법 및 해고의 기준 등에 관하여 당해 사업장에 근로자의 과반수로 조직된 노동조합이 있는 경우에는 당해 노동조합과, 이러한 노동조합이 없는 경우에는 근로자의 과반수를 대표하는 근로자대표에 대하여 해고를 하고자 하는 날의 50일 전까지 통보하고 성실하게 협의하여야 한다(근기법 제24조 제3항). 따라서 사용자가 노동조합과 협의한 경우, 별도로 근로자집단의 대표와 협의할 필요는 없다.

③ (○) 근기법 제24조 제4항

④ (○) 근기법 제24조 제1항

⑤ (○) 대판 2002.7.9. 2001다29452

정답 ②

10

① (✕) 노동위원회법에 따른 노동위원회는 사용자에게 구제명령을 하는 때에는 이행기한을 정하여야 한다. 이 경우 이행기한은 사용자가 <u>구제명령을 서면으로 통지받은 날부터 30일 이내로 한다</u>(근기법 시행령 제11조).

② (○) 근기법 제31조 제2항

③ (○) 근기법 제30조 제3항

④ (○) 근기법 제32조

⑤ (○) 근기법 제31조 제1항

정답 ①

11 기출 18

☑ 확인 Check! ○ △ ×

근로기준법상 이행강제금에 관한 설명으로 옳은 것은?

① 노동위원회는 구제명령을 받은 후 이행기한까지 구제명령을 이행하지 아니한 사용자에게 2천만원 이하의 이행강제금을 부과한다.

② 노동위원회는 2년을 초과하지 않는 범위 내에서 최초의 구제 명령을 한 날을 기준으로 매년 2회의 범위에서 행정소송이 제기될 때까지 반복하여 이행강제금을 부과・징수할 수 있다.

③ 노동위원회는 이행강제금 납부의무자가 납부기한까지 이행강제금을 내지 아니하면 즉시 국세체납처분의 예에 따라 징수할 수 있다.

④ 노동위원회는 구제명령을 받은 자가 구제명령을 이행하면 새로운 이행강제금을 부과하지 아니하고, 구제명령을 이행하기 전에 이미 부과된 이행강제금의 부과처분은 취소하여야 한다.

⑤ 근로자는 구제명령을 받은 사용자가 이행기한까지 구제명령을 이행하지 아니하면 이행기한이 지난 때부터 15일 이내에 그 사실을 노동위원회에 알려 줄 수 있다.

12 기출 18

☑ 확인 Check! ○ △ ×

근로기준법령상 사용자가 3년간 보존하여야 하는 근로계약에 관한 중요한 서류가 아닌 것은?

① 연소자의 증명에 관한 서류
② 휴가에 관한 서류
③ 승급・감급에 관한 서류
④ 퇴직금 중간정산에 관한 증명서류
⑤ 임금대장

➕ PLUS

보존 대상서류(근기법 시행령 제22조)
① 법 제42조에서 "대통령령으로 정하는 근로계약에 관한 중요한 서류"란 다음 각 호의 서류를 말한다.
1. 근로계약서
2. 임금대장
3. 임금의 결정・지급방법과 임금계산의 기초에 관한 서류
4. 고용・해고・퇴직에 관한 서류
5. 승급・감급에 관한 서류
6. 휴가에 관한 서류
7. 삭제 〈2014.12.9.〉
8. 법 제51조 제2항, 제51조의2 제1항, 같은 조 제2항 단서, 같은 조 제5항 단서, 제52조 제1항, 같은 조 제2항 제1호 단서, 제53조 제3항, 제55조 제2항 단서, 제57조, 제58조 제2항・제3항, 제59조 제1항 및 제62조에 따른 서면합의서류
9. 법 제66조에 따른 연소자의 증명에 관한 서류

11

① (×) 노동위원회는 구제명령(구제명령을 내용으로 하는 재심판정을 포함)을 받은 후 이행기한까지 구제명령을 이행하지 아니한 사용자에게 <u>3천만원 이하의 이행강제금을</u> 부과한다(근기법 제33조 제1항).

② (×) 노동위원회는 최초의 구제명령을 한 날을 기준으로 매년 2회의 범위에서 구제명령이 이행될 때까지 반복하여 제1항에 따른 이행강제금을 부과・징수할 수 있다. 이 경우 이행강제금은 <u>2년을</u> 초과하여 부과・징수하지 못한다(근기법 제33조 제5항).

③ (×) <u>노동위원회는</u> 이행강제금 납부의무자가 납부기한까지 이행강제금을 내지 아니하면 <u>기간을 정하여 독촉을 하고</u> 지정된 기간에 이행강제금을 내지 아니하면 국세 체납처분의 예에 따라 징수할 수 있다(근기법 제33조 제7항).

④ (×) 노동위원회는 구제명령을 받은 자가 구제명령을 이행하면 <u>새로운 이행강제금을 부과하지 아니하되</u>, 구제명령을 이행하기 전에 <u>이미 부과된 이행강제금은 징수하여야</u> 한다(근기법 제33조 제6항).

⑤ (○) 근기법 제33조 제8항

정답 ⑤

12

① (○), ② (○), ③ (○), ④ (×), ⑤ (○)
퇴직금 중간정산에 관한 증명서류는 이에 해당하지 아니한다.

정답 ④

13 기출 18

☑ 확인 Check! ○ △ ×

근로기준법령상 경영상 이유에 의한 해고에 관한 설명으로 옳은 것은?

① 경영악화를 방지하기 위한 사업의 양도는 긴박한 경영상의 필요가 있는 것으로 보지 않는다.

② 사용자가 경영상 이유에 의하여 일정한 규모 이상의 인원을 해고하려면 고용노동부장관에게 지체 없이 통보하여야 한다.

③ 사용자는 해고를 피하기 위한 방법 등에 관하여 해고를 하려는 날의 30일 전까지 근로자대표에게 통보하고 성실하게 협의하여야 한다.

④ 경영상 이유에 의한 해고를 하는 때에도 해고의 예고규정은 적용된다.

⑤ 사용자는 경영상 이유에 의해 해고된 근로자에 대하여 생계안정, 재취업 등 필요한 조치를 우선적으로 취하여야 한다.

13

① (×) 경영악화를 방지하기 위한 사업의 양도·인수·합병은 긴박한 경영상의 필요가 있는 것으로 본다(근기법 제24조 제1항).

② (×) 일정한 규모 이상의 인원을 해고하려면 대통령령으로 정하는 바에 따라 고용노동부장관에게 신고하여야 한다(근기법 제24조 제4항).

③ (×) 사용자는 해고를 피하기 위한 방법과 해고의 기준 등에 관하여 그 사업 또는 사업장에 근로자의 과반수로 조직된 노동조합이 있는 경우에는 그 노동조합(근로자의 과반수로 조직된 노동조합이 없는 경우에는 근로자의 과반수를 대표하는 자)에 해고를 하려는 날의 50일 전까지 통보하고 성실하게 협의하여야 한다(근기법 제24조 제3항).

④ (○) 사용자는 근로자를 해고(경영상 이유에 의한 해고를 포함)하려면 적어도 30일 전에 예고를 하여야 하고, 30일 전에 예고를 하지 아니하였을 때에는 30일분 이상의 통상임금을 지급하여야 한다(근기법 제26조 본문).

⑤ (×) 정부는 경영상 이유에 의해 해고된 근로자에 대하여 생계안정, 재취업, 직업훈련 등 필요한 조치를 우선적으로 취하여야 한다(근기법 제25조 제2항).

정답 ④

14 기출 17

☑ 확인 Check! ○ △ ×

근로기준법령상 이행강제금에 관한 설명으로 옳지 않은 것은?

① 노동위원회는 이행강제금을 부과하기 30일 전까지 이행강제금을 부과·징수한다는 뜻을 사용자에게 미리 문서로써 알려 주어야 한다.

② 노동위원회는 이행강제금을 부과하는 때에는 이행강제금의 부과통지를 받은 날부터 15일 이내의 납부기한을 정하여야 한다.

③ 노동위원회는 구제명령을 받은 자가 구제명령을 이행하더라도 그 이행 전에 이미 부과된 이행강제금은 징수하여야 한다.

④ 노동위원회는 법원의 확정판결에 따라 노동위원회의 구제명령이 취소되는 경우에도 이미 징수한 이행강제금은 반환하지 아니한다.

⑤ 노동위원회는 이행강제금 납부의무자가 납부기한까지 이행강제금을 내지 아니하면 기간을 정하여 독촉을 하고 지정된 기간에 이행강제금을 내지 아니하면 국세체납처분의 예에 따라 징수할 수 있다.

14

① (○) 근기법 제33조 제2항

② (○) 근기법 시행령 제12조 제1항

③ (○) 근기법 제33조 제6항

④ (×) 노동위원회는 중앙노동위원회의 재심판정이나 법원의 확정판결에 따라 노동위원회의 구제명령이 취소되면 직권 또는 사용자의 신청에 따라 이행강제금의 부과·징수를 즉시 중지하고 이미 징수한 이행강제금을 반환하여야 한다(근기법 시행령 제15조 제1항).

⑤ (○) 근기법 제33조 제7항

정답 ④

15 기출 17

☑ 확인 Check! ○ △ X

근로관계의 종료에 관한 설명으로 옳지 않은 것은?(다툼이 있으면 판례에 따름)

① 상시 4인 이하의 근로자를 사용하는 사업장에서 근로자를 해고하려는 사용자는 해고사유와 해고시기를 서면으로 통지하지 아니할 수 있다.

② 영업양도당사자 사이에 근로관계의 일부를 승계의 대상에서 제외하기로 하는 특약은 실질적으로 해고와 다름이 없다.

③ 시용기간 만료 시 본계약의 체결을 거부하는 것은 사용자에게 유보된 해약권의 행사로서 보통의 해고보다는 넓게 인정될 수 있다.

④ 사직의 의사표시는 특별한 사정이 없는 한 당해 근로계약을 종료시키는 취지의 해약고지로 볼 수 없다.

⑤ 기간을 정한 근로계약관계에서 근로자에게 근로계약의 갱신에 대한 정당한 기대권이 인정되는 경우 사용자가 이에 위반하여 부당하게 근로계약의 갱신을 거절하는 것은 효력이 없다.

15

① (○) 상시 4인 이하의 근로자를 사용하는 사업장은 해고 시 서면통지의무를 부담하지 아니한다(근기법 제11조 제2항).

② (○) 영업양도당사자 사이에 근로관계의 일부를 승계의 대상에서 제외하기로 하는 특약이 있는 경우에는 그에 따라 근로관계의 승계가 이루어지지 않을 수 있으나, 그러한 특약은 실질적으로 해고나 다름이 없다 할 것이므로, 근로기준법 제23조 제1항 소정의 정당한 이유가 있어야 유효하다 할 것이다(대판 1994.6.28. 93다33173).

③ (○) 시용(試用)기간 중에 있는 근로자를 해고하거나 시용기간 만료 시 본계약(本契約)의 체결을 거부하는 것은 사용자에게 유보된 해약권의 행사로서, 당해 근로자의 업무능력, 자질, 인품, 성실성 등 업무적격성을 관찰·판단하려는 시용제도의 취지·목적에 비추어 볼 때 보통의 해고보다는 넓게 인정되나, 이 경우에도 객관적으로 합리적인 이유가 존재하여 사회통념상 상당하다고 인정되어야 한다(대판 2006.2.24. 2002다62432).

④ (X) 사직의 의사표시는 특별한 사정이 없는 한 당해 근로계약을 종료시키는 취지의 해약고지로 볼 것이다(대판 2000.9.5. 99두8657).

⑤ (○) 갱신기대권이 인정되는 경우, 사용자가 이에 위반하여 부당하게 근로계약의 갱신을 거절하는 것은 부당해고와 마찬가지로 아무런 효력이 없다(대판 2011.4.14. 2007두1729).

정답 ④

16 기출 16

☑ 확인 Check! ○ △ X

다음은 경영상 이유에 의한 해고에 관한 근로기준법령 규정의 내용이다. ( ) 안에 들어갈 내용으로 옳은 것은?

- 사용자는 근로기준법 제24조 제2항에 따른 해고를 피하기 위한 방법과 해고의 기준 등에 관하여 그 사업 또는 사업장에 근로자의 과반수로 조직된 노동조합이 있는 경우에는 그 노동조합에 해고를 하려는 날의 (ㄱ) 전까지 통보하고 성실하게 협의하여야 한다.
- 근로기준법 제24조 제4항에 따라 사용자는 1개월 동안에 동법 시행령 제10조 제1항에서 정한 바에 따른 인원을 해고하려면 최초로 해고하려는 날의 (ㄴ) 전까지 고용노동부장관에게 신고하여야 한다.

① ㄱ : 30일, ㄴ : 15일
② ㄱ : 30일, ㄴ : 30일
③ ㄱ : 50일, ㄴ : 20일
④ ㄱ : 50일, ㄴ : 30일
⑤ ㄱ : 60일, ㄴ : 15일

16

- 사용자는 제2항에 따른 해고를 피하기 위한 방법과 해고의 기준 등에 관하여 그 사업 또는 사업장에 근로자의 과반수로 조직된 노동조합이 있는 경우에는 그 노동조합(근로자의 과반수로 조직된 노동조합이 없는 경우에는 근로자의 과반수를 대표하는 자)에 해고를 하려는 날의 50일 전까지 통보하고 성실하게 협의하여야 한다(근기법 제24조 제3항).
- 법 제24조 제4항에 따라 사용자는 1개월 동안에 다음 각 호의 어느 하나에 해당하는 인원을 해고하려면 최초로 해고하려는 날의 30일 전까지 고용노동부장관에게 신고하여야 한다(근기법 시행령 제10조 제1항).
  1. 상시근로자 수가 99명 이하인 사업 또는 사업장 : 10명 이상
  2. 상시근로자 수가 100명 이상 999명 이하인 사업 또는 사업장 : 상시근로자 수의 10% 이상
  3. 상시근로자 수가 1,000명 이상인 사업 또는 사업장 : 100명 이상

정답 ④

17 기출 19

☑ 확인Check! ○ △ ✕

근로기준법령상 해고예고의 예외사유에 해당하지 않는 것은?

① 근로자가 계속 근로한 기간이 3개월 미만인 경우
② 6개월을 초과하여 단시간 근로를 계속한 경우
③ 천재·사변, 그 밖의 부득이한 사유로 사업을 계속하는 것이 불가능한 경우
④ 제품 또는 원료 등을 몰래 훔치거나 불법 반출한 경우
⑤ 사업장의 기물을 고의로 파손하여 생산에 막대한 지장을 가져온 경우

⊕ PLUS

해고예고의 예외가 되는 근로자의 귀책사유(근기법 시행규칙 [별표 1])
1. 납품업체로부터 금품이나 향응을 제공받고 불량품을 납품받아 생산에 차질을 가져온 경우
2. 영업용 차량을 임의로 타인에게 대리운전하게 하여 교통사고를 일으킨 경우
3. 사업의 기밀이나 그 밖의 정보를 경쟁관계에 있는 다른 사업자 등에게 제공하여 사업에 지장을 가져온 경우
4. 허위사실을 날조하여 유포하거나 불법집단행동을 주도하여 사업에 막대한 지장을 가져온 경우
5. 영업용 차량 운송수입금을 부당하게 착복하는 등 직책을 이용하여 공금을 착복, 장기유용, 횡령 또는 배임한 경우
6. 제품 또는 원료 등을 몰래 훔치거나 불법반출한 경우
7. 인사·경리·회계 담당 직원이 근로자의 근무상황실적을 조작하거나 허위서류 등을 작성하여 사업에 손해를 끼친 경우
8. 사업장의 기물을 고의로 파손하여 생산에 막대한 지장을 가져온 경우
9. 그 밖에 사회통념상 고의로 사업에 막대한 지장을 가져오거나 재산상 손해를 끼쳤다고 인정되는 경우

---

18 기출 17

☑ 확인Check! ○ △ ✕

근로기준법령상 구제명령 등에 관한 설명으로 옳지 않은 것은?

① 노동위원회는 사용자에게 구제명령을 하는 때에는 구제명령을 한 날부터 60일 이내의 이행기한을 정하여야 한다.
② 중앙노동위원회의 재심판정에 대하여 사용자나 근로자는 재심판정서를 송달받은 날부터 15일 이내에 행정소송법의 규정에 따라 소를 제기할 수 있다.
③ 노동위원회의 구제명령, 기각결정 또는 재심판정은 중앙노동위원회에 대한 재심신청이나 행정소송 제기에 의하여 그 효력이 정지되지 아니한다.
④ 구제명령을 이행하기 위하여 사용자가 객관적으로 노력하였으나 근로자의 소재불명 등으로 구제명령을 이행하기 어려운 것이 명백한 경우 노동위원회는 직권으로 그 사유가 없어진 뒤에 이행강제금을 부과할 수 있다.
⑤ 노동위원회는 심문을 끝내고 부당해고등이 성립한다고 판정하면 사용자에게 구제명령을 하여야 하며, 부당해고등이 성립하지 아니한다고 판정하면 구제신청을 기각하는 결정을 하여야 한다.

17

① (○) 근기법 제26조 제1호
② (✕) 계속 근로한 기간이 3개월 미만이 아니므로 해고예고의 예외사유에 해당하지 않는다.
③ (○) 근기법 제26조 제2호
④ (○)·⑤ (○) 근기법 시행규칙 [별표 1]

정답 ②

18

① (✕) 노동위원회법에 따른 노동위원회는 법 제30조 제1항에 따라 사용자에게 구제명령을 하는 때에는 이행기한을 정하여야 한다. 이 경우 이행기한은 법 제30조 제2항에 따라 사용자가 구제명령을 서면으로 통지받은 날부터 30일 이내로 한다(근기법 시행령 제11조).
② (○) 근기법 제31조 제2항
③ (○) 근기법 제32조
④ (○) 노동위원회는 구제명령을 이행하기 위하여 사용자가 객관적으로 노력하였으나 근로자의 소재불명 등으로 구제명령을 이행하기 어려운 것이 명백한 경우 직권 또는 사용자의 신청에 따라 그 사유가 없어진 뒤에 이행강제금을 부과할 수 있다(근기법 시행령 제14조 제1호).
⑤ (○) 근기법 제30조 제1항

정답 ①

10 기타 법령

제1절 **파견근로자 보호 등에 관한 법률**

Ⅰ 근로자파견과 근로관계

파견근로자 보호 등에 관한 법률(이하 "파견법")은 근로자파견제도에 관한 특별법이다. 한편, 경제자유구역의 지정 및 운영에 관한 특별법은 파견법의 규정에도 불구하고 "고용노동부장관은 경제자유구역위원회의 심의·의결을 거친 전문업종에 한정하여 근로자파견 대상업무를 확대하거나 근로자파견기간을 연장할 수 있다"고 규정하고 있다(경제자유구역법 제17조 제5항).

1. 서 설

(1) 근로자파견의 개념

근로자파견이란 파견사업주가 근로자를 고용한 후 그 고용관계를 유지하면서 근로자파견계약의 내용에 따라 사용사업주의 지휘·명령을 받아 사용사업주를 위한 근로에 종사하게 하는 것을 말한다(파견법 제2조 제1호).

_{기출} 12

(2) 근로자파견사업의 허가

① 근로자파견사업을 하려는 자는 고용노동부령으로 정하는 바에 따라 고용노동부장관의 허가를 받아야 한다. 허가받은 사항 중 고용노동부령으로 정하는 중요사항을 변경하는 경우에도 또한 같다(파견법 제7조 제1항).

_{기출} 12·24

② 근로자파견사업허가의 유효기간은 3년으로 한다(파견법 제10조 제1항). _{기출} 12·14·22 근로자파견사업 허가의 유효기간이 끝난 후 계속하여 근로자파견사업을 하려는 자는 고용노동부령으로 정하는 바에 따라 갱신허가를 받아야 하며, 근로자파견사업 갱신허가의 유효기간은 그 갱신 전의 허가의 유효기간이 끝나는 날의 다음 날부터 기산(起算)하여 3년으로 한다(파견법 제10조 제2항, 제3항). _{기출} 24

(3) 겸업금지

식품위생법상의 식품접객업, 공중위생관리법상의 숙박업, 결혼중개업의 관리에 관한 법률상의 결혼중개업을 하는 자는 근로자파견사업을 할 수 없다(파견법 제14조). _{기출} 24

(4) 명의대여의 금지

파견사업주는 자기의 명의로 타인에게 근로자파견사업을 하게 하여서는 아니 된다(파견법 제15조). _{기출} 24

2. 대상업무 및 파견기간

(1) 대상업무(파견법 제5조)

1) 상시허용업무

근로자파견사업은 제조업의 직접생산공정업무를 제외하고 전문지식·기술·경험 또는 업무의 성질 등을 고려하여 적합하다고 판단되는 업무로서 대통령령으로 정하는 업무를 대상으로 한다(제1항).

2) 일시허용업무

제5조 제1항에도 불구하고 출산·질병·부상 등으로 결원이 생긴 경우 또는 일시적·간헐적으로 인력을 확보하여야 할 필요가 있는 경우에는 근로자파견사업을 할 수 있다(제2항). 기출 13·21

3) 절대금지업무

다음의 업무에 대하여는 근로자파견사업을 행하여서는 아니 된다(제3항). 기출 21·24

① 건설공사현장에서 이루어지는 업무

② 항만운송사업법, 한국철도공사법, 농수산물 유통 및 가격안정에 관한 법률, 물류정책기본법의 하역업무로서 직업안정법에 따라 근로자공급사업허가를 받은 지역의 업무

③ 선원법에 따른 선원의 업무 기출 15

④ 산업안전보건법에 따른 유해하거나 위험한 업무

⑤ 그 밖에 근로자 보호 등의 이유로 근로자파견사업의 대상으로는 적절하지 못하다고 인정하여 대통령령이 정하는 업무

근로자파견의 대상 및 금지업무(파견법 시행령 제2조)

① 파견근로자 보호 등에 관한 법률(이하 "법") 제5조 제1항에서 "대통령령으로 정하는 업무"란 [별표 1]의 업무를 말한다.

② 법 제5조 제3항 제5호에서 "대통령령으로 정하는 업무"란 다음 각 호의 어느 하나에 해당하는 업무를 말한다.

  1. 진폐의 예방과 진폐근로자의 보호 등에 관한 법률 제2조 제3호에 따른 분진작업을 하는 업무
  2. 산업안전보건법 제137조에 따른 건강관리카드의 발급 대상업무
  3. 의료법 제2조에 따른 의료인의 업무 및 같은 법 제80조의2에 따른 간호조무사의 업무
  4. 의료기사 등에 관한 법률 제3조에 따른 의료기사의 업무
  5. 여객자동차 운수사업법 제2조 제3호에 따른 여객자동차운송사업에서의 운전업무
  6. 화물자동차 운수사업법 제2조 제3호에 따른 화물자동차운송사업에서의 운전업무

---

(2) 파견기간(파견법 제6조) 기출 13·17

1) 상시허용업무

근로자파견의 기간은 1년을 초과하여서는 아니 된다. 파견사업주, 사용사업주, 파견근로자 간의 합의가 있는 경우에는 파견기간을 연장할 수 있다. 이 경우 1회를 연장할 때에는 그 연장기간은 1년을 초과하여서는 아니 되며, 연장된 기간을 포함한 총파견기간은 2년을 초과하여서는 아니 된다. 고용상 연령차별금지 및 고령자고용촉진에 관한 법률에 따른 고령자(55세 이상인 사람)인 파견근로자에 대하여는 2년을 초과하여 근로자파견기간을 연장할 수 있다(제1항 내지 제3항).

2) 일시허용업무

출산·질병·부상 등 그 사유가 객관적으로 명백한 경우에는 그 사유가 없어지는 데 필요한 기간, 일시적·간헐적으로 인력을 확보할 필요가 있는 경우에는, 3개월 이내의 기간 동안 근로자파견이 인정된다. 다만, 해당 사유가 없어지지 아니하고 파견사업주, 사용사업주, 파견근로자 간의 합의가 있는 경우에는 3개월의 범위에서 한 차례만 그 기간을 연장할 수 있다(제4항).

3. 직접고용의무(파견법 제6조의2) <u>기출</u> 16 · 17 · 19 · 20

(1) 직접고용의무의 인정

1) 고용의무 인정사유

사용사업주는 ① 상시허용업무에 해당하지 않는 업무에서 파견근로자를 사용하는 경우(2년 초과 불요), ② 절대적 파견금지업무에 파견근로자를 사용하는 경우(2년 초과 불요), ③ 상시허용업무에서 2년을 초과하여 계속적으로 파견근로자를 사용하는 경우(2년 초과 시), ④ 일시허용업무에 대한 파견기간을 위반하여 파견근로자를 사용하는 경우(임시파견기간 위반 시), ⑤ 근로자 파견사업에 대한 허가를 받지 않은 자로부터 근로자 파견의 역무를 제공받은 경우(2년 초과 불요) 등의 어느 하나에 해당하면 해당 파견근로자를 직접 고용하여야 한다.

2) 파견사업주의 변경

판례는 직접고용의무 규정의 취지를 고려할 때 그 내용이 파견사업주와는 직접적인 관련이 없고, 그 적용요건으로 파견기간 중 파견사업주의 동일성을 요구하고 있지도 아니하므로, 파견기간 중 파견사업주가 변경된 경우 특별한 사정이 없는 한 직접고용의무 규정의 적용을 배제할 수 없다는 입장이다(대판 2015.11.26, 2013다14965).

(2) 직접고용의무의 적용제외

파견근로자가 명시적으로 반대의사를 표시하거나 임금채권보장법 제7조 제1항 제1호부터 제3호까지의 어느 하나에 해당하는 경우 또는 천재·사변 그 밖의 부득이한 사유로 사업의 계속이 불가능한 경우에는 사용사업주의 직접 고용의무규정은 적용되지 아니한다(파견법 제6조의2 제2항).

(3) 직접고용 시 근로조건

사용사업주가 파견근로자를 직접 고용하는 경우에 있어서 파견근로자의 근로조건은, 사용사업주의 근로자 중 당해 파견근로자와 동종 또는 유사업무를 수행하는 근로자가 있는 경우에는 그 근로자에게 적용되는 취업규칙 등에서 정한 근로조건으로 하되, 사용사업주의 근로자 중 당해 파견근로자와 동종 또는 유사업무를 수행하는 근로자가 없는 경우에는 당해 파견근로자의 기존 근로조건보다 저하되지 않도록 설정해야 한다(파견법 제6조의2 제3항).

고용의무의 예외(파견법 시행령 제2조의2)
법 제6조의2 제2항에서 "대통령령으로 정하는 정당한 이유가 있는 경우"란 다음 각 호의 어느 하나에 해당하는 경우를 말한다.
1. 임금채권보장법 제7조 제1항 제1호부터 제3호까지의 어느 하나에 해당하는 경우
2. 천재·사변 그 밖의 부득이한 사유로 사업의 계속이 불가능한 경우

체불임금등의 지급(임채법 제7조)
① 고용노동부장관은 사업주가 다음 각 호의 어느 하나에 해당하는 경우에 퇴직한 근로자가 지급받지 못한 임금등의 지급을 청구하면 제3지의 변제에 관한 민법 제469조에도 불구하고 그 근로자의 미지급임금등을 사업주를 대신하여 지급한다.
1. 채무자 회생 및 파산에 관한 법률에 따른 회생절차 개시의 결정이 있는 경우
2. 채무자 회생 및 파산에 관한 법률에 따른 파산선고의 결정이 있는 경우
3. 고용노동부장관이 대통령령으로 정한 요건과 절차에 따라 미지급임금등을 지급할 능력이 없다고 인정하는 경우

---

4. 사업의 폐지

파견사업주는 근로자파견사업을 폐지하였을 때에는 고용노동부령으로 정하는 바에 따라 고용노동부장관에게 신고하여야 한다. 이에 따른 신고가 있을 때에는 근로자파견사업의 허가는 신고일부터 그 효력을 잃는다 (파견법 제11조). **기출** 22

5. 파견사업주 및 사용사업주와 파견근로자의 관계

파견사업주와 사용사업주 사이에는 근로자파견계약이 체결되고, 파견사업주와 파견근로자 사이에는 근로계약이 체결되며, 파견근로자는 사용사업주의 지휘·명령하에 근로를 제공하게 된다.

(1) 파견사업주와 사용사업주의 관계

파견사업주와 사용사업주 사이에 체결된 근로자파견계약에 따라 근로자파견이 이루어지게 되며 이 경우 파견사업주는 파견근로자의 고용관계가 끝난 후 사용사업주가 그 파견근로자를 고용하는 것을 정당한 이유 없이 금지하는 내용의 근로자파견계약을 체결하여서는 아니 된다(파견법 제25조 제2항). **기출** 22

(2) 파견사업주와 파견근로자의 관계

1) 근로계약의 체결

일반근로자와는 달리 제3자인 사용사업자의 지휘·명령을 받아 근로할 의무를 부담하고, 임금은 파견사업주로부터 수령하게 된다는 점에서 일반적인 근로계약과 구별된다.

2) 파견근로자에 대한 고지의무

① **고용 시 고지의무**(파견법 제24조 제1항) : 파견사업주는 근로자를 파견근로자로서 고용하려는 경우에는 미리 해당 근로자에게 그 취지를 서면으로 알려 주어야 한다.

② **파견 시 고지의무**(파견법 제24조 제2항) : 파견사업주는 그가 고용한 근로자 중 파견근로자로 고용하지 아니한 사람을 근로자파견의 대상으로 하려는 경우에는 미리 해당 근로자에게 그 취지를 서면으로 알리고 그의 동의를 받아야 한다. **기출** 14

③ **취업조건의 고지의무**(파견법 제26조 제1항) : 파견사업주는 근로자파견을 하려는 경우에는 미리 해당 파견근로자에게 제20조 제1항 각 호의 사항과 그 밖에 고용노동부령으로 정하는 사항을 서면으로 알려 주어야 한다.

3) 근로자파견의 제한(파견법 제16조 제1항)

파견사업주는 쟁의행위 중인 사업장에 그 쟁의행위로 중단된 업무의 수행을 위하여 근로자를 파견하여서는 아니 된다. **기출** 16·17·22·24

4) 파견근로자에 대한 고용제한의 금지(파견법 제25조 제1항)

파견사업주는 파견근로자 또는 파견근로자로 고용되려는 사람과 그 고용관계가 끝난 후 그가 사용사업주에게 고용되는 것을 정당한 이유 없이 금지하는 내용의 근로계약을 체결하여서는 아니 된다.

5) 파견사업관리책임자 선임(파견법 제28조)

파견사업주는 파견근로자의 적절한 고용관리를 위하여 근로자파견사업허가에 대한 결격사유에 해당하지 아니하는 사람 중에서 파견사업관리책임자를 선임하여야 한다.

> **파견근로자의 사용제한(파견법 시행령 제4조)**
> 법 제16조 제2항에서 "대통령령으로 정하는 기간"이란 2년을 말한다. 다만, 해당 사업 또는 사업장에 근로자의 과반수로 조직된 노동조합이 있는 경우 그 노동조합(근로자의 과반수로 조직된 노동조합이 없는 경우에는 근로자의 과반수를 대표하는 자)이 동의한 때에는 6개월로 한다.

(3) 사용사업주와 파견근로자의 관계

1) 사용관계의 성립

파견근로자와 사용사업주 간에는 사용관계가 성립한다.

2) 근로자대표와의 사전협의(파견법 제5조 제4항)

파견근로자를 사용하려는 경우 사용사업주는 해당 사업 또는 사업장에 근로자의 과반수로 조직된 노동조합이 있는 경우에는 그 노동조합, 근로자의 과반수로 조직된 노동조합이 없는 경우에는 근로자의 과반수를 대표하는 자와 사전에 성실하게 협의하여야 한다.

3) 파견근로자 사용제한(파견법 제16조 제2항)

누구든지 근로기준법 제24조에 따른 경영상의 이유에 의한 해고를 한 후 대통령령으로 정하는 기간이 지나기 전에는 해당 업무에 파견근로자를 사용하여서는 아니 된다.

4) 사용사업관리책임자 선임(파견법 제32조 제1항)

사용사업주는 파견근로자의 적절한 파견근로를 위하여 사용사업관리책임자를 선임하여야 한다. `기출 20 · 22`

6. 파견근로자의 근로관계

(1) 파견근로자의 개별적 근로관계

① 파견근로자에게 근로기준법을 적용하는 경우에는, 파견사업주와 사용사업주 양자를 근로기준법상 사용자로 보는 것이 원칙이다. 다만, 근로기준법 제15조(이 법을 위반한 근로계약), 제16조(계약기간), 제17조(근로조건의 명시), 제18조(단시간근로자의 근로조건), 제19조(근로조건의 위반), 제20조(위약 예정의 금지), 제21조(전차금 상계의 금지), 제22조(강제 저금의 금지), 제23조(해고 등의 제한), 제24조(경영상 이유에 의한 해고의 제한), 제25조(우선 재고용 등), 제26조(해고의 예고), 제27조(해고사유 등의 서면통지), 제28조(부당해고등의 구제신청), 제29조(조사 등), 제30조(구제명령 등), 제31조(구제명령 등의 확정), 제32조(구제명령 등의 효력), 제33조(이행강제금), 제34조(퇴직급여 제도), 제36조(금품 청산), 제39조(사용증명서), 제41조(근로자의 명부), 제42조(계약 서류의 보존), 제43조(임금 지급), 제43조의2(체불사업주 명단 공개), 제43조의3(임금등 체불자료의 제공), 제44조(도급 사업에 대한 임금 지급), 제44조의2(건설업에서의 임금 지급 연대책임), 제44조의3(건설업의 공사도급에 있어서의 임금에 관한 특례), 제45조(비상시 지급), 제46조(휴업수당), 제47조(도급 근로자), 제48조(임금대장 및 임금명세서), 제56조(연장·야간 및 휴일 근로), 제60조(연차 유급휴가), 제64조(최저 연령과 취직인허증), 제66조(연소자 증명서), 제67조

(근로계약), 제68조(임금의 청구), 근로기준법 제8장의 재해보상에 관한 규정 등을 적용할 때에는 파견사업주를 사용자로 보고, 근로기준법 제50조(근로시간), 제51조, 제51조의2(탄력적 근로시간제), 제52조(선택적 근로시간제), 제53조(연장근로의 제한), 제54조(휴게), 제55조(휴일), 제58조(근로시간 계산의 특례), 제59조(근로시간 및 휴게시간의 특례), 제62조(유급휴가의 대체), 제63조(적용의 제외), 제69조(근로시간), 제70조(야간근로와 휴일근로의 제한), 제71조(시간외근로), 제72조(갱내근로의 금지), 제73조(생리휴가), 제74조(임산부의 보호), 제74조의2(태아검진 시간의 허용 등), 제75조(육아시간) 등을 적용할 때에는 사용사업주를 사용자로 본다. 기출 23 파견사업주가 사용사업주의 귀책사유로 근로자의 임금을 지급하지 못한 경우에는 사용사업주는 그 파견사업주와 연대하여 책임을 진다(파견법 제34조 제2항). 사용사업주가 파견근로자에게 유급휴일 또는 유급휴가를 주는 경우 그 휴일 또는 휴가에 대하여 유급으로 지급되는 임금은 파견사업자가 지급하여야 한다(파견법 제34조 제3항). 파견사업주와 사용사업주가 근로기준법을 위반하는 내용을 포함한 근로자파견계약을 체결하고 그 계약에 따라 파견근로자를 근로하게 함으로써 같은 법을 위반한 경우에는 그 계약 당사자 모두를 같은 법상의 사용자로 보아 해당 벌칙규정을 적용한다(파견법 제34조 제4항).

② 파견근로자는 차별적 처우를 받은 경우, 차별적 처우가 있은 날(계속되는 차별적 처우는 그 종료일)부터 6개월 이내에 노동위원회에 그 시정을 신청할 수 있다(파견법 제21조 제2항·제3항, 기단법 제9조 제1항). 고용노동부장관은 확정된 시정명령을 이행할 의무가 있는 파견사업주 또는 사용사업주의 사업 또는 사업장에서 해당 시정명령의 효력이 미치는 근로자 이외의 파견근로자에 대하여 차별적 처우가 있는지를 조사하여 차별적 처우가 있는 경우에는 그 시정을 요구할 수 있다(파견법 제21조의3 제1항). 차별적 처우의 금지 및 시정 등에 관한 규정은 사용사업주가 상시 4명 이하의 근로자를 사용하는 경우에는 적용하지 아니한다(파견법 제21조 제4항). 기출 20

③ 파견 중인 근로자의 파견근로에 관하여는 사용사업주를 산업안전보건법 제2조 제4호의 사업주로 보아 같은 법을 적용한다(파견법 제35조 제1항 전문).

(2) 파견근로자의 집단적 노사관계

사용사업주는 파견근로자의 정당한 노동조합의 활동 등을 이유로 근로자파견계약을 해지하여서는 아니 된다(파견법 제22조 제1항). 기출 16

7. 책임구별

정리하면 파견근로자와 근로계약관계를 맺고 있는 파견사업주는 주로 근로계약의 체결·해고, 임금 등과 관련하여 사용자로서의 책임을 지고, 사용사업주는 주로 근로시간이나 휴일, 휴가 등과 관련하여 사용자로서의 책임을 진다. 기출 17·18

O | X 💬

1. 파견근로자 보호 등에 관한 법률상 파견 중인 근로자의 연장근로의 제한에 관하여는, 사용사업주를 근로기준법 제2조의 사용자로 본다.

정답 1. ○

Ⅱ　벌 칙

1. 양벌규정(파견법 제45조)

① 법인의 대표자나 법인 또는 개인의 대리인, 사용인, 그 밖의 종업원이 그 법인 또는 개인의 업무에 관하여 제42조·제43조·제43조의2 또는 제44조의 위반행위를 하면 그 행위자를 벌하는 외에 그 법인 또는 개인에게도 해당 조문의 벌금형을 과(科)한다. 다만, 법인 또는 개인이 그 위반행위를 방지하기 위하여 해당 업무에 관하여 상당한 주의와 감독을 게을리하지 아니한 경우에는 그러하지 아니하다.

② 양벌규정에 대한 헌법재판소의 위헌결정취지에 맞게 사업주 등이 그 종업원 등에 대한 관리·감독상 주의의무를 다한 경우에는, 처벌을 면하게 함으로써 양벌규정에도 책임주의원칙이 관철되도록 하려는 것이다.

2. 과태료(파견법 제46조 제3항)

① 근로자파견을 할 때에 미리 해당 파견근로자에게 제20조 제1항 각 호의 사항 및 그 밖에 고용노동부령으로 정하는 사항을 서면으로 알리지 아니한 파견사업주에게는 1천만원 이하의 과태료를 부과한다.

② 파견사업주가 근로자파견을 할 때에 미리 해당 파견근로자에게 파견조건 등을 서면으로 알려 주지 않은 경우, 종전에는 1년 이하의 징역 또는 1천만원 이하의 벌금에 처하였지만, 2009년 법을 개정하여 1천만원 이하의 과태료를 부과함으로써 법위반에 대한 처벌의 합리성을 도모하였다.

제2절　기간제 및 단시간근로자 보호 등에 관한 법률

Ⅰ　서 설

1. 목적(기단법 제1조)

이 법은 기간제근로자 및 단시간근로자에 대한 불합리한 차별을 시정하고 기간제근로자 및 단시간근로자의 근로조건 보호를 강화함으로써 노동시장의 건전한 발전에 이바지함을 목적으로 한다. `기출 16`

2. 정의(기단법 제2조)

① **기간제근로자** : 기간의 정함이 있는 근로계약을 체결한 근로자를 말한다.

② **단시간근로자** : 근로기준법 제2조의 단시간근로자를 말한다.

③ **차별적 처우** : 근로기준법에 따른 임금, 정기상여금, 명절상여금 등 정기적으로 지급되는 상여금, 경영성과에 따른 성과금, 그 밖의 근로조건 및 복리후생 등에 관한 사항에 있어서 합리적 이유 없이 불리하게 처우하는 것을 말한다. `기출 13·17`

3. 적용범위(기단법 제3조)

① 이 법은 상시 5인 이상의 근로자를 사용하는 모든 사업 또는 사업장에 적용한다. 다만, 동거의 친족만을 사용하는 사업 또는 사업장과 가사사용인에 대하여는 적용하지 아니한다. **기출** 14 · 16 · 20 · 22

② 상시 4인 이하의 근로자를 사용하는 사업 또는 사업장에 대하여는 대통령령으로 정하는 바에 따라 이 법의 일부 규정을 적용할 수 있다.

③ 국가 및 지방자치단체의 기관에 대하여는 상시 사용하는 근로자의 수와 관계없이 이 법을 적용한다.

기출 24

적용범위(기단법 시행령 제2조)

기간제 및 단시간근로자 보호 등에 관한 법률(이하 "법") 제3조 제2항에 따라 상시 4명 이하의 근로자를 사용하는 사업 또는 사업장에 적용하는 법 규정은 [별표 1]과 같다.

상시 4명 이하의 근로자를 사용하는 사업 또는 사업장에 적용하는 법규정(기단법 시행령 [별표 1])

구 분	적용 법규정
제1장 총 칙	• 목적(제1조) • 정의(제2조)
제2장 기간제근로자	• 기간의 정함이 없는 근로자로의 전환(제5조)
제3장 단시간근로자	• 통상근로자로의 전환(제7조)
제5장 보 칙	• 감독기관에 대한 통지로 인한 불리한 처우의 금지(제16조 제4호) • 제17조 제1호 · 제2호(휴게에 관한 사항에 한정) · 제3호 · 제4호(휴일에 관한 사항에 한정) · 제5호 • 감독기관에 대한 통지(제18조), 권한의 위임(제19조), 취업촉진을 위한 국가 등의 노력(제20조)
제6장 벌 칙	• 벌칙(제21조) • 양벌규정(제23조) • 근로조건을 서면으로 명시하지 아니한 자에 대한 과태료 부과(제24조 제2항 제2호) • 과태료의 부과 · 징수(제24조 제3항)

Ⅱ 기간제근로자

1. 기간제근로자의 사용

(1) 사용기간

1) 사용기간 제한과 예외사유

사용자는 2년을 초과하지 아니하는 범위 안에서(기간제근로계약의 반복갱신 등의 경우에는 그 계속 근로한 총기간이 2년을 초과하지 아니하는 범위 안에서) 기간제근로자를 사용할 수 있다. 다만, 다음의 어느 하나에 해당하는 경우에는 2년을 초과하여 기간제근로자로 사용할 수 있다(기단법 제4조 제1항). **기출** 23

① 사업의 완료 또는 특정한 업무의 완성에 필요한 기간을 정한 경우 **기출** 21

② 휴직 · 파견 등으로 결원이 발생하여 해당 근로자가 복귀할 때까지 그 업무를 대신할 필요가 있는 경우

기출 22 · 24

③ 근로자가 학업, 직업훈련 등을 이수함에 따라 그 이수에 필요한 기간을 정한 경우 `기출 24`

④ 고령자고용촉진법상의 고령자(55세 이상인 사람)와 근로계약을 체결하는 경우 `기출 24`

⑤ 전문적 지식·기술의 활용이 필요한 경우와 정부의 복지정책·실업대책 등에 따라 일자리를 제공하는 경우로서 대통령령으로 정하는 경우

⑥ 그 밖에 합리적인 사유가 있는 경우로서 대통령령으로 정하는 경우

기간제근로자 사용기간 제한의 예외(기단법 시행령 제3조)

① 법 제4조 제1항 제5호에서 "전문적 지식·기술의 활용이 필요한 경우로서 대통령령이 정하는 경우"란 다음 각 호의 어느 하나에 해당하는 경우를 말한다.

 1. 박사 학위(외국에서 수여받은 박사 학위를 포함)를 소지하고 해당 분야에 종사하는 경우 `기출 21·23`
 2. 국가기술자격법 제9조 제1항 제1호에 따른 기술사 등급의 국가기술자격을 소지하고 해당 분야에 종사하는 경우
 3. [별표 2]에서 정한 전문자격을 소지하고 해당 분야에 종사하는 경우

② 법 제4조 제1항 제5호에서 "정부의 복지정책·실업대책 등에 의하여 일자리를 제공하는 경우로서 대통령령이 정하는 경우"란 다음 각 호의 어느 하나에 해당하는 경우를 말한다.

 1. 고용정책 기본법, 고용보험법 등 다른 법령에 따라 국민의 직업능력 개발, 취업 촉진 및 사회적으로 필요한 서비스 제공 등을 위하여 일자리를 제공하는 경우
 2. 제대군인 지원에 관한 법률 제3조에 따라 제대군인의 고용증진 및 생활안정을 위하여 일자리를 제공하는 경우
 3. 국가보훈기본법 제19조 제2항에 따라 국가보훈대상자에 대한 복지증진 및 생활안정을 위하여 보훈도우미 등 복지지원 인력을 운영하는 경우

③ 법 제4조 제1항 제6호에서 "대통령령이 정하는 경우"란 다음 각 호의 어느 하나에 해당하는 경우를 말한다.

 1. 다른 법령에서 기간제근로자의 사용 기간을 법 제4조 제1항과 달리 정하거나 별도의 기간을 정하여 근로계약을 체결할 수 있도록 한 경우
 2. 국방부장관이 인정하는 군사적 전문적 지식·기술을 가지고 관련 직업에 종사하거나 고등교육법 제2조 제1호에 따른 대학에서 안보 및 군사학 과목을 강의하는 경우
 3. 특수한 경력을 갖추고 국가안전보장, 국방·외교 또는 통일과 관련된 업무에 종사하는 경우
 4. 고등교육법 제2조에 따른 학교(같은 법 제30조에 따른 대학원대학을 포함)에서 다음 각 목의 업무에 종사하는 경우
  가. 고등교육법 제14조에 따른 강사, 조교의 업무
  나. 고등교육법 시행령 제7조에 따른 명예교수, 겸임교원, 초빙교원 등의 업무
 5. 통계법 제22조에 따라 고시한 한국표준직업분류의 대분류 1과 대분류 2 직업에 종사하는 자의 소득세법 제20조 제1항에 따른 근로소득(최근 2년간의 연평균근로소득)이 고용노동부장관이 최근 조사한 고용형태별근로실태조사의 한국표준직업분류 대분류 2 직업에 종사하는 자의 근로소득 상위 100분의 25에 해당하는 경우
 6. 근로기준법 제18조 제3항에 따른 1주 동안의 소정근로시간이 뚜렷하게 짧은 단시간근로자를 사용하는 경우 `기출 23`
 7. 국민체육진흥법 제2조 제4호에 따른 선수와 같은 조 제6호에 따른 체육지도자 업무에 종사하는 경우
 8. 다음 각 목의 연구기관에서 연구업무에 직접 종사하는 경우 또는 실험·조사 등을 수행하는 등 연구업무에 직접 관여하여 지원하는 업무에 종사하는 경우
  가. 국공립연구기관
  나. 정부출연연구기관 등의 설립·운영 및 육성에 관한 법률 또는 과학기술분야 정부출연연구기관 등의 설립·운영 및 육성에 관한 법률에 따라 설립된 정부출연연구기관
  다. 특정연구기관 육성법에 따른 특정연구기관
  라. 지방자치단체출연 연구원의 설립 및 운영에 관한 법률에 따라 설립된 연구기관
  마. 공공기관의 운영에 관한 법률에 따른 공공기관의 부설 연구기관
  바. 기업 또는 대학의 부설 연구기관
  사. 민법 또는 다른 법률에 따라 설립된 법인인 연구기관

2) 제한초과 시 무기계약 간주

사용자가 2년을 초과하여 기간제근로자로 사용할 수 있는 예외사유가 없거나 소멸되었음에도 불구하고 2년을 초과하여 기간제근로자로 사용하는 경우에는 그 기간제근로자는 기간의 정함이 없는 근로계약을 체결한 근로자로 본다(기단법 제4조 제2항). 기간의 정함이 없는 근로계약을 체결한 것으로 간주되는 근로자의 근로조건에 대하여는, 해당 사업 또는 사업장 내 동종 또는 유사한 업무에 종사하는 기간의 정함이 없는 근로계약을 체결한 근로자가 있을 경우, 달리 정함이 없는 한 그 근로자에게 적용되는 취업규칙 등이 동일하게 적용된다(대판 2019.12.24. 2015다254873). 판례에 의하면 기간제법의 입법취지는 기간제근로계약의 남용을 방지함으로써 근로자의 지위를 보장하려는 데에 있기 때문에 기간제법 제4조 제2항은 강행규정이라고 보아야 하므로, 근로계약의 당사자가 기간제법 제4조 제2항을 배제하기로 하는 합의를 하더라도 그 효력이 인정되지 않는다고(대판 2018.6.15. 2016두62795) 한다.

3) 경과규정

법률 제8074호 부칙 제2항에 의하여 기단법 제4조의 무기계약 간주규정은, 이 법 시행(2007.7.1.) 후 근로계약이 체결·갱신되거나 기존의 근로계약기간을 연장하는 경우부터 적용한다.

(2) 관련 판례

1) 무기계약으로 간주하는 사례

① 반복갱신하여 체결한 각 근로관계의 계속성을 인정할 수 있는 경우 : [1] 기간제 및 단시간근로자 보호 등에 관한 법률 제4조 제1항 단서 제1호에 따라 사용자가 2년을 초과하여 기간제근로자를 사용할 수 있는 '사업의 완료 또는 특정한 업무의 완성에 필요한 기간을 정한 경우'란 건설공사, 특정 프로그램 개발 또는 프로젝트 완수를 위한 사업 등과 같이 객관적으로 일정 기간 후 종료될 것이 명백한 사업 또는 특정한 업무에 관하여 사업 또는 업무가 종료될 것으로 예상되는 시점까지로 계약기간을 정한 경우를 말한다. [2] 기간제 및 단시간근로자 보호 등에 관한 법률(이하 "기간제법")의 시행으로 사용자는 원칙적으로 2년의 기간 내에서만 기간제근로자를 사용할 수 있고, 기간제근로자의 총사용기간이 2년을 초과할 경우 기간제근로자가 기간의 정함이 없는 근로자로 간주되는 점, 기간제법 제4조의 입법취지가 기본적으로 기간제근로계약의 남용을 방지함으로써 근로자의 지위를 보장하려는 데에 있는 점을 고려하면, 사용자가 기간제법 제4조 제2항의 적용을 회피하기 위하여 형식적으로 사업의 완료 또는 특정한 업무의 완성에 필요한 기간을 정한 근로계약을 반복갱신하여 체결하였으나 각 근로관계의 계속성을 인정할 수 있는 경우에는 기간제법 제4조 제1항 단서 제1호에 따라 사용자가 2년을 초과하여 기간제근로자를 사용할 수 있는 '사업의 완료 또는 특정한 업무의 완성에 필요한 기간을 정한 경우'에 해당한다고 할 수 없다. 이때 사용자가 기간제법 제4조 제2항의 적용을 회피하기 위하여 형식적으로 사업의 완료 또는 특정한 업무의 완성에 필요한 기간을 정한 근로계약을 반복갱신하여 체결하였으나 각 근로관계의 계속성을 인정할 수 있는지는 각 근로계약이 반복갱신하여 체결된 동기와 경위, 각 근로계약의 내용, 담당업무의 유사성, 공백기간의 길이와 발생이유, 공백기간 동안 근로자의 업무를 대체한 방식 등 관련 사정을 종합적으로 고려하여 판단하여야 한다. [3] 기간제 및 단시간근로자 보호 등에 관한 법률(이하 "기간제법") 제4조 제2항에 따라 기간의 정함이 없는 근로계약을 체결한 것으로 간주되는 근로자가 사직서를 제출하고 퇴직금을 지급받은 후 다시 기간제 근로계약을 체결하였더라도, 그것이 근로자의 자의에 의한 것이 아니라 사용자의 일방적인 결정에 따라 기간제법 제4조 제2항의 적용을 회피하기 위하여 퇴직과 재입사의 형식을 거친 것에 불과한 때에는, 실질적으로 사용자의 일방적인 의사에 의하여 근로계약관계를 종료시키는 것이어서 해고에 해당한다(대판 2017.2.3. 2016다255910).

② 예외기간 전후의 근로관계가 단절 없이 계속되었다고 평가되는 경우 : 기간제 및 단시간근로자 보호 등에 관한 법률(이하 "기간제법") 제4조는 제1항 본문에서 "사용자는 2년을 초과하지 아니하는 범위 안에서(기간제근로계약의 반복갱신 등의 경우에는 그 계속 근로한 총기간이 2년을 초과하지 아니하는 범위 안에서) 기간제근로자를 사용할 수 있다"라고 규정하는 한편, 단서에서 2년을 초과하여 기간제근로자를 사용할 수 있는 예외를 규정하고 있고, 제2항에서 "제1항 단서의 사유가 없거나 소멸되었음에도 불구하고 2년을 초과하여 기간제근로자를 사용하는 경우에는 그 기간제근로자는 기간의 정함이 없는 근로계약을 체결한 근로자로 본다"라고 규정하고 있다. 위 규정들의 입법취지는 기간제근로계약의 남용을 방지함으로써 근로자의 지위를 보장하려는 데에 있다. 이러한 기간제법 규정의 형식과 내용, 입법취지를 고려하면, 반복하여 체결된 기간제근로계약 사이에 기간제법 제4조 제1항 단서의 예외사유에 해당하는 기간이 존재하더라도, 계약 체결의 경위와 당사자의 의사, 근로계약 사이의 시간적 단절 여부, 업무내용 및 근로조건의 유사성 등에 비추어 예외사유에 해당하는 기간 전후의 근로관계가 단절 없이 계속되었다고 평가되는 경우에는 예외사유에 해당하는 기간을 제외한 전후의 근로기간을 합산하여 기간제법 제4조의 계속 근로한 총기간을 산정하는 것이 타당하다(대판 2018.6.19. 2017두54975).

2) 무기계약으로 간주하지 아니하는 사례

① 초단시간근로자로 기간제근로계약을 체결한 경우 : 기간제 및 단시간근로자 보호 등에 관한 법률 제4조 제1항 단서 제6호와 같은 법 시행령 제3조 제3항 제6호에서 정한 단시간근로자[초단시간근로자(註)]로 기간제근로계약을 체결하였다가 해당 근로관계가 종료된 이후에 새로이 제4조 제1항 단서에 해당되지 않는 일반기간제근로계약을 체결한 경우에는 단시간근로자로 근무한 기간은 같은 법 제4조 제2항의 '2년'에 포함되지 않는다(대판 2014.11.27. 2013다2672).

② 국가나 지방자치단체가 일자리를 제공하는 경우

  ㉠ [1] 국가나 지방자치단체가 국민 또는 주민에게 제공하는 공공서비스는 그 본질적 특성상 사회적으로 필요한 서비스의 성격을 가지고 있다. 따라서 국가나 지방자치단체가 공공서비스를 위하여 일자리를 제공하는 경우, 법 제4조 제1항 단서 제5호, 법 시행령 제3조 제2항 제1호에 해당하는지는 해당 사업의 시행배경, 목적과 성격, 사업의 한시성이나 지속가능성 등 여러 사정을 종합적으로 고려하여 판단해야 한다.

  [2] 참가인이 국고보조를 받아 실시한 공공도서관 개관시간 연장사업은 그 서비스 이용주체인 시민의 정서를 함양하고 문화수준을 높이기 위한 사회서비스 확충뿐만 아니라, 연장개관에 필요한 인력을 채용함으로써 일자리 창출을 주된 목적의 하나로 추진된 것인 점, 이로 말미암아 참가인은 감사원으로부터 사회서비스 일자리 창출사업 추진실태에 대한 감사를 받기도 한 점, 참가인이 시행한 위 사업은 국고보조금 지원을 전제로 한 것으로 그 지원이 중단될 경우 지속될 수 없는 내재적 한계를 가진 점 등을 종합하면, 참가인이 원고를 기간제근로자로 채용한 것은 법 제4조 제1항 단서 제5호, 법 시행령 제3조 제2항 제1호로 정한 '복지정책·실업대책 등에 따라 사회적으로 필요한 서비스 제공을 위하여 일자리를 제공하는 경우'에 해당한다고 봄이 타당하다. 따라서 참가인이 원고를 기간제근로자로 사용하는 데에는 기간제근로자 사용기간 제한의 예외사유가 존재한다(대판 2012.12.26. 2012두18585).

  ㉡ [1] 국가나 지방자치단체가 국민 또는 주민에게 제공하는 공공서비스는 본질적 특성상 사회적으로 필요한 서비스의 성격을 가지고 있다. 따라서 국가나 지방자치단체가 공공서비스를 위하여 일자리를 제공하는 경우, 기간제 및 단시간근로자 보호 등에 관한 법률 제5조 제1항 단서 제5호, 같은 법 시행령 제3조 제2항 제1호에 해당하는지는 사업의 시행배경, 목적과 성격, 사업의 한시성이나 지속가능성 등 여러 사정을 종합적으로 고려하여 판단하여야 한다.

[2] 갑 지방자치단체가 교육과학기술부로부터 특별교부금 형식으로 국고보조금 지원을 받아 시행하다가 자체예산으로 지속한 '방과후학교 학부모 코디네이터(전담보조인력)사업'의 일환으로 산하 공립학교장을 통하여 을 등과 '방과후학교 학부모 코디네이터 채용계약'을 체결한 경우, 위 사업은 교육서비스 분야 일자리 창출 및 확대와 경제위기 심화 대비 실업 극복 희망 만들기 대책 추진계획의 일환으로 '학부모 일자리 창출을 통한 경제위기 극복에 기여'를 하나의 목적으로 추진되었고, 일자리 창출을 위한 일시적·한시적 성격의 사업이라는 측면이 있는 점 등을 종합하면, 갑 지방자치단체가 을 등을 기간제근로자로 채용한 것은 기간제 및 단시간근로자 보호 등에 관한 법률 제4조 제1항 단서 제5호, 같은 법 시행령 제3조 제2항 제1호로 정한 '복지정책·실업대책 등에 따라 사회적으로 필요한 서비스 제공을 위하여 일자리를 제공하는 경우'에 해당하므로, 갑 지방자치단체가 을 등을 기간제근로자로 사용하는 데에는 기간제근로자 사용기간 제한의 예외사유가 존재한다(대판 2016.8.18. 2014다211053).

2. 기간의 정함이 없는 근로자로의 전환노력(기단법 제5조)

사용자는 기간의 정함이 없는 근로계약을 체결하고자 하는 경우에는 해당 사업 또는 사업장의 동종 또는 유사한 업무에 종사하는 기간제근로자를 우선적으로 고용하도록 노력하여야 한다. [기출] 17·21·23

Ⅲ 기간제근로자 보호에 관한 판례법리

1. 기간제근로자에 대한 갱신거절

(1) 근로관계의 당연종료

근로계약기간을 정한 근로계약서를 작성한 경우 처분문서인 근로계약서의 문언에 따라 특별한 사정이 없는 한 근로자와 사용자 사이에는 기간의 정함이 있는 근로계약을 맺었다고 보아야 하고, 이 경우 근로계약기간이 끝나면 그 근로관계는 사용자의 해고 등 별도의 조처를 기다릴 것 없이 당연히 종료함이 원칙이다(대판 2007.9.7. 2005두16901).

(2) 기간의 정함이 없는 근로계약으로 간주되는 경우

1) 기간형식화의 법리

[1] 기간을 정한 근로계약서를 작성한 경우에도 예컨대 단기의 근로계약이 장기간에 걸쳐서 반복하여 갱신됨으로써 그 정한 기간이 단지 형식에 불과하게 된 경우 등 계약서의 내용과 근로계약이 이루어지게 된 동기 및 경위, 기간을 정한 목적과 채용 당시 계속근로의사 등 당사자의 진정한 의사, 근무기간의 장단 및 갱신횟수, 동종의 근로계약체결방식에 관한 관행 그리고 근로자보호법규 등을 종합적으로 고려하여 그 기간의 정함이 단지 형식에 불과하다는 사정이 인정되는 경우에는 계약서의 문언에도 불구하고 사실상 기간의 정함이 없는 근로계약을 맺었다고 볼 것이며, 이 경우 사용자가 정당한 사유 없이 갱신계약 체결을 거절하는 것은 해고와 마찬가지로 무효이다.

[2] 3회에 걸쳐 기간을 정하여 근로계약을 갱신하면서 근무하여 온 교열직 직원에게 교열부를 폐지하기로 하는 신문사의 아웃소싱방침에 따라 기간 만료를 통지한 경우, 그간의 경위에 비추어 보면 근로계약에서 정한 기간은 형식에 불과하므로 위 통지는 기간의 정함이 없는 근로자에 대한 해고에 해당하고, 그 해고에 정당한 사유가 없다(대판 2007.9.7. 2005두16901).

2) 갱신거절의 정당성

갱신거절의 정당성 여부는 고용관계를 계속할 수 없을 정도의 귀책사유가 해당 근로자에게 존재하는지 여부에 따라 판단한다.

(3) 종전 근로계약이 갱신된 것과 동일하게 되는 경우

1) 문제점

기간의 정함을 형식에 불과한 것으로 볼 수 없다 하더라도, 기간제근로자에게 갱신기대권이 인정되는 경우에 사용자가 계약갱신을 거절하면 근로관계는 종료되는지가 문제된다.

2) 갱신기대권의 법리

① [1] 기간을 정하여 근로계약을 체결한 근로자의 경우 그 기간이 만료됨으로써 근로자로서의 신분관계는 당연히 종료되고 근로계약을 갱신하지 못하면 갱신 거절의 의사표시가 없어도 당연퇴직되는 것이 원칙이다. 그러나 근로계약, 취업규칙, 단체협약 등에서 기간 만료에도 불구하고 일정한 요건이 충족되면 당해 근로계약이 갱신된다는 취지의 규정을 두고 있거나, 그러한 규정이 없더라도 근로계약의 내용과 근로계약이 이루어지게 된 동기 및 경위, 계약 갱신의 기준 등 갱신에 관한 요건이나 절차의 설정 여부 및 그 실태, 근로자가 수행하는 업무의 내용 등 당해 근로관계를 둘러싼 여러 사정을 종합하여 볼 때 근로계약당사자 사이에 일정한 요건이 충족되면 근로계약이 갱신된다는 신뢰관계가 형성되어 있어 근로자에게 근로계약이 갱신될 수 있으리라는 정당한 기대권이 인정되는 경우에는, 사용자가 이를 위반하여 부당하게 근로계약의 갱신을 거절하는 것은 부당해고와 마찬가지로 아무런 효력이 없고, 이 경우 기간 만료 후의 근로관계는 종전의 근로계약이 갱신된 것과 동일하다.

[2] 서울특별시시설관리공단이, 계약기간을 1년으로 정하여 장애인콜택시 운행에 관한 위·수탁계약을 체결하고 장애인콜택시의 운행업무를 수행하던 운전자 甲 등에게 계약에서 정한 위탁기간이 만료되었고 갱신계약 체결대상자 선정을 위한 심사에서 탈락하였다는 취지의 통지를 한 경우, 서울특별시의 장애인콜택시 운영계획에 계약기간을 1년 단위로 갱신하도록 하면서 그 취지가 부적격자의 교체에 있음을 명시하고 있고, 장애인콜택시사업을 한시적·일시적 사업이라고 볼 수 없는 점, 위·수탁계약에서 위탁기간 연장규정을 두고 있는 점 등을 종합하면, 甲 등을 비롯한 위 시설관리공단 소속 운전자들에게는 기간제 근로계약이 갱신되리라는 정당한 기대권이 인정된다고 보아야 하고, 위 공단이 공정성 및 객관성이 결여된 심사과정을 거쳐 甲 등에 대하여 갱신기준점수 미만이라는 점을 들어 위 계약의 갱신을 거절한 것은 정당성을 결여하여 효력이 없음에도, 이와 달리 본 원심판결에 기간을 정한 근로계약 등에 관한 법리를 오해한 위법이 있다(대판 2011.4.14. 2007두1729).

② 최근 판례도 같은 취지에서 근로계약, 취업규칙, 단체협약 등에서 기간이 만료되더라도 일정한 요건이 충족되면 당해 근로계약이 갱신된다는 취지의 규정을 두고 있거나, 근로계약 당사자 사이에 일정한 요건이 충족되면 근로계약이 갱신된다는 신뢰관계가 형성되어 있어 근로자에게 근로계약이 갱신될 수 있으리라는 정당한 기대권이 인정되는 경우에는, 사용자가 합리적인 이유 없이 부당하게 근로계약 갱신을 거절하는 것은 예외적으로 그 효력이 없고, 종전의 근로계약이 갱신된 것과 동일하다고 인정하는 것이므로 기간제 근로계약의 종료에 따른 사용자의 갱신 거절은 근로자의 의사와 관계없이 사용자가 일방적으로 근로관계를 종료시키는 해고와는 구별되는 것이고, 근로관계의 지속에 대한 근로자의 신뢰나 기대 역시 동일하다고 평가할 수는 없다고 하면서 기간제 근로계약은 기간이 만료됨으로써 당연히 종료하는 것이므로 갱신 거절의 존부 및 시기와 사유를 명확하게 하여야 할 필요성이 해고의 경우에 견주어 크지 않고,

근로기준법 제27조의 내용과 취지에 비추어 볼 때 기간제 근로계약이 종료된 후 갱신 거절의 통보를 하는 경우에까지 근로기준법 제27조를 준수하도록 예정하였다고 보기 어려워 이러한 사정을 종합하면, 기간제 근로계약이 종료된 후 사용자가 갱신 거절의 통보를 하는 경우에는 근로기준법 제27조가 적용되지 않는다고(대판 2021.10.28. 2021두45114) 판시하고 있다.

3) 갱신거절의 정당성

① 판례에 의하면 갱신거절의 정당성 여부는 ㉠ 일정한 요건충족 여부, ㉡ 평가의 공정성 및 객관성 확보 여부에 의해 판단한다(대판 2011.4.14. 2007두1729).

② 또한 판례는 기간제근로계약을 체결한 근로자에게 근로계약 갱신에 대한 정당한 기대권을 인정하는 취지는 기간제근로계약의 남용을 방지함으로써 기간제근로자에 대한 불합리한 차별을 시정하고 기간제근로자의 근로조건 보호를 강화하려는 데에 있으므로 근로자에게 이미 형성된 갱신에 대한 정당한 기대권이 있음에도 사용자가 이를 배제하고 근로계약의 갱신을 거절한 데에 합리적 이유가 있는지가 문제될 때에는 사용자의 사업목적과 성격, 사업장여건, 근로자의 지위 및 담당직무의 내용, 근로계약체결경위, 근로계약의 갱신에 관한 요건이나 절차의 설정 여부와 운용실태, 근로자에게 책임 있는 사유가 있는지 등 당해 근로관계를 둘러싼 여러 사정을 종합하여 갱신거부의 사유와 절차가 사회통념에 비추어 볼 때 객관적이고 합리적이며 공정한지를 기준으로 판단하여야 하고, 그러한 사정에 관한 증명책임은 사용자가 부담한다고 한다. 특히 사용자가 갱신에 대한 정당한 기대권을 보유한 기간제근로자들에 대하여 사전동의절차를 거치거나 가점부여 등의 구체적인 기준도 마련하지 않은 채 재계약절차가 아닌 신규채용절차를 통하여 선발되어야만 계약갱신을 해 주겠다고 주장하면서 대규모로 갱신거절을 한 경우, 이는 근로자의 갱신에 대한 정당한 기대권을 전면적으로 배제하는 것이므로, 사용자로서 그와 같은 조치를 취하지 않으면 안 될 경영상 또는 운영상의 필요가 있는지, 그에 관한 근거규정이 있는지, 이를 회피하거나 갱신거절의 범위를 최소화하기 위한 노력을 하였는지, 그 대상자를 합리적이고 공정한 기준에 따라 선정하기 위한 절차를 밟았는지, 그 과정에서 차별적 대우가 있었는지 등을 종합적으로 살펴보아 그 주장의 당부를 판단하여야 한다고(대판 2017.10.12. 2015두44493) 한다.

2. 기단법 시행과 종전 법리와의 관계

(1) 기간형식화의 법리

1) 판 례

판례는 기단법 시행 이전에는 근로계약이 체결된 후 매년 반복하여 갱신되다가 기단법 시행 이후에는 갱신이 거절된 사례에서, 학교법인 甲이 1년 단위로 5회에 걸쳐 근로계약을 갱신하면서 甲 법인이 운영하는 대학교 소속 직장예비군 연대장으로 근무하던 乙과 근로계약 갱신을 거절하면서 계약기간 만료로 그 직을 면한다는 통지를 한 경우, 위 근로계약은 乙이 예비군지휘관으로서의 지위를 유지하는 것을 전제로 하는 기간의 정함이 없는 근로계약으로 갱신거절은 사실상 해고에 해당하고 乙에게 甲 법인과의 고용관계를 계속할 수 없을 정도의 책임 있는 사유가 있다고 할 수 없으므로 위 갱신거절을 부당하다고 본 원심판단은 정당하다고(대판 2013.2.14. 2011두24361) 판시하고 있다.

2) 검 토

기단법 시행 이후에도 기간의 정함을 형식적인 것으로 볼 수 있는 특별한 사정이 존재할 수 있으므로 기간형식화의 법리는 여전히 적용된다고 보아야 하나, 기단법 제4조의 사용기간 제한규정과 무기계약 간주규정 때문에 법원에 의하여 인용될 가능성은 낮아 보인다.

(2) 갱신기대권의 법리

1) 갱신기대권의 법리적용 여부

기간제 및 단시간근로자 보호 등에 관한 법률(이하 "기간제법")의 시행으로 사용자가 2년의 기간 내에서 기간제근로자를 사용할 수 있고, 기간제근로자의 총사용기간이 2년을 초과할 경우 기간제근로자가 기간의 정함이 없는 근로자로 간주되더라도, 기간제법 제4조의 입법취지가 기본적으로 기간제근로계약의 남용을 방지함으로써 근로자의 지위를 보장하려는 데에 있는 점을 고려하면, 기간제법의 시행만으로 시행 전에 이미 형성된 기간제근로자의 갱신에 대한 정당한 기대권이 배제 또는 제한된다고 볼 수는 없다. 나아가 위 규정에 의하여 기간제근로자의 갱신에 대한 정당한 기대권 형성이 제한되는 것도 아니다(대판 2016.11.10. 2014두45765).

2) 사용기간 제한의 예외사유에 해당하는 근로자의 갱신기대권

[1] '기간제 및 단시간근로자 보호 등에 관한 법률'(이하 "기간제법")은 같은 법 제4조 제1항 단서의 예외사유에 해당하지 않는 한 2년을 초과하여 기간제근로자로 사용하는 경우 기간의 정함이 없는 근로계약을 체결한 것으로 간주하고 있으나, 기간제법의 입법취지가 기간제근로자 및 단시간근로자에 대한 불합리한 차별을 시정하고 근로조건 보호를 강화하기 위한 것임을 고려하면, 기간제법 제4조 제1항 단서의 예외사유에 해당한다는 이유만으로 갱신기대권에 관한 위 법리의 적용이 배제된다고 볼 수는 없다.

[2] 갱신기대권 법리와 함께 기간제법 및 고령자고용법의 위 규정들의 입법취지와 사업장 내에서 정한 정년의 의미 및 정년 이후에 기간제근로계약을 체결하는 근로계약당사자의 일반적인 의사 등을 모두 고려하면, 정년을 이미 경과한 상태에서 기간제근로계약을 체결한 경우에는, 앞서 본 제반 사정 외에 해당 직무의 성격에 의하여 요구되는 직무수행능력과 당해 근로자의 업무수행적격성, 연령에 따른 작업능률 저하나 위험성 증대의 정도, 해당 사업장에서 정년을 경과한 고령자가 근무하는 실태 및 계약이 갱신되어 온 사례 등을 종합적으로 고려하여 근로계약 갱신에 관한 정당한 기대권이 인정되는지 여부를 판단하여야 한다(대판 2017.2.3. 2016두50563).

3) 기단법 제4조 제2항의 사용제한기간에 포함되는지 여부

이러한 기간제법의 기간제근로자 보호취지, 사용자의 부당한 갱신거절로 인한 효과 등을 고려하면, 사용자의 부당한 갱신거절로 인해 근로자가 실제로 근로를 제공하지 못한 기간도 계약갱신에 대한 정당한 기대권이 존속하는 범위에서는 기간제법 제4조 제2항에서 정한 2년의 사용제한기간에 포함된다고 보아야 한다(대판 2018.6.19. 2013다85523). **기출 23**

4) 갱신기대권이 인정되는 경우에 소의 이익 유무

기간제 및 단시간근로자 보호 등에 관한 법률(이하 "기간제법") 제4조가 사용자는 2년의 기간 내에서 기간제근로자를 사용할 수 있음이 원칙이고, 기간제근로자의 총사용기간이 2년을 초과할 경우 기간제근로자는 기간의 정함이 없는 근로자로 본다고 규정하고 있더라도, 입법취지가 기본적으로 기간제근로계약의 남용을 방지함으로써 근로자의 지위를 보장하려는 데에 있음을 고려하면, 위 규정에 의하여 기간제근로자의 갱신에 대한 정당한 기대권 형성이 제한되는 것은 아니다. 따라서 기간제근로계약이 기간제법의 시행 후에 체결되었다고 하더라도, 그에 기한 근로관계가 반드시 2년 내에 종료된다거나 총사용기간이 2년을 넘게 되는 갱신기대권이 인정될 수 없다고 볼 것은 아니다. 기간제근로자에게 정당한 갱신기대권이 인정될 수 있는 경우에는 최초 계약의 근로관계 개시일부터 2년이 지난 시점에 당연히 근로관계가 종료될 것이라고 가정하여 그 시점이 경과되었다는 이유만으로 갱신거절의 효력을 다투는 소의 이익을 부정할 것은 아니다(대판 2017.10.12. 2015두59907).

5) 합리적 이유

기간제근로계약을 체결한 근로자에게 근로계약 갱신에 대한 정당한 기대권을 인정하는 취지는 기간제근로계약의 남용을 방지함으로써 기간제근로자에 대한 불합리한 차별을 시정하고 기간제근로자의 근로조건 보호를 강화하려는 데에 있다. 그러므로 근로자에게 이미 형성된 갱신에 대한 정당한 기대권이 있음에도 사용자가 이를 배제하고 근로계약의 갱신을 거절한 데에 합리적 이유가 있는지가 문제될 때에는 사용자의 사업목적과 성격, 사업장여건, 근로자의 지위 및 담당직무의 내용, 근로계약체결경위, 근로계약의 갱신에 관한 요건이나 절차의 설정 여부와 운용실태, 근로자에게 책임 있는 사유가 있는지 등 당해 근로관계를 둘러싼 여러 사정을 종합하여 갱신거부의 사유와 절차가 사회통념에 비추어 볼 때 객관적이고 합리적이며 공정한지를 기준으로 판단하여야 하고, 그러한 사정에 관한 증명책임은 사용자가 부담한다. 특히 사용자가 갱신에 대한 정당한 기대권을 보유한 기간제근로자들에 대하여 사전동의절차를 거치거나 가점부여 등의 구체적인 기준도 마련하지 않은 채 재계약절차가 아닌 신규채용절차를 통하여 선발되어야만 계약갱신을 해 주겠다고 주장하면서 대규모로 갱신거절을 한 경우, 이는 근로자의 갱신에 대한 정당한 기대권을 전면적으로 배제하는 것이므로, 사용자로서 그와 같은 조치를 취하지 않으면 안 될 경영상 또는 운영상의 필요가 있는지, 그에 관한 근거규정이 있는지, 이를 회피하거나 갱신거절의 범위를 최소화하기 위한 노력을 하였는지, 그 대상자를 합리적이고 공정한 기준에 따라 선정하기 위한 절차를 밟았는지, 그 과정에서 차별적 대우가 있었는지 등을 종합적으로 살펴보아 그 주장의 당부를 판단하여야 한다(대판 2017.10.12. 2015두44493).

3. 기간제근로자에 대한 최근 판례의 법리

(1) 정규직전환 기대권

1) 재단법인 소속근로자의 정규직전환 기대권

근로계약, 취업규칙, 단체협약 등에서 기간제근로자의 계약기간이 만료될 무렵 인사평가 등을 거쳐 일정한 요건이 충족되면 기간의 정함이 없는 근로자로 전환된다는 취지의 규정을 두고 있거나, 그러한 규정이 없더라도 근로계약의 내용과 근로계약이 이루어지게 된 동기와 경위, 기간의 정함이 없는 근로자로의 전환에 관한 기준 등 그에 관한 요건이나 절차의 설정 여부 및 그 실태, 근로자가 수행하는 업무의 내용 등 근로관계를 둘러싼 여러 사정을 종합하여 볼 때, 근로계약당사자 사이에 일정한 요건이 충족되면 기간의 정함이 없는 근로자로 전환된다는 신뢰관계가 형성되어 있어 근로자에게 기간의 정함이 없는 근로자로 전환될 수 있으리라는 정당한 기대권이 인정되는 경우에는 사용자가 이를 위반하여 합리적 이유 없이 기간의 정함이 없는 근로자로의 전환을 거절하며 근로계약의 종료를 통보하더라도 부당해고와 마찬가지로 효력이 없고, 그 이후의 근로관계는 기간의 정함이 없는 근로자로 전환된 것과 동일하다(대판 2016.11.10. 2014두45765).

2) 도급업체 자회사 소속근로자의 정규직전환 기대권

① 정규직전환에 대한 신뢰관계의 형성 : 도급업체가 업무 일부를 용역업체에 위탁하여 용역업체가 위탁받은 업무의 수행을 위해 기간을 정하여 근로자를 사용해 왔는데, 용역업체와의 위탁계약이 종료되고 도급업체가 자회사를 설립하여 자회사에 해당 업무를 위탁하는 경우, 자회사가 용역업체 소속 근로자를 정규직으로 채용하여 새롭게 근로관계가 성립될 것이라는 신뢰관계가 형성되었다면, 특별한 사정이 없는 한 근로자에게는 자회사의 정규직으로 전환 채용될 수 있으리라는 기대권이 인정된다(대판 2023.6.15. 2021두39034).

② 판단기준 : 이때 근로자에게 정규직 전환 채용에 대한 기대권이 인정되는지는 자회사의 설립 경위 및 목적, 정규직 전환 채용에 관한 협의의 진행경과 및 내용, 정규직 전환 채용 요건이나 절차의 설정 여부 및 실태, 기존의 고용승계 관련 관행, 근로자가 수행하는 업무의 내용, 자회사와 근로자의 인식 등 해당 근로관계 및 용역계약을 둘러싼 여러 사정을 종합적으로 고려하여 판단해야 한다. 근로자에게 정규직 전환 채용에 대한 기대권이 인정되는 경우 도급업체의 자회사가 합리적 이유 없이 채용을 거절하는 것은 부당해고와 마찬가지로 효력이 없다(대판 2023.6.15. 2021두39034).

(2) 정년 후 재고용 및 갱신기대권

1) 정년 후 재고용기대권

근로계약, 취업규칙, 단체협약 등에서 정년에 도달한 근로자가 일정한 요건을 충족하면 기간제근로자로 재고 용해야 한다는 취지의 규정을 두고 있거나, 그러한 규정이 없더라도 재고용을 실시하게 된 경위 및 실시기간, 해당 직종 또는 직무 분야에서 정년에 도달한 근로자 중 재고용된 사람의 비율, 재고용이 거절된 근로자가 있는 경우 그 사유 등의 여러 사정을 종합해 볼 때, 사업장에 그에 준하는 정도의 재고용 관행이 확립되어 있다고 인정되는 등 근로계약 당사자 사이에 근로자가 정년에 도달하더라도 일정한 요건을 충족하면 기간제 근로자로 재고용될 수 있다는 신뢰관계가 형성되어 있는 경우에는 특별한 사정이 없는 한 근로자는 그에 따라 정년 후 재고용되리라는 기대권을 가진다. 이와 같이 정년퇴직하게 된 근로자에게 기간제근로자로의 재고용에 대한 기대권이 인정되는 경우, 사용자가 기간제근로자로의 재고용을 합리적 이유 없이 거절하는 것은 부당해고와 마찬가지로 근로자에게 효력이 없다. 이러한 법리는, 특별한 사정이 없는 한 기간제근로자 가 정년을 이유로 퇴직하게 된 경우에도 마찬가지로 적용된다(대판 2023.11.2. 2023두41727).

2) 정년 후 갱신기대권

① **정년 후 갱신에 대한 신뢰관계의 형성** : '기간제 및 단시간근로자 보호 등에 관한 법률' 및 '고용상 연령차 별금지 및 고령자고용촉진에 관한 법률'의 입법 취지와 사업장 내에서 정한 정년의 의미 및 정년 이후에 기간제 근로계약을 체결하는 근로계약 당사자의 일반적인 의사 등을 고려하면, 정년이 지난 상태에서 기간제 근로계약을 체결한 경우에는 위에서 본 여러 사정에 더하여 해당 직무에서의 연령에 따른 업무수 행 능력 및 작업능률의 저하 정도와 위험성 증대 정도, 해당 사업장에서 정년이 지난 고령자가 근무하는 실태와 계약이 갱신된 사례 등의 사정까지 아울러 참작하여 근로계약 갱신에 관한 정당한 기대권이 인정 되는지를 판단해야 한다. 이와 같이 근로자에게 기간제 근로계약에 대한 갱신기대권이 인정되는 경우 사용자가 합리적 이유 없이 근로계약의 갱신을 거절하는 것은 부당해고와 마찬가지로 근로자에게 효력이 없고, 이때 기간만료 후의 근로관계는 종전의 근로계약이 갱신된 것과 동일하다(대판 2023.6.29. 2018두62492).

② **판단기준** : 근로자에게 이러한 갱신기대권이 인정되는데도 사용자가 이를 배제하고 갱신을 거절한 경우, 거기에 합리적 이유가 있는지는 사용자의 사업 목적과 성격, 사업장 여건, 근로계약 체결 경위, 근로계약 갱신 제도의 실제 운용 실태, 해당 근로자의 지위와 담당 직무의 내용 및 업무수행 석격성, 근로자에게 책임 있는 사유가 있는지 등 근로관계를 둘러싼 여러 사정을 종합하여 갱신거절의 사유와 절차가 사회통 념에 비추어 볼 때 객관적이고 합리적이며 공정한지를 기준으로 판단해야 한다. 그리고 그러한 사정에 관한 증명책임은 사용자가 부담한다(대판 2023.6.29. 2018두62492).

(3) 고용승계 기대권

1) 새로운 근로관계에 대한 신뢰관계의 형성

도급업체가 사업장 내 업무의 일부를 기간을 정하여 다른 업체(이하 '용역업체')에 위탁하고, 용역업체가 위탁받은 용역업무의 수행을 위해 해당 용역계약의 종료 시점까지 기간제근로자를 사용하여 왔는데, 해당 용역업체의 계약기간이 만료되고 새로운 용역업체가 해당 업무를 위탁받아 도급업체와 용역계약을 체결한 경우, 새로운 용역업체가 종전 용역업체 소속 근로자에 대한 고용을 승계하여 새로운 근로관계가 성립될 것이라는 신뢰관계가 형성되었다면, 특별한 사정이 없는 한 근로자에게는 그에 따라 새로운 용역업체로 고용이 승계되리라는 기대권이 인정된다. 이와 같이 근로자에게 고용승계에 대한 기대권이 인정되는 경우 근로자가 고용승계를 원하였는데도 새로운 용역업체가 합리적 이유 없이 고용승계를 거절하는 것은 부당해고와 마찬가지로 근로자에게 효력이 없다(대판 2021.4.29. 2016두57045).

2) 판단기준

근로자에게 고용승계에 대한 기대권이 인정되는지는 새로운 용역업체가 종전 용역업체 소속 근로자에 대한 고용을 승계하기로 하는 조항을 포함하고 있는지 여부를 포함한 구체적인 계약내용, 해당 용역계약의 체결 동기와 경위, 도급업체 사업장에서의 용역업체 변경에 따른 고용승계 관련 기존 관행, 위탁의 대상으로서 근로자가 수행하는 업무의 내용, 새로운 용역업체와 근로자들의 인식 등 근로관계 및 해당 용역계약을 둘러싼 여러 사정을 종합적으로 고려하여 판단하여야 한다(대판 2021.4.29. 2016두57045).

(4) 검토

종래 판례에 의하여 인정되던 갱신기대권의 법리에 의하면 기간제근로자의 지위가 정규직으로 전환되는 것은 아니라는 한계가 있었으나 정규직 전환기대권의 법리에 의하면 비정규직 근로자에게 정규직 전환에 대한 정당한 기대권이 형성된 경우에는 사용자가 이를 위반하여 합리적 이유 없이 기간의 정함이 없는 근로자로의 전환을 거절할 수 없어 비정규직 근로자의 보호에 한층 긍정적 영향을 미칠 것으로 보인다. 정년 후 재고용 및 갱신기대권이나 고용승계 기대권의 법리도 같은 취지에서 이해할 수 있을 것이다.

Ⅳ 단시간근로자

1. 단시간근로자의 초과근로 제한(기단법 제6조)

① 사용자는 단시간근로자에 대하여 근로기준법 제2조의 소정근로시간을 초과하여 근로하게 하는 경우에는 해당 근로자의 동의를 얻어야 한다. 이 경우 1주간에 12시간을 초과하여 근로하게 할 수 없다. `기출` 17·23

② 단시간근로자는 사용자가 동의를 얻지 아니하고 초과근로를 하게 하는 경우에는 이를 거부할 수 있다.

③ 사용자는 초과근로에 대하여 통상임금의 100분의 50 이상을 가산하여 지급하여야 한다. `기출` 22

2. 단시간근로자의 근로조건(근기법 시행령 [별표 2])

단시간근로자의 근로조건은 그 사업장의 같은 종류의 업무에 종사하는 통상근로자의 근로시간을 기준으로 산정한 비율에 따라 결정되어야 한다(근기법 제18조 제1항). `기출` 14·16

(1) 근로계약의 체결

사용자는 단시간근로자를 고용할 경우에 임금, 근로시간, 그 밖의 근로조건을 명확히 적은 근로계약서를 작성하여 근로자에게 내주어야 한다.

(2) 임금의 계산

단시간근로자의 임금산정단위는 시간급을 원칙으로 하며, 시간급임금을 일급 통상임금으로 산정할 경우에는 1일 소정근로시간 수에 시간급임금을 곱하여 산정한다. 단시간근로자의 1일 소정근로시간 수는 4주 동안의 소정근로시간을 그 기간의 통상근로자의 총소정근로일수로 나눈 시간 수로 한다.

(3) 초과근로

사용자는 단시간근로자를 소정근로일이 아닌 날에 근로시키거나 소정근로시간을 초과하여 근로시키고자 할 경우에는 근로계약서나 취업규칙 등에 그 내용 및 정도를 명시하여야 하며, 초과근로에 대하여 가산임금을 지급하기로 한 경우에는 그 지급률을 명시하여야 한다. 사용자는 근로자와 합의한 경우에만 초과근로를 시킬 수 있다.

(4) 휴가·휴일의 적용

① 사용자는 단시간근로자에게 유급휴일을 주어야 한다.
② 사용자는 단시간근로자에게 연차유급휴가를 주어야 한다. 이 경우 유급휴가는 다음의 방식으로 계산한 시간단위로 하며, 1시간 미만은 1시간으로 본다.

$$통상근로자의\ 연차휴가일수 \times \frac{단시간근로자의\ 소정근로시간}{통상근로자의\ 소정근로시간} \times 8시간$$

③ 사용자는 여성인 단시간근로자에 대하여 생리휴가 및 출산전후휴가와 유산·사산휴가를 주어야 한다.
④ ① 및 ③의 경우에 사용자가 지급하여야 하는 임금은 일급 통상임금을 기준으로 한다.
⑤ ②의 경우에 사용자가 지급하여야 하는 임금은 시간급을 기준으로 한다.

(5) 취업규칙의 작성 및 변경

① 사용자는 단시간근로자에게 적용되는 취업규칙을 통상근로자에게 적용되는 취업규칙과 별도로 작성할 수 있다.
② 취업규칙을 작성하거나 변경하고자 할 경우에는 적용 대상이 되는 단시간근로자 과반수의 의견을 들어야 한다. 다만, 취업규칙을 단시간근로자에게 불이익하게 변경하는 경우에는 그 동의를 받아야 한다.
③ 단시간근로자에게 적용될 별도의 취업규칙이 작성되지 아니한 경우에는 통상근로자에게 적용되는 취업규칙이 적용된다. 다만, 취업규칙에서 단시간근로자에 대한 적용을 배제하는 규정을 두거나 다르게 적용한다는 규정을 둔 경우에는 그에 따른다.
④ 단시간근로자에게 적용되는 취업규칙을 작성 또는 변경하는 경우에는 근기법 제18조 제1항(단시간근로자의 근로조건)의 취지에 어긋나는 내용이 포함되어서는 아니 된다.

3. 적용배제(근기법 제18조 제3항)

4주 동안(4주 미만으로 근로하는 경우에는 그 기간)을 평균하여 1주 동안의 소정근로시간이 15시간 미만인 근로자에 대하여는 휴일과 연차유급휴가를 적용하지 아니한다. **기출** 14·17

4. 통상근로자로의 전환노력 등(기단법 제7조)

① 사용자는 통상근로자를 채용하고자 하는 경우에는 해당 사업 또는 사업장의 동종 또는 유사한 업무에 종사하는 단시간근로자를 우선적으로 고용하도록 노력하여야 한다. **기출** 22
② 사용자는 가사, 학업 그 밖의 이유로 근로자가 단시간근로를 신청하는 때에는 해당 근로자를 단시간근로자로 전환하도록 노력하여야 한다. **기출** 16·18·20·23

Ⅴ 차별적 처우의 금지 및 시정절차

1. 차별적 처우의 금지

(1) 기간제근로자에 대한 차별금지

사용자는 기간제근로자임을 이유로 해당 사업 또는 사업장에서 동종 또는 유사한 업무에 종사하는 기간의 정함이 없는 근로계약을 체결한 근로자에 비하여 차별적 처우를 하여서는 아니 된다. **기출** 21 사용자는 단시간근로자임을 이유로 해당 사업 또는 사업장의 동종 또는 유사한 업무에 종사하는 통상근로자에 비하여 차별적 처우를 하여서는 아니 된다(기단법 제8조).

(2) 비교대상 근로자

1) 의의

차별은 상대적인 개념이므로 차별 여부를 판단하기 위해서는 비교대상 근로자를 필요로 하는데, 일반적으로 기간제근로자의 경우 당해 사업 또는 사업장에서 동종 또는 유사한 업무에 종사하는 기간의 정함이 없는 근로계약을 체결한 근로자가 비교대상 근로자이다. 단시간근로자의 경우 당해 사업 또는 사업장의 동종 또는 유사한 업무에 종사하는 통상근로자가 비교대상 근로자이다.

2) 동종·유사업무의 판단기준

① 실제 수행한 업무 여부 : 비교대상 근로자로 선정된 근로자의 업무가 기간제근로자의 업무와 동종 또는 유사한 업무에 해당하는지는 취업규칙이나 근로계약 등에 명시된 업무 내용이 아니라 근로자가 실제 수행하여 온 업무를 기준으로 판단한다(대판 2012.10.25. 2011두7045).
② 업무내용의 본질적 차이 여부 : 이들이 수행하는 업무가 서로 완전히 일치하지 않고 업무의 범위 또는 책임과 권한 등에서 다소 차이가 있다고 하더라도 주된 업무의 내용에 본질적인 차이가 없다면, 특별한 사정이 없는 이상 이들은 동종 또는 유사한 업무에 종사한다고 보아야 한다(대판 2012.10.25. 2011두7045).

3) 비교대상 근로자로의 선정 가부

① **동일성인정범위 내의 근로자** : 비교대상 근로자의 선정은 차별적 처우가 합리적인지를 판단하기 위한 전제가 되는데, 이 단계를 실체적으로나 절차적으로나 지나치게 엄격하게 보면 차별 여부에 대한 실체 판단에 나아갈 수 없게 되어 차별시정제도를 통한 근로자 구제가 미흡하게 될 우려가 있다. 이러한 노동위원회 차별시정제도의 취지와 직권주의적 특성, 비교대상성 판단의 성격 등을 고려하면, 노동위원회는 신청인이 주장한 비교대상 근로자와 동일성이 인정되는 범위 내에서 조사, 심리를 거쳐 적합한 근로자를 비교대상 근로자로 선정할 수 있다(대판 2023.11.30. 2019두53952). **기출 24**

② **기간의 정함이 없는 근로계약을 체결한 공무원** : 공무원은 인사와 복무, 보수 등에서 국가공무원법 및 공무원보수규정 등 관련 법령의 적용을 받기는 하나 기본적으로 임금을 목적으로 근로를 제공하는 근로자에 해당한다. 그리고 기간제 및 단시간 근로자 보호 등에 관한 법률(이하 '기간제법') 제3조 제3항은 국가 또는 지방자치단체의 기관에 대하여도 이 법이 적용됨을 명시적으로 규정하여 공공부문에서 근무하는 비공무원인 기간제근로자와 공무원 사이의 비교 가능성을 열어 두고 있다. 이러한 사정들과 함께 기간제 근로자에 대한 불합리한 차별을 시정하고 기간제근로자의 근로조건 보호를 강화함으로써 노동시장의 건전한 발전에 이바지함을 목적으로 하는 기간제법의 입법 취지를 종합하여 보면, 기간제법 제8조 제1항이 비교대상 근로자로 들고 있는 '기간의 정함이 없는 근로계약을 체결한 근로자'를 '사법상 근로계약'을 체결한 근로자로 한정하여 해석할 것은 아니다(대판 2014.11.27. 2011두5391).

③ **직제에 존재하지 않는 근로자** : 기간제 및 단시간근로자 보호 등에 관한 법률(이하 '기간제법') 제8조 제1항의 문언 내용과 기간제근로자에 대해 실제로 존재하는 불합리한 차별을 시정하고자 하는 기간제법의 취지 등을 고려하면, 기간제근로자에 대하여 차별적 처우가 있었는지를 판단하기 위한 동종 또는 유사한 업무에 종사하는 비교대상 근로자는 기간의 정함이 없는 근로계약을 체결한 근로자 중에서 선정하여야 하고, 이러한 근로자가 당해 사업 또는 사업장에 실제로 근무하고 있을 필요는 없으나 직제에 존재하지 않는 근로자를 비교대상 근로자로 삼을 수는 없다(대판 2019.9.26. 2016두47857).

(3) 불리한 처우

1) 의 의

기간제법 제2조 제3호의 불리한 처우란 사용자가 임금 그 밖의 근로조건 등에서 기간제근로자와 비교대상근로자를 다르게 처우함으로써 기간제근로자에게 발생하는 불이익 전반을 의미한다(대판 2019.9.26. 2016두47857).

2) 불리한 처우의 판단대상

'불리한 처우' 해당 여부를 따지기 위해서는 '기간제근로자'가 비교대상 근로자인 '정규직 근로자'와 비교할 때 불리한 처우를 받았는지 여부를 기준으로 판단하여야 한다. 즉 이 사건에서 기간제근로자들이 기간제법상 불리한 처우를 받았는지 여부를 판단하기 위해서는 기간제근로자들이 정규직으로 전환된 후의 상황을 고려해서는 안 되고, 이 사건 비교대상 근로자들 역시 그들의 과거 기간제 근무경력을 고려 대상으로 삼아서는 안 되며, 단지 기간제근로자들의 '기간제 근무기간'과 이 사건 비교대상 근로자들의 '정규직 근무기간'만을 비교대상으로 삼아 그 둘 사이에 차별이 있는지 여부를 검토하여야 한다(대판 2014.9.24. 2012두2207).

3) 불리한 처우의 판단방법

① **항목별 비교** : 기간제근로자가 기간제근로자임을 이유로 임금에서 비교대상 근로자에 비하여 차별적 처우를 받았다고 주장하며 차별 시정을 신청하는 경우, 원칙적으로 기간제근로자가 불리한 처우라고 주장하는 임금의 세부 항목별로 비교대상 근로자와 비교하여 불리한 처우가 존재하는지를 판단하여야 한다(대판 2019.9.26. 2016두47857).

② **범주별 비교** : 다만 기간제근로자와 비교대상 근로자의 임금이 서로 다른 항목으로 구성되어 있거나, 기간제근로자가 특정 항목은 비교대상 근로자보다 불리한 대우를 받은 대신 다른 특정 항목은 유리한 대우를 받은 경우 등과 같이 항목별로 비교하는 것이 곤란하거나 적정하지 않은 특별한 사정이 있는 경우라면, 상호 관련된 항목들을 범주별로 구분하고 각각의 범주별로 기간제근로자가 받은 임금 액수와 비교대상 근로자가 받은 임금 액수를 비교하여 기간제근로자에게 불리한 처우가 존재하는지를 판단하여야 한다. 이러한 경우 임금의 세부 항목이 어떤 범주에 속하는지는, 비교대상 근로자가 받은 항목별 임금의 지급 근거, 대상과 그 성격, 기간제근로자가 받은 임금의 세부 항목 구성과 산정 기준, 특정 항목의 임금이 기간제근로자에게 지급되지 않거나 적게 지급된 이유나 경위, 임금 지급 관행 등을 종합하여 합리적이고 객관적으로 판단하여야 한다(대판 2019.9.26. 2016두47857).

(4) 합리적 이유가 없을 것

1) 의 의

불리한 처우에 합리적 이유가 없다면 이는 차별적 처우에 해당한다.

2) 합리적 이유의 판단기준

합리적인 이유가 있는지는 개별 사안에서 문제가 된 불리한 처우의 내용과 사용자가 불리한 처우의 사유로 삼은 사정을 기준으로, 급부의 실제 목적, 고용형태의 속성과 관련성, 업무의 내용과 범위·권한·책임, 노동의 강도·양과 질, 임금이나 그 밖의 근로조건 등의 결정요소 등을 종합적으로 고려하여 판단하여야 한다(대판 2019.9.26. 2016두47857). 예를 들면 장기근속수당은 장기근속에 대한 대가로 지급되는 외에 장기근속을 장려하기 위한 목적에서 지급되는 것으로 볼 수 있는 점, 기간제 근로 형태와 이 사건 비교대상 근로자들의 정규직 근로 형태가 채용 목적, 근로 범위나 권한 등의 측면에서 차이가 있는 것을 부정할 수 없는 점 등을 종합하여 볼 때, 사용자가 기간제 근무기간을 장기근속수당 산정을 위한 근속기간에 포함시키지 아니한 것에는 합리적인 이유가 있다고 할 것이다(대판 2014.9.24. 2012두2207). 한편 임금 그 밖의 근로조건 등에서 합리적인 이유 없이 불리하게 처우하는 것을 차별적 처우로 정의하고 있는 기간제 및 단시간근로자 보호 등에 관한 법률 제2조 제3호의 규정 내용을 고려하면, 임금 세부 항목별이 아닌 각 범주별로 기간제근로자에게 불리한 처우가 존재하는지를 판단하여야 할 때에는 합리적 이유가 있는지 여부도 범주별로 판단하여야 한다(대판 2019.9.26. 2016두47857).

3) 합리적 이유가 없는 경우

합리적인 이유가 없는 경우란 기간제근로자를 달리 처우할 필요성이 인정되지 않거나, 달리 처우할 필요성이 인정되더라도 그 방법·정도 등이 적정하지 않은 것을 뜻한다(대판 2019.9.26. 2016두47857).

4) 증명책임

합리적 이유의 존재 여부에 대한 증명책임은 사용자가 부담한다(기단법 제9조 제4항).

2. 차별적 처우의 시정절차

(1) 차별적 처우의 시정신청(기단법 제9조) [기출] 16·17·19·20·24

① 기간제근로자 또는 단시간근로자는 차별적 처우를 받은 경우 노동위원회에 그 시정을 신청할 수 있다. 다만, 차별적 처우가 있은 날(계속되는 차별적 처우는 그 종료일)부터 6개월이 지난 때에는 그러하지 아니하다.

② 기간제근로자 또는 단시간근로자가 시정신청을 하는 때에는 차별적 처우의 내용을 구체적으로 명시하여야 한다.

③ 시정신청의 절차·방법 등에 관하여 필요한 사항은 중앙노동위원회가 따로 정한다.

④ 차별적 처우와 관련한 분쟁에서 증명책임은 사용자가 부담한다.

⑤ 노동위원회는 시정신청을 받은 때에는 지체 없이 필요한 조사와 관계당사자에 대한 심문을 하여야 한다.

(2) 조사·심문 등(기단법 제10조)

노동위원회는 시정신청을 받은 때에는 지체 없이 필요한 조사와 관계당사자에 대한 심문을 하여야 한다.

(3) 조정·중재(기단법 제11조)

① 노동위원회는 심문의 과정에서 관계당사자 쌍방 또는 일방의 신청 또는 직권에 의하여 조정절차를 개시할 수 있고, 관계당사자가 미리 노동위원회의 중재(仲裁)결정에 따르기로 합의하여 중재를 신청한 경우에는 중재를 할 수 있다. [기출] 19

② 조정 또는 중재를 신청하는 경우에는 차별적 처우의 시정신청을 한 날부터 14일 이내에 하여야 한다. 다만, 노동위원회의 승낙이 있는 경우에는 14일 후에도 신청할 수 있다.

③ 노동위원회는 조정 또는 중재를 하는 경우 관계당사자의 의견을 충분히 들어야 한다.

④ 노동위원회는 특별한 사유가 없으면 조정절차를 개시하거나 중재신청을 받은 때부터 60일 이내에 조정안을 제시하거나 중재결정을 하여야 한다.

⑤ 노동위원회는 관계당사자 쌍방이 조정안을 수락한 경우에는 조정조서를 작성하고 중재결정을 한 경우에는 중재결정서를 작성하여야 한다.

⑥ 조정조서에는 관계당사자와 조정에 관여한 위원전원이 서명·날인하여야 하고, 중재결정서에는 관여한 위원 전원이 서명·날인하여야 한다.

⑦ 조정 또는 중재결정은 민사소송법의 규정에 따른 재판상 화해와 동일한 효력을 갖는다.

(4) 시정명령 등(기단법 제12조) [기출] 15

① 노동위원회는 조사·심문을 종료하고 차별적 처우에 해당된다고 판정한 때에는 사용자에게 시정명령을 내려야 하고, 차별적 처우에 해당하지 아니한다고 판정한 때에는 그 시정신청을 기각하는 결정을 하여야 한다.

② 판정·시정명령 또는 기각결정은 서면으로 하되 그 이유를 구체적으로 명시하여 관계당사자에게 각각 교부하여야 한다. 이 경우 시정명령을 내리는 때에는 시정명령의 내용 및 이행기한 등을 구체적으로 기재하여야 한다.

(5) 조정·중재 또는 시정명령의 내용(기단법 제13조) 기출 15·19·20·24

① 조정·중재 또는 시정명령의 내용에는 차별적 행위의 중지, 임금 등 근로조건의 개선(취업규칙, 단체협약 등의 제도개선명령을 포함) 또는 적절한 배상 등이 포함될 수 있다.

② 배상액은 차별적 처우로 인하여 기간제근로자 또는 단시간근로자에게 발생한 손해액을 기준으로 정한다. 다만, 노동위원회는 사용자의 차별적 처우에 명백한 고의가 인정되거나 차별적 처우가 반복되는 경우에는 손해액을 기준으로 3배를 넘지 아니하는 범위에서 배상을 명령할 수 있다.

(6) 시정명령 등의 확정(기단법 제14조)

① 지방노동위원회의 시정명령 또는 기각결정에 대하여 불복하는 관계당사자는 시정명령서 또는 기각결정서의 송달을 받은 날부터 10일 이내에 중앙노동위원회에 재심을 신청할 수 있다.

② 중앙노동위원회의 재심결정에 대하여 불복하는 관계당사자는 재심결정서의 송달을 받은 날부터 15일 이내에 행정소송을 제기할 수 있다.

③ ①에 규정된 기간 이내에 재심을 신청하지 아니하거나, ②에 규정된 기간 이내에 행정소송을 제기하지 아니한 때에는 그 시정명령·기각결정 또는 재심결정은 확정된다.

(7) 시정명령이행상황의 제출요구 기출 13·15·19·21

고용노동부장관은 확정된 시정명령에 대하여 사용자에게 이행상황을 제출할 것을 요구할 수 있고, 시정신청을 한 근로자는 사용자가 확정된 시정명령을 이행하지 아니하는 경우 이를 고용노동부장관에게 신고할 수 있다(기단법 제15조).

(8) 차별적 처우 시정요구 등(기단법 제15조의2, 제15조의3) 기출 24

① 고용노동부장관은 사용자가 차별적 처우를 한 경우에는 그 시정을 요구할 수 있다. 고용노동부장관은 사용자가 시정요구에 따르지 아니할 경우에는 차별적 처우의 내용을 구체적으로 명시하여 노동위원회에 통보하여야 한다. 이 경우 고용노동부장관은 해당 사용자 및 근로자에게 그 사실을 통지하여야 한다. 노동위원회는 고용노동부장관의 통보를 받은 경우에는 지체 없이 차별적 처우가 있는지 여부를 심리하여야 한다. 이 경우 노동위원회는 해당 사용자 및 근로자에게 의견을 진술할 수 있는 기회를 부여하여야 한다.

② 고용노동부장관은 확정된 시정명령을 이행할 의무가 있는 사용자의 사업 또는 사업장에서 해당 시정명령의 효력이 미치는 근로자 이외의 기간제근로자 또는 단시간근로자에 대하여 차별적 처우가 있는지를 조사하여 차별적 처우가 있는 경우에는 그 시정을 요구할 수 있다.

Ⅵ 보 칙

1. 불리한 처우의 금지(기단법 제16조)

사용자는 기간제근로자 또는 단시간근로자가 다음의 어느 하나에 해당하는 행위를 한 것을 이유로 해고 그 밖의 불리한 처우를 하지 못한다.

① 사용자의 부당한 초과근로 요구의 거부

② 차별적 처우의 시정신청, 노동위원회에의 참석 및 진술, 재심신청 또는 행정소송의 제기

③ 시정명령 불이행의 신고

④ 통 지

2. 근로조건의 서면명시(기단법 제17조)

사용자는 기간제근로자 또는 단시간근로자와 근로계약을 체결하는 때에는 다음의 모든 사항을 서면으로 명시하여야 한다. 다만, ⑥(근로일 및 근로일별 근로시간)은 단시간근로자에 한정한다. 기출 17·22·23·24

① 근로계약기간에 관한 사항
② 근로시간·휴게에 관한 사항
③ 임금의 구성항목·계산방법 및 지불방법에 관한 사항
④ 휴일·휴가에 관한 사항
⑤ 취업의 장소와 종사하여야 할 업무에 관한 사항
⑥ 근로일 및 근로일별 근로시간

3. 감독기관에 대한 통지(기단법 제18조)

사업 또는 사업장에서 이 법 또는 이 법에 의한 명령을 위반한 사실이 있는 경우에는 근로자는 그 사실을 고용노동부장관 또는 근로감독관에게 통지할 수 있다. 기출 23

4. 취업촉진을 위한 국가 등의 노력(기단법 제20조)

국가 및 지방자치단체는 고용정보의 제공, 직업지도, 취업 알선, 직업능력 개발 등 기간제근로자 및 단시간근로자의 취업촉진을 위하여 필요한 조치를 우선적으로 취하도록 노력하여야 한다.

Ⅶ 벌 칙

1. 벌칙(기단법 제21조, 제22조)

① 기간제근로자 또는 단시간근로자가 사용자의 부당한 초과근로 요구의 거부 등의 행위를 한 것을 이유로 해고 그 밖의 불리한 처우를 한 자는 2년 이하의 징역 또는 1천만원 이하의 벌금에 처한다.
② 단시간근로자의 동의 없이 소정근로시간을 초과하여 근로하게 하거나, 동의가 있더라도 1주간에 12시간을 초과하여 근로하게 한 자는 천만원 이하의 벌금에 처한다.

2. 양벌규정(기단법 제23조)

사업주의 대리인·사용인 그 밖의 종업원이 사업주의 업무에 관하여 기간제근로자 또는 단시간근로자가 사용자의 부당한 초과근로 요구의 거부 등의 행위를 한 것을 이유로 해고 그 밖의 불리한 처우를 하거나, 단시간근로자의 동의 없이 소정근로시간을 초과하여 근로하게 하거나, 동의가 있더라도 1주간에 12시간을 초과하여 근로하게 한 때에는 행위자를 벌하는 외에 그 사업주에 대하여도 해당 조의 벌금형을 과한다. 다만, 사업주가 그 위반행위를 방지하기 위하여 해당 업무에 관하여 상당한 주의와 감독을 게을리하지 아니한 경우에는 그러하지 아니하다.

3. 과태료(기단법 제24조)

(1) 1억원 이하의 과태료

확정된 시정명령을 정당한 이유 없이 이행하지 아니한 자에게는 1억원 이하의 과태료를 부과한다.

(2) 500만원 이하의 과태료

정당한 이유 없이 고용노동부장관의 시정명령 이행상황의 제출요구에 따르지 아니하거나, 기간제근로자 또는 단시간근로자와 근로계약을 체결하는 경우, 근로조건을 서면으로 명시하지 아니한 자에게는 500만원 이하의 과태료를 부과한다. **기출** 23

제3절 산업안전보건법

I 전면개정

2019.1.15. 산업재해를 획기적으로 줄여 안전하고 건강하게 일할 수 있는 여건을 조성하기 위하여 산업안전보건법을 전면개정하면서, 산업안전보건법의 보호 대상을 다양한 고용형태의 노무제공자가 포함될 수 있도록 그 범위를 넓히고, 근로자의 작업중지권 행사를 실효적으로 규정하며, 도급작업 등 유해·위험성이 매우 높은 작업에 대해서는 원칙적으로 도급을 금지하고, 도급인의 관계수급인근로자에 대한 산업재해예방책임을 강화하며, 근로자의 안전 및 건강에 유해하거나 위험한 화학물질을 국가가 직접 관리할 수 있도록 하였다.

II 목적(산안법 제1조)

이 법은 산업안전 및 보건에 관한 기준을 확립하고 그 책임의 소재를 명확하게 하여 산업재해를 예방하고 쾌적한 작업환경을 조성함으로써 노무를 제공하는 사람의 안전 및 보건을 유지·증진함을 목적으로 한다.

III 정의(산안법 제2조, 시행규칙 제3조)

① **산업재해** : 노무를 제공하는 사람이 업무에 관계되는 건설물·설비·원재료·가스·증기·분진 등에 의하거나 작업 또는 그 밖의 업무로 인하여 사망 또는 부상하거나 질병에 걸리는 것을 말한다. **기출** 14·24

② **중대재해** : 산업재해 중 사망 등 재해 정도가 심하거나 다수의 재해자가 발생한 경우로서 ⊙ 사망자가 1명 이상 발생한 재해, ⓛ 3개월 이상의 요양이 필요한 부상자가 동시에 2명 이상 발생한 재해, ⓒ 부상자 또는 직업성 질병자가 동시에 10명 이상 발생한 재해 등을 말한다. **기출** 22

③ **근로자** : 근로기준법 제2조 제1항 제1호에 따른 근로자를 말한다.

④ **사업주** : 근로자를 사용하여 사업을 하는 자를 말한다. **기출** 14

⑤ **근로자대표** : 근로자의 과반수로 조직된 노동조합이 있는 경우에는 그 노동조합을, 근로자의 과반수로 조직된 노동조합이 없는 경우에는 근로자의 과반수를 대표하는 자를 말한다.

⑥ **도급** : 명칭에 관계없이 물건의 제조·건설·수리 또는 서비스의 제공, 그 밖의 업무를 타인에게 맡기는 계약을 말한다.

⑦ **도급인** : 물건의 제조·건설·수리 또는 서비스의 제공, 그 밖의 업무를 도급하는 사업주를 말한다. 다만, 건설공사발주자는 제외한다. `기출` 24

⑧ **수급인** : 도급인으로부터 물건의 제조·건설·수리 또는 서비스의 제공, 그 밖의 업무를 도급받은 사업주를 말한다.

⑨ **관계수급인** : 도급이 여러 단계에 걸쳐 체결된 경우에 각 단계별로 도급받은 사업주 전부를 말한다. `기출` 24

⑩ **건설공사발주자** : 건설공사를 도급하는 자로서 건설공사의 시공을 주도하여 총괄·관리하지 아니하는 자를 말한다. 다만, 도급받은 건설공사를 다시 도급하는 자는 제외한다. `기출` 24

⑪ **건설공사** : 다음의 어느 하나에 해당하는 공사를 말한다.
  ㉠ 건설산업기본법에 따른 건설공사
  ㉡ 전기공사업법에 따른 전기공사
  ㉢ 정보통신공사업법에 따른 정보통신공사
  ㉣ 소방시설공사업법에 따른 소방시설공사
  ㉤ 국가유산수리 등에 관한 법률에 따른 국가유산수리공사

⑫ **안전보건진단** : 산업재해를 예방하기 위하여 잠재적 위험성을 발견하고 그 개선대책을 수립할 목적으로 조사·평가하는 것을 말한다.

⑬ **작업환경 측정** : 작업환경실태를 파악하기 위하여 해당 근로자 또는 작업장에 대하여 사업주가 유해인자에 대한 측정계획을 수립한 후 시료를 채취하고 분석·평가하는 것을 말한다. `기출` 24

Ⅳ 적용범위(산안법 제3조)

이 법은 모든 사업에 적용한다. 다만, 유해·위험의 정도, 사업의 종류, 사업장의 상시근로자 수(건설공사의 경우에는 건설공사금액) 등을 고려하여 대통령령으로 정하는 종류의 사업 또는 사업장에는 이 법의 전부 또는 일부를 적용하지 아니할 수 있다. `기출` 19

Ⅴ 정부 및 지방자치단체의 책무와 사업주·근로자의 의무

1. 정부의 책무

(1) 책무의 내용(산안법 제4조)

정부는 동법의 목적을 달성하기 위하여 다음 사항을 성실히 이행할 책무를 진다.
① 산업안전 및 보건정책의 수립 및 집행
② 산업재해 예방 지원 및 지도
③ 근로기준법에 따른 직장 내 괴롭힘 예방을 위한 조치기준 마련, 지도 및 지원

④ 사업주의 자율적인 산업안전 및 보건경영체제 확립을 위한 지원

⑤ 산업안전 및 보건에 관한 의식을 북돋우기 위한 홍보·교육 등 안전문화 확산 추진 **기출** 18

⑥ 산업안전 및 보건에 관한 기술의 연구·개발 및 시설의 설치·운영

⑦ 산업재해에 관한 조사 및 통계의 유지·관리

⑧ 산업안전 및 보건 관련 단체 등에 대한 지원 및 지도·감독

⑨ 그 밖에 노무를 제공하는 사람의 안전 및 건강의 보호·증진

(2) 산업재해 예방 기본계획의 수립·공표(산안법 제7조)

① 고용노동부장관은 산업재해 예방에 관한 기본계획을 수립하여야 한다.

② 고용노동부장관은 수립한 기본계획을 산업재해보상보험법에 따른 산업재해보상보험 및 예방심의위원회의 심의를 거쳐 공표하여야 한다. 이를 변경하려는 경우에도 또한 같다. **기출** 20

(3) 산업재해 발생건수 등의 공표(산안법 제10조)

① 고용노동부장관은 산업재해를 예방하기 위하여 대통령령으로 정하는 사업장의 근로자 산업재해 발생건수, 재해율 또는 그 순위 등(이하 "산업재해발생건수등")을 공표하여야 한다(제1항).

② 고용노동부장관은 도급인의 사업장(도급인이 제공하거나 지정한 경우로서 도급인이 지배·관리하는 대통령령으로 정하는 장소를 포함) 중 대통령령으로 정하는 사업장에서 관계수급인근로자가 작업을 하는 경우에 도급인의 산업재해발생건수등에 관계수급인의 산업재해발생건수등을 포함하여 공표하여야 한다(제2항). **기출** 20

2. 지방자치단체의 책무

(1) 책무의 내용(산안법 제4조의2)

지방자치단체는 정부의 정책에 적극 협조하고, 관할지역의 산업재해를 예방하기 위한 대책을 수립·시행하여야 한다.

(2) 산업재해예방활동(산안법 제4조의3)

지방자치단체의 장은 관할지역 내에서의 산업재해 예방을 위하여 자체 계획의 수립, 교육, 홍보 및 안전한 작업환경 조성을 지원하기 위한 사업장 지도 등 필요한 조치를 할 수 있다. 정부는 지방자치단체의 산업재해 예방활동에 필요한 행정적·재정적 지원을 할 수 있다. 산업재해예방활동에 필요한 사항은 지방자치단체가 조례로 정할 수 있다.

3. 사업주의 의무(산안법 제5조)

① 사업주(특수형태근로종사자로부터 노무를 제공받는 자와 물건의 수거·배달 등을 중개하는 자를 포함)는 다음의 사항을 이행함으로써 근로자(특수형태근로종사자와 물건의 수거·배달 등을 하는 사람을 포함)의 안전 및 건강을 유지·증진시키고 국가의 산업재해예방정책을 따라야 한다.

㉠ 이 법과 이 법에 따른 명령으로 정하는 산업재해 예방을 위한 기준

㉡ 근로자의 신체적 피로와 정신적 스트레스 등을 줄일 수 있는 쾌적한 작업환경의 조성 및 근로조건 개선

㉢ 해당 사업장의 안전 및 보건에 관한 정보를 근로자에게 제공

② 다음의 어느 하나에 해당하는 자는 발주·설계·제조·수입 또는 건설을 할 때 이 법과 이 법에 따른 명령으로 정하는 기준을 지켜야 하고, 발주·설계·제조·수입 또는 건설에 사용되는 물건으로 인하여 발생하는 산업재해를 방지하기 위하여 필요한 조치를 하여야 한다.

    ㉠ 기계·기구와 그 밖의 설비를 설계·제조 또는 수입하는 자

    ㉡ 원재료 등을 제조·수입하는 자

    ㉢ 건설물을 발주·설계·건설하는 자

4. 근로자의 의무(산안법 제6조)

근로자는 이 법과 이 법에 따른 명령으로 정하는 산업재해 예방을 위한 기준을 지켜야 하며, 사업주 또는 근로기준법에 따른 근로감독관, 공단 등 관계인이 실시하는 산업재해 예방에 관한 조치에 따라야 한다.

Ⅵ 안전·보건관리체계

1. 안전·보건관리체계의 도해

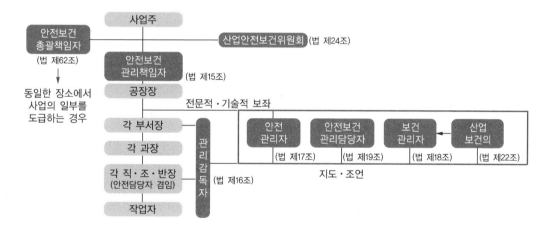

2. 이사회에 대한 보고 및 승인의무

상법에 따른 주식회사 중 대통령령으로 정하는 회사의 대표이사는 대통령령으로 정하는 바에 따라 매년 회사의 안전 및 보건에 관한 계획을 수립하여 이사회에 보고하고 승인을 받아야 하며, 대표이사는 이에 따른 안전 및 보건에 관한 계획을 성실하게 이행하여야 한다(산안법 제14조 제1항·제2항).

3. 안전보건관리책임자

사업주는 사업장을 실질적으로 총괄하여 관리하는 사람에게 해당 사업장의 산업재해 예방계획의 수립에 관한 사항 등의 업무를 총괄하여 관리하도록 하여야 한다. 안전보건관리책임자는 안전관리자와 보건관리자를 지휘·감독한다(산안법 제15조 제1항·제2항).

4. 관리감독자

사업주는 사업장의 생산과 관련되는 업무와 그 소속 직원을 직접 지휘·감독하는 직위에 있는 사람(이하 "관리감독자")에게 산업안전 및 보건에 관한 업무로서 대통령령으로 정하는 업무를 수행하도록 하여야 한다(산안법 제16조 제1항).

5. 안전관리자

① 사업주는 사업장에 안전에 관한 기술적인 사항에 관하여 사업주 또는 안전보건관리책임자를 보좌하고 관리감독자에게 지도·조언하는 업무를 수행하는 사람(이하 "안전관리자")을 두어야 한다. 대통령령으로 정하는 사업의 종류 및 사업장의 상시근로자 수에 해당하는 사업장의 사업주는 안전관리자에게 그 업무만을 전담하도록 하여야 한다(산안법 제17조 제1항·제3항).

② 고용노동부장관은 산업재해 예방을 위하여 필요한 경우로서 고용노동부령으로 정하는 사유에 해당하는 경우에는 사업주에게 안전관리자를 대통령령으로 정하는 수 이상으로 늘리거나 교체할 것을 명할 수 있다. 대통령령으로 정하는 사업의 종류 및 사업장의 상시근로자 수에 해당하는 사업장의 사업주는 지정받은 안전관리업무를 전문적으로 수행하는 기관(이하 "안전관리전문기관")에 안전관리자의 업무를 위탁할 수 있다(산안법 제17조 제4항·제5항).

6. 보건관리자

① 사업주는 사업장에 보건에 관한 기술적인 사항에 관하여 사업주 또는 안전보건관리책임자를 보좌하고 관리감독자에게 지도·조언하는 업무를 수행하는 사람(이하 "보건관리자")을 두어야 한다. 대통령령으로 정하는 사업의 종류 및 사업장의 상시근로자 수에 해당하는 사업장의 사업주는 보건관리자에게 그 업무만을 전담하도록 하여야 한다(산안법 제18조 제1항·제3항).

② 고용노동부장관은 산업재해 예방을 위하여 필요한 경우로서 고용노동부령으로 정하는 사유에 해당하는 경우에는 사업주에게 보건관리자를 대통령령으로 정하는 수 이상으로 늘리거나 교체할 것을 명할 수 있다. 대통령령으로 정하는 사업의 종류 및 사업장의 상시근로자 수에 해당하는 사업장의 사업주는 지정받은 보건관리업무를 전문적으로 수행하는 기관(이하 "보건관리전문기관")에 보건관리자의 업무를 위탁할 수 있다(산안법 제18조 제4항·제5항).

7. 안전보건관리담당자

사업주는 사업장에 안전 및 보건에 관하여 사업주를 보좌하고 관리감독자에게 지도·조언하는 업무를 수행하는 사람(이하 "안전보건관리담당자")을 두어야 한다. 다만, 안전관리자 또는 보건관리자가 있거나 이를 두어야 하는 경우에는 그러하지 아니하다(산안법 제19조 제1항).

8. 산업보건의

사업주는 근로자의 건강관리나 그 밖에 보건관리자의 업무를 지도하기 위하여 사업장에 산업보건의를 두어야 한다. 다만, 의료법에 따른 의사를 보건관리자로 둔 경우에는 그러하지 아니하다(산안법 제22조 제1항).

9. 산업안전보건위원회

사업주는 사업장의 안전 및 보건에 관한 중요사항을 심의·의결하기 위하여 사업장에 근로자위원과 사용자위원이 같은 수로 구성되는 산업안전보건위원회를 구성·운영하여야 한다(산안법 제24조 제1항). 기출 20

10. 안전보건관리규정의 작성 및 변경

(1) 안전보건관리규정의 작성(산안법 제25조) 기출 13

① 사업주는 사업장의 안전 및 보건을 유지하기 위하여 다음의 사항이 포함된 안전보건관리규정을 작성하여야 한다(제1항).

  ㉠ 안전 및 보건에 관한 관리조직과 그 직무에 관한 사항

  ㉡ 안전보건교육에 관한 사항

  ㉢ 작업장의 안전 및 보건 관리에 관한 사항

  ㉣ 사고 조사 및 대책 수립에 관한 사항 기출 24

  ㉤ 그 밖에 안전 및 보건에 관한 사항

② 안전보건관리규정은 단체협약 또는 취업규칙에 반할 수 없다. 이 경우 안전보건관리규정 중 단체협약 또는 취업규칙에 반하는 부분에 관하여는 그 단체협약 또는 취업규칙으로 정한 기준에 따른다(제2항). 기출 24

③ 안전보건관리규정을 작성하여야 할 사업의 종류, 사업장의 상시근로자 수 및 안전보건관리규정에 포함되어야 할 세부적인 내용, 그 밖에 필요한 사항은 고용노동부령인 산업안전보건법 시행규칙으로 정한다. 동 시행규칙 [별표 2]에 의하면, 예를 들어 상시근로자 수가 300명인 보험업 사업주는 안전보건관리규정을 작성하여야 한다(제3항, 동법 시행규칙 제25조 제1항, 동법 시행규칙 [별표 2]). 기출 24

(2) 안전보건관리규정의 작성·변경절차(산안법 제26조) 기출 13·19

사업주는 안전보건관리규정을 작성하거나 변경할 때에는 산업안전보건위원회의 심의·의결을 거쳐야 한다. 다만, 산업안전보건위원회가 설치되어 있지 아니한 사업장의 경우에는 근로자대표의 동의를 받아야 한다. 기출 24

(3) 안전보건관리규정의 준수(산안법 제27조)

사업주와 근로자는 안전보건관리규정을 지켜야 한다. 기출 24

(4) 다른 법률의 준용(산안법 제28조) 기출 13

안전보건관리규정에 관하여 이 법에서 규정한 것을 제외하고는 그 성질에 반하지 아니하는 범위에서 근로기준법 중 취업규칙에 관한 규정을 준용한다.

Ⅶ 안전보건교육

1. 근로자에 대한 안전보건교육(산안법 제29조)

① 사업주는 소속 근로자에게 고용노동부령으로 정하는 바에 따라 정기적으로 안전보건교육을 하여야 한다.

② 사업주는 근로자를 채용할 때와 작업내용을 변경할 때에는 그 근로자에게 고용노동부령으로 정하는 바에 따라 해당 작업에 필요한 안전보건교육을 하여야 한다. 다만, 안전보건교육을 이수한 건설일용근로자를 채용하는 경우에는 그러하지 아니하다.

③ 사업주는 근로자를 유해하거나 위험한 작업에 채용하거나 그 작업으로 작업내용을 변경할 때에는 안전보건교육 외에 고용노동부령으로 정하는 바에 따라 유해하거나 위험한 작업에 필요한 안전보건교육을 추가로 하여야 한다.

2. 근로자에 대한 안전보건교육의 면제(산안법 제30조)

① 사업주는 사업장의 산업재해 발생 정도가 고용노동부령으로 정하는 기준에 해당하는 경우 등에는 정기적 안전보건교육(산안법 제29조 제1항에 의한 교육)의 전부 또는 일부를 하지 아니할 수 있다.

② 사업주는 해당 근로자가 채용 또는 변경된 작업에 경험이 있는 등 고용노동부령으로 정하는 경우에는 근로자 채용 등이나 유해하거나 위험한 작업에 필요한 안전보건교육(제29조 제2항·제3항에 의한 교육)의 전부 또는 일부를 하지 아니할 수 있다.

3. 안전보건교육기관(산안법 제33조)

① 안전보건교육을 하려는 자는 대통령령으로 정하는 인력·시설 및 장비 등의 요건을 갖추어 고용노동부장관에게 등록하여야 한다. 등록한 사항 중 대통령령으로 정하는 중요한 사항을 변경할 때에도 또한 같다.

② 고용노동부장관은 등록한 안전보건교육기관에 대하여 평가하고 그 결과를 공개할 수 있다.

Ⅷ 유해·위험방지조치

1. 법령요지의 게시(산안법 제34조)

사업주는 이 법과 이 법에 따른 명령의 요지 및 안전보건관리규정을 각 사업장의 근로자가 쉽게 볼 수 있는 장소에 게시하거나 갖추어 두어 근로자에게 널리 알려야 한다. **기출 22**

2. 위험성평가의 실시(산안법 제36조)

① 사업주는 건설물, 기계·기구·설비, 원재료, 가스, 증기, 분진, 근로자의 작업행동 또는 그 밖의 업무로 인한 유해·위험요인을 찾아내어 부상 및 질병으로 이어질 수 있는 위험성의 크기가 허용 가능한 범위인지를 평가하여야 하고, 그 결과에 따라 이 법과 이 법에 따른 명령에 따른 조치를 하여야 하며, 근로자에 대한 위험 또는 건강장해를 방지하기 위하여 필요한 경우에는 추가적인 조치를 하여야 한다. **기출 23**

② 사업주는 위험성평가 시 고용노동부장관이 정하여 고시하는 바에 따라 해당 작업장의 근로자를 참여시켜야 한다.

3. 안전보건표지의 설치·부착(산안법 제37조 제1항)

사업주는 유해하거나 위험한 장소·시설·물질에 대한 경고, 비상시에 대처하기 위한 지시·안내 또는 그 밖에 근로자의 안전 및 보건의식을 고취하기 위한 사항 등을 그림, 기호 및 글자 등으로 나타낸 표지(이하 "안전보건표지")를 근로자가 쉽게 알아 볼 수 있도록 설치하거나 붙여야 한다. 이 경우 외국인근로자의 고용 등에 관한 법률 제2조에 따른 외국인근로자를 사용하는 사업주는 안전보건표지를 고용노동부장관이 정하는 바에 따라 해당 외국인근로자의 모국어로 작성하여야 한다. 기출 **23**

4. 안전조치(산안법 제38조)

① 사업주는 ㉠ 기계·기구, 그 밖의 설비에 의한 위험, ㉡ 폭발성, 발화성 및 인화성 물질 등에 의한 위험, ㉢ 전기, 열, 그 밖의 에너지에 의한 위험으로 인한 산업재해를 예방하기 위하여 필요한 조치를 하여야 한다. 기출 **22**

② 사업주는 굴착, 채석, 하역, 벌목, 운송, 조작, 운반, 해체, 중량물 취급, 그 밖의 작업을 할 때 불량한 작업방법 등에 의한 위험으로 인한 산업재해를 예방하기 위하여 필요한 조치를 하여야 한다.

③ 사업주는 근로자가 ㉠ 추락할 위험이 있는 장소, ㉡ 토사·구축물 등이 붕괴할 우려가 있는 장소, ㉢ 물체가 떨어지거나 날아올 위험이 있는 장소, ㉣ 천재지변으로 인한 위험이 발생할 우려가 있는 장소에서 작업을 할 때 발생할 수 있는 산업재해를 예방하기 위하여 필요한 조치를 하여야 한다.

5. 보건조치(산안법 제39조 제1항)

사업주는 ㉠ 원재료·가스·증기·분진·흄(Fume : 열이나 화학반응에 의하여 형성된 고체증기가 응축되어 생긴 미세입자)·미스트(Mist : 공기 중에 떠다니는 작은 액체방울)·산소결핍·병원체 등에 의한 건강장해, ㉡ 방사선·유해광선·고온·저온·초음파·소음·진동·이상기압 등에 의한 건강장해, ㉢ 사업장에서 배출되는 기체·액체 또는 찌꺼기 등에 의한 건강장해, ㉣ 계측감시, 컴퓨터단말기 조작, 정밀공작 등의 작업에 의한 건강장해, ㉤ 단순반복작업 또는 인체에 과도한 부담을 주는 작업에 의한 건강장해, ㉥ 환기·채광·조명·보온·방습·청결 등의 적정기준을 유지하지 아니하여 발생하는 건강장해를 예방하기 위하여 필요한 조치(이하 "보건조치")를 하여야 한다.

6. 고객의 폭언 등으로 인한 건강장해예방조치(산안법 제41조) 기출 **19**

① 사업주는 주로 고객을 직접 대면하거나 정보통신망 이용촉진 및 정보보호 등에 관한 법률에 따른 정보통신망을 통하여 상대하면서 상품을 판매하거나 서비스를 제공하는 업무에 종사하는 고객응대근로자에 대하여 고객의 폭언, 폭행, 그 밖에 적정범위를 벗어난 신체적·정신적 고통을 유발하는 행위(이하 "폭언등")로 인한 건강장해를 예방하기 위하여 고용노동부령으로 정하는 바에 따라 필요한 조치를 하여야 한다.

② 사업주는 업무와 관련하여 고객 등 제3자의 폭언등으로 근로자에게 건강장해가 발생하거나 발생할 현저한 우려가 있는 경우에는 업무의 일시적 중단 또는 전환 등 대통령령으로 정하는 필요한 조치를 하여야 한다.

③ 근로자는 사업주에게 필요한 조치를 요구할 수 있고, 사업주는 근로자의 요구를 이유로 해고 또는 그 밖의 불리한 처우를 해서는 아니 된다.

7. 유해위험방지계획서의 작성 · 제출과 이행확인

(1) 유해위험방지계획서의 작성 · 제출(산안법 제42조 제1항)

사업주는 일정한 경우에는 이 법 또는 이 법에 따른 명령에서 정하는 유해 · 위험 방지에 관한 사항을 적은 계획서(이하 "유해위험방지계획서")를 작성하여 고용노동부령으로 정하는 바에 따라 고용노동부장관에게 제출하고 심사를 받아야 한다. 다만, 대통령령으로 정하는 크기, 높이 등에 해당하는 건설공사를 착공하려는 경우에 해당하는 사업주 중 산업재해발생률 등을 고려하여 고용노동부령으로 정하는 기준에 해당하는 사업주는 유해위험방지계획서를 스스로 심사하고, 그 심사결과서를 작성하여 고용노동부장관에게 제출하여야 한다. `기출` 23

(2) 유해위험방지계획서의 이행확인(산안법 제43조)

① 유해위험방지계획서에 대한 심사를 받은 사업주는 고용노동부령으로 정하는 바에 따라 유해위험방지계획서의 이행에 관하여 고용노동부장관의 확인을 받아야 한다(제1항).

② 대통령령으로 정하는 크기, 높이 등에 해당하는 건설공사를 착공하려는 경우에 해당하는 사업주 중 산업재해발생률 등을 고려하여 고용노동부령으로 정하는 기준에 해당하는 사업주는 고용노동부령으로 정하는 바에 따라 유해위험방지계획서의 이행에 관하여 스스로 확인하여야 한다. 다만, 해당 건설공사 중에 근로자가 사망(교통사고 등 고용노동부령으로 정하는 경우는 제외)한 경우에는 고용노동부령으로 정하는 바에 따라 유해위험방지계획서의 이행에 관하여 고용노동부장관의 확인을 받아야 한다(제2항).

8. 공정안전보고서의 작성 · 제출(산안법 제44조)

① 사업주는 사업장에 대통령령으로 정하는 유해하거나 위험한 설비가 있는 경우 그 설비로부터의 위험물질 누출, 화재 및 폭발 등으로 인하여 사업장 내의 근로자에게 즉시 피해를 주거나 사업장 인근 지역에 피해를 줄 수 있는 사고로서 대통령령으로 정하는 사고(이하 "중대산업사고")를 예방하기 위하여 대통령령으로 정하는 바에 따라 공정안전보고서를 작성하고 고용노동부장관에게 제출하여 심사를 받아야 한다. 이 경우 공정안전보고서의 내용이 중대산업사고를 예방하기 위하여 적합하다고 통보받기 전에는 관련된 유해하거나 위험한 설비를 가동해서는 아니 된다. `기출` 23

② 사업주는 공정안전보고서를 작성할 때 산업안전보건위원회의 심의를 거쳐야 한다. 다만, 산업안전보건위원회가 설치되어 있지 아니한 사업장의 경우에는 근로자대표의 의견을 들어야 한다.

9. 급박한 산업재해 발생의 위험 시 작업중지

(1) 사업주의 작업중지권(산안법 제51조)

사업주는 산업재해가 발생할 급박한 위험이 있을 때에는 즉시 작업을 중지시키고 근로자를 작업장소에서 대피시키는 등 안전 및 보건에 관하여 필요한 조치를 하여야 한다. `기출` 21 · 22

(2) 근로자의 작업중지권(산안법 제52조)

① 근로자는 산업재해가 발생할 급박한 위험이 있는 경우에는 작업을 중지하고 대피할 수 있고, 작업을 중지하고 대피한 근로자는 지체 없이 그 사실을 관리감독자 또는 그 밖에 부서의 장(이하 "관리감독자등")에게 보고하여야 한다. `기출` 20 · 21

② 관리감독자등은 보고를 받으면 안전 및 보건에 관하여 필요한 조치를 하여야 한다. 사업주는 산업재해가 발생할 급박한 위험이 있다고 근로자가 믿을 만한 합리적인 이유가 있을 때에는 작업을 중지하고 대피한 근로자에 대하여 해고나 그 밖의 불리한 처우를 해서는 아니 된다.

(3) 고용노동부장관의 시정조치 등(산안법 제53조)

① 고용노동부장관은 사업주가 사업장의 건설물 또는 그 부속건설물 및 기계·기구·설비·원재료(이하 "기계·설비등")에 대하여 안전 및 보건에 관하여 고용노동부령으로 정하는 필요한 조치를 하지 아니하여 근로자에게 현저한 유해·위험이 초래될 우려가 있다고 판단될 때에는 해당 기계·설비등에 대하여 사용중지·대체·제거 또는 시설의 개선, 그 밖에 안전 및 보건에 관하여 고용노동부령으로 정하는 필요한 조치(이하 "시정조치")를 명할 수 있다.

② 시정조치명령을 받은 사업주는 해당 기계·설비등에 대하여 시정조치를 완료할 때까지 시정조치명령사항을 사업장 내에 근로자가 쉽게 볼 수 있는 장소에 게시하여야 한다.

③ 고용노동부장관은 사업주가 해당 기계·설비등에 대한 시정조치명령을 이행하지 아니하여 유해·위험상태가 해소 또는 개선되지 아니하거나 근로자에 대한 유해·위험이 현저히 높아질 우려가 있는 경우에는 해당 기계·설비등과 관련된 작업의 전부 또는 일부의 중지를 명할 수 있다.

④ 사용중지명령 또는 작업중지명령을 받은 사업주는 그 시정조치를 완료한 경우에는 고용노동부장관에게 사용 중지 또는 작업중지의 해제를 요청할 수 있다.

⑤ 고용노동부장관은 해제 요청에 대하여 시정조치가 완료되었다고 판단될 때에는 사용 중지 또는 작업중지를 해제하여야 한다.

10. 중대재해 발생 시 조치

(1) 사업주의 조치(산안법 제54조)

① 사업주는 중대재해가 발생하였을 때에는 즉시 해당 작업을 중지시키고 근로자를 작업장소에서 대피시키는 등 안전 및 보건에 관하여 필요한 조치를 하여야 한다. **기출 21**

② 사업주는 중대재해가 발생한 사실을 알게 된 경우에는 고용노동부령으로 정하는 바에 따라 지체 없이 고용노동부장관에게 보고하여야 한다. 다만, 천재지변 등 부득이한 사유가 발생한 경우에는 그 사유가 소멸되면 지체 없이 보고하여야 한다.

(2) 고용노동부장관의 작업중지조치(산안법 제55조)

① 고용노동부장관은 중대재해가 발생하였을 때 다음의 어느 하나에 해당하는 작업으로 인하여 해당 사업장에 산업재해가 다시 발생할 급박한 위험이 있다고 판단되는 경우에는 그 작업의 중지를 명할 수 있다.
  ㉠ 중대재해가 발생한 해당 작업
  ㉡ 중대재해가 발생한 작업과 동일한 작업

② 고용노동부장관은 토사·구축물의 붕괴, 화재·폭발, 유해하거나 위험한 물질의 누출 등으로 인하여 중대재해가 발생하여 그 재해가 발생한 장소 주변으로 산업재해가 확산될 수 있다고 판단되는 등 불가피한 경우에는 해당 사업장의 작업을 중지할 수 있다.

③ 고용노동부장관은 사업주가 작업중지의 해제를 요청한 경우에는 작업중지 해제에 관한 전문가 등으로 구성된 심의위원회의 심의를 거쳐 고용노동부령으로 정하는 바에 따라 작업중지를 해제하여야 한다.
  기출 21

(3) 중대재해 원인조사 등(산안법 제56조 제1항·제2항)

고용노동부장관은 중대재해가 발생하였을 때에는 그 원인 규명 또는 산업재해예방대책 수립을 위하여 그 발생원인을 조사할 수 있고, 중대재해가 발생한 사업장의 사업주에게 안전보건개선계획의 수립·시행, 그 밖에 필요한 조치를 명할 수 있다. **기출 23**

(4) 산업재해 발생 은폐금지 및 보고 등(산안법 제57조 제1항·제2항)

사업주는 산업재해가 발생하였을 때에는 그 발생사실을 은폐해서는 아니 되고, 고용노동부령으로 정하는 바에 따라 산업재해의 발생원인 등을 기록하여 보존하여야 한다.

Ⅸ 도급 시 산업재해 예방

1. 도급의 제한

(1) 유해한 작업의 도급금지(산안법 제58조)

① **원칙적 금지** : 사업주는 근로자의 안전 및 보건에 유해하거나 위험한 작업으로서 ㉠ 도금작업, ㉡ 수은, 납 또는 카드뮴을 제련, 주입, 가공 및 가열하는 작업, ㉢ 고용노동부장관의 허가를 받아야 하는 허가대상물질을 제조하거나 사용하는 작업을 도급하여 자신의 사업장에서 수급인의 근로자가 그 작업을 하도록 해서는 아니 된다.

② **예외적 허용** : 사업주는 ㉠ 일시·간헐적으로 하는 작업을 도급하는 경우, ㉡ 수급인이 보유한 기술이 전문적이고 사업주(수급인에게 도급을 한 도급인으로서의 사업주)의 사업운영에 필수 불가결한 경우로서 고용노동부장관의 승인을 받은 경우에는 도급하여 자신의 사업장에서 수급인의 근로자가 그 작업을 하도록 할 수 있다.

③ **고용노동부장관의 승인 및 취소**

㉠ 사업주는 고용노동부장관의 승인을 받으려는 경우에는 고용노동부령으로 정하는 바에 따라 고용노동부장관이 실시하는 안전 및 보건에 관한 평가를 받아야 한다.

㉡ 승인의 유효기간은 3년의 범위에서 정한다.

㉢ 고용노동부장관은 유효기간이 만료되는 경우에 사업주가 유효기간의 연장을 신청하면 승인의 유효기간이 만료되는 날의 다음 날부터 3년의 범위에서 고용노동부령으로 정하는 바에 따라 그 기간의 연장을 승인할 수 있다. 이 경우 사업주는 안전 및 보건에 관한 평가를 받아야 한다.

㉣ 고용노동부장관은 승인, 연장승인 또는 변경승인을 받은 자가 고용노동부령으로 정한 기준에 미달하게 된 경우에는 승인, 연장승인 또는 변경승인을 취소하여야 한다.

(2) 도급의 승인(산안법 제59조)

① 사업주는 자신의 사업장에서 안전 및 보건에 유해하거나 위험한 작업 중 급성독성, 피부부식성 등이 있는 물질의 취급 등 대통령령으로 정하는 작업을 도급하려는 경우에는 고용노동부장관의 승인을 받아야 한다. 이 경우 사업주는 고용노동부령으로 정하는 바에 따라 안전 및 보건에 관한 평가를 받아야 한다.

② 승인에 관하여는 제58조(유해한 작업의 도급금지) 제4항부터 제8항까지의 규정을 준용한다.

(3) 도급의 승인 시 하도급 금지(산안법 제60조)

도금작업 등의 도급이 고용노동부 장관의 승인으로 예외적으로 허용되는 경우(제58조 제2항 제2호에 따른 승인)와 이에 대한 연장승인 또는 변경승인(동조 제5항 또는 제6항, 동법 제59조 제2항) 및 급성독성물질 등의 작업의 도급이 고용노동부장관의 승인을 받은 경우, 도급받은 수급인은 그 작업을 하도급할 수 없다.

(4) 적격수급인 선정의무(산안법 제61조)

사업주는 산업재해 예방을 위한 조치를 할 수 있는 능력을 갖춘 사업주에게 도급하여야 한다. 기출 22

2. 도급인의 안전조치 및 보건조치

(1) 안전보건총괄책임자(산안법 제62조 제1항)

도급인은 관계수급인근로자가 도급인의 사업장에서 작업을 하는 경우에는 그 사업장의 안전보건관리책임자를 도급인의 근로자와 관계수급인근로자의 산업재해를 예방하기 위한 업무를 총괄하여 관리하는 안전보건총괄책임자로 지정하여야 한다. 이 경우 안전보건관리책임자를 두지 아니하여도 되는 사업장에서는 그 사업장에서 사업을 총괄하여 관리하는 사람을 안전보건총괄책임자로 지정하여야 한다.

(2) 도급인의 안전조치 및 보건조치(산안법 제63조)

도급인은 관계수급인근로자가 도급인의 사업장에서 작업을 하는 경우에 자신의 근로자와 관계수급인근로자의 산업재해를 예방하기 위하여 안전 및 보건시설의 설치 등 필요한 안전조치 및 보건조치를 하여야 한다. 다만, 보호구 착용의 지시 등 관계수급인근로자의 작업행동에 관한 직접적인 조치는 제외한다.

(3) 도급에 따른 산업재해예방조치(산안법 제64조)

① 도급인은 관계수급인 근로자가 도급인의 사업장에서 작업을 하는 경우 다음의 사항을 이행하여야 한다.
  ㉠ 도급인과 수급인을 구성원으로 하는 안전 및 보건에 관한 협의체의 구성 및 운영
  ㉡ 작업장 순회점검
  ㉢ 관계수급인이 근로자에게 하는 제29조 제1항부터 제3항까지의 규정에 따른 안전보건교육을 위한 장소 및 자료의 제공 등 지원
  ㉣ 관계수급인이 근로자에게 하는 제29조 제3항에 따른 안전보건교육의 실시 확인
  ㉤ 다음 각 목의 어느 하나의 경우에 대비한 경보체계 운영과 대피방법 등 훈련
    ㉮ 작업장소에서 발파작업을 하는 경우
    ㉯ 작업장소에서 화재·폭발, 토사·구축물 등의 붕괴 또는 지진 등이 발생한 경우
  ㉥ 위생시설 등 고용노동부령으로 정하는 시설의 설치 등을 위하여 필요한 장소의 제공 또는 도급인이 설치한 위생시설 이용의 협조
  ㉦ 같은 장소에서 이루어지는 도급인과 관계수급인 등의 작업에 있어서 관계수급인 등의 작업시기·내용, 안전조치 및 보건조치 등의 확인
  ㉧ 확인결과 관계수급인 등의 작업혼재로 인하여 화재·폭발 등 대통령령으로 정하는 위험이 발생할 우려가 있는 경우 관계수급인 등의 작업시기·내용 등의 조정
② 도급인은 고용노동부령으로 정하는 바에 따라 자신의 근로자 및 관계수급인 근로자와 함께 정기적으로 또는 수시로 작업장의 안전 및 보건에 관한 점검을 하여야 한다.

(4) 도급인의 안전 및 보건에 관한 정보제공 등(산안법 제65조)

① 다음의 작업을 도급하는 자는 그 작업을 수행하는 수급인근로자의 산업재해를 예방하기 위하여 고용노동부령으로 정하는 바에 따라 해당 작업 시작 전에 수급인에게 안전 및 보건에 관한 정보를 문서로 제공하여야 한다.
  ㉠ 폭발성·발화성·인화성·독성 등의 유해성·위험성이 있는 화학물질 중 고용노동부령으로 정하는 화학물질 또는 그 화학물질을 포함한 혼합물을 제조·사용·운반 또는 저장하는 반응기·증류탑·배관 또는 저장탱크로서 고용노동부령으로 정하는 설비를 개조·분해·해체 또는 철거하는 작업
  ㉡ ㉠에 따른 설비의 내부에서 이루어지는 작업
  ㉢ 질식 또는 붕괴의 위험이 있는 작업으로서 대통령령으로 정하는 작업

② 도급인이 안전 및 보건에 관한 정보를 해당 작업 시작 전까지 제공하지 아니한 경우에는 수급인이 정보 제공을 요청할 수 있다.

③ 도급인은 수급인이 제공받은 안전 및 보건에 관한 정보에 따라 필요한 안전조치 및 보건조치를 하였는지를 확인하여야 한다.

④ 수급인의 요청에도 불구하고 도급인이 정보를 제공하지 아니하는 경우에는 해당 도급작업을 하지 아니할 수 있다. 이 경우 수급인은 계약의 이행 지체에 따른 책임을 지지 아니한다.

3. 건설업 등의 산업재해 예방

(1) 건설공사발주자의 산업재해예방조치(산안법 제67조)

① 대통령령으로 정하는 건설공사의 건설공사발주자는 산업재해 예방을 위하여 건설공사의 계획, 설계 및 시공 단계에서 다음의 조치를 하여야 한다.

　㉠ 건설공사계획단계 : 해당 건설공사에서 중점적으로 관리하여야 할 유해·위험요인과 이의 감소방안을 포함한 기본안전보건대장을 작성할 것

　㉡ 건설공사설계단계 : 기본안전보건대장을 설계자에게 제공하고, 설계자로 하여금 유해·위험요인의 감소방안을 포함한 설계안전보건대장을 작성하게 하고 이를 확인할 것

　㉢ 건설공사시공단계 : 건설공사발주자로부터 건설공사를 최초로 도급받은 수급인에게 ②에 따른 설계 안전보건대장을 제공하고, 그 수급인에게 이를 반영하여 안전한 작업을 위한 공사안전보건대장을 작성하게 하고 그 이행 여부를 확인할 것

② 건설공사발주자는 대통령령으로 정하는 안전보건 분야의 전문가에게 ①에 따른 대장에 기재된 내용의 적정성 등을 확인받아야 한다. 건설공사발주자는 설계자 및 건설공사를 최초로 도급받은 수급인이 건설현장의 안전을 우선적으로 고려하여 설계·시공업무를 수행할 수 있도록 적정한 비용과 기간을 계상·설정하여야 한다.

(2) 설계변경의 요청(산안법 제71조 제1항·제5항)

① 건설공사도급인은 해당 건설공사 중에 대통령령으로 정하는 가설구조물의 붕괴 등으로 산업재해가 발생할 위험이 있다고 판단되면 건축·토목 분야의 전문가 등 대통령령으로 정하는 전문가의 의견을 들어 건설공사발주자에게 해당 건설공사의 설계변경을 요청할 수 있다. 다만, 건설공사발주자가 설계를 포함하여 발주한 경우는 그러하지 아니하다.

② 설계변경의 요청절차·방법, 그 밖에 필요한 사항은 고용노동부령으로 정한다. 이 경우 미리 국토교통부장관과 협의하여야 한다.

(3) 건설공사 등의 산업안전보건관리비 계상(산안법 제72조 제1항)

건설공사발주자가 도급계약을 체결하거나 건설공사의 시공을 주도하여 총괄·관리하는 자(건설공사발주자로부터 건설공사를 최초로 도급받은 수급인은 제외)가 건설공사사업계획을 수립할 때에는 고용노동부장관이 정하여 고시하는 바에 따라 산업재해 예방을 위하여 사용하는 비용(이하 "산업안전보건관리비")을 도급금액 또는 사업비에 계상하여야 한다.

(4) 건설공사의 산업재해 예방 지도(산안법 제73조 제1항·제2항)

대통령령으로 정하는 건설공사의 건설공사발주자 또는 건설공사도급인(건설공사발주자로부터 건설공사를 최초로 도급받은 수급인은 제외)은 해당 건설공사를 착공하려는 경우 건설재해예방전문지도기관과 건설 산업재해 예방을 위한 지도계약을 체결하여야 한다. 건설재해예방전문지도기관은 건설공사도급인에게 산업재해 예방을 위한 지도를 실시하여야 하고, 건설공사도급인은 지도에 따라 적절한 조치를 하여야 한다.

(5) 건설공사도급인의 안전조치(산안법 제76조)

건설공사도급인은 자신의 사업장에서 타워크레인 등 대통령령으로 정하는 기계·기구 또는 설비 등이 설치되어 있거나 작동하고 있는 경우 또는 이를 설치·해체·조립하는 등의 작업이 이루어지고 있는 경우에는 필요한 안전조치 및 보건조치를 하여야 한다.

4. 그 밖의 고용형태에서의 산업재해 예방

(1) 특수형태근로종사자에 대한 안전조치 및 보건조치 등(산안법 제77조 제1항)

계약의 형식에 관계없이 근로자와 유사하게 노무를 제공하여 업무상의 재해로부터 보호할 필요가 있음에도 근로기준법 등이 적용되지 아니하는 사람으로서 다음의 요건을 모두 충족하는 사람(이하 "특수형태근로종사자")의 노무를 제공받는 자는 특수형태근로종사자의 산업재해 예방을 위하여 필요한 안전조치 및 보건조치를 하여야 한다.

① 대통령령으로 정하는 직종에 종사할 것
② 주로 하나의 사업에 노무를 상시적으로 제공하고 보수를 받아 생활할 것
③ 노무를 제공할 때 타인을 사용하지 아니할 것

(2) 배달종사자에 대한 안전조치(산안법 제78조)

이동통신단말장치 유통구조 개선에 관한 법률에 따른 이동통신단말장치로 물건의 수거·배달 등을 중개하는 자는 그 중개를 통하여 자동차관리법에 따른 이륜자동차로 물건을 수거·배달 등을 하는 사람의 산업재해 예방을 위하여 필요한 안전조치 및 보건조치를 하여야 한다.

(3) 가맹본부의 산업재해예방조치(산안법 제79조 제1항)

가맹사업거래의 공정화에 관한 법률에 따른 가맹본부 중 대통령령으로 정하는 가맹본부는 가맹점사업자에게 가맹점의 설비나 기계, 원자재 또는 상품 등을 공급하는 경우에 가맹점사업자와 그 소속 근로자의 산업재해 예방을 위하여 다음의 조치를 하여야 한다.

① 가맹점의 안전 및 보건에 관한 프로그램의 마련·시행
② 가맹본부가 가맹점에 설치하거나 공급하는 설비·기계 및 원자재 또는 상품 등에 대하여 가맹점사업자에게 안전 및 보건에 관한 정보의 제공

X 유해·위험기계 등에 대한 조치

1. 유해하거나 위험한 기계·기구에 대한 방호조치(산안법 제80조)

① 누구든지 동력(動力)으로 작동하는 기계·기구로서 대통령령으로 정하는 것은 고용노동부령으로 정하는 유해·위험 방지를 위한 방호조치를 하지 아니하고는 양도, 대여, 설치 또는 사용에 제공하거나 양도·대여의 목적으로 진열해서는 아니 된다(제1항).

② 누구든지 동력으로 작동하는 기계·기구로서 다음의 어느 하나에 해당하는 것은 고용노동부령으로 정하는 방호조치를 하지 아니하고는 양도, 대여, 설치 또는 사용에 제공하거나 양도·대여의 목적으로 진열해서는 아니 된다(제2항).

㉠ 작동 부분에 돌기 부분이 있는 것
㉡ 동력 전달 부분 또는 속도 조절 부분이 있는 것
㉢ 회전기계에 물체 등이 말려 들어갈 부분이 있는 것

2. 타워크레인 설치·해체업의 등록(산안법 제82조)

① 타워크레인을 설치하거나 해체를 하려는 자는 대통령령으로 정하는 바에 따라 인력·시설 및 장비 등의 요건을 갖추어 고용노동부장관에게 등록하여야 한다. 등록한 사항 중 대통령령으로 정하는 중요한 사항을 변경할 때에도 또한 같다(제1항).

② 사업주는 등록한 자로 하여금 타워크레인을 설치하거나 해체하는 작업을 하도록 하여야 한다(제2항).

XI 유해·위험물질에 대한 조치

1. 유해인자의 분류기준(산안법 제104조)

고용노동부장관은 고용노동부령으로 정하는 바에 따라 근로자에게 건강장해를 일으키는 화학물질 및 물리적 인자 등(이하 "유해인자")의 유해성·위험성 분류기준을 마련하여야 한다.

2. 물질안전보건자료의 작성 및 제출(산안법 제110조)

① 화학물질 또는 이를 포함한 혼합물로서 고용노동부장관이 고용노동부령으로 정하는 바에 따라 마련한 분류기준에 해당하는 것(대통령령으로 정하는 것은 제외. 이하 "물질안전보건자료 대상물질")을 제조하거나 수입하려는 자는 물질안전보건자료를 고용노동부령으로 정하는 바에 따라 작성하여 고용노동부장관에게 제출하여야 한다. 이 경우 고용노동부장관은 고용노동부령으로 물질안전보건자료의 기재사항이나 작성방법을 정할 때 화학물질관리법 및 화학물질의 등록 및 평가 등에 관한 법률과 관련된 사항에 대해서는 환경부장관과 협의하여야 한다(제1항).

② 물질안전보건자료 대상물질을 제조하거나 수입하려는 자는 물질안전보건자료 대상물질을 구성하는 화학물질 중 분류기준에 해당하지 아니하는 화학물질의 명칭 및 함유량을 고용노동부장관에게 별도로 제출하여야 한다. 다만, 다음의 어느 하나에 해당하는 경우는 그러하지 아니하다(제2항).

ㄱ 물질안전보건자료에 화학물질의 명칭 및 함유량이 전부 포함된 경우

ㄴ 물질안전보건자료 대상물질을 수입하려는 자가 물질안전보건자료 대상물질을 국외에서 제조하여 우리나라로 수출하려는 자(이하 "국외제조자")로부터 물질안전보건자료에 적힌 화학물질 외에는 분류기준에 해당하는 화학물질이 없음을 확인하는 내용의 서류를 받아 제출한 경우

③ 물질안전보건자료 대상물질을 제조하거나 수입한 자는 ①에 따른 사항 중 고용노동부령으로 정하는 사항이 변경된 경우 그 변경사항을 반영한 물질안전보건자료를 고용노동부장관에게 제출하여야 한다(제3항).

3. 물질안전보건자료의 제공(산안법 제111조)

① 물질안전보건자료 대상물질을 양도하거나 제공하는 자는 이를 양도받거나 제공받는 자에게 물질안전보건자료를 제공하여야 한다(제1항).

② 물질안전보건자료 대상물질을 제조하거나 수입한 자는 이를 양도받거나 제공받은 자에게 변경된 물질안전보건자료를 제공하여야 한다(제2항).

③ 물질안전보건자료 대상물질을 양도하거나 제공한 자(물질안전보건자료 대상물질을 제조하거나 수입한 자는 제외)는 물질안전보건자료를 제공받은 경우 이를 물질안전보건자료 대상물질을 양도받거나 제공받은 자에게 제공하여야 한다(제3항).

4. 물질안전보건자료의 일부 비공개승인 등(산안법 제112조)

① 영업비밀과 관련되어 화학물질의 명칭 및 함유량을 물질안전보건자료에 적지 아니하려는 자는 고용노동부령으로 정하는 바에 따라 고용노동부장관에게 신청하여 승인을 받아 해당 화학물질의 명칭 및 함유량을 대체할 수 있는 명칭 및 함유량(이하 "대체자료")으로 적을 수 있다. 다만, 근로자에게 중대한 건강장해를 초래할 우려가 있는 화학물질로서 산업재해보상보험법에 따른 산업재해보상보험 및 예방심의위원회의 심의를 거쳐 고용노동부장관이 고시하는 것은 그러하지 아니하다(제1항).

② 고용노동부장관은 승인에 관한 기준을 산업재해보상보험법에 따른 산업재해보상보험 및 예방심의위원회의 심의를 거쳐 정한다(제3항).

③ 고용노동부장관의 승인의 유효기간은 승인을 받은 날부터 5년으로 한다(제4항).

5. 물질안전보건자료 일부 비공개 승인 등에 대한 이의신청 특례(산안법 제112조의2)

① 승인 또는 연장승인 결과에 이의가 있는 신청인은 그 결과 통보를 받은 날부터 30일 이내에 고용노동부령으로 정하는 바에 따라 고용노동부장관에게 이의신청을 할 수 있다.

② 고용노동부장관은 이의신청을 받은 날부터 14일 이내에 고용노동부령으로 정하는 바에 따라 승인 또는 연장승인 여부를 결정하고 그 결과를 신청인에게 통지하여야 한다.

③ 고용노동부장관은 승인 또는 연장승인 여부를 결정하기 위하여 필요한 경우 외부 전문가의 의견을 들을 수 있다. 이 경우 외부 전문가의 의견을 듣는 데 걸리는 기간은 결과 통지기간에 산입(算入)하지 아니한다.

XII 근로자보건관리

1. 작업환경 측정(산안법 제125조)

① 사업주는 유해인자로부터 근로자의 건강을 보호하고 쾌적한 작업환경을 조성하기 위하여 인체에 해로운 작업을 하는 작업장으로서 고용노동부령으로 정하는 작업장에 대하여 고용노동부령으로 정하는 자격을 가진 자로 하여금 작업환경 측정을 하도록 하여야 한다(제1항).

② 도급인의 사업장에서 관계수급인 또는 관계수급인의 근로자가 작업을 하는 경우에는 도급인이 고용노동부령으로 정하는 자격을 가진 자로 하여금 작업환경 측정을 하도록 하여야 한다(제2항). 기출 24

③ 사업주(도급인 포함)는 작업환경측정을 작업환경측정기관에 위탁할 수 있다. 이 경우 필요한 때에는 작업환경측정 중 시료의 분석만을 위탁할 수 있다(제3항).

④ 사업주는 근로자대표(관계수급인의 근로자대표 포함)가 요구하면 작업환경측정 시 근로자대표를 참석시켜야 한다(제4항). 기출 24

2. 휴게시설의 설치(산안법 제128조의2)

사업주는 근로자(관계수급인의 근로자를 포함)가 신체적 피로와 정신적 스트레스를 해소할 수 있도록 휴식시간에 이용할 수 있는 휴게시설을 갖추어야 한다. 사업주 중 사업의 종류 및 사업장의 상시 근로자 수 등 대통령령으로 정하는 기준에 해당하는 사업장의 사업주는 휴게시설을 갖추는 경우 크기, 위치, 온도, 조명 등 고용노동부령으로 정하는 설치·관리기준을 준수하여야 한다. 기출 24

> **휴게시설 설치·관리기준 준수 대상 사업장의 사업주(산안법 시행령 제96조의2)**
>
> 법 제128조의2 제2항에서 "사업의 종류 및 사업장의 상시 근로자 수 등 대통령령으로 정하는 기준에 해당하는 사업장"이란 다음 각 호의 어느 하나에 해당하는 사업장을 말한다.
>
> 1. 상시근로자(관계수급인의 근로자를 포함. 이하 제2호에서 같다) 20명 이상을 사용하는 사업장(건설업의 경우에는 관계수급인의 공사금액을 포함한 해당 공사의 총공사금액이 20억원 이상인 사업장으로 한정)
> 2. 다음 각 목의 어느 하나에 해당하는 직종(통계법 제22조 제1항에 따라 통계청장이 고시하는 한국표준직업분류에 따른다)의 상시근로자가 2명 이상인 사업장으로서 상시근로자 10명 이상 20명 미만을 사용하는 사업장(건설업은 제외)
>   가. 전화 상담원
>   나. 돌봄 서비스 종사원
>   다. 텔레마케터
>   라. 배달원
>   마. 청소원 및 환경미화원
>   바. 아파트 경비원
>   사. 건물 경비원

3. 건강진단 및 건강관리

(1) 일반건강진단(산안법 제129조 제1항)

사업주는 상시 사용하는 근로자의 건강관리를 위하여 건강진단(이하 "일반건강진단")을 실시하여야 한다. 다만, 사업주가 고용노동부령으로 정하는 건강진단을 실시한 경우에는 그 건강진단을 받은 근로자에 대하여 일반건강진단을 실시한 것으로 본다.

(2) 특수건강진단(산안법 제130조)

① 사업주는 다음의 어느 하나에 해당하는 근로자의 건강관리를 위하여 건강진단(이하 "특수건강진단")을 실시하여야 한다. 다만, 사업주가 고용노동부령으로 정하는 건강진단을 실시한 경우에는 그 건강진단을 받은 근로자에 대하여 해당 유해인자에 대한 특수건강진단을 실시한 것으로 본다(제1항).

ⓐ 고용노동부령으로 정하는 유해인자에 노출되는 업무(이하 "특수건강진단 대상업무")에 종사하는 근로자

ⓑ 건강진단 실시 결과 직업병 소견이 있는 근로자로 판정받아 작업 전환을 하거나 작업장소를 변경하여 해당 판정의 원인이 된 특수건강진단 대상업무에 종사하지 아니하는 사람으로서 해당 유해인자에 대한 건강진단이 필요하다는 의료법에 따른 의사의 소견이 있는 근로자

② 사업주는 특수건강진단 대상업무에 종사할 근로자의 배치예정업무에 대한 적합성 평가를 위하여 건강진단(이하 "배치전건강진단")을 실시하여야 한다. 다만, 고용노동부령으로 정하는 근로자에 대해서는 배치전건강진단을 실시하지 아니할 수 있다(제2항).

(3) 건강진단에 관한 사업주의 의무(산안법 제132조)

① 사업주는 건강진단을 실시하는 경우 근로자대표가 요구하면 근로자대표를 참석시켜야 한다(제1항).

기출 24

② 사업주는 산업안전보건위원회 또는 근로자대표가 요구할 때에는 직접 또는 건강진단을 한 건강진단기관에 건강진단 결과에 대하여 설명하도록 하여야 한다. 다만, 개별 근로자의 건강진단 결과는 본인의 동의 없이 공개해서는 아니 된다(제2항).

③ 사업주는 건강진단의 결과를 근로자의 건강 보호 및 유지 외의 목적으로 사용해서는 아니 된다(제3항).

(4) 건강진단기관 등의 결과보고 의무(산안법 제134조)

① 건강진단기관은 건강진단을 실시한 때에는 고용노동부령으로 정하는 바에 따라 그 결과를 근로자 및 사업주에게 통보하고 고용노동부장관에게 보고하여야 한다.

② 건강진단을 실시한 기관은 사업주가 근로자의 건강 보호를 위하여 그 결과를 요청하는 경우 고용노동부령으로 정하는 바에 따라 그 결과를 사업주에게 통보하여야 한다.

4. 유해 · 위험작업에 대한 근로시간 제한 등(산안법 제139조 제1항, 동법 시행령 제99조)

사업주는 유해하거나 위험한 작업으로서 잠함(潛函) 또는 잠수 작업 등 높은 기압에서 하는 작업에 종사하는 근로자에게는 1일 6시간, 1주 34시간을 초과하여 근로하게 해서는 아니 된다. 동법 시행령은 잠수 작업에서 잠함 · 잠수 작업시간, 가압 · 감압방법 등 해당 근로자의 안전과 보건을 유지하기 위하여 필요한 사항을 고용노동부령으로 정하도록 위임하고 있으나, 위임한 사항을 규정한 시행규칙은 제정되어 있지 아니하다.

`기출 24`

5. 자격 등에 의한 취업제한(산안법 제140조 제1항)

사업주는 유해하거나 위험한 작업으로서 상당한 지식이나 숙련도가 요구되는 고용노동부령으로 정하는 작업의 경우 그 작업에 필요한 자격 · 면허 · 경험 또는 기능을 가진 근로자가 아닌 사람에게 그 작업을 하게 해서는 아니 된다.

6. 역학조사(산안법 제141조 제1항)

고용노동부장관은 직업성 질환의 진단 및 예방, 발생원인의 규명을 위하여 필요하다고 인정할 때에는 근로자의 질환과 작업장의 유해요인의 상관관계에 관한 역학조사를 할 수 있다. 이 경우 사업주 또는 근로자대표, 그 밖에 고용노동부령으로 정하는 사람이 요구할 때 고용노동부령으로 정하는 바에 따라 역학조사에 참석하게 할 수 있다. `기출 20`

XIII 법위반에 대한 제재의 강화

1. 벌칙(산안법 제167조 제1항 · 제2항)

① 사업주의 안전조치(현장실습생에 대한 특례에서 준용하는 경우를 포함), 사업주의 보건조치(현장실습생에 대한 특례에서 준용하는 경우를 포함) 또는 도급인의 안전조치 및 보건조치(현장실습생에 대한 특례에서 준용하는 경우를 포함)를 위반하여 근로자를 사망에 이르게 한 자는 7년 이하의 징역 또는 1억원 이하의 벌금에 처한다.

② ①의 죄로 형을 선고받고 그 형이 확정된 후 5년 이내에 다시 ①의 죄를 저지른 자는 그 형의 2분의 1까지 가중한다.

2. 형벌과 수강명령 등의 병과(산안법 제174조 제1항)

법원은 사업주의 안전조치(현장실습생에 대한 특례에서 준용하는 경우를 포함), 사업주의 보건조치(현장실습생에 대한 특례에서 준용하는 경우를 포함) 또는 도급인의 안전조치 및 보건조치(현장실습생에 대한 특례에서 준용하는 경우를 포함)를 위반하여 근로자를 사망에 이르게 한 사람에게 유죄의 판결(선고유예는 제외)을 선고하거나 약식명령을 고지하는 경우에는 200시간의 범위에서 산업재해 예방에 필요한 수강명령 또는 산업안전보건프로그램의 이수명령을 병과(倂科)할 수 있다.

3. 양벌규정(산안법 제173조)

법인의 대표자나 법인 또는 개인의 대리인, 사용인, 그 밖의 종업원이 그 법인 또는 개인의 업무에 관하여 제167조 제1항 또는 제168조부터 제172조까지의 어느 하나에 해당하는 위반행위를 하면 그 행위자를 벌하는 외에 그 법인에게 다음의 구분에 따른 벌금형을, 그 개인에게는 해당 조문의 벌금형을 과(科)한다. 다만, 법인 또는 개인이 그 위반행위를 방지하기 위하여 해당 업무에 관하여 상당한 주의와 감독을 게을리하지 아니한 경우에는 그러하지 아니하다.
① 제167조 제1항의 경우 : 10억원 이하의 벌금
② 제168조부터 제172조까지의 경우 : 해당 조문의 벌금형

제4절 직업안정법

I 서 설

1. 목적(직안법 제1조)

이 법은 모든 근로자가 각자의 능력을 계발·발휘할 수 있는 직업에 취업할 기회를 제공하고, 정부와 민간부문이 협력하여 각 산업에서 필요한 노동력이 원활하게 수급되도록 지원함으로써 근로자의 직업 안정을 도모하고 국민경제의 균형 있는 발전에 이바지함을 목적으로 한다.

2. 균등처우(직안법 제2조)

누구든지 성별, 연령, 종교, 신체적 조건, 사회적 신분 또는 혼인 여부 등을 이유로 직업소개 또는 직업지도를 받거나 고용관계를 결정할 때 차별대우를 받지 아니한다. 기출 19

3. 정의(직안법 제2조의2)

① **직업안정기관** : 직업소개, 직업지도 등 직업안정업무를 수행하는 지방고용노동행정기관을 말한다.
기출 20

② **직업소개** : 구인 또는 구직의 신청을 받아 구직자 또는 구인자(求人者)를 탐색하거나 구직자를 모집하여 구인자와 구직자 간에 고용계약이 성립되도록 알선하는 것을 말한다. 기출 20

③ **직업지도** : 취업하려는 사람이 그 능력과 소질에 알맞은 직업을 쉽게 선택할 수 있도록 하기 위한 직업적성검사, 직업정보의 제공, 직업 상담, 실습, 권유 또는 조언, 그 밖에 직업에 관한 지도를 말한다.

④ **무료직업소개사업** : 수수료, 회비 또는 그 밖의 어떠한 금품도 받지 아니하고 하는 직업소개사업을 말한다.

기출 20

⑤ **유료직업소개사업** : 무료직업소개사업이 아닌 직업소개사업을 말한다.

⑥ **모집** : 근로자를 고용하려는 자가 취업하려는 사람에게 피고용인이 되도록 권유하거나 다른 사람으로 하여금 권유하게 하는 것을 말한다. **기출** 12

⑦ **근로자공급사업** : 공급계약에 따라 근로자를 타인에게 사용하게 하는 사업을 말한다. 다만, 파견근로자 보호 등에 관한 법률에 따른 근로자파견사업은 제외한다. **기출** 12 · 20

⑧ **직업정보제공사업** : 신문, 잡지, 그 밖의 간행물 또는 유선·무선방송이나 컴퓨터통신 등으로 구인·구직 정보 등 직업정보를 제공하는 사업을 말한다.

⑨ **고용서비스** : 구인자 또는 구직자에 대한 고용정보의 제공, 직업소개, 직업지도 또는 직업능력 개발 등 고용을 지원하는 서비스를 말한다. **기출** 20

4. 정부의 업무(직안법 제3조)

① 정부는 이 법의 목적을 달성하기 위하여 다음의 업무를 수행한다.

   ㉠ 노동력의 수요와 공급을 적절히 조절하는 업무

   ㉡ 구인자, 구직자에게 국내외의 직업을 소개하는 업무

   ㉢ 구직자에 대한 직업지도업무

   ㉣ 고용정보를 수집·정리 또는 제공하는 업무

   ㉤ 구직자에 대한 직업훈련 또는 재취업을 지원하는 업무

   ㉥ 직업소개사업, 직업정보제공사업, 근로자 모집 또는 근로자공급사업의 지도·감독에 관한 업무

   ㉦ 노동시장에서 취업이 특히 곤란한 사람에 대한 고용을 촉진하는 업무

   ㉧ 직업안정기관, 지방자치단체 및 민간고용서비스 제공기관과의 업무연계·협력과 고용서비스시장의 육성에 관한 업무

② 정부는 ①의 ㉡부터 ㉤까지 및 ㉦의 업무에 관한 사업을 다음의 자와 공동으로 하거나 다음의 자에게 위탁할 수 있다.

   ㉠ 무료직업소개사업을 하는 자

   ㉡ 유료직업소개사업을 하는 자

   ㉢ 직업정보제공사업을 하는 자

   ㉣ 그 밖에 ①의 ㉡부터 ㉤까지 및 ㉦의 업무와 관련된 전문기관으로서 대통령령으로 정하는 기관

O | X 💬

1. 누구든지 성별, 연령, 종교, 신체적 조건, 사회적 신분 또는 혼인 여부 등을 이유로 직업소개 또는 직업지도를 받거나 고용관계를 결정할 때 차별대우를 받지 아니한다.

2. 직업안정기관의 장이 필요하다고 인정하면, 구직자의 동의가 없어도 직업적성검사를 할 수 있다.

3. 근로자공급사업이란 공급계약에 따라 근로자를 타인에게 사용하게 하는 사업으로, 파견근로자 보호 등에 관한 법률에 따른 근로자파견 사업도 포함된다.

정답 1. ○ 2. × 3. ×

③ ②에 따른 사업에 드는 비용은 대통령령으로 정하는 지원대상 및 지원방법에 따라 일반회계 또는 고용보험법에 따른 고용보험기금에서 지원할 수 있다.

> **민간과의 공동사업 등의 지원(직안법 시행령 제2조의3)**
> ① 법 제3조 제2항 제4호에서 "대통령령으로 정하는 기관"이란 다음 각 호의 기관을 말한다.
>   1. 사업주단체·근로자단체 또는 각각의 그 연합체
>   2. 초·중등교육법 제2조 제4호에 따른 고등학교·고등기술학교 및 고등교육법 제2조에 따른 학교
>   3. 비영리민간단체지원법에 따른 비영리민간단체로서 해당 사업을 실시할 능력이 있다고 고용노동부장관이 정하여 고시하는 조직 및 인력기준을 갖춘 단체

5. 민간직업상담원(직안법 제4조의4)

고용노동부장관은 직업안정기관에 직업소개, 직업지도 및 고용정보 제공 등의 업무를 담당하는 공무원이 아닌 직업상담원(이하 "민간직업상담원")을 배치할 수 있다. `기출` 23

Ⅱ 직업안정기관의 장이 하는 직업소개 및 직업지도 등

1. 업무 담당기관

제3조에 따른 업무의 일부는 직업안정기관의 장이 수행한다(직안법 제5조).

2. 직업소개

(1) 구인의 신청

1) 수리거부의 금지(직안법 제8조)

직업안정기관의 장은 구인신청의 수리(受理)를 거부하여서는 아니 된다. 다만, 다음의 어느 하나에 해당하는 경우에는 그러하지 아니하다.
① 구인신청의 내용이 법령을 위반한 경우
② 구인신청의 내용 중 임금, 근로시간, 그 밖의 근로조건이 통상적인 근로조건에 비하여 현저하게 부적당하다고 인정되는 경우
③ 구인자가 구인조건을 밝히기를 거부하는 경우 `기출` 17·22
④ 구인자가 구인신청 당시 근로기준법에 따라 명단이 공개 중인 체불사업주인 경우

2) 구인신청절차(직안법 시행령 제5조)

① 구인신청은 구인자의 사업장소재지를 관할하는 직업안정기관에 하여야 한다. 다만, 사업장소재지 관할 직업안정기관에 신청하는 것이 적절하지 아니하다고 인정되는 경우에는 인근의 다른 직업안정기관에 신청할 수 있다.
② 직업안정기관의 장이 구인신청을 접수한 때에는 신청자의 신원과 구인자의 사업자등록내용 등의 확인을 요구할 수 있다.
③ 구인자는 구인신청 후 신청내용이 변경된 경우에는 즉시 이를 직업안정기관의 장에게 통보하여야 한다.
④ 직업안정기관의 장이 구인신청을 수리하지 아니하는 경우에는 구인자에게 그 이유를 설명하여야 한다.

(2) 구직의 신청

1) 수리거부의 금지(직안법 제9조)

① 직업안정기관의 장은 구직신청의 수리를 거부하여서는 아니 된다. 다만, 그 신청내용이 법령을 위반한 경우에는 그러하지 아니하다. **기출** 23

② 직업안정기관의 장은 구직자의 요청이 있거나 필요하다고 인정하여 구직자의 동의를 받은 경우에는 직업 상담 또는 직업적성검사를 할 수 있다. **기출** 19

2) 구직신청절차(직안법 시행령 제6조)

① 직업안정기관의 장은 구직신청을 접수할 경우에는 구직자의 신원을 확인하여야 한다. 다만, 신원이 확실한 경우에는 이를 생략할 수 있다.

② 직업안정기관의 장이 구직신청의 수리를 거부하는 경우에는 구직자에게 그 이유를 설명하여야 한다.

③ 고용노동부장관은 일용근로자등 상시 근무하지 아니하는 근로자에 대하여는 그 구직신청 및 소개에 관하여는 따로 절차를 정할 수 있다.

④ 직업안정기관의 장이 구직신청을 수리한 때에는 해당 구직자가 고용보험법에 따른 구직급여의 수급자격이 있는지를 확인하여 수급자격이 있다고 인정되는 경우에는 구직급여 지급을 위하여 필요한 조치를 취하여야 한다.

(3) 근로조건의 명시 등(직안법 제10조)

구인자가 직업안정기관의 장에게 구인신청을 할 때에는 구직자가 취업할 업무의 내용과 근로조건을 구체적으로 밝혀야 하며, 직업안정기관의 장은 이를 구직자에게 알려 주어야 한다.

(4) 직업소개의 원칙(직안법 제11조)

① 직업안정기관의 장은 구직자에게는 그 능력에 알맞은 직업을 소개하고, 구인자에게는 구인조건에 적합한 구직자를 소개하도록 노력하여야 한다.

② 직업안정기관의 장은 가능하면 구직자가 통근할 수 있는 지역에서 직업을 소개하도록 노력하여야 한다.

(5) 직업소개 시 준수사항(직안법 시행령 제7조)

직업안정기관의 장이 직업소개업무를 행할 때에는 다음의 원칙을 준수하여야 한다.

① 구인자 또는 구직자 어느 한쪽의 이익에 치우치지 아니할 것

② 구직자가 취업할 직업에 쉽게 적응할 수 있도록 종사하게 될 업무의 내용, 임금, 근로시간, 그 밖의 근로조건에 대하여 상세히 설명할 것

(6) 광역직업소개(직안법 제12조)

직업안정기관의 장은 통근할 수 있는 지역에서 구직자에게 그 희망과 능력에 알맞은 직업을 소개할 수 없을 경우 또는 구인자가 희망하는 구직자나 구인인원을 채울 수 없을 경우에는 광범위한 지역에 걸쳐 직업소개를 할 수 있다. **기출** 22

(7) 훈련기관 알선(직안법 제13조)

직업안정기관의 장은 구직자의 취업을 위하여 직업능력개발훈련을 받는 것이 필요하다고 인정되면 구직자가 국민 평생 직업능력 개발법에 따른 직업능력개발훈련시설 등에서 직업능력개발훈련을 받도록 알선할 수 있다.

3. 직업지도

(1) 직업지도(직안법 제14조 제1항)

① 직업안정기관의 장은 다음의 어느 하나에 해당하는 사람에게 직업지도를 하여야 한다.

    ㉠ 새로 취업하려는 사람 **기출 23**

    ㉡ 신체 또는 정신에 장애가 있는 사람

    ㉢ 그 밖에 취업을 위하여 특별한 지도가 필요한 사람

② 직업안정기관의 장은 직업지도를 받아 취업한 사람이 그 직업에 쉽게 적응할 수 있도록 하기 위하여 필요하다고 인정하는 경우에는 취업 후에도 직업지도를 실시할 수 있다(직안법 시행령 제9조 제3항).

(2) 직업안정기관의 장과 학교의 장 등의 협력(직안법 제15조)

직업안정기관의 장은 필요하다고 인정하는 경우에는 초·중등교육법 및 고등교육법에 따른 각급 학교의 장이나 국민 평생 직업능력 개발법에 따른 공공직업훈련시설의 장이 실시하는 무료직업소개사업에 협력하여야 하며, 이들이 요청하는 경우에는 학생 또는 직업훈련생에게 직업지도를 할 수 있다.

4. 고용정보의 수집·제공 등(직안법 제16조)

① 직업안정기관의 장은 관할지역의 각종 고용정보를 수시로 또는 정기적으로 수집하고 정리하여 구인자, 구직자, 그 밖에 고용정보가 필요한 자에게 적극적으로 제공하여야 한다.

② 직업안정기관의 장은 고용정보를 수집하여 분석한 결과 관할지역에서 노동력의 수요와 공급에 급격한 변동이 있거나 현저한 불균형이 발생하였다고 판단되는 경우에는 적절한 대책을 수립하여 추진하여야 한다.

5. 구인·구직의 개척(직안법 제17조)

직업안정기관의 장은 구직자의 취업기회를 확대하고 산업에 부족한 인력의 수급을 지원하기 위하여 구인·구직의 개척에 노력하여야 한다. **기출 17**

1. 직업안정기관의 장은 새로 취업하려는 사람에게 직업지도를 하여야 한다.

       정답 1. ○

Ⅲ **직업안정기관의 장 외의 자가 하는 직업소개사업 및 직업정보제공사업 등**

1. 직업소개사업

(1) 무료직업소개사업(직안법 제18조)

① 무료직업소개사업은 소개 대상이 되는 근로자가 취업하려는 장소를 기준으로 하여 국내 무료직업소개사업과 국외 무료직업소개사업으로 구분하되, 국내 무료직업소개사업을 하려는 자는 주된 사업소의 소재지를 관할하는 특별자치도지사·시장·군수 및 구청장에게 신고하여야 하고, 국외 무료직업소개사업을 하려는 자는 고용노동부장관에게 신고하여야 한다. 신고한 사항을 변경하려는 경우에도 또한 같다. `기출 19·24`

② 무료직업소개사업을 하려는 자는 대통령령으로 정하는 비영리법인 또는 공익단체이어야 한다. `기출 15`

③ 다음의 어느 하나에 해당하는 직업소개의 경우에는 신고를 하지 아니하고 무료직업소개사업을 할 수 있다.

　㉠ 한국산업인력공단법에 따른 한국산업인력공단이 하는 직업소개

　㉡ 장애인고용촉진 및 직업재활법에 따른 한국장애인고용공단이 장애인을 대상으로 하는 직업소개
`기출 22`

　㉢ 교육관계법에 따른 각급 학교의 장, 국민 평생 직업능력 개발법에 따른 공공직업훈련시설의 장이 재학생·졸업생 또는 훈련생·수료생을 대상으로 하는 직업소개

　㉣ 산업재해보상보험법에 따른 근로복지공단이 업무상 재해를 입은 근로자를 대상으로 하는 직업소개
`기출 24`

④ 무료직업소개사업을 하는 자 및 그 종사자는 구인자가 구인신청 당시 명단이 공개 중인 체불사업주인 경우 그 사업주에게 직업소개를 하지 아니하여야 한다.

⑤ 특별자치도·시·군·구 중 둘 이상에 무료직업소개사업소를 두는 경우, 국내 무료직업소개사업의 신고가 있는 때에는 그 주된 사업소의 소재지를 관할하는 시장·군수·구청장(자치구의 구청장)은 주된 사업소 외의 사업소의 소재지를 관할하는 특별자치도지사·시장·군수·구청장에게 신고를 받은 날부터 10일 이내에 그 신고사실을 통보하여야 하며, 각 사업소의 소재지를 관할하는 특별자치도지사·시장·군수·구청장은 해당 사업의 지도·감독 등에 관하여 서로 협조를 요청할 수 있다. 요청을 받은 특별자치도지사·시장·군수·구청장은 특별한 사유가 없는 한 이에 응하여야 한다(직안법 시행령 제18조 제2항).

(2) 유료직업소개사업(직안법 제19조)

① 유료직업소개사업은 소개 대상이 되는 근로자가 취업하려는 장소를 기준으로 하여 국내 유료직업소개사업과 국외 유료직업소개사업으로 구분하되, 국내 유료직업소개사업을 하려는 자는 주된 사업소의 소재지를 관할하는 특별자치도지사·시장·군수 및 구청장에게 등록하여야 하고, 국외 유료직업소개사업을 하려는 자는 고용노동부장관에게 등록하여야 한다. 등록한 사항을 변경하려는 경우에도 또한 같다. `기출 15·19·24`

② 등록을 하고 유료직업소개사업을 하려는 자는 둘 이상의 사업소를 둘 수 없다. 다만, 사업소별로 직업소개 또는 직업 상담에 관한 경력, 자격 또는 소양이 있다고 인정되는 사람 등 대통령령으로 정하는 사람을 1명 이상 고용하는 경우에는 그러하지 아니하다.

③ 등록을 하고 유료직업소개사업을 하는 자는 고용노동부장관이 결정·고시한 요금 외의 금품을 받아서는 아니 된다. 다만, 고용노동부령으로 정하는 고급·전문인력을 소개하는 경우에는 당사자 사이에 정한 요금을 구인자로부터 받을 수 있다. <u>기출</u> 15

④ 고용노동부장관이 요금을 결정하려는 경우에는 고용정책 기본법에 따른 고용정책심의회의 심의를 거쳐야 한다.

⑤ 등록을 하고 유료직업소개사업을 하는 자 및 그 종사자는 다음의 사항을 준수하여야 한다.

  ㉠ 구인자가 구인신청 당시 근로기준법에 따라 명단이 공개 중인 체불사업주인 경우 구직자에게 그 사실을 고지할 것

  ㉡ 구인자의 사업이 행정관청의 허가·신고·등록 등이 필요한 사업인 경우에는 그 허가·신고·등록 등의 여부를 확인할 것

  ㉢ 그 밖에 대통령령으로 정하는 사항

⑥ **유료직업소개사업의 등록요건 등**(직안법 시행령 제21조 제1항) : 유료직업소개사업의 등록을 할 수 있는 자는 다음의 어느 하나에 해당하는 자에 한정한다. 다만, 법인의 경우에는 직업소개사업을 목적으로 설립된 상법상 회사 또는 협동조합 기본법에 따른 협동조합(사회적 협동조합은 제외)으로서 납입자본금이 5천만원(둘 이상의 사업소를 설치하는 경우에는 추가하는 사업소 1개소당 2천만원을 가산한 금액) 이상이고 임원 2명 이상이 다음의 어느 하나에 해당하는 자 또는 국민 평생 직업능력 개발법에 따른 직업능력개발 훈련법인으로서 임원 2명 이상이 다음의 어느 하나에 해당하는 자에 한정한다.

  ㉠ 국가기술자격법에 의한 직업상담사 1급 또는 2급의 국가기술자격이 있는 자

  ㉡ 직업소개사업의 사업소, 국민 평생 직업능력 개발법에 의한 직업능력개발훈련시설, 초·중등교육법 및 고등교육법에 의한 학교, 청소년기본법에 의한 청소년단체에서 직업 상담·직업지도·직업훈련 기타 직업소개와 관련이 있는 상담업무에 2년 이상 종사한 경력이 있는 자

  ㉢ 공인노무사법에 의한 공인노무사 자격을 가진 자

  ㉣ 조합원이 100인 이상인 단위노동조합, 산업별 연합단체인 노동조합 또는 총연합단체인 노동조합에서 노동조합업무전담자로 2년 이상 근무한 경력이 있는 자

  ㉤ 상시사용근로자 300인 이상인 사업 또는 사업장에서 노무관리업무전담자로 2년 이상 근무한 경력이 있는 자

O | X 💬

1. 국내 유료직업소개사업을 하려는 자는 주된 사업소의 소재지를 관할하는 특별자치도지사·시장·군수 및 구청장의 허가를 받아야 한다.

2. 유료직업소개사업을 하는 자는 직업안정법에 따라 타인에게 자기의 성명 또는 상호를 사용하여 직업소개업을 하게 할 수 있다.

3. 노동조합 및 노동관계조합법에 따른 노동조합이 아니더라도 국내 근로자공급사업의 허가를 받을 수 있다.

4. 유료직업소개사업을 하는 자는 고용노동부령으로 정하는 고급·전문인력을 소개하는 경우 고용노동부장관이 결정·고시한 요금 외의 금품을 받아서는 아니 된다.

5. 국외 무료직업소개사업을 하려는 자는 고용노동부장관의 허가를 받아야 한다.

정답 1. × 2. × 3. × 4. × 5. ×

ⓗ 국가공무원 또는 지방공무원으로서 2년 이상 근무한 경력이 있는 자

ⓢ 초·중등교육법에 의한 교원자격증을 가지고 있는 자로서 교사근무경력이 2년 이상인 자

ⓞ 사회복지사업법에 따른 사회복지사 자격증을 가진 사람

⑦ **명의대여 등의 금지**(직안법 제21조) : 유료직업소개사업을 등록한 자는 타인에게 자기의 성명 또는 상호를 사용하여 직업소개사업을 하게 하거나 그 등록증을 대여하여서는 아니 된다. `기출` 15·24

⑧ **선급금의 수령 금지**(직안법 제21조의2) : 등록을 하고 유료직업소개사업을 하는 자 및 그 종사자는 구직자에게 제공하기 위하여 구인자로부터 선급금을 받아서는 아니 된다. `기출` 13·17·22·24

⑨ **연소자에 대한 직업소개의 제한**(직안법 제21조의3)

㉠ 무료직업소개사업 또는 유료직업소개사업을 하는 자와 그 종사자(이하 "직업소개사업자등")는 구직자의 연령을 확인하여야 하며, 18세 미만의 구직자를 소개하는 경우에는 친권자나 후견인의 취업동의서를 받아야 한다.

㉡ 직업소개사업자등은 18세 미만의 구직자를 근로기준법에 따라 18세 미만자의 사용이 금지되는 직종의 업소에 소개하여서는 아니 된다.

㉢ 직업소개사업자등은 청소년 보호법에 따른 청소년인 구직자를 청소년유해업소에 소개하여서는 아니 된다.

⑩ **겸업금지**(직안법 제26조) : 직업소개사업자(법인의 임원도 포함) 또는 그 종사자는 ㉠ 결혼중개업의 관리에 관한 법률상의 결혼중개업, ㉡ 공중위생관리법상의 숙박업, ㉢ 식품위생법상의 식품접객업 중 대통령령으로 정하는 영업에 해당하는 사업을 경영할 수 없다.

유료직업소개사업자의 준수사항(직안법 시행령 제25조)

법 제19조 제6항에 따라 유료직업소개사업자 및 그 종사자는 다음 각 호의 사항을 준수하여야 한다.

1. 직업소개사업자(법인의 경우에는 제21조 제1항의 규정에 의한 등록요건에 해당하는 자)는 사업소에 근무하면서 종사자를 직접 관리·감독하여 직업소개행위와 관련된 비위사실이 발생하지 아니하도록 할 것
2. 삭제〈1998.4.27.〉
3. 구인자의 사업이 행정관청의 허가·신고·등록 등을 필요로 하는 사업인 경우에는 그 허가·신고·등록 등의 여부를 확인할 것
4. 직업소개사업의 광고를 할 때에는 직업소개소의 명칭·전화번호·위치 및 등록번호를 기재할 것
5. 삭제〈1999.5.27.〉
6. 법 제19조 제3항에 따른 요금은 구직자의 근로계약이 체결된 후에 받을 것. 다만, 회비형식으로 요금을 받고 일용근로자를 소개하는 경우 또는 법 제19조 제3항 단서에 따라 고용노동부령으로 정하는 고급·전문인력을 소개하는 경우에는 그러하지 아니하다.
7. 제7조 각 호의 사항
8. 기타 사업소의 부착물 등 고용노동부령이 정하는 사항

겸업금지(직안법 시행령 제29조)

법 제26조 제3호에서 "대통령령으로 정하는 영업"이란 다음 각 호의 어느 하나에 해당하는 영업을 말한다.

1. 식품위생법 시행령 제21조 제8호 가목의 휴게음식점영업 중 주로 다류(茶類)를 조리·판매하는 영업(영업자 또는 종업원이 영업장을 벗어나 다류를 배달·판매하면서 소요시간에 따라 대가를 받는 형태로 운영하는 경우로 한정)
2. 식품위생법 시행령 제21조 제8호 다목의 단란주점영업
3. 식품위생법 시행령 제21조 제8호 라목의 유흥주점영업

2. 직업정보제공사업

(1) 직업정보제공사업의 신고(직안법 제23조 제1항)

직업정보제공사업을 하려는 자(무료직업소개사업을 하는 자와 유료직업소개사업을 하는 자는 제외)는 고용노동부장관에게 신고하여야 한다. 신고사항을 변경하는 경우에도 또한 같다.

(2) 직업정보제공사업자의 준수사항(직안법 제25조, 동법 시행령 제28조)

무료직업소개사업을 하는 자 또는 유료직업소개사업을 하는 자로서 직업정보제공사업을 하는 자와 직업정보제공사업을 하는 자는 다음의 사항을 준수하여야 한다.

① 구인자가 구인신청 당시 근로기준법에 따라 명단이 공개 중인 체불사업주인 경우 그 사실을 구직자가 알 수 있도록 게재할 것

② 최저임금법에 따라 결정·고시된 최저임금에 미달되는 구인정보를 제공하지 아니할 것

③ 구인자의 업체명, 성명 또는 사업자등록증 등을 확인할 수 없거나 구인자의 연락처가 사서함 등으로 표시되어 구인자의 신원 또는 정보가 확실하지 않은 구인광고를 게재하지 않을 것

④ 직업정보제공매체의 구인·구직의 광고에는 구인·구직자의 주소 또는 전화번호를 기재하고, 직업정보제공사업자의 주소 또는 전화번호는 기재하지 아니할 것

⑤ 직업정보제공매체 또는 직업정보제공사업의 광고문에 "(무료)취업상담"·"취업추천"·"취업지원"등의 표현을 사용하지 아니할 것

⑥ 구직자의 이력서 발송을 대행하거나 구직자에게 취업추천서를 발부하지 아니할 것

⑦ 직업정보제공매체에 정보이용자들이 알아보기 쉽게 직업정보제공사업을 위한 신고로 부여받은 신고번호(직업소개사업을 겸하는 경우에는 무료직업소개사업을 영위하기 위한 신고로 부여받은 신고번호 또는 등록으로 부여받은 등록번호를 포함)를 표시할 것

⑧ 최저임금법에 따라 결정 고시된 최저임금에 미달되는 구인정보, 성매매알선 등 행위의 처벌에 관한 법률에 따른 금지행위가 행하여지는 업소에 대한 구인광고를 게재하지 아니할 것

3. 근로자의 모집

(1) 근로자의 모집(직안법 제28조)

근로자를 고용하려는 자는 광고, 문서 또는 정보통신망 등 다양한 매체를 활용하여 자유롭게 근로자를 모집할 수 있다. **기출** 12·16·22

(2) 국외취업자의 모집(직안법 제30조 제1항)

누구든지 국외에 취업할 근로자를 모집한 경우에는 고용노동부장관에게 신고하여야 한다. **기출** 12·16·23

(3) 모집방법 등의 개선권고(직안법 제31조)

① 고용노동부장관은 건전한 모집질서를 확립하기 위하여 필요하다고 인정하는 경우에는 제28조 또는 제30조에 따른 근로자모집방법 등의 개선을 권고할 수 있다.

② 고용노동부장관이 권고를 하려는 경우에는 고용정책심의회의 심의를 거쳐야 한다.

(4) 모집방법 등의 서면권고(직안법 시행령 제32조)

고용노동부장관이 모집방법 등의 개선을 권고할 때에는 권고사항, 개선기한 등을 명시하여 서면으로 하여야 한다.

(5) 금품 등의 수령 금지(직안법 제32조)

근로자를 모집하려는 자와 그 모집업무에 종사하는 자는 어떠한 명목으로든 응모자로부터 그 모집과 관련하여 금품을 받거나 그 밖의 이익을 취하여서는 아니 된다. 다만, 유료직업소개사업을 하는 자가 구인자의 의뢰를 받아 구인자가 제시한 조건에 맞는 자를 모집하여 직업소개한 경우에는 그러하지 아니하다.

4. 근로자공급사업(직안법 제33조)

① 누구든지 고용노동부장관의 허가를 받지 아니하고는 근로자공급사업을 하지 못한다(제1항).

기출 17·18·19·21

② 근로자공급사업허가의 유효기간은 3년으로 하되, 유효기간이 끝난 후 계속하여 근로사공급사업을 하려는 자는 고용노동부령으로 정하는 바에 따라 연장허가를 받아야 한다. 이 경우 연장허가의 유효기간은 연장 전 허가의 유효기간이 끝나는 날부터 3년으로 한다(제2항). **기출** 13·18

③ 근로자공급사업은 공급 대상이 되는 근로자가 취업하려는 장소를 기준으로 국내 근로자공급사업과 국외 근로자공급사업으로 구분하며, 각각의 사업의 허가를 받을 수 있는 자의 범위는 다음과 같다(제3항).

기출 15·18·21

㉠ 국내 근로자공급사업의 경우는 노조법에 따른 노동조합

㉡ 국외 근로자공급사업의 경우는 국내에서 제조업·건설업·용역업, 그 밖의 서비스업을 하고 있는 자. 다만, 연예인을 대상으로 하는 국외 근로자공급사업의 허가를 받을 수 있는 자는 민법에 따른 비영리법인으로 한다.

④ 국외 근로자공급사업을 하려는 자는 다음의 자산 및 시설을 모두 갖추어야 한다(직안법 시행령 제33조 제3항).

㉠ 1억원 이상의 자본금(비영리법인의 경우에는 재무상태표의 자본총계)

㉡ 국내에 소재하고, 2명 이상이 상담할 수 있는 독립된 공간을 갖춘 사무실

O | X 💬

1. 누구든지 고용노동부장관의 허가를 받지 아니하고는 근로자공급사업을 하지 못한다.
2. 고용노동부장관에게 등록을 신청하면 누구든지 근로자공급사업을 할 수 있다.

정답 1. ○ 2. ×

Ⅳ 보 칙

1. 거짓구인광고 등 금지(직안법 제34조)

① 직업소개사업, 근로자 모집 또는 근로자공급사업을 하는 자나 이에 종사하는 사람은 거짓구인광고를 하거나 거짓구인조건을 제시하여서는 아니 된다.

② 거짓구인광고 또는 거짓구인조건 제시의 범위는 신문·잡지, 그 밖의 간행물, 유선·무선방송, 컴퓨터통신, 간판, 벽보 또는 그 밖의 방법에 의하여 광고를 하는 행위 중 다음의 어느 하나에 해당하는 것으로 한다(직안법 시행령 제34조).

㉠ 구인을 가장하여 물품 판매·수강생 모집·직업소개·부업 알선·자금 모금 등을 행하는 광고

㉡ 거짓구인을 목적으로 구인자의 신원(업체명 또는 성명)을 표시하지 아니하는 광고

㉢ 구인자가 제시한 직종·고용형태·근로조건 등이 응모할 때의 그것과 현저히 다른 광고

㉣ 기타 광고의 중요내용이 사실과 다른 광고

2. 손해배상책임의 보장(직안법 제34조의2)

① 유료직업소개사업을 하는 자 또는 국외 근로자공급사업을 하는 자(이하 "유료직업소개사업자등")는 직업소개, 근로자 공급을 할 때 고의 또는 과실로 근로자 또는 근로자를 소개·공급받은 자에게 손해를 발생하게 한 경우에는 그 손해를 배상할 책임이 있다(제1항).

② 손해배상책임을 보장하기 위하여 유료직업소개사업자 등은 대통령령으로 정하는 바에 따라 보증보험 또는 공제에 가입하거나 예치금을 금융기관에 예치하여야 한다(제2항).

3. 허가·등록 또는 신고 사업의 폐업신고(직안법 제35조)

신고 또는 등록을 하거나 허가를 받고 사업을 하는 자가 그 사업을 폐업한 경우에는 폐업한 날부터 7일 이내에 고용노동부장관 또는 특별자치도지사·시장·군수·구청장에게 신고하여야 한다.

4. 등록·허가 등의 취소 등

(1) 등록·허가 등의 취소 등 사유(직안법 제36조)

① 고용노동부장관 또는 특별자치도지사·시장·군수·구청장은 신고 또는 등록을 하거나 허가를 받고 사업을 하는 자가 공익을 해칠 우려가 있는 경우로서 다음의 어느 하나에 해당하는 경우에는 6개월 이내의 기간을 정하여 그 사업을 정지하게 하거나 등록 또는 허가를 취소할 수 있다. 다만, ㉡에 해당할 때에는 등록 또는 허가를 취소하여야 한다.

㉠ 거짓이나 그 밖의 부정한 방법으로 신고·등록하였거나 허가를 받은 경우

㉡ 직업소개사업의 신고·등록을 하거나 근로자공급사업의 허가를 받을 수 없는 결격사유가 있는 경우(직안법 제38조 각 호)

㉢ 이 법 또는 이 법에 따른 명령을 위반한 경우

② 고용노동부장관 또는 특별자치도지사·시장·군수·구청장은 임원 중에 결격사유에 해당하는 자가 있는 법인에 대하여 등록 또는 허가를 취소하여야 할 때에는 미리 해당 임원을 바꾸어 임명할 기간을 1개월 이상 주어야 한다.

(2) 청문(직안법 제36조의3)

고용노동부장관 또는 특별자치도지사·시장·군수·구청장은 등록 또는 허가를 취소하려면 청문을 하여야
한다.

5. 폐쇄조치

(1) 폐쇄조치(직안법 제37조)

① 고용노동부장관 또는 특별자치도지사·시장·군수·구청장은 신고 또는 등록을 하지 아니하거나 허가를
받지 아니하고 사업을 하거나 정지 또는 취소의 명령을 받고도 사업을 계속하는 경우에는 관계공무원으로
하여금 다음의 조치를 하게 할 수 있다.
　㉠ 해당 사업소 또는 사무실의 간판이나 그 밖의 영업표지물의 제거 또는 삭제
　㉡ 해당 사업이 위법한 것임을 알리는 안내문 등의 게시
　㉢ 해당 사업의 운영을 위하여 반드시 필요한 기구 또는 시설물을 사용할 수 없게 하는 봉인
② 조치를 하는 관계공무원은 그 권한을 표시하는 증표를 지니고 이를 관계인에게 보여 주어야 한다.

(2) 서면통지(직안법 시행령 제36조)

고용노동부장관 또는 특별자치도지사·시장·군수·구청장은 폐쇄조치를 하려는 경우에는 미리 이를 해당
사업을 하는 자 또는 그 대리인에게 문서(해당 사업을 하는 자 또는 그 대리인이 원하는 경우에는 전자문서
및 전자거래 기본법에 따른 전자문서를 포함)로 알려 주어야 한다. 다만, 긴급한 사유가 있는 경우에는 그러
하지 아니하다.

6. 결격사유(직안법 제38조)

다음의 어느 하나에 해당하는 자는 직업소개사업의 신고·등록을 하거나 근로자공급사업의 허가를 받을 수
없다.
① 미성년자, 피성년후견인 및 피한정후견인
② 파산선고를 받고 복권되지 아니한 자 [기출] 14
③ 금고 이상의 실형을 선고받고 그 집행이 끝나거나 집행을 하지 아니하기로 확정된 날부터 2년이 지나지
아니한 자 [기출] 14
④ 이 법, 성매매알선 등 행위의 처벌에 관한 법률, 풍속영업의 규제에 관한 법률 또는 청소년 보호법을
위반하거나 직업소개사업과 관련된 행위로 선원법을 위반한 자로서 다음의 어느 하나에 해당하는 자
　㉠ 금고 이상의 실형을 선고받고 그 집행이 끝나거나 집행을 하지 아니하기로 확정된 날부터 3년이 지나
지 아니한 자
　㉡ 금고 이상의 형의 집행유예를 선고받고 그 유예기간이 끝난 날부터 3년이 지나지 아니한 자 [기출] 14
　㉢ 벌금형이 확정된 후 2년이 지나지 아니한 자
⑤ 금고 이상의 형의 집행유예를 선고받고 그 유예기간 중에 있는 자
⑥ 해당 사업의 등록이나 허가가 취소된 후 5년이 지나지 아니한 자 [기출] 14
⑦ 임원 중에 ①부터 ⑥까지의 어느 하나에 해당하는 자가 있는 법인

7. 장부 등의 작성·비치(직안법 제39조)

등록을 하거나 허가를 받은 자는 고용노동부령으로 정하는 바에 따라 장부·대장이나 그 밖에 필요한 서류를 작성하여 갖추어 두어야 한다. 이 경우 장부·대장은 전자적 방법으로 작성·관리할 수 있다.

8. 유료직업소개사업자의 장부 비치(직안법 시행규칙 제26조 제1항)

유료직업소개사업을 하는 자는 다음의 장부 및 서류를 작성하여 해당 기간 동안 갖추어 두어야 한다. 다만, 일용근로자의 직업소개에 대해서는 ②·④ 및 ⑥의 서류를 작성하여 갖추어 두지 아니할 수 있다.

① 종사자명부 : 2년
② 구인신청서 : 2년
③ 구인접수대장 : 2년
④ 구직신청서 : 2년
⑤ 구직접수 및 직업소개대장 : 2년
⑥ 소개요금약정서 : 2년
⑦ 일용근로자 회원명부(일용근로자를 회원제로 소개·운영하는 경우만 해당) : 2년
⑧ 금전출납부 및 금전출납명세서 : 2년

9. 보고 및 조사(직안법 제41조)

① 고용노동부장관 또는 특별자치도지사·시장·군수·구청장은 필요하다고 인정하면 신고 또는 등록을 하거나 허가를 받고 사업을 하는 자에게 이 법 시행에 필요한 자료를 제출하게 하거나 필요한 사항을 보고하게 할 수 있다.
② 고용노동부장관 또는 특별자치도지사·시장·군수·구청장은 법위반사실의 확인 등을 위하여 필요하면 소속 공무원으로 하여금 이 법을 적용받는 사업의 사업장이나 그 밖의 시설에 출입하여 서류·장부 또는 그 밖의 물건을 조사하고 관계인에게 질문하게 할 수 있다.
③ 고용노동부장관 또는 특별자치도지사·시장·군수·구청장은 조사를 하려면 미리 조사일시, 조사이유 및 조사내용 등의 조사계획을 조사대상자에게 알려야 한다. 다만, 긴급히 조사하여야 하거나 사전에 알리면 증거인멸 등으로 조사목적을 달성할 수 없다고 인정하는 경우에는 그러하지 아니하다.
④ 출입·조사를 하는 관계공무원은 그 권한을 표시하는 증표를 지니고 이를 관계인에게 보여 주어야 한다.
⑤ 고용노동부장관은 이 법의 목적달성을 위하여 필요하다고 인정하면 특별자치도지사·시장·군수 및 구청장 등 관계 행정기관의 장과 합동으로 신고 또는 등록을 하거나 허가를 받고 사업을 하는 자를 지도·감독할 수 있다.

10. 비밀보장의무(직안법 제42조)

직업소개사업, 직업정보제공사업, 근로자 모집 또는 근로자공급사업에 관여하였거나 관여하고 있는 자는 업무상 알게 된 근로자 또는 사용자에 관한 비밀을 누설하여서는 아니 된다.

11. 국고보조(직안법 제45조)

고용노동부장관은 무료직업소개사업 경비의 전부 또는 일부를 보조할 수 있다. 기출 23

12. 사업자협회의 설립(직안법 제45조의2)

신고 또는 등록을 하거나 허가를 받고 사업을 하는 자는 직업소개사업, 직업정보제공사업 또는 근로자공급사업의 건전한 발전 등을 위하여 대통령령으로 정하는 바에 따라 사업자협회를 설립할 수 있다. 사업자협회는 법인으로 하고, 이 법에 특별한 규정이 있는 것을 제외하고는 민법 중 사단법인에 관한 규정을 준용한다.

13. 포상금(직안법 제45조의3)

고용노동부장관 또는 특별자치도지사·시장·군수·구청장은 직업소개사업, 근로자 모집 또는 근로자공급사업을 하거나 이에 종사하여 거짓 구인광고를 하거나 거짓 구인조건을 제시한 자, 폭행·협박 또는 감금이나 그 밖에 정신·신체의 자유를 부당하게 구속하는 것을 수단으로 직업소개, 근로자 모집 또는 근로자공급을 한 자, 성매매알선 등 행위의 처벌에 관한 법률에 따른 성매매 행위나 그 밖의 음란한 행위가 이루어지는 업무에 취업하게 할 목적으로 직업소개, 근로자 모집 또는 근로자공급을 한 자를 신고하거나 수사기관에 고발한 사람에게 예산의 범위에서 포상금을 지급할 수 있다.

제5절   남녀고용평등과 일·가정 양립 지원에 관한 법률

I   서 설

1. 목적(고평법 제1조)

이 법은 대한민국 헌법의 평등이념에 따라 고용에서 남녀의 평등한 기회와 대우를 보장하고 모성보호와 여성고용을 촉진하여 남녀고용평등을 실현함과 아울러 근로자의 일과 가정의 양립을 지원함으로써 모든 국민의 삶의 질 향상에 이바지하는 것을 목적으로 한다.

2. 적용범위[44](고평법 제3조 제1항)

① 이 법은 근로자를 사용하는 모든 사업 또는 사업장에 적용한다. 다만, 대통령령으로 정하는 사업에 대하여는 이 법의 전부 또는 일부를 적용하지 아니할 수 있다.
② 남녀고용평등과 일·가정 양립 지원에 관한 법률 제3조 제1항 단서에 따라 동거하는 친족만으로 이루어지는 사업 또는 사업장(이하 "사업")과 가사사용인에 대하여는 법의 전부를 적용하지 아니한다(고평법 시행령 제2조 제1항).

3. 실태조사 실시

고용노동부장관은 사업 또는 사업장의 남녀차별 개선, 모성보호, 일·가정의 양립실태를 파악하기 위하여 정기적으로 조사를 실시하여야 한다(고평법 제6조의3 제1항). **기출 12**

---

44) 근기법과 동일한 근로자의 정의 : 근복법, 근퇴법, 산재법 및 산안법의 근로자란 근기법 제2조 제1항에 따른 근로자를 말한다. 그러나 고평법은 "근로자란 사업주에게 고용된 사람과 취업할 의사를 가진 사람을 말한다"라고 하여 별개로 규정하고 있다(고평법 제2조 제4호).

Ⅱ 여성근로자에 대한 차별대우 금지

1. 차별대우의 개념(고평법 제2조 제1호)

(1) 원 칙

"차별"이란 사업주가 근로자에게 성별, 혼인, 가족 안에서의 지위, 임신 또는 출산 등의 사유로 합리적인 이유 없이 채용 또는 근로의 조건을 다르게 하거나 그 밖의 불리한 조치를 하는 경우[사업주가 채용조건이나 근로조건은 동일하게 적용하더라도 그 조건을 충족할 수 있는 남성 또는 여성이 다른 한 성(性)에 비하여 현저히 적고 그에 따라 특정 성에게 불리한 결과를 초래하며 그 조건이 정당한 것임을 증명할 수 없는 경우 포함]를 말한다.

(2) 예 외

① 직무의 성격에 비추어 특정성이 불가피하게 요구되는 경우
② 여성근로자의 임신·출산·수유 등 모성보호를 위한 조치를 하는 경우
③ 그 밖에 이 법 또는 다른 법률에 따라 적극적 고용개선조치[45]를 하는 경우

2. 모집과 채용에 있어서의 평등(고평법 제7조)

(1) 남녀균등대우

사업주는 근로자를 모집하거나 채용할 때 남녀를 차별하여서는 아니 된다.

(2) 외모 등 제한의 금지

사업주는 근로자를 모집·채용할 때 그 직무의 수행에 필요하지 아니한 용모·키·체중 등의 신체적 조건, 미혼조건, 그 밖에 고용노동부령으로 정하는 조건을 제시하거나 요구하여서는 아니 된다. **기출** 22

3. 임금에 있어서 평등(고평법 제8조)

(1) 동일 가치 노동에 대한 동일 임금의 지급

사업주는 동일한 사업 내의 동일 가치 노동에 대하여는 동일한 임금을 지급하여야 하고(제1항), 동일 가치 노동의 기준은 직무수행에서 요구되는 기술, 노력, 책임 및 작업조건 등으로 한다(제2항). 판례는 동일 가치의 노동이라 함은 당해 사업장 내의 서로 비교되는 남녀 간의 노동이 동일하거나 실질적으로 거의 같은 성질의 노동 또는 그 직무가 다소 다르더라도 객관적인 직무 평가 등에 의하여 본질적으로 동일한 가치가 있다고 인정되는 노동에 해당하는 것을 말하고, 동일 가치의 노동인지 여부는 직무수행에서 요구되는 기술, 노력, 책임 및 작업조건을 비롯하여 근로자의 학력·경력·근속연수 등의 기준을 종합적으로 고려하여 판단하여야 한다고(대판 2003.3.14. 2002도3883) 판시하고 있다.

(2) 동일 가치 노동의 결정

사업주가 동일 가치 노동의 기준을 정할 때에는 노사협의회의 근로자를 대표하는 위원의 의견을 들어야 한다(제2항). **기출** 24 동일가치노동·동일임금원칙은 서로 비교되는 남녀의 노동이 모두 하나의 사업 내에서 이루어지는 경우에 한한다. 다만, 사업이 별개로 나누어져 있다고 하더라도, 임금차별을 목적으로 한 것이라고 인정되면 이는 하나의 사업으로 보아야 한다.

---

45) 적극적 고용개선조치란 현존하는 남녀 간의 고용차별을 없애거나 고용평등을 촉진하기 위하여 잠정적으로 특정 성을 우대하는 조치를 말한다(고평법 제2조 제3호). **기출** 22

(3) 사업주가 설립한 별개사업

사업주가 임금차별을 목적으로 설립한 별개의 사업은 동일한 사업으로 본다(제3항). **기출** 12 · 17 · 22

4. 임금 외의 금품에 있어서의 평등(고평법 제9조)

사업주는 임금 외에 근로자의 생활을 보조하기 위한 금품의 지급 또는 자금의 융자 등 복리후생에 있어서 남녀를 차별하여서는 아니 된다.

5. 교육 · 배치 및 승진에 있어서의 평등(고평법 제10조)

사업주는 근로자의 교육 · 배치 및 승진에 있어서 남녀를 차별하여서는 아니 된다.

6. 정년 · 퇴직 및 해고에 있어서의 평등(고평법 제11조)

(1) 정년 · 퇴직 및 해고차별의 금지

사업주는 근로자의 정년 · 퇴직 및 해고에 있어서 남녀를 차별하여서는 아니 된다.

(2) 결혼퇴직제(독신조항)의 금지

사업주는 여성근로자의 혼인, 임신 또는 출산을 퇴직사유로 예정하는 근로계약을 체결하여서는 아니 된다.

Ⅲ 직장 내 성희롱 금지

1. 직장 내 성희롱의 개념(고평법 제2조 제2호)

"직장 내 성희롱"이란 사업주 · 상급자 또는 근로자가 직장 내의 지위를 이용하거나 업무와 관련하여 다른 근로자에게 성적 언동 등으로 성적 굴욕감 또는 혐오감을 느끼게 하거나 성적 언동 또는 그 밖의 요구 등에 따르지 아니하였다는 이유로 근로조건 및 고용에서 불이익을 주는 것을 말한다. **기출** 14

2. 직장 내 성희롱의 금지 및 예방

(1) 직장 내 성희롱의 금지(고평법 제12조)

사업주, 상급자 또는 근로자는 직장 내 성희롱을 하여서는 아니 된다.

(2) 직장 내 성희롱의 예방(고평법 제13조)

① 사업주는 직장 내 성희롱을 예방하고 근로자가 안전한 근로환경에서 일할 수 있는 여건을 조성하기 위하여 직장 내 성희롱의 예방을 위한 교육(이하 "성희롱예방교육")을 매년 실시하여야 한다(제1항). **기출** 16

② 사업주 및 근로자는 성희롱예방교육을 받아야 한다(제2항). **기출** 14

③ 사업주는 성희롱예방교육의 내용을 근로자가 자유롭게 열람할 수 있는 장소에 항상 게시하거나 갖추어 두어 근로자에게 널리 알려야 한다(제3항).

④ 사업주는 성희롱예방교육을 고용노동부장관이 지정하는 기관에 위탁하여 실시할 수 있다(고평법 제13조의2 제1항). **기출** 16

3. 직장 내 성희롱 발생 시 조치(고평법 제14조)

(1) 발생사실의 신고

누구든지 직장 내 성희롱 발생사실을 알게 된 경우 그 사실을 해당 사업주에게 신고할 수 있다(제1항).

기출 12 · 14 · 22

(2) 사실확인 조사

사업주는 신고를 받거나 직장 내 성희롱 발생사실을 알게 된 경우에는 지체 없이 그 사실확인을 위한 조사를 하여야 한다. 이 경우 사업주는 직장 내 성희롱과 관련하여 피해를 입은 근로자 또는 피해를 입었다고 주장하는 근로자(이하 "피해근로자등")가 조사과정에서 성적 수치심 등을 느끼지 아니하도록 하여야 한다(제2항).

기출 14

(3) 적절한 조치

① 사업주는 조사기간 동안 피해근로자등을 보호하기 위하여 필요한 경우 해당 피해근로자등에 대하여 근무 장소의 변경, 유급휴가명령 등 적절한 조치를 하여야 한다. 이 경우 사업주는 피해근로자등의 의사에 반하는 조치를 하여서는 아니 된다. 사업주는 조사결과 직장 내 성희롱 발생사실이 확인된 때에는 피해근 로자가 요청하면 근무장소의 변경, 배치전환, 유급휴가명령 등 적절한 조치를 하여야 한다(제3항 · 제4항).

② 사업주는 조사결과 직장 내 성희롱 발생사실이 확인된 때에는 지체 없이 직장 내 성희롱 행위를 한 사람에 대하여 징계, 근무장소의 변경 등 필요한 조치를 하여야 한다. 이 경우 사업주는 징계 등의 조치를 하기 전에 그 조치에 대하여 직장 내 성희롱 피해를 입은 근로자의 의견을 들어야 한다(제5항).

(4) 불리한 처우의 금지

사업주는 성희롱 발생사실을 신고한 근로자 및 피해근로자등에게 파면등 불리한 처우를 하여서는 아니 된다(제6항).

(5) 비밀누설의 금지

직장 내 성희롱 발생사실을 조사한 사람, 조사내용을 보고 받은 사람 또는 그 밖에 조사과정에 참여한 사람은 해당 조사과정에서 알게 된 비밀을 피해근로자등의 의사에 반하여 다른 사람에게 누설하여서는 아니 된다. 다만, 조사와 관련된 내용을 사업주에게 보고하거나 관계기관의 요청에 따라 필요한 정보를 제공하는 경우는 제외한다(제7항).

4. 고객 등에 의한 성희롱 방지(고평법 제14조의2)

① 사업주는 고객 등 업무와 밀접한 관련이 있는 사람이 업무수행과정에서 성적인 언동 등을 통하여 근로자에게 성적 굴욕감 또는 혐오감 등을 느끼게 하여 해당 근로자가 그로 인한 고충 해소를 요청할 경우 근무장소 변경, 배치전환, 유급휴가의 명령 등 적절한 조치를 하여야 한다.

② 사업주는 근로자가 피해를 주장하거나 고객 등으로부터의 성적 요구 등에 따르지 아니하였다는 것을 이유로 해고나 그 밖의 불이익한 조치를 하여서는 아니 된다.

Ⅳ 여성근로자의 모성보호

1. 출산전후휴가 등에 대한 지원(고평법 제18조)

① 국가는 배우자출산휴가, 근로기준법에 따른 출산전후휴가 또는 유산·사산휴가를 사용한 근로자 중 일정한 요건에 해당하는 사람에게 그 휴가기간에 대하여 통상임금에 상당하는 금액(이하 "출산전후휴가급여등")을 지급할 수 있다.

② 지급된 출산전후휴가급여등은 그 금액의 한도에서 배우자출산휴가규정 또는 근로기준법상 임산부의 보호규정에 따라 사업주가 지급한 것으로 본다.

③ 출산전후휴가급여등을 지급하기 위하여 필요한 비용은 국가재정이나 사회보장기본법에 따른 사회보험에서 분담할 수 있다.

④ 근로자가 출산전후휴가급여등을 받으려는 경우 사업주는 관계서류의 작성·확인 등 모든 절차에 적극 협력하여야 한다.

2. 배우자출산휴가(고평법 제18조의2)

① 사업주는 근로자가 배우자의 출산을 이유로 휴가(이하 "배우자출산휴가")를 청구하는 경우에 10일의 휴가를 주어야 한다. 이 경우 사용한 휴가기간은 유급으로 한다. 기출 15·16·17·20·24

② 출산휴가는 유급으로 하나, 출산전후휴가급여등이 지급된 경우에는 그 금액의 한도에서 지급의 책임을 면한다.

③ 배우자출산휴가는 근로자의 배우자가 출산한 날부터 90일이 지나면 청구할 수 없다. 기출 24

④ 배우자출산휴가는 1회에 한정하여 나누어 사용할 수 있다.

⑤ 사업주는 배우자출산휴가를 이유로 근로자를 해고하거나 그 밖의 불리한 처우를 하여서는 아니 된다.

기출 20

3. 난임치료휴가(고평법 제18조의3)

① 사업주는 근로자가 인공수정 또는 체외수정 등 난임치료를 받기 위하여 휴가(이하 "난임치료휴가")를 청구하는 경우에 연간 3일 이내의 휴가를 주어야 하며, 이 경우 최초 1일은 유급으로 한다. 기출 24 다만, 근로자가 청구한 시기에 휴가를 주는 것이 정상적인 사업운영에 중대한 지장을 초래하는 경우에는 근로자와 협의하여 그 시기를 변경할 수 있다.

② 사업주는 난임치료휴가를 이유로 해고, 징계 등 불리한 처우를 하여서는 아니 된다.

Ⅴ 일·가정의 양립지원

1. 육아휴직(고평법 제19조)

(1) 신청권자 기출 18

사업주는 임신 중인 여성근로자가 모성을 보호하거나 근로자가 만 8세 이하 또는 초등학교 2학년 이하의 자녀(입양한 자녀를 포함)를 양육하기 위하여 휴직(이하 "육아휴직")을 신청하는 경우에 이를 허용하여야 한다(제1항). 다만, 육아휴직을 시작하려는 날(이하 "휴직개시예정일")의 전날까지 해당 사업에서 계속 근로한 기간이 6개월 미만인 근로자가 신청한 경우에는 그러하지 아니하다(고평법 시행령 제10조).

(2) 휴직기간 [기출] 16

육아휴직의 기간은 1년 이내로 한다. 기간제근로자 또는 파견근로자의 육아휴직기간은 기간제 및 단시간근로자 보호 등에 관한 법률에 따른 사용기간 또는 파견근로자 보호 등에 관한 법률에 따른 근로자파견기간에서 제외한다(제2항·제5항).

(3) 불리한 처우 금지

사업주는 육아휴직을 이유로 해고나 그 밖의 불리한 처우를 하여서는 아니 되며, 육아휴직기간에는 그 근로자를 해고하지 못한다. 다만, 사업을 계속할 수 없는 경우에는 그러하지 아니하다(제3항).

(4) 휴직 후 복직

사업주는 육아휴직을 마친 후에는 휴직 전과 같은 업무 또는 같은 수준의 임금을 지급하는 직무에 복귀시켜야 한다. 또한 육아휴직기간은 근속기간에 포함한다(제4항). [기출] 15·18

(5) 비용지원

국가는 사업주가 근로자에게 육아휴직을 허용한 경우 그 근로자의 생계비용과 사업주의 고용유지비용의 일부를 지원할 수 있다(고평법 제20조 제1항). 고용노동부장관은 이에 따른 육아휴직을 30일(근로기준법에 따른 출산전후휴가기간과 중복되는 기간은 제외) 이상 부여받은 피보험자 중 일정한 요건을 모두 갖춘 피보험자에게 육아휴직급여를 지급한다(고보법 제70조 제1항). [기출] 12

(6) 육아기 근로시간 단축(고평법 제19조의2)

① 사업주는 근로자가 만 8세 이하 또는 초등학교 2학년 이하의 자녀를 양육하기 위하여 근로시간의 단축(이하 "육아기 근로시간 단축")을 신청하는 경우에 이를 허용하여야 한다. 다만, 대체인력 채용이 불가능한 경우, 정상적인 사업운영에 중대한 지장을 초래하는 경우 등 대통령령으로 정하는 경우에는 그러하지 아니하다. [기출] 18·21

② 사업주가 육아기 근로시간 단축을 허용하지 아니하는 경우에는 해당 근로자에게 그 사유를 서면으로 통보하고 육아휴직을 사용하게 하거나 출근 및 퇴근시간 조정 등 다른 조치를 통하여 지원할 수 있는지를 해당 근로자와 협의하여야 한다. [기출] 24 사업주가 해당 근로자에게 육아기 근로시간 단축을 허용하는 경우 단축 후 근로시간은 주당 15시간 이상이어야 하고 35시간을 넘어서는 아니 된다. [기출] 13·15·21·24

③ 육아기 근로시간 단축의 기간은 1년 이내로 한다. 다만, 육아휴직을 신청할 수 있는 근로자가 육아휴직기간 중 사용하지 아니한 기간이 있으면 그 기간을 가산한 기간 이내로 한다.

④ 사업주는 육아기 근로시간 단축을 이유로 해당 근로자에게 해고나 그 밖의 불리한 처우를 하여서는 아니 된다.

⑤ 사업주는 근로자의 육아기 근로시간 단축기간이 끝난 후에 그 근로자를 육아기 근로시간 단축 전과 같은 업무 또는 같은 수준의 임금을 지급하는 직무에 복귀시켜야 한다. [기출] 21·24

(7) 육아기 근로시간 단축 중 근로조건 등(고평법 제19조의3)

① 사업주는 육아기 근로시간 단축을 하고 있는 근로자에 대하여 근로시간에 비례하여 적용하는 경우 외에는 육아기 근로시간 단축을 이유로 그 근로조건을 불리하게 하여서는 아니 된다.

② 육아기 근로시간 단축을 한 근로자의 근로조건(육아기 근로시간 단축 후 근로시간을 포함)은 사업주와 그 근로자 간에 서면으로 정한다.

③ 사업주는 육아기 근로시간 단축을 하고 있는 근로자에게 단축된 근로시간 외에 연장근로를 요구할 수 없다. 다만, 그 근로자가 명시적으로 청구하는 경우에는 사업주는 주 12시간 이내에서 연장근로를 시킬 수 있다. **기출** 15 · 18 · 21

④ 육아기 근로시간 단축을 한 근로자에 대하여 근로기준법에 따른 평균임금을 산정하는 경우에는 그 근로자의 육아기 근로시간 단축기간을 평균임금산정기간에서 제외한다. **기출** 21 · 24

(8) 육아기 근로시간 단축의 사용형태(고평법 제19조의4)

① 근로자는 육아휴직을 2회에 한정하여 나누어 사용할 수 있다. **기출** 24 이 경우 임신 중인 여성근로자가 모성보호를 위하여 육아휴직을 사용한 횟수는 육아휴직을 나누어 사용한 횟수에 포함하지 아니한다.

② 근로자는 육아기 근로시간 단축을 나누어 사용할 수 있다. 이 경우 나누어 사용하는 1회의 기간은 3개월(근로계약기간의 만료로 3개월 이상 근로시간 단축을 사용할 수 없는 기간제근로자에 대해서는 남은 근로계약기간) 이상이 되어야 한다.

(9) 육아지원을 위한 그 밖의 조치(고평법 제19조의5)

① 사업주는 만 8세 이하 또는 초등학교 2학년 이하의 자녀를 양육하는 근로자의 육아를 지원하기 위하여 다음의 어느 하나에 해당하는 조치를 하도록 노력하여야 한다.
   ㉠ 업무를 시작하고 마치는 시간 조정
   ㉡ 연장근로의 제한
   ㉢ 근로시간의 단축, 탄력적 운영 등 근로시간 조정
   ㉣ 그 밖에 소속 근로자의 육아를 지원하기 위하여 필요한 조치

② 고용노동부장관은 사업주가 근로자의 육아를 지원하기 위한 조치를 할 경우 고용효과 등을 고려하여 필요한 지원을 할 수 있다.

2. 직장어린이집 설치 및 지원 등(고평법 제21조)

① 사업주는 근로자의 취업을 지원하기 위하여 수유·탁아 등 육아에 필요한 어린이집(이하 "직장어린이집")을 설치하여야 한다.

② 직장어린이집을 설치하여야 할 사업주의 범위 등 직장어린이집의 설치 및 운영에 관한 사항은 영유아보육법에 따른다.

③ 고용노동부장관은 근로자의 고용을 촉진하기 위하여 직장어린이집의 설치·운영에 필요한 지원 및 지도를 하여야 한다.

④ 사업주는 직장어린이집을 운영하는 경우 근로자의 고용형태에 따라 차별해서는 아니 된다.

3. 가족돌봄휴직

(1) 근로자의 가족돌봄 등을 위한 지원(고평법 제22조의2)

① 가족돌봄휴직의 신청 : 사업주는 근로자가 조부모, 부모, 배우자, 배우자의 부모, 자녀 또는 손자녀(이하 "가족")의 질병, 사고, 노령으로 인하여 그 가족을 돌보기 위한 휴직(이하 "가족돌봄휴직")을 신청하는 경우 이를 허용하여야 한다. 다만, 대체인력 채용이 불가능한 경우, 정상적인 사업운영에 중대한 지장을 초래하는 경우, 본인 외에도 조부모의 직계비속 또는 손자녀의 직계존속이 있는 경우 등 대통령령으로 정하는 경우에는 그러하지 아니하다(제1항).

제1장

제2장

제3장

제4장

제5장

제6장

제7장

제8장

제9장

제10장

② 가족돌봄휴가의 신청

㉠ 사업주는 근로자가 가족(조부모 또는 손자녀의 경우 근로자 본인 외에도 직계비속 또는 직계존속이 있는 등 대통령령으로 정하는 경우는 제외)의 질병, 사고, 노령 또는 자녀의 양육으로 인하여 긴급하게 그 가족을 돌보기 위한 휴가(이하 "가족돌봄휴가")를 신청하는 경우 이를 허용하여야 한다. 다만, 근로자가 청구한 시기에 가족돌봄휴가를 주는 것이 정상적인 사업운영에 중대한 지장을 초래하는 경우에는 근로자와 협의하여 그 시기를 변경할 수 있다(제2항).

㉡ 사업주가 가족돌봄휴직을 허용하지 아니하는 경우에는 해당 근로자에게 그 사유를 서면으로 통보하고, 업무를 시작하고 마치는 시간 조정, 연장근로의 제한, 근로시간의 단축, 탄력적 운영 등 근로시간의 조정, 그 밖에 사업장 사정에 맞는 지원조치 중 어느 하나에 해당하는 조치를 하도록 노력하여야 한다(제3항).

③ **사용기간과 분할횟수** : 가족돌봄휴직 및 가족돌봄휴가의 사용기간과 분할횟수 등은 다음에 따른다(제4항). 기출 19

㉠ 가족돌봄휴직기간은 연간 최장 90일로 하며, 이를 나누어 사용할 수 있어야 한다. 이 경우 나누어 사용하는 1회의 기간은 30일 이상이 되어야 한다. 기출 24

㉡ 가족돌봄휴가기간은 연간 최장 10일[고용노동부장관이 고용정책심의회의 심의를 거쳐 가족돌봄휴가 기간이 연장되는 경우 20일(한부모가족지원법상의 모 또는 부에 해당하는 근로자의 경우 25일) 이내]로 하며, 일 단위로 사용할 수 있어야 한다. 다만, 가족돌봄휴가기간은 가족돌봄휴직기간에 포함된다.

㉢ 고용노동부장관은 감염병의 확산 등을 원인으로 재난 및 안전관리 기본법에 따른 심각단계의 위기경보가 발령되거나, 이에 준하는 대규모 재난이 발생한 경우로서 근로자에게 가족을 돌보기 위한 특별한 조치가 필요하다고 인정되는 경우 고용정책 기본법에 따른 고용정책심의회의 심의를 거쳐 가족돌봄휴가기간을 연간 10일(한부모가족지원법에 따른 모 또는 부에 해당하는 근로자의 경우 15일)의 범위에서 연장할 수 있어야 한다.

④ **연장된 가족돌봄휴가의 사용** : 고용노동부장관이 고용정책심의회의 심의를 거쳐 연장한 가족돌봄휴가는 다음의 어느 하나에 해당하는 경우에만 사용할 수 있다(제5항).

㉠ 감염병 확산을 사유로 재난 및 안전관리 기본법에 따른 심각단계의 위기경보가 발령된 경우로서 가족이 위기경보가 발령된 원인이 되는 감염병의 감염병예방법상의 감염병환자, 감염병의사환자, 병원체보유자인 경우 또는 같은 법상의 감염병의심자 중 유증상자 등으로 분류되어 돌봄이 필요한 경우

㉡ 자녀가 소속된 학교등에 대한 초·중등교육법에 따른 휴업명령 또는 휴교처분, 유아교육법에 따른 휴업 또는 휴원명령이나 영유아보육법에 따른 휴원명령으로 자녀의 돌봄이 필요한 경우

㉢ 자녀가 전술한 감염병으로 인하여 감염병예방법에 따른 자가(自家)격리 대상이 되거나 학교등에서 등교 또는 등원중지조치를 받아 돌봄이 필요한 경우

㉣ 그 밖에 근로자의 가족돌봄에 관하여 고용노동부장관이 정하는 사유에 해당하는 경우

⑤ 불리한 처우 금지등

㉠ 사업주는 가족돌봄휴직 또는 가족돌봄휴가를 이유로 해당 근로자를 해고하거나 근로조건을 악화시키는 등 불리한 처우를 하여서는 아니 된다(제6항).

㉡ 가족돌봄휴직 및 가족돌봄휴가기간은 근속기간에 포함한다. 다만, 근로기준법에 따른 평균임금산정기간에서는 제외한다(제7항). 기출 15

㉢ 사업주는 소속 근로자가 건전하게 직장과 가정을 유지하는 데에 도움이 될 수 있도록 필요한 심리상담 서비스를 제공하도록 노력하여야 한다(제8항).

(2) 가족돌봄 등을 위한 근로시간 단축(고평법 제22조의3)

① **근로시간단축신청** : 사업주는 근로자가 다음의 어느 하나에 해당하는 사유로 근로시간의 단축을 신청하는 경우에 이를 허용하여야 한다. 다만, 대체인력 채용이 불가능한 경우, 정상적인 사업운영에 중대한 지장을 초래하는 경우 등 대통령령으로 정하는 경우에는 그러하지 아니하다(제1항).

   ㉠ 근로자가 가족의 질병, 사고, 노령으로 인하여 그 가족을 돌보기 위한 경우

   ㉡ 근로자 자신의 질병이나 사고로 인한 부상 등의 사유로 자신의 건강을 돌보기 위한 경우

   ㉢ 55세 이상의 근로자가 은퇴를 준비하기 위한 경우

   ㉣ 근로자의 학업을 위한 경우

② **근로시간의 단축 불허** : 사업주가 근로시간 단축을 허용하지 아니하는 경우에는 해당 근로자에게 그 사유를 서면으로 통보하고 휴직을 사용하게 하거나 그 밖의 조치를 통하여 지원할 수 있는지를 해당 근로자와 협의하여야 한다(제2항). **기출 23**

③ **근로시간의 단축 허용**

   ㉠ 사업주가 해당 근로자에게 근로시간 단축을 허용하는 경우 단축 후 근로시간은 주당 15시간 이상이어야 하고 30시간을 넘어서는 아니 된다(제3항). **기출 23 · 24**

   ㉡ 근로시간 단축의 기간은 1년 이내로 한다. 다만, 근로자가 가족의 질병, 사고, 노령으로 인하여 그 가족을 돌보기 위한 경우, 근로자 자신의 질병이나 사고로 인한 부상 등의 사유로 자신의 건강을 돌보기 위한 경우, 55세 이상의 근로자가 은퇴를 준비하기 위한 경우 등에 해당하는 근로자는 합리적 이유가 있는 경우에 추가로 2년의 범위 안에서 근로시간 단축의 기간을 연장할 수 있으나, 근로자의 학업을 위한 경우에는 그러하지 아니하다(제4항). **기출 23**

(3) 가족돌봄 등을 위한 근로시간 단축 중 근로조건 등(고평법 제22조의4)

① **근로조건의 불리한 적용 금지** : 사업주는 근로시간 단축을 하고 있는 근로자에게 근로시간에 비례하여 적용하는 경우 외에는 가족돌봄 등을 위한 근로시간 단축을 이유로 그 근로조건을 불리하게 하여서는 아니 된다(제1항).

② **서면에 의한 근로조건 결정** : 근로시간 단축을 한 근로자의 근로조건(근로시간 단축 후 근로시간을 포함)은 사업주와 그 근로자 간에 서면으로 정한다(제2항). **기출 23**

③ **연장근로 요구 금지 등**

   ㉠ 사업주는 근로시간 단축을 하고 있는 근로자에게 단축된 근로시간 외에 연장근로를 요구할 수 없다. 다만, 그 근로자가 명시적으로 청구하는 경우에는 사업주는 주 12시간 이내에서 연장근로를 시킬 수 있다(제3항). **기출 23 · 24**

   ㉡ 근로시간 단축을 한 근로자에 대하여 근로기준법에 따른 평균임금을 산정하는 경우에는 그 근로자의 근로시간 단축기간을 평균임금산정기간에서 제외한다(제4항).

Ⅵ 분쟁의 예방과 해결

1. 분쟁의 자율적 해결노력(고평법 제24조, 제25조)

① 고용노동부장관은 사업장의 남녀고용평등 이행을 촉진하기 위하여 당해 사업장 소속 근로자 중 노사가 추천하는 사람을 명예고용평등감독관으로 위촉할 수 있다(고평법 제24조 제1항). 기출 24

② 사업주는 근로자가 고충을 신고하였을 때에는 근로자참여 및 협력증진에 관한 법률에 따라 해당 사업장에 설치된 노사협의회에 고충의 처리를 위임하는 등 자율적인 해결을 위하여 노력하여야 한다(고평법 제25조).

2. 차별시정의 절차(고평법 제26조 내지 제28조)

(1) 차별적 처우등의 시정신청

① ㉠ 근로자가 사업주로부터 모집과 채용, 임금, 교육・배치 및 승진, 정년・퇴직 및 해고 등에서 차별적 처우를 받은 경우, ㉡ 사업주가 조사 결과 직장 내 성희롱 발생 사실이 확인된 경우 피해근로자의 요청에 대하 여 적절한 조치를 하지 아니하거나 고객 등 업무와 밀접한 관련이 있는 사람이 업무수행 과정에서 성적인 언동 등을 통하여 근로자에게 성적 굴욕감 또는 혐오감 등을 느끼게 하여 해당 근로자가 그로 인한 고충 해소를 요청할 경우 적절한 조치를 하지 아니한 경우, ㉢ 사업주가 성희롱 발생 사실을 신고한 근로자 및 피해근로자등에게 불리한 처우를 하거나 근로자가 성희롱에 따른 피해를 주장하거나 고객 등으로부터의 성적 요구 등에 따르지 아니하였다는 것을 이유로 해고나 그 밖의 불이익한 조치를 한 경우에는 근로자는 노동위원회에 그 시정을 신청할 수 있다. 다만, 차별적 처우등을 받은 날(차별적 처우등이 계속되는 경우에는 그 종료일)부터 6개월이 지난 때에는 그러하지 아니하다. 기출 23

② 근로자가 시정신청을 하는 경우에는 차별적 처우등의 내용을 구체적으로 명시하여야 한다. 기출 23

(2) 조사・심문 등

노동위원회는 시정신청을 받은 때에는 지체 없이 필요한 조사와 관계 당사자에 대한 심문을 하여야 한다. 심문을 하는 때에는 관계 당사자의 신청 또는 직권으로 증인을 출석하게 하여 필요한 사항을 질문할 수 있고, 심문을 할 때에는 관계 당사자에게 증거의 제출과 증인에 대한 반대심문을 할 수 있는 충분한 기회를 주어야 한다. 조사・심문의 방법 및 절차 등에 관하여 필요한 사항은 중앙노동위원회가 따로 정하여 고시한다.

(3) 조정・중재

① 노동위원회는 심문 과정에서 관계 당사자 쌍방 또는 일방의 신청이나 직권으로 조정(調停)절차를 개시할 수 있고, 관계 당사자가 미리 노동위원회의 중재(仲裁)결정에 따르기로 합의하여 중재를 신청한 경우에는 중재를 할 수 있다. 조정 또는 중재의 신청은 시정신청을 한 날부터 14일 이내에 하여야 하나, 노동위원회가 정당한 사유로 그 기간에 신청할 수 없었다고 인정하는 경우에는 14일 후에도 신청할 수 있다.

② 노동위원회는 조정 또는 중재를 하는 경우 관계 당사자의 의견을 충분히 들어야 한다. 노동위원회는 특별한 사유가 없으면 조정절차를 개시하거나 중재신청을 받은 날부터 60일 이내에 조정안을 제시하거나 중재결정을 하여야 한다. 노동위원회는 관계 당사자 쌍방이 조정안을 받아들이기로 한 경우에는 조정조서를 작성하여야 하고, 중재결정을 한 경우에는 중재결정서를 작성하여야 한다.

③ 조정조서에는 관계 당사자와 조정에 관여한 위원 전원이 서명 또는 날인을 하여야 하고, 중재결정서에는 관여한 위원 전원이 서명 또는 날인을 하여야 한다. 조정 또는 중재결정은 민사소송법에 따른 재판상 화해와 동일한 효력을 갖는다.

3. 노동위원회의 판정(고평법 제29조 내지 제29조의2)

(1) 시정명령 등

노동위원회는 조사·심문을 끝내고 차별적 처우등에 해당된다고 판정한 때에는 해당 사업주에게 시정명령을 하여야 하고, 차별적 처우등에 해당하지 아니한다고 판정한 때에는 그 시정신청을 기각하는 결정을 하여야 한다. 판정, 시정명령 또는 기각결정은 서면으로 하되, 그 이유를 구체적으로 명시하여 관계 당사자에게 각각 통보하여야 한다. 이 경우 시정명령을 하는 때에는 시정명령의 내용 및 이행기한 등을 구체적으로 적어야 한다.

(2) 조정·중재 또는 시정명령의 내용

조정·중재 또는 시정명령의 내용에는 차별적 처우등의 중지, 임금 등 근로조건의 개선(취업규칙, 단체협약 등의 제도개선 명령을 포함) 또는 적절한 배상 등의 시정조치 등을 포함할 수 있다. 배상을 하도록 한 경우 그 배상액은 차별적 처우등으로 근로자에게 발생한 손해액을 기준으로 정한다. 다만, 노동위원회는 사업주의 차별적 처우등에 명백한 고의가 인정되거나 차별적 처우등이 반복되는 경우에는 그 손해액을 기준으로 3배를 넘지 아니하는 범위에서 배상을 명령할 수 있다. **기출** 23

4. 시정명령 등의 확정(고평법 제29조의3)

지방노동위원회의 시정명령 또는 기각결정에 불복하는 관계 당사자는 시정명령서 또는 기각결정서를 송달받은 날부터 10일 이내에 중앙노동위원회에 재심을 신청할 수 있다. 중앙노동위원회의 재심결정에 불복하는 관계 당사자는 재심결정서를 송달받은 날부터 15일 이내에 행정소송을 제기할 수 있다. 불복기간에 재심을 신청하지 아니하거나 행정소송을 제기하지 아니한 때에는 그 시정명령, 기각결정 또는 재심결정은 확정된다.

5. 시정명령 이행상황의 제출요구 등(고평법 제29조의4)

고용노동부장관은 확정된 시정명령에 대하여 사업주에게 이행상황을 제출할 것을 요구할 수 있다. 시정신청을 한 근로자는 사업주가 확정된 시정명령을 이행하지 아니하는 경우 이를 고용노동부장관에게 신고할 수 있다. **기출** 23

6. 고용노동부장관의 차별적 처우 시정요구 등(고평법 제29조의5)

① 고용노동부장관은 사업주가 차별적 처우를 한 경우에는 그 시정을 요구할 수 있고, 사업주가 시정요구에 따르지 아니할 경우에는 차별적 처우의 내용을 구체적으로 명시하여 노동위원회에 통보하여야 한다. 이 경우 고용노동부장관은 해당 사업주 및 근로자에게 그 사실을 알려야 한다. **기출** 23

② 노동위원회는 고용노동부장관의 통보를 받은 때에는 지체 없이 차별적 처우가 있는지 여부를 심리하여야 한다. 이 경우 노동위원회는 해당 사업주 및 근로자에게 의견을 진술할 수 있는 기회를 주어야 한다.

③ 노동위원회의 심리, 시정절차 및 노동위원회 결정에 대한 효력 등에 관하여는 제26조부터 제29조까지 및 제29조의2부터 제29조의4까지를 준용한다.

7. 확정된 시정명령의 효력 확대(고평법 제29조의6)

고용노동부장관은 (준용되는 경우를 포함)확정된 시정명령을 이행할 의무가 있는 사업주의 사업 또는 사업장에서 해당 시정명령의 효력이 미치는 근로자 외의 근로자에 대해서도 차별적 처우가 있는지를 조사하여 차별적 처우가 있는 경우에는 그 시정을 요구할 수 있다. 고용노동부장관은 사업주가 시정요구에 따르지 아니하는 경우 노동위원회에 통보하여야 하고, 노동위원회는 지체 없이 차별적 처우가 있는지 여부를 심리하여야 한다.

8. 시정신청 등으로 인한 불리한 처우의 금지(고평법 제29조의7)

사업주는 근로자가 ① 차별적 처우등의 시정신청, ② 노동위원회에의 참석 및 진술, ③ 재심신청 또는 행정소송의 제기, ④ 시정명령 불이행의 신고를 하였다는 것을 이유로 해고나 그 밖의 불리한 처우를 하지 못한다.

9. 입증책임

이 법과 관련한 분쟁해결에서 입증책임은 사업주가 부담한다. **기출** 22

Ⅶ 기타 규정

1. 관계서류의 보존(고평법 제33조)

사업주는 이 법의 규정에 따른 사항에 관하여 대통령령으로 정하는 서류를 3년간 보존하여야 한다. 이 경우 대통령령으로 정하는 서류는 전자문서 및 전자거래 기본법에 따른 전자문서로 작성 · 보존할 수 있다.

2. 양벌규정(고평법 제38조)

법인의 대표자나 법인 또는 개인의 대리인, 사용인, 그 밖의 종업원이 그 법인 또는 개인의 업무에 관하여 제37조(벌칙)의 위반행위를 하면 그 행위자를 벌하는 외에 그 법인 또는 개인에게도 해당 조문의 벌금형을 과(科)한다. 다만, 법인 또는 개인이 그 위반행위를 방지하기 위하여 해당 업무에 관하여 상당한 주의와 감독을 게을리하지 아니한 경우에는 그러하지 아니하다.

I 총칙

1. 목적(최임법 제1조)

이 법은 근로자에 대하여 임금의 최저수준을 보장하여 근로자의 생활 안정과 노동력의 질적 향상을 꾀함으로 써 국민경제의 건전한 발전에 이바지하는 것을 목적으로 한다.

2. 정의(최임법 제2조)

이 법에서 "근로자", "사용자" 및 "임금"이란 근로기준법 제2조에 따른 근로자, 사용자 및 임금을 말한다.

3. 적용범위(최임법 제3조)

① 이 법은 근로자를 사용하는 모든 사업 또는 사업장(이하 "사업")에 적용한다. 다만, 동거하는 친족만을 사용하는 사업과 가사사용인에게는 적용하지 아니한다.

② 이 법은 선원법의 적용을 받는 선원과 선원을 사용하는 선박의 소유자에게는 적용하지 아니한다.

기출 14 · 18 · 20 · 22

II 최저임금

1. 최저임금의 결정기준과 구분(최임법 제4조)

① 최저임금은 근로자의 생계비, 유사근로자의 임금, 노동생산성 및 소득분배율 등을 고려하여 정한다. 이 경우 사업의 종류별로 구분하여 정할 수 있다. 기출 15 · 17 · 19 · 22

② 사업의 종류별 구분은 최저임금위원회의 심의를 거쳐 고용노동부장관이 정한다.

2. 최저임금액(최임법 제5조)

① 최저임금액(최저임금으로 정한 금액)은 시간·일·주 또는 월을 단위로 하여 정한다. 이 경우 일·주 또는 월을 단위로 하여 최저임금액을 정할 때에는 시간급으로도 표시하여야 한다. 기출 14 · 18 · 19 · 22

② 1년 이상의 기간을 정하여 근로계약을 체결하고 수습 중에 있는 근로자로서 수습을 시작한 날부터 3개월 이내인 사람에 대해서는 시간급 최저임금액에서 100분의 10을 뺀 금액을 그 근로자의 시간급 최저임금액 으로 한다(최임법 시행령 제3조). 다만, 단순노무업무로 고용노동부장관이 정하여 고시한 직종에 종사하는 근로자는 제외한다. 기출 17 · 21

③ 임금이 도급제나 그 밖에 이와 비슷한 형태로 정해진 경우에 근로시간을 파악하기 어렵거나 시간·일· 주 또는 월을 단위로 최저임금액을 정하는 것이 적합하지 않다고 인정되면 해당 근로자의 생산고(生産高) 또는 업적의 일정 단위에 의하여 최저임금액을 정한다(최임법 시행령 제4조).

3. 최저임금의 효력(최임법 제6조)

① 사용자는 최저임금의 적용을 받는 근로자에게 최저임금액 이상의 임금을 지급하여야 한다.

② 사용자는 이 법에 따른 최저임금을 이유로 종전의 임금수준을 낮추어서는 아니 된다. `기출` 17 · 18 · 19

③ 최저임금의 적용을 받는 근로자와 사용자 사이의 근로계약 중 최저임금액에 미치지 못하는 금액을 임금으로 정한 부분은 무효로 하며, 이 경우 무효로 된 부분은 이 법으로 정한 최저임금액과 동일한 임금을 지급하기로 한 것으로 본다. `기출` 19

④ ①과 ③에 따른 임금에는 매월 1회 이상 정기적으로 지급하는 임금을 산입한다. 다만, 다음의 어느 하나에 해당하는 임금은 산입하지 아니한다.

   ⊙ 근로기준법에 따른 소정근로시간 또는 소정의 근로일에 대하여 지급하는 임금 외의 임금으로서 고용노동부령으로 정하는 임금

   ⊙ 상여금, 그 밖에 이에 준하는 것으로서 고용노동부령으로 정하는 임금의 월 지급액 중 해당 연도 시간급 최저임금액을 기준으로 산정된 월 환산액의 100분의 25에 해당하는 부분

   ⊙ 식비, 숙박비, 교통비 등 근로자의 생활 보조 또는 복리후생을 위한 성질의 임금으로서 ⑦ 통화 이외의 것으로 지급하는 임금, ④ 통화로 지급하는 임금의 월 지급액 중 해당 연도 시간급 최저임금액을 기준으로 산정된 월 환산액의 100분의 7에 해당하는 부분

⑤ 여객자동차운수사업법에 따른 일반택시운송사업에서 운전업무에 종사하는 근로자의 최저임금에 산입되는 임금의 범위는 생산고에 따른 임금을 제외한 대통령령으로 정하는 임금으로 한다. 여기서 대통령령으로 정하는 임금이란 단체협약, 취업규칙, 근로계약에 정해진 지급조건과 지급률에 따라 매월 1회 이상 지급하는 임금을 말한다. 다만, 다음의 어느 하나에 해당하는 임금은 산입하지 아니한다(최임법 시행령 제5조의3). `기출` 15

   ⊙ 소정근로시간 또는 소정의 근로일에 대하여 지급하는 임금 외의 임금

   ⊙ 근로자의 생활 보조와 복리후생을 위하여 지급하는 임금

O | X 💬

1. 최저임금액을 일(日)·주(週) 또는 월(月)을 단위로 하여 정할 때에는 시간급(時間給)으로도 표시하여야 한다.

2. 최저임금은 근로자의 생계비, 유사근로자의 임금, 노동생산성 및 소득분배율 등을 고려하여 정한다. 이 경우 사업의 종류별로 구분하여 정할 수 있다.

3. 사용자는 최저임금법에 따른 최저임금을 이유로 종전의 임금수준을 낮출 수 있다.

4. 1년 이상의 기간을 정하여 근로계약을 체결하고 수습 중에 있는 근로자로서 수습을 시작한 날부터 6개월 이내인 자에 대해서는, 최저임금액과 다른 금액으로 최저임금액을 정할 수 있다.

5. 최저임금은 사업의 종류별로 구분하여 정할 수 있다.

6. 도급으로 사업을 행하는 경우, 도급인이 책임져야 할 사유로 수급인이 근로자에게 최저임금액에 미치지 못하는 임금을 지급한 경우 도급인은 해당 수급인과 연대하여 책임을 진다.

`정답` 1. ○ 2. ○ 3. × 4. × 5. ○ 6. ○

⑥ ①과 ③은 다음의 어느 하나에 해당하는 사유로 근로하지 아니한 시간 또는 일에 대하여 사용자가 임금을 지급할 것을 강제하는 것은 아니다.

　㉠ 근로자가 자기의 사정으로 소정근로시간 또는 소정의 근로일의 근로를 하지 아니한 경우

　㉡ 사용자가 정당한 이유로 근로자에게 소정근로시간 또는 소정의 근로일의 근로를 시키지 아니한 경우

⑦ 도급으로 사업을 행하는 경우 도급인이 책임져야 할 사유로 수급인이 근로자에게 최저임금액에 미치지 못하는 임금을 지급한 경우 도급인은 해당 수급인과 연대하여 책임을 진다. **기출** 12 · 19

⑧ 수급인이 근로자에게 최저임금액에 미치지 못하는 임금을 지급한 경우, 도급인이 책임져야 할 사유의 범위는 다음과 같다.

　㉠ 도급인이 도급계약 체결 당시 인건비 단가를 최저임금액에 미치지 못하는 금액으로 결정하는 행위

　㉡ 도급인이 도급계약기간 중 인건비 단가를 최저임금액에 미치지 못하는 금액으로 낮춘 행위

최저임금의 범위(최임법 시행규칙 제2조)

① 최저임금법(이하 "법") 제6조 제4항 제1호에서 "고용노동부령으로 정하는 임금"이란 다음 각 호의 어느 하나에 해당하는 것을 말한다.
　1. 연장근로 또는 휴일근로에 대한 임금 및 연장·야간 또는 휴일근로에 대한 가산임금
　2. 근로기준법 제60조에 따른 연차유급휴가의 미사용수당
　3. 유급으로 처리되는 휴일(근로기준법 제55조 제1항에 따른 유급휴일은 제외)에 대한 임금
　4. 그 밖에 명칭에 관계없이 제1호부터 제3호까지의 규정에 준하는 것으로 인정되는 임금
② 법 제6조 제4항 제2호에서 "고용노동부령으로 정하는 임금"이란 다음 각 호의 어느 하나에 해당하는 것을 말한다.
　1. 1개월을 초과하는 기간에 걸친 해당 사유에 따라 산정하는 상여금, 장려가급, 능률수당 또는 근속수당
　2. 1개월을 초과하는 기간의 출근성적에 따라 지급하는 정근수당

---

4. 최저임금 산입을 위한 취업규칙 변경절차의 특례(최임법 제6조의2)

사용자가 최저임금 산입을 위한 임금에 포함시키기 위하여 1개월을 초과하는 주기로 지급하는 임금을 총액의 변동 없이 매월 지급하는 것으로 취업규칙을 변경하려는 경우에는 근로기준법 제94조 제1항(규칙의 작성, 변경절차)에도 불구하고 해당 사업 또는 사업장에 근로자의 과반수로 조직된 노동조합이 있는 경우에는 그 노동조합, 근로자의 과반수로 조직된 노동조합이 없는 경우에는 근로자의 과반수의 의견을 들어야 한다.

5. 최저임금의 적용제외(최임법 제7조) **기출** 13 · 17 · 21

다음의 어느 하나에 해당하는 사람으로서 사용자가 고용노동부장관의 인가를 받은 사람에 대하여는 제6조를 적용하지 아니한다.

① 정신장애나 신체장애로 근로능력이 현저히 낮은 사람

② 그 밖에 최저임금을 적용하는 것이 적당하지 아니하다고 인정되는 사람

최저임금 적용제외의 인가기준(최임법 시행령 제6조)

사용자가 법 제7조에 따라 고용노동부장관의 인가를 받아 최저임금의 적용을 제외할 수 있는 자는 정신 또는 신체의 장애가 업무수행에 직접적으로 현저한 지장을 주는 것이 명백하다고 인정되는 사람으로 한다.

최저임금 적용제외의 인가(최임법 시행규칙 제3조)

① 법 제7조 및 최저임금법 시행령(이하 "영") 제6조에 따른 최저임금 적용제외의 인가기준은 [별표 3]과 같다.

최저임금 적용제외의 인가기준(최임법 시행규칙 [별표 3])	
구 분	인가기준
근로자의 정신 또는 신체의 장애가 그 근로자를 종사시키려는 업무를 수행하는 데에 직접적으로 현저한 지장을 주는 것이 명백하다고 인정되는 사람	1. 정신 또는 신체장애인으로서 담당하는 업무를 수행하는 경우에 그 정신 또는 신체의 장애로 같거나 유사한 직종에서 최저임금을 받는 다른 근로자 중 가장 낮은 근로능력자의 평균작업능력에도 미치지 못하는 사람(작업능력은 장애인고용촉진 및 직업재활법 제43조에 따른 한국장애인고용공단의 의견을 들어 판단하여야 한다)을 말한다. 2. 인가기간은 1년을 초과할 수 없다.

Ⅲ 최저임금의 결정

1. 최저임금의 결정(최임법 제8조)

① 고용노동부장관은 매년 8월 5일까지 최저임금을 결정하여야 한다. 이 경우 고용노동부장관은 매년 3월 31일까지 최저임금위원회에 심의를 요청하고, 위원회가 심의하여 의결한 최저임금안에 따라 최저임금을 결정하여야 한다. 기출 14 · 20 · 21 · 22 · 24

② 위원회는 고용노동부장관으로부터 최저임금에 관한 심의 요청을 받은 경우 이를 심의하여 최저임금안을 의결하고 심의 요청을 받은 날부터 90일 이내에 고용노동부장관에게 제출하여야 한다. 기출 24

③ 고용노동부장관은 위원회가 심의하여 제출한 최저임금안에 따라 최저임금을 결정하기가 어렵다고 인정되면 20일 이내에 그 이유를 밝혀 위원회에 10일 이상의 기간을 정하여 재심의를 요청할 수 있다. 기출 24

④ 위원회는 재심의 요청을 받은 때에는 그 기간 내에 재심의하여 그 결과를 고용노동부장관에게 제출하여야 한다.

⑤ 고용노동부장관은 위원회가 재심의에서 재적위원 과반수의 출석과 출석위원 3분의 2 이상의 찬성으로 ②에 따른 당초의 최저임금안을 재의결한 경우에는 그에 따라 최저임금을 결정하여야 한다.

2. 최저임금안에 대한 이의 제기(최임법 제9조)

① 고용노동부장관은 위원회로부터 최저임금안을 제출받은 때에는 대통령령으로 정하는 바에 따라 최저임금안을 고시하여야 한다.

② 근로자를 대표하는 자나 사용자를 대표하는 자는 고시된 최저임금안에 대하여 이의가 있으면 고시된 날부터 10일 이내에 대통령령으로 정하는 바에 따라 고용노동부장관에게 이의를 제기할 수 있다. 기출 24 이 경우 근로자를 대표하는 자나 사용자를 대표하는 자의 범위는 대통령령으로 정한다.

　㉠ 최저임금안에 대하여 이의를 제기할 때에는 다음의 사항을 분명하게 적은 이의제기서를 고용노동부장관에게 제출하여야 한다(최임법 시행령 제9조).

　　㉮ 이의제기자의 성명, 주소, 소속 및 직위

　　㉯ 이의 제기 대상업종의 최저임금안의 요지

　　㉰ 이의 제기의 사유와 내용

　㉡ 근로자를 대표하는 자는 총연합단체인 노동조합의 대표자 및 산업별 연합단체인 노동조합의 대표자로 하고, 사용자를 대표하는 자는 전국적 규모의 사용자단체로서 고용노동부장관이 지정하는 단체의 대표자로 한다(최임법 시행령 제10조).

③ 고용노동부장관은 이의가 이유 있다고 인정되면 그 내용을 밝혀 위원회에 최저임금안의 재심의를 요청하여야 한다.

④ 고용노동부장관은 재심의를 요청한 최저임금안에 대하여 위원회가 재심의하여 의결한 최저임금안이 제출될 때까지는 최저임금을 결정하여서는 아니 된다.

3. 최저임금의 고시와 효력발생(최임법 제10조)

고용노동부장관은 최저임금을 결정한 때에는 지체 없이 그 내용을 고시하여야 한다. 고시된 최저임금은 다음 연도 1월 1일부터 효력이 발생한다. 다만, 고용노동부장관은 사업의 종류별로 임금교섭시기 등을 고려하여 필요하다고 인정하면 효력발생 시기를 따로 정할 수 있다. `기출` 22

4. 주지의무(최임법 제11조, 동법 시행령 제11조)

최저임금의 적용을 받는 사용자는 적용을 받는 근로자의 최저임금액, 최저임금에 산입하지 아니하는 임금, 해당 사업에서 최저임금의 적용을 제외할 근로자의 범위, 최저임금의 효력발생 연월일 등을 최저임금의 효력발생일 전날까지 그 사업의 근로자가 쉽게 볼 수 있는 장소에 게시하거나 그 외의 적당한 방법으로 근로자에게 널리 알려야 한다. `기출` 23

Ⅳ 최저임금위원회

1. 최저임금위원회의 설치(최임법 제12조)

최저임금에 관한 심의와 그 밖에 최저임금에 관한 중요사항을 심의하기 위하여 고용노동부에 최저임금위원회를 둔다. `기출` 18 · 20

2. 위원회의 기능(최임법 제13조)

위원회는 다음의 기능을 수행한다.
① 최저임금에 관한 심의 및 재심의
② 최저임금 적용사업의 종류별 구분에 관한 심의
③ 최저임금제도의 발전을 위한 연구 및 건의
④ 그 밖에 최저임금에 관한 중요사항으로서 고용노동부장관이 회의에 부치는 사항의 심의

3. 위원회의 구성 등(최임법 제14조)

① 위원회는 다음의 위원으로 구성한다. `기출` 15
  ㉠ 근로자를 대표하는 위원(이하 "근로자위원") 9명
  ㉡ 사용자를 대표하는 위원(이하 "사용자위원") 9명
  ㉢ 공익을 대표하는 위원(이하 "공익위원") 9명
② 위원회에 2명의 상임위원을 두며, 상임위원은 공익위원이 된다. `기출` 24 상임위원은 고용노동부장관의 제청에 의하여 대통령이 임명한다(최임법 시행령 제12조 제2항).

③ 위원의 임기는 3년으로 하되, 연임할 수 있다. **기출 24**

④ 위원이 궐위(闕位)되면 그 보궐위원의 임기는 전임자(前任者) 임기의 남은 기간으로 한다. 위원이 궐위된 경우에는 궐위된 날부터 30일 이내에 후임자를 위촉하거나 임명하여야 한다. 다만, 전임자의 남은 임기가 1년 미만인 경우에는 위촉하거나 임명하지 아니할 수 있다(최임법 시행령 제12조 제4항).

⑤ 위원은 임기가 끝났더라도 후임자가 임명되거나 위촉될 때까지 계속하여 직무를 수행한다. **기출 24**

4. 위원장과 부위원장(최임법 제15조)

① 위원회에 위원장과 부위원장 각 1명을 둔다.

② 위원장과 부위원장은 공익위원 중에서 위원회가 선출한다. **기출 24**

③ 위원장은 위원회의 사무를 총괄하며 위원회를 대표한다.

④ 위원장이 불가피한 사유로 직무를 수행할 수 없을 때에는 부위원장이 직무를 대행한다.

5. 특별위원(최임법 제16조)

① 위원회에는 관계 행정기관의 공무원 중에서 3명 이내의 특별위원을 둘 수 있다. **기출 21**

② 특별위원은 위원회의 회의에 출석하여 발언할 수 있다.

③ 특별위원의 자격 및 위촉 등에 관하여 필요한 사항은 대통령령으로 정한다. 특별위원은 관계 행정기관의 3급 또는 3급 상당 이상의 공무원이나 고위공무원단에 속하는 공무원 중에서 고용노동부장관이 위촉한다(최임법 시행령 제15조).

6. 회의(최임법 제17조)

① 위원회의 회의는 다음의 경우에 위원장이 소집한다.

　　㉠ 고용노동부장관이 소집을 요구하는 경우

　　㉡ 재적위원 3분의 1 이상이 소집을 요구하는 경우

　　㉢ 위원장이 필요하다고 인정하는 경우

② 위원장은 위원회 회의의 의장이 된다.

③ 위원회의 회의는 이 법으로 따로 정하는 경우 외에는 재적위원 과반수의 출석과 출석위원 과반수의 찬성으로 의결한다. **기출 24**

④ 위원회가 의결을 할 때에는 근로자위원과 사용자위원 각 3분의 1 이상의 출석이 있어야 한다. 다만, 근로자위원이나 사용자위원이 2회 이상 출석 요구를 받고도 정당한 이유 없이 출석하지 아니하는 경우에는 그러하지 아니하다.

7. 전문위원회(최임법 제19조)

위원회는 필요하다고 인정하면 사업의 종류별 또는 특정 사항별로 전문위원회를 둘 수 있다. 전문위원회는 위원회권한의 일부를 위임받아 위원회기능을 수행한다. 전문위원회는 근로자위원, 사용자위원 및 공익위원 각 5명 이내의 같은 수로 구성한다. **기출 21**

8. 위원의 수당 등(최임법 제21조)

위원회 및 전문위원회의 위원에게는 대통령령으로 정하는 바에 따라 수당과 여비를 지급할 수 있다.

9. 운영규칙(최임법 제22조)

위원회는 이 법에 어긋나지 아니하는 범위에서 위원회 및 전문위원회의 운영에 관한 규칙을 제정할 수 있다.

Ⅴ 보 칙

1. 생계비 및 임금실태 등의 조사(최임법 제23조)

고용노동부장관은 근로자의 생계비와 임금실태 등을 매년 조사하여야 한다. **기출** 18 · 20

2. 보고(최임법 제25조)

고용노동부장관은 이 법의 시행에 필요한 범위에서 근로자나 사용자에게 임금에 관한 사항을 보고하게 할 수 있다.

제7절 근로자퇴직급여 보장법

Ⅰ 퇴직급여제도

1. 서 설

(1) 퇴직급여의 의의

퇴직급여라 함은 근로관계의 종료를 사유로 하여 사용자가 퇴직근로자에게 지급하는 금전급부를 말한다.

(2) 법적 체계

2005년 근로자퇴직급여 보장법이 제정되면서, 근로기준법 제34조를 "퇴직급여제도에 관하여는 근로자퇴직급여 보장법이 정하는 바에 따른다"고 개정하여 근로기준법상의 퇴직금제도는 폐지되고, 근로자퇴직급여 보장법상의 퇴직급여제도가 신설되었다.

(3) 법적 성격

공로보상설, 생활보장설, 임금후불설 및 혼합설 등이 있는데, 판례는 퇴직금은 후불임금으로서의 성격 이외에도 사회보장적 급여로서의 성격과 공로 보상으로서의 성격을 아울러 가진다고(대판 1995.10.12. 94다36186) 판시하고 있다.

2. 정의(근퇴법 제2조) 기출 19·21

① **근로자** : 근로기준법 제2조 제1항 제1호에 따른 근로자를 말한다.

② **사용자** : 근로기준법 제2조 제1항 제2호에 따른 사용자를 말한다.

③ **임금** : 근로기준법 제2조 제1항 제5호에 따른 임금을 말한다.

④ **평균임금** : 근로기준법 제2조 제1항 제6호에 따른 평균임금을 말한다.

⑤ **급여** : 퇴직급여제도나 개인형퇴직연금제도에 의하여 근로자에게 지급되는 연금 또는 일시금을 말한다.

⑥ **퇴직급여제도** : 확정급여형퇴직연금제도, 확정기여형퇴직연금제도, 중소기업퇴직연금기금제도 및 퇴직금제도를 말한다.

⑦ **퇴직연금제도** : 확정급여형퇴직연금제도, 확정기여형퇴직연금제도 및 개인형퇴직연금제도를 말한다.

⑧ **확정급여형퇴직연금제도** : 근로자가 받을 급여의 수준이 사전에 결정되어 있는 퇴직연금제도를 말한다.

⑨ **확정기여형퇴직연금제도** : 급여의 지급을 위하여 사용자가 부담하여야 할 부담금의 수준이 사전에 결정되어 있는 퇴직연금제도를 말한다.

⑩ **개인형퇴직연금제도** : 가입자의 선택에 따라 가입자가 납입한 일시금이나 사용자 또는 가입자가 납입한 부담금을 적립·운용하기 위하여 설정한 퇴직연금제도로서 급여의 수준이나 부담금의 수준이 확정되지 아니한 퇴직연금제도를 말한다.

⑪ **가입자** : 퇴직연금제도 또는 중소기업퇴직연금기금제도에 가입한 사람을 말한다.

⑫ **적립금** : 가입자의 퇴직 등 지급사유가 발생할 때에 급여를 지급하기 위하여 사용자 또는 가입자가 납입한 부담금으로 적립된 자금을 말한다.

⑬ **퇴직연금사업자** : 퇴직연금제도의 운용관리업무 및 자산관리업무를 수행하기 위하여 등록한 자를 말한다.

⑭ **중소기업퇴직연금기금제도** : 중소기업(상시 30명 이하의 근로자를 사용하는 사업에 한정) 근로자의 안정적인 노후생활 보장을 지원하기 위하여 둘 이상의 중소기업 사용자 및 근로자가 납입한 부담금 등으로 공동의 기금을 조성·운영하여 근로자에게 급여를 지급하는 제도를 말한다.

⑮ **사전지정운용제도** : 가입자가 적립금의 운용방법을 스스로 선정하지 아니한 경우 사전에 지정한 운용방법으로 적립금을 운용하는 제도를 말한다.

⑯ **사전지정운용방법** : 사전지정운용제도에 따라 적립금을 운용하기 위하여 승인을 받은 운용방법을 말한다.

3. 적용범위(근퇴법 제3조)

이 법은 근로자를 사용하는 모든 사업 또는 사업장에 적용한다. 다만, 동거하는 친족만을 사용하는 사업 및 가구 내 고용활동에는 적용하지 아니한다. 기출 12·14

O | X 💬

1. 퇴직급여제도란 확정급여형퇴직연금제도, 확정기여형퇴직연금제도, 중소기업퇴직연금기금제도 및 퇴직금제도를 말한다.
2. 사용자는 퇴직급여제도를 설정하는 경우에 하나의 사업에서 급여 및 부담금산정방법의 적용 등에 관하여 차등을 두어서는 아니 된다.
3. 사용자가 퇴직급여제도를 설정하거나 설정된 퇴직급여제도를 다른 종류의 퇴직급여제도로 변경하려는 경우, 근로자의 과반수가 가입한 노동조합이 없는 경우에는 근로자 과반수의 동의를 받아야 한다.

정답 1. ○ 2. ○ 3. ○

4. 퇴직급여제도

(1) 퇴직급여제도의 설정

1) 원 칙

사용자는 퇴직하는 근로자에게 급여를 지급하기 위하여 퇴직급여제도 중 하나 이상의 제도를 설정하여야 한다. 계속근로기간이 1년 미만인 근로자, 4주간을 평균하여 1주간의 소정근로시간이 15시간 미만인 근로자에 대하여는 퇴직급여제도를 설정하지 아니한다(근퇴법 제4조 제1항). 기출 16 · 17 · 19 · 21 · 24

2) 설정간주

① 근로자퇴직급여 보장법의 시행일인 2005년 12월 1일 당시 종전의 근로기준법에 따라 설정된 퇴직금제도와 미리 정산하여 지급된 퇴직금은 근로자퇴직급여 보장법에 따라 설정되거나 지급된 것으로 본다(근퇴법 부칙 제10조, 법률 제10967호, 2011.7.25.).

② 근로자퇴직급여 보장법의 시행일인 2005년 12월 1일 이전에 사용자가 근로자를 피보험자 또는 수익자로 하여 대통령령으로 정하는 퇴직보험 또는 퇴직일시금신탁(이하 "퇴직보험등")에 가입하여 근로자가 퇴직할 때 일시금 또는 연금으로 수령하게 하는 경우에는 근로자퇴직급여 보장법에 따른 퇴직금제도를 설정한 것으로 본다(근퇴법 부칙 제2조 제1항, 법률 제10967호, 2011.7.25.).

③ 상시 10명 미만의 근로자를 사용하는 사업의 경우 사용자가 개별근로자의 동의를 받거나 근로자의 요구에 따라 개인형퇴직연금제도를 설정하는 경우에는 해당 근로자에 대하여 퇴직급여제도를 설정한 것으로 본다(근퇴법 제25조 제1항). 기출 15

④ 사용자가 퇴직급여제도나 개인형퇴직연금제도를 설정하지 아니한 경우에는 제8조 제1항에 따른 퇴직금제도를 설정한 것으로 본다(근퇴법 제11조).

3) 퇴직급여제도의 종류 변경

사용자가 퇴직급여제도를 설정하거나 설정된 퇴직급여제도를 다른 종류의 퇴직급여제도로 변경하고자 하는 경우에는 당해 사업에 근로자의 과반수로 조직된 노동조합이 있는 경우에는 그 노동조합, 근로자의 과반수로 조직된 노동조합이 없는 경우에는 근로자의 과반수(이하 "근로자대표")의 동의를 받아야 한다(근퇴법 제4조 제3항). 기출 19 · 22 · 24

4) 퇴직급여제도의 내용 변경

① **불이익하지 않은 변경** : 사용자가 설정되거나 변경된 퇴직급여제도의 내용을 변경하고자 하는 경우에는 근로자대표의 의견을 들어야 한다(근퇴법 제4조 제4항 본문).

② **불이익한 변경** : 근로자에게 불이익하게 변경하고자 하는 경우에는 근로자대표의 동의를 받아야 한다(근퇴법 제4조 제4항 단서).

(2) 차등설정 금지

① 사용자는 퇴직급여제도를 설정하는 경우에 하나의 사업에서 급여 및 부담금 산정방법의 적용 등에 관하여 차등을 두어서는 아니 된다(근퇴법 제4조 제2항). 기출 24

② 생산직 근로자와 사무직 근로자 사이에 또는 과장급 이상 근로자와 과장급 이하 근로자 사이에 차등을 두는 것, 직위별 및 직종별로 누진율을 달리하는 것 등은 금지된다.

③ 퇴직급여제도의 불이익한 변경에 대하여 근로자대표가 동의하지 아니하여, 기존근로자에게는 변경 전의 퇴직급여제도를 그대로 적용하고 신규근로자에게는 변경된 새로운 취업규칙을 적용하는 것은, 퇴직급여 차등설정 금지의 원칙에 위배되지 아니한다.

5. 퇴직금제도

(1) 유 형

1) 법정퇴직금

퇴직금제도를 설정하고자 하는 사용자는 계속근로기간 1년에 대하여 30일분 이상의 평균임금을 퇴직금으로 퇴직하는 근로자에게 지급할 수 있는 제도를 설정하여야 한다(근퇴법 제8조 제1항). 기출 14·19·20 계속근로연수란 근로계약을 체결한 후 해지될 때까지의 기간을 말하는데, 반드시 계속하여 근로를 제공한 기간을 의미하지는 않는다. 따라서 원래 근로자가 반드시 월 평균 25일 이상 근무하여야만 근로기준법상 퇴직금 지급의 전제가 되는 근로자의 상근성·계속성·종속성의 요건을 충족시키는 것은 아니고, 최소한 1개월에 4, 5일 내지 15일 정도 계속해서 근무하였다면 위 요건을 충족한다(대판 1995.7.11. 93다26168[전합]). 다만, 군복무기간이나 해외유학기간, 휴직기간 등은 당사자가 합의하는 바에 따른다. 계속근로연수가 1년 이상인 경우에는, 1년에 미달하는 기간에 대해서도 그 기간에 비례하여 퇴직금을 지급하여야 한다. 퇴직금은 퇴직시점의 평균임금을 기준으로 하여 산정한다.

2) 약정퇴직금

당사자 간에 근로계약, 취업규칙 및 단체협약에 별도의 퇴직금제도를 규정하고 있는 경우에는, 당해 퇴직금제도에 따라 지급한다. 다만, 당해 퇴직금의 금액이 근로자퇴직급여 보장법 제8조 제1항에서 정한 최저기준을 상회하는 경우에 한하여 유효하다. 판례는 퇴직금 급여에 관한 근로기준법의 규정은 사용자가 퇴직하는 근로자에게 지급하여야 할 퇴직금액의 하한을 규정한 것이므로 노사 간에 급여의 성질상 근로기준법이 정하는 평균임금에 포함될 수 있는 급여를 퇴직금 산정의 기초로 하지 아니하기로 하는 별도의 합의가 있고, 그 합의에 따라 산정한 퇴직금액이 근로기준법이 보장한 하한을 상회하는 금액이라면 그 합의가 근로기준법 제34조에 위반되어 무효라고 할 수는 없으며, 위와 같은 별도의 합의는 묵시적으로도 이루어질 수 있는 것이라고(대판 2003.12.11. 2003다40538) 판시하고 있다.[46]

(2) 퇴직금의 지급시기

1) 원칙(근퇴법 제9조)

① 사용자는 근로자가 퇴직한 경우에는 그 지급사유가 발생한 날부터 14일 이내에 퇴직금을 지급하여야 한다. 다만, 특별한 사정이 있는 경우에는 당사자 간의 합의에 따라 지급기일을 연장할 수 있다. 기출 21·24
② 퇴직금은 근로자가 지정한 개인형퇴직연금제도의 계정 또는 중소기업퇴직연금기금제도 가입자부담금계정(이하 "개인형퇴직연금제도의 계정등")으로 이전하는 방법으로 지급하여야 한다. 다만, 근로자가 55세 이후에 퇴직하여 급여를 받는 경우 등 대통령령으로 정하는 사유가 있는 경우에는 그러하지 아니하다.
③ 근로자가 개인형퇴직연금제도의 계정등을 지정하지 아니한 경우에는 근로자 명의의 개인형퇴직연금제도의 계정으로 이전한다.

---

46) 제반 사정상 교통비 및 휴일근로수당이 퇴직금 산정의 기초가 되는 평균임금에 포함되지 아니하기로 하는 별도의 합의가 묵시적으로 이루어져 있었다고 보기에 충분하고, 근로자들이 퇴직할 당시 수령한 퇴직금과 근속 누진금의 합계액수가 근로기준법 소정의 퇴직금 액수를 상회함이 분명한 이상 이러한 합의가 근로기준법에 위반된다고 볼 수 없다고 한 사례(대판 2003.12.11. 2003다40538)

2) 예외 – 퇴직금중간정산제도

① 사용자는 주택구입 등 대통령령으로 정하는 사유로 근로자의 요구가 있는 경우에는 근로자가 퇴직하기 전에 당해 근로자가 계속 근로한 기간에 대한 퇴직금을 미리 정산하여 지급할 수 있다. 이 경우 미리 정산하여 지급한 후의 퇴직금 산정을 위한 계속근로기간은 정산시점부터 새로 계산한다(근퇴법 제8조 제2항).

기출 23

② 근로자의 요구와 사용자의 승낙이 있어야 한다.

③ 계속근로연수의 단절은 퇴직금의 경우에만 인정되고, 연차유급휴가이나 상여금, 경력 및 승진·승급기간의 산정 등의 경우에는 계속근로연수가 그대로 인정된다.

퇴직금의 중간정산사유(근퇴법 시행령 제3조) 기출 17 · 18 · 22

① 법 제8조 제2항 전단에서 "주택구입 등 대통령령으로 정하는 사유"란 다음 각 호의 경우를 말한다.
  1. 무주택자인 근로자가 본인 명의로 주택을 구입하는 경우
  2. 무주택자인 근로자가 주거를 목적으로 민법 제303조에 따른 전세금 또는 주택임대차보호법 제3조의2에 따른 보증금을 부담하는 경우. 이 경우 근로자가 하나의 사업에 근로하는 동안 1회로 한정한다.
  3. 근로자가 6개월 이상 요양을 필요로 하는 다음 각 목의 어느 하나에 해당하는 사람의 질병이나 부상에 대한 의료비를 해당 근로자가 본인 연간 임금총액의 1천분의 125를 초과하여 부담하는 경우 기출 23
    가. 근로자 본인
    나. 근로자의 배우자
    다. 근로자 또는 그 배우자의 부양가족
  4. 퇴직금 중간정산을 신청하는 날부터 거꾸로 계산하여 5년 이내에 근로자가 채무자 회생 및 파산에 관한 법률에 따라 파산선고를 받은 경우
  5. 퇴직금 중간정산을 신청하는 날부터 거꾸로 계산하여 5년 이내에 근로자가 채무자 회생 및 파산에 관한 법률에 따라 개인회생절차개시결정을 받은 경우
  6. 사용자가 기존의 정년을 연장하거나 보장하는 조건으로 단체협약 및 취업규칙 등을 통하여 일정 나이, 근속시점 또는 임금액을 기준으로 임금을 줄이는 제도를 시행하는 경우
  6의2. 사용자가 근로자와의 합의에 따라 소정근로시간을 1일 1시간 또는 1주 5시간 이상 단축함으로써 단축된 소정근로시간에 따라 근로자가 3개월 이상 계속 근로하기로 한 경우
  6의3. 법률 제15513호 근로기준법 일부 개정법률의 시행에 따른 근로시간의 단축으로 근로자의 퇴직금이 감소되는 경우
  7. 재난으로 피해를 입은 경우로서 고용노동부장관이 정하여 고시하는 사유에 해당하는 경우
② 사용자는 제1항 각 호의 사유에 따라 퇴직금을 미리 정산하여 지급한 경우 근로자가 퇴직한 후 5년이 되는 날까지 관련 증명 서류를 보존하여야 한다. 기출 23

---

(3) 퇴직금의 지급방법

퇴직금도 임금에 해당한다. 따라서 균등처우의 원칙, 위약예정의 금지, 전차금 상계의 금지, 직접불·통화불의 원칙, 임금채권의 압류제한, 소멸시효 및 임금채권의 우선변제 등에 관한 규정이 적용된다. 다만, 매월 1회 이상 정기불의 원칙은 퇴직금의 내재적 성질을 이유로, 전액불의 원칙은 퇴직보험제도의 연금수령 인성에 따라 적용되지 아니한다.

(4) 퇴직급여등의 우선변제(근퇴법 제12조)

① 사용자에게 지급의무가 있는 퇴직금, 확정급여형퇴직연금제도의 급여, 확정기여형퇴직연금제도의 부담금 중 미납입부담금 및 미납입부담금에 대한 지연이자, 중소기업퇴직연금기금제도의 부담금 중 미납입부담금 및 미납입부담금에 대한 지연이자, 개인형퇴직연금제도의 부담금 중 미납입부담금 및 미납입부담금에 대한 지연이자(이하 "퇴직급여등")는 사용자의 총재산에 대하여 질권 또는 저당권에 의하여 담보된 채권을 제외하고는 조세·공과금 및 다른 채권에 우선하여 변제되어야 한다. 다만, 질권 또는 저당권에 우선하는 조세·공과금에 대하여는 그러하지 아니하다.

② 최종 3년간의 퇴직급여등은 사용자의 총재산에 대하여 질권 또는 저당권에 의하여 담보된 채권, 조세·공과금 및 다른 채권에 우선하여 변제되어야 한다. **기출 12**

③ 퇴직급여등 중 퇴직금, 확정급여형퇴직연금제도의 급여는 계속근로기간 1년에 대하여 30일분의 평균임금으로 계산한 금액으로 한다.

④ 퇴직급여등 중 확정기여형퇴직연금제도의 부담금, 중소기업퇴직연금기금제도의 부담금 및 개인형퇴직연금제도의 부담금은 가입자의 연간 임금총액의 12분의 1에 해당하는 금액으로 계산한 금액으로 한다.

기출 17

(5) 퇴직금의 사전포기

퇴직금은 사용자가 일정 기간을 계속근로하고 퇴직하는 근로자에게 그 계속근로에 대한 대가로서 지급하는 후불적 임금의 성질을 가지는 금원으로서 구체적인 퇴직금청구권은 계속근로가 끝나는 퇴직이라는 사실을 요건으로 하여 발생하는 것으로 최종 퇴직 시에 발생하는 퇴직금청구권을 사전에 포기하거나 사전에 그에 관한 민사소송을 제기하지 않겠다는 부제소특약을 하는 것은 강행법규 위반으로 무효이다(대판 1998.3.27. 97다49732). 그러나 근로자가 퇴직하여 더 이상 근로계약관계에 있지 않은 상황에서 퇴직 시 발생한 퇴직금청구권을 나중에 포기하는 것은 허용되고, 이러한 약정이 강행법규에 위반된다고 볼 수 없다(대판 2018.7.12. 2018다21821).

기출 23

(6) 퇴직금의 시효(근퇴법 제10조)

퇴직금을 받을 권리는 3년간 행사하지 아니하면 시효로 인하여 소멸한다. **기출 14·16·20·22·24**

6. 퇴직연금제도

(1) 퇴직연금제도의 종류

1) 확정급여형퇴직연금제도

① 의의 : 확정급여형퇴직연금제도라 함은 근로자가 수령하는 연금급여는 그 액수가 사전에 확정되고, 사용자의 부담금은 적립금의 운용 결과에 따라 변동되는 퇴직연금제도를 말하는데, 적립금의 운영실적에 관계없이 근로자가 일정한 액수의 퇴직급여를 수령하게 되므로 안정적이라는 장점이 있다. **기출 12·14**

② 설정 : 확정급여형퇴직연금제도를 설정하려는 사용자는 근로자대표의 동의를 얻거나 의견을 들어 다음의 사항을 포함한 확정급여형퇴직연금규약을 작성하여 고용노동부장관에게 신고하여야 한다(근퇴법 제13조).

ㄱ 퇴직연금사업자 선정에 관한 사항

ㄴ 가입자에 관한 사항

ㄷ 가입기간에 관한 사항

O | X 💬

1. 근로자퇴직급여 보장법에 따른 퇴직금을 받을 권리는 1년간 행사하지 아니하면 시효로 인하여 소멸한다.
2. 근로자퇴직급여 보장법은 동거하는 친족만을 사용하는 사업 및 가구 내 고용활동에는 적용하지 아니한다.
3. 사용자는 계속근로기간이 1년 미만인 근로자에 대하여도 퇴직급여제도 중 하나 이상의 제도를 설정하여야 한다.
4. 퇴직금제도를 설정하고자 하는 사용자는 계속근로기간 1년에 대하여 30일분 이상의 통상임금을 퇴직금으로 퇴직하는 근로자에게 지급할 수 있는 제도를 설정하여야 한다.

정답 1. × 2. ○ 3. × 4. ×

ⓔ 급여수준에 관한 사항

ⓜ 급여지급능력 확보에 관한 사항

ⓑ 급여의 종류 및 수급요건 등에 관한 사항

ⓢ 운용관리업무 및 자산관리업무의 수행을 내용으로 하는 계약의 체결 및 해지와 해지에 따른 계약의 이전에 관한 사항

ⓞ 운용현황의 통지에 관한 사항

ⓩ 가입자의 퇴직 등 급여지급사유 발생과 급여의 지급절차에 관한 사항

ⓒ 퇴직연금제도의 폐지·중단사유 및 절차 등에 관한 사항

ⓚ 부담금의 산정 및 납입에 관한 사항

ⓣ 그 밖에 확정급여형퇴직연금제도의 운영을 위하여 대통령령으로 정하는 사항

③ **급여수준** : 급여수준은 가입자의 퇴직일을 기준으로 산정한 일시금이 계속근로기간 1년에 대하여 30일분 이상의 평균임금이 되도록 하여야 한다(근퇴법 제15조).

④ **운용현황의 통지** : 퇴직연금사업자는 매년 1회 이상 적립금액 및 운용수익률 등을 고용노동부령으로 정하는 바에 따라 가입자에게 알려야 한다(근퇴법 제18조). **기출 22**

⑤ **적립금운용위원회 구성** : 상시 300명 이상의 근로자를 사용하는 사업의 사용자는 퇴직연금제도 적립금의 합리적인 운용을 위하여 대통령령으로 정하는 바에 따라 적립금운용위원회를 구성하여야 한다. 사용자는 적립금운용위원회의 심의를 거친 적립금운용계획서에 따라 적립금을 운용하여야 한다. 이 경우 적립금운용계획서는 적립금 운용목적 및 방법, 목표수익률, 운용성과 평가 등 대통령령으로 정하는 내용을 포함하여 매년 1회 이상 작성하여야 한다(근퇴법 제18조의2).

2) 확정기여형퇴직연금제도

① **의의** : 확정기여형퇴직연금제도라 함은 사용자의 부담금은 그 액수가 사전에 확정되고, 근로자가 수령하는 연금급여는 적립금의 운용 결과에 따라 변동되는 퇴직연금제도를 말하는데, 적립금의 운용실적에 따라 근로자의 연금급여가 결정되므로 실적이 좋은 경우에는 연금급여가 많아지나, 실적이 나쁜 경우에는 연금급여가 적어질 우려가 있다. **기출 16**

② **설정** : 확정기여형퇴직연금제도를 설정하려는 사용자는 근로자대표의 동의를 얻거나 의견을 들어 다음의 사항을 포함한 확정기여형퇴직연금규약을 작성하여 고용노동부장관에게 신고하여야 한다(근퇴법 제19조).

ⓐ 부담금의 부담에 관한 사항

ⓑ 부담금의 산정 및 납입에 관한 사항

ⓒ 적립금의 운용에 관한 사항

ⓓ 적립금의 운용방법 및 정보의 제공 등에 관한 사항

ⓔ 사전지정운용제도에 관한 사항

ⓗ 적립금의 중도인출에 관한 사항

ⓢ ㉮ 퇴직연금사업자 선정, ㉯ 가입자, ㉰ 가입기간, ㉱ 급여의 종류 및 수급요건 등, ㉲ 운용관리업무 및 자산관리업무의 수행을 내용으로 하는 계약의 체결 및 해지와 해지에 따른 계약의 이전, ㉳ 운용현황의 통지, ㉴ 가입자의 퇴직 등 급여지급사유 발생과 급여의 지급절차, ㉵ 퇴직연금제도의 폐지·중단사유 및 절차 등에 관한 사항

ⓞ 그 밖에 확정기여형퇴직연금제도의 운영에 필요한 사항으로서 대통령령으로 정하는 사항

③ 사전지정운용제도
- ㉠ 사전지정운용제도의 설정(근퇴법 제21조의2)
  - ㉮ 운용관리업무를 수행하는 퇴직연금사업자는 사전지정운용방법에는 적립금의 원리금이 보장되는 운용유형, 집합투자기구의 집합투자증권으로서 투자설명서상 일정운용내용이 운용계획에 명시되는 등 대통령령으로 정하는 요건을 충족하는 운용유형 중 하나 이상의 운용유형을 포함하여 고용노동부장관의 승인을 받아야 한다.
  - ㉯ 퇴직연금사업자가 고용노동부장관의 승인을 받고자 하는 경우 퇴직연금 관련 전문가로서 퇴직연금 및 자산운용에 관한 학식과 경험이 풍부하다고 인정되는 사람을 포함하는 등 고용노동부령으로 정하는 요건에 따라 구성된 고용노동부장관 소속 심의위원회의 사전심의를 받아야 한다.
  - ㉰ 운용관리업무를 수행하는 퇴직연금사업자는 사전지정운용방법을 사용자에게 고용노동부령으로 정하는 방법에 따라 제시하여야 한다.
  - ㉱ ㉮ 후단에 따른 운용유형은 손실가능성과 예상수익이 중·장기적으로 합리적 균형을 이루고 수수료 등의 비용이 예상되는 수익에 비해 과다하여서는 아니 된다.
  - ㉲ 사전지정운용방법을 제시받은 사용자는 사업 또는 사업장 단위로 사전지정운용방법을 설정하여 근로자대표의 동의를 받아 확정기여형퇴직연금규약에 반영하여야 한다.
- ㉡ 사전지정운용제도의 운영(근퇴법 제21조의3) : 운용관리업무를 수행하는 퇴직연금사업자는 사전지정운용제도를 설정한 사업의 가입자에게 해당 사전지정운용방법의 자산배분 현황 및 위험·수익 구조 등과 그 밖에 사전지정운용제도의 운영에 관한 사항으로서 대통령령으로 정하는 사항에 관한 정보를 대통령령으로 정하는 바에 따라 제공하여야 한다.
- ㉢ 가입자의 사전지정운용방법 선정(근퇴법 제21조의4)
  - ㉮ 사전지정운용방법으로 적립금을 운용하고 있지 아니하는 확정기여형퇴직연금제도의 가입자는 운용관리업무를 수행하는 퇴직연금사업자의 사전지정운용방법 중 적립금의 원리금이 보장되는 운용유형, 집합투자기구의 집합투자증권으로서 투자설명서상 일정운용내용이 운용계획에 명시되는 등 대통령령으로 정하는 요건을 충족하는 운용유형 중 어느 하나의 운용유형을 사전지정운용방법으로 선정할 수 있다. 다만 후단의 운용유형만 사전지정운용방법으로 선정하는 경우에는 일정한 운용내용이 포함되어야 한다.
  - ㉯ 가입자가 선정한 사전지정운용방법이 고용노동부장관의 승인을 받아 변경될 경우 운용관리업무를 수행하는 퇴직연금사업자는 가입자에 대한 통지 등 대통령령으로 정하는 절차를 거쳐 가입자의 적립금을 변경된 사전지정운용방법에 따라 운용할 수 있다.
④ **중도인출** : 확정기여형퇴직연금제도에 가입한 근로자는 주택구입 등 사유가 발생하면 적립금을 중도인출할 수 있다(근퇴법 제22조). **기출** 14·20

사전지정운용방법의 승인 요건(근퇴법 시행령 제13조)
① 법 제21조의2 제1항 제2호 각 목 외의 부분에서 "대통령령으로 정하는 요건"이란 다음 각 호의 요건을 말한다.
 1. 투자설명서상 법 제21조의2 제1항 제2호 각 목의 어느 하나에 해당하는 운용내용이 주요 운용내용으로 운용계획에 명시되어 있을 것
 2. 자산 배분이 적절하고 투자전략이 단순하며 이해하기 쉬울 것
 3. 물가, 금리 또는 환율의 변동 등 경제의 중·장기 변동에 따른 손실가능성이 가입자 집단의 속성에 비추어 허용되는 범위일 것
 4. 예상수익이 금리·환율 등 금융시장의 상황에 비추어 합리적 수준으로 확보될 것
 5. 손실가능성과 예상수익이 중·장기적으로 합리적 균형을 이룰 것

6. 수수료 등의 비용이 예상되는 수익에 비해 과다하지 않을 것
7. 상시 가입이 가능하고 특별한 사정이 없다면 환매를 신청한 날부터 14일 이내에 환매가 가능할 것
② 제1항 각 호의 요건에 관한 세부기준은 고용노동부장관이 정하여 고시한다.

사전지정운용방법의 변경(근퇴법 시행령 제13조의4)
① 법 제21조의3 제6항에 따라 사전지정운용방법을 변경하려는 퇴직연금사업자는 법 제21조의2 제2항에 따른 심의위원회(이하 "심의위원회")의 사전심의를 거쳐 고용노동부장관에게 변경 승인을 신청해야 한다.
② 퇴직연금사업자는 제1항의 신청에 따라 사전지정운용방법의 변경 승인을 받았을 때에는 그 사실을 변경 승인을 받은 날부터 7일 이내에 해당 사전지정운용방법을 본인이 적용받을 사전지정운용방법으로 선정하였거나 해당 사전지정운용방법으로 적립금이 운용되고 있는 가입자에게 제13조의2 제3항 각 호의 어느 하나에 해당하는 방법으로 통지해야 한다.
③ 제2항에 따른 통지에는 다음 각 호의 사항이 포함되어야 한다.
1. 사전지정운용방법의 변경 사유
2. 변경된 사전지정운용방법에 관한 정보로서 법 제21조의3 제1항 제1호 및 이 영 제13조의2 제1항 각 호의 사항에 관한 정보
3. 법 제21조의3 제6항 후단 및 이 조 제4항에 따라 변경 승인을 받은 후 14일이 지난 날부터 가입자의 적립금이 변경된 사전지정운용방법에 따라 운용될 수 있다는 사실
4. 가입자가 희망하는 경우 변경된 사전지정운용방법이 아닌 다른 운용방법을 선정할 수 있다는 사실
5. 적립금이 변경된 사전지정운용방법으로 운용된 이후에도 가입자는 법 제21조 제1항 및 제21조의3 제5항에 따라 다른 운용방법을 스스로 선정할 수 있다는 사실
④ 퇴직연금사업자는 제2항 및 제3항에 따른 통지를 받은 가입자가 변경된 사전지정운용방법이 아닌 다른 운용방법을 선정하지 않은 경우에는 제1항에 따른 변경 승인을 받은 후 14일이 지난 날부터 가입자의 적립금을 변경된 사전지정운용방법으로 운용할 수 있다.

사전지정운용방법의 승인 취소 등(근퇴법 시행령 제13조의6)
① 고용노동부장관은 사전지정운용방법이 다음 각 호의 어느 하나에 해당하는 경우에는 심의위원회의 사전심의를 거쳐 사전지정운용방법의 승인을 취소할 수 있다. 다만, 제1호에 해당하는 경우에는 승인을 취소해야 한다.
1. 거짓이나 그 밖의 부정한 방법으로 사전지정운용방법의 승인을 받은 경우
2. 제13조 제1항 각 호의 승인 요건을 갖추지 못하게 된 경우
3. 사전지정운용방법으로 인하여 가입자의 적립금에 현저한 손해가 발생하였거나 발생할 우려가 있다고 명백히 인정되는 경우
② 퇴직연금사업자는 제1항에 따라 사전지정운용방법의 승인이 취소된 경우에는 해당 사전지정운용방법을 본인이 적용받을 사전지정운용방법으로 선정하였거나 해당 사전지정운용방법으로 적립금이 운용되고 있는 가입자에게 다음 각 호의 사항을 통지해야 한다.
1. 승인 취소 사유
2. 승인 취소된 사전지정운용방법의 해지 방법ㆍ절차에 관한 사항
3. 다른 사전지정운용방법을 포함한 3가지 이상의 운용방법에 관한 정보로서 법 제21조의3 제1항 제1호 및 이 영 제13조의2 제1항 각 호의 사항에 관한 정보
③ 퇴직연금사업자는 제2항에 따른 통지를 받은 가입자가 다른 운용방법을 선정한 경우에는 가입자의 적립금을 가입자가 선정한 다른 운용방법으로 이전하여 운용해야 한다.
④ 제3항에 따라 적립금을 이전하여 운용하는 퇴직연금사업자는 적립금을 이전한 운용방법에 관한 정보로서 법 제21조의3 제1항 제1호 및 이 영 제13조의2 제1항 각 호의 사항에 관한 정보를 가입자에게 제공해야 한다.
⑤ 퇴직연금사업자는 제2항에 따른 통지를 받은 가입자가 해당 사전지정운용방법을 해지하지 않거나 다른 운용방법을 선정하지 않은 경우에는 가입자의 적립금을 종전의 사전지정운용방법과 같은 위험등급의 다른 사전지정운용방법으로 이전하여 운용할 수 있다.
⑥ 제5항에 따라 적립금을 이전하여 운용하는 퇴직연금사업자는 해당 가입자에게 다음 각 호의 사항을 통지해야 한다.
1. 적립금을 이전하여 운용한다는 사실
2. 적립금을 이전한 운용방법에 관한 정보로서 법 제21조의3 제1항 제1호 및 이 영 제13조의2 제1항 각 호의 사항에 관한 정보
⑦ 제3항 또는 제5항에 따라 적립금을 이전하여 운용하는 경우 퇴직연금사업자는 가입자에게 해지 수수료 등 적립금의 이전과 관련된 비용을 요구할 수 없다.

확정기여형퇴직연금제도의 중도인출사유(근퇴법 시행령 제14조)

① 법 제22조에서 "주택구입 등 대통령령으로 정하는 사유"란 다음 각 호의 어느 하나에 해당하는 경우를 말한다.

  1. 제2조 제1항 제1호·제1호의2 또는 제5호(재난으로 피해를 입은 경우로 한정한다)에 해당하는 경우

  1의2. 제2조 제1항 제2호에 해당하는 경우로서 가입자가 본인 연간 임금총액의 1천분의 125를 초과하여 의료비를 부담하는 경우

  2. 중도인출을 신청한 날부터 거꾸로 계산하여 5년 이내에 가입자가 채무자 회생 및 파산에 관한 법률에 따라 파산선고를 받은 경우

  3. 중도인출을 신청한 날부터 거꾸로 계산하여 5년 이내에 가입자가 채무자 회생 및 파산에 관한 법률에 따라 개인회생절차 개시결정을 받은 경우

  4. 법 제7조 제2항 후단에 따라 퇴직연금제도의 급여를 받을 권리를 담보로 제공하고 대출을 받은 가입자가 그 대출원리금을 상환하기 위한 경우로서 고용노동부장관이 정하여 고시하는 사유에 해당하는 경우

② 제1항 제4호에 해당하는 사유로 적립금을 중도인출하는 경우 그 중도인출 금액은 대출원리금의 상환에 필요한 금액 이하로 한다.

퇴직연금제도수급권의 담보제공사유 등(근퇴법 시행령 제2조)

① 근로자퇴직급여 보장법(이하 "법") 제7조 제2항 전단에서 "주택구입 등 대통령령으로 정하는 사유와 요건을 갖춘 경우"란 다음 각 호의 어느 하나에 해당하는 경우를 말한다.

  1. 무주택자인 가입자가 본인 명의로 주택을 구입하는 경우 `기출 23·24`

  1의2. 무주택자인 가입자가 주거를 목적으로 민법 제303조에 따른 전세금 또는 주택임대차보호법 제3조의2에 따른 보증금을 부담하는 경우. 이 경우 가입자가 하나의 사업 또는 사업장(이하 "사업")에 근로하는 동안 1회로 한정한다. `기출 24`

  2. 가입자가 6개월 이상 요양을 필요로 하는 다음 각 목의 어느 하나에 해당하는 사람의 질병이나 부상에 대한 의료비(소득세법 시행령 제118조의5 제1항 및 제2항에 따른 의료비)를 부담하는 경우

    가. 가입자 본인

    나. 가입자의 배우자

    다. 가입자 또는 그 배우자의 부양가족(소득세법 제50조 제1항 제3호에 따른 부양가족)

  5. 사업주의 휴업 실시로 근로자의 임금이 감소하거나 재난(재난 및 안전관리 기본법 제3조 제1호에 따른 재난)으로 피해를 입은 경우로서 고용노동부장관이 정하여 고시하는 사유와 요건에 해당하는 경우

3) 중소기업퇴직연금기금제도

① 운영(근퇴법 제23조의2)

  ㉠ 중소기업퇴직연금기금제도는 공단에서 운영한다.

  ㉡ 중소기업퇴직연금기금제도 운영과 관련한 주요사항을 심의·의결하기 위하여 공단에 중소기업퇴직연금기금제도운영위원회(이하 "운영위원회")를 둔다.

  ㉢ 운영위원회의 위원장은 공단 이사장으로 한다.

  ㉣ 운영위원회는 위원장, 퇴직연금관계업무를 담당하는 고용노동부의 고위공무원단에 속하는 일반직공무원 및 위원장이 위촉하는 다음의 위원으로 구성한다. 이 경우 위원장을 포함한 위원의 수는 10명 이상 15명 이내로 구성하되, 근로자를 대표하는 위원과 사용자를 대표하는 위원의 수는 같아야 한다.

    ㉮ 공단의 상임이사

    ㉯ 근로자를 대표하는 사람

    ㉰ 사용자를 대표하는 사람

    ㉱ 퇴직연금 관련 전문가로서 퇴직연금 및 자산운용에 관한 학식과 경험이 풍부한 사람

◎ 근로자를 대표하는 사람, 사용자를 대표하는 사람, 퇴직연금 관련 전문가로서 퇴직연금 및 자산운용에 관한 학식과 경험이 풍부한 사람으로서 위원장이 위촉한 위원의 임기는 3년으로 하되, 연임할 수 있다. 다만, 위원의 사임 등으로 새로 위촉된 위원의 임기는 전임위원 임기의 남은 기간으로 한다.

ⓗ 운영위원회는 다음의 사항을 심의·의결한다.
  ㉮ 중소기업퇴직연금기금운용계획 및 지침에 관한 사항
  ㉯ 중소기업퇴직연금기금표준계약서의 작성 및 변경에 관한 사항
  ㉰ 수수료 수준에 관한 사항
  ㉱ 그 밖에 위원장이 중소기업퇴직연금기금제도 운영과 관련한 주요사항에 관하여 운영위원회의 회의에 부치는 사항

ⓢ 위원장은 중소기업퇴직연금기금운용 등과 관련하여 운영위원회를 지원하기 위한 자문위원회를 구성할 수 있다.

② **관리 및 운용**(근퇴법 제23조의3) : 공단은 중소기업퇴직연금기금의 안정적 운용 및 수익성 증대를 위하여 대통령령으로 정하는 방법에 따라 중소기업퇴직연금기금을 관리·운용하여야 하고 공단은 중소기업퇴직연금기금을 공단의 다른 회계와 구분하여야 한다.

③ **중소기업퇴직연금기금표준계약서의 기재사항**(근퇴법 제23조의5)
  ㉠ 공단은 일정한 사항을 기재한 계약서(이하 "중소기업퇴직연금기금표준계약서")를 작성하여 고용노동부장관의 승인을 받아야 한다.
  ㉡ 공단은 승인받은 중소기업퇴직연금기금표준계약서를 변경하는 경우에는 고용노동부장관의 승인을 받아야 한다. 다만, 변경하는 내용이 사용자 및 가입자에게 불리하지 아니한 경우에는 고용노동부장관에게 신고함으로써 중소기업퇴직연금기금표준계약서를 변경할 수 있다.

④ **설정**(근퇴법 제23조의6) : 중소기업의 사용자는 중소기업퇴직연금기금표준계약서에서 정하고 있는 사항에 관하여 근로자대표의 동의를 얻거나 의견을 들어 공단과 계약을 체결함으로써 중소기업퇴직연금기금제도를 설정할 수 있다.

⑤ **부담금의 부담수준 및 납입**(근퇴법 제23조의7)
  ㉠ 중소기업퇴직연금기금제도를 설정한 사용자는 매년 1회 이상 정기적으로 가입자의 연간 임금총액의 12분의 1 이상에 해당하는 부담금(이하 "사용자부담금")을 현금으로 가입자의 중소기업퇴직연금기금제도계정(이하 "기금제도사용자부담금계정")에 납입하여야 한다. 이 경우 사용자가 정하여진 기일(중소기업퇴직연금기금표준계약서에서 납입기일을 연장할 수 있도록 한 경우에는 그 연장된 기일)까지 부담금을 납입하지 아니한 경우에는 그 다음 날부터 부담금을 납입한 날까지 지연일수에 대하여 대통령령으로 정하는 이율에 따른 지연이자를 납입하여야 한다.
  ㉡ 사용자는 중소기업퇴직연금기금제도 가입자의 퇴직 등 대통령령으로 정하는 사유가 발생한 때에 그 가입자에 대한 부담금을 미납한 경우에는 그 사유가 발생한 날부터 14일 이내에 부담금과 지연이자를 해당 가입자의 기금제도사용자부담금계정에 납입하여야 한다. 다만, 특별한 사정이 있는 경우에는 당사자 간의 합의에 따라 납입기일을 연장할 수 있다.

⑥ **가입기간**(근퇴법 제23조의9) : 중소기업퇴직연금기금제도를 설정하는 경우 그 가입기간은 퇴직연금제도의 설정 이후 해당 사업에서 근로를 제공하는 기간으로 한다. 이때 퇴직연금제도의 설정 전에 해당 사업에서 제공한 근로기간에 대하여도 가입기간으로 할 수 있다. 이 경우 퇴직금을 미리 정산한 기간은 제외한다. 한편 기금제도가입자부담금계정은 해당 계정이 설정된 날부터 급여가 전액지급된 날까지로 한다.

⑦ **급여의 종류 및 수급요건**(근퇴법 제23조의12)

  ⊙ 중소기업퇴직연금기금제도의 급여종류 및 수급요건은 다음에 따른다.

    ㉮ 기금제도사용자부담금계정에 관하여, 중소기업퇴직연금기금제도의 급여 종류는 연금 또는 일시금으로 하되, 수급요건은 ⓐ 연금은 55세 이상으로서 가입기간이 10년 이상인 가입자에게 지급할 것(이 경우 연금의 지급기간은 5년 이상), ⓑ 일시금은 연금수급 요건을 갖추지 못하거나 일시금 수급을 원하는 가입자에게 지급할 것 등이다.

    ㉯ 기금제도가입자부담금계정에 관하여는 대통령령으로 정한다.

  ⊙ 기금제도사용자부담금계정에서 가입자에 대한 급여의 지급은 가입자가 지정한 개인형퇴직연금제도의 계정등으로 이전하는 방법으로 한다. 다만, 가입자가 개인형퇴직연금제도의 계정등을 지정하지 아니하는 경우에는 가입자 명의의 개인형퇴직연금제도의 계정으로 이전한다.

⑧ **적립금의 중도인출**(근퇴법 제23조의13) : 중소기업퇴직연금기금제도의 적립금 중도인출에 관한 사항은 다음에 따른다.

  ⊙ 기금제도사용자부담금계정에 관하여 중소기업퇴직연금기금제도에 가입한 근로자는 주택구입 등 대통령령으로 정하는 사유가 발생하면 적립금을 중도인출할 수 있다.

  ⊙ 기금제도가입자부담금계정에 관하여 중소기업퇴직연금기금제도의 급여의 종류별 수급요건 및 중도인출에 관하여는 대통령령으로 정한다.

4) 개인형퇴직연금제도

① **설정적격자**(근퇴법 제24조 제2항)

  ⊙ 퇴직급여제도의 일시금을 수령한 사람 `기출` 15 · 21

  ⊙ 확정급여형퇴직연금제도, 확정기여형퇴직연금제도 또는 중소기업퇴직연금기금제도의 가입자로서 자기의 부담으로 개인형퇴직연금제도를 추가로 설정하려는 사람 `기출` 15

  ⊙ 자영업자 등 안정적인 노후소득 확보가 필요한 사람으로서 대통령령으로 정하는 사람

② **부담금 납입**(근퇴법 제24조 제3항) : 개인형퇴직연금제도를 설정한 사람은 자기의 부담으로 개인형퇴직연금제도의 부담금을 납입한다. 다만, 대통령령으로 정하는 한도를 초과하여 부담금을 납입할 수 없다.

③ **적립금의 운용방법**(근퇴법 제21조)

  ⊙ 가입자는 적립금의 운용방법을 스스로 선정할 수 있고, 반기마다 1회 이상 적립금의 운용방법을 변경할 수 있다.

  ⊙ 퇴직연금사업자는 반기마다 1회 이상 위험과 수익구조가 서로 다른 세 가지 이상의 적립금운용방법을 제시하여야 한다.

  ⊙ 퇴직연금사업자는 운용방법별 이익 및 손실의 가능성에 관한 정보 등 가입자가 적립금의 운용방법을 선정하는 데 필요한 정보를 제공하여야 한다.

④ **10명 미만을 사용하는 사업에 대한 특례**(근퇴법 제25조) `기출` 17

  ⊙ 상시 10명 미만의 근로자를 사용하는 사업의 경우 사용자가 개별근로자의 동의를 받거나 근로자의 요구에 따라 개인형퇴직연금제도를 설정하는 경우에는 해당 근로자에 대하여 퇴직급여제도를 설정한 것으로 본다.

  ⊙ 개인형퇴직연금제도를 설정하는 경우에는 다음의 사항이 준수되어야 한다.

    ㉮ 사용자가 퇴직연금사업자를 선정하는 경우에 개별근로자의 동의를 받을 것. 다만, 근로자가 요구하는 경우에는 스스로 퇴직연금사업자를 선정할 수 있다.

    ㉯ 사용자는 가입자별로 연간 임금총액의 12분의 1 이상에 해당하는 부담금을 현금으로 가입자의 개인형퇴직연금제도계정에 납입할 것

⑭ 사용자가 부담하는 부담금 외에 가입자의 부담으로 추가부담금을 납입할 수 있을 것

⑭ 사용자는 매년 1회 이상 정기적으로 ⑭에 따른 부담금을 가입자의 개인형퇴직연금제도계정에 납입할 것. 부담금을 납입하지 아니한 경우 그 다음 날부터 부담금을 납입한 날까지 지연일수에 대하여 연 100분의 40 이내의 범위에서 은행법에 따른 은행이 적용하는 연체금리, 경제적 여건 등을 고려하여 대통령령으로 정하는 이율에 따른 지연이자를 납입하여야 한다.

⑭ 그 밖에 근로자의 급여수급권의 안정적인 보호를 위하여 대통령령으로 정하는 사항

㉢ 사용자는 개인형퇴직연금제도 가입자의 퇴직 등 대통령령으로 정하는 사유가 발생한 때에 해당 가입자에 대한 부담금을 납입하지 아니한 경우에는 그 사유가 발생한 날부터 14일 이내에 그 부담금에 따른 지연이자를 해당 가입자의 개인형 퇴직연금제도의 계정에 납입하여야 한다. 다만, 특별한 사정이 있는 경우에는 당사자 간의 합의에 따라 납입기일을 연장할 수 있다.

(2) 수급권의 보호(근퇴법 제7조) 기출 20

① 퇴직연금제도(중소기업퇴직연금기금제도를 포함)의 급여를 받을 권리는 양도 또는 압류하거나 담보로 제공할 수 없다. 기출 22

② 가입자는 주택구입 등 대통령령으로 정하는 사유와 요건을 갖춘 경우에는 대통령령으로 정하는 한도에서 퇴직연금제도의 급여를 받을 권리를 담보로 제공할 수 있다. 이 경우 등록한 퇴직연금사업자(중소기업퇴직연금기금제도의 경우 산업재해보상보험법에 따른 근로복지공단)는 제공된 급여를 담보로 한 대출이 이루어지도록 협조하여야 한다.

퇴직연금제도수급권의 담보제공사유 등(근퇴법 시행령 제2조)

① 근로자퇴직급여 보장법(이하 "법") 제7조 제2항 전단에서 "주택구입 등 대통령령으로 정하는 사유와 요건을 갖춘 경우"란 다음 각 호의 어느 하나에 해당하는 경우를 말한다.

1. 무주택자인 가입자가 본인 명의로 주택을 구입하는 경우 기출 23

1의2. 무주택자인 가입자가 주거를 목적으로 민법 제303조에 따른 전세금 또는 주택임대차보호법 제3조의2에 따른 보증금을 부담하는 경우. 이 경우 가입자가 하나의 사업 또는 사업장(이하 "사업")에 근로하는 동안 1회로 한정한다.

2. 가입자가 6개월 이상 요양을 필요로 하는 다음 각 목의 어느 하나에 해당하는 사람의 질병이나 부상에 대한 의료비(소득세법 시행령 제118조의5 제1항 및 제2항에 따른 의료비)를 부담하는 경우

　가. 가입자 본인

　나. 가입자의 배우자

　다. 가입자 또는 그 배우자의 부양가족(소득세법 제50조 제1항 제3호에 따른 부양가족)

3. 담보를 제공하는 날부터 거꾸로 계산하여 5년 이내에 가입자가 채무자 회생 및 파산에 관한 법률에 따라 파산선고를 받은 경우

4. 담보를 제공하는 날부터 거꾸로 계산하여 5년 이내에 가입자가 채무자 회생 및 파산에 관한 법률에 따라 개인회생절차개시결정을 받은 경우

4의2. 다음 각 목의 어느 하나에 해당하는 사람의 대학등록금, 혼례비 또는 장례비를 가입자가 부담하는 경우 기출 23

　기. 가입지 본인

　나. 가입자의 배우자

　다. 가입자 또는 그 배우자의 부양가족

5. 사업주의 휴업 실시로 근로자의 임금이 감소하거나 재난(재난 및 안전관리 기본법 제3조 제1호에 따른 재난을 말한다)으로 피해를 입은 경우로서 고용노동부장관이 정하여 고시하는 사유와 요건에 해당하는 경우

② 법 제7조 제2항 전단에서 "대통령령으로 정하는 한도"란 다음 각 호의 구분에 따른 한도를 말한다.

1. 제1항 제1호, 제1호의2, 제2호부터 제4호까지 및 제4호의2의 경우 : 가입자별 적립금의 100분의 50 기출 23

2. 제1항 제5호의 경우 : 임금 감소 또는 재난으로 입은 가입자의 피해 정도 등을 고려하여 고용노동부장관이 정하여 고시하는 한도

---

(3) 퇴직연금사업자 및 업무의 수행

1) 운용관리업무에 관한 계약의 체결(근퇴법 제28조)

퇴직연금제도를 설정하려는 사용자 또는 가입자는 퇴직연금사업자와 ① 사용자 또는 가입자에 대한 적립금 운용방법 및 운용방법별 정보의 제공, ② 사전지정운용제도의 설정 및 운영에 관한 업무, ③ 연금제도 설계 및 연금 회계처리, ④ 적립금 운용현황의 기록·보관·통지, ⑤ 사용자 또는 가입자가 선정한 운용방법을 자산관리업무를 수행하는 퇴직연금사업자에게 전달하는 업무, ⑥ 그 밖에 운용관리업무의 적절한 수행을 위하여 대통령령으로 정하는 업무 등 운용관리업무를 하는 것을 내용으로 하는 계약을 체결하여야 한다. 다만, ② 사전지정운용제도의 설정 및 운영에 관한 업무는 확정기여형퇴직연금제도를 설정할 때에만 해당하고, ③ 연금제도 설계 및 연금 회계처리 업무는 확정급여형퇴직연금제도를 설정할 때에만 해당한다.

2) 자산관리업무에 관한 계약의 체결(근퇴법 제29조)

퇴직연금제도를 설정한 사용자 또는 가입자는 ① 계좌의 설정 및 관리, ② 부담금의 수령, ③ 적립금의 보관 및 관리, ④ 운용관리업무를 수행하는 퇴직연금사업자가 전달하는 적립금 운용지시의 이행, ⑤ 급여의 지급, ⑥ 그 밖에 자산관리업무의 적절한 수행을 위하여 대통령령으로 정하는 업무 등 자산관리업무의 수행을 내용으로 하는 계약을 퇴직연금사업자와 체결하여야 한다. 사용자 또는 가입자가 계약을 체결하려는 경우에는 근로자 또는 가입자를 피보험자 또는 수익자로 하여 대통령령으로 정하는 보험계약 또는 신탁계약의 방법으로 하여야 한다.

(4) 책무 및 감독(근퇴법 제32조 내지 제35조)

1) 사용자의 책무(근퇴법 제32조)

① 사용자는 법령, 퇴직연금규약 또는 중소기업퇴직연금기금표준계약서를 준수하고 가입자 등을 위하여 대통령령으로 정하는 사항에 관하여 성실하게 이 법에 따른 의무를 이행하여야 한다.

② 확정급여형퇴직연금제도 또는 확정기여형퇴직연금제도를 설정한 사용자는 매년 1회 이상 가입자에게 해당 사업의 퇴직연금제도운영상황 등 대통령령으로 정하는 사항에 관한 교육을 하여야 한다. 이 경우 사용자는 퇴직연금사업자 또는 대통령령으로 정하는 요건을 갖춘 전문기관에 그 교육의 실시를 위탁할 수 있다.

③ 퇴직연금제도를 설정한 사용자는 다음의 어느 하나에 해당하는 행위를 하여서는 아니 된다. **기출** 12
  ㉠ 자기 또는 제3자의 이익을 도모할 목적으로 운용관리업무 및 자산관리업무의 수행계약을 체결하는 행위
  ㉡ 그 밖에 퇴직연금제도의 적절한 운영을 방해하는 행위로서 대통령령으로 정하는 행위

④ 확정급여형퇴직연금제도 또는 퇴직금제도를 설정한 사용자는 다음의 어느 하나에 해당하는 사유가 있는 경우 근로자에게 퇴직급여가 감소할 수 있음을 미리 알리고 근로자대표와의 협의를 통하여 확정기여형퇴직연금제도나 중소기업퇴직연금기금제도로의 변경, 퇴직급여산정기준의 개선 등 근로자의 퇴직급여 감소를 예방하기 위하여 필요한 조치를 하여야 한다.
  ㉠ 사용자가 단체협약 및 취업규칙 등을 통하여 일정한 연령, 근속시점 또는 임금액을 기준으로 근로자의 임금을 조정하고 근로자의 정년을 연장하거나 보장하는 제도를 시행하려는 경우
  ㉡ 사용자가 근로자와 합의하여 소정근로시간을 1일 1시간 이상 또는 1주 5시간 이상 단축함으로써 단축된 소정근로시간에 따라 근로자가 3개월 이상 계속 근로하기로 한 경우
  ㉢ 근로기준법 일부개정법률 시행에 따라 근로시간이 단축되어 근로자의 임금이 감소하는 경우
  ㉣ 그 밖에 임금이 감소되는 경우로서 고용노동부령으로 정하는 경우

2) 퇴직연금사업자의 책무(근퇴법 제33조)

① 퇴직연금사업자는 이 법을 준수하고 가입자를 위하여 성실하게 그 업무를 하여야 한다(제1항).

② 퇴직연금사업자는 운용관리업무에 관한 계약 및 자산관리업무에 관한 계약의 내용을 지켜야 한다(제2항).

③ 퇴직연금사업자는 정당한 사유 없이 다음의 어느 하나에 해당하는 행위를 하여서는 아니 된다.

　㉠ 운용관리업무의 수행계약 체결을 거부하는 행위

　㉡ 자산관리업무의 수행계약 체결을 거부하는 행위

　㉢ 특정 퇴직연금사업자와 계약을 체결할 것을 강요하는 행위

　㉣ 그 밖에 사용자 또는 가입자의 이익을 침해할 우려가 있는 행위로서 대통령령으로 정하는 행위

④ 운용관리업무를 수행하는 퇴직연금사업자는 다음의 어느 하나에 해당하는 행위를 하여서는 아니 된다(제3항).

　㉠ 계약 체결 시 가입자 또는 사용자의 손실의 전부 또는 일부를 부담하거나 부담할 것을 약속하는 행위

　㉡ 가입자 또는 사용자에게 경제적 가치가 있는 과도한 부가적 서비스를 제공하거나 가입자 또는 사용자가 부담하여야 할 경비를 퇴직연금사업자가 부담하는 등 대통령령으로 정하는 특별한 이익을 제공하거나 제공할 것을 약속하는 행위

　㉢ 가입자의 성명·주소 등 개인정보를 퇴직연금제도의 운용과 관련된 업무수행에 필요한 범위를 벗어나서 사용하는 행위

　㉣ 자기 또는 제3자의 이익을 도모할 목적으로 특정 운용방법을 가입자 또는 사용자에게 제시하는 행위

⑤ 퇴직연금사업자는 운용관리업무의 수행계약과 자산관리업무의 수행계약 체결과 관련된 약관 또는 표준계약서(이하 "약관등")를 제정하거나 변경하려는 경우에는 미리 금융감독원장에게 보고하여야 한다. 다만, 근로자 또는 사용자의 권익이나 의무에 불리한 영향을 주지 아니하는 경우로서 금융위원회가 정하는 경우에는 약관등의 제정 또는 변경 후 10일 이내에 금융감독원장에게 보고할 수 있다(제7항). **기출 20**

3) 사용자에 대한 감독(근퇴법 제35조)

① 고용노동부장관은 사용자가 퇴직연금제도의 설정 또는 그 운영 등에 관하여 이 법 또는 퇴직연금규약 및 중소기업퇴직연금기금표준계약서에 위반되는 행위를 한 경우에는 기간을 정하여 그 위반의 시정을 명할 수 있다.

② 고용노동부장관은 사용자가 시정기간 이내에 시정명령에 따르지 아니하는 경우에는 퇴직연금제도 운영의 중단을 명할 수 있다.

(5) 퇴직연금제도의 폐지·중단 시의 처리(근퇴법 제38조)

① 퇴직연금제도가 폐지되거나 운영이 중단된 경우에는 폐지된 이후 또는 중단된 기간에 대하여는 퇴직금제도를 적용한다(제1항).

② 사용자와 퇴직연금사업자는 퇴직연금제도가 폐지되어 가입자에게 급여를 지급하는 경우에 가입자가 지정한 개인형퇴직연금제도의 계정으로 이전하는 방법으로 지급하여야 한다. 다만, 가입자가 개인형퇴직연금제도의 계정을 지정하지 아니한 경우에는 가입자 명의의 개인형퇴직연금제도의 계정으로 이전한다(제4항).

③ 가입자가 급여를 받은 경우에는 중간정산되어 받은 것으로 본다(제5항 전문).

1. 업무의 협조(근퇴법 제39조)

고용노동부장관은 이 법의 시행을 위하여 필요한 경우에 금융위원회 등 관련 기관에 자료의 제출을 요청할 수 있다. 이 경우 자료의 제출을 요청받은 기관은 정당한 사유가 없으면 이를 거부하여서는 아니 된다.

2. 권한의 위임·위탁(근퇴법 제42조)

① 이 법에 따른 고용노동부장관의 권한은 대통령령으로 정하는 바에 따라 그 일부를 금융위원회, 금융감독원장 또는 공단(중소기업퇴직연금기금제도에 대한 국가의 지원 및 환수와 환수금 징수업무, 퇴직연금제도의 건전한 정착 및 발전을 위한 정부의 업무로 한정)에 위탁하거나 지방고용노동관서의 장에게 위임할 수 있다.

② 이 법에 따른 금융위원회의 권한은 대통령령으로 정하는 바에 따라 그 일부를 금융감독원장에게 위탁할 수 있다.

제8절 임금채권보장법

Ⅰ 총 칙

1. 목적(임채법 제1조)

이 법은 경기 변동과 산업구조 변화 등으로 사업을 계속하는 것이 불가능하거나 기업의 경영이 불안정하여, 임금 등을 지급받지 못하고 퇴직한 근로자 등에게 그 지급을 보장하는 조치를 마련함으로써 근로자의 생활 안정에 이바지하는 것을 목적으로 한다.

2. 정의(임채법 제2조)

① 근로자 : 근로기준법 제2조에 따른 근로자를 말한다.
② 사업주 : 근로자를 사용하여 사업을 하는 자를 말한다.
③ 임금등 : 근로기준법에 따른 임금·퇴직금·휴업수당 및 출산전후휴가기간 중 급여를 말한다.
④ 보수 : 고용보험 및 산업재해보상보험의 보험료징수 등에 관한 법률에 따른 보수를 말한다.

O | X 💬

1. 대지급금의 범위에는 재해보상금이 포함되지 않는다.
2. 이 법은 국가와 지방자치단체가 직접 수행하는 사업에 적용된다.
3. 임금채권보장기금의 관리·운용에 관한 중요사항을 심의하기 위하여 고용노동부에 임금채권보장기금심의위원회를 둔다.

정답 1. O 2. X 3. O

3. 적용범위(임채법 제3조)

이 법은 산업재해보상보험법에 따른 사업 또는 사업장(이하 "사업")에 적용한다. 다만, 국가와 지방자치단체가 직접 수행하는 사업은 그러하지 아니하다. **기출** 17 · 22 · 24

사업주의 기준(임채법 시행령 제8조)

① 근로자가 도산대지급금을 받을 수 있는 사업주는 법 제3조에 따라 법의 적용 대상이 되어 6개월 이상 해당 사업을 한 후에 법 제7조 제1항 제1호부터 제3호까지의 어느 하나에 해당하는 사유가 발생한 사업주로 한다.

② 법 제7조 제1항 제4호에 따른 대지급금은 다음 각 호의 기준을 모두 충족한 사업주에게 고용되었던 퇴직 근로자로 한정하여 지급한다.
  1. 법 제3조에 따라 법의 적용 대상이 되어 해당 근로자가 퇴직한 날까지 6개월 이상 해당 사업을 했을 것
  2. 해당 근로자에게 임금등을 지급하지 못하여 판결등을 받았을 것

③ 법 제7조 제1항 제5호에 따른 대지급금은 다음 각 호의 기준을 모두 충족한 사업주에게 고용되었던 퇴직 근로자로 한정하여 지급한다.
  1. 법 제3조에 따라 법의 적용 대상이 되어 해당 근로자가 퇴직한 날까지 6개월 이상 해당 사업을 했을 것
  2. 법 제12조에 따라 고용노동부장관으로부터 발급받은 체불 임금등 · 사업주 확인서(이하 "체불임금등 · 사업주확인서")로 미지급 임금등이 확인되었을 것

④ 법 제7조의2 제1항에 따른 대지급금은 다음 각 호의 기준을 모두 충족한 사업주에게 고용된 재직 근로자로 한정하여 지급한다.
  1. 법 제3조에 따라 법의 적용 대상이 되어 해당 근로자가 소송등이나 진정등을 제기한 날 이전 맨 나중의 임금등 체불이 발생한 날까지 6개월 이상 해당 사업을 했을 것
  2. 해당 근로자에게 임금등을 지급하지 못하여 판결등을 받았거나 법 제12조에 따라 고용노동부장관으로부터 발급받은 체불임금등 · 사업주확인서로 미지급 임금등이 확인되었을 것

⑤ 제2항 제1호, 제3항 제1호 및 제4항 제1호에도 불구하고 근로기준법 제44조의2 제1항에 따른 건설업 공사도급의 하수급인(이하 이 항에서 "건설사업자가 아닌 하수급인")인 사업주가 해당 근로자의 퇴직일(재직 근로자의 경우에는 소송등이나 진정등을 제기한 날 이전 맨 나중의 임금등 체불이 발생한 날)까지 6개월 이상 해당 사업을 하지 않은 경우에는 건설사업자가 아닌 하수급인의 직상(直上) 수급인(직상 수급인이 건설산업기본법 제2조 제7호의 건설사업자가 아닌 경우에는 그 상위 수급인 중에서 최하위의 같은 호에 따른 건설사업자)이 해당 근로자의 퇴직일까지 6개월 이상 해당 사업을 한 경우로 한다.

---

4. 임금채권보장기금심의위원회(임채법 제6조)

① 임금채권보장기금의 관리 · 운용에 관한 중요사항을 심의하기 위하여 고용노동부에 임금채권보장기금심의위원회를 둔다. **기출** 17 · 21

② 고용노동부장관이 사업주를 대신하여 지급하는 체불 임금등 대지급금의 상한액은 임금, 소득수준, 물가상승률, 기금의 재정상황 및 근로자의 퇴직 당시 연령(근로자의 퇴직 당시 연령은 법 제7조 제1항에 따른 대지급금의 상한액을 정하는 경우만 해당) 등을 고려하여 고용노동부장관이 기획재정부장관과 협의하여 정하고 그 내용을 관보 및 인터넷 홈페이지에 고시해야 한다(임채법 시행령 제6조).

③ 위원회는 근로자를 대표하는 사람, 사업주를 대표하는 사람 및 공익을 대표하는 사람으로 구성하되, 각각 같은 수로 한다. **기출** 16

④ 위원회 위원은 다음의 구분에 따라 고용노동부장관이 임명하거나 위촉한다(임채법 시행령 제3조 제1항).
  ㉠ **근로자를 대표하는 위원** : 총연합단체인 노동조합이 추천하는 사람 5명
  ㉡ **사업주를 대표하는 위원** : 전국을 대표하는 사용자단체가 추천하는 사람 5명

ⓒ 공익을 대표하는 위원 : 다음의 사람 5명

　　㉮ 고용노동부의 임금채권보장업무를 담당하는 고위공무원 1명

　　㉯ 고용노동부의 임금채권보장업무를 담당하는 3급 또는 4급 공무원 1명

　　㉰ 비영리민간단체 지원법에 따른 비영리민간단체에서 추천한 사람과 고용노동부장관이 사회보험에 관한 학식과 경험이 풍부하다고 인정하는 사람 중 3명

5. 지급 대상근로자 (임채법 시행령 제7조) 기출 12

① 도산대지급금은 다음의 구분에 따른 날의 1년 전이 되는 날 이후부터 3년 이내에 해당 사업 또는 사업장(이하 "사업")에서 퇴직한 근로자에게 지급한다.

　　㉠ 회생절차개시의 결정 또는 파산선고의 결정(이하 "파산선고등")이 있는 경우에는 그 신청일

　　㉡ 채무자 회생 및 파산에 관한 법률에 따른 회생절차개시 신청 후 법원이 직권으로 파산선고를 한 경우에는 그 신청일 또는 선고일

　　㉢ 도산등사실인정이 있는 경우에는 그 도산등사실인정 신청일(신청기간의 말일이 공휴일이어서 공휴일 다음 날 신청한 경우에는 그 신청기간의 말일을 말하며, 도산등사실인정의 기초가 된 하나의 사실관계에 대해 둘 이상의 신청이 있는 경우에는 최초의 신청일)

② 간이대지급금 중 판결등에 의하여 인정되는 대지급금과 체불 임금등·사업주 확인서에 의하여 인정되는 대지급금은 다음의 구분에 따른 퇴직 근로자에게 지급한다.

　　㉠ 판결등에 의하여 인정되는 대지급금 : 사업에서 퇴직한 날의 다음 날부터 2년 이내에 판결, 명령, 조정 또는 결정 등(이하 "판결등")에 관한 소송 등(이하 "소송등")을 제기한 근로자

　　㉡ 체불 임금등·사업주 확인서에 의하여 인정되는 대지급금 : 사업에서 퇴직한 날의 다음 날부터 1년 이내에 임금등의 체불을 이유로 해당 사업주에 대한 진정·청원·탄원·고소 또는 고발 등(이하 "진정등")을 제기한 근로자

③ 간이대지급금 중 판결등이나 체불 임금등·사업주 확인서에 의하여 사업주의 미지급임금이 확인된 경우에 재직근로자에게 인정되는 대지급금은 다음의 기준을 모두 충족한 재직 근로자에게 지급한다.

　　㉠ 소송등 또는 진정등을 제기한 당시 해당 사업주와의 근로계약이 종료되지 않은 근로자(근로계약기간이 1개월 미만인 일용근로자는 제외)일 것

　　㉡ 해당 사업주와 근로계약에서 정한 임금액이 고용노동부장관이 정하여 고시하는 금액 미만일 것

　　㉢ 다음의 구분에 따른 기간 이내에 사업주에 대한 소송등이나 진정등을 제기했을 것

　　　㉮ 사업주가 근로자에게 미지급 임금을 지급하라는 판결등이 있는 경우 : 소송등을 제기한 날 이전 맨 나중의 임금등 체불이 발생한 날의 다음 날부터 2년 이내

　　　㉯ 사업주에게 체불 임금등·사업주 확인서에 의하여 미지급임금등이 확인된 경우 : 진정등을 제기한 날 이전 맨 나중의 임금등 체불이 발생한 날의 다음 날부터 1년 이내

Ⅱ 임금채권의 지급 보장

1. 대지급금의 지급

(1) 대지급금의 지급사유와 범위(임채법 제7조)

① 고용노동부장관은 사업주가 다음의 어느 하나에 해당하는 경우에 퇴직한 근로자가 지급받지 못한 임금등의 지급을 청구하면 제3자의 변제에 관한 민법에도 불구하고 그 근로자의 미지급임금등을 사업주를 대신하여 지급한다(제1항).

ⓐ 채무자 회생 및 파산에 관한 법률에 따른 회생절차개시의 결정이 있는 경우

ⓑ 채무자 회생 및 파산에 관한 법률에 따른 파산선고의 결정이 있는 경우

ⓒ 고용노동부장관이 대통령령으로 정한 요건과 절차에 따라 미지급임금등을 지급할 능력이 없다고 인정하는 경우

ⓓ 사업주가 근로자에게 미지급임금등을 지급하라는 다음의 어느 하나에 해당하는 판결, 명령, 조정 또는 결정 등이 있는 경우

ⓐ 민사집행법에 따른 확정된 종국판결

ⓑ 민사집행법에 따른 확정된 지급명령

ⓒ 민사집행법에 따른 소송상 화해, 청구의 인낙(認諾) 등 확정판결과 같은 효력을 가지는 것

ⓓ 민사조정법에 따라 성립된 조정

ⓔ 민사조정법에 따른 확정된 조정을 갈음하는 결정

ⓕ 소액사건심판법에 따른 확정된 이행권고결정

ⓔ 고용노동부장관이 근로자에게 체불임금등과 체불사업주 등을 증명하는 서류(이하 "체불임금등·사업주확인서")를 발급하여 사업주의 미지급임금등이 확인된 경우

② 고용노동부장관이 사업주를 대신하여 지급하는 임금등(이하 "대지급금")의 범위는 다음과 같다. 다만, 대통령령으로 정하는 바에 따라 ①의 ⓐ, ⓑ, ⓒ에 따른 대지급금의 상한액과 ①의 ⓓ, ⓔ에 따른 대지급금의 상한액은 근로자의 퇴직 당시의 연령 등을 고려하여 따로 정할 수 있으며 대지급금이 적은 경우에는 지급하지 아니할 수 있다(제2항).

ⓐ 근로기준법에 따른 임금 및 근로자퇴직급여 보장법에 따른 <u>최종 3년간의 퇴직급여등</u>

ⓑ 근로기준법에 따른 <u>휴업수당</u>(최종 3개월분으로 한정) **기출** `15·17·20·22`

ⓒ 근로기준법에 따른 <u>출산전후휴가기간 중 급여</u>(최종 3개월분으로 한정)

③ 근무기간, 휴업기간 또는 출산전후휴가기간에 대한 대지급금의 지급은 다음의 구분에 따른다(제3항).

ⓐ ①의 ⓐ, ⓑ, ⓒ에 해당하여 지급하는 대지급금의 경우에는 중복하여 지급하지 아니할 것

ⓑ ①의 ⓓ, ⓔ에 해당하여 지급하는 대지급금의 경우에는 중복하여 지급하지 아니할 것

ⓒ ①의 ⓐ, ⓑ, ⓒ 중 어느 하나에 해당하여 대지급금을 지급한 경우에는 그에 해당하는 금액을 공제하고, ①의 ⓓ 또는 ⓔ에 해당하는 대지급금을 지급할 것

ⓓ ①의 ⓓ 또는 ⓔ에 해당하여 대지급금을 지급한 경우에는 그에 해당하는 금액을 공제하고, ①의 ⓐ, ⓑ, ⓒ 중 어느 하나에 해당하는 대지급금을 지급할 것

④ 대지급금의 지급대상이 되는 퇴직한 근로자와 사업주의 기준은 대통령령으로 정한다.

⑤ 사업장 규모 등 고용노동부령으로 정하는 기준에 해당하는 퇴직한 근로자가 대지급금을 청구하는 경우 고용노동부령으로 정하는 공인노무사로부터 대지급금 청구서 작성, 사실확인 등에 관한 지원을 받을 수 있다(제5항). **기출** 19

⑥ 고용노동부장관은 퇴직한 근로자가 공인노무사로부터 지원을 받은 경우 그에 드는 비용의 전부 또는 일부를 지원할 수 있으며, 지원금액 및 구체적인 지급방법 등에 관한 사항은 고용노동부령으로 정한다(제6항).

⑦ 고용노동부장관은 대지급금의 지급 여부에 관하여 고용노동부령으로 정하는 바에 따라 해당 사업주(대지급금을 지급하기로 한 경우로 한정) 및 근로자에게 통지하여야 한다(제7항).

체불 임금등 대지급금 상한액의 결정 · 고시(임채법 시행령 제6조)
① 법 제7조 제1항 및 제7조의2 제1항에 따라 고용노동부장관이 사업주를 대신하여 지급하는 <u>체불 임금등 대지급금(이하 "대지급금")의 종류</u>는 다음 각 호와 같다.
  1. 법 제7조 제1항 제1호부터 제3호까지의 규정에 따른 대지급금(이하 "도산대지급금")
  2. 법 제7조 제1항 제4호 · 제5호 및 법 제7조의2 제1항에 따른 대지급금(이하 "간이대지급금")
② 대지급금의 상한액은 법 제7조 제2항 단서 및 제7조의2 제3항에 따라 근로자의 임금이나 소득 수준, 물가상승률, 기금의 재정상황 및 근로자의 퇴직 당시 연령(근로자의 퇴직 당시 연령은 법 제7조 제1항에 따른 대지급금의 상한액을 정하는 경우만 해당) 등을 고려하여 고용노동부장관이 기획재정부장관과 협의하여 정한다.
③ 고용노동부장관은 제2항에 따라 정한 대지급금 상한액의 내용을 관보 및 인터넷 홈페이지에 고시해야 한다.

대지급금의 청구와 지급(임채법 시행령 제9조)
① 대지급금을 지급받으려는 사람은 다음 각 호의 구분에 따른 기간 이내에 고용노동부장관에게 대지급금의 지급을 청구해야 한다.
  1. <u>도산대지급금의 경우 : 파산선고등 또는 도산등사실인정이 있는 날부터 2년 이내</u> **기출** 23 · 24
  2. 법 제7조 제1항 제4호에 따른 대지급금의 경우 : 판결등이 있는 날부터 1년 이내
  3. 법 제7조 제1항 제5호에 따른 대지급금의 경우 : 체불임금등 · 사업주확인서가 최초로 발급된 날부터 6개월 이내
  4. 법 제7조의2 제1항에 따른 대지급금의 경우 : 판결등이 있는 날부터 1년 이내 또는 체불임금등 · 사업주확인서가 최초로 발급된 날부터 6개월 이내
② 제1항에서 규정한 사항 외에 대지급금의 청구 및 지급 등에 필요한 사항은 고용노동부령으로 정한다.

---

(2) 재직근로자에 대한 대지급금의 지급(임채법 제7조의2)

① 고용노동부장관은 사업주가 해당 사업주와 근로계약이 종료되지 아니한 근로자(이하 "재직근로자")가 지급받지 못한 임금등의 지급을 청구하면 제3자의 변제에 관한 민법 제469조에도 불구하고 대지급금을 지급한다.

② 고용노동부장관이 지급하는 대지급금의 범위는 다음과 같다.

  ㉠ 재직근로자가 체불임금에 대하여 판결, 명령, 조정 또는 결정 등을 위한 소송 등을 제기하거나 해당 사업주에 대하여 진정 · 청원 · 탄원 · 고소 또는 고발 등을 제기한 날을 기준으로 맨 나중의 임금체불이 발생한 날부터 소급하여 3개월 동안에 지급되어야 할 임금 중 지급받지 못한 임금

  ㉡ ㉠과 같은 기간 동안에 지급되어야 할 휴업수당 중 지급받지 못한 휴업수당

  ㉢ ㉠과 같은 기간 동안에 지급되어야 할 출산전후휴가기간 중 급여에서 지급받지 못한 급여

③ 대지급금의 지급대상이 되는 재직근로자와 사업주의 기준 및 대지급금의 상한액은 해당 근로자의 임금이나 소득수준 및 그 밖의 생활여건 등을 고려하여 대통령령으로 정한다.

④ 재직근로자에 대한 대지급금은 해당 근로자가 하나의 사업에 근로하는 동안 1회만 지급한다. **기출** 23 · 24

⑤ 대지급금을 지급받은 근로자가 퇴직 후 같은 근무기간, 같은 휴업기간 또는 같은 출산전후휴가기간에 대하여 대지급금의 지급을 청구한 경우 그 지급에 관하여는 다음의 구분에 따른다.

    ㉠ 사업주에게 회생절차개시의 결정이나 파산선고의 결정이 있는 경우, 고용노동부장관이 대통령령으로 정한 요건과 절차에 따라 사업주가 미지급 임금등을 지급할 능력이 없다고 인정하는 경우에 해당하여 근로자가 대지급금의 지급을 청구한 경우에는 이미 지급받은 대지급금에 해당하는 금액을 공제하고 지급할 것

    ㉡ 사업주가 근로자에게 미지급 임금을 지급하라는 판결등이 있는 경우나 사업주에게 체불 임금등·사업주 확인서에 의하여 미지급임금등이 확인된 경우에 해당하여 근로자가 대지급금의 지급을 청구한 경우에는 지급하지 아니할 것

⑥ 고용노동부장관은 대지급금의 지급 여부에 관하여 고용노동부령으로 정하는 바에 따라 해당 사업주(대지급금을 지급하기로 한 경우로 한정) 및 근로자에게 통지하여야 한다.

(3) 체불임금 및 생계비 융자(임채법 제7조의3)

① 고용노동부장관은 사업주가 근로자에게 임금등을 지급하지 못한 경우에 사업주의 신청에 따라 체불 임금등을 지급하는 데 필요한 비용을 융자할 수 있다.

② 고용노동부장관은 사업주로부터 임금등을 지급받지 못한 근로자(퇴직한 근로자를 포함)의 생활안정을 위하여 근로자의 신청에 따라 생계비에 필요한 비용을 융자할 수 있다. 융자금액은 고용노동부장관이 해당 근로자에게 직접 지급하여야 한다. **기출** 19·24

(4) 미지급임금등의 청구권 대위(임채법 제8조)

① 고용노동부장관은 해당 근로자에게 대지급금을 지급하였을 때에는 그 지급한 금액의 한도에서 그 근로자가 해당 사업주에 대하여 미지급임금등을 청구할 수 있는 권리를 대위(代位)한다. **기출** 19·22

② 근로기준법에 따른 임금채권 우선변제권 및 근로자퇴직급여 보장법에 따른 퇴직급여등 채권 우선변제권은 대위되는 권리에 존속한다.

O | X 💬

1. 고용노동부장관이 사업주의 신청에 따라 체불임금등을 지급하는 데 필요한 비용을 융자하는 경우, 융자금액은 고용노동부장관이 해당 근로자에게 직접지급하여야 한다.

2. 고용노동부장관은 근로자에게 대지급금을 지급하였을 때에는, 그 지급한 금액의 한도에서 그 근로자가 해당 사업주에 대하여 미지급임금등을 청구할 수 있는 권리를 대위(代位)한다.

3. 사업장 규모 등 고용노동부령으로 정하는 기준에 해당하는 근로자가 대지급금을 청구하는 경우, 고용노동부령으로 정하는 공인노무사로부터 대지급금 청구서 작성, 사실 확인 등에 관한 지원을 받을 수 있다.

4. 고용노동부장관은 대지급금을 지급하는 데 드는 비용에 충당하기 위하여 사업주로부터 부담금을 징수한다.

정답 1. ○ 2. ○ 3. ○ 4. ○

(5) 사업주의 부담금(임채법 제9조)

① 고용노동부장관은 대지급금의 지급이나 체불 임금등 및 생계비의 융자 등 임금채권보장사업에 드는 비용에 충당하기 위하여 사업주로부터 부담금을 징수한다. 사업주가 부담하여야 하는 부담금은 그 사업에 종사하는 근로자의 보수총액에 1천분의 2의 범위에서 위원회의 심의를 거쳐 고용노동부장관이 정하는 부담금비율을 곱하여 산정한 금액으로 한다. 기출 19 · 24

② 보수총액을 결정하기 곤란한 경우에는 고용산재보험료징수법에 따라 고시하는 노무비율(勞務比率)에 따라 보수총액을 결정한다. 기출 24

③ 도급사업의 일괄적용에 관한 고용산재보험료징수법 규정은 부담금 징수에 관하여 준용한다. 임금채권보장법은 사업주의 부담금에 관하여 다른 법률에 우선하여 적용한다. 기출 24

2. 부담금의 경감(임채법 제10조)

고용노동부장관은 다음의 어느 하나에 해당하는 사업주에 대하여는 부담금을 경감할 수 있다. 이 경우 그 경감기준은 고용노동부장관이 위원회의 심의를 거쳐 정한다.

① 근로기준법 또는 근로자퇴직급여 보장법에 따라 퇴직금을 미리 정산하여 지급한 사업주 기출 24

② 법률 제7379호 근로자퇴직급여 보장법 부칙 제2조 제1항에 따른 퇴직보험 등에 가입한 사업주, 근로자퇴직급여 보장법에 따른 확정급여형퇴직연금제도, 확정기여형퇴직연금제도, 중소기업퇴직연금기금제도 또는 개인형퇴직연금제도를 설정한 사업주

③ 외국인근로자의 고용 등에 관한 법률에 따라 외국인근로자 출국만기보험 · 신탁에 가입한 사업주

기출 24

3. 수급권의 보호(임채법 제11조의2)

① 대지급금을 지급받을 권리는 양도 또는 압류하거나 담보로 제공할 수 없다. 기출 20 · 21 · 23

② 대지급금의 수령은 대통령령으로 정하는 바에 따라 위임할 수 있다. 즉, 대지급금을 받을 권리가 있는 사람이 부상 또는 질병으로 대지급금을 수령할 수 없는 경우에는 그 가족에게 수령을 위임할 수 있다. 대지급금 수령을 위임받은 사람이 대지급금을 지급받으려면 그 위임사실 및 가족관계를 증명할 수 있는 서류를 제출해야 한다(임채법 시행령 제18조의2 제1항 · 제2항). 기출 14 · 16 · 20 · 23

③ 미성년자인 근로자는 독자적으로 대지급금의 지급을 청구할 수 있다. 기출 14 · 16 · 19 · 21 · 22

④ 대지급금수급계좌의 예금에 관한 채권은 압류할 수 없다. 기출 22 · 23

4. 체불임금등의 확인(임채법 제12조)

① 임금등을 지급받지 못한 근로자는 대지급금의 지급청구절차를 진행하기 위하여 필요한 경우나 법률구조의 절차 등에 따라 소송제기를 위하여 필요한 경우에는 고용노동부장관에게 체불임금등 · 사업주확인서의 발급을 신청할 수 있다.

② 신청이 있을 경우 고용노동부장관은 근로감독사무처리과정에서 확인된 체불임금등 · 사업주확인서를 근로자, 근로복지공단 또는 대한법률구조공단에 발급할 수 있다.

5. 부당이득의 환수(임채법 제14조)

① 고용노동부장관은 거짓이나 그 밖의 부정한 방법으로 대지급금 또는 융자금을 받으려 한 자에게는 대통령령으로 정하는 바에 따라 신청한 대지급금 또는 융자금의 전부 또는 일부를 지급 또는 융자하지 아니할 수 있다.

② 고용노동부장관은 대지급금 또는 융자금을 이미 받은 자가 다음의 어느 하나에 해당하는 경우 대통령령으로 정하는 방법에 따라 그 대지급금 또는 융자금의 전부 또는 일부를 환수하여야 한다.
    ㉠ 거짓이나 그 밖의 부정한 방법으로 대지급금 또는 융자금을 받은 경우
    ㉡ 그 밖에 잘못 지급된 대지급금 또는 융자금이 있는 경우

③ 대지급금을 환수하는 경우 고용노동부령으로 정하는 기준에 따라 거짓이나 그 밖의 부정한 방법으로 지급받은 대지급금의 5배 이하의 금액을 추가하여 징수할 수 있다.

④ 대지급금의 지급 또는 융자가 거짓의 보고·진술·증명·서류제출 등 위계(僞計)의 방법에 의한 것이면 그 행위를 한 자는 대지급금 또는 융자금을 받은 자와 연대하여 책임을 진다.

Ⅲ 포상금의 지급(임채법 제15조)

거짓이나 그 밖의 부정한 방법으로 대지급금이 지급된 사실을 지방고용노동관서 또는 수사기관에 신고하거나 고발한 자에게는 대통령령으로 정하는 기준에 따라 포상금을 지급할 수 있다. `기출` 13·21

Ⅳ 임금채권보장기금

1. 기금의 설치(임채법 제17조)

고용노동부장관은 대지급금의 지급이나 체불 임금등 및 생계비의 융자 등 임금채권보장사업에 충당하기 위하여 임금채권보장기금(이하 "기금")을 설치한다. `기출` 14·20

2. 기금의 조성(임채법 제18조)

임금채권보장기금은 사업주의 변제금, 사업주의 부담금, 차입금, 기금의 운용으로 생기는 수익금, 그 밖의 수입금 등으로 조성한다. 고용노동부장관은 기금을 운용하는 데에 필요하면 기금의 부담으로 금융기관이나 다른 기금 등으로부터 차입할 수 있다.

3. 기금의 용도(임채법 제19조)

① 대지급금의 지급과 잘못 납부한 금액 등의 반환
② 공인노무사 지원 비용의 지급
③ 체불 임금등 및 생계비 지급을 위한 사업주 및 근로자 융자
④ 업무를 위탁받은 자에 대한 출연
⑤ 차입금 및 그 이자의 상환
⑥ 임금등 체불 예방과 청산 지원 등 임금채권보장제도 관련 연구

⑦ 대한법률구조공단에 대한 출연. 다만, 임금등이 체불된 근로자에 대한 법률구조사업 지원에 한정한다.

⑧ 그 밖에 임금채권보장사업과 기금의 관리·운용

4. 기금의 관리·운용(임채법 제20조)

기금은 고용노동부장관이 관리·운용한다. `기출 24` 기금의 관리·운용 등에 관하여는 산업재해보상보험법 일부 규정을 준용한다.

5. 회계연도(임채법 제21조)

기금의 회계연도는 정부의 회계연도에 따른다.

Ⅴ 보 칙

1. 신고(임채법 제25조)

사업주가 이 법 또는 이 법에 따른 명령을 위반하는 사실이 있으면 근로자는 그 사실을 근로감독관에게 신고하여 시정을 위한 조치를 요구할 수 있다.

2. 소멸시효(임채법 제26조 제1항)

부담금이나 그 밖에 이 법에 따른 징수금을 징수하거나 대지급금·부담금을 반환받을 권리는 3년간 행사하지 아니하면 시효로 소멸한다. `기출 21`

3. 권한의 위임·위탁(임채법 제27조)

이 법에 따른 고용노동부장관의 권한은 대통령령으로 정하는 바에 따라 그 일부를 지방노동관서의 장에게 위임하거나 산업재해보상보험법에 따른 근로복지공단과 국민건강보험법에 따른 국민건강보험공단에 위탁할 수 있다.

4. 벌칙(임채법 제27조의2, 제28조)

① 임금채권보장 업무에 종사하거나 종사하였던 자로 업무 수행과 관련하여 알게 된 사업주 또는 근로자 등의 정보를 누설하거나 다른 용도로 사용한 자 또는 미회수자료를 제공받은 자로서 이를 신용도·신용거래능력 판단과 관련한 업무 외의 목적으로 이용·제공 또는 누설한 자는 10년 이하의 징역 또는 1억원 이하의 벌금에 처한다. `기출 18`

② 다음의 어느 하나에 해당하는 자는 3년 이하의 징역 또는 3천만원 이하의 벌금에 처한다.
㉠ 거짓이나 그 밖의 부정한 방법으로 대지급금 또는 융자를 받은 자
㉡ 거짓이나 그 밖의 부정한 방법으로 다른 사람으로 하여금 대지급금 또는 융자를 받게 한 자

③ 다음의 어느 하나에 해당하는 자는 2년 이하의 징역 또는 2천만원 이하의 벌금에 처한다.
㉠ 부당하게 대지급금 또는 융자를 받기 위하여 거짓의 보고·증명 또는 서류제출을 한 자
㉡ 다른 사람으로 하여금 부당하게 대지급금 또는 융자를 받게 하기 위하여 거짓의 보고·증명 또는 서류제출을 한 자

5. 양벌규정(임채법 제29조)

법인의 대표자나 법인 또는 개인의 대리인, 사용인, 그 밖의 종업원이 그 법인 또는 개인의 업무에 관하여 제28조의 위반행위를 하면 그 행위자를 벌하는 외에 그 법인 또는 개인에게도 해당 조문의 벌금형을 과(科)한 다. 다만, 법인 또는 개인이 그 위반행위를 방지하기 위하여 해당 업무에 관하여 상당한 주의와 감독을 게을 리하지 아니한 경우에는 그러하지 아니하다.

6. 과태료(임채법 제30조)

① 다음의 어느 하나에 해당하는 자에게는 1천만원 이하의 과태료를 부과한다.
　㉠ 정당한 사유 없이 재산목록의 제출을 거부하거나 거짓의 재산목록을 제출한 자
　㉡ 정당한 사유 없이 기금의 관리·운용이나 대지급금의 지급에 관한 고용노동부장관의 보고나 관계서류 의 제출요구에 따르지 아니한 자 또는 거짓보고를 하거나 거짓서류를 제출한 자
　㉢ 정당한 사유 없이 관계공무원 또는 권한을 위탁받은 기관에 소속된 직원의 질문에 답변을 거부하거나 검사를 거부·방해 또는 기피한 자
② 과태료는 대통령령으로 정하는 바에 따라 고용노동부장관이 부과·징수한다.

제9절　근로복지기본법

I　총 칙

1. 목적(근복법 제1조)

이 법은 근로복지정책의 수립 및 복지사업의 수행에 필요한 사항을 규정함으로써 근로자의 삶의 질을 향상시 키고 국민경제의 균형 있는 발전에 이바지함을 목적으로 한다.

2. 정의(근복법 제2조)

① **근로자** : 직업의 종류와 관계없이 임금을 목적으로 사업이나 사업장에 근로를 제공하는 사람을 말한다.
② **사용자** : 사업주 또는 사업경영담당자, 그 밖에 근로자에 관한 사항에 대하여 사업주를 위하여 행위하는 자를 말한다.
③ **주택사업자** : 근로자에게 분양 또는 임대하는 것을 목적으로 주택을 건설하거나 구입하는 자를 말한다.
④ **우리사주조합** : 주식회사의 소속 근로자가 그 주식회사의 주식을 취득·관리하기 위하여 이 법에서 정하 는 요건을 갖추어 설립한 단체를 말한다.
⑤ **우리사주** : 주식회사의 소속 근로자 등이 그 주식회사에 설립된 우리사주조합을 통하여 취득하는 그 주식 회사의 주식을 말한다.

3. 근로복지정책의 기본원칙(근복법 제3조)

① 근로복지(임금·근로시간 등 기본적인 근로조건은 제외)정책은 근로자의 경제·사회활동의 참여기회 확대, 근로의욕의 증진 및 삶의 질 향상을 목적으로 하여야 한다. 기출 12

② 근로복지정책을 수립·시행할 때에는 근로자가 성별, 나이, 신체적 조건, 고용형태, 신앙 또는 사회적 신분 등에 따른 차별을 받지 아니하도록 배려하고 지원하여야 한다.

③ 이 법에 따른 근로자의 복지 향상을 위한 지원을 할 때에는 중소·영세기업근로자, 기간제근로자, 단시간 근로자, 파견근로자, 하수급인이 고용하는 근로자, 저소득근로자 및 장기근속근로자가 우대될 수 있도록 하여야 한다. 기출 15·23

4. 국가 또는 지방자치단체의 책무(근복법 제4조)

국가 또는 지방자치단체는 근로복지정책을 수립·시행하는 경우 근로복지정책의 기본원칙에 따라 예산·기금·세제·금융상의 지원을 하여 근로자의 복지 증진이 이루어질 수 있도록 노력하여야 한다.

5. 사업주 및 노동조합의 책무(근복법 제5조) 기출 16·22

① 사업주(근로자를 사용하여 사업을 행하는 자)는 해당 사업장 근로자의 복지 증진을 위하여 노력하고 근로복지정책에 협력하여야 한다.

② 노동조합 및 근로자는 근로의욕 증진을 통하여 생산성 향상에 노력하고 근로복지정책에 협력하여야 한다.

6. 목적 외 사용금지(근복법 제6조)

누구든지 국가 또는 지방자치단체가 근로자의 주거안정, 생활안정 및 재산형성 등 근로복지를 위하여 이 법에 따라 보조 또는 융자한 자금을 그 목적사업에만 사용하여야 한다. 기출 21·22·24

7. 고용정책심의회의 심의사항(근복법 제8조)

이 법에 따른 근로복지에 관한 다음의 사항은 고용정책 기본법에 따른 고용정책심의회의 심의를 거쳐야 한다.

① 근로복지 증진에 관한 기본계획 기출 12·16

② 근로복지사업에 드는 재원 조성에 관한 사항

③ 그 밖에 고용정책심의회 위원장이 근로복지정책에 관하여 회의에 부치는 사항

8. 기본계획의 수립 등(근복법 제9조)

① 고용노동부장관은 관계 중앙행정기관의 장과 협의하여 근로복지 증진에 관한 기본계획(이하 "기본계획")을 5년마다 수립하여야 한다. 기출 21

② 기본계획에는 다음의 사항이 포함되어야 한다.

ⓐ 근로자의 주거 안정에 관한 사항 기출 20

ⓑ 근로자의 생활 안정에 관한 사항 기출 20

ⓒ 근로자의 재산 형성에 관한 사항 기출 16

ⓓ 우리사주제도에 관한 사항 기출 20

ⓔ 사내근로복지기금제도에 관한 사항 기출 20

ⓕ 선택적 복지제도 지원에 관한 사항

      Ⓢ 근로자지원프로그램 운영에 관한 사항

      ⓞ 근로자를 위한 복지시설의 설치 및 운영에 관한 사항

      ⓩ 근로복지사업에 드는 재원 조성에 관한 사항

      ⓒ 직전 기본계획에 대한 평가

      ⓚ 그 밖에 근로복지 증진을 위하여 고용노동부장관이 필요하다고 인정하는 사항

9. 근로복지사업 추진협의(근복법 제11조)

지방자치단체, 국가의 보조를 받는 비영리법인이 근로복지사업을 추진하는 경우에는 고용노동부장관과 협의하여야 한다. 다만, 지방자치단체가 관할 구역 안에서 해당 지방자치단체의 예산으로만 근로복지사업을 추진하는 경우에는 협의를 거치지 아니할 수 있다. **기출** 21

Ⅱ   근로자의 주거안정

1. 근로자주택공급제도의 운영(근복법 제15조)

① 국가 또는 지방자치단체는 근로자의 주택취득 또는 임차 등을 지원하기 위하여 주택사업자가 근로자에게 주택을 우선하여 분양 또는 임대(이하 "공급")하도록 하는 제도를 운영할 수 있다.

② 국토교통부장관은 주거기본법에 따른 주거종합계획에 근로자에게 공급하는 주택(이하 "근로자주택")의 공급계획을 포함하여야 한다.

③ 근로자주택의 종류, 규모, 공급대상근로자, 공급방법과 그 밖에 필요한 사항은 국토교통부장관이 고용노동부장관과 협의하여 정한다. **기출** 21

2. 근로자주택자금의 융자(근복법 제16조)

국가는 ㉠ 주택사업자가 근로자주택을 건설하거나 구입하는 경우, ㉡ 근로자가 주택사업자로부터 근로자주택을 취득하는 경우 등의 어느 하나에 해당하는 경우에는 주택사업자 또는 근로자가 그 필요한 자금(이하 "근로자주택자금")을 융자받을 수 있도록 주택도시기금법에 따른 주택도시기금으로 지원할 수 있다.

Ⅲ   근로자의 생활안정 및 재산형성

1. 생활안정자금의 지원(근복법 제19조)

국가는 근로자의 생활안정을 지원하기 위하여 근로자 및 그 가족의 의료비·혼례비·장례비 등의 융자 등 필요한 지원을 하여야 한다. 국가는 경제상황 및 근로자의 생활안정자금이 필요한 시기 등을 고려하여 임금을 받지 못한 근로자 등의 생활안정을 위한 생계비의 융자 등 필요한 지원을 할 수 있다. **기출** 21

2. 학자금의 지원 등(근복법 제20조)

국가는 근로자 및 그 자녀의 교육기회를 확대하기 위하여 장학금의 지급 또는 학자금의 융자 등 필요한 지원을 할 수 있다. 장학금의 지급과 학자금의 융자대상 및 절차 등에 관하여 필요한 사항은 고용노동부령으로 정한다.

3. 근로자우대저축(근복법 제21조)

국가는 근로자의 재산형성을 지원하기 위하여 근로자를 우대하는 저축에 관한 제도를 운영하여야 한다.

Ⅳ 근로자신용보증 지원

1. 신용보증 지원 및 대상(근복법 제22조)

① 산업재해보상보험법에 따른 근로복지공단(이하 "공단")은 담보능력이 미약한 근로자(구직신청한 실업자 및 산업재해보상보험법에 따른 재해근로자를 포함)가 금융회사 등에서 생활안정자금 및 학자금 등의 융자를 받음으로써 부담하는 금전채무에 대하여 해당 금융회사 등과의 계약에 따라 그 금전채무를 보증할 수 있다.

② 공단과 금융회사 등과의 계약에는 다음의 사항을 포함하여야 한다.
- ㉠ 채무를 보증한다는 내용
- ㉡ 신용보증 대상융자사업 및 근로자
- ㉢ 근로자 1명당 신용보증 지원 한도
- ㉣ 보증채무의 이행청구사유·시기 및 방법
- ㉤ 대위변제(代位辨濟)심사·범위 및 결손금에 대한 금융회사 등과의 분담비율
- ㉥ 금융회사 등이 공단에 신용보증지원사업 운영과 관련하여 통지하여야 할 사항
- ㉦ 그 밖에 근로자신용보증 지원을 위하여 필요한 사항

③ 공단이 계약을 체결하거나 변경하려는 경우에는 고용노동부장관의 승인을 받아야 한다.

2. 통지의무(근복법 제25조)

공단의 근로자에 대한 신용보증결정을 통지받은 금융회사 등은 다음의 어느 하나에 해당하는 경우에는 지체 없이 그 사실을 공단에 통지하여야 한다.
① 주된 채무관계가 성립한 경우
② 주된 채무의 전부 또는 일부가 소멸한 경우
③ 근로자가 채무를 이행하지 아니한 경우
④ 근로자가 기한의 이익을 상실한 경우
⑤ 그 밖에 보증채무에 영향을 미칠 우려가 있는 사유가 발생한 경우

3. 손해금

① 공단이 보증채무를 이행하였을 때에는 해당 근로자로부터 그 지급한 대위변제금에 대하여 연이율 100분의 20을 초과하지 아니하는 범위에서 대통령령으로 정하는 바에 따라 이행일부터 근로자가 변제하는 날까지의 지연이자(遲延利子)를 징수할 수 있다. 이 경우 지연이자는 대위변제금을 초과할 수 없다(근복법 제27조).

② 지연이자는 공단이 보증채무를 이행할 당시 해당 금융회사의 대출금 연체이자율의 최고이율(최고이율이 연이율의 100분의 20을 초과할 때에는 연이율의 100분의 20)을 적용하고, 고용노동부장관은 시장이자율, 고용상황 등을 고려하여 위 연체이자율의 최고한도를 하향조정할 수 있다(근복법 시행령 제7조).

Ⅴ 근로복지시설 등에 대한 지원

1. 근로복지시설 설치 등의 지원(근복법 제28조)

① 국가 또는 지방자치단체는 근로자를 위한 복지시설의 설치·운영을 위하여 노력하여야 한다(제1항).
② 고용노동부장관은 사업의 종류 및 사업장 근로자의 수 등을 고려하여 근로복지시설의 설치기준을 정하고 사업주에게 이의 설치를 권장할 수 있다(제2항).

2. 이용료 등(근복법 제30조)

근로복지시설을 설치·운영하는 자는 근로자의 소득수준, 가족관계 등을 고려하여 근로복지시설의 이용자를 제한하거나 이용료를 차등하여 받을 수 있다. 기출 24

Ⅵ 우리사주제도

1. 우리사주제도의 목적(근복법 제32조)

우리사주제도는 근로자로 하여금 우리사주조합을 통하여 해당 우리사주조합이 설립된 주식회사(이하 "우리사주제도 실시회사")의 주식을 취득·보유하게 함으로써 근로자의 경제·사회적 지위 향상과 노사협력 증진을 도모함을 목적으로 한다. 기출 12

2. 우리사주조합의 설립(근복법 제33조)

① 우리사주조합을 설립하려는 주식회사의 소속 근로자는 우리사주조합원의 자격을 가진 근로자 2명 이상의 동의를 받아 우리사주조합설립준비위원회를 구성하여 대통령령으로 정하는 바에 따라 우리사주조합을 설립할 수 있다. 이 경우 우리사주조합설립준비위원회는 우리사주조합의 설립에 대한 회사의 지원에 관한 사항 등 고용노동부령으로 정하는 사항을 미리 해당 회사와 협의하여야 한다.
② 우리사주조합의 설립 및 운영에 관하여 이 법에서 규정한 사항을 제외하고는 민법 중 사단법인에 관한 규정을 준용한다. 기출 14

우리사주조합의 설립 등(근복법 시행령 제8조)
① 법 제33조 제1항에 따른 우리사주조합설립준비위원회(이하 "조합설립준비위원회")는 다음 각 호의 업무를 수행한다.
　1. 규약안의 작성
　2. 고용노동부령으로 정하는 사항에 관한 회사와의 협의
　3. 우리사주조합(이하 "조합") 창립총회의 개최
　4. 그 밖에 조합 설립에 필요한 업무
② 조합설립준비위원회는 근로자 과반수가 참석한 조합 창립총회를 개최하여 조합의 규약을 확정하고 대표자 등 임원을 선출하여야 한다.
③ 조합설립준비위원회는 제2항에 따른 절차를 완료한 후 3주 이내에 법 제43조 제1항에 따른 수탁기관과 우리사주관리위탁계약을 체결하여야 한다.
④ 조합설립준비위원회는 제3항에 따라 수탁기관과 우리사주관리위탁계약을 체결한 후 3주 이내에 제1항에 따른 규약 등을 첨부하여 고용노동부령으로 정하는 바에 따라 고용노동부장관에게 알려야 한다.
⑤ 고용노동부장관은 제4항에 따라 조합설립준비위원회가 알린 사실에 대하여 고용노동부령으로 정하는 바에 따라 확인서를 조합에 발급할 수 있다.

3. 우리사주조합원의 자격 및 상실

(1) 자격요건(근복법 제34조 제1항)

① 우리사주제도 실시회사의 소속 근로자

② 우리사주제도 실시회사가 대통령령으로 정하는 바에 따라 해당 발행주식 총수의 100분의 50 이상의 소유를 통하여 지배하고 있는 주식회사(이하 "지배관계회사")의 소속 근로자 또는 우리사주제도 실시회사로부터 도급받아 직전 연도 연간 총매출액의 100분의 50 이상을 거래하는 주식회사(이하 "수급관계회사")의 소속 근로자로서 다음의 요건을 모두 갖춘 근로자

ㄱ 지배관계회사 또는 수급관계회사의 경우에는 각각 소속 근로자 전원의 과반수로부터 동의를 받을 것

ㄴ 해당 우리사주제도 실시회사의 우리사주조합으로부터 동의를 받을 것

ㄷ 해당 지배관계회사 또는 해당 수급관계회사 자체에 우리사주조합이 설립되어 있는 경우 자체 우리사주조합이 해산될 것. 다만, 지배관계회사 또는 수급관계회사 자체에 설립된 우리사주조합이 우리사주를 예탁하고 있거나, 우리사주조합원이 우리사주매수선택권을 부여받은 경우는 제외한다.

(2) 상실요건(근복법 제34조 제2항)

① 해당 우리사주제도 실시회사, 지배관계회사 및 수급관계회사의 주주총회에서 임원으로 선임된 사람(다만, 배정받은 해당 우리사주제도 실시회사의 주식과 부여된 우리사주매수선택권에 한정하여 우리사주조합원의 자격을 유지할 수 있다)

② 해당 우리사주제도 실시회사, 지배관계회사, 수급관계회사의 소속 근로자로서 주주. 다만, 대통령령으로 정하는 소액주주인 경우는 제외한다.

③ 지배관계회사 또는 수급관계회사의 근로자가 해당 우리사주제도 실시회사의 우리사주조합에 가입한 후 소속 회사에 우리사주조합을 설립하게 되는 경우의 그 지배관계회사 또는 수급관계회사의 근로자

④ 그 밖에 근로기간 및 근로관계의 특수성 등에 비추어 우리사주조합원의 자격을 인정하기 곤란한 근로자로서 대통령령으로 정하는 사람

지배관계회사(근복법 시행령 제9조)

법 제34조 제1항 제2호에 따른 지배관계회사는 다음 각 호의 어느 하나에 해당하는 자로 한다.

1. 조합이 설립된 주식회사(이하 "우리사주제도 실시회사")가 발행주식 총수의 100분의 50 이상을 소유하고 있는 비상장법인
2. 제1호의 비상장법인이 발행주식 총수의 100분의 50 이상을 소유하고 있는 비상장법인

우리사주조합원의 자격(근복법 시행령 제10조)

① 법 제34조 제2항 제2호 단서에서 "대통령령으로 정하는 소액주주"란 해당 우리사주제도 실시회사, 지배관계회사 또는 법 제34조 제1항 제2호에 따른 수급관계회사 소속 근로자로서 해당 발행주식 총액의 100분의 1(중소기업기본법 제2조 제1항에 따른 중소기업 소속 근로자인 경우에는 100분의 3)에 해당하는 금액과 3억원 중 적은 금액 미만의 주식을 소유하는 주주를 말한다. 이 경우 금액은 권면액을 기준으로 산정(算定)한다.

② 법 제34조 제2항 제4호에서 "대통령령으로 정하는 사람"이란 다음 각 호의 사람을 말한다.

1. 금융회사의 지배구조에 관한 법률 제2조 제6호 가목에 따른 최대주주. 이 경우 "금융회사"는 "회사"로 본다.
2. 금융회사의 지배구조에 관한 법률 시행령 제3조 제1항 제1호 가목부터 사목까지의 규정에 따른 최대주주의 특수관계인
3. 소득세법 시행령 제20조에 따른 일용근로자

---

4. 우리사주조합의 운영

(1) 총회의 개최(근복법 시행령 제12조)

① 조합의 대표자는 매년 1회 이상 총회를 개최하여야 한다. 다만, 해당 연도에 의결사항이 없는 경우에는 규약으로 정하는 바에 따라 조합의 운영상황을 공고함으로써 총회의 개최를 갈음할 수 있다.

② 조합의 대표자는 전체 우리사주조합원(이하 "조합원")의 5분의 1 이상이 총회에 부칠 사항을 명시하여 총회 소집을 요구하였을 때에는 3주 이내에 총회를 개최하여야 한다.

(2) 대의원회(근복법 제35조 제3항)

우리사주조합은 규약으로 우리사주조합원 총회를 갈음할 대의원회를 둘 수 있다. 다만, 규약의 제정과 변경에 관한 사항은 반드시 우리사주조합원 총회의 의결을 거쳐야 한다. **기출 18**

(3) 의결사항(근복법 제35조 제2항)

① 규약의 제정과 변경에 관한 사항 **기출 24**
② 우리사주조합기금의 조성에 관한 사항
③ 예산 및 결산에 관한 사항
④ 우리사주조합의 대표자 등 임원 선출
⑤ 그 밖에 우리사주조합의 운영에 관하여 중요한 사항

5. 우리사주조합기금의 조성 및 사용

(1) 우리사주조합기금의 조성(근복법 제36조 제1항)

우리사주조합은 우리사주 취득 등을 위하여 다음의 재원으로 우리사주조합기금을 조성할 수 있다.

① 우리사주제도 실시회사, 지배관계회사, 수급관계회사 또는 그 주주 등이 출연한 금전과 물품. 이 경우 우리사주제도 실시회사, 지배관계회사 및 수급관계회사는 매년 직전 사업연도의 법인세 차감 전 순이익의 일부를 우리사주조합기금에 출연할 수 있다.

② 우리사주조합원이 출연한 금전
③ 차입금
④ 조합 계정의 우리사주에서 발생한 배당금
⑤ 그 밖에 우리사주조합기금에서 발생하는 이자 등 수입금

(2) 우리사주조합기금의 관리(근복법 제36조 제2항)

우리사주조합은 조성한 우리사주조합기금을 대통령령으로 정하는 금융회사 등에 보관 또는 예치하는 방법으로 관리하여야 한다.

(3) 우리사주조합기금의 사용(근복법 제36조 제3항)

조성된 우리사주조합기금은 대통령령으로 정하는 바에 따라 다음의 용도로 사용하여야 한다. 이 경우 우리사주조합원의 계정의 우리사주 환매수의 용도로는 비상장법인인 우리사주제도 실시회사가 우리사주조합기금에 출연한 출연금만을 사용하여야 한다.

① 우리사주의 취득
② 차입금 상환 및 그 이자의 지급

③ 손실보전거래

④ 우리사주조합원의 계정의 우리사주 환매수

6. 우리사주매수선택권(근복법 제39조)

① 우리사주제도 실시회사는 발행주식 총수의 100분의 20의 범위에서 정관으로 정하는 바에 따라 주주총회의 결의로 우리사주조합원에게 그 결의된 기간(이하 "제공기간") 이내에 미리 정한 가격(이하 "행사가격")으로 신주를 인수하거나 해당 우리사주제도 실시회사가 보유하고 있는 자기주식을 매수할 수 있는 권리(이하 "우리사주매수선택권")를 부여할 수 있다. 다만, 발행주식 총수의 100분의 10의 범위에서 우리사주매수선택권을 부여하는 경우에는 정관으로 정하는 바에 따라 이사회 결의로 우리사주매수선택권을 부여할 수 있다(제1항).

② 우리사주매수선택권을 부여하려는 우리사주제도 실시회사는 3년의 범위에서 근속기간 1년 미만인 우리사주조합원에게는 우리사주매수선택권을 부여하지 아니할 수 있다(제6항).

7. 차입을 통한 우리사주의 취득(근복법 제42조)

① 우리사주조합은 우리사주제도 실시회사, 지배관계회사, 수급관계회사, 그 회사의 주주 및 대통령령으로 정하는 금융회사 등으로부터 우리사주 취득자금을 차입하여 우리사주를 취득할 수 있다(제1항). 기출 17

② 우리사주제도 실시회사, 지배관계회사, 수급관계회사 및 그 회사의 주주는 차입금의 상환을 위하여 우리사주조합에 금전과 물품을 출연할 것을 해당 우리사주조합과 약정할 수 있다(제2항).

③ 우리사주조합은 차입금으로 취득한 우리사주를 해당 차입금을 융자하거나 융자보증한 우리사주제도 실시회사 및 금융회사 등에 담보로 제공할 수 있다. 이 경우 차입금 상환액에 해당하는 우리사주에 대하여는 상환 즉시 담보권을 해지할 것을 조건으로 하여야 한다(제3항).

조합차입(근복법 시행령 제21조)

① 법 제42조 제1항에서 "대통령령으로 정하는 금융회사 등"이란 다음 각 호와 같다.
  1. 은행법에 따른 은행
  2. 보험업법에 따른 보험회사
  3. 자본시장과 금융투자업에 관한 법률에 따른 증권금융회사
  4. 상호저축은행법에 따른 상호저축은행
  5. 법 제52조 제2항에 따른 사내근로복지기금법인(이하 "기금법인") 및 법 제86조의3에 따른 공동근로복지기금법인(이하 "공동기금법인")
  6. 그 밖에 여수신(與受信) 업무를 할 수 있도록 관련 법률에 따라 설립된 금융회사

② 조합은 법 제42조 제2항에 따라 차입을 할 때에는 다음 각 호의 모든 요건을 준수하여야 한다.
  1. 우리사주제도 실시회사와 조합 간에 차입 및 그 상환에 관한 사항을 서면으로 약정할 것. 이 경우 미리 우리사주제도 실시회사 이사회의 결의를 거쳐야 한다.
  2. 차입금의 총액은 직전 회계연도 기준으로 조합원의 급여총액(소득세 과세대상 급여액)을 초과해서는 아니 되며, 한 회계연도의 차입금은 회사의 직전 회계연도 기준으로 조합원 급여총액의 100분의 10에 제3호에 따른 해당 차입금의 차입기간(연수로 계산하되, 1년에 미달하는 기간은 1년으로 계산)을 곱한 금액을 초과하지 아니할 것
  3. 차입기간은 3년 이상 7년 이하의 기간으로 하고, 기존 차입금의 상환을 위하여 신규로 차입하는 경우에도 그 차입기간은 기존 차입금의 남은 차입기간을 초과하지 아니할 것
  4. 차입금은 차입기간에 걸쳐 매년 직전 회계연도 말 차입금 잔액의 100분의 10 이상을 상환할 것

8. 우리사주 취득의 강요금지(근복법 제42조의2)

① 우리사주제도 실시회사(지배관계회사 또는 수급관계회사를 포함)의 사용자는 우리사주조합원에게 주식을 우선배정하는 경우 ㉠ 우리사주조합원의 의사에 반하여 우리사주의 취득을 지시하는 행위, ㉡ 우리사주조합원의 의사에 반하여 우리사주조합원을 소속, 계급 등 일정한 기준으로 분류하여 우리사주를 할당하는 행위, ㉢ 우리사주를 취득하지 아니한다는 이유로 우리사주조합원에 대하여 해고나 그 밖의 불리한 처우를 하는 행위, ㉣ 그 밖에 우리사주조합원의 의사에 반하여 우리사주를 취득·보유하게 함으로써 우리사주제도의 목적에 어긋나는 행위로서 대통령령으로 정하는 행위 등을 하여서는 아니 된다. 기출 22

② 사용자는 위의 위반 사실을 신고하거나 그에 관한 증언을 하거나 증거를 제출하였다는 이유로 우리사주조합원에 대하여 해고나 그 밖의 불리한 처우를 하여서는 아니 된다.

VII 사내근로복지기금제도

1. 근로조건의 유지(근복법 제51조)

사용자는 이 법에 따른 사내근로복지기금의 설립 및 출연을 이유로 근로관계 당사자 간에 정하여진 근로조건을 낮출 수 없다. 기출 22

2. 사내근로복지기금의 설립(근복법 제52조 제1항·제2항)

사내근로복지기금은 법인으로 하며, 사내근로복지기금법인(이하 "기금법인")을 설립하려는 경우에는 해당 사업 또는 사업장(이하 "사업")의 사업주가 기금법인설립준비위원회(이하 "준비위원회")를 구성하여 설립에 관한 사무와 설립 당시의 이사 및 감사의 선임에 관한 사무를 담당하게 하여야 한다. 기출 22

3. 복지기금협의회의 구성(근복법 제54조, 제55조)

기금법인에는 복지기금협의회, 이사 및 감사를 둔다. 복지기금협의회는 근로자와 사용자를 대표하는 같은 수의 위원으로 구성하며, 각 2명 이상 10명 이하로 하는데, 근로자를 대표하는 위원은 대통령령으로 정하는 바에 따라 근로자가 선출하는 사람이 되고, 사용자를 대표하는 위원은 해당 사업의 대표자와 그 대표자가 위촉하는 사람이 된다.

O | X 💬

1. 우리사주조합은 지배관계회사로부터 우리사주 취득자금을 차입하여 우리사주를 취득할 수 없다.
2. 근로복지시설을 설치·운영하는 자는 근로자의 소득수준, 가족관계 등을 고려하여 근로복지시설의 이용자를 제한하거나, 이용료를 차등하여 받을 수 없다.
3. 사업주의 체불임금 지급에 필요한 비용지원은, 근로복지기본법상 사내근로복지기금법인이 그 수익금으로 시행할 수 있는 사업에 해당하지 아니한다.

정답 1. × 2. × 3. ○

4. 기금법인의 사업(근복법 제62조)

① 기금법인은 그 수익금으로 대통령령으로 정하는 바에 따라 다음의 사업을 시행할 수 있다. 기출 19

    ㉠ 주택구입자금등의 보조, 우리사주 구입의 지원 등 근로자재산 형성을 위한 지원

    ㉡ 장학금·재난구호금의 지급, 그 밖에 근로자의 생활 원조

    ㉢ 모성보호 및 일과 가정생활의 양립을 위하여 필요한 비용지원

    ㉣ 기금법인 운영을 위한 경비 지급

    ㉤ 근로복지시설로서 고용노동부령으로 정하는 시설에 대한 출자·출연 또는 같은 시설의 구입·설치 및 운영

    ㉥ 해당 사업으로부터 직접 도급받는 업체의 소속 근로자 및 해당 사업에의 파견근로자의 복리후생 증진

    ㉦ 공동근로복지기금 지원

    ㉧ 사용자가 임금 및 그 밖의 법령에 따라 근로자에게 지급할 의무가 있는 것 외에 대통령령으로 정하는 사업

② 기금법인은 출연받은 재산 및 복지기금협의회에서 출연재산으로 편입할 것을 의결한 재산(이하 "기본재산") 중에서 대통령령으로 정하는 바에 따라 산정되는 금액을 ①의 각 사업(이하 "사내근로복지기금사업")에 사용할 수 있다. 이 경우 기금법인의 사업이 다음의 어느 하나에 해당하는 때에는 대통령령으로 정하는 범위에서 정관으로 정하는 바에 따라 그 산정되는 금액을 높일 수 있다.

    ㉠ 선택적 복지제도를 활용하여 운영하는 경우

    ㉡ 사내근로복지기금사업에 사용하는 금액 중 고용노동부령으로 정하는 바에 따라 산정되는 금액 이상을 해당 사업으로부터 직접 도급받는 업체의 소속 근로자 및 해당 사업에의 파견근로자의 복리후생 증진에 사용하는 경우

    ㉢ 중소기업기본법에 따른 기업에 설립된 기금법인이 사내근로복지기금사업을 시행하는 경우

③ 기금법인은 근로자의 생활안정 및 재산형성 지원을 위하여 필요하다고 인정되어 대통령령으로 정하는 경우에는 근로자에게 필요한 자금을 기본재산 중에서 대부할 수 있다.

Ⅷ 선택적 복지제도

1. 선택적 복지제도 실시(근복법 제81조)

① 사업주는 근로자가 여러 가지 복지항목 중에서 자신의 선호와 필요에 따라 자율적으로 선택하여 복지혜택을 받는 제도를 설정하여 실시할 수 있다.

② 사업주는 선택적 복지제도를 실시할 때에는 해당 사업 내의 모든 근로자가 공평하게 복지혜택을 받을 수 있도록 하여야 한다. 다만, 근로자의 직급, 근속연수, 부양가족 등을 고려하여 합리적인 기준에 따라 수혜수준을 달리할 수 있다. 기출 24

2. 선택적 복지제도의 설계·운영(근복법 제82조)

① 사업주는 선택적 복지제도를 설계하는 경우 근로자의 사망·장해·질병 등에 관한 기본적 생활보장항목과 건전한 여가·문화·체육활동 등을 지원할 수 있는 개인별 추가선택항목을 균형 있게 반영할 수 있도록 노력하여야 한다.

② 사업주는 근로자가 선택적 복지제도의 복지항목을 선택하고 사용하는 데 불편이 없도록 전산관리서비스를 직접 제공하거나 제3자에게 위탁하여 제공될 수 있도록 노력하여야 한다.

③ 선택적 복지제도는 사내근로복지기금사업을 하는 데 활용할 수 있다.

Ⅸ　근로복지진흥기금의 용도(근복법 제91조)

근로복지진흥기금은 다음의 용도에 사용한다.

① 근로자에 대한 주택구입자금 등에 대한 융자
② 근로자의 생활 안정을 위한 자금의 융자
③ 근로자 또는 그 자녀에 대한 장학금의 지급 및 학자금의 융자
④ 근로복지종합정보시스템 운영
⑤ 신용보증 지원에 필요한 사업비
⑥ 우리사주제도 관련 지원
⑦ 사내근로복지기금제도 및 공동기금제도 관련 지원
⑧ 근로복지시설 설치·운영자금 지원
⑨ 근로자 정서함양을 위한 문화·체육활동 지원
⑩ 선택적 복지제도 관련 지원
⑪ 근로자지원프로그램 관련 지원
⑫ 근로자건강 증진을 위한 의료사업에 필요한 사업비
⑬ 근로복지사업 연구·개발에 필요한 경비
⑭ 고용정책 기본법에 따른 실업대책사업의 실시·운영에 필요한 사업비
⑮ 근로복지진흥기금의 운용을 위한 수익사업에의 투자
⑯ 근로복지진흥기금의 조성·관리·운용에 필요한 경비
⑰ 그 밖에 근로자의 복지 증진을 위하여 대통령령으로 정하는 사업에 필요한 지원

Ⅹ　보 칙

1. 지도·감독 등(근복법 제93조)

고용노동부장관은 근로자 등의 복지증진을 위하여 필요한 경우 다음의 사항을 보고하게 하거나 소속 공무원으로 하여금 그 장부·서류 또는 그 밖의 물건을 검사하게 할 수 있으며, 필요하다고 인정하는 경우에는 대통령령으로 정하는 바에 따라 그 운영 등에 시정을 명할 수 있다.

① 공단의 근로복지진흥기금 관리 및 운용 실태에 관한 사항
② 근로복지시설을 수탁·운영하는 비영리단체의 업무·회계·재산에 관한 사항
③ 휴게시설을 수탁·운영하는 법인 또는 단체의 업무·회계·재산에 관한 사항
④ 기금법인의 업무·회계·재산에 관한 사항

2. 특수형태근로종사자 등에 대한 특례(근복법 제95조의2)

(1) 근로복지사업의 대상

① 근로자가 아니면서 자신이 아닌 다른 사람의 사업을 위하여 다른 사람을 사용하지 아니하고 자신이 직접 노무를 제공하여 해당 사업주 또는 노무수령자로부터 대가를 얻는 사람 기출 24
② 산업재해보상보험법에 따른 중·소기업 사업주(근로자를 사용하는 사업주는 제외)

(2) 근로복지사업의 유형

국가 또는 지방자치단체가 실시할 수 있는 근로복지사업은 다음과 같다. 다만, 지방자치단체가 실시할 수 있는 근로복지사업은 ④의 근로복지사업으로 한정한다.

① 생활안정 및 재산형성 지원

② 신용보증 지원

③ 민간복지시설 이용비용의 지원

④ (1)의 ①에 해당하는 사람 중 다수 이용자의 요청에 따라 배달, 운전 등 대통령령으로 정하는 노무를 제공하는 사람이 이용할 수 있는 휴게시설의 설치·운영. 이 경우 휴게시설은 화장실 등 대통령령으로 정하는 부대시설을 갖추어야 한다.

(3) 근로자 간주

근로복지사업의 대상에 해당하는 사람이 생활안정 및 재산형성 지원, 신용보증 지원, 민간복지시설 이용비용의 지원에 따른 근로복지사업을 실시할 때에는 그 사업의 근로자로 본다.

(4) 운영위탁

국가 또는 지방자치단체는 (2)의 ④에 따라 설치한 휴게시설을 효율적으로 운영하기 위하여 필요한 경우에는 대통령령으로 정하는 법인 또는 단체에 운영을 위탁하고, 운영에 필요한 비용을 예산의 범위에서 지원할 수 있다.

제10절 | 외국인근로자의 고용 등에 관한 법률

Ⅰ 총 칙

1. 목적(외고법 제1조)

이 법은 외국인근로자를 체계적으로 도입·관리함으로써 원활한 인력 수급 및 국민경제의 균형 있는 발전을 도모함을 목적으로 한다.

2. 정의(외고법 제2조)

① 이 법에서 "외국인근로자"란 대한민국의 국적을 가지지 아니한 사람으로서 국내에 소재하고 있는 사업 또는 사업장에서 임금을 목적으로 근로를 제공하고 있거나 제공하려는 사람을 말한다. 다만, 출입국관리법에 따라 취업활동을 할 수 있는 체류자격을 받은 외국인 중 취업분야 또는 체류기간 등을 고려하여 대통령령으로 정하는 사람은 제외한다.

② 대통령령으로 정하는 사람이란 다음의 어느 하나에 해당하는 사람을 말한다(외고법 시행령 제2조).

　　㉠ 출입국관리법 시행령에 따라 취업활동을 할 수 있는 체류자격 중 5. 단기취업(C-4), 14. 교수(E-1)부터 20. 특정 활동(E-7)까지의 체류자격에 해당하는 사람

　　㉡ 출입국관리법에 따라 체류자격의 구분에 따른 활동의 제한을 받지 아니하는 사람

　　㉢ 출입국관리법 시행령에 따라 28. 관광취업(H-1)의 체류자격에 해당하는 사람으로서 취업활동을 하는 사람

3. 적용범위 등(외고법 제3조 제1항)

이 법은 외국인근로자 및 외국인근로자를 고용하고 있거나 고용하려는 사업 또는 사업장에 적용한다. 다만, 선원법의 적용을 받는 선박에 승무하는 선원 중 대한민국 국적을 가지지 아니한 선원 및 그 선원을 고용하고 있거나 고용하려는 선박의 소유자에 대하여는 적용하지 아니한다. [기출] 17·23

4. 외국인력정책위원회(외고법 제4조)

① 외국인근로자의 고용관리 및 보호에 관한 주요사항을 심의·의결하기 위하여 국무총리 소속으로 외국인력정책위원회를 둔다. [기출] 18
② 정책위원회는 다음의 사항을 심의·의결한다.
  ㉠ 외국인근로자 관련 기본계획의 수립에 관한 사항
  ㉡ 외국인근로자 도입업종 및 규모 등에 관한 사항 [기출] 21
  ㉢ 외국인근로자를 송출할 수 있는 국가의 지정 및 지정취소에 관한 사항 [기출] 17
  ㉣ 외국인근로자의 취업활동기간 연장에 관한 사항
  ㉤ 그 밖에 대통령령으로 정하는 사항
③ 정책위원회는 위원장 1명을 포함한 20명 이내의 위원으로 구성한다.
④ 정책위원회의 위원장은 국무조정실장이 되고, 위원은 기획재정부·외교부·법무부·산업통상자원부·고용노동부·중소벤처기업부의 차관 및 대통령령으로 정하는 관계 중앙행정기관(행정안전부, 문화체육관광부, 농림축산식품부, 보건복지부, 국토교통부 및 해양수산부)의 차관이 된다.
⑤ 외국인근로자 고용제도의 운영 및 외국인근로자의 권익보호 등에 관한 사항을 사전에 심의하게 하기 위하여 정책위원회에 외국인력정책실무위원회(이하 "실무위원회")를 둔다.
⑥ 실무위원회는 위원장 1명을 포함한 25명 이내의 위원으로 구성하고, 실무위원회의 위원은 근로자를 대표하는 위원, 사용자를 대표하는 위원, 공익을 대표하는 위원 및 정부를 대표하는 위원(이하 "공익위원")으로 구성하되, 근로자위원과 사용자위원은 같은 수로 한다(외고법 시행령 제7조 제1항·제2항).

외국인력정책위원회의 심의·의결사항(외고법 시행령 제3조)
법 제4조 제2항 제5호에서 "대통령령으로 정하는 사항"이란 다음 각 호의 사항을 말한다.
1. 외국인근로자를 고용할 수 있는 사업 또는 사업장에 관한 사항
2. 사업 또는 사업장에서 고용할 수 있는 외국인근로자의 규모에 관한 사항
3. 외국인근로자를 송출할 수 있는 국가(이하 "송출국가")별 외국인력 도입업종 및 규모에 관한 사항
4. 외국인근로자의 권익보호에 관한 사항
5. 그 밖에 외국인근로자의 고용 등에 관하여 법 제4조에 따른 외국인력정책위원회(이하 "정책위원회")의 위원장이 필요하다고 인정하는 사항

Ⅱ 외국인근로자고용절차

1. 내국인구인노력(외고법 제6조)

① 외국인근로자를 고용하려는 자는 직업안정기관에 우선 내국인구인신청을 하여야 한다.

기출 15 · 18 · 21 · 22 · 23

② 직업안정기관의 장은 내국인구인신청을 받은 경우에는 사용자가 적절한 구인조건을 제시할 수 있도록 상담·지원하여야 하며, 구인조건을 갖춘 내국인이 우선적으로 채용될 수 있도록 직업소개를 적극적으로 하여야 한다.

2. 외국인구직자 명부의 작성(외고법 제7조)

① 고용노동부장관은 송출국가의 노동행정을 관장하는 정부기관의 장과 협의하여 대통령령으로 정하는 바에 따라 외국인구직자 명부를 작성하여야 한다. 다만, 송출국가에 노동행정을 관장하는 독립된 정부기관이 없을 경우 가장 가까운 기능을 가진 부서를 정하여 정책위원회의 심의를 받아 그 부서의 장과 협의한다 (제1항).

② 고용노동부장관은 외국인구직자 명부를 작성할 때에는 외국인구직자 선발기준 등으로 활용할 수 있도록 한국어 구사능력을 평가하는 시험을 실시하여야 하며, 한국어능력시험의 실시기관 선정 및 선정 취소, 평가의 방법, 그 밖에 필요한 사항은 대통령령으로 정한다(제2항).

> **외국인구직자 명부의 작성(외고법 시행령 제12조)**
> ① 고용노동부장관은 법 제7조 제1항에 따라 외국인구직자 명부를 작성하는 경우에는 다음 각 호의 사항을 송출국가와 협의하여야 한다.
> 1. 인력의 송출·도입과 관련된 준수사항
> 2. 인력 송출의 업종 및 규모에 관한 사항
> 3. 송출대상 인력을 선발하는 기관·기준 및 방법에 관한 사항
> 4. 법 제7조 제2항에 따른 한국어 구사능력을 평가하는 시험(이하 "한국어능력시험")의 실시에 관한 사항
> 5. 그 밖에 외국인근로자를 원활하게 송출·도입하기 위하여 고용노동부장관이 필요하다고 인정하는 사항
> ② 고용노동부장관은 송출국가가 송부한 송출대상 인력을 기초로 외국인구직자 명부를 작성하고, 관리하여야 한다.
>
> **기출** 24

3. 외국인근로자고용허가(외고법 제8조)

① 내국인구인신청을 한 사용자는 직업소개를 받고도 인력을 채용하지 못한 경우에는 고용노동부령으로 정하는 바에 따라 직업안정기관의 장에게 외국인근로자고용허가를 신청하여야 한다.

② 고용허가신청의 유효기간은 3개월로 하되, 일시적인 경영악화 등으로 신규근로자를 채용할 수 없는 경우 등에는 대통령령으로 정하는 바에 따라 1회에 한정하여 고용허가신청의 효력을 연장할 수 있다.

③ 직업안정기관의 장은 신청을 받으면 외국인근로자 도입업종 및 규모 등 대통령령으로 정하는 요건을 갖춘 사용자에게 외국인구직자 명부에 등록된 사람 중에서 적격자를 추천하여야 한다.

④ 직업안정기관의 장은 추천된 적격자를 선정한 사용자에게는 지체 없이 고용허가를 하고, 선정된 외국인근로자의 성명 등을 적은 외국인근로자고용허가서를 발급하여야 한다.

⑤ 직업안정기관이 아닌 자는 외국인근로자의 선발, 알선, 그 밖의 채용에 개입하여서는 아니 된다. **기출** 19

법 제8조 제3항에서 "외국인근로자 도입 업종 및 규모 등 대통령령으로 정하는 요건"이란 다음 각 호의 요건 모두에 해당하는 것을 말한다.

1. 정책위원회에서 정한 외국인근로자의 도입 업종, 외국인근로자를 고용할 수 있는 사업 또는 사업장에 해당할 것
2. 고용노동부령으로 정하는 기간 이상 내국인을 구인하기 위하여 노력하였는데도 직업안정기관에 구인 신청한 내국인근로자의 전부 또는 일부를 채용하지 못하였을 것. 다만, 법 제6조 제2항에 따른 직업안정기관의 장의 직업소개에도 불구하고 정당한 이유 없이 2회 이상 채용을 거부한 경우는 제외한다.
3. 법 제6조 제1항에 따라 내국인 구인 신청을 한 날의 2개월 전부터 법 제8조 제4항에 따른 외국인근로자 고용허가서(이하 "고용허가서") 발급일까지 고용조정으로 내국인근로자를 이직시키지 아니하였을 것
4. 법 제6조 제1항에 따라 내국인 구인 신청을 한 날의 5개월 전부터 고용허가서 발급일까지 임금을 체불(滯拂)하지 아니하였을 것
5. 고용보험법에 따른 고용보험에 가입하고 있을 것. 다만, 고용보험법을 적용받지 않는 사업 또는 사업장의 경우는 제외한다.
6. 산업재해보상보험법에 따른 산업재해보상보험 또는 어선원 및 어선 재해보상보험법 제16조 제1항에 따른 어선원등의 재해보상보험에 가입하고 있을 것. 이 경우 산업재해보상보험법 및 어선원 및 어선 재해보상보험법을 적용받지 않는 사업 또는 사업장은 외국인근로자가 근로를 시작한 날부터 3개월 이내에 고용노동부령으로 정하는 바에 따라 해당 외국인근로자를 피보험자로 하여 농어업인의 안전보험 및 안전재해예방에 관한 법률에 따른 농어업인안전보험에 가입할 것을 내용으로 하는 확약서를 제출하는 것으로 갈음할 수 있다.
7. 외국인근로자를 고용하고 있는 사업 또는 사업장의 사용자인 경우에는 그 외국인근로자를 대상으로 법 제13조에 따른 보험 또는 신탁과 법 제23조 제1항에 따른 보증보험에 가입하고 있을 것(가입대상 사용자의 경우만 해당)

고용허가서의 발급 등(외고법 시행령 제14조) 기출 14 · 22

① 법 제8조 제4항에 따라 고용허가서를 발급받은 사용자는 고용허가서 발급일부터 3개월 이내에 외국인근로자와 근로계약을 체결하여야 한다.
② 사용자가 법 제8조 제4항에 따라 고용허가서를 발급받은 후 외국인근로자의 사망 등 불가피한 사유로 그 외국인근로자와 근로계약을 체결하지 못하거나 근로계약을 체결한 후 사용자의 책임이 아닌 사유로 외국인근로자가 근로를 개시할 수 없게 된 경우에는 직업안정기관의 장은 다른 외국인근로자를 추천하여 고용허가서를 재발급하여야 한다.
③ 법 제8조 제4항 또는 이 조 제2항에 따라 직업안정기관의 장이 사용자에게 고용허가서를 발급하거나 재발급하는 경우에는 법 제9조 제3항 또는 제4항에 따른 근로계약기간의 범위에서 고용허가기간을 부여하여야 한다.
④ 고용허가서의 발급 및 재발급에 필요한 사항은 고용노동부령으로 정한다.

4. 근로계약(외고법 제9조)

① 사용자가 외국인근로자를 고용하려면 고용노동부령으로 정하는 표준근로계약서를 사용하여 근로계약을 체결하여야 한다. 기출 18 · 19 · 20 근로계약의 효력발생시기는 외국인근로자가 입국한 날로 한다(외고법 시행령 제17조 제1항). 기출 24

② 사용자는 근로계약을 체결하려는 경우 이를 한국산업인력공단에 대행하게 할 수 있다. 기출 19

③ 고용허가를 받은 사용자와 외국인근로자는 입국한 날부터 3년의 기간 내에서 당사자 간의 합의에 따라 근로계약을 체결하거나 갱신할 수 있다. 기출 20

④ 취업활동기간이 연장되는 외국인근로자와 사용자는 연장된 취업활동기간의 범위에서 근로계약을 체결할 수 있다. 기출 19 · 23

⑤ 근로계약을 갱신하거나 근로계약을 다시 체결한 사용자는 직업안정기관의 장에게 외국인근로자 고용허가기간 연장허가를 받아야 한다(외고법 시행령 제17조 제2항).

5. 사증발급인정서(외고법 제10조)

외국인근로자와 근로계약을 체결한 <u>사용자</u>는 출입국관리법에 따라 그 외국인근로자를 대리하여 법무부장관에게 사증발급인정서를 신청할 수 있다. **기출** 19

6. 외국인취업교육(외고법 제11조, 동법 시행규칙 제10조)

외국인근로자는 입국한 후에 15일 이내에 한국산업인력공단 또는 외국인 취업교육기관에서 국내 취업활동에 필요한 사항을 주지(周知)시키기 위하여 실시하는 교육(이하 "외국인취업교육")을 받아야 한다. 사용자는 외국인근로자가 외국인취업교육을 받을 수 있도록 하여야 한다. **기출** 21 · 23 · 24

7. 사용자교육(외고법 제11조의2)

외국인근로자고용허가를 최초로 받은 사용자는 노동관계법령·인권 등에 관한 교육을 받아야 한다.

기출 24

8. 외국인 취업교육기관의 지정(외고법 제11조의3)

고용노동부장관은 외국인 취업교육을 전문적·효율적으로 수행하기 위하여 외국인 취업교육기관을 지정할 수 있다. 외국인 취업교육기관으로 지정을 받으려는 자는 전문인력·시설 등 대통령령으로 정하는 지정기준을 갖추어 고용노동부장관에게 신청하여야 한다.

9. 외국인 취업교육기관의 지정취소(외고법 제11조의4)

① 고용노동부장관은 외국인 취업교육기관이 다음의 어느 하나에 해당하는 경우에는 고용노동부령으로 정하는 바에 따라 지정취소, 6개월 이내의 업무정지 또는 시정명령을 할 수 있다. 다만, 거짓이나 그 밖의 부정한 방법으로 지정을 받은 경우에는 지정을 취소하여야 한다. 고용노동부장관이 외국인 취업교육기관의 지정을 취소하는 경우에는 청문을 실시하여야 한다.
    ㉠ 거짓이나 그 밖의 부정한 방법으로 지정을 받은 경우
    ㉡ 외국인 취업교육기관 지정기준에 적합하지 아니하게 된 경우
    ㉢ 정당한 사유 없이 1년 이상 운영을 중단한 경우
    ㉣ 임직원이 외국인 취업교육 업무와 관련하여 형사처분을 받는 등 사회적으로 중대한 물의를 일으킨 경우

O | X 💬

1. 외국인근로자고용허가서를 발급받은 사용자는, 고용허가서 발급일부터 3개월 이내에 외국인근로자와 근로계약을 체결하여야 한다.
2. 외국인근로자는 귀국 시 필요한 비용에 충당하기 위하여 보험 또는 신탁에 가입하여야 한다.
3. 사용자가 출국만기보험등에 가입한 경우, 근로자퇴직급여 보장법상 퇴직금제도를 설정한 것으로 본다.

정답 1. ○ 2. ○ 3. ○

     ⑩ 운영성과의 미흡 등 대통령령으로 정하는 경우에 해당하는 경우

     ⓗ 그 밖에 이 법 또는 이 법에 따른 명령을 위반한 경우

  ② 지정이 취소된 외국인 취업교육기관은 지정이 취소된 날부터 1년이 경과하지 아니하면 외국인 취업교육 기관 지정신청을 할 수 없다.

Ⅲ   외국인근로자의 고용관리

1. 출국만기보험 · 신탁(외고법 제13조)

  ① 외국인근로자를 고용한 사업 또는 사업장의 사용자(이하 "사용자")는 외국인근로자의 출국 등에 따른 퇴 직금 지급을 위하여 외국인근로자를 피보험자 또는 수익자(이하 "피보험자등")로 하는 보험 또는 신탁(이 하 "출국만기보험등")에 가입하여야 한다. 이 경우 보험료 또는 신탁금은 매월 납부하거나 위탁하여야 한다(제1항). **기출** 12 · 15 · 20 · 21 · 23

  ② 사용자가 출국만기보험등에 가입한 경우 근로자퇴직급여 보장법에 따른 퇴직금제도를 설정한 것으로 본다(제2항). **기출** 13 · 14

2. 귀국비용보험 · 신탁(외고법 제15조 제1항)

외국인근로자는 귀국 시 필요한 비용에 충당하기 위하여 보험 또는 신탁에 가입하여야 한다. **기출** 14 · 17 · 23

3. 귀국에 필요한 조치(외고법 제16조)

사용자는 외국인근로자가 근로관계의 종료, 체류기간의 만료 등으로 귀국하는 경우에는 귀국하기 전에 임금 등 금품관계를 청산하는 등 필요한 조치를 하여야 한다. **기출** 16 · 17

4. 외국인근로자의 고용관리(외고법 제17조)

  ① 사용자는 외국인근로자와의 근로계약을 해지하거나 그 밖에 고용과 관련된 중요사항을 변경하는 등 대통 령령으로 정하는 사유가 발생하였을 때에는 고용노동부령으로 정하는 바에 따라 직업안정기관의 장에게 신고하여야 한다. **기출** 16

  ② 사용자가 신고를 한 경우 그 신고사실이 출입국관리법에 따른 신고사유에 해당하는 때에는 신고를 한 것으로 본다.

  ③ 신고를 받은 직업안정기관의 장은 그 신고사실이 출입국관리법에 따른 신고사유에 해당하는 때에는 지체 없이 사용자의 소재지를 관할하는 지방출입국 · 외국인관서의 장에게 통보하여야 한다.

외국인근로자의 고용관리(외고법 시행령 제23조)

① 법 제17조 제1항에서 "외국인근로자와의 근로계약을 해지하거나 그 밖에 고용과 관련된 중요사항을 변경하는 등 대통령령 으로 정하는 사유"란 다음 각 호의 어느 하나에 해당하는 경우를 말한다.

  1. 외국인근로자가 사망한 경우

  2. 외국인근로자가 부상 등으로 해당 사업에서 계속 근무하는 것이 부적합한 경우

  3. 외국인근로자가 사용자의 승인을 받는 등 정당한 절차 없이 5일 이상 결근하거나 그 소재를 알 수 없는 경우

  4. 삭제 〈2014.7.28.〉

5. 외국인근로자와의 근로계약을 해지하는 경우

6. 삭제 〈2014.7.28.〉

7. 삭제 〈2014.7.28.〉

8. 사용자 또는 근무처의 명칭이 변경된 경우

9. 사용자의 변경 없이 근무장소를 변경한 경우

② 고용노동부장관은 법 제17조 제4항에 따라 외국인근로자의 적절한 고용관리 등을 하기 위해 매년 1회 이상 외국인근로자를 고용하고 있는 사업 또는 사업장에 대한 지도·점검계획을 수립하고, 그 계획에 따라 선정된 사업 또는 사업장에 대하여 외국인근로자의 근로조건, 산업안전보건조치 등의 이행실태, 그 밖에 관계법령의 준수 여부 등을 파악하기 위한 지도·점검을 해야 한다.

③ 고용노동부장관은 제2항에 따른 지도·점검을 실시한 결과 근로기준법·출입국관리법 등 관계법령을 위반한 사실을 발견한 경우에는 관계법령에 따라 필요한 조치를 하여야 한다. 다만, 소관 사항이 아닌 경우에는 소관 행정기관에 통지하여야 한다.

④ 출입국·외국인청장, 출입국·외국인사무소장 또는 출장소장은 그 직무와 관련하여 직업안정기관의 장에 대하여 외국인근로자의 고용관리에 관한 자료를 요청할 수 있다. 이 경우 직업안정기관의 장은 특별한 사유가 없으면 그 요청을 거부해서는 아니 된다.

5. 취업활동기간의 제한(외고법 제18조)

외국인근로자는 입국한 날부터 3년의 범위에서 취업활동을 할 수 있다. 기출 12·13·21·22

6. 취업활동기간 제한에 관한 특례(외고법 제18조의2 제1항)

① 다음의 외국인근로자는 한 차례만 2년 미만의 범위에서 취업활동기간을 연장받을 수 있다.

㉠ 고용허가를 받은 사용자에게 고용된 외국인근로자로서 취업활동기간 3년이 만료되어 출국하기 전에 사용자가 고용노동부장관에게 재고용허가를 요청한 근로자 기출 24

㉡ 특례고용가능확인을 받은 사용자에게 고용된 외국인근로자로서 취업활동기간 3년이 만료되어 출국하기 전에 사용자가 고용노동부장관에게 재고용허가를 요청한 근로자

② 고용노동부장관은 감염병 확산, 천재지변 등의 사유로 외국인근로자의 입국과 출국이 어렵다고 인정되는 경우에는 정책위원회의 심의·의결을 거쳐 1년의 범위에서 취업활동기간을 연장할 수 있다.

O | X 💬

1. 직업안정법에 따른 직업안정기관의 장은 외국인근로자의 고용 등에 관한 법률을 위반하여 처벌을 받은 사용자에 대하여, 그 사실이 발생한 날부터 3년간 외국인근로자의 고용을 제한할 수 있다.

2. 사용자는 외국인근로자가 근로관계의 종료로 귀국하는 경우에는, 귀국하기 전에 임금 등 금품관계를 청산하는 등 필요한 조치를 하여야 한다.

3. 사용자가 외국인근로자와의 근로계약을 해지하고자 할 때에는, 고용노동부령으로 정하는 바에 따라 직업안정기관의 장의 허가를 받아야 한다.

4. 직업안정기관에 관할 구역의 노동자단체와 사용자단체 등이 참여하는 외국인근로자 권익보호협의회를 두어야 한다.

정답 1. ○ 2. ○ 3. × 4. ×

7. 고용허가 또는 특례고용가능확인의 취소(외고법 제19조)

① 직업안정기관의 장은 다음의 어느 하나에 해당하는 사용자에 대하여 대통령령으로 정하는 바에 따라 고용허가나 특례고용가능확인을 취소할 수 있다.

    ㉠ 거짓이나 그 밖의 부정한 방법으로 고용허가나 특례고용가능확인을 받은 경우

    ㉡ 사용자가 입국 전에 계약한 임금 또는 그 밖의 근로조건을 위반하는 경우

    ㉢ 사용자의 임금체불 또는 그 밖의 노동관계법 위반 등으로 근로계약을 유지하기 어렵다고 인정되는 경우 **기출** 17 · 20

② 외국인근로자고용허가나 특례고용가능확인이 취소된 사용자는 취소된 날부터 15일 이내에 그 외국인근로자와의 근로계약을 종료하여야 한다.

8. 외국인근로자 고용의 제한(외고법 제20조)

① 직업안정기관의 장은 다음의 어느 하나에 해당하는 사용자에 대하여 그 사실이 발생한 날부터 3년간 외국인근로자의 고용을 제한할 수 있다. **기출** 18 · 22

    ㉠ 고용허가나 특례고용가능확인을 받지 아니하고 외국인근로자를 고용한 자 **기출** 20

    ㉡ 외국인근로자의 고용허가나 특례고용가능확인이 취소된 자

    ㉢ 이 법 또는 출입국관리법을 위반하여 처벌을 받은 자 **기출** 12 · 16

    ㉣ 외국인근로자의 사망으로 산업안전보건법에 따른 처벌을 받은 자

    ㉤ 그 밖에 대통령령으로 정하는 사유에 해당하는 자

② 고용노동부장관은 외국인근로자의 고용을 제한하는 경우에는 그 사용자에게 고용노동부령으로 정하는 바에 따라 알려야 한다.

외국인근로자 고용의 제한(외고법 시행령 제25조)

법 제20조 제1항 제4호에서 "대통령령으로 정하는 사유에 해당하는 자"란 다음 각 호의 어느 하나에 해당하는 자를 말한다.

1. 법 제8조에 따라 고용허가서를 발급받은 날 또는 법 제12조에 따라 외국인근로자의 근로가 시작된 날부터 6개월 이내에 내국인근로자를 고용 조정으로 이직시킨 자 **기출** 22
2. 외국인근로자로 하여금 근로계약에 명시된 사업 또는 사업장 외에서 근로를 제공하게 한 자
3. 법 제9조 제1항에 따른 근로계약이 체결된 이후부터 법 제11조에 따른 외국인취업교육을 마칠 때까지의 기간 동안 경기의 변동, 산업구조의 변화 등에 따른 사업규모의 축소, 사업의 폐업 또는 전환, 감염병 확산으로 인한 항공기 운항 중단 등과 같은 불가피한 사유가 없음에도 불구하고 근로계약을 해지한 자

1. 차별금지(외고법 제22조)

사용자는 외국인근로자라는 이유로 부당하게 차별하여 처우하여서는 아니 된다. 기출 13·15

2. 보증보험 등의 가입(외고법 제23조)

① 사업의 규모 및 산업별 특성 등을 고려하여 대통령령으로 정하는 사업 또는 사업장의 사용자는 임금체불에 대비하여 그가 고용하는 외국인근로자를 위한 보증보험에 가입하여야 한다.

② 산업별 특성 등을 고려하여 대통령령으로 정하는 사업 또는 사업장에서 취업하는 외국인근로자는 질병·사망 등에 대비한 상해보험에 가입하여야 한다.

3. 외국인근로자 관련 단체 등에 대한 지원(외고법 제24조 제1항)

국가는 외국인근로자에 대한 상담과 교육, 그 밖에 대통령령으로 정하는 사업을 하는 기관 또는 단체에 대하여 사업에 필요한 비용의 일부를 예산의 범위에서 지원할 수 있다.

4. 외국인근로자 권익보호협의회(외고법 제24조의2 제1항)

외국인근로자의 권익보호에 관한 사항을 협의하기 위하여 직업안정기관에 관할 구역의 노동자단체와 사용자단체 등이 참여하는 외국인근로자 권익보호협의회를 둘 수 있다. 기출 14

✔ 핵심문제

01 근로복지기본법상 규약으로 우리사주조합원 총회를 갈음할 대의원회를 두는 경우에도 반드시 우리사주조합원 총회의 의결을 거쳐야 하는 사항은?

① 규약의 제정과 변경에 관한 사항
② 우리사주조합의 대표자 등 임원 선출
③ 우리사주조합기금의 금융기관 예치에 관한 사항
④ 예산 및 결산에 관한 사항
⑤ 우리사주조합기금의 조성에 관한 사항

【해설】
우리사주조합은 규약으로 우리사주조합원 총회를 갈음할 대의원회를 둘 수 있다. 다만, 제2항 제1호(규약의 제정과 변경에 관한 사항)에 관한 사항은 반드시 우리사주조합원 총회의 의결을 거쳐야 한다(근복법 제35조 제3항).

정답 ①

01 기출 24

☑ 확인 Check! ○ △ ✕

파견근로자 보호 등에 관한 법률상 근로자파견 대상 업무에 해당하지 않는 것을 모두 고른 것은?

> ㄱ. 건설공사현장에서 이루어지는 업무
> ㄴ. 선원법상 선원의 업무
> ㄷ. 물류정책기본법상 하역업무로서 직업안정법에 따라 근로자공급사업 허가를 받은 지역의 업무

① ㄱ
② ㄴ
③ ㄱ, ㄷ
④ ㄴ, ㄷ
⑤ ㄱ, ㄴ, ㄷ

정답 및 해설

01

ㄱ. 건설공사현장에서 이루어지는 업무, ㄴ. 선원법상 선원의 업무, ㄷ. 물류정책기본법상 하역업무로서 직업안정법에 따라 근로자공급사업 허가를 받은 지역의 업무 등은 파견법 제5조 제3항에서 절대적 파견금지 대상업무로 규정하고 있다.

정답 ⑤

➕ PLUS

근로자파견 대상 업무 등(파견법 제5조)
① 근로자파견사업은 제조업의 직접생산공정업무를 제외하고 전문지식·기술·경험 또는 업무의 성질 등을 고려하여 적합하다고 판단되는 업무로서 대통령령으로 정하는 업무를 대상으로 한다.
② 제1항에도 불구하고 출산·질병·부상 등으로 결원이 생긴 경우 또는 일시적·간헐적으로 인력을 확보하여야 할 필요가 있는 경우에는 근로자파견사업을 할 수 있다.
③ 제1항 및 제2항에도 불구하고 다음 각 호의 어느 하나에 해당하는 업무에 대하여는 근로자파견사업을 하여서는 아니 된다.
  1. 건설공사현장에서 이루어지는 업무
  2. 항만운송사업법 제3조 제1호, 한국철도공사법 제9조 제1항 제1호, 농수산물 유통 및 가격안정에 관한 법률 제40조, 물류정책기본법 제2조 제1항 제1호의 하역(荷役)업무로서 직업안정법 제33조에 따라 근로자공급사업 허가를 받은 지역의 업무
  3. 선원법 제2조 제1호의 선원의 업무
  4. 산업안전보건법 제58조에 따른 유해하거나 위험한 업무

02 기출 24

☑ 확인Check! O △ X

파견근로자 보호 등에 관한 법률에 관한 설명으로 옳지 않은 것은?

① 파견사업주는 쟁의행위 중인 사업장에 그 쟁의행위로 중단된 업무의 수행을 위하여 근로자를 파견하여서는 아니 된다.
② 파견사업주는 자기의 명의로 타인에게 근로자파견사업을 하게 하여서는 아니 된다.
③ 결혼중개의 관리에 관한 법률상 결혼중개업에 해당하는 사업을 하는 자는 근로자파견사업을 할 수 없다.
④ 근로자파견사업을 하려는 자는 고용노동부장관의 허가를 받아야 한다.
⑤ 근로자파견사업 갱신허가의 유효기간은 그 갱신 전의 허가의 유효기간이 끝나는 날부터 기산하여 2년으로 한다.

03 기출 24

☑ 확인Check! O △ X

기간제 및 단시간근로자 보호 등에 관한 법률에 관한 설명으로 옳은 것을 모두 고른 것은?

ㄱ. 근로자가 학업, 직업훈련 등을 이수함에 따라 그 이수에 필요한 기간을 정한 경우 2년을 초과하여 기간제근로자로 사용할 수 있다.
ㄴ. 고령자고용촉진법상 고령자와 근로계약을 체결하는 경우 2년을 초과하여 기간제근로자로 사용할 수 있다.
ㄷ. 국가 및 지방자치단체의 기관에 대하여는 상시 사용하는 근로자의 수와 관계없이 이 법을 적용한다.
ㄹ. 휴직·파견 등으로 결원이 발생하여 해당 근로자가 복귀할 때까지 그 업무를 대신할 필요가 있는 경우 2년을 초과하여 기간제근로자로 사용할 수 있다.

① ㄱ, ㄴ, ㄷ
② ㄱ, ㄴ, ㄹ
③ ㄱ, ㄷ, ㄹ
④ ㄴ, ㄷ, ㄹ
⑤ ㄱ, ㄴ, ㄷ, ㄹ

02

① (O) 파견법 제16조 제1항
② (O) 파견법 제15조
③ (O) 결혼중개의 관리에 관한 법률상 결혼중개업을 영위하는 사업자는 겸업으로 근로자파견사업을 할 수 없다(파견법 제14조 제3호).
④ (O) 근로자파견사업을 하려는 자는 고용노동부령으로 정하는 바에 따라 고용노동부장관의 허가를 받아야 한다(파견법 제7조 제1항 전문).
⑤ (X) 근로자파견사업 허가의 유효기간이 끝난 후 계속하여 근로자파견사업을 하려는 자는 고용노동부령으로 정하는 바에 따라 갱신허가를 받아야 하며, 근로자파견사업 갱신허가의 유효기간은 그 갱신 전의 허가의 유효기간이 끝나는 날의 다음 날부터 기산(起算)하여 3년으로 한다(파견법 제10조 제2항, 제3항).

정답 ⑤

03

ㄱ. (O) 기단법 제4조 제1항 제3호
ㄴ. (O) 기단법 제4조 제1항 제4호
ㄷ. (O) 기단법 제3조 제3항
ㄹ. (O) 기단법 제4조 제1항 제2호

정답 ⑤

기간제근로자의 사용(기단법 제4조)

① 사용자는 2년을 초과하지 아니하는 범위 안에서(기간제 근로계약의 반복갱신 등의 경우에는 그 계속근로한 총기간이 2년을 초과하지 아니하는 범위 안에서) 기간제근로자를 사용할 수 있다. 다만, 다음 각 호의 어느 하나에 해당하는 경우에는 2년을 초과하여 기간제근로자로 사용할 수 있다.

1. 사업의 완료 또는 특정한 업무의 완성에 필요한 기간을 정한 경우
2. 휴직·파견 등으로 결원이 발생하여 해당 근로자가 복귀할 때까지 그 업무를 대신할 필요가 있는 경우
3. 근로자가 학업, 직업훈련 등을 이수함에 따라 그 이수에 필요한 기간을 정한 경우
4. 고령자고용촉진법 제2조 제1호의 고령자와 근로계약을 체결하는 경우
5. 전문적 지식·기술의 활용이 필요한 경우와 정부의 복지정책·실업대책 등에 따라 일자리를 제공하는 경우로서 대통령령으로 정하는 경우
6. 그 밖에 제1호부터 제5호까지에 준하는 합리적인 사유가 있는 경우로서 대통령령으로 정하는 경우

② 사용자가 제1항 단서의 사유가 없거나 소멸되었음에도 불구하고 2년을 초과하여 기간제근로자로 사용하는 경우에는 그 기간제 근로자는 기간의 정함이 없는 근로계약을 체결한 근로자로 본다.

---

04 기출 24

☑ 확인Check! ○ △ ✕

기간제 및 단시간근로자 보호 등에 관한 법률상 기간제근로자 차별적 처우의 시정에 관한 설명으로 옳지 않은 것은?(다툼이 있으면 판례에 따름)

① 노동위원회는 신청인이 주장한 비교대상 근로자와 동일성이 인정되는 범위 내에서 조사, 심리를 거쳐 적합한 근로자를 비교대상 근로자로 선정할 수 있다.

② 기간제근로자가 차별 시정신청을 하는 때에는 차별적 처우의 내용을 구체적으로 명시하여야 한다.

③ 기간제근로자는 계속되는 차별적 처우를 받은 경우 차별적 처우의 종료일부터 3개월이 지난 때에는 노동위원회에 그 시정을 신청할 수 없다.

④ 고용노동부장관은 사용자가 기간제근로자에 대해 차별적 처우를 한 경우에는 그 시정을 요구할 수 있다.

⑤ 노동위원회는 사용자의 차별적 처우에 명백한 고의가 인정되거나 차별적 처우가 반복되는 경우에는 손해액을 기준으로 3배를 넘지 아니하는 범위에서 배상을 명령할 수 있다.

04

① (○) 노동위원회 차별시정제도의 취지와 직권주의적 특성, 비교대상성 판단의 성격 등을 고려하면, 노동위원회는 신청인이 주장한 비교대상 근로자와 동일성이 인정되는 범위 내에서 조사, 심리를 거쳐 적합한 근로자를 비교대상 근로자로 선정할 수 있다(대판 2023.11.30. 2019두53952).

② (○) 기단법 제9조 제2항

③ (✕) 기간제근로자 또는 단시간근로자는 차별적 처우를 받은 경우 노동위원회에 그 시정을 신청할 수 있다. 다만, 차별적 처우가 있은 날(계속되는 차별적 처우는 그 종료일)부터 6개월이 지난 때에는 그러하지 아니하다(기단법 제9조 제1항).

④ (○) 기단법 제15조의2 제1항, 제8조 제1항

⑤ (○) 기단법 제13조 제2항 단서

정답 ③

05 기출 24

☑확인Check! ○ △ ✕

기간제 및 단시간근로자 보호 등에 관한 법률상 사용자가 기간제 근로자와 근로계약을 체결하는 때 서면으로 명시하여야 하는 것을 모두 고른 것은?

> ㄱ. 휴일·휴가에 관한 사항
> ㄴ. 근로시간·휴게에 관한 사항
> ㄷ. 취업의 장소와 종사하여야 할 업무에 관한 사항
> ㄹ. 근로일 및 근로일별 근로시간

① ㄱ, ㄴ

② ㄴ, ㄹ

③ ㄷ, ㄹ

④ ㄱ, ㄴ, ㄷ

⑤ ㄱ, ㄴ, ㄷ, ㄹ

05

ㄱ. 휴일·휴가에 관한 사항, ㄴ. 근로시간·휴게에 관한 사항, ㄷ. 취업의 장소와 종사하여야 할 업무에 관한 사항 등은 기간제근로자와 근로계약을 체결할 경우 서면명시사항에 해당하나, <u>ㄹ. 근로일 및 근로일별 근로시간은 단시간근로자에 한정한다</u>(기단법 제17조).

정답 ④

06 기출 24

☑확인Check! ○ △ ✕

남녀고용평등과 일·가정 양립 지원에 관한 법률에 관한 설명으로 옳지 않은 것은?

① 사업주는 사업장의 남녀고용평등 이행을 촉진하기 위하여 그 사업장 소속 근로자 중 노사협의회가 추천하는 사람을 명예고용평등감독관으로 위촉하여야 한다.

② 사업주가 동일 가치 노동의 기준을 정할 때에는 노사협의회의 근로자를 대표하는 위원의 의견을 들어야 한다.

③ 사업주가 가족돌봄을 위한 근로시간 단축을 허용하는 경우 단축 후 근로시간은 주당 15시간 이상이어야 하고 30시간을 넘어서는 아니 된다.

④ 사업주는 근로자가 인공수정 등 난임치료를 받기 위하여 휴가를 청구하는 경우에 연간 3일 이내의 휴가를 주어야 하며, 이 경우 최초 1일은 유급으로 한다.

⑤ 사업주는 55세 이상의 근로자에게 은퇴를 준비하기 위한 근로시간 단축을 허용한 경우에 그 근로자가 단축된 근로시간 외에 연장근로를 명시적으로 청구하면 주 12시간 이내에서 연장근로를 시킬 수 있다.

06

① (✕) <u>고용노동부장관은</u> 사업장의 남녀고용평등 이행을 촉진하기 위하여 그 사업장 <u>소속 근로자 중 노사가 추천하는 사람을</u> 명예고용평등감독관으로 위촉할 수 있다(고평법 제24조 제1항).

② (○) 동일 가치 노동의 기준은 직무 수행에서 요구되는 기술, 노력, 책임 및 작업 조건 등으로 하고, 사업주가 그 기준을 정할 때에는 <u>노사협의회의 근로자를 대표하는 위원의 의견을 들어야</u> 한다(고평법 제8조 제2항).

③ (○) 고평법 제22조의3 제3항

④ (○) 사업주는 근로자가 인공수정 또는 체외수정 등 난임치료를 받기 위하여 휴가를 청구하는 경우에 <u>연간 3일 이내의 휴가를 주어야 하며, 이 경우 최초 1일은 유급으로 한다</u>(고평법 제18조의3 제1항 본문).

⑤ (○) 고평법 제22조의4 제3항, 제22조의3 제1항 제3호

정답 ①

가족돌봄 등을 위한 근로시간 단축(고평법 제22조의3)

① 사업주는 근로자가 다음 각 호의 어느 하나에 해당하는 사유로 <u>근로시간의 단축을 신청하는 경우</u>에 이를 허용하여야 한다. 다만, 대체인력 채용이 불가능한 경우, 정상적인 사업 운영에 중대한 지장을 초래하는 경우 등 대통령령으로 정하는 경우에는 그러하지 아니하다.

  1. 근로자가 가족의 질병, 사고, 노령으로 인하여 그 가족을 돌보기 위한 경우

  2. 근로자 자신의 질병이나 사고로 인한 부상 등의 사유로 자신의 건강을 돌보기 위한 경우

  3. <u>55세 이상의 근로자가 은퇴를 준비하기 위한 경우</u>

  4. 근로자의 학업을 위한 경우

가족돌봄 등을 위한 근로시간 단축 중 근로조건 등(고평법 제22조의4)

① 사업주는 제22조의3에 따라 근로시간 단축을 하고 있는 근로자에게 근로시간에 비례하여 적용하는 경우 외에는 가족돌봄 등을 위한 근로시간 단축을 이유로 그 근로조건을 불리하게 하여서는 아니 된다.

② 제22조의3에 따라 <u>근로시간 단축을 한 근로자의 근로조건(근로시간 단축 후 근로시간을 포함한다)은 사업주와 그 근로자 간에 서면으로 정한다.</u>

③ 사업주는 제22조의3에 따라 근로시간 단축을 하고 있는 근로자에게 단축된 근로시간 외에 연장근로를 요구할 수 없다. <u>다만, 그 근로자가 명시적으로 청구하는 경우에는 사업주는 주 12시간 이내에서 연장근로를 시킬 수 있다.</u>

④ 근로시간 단축을 한 근로자에 대하여 근로기준법 제2조 제6호에 따른 평균임금을 산정하는 경우에는 그 근로자의 근로시간 단축 기간을 평균임금 산정기간에서 제외한다.

---

07 기출 24   ☑ 확인 Check! ○ △ ✕

남녀고용평등과 일·가정 양립 지원에 관한 법률상 (   )에 들어갈 내용을 옳게 나열한 것은?

> • 사업주는 근로자가 배우자의 출산을 이유로 휴가를 청구하는 경우에 (ㄱ)일의 휴가를 주어야 한다.
> • 배우자 출산휴가는 근로자의 배우자가 출산한 날부터 (ㄴ)일이 지나면 청구할 수 없다.
> • 가족돌봄휴직 기간은 연간 최장 (ㄷ)일로 한다.

① ㄱ : 5, ㄴ : 30, ㄷ : 90
② ㄱ : 5, ㄴ : 60, ㄷ : 90
③ ㄱ : 5, ㄴ : 90, ㄷ : 180
④ ㄱ : 10, ㄴ : 90, ㄷ : 90
⑤ ㄱ : 10, ㄴ : 90, ㄷ : 180

07

• 사업주는 근로자가 배우자의 출산을 이유로 휴가(이하 "배우자 출산휴가")를 청구하는 경우에 <u>10</u>일의 휴가를 주어야 한다. 이 경우 사용한 휴가기간은 유급으로 한다(고평법 제18조의2 제1항).

• 배우자 출산휴가는 근로자의 배우자가 출산한 날부터 <u>90</u>일이 지나면 청구할 수 없다(고평법 제18조의2 제3항).

• 가족돌봄휴직 기간은 연간 최장 <u>90</u>일로 하며, 이를 나누어 사용할 수 있을 것. 이 경우 나누어 사용하는 1회의 기간은 30일 이상이 되어야 한다(고평법 제22조의2 제4항 제1호).

정답 ④

남녀고용평등과 일·가정 양립 지원에 관한 법률상 육아기 근로시간 단축에 관한 설명으로 옳지 않은 것은?

① 육아기 근로시간 단축을 한 근로자의 평균임금을 산정하는 경우에는 그 근로자의 육아기 근로시간 단축 기간을 평균임금 산정기간에서 제외한다.

② 사업주가 육아기 근로시간 단축을 허용하지 아니하는 경우에는 해당 근로자에게 그 사유를 서면으로 통보하여야 한다.

③ 육아기 근로시간 단축을 허용하는 경우 단축 후 근로시간은 주당 10시간 이상이어야 하고 30시간을 넘어서는 아니 된다.

④ 근로자는 육아기 근로시간 단축을 나누어 사용할 수 있다.

⑤ 사업주는 근로자의 육아기 근로시간 단축기간이 끝난 후에 그 근로자를 육아기 근로시간 단축 전과 같은 업무 또는 같은 수준의 임금을 지급하는 직무에 복귀시켜야 한다.

08

① (○) 고평법 제19조의3 제4항

② (○) 사업주가 육아기 근로시간 단축을 허용하지 아니하는 경우에는 해당 근로자에게 그 사유를 서면으로 통보하고 육아휴직을 사용하게 하거나 출근 및 퇴근 시간 조정 등 다른 조치를 통하여 지원할 수 있는지를 해당 근로자와 협의하여야 한다(고평법 제19조의2 제2항).

③ (✕) 해당 근로자에게 육아기 근로시간 단축을 허용하는 경우 단축 후 근로시간은 주당 15시간 이상이어야 하고 35시간을 넘어서는 아니 된다(고평법 제19조의2 제3항).

④ (○) 고평법 제19조의4 제2항 전문

⑤ (○) 고평법 제19조의2 제6항

정답 ③

➕ PLUS

육아기 근로시간 단축(고평법 제19조의2)

① 사업주는 근로자가 만 8세 이하 또는 초등학교 2학년 이하의 자녀를 양육하기 위하여 근로시간의 단축(이하 "육아기 근로시간 단축")을 신청하는 경우에 이를 허용하여야 한다. 다만, 대체인력 채용이 불가능한 경우, 정상적인 사업 운영에 중대한 지장을 초래하는 경우 등 대통령령으로 정하는 경우에는 그러하지 아니하다.

② 제1항 단서에 따라 사업주가 육아기 근로시간 단축을 허용하지 아니하는 경우에는 해당 근로자에게 그 사유를 서면으로 통보하고 육아휴직을 사용하게 하거나 출근 및 퇴근 시간 조정 등 다른 조치를 통하여 지원할 수 있는지를 해당 근로자와 협의하여야 한다.

③ 사업주가 제1항에 따라 해당 근로자에게 육아기 근로시간 단축을 허용하는 경우 단축 후 근로시간은 주당 15시간 이상이어야 하고 35시간을 넘어서는 아니 된다.

④ 육아기 근로시간 단축의 기간은 1년 이내로 한다. 다만, 제19조 제1항에 따라 육아휴직을 신청할 수 있는 근로자가 제19조 제2항에 따른 육아휴직 기간 중 사용하지 아니한 기간이 있으면 그 기간을 가산한 기간 이내로 한다.

⑤ 사업주는 육아기 근로시간 단축을 이유로 해당 근로자에게 해고나 그 밖의 불리한 처우를 하여서는 아니 된다.

⑥ 사업주는 근로자의 육아기 근로시간 단축기간이 끝난 후에 그 근로자를 육아기 근로시간 단축 전과 같은 업무 또는 같은 수준의 임금을 지급하는 직무에 복귀시켜야 한다.

육아기 근로시간 단축 중 근로조건 등(고평법 제19조의3)

① 사업주는 제19조의2에 따라 육아기 근로시간 단축을 하고 있는 근로자에 대하여 근로시간에 비례하여 적용하는 경우 외에는 육아기 근로시간 단축을 이유로 그 근로조건을 불리하게 하여서는 아니 된다.

② 제19조의2에 따라 육아기 근로시간 단축을 한 근로자의 근로조건(육아기 근로시간 단축 후 근로시간을 포함)은 사업주와 그 근로자 간에 서면으로 정한다.

③ 사업주는 제19조의2에 따라 육아기 근로시간 단축을 하고 있는 근로자에게 단축된 근로시간 외에 연장근로를 요구할 수 없다. 다만, 그 근로자가 명시적으로 청구하는 경우에는 사업주는 주 12시간 이내에서 연장근로를 시킬 수 있다.

④ 육아기 근로시간 단축을 한 근로자에 대하여 근로기준법 제2조 제6호에 따른 평균임금을 산정하는 경우에는 그 근로자의 육아기 근로시간 단축 기간을 평균임금 산정기간에서 제외한다.

제1장

제2장

제3장

제4장

제5장

제6장

제7장

제8장

제9장

제10장

09 기출 24

☑확인 Check! ○ △ ✕

산업안전보건법령상 안전보건관리규정에 관한 설명으로 옳지 않은 것은?

① 취업규칙은 안전보건관리규정에 반할 수 없다. 이 경우 취업규칙 중 안전보건관리규정에 반하는 부분에 관하여는 안전보건관리규정으로 정한 기준에 따른다.
② 상시근로자 수가 300명인 보험업 사업주는 안전보건관리규정을 작성하여야 한다.
③ 사업주는 안전보건관리규정을 작성할 때 산업안전보건위원회가 설치되어 있지 아니한 사업장의 경우에는 근로자대표의 동의를 받아야 한다.
④ 근로자는 안전보건관리규정을 지켜야 한다.
⑤ 사고조사 및 대책수립에 관한 사항은 안전보건관리규정에 포함되어야 한다.

09

① (✕) 안전보건관리규정은 단체협약 또는 취업규칙에 반할 수 없다. 이 경우 안전보건관리규정 중 단체협약 또는 취업규칙에 반하는 부분에 관하여는 그 단체협약 또는 취업규칙으로 정한 기준에 따른다(산안법 제25조 제2항).
② (○) 산안법 제25조 제3항, 동법 시행규칙 제25조 제1항, 동법 시행규칙 [별표 2]
③ (○) 사업주는 안전보건관리규정을 작성하거나 변경할 때에는 산업안전보건위원회의 심의·의결을 거쳐야 한다. 다만, 산업안전보건위원회가 설치되어 있지 아니한 사업장의 경우에는 근로자대표의 동의를 받아야 한다(산안법 제26조).
④ (○) 사업주와 근로자는 안전보건관리규정을 지켜야 한다(산안법 제27조).
⑤ (○) 산안법 제25조 제1항 제4호

정답 ①

⊕ PLUS

안전보건관리규정을 작성해야 할 사업의 종류 및 상시근로자 수(산안법 시행규칙 [별표 2])	
사업의 종류	상시근로자의 수
1. 농 업 2. 어 업 3. 소프트웨어 개발 및 공급업 4. 컴퓨터 프로그래밍, 시스템 통합 및 관리업 5. 정보서비스업 6. 금융 및 보험업 7. 임대업 : 부동산 제외 8. 전문, 과학 및 기술 서비스업(연구개발업은 제외) 9. 사업지원 서비스업 10. 사회복지 서비스업	300명 이상
1. 제1호부터 제10호까지의 사업을 제외한 사업	100명 이상

10 기출 24

☑ 확인 Check! ○ △ ✕

산업안전보건법상 용어의 정의로 옳지 않은 것은?

① "산업재해"란 노무를 제공하는 사람이 업무에 관계되는 건설물·설비·원재료·가스·증기·분진 등에 의하거나 작업 또는 그 밖의 업무로 인하여 사망 또는 부상하거나 질병에 걸리는 것을 말한다.

② "작업환경측정"이란 산업재해를 예방하기 위하여 잠재적 위험성을 발견하고 그 개선대책을 수립할 목적으로 조사·평가하는 것을 말한다.

③ "관계수급인"이란 도급이 여러 단계에 걸쳐 체결된 경우에 각 단계별로 도급받은 사업주 전부를 말한다.

④ "건설공사발주자"란 건설공사를 도급하는 자로서 건설공사의 시공을 주도하여 총괄·관리하지 아니하는 자를 말한다. 다만, 도급받은 건설공사를 다시 도급하는 자는 제외한다.

⑤ "도급인"이란 물건의 제조·건설·수리 또는 서비스의 제공, 그 밖의 업무를 도급하는 사업주를 말한다. 다만, 건설공사발주자는 제외한다.

10

① (○) 산안법 제2조 제1호

② (✕) "작업환경측정"이란 작업환경 실태를 파악하기 위하여 해당 근로자 또는 작업장에 대하여 사업주가 유해인자에 대한 측정계획을 수립한 후 시료(試料)를 채취하고 분석·평가하는 것을 말한다(산안법 제2조 제13호). 한편 "안전보건진단"이란 산업재해를 예방하기 위하여 잠재적 위험성을 발견하고 그 개선대책을 수립할 목적으로 조사·평가하는 것을 말한다(동법 제2조 제12호).

③ (○) 산안법 제2조 제9호

④ (○) 산안법 제2조 제10호

⑤ (○) 산안법 제2조 제7호

정답 ②

➕ PLUS

정의(산안법 제2조)

이 법에서 사용하는 용어의 뜻은 다음과 같다.

1. "산업재해"란 노무를 제공하는 사람이 업무에 관계되는 건설물·설비·원재료·가스·증기·분진 등에 의하거나 작업 또는 그 밖의 업무로 인하여 사망 또는 부상하거나 질병에 걸리는 것을 말한다.
2. "중대재해"란 산업재해 중 사망 등 재해 정도가 심하거나 다수의 재해자가 발생한 경우로서 고용노동부령으로 정하는 재해를 말한다.
3. "근로자"란 근로기준법 제2조 제1항 제1호에 따른 근로자를 말한다.
4. "사업주"란 근로자를 사용하여 사업을 하는 자를 말한다.
5. "근로자대표"란 근로자의 과반수로 조직된 노동조합이 있는 경우에는 그 노동조합을, 근로자의 과반수로 조직된 노동조합이 없는 경우에는 근로자의 과반수를 대표하는 자를 말한다.
6. "도급"이란 명칭에 관계없이 물건의 제조·건설·수리 또는 서비스의 제공, 그 밖의 업무를 타인에게 맡기는 계약을 말한다.
7. "도급인"이란 물건의 제조·건설·수리 또는 서비스의 제공, 그 밖의 업무를 도급하는 사업주를 말한다. 다만, 건설공사발주자는 제외한다.
8. "수급인"이란 도급인으로부터 물건의 제조·건설·수리 또는 서비스의 제공, 그 밖의 업무를 도급받은 사업주를 말한다.
9. "관계수급인"이란 도급이 여러 단계에 걸쳐 체결된 경우에 각 단계별로 도급받은 사업주 전부를 말한다.
10. "건설공사발주자"란 건설공사를 도급하는 자로서 건설공사의 시공을 주도하여 총괄·관리하지 아니하는 자를 말한다. 다만, 도급받은 건설공사를 다시 도급하는 자는 제외한다.
11. "건설공사"란 다음 각 목의 어느 하나에 해당하는 공사를 말한다.
    가. 건설산업기본법 제2조 제4호에 따른 건설공사
    나. 전기공사업법 제2조 제1호에 따른 전기공사
    다. 정보통신공사업법 제2조 제2호에 따른 정보통신공사
    라. 소방시설공사업법에 따른 소방시설공사
    마. 국가유산수리 등에 관한 법률에 따른 국가유산 수리공사
12. "안전보건진단"이란 산업재해를 예방하기 위하여 잠재적 위험성을 발견하고 그 개선대책을 수립할 목적으로 조사·평가하는 것을 말한다.
13. "작업환경측정"이란 작업환경 실태를 파악하기 위하여 해당 근로자 또는 작업장에 대하여 사업주가 유해인자에 대한 측정계획을 수립한 후 시료(試料)를 채취하고 분석·평가하는 것을 말한다.

11 기출 24

☑ 확인Check! ○ △ ✕

산업안전보건법령상 근로자의 보건관리에 관한 설명으로 옳지 않은 것은?

① 사업주는 잠수 작업에 종사하는 근로자에게는 1일 5시간을 초과하여 근로하게 해서는 아니 된다.

② 도급인의 사업장에서 관계수급인의 근로자가 작업을 하는 경우에는 도급인이 법정 자격을 가진 자로 하여금 작업환경측정을 하도록 하여야 한다.

③ 사업주는 근로자대표(관계수급인의 근로자대표를 포함한다)가 요구하면 작업환경측정 시 근로자대표를 참석시켜야 한다.

④ 사업주는 건강진단을 실시하는 경우 근로자대표가 요구하면 근로자대표를 참석시켜야 한다.

⑤ 사업주는 근로자(관계수급인의 근로자를 포함한다)가 신체적 피로와 정신적 스트레스를 해소할 수 있도록 휴식시간에 이용할 수 있는 휴게시설을 갖추어야 한다.

11

① (✕) 산안법 시행령 제99조 제2항은 잠수 작업에서 잠함·잠수 작업시간, 가압·감압방법 등 해당 근로자의 안전과 보건을 유지하기 위하여 필요한 사항을 고용노동부령으로 정하도록 위임하고 있으나, 위임한 사항을 규정한 시행규칙은 제정되어 있지 아니하다.

② (○) 도급인의 사업장에서 관계수급인 또는 관계수급인의 근로자가 작업을 하는 경우에는 도급인이 고용노동부령으로 정하는 자격을 가진 자로 하여금 작업환경측정을 하도록 하여야 한다(산안법 제125조 제2항).

③ (○) 산안법 제125조 제4항

④ (○) 산안법 제132조 제1항

⑤ (○) 산안법 제128조의2 제1항

정답 ①

12 기출 24

☑ 확인Check! ○ △ ✕

직업안정법상 직업소개에 관한 설명으로 옳지 않은 것은?

① 국외 무료직업소개사업을 하려는 사는 고용노동부장관에게 신고하여야 한다.

② 근로복지공단이 업무상 재해를 입은 근로자를 대상으로 하는 직업소개의 경우 신고를 하지 아니하고 무료직업소개사업을 할 수 있다.

③ 국내 유료직업소개사업을 하려는 자는 고용노동부장관에게 등록하여야 한다.

④ 유료직업소개사업을 등록한 자는 그 등록증을 대여하여서는 아니 된다.

⑤ 유료직업소개사업을 하는 자는 구직자에게 제공하기 위하여 구인자로부터 선급금을 받아서는 아니 된다.

12

① (○) 국내 무료직업소개사업을 하려는 자는 주된 사업소의 소재지를 관할하는 특별자치도지사·시장·군수 및 구청장에게 신고하여야 하고, 국외 무료직업소개사업을 하려는 자는 고용노동부장관에게 신고하여야 한다(직안법 제18조 제1항 전문).

② (○) 직안법 제18조 제4항 제4호

③ (✕) 국내 유료직업소개사업을 하려는 자는 주된 사업소의 소재지를 관할하는 특별자치도지사·시장·군수 및 구청장에게 등록하여야 하고, 국외 유료직업소개사업을 하려는 자는 고용노동부장관에게 등록하여야 한다(직안법 제19조 제1항 전문).

④ (○) 유료직업소개사업을 등록한 자는 타인에게 자기의 성명 또는 상호를 사용하여 직업소개사업을 하게 하거나 그 등록증을 대여하여서는 아니 된다(직안법 제21조).

⑤ (○) 등록을 하고 유료직업소개사업을 하는 자 및 그 종사자는 구직자에게 제공하기 위하여 구인자로부터 선급금을 받아서는 아니 된다(직안법 제21조의2).

정답 ③

13 기출 24

☑확인 Check! ○ △ ✕

최저임금법령상 최저임금의 결정 등에 관한 설명으로 옳지 않은 것은?

① 고용노동부장관은 매년 3월 31일까지 최저임금위원회에 최저임금에 관한 심의를 요청하여야 한다.

② 최저임금위원회는 고용노동부장관으로부터 최저임금에 관한 심의 요청을 받은 경우 이를 심의하여 최저임금안을 의결하고 심의 요청을 받은 날부터 90일 이내에 고용노동부장관에게 제출하여야 한다.

③ 고용노동부장관은 최저임금위원회가 심의하여 제출한 최저임금안에 따라 최저임금을 결정하기가 어렵다고 인정되면 20일 이내에 그 이유를 밝혀 위원회에 10일 이상의 기간을 정하여 재심의를 요청할 수 있다.

④ 고용노동부장관은 매년 8월 5일까지 최저임금을 결정하여야 한다.

⑤ 사용자를 대표하는 자는 고시된 최저임금안에 대하여 이의가 있으면 고시된 날부터 30일 이내에 고용노동부장관에게 이의를 제기할 수 있다.

14 기출 24

☑확인 Check! ○ △ ✕

최저임금법령상 최저임금위원회에 관한 설명으로 옳지 않은 것은?

① 위원장과 부위원장은 공익위원 중에서 위원회가 선출한다.

② 위원회에 2명의 상임위원을 두며, 상임위원은 근로자위원과 사용자위원 각 1명으로 한다.

③ 위원의 임기는 3년으로 하되, 연임할 수 있다.

④ 위원회의 회의는 이 법으로 따로 정하는 경우 외에는 재적위원 과반수의 출석과 출석위원 과반수의 찬성으로 의결한다.

⑤ 위원은 임기가 끝났더라도 후임자가 임명되거나 위촉될 때까지 계속하여 직무를 수행한다.

13

① (○) 최임법 시행령 제7조

② (○) 최임법 제8조 제2항

③ (○) 최임법 제8조 제3항

④ (○) 최임법 제8조 제1항 전문

⑤ (✕) 근로자를 대표하는 자나 사용자를 대표하는 자는 고시된 최저임금안에 대하여 이의가 있으면 <u>고시된 날부터 10일 이내에</u> 대통령령으로 정하는 바에 따라 고용노동부장관에게 이의를 제기할 수 있다(최임법 제9조 제2항 전문).

정답 ⑤

14

① (○) 최임법 제15조 제2항

② (✕) 위원회에 2명의 상임위원을 두며, <u>상임위원은 공익위원이 된다</u>(최임법 제14조 제2항). 공익위원의 위촉 기준은 최임법 시행령 제13조가 규정하고 있다.

③ (○) 최임법 제14조 제3항

④ (○) 최임법 제17조 제3항

⑤ (○) 최임법 제14조 제5항

정답 ②

15 기출 24

☑ 확인 Check! ○ △ ✕

근로자퇴직급여 보장법상 퇴직급여제도에 관한 설명으로 옳지 않은 것은?

① 사용자는 계속근로기간이 1년 미만인 근로자에 대하여는 퇴직급여제도를 설정하지 않아도 된다.
② 퇴직급여제도를 설정하는 경우에 하나의 사업에서 급여 및 부담금 산정방법의 적용 등에 관하여 차등을 두어서는 아니 된다.
③ 사용자가 퇴직급여제도를 다른 종류의 퇴직급여제도로 변경하려는 경우에는 근로자의 과반수를 대표하는 자와 사전협의를 하여야 한다.
④ 사용자는 근로자가 퇴직한 경우에는 그 지급사유가 발생한 날부터 14일 이내에 퇴직금을 지급하여야 하나, 특별한 사정이 있는 경우에는 당사자 간의 합의에 따라 지급기일을 연장할 수 있다.
⑤ 퇴직금을 받을 권리는 3년간 행사하지 아니하면 시효로 인하여 소멸한다.

15

① (○) 사용자는 퇴직하는 근로자에게 급여를 지급하기 위하여 퇴직급여제도 중 하나 이상의 제도를 설정하여야 한다. 다만, 계속근로기간이 1년 미만인 근로자, 4주간을 평균하여 1주간의 소정근로시간이 15시간 미만인 근로자에 대하여는 그러하지 아니하다(근퇴법 제4조 제1항).
② (○) 근퇴법 제4조 제2항
③ (✕) 사용자가 퇴직급여제도를 설정하거나 설정된 퇴직급여제도를 다른 종류의 퇴직급여제도로 변경하려는 경우에는 근로자의 과반수가 가입한 노동조합이 있는 경우에는 그 노동조합, 근로자의 과반수가 가입한 노동조합이 없는 경우에는 근로자 과반수(이하 "근로자대표")의 동의를 받아야 한다(근퇴법 제4조 제3항).
④ (○) 근퇴법 제9조 제1항
⑤ (○) 근퇴법 제10조

정답 ③

16 기출 24

☑ 확인 Check! ○ △ ✕

근로자퇴직급여 보장법령상 확정기여형퇴직연금제도에 가입한 근로자가 적립금을 중도인출할 수 있는 경우를 모두 고른 것은?

> ㄱ. 무주택자인 가입자가 주거를 목적으로 주택임대차보호법 제3조의2에 따른 보증금을 부담하는 경우(가입자가 하나의 사업 또는 사업장에 근로하는 동안 1회로 한정한다)
> ㄴ. 무주택자인 가입자가 본인 명의로 주택을 구입하는 경우
> ㄷ. 가입자 배우자의 부양가족의 장례비를 가입자가 부담하는 경우

① ㄱ
② ㄷ
③ ㄱ, ㄴ
④ ㄴ, ㄷ
⑤ ㄱ, ㄴ, ㄷ

16

ㄱ. 무주택자인 가입자가 주거를 목적으로 주택임대차보호법 제3조의2에 따른 보증금을 부담하는 경우(가입자가 하나의 사업 또는 사업장에 근로하는 동안 1회로 한정), ㄴ. 무주택자인 가입자가 본인 명의로 주택을 구입하는 경우 등이 근퇴법 제22조, 동법 시행령 제14조 제1항 제1호에서 정한 적립금의 중도인출 사유에 해당한다. ㄷ. 가입자 배우자의 부양가족의 장례비를 가입자가 부담하는 경우는 퇴직연금 수급권의 담보제공사유에 해당함을 유의하여야 한다(근퇴법 제7조 제2항 전문, 동법 시행령 제2조 제1항 제4호의2 다목).

정답 ③

확정기여형퇴직연금제도의 중도인출 사유(근퇴법 시행령 제14조)

① 법 제22조에서 "주택구입 등 대통령령으로 정하는 사유"란 다음 각 호의 어느 하나에 해당하는 경우를 말한다.

1. 제2조 제1항 제1호·제1호의2 또는 제5호(재난으로 피해를 입은 경우로 한정)에 해당하는 경우

1의2. 제2조 제1항 제2호에 해당하는 경우로서 가입자가 본인 연간 임금총액의 1천분의 125를 초과하여 의료비를 부담하는 경우

2. 중도인출을 신청한 날부터 거꾸로 계산하여 5년 이내에 가입자가 채무자 회생 및 파산에 관한 법률에 따라 파산선고를 받은 경우

3. 중도인출을 신청한 날부터 거꾸로 계산하여 5년 이내에 가입자가 채무자 회생 및 파산에 관한 법률에 따라 개인회생절차개시 결정을 받은 경우

4. 법 제7조 제2항 후단에 따라 퇴직연금제도의 급여를 받을 권리를 담보로 제공하고 대출을 받은 가입자가 그 대출 원리금을 상환하기 위한 경우로서 고용노동부장관이 정하여 고시하는 사유에 해당하는 경우

② 제1항 제4호에 해당하는 사유로 적립금을 중도인출하는 경우 그 중도인출 금액은 대출 원리금의 상환에 필요한 금액 이하로 한다.

퇴직연금제도 수급권의 담보제공 사유 등(근퇴법 시행령 제2조)

① 근로자퇴직급여 보장법(이하 "법") 제7조 제2항 전단에서 "주택구입 등 대통령령으로 정하는 사유와 요건을 갖춘 경우"란 다음 각 호의 어느 하나에 해당하는 경우를 말한다.

1. 무주택자인 가입자가 본인 명의로 주택을 구입하는 경우

1의2. 무주택자인 가입자가 주거를 목적으로 민법 제303조에 따른 전세금 또는 주택임대차보호법 제3조의2에 따른 보증금을 부담하는 경우. 이 경우 가입자가 하나의 사업 또는 사업장(이하 "사업")에 근로하는 동안 1회로 한정한다.

2. 가입자가 6개월 이상 요양을 필요로 하는 다음 각 목의 어느 하나에 해당하는 사람의 질병이나 부상에 대한 의료비(소득세법 시행령 제118조의5 제1항 및 제2항에 따른 의료비)를 부담하는 경우

    가. 가입자 본인

    나. 가입자의 배우자

    다. 가입자 또는 그 배우자의 부양가족(소득세법 제50조 제1항 제3호에 따른 부양가족)

17 기출 24

☑ 확인Check! ○ △ ×

임금채권보장법령에 관한 설명으로 옳지 않은 것은?

① 도산대지급금을 지급받으려는 사람은 도산등사실인정이 있는 날부터 3년 이내에 근로복지공단에 직접 대지급금의 지급을 청구해야 한다.

② 이 법은 국가와 지방자치단체가 직접 수행하는 사업에 적용하지 아니한다.

③ 재직 근로자에 대한 대지급금은 해당 근로자가 하나의 사업에 근로하는 동안 1회만 지급한다.

④ 임금채권보장기금은 고용노동부장관이 관리·운용한다.

⑤ 고용노동부장관은 사업주로부터 임금등을 지급받지 못한 근로자의 생활안정을 위하여 근로자의 신청에 따라 생계비에 필요한 비용을 융자할 수 있다.

17

① (×) 도산대지급금을 지급받으려는 사람은 도산등사실인정이 있는 날부터 2년 이내에 고용노동부장관에게 대지급금의 지급을 청구해야 한다(임채법 시행령 제9조 제1항 제1호).

② (○) 임채법 제3조 단서

③ (○) 임채법 제7조의2 제4항

④ (○) 임채법 제20조 제1항

⑤ (○) 임채법 제7조의3 제2항

정답 ①

18 기출 24

☑확인 Check! ○ △ ×

임금채권보장법상 사업주로부터 징수하는 부담금에 관한 설명으로 옳지 않은 것은?

① 사업주가 부담하여야 하는 부담금은 그 사업에 종사하는 근로자의 보수총액에 1천분의 2의 범위에서 임금채권보장기금심의위원회의 심의를 거쳐 고용노동부장관이 정하는 부담금비율을 곱하여 산정한 금액으로 한다.

② 이 법은 사업주의 부담금에 관하여 다른 법률에 우선하여 적용한다.

③ 외국인근로자의 고용 등에 관한 법률에 따라 외국인근로자 출국만기보험·신탁에 가입한 사업주에 대하여는 부담금을 경감할 수 있다.

④ 근로기준법 또는 근로자퇴직급여 보장법에 따라 퇴직금을 미리 정산하여 지급한 사업주에 대하여는 부담금을 경감할 수 있다.

⑤ 사업주의 부담금을 산정할 때 해당 연도의 보수총액을 결정하기 곤란한 경우에는 전 년도의 보수총액을 기준으로 부담금을 결정한다.

18

① (○) 임채법 제9조 제2항

② (○) 임채법 제9조 제5항

③ (○) 고용노동부장관은 외국인근로자의 고용 등에 관한 법률에 따라 외국인근로자 출국만기보험·신탁에 가입한 사업주에 대하여는 부담금을 경감할 수 있다. 이 경우 그 경감기준은 고용노동부장관이 위원회의 심의를 거쳐 정한다(임채법 제10조 제4호).

④ (○) 고용노동부장관은 근로기준법 또는 근로자퇴직급여 보장법에 따라 퇴직금을 미리 정산하여 지급한 사업주에 대하여는 부담금을 경감할 수 있다. 이 경우 그 경감기준은 고용노동부장관이 위원회의 심의를 거쳐 정한다(임채법 제10조 제2호).

⑤ (×) 사업주가 부담하여야 하는 부담금은 그 사업에 종사하는 근로자의 보수총액에 1천분의 2의 범위에서 위원회의 심의를 거쳐 고용노동부장관이 정하는 부담금비율을 곱하여 산정한 금액으로 한다. 보수총액을 결정하기 곤란한 경우에는 고용산재보험료징수법에 따라 고시하는 노무비율(勞務比率)에 따라 보수총액을 결정한다(임채법 제9조 제2항, 제3항).

정답 ⑤

19 기출 24

☑확인 Check! ○ △ ×

근로복지기본법에 관한 설명으로 옳지 않은 것은?

① 누구든지 국가 또는 지방자치단체가 근로자의 주거안정, 생활안정 및 재산형성 등 근로복지를 위하여 이 법에 따라 융자한 자금을 그 목적사업에만 사용하여야 한다.

② 국가 또는 지방자치단체는 근로자가 아니면서 자신이 아닌 다른 사람의 사업을 위하여 다른 사람을 사용하지 아니하고 자신이 직접 노무를 제공하여 노무수령자로부터 대가를 얻는 사람을 대상으로 근로복지사업을 실시할 수 있다.

③ 사업주는 선택적 복지제도를 실시할 때에는 근로자의 직급, 근속연수, 부양가족 등을 고려하여 합리적인 기준에 따라 수혜 수준을 달리할 수 있다.

④ 근로복지시설을 설치·운영하는 자는 근로자의 소득수준, 가족관계 등을 고려하여 근로복지시설의 이용자를 제한하거나 이용료를 차등하여 받을 수 없다.

⑤ 우리사주조합의 규약 제정과 변경에 관한 사항은 반드시 우리사주조합원총회의 의결을 거쳐야 한다.

19

① (○) 근복법 제6조

② (○) 국가 또는 지방자치단체는 근로자가 아니면서 자신이 아닌 다른 사람의 사업을 위하여 다른 사람을 사용하지 아니하고 자신이 직접 노무를 제공하여 해당 사업주 또는 노무수령자로부터 대가를 얻는 사람을 대상으로 근로복지사업을 실시할 수 있다(근복법 제95조의2 제1항 제1호).

③ (○) 사업주는 선택적 복지제도를 실시할 때에는 해당 사업 내의 모든 근로자가 공평하게 복지혜택을 받을 수 있도록 하여야 한다. 다만, 근로자의 직급, 근속연수, 부양가족 등을 고려하여 합리적인 기준에 따라 수혜 수준을 달리할 수 있다(근복법 제81조 제2항).

④ (×) 근로복지시설을 설치·운영하는 자는 근로자의 소득수준, 가족관계 등을 고려하여 근로복지시설의 이용자를 제한하거나 이용료를 차등하여 받을 수 있다(근복법 제30조).

⑤ (○) 근복법 제35조 제2항 제1호

정답 ④

20 기출 24

☑ 확인Check! ○ △ ✕

외국인근로자의 고용 등에 관한 법률상 취업활동 기간 제한의 특례에 관한 내용이다. (   )에 들어갈 내용을 옳게 나열한 것은?

> 고용허가를 받은 사용자에게 고용된 외국인근로자로서 취업활동 기간 (ㄱ)이 만료되어 출국하기 전에 사용자가 고용노동부장관에게 재고용 허가를 요청한 근로자는 한 차례만 (ㄴ) 미만의 범위에서 취업활동 기간을 연장받을 수 있다.

① ㄱ : 2년,   ㄴ : 1년
② ㄱ : 2년,   ㄴ : 2년
③ ㄱ : 3년,   ㄴ : 1년
④ ㄱ : 3년,   ㄴ : 2년
⑤ ㄱ : 3년,   ㄴ : 3년

➕ PLUS

취업활동 기간 제한에 관한 특례(외고법 제18조의2)
① 다음 각 호의 외국인근로자는 제18조에도 불구하고 <u>한 차례만 2년 미만의 범위에서</u> 취업활동 기간을 연장받을 수 있다.
1. 제8조 제4항에 따른 고용허가를 받은 사용자에게 고용된 외국인근로자로서 제18조에 따른 <u>취업활동기간 3년이 만료되어 출국하기 전에 사용자가 고용노동부장관에게 재고용 허가를 요청한 근로자</u>
2. 제12조 제3항에 따른 특례고용가능확인을 받은 사용자에게 고용된 외국인근로자로서 제18조에 따른 <u>취업활동 기간 3년이 만료되어 출국하기 전에 사용자가 고용노동부장관에게 재고용 허가를 요청한 근로자</u>
② 고용노동부장관은 제1항 및 제18조에도 불구하고 <u>감염병 확산, 천재지변 등의 사유로 외국인근로자의 입국과 출국이 어렵다고 인정되는 경우에는 정책위원회의 심의·의결을 거쳐 1년의 범위에서 취업활동 기간을 연장할 수 있다.</u>

21 기출 24

☑ 확인Check! ○ △ ✕

외국인근로자의 고용 등에 관한 법령에 관한 설명으로 옳지 않은 것은?

① 직업안정법에 따른 직업안정기관이 아닌 자는 외국인근로자의 선발, 알선, 그 밖의 채용에 개입하여서는 아니 된다.
② 법무부장관은 송출국가가 송부한 송출대상 인력을 기초로 외국인구직자 명부를 작성하고, 관리하여야 한다.
③ 외국인근로자 고용허가를 최초로 받은 사용자는 노동관계법령·인권 등에 관한 교육을 받아야 한다.
④ 외국인근로자는 입국한 후 15일 이내에 외국인 취업교육을 받아야 한다.
⑤ 고용허가에 따라 체결된 근로계약의 효력발생 시기는 외국인근로자가 입국한 날로 한다.

20

고용허가를 받은 사용자에게 고용된 외국인근로자로서 취업활동 기간 <u>3</u>년이 만료되어 출국하기 전에 사용자가 고용노동부장관에게 재고용 허가를 요청한 근로자는 한 차례만 <u>2</u>년 미만의 범위에서 취업활동 기간을 연장받을 수 있다(외고법 제18조의2 제1항 제1호).

정답 ④

21

① (○) 외고법 제8조 제6항
② (✕) <u>고용노동부장관은 송출국가가 송부한 송출대상 인력을 기초로 외국인구직자 명부를 작성하고, 관리하여야 한다(외고법 시행령 제12조 제2항).</u>
③ (○) 외고법 제11조의2 제1항
④ (○) 외국인근로자는 입국한 후에 15일 이내에 한국산업인력공단 또는 외국인 취업교육기관에서 국내 취업활동에 필요한 사항을 주지(周知)시키기 위하여 실시하는 교육을 받아야 한다(외고법 제11조 제1항, 동법 시행규칙 제10조).
⑤ (○) 외고법 시행령 제17조 제1항, 동법 제9조 제1항

정답 ②

22

기간제 및 단시간근로자 보호 등에 관한 법령상 사용기간의 제한과 관련된 설명으로 옳지 않은 것은?(다툼이 있으면 판례에 따름)

① 사용자의 부당한 갱신거절로 인해 근로자가 실제로 근로를 제공하지 못한 기간도 계약갱신에 대한 정당한 기대권이 존속하는 범위에서는 기간제 및 단시간근로자 보호 등에 관한 법률에서 정한 2년의 사용제한기간에 포함된다.

② 사용자는 4주 동안을 평균하여 1주 동안의 소정근로시간이 15시간 미만인 근로자를 2년을 초과하여 기간제근로자로 사용할 수 없다.

③ 사용자는 외국에서 수여받은 박사 학위를 소지하고 해당 분야에 종사하는 근로자를 2년을 초과하여 기간제근로자로 사용할 수 있다.

④ 사용자는 기간의 정함이 없는 근로계약을 체결하고자 하는 경우에는 해당 사업 또는 사업장의 동종 또는 유사한 업무에 종사하는 기간제근로자를 우선적으로 고용하도록 노력하여야 한다.

⑤ 기간제 및 단시간근로자 보호 등에 관한 법률은 총 사용기간을 2년으로 제한할 뿐 그 기간 중에 반복갱신의 횟수는 제한하고 있지 않다.

22

① (○) 기간제법의 기간제근로자 보호 취지, 사용자의 부당한 갱신거절로 인한 효과 등을 고려하면, 사용자의 부당한 갱신거절로 인해 근로자가 실제로 근로를 제공하지 못한 기간도 계약갱신에 대한 정당한 기대권이 존속하는 범위에서는 기간제법 제4조 제2항에서 정한 2년의 사용제한기간에 포함된다고 보아야 한다(대판 2018.6.19. 2013다85523).

② (✕) 사용자가 4주 동안(4주 미만으로 근로하는 경우에는 그 기간)을 평균하여 1주 동안의 소정근로시간이 15시간 미만에 해당하는 등 1주 동안의 소정근로시간이 뚜렷하게 짧은 단시간근로자를 사용하는 경우에는 2년을 초과하여 기간제근로자로 사용할 수 있다(기단법 제4조 제1항 제6호, 동법 시행령 제3조 제3항 제6호).

③ (○) 기단법 제4조 제1항 제5호, 동법 시행령 제3조 제1항 제1호

④ (○) 기단법 제5조

⑤ (○) 사용자는 기간제 근로계약의 반복갱신 등의 경우에는 그 계속근로한 총기간이 2년을 초과하지 아니하는 범위 안에서 기간제근로자를 사용할 수 있다. 그러나 그 범위 안에서의 반복갱신의 횟수는 제한하고 있지 않다(기단법 제4조 제1항 참조).

정답 ②

➕ PLUS

기간제근로자의 사용(기단법 제4조)
① 사용자는 2년을 초과하지 아니하는 범위 안에서(기간제 근로계약의 반복갱신 등의 경우에는 그 계속근로한 총기간이 2년을 초과하지 아니하는 범위 안에서) 기간제근로자를 사용할 수 있다. 다만, 다음 각 호의 어느 하나에 해당하는 경우에는 2년을 초과하여 기간제근로자로 사용할 수 있다.
1. 사업의 완료 또는 특정한 업무의 완성에 필요한 기간을 정한 경우
2. 휴직·파견 등으로 결원이 발생하여 해당 근로자가 복귀할 때까지 그 업무를 대신할 필요가 있는 경우
3. 근로자가 학업, 직업훈련 등을 이수함에 따라 그 이수에 필요한 기간을 정한 경우
4. 고령자고용촉진법 제2조 제1호의 고령자와 근로계약을 체결하는 경우
5. 전문적 지식·기술의 활용이 필요한 경우와 정부의 복지정책·실업대책 등에 따라 일자리를 제공하는 경우로서 대통령령으로 정하는 경우
6. 그 밖에 제1호부터 제5호까지에 준하는 합리적인 사유가 있는 경우로서 대통령령으로 정하는 경우

기간제근로자 사용기간 제한의 예외(기단법 시행령 제3조)
① 법 제4조 제1항 제5호에서 "전문적 지식·기술의 활용이 필요한 경우로서 대통령령이 정하는 경우"란 다음 각 호의 어느 하나에 해당하는 경우를 말한다.
1. 박사 학위(외국에서 수여받은 박사 학위를 포함)를 소지하고 해당 분야에 종사하는 경우
2. 국가기술자격법 제9조 제1항 제1호에 따른 기술사 등급의 국가기술자격을 소지하고 해당 분야에 종사하는 경우
3. [별표 2]에서 정한 전문자격을 소지하고 해당 분야에 종사하는 경우

③ 법 제4조 제1항 제6호에서 "대통령령이 정하는 경우"란 다음 각 호의 어느 하나에 해당하는 경우를 말한다.
1. 다른 법령에서 기간제근로자의 사용 기간을 법 제4조 제1항과 달리 정하거나 별도의 기간을 정하여 근로계약을 체결할 수 있도록 한 경우
2. 국방부장관이 인정하는 군사적 전문적 지식·기술을 가지고 관련 직업에 종사하거나 고등교육법 제2조 제1호에 따른 대학에서 안보 및 군사학 과목을 강의하는 경우
3. 특수한 경력을 갖추고 국가안전보장, 국방·외교 또는 통일과 관련된 업무에 종사하는 경우
4. 고등교육법 제2조에 따른 학교(같은 법 제30조에 따른 대학원대학을 포함)에서 다음 각 목의 업무에 종사하는 경우
   가. 고등교육법 제14조에 따른 강사, 조교의 업무
   나. 고등교육법 시행령 제7조에 따른 명예교수, 겸임교원, 초빙교원 등의 업무
5. 통계법 제22조에 따라 고시한 한국표준직업분류의 대분류 1과 대분류 2 직업에 종사하는 자의 소득세법 제20조 제1항에 따른 근로소득(최근 2년간의 연평균근로소득)이 고용노동부장관이 최근 조사한 고용형태별근로실태조사의 한국표준직업분류 대분류 2 직업에 종사하는 자의 근로소득 상위 100분의 25에 해당하는 경우
6. 근로기준법 제18조 제3항에 따른 1주 동안의 소정근로시간이 뚜렷하게 짧은 단시간근로자를 사용하는 경우

23 기출 23
☑확인Check! ○ △ ✕

기간제 및 단시간근로자 보호 등에 관한 법률에 관한 내용으로 옳지 않은 것은?

① 사용자는 가사를 이유로 근로자가 단시간근로를 신청하는 때에는 해당 근로자를 단시간근로자로 전환하도록 노력하여야 한다.

② 단시간근로자의 동의를 받으면 소정근로시간을 초과하여 근로를 하게 할 수 있으나, 1주 12시간을 초과할 수는 없다.

③ 사업장에서 기간제 및 단시간근로자 보호 등에 관한 법률을 위반한 사실이 있는 경우 근로자는 그 사실을 고용노동부장관 또는 근로감독관에게 통지할 수 있다.

④ 기간제근로자와 근로계약을 체결할 때 근로계약기간 등 근로조건의 서면명시를 하지 않으면 500만원 이하의 벌금에 처한다.

⑤ 사용자는 단시간근로자와 근로계약을 체결하는 때에는 근로일 및 근로일별 근로시간을 서면으로 명시하여야 한다.

23

① (○) 사용자는 가사, 학업 그 밖의 이유로 근로자가 단시간근로를 신청하는 때에는 해당 근로자를 단시간근로자로 전환하도록 노력하여야 한다(기단법 제7조 제2항).

② (○) 사용자는 단시간근로자에 대하여 근로기준법 제2조의 소정근로시간을 초과하여 근로하게 하는 경우에는 해당 근로자의 동의를 얻어야 한다. 이 경우 1주간에 12시간을 초과하여 근로하게 할 수 없다(기단법 제6조 제1항).

③ (○) 기단법 제18조

④ (✕) 기간제근로자와 근로계약을 체결할 때 근로계약기간 등 근로조건을 서면으로 명시하지 아니한 자에게는 500만원 이하의 과태료를 부과한다(기단법 제24조 제2항 제2호).

⑤ (○) 기단법 제17조 단서

정답 ④

24 기출 23

☑확인Check! ○ △ ×

남녀고용평등과 일·가정 양립 지원에 관한 법률상 가족돌봄 등을 위한 근로시간 단축에 관한 설명으로 옳지 않은 것은?

① 사업주는 근로시간 단축을 하고 있는 근로자가 명시적으로 청구하는 경우에는 단축된 근로시간 외에 주 12시간 이내에서 연장근로를 시킬 수 있다.

② 사업주가 해당 근로자에게 근로시간단축을 허용하는 경우 단축 후 근로시간은 주당 15시간 이상이어야 하고 30시간을 넘어서는 아니 된다.

③ 근로자는 근로자의 학업을 위한 경우에는 근로시간 단축의 기간을 연장할 수 없다.

④ 사업주가 근로시간 단축을 허용하지 아니하는 경우에는 해당 근로자에게 그 사유를 서면으로 통보하고 그 밖의 조치를 통하여 지원할 수 있는지를 해당 사업장의 근로자대표와 서면으로 협의하여야 한다.

⑤ 근로시간 단축을 한 근로자의 근로조건은 사업주와 그 근로자 간에 서면으로 정한다.

24

① (○) 사업주는 근로시간 단축을 하고 있는 근로자에게 단축된 근로시간 외에 연장근로를 요구할 수 없다. <u>다만, 그 근로자가 명시적으로 청구하는 경우에는 사업주는 주 12시간 이내에서 연장근로를 시킬 수 있다</u> (고평법 제22조의4 제3항).

② (○) 고평법 제22조의3 제3항

③ (○) 근로시간 단축의 기간은 1년 이내로 한다. <u>다만, 근로자가 가족의 질병, 사고, 노령으로 인하여 그 가족을 돌보기 위한 경우, 근로자 자신의 질병이나 사고로 인한 부상 등의 사유로 자신의 건강을 돌보기 위한 경우, 55세 이상의 근로자가 은퇴를 준비하기 위한 경우 등에 해당하는 근로자는 합리적 이유가 있는 경우에 추가로 2년의 범위 안에서 근로시간 단축의 기간을 연장할 수 있으나, 근로자의 학업을 위한 경우에는 그러하지 아니하다</u>(고평법 제22조의3 제4항 참조).

④ (×) 사업주가 근로시간 단축을 허용하지 아니하는 경우에는 해당 근로자에게 그 사유를 서면으로 통보하고 휴직을 사용하게 하거나 그 밖의 조치를 통하여 지원할 수 있는지를 <u>해당 근로자와 협의하여야</u> 한다 (고평법 제22조의3 제2항).

⑤ (○) 고평법 제22조의4 제2항

정답 ④

⊕ PLUS

가족돌봄 등을 위한 근로시간 단축(고평법 제22조의3)

① 사업주는 근로자가 다음 각 호의 어느 하나에 해당하는 사유로 <u>근로시간의 단축을 신청하는 경우에 이를 허용하여야</u> 한다. 다만, 대체인력 채용이 불가능한 경우, 정상적인 사업 운영에 중대한 지장을 초래하는 경우 등 대통령령으로 정하는 경우에는 그러하지 아니하다.

1. 근로자가 가족의 질병, 사고, 노령으로 인하여 그 가족을 돌보기 위한 경우
2. 근로자 자신의 질병이나 사고로 인한 부상 등의 사유로 자신의 건강을 돌보기 위한 경우
3. 55세 이상의 근로자가 은퇴를 준비하기 위한 경우
4. <u>근로자의 학업을 위한 경우</u>

② 제1항 단서에 따라 사업주가 근로시간 단축을 허용하지 아니하는 경우에는 해당 근로자에게 그 사유를 서면으로 통보하고 휴직을 사용하게 하거나 그 밖의 조치를 통하여 지원할 수 있는지를 <u>해당 근로자와 협의하여야</u> 한다.

③ 사업주가 제1항에 따라 해당 근로자에게 근로시간 단축을 허용하는 경우 <u>단축 후 근로시간은 주당 15시간 이상이어야 하고 30시간을 넘어서는 아니 된다.</u>

④ 근로시간 단축의 기간은 1년 이내로 한다. 다만, 제1항 제1호부터 제3호까지의 어느 하나에 해당하는 근로자는 합리적 이유가 <u>있는 경우에 추가로 2년의 범위 안에서 근로시간 단축의 기간을 연장할 수 있다.</u>

가족돌봄 등을 위한 근로시간 단축 중 근로조건 등(고평법 제22조의4)

① 사업주는 제22조의3에 따라 근로시간 단축을 하고 있는 근로자에게 근로시간에 비례하여 적용하는 경우 외에는 가족돌봄 등을 위한 근로시간 단축을 이유로 그 근로조건을 불리하게 하여서는 아니 된다.

② 제22조의3에 따라 근로시간 단축을 한 근로자의 <u>근로조건(근로시간 단축 후 근로시간을 포함)은 사업주와 그 근로자 간에 서면으로 정한다.</u>

③ 사업주는 제22조의3에 따라 근로시간 단축을 하고 있는 근로자에게 단축된 근로시간 외에 연장근로를 요구할 수 없다. <u>다만, 그 근로자가 명시적으로 청구하는 경우에는 사업주는 주 12시간 이내에서 연장근로를 시킬 수 있다.</u>

25 기출 23

☑ 확인Check! O △ X

남녀고용평등과 일·가정 양립 지원에 관한 법률상 분쟁의 예방과 해결에 관한 설명으로 옳지 않은 것은?

① 근로자가 노동위원회에 차별적 처우등의 시정신청을 하는 경우에는 차별적 처우등의 내용을 구체적으로 명시하여야 한다.

② 노동위원회는 확정된 시정명령에 대하여 사업주에게 이행상황을 제출할 것을 요구할 수 있다.

③ 노동위원회는 사업주의 차별적 처우등이 반복되는 경우에는 손해액을 기준으로 3배를 넘지 아니하는 범위에서 배상을 명령할 수 있다.

④ 고용노동부장관은 사업주가 차별적 처우를 한 경우에는 그 시정을 요구할 수 있다.

⑤ 근로자는 사업주로부터 차별적 처우등을 받은 경우 노동위원회에 차별적 처우등을 받은 날(차별적 처우등이 계속되는 경우에는 그 종료일)부터 6개월 이내에 그 시정을 신청할 수 있다.

25

① (O) 고평법 제26조 제2항

② (X) 고용노동부장관은 확정된 시정명령에 대하여 사업주에게 이행상황을 제출할 것을 요구할 수 있다(고평법 제29조의4 제1항).

③ (O) 노동위원회는 사업주의 차별적 처우등에 명백한 고의가 인정되거나 차별적 처우등이 반복되는 경우에는 그 손해액을 기준으로 3배를 넘지 아니하는 범위에서 배상을 명령할 수 있다(고평법 제29조의2 제2항 단서).

④ (O) 고평법 제29조의5 제1항

⑤ (O) 근로자는 사업주로부터 차별적 처우 등을 받은 경우 노동위원회에 그 시정을 신청할 수 있다. 다만, 차별적 처우등을 받은 날(차별적 처우등이 계속되는 경우에는 그 종료일)부터 6개월이 지난 때에는 그러하지 아니하다(고평법 제26조 제1항).

정답 ②

26 기출 23

☑ 확인Check! O △ X

직업안정법에 관한 설명으로 옳은 것은?

① 고용노동부장관은 직업안정기관에 직업소개, 직업지도 및 고용정보 제공 등의 업무를 담당하는 민간직업상담원을 배치하여야 한다.

② 고용노동부장관은 새로 취업하려는 사람에게 직업지도를 하여야 한다.

③ 누구든지 국외에 취업할 근로자를 모집한 경우에는 고용노동부장관에게 신고하여야 한다.

④ 고용노동부장관은 무료직업소개사업 경비의 전부 또는 일부를 보조하여야 한다.

⑤ 직업안정기관의 장은 구직신청 내용이 법령을 위반한 경우에도 구직신청의 수리를 거부하여서는 아니 된다.

26

① (X) 고용노동부장관은 직업안정기관에 직업소개, 직업지도 및 고용정보 제공 등의 업무를 담당하는 공무원이 아닌 직업상담원을 배치할 수 있다(직안법 제4조의4 제1항).

② (X) 직업안정기관의 장은 새로 취업하려는 사람에게 직업지도를 하여야 한다(직안법 제14조 제1항 제1호).

③ (O) 직안법 제30조 제1항

④ (X) 고용노동부장관은 무료직업소개사업 경비의 전부 또는 일부를 보조할 수 있다(직안법 제45조).

⑤ (X) 직업안정기관의 장은 구직신청의 수리를 거부하여서는 아니 된다. 다만, 그 신청 내용이 법령을 위반한 경우에는 그러하지 아니하다(직안법 제9조 제1항).

정답 ③

27 기출 23

☑ 확인Check! ○ △ ✕

파견근로자 보호 등에 관한 법률상 근로기준법의 적용 특례에 관한 설명으로 옳지 않은 것은?

① 휴업수당의 지급에 대해서는 사용사업주를 사용자로 본다.
② 근로자 퇴직 시 금품청산에 대해서는 파견사업주를 사용자로 본다.
③ 휴게시간의 부여에 대해서는 사용사업주를 사용자로 본다.
④ 연차유급휴가의 부여에 대해서는 파견사업주를 사용자로 본다.
⑤ 야간근로수당의 지급에 대해서는 파견사업주를 사용자로 본다.

27

파견 중인 근로자의 파견근로에 관하여는 파견사업주 및 사용사업주를 근로기준법 제2조 제1항 제2호의 사용자로 보아 같은 법을 적용한다. 다만, 근로기준법 제36조(근로자 퇴직 시 금품청산), 제46조(휴업수당의 지급), 제56조(야간근로수당의 지급), 제60조(연차유급휴가의 부여) 등을 적용할 경우에는 파견사업주를 사용자로 보고, 같은 법 제54조(휴게시간의 부여)를 적용할 경우에는 사용사업주를 사용자로 본다(파견법 제34조 제1항).

정답 ①

28 기출 23

☑ 확인Check! ○ △ ✕

산업안전보건법상 유해·위험 방지 조치 중 사업주의 의무로 명시되어 있지 않은 것은?

① 위험성평가의 실시(산업안전보건법 제36조)
② 공정안전보고서의 작성·제출(산업안전보건법 제44조)
③ 중대재해 원인조사(산업안전보건법 제56조)
④ 유해위험방지계획서의 작성·제출(산업안전보건법 제42조)
⑤ 안전보건표지의 설치·부착(산업안전보건법 제37조)

28

산안법은 제4장 유해·위험 방지 조치 중 사업주의 의무로 ① 위험성평가의 실시(산안법 제36조), ② 공정안전보고서의 작성·제출(산안법 제44조), ④ 유해위험방지계획서의 작성·제출(산안법 제42조), ⑤ 안전보건 표지의 설치·부착(산안법 제37조) 등을 규정하고 있으나, ③ 중대재해 원인조사(산안법 제56조)는 고용노동부장관의 권한으로 규정하고 있다.

정답 ③

29 기출 23

☑ 확인Check! ○ △ ✕

최저임금법령상 최저임금의 적용을 받는 사용자가 근로자에게 주지시켜야 할 최저임금의 내용을 모두 고른 것은?

> ㄱ. 적용을 받는 근로자의 최저임금액
> ㄴ. 최저임금에 산입하지 아니하는 임금
> ㄷ. 해당 사업에서 최저임금의 적용을 제외할 근로자의 범위
> ㄹ. 최저임금의 효력발생 연월일

① ㄱ, ㄷ
② ㄴ, ㄹ
③ ㄱ, ㄴ, ㄷ
④ ㄱ, ㄴ, ㄹ
⑤ ㄱ, ㄴ, ㄷ, ㄹ

29

ㄱ. 적용을 받는 근로자의 최저임금액, ㄴ. 최저임금에 산입하지 아니하는 임금, ㄷ. 해당 사업에서 최저임금의 적용을 제외할 근로자의 범위, ㄹ. 최저임금의 효력발생 연월일 모두 최임법 제11조, 동법 시행령 제11조 제1항에서 정한 사용자의 주지의무의 내용에 포함된다.

정답 ⑤

30 기출 23

☑ 확인 Check! ○ △ ×

외국인근로자의 고용 등에 관한 법률에 관한 설명으로 옳지 않은 것은?

① 사용자는 외국인근로자의 귀국 시 필요한 비용에 충당하기 위해 보험 또는 신탁에 가입해야 한다.

② 외국인근로자를 고용하려는 자는 직업안정법에 따른 직업안정기관에 우선 내국인 구인 신청을 하여야 한다.

③ 외국인근로자는 입국한 후에 국내 취업활동에 필요한 사항을 주지시키기 위하여 실시하는 교육을 받아야 한다.

④ 취업활동 기간이 연장되는 외국인근로자와 사용자는 연장된 취업활동 기간의 범위에서 근로계약을 체결할 수 있다.

⑤ 선원법의 적용을 받는 선박에 승무하는 선원 중 대한민국 국적을 가지지 아니한 선원에 대하여는 외국인근로자의 고용 등에 관한 법률을 적용하지 않는다.

30

① (×) 외국인근로자는 귀국 시 필요한 비용에 충당하기 위하여 보험 또는 신탁에 가입하여야 한다(외고법 제15조 제1항). 이와 출국만기보험·신탁에 대한 규정은 구별되어야 한다. 즉 외국인근로자를 고용한 사업 또는 사업장의 사용자는 외국인근로자의 출국 등에 따른 퇴직금 지급을 위하여 외국인근로자를 피보험자 또는 수익자로 하는 보험 또는 신탁에 가입하여야 한다(외고법 제13조 제1항).

② (○) 외고법 제6조 제1항

③ (○) 외국인근로자는 입국한 후에 고용노동부령으로 정하는 기간 이내에 한국산업인력공단 또는 외국인 취업교육 기관에서 국내 취업활동에 필요한 사항을 주지(周知)시키기 위하여 실시하는 교육을 받아야 한다(외고법 제11조 제1항).

④ (○) 외고법 제9조 제4항

⑤ (○) 이 법은 외국인근로자 및 외국인근로자를 고용하고 있거나 고용하려는 사업 또는 사업장에 적용한다. 다만, 선원법의 적용을 받는 선박에 승무(乘務)하는 선원 중 대한민국 국적을 가지지 아니한 선원 및 그 선원을 고용하고 있거나 고용하려는 선박의 소유자에 대하여는 적용하지 아니한다(외고법 제3조 제1항).

정답 ①

31 기출 23

☑ 확인 Check! ○ △ ×

근로복지기본법에 따라 근로자의 복지향상을 위한 지원을 할 때 우대될 수 있도록 하여야 하는 근로자를 모두 고른 것은?

> ㄱ. 중소·영세기업 근로자
> ㄴ. 저소득근로자
> ㄷ. 장기근속근로자
> ㄹ. 파견근로자 보호 등에 관한 법률에 따른 파견근로자

① ㄱ, ㄴ ② ㄱ, ㄷ
③ ㄱ, ㄴ, ㄹ ④ ㄴ, ㄷ, ㄹ
⑤ ㄱ, ㄴ, ㄷ, ㄹ

31

이 법에 따른 근로자의 복지향상을 위한 지원을 할 때에는 중소·영세기업 근로자, 기간제근로자, 단시간근로자, 파견근로자, 하수급인이 고용하는 근로자, 저소득근로자 및 장기근속근로자가 우대될 수 있도록 하여야 한다(근복법 제3조 제3항).

정답 ⑤

32 기출 23

☑확인 Check! ○ △ X

근로자퇴직급여 보장법령상 퇴직급여제도에 관한 설명으로 옳지 않은 것은?

① 가입자의 부양가족의 혼례비를 가입자가 부담하는 경우에는 퇴직연금제도의 급여를 받을 권리는 담보로 제공할 수 없다.
② 무주택자인 가입자가 본인 명의로 주택을 구입하는 경우 가입자별 적립금의 100분의 50 한도에서 퇴직연금제도의 급여를 받을 권리를 담보로 제공할 수 있다.
③ 6개월 이상 요양을 필요로 하는 근로자의 부상의료비를 근로자 본인 연간 임금총액의 1천분의 125를 초과하여 부담하는 경우 퇴직금을 미리 정산하여 지급할 수 있다.
④ 퇴직금을 중간정산하여 지급한 후의 퇴직금 산정을 위한 계속근로기간은 정산시점부터 새로 계산한다.
⑤ 사용자는 퇴직금을 미리 정산하여 지급한 경우 근로자가 퇴직한 후 5년이 되는 날까지 관련 증명 서류를 보존하여야 한다.

PLUS

수급권의 보호(근퇴법 제7조)
② 제1항에도 불구하고 가입자는 <u>주택구입 등 대통령령으로 정하는 사유와 요건을 갖춘 경우</u>에는 대통령령으로 정하는 한도에서 퇴직연금제도의 급여를 받을 권리를 담보로 제공할 수 있다. 이 경우 제26조에 따라 등록한 퇴직연금사업자[중소기업퇴직연금기금제도의 경우 산업재해보상보험법 제10조에 따른 근로복지공단(이하 "공단")]은 제공된 급여를 담보로 한 대출이 이루어지도록 협조하여야 한다.

퇴직금제도의 설정 등(근퇴법 제8조)
② 제1항에도 불구하고 사용자는 <u>주택구입 등 대통령령으로 정하는 사유로 근로자가 요구하는 경우</u>에는 근로자가 퇴직하기 전에 해당 근로자의 계속근로기간에 대한 퇴직금을 미리 정산하여 지급할 수 있다. 이 경우 <u>미리 정산하여 지급한 후의 퇴직금 산정을 위한 계속근로기간은 정산시점부터 새로 계산한다.</u>

퇴직연금제도 수급권의 담보제공 사유 등(근퇴법 시행령 제2조)
① 근로자퇴직급여 보장법(이하 "법") 제7조 제2항 전단에서 "<u>주택구입 등 대통령령으로 정하는 사유와 요건을 갖춘 경우</u>"란 다음 각 호의 어느 하나에 해당하는 경우를 말한다.
  1. 무주택자인 가입자가 본인 명의로 주택을 구입하는 경우
  1의2. 무주택자인 가입자가 주거를 목적으로 민법 제303조에 따른 전세금 또는 주택임대차보호법 제3조의2에 따른 보증금을 부담하는 경우. 이 경우 가입자가 하나의 사업 또는 사업장(이하 "사업")에 근로하는 동안 1회로 한정한다.
  2. 가입자가 6개월 이상 요양을 필요로 하는 다음 각 목의 어느 하나에 해당하는 사람의 실병이나 부상에 대한 의료비(소득세법 시행령 제118조의5 제1항 및 제2항에 따른 의료비)를 부담하는 경우
    가. 가입자 본인
    나. 가입자의 배우자
    다. 가입자 또는 그 배우자의 부양가족(소득세법 제50조 제1항 제3호에 따른 부양가족)
  3. 담보를 제공하는 날부터 거꾸로 계산하여 5년 이내에 가입자가 채무자 회생 및 파산에 관한 법률에 따라 파산선고를 받은 경우
  4. 담보를 제공하는 날부터 거꾸로 계산하여 5년 이내에 가입자가 채무자 회생 및 파산에 관한 법률에 따라 개인회생절차개시 결정을 받은 경우

32

① (X) 가입자는 <u>가입자의 부양가족의 대학등록금, 혼례비 또는 장례비를 가입자가 부담하는 경우</u>, 대통령령으로 정하는 한도에서 퇴직연금제도의 급여를 받을 권리를 담보로 제공할 수 있다(근퇴법 제7조 제2항 전문, 동법 시행령 제2조 제1항 제4의2호).
② (○) 근퇴법 제7조 제2항 전문, 동법 시행령 제2조 제1항 제1호, 제2항 제1호
③ (○) 근퇴법 제8조 제2항 전문, 동법 시행령 제3조 제1항 제3호 가목
④ (○) 근퇴법 제8조 제2항 후문
⑤ (○) 근퇴법 시행령 제3조 제2항

정답 ①

4의2. 다음 각 목의 어느 하나에 해당하는 사람의 대학등록금, 혼례비 또는 장례비를 가입자가 부담하는 경우
　　　가. 가입자 본인
　　　나. 가입자의 배우자
　　　다. 가입자 또는 그 배우자의 부양가족
　　5. 사업주의 휴업 실시로 근로자의 임금이 감소하거나 재난(재난 및 안전관리 기본법 제3조 제1호에 따른 재난)으로 피해를 입은 경우로서 고용노동부장관이 정하여 고시하는 사유와 요건에 해당하는 경우
② 법 제7조 제2항 전단에서 "대통령령으로 정하는 한도"란 다음 각 호의 구분에 따른 한도를 말한다.
　　1. 제1항 제1호, 제1호의2, 제2호부터 제4호까지 및 제4호의2의 경우 : 가입자별 적립금의 100분의 50
　　2. 제1항 제5호의 경우 : 임금 감소 또는 재난으로 입은 가입자의 피해 정도 등을 고려하여 고용노동부장관이 정하여 고시하는 한도

퇴직금의 중간정산 사유(근퇴법 시행령 제3조)
① 법 제8조 제2항 전단에서 "주택구입 등 대통령령으로 정하는 사유"란 다음 각 호의 경우를 말한다.
　　1. 무주택자인 근로자가 본인 명의로 주택을 구입하는 경우
　　2. 무주택자인 근로자가 주거를 목적으로 민법 제303조에 따른 전세금 또는 주택임대차보호법 제3조의2에 따른 보증금을 부담하는 경우. 이 경우 근로자가 하나의 사업에 근로하는 동안 1회로 한정한다.
　　3. 근로자가 6개월 이상 요양을 필요로 하는 다음 각 목의 어느 하나에 해당하는 사람의 질병이나 부상에 대한 의료비를 해당 근로자가 본인 연간 임금총액의 1천분의 125를 초과하여 부담하는 경우
　　　가. 근로자 본인
　　　나. 근로자의 배우자
　　　다. 근로자 또는 그 배우자의 부양가족
② 사용자는 제1항 각 호의 사유에 따라 퇴직금을 미리 정산하여 지급한 경우 근로자가 퇴직한 후 5년이 되는 날까지 관련 증명서류를 보존하여야 한다.

33 기출 23

☑ 확인 Check! ○ △ ✕

임금채권보장법령상 대지급금에 관한 설명으로 옳지 않은 것은?

① 퇴직한 근로자의 대지급금을 지급받을 권리는 양도 또는 압류하거나 담보로 제공할 수 없다.
② 대지급금을 받을 권리가 있는 사람이 부상으로 대지급금을 수령할 수 없는 경우에는 그 가족에게 수령을 위임할 수 있다.
③ 도산대지급금의 경우 도산등 사실인정이 있은 날부터 1년 이내 고용노동부장관에게 대지급금지급을 청구해야 한다.
④ 대지급금수급계좌의 예금에 관한 채권은 압류할 수 없다.
⑤ 재직 근로자에 대한 대지급금은 해당 근로자가 하나의 사업에 근로하는 동안 1회만 지급한다.

33

① (○) 임채법 제11조의2 제1항
② (○) 임채법 제11조의2 제2항, 동법 시행령 제18조의2 제1항
③ (✕) 도산대지급금의 경우 대지급금을 지급받으려는 사람은 파산선고등 또는 도산 등 사실인정이 있은 날부터 2년 이내에 고용노동부장관에게 대지급금의 지급을 청구해야 한다(임채법 시행령 제9조 제1항 제1호).
④ (○) 임채법 제11조의2 제4항
⑤ (○) 임채법 제7조의2 제4항

정답 ③

34 기출 22

☑ 확인Check! ○ △ ✕

파견근로자 보호 등에 관한 법률에 대한 설명으로 옳지 않은 것은?

① 파견사업주는 쟁의행위 중인 사업장에 그 쟁의행위로 중단된 업무의 수행을 위하여 근로자를 파견하여서는 아니 된다.

② 파견사업주는 파견근로자의 고용관계가 끝난 후 사용사업주가 그 파견근로자를 고용하는 것을 정당한 이유 없이 금지하는 내용의 근로자파견계약을 체결하여서는 아니 된다.

③ 파견사업주는 파견근로자의 적절한 파견근로를 위하여 사용사업관리책임자를 선임하여야 한다.

④ 파견사업주의 근로자파견사업을 폐지하는 신고가 있을 때에는 근로자파견사업의 허가는 신고일부터 그 효력을 잃는다.

⑤ 근로자파견사업 허가의 유효기간은 3년으로 한다.

35 기출 22

☑ 확인Check! ○ △ ✕

남녀고용평등과 일·가정 양립 지원에 관한 법률에 대한 설명으로 옳지 않은 것은?

① 이 법과 관련한 분쟁에서 입증책임은 사업주와 근로자가 각각 부담한다.

② 사업주는 근로자를 모집·채용할 때 그 직무의 수행에 필요하지 아니한 용모·키·체중 등의 신체적 조건, 미혼 조건을 제시하거나 요구하여서는 아니 된다.

③ 사업주가 임금차별을 목적으로 설립한 별개의 사업은 동일한 사업으로 본다.

④ 누구든지 직장 내 성희롱 발생 사실을 알게 된 경우 그 사실을 해당 사업주에게 신고할 수 있다.

⑤ 적극적 고용개선조치란 현존하는 남녀 간의 고용차별을 없애거나 고용평등을 촉진하기 위하여 잠정적으로 특정 성을 우대하는 조치를 말한다.

34

① (○) 파견법 제16조 제1항

② (○) 파견법 제25조 제2항

③ (✕) <u>사용사업주는</u> 파견근로자의 적절한 파견근로를 위하여 사용사업관리책임자를 선임하여야 한다(파견법 제32조 제1항).

④ (○) 파견사업주는 근로자파견사업을 폐지하였을 때에는 고용노동부령으로 정하는 바에 따라 고용노동부장관에게 신고하여야 하고, 그 신고가 있을 때에는 <u>근로자파견사업의 허가는 신고일부터 그 효력을 잃는다</u>(파견법 제11조).

⑤ (○) 파견법 제10조 제1항

정답 ③

35

① (✕) 이 법과 관련한 분쟁해결에서 입증책임은 사업주가 부담한다(고평법 제30조).

② (○) 고평법 제7조 제2항

③ (○) 고평법 제8조 제3항

④ (○) 고평법 제14조 제1항

⑤ (○) 고평법 제2조 제3호

정답 ①

36 기출 22

☑ 확인 Check! ○ △ ✕

기간제 및 단시간근로자 보호 등에 관한 법률에 대한 설명으로 옳은 것은?

① 상시 5인 이상의 동거의 친족만을 사용하는 사업 또는 사업장에 적용된다.

② 휴직·파견 등으로 결원이 발생하여 해당 근로자가 복귀할 때까지 그 업무를 대신할 필요가 있는 경우에는 2년을 초과하여 기간제근로자로 사용할 수 있다.

③ 단시간근로자의 초과근로에 대하여 사용자는 평균임금의 100분의 100 이상을 가산하여 지급하여야 한다.

④ 사용자는 단시간근로자와 근로계약을 체결할 때 근로일별 근로시간을 서면으로 명시하지 않아도 된다.

⑤ 사용자는 통상근로자를 채용하고자 하는 경우에는 해당 사업 또는 사업장의 동종 또는 유사한 업무에 종사하는 단시간근로자를 우선적으로 고용하여야 한다.

36

① (✕) 이 법은 상시 5인 이상의 근로자를 사용하는 모든 사업 또는 사업장에 적용한다. 다만, 동거의 친족만을 사용하는 사업 또는 사업장과 가사사용인에 대하여는 적용하지 아니한다(기단법 제3조 제1항).

② (○) 기단법 제4조 제1항 제2호

③ (✕) 사용자는 단시간근로자에 대하여 소정근로시간을 초과하여 근로하게 하는 경우에는 초과근로에 대하여 통상임금의 100분의 50 이상을 가산하여 지급하여야 한다(기단법 제6조 제1항, 제3항).

④ (✕) 기단법 제17조 제6호에 의하면 단시간근로자와 근로계약을 체결할 때 근로일별 근로시간을 서면으로 명시하여야 한다.

⑤ (✕) 사용자는 통상근로자를 채용하고자 하는 경우에는 해당 사업 또는 사업장의 동종 또는 유사한 업무에 종사하는 단시간근로자를 우선적으로 고용하도록 노력하여야 한다(기단법 제7조 제1항).

정답 ②

⊕ PLUS

기간제근로자의 사용(기단법 제4조)

① 사용자는 2년을 초과하지 아니하는 범위 안에서(기간제 근로계약의 반복갱신 등의 경우에는 그 계속근로한 총기간이 2년을 초과하지 아니하는 범위 안에서) 기간제근로자를 사용할 수 있다. 다만, 다음 각 호의 어느 하나에 해당하는 경우에는 2년을 초과하여 기간제근로자로 사용할 수 있다.

1. 사업의 완료 또는 특정한 업무의 완성에 필요한 기간을 정한 경우
2. 휴직·파견 등으로 결원이 발생하여 해당 근로자가 복귀할 때까지 그 업무를 대신할 필요가 있는 경우
3. 근로자가 학업, 직업훈련 등을 이수함에 따라 그 이수에 필요한 기간을 정한 경우
4. 고령자고용촉진법 제2조 제1호의 고령자와 근로계약을 체결하는 경우
5. 전문적 지식·기술의 활용이 필요한 경우와 정부의 복지정책·실업대책 등에 따라 일자리를 제공하는 경우로서 대통령령으로 정하는 경우
6. 그 밖에 제1호부터 제5호까지에 준하는 합리적인 사유가 있는 경우로서 대통령령으로 정하는 경우

근로조건의 서면명시(기단법 제17조)

사용자는 기간제근로자 또는 단시간근로자와 근로계약을 체결하는 때에는 다음 각 호의 모든 사항을 서면으로 명시하여야 한다. 다만, 제6호는 단시간근로자에 한정한다.

1. 근로계약기간에 관한 사항
2. 근로시간·휴게에 관한 사항
3. 임금의 구성항목·계산방법 및 지불방법에 관한 사항
4. 휴일·휴가에 관한 사항
5. 취업의 장소와 종사하여야 할 업무에 관한 사항
6. 근로일 및 근로일별 근로시간

37 기출 22

☑ 확인Check! ○ △ ✕

최저임금법에 관한 설명으로 옳지 않은 것은?

① 선원법의 적용을 받는 선원과 선원을 사용하는 선박의 소유자에게는 적용하지 아니한다.
② 고용노동부장관은 최저임금을 결정한 때에는 지체 없이 그 내용을 고시하여야 한다.
③ 최저임금은 근로자의 생계비, 유사 근로자의 임금, 노동생산성 및 소득분배율 등을 고려하여 정한다.
④ 최저임금액은 시간 · 일(日) · 주(週) · 월(月) 또는 연(年)을 단위로 하여 정한다.
⑤ 고용노동부장관은 최저임금위원회가 심의하여 의결한 최저임금안에 따라 최저임금을 결정하여야 한다.

38 기출 22

☑ 확인Check! ○ △ ✕

산업안전보건법령에 관한 설명으로 옳지 않은 것은?

① 직업성 질병자가 동시에 2명 발생한 재해는 중대재해에 해당한다.
② 사업주는 전기, 열, 그 밖의 에너지에 의한 위험으로 인한 산업재해를 예방하기 위하여 필요한 조치를 하여야 한다.
③ 사업주는 산업재해가 발생할 급박한 위험이 있을 때에는 즉시 작업을 중지시키고 근로자를 작업장소에서 대피시키는 등 안전 및 보건에 관하여 필요한 조치를 하여야 한다.
④ 사업주는 산업재해 예방을 위한 조치를 할 수 있는 능력을 갖춘 사업주에게 도급하여야 한다.
⑤ 사업주는 산업안전보건법과 이 법에 따른 명령의 요지 및 안전보건관리규정을 각 사업장의 근로자가 쉽게 볼 수 있는 장소에 게시하거나 갖추어 두어 근로자에게 널리 알려야 한다.

⊕ PLUS

정의(산안법 제2조)
이 법에서 사용하는 용어의 뜻은 다음과 같다.
  2. "중대재해"란 산업재해 중 사망 등 재해 정도가 심하거나 다수의 재해자가 발생한 경우로서 고용노동부령으로 정하는 재해를 말한다.

중대재해의 범위(산안법 시행규칙 제3조)
법 제2조 제2호에서 "고용노동부령으로 정하는 재해"란 다음 각 호의 어느 하나에 해당하는 재해를 말한다.
  1. 사망자가 1명 이상 발생한 재해
  2. 3개월 이상의 요양이 필요한 부상자가 동시에 2명 이상 발생한 재해
  3. 부상자 또는 직업성 질병자가 동시에 10명 이상 발생한 재해

37

① (○) 최임법 제3조 제2항
② (○) 최임법 제10조 제1항
③ (○) 최임법 제4조 제1항 전문
④ (✕) 최저임금액은 시간 · 일(日) · 주(週) 또는 월(月)을 단위로 하여 정한다. 이 경우 일 · 주 또는 월을 단위로 하여 최저임금액을 정할 때에는 시간급(時間給)으로도 표시하여야 한다(최임법 제5조 제1항).
⑤ (○) 고용노동부장관은 매년 8월 5일까지 최저임금을 결정하여야 한다. 이 경우 고용노동부장관은 대통령령으로 정하는 바에 따라 최저임금위원회에 심의를 요청하고, 위원회가 심의하여 의결한 최저임금안에 따라 최저임금을 결정하여야 한다(최임법 제8조 제1항).

정답 ④

38

① (✕) 산안법 시행규칙 제3조 제3호에 의하면 직업성 질병자가 동시에 10명 이상 발생한 경우의 재해를 중대재해라고 한다.
② (○) 산안법 제38조 제1항 제3호
③ (○) 산안법 제51조
④ (○) 산안법 제61조
⑤ (○) 산안법 제34조

정답 ①

39 기출 22

☑ 확인Check! ○ △ ✕

직업안정법에 관한 설명으로 옳지 않은 것은?

① 직업안정기관의 장은 구인자가 구인조건을 밝히기를 거부하는 경우 구인신청의 수리(受理)를 거부할 수 있다.

② 직업안정기관의 장은 통근할 수 있는 지역에서 구직자에게 그 희망과 능력에 알맞은 직업을 소개할 수 없을 경우에는 광범위한 지역에 걸쳐 직업소개를 할 수 있다.

③ 한국장애인고용공단이 장애인을 대상으로 하는 직업소개의 경우에는 신고를 하지 아니하고 무료직업소개사업을 할 수 있다.

④ 유료직업소개사업의 등록을 하고 유료직업소개사업을 하는 자는 구직자에게 제공하기 위하여 구인자로부터 선급금을 받을 수 있다.

⑤ 근로자를 고용하려는 자는 광고, 문서 또는 정보통신망 등 다양한 매체를 활용하여 자유롭게 근로자를 모집할 수 있다.

39

① (○) 직안법 제8조 제3호

② (○) 직업안정기관의 장은 통근할 수 있는 지역에서 <u>구직자에게 그 희망과 능력에 알맞은 직업을 소개할 수 없을 경우</u> 또는 구인자가 희망하는 구직자나 구인인원을 채울 수 없을 경우에는 광범위한 지역에 걸쳐 직업소개를 할 수 있다(직안법 제12조).

③ (○) 직안법 제18조 제4항 제2호

④ (✕) 등록을 하고 유료직업소개사업을 하는 자 및 그 종사자는 구직자에게 제공하기 위하여 <u>구인자로부터 선급금을 받아서는 아니 된다</u>(직안법 제21조의2).

⑤ (○) 직안법 제28조

정답 ④

✚ PLUS

구인의 신청(직안법 제8조)
직업안정기관의 장은 구인신청의 수리(受理)를 거부하여서는 아니 된다. 다만, 다음 각 호의 어느 하나에 해당하는 경우에는 그러하지 아니하다.
  1. 구인신청의 내용이 법령을 위반한 경우
  2. 구인신청의 내용 중 임금, 근로시간, 그 밖의 근로조건이 통상적인 근로조건에 비하여 현저하게 부적당하다고 인정되는 경우
  3. <u>구인자가 구인조건을 밝히기를 거부하는 경우</u>
  4. 구인자가 구인신청 당시 근로기준법 제43조의2에 따라 명단이 공개 중인 체불사업주인 경우

무료직업소개사업(직안법 제18조)
④ 제1항에도 불구하고 다음 각 호의 어느 하나에 해당하는 직업소개의 경우에는 <u>신고를 하지 아니하고 무료직업소개사업을 할 수 있다</u>.
  1. 한국산업인력공단법에 따른 한국산업인력공단이 하는 직업소개
  2. 장애인고용촉진 및 직업재활법에 따른 <u>한국장애인고용공단이 장애인을 대상으로 하는 직업소개</u>
  3. 교육 관계법에 따른 각급 학교의 장, 국민 평생 직업능력 개발법에 따른 공공직업훈련시설의 장이 재학생・졸업생 또는 훈련생・수료생을 대상으로 하는 직업소개
  4. 산업재해보상보험법에 따른 근로복지공단이 업무상 재해를 입은 근로자를 대상으로 하는 직업소개

40 기출 22

☑ 확인Check! ○ △ ✕

근로자퇴직급여 보장법령에 관한 설명으로 옳지 않은 것은?

① 사용자가 퇴직급여제도를 설정하려는 경우에 근로자 과반수가 가입한 노동조합이 있는 경우에는 그 노동조합의 동의를 받아야 한다.

② 무주택자인 근로자는 본인 명의로 주택을 구입하는 경우에 퇴직금 중간정산을 요구할 수 있다.

③ 퇴직금을 받을 권리는 3년간 행사하지 아니하면 시효로 인하여 소멸한다.

④ 중소기업퇴직연금기금제도의 급여를 받을 권리는 양도 또는 압류할 수 없다.

⑤ 퇴직연금사업자는 매분기당 1회 이상 적립금액 및 운용수익률 등을 고용노동부령으로 정하는 바에 따라 가입자에게 알려야 한다.

40

① (○) 사용자가 퇴직급여제도를 설정하거나 설정된 퇴직급여제도를 다른 종류의 퇴직급여제도로 변경하려는 경우에는 <u>근로자의 과반수가 가입한 노동조합이 있는 경우에는 그 노동조합</u>, 근로자의 과반수가 가입한 노동조합이 없는 경우에는 근로자 과반수<u>의 동의를 받아야</u> 한다(근퇴법 제4조 제3항).

② (○) 근퇴법 시행령 제3조 제1항 제1호

③ (○) 근퇴법 제10조

④ (○) 퇴직연금제도(중소기업퇴직연금기금제도를 포함)의 급여를 받을 권리는 <u>양도 또는 압류</u>하거나 담보로 제공할 수 없다(근퇴법 제7조 제1항).

⑤ (✕) 퇴직연금사업자는 매년 <u>1회 이상</u> 적립금액 및 운용수익률 등을 고용노동부령으로 정하는 바에 따라 가입자에게 알려야 한다(근퇴법 제18조).

정답 ⑤

➕ PLUS

퇴직금의 중간정산 사유(근퇴법 시행령 제3조)

① 법 제8조 제2항 전단에서 "주택구입 등 대통령령으로 정하는 사유"란 다음 각 호의 경우를 말한다.

　1. <u>무주택자인 근로자가 본인 명의로 주택을 구입하는 경우</u>

　2. 무주택자인 근로자가 주거를 목적으로 민법 제303조에 따른 전세금 또는 주택임대차보호법 제3조의2에 따른 <u>보증금을 부담하는 경우</u>. 이 경우 근로자가 하나의 사업에 근로하는 동안 <u>1회로 한정</u>한다.

　3. 근로자가 <u>6개월 이상</u> 요양을 필요로 하는 다음 각 목의 어느 하나에 해당하는 사람의 질병이나 부상에 대한 <u>의료비를</u> 해당 근로자가 본인 연간 임금총액의 1천분의 125를 초과하여 부담하는 경우

　　가. 근로자 본인

　　나. 근로자의 배우자

　　다. 근로자 또는 그 배우자의 부양가족

　4. 퇴직금 중간정산을 신청하는 날부터 거꾸로 계산하여 <u>5년 이내</u>에 근로자가 채무자 회생 및 파산에 관한 법률에 따라 <u>파산선고를 받은 경우</u>

　5. 퇴직금 중간정산을 신청하는 날부터 거꾸로 계산하여 <u>5년 이내</u>에 근로자가 채무자 회생 및 파산에 관한 법률에 따라 <u>개인회생절차개시 결정을 받은 경우</u>

　6. 사용자가 기존의 정년을 연장하거나 보장하는 조건으로 단체협약 및 취업규칙 등을 통하여 일정나이, 근속시점 또는 임금액을 기준으로 <u>임금을 줄이는 제도</u>를 시행하는 경우

　6의2. 사용자가 근로자와의 합의에 따라 소정근로시간을 <u>1일 1시간 또는 1주 5시간 이상 단축</u>함으로써 단축된 소정근로시간에 따라 근로자가 3개월 이상 계속 근로하기로 한 경우

　6의3. 법률 제15513호 근로기준법 일부개정법률의 시행에 따른 근로시간의 단축으로 근로자의 <u>퇴직금이 감소되는 경우</u>

　7. <u>재난</u>으로 피해를 입은 경우로서 고용노동부장관이 정하여 고시하는 사유에 해당하는 경우

② 사용자는 제1항 각 호의 사유에 따라 퇴직금을 미리 정산하여 지급한 경우 근로자가 <u>퇴직한 후 5년이 되는 날</u>까지 관련 증명서류를 보존하여야 한다.

41 기출 22

☑ 확인Check! ○ △ ×

임금채권보장법상 대지급금에 관한 설명으로 옳지 않은 것은?

① 고용노동부장관은 근로자에게 대지급금을 지급하였을 때에는 그 지급한 금액의 한도에서 그 근로자가 해당 사업주에 대하여 미지급 임금 등을 청구할 수 있는 권리를 대위(代位)한다.

② 근로기준법에 따른 휴업수당 중 최종 3개월분은 퇴직한 근로자에 대한 대지급금 범위에 든다.

③ 대지급금에 관한 규정은 국가와 지방자치단체가 직접 수행하는 사업에 적용된다.

④ 미성년자인 근로자는 독자적으로 대지급금의 지급을 청구할 수 있다.

⑤ 대지급금수급계좌의 예금에 관한 채권은 압류할 수 없다.

41

① (○) 임채법 제8조 제1항
② (○) 임채법 제7조 제2항 제2호
③ (×) 이 법은 산업재해보상보험법 제6조에 따른 사업 또는 사업장에 적용한다. 다만, 국가와 지방자치단체가 직접 수행하는 사업은 그러하지 아니하다(임채법 제3조).
④ (○) 임채법 제11조의2 제3항
⑤ (○) 임채법 제11조의2 제4항

정답 ③

➕ PLUS

퇴직한 근로자에 대한 대지급금의 지급(임채법 제7조)

② 제1항에 따라 고용노동부장관이 사업주를 대신하여 지급하는 체불 임금등 대지급금(이하 "대지급금")의 범위는 다음 각 호와 같다. 다만, 대통령령으로 정하는 바에 따라 제1항 제1호부터 제3호까지의 규정에 따른 대지급금의 상한액과 같은 항 제4호 및 제5호에 따른 대지급금의 상한액은 근로자의 퇴직 당시의 연령 등을 고려하여 따로 정할 수 있으며 대지급금이 적은 경우에는 지급하지 아니할 수 있다.

1. 근로기준법 제38조 제2항 제1호에 따른 임금 및 근로자퇴직급여 보장법 제12조 제2항에 따른 최종 3년간의 퇴직급여등
2. 근로기준법 제46조에 따른 휴업수당(최종 3개월분으로 한정)
3. 근로기준법 제74조 제4항에 따른 출산전후휴가기간 중 급여(최종 3개월분으로 한정한다)

42 기출 22

☑ 확인Check! ○ △ ×

근로복지기본법에 관한 설명으로 옳은 것은?

① 사용자는 사내근로복지기금의 설립 및 출연을 이유로 근로관계 당사자 간에 정하여진 근로조건을 낮출 수 있다.

② 국가가 근로자의 근로복지를 위하여 근로복지기본법에 따라 보조 또는 융자한 자금은 그 목적 외 사업에 사용될 수 있다.

③ 사내근로복지기금은 법인으로 한다.

④ 노동조합 및 근로자가 생산성 향상과 근로복지정책에 협력하도록 사용자는 임금 수준 상향의 조치를 취하여야 한다.

⑤ 사용자는 우리사주조합원의 의사와 무관하게 우리사주조합원을 소속, 계급 등 일정한 기준으로 분류하여 우리사주를 할당할 수 있다.

42

① (×) 사용자는 이 법에 따른 사내근로복지기금의 설립 및 출연을 이유로 근로관계 당사자 간에 정하여진 근로조건을 낮출 수 없다(근복법 제51조).
② (×) 누구든지 국가 또는 지방자치단체가 근로자의 주거안정, 생활안정 및 재산형성 등 근로복지를 위하여 이 법에 따라 보조 또는 융자한 자금을 그 목적사업에만 사용하여야 한다(근복법 제6조).
③ (○) 근복법 제52조 제1항
④ (×) 사업주는 해당 사업장 근로자의 복지증진을 위하여 노력하고 근로복지정책에 협력하여야 한다(근복법 제5조 제1항).
⑤ (×) 우리사주제도 실시회사의 사용자는 우리사주조합원에게 주식을 우선배정하는 경우 우리사주조합원의 의사에 반하여 우리사주조합원을 소속, 계급 등 일정한 기준으로 분류하여 우리사주를 할당하는 행위를 하여서는 아니 된다(근복법 제42조의2 제1항 제2호).

정답 ③

43 기출 22

☑ 확인Check! ○ △ ✕

외국인근로자의 고용 등에 관한 법령에 대한 설명으로 옳지 않은 것은?

① 직업안정기관의 장은 출입국관리법을 위반하여 처벌을 받은 사용자에 대하여 그 사실이 발생한 날부터 6년간 외국인근로자의 고용을 제한할 수 있다.

② 고용허가서를 발급받은 날부터 6개월 이내에 내국인근로자를 고용조정으로 이직시킨 사용자는 외국인근로자의 고용이 제한될 수 있다.

③ 고용허가서를 발급받은 사용자는 고용허가서 발급일로부터 3개월 이내에 외국인근로자와 근로계약을 체결하여야 한다.

④ 외국인근로자는 입국한 날부터 3년의 범위에서 취업활동을 할 수 있다.

⑤ 외국인근로자를 고용하려는 자는 직업안정법에 따른 직업안정기관에 우선 내국인 구인 신청을 하여야 한다.

43

① (✕) 직업안정기관의 장은 이 법 또는 출입국관리법을 위반하여 처벌을 받은 사용자에 대하여 <u>그 사실이 발생한 날부터 3년간</u> 외국인근로자의 고용을 제한할 수 있다(외고법 제20조 제1항 제3호).

② (○) 직업안정기관의 장은 <u>고용허가서를 발급받은 날 또는 외국인근로자의 근로가 시작된 날부터 6개월 이내에 내국인근로자를 고용조정으로 이직시킨 사용자</u>에 대하여 <u>그 사실이 발생한 날부터 3년간 외국인근로자의 고용을 제한할 수 있다</u>(외고법 제20조 제1항 제4호, 동법 시행령 제25조 제1호).

③ (○) 외고법 시행령 제14조 제1항

④ (○) 외고법 제18조

⑤ (○) 외고법 제6조 제1항

정답 ①

44 기출 21

☑ 확인Check! ○ △ ✕

산업안전보건법상 작업중지에 관한 설명으로 옳지 않은 것은?

① 사업주는 산업재해가 발생할 급박한 위험이 있을 때에는 즉시 작업을 중지시키고 근로자를 작업장소에서 대피시키는 등 안전 및 보건에 관하여 필요한 조치를 하여야 한다.

② 근로자는 산업재해가 발생할 급박한 위험이 있는 경우에는 작업을 중지하고 대피할 수 있다.

③ 사업주는 중대재해가 발생하였을 때에는 즉시 해당 작업을 중지시키고 근로자를 작업장소에서 대피시키는 등 안전 및 보건에 관하여 필요한 조치를 하여야 한다.

④ 중대재해 발생으로 작업이 중지된 경우, 사업주는 작업중지 해제에 관한 전문가 등으로 구성된 심의위원회의 심의를 거쳐 작업중지를 해제하여야 한다.

⑤ 사업주는 산업재해가 발생할 급박한 위험이 있다고 근로자가 믿을 만한 합리적인 이유가 있을 때에는 작업을 중지하고 대피한 근로자에 대하여 해고나 그 밖의 불리한 처우를 해서는 아니 된다.

44

① (○) 산안법 제51조

② (○) 산안법 제52조 제1항

③ (○) 산안법 제54조 제1항

④ (✕) <u>고용노동부장관은 사업주가 작업중지의 해제를 요청한 경우에는 작업중지 해제에 관한 전문가 등으로 구성된 심의위원회의 심의를 거쳐 고용노동부령으로 정하는 바에 따라 작업중지를 해제하여야 한다</u>(산안법 제55조 제3항).

⑤ (○) 산안법 제52조 제4항

정답 ④

45 기출 19

☑ 확인Check! ○ △ X

파견근로자 보호 등에 관한 법률상 사용사업주가 파견근로자를 직접 고용할 의무가 발생하는 경우를 모두 고른 것은?

> ㄱ. 고용노동부장관의 허가를 받지 않고 근로자파견사업을 하는 자로부터 근로자파견의 역무를 제공받은 경우
> ㄴ. 제조업의 직접생산공정업무에서 일시적·간헐적으로 사용 기간 내에 파견근로자를 사용한 경우
> ㄷ. 건설공사현장에서 이루어지는 업무에서 부상으로 결원이 생겨 파견근로자를 사용한 경우
> ㄹ. 건설공사현장에서 이루어지는 업무에서 연차유급휴가로 결원이 생겨 파견근로자를 사용한 경우

① ㄱ, ㄷ
② ㄱ, ㄹ
③ ㄱ, ㄴ, ㄷ
④ ㄱ, ㄷ, ㄹ
⑤ ㄱ, ㄴ, ㄷ, ㄹ

45

ㄱ. (○), ㄴ. (×), ㄷ. (○), ㄹ. (○)

ㄱ.은 파견법 제6조의2 제1항 제5호에 의하여, ㄷ·ㄹ.은 동조 제1항 제2호에 의하여 사용사업주의 직접고용의무가 인정된다. ㄴ.에 대하여 생각건대 출산, 질병, 부상 등으로 결원이 생기거나 일시적·간헐적으로 인력을 확보할 필요가 있는 경우에는 제조업의 직접생산공정업무에서도 근로자파견을 할 수 있다(파견법 제5조 제2항). 이 경우 사용사업주의 직접고용의무는 인정되지 아니한다(파견법 제6조의2 제1항 제1호).

정답 ④

➕ PLUS

고용의무(파견법 제6조의2)
① 사용사업주가 다음 각 호의 어느 하나에 해당하는 경우에는 해당 파견근로자를 직접 고용하여야 한다.
 1. 근로자파견 대상업무에 해당하지 아니하는 업무에서 파견근로자를 사용한 경우(제5조 제2항에 따라 근로자파견사업을 한 경우는 제외)
 2. 절대적 파견금지업무에 파견근로자를 사용한 경우
 3. 2년을 초과하여 파견근로자를 사용한 경우
 4. 일시적·간헐적으로 사용하는 기간을 초과하여 사용한 경우
 5. 파견사업허가를 받지 않은 자로부터 근로자파견의 역무를 제공받은 경우

46 기출 21

☑확인Check! ○ △ ✕

직업안정법상 근로자공급사업에 관한 설명으로 옳지 않은 것은?

① 누구든지 고용노동부장관의 허가를 받지 아니하고는 근로자 공급사업을 하지 못한다.

② 근로자공급사업은 공급대상이 되는 근로자가 취업하려는 장소를 기준으로 국내 근로자공급사업과 국외 근로자공급사업으로 구분한다.

③ 「파견근로자 보호 등에 관한 법률」에 따른 파견사업주는 국내 근로자공급사업의 허가를 받을 수 있다.

④ 국내에서 제조업을 하고 있는 자는 국외 근로자공급사업의 허가를 받을 수 있다.

⑤ 「민법」에 따른 비영리법인은 연예인을 대상으로 하는 국외 근로자공급사업의 허가를 받을 수 있다.

➕ PLUS

근로자공급사업(직안법 제33조)
③ 근로자공급사업은 공급대상이 되는 근로자가 취업하려는 장소를 기준으로 국내 근로자공급사업과 국외 근로자공급사업으로 구분하며, 각각의 사업의 허가를 받을 수 있는 자의 범위는 다음 각 호와 같다.
1. 국내 근로자공급사업의 경우는 노동조합 및 노동관계조정법에 따른 노동조합
2. 국외 근로자공급사업의 경우는 국내에서 제조업·건설업·용역업, 그 밖의 서비스업을 하고 있는 자. 다만, 연예인을 대상으로 하는 국외 근로자공급사업의 허가를 받을 수 있는 자는 민법 제32조에 따른 비영리법인으로 한다.

47 기출 21

☑확인Check! ○ △ ✕

외국인근로자의 고용 등에 관한 법률에 관한 설명으로 옳지 않은 것은?

① 외국인력정책위원회는 외국인근로자 도입업종 및 규모 등에 관한 사항을 심의·의결한다.

② 외국인근로자를 고용하려는 자는 「직업안정법」에 따른 직업안정기관에 우선 내국인구인신청을 하여야 한다.

③ 사용자는 외국인근로자가 외국인취업교육을 받을 수 있도록 하여야 한다.

④ 외국인근로자를 고용한 사업 또는 사업장의 사용자는 외국인근로자의 출국 등에 따른 퇴직금 지급을 위하여 외국인근로자를 피보험자 또는 수익자로 하는 보험 또는 신탁에 가입하여야 한다.

⑤ 외국인근로자는 고용허가를 받은 날부터 5년의 범위에서 취업활동을 할 수 있다.

46

① (○) 직안법 제33조 제1항

② (○) 직안법 제33조 제3항

③ (✕) 국내 근로자공급사업의 허가를 받을 수 있는 자는 노동조합 및 노동관계조정법에 따른 노동조합이다(직안법 제33조 제3항 제1호).

④ (○) 직안법 제33조 제3항 제2호 본문

⑤ (○) 직안법 제33조 제3항 제2호 단서

정답 ③

47

① (○) 외고법 제4조 제2항 제2호

② (○) 외고법 제6조 제1항

③ (○) 외고법 제11조 제2항

④ (○) 외국인근로자를 고용한 사업 또는 사업장의 사용자는 외국인근로자의 출국 등에 따른 퇴직금 지급을 위하여 외국인근로자를 피보험자 또는 수익자로 하는 보험 또는 신탁에 가입하여야 한다(외고법 제13조 제1항). 이와 귀국비용보험·신탁에 관한 규정은 구별되어야 한다. 즉 외국인근로자는 귀국 시 필요한 비용에 충당하기 위하여 보험 또는 신탁에 가입하여야 한다(외고법 제15조 제1항).

⑤ (✕) 외국인근로자는 입국한 날부터 3년의 범위에서 취업활동을 할 수 있다(외고법 제18조).

정답 ⑤

남녀고용평등과 일·가정 양립 지원에 관한 법률상 육아기 근로시간 단축에 관한 설명으로 옳지 않은 것은?

① 사업주가 해당 근로자에게 육아기 근로시간 단축을 허용하는 경우 단축 후 근로시간은 주당 15시간 이상이어야 하고 35시간을 넘어서는 아니 된다.

② 사업주는 정상적인 사업운영에 중대한 지장을 초래하는 경우에는 육아기 근로시간 단축을 허용하지 아니할 수 있다.

③ 사업주는 육아기 근로시간 단축을 하고 있는 근로자에게 단축된 근로시간 외에 연장근로를 요구할 수 없다. 다만, 그 근로자가 명시적으로 청구하는 경우에는 사업주는 주 12시간 이내에서 연장근로를 시킬 수 있다.

④ 사업주는 근로자의 육아기 근로시간 단축기간이 끝난 후에 그 근로자를 육아기 근로시간 단축 전과 같은 업무 또는 같은 수준의 임금을 지급하는 직무에 복귀시켜야 한다.

⑤ 육아기 근로시간 단축을 한 근로자에 대하여「근로기준법」에 따른 평균임금을 산정하는 경우에는 그 근로자의 육아기 근로시간 단축기간은 평균임금산정기간에 포함한다.

48

① (○) 고평법 제19조의2 제3항

② (○) 사업주는 근로자가 만 8세 이하 또는 초등학교 2학년 이하의 자녀를 양육하기 위하여 근로시간의 단축(이하 "육아기 근로시간 단축")을 신청하는 경우에 이를 허용하여야 한다. 다만, 대체인력 채용이 불가능한 경우, <u>정상적인 사업운영에 중대한 지장을 초래하는 경우 등 대통령령으로 정하는 경우에는 그러하지 아니하다</u>(고평법 제19조의2 제1항).

③ (○) 고평법 제19조의3 제3항

④ (○) 고평법 제19조의2 제6항

⑤ (✕) 육아기 근로시간 단축을 한 근로자에 대하여 근로기준법에 따른 평균임금을 산정하는 경우에는 그 근로자의 <u>육아기 근로시간 단축기간을 평균임금산정기간에서 제외한다</u>(고평법 제19조의3 제4항).

정답 ⑤

➕ **PLUS**

육아기 근로시간 단축의 허용 예외(고평법 시행령 제15조의2)
법 제19조의2 제1항 단서에서 "<u>대통령령으로 정하는 경우</u>"란 다음 각 호의 어느 하나에 해당하는 경우를 말한다.
1. 단축개시예정일의 전날까지 해당 사업에서 계속 근로한 기간이 6개월 미만인 근로자가 신청한 경우
2. 삭제 〈2019.12.24.〉
3. 사업주가 직업안정법 제2조의2 제1호에 따른 직업안정기관에 구인신청을 하고 14일 이상 대체인력을 채용하기 위하여 노력하였으나 대체인력을 채용하지 못한 경우. 다만, 직업안정기관의 장의 직업소개에도 불구하고 정당한 이유 없이 2회 이상 채용을 거부한 경우는 제외한다.
4. 육아기 근로시간 단축을 신청한 근로자의 업무성격상 근로시간을 분할하여 수행하기 곤란하거나 그 밖에 <u>육아기 근로시간 단축이 정상적인 사업운영에 중대한 지장을 초래하는 경우로서 사업주가 이를 증명하는 경우</u>

49 기출 21

☑ 확인 Check! ○ △ ✕

기간제 및 단시간근로자 보호 등에 관한 법령에 관한 설명으로 옳지 않은 것은?

① 박사학위를 소지하고 해당 분야에 종사하는 경우에는 2년을 초과하여 기간제근로자로 사용할 수 있다.

② 특정한 업무의 완성에 필요한 기간을 정한 경우에는 2년을 초과하여 기간제근로자로 사용할 수 있다.

③ 사용자는 기간의 정함이 없는 근로계약을 체결하려는 경우에 당해 사업 또는 사업장의 동종 또는 유사한 업무에 종사하는 기간제근로자를 우선적으로 고용하여야 한다.

④ 고용노동부장관은 확정된 시정명령에 대하여 사용자에게 이행상황을 제출할 것을 요구할 수 있다.

⑤ 사용자는 기간제근로자임을 이유로 해당 사업 또는 사업장에서 동종 또는 유사한 업무에 종사하는 기간의 정함이 없는 근로계약을 체결한 근로자에 비하여 차별적 처우를 하여서는 아니 된다.

➕ PLUS

기간제근로자의 사용(기단법 제4조)
① 사용자는 2년을 초과하지 아니하는 범위 안에서(기간제근로계약의 반복갱신 등의 경우에는 그 계속 근로한 총기간이 2년을 초과하지 아니하는 범위 안에서) 기간제근로자를 사용할 수 있다. 다만, 다음 각 호의 어느 하나에 해당하는 경우에는 2년을 초과하여 기간제근로자로 사용할 수 있다.
1. 사업의 완료 또는 특정한 업무의 완성에 필요한 기간을 정한 경우
2. 휴직·파견 등으로 결원이 발생하여 해당 근로자가 복귀할 때까지 그 업무를 대신할 필요가 있는 경우
3. 근로자가 학업, 직업훈련 등을 이수함에 따라 그 이수에 필요한 기간을 정한 경우
4. 고령자고용촉진법 제2조 제1호의 고령자와 근로계약을 체결하는 경우
5. 전문적 지식·기술의 활용이 필요한 경우와 정부의 복지정책·실업대책 등에 따라 일자리를 제공하는 경우로서 대통령령으로 정하는 경우
6. 그 밖에 제1호부터 제5호까지에 준하는 합리적인 사유가 있는 경우로서 대통령령으로 정하는 경우

기간제근로자 사용기간 제한의 예외(기단법 시행령 제3조)
① 법 제4조 제1항 제5호에서 "전문적 지식·기술의 활용이 필요한 경우로서 대통령령이 정하는 경우"란 다음 각 호의 어느 하나에 해당하는 경우를 말한다.
1. 박사학위(외국에서 수여받은 박사학위를 포함)를 소지하고 해당 분야에 종사하는 경우
2. 국가기술자격법 제9조 제1항 제1호에 따른 기술사 등급의 국가기술자격을 소지하고 해당 분야에 종사하는 경우
3. [별표 2]에서 정한 전문자격을 소지하고 해당 분야에 종사하는 경우

49

① (○) 기단법 시행령 제3조 제1항 제1호

② (○) 기단법 제4조 제1항 제1호

③ (✕) 사용자는 기간의 정함이 없는 근로계약을 체결하고자 하는 경우에는 해당 사업 또는 사업장의 동종 또는 유사한 업무에 종사하는 기간제근로자를 우선적으로 고용하도록 노력하여야 한다(기단법 제5조).

④ (○) 기단법 제15조 제1항

⑤ (○) 기단법 제8조 제1항

정답 ③

50 기출 21

☑ 확인Check! ○ △ ✕

파견근로자 보호 등에 관한 법령상 파견이 허용되는 업무는?

① 출산으로 결원이 생긴 제조업의 직접생산공정업무
② 건설공사현장에서 이루어지는 업무
③ 「선원법」 제2조 제1호의 선원의 업무
④ 「산업안전보건법」 제58조에 따른 유해하거나 위험한 업무
⑤ 「여객자동차 운수사업법」 제2조 제3호에 따른 여객자동차운송사업에서의 운전업무

50

① (○) 출산·질병·부상 등으로 결원이 생긴 경우 또는 일시적·간헐적으로 인력을 확보하여야 할 필요가 있는 경우에는, 제조업의 직접생산공정업무일지라도 근로자파견사업을 할 수 있다(파견법 제5조 제2항).
② (✕) 파견법 제5조 제3항 제1호
③ (✕) 파견법 제5조 제3항 제3호
④ (✕) 파견법 제5조 제3항 제4호
⑤ (✕) 파견법 제5조 제3항 제5호, 동법 시행령 제2조 제2항 제5호

정답 ①

PLUS

절대적 파견금지 대상업무(파견법 제5조)

③ 다음 각 호의 어느 하나에 해당하는 업무에 대하여는 근로자파견사업을 하여서는 아니 된다.

1. 건설공사현장에서 이루어지는 업무
2. 항만운송사업법 제3조 제1호, 한국철도공사법 제9조 제1항 제1호, 농수산물 유통 및 가격안정에 관한 법률 제40조, 물류정책기본법 제2조 제1항 제1호의 하역(荷役)업무로서 직업안정법 제33조에 따라 근로자공급사업 허가를 받은 지역의 업무
3. 선원법 제2조 제1호의 선원의 업무
4. 산업안전보건법 제58조에 따른 유해하거나 위험한 업무
5. 그 밖에 근로자 보호 등의 이유로 근로자파견사업의 대상으로는 적절하지 못하다고 인정하여 대통령령으로 정하는 업무

절대적 파견금지 대상업무(파견법 시행령 제2조)

② 법 제5조 제3항 제5호에서 "대통령령으로 정하는 업무"란 다음 각 호의 어느 하나에 해당하는 업무를 말한다.

1. 진폐의 예방과 진폐근로자의 보호 등에 관한 법률 제2조 제3호에 따른 분진작업을 하는 업무
2. 산업안전보건법 제137조에 따른 건강관리카드의 발급 대상업무
3. 의료법 제2조에 따른 의료인의 업무 및 같은 법 제80조의2에 따른 간호조무사의 업무
4. 의료기사 등에 관한 법률 제3조에 따른 의료기사의 업무
5. 여객자동차 운수사업법 제2조 제3호에 따른 여객자동차운송사업에서의 운전업무
6. 화물자동차 운수사업법 제2조 제3호에 따른 화물자동차운송사업에서의 운전업무

51 기출 21

☑ 확인Check! ○ △ ✕

임금채권보장법에 관한 설명으로 옳지 않은 것은?

① 임금채권보장기금의 관리·운용에 관한 중요사항을 심의하기 위하여 고용노동부에 임금채권보장기금심의위원회를 둔다.

② 거짓으로 대지급금이 지급된 사실을 지방고용노동관서 또는 수사기관에 신고하거나 고발한 자에게는 대통령령으로 정하는 기준에 따라 포상금을 지급할 수 있다.

③ 미성년자인 근로자는 독자적으로 대지급금의 지급을 청구할 수 있다.

④ 대지급금을 지급받을 권리는 담보로 제공할 수 있다.

⑤ 고용노동부장관이 사업주로부터 부담금을 징수할 권리는 3년간 행사하지 아니하면 시효로 소멸한다.

51

① (○) 임채법 제6조 제1항

② (○) 거짓이나 그 밖의 부정한 방법으로 대지급금이 지급된 사실을 지방고용노동관서 또는 수사기관에 신고하거나 고발한 자에게는 대통령령으로 정하는 기준에 따라 포상금을 지급할 수 있다(임채법 제15조).

③ (○) 미성년자인 근로자는 독자적으로 대지급금의 지급을 청구할 수 있다(임채법 제11조의2 제3항).

④ (✕) 대지급금을 지급받을 권리는 양도 또는 압류하거나 담보로 제공할 수 없다(임채법 제11조의2 제1항).

⑤ (○) 부담금이나 그 밖에 이 법에 따른 징수금을 징수하거나 대지급금·부담금을 반환받을 권리는 3년간 행사하지 아니하면 시효로 소멸한다(임채법 제26조 제1항).

정답 ④

52 기출 21

☑ 확인Check! ○ △ ✕

근로자퇴직급여 보장법에 관한 설명으로 옳은 것은?

① 확정급여형퇴직연금제도란 급여의 지급을 위하여 사용자가 부담하여야 할 부담금의 수준이 사전에 결정되어 있는 퇴직연금제도를 말한다.

② 확정기여형퇴직연금제도란 근로자가 받을 급여의 수준이 사전에 결정되어 있는 퇴직연금제도를 말한다.

③ 사용자는 계속근로기간이 1년 미만인 근로자에 대하여도 퇴직급여제도를 설정하여야 한다.

④ 사용자는 근로자가 퇴직한 경우에는 그 지급사유가 발생한 날부터 14일 이내에 퇴직금을 지급하여야 하지만, 특별한 사정이 있는 경우에는 당사자 간의 합의에 따라 퇴직금의 지급기일을 연장할 수 있다.

⑤ 퇴직급여제도의 일시금을 수령한 사람은 개인형퇴직연금제도를 설정할 수 없다.

52

① (✕) "확정급여형퇴직연금제도"란 근로자가 받을 급여의 수준이 사전에 결정되어 있는 퇴직연금제도를 말한다(근퇴법 제2조 제8호).

② (✕) "확정기여형퇴직연금제도"란 급여의 지급을 위하여 사용자가 부담하여야 할 부담금의 수준이 사전에 결정되어 있는 퇴직연금제도를 말한다(근퇴법 제2조 제9호).

③ (✕) 사용자는 퇴직하는 근로자에게 급여를 지급하기 위하여 퇴직급여제도 중 하나 이상의 제도를 설정하여야 한다. 다만, 계속근로기간이 1년 미만인 근로자, 4주간을 평균하여 1주간의 소정근로시간이 15시간 미만인 근로자에 대하여는 그러하지 아니하다(근퇴법 제4조 제1항).

④ (○) 근퇴법 제9조 제1항

⑤ (✕) 퇴직급여제도의 일시금을 수령한 사람은 개인형퇴직연금제도를 설정할 수 있다(근퇴법 제24조 제2항 제1호).

정답 ④

✚ PLUS

개인형퇴직연금제도의 설정 및 운영 등(근퇴법 제24조)

② 다음 각 호의 어느 하나에 해당하는 사람은 개인형퇴직연금제도를 설정할 수 있다. 〈개정 2021.4.13.〉

1. 퇴직급여제도의 일시금을 수령한 사람
2. 확정급여형퇴직연금제도, 확정기여형퇴직연금제도 또는 중소기업퇴직연금기금제도의 가입자로서 자기의 부담으로 개인형퇴직연금제도를 추가로 설정하려는 사람
3. 자영업자 등 안정적인 노후소득 확보가 필요한 사람으로서 대통령령으로 정하는 사람

무언가를 시작하는 방법은

말하는 것을 멈추고, 행동을 하는 것이다.

– 월트 디즈니 –

EBS 교육방송

공인노무사
동영상강의

합격을 위한 동반자, EBS 동영상강의와 함께하세요!

수강회원들을 위한 특별한 혜택

❶ G-TELP 특강

1차시험 필수 영어과목은 지텔프 특강으로 대비!

❷ 기출해설 특강

최종 학습 마무리, 실전대비를 위한 기출분석!

❸ 모바일강의

스마트폰 스트리밍서비스 무제한 수강 가능!

❹ 1:1 맞춤학습 Q&A

온라인 피드백서비스로 빠른 답변 제공!

공인노무사

2025

1차시험 | 필수과목

노동법 I·II

2025년 제34회
공인노무사시험 대비

공인노무사
1위

EBS
교육방송

2025

공인노무사

1차시험 | 필수과목

노동법 Ⅱ

편저 | EBS 교수진

시대에듀

최고 교수진의 빠른 합격전략

현직 공인노무사와 전문 교수진의 압도적인 강의로
최단기간 합격을 약속드립니다.

빈틈없는 강의로
노동법
완전정복!

합격생이 인정한 현직 노무사의
입체적인 강의

김희향 공인노무사(노동법)
노무법인 마로 부대표
(사)여성노동법률지원센터 법률지원국 법률위원

들을수록 빠져드는
사회보험법
고득점전략!

실무경험을 바탕으로 하는
깊이 있는 강의

이윤형 공인노무사(사회보험법)
온누리노무컨설팅 대표
서울시교육청 사학기관전문가 자문단 자문위원

방대한 민법,
핵심만
짚어준다!

민법 전문 교수가 알려 주는
쉽고 확실한 강의

김동진 교수(민법)
(前)법무법인 가현 민사 · 행정 전문위원
시대에듀 강사(변리사 민법)

체계적인 학습법!
경영학개론
완벽 마스터!

사례와 예시를 통해 이해를
돕는 친절한 강의

이근필 교수(경영학개론)
한양대 경영학 박사과정
시대에듀 강사(경영학 · 경영분석)

공인노무사 1차

노동법 Ⅱ

이론 + 실전대비문제

노동법 시험의 시대

출제경향 & 수험대책

2024년 실시된 제33회 공인노무사 1차시험부터 노동법Ⅱ 시험문제가 40문항으로 증가함에 따라 노동법 분야의 폭넓은 이해를 요구하는 문제뿐만 아니라 부속법령에 관한 지엽적인 조문문제도 다수 출제되어, 수험가에서 예상한 바와 같이 시험의 난이도가 상당한 정도로 상승한 결과를 가져왔다. 새로운 출제경향에 대비하기 위해 다음과 같이 준비하면 될 것으로 보인다. 노동법Ⅱ는 법령개정이 드물지만 2021.1.5. 노동조합 및 노동관계조정법이 일부개정되었고 이어서 2023.9.26. 동법 시행령이 일부개정되었으므로 이를 반드시 확인하여야 한다. 또한 보기지문의 난이도가 점점 어려워지고 있는 추세이므로 반복하여 출제된 법조문 및 주요판례는 정확하게 이해하고 암기할 필요가 있다. 본 기본서에 수록된 OX문제로 중요내용을 확인하고 노동3권을 중심으로 한 실전대비문제를 반복하여 학습한다면 노동법Ⅱ에서 충분히 고득점을 획득할 수 있으리라 판단된다.

PART 02

노동법 Ⅱ

제1장 총 설

제2장 단결권

제3장 단체교섭권

제4장 단체행동권

제5장 노동쟁의조정제도

제6장 부당노동행위구제제도

제7장 노사협의회

제8장 노동위원회

제9장 기타 법령

01 총 설

Ⅰ 개별적 근로관계법

근로자 개인과 사용자 간의 근로관계를 규율하는 법체계를 말한다. 개별적 근로관계법은 헌법 제32조의 근로의 권리 보호를 헌법적 근거로 한다. 개별적 근로관계는 취업 중인 근로자의 현재 존속하는 개별적 근로관계와, 미취업자의 향후 존속 예정인 개별적 근로관계로 나뉜다.

Ⅱ 집단적 노사관계법

노동조합 등 근로자집단과 사용자 간의 노사관계를 규율하는 법체계를 말한다. 집단적 노사관계법은 헌법 제33조의 노동3권 보호를 헌법적 근거로 한다.

Ⅲ 개별적 근로관계법과 집단적 노사관계법의 관계

개별적 근로관계법과 집단적 노사관계법은 각각 별개의 법체계와 헌법적 근거를 갖고 있으나, 양자는 근로자의 근로기본권 보호를 위하여 상호 밀접하게 연관되어 있다.

① 집단적 노사관계는 개별적 근로관계의 존재를 전제로 한다. 즉, 근로자가 사용자에게 고용되어 근로관계를 맺지 아니한다면, 노동조합 등이 근로조건의 유지·개선을 위하여 단체교섭이나 쟁의행위를 행하는 것은 무의미하게 될 것이다.

② 개별적 근로관계법은 임금 및 근로시간 등의 근로조건을 법정함으로써 국가가 이에 직접적으로 간섭·개입하게 된다. 이에 반하여 집단적 노사관계법은 근로조건의 내용에 국가가 직접 개입하는 것이 아니라, 근로자에게 사용자와 실질적으로 대등한 지위를 부여·보장하여 대등한 당사자 간의 교섭이 가능하도록 함으로써 근로조건을 간접적으로 향상시키고 있다.

③ 개별적 근로관계는 집단적 노사관계의 도움 없이도 유지될 수 있으나, 개별적 근로관계만으로는 노사당사자 간에 실질적으로 대등한 지위를 확보할 수 없으므로, 필연적으로 집단적 노사관계의 존재를 필요로 한다.

제2절 노동3권[1]

I 노동3권의 의의

노동3권이라 함은 근로자의 단결권·단체교섭권·단체행동권을 통칭하는 개념이다. 이는 경제적 약자인 근로자들이 사용자와 대등한 지위를 확보하기 위하여 자주적으로 노동조합을 조직하고, 노동조합을 통하여 사용자와 교섭을 수행하며, 원활한 교섭을 뒷받침하기 위하여 단체행동을 할 수 있는 권리를 말한다.

II 노동3권의 법적 성격

1. 학 설

근로자의 자유로운 단결권·단체교섭권·단체행동권 행사에 대하여, 국가의 부당한 방해를 받지 아니하는 소극적 방어권으로서의 성격을 인정하는 자유권설과, 노동3권의 행사를 적극적으로 보호·촉진하도록 청구할 수 있는 사회권의 일종으로 파악하는 사회권설, 그리고 양자를 절충한 혼합권설이 대립하고 있다.

2. 판 례

대법원은, 노동기본권은 자유권적 기본권으로서의 성격보다는 생존권 또는 사회권적 기본권으로서의 측면이 강한 것으로, 그 권리의 실질적 보장을 위해서는 국가의 적극적인 개입과 뒷받침이 요구되는 기본권이라 하여 생존권적 입장을 보이고 있다(대판 1990.5.15. 90도357). 헌법재판소는, 노동기본권은 자유권적 기본권으로서의 성격보다는 생존권 내지 사회권적 기본권으로서의 측면이 보다 강한 것으로, 그 권리의 실질적 보장을 위해서는 국가의 적극적인 개입과 뒷받침이 요구되는 기본권이라 하였지만(헌재 1991.7.22. 89헌가106), 자유권이라고 한 경우도 있으며(헌재 1996.12.26. 90헌바19), 이후에는 근로3권을 사회적 보호기능을 담당하는 자유권 또는 사회권적 성격을 띤 자유권이라 하여 혼합권설의 입장[2]도 취하고(헌재 1998.2.27. 94헌바13) 있다. 기출 22

---

1) 참고로 제헌헌법 제18조는 "근로자의 단결, 단체교섭과 단체행동의 자유는 법률의 범위 내에서 보장된다. 영리를 목적으로 하는 사기업에서는 근로자는 법률이 정하는 바에 의하여 이익의 분배에 균점할 권리가 있다"고 규정함으로써 노동 3권이 아닌 노동 4권을 명시하고 있었으나, 제18조 후문에서 규정한 이익분배균점권은 제5차개정 헌법(1962년 헌법)에서 삭제되었다. 기출 23

2) 혼합권설의 입장을 취하고 있는 헌재결정요지(헌재 1998.2.27. 94헌바13)를 이하에서 구체적으로 살펴보기로 한다.
[1] 근로3권은 국가공권력에 대하여 근로자의 단결권의 방어를 일차적인 목표로 하지만, 근로3권의 보다 큰 헌법적 의미는 근로자단체라는 사회적 반대세력의 창출을 가능하게 함으로써 노사관계의 형성에 있어서 사회적 균형을 이루어 근로조건에 관한 노사 간의 실질적인 자치를 보장하려는데 있다. 근로자는 노동조합과 같은 근로자단체의 결성을 통하여 집단으로 사용자에 대항함으로써 사용자와 대등한 세력을 이루어 근로조건의 형성에 영향을 미칠 수 있는 기회를 가지게 되므로 이러한 의미에서 근로3권은 '사회적 보호기능을 담당하는 자유권' 또는 '사회권적 성격을 띤 자유권'이라고 말할 수 있다.
[2] 이러한 근로3권의 성격은 국가가 단지 근로자의 단결권을 존중하고 부당한 침해를 하지 아니함으로써 보장되는 자유권적 측면인 국가로부터의 자유뿐이 아니라, 근로자의 권리행사의 실질적 조건을 형성하고 유지해야 할 국가의 적극적인 활동을 필요로 한다. 따라서 근로3권의 사회권적 성격은 입법조치를 통하여 근로자의 헌법적 권리를 보장할 국가의 의무에 있다. 이는 곧, 입법자가 근로자단체의 조직, 단체교섭, 단체협약, 노동쟁의 등에 관한 노동조합관련법의 제정을 통하여 노사 간의 세력균형이 이루어지고 근로자의 근로3권이 실질적으로 기능할 수 있도록 하기 위하여 필요한 법적 제도와 법규범을 마련하여야 할 의무가 있다는 것을 의미한다. 기출 24
[3] 노동조합의 대표자 또는 노동조합으로부터 위임을 받은 자에게 단체교섭권과 함께 단체협약체결권을 부여한 이 사건 법률조항의 입법목적은 노동조합이 근로3권의 기능을 보다 효율적으로 이행하기 위한 조건을 규정함에 있다 할 것이다. 따라서 비록 이 사건 법률조항으로 말미암아 노동조합의 자주성이나 단체자치가 제한되는 경우가 있다고 하더라도 이는 근로3권의 기능을 보장함으로써 산업평화를 유지하고자 하는 중대한 공익을 위한 것으로서 그 수단 또한 필요·적정한 것이라 할 것이므로 헌법에 위반된다고 할 수 없다(헌재 1998.2.27. 94헌바13).

3. 검 토

노동3권은 근로자의 생존을 확보하기 위하여 자유주의 법원칙을 수정하는 정책으로 등장했다는 점에서, 기본적으로 생존권적인 측면이 있음을 부인할 수 없으나, 자유권적 성격은 여전히 노동3권의 핵심적인 내용을 이룬다는 점에서, 혼합권설의 입장이 타당하다고 판단된다.

Ⅲ 노동3권의 주체

① 근로자 개인과 근로자의 단결체가 주체가 되고, 사용자는 노동3권의 주체가 될 수 없다. 사용자가 사용자단체를 결성하는 것은 결사의 자유의 행사 결과로 보아야 한다. 사용자가 근로자와 단체교섭을 수행하는 것은, 근로자가 단체교섭권을 행사하는 데 그 상대방으로 대응한 것에 불과하고, 사용자의 직장폐쇄는 근로자의 단체행동권 행사에 대응한 사용자의 재산권 행사로 파악된다. **기출** 17

② 근로자 개인은 단결권의 보유 및 행사의 주체가 될 수 있으나, 단체교섭권 및 단체행동권에 대하여는 보유의 주체가 될 뿐 행사의 주체는 될 수 없다. 근로자의 단결체인 노동조합은 단결권·단체교섭권 및 단체행동권 보유의 주체이자 행사의 주체이다.

Ⅳ 노동3권의 효력

1. 대국가적 효력

(1) 대국가적 효력 인정 여부

기본권의 대국가적 방어권으로서의 성격과 우리 헌법 제10조 후문의 규정을 고려하면, 노동3권은 당연히 대국가적 효력을 가진다.

(2) 내 용

1) 자유권적 측면

소극적 효력으로, 노동3권에 대한 국가권력의 부당한 간섭 또는 방해를 배제하는 효력을 말한다. 노동3권을 침해하는 국가의 행위는 위헌·무효이며, 국가는 피해자에 대하여 불법행위의 책임을 진다. 또한 노동조합의 정당한 단체교섭·단체행동에 대하여 민·형사책임을 면한다는 노조법 규정(노조법 제3조, 제4조)은, 헌법상의 노동3권의 보장의 효과를 확인한 것에 불과하다.

2) 생존권적 측면

적극적 효력으로, 노동3권의 행사를 국가가 적극적으로 보호하도록 요구할 수 있는 효력을 말한다. 노조법에서의 성실교섭의무, 단체협약의 일반적·지역적 구속력, 쟁의기간 중 근로자의 구속 제한, 사용자의 부당노동행위를 제한하는 부당노동행위 구제제도를 입법화한 행위는, 노동3권의 대국가적 효력 중 적극적 효력의 내용이다. **기출** 17

2. 대사인적 효력

(1) 대사인적 효력의 인정 여부

노동3권이 사인 간의 법률관계에 직접 적용될지 여부에 대하여 부정설, 직접적용설 및 간접적용설 등이 대립하고 있으나, 사인 상호 간에 직접 적용되어 노동3권을 침해하는 사인의 행위를 부정하는 직접적용설이 타당하다고 판단된다. 판례도 같은 취지에서 노동3권은 법률의 제정이라는 국가의 개입을 통하여 비로소 실현될 수 있는 권리가 아니라, 법률이 없더라도 헌법의 규정만으로 직접 법규범으로서 효력을 발휘할 수 있는 구체적 권리라고 보아야 한다고(대판 2020.9.3. 2016두32992[전합]) 판시하고 있다.[3]

(2) 내 용

1) 사용자에 대한 효력

사용자에 의한 근로자의 노동3권을 침해하는 행위(부당노동행위)로부터 보호받을 수 있는 효력을 말한다.

2) 근로자에 대한 효력

다른 근로자가 근로자의 노동3권을 침해하는 행위로부터 보호를 받을 수 있는 효력을 말한다. 근로자가 노동조합을 설립·운영하거나 노동조합에서 탈퇴하는 것을 다른 근로자가 방해하는 경우, 이는 근로자의 노동3권을 침해하는 것이 된다.

V 노동3권의 상호관계

1. 학 설

상호무관계설도 있으나, 근로자의 단결권·단체교섭권 및 단체행동권은 상호불가분의 관계에 있다는 상호연계설이 통설·판례의 입장이다. 상호연계설은 노동3권 중에서 단결권을 목적으로 하는 견해와, 단체교섭권을 목적으로 파악하는 견해로 나뉜다.

(1) 단결권을 중심으로 하는 견해

노동3권의 중심이 되는 권리를 단결권으로 보아 단결권을 목적된 권리로, 단체교섭권과 단체행동권을 그 수단적 권리로 파악하는 견해이다. 단결권을 중심으로 하는 견해를 따를 경우에는, 노동조합이 단체교섭권 및 단체행동권을 반드시 사용자를 상대로 행사할 필요가 없고, 사용자가 아닌 제3자에게도 행사할 수 있으므로 그만큼 단체교섭 및 단체행동의 범위가 넓어진다.

---

3) 노동3권의 대사인적 효력에 대한 판례(2016두32992[전합])의 판결이유를 구체적으로 살펴본다.
헌법 제33조 제1항은 "근로자는 근로조건의 향상을 위하여 자주적인 단결권·단체교섭권 및 단체행동권을 가진다"라고 규정함으로써 노동3권을 기본권으로 보장하고 있다. 노동3권은 법률의 제정이라는 국가의 개입을 통하여 비로소 실현될 수 있는 권리가 아니라, 법률이 없더라도 헌법의 규정만으로 직접 법규범으로서 효력을 발휘할 수 있는 구체적 권리라고 보아야 한다. 노동조합법 제1조가 '이 법은 헌법에 의한 근로자의 단결권·단체교섭권 및 단체행동권을 보장하여' 근로조건의 유지·개선과 근로자의 경제적·사회적 지위 향상을 도모함을 목적으로 한다고 규정하고 있는 것도 이러한 차원에서 이해할 수 있다. 특히 노동3권 중 단결권은 결사의 자유가 근로의 영역에서 구체화된 것으로서, 연혁적·개념적으로 자유권으로서의 본질을 가지고 있으므로, '국가에 의한 자유'가 아니라 '국가로부터의 자유'가 보다 강조되어야 한다. 따라서 노동관계법령을 입법할 때에는 이러한 노동3권, 특히 단결권의 헌법적 의미와 직접적 규범력을 존중하여야 하고, 이렇게 입법된 법령의 집행과 해석에 있어서도 단결권의 본질과 가치가 훼손되지 않도록 하여야 한다(대판 2020.9.3. 2016두32992[전합]).

(2) 단체교섭권을 중심으로 하는 견해

노동3권의 중심이 되는 권리를 단체교섭권으로 보아 단체교섭권을 목적된 권리로, 단결권 및 단체행동권을 그 수단적 권리로 파악하는 견해이다. 이는 우리나라의 통설이며, 단체교섭권을 중심으로 노동3권을 파악하면 단체교섭권 행사는 근본적으로 대사용자관계를 기본전제로 하므로, 단체교섭권에 대한 수단적 권리로서의 단체행동권 정당성의 범위는 대사용자관계에 국한된다. 따라서 단체행동권의 범위는 그만큼 좁아진다.

2. 판 례

대법원은 헌법 제33조 제1항에 의하여 선명된 이른바 노동3권은 사용자와 근로자 간의 실질적인 대등성을 단체적 노사관계의 확립을 통하여 가능하도록 하기 위하여 시민법상의 자유주의적 법원칙을 수정하는 신시대적 시책으로서 등장된 생존권적 기본권들이므로 이 노동3권은 다 같이 존중·보호되어야 하고 그 사이에 비중의 차등을 둘 수 없는 권리들임에는 틀림없지만 근로조건의 향상을 위한다는 생존권의 존재목적에 비추어 볼 때 위 노동3권 가운데에서도 단체교섭권이 가장 중핵적 권리임은 부정할 수 없다고(대판 1990.5.15. 90도357) 한다. 기출 18·24 한편 헌법재판소는 구 노동쟁의조정법상의 직권중재의 위헌 여부에 대한 결정에서 근로자의 단체행동권이 전제되지 않은 단체결성이나 단체교섭이란 무력한 것이어서 무의미하여 단체결성이나 단체교섭권만으로는 노사관계의 실질적 대등성은 확보될 수 없어, 단체행동권이야말로 노사관계의 실질적 대등성을 확보하는 필수적인 전제이므로 근로3권 가운데 가장 중핵적인 권리는 단체행동권이라고 보아야 한다고 (헌재 1996.12.26. 90헌바19) 판시하고 있다.

3. 검 토

헌법이 노동3권을 보장한 취지를 고려하면, 노동3권 가운데에서도 어떠한 권리를 중핵적인 권리로 파악하여 권리상호 간의 우열을 정할 것이 아니라 노동3권을 전체적이고 통일적인 시각에서 파악하는 것이 변화하는 노동환경에서 노동3권을 효과적으로 보장하기 위한 합리적인 대안이라고 판단된다.

Ⅵ 노동3권의 제한의 법적 근거

1. 내재적 한계 기출 20·22

근로자는 근로조건의 향상을 위하여 자주적인 단결권·단체교섭권 및 단체행동권을 가진다(헌법 제33조 제1항). 노동3권에 내재되어 있는 본질적 성격으로 인하여 노동3권의 행사범위가 당연히 제한되는 것으로, 근로자의 근로조건 향상을 위하여 자주적으로 행사될 것을 요구함이 내재적 한계로 기능하게 된다.

2. 개별적 헌법유보에 의한 제한

① 공무원인 근로자는 법률이 정하는 자에 한하여 단결권·단체교섭권 및 단체행동권을 가진다(헌법 제33조 제2항). 기출 20

② 법률이 정하는 주요방위산업체에 종사하는 근로자의 단체행동권은 법률이 정하는 바에 의하여 이를 제한하거나 인정하지 아니할 수 있다(헌법 제33조 제3항). 기출 16·17·18·24

3. 일반적 법률유보에 의한 제한 `기출 17`

노동3권도 국가안전 보장·질서 유지·공공복리를 위하여 필요한 경우에 한하여 법률로써 제한할 수 있다(헌법 제37조 제2항). 노동3권을 제한하는 법률로는 노조법, 국가공무원법, 지방공무원법, 사립학교법 및 방위사업법 등이 있다.

4. 비상사태 등에 의한 제한

국가비상사태하에서는 헌법 제76조의 규정에 따라 대통령의 긴급재정경제처분·명령과 긴급명령에 의하여 노동3권이 잠정적으로 제한될 수 있으며, 헌법 제77조의 규정에 의한 비상계엄선포에 의하여 단체행동권이 제약받을 수도 있다.

Ⅶ 근로의 특수성에 근거한 노동3권의 제한

1. 공무원의 노동3권의 제한

헌법은 "공무원인 근로자는 법률이 정하는 자에 한하여 단결권·단체교섭권 및 단체행동권을 가진다"(헌법 제33조 제2항)라고 규정함으로써 노동3권이 보장되는 공무원의 범위를 법률로 정하도록 위임하고 있고, 이에 따라 제정된 공무원의 노동조합 설립 및 운영 등에 관한 법률(이하 "공노법")은 일정 범위의 공무원에 한하여 단결권과 단체교섭권을 보장하고 있다(공노법 제6조 제1항). 즉, 공노법이 적용되는 공무원에 대하여는 단체행동권을 제외한 단결권과 단체교섭권만이 인정되나, 공노법이 적용되지 아니하는 사실상 노무에 종사하는 공무원에 대하여는 단결권, 단체교섭권 및 단체행동권이 인정됨을 유의하여야 한다(공노법 제11조). `기출 16`

(1) 공노법

1) 노동조합에 가입할 수 있는 공무원(공노법 제6조 제1항)
① 일반직공무원
② 특정직공무원 중 외무영사직렬·외교정보기술직렬 외무공무원, 소방공무원 및 교육공무원(다만, 교원은 제외)
③ 별정직공무원
④ ①부터 ③까지의 어느 하나에 해당하는 공무원이었던 사람으로서 노동조합규약으로 정하는 사람

2) 단체교섭 및 체결 권한 등
공무원노조의 대표자는 그 노동조합에 관한 사항 또는 조합원의 보수·복지, 그 밖의 근무조건에 관한 사항에 관하여 교섭하고 단체협약을 체결할 권한을 가진다(공노법 제8조 제1항 본문). 노동조합과 그 조합원은 파업, 태업, 그 밖에 업무의 정상적인 운영을 방해하는 어떠한 행위도 하여서는 아니 된다(공노법 제11조). 단체교섭이 결렬되는 경우 당사자 어느 한쪽 또는 양쪽은 중앙노동위원회에 조정을 신청할 수 있다(공노법 제12조 제1항).

(2) 국가공무원법 및 지방공무원법

국가공무원법이나 지방공무원법은 공무원의 단체행동권을 원칙적으로 제한하고 있으나, 사실상 노무에 종사하는 공무원의 경우에는 예외적으로 단결권, 단체교섭권뿐만 아니라 단체행동권까지 인정하고 있다. 국가공무원의 경우 사실상 노무에 종사하는 공무원의 범위는 대통령령으로 정하도록 하고 있고, 사실상 노무에

종사하는 공무원으로서 노동조합에 가입된 자가 조합업무에 전임하려면 소속 장관의 허가를 받아야 한다고 규정하고 있다. 지방공무원의 경우에는 사실상 노무에 종사하는 공무원의 범위는 조례로 정하도록 하고 있고, 소속 지방자치단체의 장 또는 소속 지방의회의 의장의 허가를 받아야 한다(국가공무원법 제66조, 지방공무원법 제58조).

(3) 경찰공무원법 등

경찰공무원법, 소방공무원법 및 군인사법은 현역군인·군무원·경찰관·소방관 등의 공무원이 노동3권을 행사할 수 없도록 규정하고 있다.

2. 교원의 노동3권의 제한

① 유아교육법, 초·중등교육법에 따른 교원은 특별시·광역시·특별자치시·도·특별자치도(이하 "시·도") 단위 또는 전국 단위로만 노동조합을 설립할 수 있다(교노법 제4조 제1항). 고등교육법에 따른 교원은 개별학교 단위, 시·도 단위 또는 전국 단위로 노동조합을 설립할 수 있다(교노법 제4조 제2항).

② 노동조합의 대표자는 그 노동조합 또는 조합원의 임금, 근무조건, 후생복지 등 경제적·사회적 지위 향상에 관하여 다음의 구분에 따른 자와 교섭하고 단체협약을 체결할 권한을 가진다(교노법 제6조 제1항).

 ㉠ 유아교육법, 초·중등교육법에 따른 교원으로 구성된 노동조합의 대표자의 경우에는 교육부장관, 시·도 교육감 또는 사립학교 설립·경영자. 이 경우 사립학교 설립·경영자는 전국 또는 시·도 단위로 연합하여 교섭에 응하여야 한다.

 ㉡ 고등교육법에 따른 교원으로 구성된 노동조합의 대표자의 경우에는 교육부장관, 특별시장·광역시장·특별자치시장·도지사·특별자치도지사, 국·공립학교의 장 또는 사립학교 설립·경영자

③ 교원노조는 단체행동권을 행사할 수 없으며, 이의 대상수단으로서 중앙노동위원회에 의한 조정 및 강제중재절차가 적용된다(교노법 제8조, 제9조, 제10조).

Ⅷ 사업·업무의 특수성에 기인한 노동3권의 제한

1. 주요방위산업체종사자의 단체행동권 제한

헌법 제33조 제3항에 따라 방위사업법에 의해 지정된 주요방위산업체에 종사하는 근로자 중 전력·용수 및 주로 방산물자를 생산하는 업무에 종사하는 자는 쟁의행위를 할 수 없다(노조법 제41조 제2항). 기출 19·21

O | X

1. 현행법상 단체행동권이 인정되는 공무원이 있다.
2. 현행 헌법은 교원의 경우, 법률이 정하는 자에 한하여 단결권, 단체교섭권 및 단체행동권을 갖는다고 규정하고 있다.
3. 방위사업법에 의하여 지정된 주요방위산업체에 종사하는 근로자 중 전력, 용수 및 주로 방산물자를 생산하는 업무에 종사하는 자는 쟁의행위를 할 수 없다.

정답 1. ○ 2. × 3. ○

2. 필수공익사업종사자의 단체행동권 제한

철도·수도·전기·병원 등의 필수공익사업의 경우 필수유지업무의 정지·폐지 또는 방해하는 행위는 쟁의행위로 이를 행할 수 없으며, 파업 시 파업참가자 50%의 범위 내에서 대체근로가 허용된다(노조법 제42조의2 제2항, 제43조 제4항).

3. 특수경비원의 단체행동권 제한

국가중요시설의 경비 및 도난, 화재 그 밖에 위험발생을 방지하는 업무에 종사하는 특수경비원은 일체의 쟁의행위를 하여서는 안 된다(경비업법 제15조 제3항). 헌법재판소는 노동3권을 일체로서 하나의 기본권으로 파악한 후에 헌법상 개별적 제한규정이 없더라도 노동3권 중 단체행동권을 제한하는 것은 헌법 제37조 제2항에 의하여 가능하다고 보아, 특수경비원의 쟁의행위 금지는 과잉금지원칙에 반하지 아니하므로 합헌이라고 결정하였다(헌재 2009.10.29. 2007헌마1359). 기출 22

4. 청원경찰의 단체행동권 제한

청원경찰의 노동3권을 제한하여 왔던 청원경찰법 제5조 제4항이 헌법재판소의 헌법불합치결정(헌재 2017.9.28. 2015헌마653, 헌법불합치)을 받음에 따라, 2018년 개정된 청원경찰법은, 청원경찰은 파업, 태업 또는 그 밖에 업무의 정상적인 운영을 방해하는 일체의 쟁의행위를 하여서는 아니 된다고 규정함으로써 청원경찰의 단체행동권을 제한하고 있다(청원경찰법 제9조의4).

Ⅸ 노동3권의 제한의 한계

노동3권은 절대적 권리가 아닌 제한을 받을 가능성이 있는 상대적 권리라고 할 수 있으나, 그 제한은 필요 최소한에 그쳐야 할 것이고, 노동3권의 전면적 부인 또는 본질적 내용의 침해는 인정될 수 없을 것이다(헌법 제37조 제2항).

✔ 핵심문제

01 헌법상 노동3권에 관한 설명으로 옳지 않은 것은?(다툼이 있으면 판례에 따름)

① 노동3권은 국가안전 보장·질서 유지 또는 공공복리를 위하여 필요한 경우 법률로써 제한할 수 있다.
② 단결권은 단결할 자유만을 가리키고, 단결하지 아니할 자유는 일반적 행동의 자유 또는 결사의 자유에 그 근거가 있다.
③ 공무원인 근로자는 법률이 정하는 자에 한하여 단결권·단체교섭권 및 단체행동권을 가진다.
④ 노동3권은 사회적 보호기능을 담당하는 자유권 또는 사회권적 성격을 띤 자유권이라고 말할 수 있다.
⑤ 모든 국민은 근로조건의 향상을 위하여 자주적인 단결권·단체교섭권 및 단체행동권을 가진다.

[해설]
근로자는 근로조건의 향상을 위하여 자주적인 단결권·단체교섭권 및 단체행동권을 가진다(헌법 제33조 제1항).

정답 ⑤

제1장

제2장

제3장

제4장

제5장

제6장

제7장

제8장

제9장

CHAPTER

01 총 설

01 기출 24

☑ 확인Check! ○ △ ×

노동조합 및 노동관계조정법의 연혁에 관한 설명으로 옳지 않은 것은?

① 1953년 제정된 노동조합법에는 복수노조 금지조항이 있었다.
② 1953년 제정된 노동쟁의조정법에는 쟁의행위 민사면책조항이 있었다.
③ 1963년 개정된 노동조합법에는 노동조합의 정치활동 금지 규정이 신설되었다.
④ 1997년에는 노동조합 및 노동관계조정법이 제정되었다.
⑤ 2010년 개정된 노동조합 및 노동관계조정법에는 교섭창구단일화의 절차와 방법에 관한 규정이 신설되었다.

정답 및 해설

01

① (×) 1953년 노동조합법이 처음으로 제정되었을 때에는 노동조합의 설립을 제한하는 규정은 없었다. 복수노조 금지제도는 1963년 노동조합법을 개정하면서 "조직이 기존 노동조합의 정상적인 운영을 방해하는 것을 목적으로 하는 경우" 노동조합의 설립을 허용하지 않는다고 규정(1963년 노동조합법 제3조 제5호)하여 노동법에 처음 도입되었다.

② (○) 1953년 노동쟁의조정법은 "사용자는 쟁의행위에 의하여 손해를 받았을 경우에 노동조합 또는 근로자에 대하여 배상을 청구할 수 없다"고 규정(1953년 노동쟁의조정법 제12조)하여 쟁의행위 민사면책조항을 두고 있었다.

③ (○) 1963년 노동조합법은 "노동조합은 공직선거에 있어서 특정정당을 지지하거나 특정인을 당선시키기 위한 행위를 할 수 없다"고 규정(1963년 노동조합법 제12조 제1항)하여 노동조합의 정치활동 금지 규정을 두고 있었다.

④ (○) 헌법에 의한 근로자의 단결권·단체교섭권 및 단체행동권을 보장하여 근로조건의 유지·개선과 근로자의 경제적·사회적 지위의 향상을 도모하고, 노동관계를 공정하게 조정하여 노동쟁의를 예방·해결함으로써 산업평화의 유지와 국민경제의 발전에 이바지함을 목적으로 1997.3.13. 노조법이 제정되어 당일 시행되었다.

⑤ (○) 2010년 노조법에서는 교섭창구를 단일화하도록 하여 근로조건의 통일성 확보 및 교섭이 효율적으로 이루어질 수 있도록 하기 위해 동법 제29조의2 이하에서 교섭창구단일화의 절차와 방법에 관한 규정이 신설되었다.

정답 ①

02 기출 24

☑ 확인 Check! ○ △ ×

헌법상 노동3권에 관한 설명으로 옳지 않은 것은?(다툼이 있으면 판례에 따름)

① 노동3권은 근로조건의 향상을 위한다는 생존권의 존재목적에 비추어 볼 때 노동3권 가운데에서도 단체교섭권이 가장 중핵적 권리이다.

② 노동3권의 사회권적 성격은 입법조치를 통하여 근로자의 헌법적 권리를 보장할 국가의 의무에 있다.

③ 근로자의 단결하지 않을 자유, 즉 소극적 단결권은 개인의 자기결정의 이념에 따라 적극적 단결권과 동등하게 보장되어야 한다는 것이 헌법재판소의 입장이다.

④ 법률이 정하는 주요방위산업체에 종사하는 근로자의 단체행동권은 법률이 정하는 바에 의하여 이를 제한하거나 인정하지 아니할 수 있다.

⑤ 단체협약에서 다른 노동조합의 단체교섭권을 사전에 배제하는 이른바 유일교섭단체조항은 단체교섭권의 본질적 내용을 침해할 우려가 있다.

02

① (○) 노동3권은 다 같이 존중 보호되어야 하고 그 사이에 비중의 차등을 둘 수 없는 권리들임에는 틀림없지만 근로조건의 향상을 위한다는 생존권의 존재목적에 비추어 볼 때 노동3권 가운데에서도 단체교섭권이 가장 중핵적 권리임은 부정할 수 없다(대판 1990.5.15. 90도357).

② (○) 근로3권의 성격은 국가가 단지 근로자의 단결권을 존중하고 부당한 침해를 하지 아니함으로써 보장되는 자유권적 측면인 국가로부터의 자유뿐이 아니라, 근로자의 권리행사의 실질적 조건을 형성하고 유지해야 할 국가의 적극적인 활동을 필요로 한다. 따라서 근로3권의 사회권적 성격은 입법조치를 통하여 근로자의 헌법적 권리를 보장할 국가의 의무에 있다(헌재 1998.2.27. 94헌바13).

③ (×) 헌법상 보장된 근로자의 단결권은 단결할 자유만을 가리킬 뿐이고, 단결하지 아니할 자유 이른바 소극적 단결권은 이에 포함되지 않는다고 보는 것이 우리 재판소의 선례라고 할 것이다. 그렇다면 근로자가 노동조합을 결성하지 아니할 자유나 노동조합에 가입을 강제당하지 아니할 자유, 그리고 가입한 노동조합을 탈퇴할 자유는 근로자에게 보장된 단결권의 내용에 포섭되는 권리로서가 아니라 헌법 제10조의 행복추구권에서 파생되는 일반적 행동의 자유 또는 제21조 제1항의 결사의 자유에서 그 근거를 찾을 수 있다(헌재 2005.11.24. 2002헌바95).

④ (○) 헌법 제33조 제3항

⑤ (○) 이 사건 단체협약 제1조는 그 문언상 산업별 단위노동조합으로서 사용자와 직접 단체협약을 체결해 온 원고만이 단체교섭을 할 수 있는 유일한 노동단체이고, 다른 어떠한 노동단체도 인정하지 않는다는 내용임이 명백하므로, 이는 근로자의 노동조합 결성 및 가입의 자유와 단체교섭권을 침해하여 노조법 제5조, 제29조 제1항에 위배되고, 이와 달리 위 조항의 취지가 단순히 원고가 원고 소속 조합원을 대표하는 단체임을 의미하는 것에 불과하다고 보기는 어렵다(대판 2016.4.15. 2013두11789).

정답 ③

제2장

제3장

제4장

제5장

제6장

제7장

제8장

제9장

03 기출 23

☑ 확인Check! ○ △ ✕

노동법 등의 연혁에 관한 설명으로 옳지 않은 것은?

① 우리나라의 노동위원회법은 1953년에 처음 제정되었다.

② 우리나라는 1991년에 국제노동기구(ILO)에 가입하였다.

③ 우리나라의 공무원의 노동조합 설립 및 운영 등에 관한 법률은 교원의 노동조합 설립 및 운영 등에 관한 법률보다 먼저 제정되었다.

④ 미국의 1935년 와그너법은 근로자의 단결권·단체교섭권·단체행동권을 명문화하였다.

⑤ 우리나라 제헌헌법에는 영리를 목적으로 하는 사기업에 있어서는 근로자는 법률의 정하는 바에 의하여 이익의 분배에 균점할 권리가 있다는 규정이 있었다.

03

① (○) 1953년 3월 8일에 노동위원회법의 제정·공포로 중앙노동위원회와 지방노동위원회가 설치되었다.

② (○) 우리나라는 1991년 12월 9일 152번째 회원국으로서 국제노동기구(ILO)에 가입하였다.

③ (✕) 공무원의 노동조합 설립 및 운영 등에 관한 법률은 2005.1.27. 제정되었으나, <u>교원의 노동조합 설립 및 운영 등에 관한 법률은 1999.1.29. 제정되었다.</u>

④ (○) <u>와그너법은 근로자의 단결권·단체교섭권·단체행동권을 명문화하였고, 부당노동행위제도를 최초로 규정하였다.</u>

⑤ (○) 영리를 목적으로 하는 사기업에 있어서는 근로자는 법률의 정하는 바에 의하여 이익의 분배에 균점할 권리가 있다(제헌헌법 제18조).

정답 ③

---

04 기출 22

☑ 확인Check! ○ △ ✕

헌법상 노동3권에 관한 설명으로 옳지 않은 것은?

① 헌법재판소는 노동3권의 법적 성격을 사회적 보호기능을 담당하는 자유권 또는 사회권적 성격을 띤 자유권이라고 보는 입장을 취하고 있다.

② 근로자는 근로조건의 향상을 위하여 자주적인 단결권·단체교섭권 및 단체행동권을 가진다.

③ 헌법재판소는 노동조합의 적극적 단결권은 근로자 개인의 단결하지 않을 자유보다 중시된다고 할 것이고, 또 노동조합에게 위와 같은 조직강제권을 부여한다고 하여 이를 근로자의 단결하지 아니할 자유의 본질적인 내용을 침해하는 것으로 단정할 수는 없다는 입장을 취하고 있다.

④ 헌법상 보장된 근로자의 단결권은 단결할 자유만을 가리킬 뿐이고, 단결하지 아니할 자유 이른바 소극적 단결권은 이에 포함되지 않는다고 보는 것이 헌법재판소의 입장이다.

⑤ 헌법재판소는 노동3권 제한에 관한 개별적 제한규정을 두고 있지 않은 경우, 헌법 제37조 제2항의 일반유보조항에 따라 노동3권을 제한할 수 없다는 입장을 취하고 있다.

04

① (○) 헌재 1998.2.27. 94헌바13

② (○) 헌법 제33조 제1항

③ (○) 노동조합의 적극적 단결권은 근로자 개인의 단결하지 않을 자유보다 중시된다고 할 것이고, 또 노동조합에게 위와 같은 <u>조직강제권을 부여한다고 하여 이를 근로자의 단결하지 아니할 자유의 본질적인 내용을 침해하는 것으로 단정할 수는 없다</u>(헌재 2005.11.24. 2002헌바95).

④ (○) 헌법상 보장된 근로자의 단결권은 단결할 자유만을 가리킬 뿐이고, <u>단결하지 아니할 자유 이른바 소극적 단결권은 이에 포함되지 않는다고 보는 것이 우리 재판소의 선례라고 할 것이다</u>(헌재 2005.11.24. 2002헌바95).

⑤ (✕) 헌법 제33조 제1항에서는 근로자의 단결권·단체교섭권 및 단체행동권을 보장하고 있는바, 현행 헌법에서 공무원 및 법률이 정하는 주요방위산업체에 종사하는 근로자와는 달리 특수경비원에 대해서는 <u>단체행동권 등 근로3권의 제한에 관한 개별적 제한규정을 두고 있지 않다고 하더라도, 헌법 제37조 제2항의 일반유보조항에 따른 기본권제한의 원칙에 의하여 특수경비원의 근로3권 중 하나인 단체행동권을 제한할 수 있다</u>(헌재 2009.10.29. 2007헌마1359). 이러한 헌재 판례의 취지를 고려하건대, 노동3권 제한에 관한 개별적 제한규정을 두고 있지 않은 경우에도, 헌법 제37조 제2항의 일반유보조항에 따라 노동3권을 제한할 수 있다고 보는 것이 타당하다.

정답 ⑤

05 기출 21

☑ 확인 Check! ○ △ ✕

우리나라 노동법 등의 연혁에 관한 설명으로 옳은 것을 모두 고른 것은?

> ㄱ. 우리나라는 1991년에 국제노동기구(ILO)에 가입하였다.
> ㄴ. 1980년에 제정된 「노사협의회법」에서 노사협의회를 처음으로 규정하였다.
> ㄷ. 2005년에 「공무원의 노동조합 설립 및 운영 등에 관한 법률」이 제정되었다.
> ㄹ. 1953년에 제정된 「노동조합법」에서는 사용자 및 노동조합의 부당노동행위 금지와 그 위반에 대한 처벌을 규정하였다.

① ㄱ, ㄴ
② ㄱ, ㄷ
③ ㄱ, ㄹ
④ ㄴ, ㄷ
⑤ ㄴ, ㄹ

06 기출 20

☑ 확인 Check! ○ △ ✕

헌법상 노동3권에 관한 설명으로 옳지 않은 것은?(다툼이 있으면 판례에 따름)

① 근로자는 근로조건의 향상을 위하여 자주적인 단결권·단체교섭권 및 단체행동권을 가진다.
② 공무원인 근로자는 법률이 정하는 자에 한하여 단결권·단체교섭권 및 단체행동권을 가진다.
③ 단체교섭권은 사실행위로서의 단체교섭의 권한 외에 교섭한 결과에 따라 단체협약을 체결할 권한을 포함한다.
④ 법률이 정하는 주요방위산업체에 종사하는 근로자의 단체행동권은 법률이 정하는 바에 의하여 이를 제한할 수 있다.
⑤ 취업활동을 할 수 있는 체류자격을 받지 않은 외국인은 타인과의 사용종속관계하에서 근로를 제공하고 그 대가로 임금 등을 받아 생활하더라도 노동조합에 가입할 수 없다.

05

ㄱ. (○) 우리나라는 1991년 12월 9일 152번째 회원국으로서 국제노동기구(ILO)에 가입하였다.

ㄴ. (○) 노사협의회는 1963년 4월 17일 전부개정된 노동조합법에서 처음으로 등장하였다. 다만, 1980년 12월 31일 제정된 노사협의회법에서 노사협의회의 설치, 구성, 운영 및 임무 등을 구체적으로 규정하였으므로, ㄴ.을 옳은 지문으로 이해할 여지가 있어 결국 최종정답에서 이 문제를 전항정답으로 처리한 것으로 보인다.

ㄷ. (○) 공노법은 2005년 1월 27일 제정되었다.

ㄹ. (✕) 1953년 3월 8일 제정된 노동조합법에서는 <u>사용자의 부당노동행위 금지만을 규정하였다.</u>

정답 전항정답

06

① (○) 헌법 제33조 제1항
② (○) 헌법 제33조 제2항
③ (○) 대판 1993.4.27. 91누12257[전합]
④ (○) 헌법 제33조 제3항
⑤ (✕) 타인과의 사용종속관계하에서 근로를 제공하고 그 대가로 임금 등을 받아 생활하는 사람은 노조법상 근로자에 해당하고, 노조법상의 근로자성이 인정되는 한, 그러한 근로자가 외국인인지 여부나 취업자격의 유무에 따라 노조법상 근로자의 범위에 포함되지 아니한다고 볼 수는 없다(대판 2015.6.25. 2007두4995[전합]).

정답 ⑤

07 기출 20

☑ 확인 Check! ○ △ ✕

우리나라가 비준하지 않은 ILO협약을 모두 고른 것은?

> ㄱ. 강제근로의 폐지에 관한 협약(제105호)
> ㄴ. 공업 및 상업부문에서 근로감독에 관한 협약(제81호)
> ㄷ. 결사의 자유 및 단결권 보호에 관한 협약(제87호)
> ㄹ. 동일가치에 대한 남녀근로자의 동등보수에 관한 협약(제100호)
> ㅁ. 가혹한 형태의 아동노동 철폐에 관한 협약(제182호)

① ㄱ, ㄴ　　　　　② ㄱ, ㄹ
③ ㄴ, ㄷ　　　　　④ ㄱ
⑤ ㄷ, ㄹ, ㅁ

07

우리나라는 보기의 ILO협약 중 <u>ㄱ. 강제근로의 폐지에 관한 협약(제105호)</u>을 제외하고, ㄴ. 공업 및 상업부문에서 근로감독에 관한 협약(제81호), ㄷ. 결사의 자유 및 단결권 보호에 관한 협약(제87호), ㄹ. 동일가치에 대한 남녀근로자의 동등보수에 관한 협약(제100호), ㅁ. 가혹한 형태의 아동노동 철폐에 관한 협약(제182호)을 비준하였다. ㄷ. 결사의 자유 및 단결권 보호에 관한 협약(제87호)은 비준동의안이 2021.2.26. 국회본회의를 통과하여 정부가 비준서를 ILO에 기탁한 시점부터 1년(2022.4.20.)이 지나 발효되었으므로, 국내법과 같은 효력을 가진다.

정답 ④

08 기출 19

☑ 확인 Check! ○ △ ✕

헌법상 노동3권에 관한 설명으로 옳지 않은 것은?(다툼이 있으면 판례에 따름)

① 노동3권은 국가안전 보장·질서 유지 또는 공공복리를 위하여 필요한 경우 법률로써 제한할 수 있다.
② 단결권은 단결할 자유만을 가리키고, 단결하지 아니할 자유는 일반적 행동의 자유 또는 결사의 자유에 그 근거가 있다.
③ 공무원인 근로자는 법률이 정하는 자에 한하여 단결권·단체교섭권 및 단체행동권을 가진다.
④ 노동3권은 사회적 보호기능을 담당하는 자유권 또는 사회권적 성격을 띤 자유권이라고 말할 수 있다.
⑤ 모든 국민은 근로조건의 향상을 위하여 자주적인 단결권·단체교섭권 및 단체행동권을 가진다.

08

① (○) 헌법 제37조 제2항
② (○) <u>근로자가 노동조합을 결성하지 아니할 자유나 노동조합에 가입을 강제당하지 아니할 자유, 그리고 가입한 노동조합을 탈퇴할 자유는</u> 근로자에게 보장된 단결권의 내용에 포섭되는 권리로서가 아니라 헌법 제10조의 행복추구권에서 파생되는 <u>일반적 행동의 자유 또는 제21조 제1항의 결사의 자유에서 그 근거를 찾을 수 있다</u>(헌재 2005.11.24. 2002헌바95).
③ (○) 헌법 제33조 제2항
④ (○) 헌재 1998.2.27. 94헌바13
⑤ (✕) <u>근로자는</u> 근로조건의 향상을 위하여 자주적인 단결권·단체교섭권 및 단체행동권을 가진다(헌법 제33조 제1항).

정답 ⑤

09

각국 노동법의 연혁에 관한 설명으로 옳지 않은 것은?

① 우리나라의 제헌헌법에는 근로자의 단결에 관한 규정이 없었다.

② 독일의 1919년 바이마르헌법은 단결의 자유를 명문화하였다.

③ 미국의 1935년 와그너법은 근로자의 단결권·단체교섭권·단체행동권을 명문화하였다.

④ 우리나라의 노동위원회법은 1953년에 처음 제정되었다.

⑤ 우리나라의 노사협의회제도는 과거 노동조합법에 규정된 적이 있었다.

09

① (✕) 근로자의 단결, 단체교섭과 단체행동의 자유는 <u>법률의 범위 내에서 보장된다</u>(제헌헌법 제18조).

② (○) 근대입헌주의헌법의 효시인 독일의 1919년 바이마르헌법은 단결권, 단체교섭권, 단체행동권을 헌법 차원에서 최초로 규정하였다.

③ (○) <u>와그너법은 근로자의 단결권·단체교섭권·단체행동권을 명문화하였고, 부당노동행위제도를 최초로 규정하였다.</u>

④ (○) 1953년 3월 8일에 노동위원회법의 제정·공포로 중앙노동위원회와 지방노동위원회가 설치되었다.

⑤ (○) 1980년 12월 31일에 노사협의회법이 제정되었고, 이 법이 제정되기 이전에는 <u>구 노동조합법 제6조에 의하여 노사협의제도가 운영</u>되었다.

정답 ①

10

우리나라 노동법의 연혁에 관한 설명으로 옳은 것은?

① 노동조합법, 노동쟁의조정법은 1953년에 제정되었다.

② 부당노동행위제도는 최초 도입된 이후 현재까지 구제주의와 처벌주의를 병행하고 있다.

③ 미국의 와그너법을 수용하여 사용자와 노동조합을 부당노동행위주체로 인정하고 있다.

④ 필수유지업무협정제도는 2010년 노동조합 및 노동관계조정법 개정 시에 처음으로 도입되었다.

⑤ 노동조합의 전임자에 대한 급여지급 금지는 1980년 노동조합법 개정 시에 처음으로 도입되었다.

10

① (○) <u>1953년에 제정·시행된 노동조합법과 노동쟁의조정법은 그 후 몇 차례의 개정을 거쳐, 1997년에 노동조합 및 노동관계조정법으로 통합되었다.</u>

② (✕) <u>1953년 3월 8일 제정된 노동조합법은 사용자의 부당노동행위와 이에 대한 처벌규정을 두었으나, 1963년 개정으로 사용자의 부당노동행위 유형을 구체화하고, 처벌규정을 삭제하면서 노동위원회를 통한 구제제도(구제주의)를 채택하였다. 이후 1986년에는 처벌규정을 복원하여 구제주의와 처벌주의를 병행</u>하였으며, 1997년에는 노동법을 전면개정하면서 구제주의와 처벌주의는 그대로 유지하되, 법원의 구제명령과 긴급이행명령제도를 도입하였다.

③ (✕) 미국의 와그너법은 사용자의 부당노동행위에 대한 법적 제도이며, 태프트-하틀리법에서 노동조합의 사용자에 대한 부당노동행위가 추가되었다.

④ (✕) 필수유지업무협정제도는 2006년 12월 30일 노조법 제42조의3의 개정 시에 도입되어 2008년 1월 1일부터 시행되고 있다.

⑤ (✕) 노동조합의 전임자에 대한 급여지급 금지는 1997년 3월 노조법 제정으로 도입되었고, 노사 간 이견대립으로 13년간 시행이 유예되다가 2010년 노조법 개정으로 타임오프제(노조전임자에 대한 사용자의 임금지급을 원칙적으로 금지)가 도입되었으나, 2021년 개정 노조법은 일정한 경우 근로시간면제자는 사용자 또는 노동조합으로부터 급여를 지급받으면서 근로계약 소정의 근로를 제공하지 아니하고 노동조합의 업무에 종사할 수 있도록 규정하고 있다(노조법 제24조 제1항).

정답 ①

11 기출 18

☑ 확인Check! O △ X

헌법상 근로3권에 관한 설명으로 옳지 않은 것은?(다툼이 있으면 판례에 따름)

① 대법원은 근로3권 중에 단체교섭권이 중핵적 권리라는 입장을 취하고 있다.
② 법률이 정하는 주요방위산업체에 종사하는 근로자의 단체행동권은 법률이 정하는 바에 의하여 이를 제한하거나 인정하지 아니할 수 있다.
③ 헌법재판소는 단체교섭권은 어떠한 제약도 허용되지 아니하는 절대적인 권리가 아니라는 입장을 취하고 있다.
④ 헌법재판소는 단결권에는 단결하지 아니할 자유가 포함된다는 입장을 취하고 있다.
⑤ 헌법이 근로3권을 보장하는 취지는 근로자의 이익과 지위의 향상을 도모하는 사회복지국가 건설의 과제를 달성하고자 함에 있는 것으로 설명될 수 있다.

11
① (O) 대판 1990.5.15. 90도357
② (O) 헌법 제33조 제3항
③ (O) 헌법 제33조 제1항이 보장하는 근로3권은 어떠한 제약도 허용되지 아니하는 절대적인 권리가 아니라 당연히 국가안전 보장·질서 유지 또는 공공복리 등의 공익상의 이유로 제한이 가능하며, 그 제한은 노동기본권의 보장과 공익상의 필요를 구체적인 경우마다 비교형량하여 양자가 서로 적절한 균형을 유지하는 선에서 결정된다(헌재 1998.2.27. 94헌바13).
④ (✕) 노동조합과 각종 단체의 헌법상 차이는, 결사의 자유의 경우 단체를 결성하는 자유, 단체에 가입하는 자유뿐만 아니라 단체를 결성하지 아니할 자유, 단체에의 참가를 강제당하지 아니할 자유, 단체를 탈퇴할 자유를 포함하는 데 반하여, 근로자의 단결권은 단결할 자유만을 가리킬 뿐이다(헌재 1999.11.25. 98헌마141).
⑤ (O) 헌재 1993.3.11. 92헌바33

정답 ④

02 단결권

제1절 서 설

I 의 의

1. 개 념

근로자의 단결권이라 함은 근로자들이 자주적으로 노동조합을 설립·운영하고, 이에 가입하며, 이를 운영할 수 있는 권리를 말한다. 광의의 단결권은 협의의 단결권, 단체교섭권 및 단체행동권을 포함한 노동3권 모두를 포함한 개념이다.

2. 단결권과 결사의 자유

현행 헌법 제21조는 모든 국민에게 결사의 자유를 보장하고 있다. 단결권이 결사의 자유에 포함된다는 견해도 있으나, 결사의 자유와는 전혀 다른 별개의 기본권이라는 견해가 통설이다.

① 주체 : 단결권의 주체는 근로자이고, 결사의 자유의 주체는 국민이다.

② 목적 : 단결권은 경제적 목적을 위한 것이고, 결사의 자유는 정치적 목적을 위한 것이다.

③ 권리의 본질 : 단결권은 생존권이고, 결사의 자유는 자유권이다.

④ 대상 : 단결권은 사용자로부터의 자유, 결사의 자유는 국가로부터의 자유이다.

⑤ 소극적 권리 : 단결권에는 포함되지 않고, 결사의 자유에는 포함된다.

3. 개별적 단결권과 집단적 단결권

(1) 개별적 단결권

근로자 개인이 노동조합을 결성하거나, 이에 가입할 수 있는 권리 및 노동조합의 조합원으로서 노동조합의 운영 및 활동에 참여할 수 있는 권리를 말한다.

(2) 집단적 단결권

노동조합이 해당 조직을 유지·확대하거나, 이를 운영할 수 있는 권리를 말한다.

(3) 양자의 관계

개별적 단결권과 집단적 단결권은 상호불가분의 관계이다. 근로자 개인의 단결권은 궁극적으로 노동조합을 결성하고, 노동조합을 통하여 단결권을 포함한 노동3권을 행사하는 데에 그 목적이 있다고 할 것이다. 한편, 집단적 단결권은 노동조합의 운영 및 활동을 함에 있어 조합원 개인의 단결권을 존중·보호하여야 하는데, 이는 조합의 민주적 운영 및 단결강제와 관련된 문제이다.

4. 단결강제의 인정범위

(1) 적극적 단결권과 소극적 단결권

1) 적극적 단결권(단결할 권리)

노동조합을 결성하고 이에 가입하여 노동조합의 구성원으로서 활동할 수 있는 적극적 권리이다.

2) 소극적 단결권(단결하지 아니할 권리)

노동조합에 가입하지 아니하거나, 언제든지 노동조합으로부터 탈퇴할 수 있는 소극적 권리이다.

(2) 일반적 단결강제의 인정 여부(소극적 단결권의 인정 여부)

1) 학 설

단결하지 아니할 자유는 단결권에 포함되어 있으므로, 단결강제는 근로자의 단결권을 침해하는 것으로서 허용되지 않는다는 견해(일반적 단결강제 부정설)와 단결하지 아니할 자유는 단결권에 포함되어 있지 아니하므로, 일반적 행동의 자유 또는 결사의 자유에 의하여 보장되는 것으로 파악하여, 노조의 단결강제권은 근로자의 자유권에 우선하여 보장된다는 견해(일반적 단결강제 긍정설)가 대립하고 있다.

2) 판 례4) `기출` 14 · 17 · 18 · 22

판례는 단결하지 아니할 자유와 노동조합의 적극적 단결권이 충돌하게 되나, 근로자에게 보장되는 적극적 단결권이 단결하지 아니할 자유보다 특별한 의미를 갖고 있고, 노동조합의 조직강제권도 이른바 자유권을 수정하는 의미의 생존권적 성격을 함께 가지는 만큼 근로자 개인의 자유권에 비하여 보다 특별한 가치로 보장되는 점 등을 고려하면, 노동조합의 적극적 단결권은 근로자 개인의 단결하지 않을 자유보다 중시된다고 할 것이고 또 노동조합에게 위와 같은 조직강제권을 부여한다고 하여 이를 근로자의 단결하지 아니할 자유의 본질적인 내용을 침해하는 것으로 단정할 수는 없다고(헌재 2005.11.24. 2002헌바95) 한다.

3) 검 토

단결하지 아니할 자유는 일반적 행동자유권의 내용으로 보는 것이 단결권의 생존권적 성격에 비추어 타당하므로, 일반적 단결강제는 허용된다고 하여야 한다.

(3) 제한적 단결강제의 인정 여부(단결선택권의 인정 여부)

특정 노조에의 가입을 강제함으로써 단결 선택의 자유까지도 제한하는 제한적 단결강제의 인정 여부가 문제된다.

1) 학 설

제한적 단결강제가 개인근로자의 단결선택권과 충돌한다고 하여 곧바로 단결선택권을 침해하는 것은 아니라는 견해(제한적 단결강제 긍정설)와, 단결권의 내용인 단결선택권을 침해하는 것이므로 위헌으로 보아야 한다는 견해(제한적 단결강제 부정설)가 대립하고 있다.

---

4) 헌재 판례(헌재 2005.11.24. 2002헌바95)는 헌법 제33조 제1항은 "근로자는 근로조건의 향상을 위하여 자주적인 단결권·단체교섭권 및 단체행동권을 가진다"고 규정하고 있고, 여기서 헌법상 보장된 근로자의 단결권은 단결할 자유만을 가리킬 뿐이고, 단결하지 아니할 자유 이른바 소극적 단결권은 이에 포함되지 않는다고 보는 것이 재판소의 선례라고 하여 적극적 단결권에 특별한 의미를 인정하는 판시를 한 바가 있다. `기출` 22 · 23 · 24

2) 판례

① 종래 대법원은 유니언숍(Union Shop)협정이 체결된 노동조합을 탈퇴하여 조직 대상을 같이 하면서 독립된 단체교섭권을 가지는 다른 노동조합에 가입하는 경우에도 유니언숍협정이 적용되므로, 탈퇴근로자를 해고한 것은 정당하다고(대판 2002.10.25. 2000다23815) 판시하여, 근로자의 단결선택권이 침해되는 경우에도 제한적 단결권 강제조항은 유효한 것으로 보았다.

② 한편 헌법재판소는 이 사건 법률조항은 단체협약을 매개로 하여 특정 노동조합에의 가입을 강제함으로써 근로자의 단결선택권과 노동조합의 집단적 단결권(조직강제권)이 충돌하는 측면이 있으나, 이러한 조직강제를 적법·유효하게 할 수 있는 노동조합의 범위를 엄격하게 제한하고 지배적 노동조합의 권한남용으로부터 개별근로자를 보호하기 위한 규정을 두고 있는 등 전체적으로 상충되는 두 기본권 사이에 합리적인 조화를 이루고 있고 그 제한에 있어서도 적정한 비례관계를 유지하고 있으며, 또 근로자의 단결선택권의 본질적인 내용을 침해하는 것으로도 볼 수 없으므로, 근로자의 단결권을 보장한 헌법 제33조 제1항에 위반되지 않는다고(헌재 2005.11.24. 2002헌바95) 한다.

3) 검토

근로자의 단결선택권은 유니온숍조항보다 중요하므로, 제한적 단결강제는 근로자의 단결선택권을 침해하지 아니하는 범위 내에서만 인정되어야 한다. 한편 노조법 제81조 제1항 제2호 단서의 규정에 의하면, 유니온숍협정을 체결한 노동조합을 탈퇴하여 새로 노동조합을 조직하거나 다른 노동조합에 가입한 것을 이유로 근로자에게 신분상 불이익한 행위를 할 수 없게 됨으로써, 구법하의 대법원의 태도(대판 2002.10.25. 2000다23815)는 더 이상 유지될 수 없게 되었다.

Ⅱ 단결의 주체

1. 의의

헌법 제33조 제1항에 규정된 단결권의 주체에는 근로자 개인뿐만 아니라, 근로자의 단결체인 노동조합도 포함된다. 근로자 개인의 단결권은 노동조합을 조직하고, 이에 가입·활동할 수 있는 권리를 말한다. 또한 노동조합이 향유하는 단결권의 내용은 노동조합의 존립 및 활동에 관한 권리를 말한다.

2. 근로자

> **정의(노조법 제2조)**
> 이 법에서 사용하는 용어의 정의는 다음과 같다.
>   1. 근로자라 함은 직업의 종류를 불문하고 임금·급료 기타 이에 준하는 수입에 의하여 생활하는 자를 말한다.

O | X 💬

1. 근로자란 직업의 종류를 불문하고 임금·급료 기타 이에 준하는 수입에 의하여 생활하는 자를 말한다.

2. 근로자에 해당하는지는 노무제공관계의 실질에 비추어 판단하여야 하고 반드시 근로기준법상 근로자에 한정된다고 할 것은 아니다.

정답 1. ○ 2. ○

제1장

제2장

제3장

제4장

제5장

제6장

제7장

제8장

제9장

(1) 노조법상의 근로자

1) 직업의 종류를 불문하고

육체적·정신적 노동을 구별하지 아니하며, 직원·공원·임시직 등은 물론 가사사용인도 포함된다.

2) 임금·급료 기타 이에 준하는 수입

근로자라 함은 직업의 종류를 불문하고 임금·급료, 기타 이에 준하는 수입에 의하여 생활하는 자를 말한다 (노조법 제2조 제1호). **기출** 14·19 임금이란 근로기준법 제2조 제1항 제5호의 임금으로, 사용관계하에서 제공하는 노동에 대한 대가를 의미한다. 기타 이에 준하는 수입이란 임금보다 넓은 개념으로, 종속적 노동과 독립적 노동의 중간 영역에 해당하는 노동을 공급한 것에 대한 대가를 의미한다.

3) 생활하는 자

노조법 제2조 제1호의 근로자 개념에 해당하는 경우에도, 노조법 제2조 제2호의 사용자의 개념에 해당하는 자는 단결권의 주체인 근로자가 될 수 없다. 사용자에 해당하는지는 일정한 직급이나 직책 등에 의하여 일률적으로 결정되어서는 안 되고, 업무내용이 단순히 보조적·조언적인 것에 불과하여 업무수행과 조합원활동 사이에 실질적인 충돌이 발생할 여지가 없는 자는 여기에 해당하지 아니한다. **기출** 17

(2) 구직자·실업자·퇴직자(해고자)의 근로자성

1) 문제점

노조법상 근로자는 현실적인 노무제공자에 국한되지 아니하고, 노무공급자들 사이의 단결권 등을 보장하여 줄 필요성이 있다는 점에서 노동의사가 있는 구직자·실업자·퇴직자(해고자)의 근로자성을 인정할 것인지가 문제된다.

2) 종래 논의

학설은 대체적으로, 노조법상 근로자에는 원래 실업자도 포함된다는 점, 근로자가 아닌 자의 가입을 허용하지 아니하는 규정(구 노조법 제2조 제4호 라목 본문)에 이어 해고된 자에 대하여는 제한적으로 근로자로 본다는 단서 규정이 있는 점 등에 비추어, 근로자 아닌 자의 노동조합 가입을 금지한 노조법 규정은 기업별 단위노조에만 적용되는 특별한 규정이라고 해석되므로, 구직자·실업자·퇴직자(해고자) 등은 기업별 단위노조에는 가입할 수 없으나, 산업별 단위노조에는 가입할 수 있다고 보았으며, 판례(대판 2004.2.27. 2001두8568)도 이와 같은 견해를 취하고 있었다.

3) 검 토5)

우리나라는 국제노동기구(ILO)의 기본협약인 결사의 자유에 관한 협약의 비준을 추진하면서 해당 협약의 내용과 합치시키기 위하여 2021년 노조법을 개정함으로써 노조법 제2조 제4호 라목 단서를 삭제하였다. 생각건대 구 노조법 제2조 제4호 라목 단서는 오랫동안 헌법에서 보장한 근로자의 단결권 행사를 제약하는 요소로 작용하여 왔는데, 이번 개정으로 구직자·실업자·퇴직자(해고자) 등은 근로자 아닌 자에서 제외되어 노동조합(기업별 단위노조를 포함)에 가입할 수 있게 되었다.

---

5) 개정 노조법에 의하면 기업별 노조의 대의원과 임원은 종사조합원 중에서 선출하여야 하고(노조법 제17조 제3항, 제23조 제1항 후문), 근로시간면제자는 종사조합원의 수등을 고려하여 결정하고(동법 제24조 제2항), 교섭창구단일화 절차에서의 조합원의 수는 종사조합원을 기준으로 하고(동법 제29조의2 제10항), 노동조합의 쟁의행위의 여부의 결정 시에는 종사조합원의 수를 기준으로(동법 제41조 제1항 후문) 한다는 점에서 구직자등의 조합활동에는 일정한 제한이 있을 수 있다. 다만 종사근로자인 조합원이 해고되어 노동위원회에 부당노동행위의 구제신청을 한 경우에는 중앙노동위원회의 재심판정이 있을 때까지는 종사근로자로 보게 되므로(동법 제5조 제3항), 위의 각 경우에 있어서 해고의 효력을 다투는 자는 종사근로자로 다루어진다.

(3) 특수형태근로종사자의 근로자성[6]

1) 종전 판례

종전 판례는 취업 중인 노무제공자(예 골프장 캐디, 학습지 교사 및 레미콘 기사 등)와 관련하여, 근로기준법상 근로자 판단기준과 노조법상 근로자 판단기준을 명확하게 구분하지 아니하고, 동일한 사용·종속관계로 파악하려는 경향이 있어 왔다.

2) 최근 판례

① **계약종류의 불문** : 노조법 제2조는 제1호에서 "근로자라 함은 직업의 종류를 불문하고 임금·급료 기타 이에 준하는 수입에 의하여 생활하는 자를 말한다"라고 규정하고, 제4호에서 "노동조합이라 함은 근로자가 주체가 되어 자주적으로 단결하여 근로조건의 유지·개선 기타 근로자의 경제적·사회적 지위의 향상을 도모함을 목적으로 조직하는 단체 또는 그 연합단체를 말한다"라고 규정하고 있다(대판 2018.6.15. 2014두12598).

② **판단기준** : 구체적으로 노조법상 근로자에 해당하는지는, 노무제공자의 소득이 특정 사업자에게 주로 의존하고 있는지, 노무를 제공받는 특정 사업자가 보수를 비롯하여 노무제공자와 체결하는 계약내용을 일방적으로 결정하는지, 노무제공자가 특정 사업자의 사업수행에 필수적인 노무를 제공함으로써 특정 사업자의 사업을 통해서 시장에 접근하는지, 노무제공자와 특정 사업자의 법률관계가 상당한 정도로 지속적·전속적인지, 사용자와 노무제공자 사이에 어느 정도 지휘·감독관계가 존재하는지, 노무제공자가 특정 사업자로부터 받는 임금·급료 등 수입이 노무 제공의 대가인지 등을 종합적으로 고려하여 판단하여야 한다(대판 2018.6.15. 2014두12598).

③ **입법목적의 고려** : 노조법은 개별적 근로관계를 규율하기 위해 제정된 근로기준법과 달리, 헌법에 의한 근로자의 노동3권 보장을 통해 근로조건의 유지·개선과 근로자의 경제적·사회적 지위 향상 등을 목적으로 제정되었다. 이러한 노조법의 입법목적과 근로자에 대한 정의규정 등을 고려하면, 노조법상 근로자에 해당하는지는 노무제공관계의 실질에 비추어 노동3권을 보장할 필요성이 있는지의 관점에서 판단하여야 하고, 반드시 근로기준법상 근로자에 한정된다고 할 것은 아니다(대판 2018.6.15. 2014두12598). **기출 19·21**

3) 검 토

최근 판례는 입법목적을 고려하여, 계약의 종류를 불문하고 노조법상 근로자의 개념을 구체화함으로써 근로자의 범위를 더 넓혔다는 데 그 의미가 있다.

---

6) 산재보험의 전속성 요건을 폐지하고, 기존 특수형태근로종사자 및 온라인 플랫폼 종사자 등을 포괄하는 개념으로 "노무제공자"의 정의를 신설하여 산재보험의 적용을 받을 수 있도록 하여 산재보험을 통한 보호 범위를 보다 확대하려는 취지에서 2022.6.10. 산재법 제125조를 삭제하고 산재법 제3장의4(산재법 제91조의15 이하)에서 노무제공자에 대한 특례를 신설하였다. 이에 의하면 산재법의 근로자는 근로기준법상의 근로자와 마찬가지로 직업의 종류와 관계없이 임금을 목적으로 사업이나 사업장에 근로를 제공하는 사람을 말함에도 불구하고(산재법 제5조 제2호), 노무제공자를 산재법의 적용을 받는 근로자로 보고, 노무제공자의 노무를 제공받는 사업을 산재법의 적용을 받는 사업으로 보고 있다. 특수형태근로종사자의 근로자성에 대한 판례법리가 노무제공자에게도 적용될 수 있는지 여부는 앞으로 판례가 축적되면 구체화되리라 판단된다.

(4) 불법체류외국인의 근로자성

1) 법위반 근로관계의 사법상 효력

판례는 외국인이 취업자격이 아닌 산업연수체류자격으로 입국하여 구 산업재해보상보험법의 적용 대상이 되는 사업장인 회사와 고용계약을 체결하고 근로를 제공하다가 작업 도중 부상을 입었을 경우, 비록 그 외국인이 구 출입국관리법상의 취업자격을 갖고 있지 않았다 하더라도 그 고용계약이 당연히 무효라고 할 수 없고, 위 부상 당시 그 외국인은 사용종속관계에서 근로를 제공하고 임금을 받아 온 자로서 근로기준법 소정의 근로자였다 할 것이므로 구 산업재해보상보험법상의 요양급여를 받을 수 있는 대상에 해당한다고(대판 1995.9.15. 94누12067) 한다.

2) 노조법상 근로자성

판례에 의하면 타인과의 사용종속관계하에서 근로를 제공하고 그 대가로 임금 등을 받아 생활하는 사람은 노조법상 근로자에 해당하고, 노조법상의 근로자성이 인정되는 한, 그러한 근로자가 외국인인지 여부나 취업자격의 유무에 따라 노조법상 근로자의 범위에 포함되지 아니한다고 볼 수는 없다고 하여 불법체류외국인근로자로 구성된 노동조합의 설립신고를 반려한 것은 위법하다고(대판 2015.6.25. 2007두4995[전합]) 한다. `기출 20`

3. 노동조합

(1) 노동조합의 발전과정

1) 금 지

노동조합의 결성에 대하여 민법상 손해배상을 인정하거나, 형사상 형벌을 부과하였다. 자본주의사회 초기의 자유주의 및 개인주의를 원칙으로 하는 시민법질서가 강조된 결과이다.

2) 소극적 인정 및 방임

형식적 자유주의 및 개인주의를 보호하는 차원에서 노동조합을 실질적으로 보호하려는 경향이 대두됨에 따라, 노동조합의 존재가 불법단체가 아닌 것으로 인정되면서 시민법상 민사책임이나 형사책임이 소극적으로 면제되었다.

3) 법적 보호

수정자본주의가 발달됨에 따라 근로자와 사용자 간의 균등한 지위를 보장할 필요성이 대두되었고, 이에 따라 노동조합의 결성이나 활동의 적법성을 소극적으로 인정하는 것에 그치지 아니하고, 헌법 및 법률의 제정에 의하여 적극적으로 보호하게 되었다.

4) 남용에 대한 규제

일부 국가에서는 노동조합의 권리남용을 방지하고, 공익이나 근로자 개인의 권익을 보호하기 위한 법적 규제를 부과하고 있다.

O | X 💬

1. 노동조합의 사회적 책임은 노동조합 및 노동관계조정법의 목적이라고 할 수 없다.

`정답` 1. ○

(2) 노동조합의 조직형태

1) 조합원자격에 의한 유형

① **직종별 조합** : 동일한 직종에 속한 근로자들이 자신이 소속된 기업이나 산업과는 상관없이, 직종을 중심으로 결합한 노동조합형태이다. 가장 일찍 발달한 형태로, 주로 숙련근로자들이 이를 조직하고 가입하였다. 이러한 조직형태의 장점은 임금, 기타 근로조건에 관한 통일된 입장을 제시할 수 있고, 단결력이 강하여 사용자에 의한 어용화의 가능성이 적으며, 취업자뿐 아니라 미취업자도 조합원으로 가입할 수 있다는 점이다. 단점은 조합원과 사용자 간의 관계가 밀접하지 못하고, 다른 직종에 배타적인 성격으로 인하여 근로자 전체의 근로조건을 향상시키기에는 적합하지 않다는 점이다.

② **산업별 조합** : 동종의 산업에 종사하는 근로자들이 자신이 소속된 기업이나 직종과는 상관없이, 산업을 중심으로 결합한 노동조합형태이다. 산업혁명이 진행됨에 따라 미숙련노동자들이 노동시장에 진출하면서 이들의 권익을 보호하기 위하여 발달한 것으로, 오늘날 선진국에서 일반적으로 채택되고 있는 조직형태이다. 대규모 조직을 바탕으로 한 강력한 단체교섭권을 기반으로, 동종 산업에 종사하는 근로자의 지위를 통일적으로 개선할 수 있다는 장점이 있으나, 개별근로자의 직종별·기업별 특수성에 기인하는 근로조건의 확립이 어렵다는 단점이 있다.

③ **기업별 조합** : 하나의 기업에 소속된 근로자가 직종이나 산업과는 상관없이, 자신이 소속된 기업을 단위로 하여 결합한 노동조합형태이다. 장점으로는 단일기업체에 종사하는 근로자의 근로조건을 체계적으로 정하여 동일 기업 내 근로자들 간의 형평성을 도모할 수 있고, 사용자와의 관계가 긴밀하여 기업 내부의 특수성을 반영할 수 있으며, 노사협조가 잘 이루어질 수 있다는 점을 들 수 있다. 단점으로는 노동조합이 어용화될 위험성이 크고, 조합원보다는 종업원으로서의 의식이 강하여 기업을 초월한 협조가 미약하므로, 동일 직종이라 할지라도 기업 간 근로조건이 현저히 차이 날 수 있다는 점을 들 수 있다.

④ **일반조합** : 근로자들의 직종·산업·소속 기업과는 상관없이, 근로의 능력과 의사가 있는 근로자라면 누구든지 가입할 수 있는 노동조합을 말한다. 특정 직종·산업·소속 기업에 속하지 않는 근로자라도 노동조합에 가입할 수 있는 장점이 있으나, 이질적인 근로자들이 결합함으로써 연대감·소속감이 부족하여 통일된 단결력을 발휘할 수 없다는 단점이 있다.

2) 결합방식에 의한 유형

① **단일조직(단위노조)** : 독자적인 노동조합으로서의 설립요건을 갖추고 있는 최소한의 단위로서의 노동조합으로, 근로자 개인을 그 구성원으로 하는 노동조합형태를 말한다.

② **연합체조직** : 단일조합을 구성원으로 하는 노동조합형태를 말한다. 연합체조직은 하나의 독립된 노동조합으로서 활동하며, 단순한 협의·연락기관에 불과한 협의체조직과 구별된다.

③ **혼합조직** : 근로자 개인 또는 단일조합 모두를 구성원으로 하는 노동조합형태를 말한다.

3) 우리나라 노동조합의 조직형태

① **원칙** : 노조법은 제5조에서 근로자는 자유로이 노동조합을 조직하거나 이에 가입할 수 있다고 규정하고 있으므로, 조직형태의 결정은 근로자의 자유에 맡겨져 있으나, 기업별 노조를 단위노동조합으로 하고, 이들을 산업별로 결합한 연합단체가 주된 조직형태이다.

② **조합원의 자격에 의한 유형** : 1980년 노조법은 기업별 노조를 강제하였으나, 1987년에 관련 규정이 삭제되었다. 현재는 기업별 노조가 압도적 다수를 차지하고 있으며, 직종별·산업별 조합 및 일반조합 등도 조직되어 있다.

③ 결합방식에 의한 유형

　　㉠ **연합체조직의 구성** : 우리나라의 경우 연합체조직이란, 동종 산업의 단위노동조합을 구성원으로 하는 산업별 연합단체, 산업별 연합단체 또는 전국 규모의 산업별 단위노동조합을 구성원으로 하는 총연합단체를 말한다(노조법 제10조 제2항). 총연합단체에는 한국노동조합총연맹과 전국민주노동조합총연맹이 있다.

　　㉡ **단위노조와 연합단체 간의 관계** : 단위노동조합은 연합단체 가입 여부를 자유로이 결정할 수 있다. 단위노동조합이 산업별 연합단체인 노동조합에 가입하거나, 산업별 연합단체 또는 전국 규모의 산업별 단위노동조합이 총연합단체인 노동조합에 가입한 경우에는 해당 노동조합은 소속 산업별 연합단체인 노동조합 또는 총연합단체인 노동조합의 규약이 정하는 의무를 성실하게 이행해야 한다. 총연합단체인 노동조합 또는 산업별 연합단체인 노동조합은 해당 노동조합에 가입한 노동조합의 활동에 대하여 협조·지원 또는 지도할 수 있다(노조법 시행령 제8조 제1항·제2항). [기출] 14

Ⅲ　단결의 목적

1. 필요적 목적

노조법은 헌법에 의한 근로자의 단결권·단체교섭권 및 단체행동권을 보장하여 근로조건의 유지·개선과 근로자의 경제적·사회적 지위의 향상을 도모하고, 노동관계를 공정하게 조정하여 노동쟁의를 예방·해결함으로써 산업평화의 유지와 국민경제의 발전에 이바지함을 목적으로 한다(노조법 제1조). 이러한 노조법의 목적은 노동조합을 통하여 구체적으로 구현되는데, 노조법 제2조 제4호는 노동조합이란 근로자가 주체가 되어 자주적으로 단결하여 근로조건의 유지·개선 기타 근로자의 경제적·사회적 지위의 향상을 도모함을 목적으로 조직하는 단체 또는 그 연합단체를 말한다고 규정하고 있다. 여기서의 단결의 필요적 목적이란 노동조합이 의무적으로 수행하여야 할 목적을 말하며, 이러한 목적을 수행하지 않는 노동조합은 노조법상의 노동조합이 아님을 유의하여야 한다. [기출] 13

2. 임의적 목적

노동조합이 의무적으로 반드시 수행할 필요는 없으나, 자유로운 의사결정에 의하여 임의로 수행할 수 있는 목적을 말한다. 임의적 목적에는 공제·수양, 기타 복리사업(노조법 제2조 제4호 다목) 및 정치운동(동호 마목) 등이 포함된다. 이때 필요적 목적을 수행하지 아니하고, 임의적 목적만을 유일한 목적으로 하는 경우에는 노동조합이 될 수 없다. 즉, 노동조합은 근로조건의 유지·개선이라는 필요적 목적을 우선적으로 추구하여야 하고, 이를 침해하지 않는 합리적인 범위 안에서 임의적 목적을 수행하여야 한다.

3. 금지적 목적

노동조합이 수행해서는 아니 되는 목적으로, 단결권의 내재적 성질에 의하여 당연히 제한되거나 관계법령 등에 의하여 금지되는 목적을 말한다. 예를 들면, 노동조합은 현행법령상 범죄행위 또는 사법상 강행규정에 위반되는 행위를 목적으로 하여서는 아니 된다.

Ⅳ 단결의 상대방

> **정의(노조법 제2조)**
> 이 법에서 사용하는 용어의 정의는 다음과 같다.
>   2. 사용자라 함은 사업주, 사업의 경영담당자 또는 그 사업의 근로자에 관한 사항에 대하여 사업주를 위하여 행동하는 자를 말한다.
>   3. 사용자단체라 함은 노동관계에 관하여 그 구성원인 사용자에 대하여 조정 또는 규제할 수 있는 권한을 가진 사용자의 단체를 말한다.

근로자 단결의 상대방은 단결의 목적유형에 따라 다양하게 전개될 수 있으나, 다양한 단결권 행사의 상대방 중에서 가장 중요한 의미를 갖는 것은 사용자이다. 그러나 단체교섭의 상대방이 사용자라 할지라도, 노동조합을 설립함에 있어서 그 상대방인 사용자 또는 사용자단체가 반드시 존재하여야 하는 것은 아니다. 따라서 사용자가 존재는 하되 불특정인 경우에는 노동조합의 설립이 가능하나, 사용자가 완전히 존재하지 않는 경우에는 노동조합의 설립이 불가하다.

1. 사용자

사용자라 함은 사업주, 사업의 경영담당자 또는 그 사업의 근로자에 관한 사항에 대하여 사업주를 위하여 행동하는 자를 말한다(노조법 제2조 제2호). 기출 14 · 21

2. 사용자단체

사용자단체라 함은 노동관계에 관하여 그 구성원인 사용자에 대하여 조정 또는 규제할 수 있는 권한을 가진 사용자의 단체를 말한다(노조법 제2조 제3호). 기출 16 · 21

O | X 💬

1. 사용자단체라 함은 노동관계에 관하여 그 구성원인 사용자에 대하여 조정 또는 규제할 수 있는 권한을 가진 사용자의 단체를 말한다.

정답 1. ○

V 단결의 방법

근로자 개인의 경우에는 노동조합을 결성하거나 이에 가입하는 것이고, 노동조합의 경우에는 노동조합을 유지·운영하는 것이다. 노동조합의 가입·유지라는 관점에서 여러 가지 숍(Shop)제도에 관해 살펴본다.

1. 오픈숍(Open Shop)

사용자가 종업원의 조합가입 여부와 상관없이 아무나 채용할 수 있는 제도이다.

2. 클로즈드숍(Closed Shop)

사용자가 조합원만을 종업원으로 신규채용할 수 있는 제도로, 비조합원은 원칙적으로 신규채용할 수 없다. 이 경우 사용자 측으로부터 종업원 채용의사의 통지를 받은 조합은 일정 기간 내에 조합원 중에서 적합한 자를 제공할 수 있으나, 그렇지 못한 경우에는 사용자가 비조합원을 고용할 수 있다. 다만, 채용된 종업원은 신속히 해당 조합에 가입하여야 한다.

3. 유니온숍(Union Shop)

사용자에게 조합가입 여부와 상관없이 종업원을 채용할 자유는 있으나, <u>일단 채용된 종업원은 일정 기간 내에 조합에 가입하여야 하는 제도</u>이다. 노조법 제81조 제1항 제2호도 예외적인 경우에 유니온숍을 인정하고 있다.

4. 조합원자격유지제도(Maintenance of Membership)

사용자가 조합가입 여부와 상관없이 종업원을 채용할 수 있으나, 단체협약 체결 당시 조합원인 종업원은 고용 계속의 조건으로서 단체협약의 유효기간 동안 조합원자격을 유지하여야 하고, 조합으로부터 제명되거나 탈퇴하면 해고되는 제도이다. 다만, 단체협약 체결 후 일정 기간 동안 탈퇴기간을 설정하고, 이 기간 내에서는 탈퇴의 자유를 인정하는 것이 보통이다.

5. 조합원우대제도(Preferential Shop)

사용자가 종업원의 조합가입 여부와 상관없이 아무나 채용할 수 있으나, 인사·해고 및 승진 등과 관련하여 조합원에게 우선적인 특권을 부여하는 제도이다.

6. 에이전시숍(Agency Shop)

종업원들 중 조합가입의 의사가 없는 자에게는 조합가입을 강제하지 아니하는 대신, 조합에 조합비를 납입하여야 하는 제도이다. 이는 비조합원인 근로자들이 단체협약의 수혜를 받는 무임승차를 방지하기 위한 제도이다.

I 실질적 요건

> **정의(노조법 제2조)**
> 이 법에서 사용하는 용어의 정의는 다음과 같다.
>   4. 노동조합이라 함은 근로자가 주체가 되어 자주적으로 단결하여 근로조건의 유지·개선 기타 근로자의 경제적·사회적
>   지위의 향상을 도모함을 목적으로 조직하는 단체 또는 그 연합단체를 말한다. 다만, 다음 각 목의 1에 해당하는 경우에는
>   노동조합으로 보지 아니한다.
>   가. 사용자 또는 항상 그의 이익을 대표하여 행동하는 자의 참가를 허용하는 경우
>   나. 경비의 주된 부분을 사용자로부터 원조받는 경우
>   다. 공제·수양 기타 복리사업만을 목적으로 하는 경우
>   라. 근로자가 아닌 자의 가입을 허용하는 경우
>   마. 주로 정치운동을 목적으로 하는 경우

노동조합이라 함은 근로자가 주체가 되어 자주적으로 단결하여 근로조건의 유지·개선 기타 근로자의 경제적·
사회적 지위의 향상을 도모함을 목적으로 조직하는 단체 또는 그 연합단체를 말한다(노조법 제2조 제4호). 노동조합이
실제로 대외적 자주성과 대내적 민주성을 갖추기 위해서는, 노조법 제2조 제4호의 실체적 요건을 충족하고,
동법 제11조의 조합규약을 마련하여야 한다.

1. 대외적 자주성의 확보를 위한 요건

(1) 적극적 요건

1) 자주성

근로자가 주체가 되어 자주적으로 단결하는 단체 또는 연합단체이어야 한다. 근로자가 아닌 자의 결성·가입
을 허용할 것인지에 대하여 견해가 대립하는바, 근로자 아닌 자가 양적으로 소수이고 운영 및 활동에서 주도
적인 위치에 있지 아니하는 한, 노동조합의 자격이 부인되지 아니한다는 견해가 다수설이다. 다만, 이 경우
노조법 제2조 제4호 단서의 소극적 요건에 해당되므로, 결국은 노동조합으로서 인정되지 아니한다고 판단한
다. 노동조합이 자주적으로 조직되어야 함은, 노동조합이 사용자뿐 아니라 국가·정당·종교단체 등의 외부
세력의 간섭으로부터 독립하여 조직·운영되어야 함을 의미한다.

2) 목적성
노동조합은 근로조건의 유지·개선, 기타 경제적·사회적 지위 향상을 목적으로 하여야 한다.

3) 단체성
단체라 함은 2인 이상의 근로자 개인이 조직한 인적 결합체를 의미하며, 이는 곧 단위노동조합을 말하고,
연합단체라 함은 노동조합이라는 단체를 구성원으로 하는 상부단체를 말한다. 판례는 노동조합은 그 요건으
로 단체성이 요구되므로 복수인이 결합하여 규약을 가지고 그 운영을 위한 조직을 갖추어야 하는바, 법인
아닌 노동조합이 일단 설립되었다고 할지라도 중도에 그 조합원이 1인밖에 남지 아니하게 된 경우에는, 그
조합원이 증가될 일반적 가능성이 없는 한, 노동조합으로서의 단체성을 상실하여 청산목적과 관련되지 않는
한 당사자능력이 없다고(대판 1998.3.13. 97누19830) 판시하고 있다.

(2) 소극적 요건(노조법 제2조 제4호 단서)

다음의 어느 하나에 해당하는 경우 노동조합의 설립이 인정되지 아니하는 요건을 말한다. 판례는 노동조합이 헌법 제33조 제1항 및 그 헌법적 요청에 바탕을 둔 노조법 제2조 제4호가 규정한 실질적 요건을 갖추지 못하였다면, 설령 설립신고가 행정관청에 의하여 형식상 수리되었더라도 실질적 요건이 흠결된 하자가 해소되거나 치유되는 등의 특별한 사정이 없는 한 이러한 노동조합은 노조법상 설립이 무효로서 노동3권을 향유할 수 있는 주체인 노동조합으로서의 지위를 가지지 않는다고(대판 2021.2.25. 2017다51610) 판시하고 있다.

1) 사용자 또는 항상 그의 이익을 대표하여 행동하는 자의 참가를 허용하는 경우 기출 16·18·19

사용자 또는 항상 그의 이익을 대표하는 자의 개념 및 범위에 관하여서는 형식적인 직급이나 직책보다는 개별기업의 운영실태에 따라 구체적으로 이를 판단하여야 한다. '그 사업의 근로자에 관한 사항에 대하여 사업주를 위하여 행동하는 자'란 근로자의 인사, 급여, 후생, 노무관리 등 근로조건 결정 또는 업무상 명령이나 지휘·감독을 하는 등의 사항에 대하여 사업주로부터 일정한 권한과 책임을 부여받은 자를 말하고, '항상 사용자의 이익을 대표하여 행동하는 자'란 근로자에 대한 인사, 급여, 징계, 감사, 노무관리 등 근로관계 결정에 직접 참여하거나 사용자의 근로관계에 대한 계획과 방침에 관한 기밀사항업무를 취급할 권한이 있는 등과 같이 직무상 의무와 책임이 조합원으로서 의무와 책임에 직접적으로 저촉되는 위치에 있는 자를 의미한다. 따라서 이러한 자에 해당하는지는 일정한 직급이나 직책 등에 의하여 일률적으로 결정되어서는 안 되고, 업무내용이 단순히 보조적·조언적인 것에 불과하여 업무수행과 조합원활동 사이에 실질적인 충돌이 발생할 여지가 없는 자도 여기에 해당하지 않는다(대판 2011.9.8. 2008두13873).

2) 경비의 주된 부분을 사용자로부터 원조받는 경우

노동조합이 재정적인 측면에서 사용자로부터 독립하여 자주성을 유지하기 위한 것이다. 경비라고 함은 노동조합 운영에 소요되는 모든 경비를 말하는데, 사용자가 근로시간면제한도를 초과하여 급여를 지급하거나 노동조합의 운영비를 원조하는 행위 등은 허용되지 아니한다. 다만, 근로자가 근로시간 중에 사용자와 협의·교섭하는 등의 활동을 하는 것을 사용자가 허용함은 무방하며, 근로자의 후생자금 또는 경제상의 불행 그 밖에 재해의 방지와 구제 등을 위한 기금의 기부와, 최소한의 규모의 노동조합사무소의 제공 및 그 밖에 이에 준하여 노동조합의 자주적인 운영 또는 활동을 침해할 위험이 없는 범위에서의 운영비원조행위는 예외로 한다. 기출 17

3) 공제·수양, 기타 복리사업만을 목적으로 하는 경우 기출 14·18

노동조합은 근로조건의 유지·개선이라는 필요목적을 우선적으로 추구하여야 한다. 다만, 이를 달성하는 데 위배되지 아니하는 범위 내에서 공제·수양, 기타 복리사업 등의 임의목적을 영위하는 것은 무방하다.

4) 근로자가 아닌 자의 가입을 허용하는 경우

① **2021년 노조법의 개정** : 국제노동기구(ILO)의 기본협약인 결사의 자유에 관한 협약의 비준을 추진하면서 해당 협약에 부합하는 내용으로 노조법을 개정함으로써 노조법 제2조 제4호 라목 단서를 삭제하였다.

② **개정 노조법의 내용** : 종래 판례는 해고자나 구직자는 산업별·직종별·지역별 노동조합에의 가입은 가능하였으나, 노조법 제2조 제4호 라목 단서로 인하여 기업별 노동조합에는 가입할 수 없다고 해석하여 왔는데, 개정법은 동 단서 규정을 삭제하여, 구직자·실업자·퇴직자(해고자) 등 당해 사업 또는 사업장에 종사하지 아니하는 근로자도 기업별 노동조합에 가입할 수 있게 하였고 노동조합의 조합원자격을 조직형태와 무관하게 노조 자체 규약에 따라 스스로 정할 수 있게 하였다.

5) 주로 정치운동을 목적으로 하는 경우 기출 18·23

노동조합의 정치운동은 허용되나, 이를 주로 하는 경우에는 노사관계법상의 노동조합이 될 수 없다. 다만, 정치운동은 근로자의 근로조건 유지·개선이라는 필요목적을 침해하지 아니하는 범위 내에서만 행사되어야 한다.

2. 대내적 민주성의 확보를 위한 요건

노동조합은 그 조직의 자주적·민주적 운영을 보장하기 위하여 당해 노동조합의 규약을 작성하여야 한다(노조법 제11조).

Ⅱ 형식적 요건

설립의 신고(노조법 제10조)
① 노동조합을 설립하고자 하는 자는 다음 각 호의 사항을 기재한 신고서에 제11조의 규정에 의한 규약을 첨부하여 연합단체인 노동조합과 2 이상의 특별시·광역시·특별자치시·도·특별자치도에 걸치는 단위노동조합은 고용노동부장관에게, 2 이상의 시·군·구(자치구)에 걸치는 단위노동조합은 특별시장·광역시장·도지사에게, 그 외의 노동조합은 특별자치시장·특별자치도지사·시장·군수·구청장(자치구의 구청장)에게 제출하여야 한다. 기출 24
1. 명칭
2. 주된 사무소의 소재지
3. 조합원 수
4. 임원의 성명과 주소
5. 소속된 연합단체가 있는 경우에는 그 명칭
6. 연합단체인 노동조합에 있어서는 그 구성노동단체의 명칭, 조합원 수, 주된 사무소의 소재지 및 임원의 성명·주소
기출 22
② 제1항의 규정에 의한 연합단체인 노동조합은 동종산업의 단위노동조합을 구성원으로 하는 산업별 연합단체와 산업별 연합단체 또는 전국규모의 산업별 단위노동조합을 구성원으로 하는 총연합단체를 말한다.

O | X 💬

1. 항상 사용자의 이익을 대표하여 행동하는 자의 참가를 허용하는 경우에는 노동조합으로 보지 아니한다.
2. 주로 정치운동을 목적으로 하는 경우에는 노동조합으로 보지 아니한다.
3. 공제사업만을 목적으로 하는 경우에는 노동조합으로 보지 아니한다.
4. 사용자는 근로자의 인사, 급여, 후생, 노무관리 등 근로조건 결정 또는 업무상 명령이나 지휘감독을 하는 등의 사항에 대하여 사업주로부터 일정한 권한과 책임을 부여받은 자를 포함한다.

정답 1. ○ 2. ○ 3. ○ 4. ○

제1장 제2장 제3장 제4장 제5장 제6장 제7장 제8장 제9장

신고증의 교부(노조법 제12조)

① 고용노동부장관, 특별시장·광역시장·특별자치시장·도지사·특별자치도지사 또는 시장·군수·구청장(이하 "행정관청")은 제10조 제1항의 규정에 의한 설립신고서를 접수한 때에는 제2항 전단 및 제3항의 경우를 제외하고는 3일 이내에 신고증을 교부하여야 한다.

② 행정관청은 설립신고서 또는 규약이 기재사항의 누락등으로 보완이 필요한 경우에는 대통령령이 정하는 바에 따라 20일 이내의 기간을 정하여 보완을 요구하여야 한다. 이 경우 보완된 설립신고서 또는 규약을 접수한 때에는 3일 이내에 신고증을 교부하여야 한다.

③ 행정관청은 설립하고자 하는 노동조합이 다음 각 호의 1에 해당하는 경우에는 설립신고서를 반려하여야 한다.
  1. 제2조 제4호 각 목의 1에 해당하는 경우
  2. 제2항의 규정에 의하여 보완을 요구하였음에도 불구하고 그 기간 내에 보완을 하지 아니하는 경우

산하조직의 신고(노조법 시행령 제7조)

산하조직 중 근로조건의 결정권이 있는 독립된 사업 또는 사업장에 조직된 노동단체는 지부·분회 등 명칭이 무엇이든 상관없이 법 제10조 제1항에 따른 노동조합의 설립신고를 할 수 있다. [기출] 22·23

설립신고서의 보완요구 등(노조법 시행령 제9조)

① 고용노동부장관, 특별시장·광역시장·도지사·특별자치도지사, 시장·군수 또는 자치구의 구청장(이하 "행정관청")은 법 제12조 제2항에 따라 노동조합의 설립신고가 다음 각 호의 어느 하나에 해당하는 경우에는 보완을 요구하여야 한다.
  1. 설립신고서에 규약이 첨부되어 있지 아니하거나 설립신고서 또는 규약의 기재사항 중 누락 또는 허위사실이 있는 경우
  2. 임원의 선거 또는 규약의 제정절차가 법 제16조 제2항부터 제4항까지 또는 법 제23조 제1항에 위반되는 경우

② 노동조합이 설립신고증을 교부받은 후 법 제12조 제3항 제1호에 해당하는 설립신고서의 반려사유가 발생한 경우에는 행정관청은 30일의 기간을 정하여 시정을 요구할 수 있다.

③ 행정관청은 노동조합에 설립신고증을 교부한 때에는 지체 없이 그 사실을 관할 노동위원회와 해당 사업 또는 사업장의 사용자나 사용자단체에 통보해야 한다.

정의(노조법 제2조)

이 법에서 사용하는 용어의 정의는 다음과 같다.
  4. 노동조합이라 함은 근로자가 주체가 되어 자주적으로 단결하여 근로조건의 유지·개선 기타 근로자의 경제적·사회적 지위의 향상을 도모함을 목적으로 조직하는 단체 또는 그 연합단체를 말한다. 다만, 다음 각 목의 1에 해당하는 경우에는 노동조합으로 보지 아니한다.
    가. 사용자 또는 항상 그의 이익을 대표하여 행동하는 자의 참가를 허용하는 경우
    나. 경비의 주된 부분을 사용자로부터 원조받는 경우
    다. 공제·수양 기타 복리사업만을 목적으로 하는 경우
    라. 근로자가 아닌 자의 가입을 허용하는 경우
    마. 주로 정치운동을 목적으로 하는 경우

1. 노동조합의 설립신고

(1) 법적 성격

신고주의, 허가주의 및 준칙주의의 견해가 대립하고 있으나, 설립신고란 근로자의 자주적 조직으로서 노동조합이 결성되었음을 행정관청에 단순통지하는 것에 불과하다고 보는 신고주의가 다수설이다.

(2) 신고서의 제출

1) 기재사항

설립신고서에는 명칭, 주된 사무소의 소재지, 조합원 수, 임원의 성명과 주소, 소속된 연합단체가 있는 경우에는 그 명칭, 연합단체인 노동조합에 있어서는 그 구성노동단체의 명칭, 조합원 수, 주된 사무소의 소재지 및 임원의 성명·주소를 기재해야 한다(노조법 제10조 제1항).

2) 제출기관

노동조합을 설립하고자 하는 자는 신고서에 규약을 첨부하여 연합단체인 노동조합과 2 이상의 특별시·광역시·특별자치시·도·특별자치도에 걸치는 단위노동조합은 고용노동부장관에게, 2 이상의 시·군·구(자치구)에 걸치는 단위노동조합은 특별시장·광역시장·도지사에게, 그 외의 노동조합은 특별자치시장·특별자치도지사·시장·군수·구청장(자치구의 구청장)에게 제출하여야 한다(노조법 제10조 제1항).

기출 12·14·15·21

2. 행정관청의 심사절차 기출 15·17·18·21·22

(1) 신고증의 교부

고용노동부장관, 특별시장·광역시장·특별자치시장·도지사·특별자치도지사 또는 시장·군수·구청장(이하 "행정관청")은 설립신고서를 접수한 때에는 설립신고서의 보완을 요구하는 경우와 설립신고서를 반려하는 경우를 제외하고는 3일 이내에 신고증을 교부하여야 한다(노조법 제12조 제1항).

(2) 설립신고서의 보완

행정관청은 설립신고서 또는 규약이 기재사항의 누락등으로 보완이 필요한 경우에는 대통령령이 정하는 바에 따라 20일 이내의 기간을 정하여 보완을 요구하여야 한다. 기출 24 이 경우 보완된 설립신고서 또는 규약을 접수한 때에는 3일 이내에 신고증을 교부하여야 한다(노조법 제12조 제2항). 즉, 행정관청은 노동조합의 설립신고 시 설립신고서에 규약이 첨부되어 있지 아니하거나 설립신고서 또는 규약의 기재사항 중 누락 또는 허위사실이 있는 경우, 임원의 선거 또는 규약의 제정절차가 노조법에 위반되는 경우에는 보완을 요구하여야 한다(노조법 시행령 제9조 제1항).

✔ 핵심문제

01 노동조합 및 노동관계조정법령에 관한 설명으로 옳은 것은?(다툼이 있으면 판례에 따름)

① 출입국관리 법령에 따른 취업자격이 없는 외국인이 타인과의 사용종속관계하에서 근로를 제공하고 그 대가로 임금 등을 받아 생활하는 경우, 노동조합 및 노동관계조정법상 근로자에 해당한다.

② 행정관청이 노동조합의 설립신고서를 접수한 때부터 3일 이내에 설립신고서의 반려 또는 보완지시가 없는 경우에는 설립신고증의 교부가 없어도 노동조합이 성립된 것으로 본다.

③ 노동조합설립신고서의 보완을 요구하거나 그 신고서를 반려하는 경우에는 노동위원회의 의결을 거쳐야 한다.

④ 노동조합의 회의록, 재정에 관한 장부와 서류는 2년간 보존하여야 한다.

⑤ 노동조합에의 참가가 금지되는 자인지 여부는 일정한 직급이나 직책에 의하여 일률적으로 결정된다.

【 해설 】
타인과의 사용종속관계하에서 근로를 제공하고 그 대가로 임금 등을 받아 생활하는 사람은 노조법상 근로자에 해당하고 노조법상 근로자성이 인정되는 한, 그러한 근로자가 외국인인지 여부나 취업자격의 유무에 따라 노조법상 근로자의 범위에 포함되지 아니한다고 볼 수는 없다(대판 2015.6.25. 2007두4995[전합]).

정답 ①

(3) 설립신고서의 반려

행정관청은 설립하고자 하는 노동조합이 노동조합 설립의 소극적 요건(노조법 제2조 제4호 각 목의 1)에 해당하는 경우, 설립신고서 또는 규약의 보완을 요구하였음에도 불구하고 그 기간 내에 보완을 하지 아니하는 경우에는 설립신고서를 반려하여야 한다(노조법 제12조 제3항). 기출 24 노동조합이 설립신고증을 교부받은 후 노조법 제2조 제4호 각 목의 1에 해당하는 설립신고서의 반려사유가 발생한 경우에는 행정관청은 30일의 기간을 정하여 시정을 요구할 수 있다(노조법 시행령 제9조 제2항). 행정관청은 노동조합에 설립신고증을 교부한 때에는 지체 없이 그 사실을 관할 노동위원회와 해당 사업 또는 사업장의 사용자나 사용자단체에 통보해야 한다(노조법 시행령 제9조 제3항).

정의(노조법 제2조)

이 법에서 사용하는 용어의 정의는 다음과 같다.

4. 노동조합이라 함은 근로자가 주체가 되어 자주적으로 단결하여 근로조건의 유지·개선 기타 근로자의 경제적·사회적 지위의 향상을 도모함을 목적으로 조직하는 단체 또는 그 연합단체를 말한다. 다만, 다음 각 목의 1에 해당하는 경우에는 노동조합으로 보지 아니한다.
  가. 사용자 또는 항상 그의 이익을 대표하여 행동하는 자의 참가를 허용하는 경우
  나. 경비의 주된 부분을 사용자로부터 원조받는 경우
  다. 공제·수양 기타 복리사업만을 목적으로 하는 경우
  라. 근로자가 아닌 자의 가입을 허용하는 경우 기출 24
  마. 주로 정치운동을 목적으로 하는 경우

---

(4) 관련 판례

① 판례는 행정관청이 노동조합의 설립신고서를 접수한 때에는 3일 이내에 설립신고증을 교부하도록 되어 있다 하여 그 기간 내에 설립신고서의 반려 또는 보완지시가 없는 경우에는 설립신고증의 교부가 없어도 노동조합이 성립된 것으로 본다는 취지는 아니므로 행정관청은 그 기간 경과 후에도 설립신고서에 대하여 보완지시 또는 반려처분을 할 수 있다 할 것이고, 또한 노동조합설립신고서의 보완을 요구하거나 그 신고서를 반려하는 경우에는 노동위원회의 의결이 필요 없는 것이므로 노동부장관인 피고가 이 사건 노동조합 설립신고서에 대하여 노동위원회의 의결 없이 보완 요구를 하고 반려처분하였다 하여 이를 위법하다고 할 수는 없다고(대판 1990.10.23. 89누3243) 한다. 기출 17

② 판례는 노동조합의 설립에 관한 구 노조법의 규정이 기본적으로 노동조합의 설립의 자유를 보장하면서 위와 같은 노동정책적 목적을 달성하기 위해 설립신고주의를 택하여 조합이 자주성과 민주성을 갖추도록 행정관청으로 하여금 지도·감독하도록 하게 함으로써, 사용자는 무자격조합이 생기지 않는다는 이익을 받고 있다고 볼 수 있을지라도 그러한 이익이 노동조합의 설립에 관한 구 노조법 규정에 의하여 직접적이고 구체적으로 보호되는 이익이라고 볼 수는 없고, 노동조합설립신고의 수리 그 자체에 의하여 사용자에게 어떤 공적 의무가 부과되는 것도 아니라고 할 것이어서 당해 사안에서 지방자치단체장이 노동조합의 설립신고를 수리한 것만으로는 당해 회사의 어떤 법률상의 이익이 침해되었다고 할 수 없으므로 당해 회사는 신고증을 교부받은 노동조합이 부당노동행위구제신청을 하는 등으로 법이 허용하는 절차에 구체적으로 참가한 경우에 그 절차에서 노동조합의 무자격을 주장하여 다툴 수 있을 뿐 노동조합설립신고의 수리처분 그 자체만을 다툴 당사자 적격은 없다고(대판 1997.10.14. 96누9829) 한다.

3. 심사의 방법

(1) 실질적 심사권의 인정

노조법이 행정관청으로 하여금 설립신고를 한 단체에 대하여 같은 법 제2조 제4호 각 목에 해당하는지를 심사하도록 한 취지가 노동조합으로서의 실질적 요건을 갖추지 못한 노동조합의 난립을 방지함으로써 근로자의 자주적이고 민주적인 단결권 행사를 보장하려는 데 있는 점을 고려하면, 행정관청은 해당 단체가 노조법 제2조 제4호 각 목에 해당하는지 여부를 실질적으로 심사할 수 있다(대판 2014.4.10. 2011두6998).

(2) 실질적 심사권의 범위

행정관청에 광범위한 심사권한을 인정할 경우 행정관청의 심사가 자의적으로 이루어져 신고제가 사실상 허가제로 변질될 우려가 있는 점, 노조법은 설립신고 당시 제출하여야 할 서류로 설립신고서와 규약만을 정하고 있고(제10조 제1항), 행정관청으로 하여금 보완사유나 반려사유가 있는 경우를 제외하고는 설립신고서를 접수받은 때로부터 3일 이내에 신고증을 교부하도록 정한 점(제12조 제1항) 등을 고려하면, 행정관청은 일단 제출된 설립신고서와 규약의 내용을 기준으로 노조법 제2조 제4호 가 목의 해당 여부를 심사하되, 설립신고서를 접수할 당시 그 해당 여부가 문제된다고 볼만한 객관적인 사정이 있는 경우에 한하여 설립신고서와 규약내용 외의 사항에 대하여 실질적인 심사를 거쳐 반려 여부를 결정할 수 있다(대판 2014.4.10. 2011두6998).

Ⅲ 노동조합의 설립과 법적 효과

1. 설립시기

노동조합이 신고증을 교부받은 경우에는 설립신고서가 접수된 때에 설립된 것으로 본다(노조법 제12조 제4항). 즉, 신고증 교부를 조건으로 신고서 접수 시에 노조법상 노동조합으로서 설립된다. 기출 15·16·18·21·24

2. 법적 효과 기출 19·20·21·23·24

① 노동조합이라는 명칭을 사용할 수 있다(노조법 제7조 제3항).[7]
② 노동위원회에 노동쟁의의 조정신청을 할 수 있다(노조법 제7조 제1항).
③ 노동위원회에 부당노동행위의 구제를 신청할 수 있다(노조법 제7조 제1항).
④ 법인격을 취득할 수 있다(노조법 제6조).
⑤ 단체협약의 지역적 효력 확장이 인정된다(노조법 제36조).
⑥ 사업체를 제외하고 조세 면제의 특전이 부여된다(노조법 제8조).
⑦ 정당한 노동3권 행사에 민·형사상의 책임이 면제된다(노조법 제3조, 제4조).
⑧ 노동위원회에 근로자위원을 추천할 수 있다(노위법 제6조 제3항).
⑨ 근로자공급사업의 허가를 받을 수 있다(직안법 제33조).

---

7) 노동조합 및 노동관계조정법에 의하여 설립된 노동조합이 아니면서 노동조합이라는 명칭을 사용한 경우 500만원 이하의 벌금에 처한다(노조법 제93조 제1호, 제7조 제3항). 기출 24

3. 설립신고 후의 변경사항

(1) 변경신고

노동조합은 설립신고된 사항 중 명칭, 주된 사무소의 소재지, 대표자의 성명, 소속된 연합단체의 명칭에 변경이 있는 때에는 그날부터 30일 이내에 행정관청에게 변경신고를 하여야 한다(노조법 제13조 제1항).

기출 13·21

(2) 변경통보

① 노동조합은 매년 1월 31일까지 전년도에 규약의 변경이 있는 경우에는 변경된 규약내용, 전년도에 임원의 변경이 있는 경우에는 변경된 임원의 성명, 전년도 12월 31일 현재의 조합원 수(연합단체인 노동조합에 있어서는 구성단체별 조합원 수)를 행정관청에게 통보하여야 한다(노조법 제13조 제2항). 기출 24

② 노동조합은 행정관청에 전년도 12월 31일 현재의 조합원 수(연합단체인 노동조합에 있어서는 구성단체별 조합원 수)를 통보할 때 둘 이상의 사업 또는 사업장의 근로자로 구성된 단위노동조합의 경우에는 사업 또는 사업장별로 구분하여 통보해야 한다(노조법 시행령 제10조 제4항).

Ⅳ 설립심사제도의 위헌 여부

1. 문제점

행정관청의 사전심사에 따른 설립신고제도가 근로자의 단결권을 침해하는지 여부가 문제된다.

2. 헌법재판소의 태도

노동조합설립신고에 대한 심사와 그 신고서 반려는 근로자들이 자주적이고 민주적인 단결권을 행사하도록 하기 위한 것으로서 그 설립 당시부터 노동조합으로서 자주성 등을 갖추고 있는지를 심사하여 이를 갖추지 못한 단체의 설립신고서를 반려하도록 하는 것은 과잉금지원칙에 위반되어 근로자의 단결권을 침해한다고 볼 수 없다(헌재 2012.3.29. 2011헌바53).

Ⅴ 노동조합과 법인격

1. 법인격 취득

노동조합은 그 규약이 정하는 바에 의하여 법인으로 할 수 있다(노조법 제6조 제1항). 법인으로 하고자 할 때에는 등기를 하여야 한다(노조법 제6조 제2항). 기출 18

> **법인등기(노조법 시행령 제2조)**
> 노동조합 및 노동관계조정법(이하 "법") 제6조 제2항에 따라 노동조합을 법인으로 하려는 때에는 그 주된 사무소의 소재지를 관할하는 등기소에 등기해야 한다. 기출 23
>
> **등기사항(노조법 시행령 제3조)**
> 제2조에 따른 등기사항은 다음 각 호와 같다.
> 1. 명 칭
> 2. 주된 사무소의 소재지

3. 목적 및 사업

4. 대표자의 성명 및 주소

5. 해산사유를 정한 때에는 그 사유

등기신청(노조법 시행령 제4조)

① 제2조에 따른 등기는 그 노동조합의 대표자가 신청한다.

② 제1항에 따른 등기 신청을 하려는 때에는 등기신청서에 해당 노동조합의 규약과 법 제12조에 따른 신고증의 사본(제10조 제3항에 따라 변경신고증을 교부받은 경우에는 그 사본)을 첨부해야 한다.

이전등기(노조법 시행령 제5조)

① 법인인 노동조합이 그 주된 사무소를 다른 등기소의 관할 구역으로 이전한 경우 해당 노동조합의 대표자는 그 이전한 날부터 3주 이내에 구소재지에서는 이전등기를 해야 하며, 신소재지에서는 제3조 각 호의 사항을 등기해야 한다.

② 동일한 등기소의 관할구역안에서 주된 사무소를 이전한 경우에는 <u>그 이전한 날부터 3주 이내에 이전등기를 해야 한다.</u>

기출 24

변경등기(노조법 시행령 제6조) **기출** 22

노동조합의 대표자는 제3조 각 호의 사항 중 변경된 사항이 있는 경우에는 <u>그 변경이 있는 날부터 3주 이내에 변경등기를 해야</u> 한다. **기출** 24

2. 법인격 취득의 효과

법인인 노동조합에 대하여는 이 법에 규정된 것을 제외하고는 민법 중 사단법인에 관한 규정을 적용한다(노조법 제6조 제3항). 따라서 소송상 당사자능력을 갖게 되고, 법인 아닌 노동조합 또한 소송상 당사자능력을 갖는다. 한편, 조합재산은 법인인 노동조합의 단독소유가 된다.

Ⅵ 법외노조

1. 서 설

노조법 제2조 제4호에 정한 노동조합의 실질적 요건은 갖추었으나, 설립신고증을 교부받지 못한 근로자단체는 노조법의 적용이 배제되는데, 이러한 법외노조의 법적 지위가 문제된다.

2. 법외노조의 적용규정

(1) 명문상 적용배제

노조법에 의하면 법외노조는 노동쟁의조정신청과 부당노동행위구제신청의 자격이 부인되고(노조법 제7조 제1항), 노동조합이라는 명칭을 사용할 수 없다(노조법 제7조 제3항). 또한 설립신고를 하지 아니하였으므로 법인격 취득이 부인되고(노조법 제6조 제1항), 근로자공급사업의 허가대상으로도 인정되지 아니한다(직안법 제33조).

O | X 💬

1. 노동조합은 규약이 정하는 바에 의하여 법인으로 할 수 있다.

정답 1. ○

제1장

제2장

제3장

제4장

제5장

제6장

제7장

제8장

제9장

(2) 해석상 적용배제

행정관청은 해석상 행정관청을 전제로 하는 노동관계법령을 법외노조에 적용하지 아니할 것이므로, 사실상 적용이 배제된다 할 것이다. 따라서 조세면제특권(노조법 제8조)이나 노동위원회의 추천자격(노위법 제6조) 등은 적용되지 아니한다고 보아야 한다.

3. 법외노조의 노동3권 인정 여부

(1) 학 설

실질적 요건을 갖추었다면 노조법의 적용이 인정된다는 법내노조설, 노조법은 별론으로 하고 헌법상 노동3권의 주체로서 보호받을 수 있다는 법외노조설, 노조법뿐만 아니라 헌법상으로도 보호받을 수 없다는 비노조설이 대립하고 있다.

(2) 판 례

1) 대법원

대법원은 노조법이 신고증을 교부받은 노동조합에 한하여 노동기본권의 향유 주체로 인정하려는 것은 아니므로, 노조법 제2조 제4호에서 정한 노동조합의 실질적 요건을 갖춘 근로자단체가 신고증을 교부받지 아니한 경우에도 노조법상 부당노동행위의 구제신청 등 일정한 보호의 대상에서 제외될 뿐, 노동기본권의 향유주체에게 인정되어야 하는 일반적인 권리까지 보장받을 수 없게 되는 것은 아니라고(대판 2016.12.27. 2011두921) 한다.

2) 헌법재판소

헌법재판소는 단결체의 지위를 '법외의 노동조합'으로 보는 한 그 단결체가 전혀 아무런 활동을 할 수 없는 것은 아니고 어느 정도의 단체교섭이나 협약체결능력을 보유한다 할 것이므로, 노동조합의 명칭을 사용할 수 없다고 하여 헌법상 근로자들의 단결권이나 단체교섭권의 본질적인 부분이 침해된다고 볼 수 없다고(헌재 2008.7.31. 2004헌바9) 판시하고 있다.

(3) 검 토

노동3권을 보장하려는 노조법의 입법취지를 고려하면, 실질적 요건을 갖춘 경우에는 형식적 요건이 미비하더라도 근로자단체의 노동3권을 인정하는 것이 타당하다.

4. 법외노조의 노조법상 지위

(1) 학 설

명시적으로 적용을 배제한 규정 이외에 노조법 규정 또한 적용되지 아니한다는 견해와, 법외노조는 법내노조와 실질적으로 동일한 지위를 가지므로 다른 노조법 규정들은 적용된다는 견해가 있다.

(2) 판 례

[1] 노조법이 노동조합의 자유 설립을 원칙으로 하면서도 설립에 관하여 신고주의를 택한 취지는 노동조합의 조직체계에 대한 행정관청의 효율적인 정비·관리를 통하여 노동조합이 자주성과 민주성을 갖춘 조직으로 존속할 수 있도록 보호·육성하려는 데에 있으며, 신고증을 교부받은 노동조합에 한하여 노동기본권의 향유주체로 인정하려는 것은 아니다. 그러므로 노조법 제2조 제4호에서 정한 노동조합의 실질적 요건을 갖춘 근로자단체가 신고증을 교부받지 아니한 경우에도 노조법상 부당노동행위의 구제신청 등 일정한 보호의 대상에서 제외될 뿐, 노동기본권의 향유주체에게 인정되어야 하는 일반적인 권리까지 보장받을 수 없게 되는 것은 아니다.

[2] 노조법 제28조 제1항 제2호는 합병을 노동조합이 소멸하는 해산사유로 규정하고 있는데, 둘 이상의 노동조합이 소멸하고 새로운 노동조합이 설립되는 형태인 신설합병의 경우, 노조법이 새로운 노동조합의 설립신고를 합병의 효력발생요건으로 정하고 있지 않은 점이나 설립신고의 취지 또는 법적 의미 등을 고려하면, 합병에 의하여 설립되는 근로자단체가 노조법 제2조 제4호에서 정한 노동조합의 실질적 요건을 갖추어 노동기본권의 향유주체로 인정될 수 있는 때에 합병이 완료되어 기존 노동조합은 소멸하고, 이와 달리 신고증을 교부받아야만 합병의 효력이 발생하는 것은 아니다. 다만, 그 근로자단체가 노조법상 노동조합으로 일정한 보호를 받기 위해서는 신고증을 교부받아야 함은 물론이다.

[3] 헌법 제33조 제2항은 공무원인 근로자의 경우 법률이 정하는 자에 한하여 단결권·단체교섭권 및 단체행동권을 가진다고 규정함으로써 공무원인 근로자의 노동기본권에 대하여 헌법적 제한을 두고 있으며, 노조법 제5조 제1항 단서는 공무원으로 구성된 노동조합(이하 "공무원노동조합")의 설립이나 가입에 관하여 따로 법률로 정하도록 규정하고 있다. 그리고 이에 따라 제정된 공노법은 노동기본권이 보장되는 공무원의 범위와 공무원노동조합의 설립 및 운영 등에 관한 사항을 정하면서, 제3조 제1항에서 공노법에 따른 공무원노동조합의 조직·가입, 공무원노동조합과 관련된 정당한 활동에 대하여는 노동운동 등 공무 외의 집단행위를 금지한 국가공무원법 및 지방공무원법을 적용하지 아니하도록 규정하고 있다. 이러한 헌법과 노조법, 공노법 등 공무원의 노동기본권 관련 규정내용을 종합하면, 공무원으로 조직된 근로자단체는 공노법에 따라 설립된 공무원노동조합인 경우에 한하여 노동기본권의 향유주체가 될 수 있다.

[4] 나아가 이는 기존 공무원노동조합이 신설합병형태로 새로운 공무원노동조합을 설립하는 경우에도 마찬가지이다. 따라서 기존 공무원노동조합은 합병결의 및 새로운 공무원노동조합 설립을 위한 결성·조직행위가 있었다는 사정만으로 당연히 소멸하는 것이 아니라, 공무원노동조합의 실체를 갖추어 공노법에 따른 설립신고를 마침으로써 새로운 공무원노동조합으로 설립되는 때에 비로소 합병의 효력이 발생하여 소멸하게 된다. 이 경우 합병결의 및 새로운 공무원노동조합 설립을 위한 결성·조직행위가 이루어진 시점부터 새로운 공무원노동조합의 설립신고가 수리되는 시점까지 존재하는 기존 공무원노동조합은 소멸이 예정된 조직이어서 지위가 잠정적인 것이지만, 기존 법률관계를 정리·청산하는 데에 필요한 범위 내에서는 공무원노동조합으로 활동할 수 있다(대판 2016.12.27. 2011두921).

(3) 검 토

법외노조는 노조법 일부 조항의 적용이 배제될 뿐 법내노조와 실질적으로 동일하므로, 노조법의 다른 규정들도 적용된다고 보는 것이 타당하다.

5. 관련 판례

(1) 법외노조통보의 위법성

1) 사실관계

원고는 교노법에 따라 전국의 국·공립 및 사립학교 교원을 조합원으로 하여 설립된 노동조합으로서 2010.8.14. 규약을 개정하면서 부칙 제5조 제1항을 삭제하였고 부칙 제5조 제2항을 '부당 해고된 조합원은 규약 제6조 제1항(전국의 유치원 및 초·중·고등학교의 교원은 조합원이 될 수 있다. 단, 사용자를 위해 일하는 자는 조합원이 될 수 없다)의 규정에 불구하고 조합원자격을 유지한다'라고 개정하였다(위와 같이 이 사건 규정이 2010.8.14. 개정되었으나 개정 이후의 규정도 부당해고된 교원이 조합원이 될 수 있다는 내용이어서 이 사건 규정과 그 내용상 차이가 있다고 보기 어렵고 당사자들도 그 내용의 상이함을 다투고 있지 않으므로, 편의상 이 사건 규정과 2010.8.14. 개정된 규정을 구분하지 아니하고 모두 '이 사건 규정'이라 한다). 피고(노동부장관)는 2012.9.17. 다시 원고에게 2010.3.31.자 시정명령과 같은 이유로 이 사건 규정을 2012.10.18.까지 시정할 것을 명하였다. 원고는 2012.10.12. 위 기한을 2013.3.15.까지 연장해 줄 것을 요청 하였으나 피고는 2012.10.18. 원고의 요청을 받아들이지 않았다. 피고는 2013.9.23. 원고에게 다시 2010.3.31.자 시정명령과 같은 이유로 2013.10.23.까지 이 사건 규정을 시정하고 해직된 교원이 원고에 가입 하여 활동하지 않도록 조치할 것을 명하였다(이하 '2013.9.23.자 시정명령'). 2013.9.23.자 시정명령에는 '위 시정 기한 내 시정결과를 보고하지 않는 경우에는 교노법에 따른 노동조합으로 보지 않음을 알려 드립니 다'라고 기재되어 있었다. 그러나 원고는 2013.9.23.자 시정명령에 따른 이행을 하지 않았고, 이에 따라 피고는 2013.10.24. 교노법 제14조, 같은 법 시행령 제9조, 구 노조법 제2조 제4호 라목, 같은 법 시행령 제9조 제2항 등에 따라 원고가 2013.9.23.자 시정명령에 따른 이행을 하지 않았다는 이유로 원고를 교노법에 의한 노동조합으로 보지 아니한다고 통보하였다(이하 '이 사건 통보'). 이에 원고는 피고가 원고에 대하여 한 법외노조통보처분의 취소를 구하는 소를 서울행정법원에 제기하였다.

2) 판결이유

[1] 헌법 제37조 제2항은 "국민의 모든 자유와 권리는 국가안전 보장·질서유지 또는 공공복리를 위하여 필요한 경우에 한하여 법률로써 제한할 수 있으며, 제한하는 경우에도 자유와 권리의 본질적인 내용을 침해 할 수 없다"라고 규정하고 있다. 헌법상 법치주의는 법률유보원칙, 즉 행정작용에는 국회가 제정한 형식적 법률의 근거가 요청된다는 원칙을 핵심적 내용으로 한다. 나아가 오늘날의 법률유보원칙은 단순히 행정작용 이 법률에 근거를 두기만 하면 충분한 것이 아니라, 국가공동체와 그 구성원에게 기본적이고도 중요한 의미 를 갖는 영역, 특히 국민의 기본권 실현에 관련된 영역에 있어서는 행정에 맡길 것이 아니고 국민의 대표자인 입법자 스스로 그 본질적 사항에 대하여 결정하여야 한다는 요구, 즉 의회유보원칙까지 내포하는 것으로 이해되고 있다. 여기서 어떠한 사안이 국회가 형식적 법률로 스스로 규정하여야 하는 본질적 사항에 해당되 는지는, 구체적 사례에서 관련된 이익 내지 가치의 중요성, 규제 또는 침해의 정도와 방법 등을 고려하여 개별적으로 결정하여야 하지만, 규율대상이 국민의 기본권과 관련한 중요성을 가질수록 그리고 그에 관한 공개적 토론의 필요성 또는 상충하는 이익 사이의 조정필요성이 클수록, 그것이 국회의 법률에 의하여 직접 규율될 필요성은 더 증대된다. 따라서 국민의 권리·의무에 관한 기본적이고 본질적인 사항은 국회가 정하여 야 하고, 헌법상 보장된 국민의 자유나 권리를 제한할 때에는 적어도 그 제한의 본질적인 사항에 관하여 국회가 법률로써 스스로 규율하여야 한다.

[2] 헌법 제75조는 "대통령은 법률에서 구체적으로 범위를 정하여 위임받은 사항과 법률을 집행하기 위하여 필요한 사항에 관하여 대통령령을 발할 수 있다"라고 규정하고 있다. 따라서 대통령은 법률에서 구체적으로 범위를 정하여 위임받은 사항과 법률을 집행하기 위하여 필요한 사항에 관하여만 대통령령을 발할 수 있으므 로, 법률의 시행령은 모법인 법률에 의하여 위임받은 사항이나 법률이 규정한 범위 내에서 법률을 현실적으 로 집행하는 데 필요한 세부적인 사항만을 규정할 수 있을 뿐, 법률에 의한 위임이 없는 한 법률이 규정한 개인의 권리·의무에 관한 내용을 변경·보충하거나 법률에 규정되지 아니한 새로운 내용을 규정할 수는 없다.

[3] 법외노조통보는 적법하게 설립된 노동조합의 법적 지위를 박탈하는 중대한 침익적 처분으로서 원칙적으 로 국민의 대표자인 입법자가 스스로 형식적 법률로써 규정하여야 할 사항이고, 행정입법으로 이를 규정하기 위하여는 반드시 법률의 명시적이고 구체적인 위임이 있어야 한다. **기출 23** 그런데 구 노조법 시행령 제9조 제2항은 법률의 위임 없이 법률이 정하지 아니한 법외노조통보에 관하여 규정함으로써 헌법상 노동3권을 본질적으로 제한하고 있으므로 그 자체로 무효이다(대판 2020.9.3. 2016두32992[전합]).

(2) 검 토[8]

다수의견에 따르면, 법외노조통보가 모법에 규정되어 있고 모법에 근거하여 고용노동부장관이 법외노조통보를 하였다면 적법하다고 볼 수 있다는 해석이 가능하나, 노조법을 개정하여 법외노조통보에 관한 조항을 시행령이 아닌 모법에서 규정한다면 전교조는 또 다시 법외노조통보를 받을 수 있다. 이와 같은 다수의견의 판단구조를 비판하는 별개의견은, 법외노조통보조항을 법률로 두더라도 행정관청에 의한 법외노조통보 자체가 가지는 실질적 위헌성문제는 고스란히 남아 있다고 상세히 설시하고 있다. 법외노조통보의 위헌성을 설시한 별개의견과 노동조합해산명령제도를 폐지한 이유를 고려하면, 대상판결로 효력을 상실한 이 사건 시행령의 법외노조통보조항을 모법에 두는 개정은 생각할 수 없을 것이다.

제3절 **노동조합의 운영과 활동**

I 조합원의 지위 및 권리·의무

1. 의 의

근로자는 자유로이 노동조합을 조직하거나 이에 가입하여 조합원의 지위를 취득할 수 있다(노조법 제5조 제1항). 조합원의 지위를 취득함으로써 근로자는 조합원으로서 일정한 권리를 향유하고 의무를 부담하게 된다.

2. 조합원지위의 취득 및 상실

(1) 조합원지위의 취득

1) 새로운 조합의 결성

노동조합의 조직행위란 근로자들이 공동으로 조직체를 창설하고, 그 조직체의 구성원이 되는 것을 말한다.

2) 기존조합에의 가입

① 노동조합이 민주성 및 자주성의 원칙에 따라, 조합규약에 의하여 자신의 조합원자격을 자유로이 정할 수 있음은 당연하다. 따라서 노동조합은 일정한 직종·산업 또는 소속 기업을 정하여 이에 종사하는 근로자만을 자신의 노동조합에 가입하도록 허용하거나, 근로자지위 등을 기준으로 조합원자격에 일정한 제한을 둘 수도 있다. 다만, 노조법 제9조는 노동조합의 조합원은 어떠한 경우에도 인종·종교·성별·정당 또는 신분에 의하여 차별대우를 받지 아니한다고 규정하고 있다.

② 조합원자격을 가지고 있는 근로자에 대하여 노동조합이 그 조합가입을 제한할 수 있는지가 문제되나, 판례는 유니언숍협정에 의한 가입강제가 있는 경우에는 단체협약에 명문규정이 없더라도 노동조합의 요구가 있으면 사용자는 노동조합에서 탈퇴한 근로자를 해고할 수 있기 때문에 조합 측에서 근로자의 조합가입을 거부하게 되면 이는 곧바로 해고로 직결될 수 있으므로 조합은 노조가입신청인에게 제명에 해당하는 사유가 있다는 등의 특단의 사정이 없는 한 그 가입에 대하여 승인을 거부할 수 없고, 따라서 조합가입에 조합원의 사전동의를 받아야 한다거나 탈퇴조합원이 재가입하려면 대의원대회와 조합원총회에서 각 3분의 2 이상의 찬성을 얻어야만 된다는 조합가입에 관한 제약은 그 자체가 위법 부당하다고(대판 1996.10.29. 96다28899) 판시하고 있다.

---

8) 인권과 정의 2021년 5월호 p.143, 서울시립대 법학전문대학원 노상헌 교수

3) 관련 판례

판례는 사용자와 노동조합 사이에 체결된 단체협약은 특약에 의하여 일정 범위의 근로자에 대하여만 적용하기로 정하고 있는 등의 특별한 사정이 없는 한 협약당사자로 된 노동조합의 구성원으로 가입한 조합원 모두에게 현실적으로 적용되는 것이 원칙이고, 다만 단체협약에서 노사 간의 상호 협의에 의하여 규약상 노동조합의 조직 대상이 되는 근로자의 범위와는 별도로 조합원이 될 수 없는 자를 특별히 규정함으로써 일정 범위의 근로자들에 대하여 위 단체협약의 적용을 배제하고자 하는 취지의 규정을 둔 경우에는, 비록 이러한 규정이 노동조합규약에 정해진 조합원의 범위에 관한 규정과 배치된다 하더라도 무효라고 볼 수 없다고(대판 2004.1.29. 2001다6800) 한다. 기출 23

(2) 조합원지위의 상실

1) 지위상실의 사유

① **조합원자격의 상실** : 조합원이 법령 또는 조합규약에서 정한 자격을 충족하지 못한 경우에는, 원칙적으로 조합원으로서의 지위를 상실한다. 조합원이 승진 또는 승급함으로써 사용자의 이익을 대표하는 자가 된 경우가 대표적인 예이다.

② **조합에서의 탈퇴** : 조합원이 그의 자발적 의사에 따라 조합원지위를 종료시키는 법률행위를 말한다. 노조규약으로 조합원의 탈퇴의 자유를 제한하는 것은 인정되지 아니한다.

③ **기타 지위상실의 사유** : 조합으로부터의 제명이나, 노동조합의 해산에 의한 경우 등이 있다.

2) 지위상실의 효과

조합원으로서의 권리와 의무를 상실하고, 조합재산에 대한 재산분할청구권도 인정되지 아니한다.

3. 조합원의 권리 · 의무

(1) 조합원의 권리

1) 평등권

① **균등참여권** : 노동조합의 조합원은 균등하게 그 노동조합의 모든 문제에 참여할 권리와 의무를 가진다. 다만, 노동조합은 그 규약으로 조합비를 납부하지 아니하는 조합원의 권리를 제한할 수 있다(노조법 제22조).
기출 21 · 23

② **차별대우의 금지** : 노동조합의 조합원은 어떠한 경우에도 인종, 종교, 성별, 연령, 신체적 조건, 고용형태, 정당 또는 신분에 의하여 차별대우를 받지 아니한다(노조법 제9조). 기출 16 · 20

2) 임원선거권 · 피선거권

조합원은 그 조합의 임원을 선출하고 또한 자신이 임원으로 선출될 수 있는 권리를 가지며, 임원을 해임할 수도 있다. 노동조합은 규약으로 총회에 갈음할 대의원회를 둘 수 있으며, 대의원은 조합원의 직접 · 비밀 · 무기명투표에 의하여 선출되어야 한다(노조법 제16조, 제17조). 기출 15 · 16

3) 총회출석 · 의결권 및 임시총회소집요구권

조합원은 총회에 출석하여 발언하고 의결에 참여할 권리를 가진다. 조합원 또는 대의원의 3분의 1 이상이 회의에 부의할 사항을 제시하고 회의의 소집을 요구할 때에는 조합대표자는 지체 없이 임시총회 또는 임시대의원회를 소집하여야 한다(노조법 제18조 제2항). 기출 14

4) 조합운영상황공개요구권

노동조합의 대표자는 회계연도마다 결산결과와 운영상황을 공표하여야 하며 조합원의 요구가 있을 때에는 이를 열람하게 하여야 한다(노조법 제26조). 기출 13·15·24

5) 재산분할청구권

조합 해산 시는 인정되나, 탈퇴·제명 시는 인정되지 아니한다.

(2) 조합원의 의무

1) 조합비납부의무

조합활동의 재정적 기반이므로 어느 조합원도 면제될 수 없는 기본적 의무이다.

2) 조합통제에 복종할 의무

조합원은 조합의 규약준수의무, 조합지시에 복종할 의무 및 조합활동에 참가할 의무를 부담한다.

Ⅱ 노동조합의 규약과 행정관청의 감독 등

1. 조합규약

(1) 의 의

조합규약은 노동조합의 자주적이고 민주적인 조직·운영 및 활동 등에 관한 기본사항을 정하고 있는 자주적인 조합규범이다. 따라서 노동조합이 자주적으로 만든 선거관리규정은 일종의 자치적 법규범으로 국가법질서 내에서 법적 효력을 가진다(대판 1998.2.27. 97다43567). 기출 23

(2) 조합규약의 내용

1) 의무적 기재사항(노조법 제11조)

① 명 칭
② 목적과 사업
③ 주된 사무소의 소재지 기출 19
④ 조합원에 관한 사항(연합단체인 노동조합에 있어서는 그 구성단체에 관한 사항) 기출 14
⑤ 소속된 연합단체가 있는 경우에는 그 명칭 기출 21
⑥ 대의원회를 두는 경우에는 대의원회에 관한 사항
⑦ 회의에 관한 사항 기출 19·21
⑧ 대표자와 임원에 관한 사항
⑨ 조합비, 기타 회계에 관한 사항

O | X 💬

1. 규약에는 임원의 규약위반에 대한 탄핵에 관한 사항을 기재하여야 한다.
2. 노동조합은 노동조합의 규약에 해산에 관한 사항을 기재하여야 한다.

정답 1. ○ 2. ○

⑩ 규약변경에 관한 사항 [기출] 19 · 21

⑪ 해산에 관한 사항 [기출] 13

⑫ 쟁의행위와 관련된 찬반투표결과의 공개, 투표자 명부 및 투표용지 등의 보존 · 열람에 관한 사항 [기출] 16 · 21

⑬ 대표자와 임원의 규약위반에 대한 탄핵에 관한 사항

⑭ 임원 및 대의원의 선거절차에 관한 사항, 규율과 통제에 관한 사항 [기출] 18 · 19

2) 임의적 기재사항

① 법정 임의적 기재사항 : 법정 임의적 기재사항은 조합규약에 기재하지 아니하여도 무방하나, 조합규약에 기재하지 아니한 경우에는 그 사항에 관하여 법적 효력이 부여되지 아니한다고 법에 명시된 사항을 말한다.

　　㉠ 노동조합의 법인격 취득(노조법 제6조 제1항)

　　㉡ 대의원회 설치(노조법 제17조 제1항)

　　㉢ 조합비를 납부하지 아니한 조합원의 권리 제한(노조법 제22조)

　　㉣ 총회 및 대의원회의 소집공고기간 단축(노조법 제19조)

② 자치 임의적 기재사항 : 자치 임의적 기재사항은 조합규약에 기재하는 경우에는 그 사항에 관하여 법적 효력이 인정되는 것은 물론이고, 조합규약에 기재하지 아니하였다고 하더라도 법적 효력이 반드시 부인되는 것은 아닌 사항을 말한다.

3) 금지적 기재사항

강행법규에 위반되는 사항과 노동조합의 목적에 위배되는 사항을 기재하여서는 아니 된다. 조합규약이 노동관계법령에 위반한 경우, 행정관청은 노동위원회의 의결을 얻어 그 시정을 명할 수 있다(노조법 제21조 제1항). [기출] 23

(3) 규약의 제 · 개정절차

조합규약의 제정 · 변경에 관한 사항은, 조합원의 직접 · 비밀 · 무기명투표에 의하여 재적조합원 과반수의 출석과 출석조합원 3분의 2 이상의 찬성으로 의결한다(노조법 제16조 제2항). 다만, 총회에 갈음한 대의원회를 둔 경우에는 이를 준용한다.

(4) 조합규약의 효력

판례에 의하면 노동조합의 조합규약의 제정에 있어서도 그의 내용이 강행법규에 위반되어서는 아니 되는 등의 제한이 따르는 터이므로 그 제한에 위반된 자치적 법규범의 규정은 무효라고 할 것이어서, 노동조합이 조합규약에 근거하여 자체적으로 만든 신분보장대책기금관리규정에 기한 위로금의 지급을 둘러싼 노동조합과 조합원 간의 분쟁에 관하여 노동조합을 상대로 일절 소송을 제기할 수 없도록 정한 노동조합의 신분보장대책기금관리규정 제11조는 조합원의 재산권에 속하는 위로금의 지급을 둘러싸고 생기게 될 조합원과 노동조합 간의 법률상의 쟁송에 관하여 헌법상 보장된 조합원의 재판을 받을 권리를 구체적 분쟁이 생기기 전에 미리 일률적으로 박탈한 것으로서 국민의 재판을 받을 권리를 보장한 위의 헌법 및 법원조직법의 규정과 부제소 합의 제도의 취지에 위반되어 무효라고(대판 2002.2.22. 2000다65086) 판시하고 있다. [기출] 23

2. 행정관청의 감독

행정관청은 노동조합의 자주적·민주적 운영 및 활동을 위하여 필요한 경우에 한하여 개입할 수 있고, 최소한에 그쳐야 한다.

(1) 조합규약 및 조합결의·처분의 시정(노조법 제21조)

① 행정관청은 노동조합의 규약이 노동관계법령에 위반한 경우에는 노동위원회의 의결을 얻어 그 시정을 명할 수 있다.

② 행정관청은 노동조합의 결의 또는 처분이 노동관계법령 또는 규약에 위반된다고 인정할 경우에는 노동위원회의 의결을 얻어 그 시정을 명할 수 있다. 다만, 규약위반 시의 시정명령은 이해관계인의 신청이 있는 경우에 한한다. 기출 20

③ 규약 및 결의 또는 처분의 시정명령을 받은 노동조합은 30일 이내에 이를 이행하여야 한다. 다만, 정당한 사유가 있는 경우에는 그 기간을 연장할 수 있다.

(2) 자료의 제출

노동조합은 행정관청이 요구하는 경우에는 결산결과와 운영상황을 보고하여야 한다(노조법 제27조). 기출 13·15 행정관청은 노동조합으로부터 결산결과 또는 운영상황의 보고를 받으려는 경우에는 그 사유와 그 밖에 필요한 사항을 적은 서면으로 10일 이전에 요구해야 한다(노조법 시행령 제12조). 기출 24

(3) 서류비치의무(노조법 제14조)

① 노동조합은 조합설립일부터 30일 이내에 조합원 명부(연합단체인 노동조합에 있어서는 그 구성단체의 명칭), 규약, 임원의 성명·주소록, 회의록, 재정에 관한 장부와 서류를 작성하여 그 주된 사무소에 비치하여야 한다. 기출 23·24

② 이 경우 회의록, 재정에 관한 장부와 서류는 3년간 보존하여야 한다. 기출 13·17·23·24

(4) 설립신고의 변경신고 및 통보(노조법 제13조)

① 노동조합은 설립신고된 사항 중 명칭, 주된 사무소의 소재지, 대표자의 성명, 소속된 연합단체의 명칭에 변경이 있는 때에는 그날부터 30일 이내에 행정관청에게 변경신고를 하여야 한다. 기출 13

② 노동조합은 매년 1월 31일까지 전년도에 규약의 변경이 있는 경우에는 변경된 규약내용, 전년도에 임원의 변경이 있는 경우에는 변경된 임원의 성명, 전년도 12월 31일 현재의 조합원 수(연합단체인 노동조합에 있어서는 구성단체별 조합원 수)를 행정관청에게 통보하여야 한다.

3. 재정 등의 지원 제한

(1) 사용자에 의한 재정 등의 지원 제한

1) 노동조합 설립에 대한 지원 제한

경비의 주된 부분을 사용자로부터 원조받은 경우, 노동조합 설립의 실질적 요건을 갖추지 못하였으므로 노동조합으로 보지 아니한다(노조법 제2조 제4호 단서 나목).

제1장
제2장
제3장
제4장
제5장
제6장
제7장
제8장
제9장

2) 노동조합 조직·운영에 대한 지원 제한

근로자가 노동조합을 조직 또는 운영하는 것을 지배하거나 이에 개입하는 행위와, 근로시간면제한도를 초과하여 급여를 지급하거나 노동조합의 운영비를 원조하는 행위는 부당노동행위가 된다(노조법 제81조 제1항 제4호). 다만, 근로자가 근로시간 중에 사용자와 협의·교섭하는 등의 활동을 하는 것을 사용자가 허용함은 무방하며, 또한 근로자의 후생자금 또는 경제상의 불행 그 밖에 재해의 방지와 구제 등을 위한 기금의 기부와 최소한의 규모의 노동조합사무소의 제공 및 그 밖에 이에 준하여 노동조합의 자주적인 운영 또는 활동을 침해할 위험이 없는 범위에서의 운영비원조행위는 예외로 한다. **기출** 14

(2) 제3자에 의한 노동관계지원 제한

노동조합과 사용자는 단체교섭 또는 쟁의행위와 관련하여 해당 노동조합이 가입한 산업별 연합단체 또는 총연합단체, 해당 사용자가 가입한 사용자단체, 해당 노동조합 또는 사용자가 지원을 받기 위하여 행정관청에게 신고한 자 및 기타 법령에 의하여 정당한 권한을 가진 자로부터 지원을 받을 수 있다.

Ⅲ 노동조합의 기구

노동조합에는 의사결정기관, 집행기관 및 감사기관 등이 있다. 노동조합은 규약으로 그 밖의 조합기관을 두어 특별임무를 수행하도록 할 수 있다.

1. 의결기관

노조법은 노동조합의 의결기관으로서 총회와 대의원회를 두고 있는데, 조합의 최고의사결정기관은 총회이다. 다만, 대규모의 조합에서는 모든 조합원이 총회에 참가한다는 것은 어려운 일이므로, 규약으로 총회에 갈음하여 대의원회를 둘 수 있다(노조법 제17조 제1항).

(1) 총 회

1) 개최시기

① 정기총회(노조법 제15조)

  ㉠ 노동조합은 매년 1회 이상 총회를 개최하여야 한다. **기출** 13·14·16·22

  ㉡ 노동조합의 대표자는 총회의 의장이 된다. **기출** 13·15·16

② 임시총회(노조법 제18조) **기출** 13·16

  ㉠ 노동조합의 대표자는 필요하다고 인정할 때에는 임시총회 또는 임시대의원회를 소집할 수 있다.
  기출 23

  ㉡ 노동조합의 대표자는 조합원 또는 대의원의 3분의 1 이상(연합단체인 노동조합에 있어서는 그 구성단체의 3분의 1 이상)이 회의에 부의할 사항을 제시하고 회의의 소집을 요구한 때에는 지체 없이 임시총회 또는 임시대의원회를 소집하여야 한다. **기출** 13·24

  ㉢ 행정관청은 노동조합의 대표자가 회의의 소집을 고의로 기피하거나 이를 해태하여 조합원 또는 대의원의 3분의 1 이상이 소집권자의 지명을 요구한 때에는 15일 이내에 노동위원회의 의결을 요청하고 노동위원회의 의결이 있는 때에는 지체 없이 회의의 소집권자를 지명하여야 한다. **기출** 22

② 행정관청은 노동조합에 총회 또는 대의원회의 소집권자가 없는 경우에 조합원 또는 대의원의 3분의 1 이상이 회의에 부의할 사항을 제시하고 소집권자의 지명을 요구한 때에는 15일 이내에 회의의 소집권자를 지명하여야 한다. 기출 22·24 이와 관련하여 판례는 산업별 노동조합의 지회 소속 조합원들이 지회의 운영규칙 등에 정한 총회 소집절차를 거치지 않고 그들 스스로 소집권자를 지정하여 총회를 소집한 후 조합의 조직형태를 산업별 노동조합에서 기업별 노동조합으로 변경하기로 결의한 경우, 그 결의는 소집절차에 중대한 하자가 있어 무효라고(대판 2009.3.12. 2008다2241) 판시하고 있다.

기출 13·17

2) 소집절차

① 총회 또는 대의원회는 회의개최일 7일 전까지 그 회의에 부의할 사항을 공고하고 규약에 정한 방법에 의하여 소집하여야 한다. 다만, 노동조합이 동일한 사업장 내의 근로자로 구성된 경우에는 그 규약으로 공고기간을 단축할 수 있다(노조법 제19조). 기출 13

② 노동조합의 대의원대회의 개최에 노조규약상 소집공고기간의 부준수 등 절차상 하자가 있다 하더라도 그 대회에 모든 대의원이 참석하였고, 거기서 다룬 안건의 상정에 관하여 어떠한 이의도 없었으므로 위 하자는 경미한 것이어서 위 대의원대회에서 한 결의는 유효하다(대판 1992.3.27. 91다29071).

③ [1] 노동조합의 대의원대회에 재적대의원 전원이 출석하여 전원의 찬성으로 위원장을 직선으로 선출하는 것을 전제로 규약을 개정하기로 의결을 한 것이라면, 노동조합이 그 규약개정안을 회의에 부의할 사항으로 미리 공고하지 아니한 채 대의원대회를 개최한 절차상의 흠이 있다고 하더라도, 그 대의원대회의 결의 자체를 무효라고 볼 수 없다.

[2] 노동조합이 규약으로 임원이 될 수 있는 자격을 일정한 수 이상의 조합원의 추천을 받은 자 및 노동조합원이 된 때로부터 일정한 기간이 경과한 자로 제한한 경우에도, 추천을 받아야 할 조합원의 숫자가 전체 조합원의 숫자에 비추어 소수 조합원의 권리를 해할 우려가 있는 정도에 이르지 아니하고, 요구되는 기간이 사용자와 노동조합의 실정을 파악하여 노동조합의 임원으로 직무를 수행하는 데에 필요하다고 인정되는 합리적인 기간을 넘어서는 것이 아니라면, 노동조합이 자주적인 판단에 따라 규약으로 정할 수 있는 것으로서 조합원들의 피선거권의 평등에 대한 현저한 침해라고는 볼 수 없으므로, 그와 같은 규약은 노조법 제22조에 위반하는 것이 아니라고 봄이 상당하다(대판 1992.3.31. 91다14413).

3) **의결사항**(노조법 제16조 제1항 : 필요적)

① 규약의 제정과 변경에 관한 사항

② 임원의 선거와 해임에 관한 사항

③ 단체협약에 관한 사항 기출 21·22

④ 예산·결산에 관한 사항

⑤ 기금의 설치·관리 또는 처분에 관한 사항

⑥ 연합단체의 설립·가입 또는 탈퇴에 관한 사항 기출 14

⑦ 합병·분할 또는 해산에 관한 사항 기출 22

⑧ 조직형태의 변경에 관한 사항 기출 22

⑨ 기타 중요한 사항

4) 의결방법

① **원칙** : 재적조합원 과반수의 출석과 출석조합원 과반수의 찬성으로 의결한다(노조법 제16조 제2항 본문). 노동조합이 특정 조합원에 관하여 의결할 때에는 그 조합원은 표결권이 없다(노조법 제20조). **기출** 13 · 15 · 24

② **예 외**

ⓐ 규약의 제정 · 변경, 임원의 해임, 합병 · 분할 · 해산 및 조직형태의 변경에 관한 사항은 재적조합원 과반수의 출석과 출석조합원 3분의 2 이상의 찬성이 있어야 한다(노조법 제16조 제2항 단서).

기출 15 · 16 · 18 · 21 · 22

ⓑ 다만, 임원의 선거에 있어서 출석조합원 과반수의 찬성을 얻은 자가 없는 경우에는 규약이 정하는 바에 따라 결선투표를 실시하여 다수의 찬성을 얻은 자를 임원으로 선출할 수 있다(노조법 제16조 제3항).

기출 14 · 15

ⓒ 규약의 제정 · 변경, 임원의 선거 · 해임 및 대의원 선출에 관한 사항은 조합원의 직접 · 비밀 · 무기명투표에 의하여야 한다. **기출** 13 · 14

5) 관련 판례

① **노동조합의 연합단체 가입에 관한 의결정족수** : 노조법 제16조는 제1항에서 '연합단체의 설립 · 가입 또는 탈퇴에 관한 사항'을 노동조합 총회의 의결사항으로 규정하면서(제6호), 제2항 본문에서 그 의결에 재적조합원 과반수의 출석과 출석조합원 과반수의 찬성이라는 일반의결정족수를 요구하고 있고, 같은 항 단서의 재적조합원 과반수의 출석과 출석조합원 3분의 2 이상의 찬성이라는 특별의결정족수를 충족해야 하는 사항으로는 정하고 있지 않다(대판 2023.11.16, 2019다289310). 즉 노동조합이 연합단체에 가입하기 위해서는 일반의결정족수를 충족하는 것으로 족하다는 취지이다.

② **노동조합의 대표자 선출에 관한 의결정족수** : [1] 노조법 제16조 제1항 소정의 '임원의 선거에 관한 사항'에 임원의 선거 자체가 포함됨은 명백하고, 한편 총회의 의결방법에 관하여 규정하고 있는 같은 조 제2항은 노동조합의 구성원인 조합원이 그 조직과 운영에 관한 의사결정에 다수결의 원칙에 따라 관여할 수 있도록 함으로써 이른바 조합민주주의를 실현하기 위한 규정이므로 총회의 의결방법에 관한 위 규정은 강행규정이고, 위 규정의 문언에 의하더라도 총회의 특별결의를 요하는 사항이 아닌 총회의결사항은 재적조합원 과반수의 출석과 출석조합원 과반수의 찬성으로 의결하도록 규정되어 있는 바이므로, 총회에서 노동조합의 대표자인 임원으로 선출되기 위하여는 재적조합원 과반수가 출석하여 투표를 시행하고 아울러 총투표자 과반수의 득표를 하여야 한다.

[2] 노동조합의 대표자선거의 2차 투표에서 총투표수의 과반수에는 미달하나 총유효투표수의 과반수를 득표한 후보자를 당선자로 인정한 원심판결은 법리오해를 이유로 파기한다(대결 1995.8.29, 95마645).

(2) 대의원회

1) 선 출 **기출** 21 · 24

대의원은 조합원의 직접 · 비밀 · 무기명투표에 의하여 선출되어야 하고, 하나의 사업 또는 사업장을 대상으로 조직된 노동조합의 대의원은 그 사업 또는 사업장에 종사하는 조합원 중에서 선출하여야 한다(노조법 제17조 제2항 · 제3항). 대의원을 간접적인 방법에 의하여 선출할 수 있는지가 문제되나, 판례는 구 노조법이 강행규정이라고 할 것이므로, 다른 특별한 사정이 없는 한 위 법 조항에 위반하여 조합원이 대의원의 선출에 직접 관여하지 못하도록 간접적인 선출방법을 정한 규약이나 선거관리규정 등은 무효라고(대판 2000.1.14, 97다41349) 판시하고 있다.

2) 임 기

대의원의 임기는 규약으로 정하되 3년을 초과할 수 없다(노조법 제17조 제4항). **기출 14**

3) 대의원회의 권한

대의원회는 총회에 갈음하는 기관이므로 총회에 관한 규정은 대의원회에 준용된다(노조법 제17조 제5항).

4) 총회와 대의원회의 의결사항의 구별

규약에서 대의원회의 의결사항으로 규정한 사항에 대하여 총회가 의결할 수 있는지가 문제되나, 판례는 노동조합이 규약에서 총회와는 별도로 총회에 갈음할 대의원회를 두고 총회의 의결사항과 대의원회의 의결사항을 명확히 구분하여 정하고 있는 경우, 특별한 사정이 없는 이상 총회가 대의원회의 의결사항으로 정해진 사항을 곧바로 의결하는 것은 규약에 반하나, 다만 규약의 제정은 총회의 의결사항으로서(노조법 제16조 제1항 제1호) 규약의 제·개정권한은 조합원 전원으로 구성되는 총회의 근원적·본질적 권한이라는 점, 대의원회는 규약에 의하여 비로소 설립되는 것으로서(노조법 제17조 제1항) 대의원회의 존재와 권한은 총회의 규약에 관한 결의로부터 유래된다는 점 등에 비추어 볼 때, 총회가 규약의 제·개정결의를 통하여 총회에 갈음할 대의원회를 두고 '규약의 개정에 관한 사항'을 대의원회의 의결사항으로 정한 경우라도 이로써 총회의 규약개정권한이 소멸된다고 볼 수 없고, 총회는 여전히 노조법 제16조 제2항 단서에 정해진 재적조합원 과반수의 출석과 출석조합원 3분의 2 이상의 찬성으로 '규약의 개정에 관한 사항'을 의결할 수 있다고(대판 2014.8.26. 2012두6063) 판시하고 있다. **기출 23**

2. 집행기관

(1) 의 의

집행기관은 대외적으로 노동조합을 대표하고, 노동조합의 의사를 표시하며, 대내적으로 노동조합의 업무를 집행하는 기관이다. 노조법은 노동조합의 집행기관으로서 대표자와 임원을 둘 것을 예정하고 있다(노조법 제11조 제8호·제13호·제14호).

(2) 선임과 해임

① 노동조합의 임원자격은 규약으로 정한다. 이 경우 하나의 사업 또는 사업장을 대상으로 조직된 노동조합의 임원은 그 사업 또는 사업장에 종사하는 조합원 중에서 선출하도록 정한다(노조법 제23조 제1항). 2021년 개정 노조법은 기업별 단위노조의 경우에만 임원자격을 종사근로자인 조합원으로 제한하고 있으므로, 종사근로자 아닌 조합원은 기업별 단위노조의 대의원이나 임원이 될 수 없도록 한 것으로 이해된다. 그러나 산업별 노조나 연합노조 등의 경우에는, 규약으로 정하는 바에 따라 종사근로자 아닌 조합원 중에서 임원을 선출할 수 있고, 조합원이 아닌 외부인을 임원으로 영입할 수도 있도록 하고 있다.

O | X 💬

1. 노동조합의 대표자는 총회의 의장이 된다.
2. 노동조합의 대표자는 필요하다고 인정할 때에는 임시총회 또는 임시대의원회를 소집할 수 있다.
3. 노동조합은 규약으로 총회에 갈음할 대의원회를 둘 수 있다.
4. 노동조합은 매년 1회 이상 총회를 개최하여야 한다.
5. 규약의 변경에 관한 총회의 의결은 재적조합원 과반수의 출석과 출석조합원 과반수의 찬성이 있어야 한다.

정답 1. ○ 2. ○ 3. ○ 4. ○ 5. ×

② 임원은 조합원의 직접·비밀·무기명투표에 의하여(노조법 제16조 제4항) 재적조합원 과반수의 출석과 출석조합원 과반수의 찬성으로 선출되어야 한다(노조법 제16조 제2항 본문).

③ 임원의 해임에 관한 사항은, 재적조합원 과반수의 출석과 출석조합원 3분의 2 이상의 찬성으로 의결한다(노조법 제16조 제2항 단서). **기출 18**

(3) 임 기

임원의 임기는 규약으로 정하되 3년을 초과할 수 없다(노조법 제23조 제2항). **기출 23**

(4) 권 한

1) 대표권

집행기관은 노동조합을 대외적으로 대표하는데, 단체교섭과 단체협약의 체결 등이 그것이다.

2) 업무집행권

총회의 의장이 되고, 회계감사를 실시하게 하며, 임시총회를 소집하고, 노조의 운영상황을 공개하여야 한다.

3. 노조전임자와 근로시간면제제도

근로시간 면제 등(노조법 제24조)

① 근로자는 단체협약으로 정하거나 사용자의 동의가 있는 경우에는 사용자 또는 노동조합으로부터 급여를 지급받으면서 근로계약 소정의 근로를 제공하지 아니하고 노동조합의 업무에 종사할 수 있다.

② 제1항에 따라 사용자로부터 급여를 지급받는 근로자(이하 "근로시간면제자")는 사업 또는 사업장별로 종사근로인 조합원 수 등을 고려하여 제24조의2에 따라 결정된 근로시간면제한도를 초과하지 아니하는 범위에서 임금의 손실 없이 사용자와의 협의·교섭, 고충처리, 산업안전활동 등 이 법 또는 다른 법률에서 정하는 업무와 건전한 노사관계 발전을 위한 노동조합의 유지·관리업무를 할 수 있다.

③ 사용자는 제1항에 따라 노동조합의 업무에 종사하는 근로자의 정당한 노동조합활동을 제한해서는 아니 된다.

④ 제2항을 위반하여 근로시간면제한도를 초과하는 내용을 정한 단체협약 또는 사용자의 동의는 그 부분에 한정하여 무효로 한다. **기출 23**

근로시간면제심의위원회(노조법 제24조의2)

① 근로시간면제자에 대한 근로시간면제한도를 정하기 위하여 근로시간면제심의위원회(이하 "위원회")를 경제사회노동위원회법에 따른 경제사회노동위원회(이하 "경제사회노동위원회")에 둔다.

② 위원회는 근로시간면제한도를 심의·의결하고, 3년마다 그 적정성 여부를 재심의하여 의결할 수 있다.

③ 경제사회노동위원회 위원장은 제2항에 따라 위원회가 의결한 사항을 고용노동부장관에게 즉시 통보하여야 한다.

④ 고용노동부장관은 제3항에 따라 경제사회노동위원회 위원장이 통보한 근로시간면제한도를 고시하여야 한다.

⑤ 위원회는 다음 각 호의 구분에 따라 근로자를 대표하는 위원과 사용자를 대표하는 위원 및 공익을 대표하는 위원 각 5명씩 성별을 고려하여 구성한다.

　1. 근로자를 대표하는 위원 : 전국적 규모의 노동단체가 추천하는 사람

　2. 사용자를 대표하는 위원 : 전국적 규모의 경영자단체가 추천하는 사람

　3. 공익을 대표하는 위원 : 경제사회노동위원회 위원장이 추천한 15명 중에서 제1호에 따른 노동단체와 제2호에 따른 경영자단체가 순차적으로 배제하고 남은 사람

⑥ 위원회의 위원장은 제5항 제3호에 따른 위원 중에서 위원회가 선출한다.

⑦ 위원회는 재적위원 과반수의 출석과 출석위원 과반수의 찬성으로 의결한다.

⑧ 위원의 자격, 위촉과 위원회의 운영 등에 필요한 사항은 대통령령으로 정한다.

(1) 노조전임자[9]

1) 의 의

노동조합의 업무에 종사하는 근로자(노조업무종사자)에는 노조전임자와 노조겸임자가 있다. 노조전임자란 사용자 또는 노동조합으로부터 급여를 지급받으면서 근로계약 소정의 근로를 제공하지 아니하고 노동조합의 업무에 종사하는 자를 말하고, 노조겸임자란 근로를 일부 제공하면서 부분적으로 노조업무를 하는 근로자를 말한다. 2021.1.5. 노조법 개정으로 구 노조법 제24조 제1항의 노조전임자라는 규정이 삭제되었지만 현실적으로 노조전임자는 존재하고 있기 때문에 이로 인하여 강학상 전임자의 개념까지 사라지는 것은 아님을 유의하여야 한다. 따라서 이하에서 논의하는 전임자에 대한 사항은 노조겸임자인 노조업무종사자에게도 그대로 적용될 수 있을 것으로 보인다. 한편 노조업무종사자 중 사용자로부터 급여를 지급받는 자를 근로시간면제자라고 하는데 이들은 노조법 제24조 제2항 이하의 적용을 받는다.

2) 지 위

① **전임발령** : 전임자를 둔다는 단체협약이 있더라도 다른 규정이나 관행이 없다면 사용자가 해당 근로자에 대하여 전임발령을 하여야 비로소 전임자가 된다.

② **관련 판례**

㉠ [1] 노동조합전임운용권이 노동조합에 있는 경우에도 그 행사가 법령의 규정 및 단체협약에 위배되거나 권리남용에 해당하는 등 특별한 사정이 있는 경우에는 그 내재적 제한을 위반한 것으로서 무효라고 보아야 하고, 노동조합전임운용권의 행사가 권리남용에 해당하는지 여부는 전임운용권 행사에 관한 단체협약의 내용, 그러한 단체협약을 체결하게 된 경위와 당시의 상황, 노조원의 수 및 노조업무의 분량, 그로 인하여 사용자에게 발생하는 경제적 부담, 비슷한 규모의 다른 노동조합의 전임자운용실태 등 제반 사정을 종합적으로 검토하여 판단하여야 한다.
[2] 노동조합의 전임자통지가 사용자의 인사명령을 거부하기 위한 수단으로 이용된 것으로 보아, 이러한 경우의 노동조합전임운용권의 행사는 권리남용에 해당한다(대판 2009.12.24. 2009도9347).

㉡ 판례는 단체협약이 유효기간의 만료로 효력이 상실되었고, 단체협약상의 노조대표의 전임규정이 새로운 단체협약 체결 시까지 효력을 지속시키기로 약정한 규범적 부분도 아닌 경우, 그 단체협약에 따라 노동조합업무만을 전담하던 노조전임자는 사용자의 원직복귀명령에 응하여야 할 것이므로 그 원직복귀명령에 불응한 행위는 취업규칙 소정의 해고사유에 해당하고, 따라서 사용자가 원직복귀명령에 불응한 노조전임자를 해고한 것은 정당한 인사권의 행사로서 그 해고사유가 표면적인 구실에 불과하여 징계권 남용에 의한 부당노동행위에 해당하지 않는다고(대판 1997.6.13. 96누17738) 한다.

3) 활 동

① 노조전임자라 할지라도 사용자와의 사이에 기본적 근로관계는 유지되는 것으로서 취업규칙이나 사규의 적용이 전면적으로 배제되는 것이 아니므로 단체협약에 조합전임자에 관하여 특별한 규정을 두거나 특별한 관행이 존재하지 아니하는 한 출·퇴근에 대한 사규의 적용을 받게 된다. 노동조합의 업무가 사용자의 노무관리업무와 전혀 무관한 것이 아니고 안정된 노사관계의 형성이라는 면에서 볼 때는 오히려 밀접하게 관련되어 있으므로, 근로계약 소정의 본래 업무를 면하고 노동조합의 업무를 전임하는 노조전임자의 경우에 있어서 출근은 통상적인 조합업무가 수행되는 노조사무실에서 조합업무에 착수할 수 있는 상태에 임하는 것이라 할 것이고, 만약 노조전임자가 사용자에 대하여 취업규칙 등 소정의 절차를 취하지 아니한 채 위와 같은 상태에 임하지 아니하는 것은 무단결근에 해당한다(대판 1995.4.11. 94다58087).

---

9) 전임자에 대한 더 자세한 사항은 후술한 노조전임제도를 참조하라.

② 판례에 의하면 노동조합업무 전임자가 근로계약상 본래 담당할 업무를 면하고 노동조합의 업무를 전임하게 된 것이 단체협약 혹은 사용자인 회사의 승낙에 의한 것이라면, 이러한 전임자가 담당하는 노동조합업무는, 그 업무의 성질상 사용자의 사업과는 무관한 상부 또는 연합관계에 있는 노동단체와 관련된 활동이나 불법적인 노동조합활동 또는 사용자와 대립관계로 되는 쟁의단계에 들어간 이후의 활동 등이 아닌 이상, 회사의 노무관리업무와 밀접한 관련을 가지는 것으로서 사용자가 본래의 업무 대신에 이를 담당하도록 하는 것이어서 그 자체를 바로 회사의 업무로 볼 수 있고, 따라서 그 전임자가 노동조합업무를 수행하거나 이에 수반하는 통상적인 활동을 하는 과정에서 그 업무에 기인하여 발생한 재해는 산업재해보상보험법 제5조 제1호 소정의 업무상 재해에 해당한다고 한다. 그리고 산업별 노동조합은 기업별 노동조합과 마찬가지로 동종 산업에 종사하는 근로자들이 직접 가입하고 원칙적으로 소속 단위사업장인 개별기업에서 단체교섭 및 단체협약체결권과 조정신청 및 쟁의권 등을 갖는 단일조직의 노동조합이라 할 것이므로, 산업별 노조의 노동조합업무를 사용자의 사업과 무관한 상부 또는 연합관계에 있는 노동단체와 관련된 활동으로 볼 수는 없다고(대판 2007.3.29. 2005두11418) 한다.

4) 급 여

구 노조법은 전임자가 그 전임기간 동안 사용자로부터 급여를 받는 것을 금지하고, 사용자가 전임자에게 급여를 지원하는 것 또한 부당노동행위로서 금지하고 있었으나, 2021년 개정 노조법은 이들 규정을 전임자의 급여문제를 당사자의 자율에 맡기지 아니하고 법률로 강제하는 것은 국제노동기준에 어긋나는 것으로 보아 삭제하였다.

(2) 근로시간면제자

1) 의 의

① 근로자는 단체협약으로 정하거나 사용자의 동의가 있는 경우에는 사용자 또는 노동조합으로부터 급여를 지급받으면서 근로계약 소정의 근로를 제공하지 아니하고 노동조합의 업무에 종사할 수 있다(노조법 제24조 제1항). **기출** 22·24

② 사용자로부터 급여를 지급받는 근로자(이하 "근로시간면제자")는 사업 또는 사업장별로 종사근로자인 조합원 수 등을 고려하여 근로시간면제한도를 초과하지 아니하는 범위에서 임금의 손실 없이 사용자와의 협의·교섭, 고충처리, 산업안전활동 등 이 법 또는 다른 법률에서 정하는 업무와 건전한 노사관계 발전을 위한 노동조합의 유지·관리업무를 할 수 있다(노조법 제24조 제2항).

2) 지 위

근로시간면제자는 근로를 제공하지 아니하고 노종조합의 업무에 종사하면서도 사용자로부터 급여를 지급받는 자로, 유급전임자에 해당한다. 따라서 전술한 전임자의 지위와 활동에 관한 법리가 여기에도 적용된다. 노조법은 사용자가 근로시간면제자와 무급전임자의 정당한 노동조합활동을 제한하는 것을 금지하고 있다(노조법 제24조 제3항). 근로시간면제자는 소정의 근로시간면제한도를 초과하지 아니하는 범위 내에서 임금의 손실 없이 소정의 대상업무를 할 수 있다.

3) 면제한도 **기출** 19·21

근로시간면제한도는 사업 또는 사업장별로 종사근로자인 조합원의 수 등을 고려하여 근로시간면제심의위원회가 심의·의결한다. 근로시간면제한도를 초과하는 내용을 정한 단체협약 또는 사용자의 동의는 그 부분에 한하여 무효로 하며, 사용자가 근로시간면제한도를 초과하여 급여를 지급하는 것은 부당노동행위가 된다(노조법 제24조 제3항, 제81조 제1항 제4호). 즉, 근로시간면제대상으로 지정된 근로자에게 급여를 지급하는 행위는 원칙적으로 부당노동행위에 해당하지 아니하나, 위 근로자에게 타당한 근거 없이 과다하게 책정된 급여를 지급하는 경우에는 부당노동행위가 될 수 있으며, 이는 단체협약 등 노사 간 합의에 의한 경우에도 마찬가지이다(대판 2018.4.26. 2012다8239). 판례는 근로시간면제대상으로 지정된 근로자(이하 '근로시간면제자')에 대한 급여는 근로시간면제자로 지정되지 아니하고 일반근로자로 근로하였다면 해당 사업장에서 동종 혹은 유사업무에 종사하는 동일 또는 유사직급·호봉의 일반근로자의 통상 근로시간과 근로조건 등을 기준으로 받을 수 있는 급여수준이나 지급기준과 비교하여 사회통념상 수긍할 만한 합리적인 범위를 초과할 정도로 과다하지 않은 한 근로시간 면제에 따라 사용자에 대한 관계에서 제공한 것으로 간주되는 근로의 대가로서, 그 성질상 임금에 해당하는 것으로 봄이 타당하므로 근로시간면제자의 퇴직금과 관련한 평균임금을 산정할 때에는 특별한 사정이 없는 한 근로시간면제자가 단체협약 등에 따라 지급받는 급여를 기준으로 하되, 다만 과다하게 책정되어 임금으로서 성격을 가지고 있지 않은 초과급여 부분은 제외하여야 한다고(대판 2018.4.26. 2012다8239) 판시하고 있다.

4) 대상업무
근로시간면제자가 임금의 손실 없이 할 수 있는 대상업무는 사용자와의 협의·교섭, 고충처리, 산업안전활동 등 이 법 또는 다른 법률에서 정하는 업무와 건전한 노사관계 발전을 위한 노동조합의 유지관리업무로 한정된다.

(3) 근로시간면제심의위원회

① 근로시간면제자에 대한 근로시간면제한도를 정하기 위하여 근로시간면제심의위원회(이하 "위원회")를 경제사회노동위원회법에 따른 경제사회노동위원회(이하 "경제사회노동위원회")에 둔다. 위원회는 근로시간면제한도를 심의·의결하고, 3년마다 그 적정성 여부를 재심의하여 의결할 수 있다. 경제사회노동위원회 위원장은 위원회가 의결한 사항을 고용노동부장관에게 즉시 통보하여야 한다(노조법 제24조의2 제1항 내지 제3항). 기출 19·20·22·23·24

② 고용노동부장관은 경제사회노동위원회 위원장이 통보한 근로시간면제한도를 고시하여야 한다(노조법 제24조의2 제4항). 기출 23

③ 위원회는 다음의 구분에 따라 근로자를 대표하는 위원과 사용자를 대표하는 위원 및 공익을 대표하는 위원 각 5명씩 성별을 고려하여 구성한다(노조법 제24조의2 제5항). 기출 23
　㉠ **근로자를 대표하는 위원** : 전국적 규모의 노동단체가 추천하는 사람
　㉡ **사용자를 대표하는 위원** : 전국적 규모의 경영자단체가 추천하는 사람
　㉢ **공익을 대표하는 위원** : 경제사회노동위원회 위원장이 추천한 15명 중에서 전국적 규모의 노동단체와 전국적 규모의 경영자단체가 순차적으로 배제하고 남은 사람

④ 위원회의 위원장은 공익을 대표하는 위원 중에서 위원회가 선출한다. 위원회는 재적위원 과반수의 출석과 출석위원 과반수의 찬성으로 의결한다(노조법 제24조의2 제6항·제7항). 기출 13·20

⑤ 위원의 자격, 위촉과 위원회의 운영 등에 필요한 사항은 대통령령으로 정한다. 기출 15

근로시간면제한도(노조법 시행령 제11조의2)
법 제24조의2 제1항에 따른 근로시간면제심의위원회(이하 "위원회")는 같은 조 제2항에 따른 근로시간면제한도를 정할 때 법 제24조 제2항에 따라 사업 또는 사업장에 종사하는 근로자(이하 "종사근로자")인 조합원 수와 해당 업무의 범위 등을 고려하여 시간과 이를 사용할 수 있는 인원으로 정할 수 있다.

위원회 위원의 위촉(노조법 시행령 제11조의3)
위원회 위원은 경제사회노동위원회법에 따른 경제사회노동위원회 위원장이 위촉한다.

위원회 위원의 자격기준(노조법 시행령 제11조의4)

① 법 제24조의2 제5항 제1호 및 제2호에 따라 단체에서 위원회의 위원으로 추천받을 수 있는 사람의 자격기준은 다음 각 호와 같다.
1. 해당 단체의 전직·현직 임원
2. 노동문제 관련 전문가

② 법 제24조의2 제5항 제3호에 따라 공익을 대표하는 위원으로 추천받을 수 있는 사람의 자격기준은 다음 각 호와 같다.
1. 노동 관련 학문을 전공한 자로서 고등교육법 제2조 제1호·제2호·제5호에 따른 학교나 공인된 연구기관에서 같은 법 제14조 제2항에 따른 교원 또는 연구원으로 5년 이상 근무한 경력이 있는 사람
2. 3급 또는 3급 상당 이상의 공무원으로 있었던 자로서 노동문제에 관하여 학식과 경험이 풍부한 사람
3. 그 밖에 제1호 및 제2호에 해당하는 학식과 경험이 있다고 인정되는 사람

위원회 위원의 임기(노조법 시행령 제11조의5)

① 위원회 위원의 임기는 2년으로 한다. `기출` 24
② 위원회의 위원이 궐위된 경우에 보궐위원의 임기는 전임자(前任者) 임기의 남은 기간으로 한다.
③ 위원회의 위원은 임기가 끝났더라도 후임자가 위촉될 때까지 계속하여 그 직무를 수행한다. `기출` 24

위원회의 운영(노조법 시행령 제11조의6)

① 위원회는 경제사회노동위원회 위원장으로부터 근로시간면제한도를 정하기 위한 심의요청을 받은 때에는 그 심의요청을 받은 날부터 60일 이내에 심의·의결해야 한다. `기출` 24
② 위원회의 사무를 처리하기 위하여 위원회에 간사 1명을 두며, 간사는 경제사회노동위원회 소속 직원 중에서 경제사회노동위원회 위원장이 지명한다.
③ 위원회의 위원에 대해서는 예산의 범위에서 그 직무수행을 위하여 필요한 수당과 여비를 지급할 수 있다.
④ 위원회의 위원장은 필요한 경우에 관계 행정기관 공무원 중 관련 업무를 수행하는 공무원으로 하여금 위원회의 회의에 출석하여 발언하게 할 수 있다.
⑤ 위원회에 근로시간면제제도에 관한 전문적인 조사·연구업무를 수행하기 위하여 전문위원을 둘 수 있다.
⑥ 이 영에서 규정한 사항 외에 위원회의 운영에 필요한 사항은 위원회의 의견을 들어 경제사회노동위원회 위원장이 정한다.

✔ 핵심문제

01 노동조합 및 노동관계조정법령상 근로시간면제제도에 관한 설명으로 옳지 않은 것은?(다툼이 있으면 판례에 따름)

① 근로시간면제자에 대한 근로시간면제한도를 정하기 위하여 근로시간면제심의위원회를 경제사회노동위원회법에 따른 경제사회노동위원회에 둔다.
② 단체협약으로 정하거나 사용자의 동의로 사용자 또는 노동조합으로부터 급여를 지급받으면서 근로계약 소정의 근로를 제공하지 아니하고 노동조합의 업무에 종사하는 근로자의 정당한 노동조합활동을 제한하여서는 아니 된다.
③ 노동조합은 노동조합전임자의 급여지급을 요구하고 이를 관철할 목적으로 쟁의행위를 하여서는 아니 된다.
④ 고용노동부장관은 경제사회노동위원회 위원장이 통보한 근로시간면제한도를 고시하여야 한다.
⑤ 근로시간면제심의위원회는 근로자를 대표하는 위원과 사용자를 대표하는 위원 및 공익을 대표하는 위원 각 5명씩 성별을 고려하여 구성한다.

[해설]
노동조합은 노동조합전임자의 급여지급을 요구하고 이를 관철할 목적으로 쟁의행위를 하여서는 아니 된다고 규정한 노조법 제24조 제5항은 2021.1.5. 노조법 개정으로 삭제되었다.

정답 ③

4. 감사기관

노사관계법은 감사기관에 관한 명문규정을 두고 있지 아니하다. 다만, 회계감사에 한하여 이를 의무화하고 있다.

① 노동조합의 대표자는 그 회계감사원으로 하여금 6월에 1회 이상 당해 노동조합의 모든 재원 및 용도, 주요한 기부자의 성명, 현재의 경리상황 등에 대한 회계감사를 실시하게 하고 그 내용과 감사 결과를 전체 조합원에게 공개하여야 한다(노조법 제25조 제1항). 기출 13 · 15 · 23 · 24

② 노동조합의 회계감사원은 필요하다고 인정할 경우에는 당해 노동조합의 회계감사를 실시하고 그 결과를 공개할 수 있다(노조법 제25조 제2항). 기출 15

회계감사원 등(노조법 시행령 제11조의7)

① 법 제25조에 따른 회계감사원(이하 이 조에서 "회계감사원")은 재무·회계 관련 업무에 종사한 경력이 있거나 전문지식 또는 경험이 풍부한 사람 등으로 한다.

② 노동조합의 대표자는 다음 각 호의 어느 하나에 해당하는 경우에는 조합원이 아닌 공인회계사나 공인회계사법 제23조에 따른 회계법인(이하 "회계법인")으로 하여금 법 제25조에 따른 회계감사를 실시하게 할 수 있다. 이 경우 회계감사원이 회계감사를 한 것으로 본다.
  1. 노동조합의 대표자가 노동조합 회계의 투명성 제고를 위하여 필요하다고 인정하는 경우
  2. 조합원 3분의 1 이상의 요구가 있는 경우
  3. 연합단체인 노동조합의 경우에는 그 구성노동단체의 3분의 1 이상의 요구가 있는 경우
  4. 대의원 3분의 1 이상의 요구가 있는 경우

결산결과 및 운영상황의 공표 시기 등(노조법 시행령 제11조의8)

노동조합의 대표자는 특별한 사정이 없으면 법 제26조에 따른 결산결과와 운영상황을 매 회계연도 종료 후 2개월(제11조의7 제2항에 따라 공인회계사나 회계법인이 회계감사를 실시한 경우에는 3개월) 이내에 조합원이 그 내용을 쉽게 확인할 수 있도록 해당 노동조합의 게시판에 공고하거나 인터넷 홈페이지에 게시하는 등의 방법으로 공표해야 한다.

공시시스템을 통한 결산결과의 공표(노조법 시행령 제11조의9)

① 고용노동부장관은 노동조합의 대표자가 그 결산결과를 공표할 수 있도록 노동조합 회계 공시시스템(이하 "공시시스템")을 구축·운영할 수 있다.

② 노동조합의 대표자는 제11조의8에도 불구하고 고용노동부령으로 정하는 서식에 따라 매년 4월 30일까지 공시시스템에 직전 연도의 결산결과를 공표할 수 있다. 이 경우 제11조의8에 따라 결산결과를 공표한 것으로 본다.

③ 노동조합의 산하조직(노동조합인 경우는 제외)의 대표자는 필요한 경우에는 고용노동부령으로 정하는 서식에 따라 매년 4월 30일까지 공시시스템에 직전 연도의 결산결과를 공표할 수 있다.

④ 제2항 및 제3항에도 불구하고 노동조합 등의 합병·분할 또는 해산 등 부득이한 사유가 있는 경우에는 9월 30일까지 직전 연도의 결산결과를 공표할 수 있다.

⑤ 제2항 및 제3항에도 불구하고 회계연도 종료일이 12월 31일이 아닌 경우에는 9월 30일까지 직전 연도에 종료한 회계연도의 결산결과를 공표할 수 있다.

Ⅳ 노동조합의 재정

1. 재정의 자주성

① 노동조합이 대사용자와의 관계에 있어서 조합의 자주성을 확보하기 위해서는 노동조합 재정의 자주성이 중요한 의미를 가진다.

② 경비의 주된 부분을 사용자로부터 원조받는 경우에는 노동조합으로 보지 아니한다(노조법 제2조 제4호 나목).

2. 조합비

(1) 의 의

조합비, 쟁의비, 기금, 장학금 및 공제회비 등 그 명칭 및 형태와 관계없이 조합원으로부터 징수하는 모든 금품 일체를 말한다.

(2) 조합비사전공제제도

1) 의 의

사용자가 조합원인 근로자의 임금으로부터 조합비를 사전에 원천공제하고, 이를 노동조합에 일괄하여 직접 납입하는 조합비납입방법이다.

2) 법적 근거

근로기준법 제43조의 임금 전액불원칙의 예외에 해당하며, 조합비사전공제제도는 단체협약으로 규정되어 있는 경우에 한하여 비로소 유효하게 성립한다.

3) 조합원 개인의 동의 여부

조합비사전공제제도가 유효하게 성립하기 위해서는, 개별조합원의 동의가 있거나 조합규약 내에 조합비공제 규정에 대한 조합원의 승인이 있어야 한다.

4) 개별조합원의 중지신청

조합비납부의무는 조합원의 기본의무라는 점을 고려하면, 조합원의 개별적 중지신청의 법적 효력은 인정되지 아니한다고 하여야 한다.

(3) 조합비 미납

노동조합은 그 규약으로 조합비를 납부하지 아니하는 조합원의 권리를 제한할 수 있다(노조법 제22조 단서).

3. 기타 조합의 수입

(1) 기부금

노동조합은 제3자로부터 기부금을 받을 수 있다. 다만, 사용자로부터의 기부금은 근로자의 후생자금 또는 경제상의 불행, 기타 재액의 방지와 구제 등을 위한 기금의 기부를 제외하고는 부당노동행위에 해당된다(노조법 제81조 제1항 제4호 단서).

(2) 사업수익금

노동조합에 대하여는 그 사업체를 제외하고는 세법이 정하는 바에 따라 조세를 부과하지 아니하므로, 수익사업을 하는 사업체에 대하여는 조세면제의 특혜가 부여되지 아니한다(노조법 제8조). 기출 18 · 21 · 23 · 24

Ⅴ 노동조합의 활동

1. 조합활동의 의의

(1) 개 념

조합활동이란 노동조합이 헌법상의 단결권·단체교섭권·단체행동권을 행사하는 데 필요한 노동조합의 조직·유지 및 운영에 관한 모든 활동을 의미한다(광의). 이 중에서 노동조합의 단결력을 유지·강화하기 위하여 행하는 일상적인 제반 활동을 협의의 조합활동이라고 하며, 일반적으로 조합활동이란 협의의 조합활동을 말한다.

(2) 조합활동의 정당성 판단기준

노동조합의 활동이 정당하다고 하기 위하여는 행위의 성질상 노동조합의 활동으로 볼 수 있거나 노동조합의 묵시적인 수권 또는 승인을 받았다고 볼 수 있는 것으로서 근로조건의 유지·개선과 근로자의 경제적 지위의 향상을 도모하기 위하여 필요하고 근로자들의 단결 강화에 도움이 되는 행위이어야 하며, 취업규칙이나 단체협약에 별도의 허용규정이 있거나 관행 또는 사용자의 승낙이 있는 경우 외에는 취업시간 외에 행하여져야 하고, 사업장 내의 조합활동에 있어서는 사용자의 시설관리권에 바탕을 둔 합리적인 규율이나 제약에 따라야 하며, 폭력과 파괴행위 등의 방법에 의하지 않는 것이어야 한다(대판 1994.12.22. 93다23152). 또한 조합활동이 근무시간 외에 사업장 밖에서 이루어졌을 경우에도 근로자의 근로계약상의 성실의무(사용자의 이익을 배려해야 할 의무)는 거기까지도 미친다(대판 1990.5.15. 90도357). [기출] 12

2. 조합활동 보호와 법적 근거

ILO협약 제135호(기업 내 근로자대표의 보호와 편의에 관한 조약)는 기업 내 조합활동을 보호하고 있다. 그런데 대부분 기업별 조합형태를 띠고 있는 우리나라의 경우, 조합활동은 필연적으로 사용자의 경영권과 충돌되게 된다. 사용자는 조합활동을 반드시 보장하여야 하며, 이를 제한·침해하는 경우에는 부당노동행위가 된다.

3. 조합활동 주체의 정당성

(1) 노동조합

노동조합은 자신의 명의로 활동할 수 있다. 다만, 자연인인 조합대표 또는 조합원이 실제적인 조합활동을 하고, 그 법적 효과가 노동조합으로 귀속된다.

(2) 조합원

1) 노동조합의 명시적인 수권·지시를 따르는 경우

노동조합의 묵시적인 승인·지시를 받았다고 볼 수 있거나 그 활동의 성질상 당연히 노동조합의 활동으로 볼 수 있는 경우 조합원은 조합활동의 주체가 될 수 있다(대판 1991.11.12. 91누4164). [기출] 19

2) 노동조합의 명시적인 수권·지시가 없는 경우

반대해석상 이 경우에는 조합활동으로 인정되지 아니한다.

(3) 미조직근로자의 자발적인 활동

일반적으로 조합활동의 정당성이 인정되지 아니하나, 예외적으로 단결권 보장의 취지에 적합한 활동은 조합활동으로 인정될 수도 있다.

4. 조합활동 목적의 정당성

노동조합의 활동이 정당하다고 하기 위하여는 행위의 성질상 노동조합의 활동으로 볼 수 있거나 노동조합의 묵시적인 수권 또는 승인을 받았다고 볼 수 있는 것으로서 근로조건의 유지·개선과 근로자의 경제적 지위의 향상을 도모하기 위하여 필요하고 근로자들의 단결 강화에 도움이 되는 행위이어야 하며, 취업규칙이나 단체협약에 별도의 허용규정이 있거나 관행 또는 사용자의 승낙이 있는 경우 외에는 취업시간 외에 행하여져야 하고, 사업장 내의 조합활동에 있어서는 사용자의 시설관리권에 바탕을 둔 합리적인 규율이나 제약에 따라야 하며, 폭력과 파괴행위 등의 방법에 의하지 않는 것이어야 한다(대판 1994.2.22. 93도613).

5. 조합활동 수단의 정당성

(1) 의 의

조합활동의 시기·수단·방법 등에 관한 요건은 조합활동과 사용자의 노무지휘권·시설관리권 등이 충돌할 경우에 그 정당성을 어떠한 기준으로 정할 것인지 하는 문제이므로, 위 요건을 갖추었는지 여부를 판단할 때에는 조합활동의 필요성과 긴급성, 조합활동으로 행해진 개별행위의 경위와 구체적 태양, 사용자의 노무지휘권·시설관리권 등의 침해 여부와 정도, 그 밖에 근로관계의 여러 사정을 종합하여 충돌되는 가치를 객관적으로 비교·형량하여 실질적인 관점에서 판단하여야 한다(대판 2020.7.29. 2017도2478).

(2) 비종사조합원의 조합활동

사업 또는 사업장에 종사하는 근로자가 아닌 노동조합의 조합원은 사용자의 효율적인 사업 운영에 지장을 주지 아니하는 범위에서 사업 또는 사업장 내에서 노동조합 활동을 할 수 있다(노조법 제5조 제2항). **기출 23**
이는 비종사조합원은 사용자와 구체적인 근로관계가 형성되어 있지 아니하므로 사용자의 시설관리권이 종사근로자의 경우보다 더 엄격하게 적용된다는 점을 고려한 규정이라고 보인다. 종사근로자인 조합원이 해고되어 노동위원회에 부당노동행위의 구제신청을 한 경우에는 중앙노동위원회의 재심판정이 있을 때까지는 종사근로자로 본다(노조법 제5조 제3항). **기출 22·24**

(3) 조합활동과 시설관리권

1) 문제점

기업시설 내 조합활동이 단체협약·취업규칙·노사관행 등에 의하여 인정되거나 사용자가 임의로 허용하는 경우에는 별다른 문제가 없으나, 그러하지 아니한 경우에는 기업시설 내 조합활동이 인정될 수 있는지가 문제된다.

2) 벽보 등의 부착

사용자의 승낙을 받지 아니하고 기업시설을 이용하는 조합활동은 정당성을 인정할 수 없지만, 기업시설을 이용하는 조합활동의 필요성이 있고 그 활동으로 시설관리권의 실질적 지장을 초래하지 아니하는 경우에는, 정당성이 인정된다고 하여야 한다.

3) 유인물의 배포행위

① **유인물배포허가제** : 사업장 내에서의 기업질서를 유지하기 위하여 사용자의 허가 없이 사업장 내에서 유인물을 배포한 근로자를 징계할 수 있도록 한 취업규칙의 규정이 언론의 자유를 보장한 헌법 조항에 위반하여 무효라고 할 수 없다(대판 1997.7.11. 95다55900). 다만, 단체협약에 유인물의 배포에 허가제를 채택하고 있다고 할지라도 노동조합의 업무를 위한 정당한 행위까지 금지시킬 수는 없는 것이므로 유인물배포행위가 정당한가 아닌가는 허가가 있었는지 여부만 가지고 판단할 것은 아니고, 그 유인물의 내용이나 배포방법 등 제반 사정을 고려하여 판단되어져야 할 것이고, 취업시간 아닌 주간의 휴게시간 중의 배포는 다른 근로자의 취업에 나쁜 영향을 미치거나 휴게시간의 자유로운 이용을 방해하거나 구체적으로 직장질서를 문란하게 하는 것이 아닌 한 허가를 얻지 아니하였다는 이유만으로 정당성을 잃는다고 할 수 없다(대판 1991.11.12. 91누4164). **기출 19**

② **유인물의 내용** : 유인물의 배포가 정당한 노동조합의 활동에 해당되는 경우라면 사용자는 비록 취업규칙 등에서 허가제를 채택하고 있다 하더라도 이를 이유로 유인물의 배포를 금지할 수 없을 것이지만, 배포한 유인물은 사용자의 허가를 받지 아니하였을 뿐 아니라 허위사실을 적시하여 회사를 비방하는 내용을 담고 있는 것이어서 근로자들로 하여금 사용자에 대하여 적개감을 유발시킬 염려가 있는 것이고, 위 유인물을 근로자들에게 직접 건네주지 않고 사용자의 공장에 은밀히 뿌렸다는 것이므로 이는 사용자의 시설관리권을 침해하고 직장질서를 문란시킬 구체적인 위험성이 있는 것으로서, 비록 위 유인물의 배포시기가 노동조합의 대의원선거운동기간이었다 할지라도 위 배포행위는 정당화될 수 없다(대판 1992.6.23. 92누4253).

4) 복장착용

판례에 의하면 병원에 근무하는 직원인 노동조합원들이 병원의 승인 없이 조합원들로 하여금 모든 직원이 착용하도록 되어 있는 위생복 위에 구호가 적힌 주황색 셔츠를 근무 중에도 착용하게 함으로써 병원의 환자들에게 불안감을 주는 등으로 병원 내의 정숙과 안정을 해치는 행위를 계속하였고, 아울러 병원이 노동조합의 정당한 홍보활동을 보장하기 위하여 노동조합의 전용게시판을 설치하여 이를 이용하도록 통보하였음에도 조합원들이 주동이 되어 임의로 벽보 등을 지정장소 외의 곳에 부착하였고, 또한 노동조합이나 병원과는 직접적인 관련이 없는 전국병원노련위원장의 구속을 즉각 철회하라는 내용의 현수막을 병원 현관 앞 외벽에 임의로 각 설치한 후 병원의 거듭된 자진철거 요구에 불응한 사실이 인정된다면, 조합원들의 이와 같은 행위는 병원의 인사규정 제51조 제1호 소정의 징계사유인 '직원이 법령 및 제 규정에 위배하였을 때'에 해당하거나 제4호 소정의 징계사유인 '직무상의 의무를 위반 및 태만히 하거나 직무상의 정당한 명령에 복종하지 아니한 경우'에 해당할 뿐만 아니라, 조합원들이 점심시간을 이용하여 집단행동을 하였더라도 그러한 집단행동이 병원의 질서와 규율을 문란하게 한 경우에는 복무규정을 위반한 것이 되어 역시 위 인사규정 제51조 제1호 소정의 징계사유에 해당한다고(대판 1996.4.23. 95누6151) 한다.

5) 근무시간 외 사업장 밖의 활동

판례에 의하면 조합활동이 정당하려면 취업규칙이나 단체협약에 별도의 허용규정이 있거나, 관행, 사용자의 승낙이 있는 경우 외에는 취업시간 외에 행해져야 하며 사업장 내의 조합활동에 있어서는 사용자의 시설관리권에 바탕을 둔 합리적인 규율이나 제약에 따라야 하고, 비록 조합활동이 근무시간 외에 사업장 밖에서 이루어졌을 경우에도 근로자의 근로계약상의 성실의무(사용자의 이익을 배려해야 할)는 거기까지도 미친다고 보아야 하므로 그 점도 이행되어야 할 것인바, 근무시간 중에 조합간부들과 공동하여 지하철 공사의 사무실 내의 집기 등을 부수고 적색 페인트, 스프레이로 복도계단과 사무실 벽 등 200여 군데에 "노동 해방", "김명년 퇴진", "양키 고 홈" 등의 낙서를 하여 수리비 42,900,000원이 소요되는 재물손괴를 하였다면, 이는 조합활동 권의 정당성의 범위 밖에 속한다고(대판 1990.5.15. 90도357) 한다.

(4) 조합활동과 노무지휘권

① 근로자는 근로시간 중에 근로를 제공할 의무를 진다. 이러한 근로제공의무는 관련 법령·단체협약·취업 규칙 등에 규정되어 있거나, 사용자가 임의로 허용하는 경우에 한하여 면제되는 것이 원칙이다.

② 근로시간 중의 조합활동은 허용되지 아니한다. 다만, 근로시간 중의 조합활동이 단체협약 및 취업규칙 등에 규정되어 있거나 노사관행 등에 의하여 허용되는 경우, 또는 사용자의 명시적인 승낙이 있는 경우에 한하여 인정된다. 사용자의 승낙이 없더라도, 근무형태나 업무의 특수성 등에 비추어 취업시간 중에 개최 할 필요가 있는 경우에는 정당성이 인정될 수 있으나, 그 외에 해당 조합활동의 필요성과 긴급성, 노무지 휘권의 침해 정도 등을 구체적·종합적으로 판단하여 인정되어야 할 것이다. 근로자가 근로시간 중에 사용자와 협의 또는 교섭하는 것을 허용하는 것은 부당노동행위가 아니다(노조법 제81조 제1항 제4호 단서). 판례 에 의하면 쟁의행위에 대한 찬반투표 실시를 위하여 전체 조합원이 참석할 수 있도록 근무시간 중에 노동 조합 임시총회를 개최하고 3시간에 걸친 투표 후 1시간의 여흥시간을 가졌더라도 그 임시총회개최행위는 전체적으로 노동조합의 정당한 행위에 해당한다고(대판 1994.2.22. 93도613) 한다. **기출 12**

③ 판례에 의하면 단체협약에서 "전임이 아닌 조합원의 조합활동은 취업시간 외에 행함을 원칙으로 하나 부득이한 사유 발생으로 취업시간 중에 조합활동을 하고자 할 경우에는 사전에 회사에 통보하여야 하며 특별한 사유가 없는 한 허용하여야 한다"고 규정하고 있는 경우, 전임이 아닌 조합원의 취업시간 중의 조합활동은 그것이 정당한 조합활동을 목적으로 행하여질 경우로 제한하는 것이 그 규정을 둔 취지에 부합하고, 또한 이는 단체협약규정 자체에 의하여 예외적으로 허용되는 것일 뿐 아니라 더욱이 회사는 노동조합 측에서 전임이 아닌 조합원의 취업시간 중의 조합활동을 통보한 경우 특별한 사유가 없는 한 허용하도록 규정되어 있는 점 등에 비추어 위 규정 소정의 '부득이한 사유'는 매우 제한적으로 해석하여야 하며, 따라서 전임이 아닌 조합원의 취업시간 중의 조합활동으로서 임시총회를 개최하기 위하여는 예컨 대 노조임원의 대부분이 궐석되어 노조의 정상적인 활동을 수행하기 어려운 급박한 사정이 있어 임시총회 를 개최하여 궐석임원을 선출할 필요가 있다든가 노조의 합병 등 노조의 존속 여부 및 조직변경에 관한 중대한 결정을 할 필요가 있는 경우, 또는 정당한 쟁의행위를 결행할 것인가를 의결하기 위하여 임시총회 를 개최할 필요가 있는 경우 등으로 국한시켜야 할 것이므로, 정당하지 아니한 쟁의행위를 결행할 것인가 여부를 결정하기 위하여 취업시간 중에 임시총회를 개최하는 것은 단체협약에서 전임이 아닌 조합원의 취업시간 중의 조합활동을 허용하도록 규정한 취지에 어긋날 뿐 아니라 단체협약 소정의 '부득이한 사유' 에도 해당하지 않는다고(대판 1994.9.30. 94다4042) 한다.

6. 폭력·파괴행위의 금지

조합활동은 폭력이나 파괴행위 등의 방법에 의하지 아니하는 것이어야 한다(대판 1994.2.22. 93도613).

7. 편의제공

사용자가 조합활동의 편의를 도모하기 위하여 임의로 제공하는 각종 인적·물적 지원 및 보장을 편의제공이라고 한다. 편의제공에는 조합활동에 대한 사전양해·사후추인 등 소극적인 성질의 것과, 조합비사전공제제도·노조전임제도의 인정 및 노동조합사무소의 제공 등 적극적인 성질의 것이 있다.

(1) 법적 근거

편의제공은 헌법상 보장된 단결권을 근거로 하고 있으므로, 사용자는 편의제공을 승인·보장할 의무만을 부담하고 이를 거부할 권리는 없다는 견해(단결권설)가 있으나, 사용자가 편의제공에 동의하거나 노동조합과 협정을 체결한 경우에는, 편의제공의무를 부담한다는 견해(협정설)가 타당하다.

(2) 노조전임제도

1) 의 의

조합임원 또는 일반조합원이 근로시간 중에 근로의 일부 또는 전부를 제공하지 아니하고, 노동조합의 업무를 담당하는 제도를 말한다.

2) 법적 근거

개정 노조법 제24조는 노조전임자에 대한 근거규정을 삭제하였으나, 강학상으로 노조전임제도는 여전히 유효하다. 노조전임에 관한 사항을 단체협약으로 정하는 경우에도, 이는 임의적 교섭대상으로서 사용자는 원하는 경우에만 단체교섭에 응하면 되고, 단체협약을 반드시 체결하여야 할 의무도 부담하지 아니한다.

✔ 핵심문제

01 노동조합 및 노동관계조정법령상 노동조합활동에 관한 설명으로 옳지 않은 것은?(다툼이 있으면 판례에 따름)

① 사업장 내의 노동조합활동은 사용자의 시설관리권에 바탕을 둔 합리적인 규율이나 제약에 따라야 한다.
② 노동조합활동은 근로조건의 유지·개선과 근로자의 경제적 지위의 향상을 도모하기 위하여 필요하고, 근로자들의 단결 강화에 도움이 되는 행위이어야 한다.
③ 노동조합활동은 취업규칙이나 단체협약에 별도의 허용규정이 있더라도 취업시간 외에 행하여져야 한다.
④ 단체협약에 유인물의 배포에 허가제를 채택하고 있는 경우 유인물배포행위가 정당한가 아닌가는 허가가 있었는지 여부만 가지고 판단할 것은 아니고, 그 유인물의 내용이나 배포방법 등 제반 사정을 고려하여 판단되어져야 한다.
⑤ 조합원이 조합의 결의에 따라서 한 노동조합의 조직적인 활동 그 자체가 아닐지라도, 그 행위의 성질상 노동조합활동으로 볼 수 있을 때에는 노동조합의 업무를 위한 행위로 보아야 한다.

[해설]
조합활동은 취업규칙이나 단체협약에 별도의 허용규정이 있거나 관행 또는 사용자의 승낙이 있는 경우 외에는 취업시간(근무시간) 외에 행하여져야 한다(대판 1994.2.22. 93도613).

정답 ③

3) 법적 지위

① **의의** : 노조전임은 기업 내 근로자로서의 신분을 그대로 유지하나, 근로계약상의 근로제공의무를 면제받고 있다. 따라서 노조전임의 법적 지위는 휴직상태에 있는 근로자와 유사하지만, 헌법상 노동3권의 보장에 따른 노조전임의 근로자대표로서의 지위와 역할을 고려하면, 휴직상태에 있는 일반근로자와 구별된다. 교노법 제5조 제2항은, 교원노조의 노조전임은 당해 기간 중 휴직명령을 받은 것으로 본다고 규정하고 있다. [기출] 12 · 15

② **임금지급** : 구 노조법은 전임자가 그 전임기간 동안 사용자로부터 급여를 받는 것을 금지하고, 사용자가 전임자에게 급여를 지원하는 것 또한 부당노동행위로서 금지하고 있었으나(구 노조법 제24조 제2항, 동법 제81조 제1항 제4호), 2021년 개정 노조법은 이들 규정을 전임자의 급여문제를 당사자의 자율에 맡기지 아니하고 법률로 강제하는 것은 국제노동기준에 어긋나는 것으로 보아 삭제하였다.

③ **상여금 및 연차휴가** : 판례는 휴직상태의 근로자와 유사한 지위를 갖고 있으므로, 단체협약 등에 정함이 없는 한 상여금이나 연차휴가를 청구할 권리가 당연히 인정되는 것은 아니라고(대판 1995.11.10. 94다54566) 판시하고 있다.

④ **퇴직금 산정** : 퇴직금 산정 시 계속근로연수는 인정된다. 하지만 퇴직금을 산정함에 있어서는 노동조합전임자로서 실제로 지급받아 온 급여를 기준으로 할 수는 없고, 근로자의 통상의 생활을 종전과 같이 보장하려는 퇴직금제도의 취지에 비추어 볼 때, 그들과 동일 직급 및 호봉의 근로자들의 평균임금을 기준으로 하여 퇴직금을 산정함이 상당하다(대판 1998.4.24. 97다54727).

⑤ **출 · 퇴근** [기출] 13 · 17

　㉠ 노조전임자라 할지라도 사용자와의 사이에 기본적 근로관계는 유지되는 것으로서 취업규칙이나 사규의 적용이 전면적으로 배제되는 것이 아니므로, 노조전임자에 관하여 단체협약상의 특별한 규정이나 특별한 관행이 없는 한 출 · 퇴근에 관한 취업규칙이나 사규의 적용을 받으며, 근로계약 소정의 본래 업무를 면하고 노동조합의 업무를 전임하는 노조전임자의 경우 출근은 통상적인 조합업무가 수행되는 노조사무실에서 조합업무에 착수할 수 있는 상태에 임하는 것이므로, 노조전임자가 사용자에 대하여 취업규칙 등에 규정된 소정의 절차를 취하지 아니한 채 위와 같은 상태에 임하지 아니하는 것은 무단결근에 해당된다(대판 1997.3.11. 95다46715).

　㉡ 노동조합전임자는 사용자와 사이에 기본적 노사관계는 유지되고 근로자로서의 신분도 그대로 가지지만 휴직상태에 있는 근로자와 유사하여 근로제공의무가 면제되고, 한편 사용자가 근로시간을 대체하여 근로자에 대하여 실시하는 교육 · 연수 · 훈련 등은 거기에 참가하는 것이 근로자의 의무로서 강제되는 한 근로제공과 다를 바 없으므로 단체협약 등에 다른 정함이 없다면 근로제공의무가 면제된 노동조합전임자가 그러한 교육 등에 참가하지 않았다 하여 바로 잘못이라고 보기는 어렵다(대판 1999.11.23. 99다45246).

4) 노동조합업무 중의 재해

① **노조전임업무의 경우** : 노동조합업무 전임자가 근로계약상 본래 담당할 업무를 면하고 노동조합의 업무를 전임하게 된 것이 사용자인 회사의 승낙에 의한 것이라면, 이러한 전임자가 담당하는 노동조합업무는 그 업무의 성질상 사용자의 사업과는 무관한 상부 또는 연합관계에 있는 노동단체와 관련된 활동이나 불법적인 노동조합활동 또는 사용자와 대립관계로 되는 쟁의단계에 들어간 이후의 활동 등이 아닌 이상

원래 회사의 노무관리업무와 밀접한 관련을 가지는 것으로서 사용자가 본래의 업무 대신에 이를 담당하도록 하는 것이어서 그 자체를 바로 회사의 업무로 볼 수 있고, 따라서 그 전업자가 노동조합업무를 수행하거나 이에 수반하는 통상적인 활동을 하는 과정에서 그 업무에 기인하여 발생한 재해는 산업재해보상보험법 소정의 업무상 재해에 해당한다(대판 1998.12.8. 98두14006). **기출 14**

② **산업별 노조업무의 경우** : 노동조합업무 전임자가 근로계약상 본래 담당할 업무를 면하고 노동조합의 업무를 전임하게 된 것이 단체협약 혹은 사용자인 회사의 승낙에 의한 것이라면, 이러한 전임자가 담당하는 노동조합업무는, 그 업무의 성질상 사용자의 사업과는 무관한 상부 또는 연합관계에 있는 노동단체와 관련된 활동이나 불법적인 노동조합활동 또는 사용자와 대립관계로 되는 쟁의단계에 들어간 이후의 활동 등이 아닌 이상, 회사의 노무관리업무와 밀접한 관련을 가지는 것으로서 사용자가 본래의 업무 대신에 이를 담당하도록 하는 것이어서 그 자체를 바로 회사의 업무로 볼 수 있고, 따라서 그 전임자가 노동조합업무를 수행하거나 이에 수반하는 통상적인 활동을 하는 과정에서 그 업무에 기인하여 발생한 재해는 산업재해보상보험법 제5조 제1호 소정의 업무상 재해에 해당한다. 그리고 산업별 노동조합은 기업별 노동조합과 마찬가지로 동종 산업에 종사하는 근로자들이 직접 가입하고 원칙적으로 소속 단위사업장인 개별기업에서 단체교섭 및 단체협약체결권과 조정신청 및 쟁의권 등을 갖는 단일조직의 노동조합이라 할 것이므로, 산업별 노조의 노동조합업무를 사용자의 사업과 무관한 상부 또는 연합관계에 있는 노동단체와 관련된 활동으로 볼 수는 없다(대판 2007.3.29. 2005두11418).

③ **전임자 아닌 노조간부** : 전임자가 노동조합업무를 수행하거나 이에 수반하는 통상적인 활동을 하는 과정에서 업무에 기인하여 발생한 재해는 산업재해보상보험법 제5조 제1호 소정의 업무상 재해에 해당한다. 이러한 법리는 노동조합업무 전임자가 아닌 노동조합 간부가 사용자인 회사의 승낙에 의하여 노동조합업무를 수행하거나 이에 수반하는 통상적인 활동을 하는 과정에서 업무에 기인하여 발생한 재해의 경우에도 마찬가지로 적용된다(대판 2014.5.29. 2014두35232).

5) 노조전임과 복직권

① 노조전임자가 노조전임의 임기 또는 노조임원의 지위가 종료되는 경우에는 단체협약·노사관행 또는 노사당사자 간의 합의된 사항에 따라 즉시 원직에 복귀된다. 사용자가 복직을 거부하거나 다른 근로자에 비하여 승진·승급 및 임금 등의 근로조건에서 차별대우를 하는 경우 부당노동행위에 해당된다. 또한 노조전임자 등에 대하여 그들의 쟁의행위 등 정당한 조합활동을 혐오한 나머지 조합활동을 곤란하게 할 목적으로 원직복귀명령을 하였다면 이는 사용자의 고유인사권에 기한 정당한 조치라 볼 수 없고 노조법 제81조 제1항 제1호, 제5호 소정의 부당노동행위에 해당하고, 또한 노조의 조직과 운영에 지배, 개입하는 행위로서 같은 조 제4호 소정의 부당노동행위에 해당한다(대판 1991.5.28. 90누6392). **기출 13**

② 단체협약이 유효기간의 만료로 효력이 상실되었고, 단체협약상의 노조대표의 전임규정이 새로운 단체협약 체결 시까지 효력을 지속시키기로 약정한 규범적 부분도 아닌 경우, 그 단체협약에 따라 노동조합업무만을 전담하던 노조전임자는 사용자의 원직복귀명령에 응하여야 할 것이므로 그 원직복귀명령에 불응한 행위는 취업규칙 소정의 해고사유에 해당하고, 따라서 사용자가 원직복귀명령에 불응한 노조전임자를 해고한 것은 정당한 인사권의 행사로서 그 해고사유가 표면적인 구실에 불과하여 징계권남용에 의한 부당노동행위에 해당하지 않는다(대판 1997.6.13. 96누17738).

6) 노조전임과 고용보험

노조전임은 그 기간에 지급받는 보수의 총액에 실업급여의 보험료율을 곱한 금액을 부담하여야 한다(징수법 제13조 제2항).

7) 관련 판례

① [1] 일반적으로 인사처분에는 인사이동, 상벌, 해고 등 근로관계의 변동, 소멸을 가져오는 모든 처분을 포함하는 것이고, 단체협약에 노조간부 등에 대한 인사는 조합과 합의하여 결정한다고 규정하고 있는 경우, 이러한 합의절차를 거치지 아니한 인사처분은 원칙적으로 무효이다.

　[2] 노조전임제는 노동조합에 대한 편의제공의 한 형태이고 사용자가 단체협약 등을 통하여 승인하는 경우에 인정되는 것으로서 사용자와 근로자 사이의 근로계약관계에 있어서 근로자의 대우에 관하여 정한 근로조건이라고 할 수 없으므로, 단체협약에 노조전임규정을 두었다고 하더라도 그 내용상 노동조합 대표자 등의 특정 근로자에 대하여 그 시기(始期)를 특정하여 사용자의 노조전임발령 없이도 근로제공의무가 면제됨이 명백하거나 그러한 관행이 확립되었다는 등의 특별한 사정이 없는 한 원칙적으로 근로자의 근로계약관계를 직접 규율할 수 없어서 노조전임발령 전에는 근로제공의무가 면제될 수 없다(대판 1997.4.25. 97다6926).

② 노동조합 전임운용권이 노동조합에 있는 경우에도 그 행사가 법령의 규정 및 단체협약에 위배되거나 권리 남용에 해당하는 등 특별한 사정이 있는 경우에는 그 내재적 제한을 위반한 것으로서 무효라고 보아야 하고, 노동조합 전임운용권의 행사가 권리남용에 해당하는지 여부는 전임운용권 행사에 관한 단체협약의 내용, 그러한 단체협약을 체결하게 된 경위와 당시의 상황, 노조원의 수 및 노조업무의 분량, 그로 인하여 사용자에게 발생하는 경제적 부담, 비슷한 규모의 다른 노동조합의 전임자운용실태 등 제반 사정을 종합적으로 검토하여 판단하여야 한다(대판 2010.7.22. 2010도3249).

③ 근로조건이 아닌 노조전임자 수 등에 관한 노동관계당사자 사이의 주장의 불일치로 인한 분쟁상태는 근로조건에 관한 분쟁이 아니어서 현행법상의 노동쟁의라고 할 수 없고, 특별한 사정이 없는 한 이러한 사항은 직권중재재정의 대상으로 할 수 없다(대판 1997.11.7. 95구30316).

(3) 조합사무소의 제공

1) 최소한의 규모의 조합사무소의 제공

근로자가 기업시설을 이용하는 것은 사용자의 노동조합에 대한 지배·개입에 해당되어 부당노동행위를 구성할 우려가 있으나, 최소한의 규모의 노동조합사무소의 제공은 부당노동행위에 해당되지 아니한다(노조법 제81조 제1항 제4호 단서).

2) 편의제공의 중단

사용자가 산업별 노동조합의 지부에 제공하던 사무실을 폐쇄하는 등 편의시설의 제공을 일방적으로 거절한 경우, 그것이 기업별 노동조합의 설립이 같은 사업장에 설치된 산업별 노동조합의 지부의 유효한 조직변경형태의 결의에 따른 것이라고 오인하였기 때문이라 하여도 부당노동행위에 해당한다(대판 2008.10.9. 2007두15506).

노동조합의 내부통제

1. 의 의

노동조합은 그 목적을 달성하기 위하여 조합원에게 일정한 강제를 행사하며, 이러한 통제에 복종하지 아니하는 조합원에 대하여 제재를 가할 수 있는데, 이를 노동조합의 통제권 또는 내부통제라고 한다.

2. 통제권의 법적 근거

노동조합은 사단의 일종으로, 그 본질상 단체의 존립과 목적수행을 위하여 필요한 범위 내에서 내부통제권을 가진다는 단체고유권설과, 노동조합은 헌법상의 단체로서 강력한 통제권을 필요로 하고, 이를 헌법 제33조의 단결권에서 인정하고 있다고 주장하는 단결권설이 대립하고 있으나, 노동3권을 보장하고 있는 헌법 규정의 취지를 고려하면, 단결권설이 타당하다고 판단된다. 판례도 "헌법 제33조 제1항에 의하여 단결권을 보장받고 있는 노동조합은, 그 조직을 유지하고 목적을 달성하기 위하여 조합의 내부질서가 확립되고 강고한 단결력이 유지되지 않으면 안 되고, 따라서 노동조합은 단결권을 확보하기 위하여 필요하고도 합리적인 범위 내에서 조합원에 대하여 일정한 규제와 강제를 행사하는 내부통제권을 가진다고 해석하는 것이 상당하다고 (대판 2005.1.28. 2004도227) 판시하여, 같은 태도를 취하고 있다.

3. 통제권의 대상

(1) 조합결의 · 지시 위반

조합원은 규약의 준수, 조합의 결의 · 지시에 대한 복종의무를 부담하므로, 이러한 의무를 위반하는 경우에는 통제처분의 대상이 된다.

(2) 조합비 미납

조합원이 조합비를 납부하지 아니한 경우, 조합은 규약으로써 조합원의 권리를 제한할 수 있다.

(3) 언론 · 비판활동

조합원이 조합의 단체교섭을 방해하는 독자적인 행위, 살쾡이파업 또는 사용자와의 개별적 교섭을 하는 경우에는 통제처분의 대상이 된다. 그러나 조합의 위법한 결의나 지시에 따르지 아니한 경우에는, 통제처분의 대상이 되지 아니한다.

(4) 조합의 정치활동[10]

① 조합이 선거운동 등을 할 수 있다고 하더라도, 조합원에게 이를 강제하는 것은 허용되지 아니한다.

② 공직선거법 제81조는 노동조합은 일반 단체와 달리 선거기간 중 특정 정당이나 후보자를 지지 · 반대하거나지지 · 반대할 것을 권유하는 행위가 금지되지 아니한다고 규정하고 있으므로, 노동조합이 공직선거에서 특정 정당이나 후보자를 지지하거나 반대하기로 결정하고 노동조합 명의로 선거운동을 할 수 있음은 물론이고, 그 조합원에 대하여 노동조합의 결정에 따르도록 권고하거나 설득하는 행위도 그 한도에서는

---

10) 1963년 노동조합법은 "노동조합은 공직선거에 있어서 특정정당을 지지하거나 특정인을 당선시키기 위한 행위를 할 수 없다"고 규정(1963년 노동조합법 제12조 제1항)하여 노동조합의 정치활동 금지 규정을 두고 있었으나, 1997년 노조법에서 삭제되었다. 현행 공직선거법은 일반단체의 경우와는 달리 노동조합이 공직선거에서 선거운동하는 것을 허용하고 있다. 기출 24

노동조합의 정치활동의 일환으로서 허용된다고 할 것이나, 다른 한편 정치활동을 고유의 목적으로 삼는 정치적 결사체도 아닌 노동조합이 비록 같은 법 제81조에 의하여 총회의 결의 등을 거쳐 지지하거나 반대하는 정당이나 후보자를 결정하고 그 명의로 선거운동을 할 수 있다고 하더라도, 그 구성원인 조합원 개개인에 대하여 노동조합의 결의내용에 따르도록 권고하거나 설득하는 정도를 넘어서 이를 강제하는 것은 허용되지 아니한다(대판 2005.1.28. 2004도227).

4. 통제권 행사로서의 제재절차

제재의 절차는 규약에 따라야 하고, 이에 관한 규정이 없는 경우에는 노동조합의 본질과 운영의 민주성원리에 따라 일정한 절차가 마련되어야 한다. 절차상 중대한 흠이 있는 경우에는 그 제재는 무효가 된다.

(1) 제재결정기관

규약에서 정하는 것이 원칙이다. 규약으로 제재기관을 총회가 아닌 징계위원회나 집행위원회 등의 하급기관에 위임하는 것도 가능하다. 다만, 임원의 해임은 총회의결사항이므로 하급기관에 위임할 수 없다.

(2) 제재절차

일반조합원의 제명의 경우, 노조법 제16조에 규정된 총회의 의결사항 중 '기타 중요사항'에 해당하므로, 반드시 총회 또는 대의원회에서 직접·비밀·무기명 투표에 의하여 결정되어야 한다. 제재를 가할 경우에는 제재의 사유를 미리 조합원에게 알리고, 제재결정기관에 출석하여 변명의 기회를 주어야 한다.

5. 통제권의 한계

조합원에 대한 통제처분의 대상 및 정도를 규율하는 것은 조합자치에 맡겨져 있다. 다만, 통제권은 합리적인 범위 내에서 행사되어야 하고, 재량의 한계를 벗어나거나 통제권의 남용에 해당하는 경우에는 위법한 것으로서 무효가 된다. 판례에 따르면, 정치활동을 고유의 목적으로 삼는 정치적 결사체도 아닌 노동조합이, 총회의 결의 등을 거쳐 지지하거나 반대하는 정당이나 후보자를 결정하고 그 명의로 선거운동을 할 수 있다고 하더라도, 그 구성원인 조합원 개개인에 대하여 노동조합의 결의내용에 따르도록 권고하거나 설득하는 정도를 넘어서 이를 강제하는 것은 허용되지 아니한다(대판 2005.1.28. 2004도227).

6. 위법한 통제처분의 구제

(1) 조합자치의 원칙

조합의 조합원에 대한 통제는 본질적으로 조합의 내부문제이므로, 조합이 자치에 일임하는 것이 단결권 보장의 취지에 적합하다.

(2) 행정적 구제(노조법 제21조)

행정관청은 노동조합의 규약이 노동관계법령에 위반한 경우에는 노동위원회의 의결을 얻어 그 시정을 명할 수 있다. 또한 행정관청은 노동조합의 결의 또는 처분이 노동관계법령 또는 규약에 위반된다고 인정할 경우에는 노동위원회의 의결을 얻어 그 시정을 명할 수 있다. 다만, 규약위반 시의 시정명령은 이해관계인의 신청이 있는 경우에 한한다. 이때 시정명령을 받은 노동조합은 30일 이내에 이를 이행하여야 한다. 다만, 정당한 사유가 있는 경우에는 그 기간을 연장할 수 있다. 기출 21·22

(3) 사법적 구제

조합규약에서 내부통제에 관한 규정을 두고 있지 아니한 경우, 그 내용이 일반적·추상적이어서 명확하지 아니한 경우 및 조합규약에 징계사유와 그 절차가 명확하고 구체적으로 규정되어 있다고 하더라도 그러한 사유와 절차를 현저히 일탈·남용한 경우에는, 법원에 의한 사법심사의 대상이 될 수 있다. 판례는 사단법인 부산시개인택시여객운송연합회와 같은 단체의 구성원인 조합원에 대한 제명처분은 조합원의 의사에 반하여 그 조합원인 지위를 박탈하는 것이므로 조합의 이익을 위하여 불가피한 경우에 최종적인 수단으로서만 인정되어야 할 것이고, 또, 조합이 조합원을 제명처분한 경우에 법원은 그 제명사유의 존부와 결의내용의 당부 등을 가려 제명처분의 효력을 심사할 수 있다고(대판 1994.5.10. 93다21750) 판시하고 있다.

Ⅶ 노동조합의 합병·해산과 조직변경

1. 노동조합의 합병·분할

(1) 합 병

1) 의 의

복수의 노동조합이 그 합의에 근거하여 하나의 노동조합으로 통합되는 것을 말한다. 기존 노동조합을 통합하여 새로운 노동조합을 만드는 신설합병과, 하나의 노동조합이 다른 노동조합을 흡수하여 존속하는 흡수합병으로 구분된다.

2) 합병절차

합병을 하려는 노동조합은 각자의 총회(또는 대의원회)의 합병의결을 거쳐야 한다(노조법 제16조 제1항 제7호). 소멸노조의 대표자는 해산한 날부터 15일 이내에 행정관청에 해산신고(노조법 제28조 제2항)를, 신설노조는 설립신고(노조법 제10조)를, 존속노조는 변경사항의 신고(노조법 제13조)를 하여야 한다. 기출 21·22

3) 법적 효과

신설합병의 경우에는 기존노조 모두가, 흡수합병의 경우에는 피흡수노조가 소멸한다. 합병의 경우, 합병 이전에 소멸노조가 체결한 단체협약 및 권리·의무는 흡수노조·신설노조에 포괄적으로 이전되어 그 효력이 유지되는 것이 원칙이다.

(2) 분 할

1) 의 의

분할은 기존노조가 새로운 노조를 설립하는 경우와, 기존노조의 소멸을 전제로 2개 이상의 새로운 노조를 신설하는 경우로 구분된다.

2) 분할절차

기존노조는 총회(또는 대의원회)의 분할의결을 거쳐야 하고(노조법 제16조 제1항), 신설노조는 창립총회를 개최하고 새로 규약을 제정하여야 한다. 소멸노조의 대표자는 해산한 날부터 15일 이내에 행정관청에 해산신고를(노조법 제28조 제2항)를, 신설노조의 대표자는 규약을 첨부하여 설립신고를 하여야 한다(노조법 제10조).

3) 법적 효과

분할로 기존노조는 완전히 소멸된다. 분할결의에 따라 기존노조의 권리·의무는 신설노조에게 포괄적으로 이전되어 그 효력이 유지된다. 그러나 분할 이전에 기존노조가 체결한 단체협약의 효력은, 기존노조와 신설노조 간의 실질적 동질성을 인정하기 어렵기 때문에 원칙적으로 종료한다.

제1장
제2장
제3장
제4장
제5장
제6장
제7장
제8장
제9장

2. 노동조합의 해산

(1) 의 의

노동조합이 본래의 활동을 정지하고 소멸하기 위한 절차를 개시하는 것을 의미하며, 해산 이후 청산절차에 들어가 그 절차가 종료되면 노동조합은 소멸한다.

(2) 해산사유(노조법 제28조 제1항) 기출 15

1) 규약에서 정한 해산사유 발생 기출 12·19·20·23·24

2) 합병 또는 분할로 인한 소멸 기출 13·19·20·23·24

총회의 의결사항으로, 재적조합원 과반수의 출석과 출석조합원 3분의 2 이상의 찬성이 있어야 한다(노조법 제16조 제2항 단서). 기출 12

3) 총회 또는 대의원회의 해산결의 기출 13·19·20·23·24

재적조합원 과반수의 출석과 출석조합원 3분의 2 이상의 찬성으로 행한다(노조법 제16조 제2항 단서).

4) 노동조합의 활동이 없는 경우 기출 19·20·21·23·24

① 실질적 요건 : 노동조합의 임원이 없고, 노동조합으로서의 활동을 1년 이상 수행하지 아니한 경우 노동조합은 해산된다. 노동조합으로서 활동을 1년 이상 수행하지 아니한 경우란, 계속하여 1년 이상 조합원으로부터 조합비를 징수한 사실이 없거나, 총회 또는 대의원회를 개최한 사실이 없는 경우를 말한다(노조법 시행령 제13조 제1항).

② 절차적 요건 : 행정관청이 그 사유의 존재에 관하여 관할 노동위원회의 의결을 얻은 때에 해당 노동조합은 해산된 것으로 본다(노조법 시행령 제13조 제2항). 노동위원회는 그 의결을 할 때에는 해산사유 발생일 이후 해당 노동조합의 활동을 고려해서는 아니 된다(노조법 시행령 제13조 제3항).

5) 단체성 상실의 경우

조합원이 1인밖에 남지 아니하게 된 경우에는, 그 조합원이 증가될 일반적 가능성이 없는 한, 노동조합으로서의 단체성을 상실한다(대판 1998.3.13. 97누19830).

(3) 해산절차

1) 해산신고

노동조합이 해산한 때에는 그 대표자는 해산한 날부터 15일 이내에 행정관청에게 이를 신고하여야 한다(노조법 제28조 제2항). 기출 19·23·24

2) 청산절차의 진행

청산 중의 노동조합은 통상의 노조활동은 중단하나, 청산목적범위 내에서는 활동한다. 청산절차가 완료되면 노동조합은 소멸된다.

3. 노동조합의 조직변경

(1) 조직변경

1) 의 의

노동조합의 조직변경은 조합의 존속 중에 그 동질성은 유지하면서 조직을 변경하는 것을 말한다. 기출 17

2) 조직변경의 태양

단일노조에서 연합체 노조로, 기업별·직업별 노조에서 산업별 노조로의 전환 등이 있다.

3) 조직변경의 절차

① **실질적 동일성의 유지** : 노동조합이 존속 중에 그 조합원의 범위를 변경하는 조직변경은 변경 후의 조합이 변경 전의 조합의 재산관계 및 단체협약의 주체로서의 지위를 그대로 승계한다는 조직변경의 효과에 비추어 볼 때 변경 전후의 조합의 실질적 동일성이 인정되는 범위 내에서 인정되고, 노동조합은 구성원인 근로자가 주체가 되어 자주적으로 단결하고 민주적으로 운영되어야 하므로 어느 사업장의 근로자로 구성된 노동조합이 다른 사업장의 노동조합을 결성하거나 그 조직형태 등을 결정할 수는 없다(대판 1997.7.25. 95누4377). 기출 21

② **총회 또는 대의원회의 의결** : 재적조합원 과반수의 출석과 출석조합원 3분의 2 이상의 찬성에 의한 의결이 있어야 한다(노조법 제16조, 제17조). 기출 17

4) 조직변경의 효과

조직변경의 경우 노동조합의 동질성이 그대로 인정되므로, 변경 전의 노동조합이 체결한 단체협약, 권리·의무 및 조합의 재산관계는 그대로 유지되어 효력이 인정된다. 기출 17

(2) 초기업적 노조(산별노조) 지부·분회에서 기업별 노조로의 전환

1) 문제점

산별노조의 지부·분회 등에서 기업별 노조로 조직형태 변경이 가능한지가 문제된다.

2) 판례의 태도

① **원칙적 부정** : 산업별 노동조합은 동종 산업에서 일하는 근로자들을 조직 대상으로 하는 초기업적 노동조합으로서, 그 자체가 개별근로자를 구성원이자 조합원으로 하는 1개의 단위노동조합이다. 산업별 노동조합이 내부에 하부조직을 두더라도, 이는 별개의 노동조합이 아니라 산업별 노동조합 내부의 조직관리를 위한 기구나 그 조직체계의 일부인 구성요소가 되는 것이 원칙이다(대판 2016.2.19. 2012다96120[전합]).

O | X 💬

1. 노동조합의 대표자가 제명된 경우는 노동조합 및 노동관계조정법상 노동조합의 해산사유로 볼 수 없다.
2. 노동조합의 임원은 있으나, 노동조합으로서의 활동을 1년 이상 하지 아니한 것으로 인정되는 경우 노동조합은 해산한다.
3. 노동조합의 해산에 관한 사항은 총회에서 재적조합원 과반수의 출석과 출석조합원 3분의 2 이상의 찬성이 있어야 한다.
4. 노동조합은 총회의 해산결의가 있는 경우 해산한다.
5. 합병·분할로 소멸한 경우 노동조합은 해산한다.
6. 노동조합규약에서 정한 해산사유가 발생한 경우 노동조합은 해산한다.
7. 노동조합 총회의 해산결의를 사유로 노동조합이 해산한 때에는, 그 대표자는 해산한 날부터 15일 이내에 행정관청에 이를 신고하여야 한다.

정답 1. ○ 2. × 3. ○ 4. ○ 5. ○ 6. ○ 7. ○

② 예외적 인정

　㉠ 다수의견

　　㉮ **기업별 노동조합에 준하는 실질을 갖춘 경우** : 산업별 노동조합의 지회 등이라 하더라도, 실질적으로 하나의 기업 소속 근로자를 조직 대상으로 하여 구성되어 독자적인 규약과 집행기관을 가지고 독립한 단체로서 활동하면서, 해당 조직이나 그 조합원에 고유한 사항에 관하여 독자적인 단체교섭 및 단체협약체결능력이 있어 기업별 노동조합에 준하는 실질을 가지고 있는 경우에는, 산업별 연합단체에 속한 기업별 노동조합의 경우와 실질적인 차이가 없으므로, 이 사건 규정에서 정한 결의요건을 갖춘 소속 조합원의 의사결정을 통하여, 산업별 노동조합에 속한 지회 등의 지위에서 벗어나 독립한 기업별 노동조합으로 전환함으로써 그 조직형태를 변경할 수 있다고 보아야 한다(대판 2016.2.19. 2012다96120[전합]). **기출 23**

　　㉯ **기업별 노동조합과 유사한 독립성이 인정되는 경우** : 산업별 노동조합의 지회 등이 독자적으로 단체교섭을 진행하고 단체협약을 체결하지는 못하더라도, 법인 아닌 사단의 실질을 가지고 있어 기업별 노동조합과 유사한 근로자단체로서 독립성이 인정되는 경우에, 기업별 노동조합에 준하는 실질을 가지고 있는 경우와 마찬가지로 노조법 제16조 제1항 제8호 및 제2항에서 정한 결의요건을 갖춘 소속 근로자의 의사결정을 통하여, 종전의 산업별 노동조합의 지회 등이라는 외형에서 벗어나 독립한 기업별 노동조합으로 전환할 수 있다(대판 2016.2.19. 2012다96120[전합]).

　　㉰ **결론** : 결론적으로 산업별 노동조합의 지회 등이더라도, 외형과 달리 독자적인 노동조합 또는 노동조합 유사의 독립한 근로자단체로서 법인 아닌 사단에 해당하는 경우에는, 자주적·민주적인 총회의 결의를 통하여 소속을 변경하고 독립한 기업별 노동조합으로 전환할 수 있고, 노동조합 또는 법인 아닌 사단으로서의 실질을 반영한 노조법 제16조 제1항 제8호 및 제2항에 관한 해석이 근로자들에게 결사의 자유 및 노동조합 설립의 자유를 보장한 헌법 및 노조법의 정신에 부합한다. 다만 이와 같은 견해가 산업별 노동조합의 지회 등에 대하여 그 실질을 명확히 가리지 아니하고 폭넓게 법인 아닌 사단으로서 처우하여 이 사건 규정에서 정한 조직형태변경결의를 허용하여야 한다는 취지는 아니다. 산업별 노동조합의 지회 등이 산업별 노동조합의 활동을 위한 내부적인 조직에 그친다면 그와 같은 결의를 허용할 수 없을 것이므로, 먼저 독자적인 노동조합 또는 노동조합 유사의 독립한 근로자단체로서의 실질을 갖추고 있는지에 관하여 신중하게 심리·판단하여야 한다(대판 2016.2.19. 2012다96120[전합]). **기출 21**

　㉡ **반대의견** : 산업별 노동조합 내에서 산업별 노동조합의 지회 등이 차지하는 위치 내지 산업별 노동조합과의 관계, 근로자와의 조합원관계, 독자적인 단체교섭 및 단체협약체결능력 등 노동조합으로서의 실질에 관한 여러 사정에 비추어 보면, 산업별 노동조합에서 조직형태의 변경을 결의할 수 있는 주체는 단위노동조합인 산업별 노동조합일 뿐이고, 하부조직에 불과한 산업별 노동조합의 지회 등이 산업별 노동조합의 통제를 무시한 채 독자적으로 조직형태의 변경을 결의하는 것은 원칙적으로 불가능하다. 그러한 결의는 개별조합원들의 산업별 노동조합 탈퇴의 의사표시에 불과하거나 새로운 노동조합의 설립결의일 뿐이어서, 여기에 노동조합의 조직형태의 변경이나 그에 준하는 법적 효과를 부여할 수는 없다. 요컨대 근로자와 조합원관계를 형성하고 지회 등이나 조합원의 고유한 사항에 관하여 독자적으로 단체교섭을 진행하여, 단체협약을 체결할 능력이 있다는 점이 증명되지 아니하는 산업별 노동조합의 지회 등은 조직형태의 변경주체가 될 수 없다(대판 2016.2.19. 2012다96120[전합]).

3) 검 토

생각건대 독자적인 협약능력이 없더라도 단체성이 인정되는 경우에는, 의사결정능력을 인정할 현실적 필요성(노조 설립의 비용과 시간 절약)이 있다는 점을 고려하면, 전합판결의 다수의견이 타당하다고 판단된다.

(3) 의사결정능력이 없는 지회의 재산 이전

산업별 노동조합의 지회 등이 기업별 노동조합에 준하는 실질이나 기업별 노동조합과 유사한 근로자단체로서 법인 아닌 사단의 실질을 갖추지 못하여 조직형태를 변경할 수 없는 경우에 결의를 통해 산업별 노동조합을 탈퇴하고 조합비 등 기존 재산 전부를 새로 설립한 기업별 노동조합에 포괄적으로 이전하는 것을 허용한다면, 조직형태 변경의 주체가 될 수 없는 지회 등이 우회적인 방법으로 사실상 조직형태를 변경하는 것과 마찬가지의 결과에 이를 수 있게 되어 조직형태변경제도의 취지가 잠탈될 수 있다. 따라서 이러한 산업별 노동조합의 지회 등이 총회 등을 통해 기업별 노동조합으로 조직형태를 변경하면서 이를 전제로 조합비 등 기존 재산 전부를 새로운 기업별 노동조합에 포괄적으로 이전하는 결의를 하더라도 그러한 결의는 조직형태변경결의로서뿐만 아니라 재산을 이전하는 결의로서도 효력이 없다고 보아야 한다(대판 2018.1.24. 2014다203045).

제1장

제2장

제3장

제4장

제5장

제6장

제7장

제8장

제9장

✔ 핵심문제

01 노동조합 및 노동관계조정법령상 노동조합에 관한 설명으로 옳은 것은?(다툼이 있으면 판례에 따름)

① 근로조건의 결정권이 있는 독립된 사업 또는 사업장에 조직된 노동단체는, 지부·분회 등 명칭이 무엇이든 상관없이 노동조합의 설립신고를 할 수 없다.

② 노동조합이 신고증을 교부받은 경우에는 설립신고서가 접수된 때에 설립된 것으로 본다.

③ 노동조합 및 노동관계조정법에 의하여 설립된 노동조합이 아니더라도, 노동위원회에 부당노동행위의 구제를 신청할 수 있다.

④ 지역별 노동조합이 일시적으로 실업상태에 있는 자를 구성원으로 포함시키고 있는 경우에 행정관청은, 설립신고서를 반려하여야 한다.

⑤ 행정관청은 설립하고자 하는 노동조합이 항상 사용자의 이익을 대표하여 행동하는 자의 참가를 허용하는 경우에는, 설립신고의 보완을 요구하여야 한다.

【 해설 】

노동조합이 신고증을 교부받은 경우에는 설립신고서가 접수된 때에 설립된 것으로 본다(노조법 제12조 제4항).

정답 ②

01 기출 24

☑확인Check! ○ △ ✕

노동조합 및 노동관계조정법령상 노동조합에 관한 설명으로 옳지 않은 것은?

① 사업 또는 사업장에 종사하는 근로자(이하 "종사근로자"라 한다)인 조합원이 해고되어 노동위원회에 부당노동행위의 구제신청을 한 경우에는 중앙노동위원회의 재심판정이 있을 때까지 종사근로자로 본다.

② 동일한 등기소의 관할구역 안에서 주된 사무소를 이전한 경우에는 그 이전한 날부터 3주 이내에 변경등기를 해야 한다.

③ 노동조합에 대하여는 그 사업체를 제외하고는 세법이 정하는 바에 따라 조세를 부과하지 아니한다.

④ 노동조합의 대표자는 명칭이 변경된 경우에는 그 변경이 있는 날부터 3주 이내에 변경등기를 해야 한다.

⑤ 노동조합 및 노동관계조정법에 의하여 설립된 노동조합이 아니면 노동조합이라는 명칭을 사용할 수 없다.

정답 및 해설

01

① (○) 노조법 제5조 제3항

② (✕) 주된 사무소의 소재지는 등기사항이고(노조법 시행령 제3조 제2호), 동일한 등기소의 관할구역 안에서 주된 사무소를 이전한 경우에는 <u>그 이전한 날부터 3주 이내에 이전등기를 해야</u> 한다(동법 시행령 제5조 제2항).

③ (○) 노조법 제8조

④ (✕) 노동조합을 설립하려면 소정의 사항을 기재한 설립신고서에 규약을 첨부하여 행정관청에 제출하여야 한다(노조법 제10조 제1항). 설립신고서를 접수한 행정관청은 보완요구나 신고서 반려의 사유가 있는 경우를 제외하고는 3일 이내에 신고증을 교부하여야 하며, 노동조합이 신고증을 교부받은 경우에는 설립신고서가 접수된 때에 설립된 것으로 간주된다(노조법 제12조 제1항, 제4항). 노동조합은 그 규약이 정하는 바에 의하여 법인으로 할 수 있고, 당해 노동조합을 법인으로 하고자 할 경우에는 대통령령이 정하는 바에 의하여 법인등기를 하여야 한다(노조법 제6조 제1항, 제2항). 생각건대 노동조합은 설립신고서가 접수된 때에 설립된 것으로 간주되며 노동조합의 법인등기가 강제되지 아니한다는 점, 법인등기를 전제로 하지 아니할 경우 노동조합은 설립신고서에 기재한 명칭의 변경이 있는 경우에는 그날부터 30일 이내에 행정관청에게 변경신고를 하여야 한다는 점(노조법 제13조 제1항)등을 고려하면, 법인등기를 전제로 출제한 것임을 명시하지 않은 지문 ④를 틀린 지문으로 이해할 여지가 있으므로 지문 ②와 함께 오답으로 처리하여 복수정답을 인정한 것으로 보인다.

⑤ (○) 노조법 제7조 제3항

정답 ②, ④

02 기출 24

☑ 확인Check! ○ △ ✕

노동조합 및 노동관계조정법상 노동조합의 설립에 관한 설명으로 옳지 않은 것은?

① 노동조합의 설립신고서에는 목적과 사업을 기재해야 한다.

② 노동조합은 매년 1월 31일까지 전년도 12월 31일 현재의 조합원수를 행정관청에 통보하여야 한다.

③ 노동조합이 신고증을 교부받은 경우에는 설립신고서가 접수된 때에 설립된 것으로 본다.

④ 행정관청은 설립신고서 또는 규약이 기재사항의 누락등으로 보완이 필요한 경우에는 대통령령이 정하는 바에 따라 20일 이내의 기간을 정하여 보완을 요구하여야 한다.

⑤ 행정관청은 설립하고자 하는 노동조합이 근로자가 아닌 자의 가입을 허용하는 경우 설립신고서를 반려하여야 한다.

02

① (✕) 노동조합의 설립신고서에는 명칭, 주된 사무소의 소재지, 조합원수, 임원의 성명과 주소, 소속된 연합단체가 있는 경우에는 그 명칭, 연합단체인 노동조합에 있어서는 그 구성노동단체의 명칭, 조합원수, 주된 사무소의 소재지 및 임원의 성명·주소 등을 기재하여야 하나(노조법 제10조 제1항), 목적과 사업은 규약기재사항임을 유의하여야 한다(동법 제11조 제2호).

② (○) 노조법 제13조 제2항 제3호

③ (○) 노조법 제12조 제4항

④ (○) 노조법 제12조 제2항 전문

⑤ (○) 노조법 제12조 제3항 제1호, 제2조 제4호 라목

정답 ①

➕ PLUS

신고증의 교부(노조법 제12조)

② 행정관청은 설립신고서 또는 규약이 기재사항의 누락등으로 보완이 필요한 경우에는 대통령령이 정하는 바에 따라 20일 이내의 기간을 정하여 보완을 요구하여야 한다. 이 경우 보완된 설립신고서 또는 규약을 접수한 때에는 3일 이내에 신고증을 교부하여야 한다.

③ 행정관청은 설립하고자 하는 노동조합이 다음 각 호의 1에 해당하는 경우에는 설립신고서를 반려하여야 한다.

1. 제2조 제4호 각 목의 1에 해당하는 경우
2. 제2항의 규정에 의하여 보완을 요구하였음에도 불구하고 그 기간 내에 보완을 하지 아니하는 경우

④ 노동조합이 신고증을 교부받은 경우에는 설립신고서가 접수된 때에 설립된 것으로 본다.

정의(노조법 제2조)

이 법에서 사용하는 용어의 정의는 다음과 같다.

4. "노동조합"이라 함은 근로자가 주체가 되어 자주적으로 단결하여 근로조건의 유지·개선 기타 근로자의 경제적·사회적 지위의 향상을 도모함을 목적으로 조직하는 단체 또는 그 연합단체를 말한다. 다만, 다음 각 목의 1에 해당하는 경우에는 노동조합으로 보지 아니한다.

가. 사용자 또는 항상 그의 이익을 대표하여 행동하는 자의 참가를 허용하는 경우
나. 경비의 주된 부분을 사용자로부터 원조받는 경우
다. 공제·수양 기타 복리사업만을 목적으로 하는 경우
라. 근로자가 아닌 자의 가입을 허용하는 경우
마. 주로 정치운동을 목적으로 하는 경우

03 기출 24

☑확인 Check! ○ △ ✕

노동조합 및 노동관계조정법상 노동조합의 관리에 관한 설명으로 옳은 것은?

① 노동조합은 조합원 명부를 3년간 보존하여야 한다.
② 예산·결산에 관한 사항은 총회에서 재적조합원 과반수의 출석과 출석조합원 3분의 2 이상의 찬성으로 의결한다.
③ 하나의 사업 또는 사업장을 대상으로 조직된 노동조합의 대의원은 그 사업 또는 사업장에 종사하는 조합원 중에서 선출하여야 한다.
④ 노동조합의 대표자는 대의원의 3분의 1 이상이 회의에 부의할 사항을 제시하고 회의의 소집을 요구한 때에는 15일 이내에 임시대의원회를 소집하여야 한다.
⑤ 행정관청은 노동조합에 총회의 소집권자가 없는 경우에 조합원의 3분의 1 이상이 회의에 부의할 사항을 제시하고 소집권자의 지명을 요구한 때에는 지체없이 회의의 소집권자를 지명하여야 한다.

03

① (✕) 노동조합은 조합설립일부터 30일 이내에 조합원 명부(연합단체인 노동조합에 있어서는 그 구성단체의 명칭)를 작성하여 그 주된 사무소에 비치하여야 하나, <u>조합원 명부의 보존연한에 대하여는 규정하고 있지 아니하다</u>(노조법 제14조 제1항, 제2항 참조).
② (✕) 총회는 <u>예산·결산에 관한 사항을 재적조합원 과반수의 출석과 출석조합원 과반수의 찬성으로 의결</u>한다. 다만, 규약의 제정·변경, 임원의 해임, 합병·분할·해산 및 조직형태의 변경에 관한 사항은 재적조합원 과반수의 출석과 출석조합원 3분의 2 이상의 찬성이 있어야 한다(노조법 제16조 제1항 제4호, 제2항).
③ (○) 노조법 제17조 제3항
④ (✕) 노동조합의 대표자는 조합원 또는 대의원의 3분의 1 이상(연합단체인 노동조합에 있어서는 그 구성단체의 3분의 1 이상)이 회의에 부의할 사항을 제시하고 회의의 소집을 요구한 때에는 <u>지체없이 임시총회 또는 임시대의원회를 소집하여야 한다</u>(노조법 제18조 제2항).
⑤ (✕) 행정관청은 노동조합에 총회 또는 대의원회의 소집권자가 없는 경우에 조합원 또는 대의원의 3분의 1 이상이 회의에 부의할 사항을 제시하고 소집권자의 지명을 요구한 때에는 <u>15일 이내에 회의의 소집권자를 지명하여야</u> 한다(노조법 제18조 제4항).

정답 ③

04 기출 24

☑확인 Check! ○ △ ✕

노동조합 및 노동관계조정법령상 근로시간면제심의위원회에 관한 설명으로 옳은 것은?

① 근로시간면제심의위원회는 근로시간 면제 한도를 심의·의결하고, 3년마다 그 적정성 여부를 재심의하여 의결해야 한다.
② 근로시간면제심의위원회 위원장은 근로시간면제심의위원회가 의결한 사항을 고용노동부장관에게 즉시 통보하여야 한다.
③ 근로시간면제심의위원회 위원의 임기는 3년으로 한다.
④ 근로시간면제심의위원회의 위원은 임기가 끝났더라도 후임자가 위촉될 때까지 계속하여 그 직무를 수행한다.
⑤ 근로시간면제심의위원회는 경제사회노동위원회 위원장으로부터 근로시간 면제 한도를 정하기 위한 심의 요청을 받은 때에는 그 심의 요청을 받은 날부터 90일 이내에 심의·의결해야 한다.

04

① (✕) 근로시간면제심의위원회는 근로시간 면제 한도를 심의·의결하고, <u>3년마다 그 적정성 여부를 재심의하여 의결할 수 있다</u>(노조법 제24조의2 제2항).
② (✕) <u>경제사회노동위원회 위원장</u>은 근로시간면제심의위원회가 의결한 사항을 고용노동부장관에게 즉시 통보하여야 한다(노조법 제24조의2 제3항).
③ (✕) 근로시간면제심의위원회 <u>위원의 임기는 2년으로 한다</u>(노조법 시행령 제11조의5 제1항).
④ (○) 노조법 시행령 제11조의5 제3항
⑤ (✕) 근로시간면제심의위원회는 경제사회노동위원회 위원장으로부터 근로시간 면제 한도를 정하기 위한 심의 요청을 받은 때에는 <u>그 심의 요청을 받은 날부터 60일 이내에 심의·의결해야 한다</u>(노조법 시행령 제11조의6 제1항).

정답 ④

05 기출 24

☑ 확인 Check! ○ △ ✕

노동조합 및 노동관계조정법령상 노동조합의 해산에 관한 설명으로 옳지 않은 것은?

① 노동조합의 임원이 없고 계속하여 1년 이상 조합원으로부터 조합비를 징수한 사실이 없어서 행정관청이 노동위원회의 의결을 얻은 경우 노동조합은 해산한다.

② 합병 또는 분할로 소멸한 경우 노동조합은 해산한다.

③ 총회 또는 대의원회의 해산결의가 있는 경우 노동조합은 해산한다.

④ 규약에서 정한 해산사유가 발생하여 노동조합이 해산한 때에는 그 대표자는 해산한 날부터 15일 이내에 행정관청에게 이를 신고하여야 한다.

⑤ 노동조합의 해산사유가 있는 경우, 노동위원회가 의결을 할 때에는 해산사유 발생일 이후의 해당 노동조합의 활동을 고려하여야 한다.

➕ PLUS

해산사유(노조법 제28조)

① 노동조합은 다음 각 호의 1에 해당하는 경우에는 해산한다.

1. 규약에서 정한 해산사유가 발생한 경우
2. 합병 또는 분할로 소멸한 경우
3. 총회 또는 대의원회의 해산결의가 있는 경우
4. 노동조합의 임원이 없고 노동조합으로서의 활동을 1년 이상 하지 아니한 것으로 인정되는 경우로서 행정관청이 노동위원회의 의결을 얻은 경우

② 제1항 제1호 내지 제3호의 사유로 노동조합이 해산한 때에는 그 대표자는 해산한 날부터 15일 이내에 행정관청에게 이를 신고하여야 한다.

노동위원회의 해산의결 등(노조법 시행령 제13조)

① 법 제28조 제1항 제4호에서 "노동조합으로서의 활동을 1년 이상 하지 아니한 것으로 인정되는 경우"란 계속하여 1년 이상 조합원으로부터 조합비를 징수한 사실이 없거나 총회 또는 대의원회를 개최한 사실이 없는 경우를 말한다.

② 법 제28조 제1항 제4호에 따른 노동조합의 해산사유가 있는 경우에는 행정관청이 관할 노동위원회의 의결을 얻은 때에 해산된 것으로 본다.

③ 노동위원회는 제2항에 따른 의결을 할 때에는 법 제28조 제1항 제4호에 따른 해산사유 발생일 이후의 해당 노동조합의 활동을 고려해서는 아니 된다.

④ 행정관청은 법 제28조 제1항 제4호에 따른 노동위원회의 의결이 있거나 같은 조 제2항에 따른 해산신고를 받은 때에는 지체 없이 그 사실을 관할 노동위원회(법 제28조 제2항에 따른 해산신고를 받은 경우만 해당)와 해당 사업 또는 사업장의 사용자나 사용자단체에 통보해야 한다.

05

① (○) 노조법 제28조 제1항 제4호, 동법 시행령 제13조 제1항

② (○) 노조법 제28조 제1항 제2호

③ (○) 노조법 제28조 제1항 제3호

④ (○) 노조법 제28조 제1항 제1호, 제2항

⑤ (✕) 노동조합의 해산사유가 있는 경우에는 행정관청이 관할 노동위원회의 의결을 얻은 때에 해산된 것으로 본다. 노동위원회는 의결을 할 때에는 해산사유 발생일 이후의 해당 노동조합의 활동을 고려해서는 아니 된다(노조법 시행령 제13조 제2항, 제3항).

정답 ⑤

06 기출 24

☑ 확인Check! O △ X

노동조합 및 노동관계조정법령상 노동조합의 관리에 관한 설명으로 옳지 않은 것은?

① 근로자는 사용자의 동의가 있는 경우에는 사용자로부터 급여를 지급받으면서 근로계약 소정의 근로를 제공하지 아니하고 노동조합의 업무에 종사할 수 있다.

② 노동조합이 특정 조합원에 관한 사항을 의결할 경우에는 그 조합원은 표결권이 없다.

③ 노동조합의 대표자는 그 회계감사원으로 하여금 회계연도마다 당해 노동조합의 모든 재원 및 용도, 주요한 기부자의 성명, 현재의 경리 상황등에 대한 회계감사를 실시하게 하고 그 내용과 감사결과를 전체 조합원에게 공개하여야 한다.

④ 노동조합의 대표자는 회계연도마다 결산결과와 운영상황을 공표하여야 하며 조합원의 요구가 있을 때에는 이를 열람하게 하여야 한다.

⑤ 행정관청은 노동조합으로부터 결산결과 또는 운영상황의 보고를 받으려는 경우에는 그 사유와 그 밖에 필요한 사항을 적은 서면으로 10일 이전에 요구해야 한다.

06

① (O) 근로자는 단체협약으로 정하거나 사용자의 동의가 있는 경우에는 <u>사용자 또는 노동조합으로부터 급여를 지급받으면서 근로계약 소정의 근로를 제공하지 아니하고 노동조합의 업무에 종사할 수 있다</u>(노조법 제24조 제1항).

② (O) 노조법 제20조

③ (X) 노동조합의 대표자는 <u>그 회계감사원으로 하여금 6월에 1회 이상</u> 당해 노동조합의 모든 재원 및 용도, 주요한 기부자의 성명, 현재의 경리 상황등에 대한 회계감사를 실시하게 하고 그 내용과 감사결과를 전체 조합원에게 공개하여야 한다(노조법 제25조 제1항).

④ (O) 노조법 제26조

⑤ (O) 노조법 시행령 제12조, 동법 제27조

정답 ③

07 기출 23

☑ 확인Check! O △ X

노동조합 및 노동관계조정법상 총회 및 대의원회의 회의 등에 관한 설명으로 옳지 않은 것은?

① 총회에서 임원의 선임에 관한 사항을 의결할 때에는 재적조합원 과반수의 출석과 출석조합원 3분의 2 이상의 찬성이 있어야 한다.

② 연합단체인 노동조합의 대표자는 그 구성단체의 3분의 1 이상이 회의에 부의할 사항을 제시하고 회의의 소집을 요구한 때에는 지체 없이 임시총회 또는 임시대의원회를 소집하여야 한다.

③ 노동조합이 특정 조합원에 관한 사항을 의결할 경우에는 그 조합원은 표결권이 없다.

④ 하나의 사업 또는 사업장을 대상으로 조직된 노동조합의 대의원은 그 사업 또는 사업장에 종사하는 조합원 중에서 선출하여야 한다.

⑤ 대의원회는 회의개최일 7일 전까지 그 회의에 부의할 사항을 공고하여야 하나, 노동조합이 동일한 사업장 내의 근로자로 구성된 경우에는 그 규약으로 공고기간을 단축할 수 있다.

07

① (X) 총회에서 <u>임원의 선임에 관한 사항은 재적조합원 과반수의 출석과 출석조합원 과반수의 찬성으로 의결한다. 다만, 임원의 해임에 관한 사항은 재적조합원 과반수의 출석과 출석조합원 3분의 2 이상의 찬성이 있어야 한다</u>(노조법 제16조 제2항).

② (O) 노조법 제18조 제2항

③ (O) 노조법 제20조

④ (O) 노조법 제17조 제3항

⑤ (O) 총회 또는 대의원회는 회의개최일 7일 전까지 그 회의에 부의할 사항을 공고하고 규약에 정한 방법에 의하여 소집하여야 한다. <u>다만, 노동조합이 동일한 사업장 내의 근로자로 구성된 경우에는 그 규약으로 공고기간을 단축할 수 있다</u>(노조법 제19조).

정답 ①

08 기출 23

☑확인Check! ○△✕

노동조합 및 노동관계조정법상 노동조합의 해산에 관한 설명으로 옳지 않은 것은?

① 노동조합이 해산한 때에는 그 대표자는 해산한 날부터 30일 이내에 행정관청에게 이를 신고하여야 한다.
② 총회의 해산결의가 있는 경우 노동조합은 해산한다.
③ 분할로 소멸한 경우 노동조합은 해산한다.
④ 규약에서 정한 해산사유가 발생한 경우 노동조합은 해산한다.
⑤ 노동조합의 임원이 없고 노동조합으로서의 활동을 1년 이상 하지 아니한 것으로 인정되는 경우로서 행정관청이 노동위원회의 의결을 얻은 경우 노동조합은 해산한다.

08

① (✕) 규약에서 정한 해산사유가 발생한 경우, 합병 또는 분할로 소멸한 경우, 총회 또는 대의원회의 해산결의가 있는 경우 등으로 노동조합이 해산한 때에는 그 대표자는 <u>해산한 날부터 15일 이내에</u> 행정관청에게 이를 신고하여야 한다(노조법 제28조 제2항).
② (○) 노조법 제28조 제1항 제3호
③ (○) 노조법 제28조 제1항 제2호
④ (○) 노조법 제28조 제1항 제1호
⑤ (○) 노조법 제28조 제1항 제4호

정답 ①

09 기출 23

☑확인Check! ○△✕

노동조합 및 노동관계조정법상 근로시간 면제에 관한 설명으로 옳은 것은 몇 개인가?

- 근로시간면제심의위원회는 노동위원회법에 따른 중앙노동위원회에 둔다.
- 고용노동부장관이 고시한 근로시간 면제 한도를 초과하는 내용의 단체협약은 그 초과한 부분에 한정하여 무효로 한다.
- 근로시간면제심의위원회는 성별을 고려하여 구성한다.
- 고용노동부장관은 통보받은 근로시간 면제 한도를 합리적인 범위 내에서 조정하여 고시할 수 있다.

① 0개
② 1개
③ 2개
④ 3개
⑤ 4개

09

- (✕) 근로시간면제자에 대한 근로시간 면제 한도를 정하기 위하여 근로시간면제심의위원회를 경제사회노동위원회법에 따른 <u>경제사회노동위원회에 둔다</u>(노조법 제24조의2 제1항).
- (○) 경제사회노동위원회가 의결하고 경제사회노동위원회 위원장이 통보하여 고용노동부장관이 고시한 <u>근로시간 면제 한도를 초과하는 내용을 정한 단체협약</u> 또는 사용자의 동의는 <u>그 부분에 한정하여 무효로 한다</u>(노조법 제24조의2 제3항, 제4항, 제24조 제4항).
- (○) 근로시간면제심의위원회는 근로자를 대표하는 위원과 사용자를 대표하는 위원 및 공익을 대표하는 위원 각 5명씩 <u>성별을 고려하여 구성한다</u>(노조법 제24조의2 제5항).
- (✕) 고용노동부장관은 경제사회노동위원회 위원장이 <u>통보한 근로시간 면제 한도를 단순히 고시하여야 하므로</u>(노조법 제24조의2 제4항 참조), 합리적인 범위 내에서 조정하여 고시할 수 없다.

정답 ③

노동조합 및 노동관계조정법상 노동조합의 관리 등에 관한 설명으로 옳지 않은 것은?

① 연합단체인 노동조합은 조합설립일부터 30일 이내에 그 구성단체의 명칭을 기재한 명부를 작성하여 그 주된 사무소에 비치하여야 한다.

② 노동조합의 대표자는 그 회계감사원으로 하여금 3월에 1회 이상 당해 노동조합의 현재의 경리상황등에 대한 회계감사를 실시하게 하여야 한다.

③ 노동조합은 재정에 관한 장부와 서류를 3연간 보존하여야 한다.

④ 임원의 임기를 2년으로 정한 규약의 규정은 적법하다.

⑤ 노동조합의 대표자는 필요하다고 인정할 때에는 임시총회 또는 임시대의원회를 소집할 수 있다.

10

① (○) 노조법 제14조 제1항 제1호

② (✕) 노동조합의 대표자는 그 회계감사원으로 하여금 6월에 1회 이상 당해 노동조합의 모든 재원 및 용도, 주요한 기부자의 성명, 현재의 경리 상황등에 대한 회계감사를 실시하게 하고 그 내용과 감사결과를 전체 조합원에게 공개하여야 한다(노조법 제25조 제1항).

③ (○) 노조법 제14조 제1항 제5호, 제2항

④ (○) 임원의 임기는 규약으로 정하되 3년을 초과할 수 없으므로(노조법 제23조 제2항), 임원의 임기를 2년으로 정한 규약의 규정은 적법하다.

⑤ (○) 노조법 제18조 제1항

정답 ②

➕ **PLUS**

서류비치등(노조법 제14조)
① 노동조합은 조합설립일부터 30일 이내에 다음 각 호의 서류를 작성하여 그 주된 사무소에 비치하여야 한다.
  1. 조합원 명부(연합단체인 노동조합에 있어서는 그 구성단체의 명칭)
  2. 규 약
  3. 임원의 성명·주소록
  4. 회의록
  5. 재정에 관한 장부와 서류
② 제1항 제4호 및 제5호의 서류는 3년간 보존하여야 한다.

11 기출 23

☑ 확인Check! ○ △ ✕

노동조합 및 노동관계조정법령상 노동조합에 관한 설명으로 옳지 않은 것은?(다툼이 있으면 판례에 따름)

① 산하조직 중 근로조건의 결정권이 있는 독립된 사업 또는 사업장에 조직된 노동단체는 지부·분회 등 명칭이 무엇이든 상관없이 노동조합의 설립신고를 할 수 있다.

② 주로 정치운동을 목적으로 하는 경우에는 노동조합의 설립신고를 마치고 신고증을 교부받았다고 하더라도, 그러한 단체는 적법한 노동조합으로 인정받지 못할 수 있다.

③ 노동조합 및 노동관계조정법상 노동조합이 아님을 통보하는 것을 행정입법으로 규정하려면 반드시 법률의 명시적이고 구체적인 위임이 있어야 한다.

④ 산업별 노동조합의 지회가 기업별로 구성된 노동조합에 준하는 실질을 가지고 있다면 총회의 의결을 거쳐 독립한 기업별 노동조합으로 조직형태를 변경할 수 있다.

⑤ 복수 노동조합 중 어느 한 노동조합은 다른 노동조합을 상대로 그 노동조합의 설립무효확인을 구하는 소를 제기할 수 없다.

11

① (○) 노조법 시행령 제7조

② (○) 주로 정치운동을 목적으로 하는 경우에는 노동조합으로 보지 아니하므로(노조법 제2조 제4호 마목), 노동조합의 설립신고를 마치고 신고증을 교부받았다고 하더라도 적법한 노동조합으로 인정되지 아니한다.

③ (○) 법외노조 통보는 적법하게 설립된 노동조합의 법적 지위를 박탈하는 중대한 침익적 처분으로서 원칙적으로 국민의 대표자인 입법자가 스스로 형식적 법률로써 규정하여야 할 사항이고, 행정입법으로 이를 규정하기 위하여는 반드시 법률의 명시적이고 구체적인 위임이 있어야 한다. 그런데 구 노조법 시행령 제9조 제2항은 법률의 위임 없이 법률이 정하지 아니한 법외노조 통보에 관하여 규정함으로써 헌법상 노동3권을 본질적으로 제한하고 있으므로 그 자체로 무효이다(대판 2020.9.3. 2016두32992[전합]).

④ (○) 산업별 노동조합의 지부·분회·지회 등의 하부조직(이하 '지회 등')이라고 하더라도 독자적인 단체교섭과 단체협약체결 능력이 있어 기업별 노동조합에 준하는 실질을 가지고 있거나 그렇지 않더라도 기업별 노동조합과 유사한 근로자단체로서 독립성이 인정되어 법인 아닌 사단이라고 볼 수 있는 경우에는 총회의 결의를 통하여 소속을 변경하고 독립한 기업별 노동조합으로 전환할 수 있다고 보아야 한다(대판 2018.1.24. 2014다203045).

⑤ (✕) 단체교섭의 주체가 되고자 하는 복수 노동조합 중 어느 한 노동조합으로서는 법적인 제약에 따르는 현재의 권리 또는 법률상 지위에 대한 위험이나 불안을 제거하기 위하여 다른 노동조합을 상대로 해당 노동조합이 설립될 당시부터 노조법 제2조 제4호가 규정한 주체성과 자주성 등의 실질적 요건을 흠결하였음을 들어 설립무효의 확인을 구하거나 노동조합으로서의 법적 지위가 부존재한다는 확인을 구하는 소를 제기할 수 있다고 보는 것이 타당하다(대판 2021.2.25. 2017다51610).

정답 ⑤

12

☑ 확인 Check! ○ △ ✕

노동조합 및 노동관계조정법상 노동조합의 규약 및 규정에 관한 설명으로 옳지 않은 것은?(다툼이 있으면 판례에 따름)

① 행정관청은 노동조합의 규약이 노동관계법령에 위반한 경우에는 고용노동부장관의 승인을 받아 그 시정을 명할 수 있다.

② 노동조합이 규약에 따라 자체적으로 마련한 선거관리규정은 조합 민주주의를 실현하기 위한 강행법규에 적합한 범위 내에서는 일종의 자치적 법규범으로서 국가법질서 내에서 법적 효력을 가진다.

③ 노동조합의 총회가 규약의 제·개정결의를 통하여 총회에 갈음할 대의원회를 두고 규약의 개정에 관한 사항을 대의원회의 의결사항으로 정한 경우라도 이로써 총회의 규약개정권한이 소멸된다고 볼 수 없다.

④ 단체협약 체결 업무 수행에 대한 적절한 통제를 위하여 규약 등에서 내부 절차를 거치도록 하는 등 대표자의 단체협약체결권한의 행사를 절차적으로 제한하는 것은, 그것이 단체협약체결권한을 전면적·포괄적으로 제한하는 것이 아닌 이상 허용된다.

⑤ 조합원의 재산권을 둘러싼 노동조합과 조합원 간의 분쟁에 관하여 그 분쟁이 발생하기 전 조합원이 노동조합을 상대로 일절 소송을 제기할 수 없도록 한 노동조합의 규정은 무효이다.

12

① (✕) 행정관청은 노동조합의 규약이 노동관계법령에 위반한 경우에는 노동위원회의 의결을 얻어 그 시정을 명할 수 있다(노조법 제21조 제1항).

② (○) 노동조합은 근로자들이 자신들의 이익을 옹호하기 위하여 자주적으로 결성한 임의단체로서 그 내부 운영에 있어서 조합규약 및 다수결에 의한 자치가 보장되므로, 노동조합이 자체적으로 마련한 선거관리규정은 조합민주주의를 실현하기 위한 강행법규에 적합한 범위 내에서는 일종의 자치적 법규범으로서 국가법질서 내에서 법적 효력을 가진다(대판 1998.2.27. 97다43567).

③ (○) 총회가 규약의 제·개정결의를 통하여 총회에 갈음할 대의원회를 두고 '규약의 개정에 관한 사항'을 대의원회의 의결사항으로 정한 경우라도 이로써 총회의 규약개정권한이 소멸된다고 볼 수 없고, 총회는 여전히 노조법 제16조 제2항 단서에 정해진 재적조합원 과반수의 출석과 출석조합원 3분의 2 이상의 찬성으로 '규약의 개정에 관한 사항'을 의결할 수 있다(대판 2014.8.26. 2012두6063).

④ (○) 대판 2018.7.26. 2016다205908

⑤ (○) 노동조합이 조합규약에 근거하여 자체적으로 만든 신분보장대책기금관리규정에 기한 위로금의 지급을 둘러싼 노동조합과 조합원 간의 분쟁에 관하여 노동조합을 상대로 일절 소송을 제기할 수 없도록 정한 노동조합의 신분보장대책기금관리규정 제11조는 조합원의 재산권에 속하는 위로금의 지급을 둘러싸고 생기게 될 조합원과 노동조합 간의 법률상의 쟁송에 관하여 헌법상 보장된 조합원의 재판을 받을 권리를 구체적 분쟁이 생기기 전에 미리 일률적으로 박탈한 것으로서 국민의 재판을 받을 권리를 보장한 위의 헌법 및 법원조직법의 규정과 부제소 합의 제도의 취지에 위반되어 무효라고 할 것이다(대판 2002.2.22. 2000다65086). 이와 같은 판례의 취지를 고려할 때, 노동조합과 조합원 간의 분쟁에 관하여 조합원이 일절 소송을 제기할 수 없도록 한 노동조합의 규정은 무효라고 보아야 한다.

정답 ①

13 기출 23

☑ 확인Check! ○ △ ✕

노동조합 및 노동관계조정법령상 노동조합에 관한 설명으로 옳은 것은?(다툼이 있으면 판례에 따름)

① 노동조합을 법인으로 하려는 때에는 그 주된 사무소의 소재지를 관할하는 행정관청에 등기해야 한다.
② 노동조합은 그 규약으로 조합비를 납부하지 아니하는 조합원의 권리를 제한할 수 있다.
③ 노동조합 및 노동관계조정법에 의하여 설립되지 아니한 노동조합도 노동위원회에 노동쟁의의 조정을 신청할 수 있다.
④ 노동조합 및 노동관계조정법에 의하여 설립된 노동조합이 아니더라도 노동조합이라는 명칭을 사용할 수 있다.
⑤ 노동조합의 사업체에 대해서는 세법이 정하는 바에 따라 조세를 부과하지 아니한다.

13

① (✕) 노동조합을 법인으로 하려는 때에는 그 <u>주된 사무소의 소재지를 관할하는 등기소에 등기해야 한다</u>(노조법 시행령 제2조).
② (○) 노동조합의 조합원은 균등하게 그 노동조합의 모든 문제에 참여할 권리와 의무를 가진다. 다만, 노동조합은 <u>그 규약으로 조합비를 납부하지 아니하는 조합원의 권리를 제한할 수 있다</u>(노조법 제22조).
③ (✕) 이 법에 의하여 설립된 노동조합이 아니면 노동위원회에 노동쟁의의 조정 및 부당노동행위의 구제를 신청할 수 없다(노조법 제7조 제1항).
④ (✕) 이 법에 의하여 설립된 노동조합이 아니면 <u>노동조합이라는 명칭을 사용할 수 없다</u>(노조법 제7조 제3항).
⑤ (✕) 노동조합에 대하여는 그 사업체를 제외하고는 세법이 정하는 바에 따라 조세를 부과하지 아니한다(노조법 제8조). 따라서 노동조합의 사업체에 대해서는 조세를 부과할 수 있다.

정답 ②

14 기출 15

☑ 확인Check! ○ △ ✕

노동조합 및 노동관계조정법상 용어의 정의로 옳지 않은 것은?

① "근로자"라 함은 직업의 종류를 불문하고 임금·급료 기타 이에 준하는 수입에 의하여 생활하는 자를 말한다.
② "사용자"라 함은 사업주, 사업의 경영담당자 또는 그 사업의 근로자에 관한 사항에 대하여 사업주를 위하여 행동하는 자를 말한다.
③ "사용자단체"라 함은 노동관계에 관하여 그 구성원인 사용자에 대하여 조정 또는 규제할 수 있는 권한을 가진 사용자의 단체를 말한다.
④ "노동조합"이라 함은 근로자가 주체가 되어 자주적으로 단결하여 근로조건의 유지·개선 기타 근로자의 경제적·사회적 지위의 향상을 도모함을 목적으로 조직하는 단체 또는 그 연합단체를 말한다.
⑤ "노동쟁의"라 함은 파업·태업·직장폐쇄 기타 노동관계당사자가 그 주장을 관철할 목적으로 행하는 행위와 이에 대항하는 행위로서 업무의 정상적인 운영을 저해하는 행위를 말한다.

14

① (○) 노조법 제2조 제1호
② (○) 노조법 제2조 제2호
③ (○) 노조법 제2조 제3호
④ (○) 노조법 제2조 제4호 본문
⑤ (✕) <u>노동쟁의</u>라 함은 <u>노동조합과 사용자 또는 사용자단체 간에 임금·근로시간·복지·해고 기타 대우 등 근로조건의 결정에 관한 주장의 불일치로 인하여 발생한 분쟁상태를 말한다.</u> 이 경우 주장의 불일치라 함은 당사자 간에 합의를 위한 노력을 계속하여도 더 이상 자주적 교섭에 의한 합의의 여지가 없는 경우를 말한다(노조법 제2조 제5호). ⑤는 쟁의행위에 대한 정의이다.

정답 ⑤

제1장 제2장 제3장 제4장 제5장 제6장 제7장 제8장 제9장

15 기출 22

☑ 확인Check! ○ △ ✕

노동조합 및 노동관계조정법상 노동조합에 관한 설명으로 옳지 않은 것은?

① 행정관청은 노동조합의 결의가 규약에 위반된다고 인정할 경우에는 이해관계인의 신청이 있는 경우에 한하여 노동위원회의 의결을 얻어 그 시정을 명할 수 있다.

② 노동조합의 합병·분할 또는 해산, 조직형태 변경을 위해서는 총회의 의결을 거쳐야 한다.

③ 총회는 임원의 해임에 관한 사항을 재적조합원 과반수의 출석과 출석조합원 3분의 2 이상의 찬성으로 의결한다.

④ 단체협약에 관한 사항은 총회의 의결사항이다.

⑤ 종사근로자인 조합원이 해고되어 노동위원회에 부당해고의 구제신청을 한 경우에는 중앙노동위원회의 재심판정이 있을 때까지는 종사근로자로 본다.

15

① (○) 행정관청은 노동조합의 결의 또는 처분이 노동관계법령 또는 규약에 위반된다고 인정할 경우에는 노동위원회의 의결을 얻어 그 시정을 명할 수 있다. 다만, 규약위반 시의 시정명령은 이해관계인의 신청이 있는 경우에 한한다(노조법 제21조 제2항).

② (○) 노조법 제16조 제1항 제7호, 제8호

③ (○) 총회는 재적조합원 과반수의 출석과 출석조합원 과반수의 찬성으로 의결한다. 다만, 규약의 제정·변경, 임원의 해임, 합병·분할·해산 및 조직형태의 변경에 관한 사항은 재적조합원 과반수의 출석과 출석조합원 3분의 2 이상의 찬성이 있어야 한다(노조법 제16조 제2항).

④ (○) 노조법 제16조 제1항 제3호

⑤ (✕) 종사근로자인 조합원이 해고되어 노동위원회에 부당노동행위의 구제신청을 한 경우에는 중앙노동위원회의 재심판정이 있을 때까지는 종사근로자로 본다(노조법 제5조 제3항).

정답 ⑤

➕ PLUS

총회의 의결사항(노조법 제16조)
① 다음 각 호의 사항은 총회의 의결을 거쳐야 한다.
1. 규약의 제정과 변경에 관한 사항
2. 임원의 선거와 해임에 관한 사항
3. 단체협약에 관한 사항
4. 예산·결산에 관한 사항
5. 기금의 설치·관리 또는 처분에 관한 사항
6. 연합단체의 설립·가입 또는 탈퇴에 관한 사항
7. 합병·분할 또는 해산에 관한 사항
8. 조직형태의 변경에 관한 사항
9. 기타 중요한 사항

16 기출 22

☑ 확인 Check! ○ △ ✕

노동조합 및 노동관계조정법령에 관한 설명이다. (   )에 들어갈 숫자로 옳은 것은?

> • 노동조합의 대표자는 노동조합의 법인 등기사항 중 변경된 사항이 있는 경우에는 그 변경이 있는 날부터 (ㄱ)주 이내에 변경등기를 해야 한다.
> • 행정관청은 설립신고서 또는 규약이 기재사항의 누락 등으로 보완이 필요한 경우 (ㄴ)일 이내의 기간을 정하여 보완을 요구하여야 한다.
> • 노동조합은 매년 (ㄷ)회 이상 총회를 개최하여야 한다.

① ㄱ : 1, ㄴ : 10, ㄷ : 1
② ㄱ : 2, ㄴ : 10, ㄷ : 1
③ ㄱ : 3, ㄴ : 20, ㄷ : 1
④ ㄱ : 3, ㄴ : 20, ㄷ : 2
⑤ ㄱ : 3, ㄴ : 20, ㄷ : 2

16

• 노동조합의 대표자는 법인 등기사항 중 변경된 사항이 있는 경우에는 그 변경이 있는 날부터 <u>3</u>주 이내에 변경등기를 해야 한다(노조법 시행령 제6조).
• 행정관청은 설립신고서 또는 규약이 기재사항의 누락 등으로 보완이 필요한 경우에는 대통령령이 정하는 바에 따라 <u>20</u>일 이내의 기간을 정하여 보완을 요구하여야 한다(노조법 제12조 제2항 전문).
• 노동조합은 매년 <u>1</u>회 이상 총회를 개최하여야 한다(노조법 제15조 제1항).

정답 ③

17 기출 22

☑ 확인 Check! ○ △ ✕

노동조합 및 노동관계조정법상 기한이 다른 하나는?

① 노동조합의 처분이 노동관계법령에 위반하여 행정관청의 시정명령을 받은 노동조합이 이를 이행하여야 할 기한
② 노동조합에 임시총회 소집권자가 없는 경우 행정관청의 회의 소집권자 지명 기한
③ 노동조합의 대표자가 회의 소집을 고의로 기피하거나 이를 해태하여 조합원 또는 대의원의 3분의 1 이상이 소집권자의 지명을 요구할 때 행정관청의 노동위원회에 대한 의결 요청 기한
④ 합병 또는 분할로 소멸하여 노동조합이 해산한 때 노동조합 대표자가 해산한 날부터 이를 행정관청에게 신고하여야 할 기한
⑤ 단체협약 당사자가 단체협약의 체결일부터 이를 행정관청에게 신고하여야 할 기한

17

① 노동조합의 처분이 노동관계법령에 위반된다고 인정되어 행정관청의 시정명령을 받은 노동조합은 <u>30일</u> 이내에 이를 이행하여야 한다(노조법 제21조 제3항).
② 행정관청은 노동조합에 총회 또는 대의원회의 소집권자가 없는 경우에 조합원 또는 대의원의 3분의 1 이상이 회의에 부의할 사항을 제시하고 소집권자의 지명을 요구한 때에는 <u>15일</u> 이내에 회의의 소집권자를 지명하여야 한다(노조법 제18조 제4항).
③ 행정관청은 노동조합의 대표자가 회의의 소집을 고의로 기피하거나 이를 해태하여 조합원 또는 대의원의 3분의 1 이상이 소집권자의 지명을 요구한 때에는 <u>15일</u> 이내에 노동위원회의 의결을 요청하고 노동위원회의 의결이 있는 때에는 지체 없이 회의의 소집권자를 지명하여야 한다(노조법 제18조 제3항).
④ 합병 또는 분할로 소멸하여 노동조합이 해산한 때에는 그 대표자는 해산한 날부터 <u>15일</u> 이내에 행정관청에게 이를 신고하여야 한다(노조법 제28조 제2항).
⑤ 단체협약의 당사자는 단체협약의 체결일부터 <u>15일</u> 이내에 이를 행정관청에게 신고하여야 한다(노조법 제31조 제2항).

정답 ①

18 기출 22

☑ 확인 Check! ○ △ ×

노동조합 및 노동관계조정법령에 관한 설명으로 옳지 않은 것은?(다툼이 있으면 판례에 따름)

① 근로자는 단체협약으로 정하거나 사용자의 동의가 있는 경우에는 사용자 또는 노동조합으로부터 급여를 지급받으면서 근로계약 소정의 근로를 제공하지 아니하고 노동조합의 업무에 종사할 수 있다.

② 노동조합의 하부단체인 분회나 지부가 독자적인 규약 및 집행기관을 가지고 독립된 조직체로서 활동을 하는 경우 당해 조직이나 그 조합원에 고유한 사항에 대하여는 독자적으로 단체교섭하고 단체협약을 체결할 수 있다.

③ 산하조직 중 근로조건의 결정권이 있는 독립된 사업 또는 사업장에 조직된 노동단체는 지부·분회 등 명칭이 무엇이든 상관없이 노동조합의 설립신고를 할 수 있다.

④ 근로시간면제자에 대한 근로시간 면제 한도를 정하기 위하여 근로시간면제심의위원회를 고용노동부에 둔다.

⑤ 연합단체인 노동조합을 설립하고자 하는 자는 노동조합의 명칭, 주된 사무소의 소재지, 조합원수 등을 기재한 신고서에 규약을 첨부하여 고용노동부장관에게 제출하여야 한다.

18

① (○) 노조법 제24조 제1항

② (○) 노동조합의 하부단체인 분회나 지부가 독자적인 규약 및 집행기관을 가지고 독립된 조직체로서 활동을 하는 경우 당해 조직이나 그 조합원에 고유한 사항에 대하여는 독자적으로 단체교섭하고 단체협약을 체결할 수 있고, 이는 그 분회나 지부가 노조법 시행령 제7조의 규정에 따라 그 설립신고를 하였는지 여부에 영향받지 아니한다(대판 2011.5.26. 2011다1842).

③ (○) 노조법 시행령 제7조

④ (×) 근로시간면제자에 대한 근로시간 면제 한도를 정하기 위하여 근로시간면제심의위원회를 경제사회노동위원회법에 따른 경제사회노동위원회에 둔다(노조법 제24조의2 제1항).

⑤ (○) 노조법 제10조 제1항 제6호

정답 ④

➕ PLUS

설립의 신고(노조법 제10조)

① 노동조합을 설립하고자 하는 자는 다음 각 호의 사항을 기재한 신고서에 제11조의 규정에 의한 규약을 첨부하여 연합단체인 노동조합과 2 이상의 특별시·광역시·특별자치시·도·특별자치도에 걸치는 단위노동조합은 고용노동부장관에게, 2 이상의 시·군·구(자치구)에 걸치는 단위노동조합은 특별시장·광역시장·도지사에게, 그 외의 노동조합은 특별자치시장·특별자치도지사·시장·군수·구청장(자치구의 구청장)에게 제출하여야 한다.
1. 명 칭
2. 주된 사무소의 소재지
3. 조합원수
4. 임원의 성명과 주소
5. 소속된 연합단체가 있는 경우에는 그 명칭
6. 연합단체인 노동조합에 있어서는 그 구성노동단체의 명칭, 조합원수, 주된 사무소의 소재지 및 임원의 성명·주소

19 기출 21

☑ 확인Check! ○ △ ✕

노동조합 및 노동관계조정법상 노동조합의 운영 등에 관한 설명으로 옳지 않은 것은?

① 단체협약에 관한 사항은 총회의 의결을 거쳐야 한다.
② 대의원은 조합원의 직접·비밀·무기명투표에 의하여 선출되어야 한다.
③ 행정관청은 노동조합의 규약이 노동관계법령에 위반한 경우에는 직권으로 그 시정을 명할 수 있다.
④ 임원의 임기는 규약으로 정하되 3년을 초과할 수 없다.
⑤ 노동조합은 그 규약으로 조합비를 납부하지 아니하는 조합원의 권리를 제한할 수 있다.

➕ PLUS

총회의 의결사항(노조법 제16조)
① 다음 각 호의 사항은 총회의 의결을 거쳐야 한다.
1. 규약의 제정과 변경에 관한 사항
2. 임원의 선거와 해임에 관한 사항
3. <u>단체협약에 관한 사항</u>
4. 예산·결산에 관한 사항
5. 기금의 설치·관리 또는 처분에 관한 사항
6. 연합단체의 설립·가입 또는 탈퇴에 관한 사항
7. 합병·분할 또는 해산에 관한 사항
8. 조직형태의 변경에 관한 사항
9. 기타 중요한 사항

19
① (○) 노조법 제16조 제1항 제3호
② (○) 노조법 제17조 제2항
③ (✕) 행정관청은 노동조합의 규약이 노동관계법령에 위반한 경우에는 <u>노동위원회의 의결을 얻어</u> 그 시정을 명할 수 있다(노조법 제21조 제1항).
④ (○) 노조법 제23조 제2항
⑤ (○) 노조법 제22조 단서

정답 ③

20 기출 21

☑ 확인Check! ○ △ ✕

노동조합 및 노동관계조정법상 노동조합의 규약에 기재하여야 하는 사항으로 명시되어 있지 않은 것은?

① 회의에 관한 사항
② 규약변경에 관한 사항
③ 소속된 연합단체가 있는 경우에는 그 명칭
④ 단체협약의 체결에 관한 권한의 위임에 관한 사항
⑤ 쟁의행위와 관련된 찬반투표결과의 공개, 투표자 명부 및 투표용지 등의 보존·열람에 관한 사항

20
① (✕) 노조법 제11조 제7호
② (✕) 노조법 제11조 제10호
③ (✕) 노조법 제11조 제5호
④ (○) 단체협약의 체결에 관한 권한의 위임에 관한 사항은 <u>규약의 기재사항에 해당하지 아니한다.</u>
⑤ (✕) 노조법 제11조 제12호

정답 ④

⊕**PLUS**

규약(노조법 제11조)

노동조합은 그 조직의 자주적·민주적 운영을 보장하기 위하여 당해 노동조합의 규약에 다음 각 호의 사항을 기재하여야 한다.

1. 명 칭
2. 목적과 사업
3. 주된 사무소의 소재지
4. 조합원에 관한 사항(연합단체인 노동조합에 있어서는 그 구성단체에 관한 사항)
5. 소속된 연합단체가 있는 경우에는 그 명칭
6. 대의원회를 두는 경우에는 대의원회에 관한 사항
7. 회의에 관한 사항
8. 대표자와 임원에 관한 사항
9. 조합비 기타 회계에 관한 사항
10. 규약변경에 관한 사항
11. 해산에 관한 사항
12. 쟁의행위와 관련된 찬반투표결과의 공개, 투표자 명부 및 투표용지 등의 보존·열람에 관한 사항
13. 대표자와 임원의 규약위반에 대한 탄핵에 관한 사항
14. 임원 및 대의원의 선거절차에 관한 사항
15. 규율과 통제에 관한 사항

21 기출 21

☑ 확인 Check! ○ △ ✕

노동조합 및 노동관계조정법에 관한 설명으로 옳지 않은 것은?
(다툼이 있으면 판례에 따름)

① 사용자라 함은 사업주, 사업의 경영담당자 또는 그 사업의 근로자에 관한 사항에 대하여 사업주를 위하여 행동하는 자를 말한다.

② 사용자단체라 함은 노동관계에 관하여 그 구성원인 사용자에 대하여 조정 또는 규제할 수 있는 권한을 가진 사용자의 단체를 말한다.

③ 노동조합 및 노동관계조정법상 근로자에 해당하는지는 근로조건을 보호할 필요가 있는지의 관점에서 판단하여야 하므로, 동법상의 근로자는 근로기준법상 근로자에 한정된다.

④ 노동조합에 대하여는 그 사업체를 제외하고는 세법이 정하는 바에 따라 조세를 부과하지 아니한다.

⑤ 이 법에 의하여 설립된 노동조합이 아니면 노동위원회에 노동쟁의의 조정 및 부당노동행위의 구제를 신청할 수 없다.

21

① (○) 노조법 제2조 제2호
② (○) 노조법 제2조 제3호
③ (✕) 노조법의 입법목적과 근로자에 대한 정의규정 등을 고려하면, <u>노조법상 근로자에 해당하는지는 노무제공관계의 실질에 비추어 노동3권을 보장할 필요성이 있는지의 관점에서 판단하여야 하고, 반드시 근로기준법상 근로자에 한정된다고 할 것은 아니다</u>(대판 2018.10.12. 2015두38092).
④ (○) 노조법 제8조
⑤ (○) 노조법 제7조 제1항

정답 ③

22 [기출] 21

☑ 확인 Check! ○ △ ✕

노동조합 및 노동관계조정법령상 노동조합의 설립 등에 관한 설명으로 옳지 않은 것은?

① 행정관청은 설립신고서에 규약이 첨부되어 있지 아니한 경우에는 설립신고서를 반려하여야 한다.

② 노동조합이 신고증을 교부받은 경우에는 설립신고서가 접수된 때에 설립된 것으로 본다.

③ 노동조합은 설립신고된 사항 중 대표자의 성명에 변경이 있는 때에는 그날부터 30일 이내에 행정관청에게 변경신고를 하여야 한다.

④ 2 이상의 시·군·구(자치구를 말한다)에 걸치는 단위노동조합을 설립하고자 하는 자는 설립신고서에 규약을 첨부하여 특별시장·광역시장·도지사에게 제출하여야 한다.

⑤ 행정관청은 설립신고서 또는 규약이 기재사항의 누락등으로 보완이 필요한 경우에는 대통령령이 정하는 바에 따라 20일 이내의 기간을 정하여 보완을 요구하여야 한다.

22

① (✕) 규약의 미첨부는 설립신고서반려사유에 해당하지 아니한다(노조법 제12조 제3항).

② (○) 노조법 제12조 제4항

③ (○) 노동조합은 설립신고된 사항 중 명칭, 주된 사무소의 소재지, 대표자의 성명 및 소속된 연합단체의 명칭에 변경이 있는 때에는 그날부터 30일 이내에 행정관청에게 변경신고를 하여야 한다(노조법 제13조 제1항).

④ (○) 노조법 제10조 제1항

⑤ (○) 노조법 제12조 제2항 전문

정답 ①

⊕ PLUS

신고증의 교부(노조법 제12조)

② 행정관청은 설립신고서 또는 규약이 기재사항의 누락등으로 보완이 필요한 경우에는 대통령령이 정하는 바에 따라 20일 이내의 기간을 정하여 보완을 요구하여야 한다. 이 경우 보완된 설립신고서 또는 규약을 접수한 때에는 3일 이내에 신고증을 교부하여야 한다.

③ 행정관청은 설립하고자 하는 노동조합이 다음 각 호의 1에 해당하는 경우에는 설립신고서를 반려하여야 한다.

1. 제2조 제4호 각 목의 1에 해당하는 경우
2. 제2항의 규정에 의하여 보완을 요구하였음에도 불구하고 그 기간 내에 보완을 하지 아니하는 경우

정의(노조법 제2조)

4. "노동조합"이라 함은 근로자가 주체가 되어 자주적으로 단결하여 근로조건의 유지·개선 기타 근로자의 경제적·사회적 지위의 향상을 도모함을 목적으로 조직하는 단체 또는 그 연합단체를 말한다. 다만, 다음 각 목의 1에 해당하는 경우에는 노동조합으로 보지 아니한다.

가. 사용자 또는 항상 그의 이익을 대표하여 행동하는 자의 참가를 허용하는 경우
나. 경비의 주된 부분을 사용자로부터 원조받는 경우
다. 공제·수양 기타 복리사업만을 목적으로 하는 경우
라. 근로자가 아닌 자의 가입을 허용하는 경우
마. 주로 정치운동을 목적으로 하는 경우

23 기출 21

☑확인Check! ○ △ ✕

노동조합 및 노동관계조정법상 노동조합에 관한 설명으로 옳지 않은 것은?(다툼이 있으면 판례에 따름)

① 조직형태의 변경에 관한 사항은 총회에서 재적조합원 과반수의 출석과 출석조합원 3분의 2 이상의 찬성이 있어야 한다.

② 노동조합이 존속 중에 그 조합원의 범위를 변경하는 조직변경은 변경 전후의 조합의 실질적 동일성이 인정되는 범위 내에서 인정된다.

③ 산업별 노동조합의 지회는 산업별 노동조합의 활동을 위한 내부적인 조직에 그치더라도 총회의 결의를 통하여 그 소속을 변경하고 독립한 기업별 노동조합으로 전환할 수 있다.

④ 총회의 해산결의로 인하여 노동조합이 해산한 때에는 그 대표자는 해산한 날부터 15일 이내에 행정관청에게 이를 신고하여야 한다.

⑤ 노동조합의 임원이 없고 노동조합으로서의 활동을 1년 이상 하지 아니한 것으로 인정되는 경우로서 행정관청이 노동위원회의 의결을 얻은 경우에 노동조합은 해산한다.

23

① (○) 총회는 재적조합원 과반수의 출석과 출석조합원 과반수의 찬성으로 의결한다. 다만, 규약의 제정·변경, 임원의 해임, 합병·분할·해산 및 조직형태의 변경에 관한 사항은 재적조합원 과반수의 출석과 출석조합원 3분의 2 이상의 찬성이 있어야 한다(노조법 제16조 제2항).

② (○) 노동조합이 존속 중에 그 조합원의 범위를 변경하는 조직변경은 변경 후의 조합이 변경 전 조합의 재산관계 및 단체협약의 주체로서의 지위를 그대로 승계한다는 조직변경의 효과에 비추어 볼 때 변경 전후의 조합의 실질적 동일성이 인정되는 범위 내에서 인정된다(대판 2002.7.26. 2001두5361).

③ (✕) 산업별 노동조합의 지회 등이라 하더라도, 그 외형과 달리 독자적인 노동조합 또는 노동조합 유사의 독립한 근로자단체로서 법인 아닌 사단에 해당하는 경우에는, 자주적·민주적인 총회의 결의를 통하여 그 소속을 변경하고 독립한 기업별 노동조합으로 전환할 수 있다고 보아야 한다. 다만, 산업별 노동조합의 지회 등이 산업별 노동조합의 활동을 위한 내부적인 조직에 그친다면 그와 같은 결의를 허용할 수 없을 것이므로, 먼저 독자적인 노동조합 또는 노동조합 유사의 독립한 근로자단체로서의 실질을 갖추고 있는지에 관하여 신중하게 심리·판단하여야 한다(대판 2016.2.19. 2012다96120 [전합]).

④ (○) 노조법 제28조 제2항

⑤ (○) 노조법 제28조 제1항 제4호

정답 ③

➕ PLUS

해산사유(노조법 제28조)
① 노동조합은 다음 각 호의 1에 해당하는 경우에는 해산한다.
  1. 규약에서 정한 해산사유가 발생한 경우
  2. 합병 또는 분할로 소멸한 경우
  3. 총회 또는 대의원회의 해산결의가 있는 경우
  4. 노동조합의 임원이 없고 노동조합으로서의 활동을 1년 이상 하지 아니한 것으로 인정되는 경우로서 행정관청이 노동위원회의 의결을 얻은 경우
② 제1항 제1호 내지 제3호의 사유로 노동조합이 해산한 때에는 그 대표자는 해산한 날부터 15일 이내에 행정관청에게 이를 신고하여야 한다.

24 기출 19

☑ 확인Check! ○ △ ✕

노동조합 및 노동관계조정법령상 근로자와 사용자에 관한 설명으로 옳지 않은 것은?(다툼이 있으면 판례에 따름)

① 구직 중인 자도 노동3권을 보장할 필요성이 있는 한 근로자에 포함된다.
② 근로자란 직업의 종류를 불문하고 임금·급료 기타 이에 준하는 수입에 의하여 생활하는 자를 말한다.
③ 노동위원회의 부당노동행위구제명령을 이행할 수 있는 법률적 또는 사실적인 권한이나 능력을 가지는 지위에 있더라도 직접 고용관계에 있지 않는 한 사용자에 해당한다고 볼 수 없다.
④ 사용자는 근로자의 인사, 급여, 후생, 노무관리 등 근로조건 결정 또는 업무상 명령이나 지휘감독을 하는 등의 사항에 대하여 사업주로부터 일정한 권한과 책임을 부여받은 자를 포함한다.
⑤ 근로자에 해당하는지는 노무제공관계의 실질에 비추어 판단하여야 하고 반드시 근로기준법상 근로자에 한정된다고 할 것은 아니다.

24

① (○) 근로자는 특정한 사용자에게 고용되어 현실적으로 취업하고 있는 자뿐만 아니라, 일시적으로 실업상태에 있는 자나 구직 중인 자도 노동3권을 보장할 필요성이 있는 한 그 범위에 포함된다(대판 2004.2.27. 2001두8568).
② (○) 노조법 제2조 제1호
③ (✕) 노동위원회의 구제명령을 이행할 수 있는 법률적 또는 사실적인 권한이나 능력이 있는 한 그 한도 내에서는 부당노동행위주체로서 구제명령의 대상자인 사용자에 해당한다고 한다(대판 2010.3.25. 2007두8881).
④ (○) 노조법 제2조 제2호, 제4호 단서 (가)목에 의하면, 노조법상 사용자에 해당하는 사업주, 사업의 경영담당자 또는 그 사업의 근로자에 관한 사항에 대하여 사업주를 위하여 행동하는 자와 항상 사용자의 이익을 대표하여 행동하는 자는 노동조합 참가가 금지되는데, '그 사업의 근로자에 관한 사항에 대하여 사업주를 위하여 행동하는 자'란 근로자의 인사, 급여, 후생, 노무관리 등 근로조건 결정 또는 업무상 명령이나 지휘·감독을 하는 등의 사항에 대하여 사업주로부터 일정한 권한과 책임을 부여받은 자를 말하고, '항상 사용자의 이익을 대표하여 행동하는 자'란 근로자에 대한 인사, 급여, 징계, 감사, 노무관리 등 근로관계 결정에 직접 참여하거나 사용자의 근로관계에 대한 계획과 방침에 관한 기밀사항업무를 취급할 권한이 있는 등과 같이 직무상 의무와 책임이 조합원으로서 의무와 책임에 직접적으로 저촉되는 위치에 있는 자를 의미한다. 따라서 이러한 자에 해당하는지는 일정한 직급이나 직책 등에 의하여 일률적으로 결정되어서는 안 되고, 업무내용이 단순히 보조적·조언적인 것에 불과하여 업무수행과 조합원활동 사이에 실질적인 충돌이 발생할 여지가 없는 자도 여기에 해당하지 않는다(대판 2011.9.8. 2008두13873).
⑤ (○) 대판 2018.6.15. 2014두12598

정답 ③

25 기출 20

☑ 확인Check! ○ △ ✕

노동조합 및 노동관계조정법령상 설립신고증을 교부받은 노동조합이 아닌 근로자단체의 법적 지위에 관한 설명으로 옳지 않은 것은?

① 노동위원회에 노동쟁의의 조정(調停)을 신청할 수 없다.
② 노동조합이라는 명칭을 사용할 수 없다.
③ 단체교섭 거부를 이유로 노동위원회에 부당노동행위의 구제를 신청할 수 있다.
④ 노동위원회의 근로자위원을 추천할 수 없다.
⑤ 노동위원회에 노동쟁의의 중재를 신청할 수 없다.

25

① (○) 노조법 제7조 제1항
② (○) 노조법 제7조 제3항
③ (✕) 노조법에 의하여 설립된 노동조합이 아니면 노동위원회에 노동쟁의의 조정 및 부당노동행위의 구제를 신청할 수 없다(노조법 제7조 제1항).
④ (○) 노위법 제6조 제3항
⑤ (○) 법외노동조합인 노동조합이 아닌 근로자단체는 노동위원회에 중재를 신청할 수 없다(노조법 제7조 제1항).

정답 ③

26 기출 19

☑ 확인 Check! ○ △ ✕

노동조합 및 노동관계조정법령상 근로시간면제제도에 관한 설명으로 옳지 않은 것은?(다툼이 있으면 판례에 따름)

① 근로시간면제자에 대한 근로시간면제한도를 정하기 위하여 근로시간면제심의위원회를 경제사회노동위원회법에 따른 경제사회노동위원회에 둔다.

② 단체협약으로 정하거나 사용자의 동의로 사용자 또는 노동조합으로부터 급여를 지급받으면서 근로계약 소정의 근로를 제공하지 아니하고 노동조합의 업무에 종사하는 근로자의 정당한 노동조합활동을 제한하여서는 아니 된다.

③ 노동조합은 노동조합전임자의 급여지급을 요구하고 이를 관철할 목적으로 쟁의행위를 하여서는 아니 된다.

④ 고용노동부장관은 경제사회노동위원회 위원장이 통보한 근로시간면제한도를 고시하여야 한다.

⑤ 근로시간면제심의위원회는 근로자를 대표하는 위원과 사용자를 대표하는 위원 및 공익을 대표하는 위원 각 5명씩 성별을 고려하여 구성한다.

27 기출 20

☑ 확인 Check! ○ △ ✕

노동조합 및 노동관계조정법상 노동조합의 해산에 관한 설명으로 옳지 않은 것은?

① 규약에서 정한 해산사유가 발생한 경우에 노동조합은 해산한다.

② 노동조합이 합병으로 소멸한 경우에 노동조합은 해산한다.

③ 노동조합의 임원이 없고 노동조합으로서의 활동을 1년 이상 하지 아니한 경우에 노동조합은 해산한다.

④ 노동조합규약으로 총회에 갈음하는 대의원회를 둔 때에는 대의원회의 해산결의가 있는 경우에 노동조합은 해산한다.

⑤ 노동조합이 분할로 소멸한 경우에 노동조합은 해산한다.

➕ PLUS

해산사유(노조법 제28조)
① 노동조합은 다음 각 호의 1에 해당하는 경우에는 해산한다.
1. 규약에서 정한 해산사유가 발생한 경우
2. 합병 또는 분할로 소멸한 경우
3. 총회 또는 대의원회의 해산결의가 있는 경우
4. 노동조합의 임원이 없고 노동조합으로서의 활동을 1년 이상 하지 아니한 것으로 인정되는 경우로서 행정관청이 노동위원회의 의결을 얻은 경우

26
① (○) 노조법 제24조의2 제1항
② (○) 노조법 제24조 제3항
③ (✕) 노동조합은 노동조합전임자의 급여지급을 요구하고 이를 관철할 목적으로 쟁의행위를 하여서는 아니 된다고 규정한 노조법 제24조 제5항은 2021.1.5. 노조법 개정으로 삭제되었다.
④ (○) 노조법 제24조의2 제4항
⑤ (○) 노조법 제24조의2 제5항

정답 ③

27
① (○), ② (○), ③ (✕), ④ (○), ⑤ (○)
노동조합은 노동조합의 임원이 없고 노동조합으로서의 활동을 1년 이상 하지 아니한 것으로 인정되는 경우로서 행정관청이 노동위원회의 의결을 얻은 경우에는 해산한다(노조법 제28조 제1항 제4호).

정답 ③

28 기출 20

☑ 확인 Check! ○ △ ×

노동조합 및 노동관계조정법상 이해관계인의 신청이 있는 경우에 한하여 행정관청이 노동위원회의 의결을 얻어 시정을 명할 수 있는 경우는?

① 노동조합의 결의 또는 처분이 규약에 위반된다고 인정할 경우
② 노동조합의 결의 또는 처분이 노동관계법령에 위반된다고 인정할 경우
③ 노동조합의 규약이 노동관계법령에 위반한 경우
④ 노동조합의 결의 또는 처분이 단체협약에 위반된다고 인정할 경우
⑤ 노동조합의 규약이 취업규칙에 위반한 경우

28

① (○), ② (×), ③ (×), ④ (×), ⑤ (×)
행정관청은 노동조합의 결의 또는 처분이 노동관계법령 또는 규약에 위반된다고 인정할 경우에는 노동위원회의 의결을 얻어 그 시정을 명할 수 있다. <u>다만, 규약위반 시의 시정명령은 이해관계인의 신청이 있는 경우에 한한다</u>(노조법 제21조 제2항).

정답 ①

29 기출 19

☑ 확인 Check! ○ △ ×

노동조합 및 노동관계조정법령상 노동조합의 해산에 관한 설명으로 옳지 않은 것은?

① 노동조합규약에서 정한 해산사유가 발생한 경우에 노동조합은 해산한다.
② 노동조합의 임원이 없고 노동조합으로서의 활동을 1년 이상 하지 아니한 것으로 인정되는 경우로서 행정관청이 노동위원회의 의결을 얻은 경우에 노동조합은 해산한다.
③ 노동조합이 합병으로 소멸한 경우에 노동조합은 해산한다.
④ 노동조합 총회에서 재적조합원 과반수의 출석과 출석조합원 과반수의 찬성으로 노동조합 해산결의가 있는 경우에 노동조합은 해산한다.
⑤ 노동조합 총회의 해산결의를 사유로 노동조합이 해산한 때에는 그 대표자는 해산한 날부터 15일 이내에 행정관청에 이를 신고하여야 한다.

29

① (○) 노조법 제28조 제1항 제1호
② (○) 노조법 제28조 제1항 제4호
③ (○) 노조법 제28조 제1항 제2호
④ (×) 총회는 재적조합원 과반수의 출석과 출석조합원 과반수의 찬성으로 의결한다. 다만, 규약의 제정·변경, 임원의 해임, 합병·분할·<u>해산</u> 및 조직형태의 변경에 관한 사항은 <u>재적조합원 과반수의 출석과 출석조합원 3분의 2 이상의 찬성</u>이 있어야 한다(노조법 제16조 제2항).
⑤ (○) 노조법 제28조 제2항

정답 ④

➕ PLUS

해산사유(노조법 제28조)
① 노동조합은 다음 각 호의 1에 해당하는 경우에는 해산한다.
1. 규약에서 정한 해산사유가 발생한 경우
2. 합병 또는 분할로 소멸한 경우
3. 총회 또는 대의원회의 해산결의가 있는 경우
4. 노동조합의 임원이 없고 노동조합으로서의 활동을 1년 이상 하지 아니한 것으로 인정되는 경우로서 행정관청이 노동위원회의 의결을 얻은 경우

30 기출 20

☑ 확인Check! ○ △ ×

노동조합 및 노동관계조정법상 근로시간면제심의위원회(이하 "위원회"라 한다)에 관한 설명으로 옳지 않은 것은?

① 근로시간면제자에 대한 근로시간면제한도를 정하기 위하여 근로시간면제심의위원회를 경제사회노동위원회법에 따른 경제사회노동위원회에 둔다.

② 위원회는 근로시간면제한도를 심의·의결하고, 3년마다 그 적정성 여부를 재심의하여 의결할 수 있다.

③ 위원회는 근로자를 대표하는 위원과 사용자를 대표하는 위원 및 공익을 대표하는 위원 각 5명씩 성별을 고려하여 구성한다.

④ 위원장은 공익을 대표하는 위원 중에서 고용노동부장관이 지명한다.

⑤ 위원회는 재적위원 과반수의 출석과 출석위원 과반수의 찬성으로 의결한다.

30

① (○) 노조법 제24조의2 제1항
② (○) 노조법 제24조의2 제2항
③ (○) 노조법 제24조의2 제5항
④ (×) **위원장은 공익을 대표하는 위원 중에서 위원회가 선출한다**(노조법 제24조의2 제6항).
⑤ (○) 노조법 제24조의2 제7항

정답 ④

31 기출 18

☑ 확인Check! ○ △ ×

노동조합 및 노동관계조정법령상 노동조합에 관한 설명으로 옳지 않은 것은?

① 최소한의 규모라 하더라도 사용자로부터 노동조합사무소를 제공받은 경우에는 노동조합으로 보지 아니한다.

② 복리사업만을 목적으로 하는 경우에는 노동조합으로 보지 아니한다.

③ 항상 사용자의 이익을 대표하여 행동하는 자의 참가를 허용하는 경우에는 노동조합으로 보지 아니한다.

④ 주로 정치운동을 목적으로 하는 경우에는 노동조합으로 보지 아니한다.

⑤ 공제사업만을 목적으로 하는 경우에는 노동조합으로 보지 아니한다.

31

① (×) 경비의 주된 부분을 사용자로부터 원조받는 경우에는 노동조합으로 인정되지 아니한다. 이는 노동조합이 그 경비의 주된 부분을 사용자로부터 원조받으면 노동조합의 자주성이 상실될 것을 우려하여 규정한 것으로(노조법 제2조 제4호 나목 참조), **최소한의 규모의 노동조합 사무소를 사용자로부터 제공받는 것만으로는 경비의 주된 부분을 원조받은 것이라고 할 수 없어, 노동조합으로서의 성격이 부정되지 아니한다.**
② (○) 노조법 제2조 제4호 다목
③ (○) 노조법 제2조 제4호 가목
④ (○) 노조법 제2조 제4호 마목
⑤ (○) 노조법 제2조 제4호 다목

정답 ①

32 [기출] 19

☑ 확인 Check! ○ △ ✕

노동조합 및 노동관계조정법령에 의하여 설립된 노동조합에 관한 설명으로 옳은 것은 모두 몇 개인가?

- 노동위원회에 노동쟁의 조정 및 부당노동행위의 구제를 신청할 수 있다.
- 노동조합의 규약이 정하는 바에 의하여 법인으로 할 수 있다.
- 노동조합이라는 명칭을 사용할 수 있다.
- 노동조합에 대하여는 그 사업체를 포함하여 세법이 정하는 바에 따라 조세를 부과하지 아니한다.

① 0개
② 1개
③ 2개
④ 3개
⑤ 4개

33 [기출] 19

☑ 확인 Check! ○ △ ✕

노동조합 및 노동관계조정법령상 노동조합활동에 관한 설명으로 옳지 않은 것은?(다툼이 있으면 판례에 따름)

① 사업장 내의 노동조합활동은 사용자의 시설관리권에 바탕을 둔 합리적인 규율이나 제약에 따라야 한다.
② 노동조합활동은 근로조건의 유지 개선과 근로자의 경제적 지위의 향상을 도모하기 위하여 필요하고 근로자들의 단결 강화에 도움이 되는 행위이어야 한다.
③ 노동조합활동은 취업규칙이나 단체협약에 별도의 허용규정이 있더라도 취업시간 외에 행하여져야 한다.
④ 단체협약에 유인물의 배포에 허가제를 채택하고 있는 경우 유인물 배포행위가 정당한가 아닌가는 허가가 있었는지 여부만 가지고 판단할 것은 아니고 그 유인물의 내용이나 배포방법 등 제반 사정을 고려하여 판단되어져야 한다.
⑤ 조합원이 조합의 결의에 따라서 한 노동조합의 조직적인 활동 그 자체가 아닐지라도 그 행위의 성질상 노동조합활동으로 볼 수 있을 때에는 노동조합의 업무를 위한 행위로 보아야 한다.

32

- 이 법에 의하여 설립된 노동조합이 아니면 노동위원회에 노동쟁의 조정 및 부당노동행위의 구제를 신청할 수 없다(노조법 제7조 제1항).
- 노동조합은 그 규약이 정하는 바에 의하여 법인으로 할 수 있다(노조법 제6조 제1항).
- 이 법에 의하여 설립된 노동조합이 아니면 노동조합이라는 명칭을 사용할 수 없다(노조법 제7조 제3항).
- 노동조합에 대하여는 그 사업체를 제외하고는 세법이 정하는 바에 따라 조세를 부과하지 아니한다(노조법 제8조).

정답 ④

33

① (○) 사업장 내의 조합활동은 사용자의 시설관리권과 충돌될 수 있기에 사용자의 시설관리권에 바탕을 둔 합리적인 규율이나 제약에 따라야 정당성이 인정된다(대판 1994.2.22. 93도613).
② (○) 대판 1994.2.22. 93도613
③ (✕) 조합활동은 취업규칙이나 단체협약에 별도의 허용규정이 있거나 관행 또는 사용자의 승낙이 있는 경우 외에는 취업시간(근무시간) 외에 행하여져야 한다(대판 1994.2.22. 93도613).
④ (○) 대판 1991.11.12. 91누4164
⑤ (○) 노조법 제81조 제1항 제1호 소정의 "노동조합의 업무를 위한 정당한 행위"란 일반적으로는 정당한 노동조합의 활동을 가리킨다고 할 것이나, 조합원이 조합의 결의나 조합의 구체적인 지시에 따라서 한 노동조합의 조직적인 활동 그 자체가 아닐지라도 그 행위의 성질상 노동조합의 활동으로 볼 수 있거나, 노동조합의 묵시적인 수권 혹은 승인을 받았다고 볼 수 있을 때에는 노동조합의 업무를 위한 행위로 보아야 할 것이다(대판 1991.11.12. 91누4164).

정답 ③

제1장

제2장

제3장

제4장

제5장

제6장

제7장

제8장

제9장

노동조합 및 노동관계조정법상 노동조합에 관한 설명으로 옳지 않은 것은?

① 규약이 정하는 바에 의하여 법인으로 할 수 있다.
② 노동조합에 대하여는 그 사업체를 제외하고는 세법이 정하는 바에 따라 조세를 부과하지 아니한다.
③ 규약에는 임원의 규약위반에 대한 탄핵에 관한 사항을 기재하여야 한다.
④ 신고증을 교부받은 경우에는 설립신고서가 접수된 때에 설립된 것으로 본다.
⑤ 행정관청은 설립신고서 기재사항 중 허위사실이 있는 경우에는 설립신고서를 즉시 반려하여야 한다.

34
① (○) 노조법 제6조 제1항
② (○) 노조법 제8조
③ (○) 대표자와 임원의 규약위반에 대한 탄핵에 관한 사항은 규약의 기재사항이다(노조법 제11조 제13호).
④ (○) 노조법 제12조 제4항
⑤ (✕) 설립신고서나 규약의 기재사항 중 누락·허위사실이 있는 경우 20일 이내의 기간을 정하여 보완을 요구하여야 한다(노조법 제12조 제2항, 동법 시행령 제9조 제1항 제1호).

정답 ⑤

➕ **PLUS**

설립신고서의 보완요구 등(노조법 시행령 제9조)
① 고용노동부장관, 특별시장·광역시장·도지사·특별자치도지사, 시장·군수 또는 자치구의 구청장(이하 "행정관청")은 법 제12조 제2항에 따라 노동조합의 설립신고가 다음 각 호의 어느 하나에 해당하는 경우에는 보완을 요구하여야 한다.
  1. 설립신고서에 규약이 첨부되어 있지 아니하거나 설립신고서 또는 규약의 기재사항 중 누락 또는 허위사실이 있는 경우
  2. 임원의 선거 또는 규약의 제정절차가 법 제16조 제2항부터 제4항까지 또는 법 제23조 제1항에 위반되는 경우
② 노동조합이 설립신고증을 교부받은 후 법 제12조 제3항 제1호에 해당하는 설립신고서의 반려사유가 발생한 경우에는 행정관청은 30일의 기간을 정하여 시정을 요구할 수 있다.
③ 행정관청은 노동조합에 설립신고증을 교부한 때에는 지체 없이 그 사실을 관할 노동위원회와 해당 사업 또는 사업장의 사용자나 사용자단체에 통보해야 한다.

설립신고서 반려사유(노조법 제12조 제3항, 제2조 제4호)
③ 행정관청은 설립하고자 하는 노동조합이 다음 각 호의 1에 해당하는 경우에는 설립신고서를 반려하여야 한다.
  1. 제2조 제4호 각 목의 1에 해당하는 경우
    가. 사용자 또는 항상 그의 이익을 대표하여 행동하는 자의 참가를 허용하는 경우
    나. 경비의 주된 부분을 사용자로부터 원조받는 경우
    다. 공제·수양 기타 복리사업만을 목적으로 하는 경우
    라. 근로자가 아닌 자의 가입을 허용하는 경우
    마. 주로 정치운동을 목적으로 하는 경우
  2. 제2항의 규정에 의하여 보완을 요구하였음에도 불구하고 그 기간 내에 보완을 하지 아니하는 경우

35 기출 17

☑ 확인Check! ○ △ ✕

노동조합 및 노동관계조정법령상 실질적 요건과 형식적 요건을 모두 갖춘 노동조합에게만 적용되는 것을 모두 고른 것은?(다툼이 있으면 판례에 따름)

ㄱ. 단체교섭권
ㄴ. 단체협약체결권
ㄷ. 노동쟁의 조정신청권
ㄹ. 부당노동행위 구제신청권
ㅁ. 법인격 취득

① ㄱ, ㄴ, ㄷ
② ㄱ, ㄹ, ㅁ
③ ㄴ, ㄷ, ㄹ
④ ㄴ, ㄹ, ㅁ
⑤ ㄷ, ㄹ, ㅁ

➕ PLUS

법외노조의 헌법상 권리
• 단체교섭권이나 단체협약체결권(헌법 제33조 제1항)

법외노조의 노조법상 권리의 제한
• 노동쟁의의 조정신청자격 부인(노조법 제7조 제1항)
• 노동위원회에 대한 부당노동행위 구제신청 금지(노조법 제7조 제1항)
• 노동조합 명칭 금지(노조법 제7조 제3항)
• 법인격 취득 금지(노조법 제6조 제1항)
• 조세면제특권 부인(노조법 제8조)
• 단체협약의 지역적 구속력 확장적용의 신청자격 부인(노조법 제36조 제1항)

35

ㄱ. (✕), ㄴ. (✕), ㄷ. (○), ㄹ. (○), ㅁ. (○)
노조법상 형식적·실질적 요건을 모두 갖춘 노동조합을 법내노조, 두 요건 중 하나라도 갖추지 않은 조합은 법외노조라고 하며, 후자는 법률상 제약이 따른다. 보기에서 법내노조에게 인정되는 권리는 ㄷ. 노동쟁의 조정신청권, ㄹ. 부당노동행위 구제신청권, ㅁ. 법인격 취득 등이다.

정답 ⑤

36 기출 17

☑ 확인 Check! ○ △ ✕

노동조합 및 노동관계조정법령상 노동조합의 관리에 관한 설명이다. ( )에 들어갈 내용으로 옳은 것은?

> • 행정관청은 노동조합에 총회 또는 대의원회의 소집권자가 없는 경우에 조합원 또는 대의원의 3분의 1 이상이 회의에 부의할 사항을 제시하고 소집권자의 지명을 요구한 때에는 (ㄱ)일 이내에 회의의 소집권자를 지명하여야 한다.
> • 총회 또는 대의원회는 회의개최일 (ㄴ)일 전까지 그 회의에 부의할 사항을 공고하고 규약에 정한 방법에 의하여 소집하여야 한다.

① ㄱ : 10, ㄴ : 5
② ㄱ : 10, ㄴ : 7
③ ㄱ : 15, ㄴ : 7
④ ㄱ : 15, ㄴ : 10
⑤ ㄱ : 30, ㄴ : 10

37 기출 17

☑ 확인 Check! ○ △ ✕

노동조합 및 노동관계조정법령상 근로시간면제자 등에 관한 설명으로 옳지 않은 것은?(다툼이 있으면 판례에 따름)

① 근로시간면제자에 대한 근로시간면제한도를 정하기 위하여 근로시간면제심의위원회를 경제사회노동위원회법에 따른 경제사회노동위원회에 둔다.
② 노동조합은 노동조합전임자의 급여지급을 요구하고 이를 관철할 목적으로 쟁의행위를 하여서는 아니 된다.
③ 단체협약으로 정하거나 사용자의 동의로 사용자 또는 노동조합으로부터 급여를 지급받으면서 근로계약 소정의 근로를 제공하지 아니하고 노동조합의 업무에 종사하는 근로자의 정당한 노동조합활동을 제한하여서는 아니 된다.
④ 근로시간면제한도를 초과하는 내용을 정한 단체협약 또는 사용자의 동의는 그 부분에 한정하여 무효로 한다.
⑤ 근로자는 단체협약으로 정하거나 사용자의 동의가 있는 경우에는 사용자 또는 노동조합으로부터 급여를 지급받으면서 근로계약 소정의 근로를 제공하지 아니하고 노동조합의 업무에 종사할 수 있다.

36

• 행정관청은 노동조합에 총회 또는 대의원회의 소집권자가 없는 경우에 조합원 또는 대의원의 3분의 1 이상이 회의에 부의할 사항을 제시하고 소집권자의 지명을 요구한 때에는 15일 이내에 회의의 소집권자를 지명하여야 한다(노조법 제18조 제4항).
• 총회 또는 대의원회는 회의개최일 7일 전까지 그 회의에 부의할 사항을 공고하고 규약에 정한 방법에 의하여 소집하여야 한다. 다만, 노동조합이 동일한 사업장 내의 근로자로 구성된 경우에는 그 규약으로 공고기간을 단축할 수 있다(노조법 제19조).

정답 ③

37

① (○) 노조법 제24조의2 제1항
② (✕) 노동조합은 노동조합전임자의 급여지급을 요구하고 이를 관철할 목적으로 쟁의행위를 하여서는 아니 된다고 규정한 노조법 제24조 제5항은 2021.1.5. 노조법 개정으로 삭제되었다.
③ (○) 노조법 제24조 제3항
④ (○) 노조법 제24조 제4항
⑤ (○) 노조법 제24조 제1항

정답 ②

제1장
제2장
제3장
제4장
제5장
제6장
제7장
제8장
제9장

제1절 단체교섭

Ⅰ 서 설

1. 단체교섭의 의의

(1) 개 념

법률상 단체교섭이란, 노동조합이나 그 밖의 노동단체가 교섭대표를 통하여 사용자 측과 근로조건 등에 관하여 합의에 도달할 것을 주된 목적으로 하여 교섭하는 것을 말한다.

(2) 기 능

① 단체교섭은 근로자와 사용자가 근로조건에 관하여 교섭을 함에 있어, 근로자의 단체인 노동조합을 참여시킴으로써 실질적으로 대등·평등한 지위를 확보할 수 있도록 한다.

② 단체교섭은 근로자와 사용자 간의 노사관계 형성 및 유지에 관한 공동참여를 의미한다.

③ 단체교섭은 근로자 개인을 조직화함으로써 노동조합의 단결 강화에 이바지하고 있다.

2. 단체교섭권의 보장

(1) 연 혁

근로조건의 유지·개선을 위한 노동조합의 단체교섭권은 산업사회 초기에는 적대시되었으나, 19세기 중반 이후 법적으로 승인되기에 이르렀다. 단체교섭권이 승인된 모습은 방임형과 조성형으로 구분할 수 있는데, 우리나라는 단체교섭권을 헌법적 차원에서 기본권으로 보장하고 있는 조성형 국가이다.

(2) 보장의 효과

단체교섭권은 자유권적 기본권으로서의 성질에 의하여 대국가적 효력을 가지고 있으며, 사인인 상호 간에는 직접 적용되어 단체교섭권을 부당하게 침해하는 사인의 행위를 부정하게 된다. 노조법은 단체교섭권을 침해하는 사용자의 행위를 부당노동행위로 규정하고 있다(노조법 제81조 제1항 제3호). 또한 근로자 측의 단체교섭 요구가 정당하게 행하여질 경우에는, 사용자 측의 권리가 침해된다고 하더라도 민·형사책임이 면제된다(노조법 제3조, 제4조).

3. 단체교섭의 방식

(1) 기업별 교섭

기업별 노조와 그 상대방인 사용자가 개별기업 또는 사업장을 단위로 하여 행하는 단체교섭을 말한다.

(2) 통일교섭

전국적 또는 지역적인 산업별·직종별 노동조합과 이에 대응하는 전국적 또는 지역적인 사용자단체가 행하는 단체교섭을 말한다.

(3) 공동교섭

수개의 기업별 노조가 그 대표자를 선정하거나 연명으로 또는 산업별 노조와 공동으로 사용자단체와 하는 단체교섭을 말한다.

(4) 집단교섭

상부단체 또는 산업별 노조의 통제하에 수개의 기업별 노조와 각 기업이 동일 장소에서 동시에 행하는 단체교섭을 말한다.

(5) 대각선 교섭

상부단체 또는 산업별 노조가 단독으로 개개의 사용자와 직접 행하는 단체교섭을 말한다.

Ⅱ 단체교섭의 주체

1. 의 의

(1) 개 념

단체교섭의 주체라 함은 단체교섭을 자신의 명의로 수행하고, 그 법적 효과가 귀속되는 단체교섭의 당사자를 말한다. 따라서 단체교섭의 주체는 노동조합이고, 사용자 또는 사용자단체는 단체교섭의 상대방이다.

(2) 구 별

단체교섭의 담당자는 실제로 단체교섭을 수행할 수 있는 법적 자격이 있는 자, 즉 단체교섭의 권한을 갖고 있는 자를 말한다. 노동조합의 대표자와 사용자의 대표자가 단체교섭을 하는 경우, 단체교섭의 담당자는 노사 양측의 대표자이다.

2. 단체교섭권의 이양과 위임

(1) 단체교섭권의 이양

단체교섭권의 당사자 간에 특정 단체교섭사항에 관한 단체교섭권을 이전하는 것을 말한다.

(2) 단체교섭권의 위임

단체교섭권의 당사자가 제3자에게 단체교섭의 담당자지위, 즉 단체교섭권한을 위임하는 것을 말한다.

3. 단체교섭의 당사자

(1) 근로자 측의 당사자

1) 노조법상 노동조합

단위노조는 당연히 그 노동조합 또는 조합원을 위하여 사용자나 사용자단체와 교섭할 수 있는 당사자가 된다. 사업장 단위의 복수노조에서는 교섭창구 단일화 절차가 진행되는 경우 원칙적으로는 교섭대표노동조합이 단체교섭의 당사자가 된다. 최근 판례에 의하면 단체교섭의 주체가 되고자 하는 노동조합으로서는 복수노동조합의 존재로 인한 제약에 따르는 현재의 권리 또는 법률상 지위에 대한 위험이나 불안을 제거하기 위하여 다른 노동조합을 상대로 해당 노동조합이 설립될 당시부터 노조법 제2조 제4호가 규정한 주체성과 자주성 등의 실질적 요건을 흠결하였음을 들어 설립무효의 확인을 구하거나 노동조합으로서의 법적 지위가 부존재한다는 확인을 구하는 소를 제기할 수 있다고(대판 2021.2.25. 2017다51610) 판시하고 있다.

2) 근로자단체

실질적 요건은 구비하였으나 형식적 요건을 구비하지 못한 경우, 즉 법외노조일지라도 단체교섭권 및 단체협약의 체결능력은 물론, 정당한 단체교섭에 관한 민·형사상의 면책특권도 인정된다는 견해가 다수설이다. 판례는 법외노조도 노동3권의 주체가 되므로 단체교섭의 당사자가 된다고(대판 2016.12.27. 2011두921) 판시하고 있다.

3) 상부단체 및 하부조직

① 상부단체 : 단위노조의 총회 또는 대의원회로부터 위임을 받은 경우에는, 그 상부단체인 연합단체가 단체교섭의 주체가 될 수 있으나 소속 단위노조 공통의 사항에 대하여는 단위노조의 위임이 없더라도 단체교섭의 당사자가 될 수 있다는 견해와 상부연합단체도 독자적인 노동조합으로서의 조직을 갖추고 있고 하부 단위노조에 단체교섭에 관한 통제력을 발휘할 수 있으면, 단체교섭의 주체가 될 수 있다는 견해가 대립하고 있다. 생각건대 노동조합 내부의 통제권을 근거로 할 때에 연합단체와 사용자 간의 합의가 현실적인 의미를 가질 수 있다는 점을 고려할 때 노동조합이 독자적인 조직과 통제권을 가진 경우에 단체교섭의 주체가 될 수 있다고 이해하는 것이 타당하다고 판단된다.

② 하부조직 : 산별노조의 지부·분회가 실질적으로 독립성을 가지고 있는 경우, 즉 독자적인 규약과 집행기관을 가지고 독립적인 조직체로서 활동하는 경우에는, 독자적인 단체교섭권이 인정된다는 견해가 다수설과 판례의 태도이다(대판 2001.2.23. 2000도4299).

4) 일시적 단결체

통일적 의사 형성은 가능하나, 단체성을 가지지 아니한 일시적 단결체도 단체교섭의 당사자가 될 수 있으나, 협약체결능력은 인정되지 아니한다.

5) 유일교섭단체조항

특정 노동조합과 사용자 사이의 단체협약에 의하여 다른 노동조합의 헌법상 단체교섭권이 제한·박탈될 수 있으므로, 유일교섭단체조항의 효력에 대하여는 이를 무효로 보는 것이 일반적인 견해이다. 판례도 이 사건 단체협약 제1조는 그 문언상 산업별 단위노동조합으로서 사용자와 직접 단체협약을 체결해 온 원고만이 단체교섭을 할 수 있는 유일한 노동단체이고, 다른 어떠한 노동단체도 인정하지 않는다는 내용임이 명백하므로, 이는 근로자의 노동조합 결성 및 가입의 자유와 단체교섭권을 침해하여 노조법 제5조, 제29조 제1항에 위배되고, 이와 달리 위 조항의 취지가 단순히 원고가 원고 소속 조합원을 대표하는 단체임을 의미하는 것에 불과하다고 보기는 어렵다고(대판 2016.4.15. 2013두11789), 같은 취지로 판시하고 있다. `기출 24`

(2) 사용자 측의 당사자

1) 사용자

① **단체교섭의 당사자** : 단체교섭의 당사자로서의 사용자는 사업주를 의미한다. 따라서 개인인 경우에는 사업주 개인이, 법인인 경우에는 법인 그 자체가 교섭당사자로서의 사용자에 해당한다.

② **국가** : 국가의 행정관청이 사법상 근로계약을 체결한 경우 그 근로계약관계의 권리·의무는 행정주체인 국가에 귀속되므로, 국가는 그러한 근로계약관계에 있어서 노조법 제2조 제2호에 정한 사업주로서 단체교섭의 당사자의 지위에 있는 사용자에 해당한다(대판 2008.9.11. 2006다40935).

2) 사용자단체

사용자단체라 함은 노동관계에 관하여 그 구성원인 사용자에 대하여 조정 또는 규제할 수 있는 권한을 가진 사용자의 단체를 말한다(노조법 제2조 제3호). 판례는 교섭·협약 체결의 목적성, 구성원통제력 등을 고려하여 사용자단체 해당 여부를 판단하고 있다(대판 1992.2.25. 90누9049).

3) 사용자 개념의 확장

① **개념 확장의 필요성** : 단체교섭의 당사자로서의 사용자는, 근로자와 근로계약을 체결한 근로계약의 당사자가 되는 것이 원칙이다. 하지만 최근에는 고용형태가 상당히 복잡해지고 있으므로, 사용자의 개념도 반드시 근로계약의 당사자에 국한될 것이 아니라, 이를 확장할 필요성이 있다.

② **판 례**

 ㉠ **대법원의 태도** : 사용자라 함은 근로자와의 사이에 사용종속관계가 있는 자, 즉 근로자와의 사이에 그를 지휘·감독하면서 그로부터 근로를 제공받고, 그 대가로서 임금을 지급하는 것을 목적으로 하는 명시적이거나 묵시적인 근로계약관계를 맺고 있는 자를 말한다(대판 2008.9.11. 2006다40935).

 ㉡ **최근 하급심의 태도** : 단체교섭의 당사자로서의 사용자라 함은 근로계약관계의 당사자로서의 사용자에 한정되지 않고, 비록 근로계약관계의 당사자가 아니더라도 단체교섭의 대상이 되는 근로조건에 관한 사항의 전부 또는 일부에 대하여 구체적·실질적 영향력 내지 지배력을 미치는 자도, 단체교섭의 의무를 부담하는 사용자에 해당한다(대전지판 2011.10.6. 2011카합782).

 ㉢ **검토** : 대법원은 단체교섭상 사용자를 근로계약상 사용자와 동일하게 파악함으로써 사용자 개념의 확대에 소극적인 입장을 취하고 있으나, 근로조건의 유지·개선이라는 노동조합의 설립목적을 고려하면, 근로조건에 관한 사항에 관하여 실질적 영향력이나 지배력을 행사하고 있는 자는, 단체교섭의 상대방이 될 수 있다고 하여야 한다.

③ 구체적 검토

　　㉠ 독립된 회사 간의 경영지배 또는 공유 : 독립된 회사가 다른 독립된 회사의 주식 소유·상호 출자, 임직원 파견 및 업무 분장 등을 통하여 경영에 관여 또는 지배하고 있으며, 다른 회사의 근로조건 결정 등에 실질적인 영향력 또는 지배력을 행사하는 경우에는, 단체교섭의 당사자가 될 수 있다.

　　㉡ 파견근로자의 경우 : 파견근로자로 구성된 노동조합의 단체교섭 요구가 있는 경우, 파견사업주뿐만 아니라 사용사업주도 단체교섭에 응하여야 하는지가 문제되나, 사용사업주도 파견근로자들의 일부 근로조건에 대하여 법적 책임을 부담하므로, 사용사업주가 사용자책임을 지는 사항에 대하여는(근로시간이나 휴일, 휴가 등에 관한 사항) 단체교섭에 응할 의무가 있다고 하여야 한다.

　　㉢ 도급 및 하청 등의 경우 : 하청업체의 근로자가 원청업체의 생산과정에 투입되어 원청업체의 지휘·명령하에 근로를 제공하고 있다면, 원청업체도 단체교섭의 당사자가 될 수 있다. 판례는 항만운수노조의 조합원을 사용하여 하역작업을 수행하는 냉동·냉장창고회사에 대하여, 하역노조의 조합원과 하역회사 간에는 사용종속관계가 존재하지 아니하므로, 노조의 단체교섭신청에 응할 필요가 없다고(대판 1997.9.5. 97누3644) 판시하고 있다.

4. 단체교섭의 담당자

교섭 및 체결권한(노조법 제29조)

① 노동조합의 대표자는 그 노동조합 또는 조합원을 위하여 사용자나 사용자단체와 교섭하고 단체협약을 체결할 권한을 가진다.

② 제29조의2에 따라 결정된 교섭대표노동조합의 대표자는 교섭을 요구한 모든 노동조합 또는 조합원을 위하여 사용자와 교섭하고 단체협약을 체결할 권한을 가진다.

③ 노동조합과 사용자 또는 사용자단체로부터 교섭 또는 단체협약의 체결에 관한 권한을 위임받은 자는 그 노동조합과 사용자 또는 사용자단체를 위하여 위임받은 범위 안에서 그 권한을 행사할 수 있다.

④ 노동조합과 사용자 또는 사용자단체는 제3항에 따라 교섭 또는 단체협약의 체결에 관한 권한을 위임한 때에는 그 사실을 상대방에게 통보하여야 한다.

교섭권한 등의 위임통보(노조법 시행령 제14조)

① 노동조합과 사용자 또는 사용자단체(이하 "노동관계당사자")는 법 제29조 제3항에 따라 교섭 또는 단체협약의 체결에 관한 권한을 위임하는 경우에는 교섭사항과 권한범위를 정하여 위임하여야 한다.

② 노동관계당사자는 법 제29조 제4항에 따라 상대방에게 위임사실을 통보하는 경우에 다음 각 호의 사항을 포함하여 통보하여야 한다.
1. 위임을 받은 자의 성명(위임을 받은 자가 단체인 경우에는 그 명칭 및 대표자의 성명)
2. 교섭사항과 권한범위 등 위임의 내용

O | X 💬

1. 노동조합의 대표자는 단체교섭의 당사자이다.
2. 사용자단체는 법령에 따라 교섭 또는 단체협약의 체결에 관한 권한을 위임하는 경우에는 교섭사항과 권한범위를 정하여 위임하여야 한다.
3. 노동조합과 사용자 또는 사용자단체는 법령에 따라 교섭 또는 단체협약의 체결에 관한 권한을 위임한 때에는 그 사실을 상대방에게 통보하여야 한다.
4. 노동조합은 대표자의 단체협약체결권한을 전면적·포괄적으로 제한할 수 있다.

정답 1. ×　2. ○　3. ○　4. ×

(1) 개 념

단체교섭의 담당자는 단체교섭의 주체인 노동조합과, 사용자를 대표하여 실제로 교섭을 직접 담당하는 자를 말한다. 단체교섭의 담당자가 상대방과 교섭할 수 있는 법적 자격을 단체교섭권한이라고 한다.

(2) 근로자 측의 담당자

1) 노동조합의 대표자

① 노동조합의 대표자는 그 노동조합 또는 조합원을 위하여 사용자나 사용자단체와 교섭하고 단체협약을 체결할 권한을 가진다(노조법 제29조 제1항). **기출** **19 · 24**

② 노동조합의 대표자 또는 수임자가 단체교섭의 결과에 따라 사용자와 단체협약의 내용을 합의한 후 다시 협약안의 가부에 관하여 조합원총회의 의결을 거쳐야 한다는 것은 대표자의 단체협약체결권한을 전면적 · 포괄적으로 제한함으로써 사실상 단체협약체결권한을 형해화하여 명목에 불과한 것으로 만드는 것이어서 노조법의 취지에 위반된다(대판 2002.11.26. 2001다36504). **기출** **13 · 14 · 16 · 17 · 21**

2) 노동조합으로부터 위임을 받은 자 **기출** **14 · 15 · 16**

① 노동조합으로부터 교섭 또는 단체협약의 체결에 관한 권한을 위임받은 자는 그 노동조합을 위하여 위임받은 범위 안에서 그 권한을 행사할 수 있다(노조법 제29조 제3항). **기출** **20**

② 위임의 상대방은 제한이 없다.

③ 판례에 의하면 구 노조법 제33조 제1항 본문은 "노동조합의 대표자 또는 노동조합으로부터 위임을 받은 자는 그 노동조합 또는 조합원을 위하여 사용자나 사용자단체와 단체협약의 체결 기타의 사항에 관하여 교섭할 권한이 있다", 제2항은 "단위노동조합은 총회 또는 대의원회의 의결을 거쳐 당해 노동조합이 가입한 연합단체인 노동조합에 교섭을 위임할 수 있다"라고 규정하고 있는바, 법 제33조 제1항에서 규정하고 있는 단체교섭권한의 '위임'이라고 함은 노동조합이 그 조직상의 대표자 이외의 자에게 그 조합 또는 조합원을 위하여, 그 조합의 입장에서 사용자 측과 사이에 단체교섭을 하는 사무처리를 맡기는 것을 뜻하고, 그 위임 후 이를 해지하는 등의 별개의 의사표시가 없더라도 그 노동조합의 단체교섭권한은 여전히 그 수임자의 단체교섭권한과 중복하여 경합적으로 남아 있다고 할 것이며, 같은 법조 제2항의 규정에 따라 단위노동조합이, 당해 노동조합이 가입한 상부단체인 연합단체에 그러한 권한을 위임한 경우에 있어서도 달리 볼 것은 아니라고(대판 1998.11.13. 98다20790) 한다. **기출** **12 · 17 · 19**

④ 노동조합이 교섭 또는 단체협약의 체결에 관한 권한을 위임하는 경우에는 교섭사항과 권한범위를 정하여 위임하여야 한다(노조법 시행령 제14조 제1항). **기출** **17 · 18**

⑤ 노동조합은 교섭 등의 권한을 위임한 때에는 그 사실을 상대방에게 통보하여야 한다(노조법 제29조 제4항). **기출** **18 · 24**

(3) 사용자 측의 담당자

1) 사용자 또는 사용자단체의 대표자

사용자에는 사업주와 사업의 경영담당자뿐만 아니라, 그 사업의 근로자에 관한 사항에 관하여 사업주를 위하여 일하는 자를 포함한다.

2) 사용자 또는 사용자단체로부터 위임을 받은 자

사용자 또는 사용자단체가 교섭 또는 단체협약의 체결에 관한 권한을 위임하는 경우에는 교섭사항과 권한범위를 정하여 위임하여야 한다(노조법 시행령 제14조 제1항). 사용자 또는 사용자단체로부터 위임을 받은 자는 위임받은 범위 내에서 교섭 또는 단체협약 체결에 관한 권한을 행사할 수 있다(노조법 제29조 제3항). 사용자 또는 사용자단체는 교섭 등의 권한을 위임한 때에는 그 사실을 상대방에게 통보하여야 한다(노조법 제29조 제4항). **기출** **18 · 20 · 22 · 24**

3) 회생절차개시결정 이후의 협약체결권자

회생절차개시결정이 있는 경우에는 경영과 관리권한이 관리인에게 귀속되므로 그 회사의 대표이사가 아니라 관리인이 근로계약상의 사용자지위에 있게 된다. 따라서 회사정리개시결정이 있는 경우 회사정리법에 따라 회사사업의 경영과 재산의 관리 및 처분을 하는 권한이 관리인에게 전속되므로 정리회사의 대표이사가 아니라 관리인이 근로관계상 사용자의 지위에 있게 되고 따라서 단체협약의 사용자 측 체결권자는 대표이사가 아니라 관리인이므로, 정리회사에 대한 회사정리절차가 진행 중 노조와 정리회사의 대표이사 사이에 이루어진 약정은 단체협약에 해당하지 아니하여 그 효력이 근로자 개인에게 미칠 수 없다(대판 2001.1.19. 99다72422).

(4) 단체교섭 위임의 제한

1) 단체협약상 제3자의 위임 제한

제3자 위임금지조항에 대하여는 유효설과 무효설의 대립이 있으나, 단체교섭권한의 위임 여부 또는 수임자의 선정문제는 노동조합이 자유로이 결정할 수 있다고 보는 무효설이 타당하다고 판단된다. 따라서 이 조항에 위반하여 제3자에게 단체교섭을 위임한 경우에는, 단체협약 위반의 손해배상책임은 별론으로 하더라도 제3자에 대한 위임 자체는 유효하다. 따라서 사용자가 이 조항을 이유로 단체교섭을 거부하면 부당노동행위가 성립한다.

2) 교원 및 공무원노조의 위임 제한

교원 및 공무원노조는 조합원인 교원이나 공무원 외의 일반 제3자에게는 단체교섭을 위임할 수 없다(교노법 제14조 제2항, 공노법 제17조 제3항).

✔ 핵심문제

01 노동조합 및 노동관계조정법령상 단체교섭에 관한 설명으로 옳지 않은 것은?(다툼이 있으면 판례에 따름)

① 노동조합 대표자는 그 노동조합 또는 조합원을 위하여 사용자나 사용자단체와 교섭할 권한을 가진다.

② 단위노동조합이 당해 노동조합이 가입한 상부단체인 연합단체에 단체교섭권한을 위임한 경우 단위노동조합의 단체교섭권한은 소멸한다.

③ 노동조합과 사용자 또는 사용자단체는 신의에 따라 성실히 교섭하여야 한다.

④ 노동조합과 사용자 또는 사용자단체는 정당한 이유 없이 교섭을 거부하여서는 아니 된다.

⑤ 노동조합의 하부단체인 지부가 독자적인 규약 및 집행기관을 가지고 독립된 조직체로서 활동하는 경우 당해 조직이나 그 조합원에 고유한 사항에 대하여는 독자적으로 단체교섭을 할 수 있다.

[해설]
구 노조법 제33조 제1항에서 규정하고 있는 단체교섭권한의 '위임'이라고 함은 노동조합이 조직상의 대표자 이외의 자에게 조합 또는 조합원을 위하여, 조합의 입장에서 사용자 측과 사이에 단체교섭을 하는 사무처리를 맡기는 것을 뜻하고, 그 위임 후 이를 해지하는 등의 별개의 의사표시가 없더라도 노동조합의 단체교섭권한은 여전히 수임자의 단체교섭권한과 중복하여 경합적으로 남아 있다고 할 것이며, 같은 조 제2항의 규정에 따라 단위노동조합이 당해 노동조합이 가입한 상부단체인 연합단체에 그러한 권한을 위임한 경우에 있어서도 달리 볼 것은 아니다(대판 1998.11.13. 98다20790).

정답 ②

Ⅲ 노조대표자의 단체협약체결권한과 제한

1. 노조대표자의 단체협약체결권한 `기출` 20

구 노조법 제33조 제1항 본문은 "노동조합의 대표자 또는 노동조합으로부터 위임을 받은 자는 그 노동자 또는 조합원을 위하여 사용자나 사용자단체와 단체협약의 체결 기타의 사항에 관하여 교섭할 권한이 있다"고 규정하고 있는바, "교섭할 권한"이라 함은 사실행위로서의 단체교섭의 권한 외에 교섭한 결과에 따라 단체협약을 체결할 권한을 포함한다(대판 1993.4.27. 91누12257[전합]). 현행 노조법도 제29조 제1항에 노동조합의 대표자는 그 노동조합 또는 조합원을 위하여 사용자나 사용자단체와 교섭하고 단체협약을 체결할 권한을 가진다고 규정하고 있다.

2. 협약체결권한 제한규정의 위법성

(1) 전면적 제한

① 노동조합의 대표자 또는 수임자가 단체교섭의 결과에 따라 사용자와 단체협약의 내용을 합의한 후 다시 협약안의 가부에 관하여 조합원총회의 의결을 거쳐야만 한다는 것은 대표자 또는 수임자의 단체협약체결 권한을 전면적, 포괄적으로 제한함으로써 사실상 단체협약체결권한을 형해화하여 명목에 불과한 것으로 만드는 것이어서 구 노조법 제33조 제1항의 취지에 위반된다(대판 1993.4.27. 91누12257[전합]).

② 노동조합이 노동조합규약에서 노동조합의 대표자가 사용자와 단체교섭 결과 합의에 이른 경우에도 단체 교섭위원들이 연명으로 서명하지 않는 한 단체협약을 체결할 수 없도록 규정한 경우, 위 규약은 노동조합 대표자에게 단체협약체결권을 부여한 노조법 제29조 제1항을 위반한 것이다(대판 2013.9.27. 2011두15404).

(2) 절차적 제한

노동조합이 조합원들의 의사를 반영하고 대표자의 단체교섭 및 단체협약체결업무 수행에 대한 적절한 통제를 위하여 규약 등에서 내부절차를 거치도록 하는 등 대표자의 단체협약체결권한의 행사를 절차적으로 제한하는 것은, 그것이 단체협약체결권한을 전면적·포괄적으로 제한하는 것이 아닌 이상 허용된다고 보아야 한다(대판 2014.4.24. 2010다24534). `기출` 19·23

3. 인준투표제와 관련된 제 논점

(1) 행정관청의 시정명령

인준투표제는 노조대표자 또는 수임자의 협약체결권을 전면적·포괄적으로 제한하여 그 권한을 실질적으로 형해화하고 또 원만한 단체교섭의 진행등 노사관계의 안정을 해치므로, 인준투표제는 위법하고, 이에 근거하여 인준투표제를 규정한 단체협약에 대한 행정관청의 시정명령은 적법하다(대판 1993.4.27. 91누12257[전합]).

(2) 인준투표제를 근거로 한 교섭거부

노동조합의 대표자 또는 수임자가 단체교섭의 결과에 따라 사용자와 단체협약의 내용을 합의한 후 다시 협약안의 가부에 관하여 조합원총회의 의결을 거친 후에만 단체협약을 체결할 것임을 명백히 하였다면 노사 쌍방 간의 타협과 양보의 결과로 임금이나 그 밖의 근로조건 등에 대하여 합의를 도출하더라도 노동조합의 조합원총회에서 그 단체협약안을 받아들이기를 거부하여 단체교섭의 성과를 무로 돌릴 위험성이 있으므로 사용자 측으로서는 최종적인 결정권한이 없는 교섭대표와의 교섭 내지 협상을 회피하거나 설령 교섭에 임한다 하더라도 성실한 자세로 최후의 양보안을 제출하는 것을 꺼리게 될 것이고, 그와 같은 사용자 측의 단체교섭

회피 또는 해태를 정당한 이유가 없는 것이라고 비난하기도 어렵다 할 것이므로, 사용자 측의 단체교섭 회피가 노조법 제81조 제1항 제3호가 정하는 부당노동행위에 해당한다고 보기도 어렵고, 그에 대항하여 단행된 쟁의행위는 그 목적에 있어서 정당한 쟁의행위라고 볼 수 없다(대판 1998.1.20. 97도588).

(3) 인준투표제를 위반한 단체협약의 효력

1) 학 설

규약상 인준투표제는 노동조합의 내부적 제한에 불과하므로, 사용자와의 대외적 관계에 있어서 단체협약은 유효하다는 견해(유효설)와, 인준투표제에 따른 협약체결제한사실을 알았거나 알 수 있었을 악의의 제3자에게는 대항할 수 있으므로, 이러한 자에게 단체협약은 무효라는 견해(제한적 무효설)가 대립하고 있다.

2) 판 례

판례는 노동조합의 대표자가 단체교섭의 결과에 따라 사용자와 단체협약의 내용을 합의한 후 다시 협약안의 가부에 관하여 조합원총회의 의결을 거쳐야만 한다는 것은 대표자의 단체협약체결권한을 전면적·포괄적으로 제한함으로써 사실상 단체협약체결권한을 형해화하여 명목에 불과한 것으로 만드는 것이어서 노조법 제29조 제1항에 반한다고(대판 2005.3.11. 2003다27429) 판시하여, 단체협약은 유효하다는 입장이다.

3) 검 토

제한적 유효설은 노동관계의 안정을 해칠 우려가 있으므로, 대외적 관계에 있어서 단체협약의 유효성을 인정하는 유효설이 타당하다고 판단된다.

4. 노조대표자의 내부절차 위반과 손해배상책임

(1) 선관주의의무 부담 여부

단체협약의 실질적인 귀속주체가 근로자이고 노동조합 대표자는 단체협약을 체결함에 있어 조합원들의 의사를 반영하여야 할 의무가 있다고 하더라도, 노동조합 대표자는 노동조합의 위임에 따라 그 사무를 집행하고 노동조합을 대표하는 기관으로서 노동조합에 대하여 수임자로서 선량한 관리자의 주의의무를 부담할 뿐이고, 개별조합원에 대하여서까지 위임관계에 따른 선량한 관리자의 주의의무를 부담한다고 볼 수는 없다(대판 2014.4.24. 2010다24534).

(2) 불법행위책임 인정 여부

노동조합이 규약 등에서 내부절차를 거치도록 하는 등 대표자의 단체협약체결권한의 행사를 절차적으로 제한하는 것이 허용되는 경우, 노동조합의 대표자가 조합원들의 의사를 결집·반영하기 위하여 마련한 내부절차를 전혀 거치지 아니한 채 조합원의 중요한 근로조건에 영향을 미치는 사항 등에 관하여 사용자와 단체협약을 체결한 경우, 불법행위에 해당한다(대판 2018.7.26. 2016다205908).

5. 관련 판례

① 판례는 한국산업인력공단의 성격과 설립목적, 운영자금의 조달 및 집행과정, 국가의 관리·감독에 관한 여러 규정, 정년 연장의 예산의 지출 등에 미치는 영향 등을 종합적으로 고려하면, 한국산업인력공단이 단체협약에 따라 정년 연장을 위하여 개정하려던 인사규정이 이사회의 의결을 거치지 못한 경우 비록 단체협약의 내용을 반영한 것이라 하더라도 위 인사규정은 아무런 효력이 없고, 나아가 기존 인사규정과 저촉되는 정년 연장에 관한 단체협약의 내용 역시 한국산업인력공단이나 직원에게는 효력을 미치지 아니한다고(대판 2015.1.29. 2012다32690) 한다.

② 이 사건 협약에서 정한 임금피크제는 정년 전까지 일정 비율로 임금을 삭감하는 대신 정년 후 2년간 고용을 연장하는 것을 내용으로 하고 있어 필연적으로 인사규정의 변경과 예산 및 신규고용 규모 등의 변동을 수반하는 것이어서, 그 내용 확정이나 이행을 위하여 이사회의 의결이 필요한 중요사항이라고 평가할 수 있다. 이러한 교육원의 설립목적과 운영자금의 조달 및 집행과정, 국가의 관리·감독 및 이사회의 구성과 이사회 의결에 관한 여러 규정 등을 종합적으로 고려하면, <u>교육원이 이사회 의결을 거치지 않고 기존 인사규정과 저촉되는 내용의 임금피크제를 시행하는 이 사건 협약을 체결하였다고 하더라도 그러한 단체협약의 내용은 교육원이나 교육원 직원에게는 효력을 미치지 않는다고 할 것이다</u>(대판 2016.1.14. 2012다96885).

Ⅳ 교섭창구단일화[11]

교섭 및 체결권한(노조법 제29조)
① 노동조합의 대표자는 그 노동조합 또는 조합원을 위하여 사용자나 사용자단체와 교섭하고 단체협약을 체결할 권한을 가진다.
② 제29조의2에 따라 결정된 교섭대표노동조합의 대표자는 교섭을 요구한 모든 노동조합 또는 조합원을 위하여 사용자와 교섭하고 단체협약을 체결할 권한을 가진다.
③ 노동조합과 사용자 또는 사용자단체로부터 교섭 또는 단체협약의 체결에 관한 권한을 위임받은 자는 그 노동조합과 사용자 또는 사용자단체를 위하여 위임받은 범위 안에서 그 권한을 행사할 수 있다.
④ 노동조합과 사용자 또는 사용자단체는 제3항에 따라 교섭 또는 단체협약의 체결에 관한 권한을 위임한 때에는 그 사실을 상대방에게 통보하여야 한다.

교섭창구단일화절차(노조법 제29조의2)
① 하나의 사업 또는 사업장에서 조직형태에 관계없이 근로자가 설립하거나 가입한 노동조합이 2개 이상인 경우 노동조합은 교섭대표노동조합(2개 이상의 노동조합 조합원을 구성원으로 하는 교섭대표기구를 포함)을 정하여 교섭을 요구하여야 한다. 다만, 제3항에 따라 교섭대표노동조합을 자율적으로 결정하는 기한 내에 사용자가 이 조에서 정하는 교섭창구단일화절차를 거치지 아니하기로 동의한 경우에는 그러하지 아니하다.
② 제1항 단서에 해당하는 경우 사용자는 교섭을 요구한 모든 노동조합과 성실히 교섭하여야 하고, 차별적으로 대우해서는 아니 된다.
③ 교섭대표노동조합결정절차(이하 "교섭창구단일화절차")에 참여한 모든 노동조합은 대통령령으로 정하는 기한 내에 자율적으로 교섭대표노동조합을 정한다.
④ 제3항에 따른 기한까지 교섭대표노동조합을 정하지 못하고 제1항 단서에 따른 사용자의 동의를 얻지 못한 경우에는 교섭창구단일화절차에 참여한 노동조합의 전체 조합원 과반수로 조직된 노동조합(2개 이상의 노동조합이 위임 또는 연합 등의 방법으로 교섭창구단일화절차에 참여한 노동조합 전체 조합원의 과반수가 되는 경우를 포함)이 교섭대표노동조합이 된다.

---

11) 1953년 노동조합법이 처음으로 제정되었을 때에는 노동조합의 설립을 제한하는 규정은 없었으나, 1963년 노동조합법을 개정하면서 "조직이 기존 노동조합의 정상적인 운영을 방해하는 것을 목적으로 하는 경우" 노동조합의 설립을 허용하지 않는다고 규정(1963년 노동조합법 제3조 제5호)하여 복수노조 금지제도가 노동법에 처음 도입되었다. 이러한 복수노조 금지조항은 1997년 노조법을 제정하면서 삭제되었음에도 기업차원의 복수노조 설립은 2010.10.1. 노조법 개정으로 2011.7.1. 시행됨에 따라 비로소 허용되었고, 교섭창구단일화의 절차와 방법에 대한 규정들도 같은 날부터 시행되어 오고 있다. 기출 24

⑤ 제3항 및 제4항에 따라 교섭대표노동조합을 결정하지 못한 경우에는 교섭창구단일화절차에 참여한 모든 노동조합은 공동으로 교섭대표단(이하 "공동교섭대표단")을 구성하여 사용자와 교섭하여야 한다. 이때 공동교섭대표단에 참여할 수 있는 노동조합은 그 조합원 수가 교섭창구단일화절차에 참여한 노동조합의 전체 조합원 100분의 10 이상인 노동조합으로 한다.

⑥ 제5항에 따른 공동교섭대표단의 구성에 합의하지 못할 경우에 노동위원회는 해당 노동조합의 신청에 따라 조합원 비율을 고려하여 이를 결정할 수 있다.

⑦ 제1항 및 제3항부터 제5항까지에 따른 교섭대표노동조합을 결정함에 있어 교섭요구사실, 조합원 수 등에 대한 이의가 있는 때에는 노동위원회는 대통령령으로 정하는 바에 따라 노동조합의 신청을 받아 그 이의에 대한 결정을 할 수 있다.

⑧ 제6항 및 제7항에 따른 노동위원회의 결정에 대한 불복절차 및 효력은 제69조와 제70조 제2항을 준용한다.

⑨ 노동조합의 교섭요구·참여방법, 교섭대표노동조합결정을 위한 조합원 수 산정기준 등 교섭창구단일화절차와 교섭비용 증가 방지 등에 관하여 필요한 사항은 대통령령으로 정한다.

⑩ 제4항부터 제7항까지 및 제9항의 조합원 수 산정은 종사근로자인 조합원을 기준으로 한다.

교섭권한 등의 위임통보(노조법 시행령 제14조)

① 노동조합과 사용자 또는 사용자단체(이하 "노동관계당사자")는 법 제29조 제3항에 따라 교섭 또는 단체협약의 체결에 관한 권한을 위임하는 경우에는 교섭사항과 권한범위를 정하여 위임하여야 한다.

② 노동관계당사자는 법 제29조 제4항에 따라 상대방에게 위임사실을 통보하는 경우에 다음 각 호의 사항을 포함하여 통보하여야 한다.
  1. 위임을 받은 자의 성명(위임을 받은 자가 단체인 경우에는 그 명칭 및 대표자의 성명)
  2. 교섭사항과 권한범위 등 위임의 내용

노동조합의 교섭요구시기 및 방법(노조법 시행령 제14조의2)

① 노동조합은 해당 사업 또는 사업장에 단체협약이 있는 경우에는 법 제29조 제1항 또는 제29조의2 제1항에 따라 그 유효기간 만료일 이전 3개월이 되는 날부터 사용자에게 교섭을 요구할 수 있다. 다만, 단체협약이 2개 이상 있는 경우에는 먼저 이르는 단체협약의 유효기간 만료일 이전 3개월이 되는 날부터 사용자에게 교섭을 요구할 수 있다.

② 노동조합은 제1항에 따라 사용자에게 교섭을 요구하는 때에는 노동조합의 명칭, 그 교섭을 요구한 날 현재의 종사근로자인 조합원 수 등 고용노동부령으로 정하는 사항을 적은 서면으로 해야 한다.

노동조합 교섭요구사실의 공고(노조법 시행령 제14조의3)

① 사용자는 노동조합으로부터 제14조의2에 따라 교섭요구를 받은 때에는 그 요구를 받은 날부터 7일간 그 교섭을 요구한 노동조합의 명칭 등 고용노동부령으로 정하는 사항을 해당 사업 또는 사업장의 게시판 등에 공고하여 다른 노동조합과 근로자가 알 수 있도록 하여야 한다.

② 노동조합은 사용자가 제1항에 따른 교섭요구사실의 공고를 하지 아니하거나 다르게 공고하는 경우에는 고용노동부령으로 정하는 바에 따라 노동위원회에 시정을 요청할 수 있다. 기출 23

③ 노동위원회는 제2항에 따라 시정요청을 받은 때에는 그 요청을 받은 날부터 10일 이내에 그에 대한 결정을 하여야 한다.

다른 노동조합의 교섭요구시기 및 방법(노조법 시행령 제14조의4)

제14조의2에 따라 사용자에게 교섭을 요구한 노동조합이 있는 경우에 사용자와 교섭하려는 다른 노동조합은 제14조의3 제1항에 따른 공고기간 내에 제14조의2 제2항에 따른 사항을 적은 서면으로 사용자에게 교섭을 요구하여야 한다.

교섭요구노동조합의 확정(노조법 시행령 제14조의5)

① 사용자는 제14조의3 제1항에 따른 공고기간이 끝난 다음 날에 제14조의2 및 제14조의4에 따라 교섭을 요구한 노동조합을 확정하여 통지하고, 그 교섭을 요구한 노동조합의 명칭, 그 교섭을 요구한 날 현재의 종사근로자인 조합원 수 등 고용노동부령으로 정하는 사항을 5일간 공고해야 한다.

② 제14조의2 및 제14조의4에 따라 교섭을 요구한 노동조합은 제1항에 따른 노동조합의 공고내용이 자신이 제출한 내용과 다르게 공고되거나 공고되지 아니한 것으로 판단되는 경우에는 제1항에 따른 공고기간 중에 사용자에게 이의를 신청할 수 있다.

③ 사용자는 제2항에 따른 이의신청의 내용이 타당하다고 인정되는 경우 신청한 내용대로 제1항에 따른 공고기간이 끝난 날부터 5일간 공고하고 그 이의를 제기한 노동조합에 통지하여야 한다.

④ 사용자가 제2항에 따른 이의신청에 대하여 다음 각 호의 구분에 따른 조치를 한 경우에는 해당 노동조합은 해당 호에서 정한 날부터 5일 이내에 고용노동부령으로 정하는 바에 따라 노동위원회에 시정을 요청할 수 있다.
  1. 사용자가 제3항에 따른 공고를 하지 아니한 경우 : 제1항에 따른 공고기간이 끝난 다음 날
  2. 사용자가 해당 노동조합이 신청한 내용과 다르게 제3항에 따른 공고를 한 경우 : 제3항에 따른 공고기간이 끝난 날
⑤ 노동위원회는 제4항에 따른 시정요청을 받은 때에는 그 요청을 받은 날부터 10일 이내에 그에 대한 결정을 하여야 한다.

자율적 교섭대표노동조합의 결정 등(노조법 시행령 제14조의6)
① 제14조의5에 따라 교섭을 요구한 노동조합으로 확정 또는 결정된 노동조합은 법 제29조의2 제3항에 따라 자율적으로 교섭대표노동조합을 정하려는 경우에는 제14조의5에 따라 확정 또는 결정된 날부터 14일이 되는 날을 기한으로 하여 그 교섭대표노동조합의 대표자, 교섭위원 등을 연명으로 서명 또는 날인하여 사용자에게 통지해야 한다.
② 사용자에게 제1항에 따른 교섭대표노동조합의 통지가 있은 이후에는 그 교섭대표노동조합의 결정절차에 참여한 노동조합 중 일부 노동조합이 그 이후의 절차에 참여하지 않더라도 법 제29조 제2항에 따른 교섭대표노동조합의 지위는 유지된다.

1. 교섭 및 체결권한 기출 15 · 20 · 21 · 22

① 노동조합의 대표자는 그 노동조합 또는 조합원을 위하여 사용자나 사용자단체와 교섭하고 단체협약을 체결할 권한을 가진다(노조법 제29조 제1항).

② 교섭대표노동조합의 대표자는 교섭을 요구한 모든 노동조합 또는 조합원을 위하여 사용자와 교섭하고 단체협약을 체결할 권한을 가진다(노조법 제29조 제2항). 기출 23 한편 판례에 의하면 교섭창구 단일화 제도의 취지나 목적, 노조법 제29조 제2항의 규정 내용과 취지 등을 고려하면, 교섭대표노동조합의 대표자는 교섭창구 단일화 절차에 참여한 노동조합 및 조합원 전체를 대표하여 독자적인 단체협약체결권을 가지므로, 단체협약 체결 여부에 대해 원칙적으로 소수노동조합이나 그 조합원의 의사에 기속된다고 볼 수 없다고(대판 2020.10.29. 2019다262582) 한다.

2. 단일화의 원칙 및 예외적인 개별교섭

(1) 단일화의 원칙

하나의 사업 또는 사업장에서 조직형태에 관계없이 근로자가 설립하거나 가입한 노동조합이 2개 이상인 경우 노동조합은 교섭대표노동조합(2개 이상의 노동조합 조합원을 구성원으로 하는 교섭대표기구를 포함)를 정하여 교섭을 요구하여야 한다(노조법 제29조의2 제1항 본문). 기출 22

(2) 예외적인 개별교섭

하나의 사업 또는 사업장에서 2개 이상의 노동조합이 있더라도 교섭대표노조를 자율적으로 결정하는 기한 내에 사용자가 교섭창구단일화절차를 거치지 않기로 동의한 경우에는 예외적으로 해당 노동조합은 사용자와 개별적으로 교섭할 수 있다(노조법 제29조의2 제1항 단서). 기출 16 · 18

O | X 💬

1. 교섭대표노동조합의 대표자는 교섭을 요구한 모든 노동조합 또는 조합원을 위하여 사용자와 교섭하고 단체협약을 체결할 권한을 가진다.

정답 1. ○

3. 교섭창구단일화절차

(1) 교섭참여노동조합의 확정 기출 20·22·23·24

노동조합은 해당 사업 또는 사업장에 단체협약이 있는 경우에는 그 유효기간 만료일 이전 3개월이 되는 날부터 사용자에게 교섭을 요구할 수 있다. 다만, 단체협약이 2개 이상 있는 경우에는 먼저 이르는 단체협약의 유효기간 만료일 이전 3개월이 되는 날부터 사용자에게 교섭을 요구할 수 있다. 노동조합은 사용자에게 교섭을 요구하는 때에는 노동조합의 명칭, 그 교섭을 요구한 날 현재의 종사근로자인 조합원 수 등 고용노동부령으로 정하는 사항을 적은 서면으로 해야 한다(노조법 시행령 제14조의2). 사용자는 7일간 그 사실을 공고하여야 한다. 노동조합은 사용자가 교섭요구 사실의 공고를 하지 아니하거나 다르게 공고하는 경우에는 노동위원회에 시정을 요청할 수 있고, 노동위원회가 시정 요청을 받은 때에는 요청을 받은 날부터 10일 이내에 그에 대한 결정을 하여야 한다(노조법 시행령 제14조의3). 사용자와 교섭하려는 다른 노동조합은 이 공고 기간 내에 조합원 수 등을 적은 서면으로 사용자에게 교섭을 요구하여야 한다(노조법 시행령 제14조의4). 사용자는 공고기간이 끝난 다음 날에 교섭을 요구한 노동조합을 확정하여 통지하고, 그 교섭을 요구한 노동조합의 명칭, 그 교섭을 요구한 날 현재의 종사근로자인 조합원 수 등 고용노동부령으로 정하는 사항을 5일간 공고해야 한다(노조법 시행령 제14조의5 제1항).

(2) 교섭대표노동조합의 자율적 결정

1) 교섭대표노동조합의 통지 기출 21·22

교섭대표노동조합을 자율적으로 결정하는 기한 내에 사용자가 교섭창구단일화절차를 거치지 아니하기로 동의한 경우에는 사용자는 교섭을 요구한 모든 노동조합과 성실히 교섭하여야 하고, 차별적으로 대우해서는 아니 된다. 교섭대표노동조합결정절차(이하 "교섭창구단일화절차")에 참여한 모든 노동조합은 대통령령으로 정하는 기한 내에 자율적으로 교섭대표노동조합을 정한다(노조법 제29조의2 제2항·제3항). 이에 따라 모든 참여노동조합은 참여노동조합으로 확정 또는 결정된 날부터 14일이 되는 날을 기한으로 하여 교섭대표노조의 대표자, 교섭위원 등을 연명으로 서명 또는 날인하여 사용자에게 통지해야 한다(노조법 시행령 제14조의6 제1항). 사용자에게 교섭대표노동조합의 통지가 있은 이후에는 그 교섭대표노동조합의 결정절차에 참여한 노동조합 중 일부 노동조합이 그 이후의 절차에 참여하지 않더라도 법 제29조 제2항에 따른 교섭대표노동조합의 지위는 유지된다(노조법 시행령 제14조의6 제2항).

2) 자율적 결정기간의 기산일 기출 17

① 판례에 의하면 노조법 제29조의2 제1항, 같은 법 시행령(이하 "시행령") 제14조의6 제1항, 제14조의5의 내용과 함께 노동위원회법 제17조의2는 노동위원회는 처분 결과를 당사자에게 서면으로 송달하여야 하고, 처분의 효력은 결정서 등을 송달받은 날부터 발생한다고 규정하고 있는 점, 교섭대표 자율결정기간은 기간이 경과하면 더는 자율적으로 교섭대표노동조합을 결정하거나 사용자가 개별교섭 동의를 할 수 없는 효력이 발생하므로 기간의 기산일은 당사자 간에 다툼의 여지가 없을 정도로 명확하여야 하는 점 등에 비추어 보면, 시행령 제14조의5에 따른 사용자의 공고에 대하여 노동조합이 노동위원회에 시정을 요청하여 노동위원회가 결정을 한 경우에는 결정이 당사자에게 송달되어 효력이 발생한 날부터 교섭대표 자율결정기간이 진행한다고(대판 2016.1.14. 2013다84643) 한다.

② 판례에 의하면 노조법 제29조의2 제1항, 같은 법 시행령(이하 "시행령") 제14조의5, 제14조의6, 제14조의 7, 제14조의8, 제14조의9의 내용과 함께, 교섭대표노동조합을 자율적으로 결정하는 기한(이하 "교섭대표 자율결정기간")은 교섭창구단일화절차에 참여한 모든 노동조합이 자율적으로 교섭대표노동조합을 정하 는 기간이므로 결정절차 참여의 전제가 되는 교섭을 요구한 노동조합의 명칭과 대표자, 조합원 수, 교섭 요구일 등이 기간 진행 전에 모두 특정될 필요가 있는 점, 교섭창구단일화절차를 규정하고 있는 노조법과 시행령의 각 규정에 비추어 볼 때 교섭대표 자율결정기간의 기산일이 되는 '시행령 제14조의5에 따라 확정 또는 결정된 날'은 시행령 제14조의5에서 정한 교섭요구노동조합 확정절차가 종료된 날을 의미하는 것으로 해석되는 점 등을 종합하면, 교섭대표 자율결정기간의 기산일이 되는 '시행령 제14조의5에 따라 확정된 날'은 시행령 제14조의5 제1항에 따른 사용자의 공고에 대하여 노동조합이 이의를 신청하지 아니 한 경우에는 공고기간이 만료된 날을, 노동조합이 이의를 신청하여 사용자가 수정공고를 한 경우에는 수정공고기간이 만료된 날을 의미한다고(대판 2016.2.18. 2014다11550) 한다.

(3) 과반수 교섭대표노동조합 `기출` 18 · 20 · 22

자율적 결정기한까지 교섭대표노동조합을 정하지 못하고 개별교섭에 대한 사용자의 동의를 얻지 못한 경우에는 교섭창구단일화절차에 참여한 노동조합의 전체 조합원 과반수로 조직된 노동조합(2개 이상의 노동조합이 위임 또는 연합 등의 방법으로 교섭창구단일화절차에 참여한 노동조합 전체 조합원의 과반수가 되는 경우를 포함)이 교섭대표노동조합이 된다(노조법 제29조의2 제4항).

(4) 공동교섭대표단

1) 노조 간 자율적 공동교섭대표단 구성 `기출` 13 · 14 · 19 · 21

교섭대표노동조합을 결정하지 못한 경우에는 교섭창구단일화절차에 참여한 모든 노동조합은 공동으로 교섭 대표단(이하 "공동교섭대표단")을 구성하여 사용자와 교섭하여야 한다. 이때 공동교섭대표단에 참여할 수 있는 노동조합은 그 조합원 수가 교섭창구단일화절차에 참여한 노동조합의 전체 조합원 100분의 10 이상인 노동조합으로 한다(노조법 제29조의2 제5항). 공동교섭대표단에 참여할 수 있는 노동조합은 사용자와 교섭하기 위하여 소정의 기간 이내에 공동교섭대표단의 대표자, 교섭위원 등 공동교섭대표단을 구성하여 연명으로 사용자에게 통지해야 한다(노조법 시행령 제14조의8 제1항).

2) 노동위원회의 공동교섭대표단 결정

노조 간에 자율적으로 공동교섭대표단의 구성에 합의하지 못할 경우에 노동위원회는 해당 노동조합의 신청에 따라 조합원 비율을 고려하여 이를 결정할 수 있다(노조법 제29조의2 제6항). `기출` 13 · 16 · 21 · 22

(5) 노동위원회 결정에 대한 불복

교섭대표노동조합을 결정함에 있어 교섭요구사실, 조합원 수 등에 대한 이의가 있는 때에는 노동위원회는 노동조합의 신청을 받아 그 이의에 대한 결정을 할 수 있다(노조법 제29조의2 제7항). 노동위원회의 결정에 대한 불복절차 및 효력은 중재재정의 불복절차 및 효력에 관한 규정을 준용하므로, 노동위원회의 결정이 위법·월권인 경우에 한하여 이의제기를 할 수 있고, 중앙노동위원회의 재심신청이나 행정소송의 제기에 의해 그 효력이 정지되지 아니한다(노조법 제29조의2 제8항, 제69조, 제70조 제2항). **기출** 12·15·18

과반수노동조합의 교섭대표노동조합 확정 등(노조법 시행령 제14조의7)

① 법 제29조의2 제3항 및 이 영 제14조의6에 따른 교섭대표노동조합이 결정되지 못한 경우에는 법 제29조의2 제3항에 따른 교섭창구단일화절차에 참여한 모든 노동조합의 전체 종사근로자인 조합원 과반수로 조직된 노동조합(둘 이상의 노동조합이 위임 또는 연합 등의 방법으로 교섭창구단일화절차에 참여하는 노동조합 전체 종사근로자인 조합원의 과반수가 되는 경우를 포함. 이하 "과반수노동조합")은 제14조의6 제1항에 따른 기한이 끝난 날부터 5일 이내에 사용자에게 노동조합의 명칭, 대표자 및 과반수노동조합이라는 사실 등을 통지해야 한다.

② 사용자가 제1항에 따라 과반수노동조합임을 통지받은 때에는 그 통지를 받은 날부터 5일간 그 내용을 공고하여 다른 노동조합과 근로자가 알 수 있도록 해야 한다.

③ 다음 각 호의 사유로 이의를 제기하려는 노동조합은 제2항에 따른 공고기간 내에 고용노동부령으로 정하는 바에 따라 노동위원회에 이의신청을 해야 한다.
  1. 사용자가 제2항에 따른 공고를 하지 않은 경우
  2. 공고된 과반수노동조합에 대하여 그 과반수 여부에 이의가 있는 경우

④ 노동조합이 제2항에 따른 공고기간 내에 이의신청을 하지 않은 경우에는 같은 항에 따라 공고된 과반수노동조합이 교섭대표노동조합으로 확정된다.

⑤ 노동위원회는 제3항에 따른 이의신청을 받은 때에는 교섭창구단일화절차에 참여한 모든 노동조합과 사용자에게 통지하고, 조합원 명부(종사근로자인 조합원의 서명 또는 날인이 있는 것으로 한정) 등 고용노동부령으로 정하는 서류를 제출하게 하거나 출석하게 하는 등의 방법으로 종사근로자인 조합원 수에 대하여 조사·확인해야 한다.

⑥ 제5항에 따라 종사근로자인 조합원 수를 확인하는 경우의 기준일은 제14조의5 제1항에 따라 교섭을 요구한 노동조합의 명칭 등을 공고한 날로 한다.

⑦ 노동위원회는 제5항에 따라 종사근로자인 조합원 수를 확인하는 경우 둘 이상의 노동조합에 가입한 종사근로자인 조합원에 대해서는 그 종사근로자인 조합원 1명별로 다음 각 호의 구분에 따른 방법으로 종사근로자인 조합원 수를 산정한다.
  1. 조합비를 납부하는 노동조합이 하나인 경우 : 조합비를 납부하는 노동조합의 종사근로자인 조합원 수에 숫자 1을 더할 것
  2. 조합비를 납부하는 노동조합이 둘 이상인 경우 : 숫자 1을 조합비를 납부하는 노동조합의 수로 나눈 후에 그 산출된 숫자를 그 조합비를 납부하는 노동조합의 종사근로자인 조합원 수에 각각 더할 것
  3. 조합비를 납부하는 노동조합이 하나도 없는 경우 : 숫자 1을 종사근로자인 조합원이 가입한 노동조합의 수로 나눈 후에 그 산출된 숫자를 그 가입한 노동조합의 종사근로자인 조합원 수에 각각 더할 것

⑧ 노동위원회는 노동조합 또는 사용자가 제5항에 따른 서류제출요구 등 필요한 조사에 따르지 않은 경우에 고용노동부령으로 정하는 기준에 따라 종사근로자인 조합원 수를 계산하여 확인한다.

⑨ 노동위원회는 제5항부터 제8항까지의 규정에 따라 조사·확인한 결과 과반수노동조합이 있다고 인정하는 경우에는 그 이의신청을 받은 날부터 10일 이내에 그 과반수노동조합을 교섭대표노동조합으로 결정하여 교섭창구단일화절차에 참여한 모든 노동조합과 사용자에게 통지해야 한다. 다만, 그 기간 이내에 종사근로자인 조합원 수를 확인하기 어려운 경우에는 한 차례에 한정하여 10일의 범위에서 그 기간을 연장할 수 있다.

자율적 공동교섭대표단 구성 및 통지(노조법 시행령 제14조의8)

① 법 제29조의2 제3항 및 제4항에 따라 교섭대표노동조합이 결정되지 못한 경우에, 같은 조 제5항에 따라 공동교섭대표단에 참여할 수 있는 노동조합은 사용자와 교섭하기 위하여 다음 각 호의 구분에 따른 기간 이내에 공동교섭대표단의 대표자, 교섭위원 등 공동교섭대표단을 구성하여 연명으로 서명 또는 날인하여 사용자에게 통지해야 한다.
  1. 과반수노동조합이 없어서 제14조의7 제1항에 따른 통지 및 같은 조 제2항에 따른 공고가 없는 경우 : 제14조의6 제1항에 따른 기한이 만료된 날부터 10일간
  2. 제14조의7 제9항에 따라 과반수노동조합이 없다고 노동위원회가 결정하는 경우 : 제14조의7 제9항에 따른 노동위원회 결정의 통지가 있는 날부터 5일간
② 사용자에게 제1항에 따른 공동교섭대표단의 통지가 있는 이후에는 그 공동교섭대표단결정절차에 참여한 노동조합 중 일부 노동조합이 그 이후의 절차에 참여하지 않더라도 법 제29조 제2항에 따른 교섭대표노동조합의 지위는 유지된다.

`기출 22`

노동위원회결정에 의한 공동교섭대표단의 구성(노조법 시행령 제14조의9)

① 법 제29조의2 제5항 및 이 영 제14조의8 제1항에 따른 공동교섭대표단의 구성에 합의하지 못한 경우에 공동교섭대표단 구성에 참여할 수 있는 노동조합의 일부 또는 전부는 노동위원회에 법 제29조의2 제6항에 따라 공동교섭대표단 구성에 관한 결정 신청을 해야 한다.
② 노동위원회는 제1항에 따른 공동교섭대표단 구성에 관한 결정신청을 받은 때에는 그 신청을 받은 날부터 10일 이내에 총 10명 이내에서 각 노동조합의 종사근로자인 조합원 수에 따른 비율을 고려하여 노동조합별 공동교섭대표단에 참여하는 인원 수를 결정하여 그 노동조합과 사용자에게 통지해야 한다. 다만, 그 기간 이내에 결정하기 어려운 경우에는 한 차례에 한정하여 10일의 범위에서 그 기간을 연장할 수 있다.
③ 제2항에 따른 공동교섭대표단결정은 공동교섭대표단에 참여할 수 있는 모든 노동조합이 제출한 종사근로자인 조합원 수에 따른 비율을 기준으로 한다.
④ 제3항에 따른 종사근로자인 조합원 수 및 비율에 대하여 그 노동조합 중 일부 또는 전부가 이의를 제기하는 경우 종사근로자인 조합원 수의 조사·확인에 관하여는 제14조의7 제5항부터 제8항까지의 규정을 준용한다.
⑤ 공동교섭대표단 구성에 참여하는 노동조합은 사용자와 교섭하기 위하여 제2항에 따라 노동위원회가 결정한 인원 수에 해당하는 교섭위원을 각각 선정하여 사용자에게 통지하여야 한다.
⑥ 제5항에 따라 공동교섭대표단을 구성할 때에 그 공동교섭대표단의 대표자는 공동교섭대표단에 참여하는 노동조합이 합의하여 정한다. 다만, 합의되지 않은 경우에는 종사근로자인 조합원 수가 가장 많은 노동조합의 대표자로 한다.

교섭대표노동조합의 지위 유지기간 등(노조법 시행령 제14조의10)

① 법 제29조의2 제3항부터 제6항까지의 규정에 따라 결정된 교섭대표노동조합은 그 결정이 있은 후 사용자와 체결한 첫 번째 단체협약의 효력이 발생한 날을 기준으로 2년이 되는 날까지 그 교섭대표노동조합의 지위를 유지하되, 새로운 교섭대표노동조합이 결정된 경우에는 그 결정된 때까지 교섭대표노동조합의 지위를 유지한다.
② 제1항에 따른 교섭대표노동조합의 지위 유지기간이 만료되었음에도 불구하고 새로운 교섭대표노동조합이 결정되지 못할 경우 기존 교섭대표노동조합은 새로운 교섭대표노동조합이 결정될 때까지 기존 단체협약의 이행과 관련해서는 교섭대표노동조합의 지위를 유지한다.
③ 법 제29조의2에 따라 결정된 교섭대표노동조합이 그 결정된 날부터 1년 동안 단체협약을 체결하지 못한 경우에는 어느 노동조합이든지 사용자에게 교섭을 요구할 수 있다. 이 경우 제14조의2 제2항 및 제14조의3부터 제14조의9까지의 규정을 적용한다.

4. 교섭대표노동조합의 법적 지위

(1) 당사자지위의 인정

교섭대표노동조합의 대표자는 교섭을 요구한 모든 노동조합 또는 조합원을 위하여 사용자와 교섭하고 단체협약을 체결할 권한을 가진다(노조법 제29조 제2항). 판례에 의하면 교섭창구단일화 및 공정대표의무에 관련된 법령규정의 문언, 교섭창구단일화제도의 취지와 목적, 교섭대표노동조합이 아닌 노동조합 및 그 조합원의

노동3권 보장 필요성 등을 고려하면, 교섭창구단일화절차에서 교섭대표노동조합이 가지는 대표권은 법령에서 특별히 권한으로 규정하지 아니한 이상 단체교섭 및 단체협약 체결(보충교섭이나 보충협약 체결을 포함)과 체결된 단체협약의 구체적인 이행과정에만 미치는 것이고, 이와 무관하게 노사관계 전반에까지 당연히 미친다고 볼 수는 없다고(대판 2019.10.31. 2017두37772) 한다. 기출 16·17·21

(2) 지위유지기간

1) 원칙
교섭창구단일화절차를 거쳐 결정된 교섭대표노동조합은 그 결정이 있은 후 사용자와 체결한 첫 번째 단체협약의 효력이 발생한 날을 기준으로 2년이 되는 날까지 그 교섭대표노동조합의 지위를 유지하되, 새로운 교섭대표노동조합이 결정된 경우에는 그 결정된 때까지 교섭대표노동조합의 지위를 유지한다(노조법 시행령 제14조의10 제1항). 기출 19·22

2) 예외
교섭대표노동조합의 지위 유지기간이 만료되었음에도 불구하고 새로운 교섭대표노동조합이 결정되지 못할 경우 기존 교섭대표노동조합은 새로운 교섭대표노동조합이 결정될 때까지 기존 단체협약의 이행과 관련해서는 교섭대표노동조합의 지위를 유지한다(노조법 시행령 제14조의10 제2항). 기출 24

(3) 지위의 상실 기출 16·17·18·19·24
교섭대표노동조합이 그 결정된 날부터 1년 동안 단체협약을 체결하지 못한 경우에는 어느 노동조합이든지 사용자에게 교섭을 요구할 수 있다. 이 경우 교섭창구단일화절차에 관한 일반절차에 따른다(노조법 시행령 제14조의10 제3항).

✔ 핵심문제

01 노동조합 및 노동관계조정법령상 교섭창구단일화제도에 관한 설명으로 옳은 것은?(다툼이 있으면 판례에 따름)

① 하나의 사업 또는 사업장 단위에서 유일하게 존재하는 노동조합이 교섭창구단일화절차를 형식적으로 거쳤다면, 교섭대표노동조합의 지위를 취득할 수 있다.

② 교섭창구단일화절차에 따라 결정된 교섭대표노동조합이 그 결정된 날부터 6개월 동안 단체협약을 체결하지 못한 경우에는, 어느 노동조합이든지 사용자에게 교섭을 요구할 수 있다.

③ 하나의 사업 또는 사업장에서 교섭단위를 분리할 필요가 있다고 인정되는 경우에 노동관계당사자는 합의를 통하여 교섭단위를 분리할 수 있다.

④ 공동교섭대표단에 참여할 수 있는 노동조합은, 그 조합원 수가 교섭창구단일화절차에 참여한 노동조합의 전체 조합원 100분의 5 이상인 노동조합으로 한다.

⑤ 교섭대표노동조합의 지위유지기간이 만료되었음에도 불구하고 새로운 교섭대표노동조합이 결정되지 못할 경우, 기존 교섭대표노동조합은 새로운 교섭대표노동조합이 결정될 때까지 기존 단체협약의 이행과 관련해서는 교섭대표노동조합의 지위를 유지한다.

【해설】
노조법 시행령 제14조의10 제2항

정답 ⑤

5. 관련 판례

(1) 유일노조의 교섭대표노동조합지위 인정 여부

[1] 교섭창구단일화제도는 특별한 사정이 없는 한 복수 노동조합이 교섭요구노동조합으로 확정되고 그중에서 다시 모든 교섭요구노동조합을 대표할 노동조합이 선정될 필요가 있는 경우를 예정하여 설계된 체계라고 할 수 있다. 나아가 노조법 규정에 의하면, 교섭창구단일화절차를 통하여 결정된 교섭대표노동조합의 대표자는 모든 교섭요구노동조합 또는 그 조합원을 위하여 사용자와 단체교섭을 진행하고 단체협약을 체결할 권한이 있다(노조법 제29조 제2항). 그런데 해당 노동조합 이외의 노동조합이 존재하지 않아 다른 노동조합의 의사를 반영할 만한 여지가 처음부터 전혀 없었던 경우에는 이러한 교섭대표노동조합의 개념이 무의미해질 뿐만 아니라 달리 고유한 의의를 찾기도 어렵게 된다. 결국 위와 같은 교섭창구단일화제도의 취지 내지 목적, 교섭창구단일화제도의 체계 내지 관련 규정의 내용, 교섭대표노동조합의 개념 등을 종합하여 보면, <u>하나의 사업 또는 사업장 단위에서 유일하게 존재하는 노동조합은, 설령 노조법 및 그 시행령이 정한 절차를 형식적으로 거쳤다고 하더라도, 교섭대표노동조합의 지위를 취득할 수 없다</u>고 해석함이 타당하다.

[2] <u>원심은 제1심 판결 이유를 인용하여, 피고 보조참가인(이하 "참가인")이 교섭창구단일화절차를 진행하여 원고와 단체교섭을 하고 2013년 단체협약을 체결할 당시 원고 사업장에 존재하던 노동조합은 참가인이 유일하였으므로, 참가인은 교섭대표노동조합의 지위에 있지 아니하여 교섭대표노동조합의 지위유지기간을 보장받을 수 없고, 따라서 원고가 이후 새롭게 교섭창구단일화절차를 거쳐 교섭대표노동조합으로 확정된 다른 노동조합과 2014년 단체협약을 체결하면서 참가인의 단체교섭 요구를 거부한 것은 참가인에 대한 관계에서 부당노동행위에 해당하지 아니한다</u>고 판단하였다. 원심이 인용한 제1심 판결 이유를 적법하게 채택된 증거들에 비추어 살펴보면, 이러한 원심의 판단은 앞서 본 법리에 부합하는 것으로서, 거기에 상고이유 주장과 같이 교섭창구단일화절차 내지 1개의 노동조합과 교섭대표노동조합의 지위(노조법 제29조의2 제1항), 단체교섭 거부의 부당노동행위(노조법 제81조 제1항 제3호)에 관한 법리를 오해한 잘못이 없다(대판 2017.10.31. 2016두36956).

기출 19·24

(2) 노동조합 설립무효의 확인 또는 부존재확인의 소의 가부

[1] 단체교섭의 주체가 되고자 하는 노동조합으로서는 법적인 제약에 따르는 현재의 권리 또는 법률상 지위에 대한 위험이나 불안을 제거하기 위하여 다른 노동조합을 상대로 해당 노동조합이 설립될 당시부터 노조법 제2조 제4호가 규정한 주체성과 자주성 등의 실질적 요건을 흠결하였음을 들어 <u>설립무효의 확인을 구하거나 노동조합으로서의 법적 지위가 부존재한다는 확인을 구하는 소를 제기할 수 있다</u>고 보는 것이 타당하다.

[2] 확인청구소송의 인용판결은 사실심 변론종결 시를 기준으로 노동조합의 설립이 무효인 하자가 해소되거나 치유되지 아니한 채 남아 있음으로써 해당 노동조합이 노동조합으로서의 법적 지위를 갖지 아니한다는 점을 확인하는 것일 뿐 이러한 판결의 효력에 따라 노동조합의 지위가 비로소 박탈되는 것이 아니다. 그러므로 노동조합의 설립이 무효인 하자가 해소되거나 치유되지 아니한 채 존재하는지에 관한 증명은 판단의 기준시점인 사실심 변론종결 당시까지 할 수 있고, 법원은 해당 노동조합의 설립 시점부터 사실심 변론종결 당시까지 사이에 발생한 여러 가지 사정들을 종합적으로 고려하여 노동조합이 설립 과정에서 노조법 제2조 제4호가 규정한 주체성과 자주성 등의 실질적 요건을 흠결한 하자가 여전히 남아 있는지, 이에 따라 현재의 권리 또는 법률관계인 그 노동조합이 노동조합으로서의 법적 지위를 갖는지 여부를 판단하여야 한다(대판 2021.2.25. 2017다51610). **기출** 23

교섭창구단일화절차(노조법 제29조의2)

① 하나의 사업 또는 사업장에서 조직형태에 관계없이 근로자가 설립하거나 가입한 노동조합이 2개 이상인 경우 노동조합은 교섭대표노동조합(2개 이상의 노동조합 조합원을 구성원으로 하는 교섭대표기구를 포함)을 정하여 교섭을 요구하여야 한다. 다만, 제3항에 따라 교섭대표노동조합을 자율적으로 결정하는 기한 내에 사용자가 이 조에서 정하는 교섭창구단일화절차를 거치지 아니하기로 동의한 경우에는 그러하지 아니하다.

교섭단위 결정(노조법 제29조의3)

① 제29조의2에 따라 교섭대표노동조합을 결정하여야 하는 단위(이하 "교섭단위")는 하나의 사업 또는 사업장으로 한다.

② 제1항에도 불구하고 하나의 사업 또는 사업장에서 현격한 근로조건의 차이, 고용형태, 교섭관행 등을 고려하여 교섭단위를 분리하거나 분리된 교섭단위를 통합할 필요가 있다고 인정되는 경우에 노동위원회는 노동관계당사자의 양쪽 또는 어느 한쪽의 신청을 받아 교섭단위를 분리하거나 분리된 교섭단위를 통합하는 결정을 할 수 있다.

③ 제2항에 따른 노동위원회의 결정에 대한 불복절차 및 효력은 제69조와 제70조 제2항을 준용한다.

④ 교섭단위를 분리하거나 분리된 교섭단위를 통합하기 위한 신청 및 노동위원회의 결정기준·절차 등에 관하여 필요한 사항은 대통령령으로 정한다.

교섭단위 결정(노조법 시행령 제14조의11)

① 노동조합 또는 사용자는 법 제29조의3 제2항에 따라 교섭단위를 분리하거나 분리된 교섭단위를 통합하여 교섭하려는 경우에는 다음 각 호에 해당하는 기간에 노동위원회에 교섭단위를 분리하거나 분리된 교섭단위를 통합하는 결정을 신청할 수 있다. `기출 22`

1. 제14조의3에 따라 사용자가 교섭요구사실을 공고하기 전 `기출 22`
2. 제14조의3에 따라 사용자가 교섭요구사실을 공고한 경우에는 법 제29조의2에 따른 교섭대표노동조합이 결정된 날 이후

② 제1항에 따른 신청을 받은 노동위원회는 해당 사업 또는 사업장의 모든 노동조합과 사용자에게 그 내용을 통지해야 하며, 그 노동조합과 사용자는 노동위원회가 지정하는 기간까지 의견을 제출할 수 있다.

③ 노동위원회는 제1항에 따른 신청을 받은 날부터 30일 이내에 교섭단위를 분리하거나 분리된 교섭단위를 통합하는 결정을 하고 해당 사업 또는 사업장의 모든 노동조합과 사용자에게 통지해야 한다. `기출 22`

④ 제3항에 따른 통지를 받은 노동조합이 사용자와 교섭하려는 경우 자신이 속한 교섭단위에 단체협약이 있는 때에는 그 단체협약의 유효기간 만료일 이전 3개월이 되는 날부터 제14조의2 제2항에 따라 필요한 사항을 적은 서면으로 교섭을 요구할 수 있다. `기출 24`

⑤ 제1항에 따른 신청에 대한 노동위원회의 결정이 있기 전에 제14조의2에 따른 교섭요구가 있는 때에는 교섭단위를 분리하거나 분리된 교섭단위를 통합하는 결정이 있을 때까지 제14조의3에 따른 교섭요구사실의 공고 등 교섭창구단일화절차의 진행은 정지된다. `기출 22`

⑥ 제1항부터 제5항까지에서 규정한 사항 외에 교섭단위를 분리하거나 분리된 교섭단위를 통합하는 결정신청 및 그 신청에 대한 결정 등에 관하여 필요한 사항은 고용노동부령으로 정한다.

중재재정등의 확정(노조법 제69조)

① 관계당사자는 지방노동위원회 또는 특별노동위원회의 중재재정이 위법이거나 월권에 의한 것이라고 인정하는 경우에는 그 중재재정서의 송달을 받은 날부터 10일 이내에 중앙노동위원회에 그 재심을 신청할 수 있다.

② 관계당사자는 중앙노동위원회의 중재재정이나 제1항의 규정에 의한 재심결정이 위법이거나 월권에 의한 것이라고 인정하는 경우에는 행정소송법 제20조의 규정에 불구하고 그 중재재정서 또는 재심결정서의 송달을 받은 날부터 15일 이내에 행정소송을 제기할 수 있다.

③ 제1항 및 제2항에 규정된 기간 내에 재심을 신청하지 아니하거나 행정소송을 제기하지 아니한 때에는 그 중재재정 또는 재심결정은 확정된다.

④ 제3항의 규정에 의하여 중재재정이나 재심결정이 확정된 때에는 관계당사자는 이에 따라야 한다.

중재재정 등의 효력(노조법 제70조)

① 제68조 제1항의 규정에 따른 중재재정의 내용은 단체협약과 동일한 효력을 가진다.

② 노동위원회의 중재재정 또는 재심결정은 제69조 제1항 및 제2항의 규정에 따른 중앙노동위원회에의 재심신청 또는 행정소송의 제기에 의하여 그 효력이 정지되지 아니한다.

제1장 제2장 제3장 제4장 제5장 제6장 제7장 제8장 제9장

1. 원 칙 [기출] 15·16·20·21·23

교섭대표노동조합을 결정하여야 할 단위는 하나의 사업 또는 사업장으로 한다(노조법 제29조의3 제1항). 이때 노동조합의 조직형태는 관계없다. 또한 하나의 사업 또는 사업장에서 조직형태와 관계없이 근로자가 설립하거나 가입한 노동조합이 2개 이상인 경우 노동조합은 교섭대표노조를 정하여 교섭을 요구하여야 한다(노조법 제29조의2 제1항).

2. 예외(교섭단위 분리·통합)

하나의 사업 또는 사업장에서 2개 이상의 노동조합이 있더라도, 교섭대표노조를 자율적으로 결정하는 기한 내에 사용자가 교섭창구단일화절차를 거치지 않기로 동의한 경우에는, 예외적으로 해당 노동조합은 사용자와 개별적으로 교섭할 수 있다(노조법 제29조의2 제1항 단서).

(1) 신청권자

하나의 사업 또는 사업장에서 현격한 근로조건의 차이, 고용형태, 교섭관행 등을 고려하여 교섭단위를 분리하거나 분리된 교섭단위를 통합할 필요가 있다고 인정되는 경우에는 노동위원회는 노동관계당사자의 양쪽 또는 어느 한 쪽의 신청을 받아 교섭단위를 분리하거나 분리된 교섭단위를 통합하는 결정을 할 수 있다(노조법 제29조의3 제2항). 따라서 노동조합뿐만 아니라 사용자도 교섭단위분리·통합신청이 가능하다.

[기출] 19·20·22·23·24

(2) 교섭단위분리·통합결정

1) 교섭단위의 결정 절차

노동위원회는 교섭단위를 분리·통합하는 결정신청을 받은 때에는 해당 사업 또는 사업장의 모든 노동조합과 사용자에게 그 내용을 통지해야 한다. 교섭단위의 분리·통합을 인정할 수 있는 예외적인 경우에 대해서는 분리·통합을 주장하는 측이 그에 관한 구체적 사정을 주장·증명하여야 한다(대판 2022.12.15. 2022두53716). 노동위원회는 신청을 받은 날부터 30일 이내에 교섭단위 분리·통합에 관한 결정을 하고 해당 사업 또는 사업장의 모든 노동조합과 사용자에게 통지하여야 한다(노조법 시행령 제14조의11). 분리 또는 통합결정 신청은 사용자가 교섭요구사실을 공고하기 전에도 가능하고, 사용자가 교섭요구사실을 공고한 경우에는 교섭창구단일화절차에 따른 교섭대표노동조합이 결정된 날 이후에도 가능하다. [기출] 16·18·20·23·24

2) 교섭단위 분리 필요의 판단기준

판례에 의하면 노조법 제29조의3 제2항에서 규정하고 있는 '교섭단위를 분리할 필요가 있다고 인정되는 경우'란 하나의 사업 또는 사업장에서 별도로 분리된 교섭단위에 의하여 단체교섭을 진행하는 것을 정당화할 만한

O | X 💬

1. 교섭단위는 하나의 사업 또는 사업장으로 한다.
2. 노동위원회는 노동관계당사자의 신청이나 직권으로 교섭단위를 분리하는 결정을 할 수 있다.
3. 노동조합 또는 사용자는 교섭단위를 분리하여 교섭하려는 경우에는, 사용자가 교섭요구사실을 공고하기 전에도 노동위원회에 교섭단위 분리의 결정을 신청할 수 있다.

[정답] 1. O 2. × 3. O

현격한 근로조건의 차이, 고용형태, 교섭관행 등의 사정이 있고, 이로 인하여 교섭대표노동조합을 통하여 교섭창구를 단일화하는 것이 오히려 근로조건의 통일적 형성을 통해 안정적인 교섭체계를 구축하고자 하는 교섭창구단일화제도의 취지에도 부합하지 않는 결과를 발생시킬 수 있는 예외적인 경우를 의미한다(대판 2018.9.13. 2015두39361).

(3) 노동위원회 결정에 대한 불복 기출 20

노동위원회의 결정에 대한 불복절차 및 효력은 중재재정의 효력 및 불복절차에 따른다(노조법 제29조의3 제3항). 따라서 관계당사자는 교섭단위 분리에 관한 지방노동위원회의 결정이 위법이거나 월권에 의한 것이라고 인정하는 경우에는 그 결정서를 송달을 받은 날부터 10일 이내에 중앙노동위원회에 그 재심을 신청할 수 있다(노조법 제69조 제1항). 또한 관계당사자는 중앙노동위원회의 재심결정이 위법이거나 월권에 의한 것이라고 인정하는 경우에는 행정소송법 제20조의 규정에 불구하고 재심결정서의 송달을 받은 날부터 15일 이내에 행정소송을 제기할 수 있다(노조법 제69조 제2항). 지방노동위원회의 교섭단위 분리에 관한 결정 또는 중앙노동위원회의 재심결정은 중앙노동위원회에의 재심신청 또는 행정소송의 제기에 의하여 그 효력이 정지되지 아니한다(노조법 제70조 제2항).

(4) 관련 판례 – 교섭단위 분리[12]

1) 사실관계

고양도시관리공사(이하 '원고')는 고양시 일산서구 중앙로 1601에서 상시근로자 215명을 두고 건설 및 택지개발업을 영위하는 법인이다. 전국공공운수사회서비스노동조합(이하 '이 사건 노동조합')은 공공·운수·사회서비스업에 종사하는 근로자를 조직대상으로 하는 전국단위의 산업별 노동조합으로, 상급단체는 전국민주노동조합공공운수연맹이다. 2013.9.14. 원고에 근무하는 상용직 근로자 59명이 위 노동조합에 가입하였다. 한편, 원고에는 원고의 상용직 근로자들을 제외한 정규직·계약직 근로자 137명이 조합원으로 가입된 고양도시관리공사 노동조합이 있다. 이 사건 노동조합은 상용직 근로자와 일반직, 기능직 등 그 외 직종 근로자 간 근로조건의 현격한 차이, 별도의 취업규칙 적용 등을 이유로 교섭단위 분리가 필요하다며 2013.12.9. 경기지방노동위원회에 교섭단위 분리결정 신청을 하였는데, 위 위원회는 '상용직과 그 외 직종 간의 근로조건 및 고용형태에 현격한 차이가 없고, 교섭단위 분리 인정할 정도로 교섭관행이 없는 등 교섭단위를 분리할 필요가 없다'는 이유로 2014.1.17. 위 신청을 기각하는 판정(이하 '이 사건 초심판정')을 하였다. 이에 불복하여 이 사건 노동조합은 2014.1.24. 이 사건 초심판정의 취소를 구하는 재심을 신청하였고, 중앙노동위원회는 2014.2.19. 이 사건 초심판정을 취소하고, 원고의 상용직 근로자와 그 외 일반직, 기능직 등 직종 근로자의 교섭단위를 분리하여야 한다는 판정을 하였다(이하 '이 사건 재심판정'). 이에 원고는 중앙노동위원회위원장(이하 '피고')를 상대로 교섭단위 분리 결정에 대한 재심판정의 취소를 구하는 취소소송을 제기하였다.

---

12) 최근 판례는 호봉제회계직 근로자와 다른 교육공무직원 사이에 예외적으로 교섭단위를 분리할 필요성이 있는지 여부가 문제된 사안에서 일정 지역(이하 '원고 지역') 내 호봉제회계직 근로자와 다른 교육공무직원 사이에 근로조건의 현격한 차이가 존재하지 않고, 양자 사이의 고용형태에 현격한 차이가 없음은 물론 호봉제회계직 근로자들이 별도의 교섭단위를 구성하여 교섭한 관행도 존재하지 않으며, 원고 지역 내 교육공무직원은 4개 노동조합에 분산 가입되어 피고 보조참가인을 제외한 나머지 3개 노동조합은 상당 기간 동안 자율적 교섭대표노동조합을 구성하여 단체교섭을 해왔는데, 그 과정에서 교섭대표노동조합이 법령상 부여된 공정대표의무를 준수하지 않았다거나 이를 준수하였음에도 원고 지역 내 호봉제회계직 근로자 또는 피고 보조참가인의 헌법상 단체교섭권의 본질적 내용을 침해하는 등 교섭창구 단일화 제도의 취지에 반하는 결과가 발생하였다고 볼만한 구체적 사정이 주장·증명된 바도 없으므로 구 노조법 제29조의3 제2항에서 정한 '교섭단위를 분리할 필요가 있다고 인정되는 경우'라고 볼 수 없다고(대판 2022.12.15. 2022두53716) 판시하고 있다.

2) 판결요지

[1] 노조법 제29조의2, 제29조의3 제1항, 제2항의 내용과 형식, 교섭창구 단일화를 원칙으로 하면서도 일정한 경우 교섭단위의 분리를 인정하고 있는 노조법의 입법 취지 등을 고려하면, 노조법 제29조의3 제2항에서 규정하고 있는 '교섭단위를 분리할 필요가 있다고 인정되는 경우'란 하나의 사업 또는 사업장에서 별도로 분리된 교섭단위에 의하여 단체교섭을 진행하는 것을 정당화할 만한 현격한 근로조건의 차이, 고용형태, 교섭 관행 등의 사정이 있고, 이로 인하여 교섭대표노동조합을 통하여 교섭창구를 단일화하는 것이 오히려 근로조건의 통일적 형성을 통해 안정적인 교섭체계를 구축하고자 하는 교섭창구 단일화 제도의 취지에도 부합하지 않는 결과를 발생시킬 수 있는 예외적인 경우를 의미한다.

[2] 노조법 제29조의3 제3항은 교섭단위 분리 신청에 대한 노동위원회의 결정에 불복할 경우 노조법 제69조를 준용하도록 하고 있고, 노조법 제69조 제1항, 제2항은 노동위원회의 중재재정 등에 대한 불복의 사유를 '위법이거나 월권에 의한 것'인 경우로 한정하고 있다. 따라서 교섭단위 분리 신청에 대한 노동위원회의 결정에 관하여는 단순히 어느 일방에게 불리한 내용이라는 사유만으로는 불복이 허용되지 않고, 그 절차가 위법하거나, 노조법 제29조의3 제2항이 정한 교섭단위 분리결정의 요건에 관한 법리를 오해하여 교섭단위를 분리할 필요가 있다고 인정되는 경우인데도 그 신청을 기각하는 등 내용이 위법한 경우, 그 밖에 월권에 의한 것인 경우에 한하여 불복할 수 있다.

3) 판결이유

① 원심판결 이유 및 기록에 의하면 다음과 같은 사실을 알 수 있다.

   ㉠ 원고의 상용직 근로자들은 기본적으로 그 외 직종과 달리 상용직 관리규정의 별도 규율을 받는다. 특히 원고의 일반직·기능직 등 직종이 공무원 보수규정을 적용받아 호봉제를 원칙으로 하는 것과는 달리, 상용직은 상용직 관리규정의 적용을 받아 직종별로 단일화 된 기본급과 제 수당을 지급받는 구조로 이루어져 임금체계가 근본적으로 다르다.

   ㉡ 원고의 상용직 근로자들은 직제규정상 정원에 포함되지 않고, 시설물관리원, 주차원, 상담원 등의 직역으로 구성되어 그 외 직종과 업무내용이 명확히 구분되며, 다른 직종과 사이에 인사교류가 허용되지 않는다.

   ㉢ 원고의 상용직 근로자들은 그 외 직종 근로자들과 별도의 협의체 또는 노동조합을 조직·구성해 왔고, 원고가 출범하기 전 고양시 시설관리공단 소속 당시부터 그 외 직종과는 별도로 임금협약을 체결하여 왔다.

   ㉣ 반면 고양도시관리공사 노동조합이 원고와 체결한 2013년 단체협약은 상용직 근로자들에게 적용되지 않고, 고양도시관리공사 노동조합은 교섭대표노동조합으로 결정된 후에도 상용직 근로자들에 대한 부분을 포함하여 단체교섭을 진행한 바도 없다.

   ㉤ 이 사건 노동조합에는 원고의 상용직 근로자만 가입되어 있고, 고양도시관리공사 노동조합에는 그 외 직종 근로자만이 가입되어 있는 등 조합별로 소속 직종이 명확히 구분되어 있다.

② 이러한 사실 관계를 앞에서 본 규정 및 법리에 따라 살펴본다.

   ㉠ 상용직 근로자들과 그 외 직종 근로자들 사이의 근로조건 및 고용형태상 차이와 그 정도, 기존 분리 교섭 관행 등에 비추어 보면, 이 사건 노동조합이 별도로 분리된 교섭단위에 의하여 단체교섭권을 행사하는 것을 정당화할 만한 사정이 존재하고, 이로 인하여 고양도시관리공사 노동조합이 교섭대표노동조합으로서 상용직 근로자들을 계속 대표하도록 하는 것이 오히려 노동조합 사이의 갈등을 유발하는 등 근로조건의 통일적인 형성을 통해 안정적인 교섭체계를 구축하고자 하는 교섭창구 단일화

제도의 취지에도 부합하지 않는 결과를 발생시킬 수 있는 경우로 판단된다. 따라서 원고 사업 내 상용직 근로자들에 대하여는 노조법 제29조의3 제2항에서 규정하고 있는 교섭단위를 분리할 필요성이 인정된다.

ⓛ 그런데도 이 사건 초심결정은 상용직과 그 외 직종을 비교하면서 임금항목에서 동일한 기본급 체계로 이루어진 것으로 인정할 뿐 상용직 근로자들에 대한 임금체계가 상이함을 고려하지 않았고, 오히려 임금체계에 본질적 차이가 없다는 등의 이유로 교섭단위 분리의 필요성을 부정하였다. 이러한 이 사건 초심결정은 노조법에서 정한 교섭단위 분리와 관련한 법리를 오해하여 이 사건 노동조합의 교섭단위 분리 신청을 기각한 잘못이 있다.

ⓒ 따라서 교섭단위 분리 신청을 기각한 이 사건 초심결정을 위법하다고 보아 이를 취소하고 교섭단위를 분리한 이 사건 재심결정은 적법하다.

③ 원심의 이유 설시에 다소 미흡한 부분이 있지만, 이 사건 재심결정이 적법하다고 본 원심의 결론은 정당하다. 거기에 교섭단위 분리에 관한 노동위원회의 결정 및 그 불복사유에 관한 법리를 오해하여 판결에 영향을 미친 잘못이 없다(대판 2018.9.13. 2015두39361).

Ⅵ 공정대표의무

공정대표의무 등(노조법 제29조의4)
① 교섭대표노동조합과 사용자는 교섭창구단일화절차에 참여한 노동조합 또는 그 조합원 간에 합리적 이유 없이 차별을 하여서는 아니 된다.
② 노동조합은 교섭대표노동조합과 사용자가 제1항을 위반하여 차별한 경우에는 그 행위가 있은 날(단체협약의 내용의 일부 또는 전부가 제1항에 위반되는 경우에는 단체협약 체결일)부터 3개월 이내에 대통령령으로 정하는 방법과 절차에 따라 노동위원회에 그 시정을 요청할 수 있다.
③ 노동위원회는 제2항에 따른 신청에 대하여 합리적 이유 없이 차별하였다고 인정한 때에는 그 시정에 필요한 명령을 하여야 한다.
④ 제3항에 따른 노동위원회의 명령 또는 결정에 대한 불복절차 등에 관하여는 제85조 및 제86조를 준용한다.

구제명령의 확정(노조법 제85조)
① 지방노동위원회 또는 특별노동위원회의 구제명령 또는 기각결정에 불복이 있는 관계당사자는 그 명령서 또는 결정서의 송달을 받은 날부터 10일 이내에 중앙노동위원회에 그 재심을 신청할 수 있다.
② 제1항의 규정에 의한 중앙노동위원회의 재심판정에 대하여 관계당사자는 그 재심판정서의 송달을 받은 날부터 15일 이내에 행정소송법이 정하는 바에 의하여 소를 제기할 수 있다.
③ 제1항 및 제2항에 규정된 기간 내에 재심을 신청하지 아니하거나 행정소송을 제기하지 아니한 때에는 그 구제명령·기각결정 또는 재심판정은 확정된다.
④ 제3항의 규정에 의하여 기각결정 또는 재심판정이 확정된 때에는 관계당사자는 이에 따라야 한다.
⑤ 사용자가 제2항의 규정에 의하여 행정소송을 제기한 경우에 관할법원은 중앙노동위원회의 신청에 의하여 결정으로써, 판결이 확정될 때까지 중앙노동위원회의 구제명령의 전부 또는 일부를 이행하도록 명할 수 있으며, 당사자의 신청에 의하여 또는 직권으로 그 결정을 취소할 수 있다.

구제명령등의 효력(노조법 제86조)
노동위원회의 구제명령·기각결정 또는 재심판정은 제85조의 규정에 의한 중앙노동위원회에의 재심신청이나 행정소송의 제기에 의하여 그 효력이 정지되지 아니한다. 기출 24

1. 의 의

교섭대표노동조합과 사용자는 교섭창구단일화절차에 참여한 노동조합 또는 그 조합원 간에 합리적 이유 없이 차별을 하여서는 아니 된다(노조법 제29조의4 제1항). 공정대표의무란 교섭대표노동조합이 절차에 참여한 노동조합이나 그 조합원을 차별하지 아니하고 공정하게 대표할 의무로, 교섭대표노동조합의 권한에 따른 의무라고 할 수 있으나, 노조법은 교섭대표노동조합뿐만 아니라 사용자에게도 공정대표의무를 부과하고 있다.

기출 19 · 21 · 23 · 24

2. 범 위

공정대표의무의 취지와 기능 등에 비추어 보면, 공정대표의무는 단체교섭의 과정이나 그 결과물인 단체협약의 내용뿐만 아니라 단체협약의 이행과정에서도 준수되어야 한다(대판 2018.8.30. 2017다218642). 기출 19 · 21

3. 증명책임

교섭대표노동조합이나 사용자가 교섭창구단일화절차에 참여한 다른 노동조합 또는 그 조합원을 차별한 것으로 인정되는 경우, 그와 같은 차별에 합리적인 이유가 있다는 점은 교섭대표노동조합이나 사용자에게 주장 · 증명책임이 있다(대판 2018.8.30. 2017다218642). 기출 19 · 23 · 24

4. 공정대표의무의 구체적 내용

(1) 절차적 공정대표의무

1) 의 의

단체교섭과정에서 교섭대표노동조합이 비대표노동조합의 의견을 충분히 수렴할 의무를 의미한다.

2) 의무 위반의 판단기준

교섭대표노동조합이 단체교섭과정의 모든 단계에 있어서 소수노동조합에 일체의 정보를 제공하거나 그 의견을 수렴하는 절차를 완벽하게 거치지 아니하였다고 하여 곧바로 공정대표의무를 위반하였다고 단정할 것은 아니고, 이때 절차적 공정대표의무를 위반한 것으로 보기 위해서는 단체교섭의 전 과정을 전체적 · 종합적으로 고찰하여 기본적이고 중요한 사항에 관한 정보제공 및 의견수렴절차를 누락하거나 충분히 거치지 아니한 경우 등과 같이 교섭대표노동조합이 가지는 재량권을 일탈 · 남용함으로써 소수노동조합을 합리적 이유 없이 차별하였다고 평가할 수 있는 정도에 이르러야 한다(대판 2020.10.29. 2017다263192).

3) 잠정합의안에 대한 대의원 결의절차와 관련된 의무위반 여부

판례에 의하면 교섭대표노동조합이 사용자와 단체교섭과정에서 마련한 단체협약 잠정합의안에 대하여 자신의 조합원 총회 또는 총회에 갈음할 대의원회의 찬반투표절차를 거치는 경우, 소수노동조합의 조합원들에게 동등하게 그 절차에 참여할 기회를 부여하지 않거나 잠정합의안에 대한 가결 여부를 정하는 과정에서 그들의 찬반의사를 고려 또는 채택하지 않았더라도 그것만으로는 절차적 공정대표의무를 위반하였다고 단정할 수 없다고(대판 2020.10.29. 2017다263192) 한다.

4) 정보제공 및 의견수렴과 관련된 의무위반 여부[13]

그러나 갑 노동조합이 교섭대표노동조합으로서 회사와 단체교섭을 진행하여 잠정합의안이 마련되자 조합원총회를 갈음하는 임시대의원회를 개최하여 이를 가결하였는데, 그 과정에서 교섭창구 단일화 절차에 참여한 다른 노동조합인 을 노동조합에 잠정합의안 마련사실을 알리거나 이에 대해 설명하고 그로부터 의견을 수렴하지 않았고, 임시대의원회에 을 노동조합의 대의원이나 조합원을 참여시키지 않은 경우, 갑 노동조합이 을 노동조합에 잠정합의안 마련사실을 알리거나 이에 대하여 설명하고 그로부터 의견을 수렴하는 절차를 전혀 거치지 않은 것은 절차적 공정대표의무를 위반한 것으로 을 노동조합에 대한 불법행위가 되므로, 갑 노동조합은 이로 인한 위자료 배상책임을 부담한다고(대판 2020.10.29. 2019다262582) 한다.

(2) 실체적 공정대표의무

1) 의 의

단체협약과 그 협약의 이행과정에서 합리적인 이유 없이 비대표노동조합과 그 조합원을 차별하지 아니할 의무를 말한다.

2) 차별적인 노조사무실의 제공

판례는 노동조합의 존립과 발전에 필요한 일상적인 업무가 이루어지는 공간으로서 노동조합사무실이 가지는 중요성을 고려하면, 사용자가 단체협약 등에 따라 교섭대표노동조합에 상시적으로 사용할 수 있는 노동조합사무실을 제공한 이상, 특별한 사정이 없는 한 교섭창구단일화절차에 참여한 다른 노동조합에도 반드시 일률적이거나 비례적이지는 않더라도 상시적으로 사용할 수 있는 일정한 공간을 노동조합사무실로 제공하여야 한다고 봄이 타당하다. 이와 달리 교섭대표노동조합에는 노동조합사무실을 제공하면서 교섭창구단일화절차에 참여한 다른 노동조합에는 물리적 한계나 비용 부담 등을 이유로 노동조합사무실을 전혀 제공하지 않거나 일시적으로 회사 시설을 사용할 수 있는 기회를 부여하였다고 하여 차별에 합리적인 이유가 있다고 볼 수 없다고(대판 2018.8.30. 2017다218642) 판시하고 있다. **기출 24**

---

13) 갑 노동조합이 교섭대표노동조합으로서 회사와 단체교섭을 진행하여 잠정합의안이 마련되자 조합원총회를 갈음하는 임시대의원회를 개최하여 이를 가결하였는데, 그 과정에서 교섭창구 단일화 절차에 참여한 다른 노동조합인 을 노동조합에 잠정합의안 마련사실을 알리거나 이에 대해 설명하고 그로부터 의견을 수렴하지 않았고, 임시대의원회에 을 노동조합의 대의원이나 조합원을 참여시키지 않은 사안에서, 갑 노동조합이 단체협약 체결 여부를 결정하기 위하여 잠정합의안에 대한 임시대의원회의 결의를 거치면서 대표권이 없는 을 노동조합의 대의원 또는 조합원들에게 동등하게 해당 절차에 참여할 기회를 부여하지 않았다고 하더라도 차별의 문제는 발생하지 아니하므로, 차별의 존재를 전제로 하는 절차적 공정대표의무 위반은 인정하기 어려우나, 갑 노동조합이 단체교섭의 과정에서 중요한 사항인 잠정합의안에 대하여 자신의 대의원들에게만 이를 알리고 대의원회의 결의 절차를 거쳤을 뿐 을 노동조합에 대해서는 잠정합의안 마련사실을 알리거나 이에 대하여 설명하고 그로부터 의견을 수렴하는 절차를 전혀 거치지 않은 것은, 단체교섭의 전 과정을 전체적·종합적으로 살펴볼 때 교섭대표노동조합이 가지는 재량권의 범위를 일탈하여 을 노동조합을 합리적 이유 없이 차별함으로써 절차적 공정대표의무를 위반한 것이며, 그 위반에 대한 갑 노동조합의 고의 또는 과실도 인정되고, 나아가 갑 노동조합의 위와 같은 절차적 차별에 의한 공정대표의무 위반행위는 을 노동조합에 대한 불법행위가 되므로, 갑 노동조합으로서는 이로 인한 위자료 배상책임을 부담하는데도, 이와 달리 본 원심판단에 법리오해의 잘못이 있다고 한 사례(대판 2020.10.29. 2019다262582)

3) 차별적인 금품지급

판례는 사용자단체가 교섭대표노동조합과 단체협약을 체결하면서 단체협약에 사용자의 노동조합에 대한 금품지급의무를 대신 이행하도록 정하고 사용자로부터 그 지급사무의 처리를 위임받은 경우, 사용자단체는 그 위임의 본지에 따라 선량한 관리자의 주의로써 위임사무를 처리하여야 하고, 위임인인 사용자의 지시가 있으면 우선적으로 그에 따라야 하므로, 사용자가 수임인인 사용자단체를 통하여 합리적 이유 없이 교섭대표노동조합에만 단체협약에 정해진 금품을 지급하는 등 공정대표의무를 위반한 때에는 교섭대표노동조합이 되지 못한 노동조합은 노동위원회에 시정을 요청할 수 있다고(대판 2019.4.23. 2016두42654) 한다.

4) 근로조건 결정권한의 포괄적 위임

[1] 교섭창구 단일화 및 공정대표의무에 관련된 법령 규정의 문언, 교섭창구 단일화 제도의 취지와 목적, 교섭대표노동조합이 아닌 노동조합 및 그 조합원의 노동3권 보장 필요성 등을 고려하면, 교섭창구 단일화 절차에서 교섭대표노동조합이 가지는 대표권은 법령에서 특별히 권한으로 규정하지 아니한 이상 단체교섭 및 단체협약 체결(보충교섭이나 보충협약 체결을 포함)과 체결된 단체협약의 구체적인 이행 과정에만 미치는 것이고, 이와 무관하게 노사관계 전반에까지 당연히 미친다고 볼 수는 없다.

[2] 사용자가 교섭대표노동조합과 체결한 단체협약에서 교섭대표노동조합이 되지 못한 노동조합 소속 조합원들을 포함한 사업장 내 근로자의 근로조건에 관하여 단체협약 자체에서는 아무런 정함이 없이 추후 교섭대표노동조합과 사용자가 합의ㆍ협의하거나 심의하여 결정하도록 정한 경우, 그 문언적 의미와 단체협약에 대한 법령 규정의 내용, 취지 등에 비추어 위 합의ㆍ협의 또는 심의결정이 단체협약의 구체적인 이행에 해당한다고 볼 수 없고 보충협약에 해당한다고 볼 수도 없는 때에는, 이는 단체협약 규정에 의하여 단체협약이 아닌 다른 형식으로 근로조건을 결정할 수 있도록 포괄적으로 위임된 것이라고 봄이 타당하다. 따라서 위 합의ㆍ협의 또는 심의결정은 교섭대표노동조합의 대표권 범위에 속한다고 볼 수 없다. 그럼에도 사용자와 교섭대표노동조합이 단체협약 규정에 의하여, 교섭대표노동조합만이 사용자와 교섭대표노동조합이 되지 못한 노동조합 소속 조합원들의 근로조건과 관련이 있는 사항에 관하여 위와 같이 합의ㆍ협의 또는 심의결정할 수 있도록 규정하고, 교섭대표노동조합이 되지 못한 노동조합을 위 합의ㆍ협의 또는 심의결정에서 배제하도록 하는 것은, 교섭대표노동조합이 되지 못한 노동조합이나 그 조합원을 합리적 이유 없이 차별하는 것으로서 공정대표의무에 반한다(대판 2019.10.31. 2017두37772).

5. 노동위원회 결정에 대한 불복

노동조합은 교섭대표노동조합과 사용자가 공정대표의무에 위반하여 차별한 경우에는 그 행위가 있은 날(단체협약의 내용의 일부 또는 전부가 공정대표의무에 위반되는 경우에는 단체협약 체결일)부터 3개월 이내에 대통령령으로 정하는 방법과 절차에 따라 노동위원회에 그 시정을 요청할 수 있다(노조법 제29조의4 제2항). 노동위원회는 노동조합의 시정요청에 대하여 합리적 이유 없이 차별하였다고 인정한 때에는 그 시정에 필요한 명령을 하여야 한다(노조법 제29조의4 제3항). 노동위원회의 명령 또는 결정에 대한 불복절차 등에 관하여는 부당노동행위구제명령에 대한 구제절차를 준용한다(노조법 제29조의4 제4항, 제85조, 제86조). **기출** 17ㆍ19ㆍ20ㆍ21ㆍ23

> **공정대표의무 위반에 대한 시정(노조법 시행령 제14조의12)**
>
> ① 노동조합은 법 제29조의2에 따라 결정된 교섭대표노동조합과 사용자가 법 제29조의4 제1항을 위반하여 차별한 경우에는 고용노동부령으로 정하는 바에 따라 노동위원회에 공정대표의무 위반에 대한 시정을 신청할 수 있다.
> ② 노동위원회는 제1항에 따른 공정대표의무 위반의 시정신청을 받은 때에는 지체 없이 필요한 조사와 관계당사자에 대한 심문(審問)을 하여야 한다. `기출 23`
> ③ 노동위원회는 제2항에 따른 심문을 할 때에는 관계당사자의 신청이나 직권으로 증인을 출석하게 하여 필요한 사항을 질문할 수 있다. `기출 23`
> ④ 노동위원회는 제2항에 따른 심문을 할 때에는 관계당사자에게 증거의 제출과 증인에 대한 반대심문을 할 수 있는 충분한 기회를 주어야 한다.
> ⑤ 노동위원회는 제1항에 따른 공정대표의무 위반의 시정신청에 대한 명령이나 결정을 서면으로 하여야 하며, 그 서면을 교섭대표노동조합, 사용자 및 그 시정을 신청한 노동조합에 각각 통지하여야 한다.
> ⑥ 노동위원회의 제1항에 따른 공정대표의무 위반의 시정신청에 대한 조사와 심문에 관한 세부절차는 중앙노동위원회가 따로 정한다.

Ⅶ 교섭창구단일화제도의 위헌 여부

'노조법'상의 교섭창구단일화제도는 교섭절차를 일원화하여 효율적이고 안정적인 교섭체계를 구축하기 위한 것으로, 단체교섭권의 실질적인 보장을 위한 불가피한 제도라고 볼 수 있다. 더욱이 교섭대표노동조합이 되지 못한 소수 노동조합을 보호하기 위해 사용자와 교섭대표노동조합에게 공정대표의무를 부과하여 교섭창구단일화를 일률적으로 강제할 경우 발생하는 문제점을 보완하고 있다. 한편, 청구인들은 소수 노동조합에게 교섭권을 인정하는 자율교섭제도 채택을 주장하고 있으나, 자율교섭제도가 교섭창구단일화제도보다 단체교섭권을 덜 침해하는 제도라고 단언할 수 없다. 따라서 위 '노조법' 조항들이 과잉금지원칙을 위반하여 청구인들의 단체교섭권을 침해한다고 볼 수 없다(헌재 2012.4.24. 2011헌마338).

O | X 💬

1. 교섭창구단일화절차에 참여한 노동조합은 교섭대표노동조합과 사용자가 체결한 단체협약의 내용의 일부 또는 전부가 공정대표의무에 위반되는 경우에는 단체협약 체결일부터 3개월 이내에 대통령령으로 정하는 방법과 절차에 따라 노동위원회에 그 시정을 요청할 수 있다.

`정답` 1. ○

Ⅷ 단체교섭의 대상

1. 의 의

(1) 개 념

단체교섭의 대상이라 함은 법률의 규정 또는 노사당사자 간의 합의에 의하여 단체교섭의 주제 또는 목적으로 부의된 사항을 말한다.

(2) 범 위

단체교섭의 대상인지 아닌지에 따라 쟁의행위의 정당성 및 부당노동행위의 성립범위가 달라지므로, 그 범위와 관련하여 근로자와 사용자 간에는 첨예한 이해관계의 대립이 발생한다. 판례는 단체교섭의 대상은 근로자의 근로조건 기타 근로자의 대우뿐만 아니라 집단적 노사관계에 관한 사항으로서 사용자가 처분할 수 있는 사항을 의미한다고(대판 2003.12.26. 2003두8906) 판시하고 있다. 기출 14 · 16

2. 단체교섭의 대상

(1) 교섭 대상의 유형

1) 의무적 교섭사항

노동조합이 그 대상에 관한 교섭제의를 하는 경우, 사용자가 정당한 이유 없이 거부하면 부당노동행위가 되고, 단체교섭이 결렬되는 경우에는 노동쟁의 조정의 신청 및 쟁의행위를 실시할 수 있는 교섭대상을 말한다.

2) 임의적 교섭사항

노동조합이 그 대상에 관한 교섭제의를 하는 경우, 사용자가 그 교섭을 거부하여도 부당노동행위가 성립하지 아니하고, 양 당사자가 합의하는 경우에만 단체협약을 체결할 수 있으며, 단체교섭이 결렬되는 경우에도 노동쟁의 조정 신청 및 쟁의행위를 실시할 수 없는 교섭대상을 말한다.

3) 금지(위법)적 교섭사항

교섭하는 것 자체가 위법이며, 합의하여 단체협약을 체결하여도 무효가 되는 교섭사항을 말한다.

✔ 핵심문제

01 노동조합 및 노동관계조정법령상 공정대표의무에 관한 설명으로 옳지 않은 것은?(다툼이 있으면 판례에 따름)

① 사용자는 교섭창구단일화절차에 참여한 노동조합 또는 그 조합원 간에 합리적 이유 없이 차별을 하여서는 아니 된다.

② 노동조합은 교섭대표노동조합이 공정대표의무를 위반하여 차별한 경우에는 그 행위가 있은 날부터 6개월 이내에 노동위원회에 그 시정을 요청할 수 있다.

③ 공정대표의무 위반에 대한 형사벌칙 규정이 없다.

④ 사용자가 교섭창구단일화절차에 참여한 다른 노동조합 또는 그 조합원을 차별한 것으로 인정되는 경우, 차별에 합리적인 이유가 있다는 점은 사용자에게 주장 · 증명책임이 있다.

⑤ 공정대표의무는 단체교섭의 과정이나 그 결과물인 단체협약의 내용뿐만 아니라 단체협약의 이행과정에서도 준수되어야 한다.

【 해설 】
노동조합은 교섭대표노동조합이 공정대표의무를 위반하여 차별한 경우에는 그 행위가 있은 날부터 3개월 이내에 대통령령으로 정하는 방법과 절차에 따라 노동위원회에 그 시정을 요청할 수 있다(노조법 제29조의4 제2항).

정답 ②

(2) 구체적 검토

1) 근로자의 근로조건에 관한 사항

① 임금·근로시간·휴일·휴가·안전·위생·재해보상, 기타 근로조건에 관한 사항은 의무적 교섭사항이 된다. 비조합원에 관한 사항 또는 근로자 개인에 관한 사항도 당해 노동조합 또는 조합원의 근로조건에 영향을 미치는 경우에는 단체교섭의 대상이 된다.

② 전직·징계 및 해고 등 조합원 전체의 인사에 관한 기준이나 절차에 관한 사항도 단체교섭의 대상이 된다. 판례는 면직기준과 상벌위원회의 설치 및 그 구성 등 상벌위원회 관련 사항도 그것이 사업장에서의 합리적이고 공정한 인사나 제재를 도모하기 위하여 필요한 범위 내에서는 근로기준법 제93조 제12호 소정의 '표창과 제재에 관한 사항'에 속하는 것으로서 근로조건에 해당한다고(대판 1996.2.23. 94누9177) 판시하여, 같은 입장이다.

③ 한편, 특정 조합원의 인사사항이 의무적 교섭사항이 되는지 여부와 관련하여 견해가 대립하고 있다.

2) 권리분쟁에 관한 사항

권리분쟁이라 함은 법령·단체협약 및 취업규칙상의 권리·의무관계에 대한 해석 및 이행 등과 관련하여 발생한 분쟁을 말한다. 권리분쟁은 이미 확정된 권리·의무관계에 대한 분쟁이라는 점에서 취업규칙의 개정·단체협약의 체결 등 새로운 권리·의무관계를 설정하려는 과정에서 발생한 이익분쟁과 구별된다. 권리분쟁이 단체교섭 대상이 되는지 여부와 관련하여 견해가 대립되고 있는데, 생각건대 이는 민사소송이나 노동위원회를 통하여 해결되어야 하는 문제라는 점에서 단체교섭 대상은 되지 아니한다고 판단된다. 최근 판례도 같은 취지에서 노동조합의 요구사항은 단순히 기존의 단체협약의 해석, 적용에 관한 사항을 주장하는 것이 아니라 단체협약의 이행을 실효적으로 확보할 수 있는 방안을 강구하기 위한 것이므로 이를 목적으로 한 쟁의행위는 근로조건의 결정에 관한 사항을 목적으로 한 쟁의행위에 해당한다고(대판 2022.12.16. 2015도8190) 판시하고 있다.[14]

3) 집단적 노사관계

노동조합이 그 본래의 활동을 하기 위하여 필요한 사항, 예컨대 조합활동에 관한 사항, 단체교섭절차에 관한 사항, 노사협의기구·고충처리기관 등에 관한 사항, 쟁의행위의 개시방법에 관한 사항 및 조정·중재에 관한 사항 등 집단적 노사관계에 해당하는 사항도 의무적 교섭 대상이 된다. 다만, 종래 판례는 노조전임제는 노동조합에 대한 편의제공의 한 형태로서 사용자가 단체협약 등을 통하여 승인하는 경우에 인정되는 것일 뿐 사용자와 근로자 사이의 근로계약관계에 있어서 근로자의 대우에 관하여 정한 근로조건이라고 할 수 없는 것이고, 단순히 임의적 교섭사항에 불과하다고(대판 1996.2.23. 94누9177) 판시하였다. 그러나 최근 판례는 단체교섭의 대상이 되는 단체교섭사항에 해당하는지 여부는 헌법 제33조 제1항과 노조법 제29조에서 근로자에게

---

14) 아래에서 판결이유를 살펴본다.
　　이 사건 파업의 주된 목적은 G 사장의 퇴진이 아닌 방송의 공정성 확보에 있다. F은 관계 법령 및 단체협약에 의하여 인정된 공정방송의 의무를 위반하고 그 구성원들의 방송의 자유를 침해하였을 뿐만 아니라 그 구성원인 근로자의 구체적인 근로환경 또는 근로조건을 악화시켰다 할 것이므로, 피고인 A 등을 비롯한 F의 근로자들은 그 시정을 구할 수 있다. 피고인 A 등의 요구사항은 단순히 기존의 단체협약의 해석, 적용에 관한 사항을 주장하는 것이 아니라 공정방송을 위한 단체협약의 이행을 실효적으로 확보할 수 있는 방안을 강구하기 위한 것이므로, 이를 목적으로 한 쟁의행위는 근로조건의 결정에 관한 사항을 목적으로 한 쟁의행위에 해당한다. 이 사건 파업은 목적의 정당성이 인정된다(대판 2022.12.16. 2015도8190).

제1장
제2장
제3장
제4장
제5장
제6장
제7장
제8장
제9장

단체교섭권을 보장한 취지에 비추어 판단하여야 하므로 일반적으로 <u>구성원인 근로자의 노동조건 기타 근로자의 대우 또는 당해 단체적 노사관계의 운영에 관한 사항으로 사용자가 처분할 수 있는 사항은 단체교섭의 대상인 단체교섭사항에 해당한다고</u>(대판 2003.12.26. 2003두8906) 판시하여, 집단관계가 단체교섭 대상이 됨을 인정하고 있다.

4) 경영사항

① **문제점** : 경영권은 사용자가 기업경영에 필요한 기업시설의 관리·운영 및 인사 등에 대하여 가지는 권리라고 할 수 있다. 이러한 경영권에 속하는 사항인 경영사항이 단체교섭의 대상이 되는지가 문제된다.

② **학설** : 사용자는 헌법상 경영권을 가지는데, 경영사항은 근로조건이 아닌 경영권 내지 경영전권에 속하므로 교섭사항이 될 수 없다는 견해(부정설)와, 경영사항을 경영의사의 결정과 그에 따른 효과로 구분하여 후자만 교섭사항으로 보는 견해(결정·효과 구분설), 그리고 경영사항이라도 근로조건의 유지·개선이나 근로자의 지위와 관련 있다면 교섭사항으로 볼 수 있다는 견해(제한적 긍정설) 등이 주장되고 있다.

③ **판례** `기출` 12·16·18·21

　㉠ **구조조정의 실시 여부** : <u>정리해고나 사업조직의 통폐합 등 기업의 구조조정 실시 여부는 경영주체에 의한 고도의 경영상 결단에 속하는 사항으로서 이는 원칙적으로 단체교섭의 대상이 될 수 없으므로,</u> 그것이 긴박한 경영상의 필요나 합리적인 이유 없이 불순한 의도로 추진되는 등의 특별한 사정이 없는 한, 비록 구조조정 실시로 근로자들의 지위나 근로조건의 변경이 필연적으로 수반된다 하더라도 사용자는 단체교섭을 정당하게 거부할 수 있다(대판 2011.1.27. 2010도11030).

　㉡ **경영권에 속하는 사항** : 단체협약 중 조합원의 차량별 고정승무발령, 배차시간, 대기기사 배차순서 및 일당기사 배차에 관하여 노조와 사전합의를 하도록 한 조항은 그 내용이 한편으로는 <u>사용자의 경영권에 속하는 사항이지만, 다른 한편으로는 근로자들의 근로조건과도 밀접한 관련이 있는 부분으로서 사용자의 경영권을 근본적으로 제약하는 것은 아니라고 보여지므로 단체협약의 대상이 될 수 있고,</u> 그 내용 역시 헌법이나 노조법, 기타 노동관계법규에 어긋나지 아니하므로 정당하다(대판 1994.8.26. 93누8993).

④ **검토** : <u>기업의 구조조정 실시 여부와 같은 경영사항은 경영주체에 의한 고도의 경영상 결단에 속하는 사항으로, 이는 원칙적으로 단체교섭의 대상이 될 수 없으나, 근로조건과 밀접한 관련이 있는 경우에는 단체교섭의 대상이 될 수 있다고 보는 것이 타당하다.</u>

5) 경영사항에 대한 단체협약상 합의조항이 있는 경우

① **학설** : 당사자 사이에 단체협약을 통하여 결정하기로 합의한 경우에는 의무적 교섭사항으로 전환된다는 교섭 대상 긍정설과, 합의를 근거로 한 교섭사항은 노동조합이 단체교섭권을 근거로 교섭을 요구할 수 있는 사항과는 구별된다는 교섭 대상 부정설이 대립하고 있다.

② **판례** : 판례는 사용자가 경영권의 본질에 속하여 단체교섭의 대상이 될 수 없는 사항에 관하여 노동조합과 '합의'하여 결정 혹은 시행하기로 하는 단체협약의 일부 조항이 있는 경우, 그 조항 하나만을 주목하여 쉽게 사용자의 경영권의 일부 포기나 중대한 제한을 인정하여서는 아니 되고, 그와 같은 단체협약을 체결하게 된 경위와 당시의 상황, 단체협약의 다른 조항과의 관계, 권한에는 책임이 따른다는 원칙에 입각하여 노동조합이 경영에 대한 책임까지도 분담하고 있는지 여부 등을 종합적으로 검토하여 그 조항에 기재된 '합의'의 의미를 해석하여야 한다고(대판 2002.2.26. 99도5380) 하여, <u>단체협약상의 합의를 협의로 해석함으로써 단체교섭의 대상이 되지 아니한다고 판시하고 있다.</u>

③ **검토** : 판례는 당사자 간의 합의를 협의로 해석하여 단체교섭의 대상임을 부정하고 있으나, 금지적 교섭사항이 아니라면 노사의 집단적 자치를 인정하는 것이 타당하다.

(3) 단체교섭 대상과 다른 사항과의 관계

1) 단체교섭 대상과 쟁의행위목적과의 관계

단체교섭 대상 중 의무적 교섭 대상만이 쟁의행위의 목적이 될 수 있고, 임의적 교섭 대상과 금지적 교섭 대상은 쟁의행위의 목적이 될 수 없다.

2) 단체교섭 대상과 노동쟁의 조정 대상과의 관계

단체교섭 대상 중 기본적으로 의무적 교섭 대상만이 노동쟁의 조정의 대상이 될 수 있고, 임의적 교섭 대상 및 금지적 교섭 대상은 노동쟁의 조정의 대상이 될 수 없다.

3) 단체교섭 대상과 부당노동행위 대상과의 관계

근로자가 의무적 교섭 대상에 관한 단체교섭을 요구하는 경우, 사용자가 이를 거부하였다면 부당노동행위가 성립한다. 임의적 교섭 대상의 경우에는, 사용자가 이에 관한 단체교섭 요구를 거부하여도 부당노동행위가 성립하지 아니한다.

4) 단체교섭 대상과 노사협의 대상과의 관계

단체교섭 대상은 노사의 이해가 대립되는 사항을, 노사협의 대상은 노사의 이해가 공통되는 사항을 취급한다. 노사협의 대상의 경우에는 사용자가 처분권한이 있는 사항은 물론, 처분권한이 없는 사항도 그 대상이 될 수 있다.

Ⅸ 단체교섭의 방법

> **교섭등의 원칙(노조법 제30조)**
> ① 노동조합과 사용자 또는 사용자단체는 신의에 따라 성실히 교섭하고 단체협약을 체결하여야 하며 그 권한을 남용하여서는 아니 된다.
> ② 노동조합과 사용자 또는 사용자단체는 정당한 이유 없이 교섭 또는 단체협약의 체결을 거부하거나 해태하여서는 아니 된다.
> ③ 국가 및 지방자치단체는 기업·산업·지역별 교섭 등 다양한 교섭방식을 노동관계당사자가 자율적으로 선택할 수 있도록 지원하고 이에 따른 단체교섭이 활성화될 수 있도록 노력하여야 한다.
>
> **정당행위(노조법 제4조)**
> 형법 제20조의 규정은 노동조합이 단체교섭·쟁의행위 기타의 행위로서 제1조의 목적을 달성하기 위하여 한 정당한 행위에 대하여 적용된다. 다만, 어떠한 경우에도 폭력이나 파괴행위는 정당한 행위로 해석되어서는 아니 된다.

1. 단체교섭의 절차

단체교섭의 절차에 관하여는 단체교섭의 개시 이전에 단체협약 등에 미리 정하는 것이 일반적이다. 단체협약 또는 노동관행에 의하여 단체교섭의 절차가 정립되어 있고, 노동조합이 그러한 절차에 의하여 사용자 측에게 단체교섭을 구하고 있는 경우, 만약 사용자 측이 정당한 이유 없이 단체교섭을 거부하면 이는 당연히 부당노동행위가 된다.

2. 성실교섭의무

노동조합과 사용자 또는 사용자단체는 신의에 따라 성실히 교섭하고 단체협약을 체결하여야 하며 그 권한을 남용하여서는 아니 된다(노조법 제30조 제1항). 노동조합과 사용자 또는 사용자단체는 정당한 이유 없이 교섭 또는 단체협약의 체결을 거부하거나 해태하여서는 아니 된다(노조법 제30조 제2항). 국가 및 지방자치단체는 기업·산업·지역별 교섭 등 다양한 교섭방식을 노동관계당사자가 자율적으로 선택할 수 있도록 지원하고 이에 따른 단체교섭이 활성화될 수 있도록 노력하여야 한다(노조법 제30조 제3항). **기출** 18·19·21·22·24

(1) 성실교섭의무의 주체

사용자는 물론 노동조합도 성실의무를 부담한다.

① 사용자가 위반한 경우 : 부당노동행위가 성립한다.

② 노동조합이 위반한 경우 : 사용자의 교섭거부가 부당노동행위의 제재를 받지 아니한다.

(2) 성실교섭의무의 내용

① 단체교섭을 개시하지 아니하거나 정당한 이유 없이 이를 중단하는 행위, 자신의 주장을 일방적으로 고집하거나 부당한 내용을 주장하는 행위 및 적합한 권한 없는 자를 단체교섭의 담당자로 내세우는 행위 등은 성실교섭의무를 위반한 것이 된다.

② 사용자는 단체교섭과정에서 노동조합의 자료 제공 요구에 대하여 단체교섭 대상에 관련된 자료 및 정보를 제공하고 이를 설명 또는 증명하여야 한다.

③ 단체교섭의 결과로 합의가 성립되면 이를 단체협약으로 체결하여야 한다. 이는 단체교섭 후에 당연히 단체협약을 체결하여야 한다는 것이 아니라, 단체교섭이 타결된 경우 단체협약으로 체결하라는 것을 의미한다.

④ 단체교섭이 결렬되어 쟁의행위를 하는 도중이라도 노동조합이 단체교섭을 요구하는 경우에는, 이것이 종전의 주장을 단순반복하는 것이 아니라면 사용자는 이에 응할 의무가 있다.

(3) 성실교섭의무의 위반

1) 사용자의 성실교섭의무 위반

노조법 제81조 제1항 제3호는 노동조합의 대표자 또는 노동조합으로부터 위임을 받은 자와의 단체협약 체결 기타의 단체교섭을 정당한 이유 없이 거부하거나 해태하는 행위를 부당노동행위로 규정하고 있다.

2) 노동조합의 성실교섭의무 위반

노조법은 사용자의 부당노동행위만을 규정하고 있으므로, 노동조합의 성실교섭의무 위반은 사용자에게 교섭거부의 정당한 이유를 제공할 수 있다.

O | X 💬

1. 노동조합과 사용자 또는 사용자단체는 정당한 이유 없이 교섭 또는 단체협약의 체결을 거부하거나 해태하여서는 아니 된다.

정답 1. ○

3. 폭력행위 등의 금지

어떠한 경우에도 폭력이나 파괴행위는 정당한 행위로 해석되어서는 아니 된다(노조법 제4조).

4. 관련 판례

① 노조법 제81조 제1항 제3호가 정하는 부당노동행위는, 사용자가 아무런 이유 없이 단체교섭을 거부 또는 해태하는 경우는 물론이고, 사용자가 단체교섭을 거부할 정당한 이유가 있다거나 단체교섭에 성실히 응하였다고 믿었더라도 객관적으로 정당한 이유가 없고 불성실한 단체교섭으로 판정되는 경우에도 성립한다고 할 것이고, 한편 정당한 이유인지의 여부는 노동조합 측의 교섭권자, 노동조합 측이 요구하는 교섭시간, 교섭장소, 교섭사항 및 그의 교섭태도 등을 종합하여 사회통념상 사용자에게 단체교섭의무의 이행을 기대하는 것이 어렵다고 인정되는지 여부에 따라 판단할 것이다(대판 1998.5.22. 97누8076).

② [1] 쟁의행위는 단체교섭을 촉진하기 위한 수단으로서의 성질을 가지므로 쟁의기간 중이라는 사정이 사용자가 단체교섭을 거부할 만한 정당한 이유가 될 수 없고, 한편 당사자가 성의 있는 교섭을 계속하였음에도 단체교섭이 교착상태에 빠져 교섭의 진전이 더 이상 기대될 수 없는 상황이라면 사용자가 단체교섭을 거부하더라도 그 거부에 정당한 이유가 있다고 할 것이지만, 위와 같은 경우에도 노동조합 측으로부터 새로운 타협안이 제시되는 등 교섭 재개가 의미 있을 것으로 기대할 만한 사정 변경이 생긴 경우에는 사용자로서는 다시 단체교섭에 응하여야 하므로, 위와 같은 사정 변경에도 불구하고 사용자가 단체교섭을 거부하는 경우에는 그 거부에 정당한 이유가 있다고 할 수 없다.

[2] 사용자인 피고인이 노동조합 측이 정한 단체교섭일시의 변경을 구할 만한 합리적 이유가 있었다고 보이지 아니하고, 위 교섭일시 전에 노동조합 측에 교섭일시의 변경을 구하는 등 교섭일시에 관한 어떠한 의사도 표명한 적이 없었던 경우, 피고인이 노동조합 측이 정한 일시에 단체교섭에 응하지 아니한 것에 정당한 이유가 없다(대판 2006.2.24. 2005도8606).

제2절　단체협약

I　서 설

1. 개 념

단체협약이라 함은 노동조합과 사용자 간의 개별적 근로관계 및 집단적 노사관계에 대하여 단체교섭이나 쟁의행위의 결과 합의된 사항을 협약이라는 형태로 서면화한 것을 말한다.

2. 특 징

단체협약은 시민법상의 계약원리를 전면적으로 부정·대체하는 것이 아닌 수정·보완하는 것이지만, 시민법상의 계약과는 다른 특색이 있다.

① 단체협약의 사전절차로서 단체교섭이 헌법상의 기본권으로 강제되고 있으므로, 사용자가 정당한 단체교섭을 거부하면 부당노동행위가 된다.

② 노동법상의 단체협약은 그 체결의 자유가 제한된다. 즉, 당사자가 합의에 도달한 경우에는 단체협약을 체결할 것을 법적으로 의무화하고 있다.

③ 단체협약의 형식, 신고의무 및 위법한 단체협약의 시정명령 등에 의한 행정관청의 관여가 인정된다.

④ 단체협약은 당사자 간의 채권·채무관계에 따른 효력뿐만 아니라, 규범적 효력도 인정된다.

⑤ 단체협약은 협약의 당사자는 물론 제3자에게도 적용되는 경우가 있다.

3. 법적 성질

단체협약은 계약적 성질과 규범적 성질을 가지고 있는데, 이를 단체협약의 이중적 성질이라고 한다. 단체협약의 이중적 성질 중 어느 것을 강조하느냐에 따라 계약설과 법규범설로 나뉜다. 계약설은 국가가 정책적 목적으로 계약에 법규범적 효력을 인정한 것이라는 수권설과, 단체협약의 효력은 국가법으로부터 수권된 것이 아니라 노동조합의 의사에 기초한 것이라는 것을 강조하는 집단규범 계약설이 대립한다. 생각건대 단체협약은 노사당사자 간의 자주적 합의에 의하여 성립되는 사법상 계약에 불과하며, 국가가 법적 효력을 부여하기 때문에 규범적 성질을 가진다고 보는 수권설이 타당하다.

Ⅱ 단체협약의 성립

단체협약의 작성(노조법 제31조)
① 단체협약은 서면으로 작성하여 당사자 쌍방이 서명 또는 날인하여야 한다.
② 단체협약의 당사자는 단체협약의 체결일부터 15일 이내에 이를 행정관청에게 신고하여야 한다.

단체협약의 신고(노조법 시행령 제15조)
법 제31조 제2항에 따른 단체협약의 신고는 당사자 쌍방이 연명으로 해야 한다.

정의(노조법 제2조)
이 법에서 사용하는 용어의 정의는 다음과 같다.
3. 사용자단체라 함은 노동관계에 관하여 그 구성원인 사용자에 대하여 조정 또는 규제할 수 있는 권한을 가진 사용자의 단체를 말한다.

1. 당사자

단체협약의 당사자라 함은 자신의 명의로 단체협약을 체결할 수 있는 자를 말한다.

(1) 노동조합

실질적 요건과 형식적 요건을 갖춘 노사관계법상의 노동조합이 당사자가 될 수 있다.

1) 근로자단체

노동조합의 형식적 요건을 결한 법외노조도 단체협약체결능력이 있으므로, 단체협약의 당사자가 될 수 있다(통설).

2) 일시적 단결체(쟁의단)

민주성을 담보할 수 있는 규약이나 기관을 갖추지 못한 단결체에게, 그 구성원들을 구속할 수 있는 단체협약체결능력을 인정하는 것은 어려워 보인다.

3) 상부단체 및 하부단체

연합단체 역시 노사관계법상의 독립한 노동조합이므로, 단체협약의 당사자가 될 수 있다. 독자적인 규약과 기관을 가지고 통일적 의사형성기능이 있는 경우에는, 그 조직의 범위 내 사항에 관해서는 단체협약의 당사자가 될 수 있다.

(2) 사용자 또는 사용자단체

개인기업의 경우에는 그 기업주, 법인기업의 경우에는 법인이 사용자로서 단체협약의 당사자가 된다. 또한 노동조합과 단체협약을 체결할 것을 그 목적으로 하고, 구성원인 사용자에 대하여 조정 또는 규제를 할 수 있는 권한을 가진 사용자단체(노조법 제2조 제3호)는 협약당사자가 될 수 있다.

2. 성립요건

(1) 실질적 요건

1) 노사 간의 협의

노동관계당사자의 합의가 필요하며, 이에는 민법상 의사표시에 관한 규정이 적용된다. 다만, 판례는 노조법 제3조, 제4조에 의하여 노동조합의 쟁의행위는 헌법상 보장된 근로자들의 단체행동권의 행사로서 그 정당성이 인정되는 범위 내에서 보호받고 있는 점에 비추어, 단체협약이 노동조합의 쟁의행위 끝에 체결되었고 사용자 측의 경영상태에 비추어 그 내용이 다소 합리성을 결하였다고 하더라도 그러한 사정만으로 이를 궁박한 상태에서 이루어진 불공정한 법률행위에 해당한다고 할 수 없다고(대판 2007.12.14. 2007다18584)판시하고 있다.

2) 노사협의회에서의 합의

원칙적으로 노사협의회에서 의결된 사항은 단체협약이라고 할 수 없으나, 판례는 노동조합과 사용자 사이에 근로조건 기타 노사관계에 관한 합의가 노사협의회의 협의를 거쳐서 성립되었더라도, 당사자 쌍방이 이를 단체협약으로 할 의사로 문서로 작성하여 당사자 쌍방의 대표자가 각 노동조합과 사용자를 대표하여 서명날인하는 등으로 단체협약의 실질적·형식적 요건을 갖추었다면 이는 단체협약이라고 보아야 할 것이라고(대판 2005.3.11. 2003다27429) 판시하고 있다. **기출** 19 · 21 · 22

O | X 💬

1. 단체협약의 당사자는 단체협약의 체결일부터 15일 이내에 당사자 쌍방의 연명으로 단체협약을 행정관청에게 신고하여야 한다.

2. 단체협약은 서면으로 작성하여 당사자 쌍방이 서명 또는 날인하여야 한다.

정답 1. O 2. O

제1장

제2장

제3장

제4장

제5장

제6장

제7장

제8장

제9장

(2) 형식적 요건

1) 서면작성 및 서명·날인 기출 13·14·15·19·20

단체협약은 서면으로 작성하여 당사자 쌍방이 서명·날인하여야 한다(노조법 제31조 제1항). 서명 대신에 서명무인(대결 1995.3.10. 94마605)을 하거나 기명날인(대판 2002.8.27. 2001다79457)을 하였어도 무관하다.

2) 신 고 기출 20·21·22·23·24

단체협약의 당사자는 단체협약의 체결일부터 15일 이내에 이를 행정관청에 신고하여야 한다(노조법 제31조 제2항). 단체협약의 신고는 당사자 쌍방이 연명으로 해야 한다(노조법 시행령 제15조).

(3) 방식을 결한 단체협약의 효력

1) 서면으로 작성하지 아니하거나 서명 또는 날인하지 아니한 경우

단체협약은 서면으로 작성하여 당사자 쌍방이 서명 또는 날인하여야 한다고 규정하고 있는 취지는 단체협약의 내용을 명확히 함으로써 장래 그 내용을 둘러싼 분쟁을 방지하고 아울러 체결당사자 및 그의 최종적 의사를 확인함으로써 단체협약의 진정성을 확보하기 위한 것이므로, 그 방식을 갖추지 아니하는 경우 단체협약은 효력을 가질 수 없다(대판 2001.5.29. 2001다15422). 따라서 당사자 일방의 서명 또는 날인만으로는 단체협약으로서의 효력을 가지지 못한다.

2) 신고를 하지 아니한 경우

신고의무는 행정목적을 달성하기 위한 단속규정에 불과하고 단체협약의 효력요건은 아니므로, 단체협약의 효력은 인정된다. 기출 13

✔ 핵심문제

01 노동조합 및 노동관계조정법령상 단체협약에 관한 설명으로 옳지 않은 것은?(다툼이 있으면 판례에 따름)

① 단체협약은 서면으로 작성하여 당사자 쌍방이 서명 또는 날인하여야 한다.

② 근로계약에 규정되지 아니한 사항은 단체협약에 정한 기준에 의한다.

③ 행정관청은 단체협약 중 위법한 내용이 있는 경우에는, 노동위원회의 의결을 얻어 그 시정을 명할 수 있다.

④ 노동조합이 조합원들의 의사를 반영하고, 대표자의 단체협약 체결업무 수행에 대한 적절한 통제를 위하여 대표자의 단체협약체결권한의 행사를 절차적으로 제한하는 것은, 그것이 단체협약체결권한을 전면적·포괄적으로 제한하는 것이 아닌 이상 허용된다.

⑤ 노동조합과 사용자 쌍방이 노사협의회를 거쳐 실질적·형식적 요건을 갖춘 합의가 있더라도, 단체교섭을 거치지 않고 체결한 것은 단체협약으로 볼 수 없다.

[해설]

그 협정(합의)이 반드시 정식의 단체교섭절차를 거쳐서 이루어져야만 하는 것은 아니라고 할 것이므로 노동조합과 사용자 사이에 근로조건 기타 노사관계에 관한 합의가 노사협의회의 협의를 거쳐서 성립되었더라도, 당사자 쌍방이 이를 단체협약으로 할 의사로 문서로 작성하여 당사자 쌍방의 대표자가 각 노동조합과 사용자를 대표하여 서명날인하는 등으로 단체협약의 실질적·형식적 요건을 갖추었다면 이는 단체협약이라고 보아야 할 것이다(대판 2005.3.11. 2003다27429).

정답 ⑤

Ⅲ 단체협약의 내용 및 효력

> **기준의 효력(노조법 제33조)**
> ① 단체협약에 정한 근로조건 기타 근로자의 대우에 관한 기준에 위반하는 취업규칙 또는 근로계약의 부분은 무효로 한다.
> ② 근로계약에 규정되지 아니한 사항 또는 제1항의 규정에 의하여 무효로 된 부분은 단체협약에 정한 기준에 의한다.

1. 단체협약의 내용

(1) 규범적 부분 [기출] 12 · 16

단체협약 가운데 근로조건, 기타 근로자의 대우에 관한 기준을 정한 부분을 말한다. 이는 임금, 근로시간, 휴일, 휴가, 안전보건, 재해보상, 복무규율, 징계, 휴직, 해고 및 정년제 등 기업 내에서의 개별적 근로관계가 이에 해당한다.

(2) 채무적 부분 [기출] 17

단체협약당사자 상호 간의 권리·의무를 규정한 부분을 말한다. 일반적으로 평화의무, 평화조항, 숍조항, 해고협의조항, 단체교섭, 쟁의행위에 관한 절차 및 규칙에 관한 사항 등이 이에 해당한다.

(3) 제도적(조직적) 부분

단체협약의 가운데 집단적 노사관계를 제도적으로 규율하는 부분을 말한다. 근로자의 복지 증진, 교육훈련, 노사분규 예방, 고충처리, 징계·해고 등의 인사에 관한 협의기관의 구성 및 운영이 이에 해당한다.

2. 단체협약의 효력

(1) 단체협약의 규범적 효력

1) 의 의

단체협약이 일종의 규범으로서 근로자와 사용자 양 당사자를 구속하는 효력을 말한다. 단체협약에 정한 근로조건 기타 근로자의 대우에 관한 기준에 위반하는 취업규칙 또는 근로계약의 부분은 무효로 한다(노조법 제33조 제1항). 근로계약에 규정되지 아니한 사항 또는 단체협약에 위반하는 취업규칙 또는 근로계약의 무효 부분은 단체협약에 정한 기준에 의한다(노조법 제33조 제2항). [기출] 16 · 18 · 19 · 20 · 22

2) 규범적 효력의 내용

① 강행적 효력 : 단체협약에서 정한 근로조건, 기타 근로자의 대우에 관한 기준에 위반하는 취업규칙 또는 근로계약의 부분을 무효로 하는 효력을 말한다.

　㉠ 단체협약과 근로계약 : 단체협약에서 정한 기준에 미달하는 근로계약은 무효로 한다(노조법 제33조 제1항). 이때 단체협약에서 정한 기준이 최저기준인지 절대기준인지가 문제되는데, 학설은 최저기준으로 보는 견해와 절대기준으로 보는 견해로 나뉜다.

O | X 💬

1. 소정근로시간은 노동조합 및 노동관계조정법령상 단체협약 중 규범적 부분에 해당한다.
2. 단체협약에 정한 근로조건, 기타 근로자의 대우에 관한 기준에 위반하는 취업규칙 또는 근로계약의 부분은 무효로 한다.

[정답] 1. ○ 2. ○

   ㉮ 학설 : 최저기준으로 보는 견해에 의하면, 근로계약의 기준이 단체협약의 기준보다 불리한 경우에는 단체협약의 기준이 근로계약의 기준을 대체하여 적용되고, 반대의 경우에는 근로계약의 기준이 적용된다(유리한 조건의 우선원칙). 절대기준으로 보는 견해에 의하면, 근로계약의 기준이 유리하든지 불리하든지 상관없이 언제나 단체협약의 기준이 적용되어 유리한 조건의 우선원칙은 적용되지 아니한다.

   ㉯ 검토 : 노조법 제33조가 미달이 아니라 위반이라는 표현을 사용하고 있고, 기업별 협약이 주를 이루고 있음을 고려하면, 유리성의 원칙은 적용되지 아니한다고 보는 것이 타당하다.

  ㉡ 단체협약과 취업규칙

   ㉮ 학설 : 단체협약에서 정한 근로조건의 기준에 위반하는 취업규칙은 무효가 된다. 이때 단체협약과 취업규칙 간에 유리성의 원칙이 적용되는지가 문제되는데, 유리성의 원칙을 인정하는 견해와 단체협약의 기준을 절대적 기준으로 보아 유리성의 원칙 적용을 부정하는 견해가 있다.

   ㉯ 판례 : 판례는 단체협약의 개정에도 불구하고 종전의 단체협약과 동일한 내용의 취업규칙이 그대로 적용된다면 단체협약의 개정은 그 목적을 달성할 수 없으므로 개정된 단체협약에는 당연히 취업규칙상의 유리한 조건의 적용을 배제하고 개정된 단체협약이 우선적으로 적용된다는 내용의 합의가 포함된 것이라고 봄이 당사자의 의사에 합치한다고(대판 2002.12.27. 2002두9063) 판시하고 있다.

                                       기출 16

   ㉰ 검토 : 단체협약의 취지와 목적을 고려할 때 조합원은 스스로 계약자유를 일정 범위에서 제한하였다고 볼 수 있으므로, 유리성의 원칙 적용을 부정하는 견해가 타당하다고 판단된다. 다만, 산업별 노조의 통일교섭에 따라 체결된 단체협약과 개별기업의 취업규칙이 경합하는 경우에는 전자가 최저기준의 성질을 가지므로, 그 취지상 유리한 개별기업의 취업규칙이 우선 적용된다고 보아도 좋을 것이다.

 ② 대체적(직접적·보충적) 효력 : 근로계약에 아무런 관련 규정을 두고 있지 아니하거나 근로계약에 무효가 된 부분이 있는 경우에는, 단체협약에서 정한 기준이 대신하여 적용되는 효력을 말한다.

3) 협약자치의 한계

① **의의** : 협약자치란 개별근로계약이 아니라, 노동조합과 사용자의 단체협약을 통하여 근로조건을 결정하는 것을 의미한다. 단체협약의 당사자는 단체협약을 통하여 근로자의 근로조건을 규율할 권한을 갖는다.

② **근로기준법 등 강행법규에 의한 한계** : 근로기준법에 정한 기준에 달하지 못하는 근로조건을 정한 근로계약은 그 부분에 한하여 무효이므로 그것이 단체협약에 의한 것이라거나 근로자들의 승인을 받은 것이라고 하여 유효로 볼 수 없다(대판 1990.2.21. 90다카24496).

③ **근로조건의 불이익한 변경**

 ㉠ 현저히 합리성을 결한 단체협약의 효력 : [1] 협약자치의 원칙상 노동조합은 사용자와 근로조건을 유리하게 변경하는 내용의 단체협약뿐만 아니라 근로조건을 불리하게 변경하는 내용의 단체협약을 체결할 수 있으므로, 특별한 사정이 없는 한 그러한 노사 간의 합의를 무효라고 볼 수 없고 노동조합으로서는 그러한 합의를 위하여 사전에 근로자들에게서 개별적인 동의나 수권을 받을 필요가 없다. 그러나 근로조건을 불리하게 변경하는 내용의 단체협약이 현저히 합리성을 결하여 노동조합목적을 벗어난 것으로 볼 수 있는 특별한 사정이 있는 경우에는 그러한 합의는 무효라고 보아야 하고, 이때 단체협약이 현저히 합리성을 결하였는지는 단체협약내용과 체결경위, 협약 체결 당시 사용자 측 경영상태 등 여러 사정에 비추어 판단하여야 한다.

[2] 학교법인 甲이 자신이 운영하는 병원 소속 근로자들로 구성된 노동조합과 '2005년·2006년 임·단 특별협약'을 체결하면서 근로자들 정년을 60세에서 54세로 단축하기로 합의하고 취업규칙의 정년규정도 같은 내용으로 변경한 후, 그에 따라 54세 이상인 乙을 포함한 일반직원 22명을 정년퇴직으로 처리한 경우, 제반 사정에 비추어 이는 일정 연령 이상의 근로자들을 정년 단축의 방법으로 일시에 조기퇴직시킴으로써 사실상 정리해고의 효과를 도모하기 위하여 마련된 것으로 보이고, 모든 근로자들을 대상으로 하는 객관적·일반적 기준이 아닌 연령만으로 조합원을 차별하는 것이어서 합리적 근거가 있다고 보기 어려우므로, 특별협약 중 정년에 관한 부분 및 이에 근거하여 개정된 취업규칙은 근로조건 불이익변경의 한계를 벗어나 무효이고, 乙 등에게 한 퇴직처리는 사실상 해고에 해당한다(대판 2011.7.28. 2009두7790).

ⓛ **근로자의 개별동의 요부** : 협약자치의 원칙상 근로조건을 불리하게 변경하는 내용의 단체협약을 체결할 수 있으므로, 그러한 노사 간의 합의를 무효라고 볼 수는 없고, 노동조합으로서는 그러한 합의를 위하여 사전에 근로자들로부터 개별적인 동의나 수권을 받을 필요가 없으며, 단체협약이 현저히 합리성을 결하였는지 여부는 단체협약의 내용과 그 체결경위, 당시 사용자 측의 경영상태 등 여러 사정에 비추어 판단해야 한다(대판 2003.9.5. 2001다14665). `기출 22`

④ **이미 지급청구권이 발생한 임금** : 이미 구체적으로 그 지급청구권이 발생한 임금(상여금 포함)은 근로자의 사적 재산영역으로 옮겨져 근로자의 처분에 맡겨진 것이기 때문에, 노동조합이 근로자들로부터 개별적인 동의나 수권을 받지 않는 이상, 사용자와 사이의 단체협약만으로 이에 대한 포기나 지급유예와 같은 처분행위를 할 수 없다(대판 2002.4.12. 2001다41384). `기출 21` 최근 판례도 사용자가 근로의 대상으로 근로자에게 지급하는 금전 중 1월을 초과하는 기간에 의하여 산정되는 수당 등(근로기준법 제43조 제2항 단서, 같은 법 시행령 제23조 참조)에 관하여 지급하기로 정해진 기일이 있는 경우에도, 지급기일이 이미 도래하여 구체적으로 지급청구권이 발생한 수당 등은 근로자의 사적 재산영역으로 옮겨져 근로자의 처분에 맡겨진 것이라고 하면서 같은 취지의 판시를 하고 있다(대판 2022.3.31. 2021다229861).

⑤ **개별적인 의무나 지위의 변경** : 단체협약으로 연장근로나 휴일근로에 대하여 합의하는 것은 원칙적으로 허용되지 아니하고(대판 1993.12.21. 93누5796), 전적의 경우에는 해당 근로자의 동의가 있어야 유효하므로, 단체협약에 전적의 근거규정이 있다는 사유만으로 전적의 효력이 발생하는 것은 아니다(대판 1994.6.28. 93누22463).

4) 개별근로계약과의 경합

[1] 노조법 제33조 제1항은 "단체협약에 정한 근로조건 기타 근로자의 대우에 관한 기준에 위반하는 취업규칙 또는 근로계약의 부분은 무효로 한다"고 규정하고 있고, 같은 조 제2항은 "근로계약에 규정되지 아니한 사항 또는 제1항의 규정에 의하여 무효로 된 부분은 단체협약에 정한 기준에 의한다"고 규정하고 있다. 따라서 단체협약 중 근로조건 기타 근로자의 대우에 관하여 정한 부분, 즉 규범적 부분은 근로자와 사용자 사이의 근로계약관계를 직접 규율하는 효력을 가진다.

[2] 이 사건 단체협약 제18조 제2호는 원고로 하여금 3개월의 수습기간을 마친 근로자를 기간의 정함이 없는 근로자인 정직사원으로 의무적으로 본채용하도록 하는 규정으로서, 단순한 근로계약의 존속기간에 관한 규정이 아니라 근로조건 기타 근로자의 대우에 관하여 정한 규범적 부분에 해당한다고 봄이 타당하다. 따라서 참가인이 이 사건 노동조합에 가입함으로써 단체협약의 적용 대상이 된 이상 이 사건 근로계약의 종기 부분은 단체협약 제18조 제2호에 반하여 효력이 없다고 보아야 한다. 그럼에도 원심은 그 판시와 같은 사정만을 들어 이 사건 단체협약 제18조 제2호는 근로조건에 관한 것이 아니어서 규범적 효력이 없고, 설령 규범적

효력을 가진다고 하더라도 원고와 참가인 사이의 근로계약에는 단체협약 제18조 제2호가 적용되지 않는다고 보아 근로계약이 기간 만료로 적법하게 종료되었다고 판단하였으므로, 이러한 원심의 판단에는 단체협약의 규범적 효력 등에 관한 법리를 오해하여 판결에 영향을 미친 잘못이 있다(대판 2016.7.22. 2013두24396).

5) 단체협약에 의한 소급동의

① 퇴직근로자에 대한 적용 여부 : 원래 단체협약이란 노동조합이 사용자 또는 사용자단체와 근로조건 기타 노사관계에서 발생하는 사항에 관하여 체결하는 협정으로서, 노동조합이 사용자 측과 기존의 임금·근로시간·퇴직금 등 근로조건을 결정하는 기준에 관하여 소급적으로 동의하거나 이를 승인하는 내용의 단체협약을 체결한 경우에 그 동의나 승인의 효력은 단체협약이 시행된 이후에 그 사업체에 종사하면서 그 협약의 적용을 받게 될 노동조합원이나 근로자들에 대해서만 생기고 단체협약 체결 이전에 이미 퇴직한 근로자에게는 위와 같은 효력이 생길 여지가 없으며, 근로조건이 근로자에게 유리하게 변경된 경우라 하더라도 다를 바 없다(대판 2002.4.23. 2000다50701).

② 기존 근로자에 대한 적용 여부 : 취업규칙 중 퇴직금지급률에 관한 규정의 변경이 근로자에게 불이익함에도 불구하고 사용자가 근로자의 집단적 의사결정방법에 의한 동의를 얻지 아니한 채 변경을 함으로써 기득이익을 침해하게 되는 기존의 근로자에 대하여는 종전의 퇴직금지급률이 적용되어야 하는 경우에도 노동조합이 사용자 측과 변경된 퇴직금지급률을 따르기로 하는 내용의 단체협약을 체결한 경우에는, 기득이익을 침해하게 되는 기존의 근로자에 대하여 종전의 퇴직금지급률이 적용되어야 함을 알았는지 여부에 관계없이 원칙적으로 그 협약의 적용을 받게 되는 기존의 근로자에 대하여도 변경된 퇴직금지급률이 적용되어야 한다(대판 1997.8.22. 96다6967).

6) 신·구 단체협약 간의 경합

새로운 단체협약이 체결된 경우에는, 새로운 단체협약이 기존의 단체협약보다 불리한 규정을 가지고 있더라도 새로운 단체협약이 그대로 적용된다. 판례 역시 근로조건을 불리하게 변경하는 내용의 단체협약을 체결한 경우에도 그것이 현저히 합리성을 결하여 노동조합의 목적을 벗어난 것으로 볼 수 있는 것과 같은 특별한 사정이 없는 한, 그러한 노·사 간의 합의를 무효라고 할 수는 없다. 또한 노동조합으로서는 그러한 합의를 위하여 사전에 해당 근로자들로부터 개별적인 동의나 수권을 받을 필요가 없다고(대판 2000.12.22. 99다10806) 판시하고 있다. 기출 12·14·16·17

(2) 단체협약의 채무적 효력

1) 의 의

단체협약의 당사자, 즉 노동조합과 사용자 사이에 단체협약상의 권리·의무가 발생하여 이를 준수하여야 하는 의무를 단체협약의 채무적 효력이라고 한다.

2) 채무적 효력의 일반적 내용

① 노동조합의 단체협약준수의무 : 노동조합은 단체협약의 당사자로서 단체협약을 준수할 의무를 진다. 노동조합 자신이 단체협약의 내용을 준수하여야 할 자기의무와, 조합원들이 단체협약의 내용을 준수하도록 통제·감독하는 영향의무를 포함한다.

② 사용자의 단체협약준수의무 : 단체협약의 당사자가 사용자인 경우, 사용자는 자신이 단체협약의 내용을 준수할 의무를 부담하고, 단체협약의 당사자가 사용자단체인 경우, 그 단체의 구성원인 사용자는 단체협약의 내용을 준수하도록 그 이행을 촉구하여야 할 의무를 부담한다.

3) 채무적 효력의 구체적 내용

① 평화의무

㉠ **의의** : 단체협약의 당사자인 노동조합은 단체협약의 유효기간 중에 단체협약에서 정한 근로조건 등에 관한 내용의 변경이나 폐지를 요구하는 쟁의행위를 행하지 아니하여야 함은 물론, 조합원들에 대하여도 통제력을 행사하여 그와 같은 쟁의행위를 행하지 못하게 방지하여야 할 의무를 부담하게 되는데 이를 평화의무라고(대판 1992.9.1. 92누7733) 한다. 기출 22 평화의무에는 절대적 평화의무와 상대적 평화의무가 있는데, 절대적 평화의무는 단체협약의 유효기간 중에는 어떠한 경우에도 쟁의행위를 하여서는 아니 되는 의무를 말하고, 상대적 평화의무는 단체협약의 유효기간 중에는 단체협약으로 노사 간에 이미 합의된 사항에 관하여 이의 개폐 또는 변경을 목적으로 쟁의행위를 하여서는 아니 되나, 단체협약에 규정되지 아니한 사항에 관하여는 쟁의행위가 허용되는 의무를 말한다. 절대적 평화의무는 근로자의 헌법상 단체교섭권 및 단체행동권의 본질적 내용을 침해하게 되므로, 당사자 간에 합의가 있다 하여도 이는 무효이다. 기출 16

㉡ **평화의무의 법적 근거** : 법규범설, 계약설, 신의칙설 및 내재설 등이 있으나, 평화의무는 단체협약의 평화적 기능에 내재하는 본래적 의무이므로, 당사자 간의 합의로도 이를 배제할 수 없다는 내재설(제도목적설)이 다수설과 판례의 태도이다.

㉢ **평화의무의 내용**

⑦ **주체** : 주체는 원칙적으로 협약당사자인 노동조합이라고 하여야 한다. 그러나 판례는 평화의무가 노사관계의 안정과 단체협약의 질서형성적 기능을 담보하는 것인 점에 비추어 보면, 단체협약이 체결된 직후 노동조합의 조합원들이 자신들에게 불리하다는 이유만으로 위 단체협약의 무효화를 주장하면서 쟁의행위를 한 경우 그 쟁의행위에 정당성이 있다고 할 수 없다고(대판 2007.5.11. 2005도8005) 판시하고 있다.

⑭ **평화의무의 범위** : 평화의무는 협약소정사항에 한정한다. 판례는 평화의무는 단체협약에 규정되지 아니한 사항이나 단체협약의 해석을 둘러싼 쟁의행위 또는 차기 협약 체결을 위한 단체교섭을 둘러싼 쟁의행위에 대해서까지 그 효력이 미치는 것은 아니므로 단체협약유효기간 중에도 노동조합은 차기의 협약 체결을 위하거나 기존의 단체협약에 규정되지 아니한 사항에 관하여 사용자에게 단체교섭을 요구할 수 있다고 할 것이고 또한 단체협약이 형식적으로는 유효한 것으로 보이지만 단체협약을 무효라고 주장할 만한 특별한 사정이 인정되는 경우에도 노동조합으로서는 단체협약의 유효기간 중에 사용자에게 단체협약을 무효라고 주장하는 근거를 제시하면서 기존의 단체협약의 개폐를 위한 단체교섭을 요구할 수 있다고(대판 2003.2.11. 2002두9919) 판시하고 있다.

㉰ **평화의무배제조항의 효력** : 내재설에 따르면 당사자 간의 합의로 이를 배제할 수 없으나, 계약설에 따르면 당사자 간의 합의로 이를 배제할 수 있다.

㉳ **평화의무 위반의 효력** : 내재설의 입장에서는, 해당 쟁의행위는 정당성을 상실하고, 따라서 민·형사책임이 면제되지 아니하며, 사용자는 노동조합에 손해배상을 청구할 수 있고, 쟁의행위의 중지를 청구할 수 있으며, 조합원에 대하여 징계처분을 할 수 있다고 한다. 계약설의 입장에서는, 해당 쟁의행위는 정당성을 상실하지 아니하고, 민·형사책임이 면제되나, 단체협약 위반으로 인한 손해배상책임은 부담한다고 한다. 한편, 판례는 평화의무를 위반하여 이루어진 쟁의행위는 노사관계를 평화적·자주적으로 규율하기 위한 단체협약의 본질적 기능을 해치는 것일 뿐 아니라 노사관계에서 요구되는 신의성실의 원칙에도 반하는 것이므로 정당성이 없다고(대판 1994.9.30. 94다4042) 판시하고 있다.

② 평화조항

    ⊙ 의의 : 평화조항이란 쟁의행위의 구체적인 방법·절차 등에 관하여 단체협약에 명문으로 규정하고 있는 조항을 말한다.

    ⓒ 평화조항 위반의 법적 효과 : 쟁의행위의 정당성을 상실한다는 견해도 있으나, 쟁의행위의 단순한 절차를 위반한 것에 불과하므로 쟁의행위의 정당성을 상실하지 아니한다는 견해가 다수설이다. 다만, 단체협약상의 채무불이행으로 인한 손해배상책임은 부담한다. 한편, 평화조항을 위반한 조합원 또는 조합간부에게 징계책임을 물을 수 있는지, 평화조항을 위반하여 쟁의행위를 하는 당사자에 대하여 부작위청구를 할 수 있는지의 문제와 관련하여 견해가 대립하고 있다.

③ **조합원의 범위에 관한 조항** : 조합원의 범위는 노동조합이 규약에 의하여 자주적으로 정할 사항일 뿐 협약사항은 아니다. 따라서 협약상 아무런 효력도 가지지 못하므로 노사당사자를 구속하지 못한다.

④ **면책특약** : 면책특약이란 단체교섭 또는 쟁의행위로 인하여 발생한 민·형사상의 책임에 대하여 근로자에게 일체 묻지 아니하기로 하는 내용의 약정을 단체협약으로 체결하는 것을 말한다. 민사책임의 면제는 인정되나 형사책임의 면제는 국가의 형벌권과 관련되므로, 사용자가 형사상 고소를 하지 아니하겠다고 약정한다고 하여 형사책임이 면제되는 것은 아니다. 따라서 형사면책특약은 아무런 효력이 없다. 판례는 민사면책특약의 범위 내에서는 쟁의행위 자체뿐만 아니라, 그 쟁의행위와 일체성을 가지는 준비행위·관련 행위에 대하여도 민사상의 책임은 물론 징계책임도 면책된다고(대판 1991.1.11. 90다카21176) 판시하고 있다.

⑤ **조합활동조항** : 직무시간 중의 조합활동, 노조전임에 관한 규정, 조합사무소, 게시판, 기타 기업시설의 이용 및 조합비 공제에 관한 규정 등이 이에 포함된다.

3. 단체협약의 위반

(1) 규범적 부분 위반

협약당사자는 단체협약 전체에 관하여 이행의무를 부담하므로, 사용자의 규범적 부분 위반행위에 대하여 노동조합은 협약준수의무 위반을 이유로 손해배상을 청구할 수 있고, 개별조합원의 이행청구만으로는 부족할 경우에는 노동조합 자체의 이행청구를 생각하여 볼 수 있다. 또한 규범적 부분의 불명확성으로 인하여 분쟁이 발생한 경우에는, 법원에 확인의 소를 제기할 수도 있을 것이다.

(2) 채무적 부분 위반

단체협약당사자 일방이 단체협약상의 의무를 이행하지 아니하는 경우, 다른 상대방은 강제이행 또는 동시이행의 항변권 행사나 단체협약의 해지, 손해배상청구 등을 고려할 수 있으나, 단체협약이 근로자를 보호하기 위한 편무계약적 성질을 가지고 있으므로, 이러한 권리들을 행사하는 것은 현실적으로 어려울 것으로 보인다.

(3) 형벌의 부과

1) 구 노조법 규정에 대한 위헌결정

헌법재판소는 구 노조법 제46조의3 중 단체협약에 위반한 자를 1,000만원 이하의 벌금에 처하도록 규정한 부분은, 죄형법정주의에 위배되어 헌법에 위반된다고 결정하였다(헌재 1998.3.26. 96헌가20).

2) 2001년 노조법의 개정

단체협약의 내용 중 다음의 하나에 해당하는 사항을 위반한 자는 1천만원 이하의 벌금에 처한다(노조법 제92조 제2호). 이는 헌법재판소의 위헌결정에 따라 단체협약위반행위를 구체적으로 특정한 것이다. 기출 16·19·21

① 임금·복리후생비, 퇴직금에 관한 사항

② 근로 및 휴게시간, 휴일, 휴가에 관한 사항

③ 징계 및 해고의 사유와 중요한 절차에 관한 사항

④ 안전보건 및 재해부조에 관한 사항

⑤ 시설·편의 제공 및 근무시간 중 회의참석에 관한 사항

⑥ 쟁의행위에 관한 사항

Ⅳ 단체협약의 적용범위

단체협약 유효기간의 상한(노조법 제32조)
① 단체협약의 유효기간은 3년을 초과하지 않는 범위에서 노사가 합의하여 정할 수 있다.
② 단체협약에 그 유효기간을 정하지 아니한 경우 또는 제1항의 기간을 초과하는 유효기간을 정한 경우에 그 유효기간은 3년으로 한다.
③ 단체협약의 유효기간이 만료되는 때를 전후하여 당사자 쌍방이 새로운 단체협약을 체결하고자 단체교섭을 계속하였음에도 불구하고 새로운 단체협약이 체결되지 아니한 경우에는 별도의 약정이 있는 경우를 제외하고는 종전의 단체협약은 그 효력만료일부터 3월까지 계속 효력을 갖는다. 다만, 단체협약에 그 유효기간이 경과한 후에도 새로운 단체협약이 체결되지 아니한 때에는 새로운 단체협약이 체결될 때까지 종전 단체협약의 효력을 존속시킨다는 취지의 별도의 약정이 있는 경우에는 그에 따르되, 당사자 일방은 해지하고자 하는 날의 6월 전까지 상대방에게 통고함으로써 종전의 단체협약을 해지할 수 있다.

기출 24

일반적 구속력(노조법 제35조)
하나의 사업 또는 사업장에 상시 사용되는 동종의 근로자 반수 이상이 하나의 단체협약의 적용을 받게 된 때에는 당해 사업 또는 사업장에 사용되는 다른 동종의 근로자에 대하여도 당해 단체협약이 적용된다.

지역적 구속력(노조법 제36조)
① 하나의 지역에 있어서 종업하는 동종의 근로자 3분의 2 이상이 하나의 단체협약의 적용을 받게 된 때에는 행정관청은 당해 단체협약의 당사자의 쌍방 또는 일방의 신청에 의하거나 그 직권으로 노동위원회의 의결을 얻어 당해 지역에서 종업하는 다른 동종의 근로자와 그 사용자에 대하여도 당해 단체협약을 적용한다는 결정을 할 수 있다.
② 행정관청이 제1항의 규정에 의한 결정을 한 때에는 지체 없이 이를 공고하여야 한다.

1. 원 칙

단체협약은 협약당사자인 노동조합과 사용자에 대하여 그 협약의 유효기간 동안 당해 사업장에 한하여 적용되는 것이 원칙이다.

2. 인적 적용범위

단체협약의 당사자는 노동조합과 사용자이므로, 단체협약의 효력은 노동조합과 사용자에게만 적용되는 것이 원칙이나, 단체협약의 효력은 단체협약의 당사자인 노동조합 이외에도, 해당 노동조합의 조합원, 해당 노동조합이 설립된 사업장에 종사하는 비조합원 및 다른 지역에 있는 사업장의 제3자에게도 적용된다. 이때 조합원에게 적용되는 것은 일반적으로 단체협약의 규범적 효력 때문이고, 비조합원에게 적용되는 것은 사용자의 임의적용이나 사업장 단위의 일반적 구속력 때문이다.

(1) 조합원

조합원에게 효력이 미치는 근거에 대해서는 대리설, 단체설 및 절충설 등이 있다. 단체협약이 체결될 당시의 조합원은 물론, 단체협약이 이미 체결된 이후에 노동조합에 가입한 조합원에게도 적용된다.

(2) 비조합원

1) 사용자가 임의로 적용하는 경우

사용자는 동일한 사업장에 종사하는 비조합원과의 근로관계에도 단체협약을 적용하는 것이 일반적인데, 이는 사용자가 임의로 적용하기 때문이다. 비조합원인 근로자는 단체협약에서 정한 기준을 자신에게도 적용하여 줄 것을 사용자에게 요구할 권리가 없고, 노동조합도 사용자에게 비조합원에 대하여 단체협약의 적용을 배제하여 줄 것을 요청할 수 없다.

2) 사업장 단위의 일반적 구속력

① 노조법 규정 : 하나의 사업 또는 사업장에 상시 사용되는 동종의 근로자 반수 이상이 하나의 단체협약의 적용을 받게 된 때에는 당해 사업 또는 사업장에 사용되는 다른 동종의 근로자에 대하여도 당해 단체협약이 적용된다(노조법 제35조). 기출 14·15·16·18·22

② 입법취지 : 조합원과 비조합원 간의 형평을 도모하여 노동조합의 단결을 보호하고, 단체협약상의 기준을 공정기준으로 간주함으로써 모든 근로자에게 획일적인 근로조건을 적용하여 노사 간의 분쟁을 방지하고자 하는 데 그 취지가 있다.

③ 확장적용의 요건

    ㉠ 하나의 사업 또는 사업장 단위일 것

    ㉡ 상시 사용되는 근로자를 기준으로 할 것 : 상시 사용 여부는 객관적으로 결정한다. 상시 사용되는 동종의 근로자라 함은 하나의 단체협약의 적용을 받는 근로자가 반수 이상이라는 비율을 계산하기 위한 기준이 되는 근로자의 총수로서 근로자의 지위나 종류, 고용기간의 정함의 유무 또는 근로계약상의 명칭에 구애됨이 없이 사업장에서 사실상 계속적으로 사용되고 있는 동종의 근로자 전부를 의미하므로, 단기의 계약기간을 정하여 고용된 근로자라도 기간 만료 시마다 반복갱신되어 사실상 계속 고용되어 왔다면 상시 사용되는 근로자에 포함된다(대판 1992.12.22. 92누13189).

    ㉢ 동종의 근로자를 기준으로 할 것 : 동종의 근로자라 함은 동일한 직종 또는 직무에 종사하는 근로자를 말한다. 기업별 노조가 대부분인 우리나라에서 동종의 근로자를 동일한 직종에 종사하는 근로자로 한정하는 것은, 그 제도의 적용범위를 축소시키는 결과를 가져오게 된다. 판례는 동종의 근로자라 함은 당해 단체협약의 규정에 의하여 그 협약의 적용이 예상되는 자를 가리키는바, 사업장 단위로 체결되는 단체협약의 적용범위가 특정되지 않았거나 협약조항이 모든 직종에 걸쳐서 공통적으로 적용되는 경우에는 직종의 구분 없이 사업장 내의 모든 근로자가 동종의 근로자에 해당된다(대판 1999.12.10. 99두6927). 다만, 단체협약에 조합원의 범위가 특정되어 있다면 노조법 제35조에 따라 단체협약의 적용을 받게 되는 '동종의 근로자'란 당해 단체협약의 규정에 의하여 그 협약의 적용이 예상되는 자를 가리키므로, 단체협약의 규정에 의하여 조합원의 자격이 없는 자는 단체협약의 적용이 예상된다고 할 수 없어 단체협약의 적용을 받지 않는다고(대판 1997.10.28. 96다13415) 판시하고 있다. 기출 18·24

② 근로자 반수 이상이 하나의 단체협약의 적용을 받을 것 : 근로자 반수 이상이 하나의 단체협약의 적용을 받아야 한다. 반수 이상의 근로자의 산출에는 당해 단체협약의 본래적 적용을 받는 노동조합의 조합원만이 포함되는 것으로 해석하여야 한다(대판 2005.5.12. 2003다52456). 비조합원의 신규채용 또는 조합원의 탈퇴 등으로 반수 이상의 요건을 충족하지 못하게 되는 경우에는, 단체협약의 일반적 구속력은 당연히 종료된다.

④ **확장적용의 효과**

㉠ **적용부분** : 확장적용되는 부분은 규범적 부분에 한정된다(다수설).

㉡ **미조직 · 비조합원에 대한 적용** : 단체협약의 적용범위가 특정되지 아니하거나 모든 직종 등에 공통적으로 적용되는 경우, 그 단체협약은 사업장의 전체 근로자에게 확대적용된다. 다만, 단체협약의 적용범위를 특정 직종 또는 특정 그룹의 근로자로 제한하고 있는 경우에는, 해당 직종 또는 그룹의 근로자에게만 확대적용된다. 이 경우 유리한 조건 우선의 원칙 적용 여부에 관해서는 견해가 대립하나, 부정하는 것이 타당하다.

㉢ **기조직 · 비조합원에 대한 적용** : 반수 미만의 소수 근로자가 별개의 조합을 결성하여 독자적인 단체협약을 보유하고 있는 경우에도, 다수 조합의 단체협약이 확대적용되는지가 문제되는데, 긍정설과 부정설(다수설)이 대립한다. 이러한 경우에도 확장적용하는 것은 소수 조합의 헌법상 단체교섭권을 침해하고 독자성을 부정하는 것이므로, 인정되지 아니하여야 한다는 것이 다수설의 논리이다. 판례(교섭창구단일화제도가 시행되기 전의 판례)도 기업별 단위노동조합이 독자적으로 단체교섭권을 행사하여 체결한 단체협약이 존재하고 그 단체협약이 노조법 제35조에서 정한 일반적 구속력을 가진다는 사정이 존재한다 하더라도, 교섭창구단일화에 관한 개정규정이 시행되고 있지 아니하고 달리 단체교섭권 등을 제한하는 규정을 두지 아니한 현행 노조법에서 동일한 사업 또는 사업장에 근로자가 설립하거나 가입한 산업별 · 직종별 · 지역별 단위노동조합이 가지는 고유한 단체교섭권이나 단체협약 체결권이 제한된다고 할 수는 없다고(대결 2011.5.6. 2010마1193) 판시하고 있다.

3. 장소적 적용범위

우리나라의 노동조합형태는 기업별 노조가 일반적이므로, 단체협약은 조합원이 근로를 제공하는 사업장 또는 공장 등에 국한되어 적용되는 것이 원칙이다. 그러나 예외적으로 단체협약이 사업장 또는 공장 이외의 지역으로 확장적용되는 경우가 있는데, 이를 지역 단위의 일반적 구속력이라고 한다.

(1) 지역 단위의 일반적 구속력

하나의 지역에서 종업하는 동종의 근로자의 3분의 2 이상이 하나의 단체협약의 적용을 받게 된 경우 행정관청은 당해 단체협약의 당사자의 쌍방 또는 일방의 신청에 의하거나 그 직권으로 노동위원회의 의결을 얻어 당해 지역에서 종업하는 다른 동종의 근로자와 그 사용자에 대하여도 당해 단체협약을 적용한다는 결정을 할 수 있다(노조법 제36조 제1항). 이는 일정 지역에서 다수의 근로자에게 적용되는 단체협약상의 근로조건을 다른 근로자에게도 확장적용함으로써 근로자 간의 근로조건에 형평성을 도모하고, 근로조건이 지나치게 높거나 낮은 수준의 근로자를 고용한 기업이 다른 기업에 비하여 부정경쟁력을 확보하는 것을 방지하기 위한 것이다. **기출** 15 · 18

(2) 확장적용의 요건

1) 실질적 요건

① 하나의 지역이어야 한다. 하나의 지역 여부를 결정하는 것은 대상산업의 동질성, 경제적·지리적·사회적 입지조건의 근접성, 기업의 배치상황 등 노사의 경제적 기초의 동일성 내지 유사성이 고려되어야 한다(다수설). 하나의 지역은 특별한 제한이 없으므로 행정지역 단위와 일치할 필요는 없으나, 이에 따라 정하여도 무방하다.

② 동종의 근로자 3분의 2 이상이어야 한다. 동종의 근로자라 함은 당해 단체협약의 규정에 의하여 그 협약의 적용이 예상되는 자를 말한다.

③ 하나의 단체협약이 적용되어야 한다.

2) 절차적 요건

단체협약당사자의 쌍방·일방의 신청에 의하거나, 행정관청의 직권으로 노동위원회의 의결을 얻어 행정관청이 확장적용을 결정하고, 이를 지체 없이 공고하여야 한다. 기출 18

(3) 확장적용의 효과

1) 적용 부분

행정관청의 결정에 의하여 단체협약은 그 지역에서 종업하는 다른 동종의 근로자와 그 사용자에게도 확장적용된다. 이 경우 확장적용되는 것은 규범적 부분에 국한된다.

2) 미조직·비조합원에 대한 적용

이 경우 단체협약은 해당 지역에서의 최저기준을 설정하는 의미를 가지므로, 유리한 조건 우선의 원칙이 적용된다.

3) 기조직·비조합원에 대한 적용

단체협약이 확장적용되는 경우 소수 노동조합의 조합원에게도 적용되는지 여부가 문제되는데, 긍정설과 부정설이 대립한다. 판례는 노동조합이 독자적으로 단체교섭권을 행사하여 이미 별도의 단체협약을 체결한 경우에는 그 협약이 유효하게 존속하고 있는 한 지역적 구속력 결정의 효력은 그 노동조합이나 구성원인 근로자에게는 미치지 않는다고(대판 1993.12.21. 92도2247) 판시하고 있다.

4. 시간적 적용범위

단체협약은 그 유효기간 동안 존속하는 것이 원칙이다. 그러나 단체협약의 당사자는 자동갱신협정 또는 자동연장협정 등을 통하여 단체협약의 유효기간이 종료되는 경우 이를 연장할 수 있다. 한편, 단체협약의 유효기간이 종료하였으나, 위 협정 등이 존재하지 아니하는 경우에는 단체협약의 효력은 종료되는 것이 원칙이나, 그 효력이 예외적으로 인정되는 경우가 있는데, 이를 단체협약의 여후효라 한다.

(1) 단체협약의 유효기간

1) 원 칙

단체협약의 유효기간은 3년을 초과하지 않는 범위에서 노사가 합의하여 정할 수 있다(노조법 제32조 제1항). 단체협약에 그 유효기간을 정하지 아니하거나 3년을 초과하는 유효기간을 정한 경우에 그 유효기간은 3년으로 한다(노조법 제32조 제2항). 기출 15·16·18·22·23·24

2) 취지

단체협약의 유효기간을 너무 길게 하면 사회적·경제적 여건의 변화에 적응하지 못하여 당사자를 부당하게 구속하는 결과에 이를 수 있어, 단체협약을 통하여 적절한 근로조건을 유지하고 노사관계의 안정을 도모하고자 하는 목적에 어긋나게 되므로, 유효기간을 일정한 범위로 제한하여 단체협약의 내용을 시의에 맞고 구체적 타당성이 있게 조정해 나가도록 하자는 데에 그 뜻이 있다(대판 1993.2.9. 92다27102).

(2) 단체협약의 유효기간 만료와 실효 여부

1) 노조법 제32조 제3항 본문

① 별도의 약정이 있는 경우

ㄱ 단체협약에 자동연장협정이나 자동갱신협정이 있는 경우(계약자유의 원칙)에는, 협약의 유효기간이 만료되더라도 실효되지 아니하고, 약정에 따라 효력이 연장되거나 갱신된다.

ㄴ 자동연장협정은 유효기간 만료로 인한 공백상태를 피하기 위하여 미리 협정에 일정 기간까지 협정의 효력을 지속시키기로 하는 조항을 의미한다. 이 협정에 따라 단체협약은 유효기간의 만료에도 불구하고, 협정에서 정한 기간까지 그 효력이 지속된다. 판례에 의하면 노조법 제32조 제3항의 규정은 종전의 단체협약에 유효기간 만료 이후 협약갱신을 위한 단체교섭이 진행 중일 때에는 종전의 단체협약이 계속 효력을 갖는다는 규정이 없는 경우에 대비하여 둔 규정이므로, 종전의 단체협약에 자동연장협정의 규정이 있다면 위 법조항은 적용되지 아니하고, 당초의 유효기간이 만료된 후 위 법조항에 규정된 3월까지에 한하여 유효하다고 볼 것은 아니다(대판 1993.2.9. 92다27102). **기출 21**

ㄷ 자동갱신협정이란 단체협약에 그 유효기간의 만료 전 일정 기일까지 양 당사자 어느 쪽으로부터 협약 개폐의 통고가 없는 한, 종래의 단체협약이 다시 동일 기간 효력을 지속한다는 뜻을 정한 합의를 말한다. 자동갱신협정이 있는 경우 새로운 단체협약을 체결한 것으로 보며, 그 내용은 구 단체협약과 동일한 것이 된다. 새로운 단체협약의 유효기간은 종전 단체협약의 유효기간 만료일 다음 날부터 기산된다. 이 경우 노조법 제32조 제1항과 제2항이 적용되어 갱신된 협약의 유효기간은 3년을 초과할 수 없다(대판 1993.2.9. 92다27102).

② 별도의 약정이 없는 경우 : 자동연장협정 등과 같은 별도의 약정이 없는 경우에는 노조법 제32조 제3항 본문에 의한다. 즉, 단체협약의 유효기간이 만료되는 때를 전후하여 당사자 쌍방이 새로운 단체협약을 체결하고자 단체교섭을 계속하였음에도 불구하고 새로운 단체협약이 체결되지 아니한 경우에는 별도의 약정이 있는 경우를 제외하고는 종전의 단체협약은 그 효력 만료일부터 3월까지 계속 효력을 갖는다.

O | X 💬

1. 단체협약에 그 유효기간을 정하지 아니한 경우 그 유효기간은 3년으로 한다.

정답 1. O

2) 노조법 제32조 제3항 단서

① **불확정기한부 자동연장조항에 따른 단체협약의 유효기간** : 단체협약에 불확정기한부 자동연장조항이 있으면, 그에 따라 새로운 협약이 체결될 때까지 종전 협정의 효력이 연장된다(계약자유의 원칙). 단체협약에 그 유효기간이 경과한 후에도 새로운 단체협약이 체결되지 아니한 때에는 새로운 단체협약이 체결될 때까지 종전 단체협약의 효력을 존속시킨다는 취지의 별도의 약정(불확정기한부 자동연장조항)이 있는 경우에는 그에 따르되, 당사자 일방은 해지하고자 하는 날의 6월 전까지 상대방에게 통고함으로써 종전의 단체협약을 해지할 수 있다(노조법 제32조 제3항 단서). 기출 14·15·18·22

② **효력연장기간의 제한 여부** : 단체협약이 노조법 제32조 제1항, 제2항의 제한을 받는 본래의 유효기간이 경과한 후에 불확정기한부 자동연장조항에 따라 계속 효력을 유지하게 된 경우에, 효력이 유지된 단체협약의 유효기간은 노조법 제32조 제1항, 제2항에 의하여 일률적으로 3년으로 제한되지는 아니한다(대판 2015.10.29. 2012다71138).

③ **합의에 의한 해지권의 배제 가부** : 단체협약의 유효기간을 제한한 노조법 제32조 제1항, 제2항이나 단체협약의 해지권을 정한 노조법 제32조 제3항 단서는 모두 성질상 강행규정이어서, 당사자 사이의 합의에 의하더라도 단체협약의 해지권을 행사하지 못하도록 하는 등 적용을 배제하는 것은 허용되지 않는다(대판 2016.3.10. 2013두3160).

(3) 단체협약 실효 후의 근로관계

1) 의 의

단체협약이 유효기간 만료 등으로 실효하여 무협약상태가 되면, 채무적 부분에 따라 발생한 협약당사자의 권리·의무가 소멸된다는 점에서는 이의가 없다. 이 경우 단체협약의 규범적 부분이 단체협약의 실효 후에도 효력을 갖는지가 문제된다.

2) 근로조건(규범적 부분)

① **원칙적 여후효의 인정** : 판례는 단체협약이 실효되었다고 하더라도 임금, 퇴직금이나 노동시간, 그 밖에 개별적인 노동조건에 관한 부분은 그 단체협약의 적용을 받고 있던 근로자의 근로계약의 내용이 되어 그것을 변경하는 새로운 단체협약, 취업규칙이 체결·작성되거나 또는 개별적인 근로자의 동의를 얻지 아니하는 한 개별적인 근로자의 근로계약의 내용으로서 여전히 남아 있어 사용자와 근로자를 규율하게 되고, 단체협약 중 해고사유 및 해고의 절차에 관한 부분에 대하여도 이와 같은 법리가 그대로 적용되는 것인바 위와 같은 법리에 비추어 볼 때, 구 단체협약 제111조는 개별적인 노동조건에 관한 부분이므로 구 단체협약이 ○○대학교 측의 단체협약해지통보 및 소정 기간의 경과로 실효되었다고 하더라도 2007년도 단체협약(이하 "신 단체협약")이 체결되기까지는 여전히 원고들과 피고 사이의 근로계약의 내용으로서 유효하게 존속하였다고 본 원심의 판단은 정당하고, 거기에 단체협약의 실효와 관련된 법리를 오해한 위법이 있다고 할 수 없다고(대판 2009.2.12. 2008다70336) 한다. 기출 21

② **실효 후 근로조건의 개별적 변경** : [1] 단체협약이 실효되더라도 임금 등 개별적인 노동조건에 관한 부분은 단체협약의 적용을 받고 있던 근로자의 근로계약내용이 되어 여전히 사용자와 근로자를 규율한다. 그러나 그것을 변경하는 새로운 단체협약이 체결되면 종전의 단체협약은 더 이상 개별적인 근로계약의 내용으로 남아 있지 않게 된다. 기출 14·15·18

[2] 부가가치세는 사업자인 일반택시 운송사업자들이 납부의무를 부담하는 것이므로 위와 같은 부가가치세 경감세액은 납부의무자인 일반택시 운송사업자들에게 귀속된다. 구 조세특례제한법의 개정취지가 일반택시 운전기사들의 처우 개선과 복지 향상을 위한 것이고, 이에 기해 건설교통부가 일반택시 운송사업자들에 대하여 부가가치세 경감세액을 위 개정취지에 따라 일반택시 운전기사들의 처우 개선에 사용하도록 건설교통부지침을 정하였다고 하더라도 이는 어디까지나 건설교통부의 일반택시 운송사업자들에 대한 행정지도에 불과할 뿐 대외적 효력이 있는 법규명령이라고 볼 수 없다. 따라서 건설교통부지침으로는 일반택시 운전기사들이 부가가치세 경감세액에 대하여 자신이 근무하는 일반택시 운송사업자들을 상대로 직접적인 사법상 권리를 취득할 수 없다. 다만 일반택시 운전기사들은 부가가치세 경감세액의 활용방안에 관하여 개별적으로 또는 노동조합을 통해 일반택시 운송사업자와 단체협약을 체결하는 등으로 합의를 함으로써 부가가치세 경감으로 인한 이득을 얻을 수 있을 뿐이다(대판 2017.6.19. 2014다63087).

③ 해제조건의 성취와 협약의 효력상실 : 유효기간이 경과하는 등으로 단체협약이 실효되었다고 하더라도, 개별적인 근로자의 근로계약의 내용으로 여전히 남아 있어 사용자와 근로자를 규율하나, 노사가 일정한 조건이 성취되거나 기한이 도래할 때까지 특정 단체협약조항에 따른 합의의 효력이 유지되도록 명시하여 단체협약을 체결한 경우에는, 그 단체협약조항에 따른 합의는 해제조건의 성취로 효력을 잃는다(대판 2018.11.29. 2018두41532).

④ 해고합의조항 : 단체협약의 실효 후에도 근로계약의 내용으로 남아 있는 것으로 보아야 한다. 최근 판례는 단체협약 중 해고사유 및 절차에 관한 부분이 단체협약 실효 후에도 적용된다고(대판 2007.12.27. 2007다51758) 판시하고 있다.

3) 협약당사자의 권리·의무(채무적 부분)

① 단체협약의 종료 후 채무적 부분의 효력 : 원칙적으로 단체협약의 채무적 부분은 그 협약의 실효와 함께 종료된다.

② 노동조합사무소에 관한 사용자의 반환 요구의 적법성 : 판례는 사용대차목적물은 그 반환시기에 관한 약정이 없는 한, 계약이나 목적물의 성질에 의한 사용수익이 종료한 때 또는 사용수익이 족한 기간이 경과하여 대주가 계약을 해지한 때에 반환하도록 되어 있는 것(민법 제613조)에 비추어 보면, 단체협약이 실효되었다는 사유만으로 사용대차목적물의 반환사유인 사용수익의 종료 또는 사용수익에 족한 기간의 경과가 있다고 할 것은 아니어서, 특히 그 반환을 허용할 특별한 사정이 있어야만 그 사무실의 명도를 구할 수 있다고(대판 2002.3.26. 2000다3347) 판시하고 있다.

Ⅴ 단체협약의 종료

단체협약의 작성(노조법 제31조)
③ 행정관청은 단체협약 중 위법한 내용이 있는 경우에는 노동위원회의 의결을 얻어 그 시정을 명할 수 있다.

단체협약 유효기간의 상한(노조법 제32조)
③ 단체협약의 유효기간이 만료되는 때를 전후하여 당사자 쌍방이 새로운 단체협약을 체결하고자 단체교섭을 계속하였음에도 불구하고 새로운 단체협약이 체결되지 아니한 경우에는 별도의 약정이 있는 경우를 제외하고는 종전의 단체협약은 그 효력만료일부터 3월까지 계속 효력을 갖는다. 다만, 단체협약에 그 유효기간이 경과한 후에도 새로운 단체협약이 체결되지 아니한 때에는 새로운 단체협약이 체결될 때까지 종전 단체협약의 효력을 존속시킨다는 취지의 별도의 약정이 있는 경우에는 그에 따르되, 당사자 일방은 해지하고자 하는 날의 6월 전까지 상대방에게 통고함으로써 종전의 단체협약을 해지할 수 있다.

1. 존속기간의 만료

존속기간의 만료로 단체협약의 효력은 종료된다.

2. 단체협약의 취소 · 시정 등

(1) 단체협약의 취소

해당 의사표시의 중요 부분에 착오가 있거나 사기 · 강박에 의한 것일 경우에는, 당사자의 일방에 의하여 취소할 수 있다.

(2) 행정관청의 시정명령

행정관청은 단체협약 중 위법한 내용이 있는 경우에는 노동위원회의 의결을 얻어 그 시정을 명할 수 있다(노조법 제31조 제3항). **기출** 19 · 20 · 21 · 22 · 24

(3) 단체협약의 해지

1) 상대방의 단체협약 위반

경미한 위반의 경우에는 해지할 수 없으나, 근로자가 평화의무를 위반하거나 사용자가 단체협약상의 근로조건을 이행하지 아니하는 등, 단체협약의 존재의의를 상실할 만한 중대한 위반행위를 한 경우에만 이를 해지할 수 있다.

2) 불확정기한부 자동연장협정

당사자 간에 자동연장협정이 체결되어 있는 경우, 당사자 일방은 해지하고자 하는 날의 6월 전까지 상대방에게 통고함으로써 종전의 단체협약을 해지할 수 있다(노조법 제32조 제3항 단서).

3) 사정 변경

단체협약 체결 당시 예측할 수 없을 만큼 중대한 사정 변경이 있어서 단체협약의 존립이 무의미하고, 일방 당사자에게 단체협약의 준수를 강요하는 것이 지극히 불합리할 경우에는, 사정변경의 원칙에 의하여 이를 해지할 수 있다.

4) 해지계약

단체협약의 유효기간 중 당사자의 합의에 의하여 단체협약을 해지할 수 있다.

3. 단체협약당사자의 변경

(1) 사용자의 변경

단체협약은 회사의 해산 · 조직 변경 · 영업 양도 및 합병 등에 의하여 그 효력이 당연히 종료하지는 아니한다.

1) 해 산

회사가 해산하는 경우, 청산절차 중에 전체 근로자를 해고함으로써 단체협약은 실효된다.

2) 조직변경

회사의 동일성이 인정되는 한 단체협약은 그대로 존속한다.

O | X 💬

1. 행정관청은 단체협약 중 위법한 내용이 있는 경우에는, 노동위원회의 의결을 얻어 그 시정을 명할 수 있다.

정답 1. ○

3) 합 병

흡수합병의 경우에는 소멸회사의 단체협약은 종료하고 합병회사의 단체협약이 적용된다는 견해와, 소멸회사의 권리·의무가 포괄승계되므로 소멸회사의 단체협약은 그대로 존속된다는 견해 등이 있다. 신설합병의 경우에는 소멸회사의 단체협약이 모두 적용된다는 견해와, 소멸회사의 단체협약은 종료되고 신설회사의 단체협약이 적용된다는 견해 등이 있다.

4) 영업 양도

사업의 동일성이 인정되는 한 단체협약은 승계된다.

(2) 노동조합의 변경

1) 노동조합의 해산

청산절차가 종료된 경우, 단체협약당사자의 실체가 없어지므로 단체협약은 실효된다.

2) 노동조합의 조직변경

조직상 실질적 동일성이 인정되는 한 단체협약은 그대로 존속한다. 기출 12

3) 탈퇴 및 분열

다수의 조합원이 탈퇴하여도 단체협약은 존속한다. 분열의 경우에는 두 개의 새로운 노동조합이 결성되었다면 구 단체협약은 종료되나, 기존의 노동조합이 유지된 채 해당 노동조합에서 탈퇴한 조합원이 새로운 노동조합을 결성하였다면 구 단체협약은 그대로 존속한다.

4. 새로운 단체협약의 체결

종전 단체협약의 유효기간 중에 새로운 단체협약을 체결하는 경우, 종전 단체협약은 소멸한다.

Ⅵ 단체협약의 해석

> **단체협약의 해석(노조법 제34조)**
> ① 단체협약의 해석 또는 이행방법에 관하여 관계당사자 간에 의견의 불일치가 있는 때에는 당사자 쌍방 또는 단체협약에 정하는 바에 의하여 어느 일방이 노동위원회에 그 해석 또는 이행방법에 관한 견해의 제시를 요청할 수 있다.
> ② 노동위원회는 제1항의 규정에 의한 요청을 받은 때에는 그날부터 30일 이내에 명확한 견해를 제시하여야 한다.
> ③ 제2항의 규정에 의하여 노동위원회가 제시한 해석 또는 이행방법에 관한 견해는 중재재정과 동일한 효력을 가진다.

1. 해석원칙

(1) 불리한 해석의 금지

단체협약서와 같은 처분문서는 진정성립이 인정되는 이상 그 기재내용을 부정할 만한 분명하고도 수긍할 수 있는 반증이 없는 한 그 기재내용에 의하여 그 문서에 표시된 의사표시의 존재 및 내용을 인정하여야 하고, 단체협약은 근로자의 근로조건을 유지·개선하고 복지를 증진하여 그 경제적·사회적 지위를 향상시킬 목적으로 노동자의 자주적 단체인 노동조합이 사용자와 사이에 근로조건에 관하여 단체교섭을 통하여 이루어지는 것이므로 그 명문의 규정을 근로자에게 불리하게 해석할 수는 없다(대판 1996.9.20. 95다20454).

기출 15 · 17 · 19 · 21

제1장

제2장

제3장

제4장

제5장

제6장

제7장

제8장

제9장

(2) 구체적 검토

1) 가산보상금규정

판례에 의하면 피고와 노동조합이 체결한 2008년 단체협약 제36조에서 "회사는 조합원의 징계 및 해고가 행정기관 또는 법원의 확정판결이 부당한 징계, 해고무효로 확인받았을 때 징계무효 및 복직조치한다(제1항). 전항의 경우 임금미지급분에 대해서는 출근 시 당연히 받았을 임금은 물론 통상임금의 100%를 가산지급한다(제2항)"라는 내용의 규정(이하 "이 사건 가산보상금규정")을 둔 경우, 가산보상금규정의 내용 및 단체협약의 체계, 경영상 이유에 의한 해고제도의 연혁과 이에 따른 단체협약의 개정과정, 이 사건 가산보상금규정과 관련한 노동조합의 태도 및 그로부터 추단되는 단체협약당사자의 진정한 의사 등의 여러 사정을 종합하여 보면, 금전적인 부담 부과라는 간접적인 방법을 통하여 부당한 징계·해고의 억제와 근로자의 신속한 원직복귀를 도모하려는 목적을 지닌 이 사건 가산보상금규정은 '개별적인 징계 또는 해고'의 부당성이 밝혀진 경우에 적용되는 것을 전제로 하여 도입된 규정일 뿐, 그와 성격이 다른 '경영상 이유에 의한 해고'의 경우에까지 당연히 적용될 것을 예정한 규정은 아니라고 해석함이 타당하고 나아가 이 사건 가산보상금규정의 적용범위를 위와 같이 본다고 하여, 이를 두고 단체협약의 명문규정을 근로자에게 불리하게 변형해석하는 경우에 해당한다고 하기도 어렵다고(대판 2017.3.22. 2016다26532) 한다.

2) 휴가비지급규정

판례에 의하면 甲 주식회사가 노동조합과 체결한 단체협약에서 '지급기준일 현재 재직 중인 근로자에 한하여 하기휴가비를 지급하되, 지급기준일 현재 휴직 중인 근로자에게는 하기휴가비를 지급하지 않는다'라고 정하고 있는데, 근로자 乙이 하기휴가비 지급기준일에 파업에 참가한 경우, 乙은 파업으로 말미암아 甲 회사와 근로관계가 일시정지되었을 뿐 근로관계 자체가 종료되었다고 할 수는 없으므로 단체협약에서 하기휴가비의 지급 대상으로 정한 '지급기준일 현재 재직 중인 근로자'에 해당하고, 乙이 하기휴가비의 지급기준일에 파업에 참가하였다고 하여 단체협약상 하기휴가비의 지급 대상에서 제외되는 '지급기준일 현재 휴직 중인 근로자'에 해당한다고 볼 수 없다고(대판 2014.2.13. 2011다86287) 한다.

2. 인사절차조항과 고용안정협약의 해석

(1) 인사절차조항

단체협약의 인사협의(합의)조항에 노동조합간부 인사에 대하여는 사전'합의'를, 조합원 인사에 대하여는 사전'협의'를 하도록 용어를 구분하여 사용하고 있다면, 교섭 당시 사용자의 인사권에 관하여 노동조합 간부와 조합원을 구분하여 제한 정도를 달리 정한 것으로 보아야 하고, 그 정도는 노동조합 간부에 대하여는 조합원에 대한 사전협의보다 더 신중하게 노동조합 측 의견을 참작하여야 한다는 정도의 차이만 있는 것으로 볼 수는 없으므로, 조합원에 대한 인사권의 신중한 행사를 위하여 단순히 의견수렴절차를 거치라는 뜻의 사전 '협의'와는 달리, 노동조합 간부 인사에 대하여는 노동조합과 의견을 성실하게 교환하여 노사 간에 '의견의 합치'를 보아 인사권을 행사하여야 한다는 뜻에서 사전'합의'를 하도록 규정한 것이라고 해석하는 것이 타당하다(대판 2012.6.28. 2010다38007).

O | X 💬

1. 단체협약의 해석에 관하여 관계당사자 간에 의견의 불일치가 있는 때에는, 당사자 쌍방은 고용노동부에 그 해석에 관한 견해의 제시를 요청할 수 있다.

정답 1. ×

(2) 고용안정협약

① 사용자가 경영권의 본질에 속하여 단체교섭의 대상이 될 수 없는 사항에 관하여 노동조합과 '합의'하여 결정 혹은 시행하기로 하는 단체협약의 일부 조항이 있는 경우, 그 조항 하나만을 주목하여 쉽게 사용자의 경영권의 일부 포기나 중대한 제한을 인정하여서는 아니 되고, 그와 같은 단체협약을 체결하게 된 경위와 당시의 상황, 단체협약의 다른 조항과의 관계, 권한에는 책임이 따른다는 원칙에 입각하여 노동조합이 경영에 대한 책임까지도 분담하고 있는지 여부 등을 종합적으로 검토하여 그 조항에 기재된 '합의'의 의미를 해석하여야 한다(대판 2002.2.26. 99도5380).

② 위 판례에 따르면 고용안정협약상의 합의를 협의로 해석하였음을 알 수 있고, 이러한 판례의 태도는 이후에도 계속 이어지고 있다.

3. 노동위원회의 단체협약의 해석

(1) 해석 절차

① 단체협약의 해석 또는 이행방법에 관하여 관계당사자 간에 의견의 불일치가 있는 때에는 당사자 쌍방 또는 단체협약에 정하는 바에 의하여 어느 일방이 노동위원회에 그 해석 또는 이행방법에 관한 견해의 제시를 요청할 수 있다(노조법 제34조 제1항). 기출 16·18·19·21·24

② 노동위원회는 견해 제시의 요청을 받은 때에는 요청을 받은 날부터 30일 이내에 명확한 견해를 제시하여야 한다(노조법 제34조 제2항). 기출 19·24

(2) 노동위원회의 견해의 효력 기출 14·19·22

노동위원회가 제시한 해석 또는 이행방법에 관한 견해는 중재재정과 동일한 효력을 가진다(노조법 제34조 제3항).

✔ 핵심문제

01 노동조합 및 노동관계조정법령상 단체협약의 해석에 관한 설명으로 옳지 않은 것은?(다툼이 있으면 판례에 따름)

① 단체협약과 같은 처분문서를 해석함에 있어서는 명문의 규정을 근로자에게 불리하게 변형해석할 수 없다.

② 단체협약의 해석에 관한 지방노동위원회의 제시견해가 위법 또는 월권에 의한 경우에는, 중앙노동위원회에 재심을 신청할 수 있다.

③ 단체협약의 해석에 관하여 관계당사자 간에 의견의 불일치가 있는 때에는, 노동위원회가 직권으로 그 해석에 관한 견해를 제시할 수 있다.

④ 노동위원회는 단체협약의 해석요청을 받은 때에는, 그날부터 30일 이내에 명확한 견해를 제시하여야 한다.

⑤ 노동위원회가 단체협약의 해석 요청에 대하여 제시한 견해는 중재재정과 동일한 효력을 가진다.

〔해설〕
단체협약의 해석 또는 이행방법에 관하여 관계당사자 간에 의견의 불일치가 있는 때에는 당사자 쌍방 또는 단체협약에 정하는 바에 의하여 어느 일방이 노동위원회에 그 해석 또는 이행방법에 관한 견해의 제시를 요청할 수 있다(노조법 제34조 제1항).

정답 ③

(3) 노동위원회의 견해에 대한 불복

판례는 노조법 제34조 제3항은 단체협약의 해석 또는 이행방법에 관하여 단체협약당사자의 견해 제시의 요청에 응하여 노동위원회가 제시한 견해는 중재재정과 동일한 효력을 가진다고 정하고 있으므로, 단체협약의 해석 또는 이행방법에 관한 노동위원회의 제시견해의 효력을 다투고자 할 때에는 노동위원회가 행한 중재재정의 효력을 다투는 절차를 정한 위 법 제69조에 의하여야 할 것이고, <u>노동위원회가 단체협약의 의미를 오해하여 그 해석 또는 이행방법에 관하여 잘못된 견해를 제시하였다면 이는 법률행위인 단체협약의 해석에 관한 법리를 오해한 위법을 범한 것으로 위 법 제69조에서 정한 불복사유인 위법사유가 있는 경우에 해당된</u>다고(대판 2005.9.9. 2003두896) 한다. 기출 19

Ⅶ 단체협약의 중요조항

1. 조합원자격에 관한 조항

(1) 노조법에 의한 제한

노동조합의 자주성을 보장하기 위하여 사용자, 이익대표자, 근로자가 아닌 자의 가입을 허용하는 경우에는 노동조합으로 보지 아니한다(노조법 제2조 제4호 가목·라목).

(2) 규약에 의한 제한

판례에 의하면 노조법 제5조 제1항, 제11조의 각 규정에 따라, 근로자는 자유로이 노동조합을 조직하거나 이에 가입할 수 있고, <u>구체적으로 노동조합의 조합원의 범위는 당해 노동조합의 규약이 정하는 바에 의하여 정하여지며, 근로자는 노동조합의 규약이 정하는 바에 따라 당해 노동조합에 자유로이 가입함으로써 조합원의 자격을 취득한다고</u>(대판 2004.1.29. 2001다6800) 한다.

(3) 단체협약 등에 의한 제한

판례에 의하면 <u>단체협약에서 노사 간의 상호 협의에 의하여 규약상 노동조합의 조직 대상이 되는 근로자의 범위와는 별도로 조합원이 될 수 없는 자를 특별히 규정함으로써 일정 범위의 근로자들에 대하여 위 단체협약의 적용을 배제하고자 하는 취지의 규정을 둔 경우에는, 비록 이러한 규정이 노동조합규약에 정해진 조합원의 범위에 관한 규정과 배치된다 하더라도 무효라고 볼 수 없고, 법 제35조의 규정에 따라 단체협약의 일반적 구속력으로서 그 적용을 받게 되는 '동종의 근로자'라 함은 당해 단체협약의 규정에 의하여 그 협약의 적용이 예상되는 자를 가리키며, 단체협약의 규정에 의하여 조합원의 자격이 없는 자는 단체협약의 적용이 예상된다고 할 수 없어 단체협약의 적용을 받지 아니한다고</u>(대판 2004.1.29. 2001다6800) 한다.

O | X 💬

1. 노동조합 및 노동관계조정법령상 조직 강제에 관한 단체협약 내용을 위반한 경우 형사처벌의 대상이 된다.
2. 단체협약의 내용 중 교섭창구단일화에 위반한 자는 벌금에 처한다.
3. 단체협약내용으로서 조합원자격에 관한 사항을 위반한 자는, 노동조합 및 노동관계조정법상 형사처벌의 대상이 된다.

정답 1. × 2. × 3. ×

2. 징계절차조항

(1) 쟁의기간 중 징계금지조항

판례는 단체협약에서 "쟁의기간 중에는 징계나 전출 등의 인사조치를 아니한다"고 정하고 있는 경우, 이는 쟁의기간 중에 쟁의행위에 참가한 조합원에 대한 징계 등 인사조치 등에 의하여 노동조합활동이 위축되는 것을 방지함으로써 노동조합의 단체행동권을 실질적으로 보장하기 위한 것이므로, 쟁의행위가 그 목적이 정당하고 절차적으로 노조법의 제반 규정을 준수함으로써 정당하게 개시된 경우라면, 비록 그 쟁의과정에서 징계사유가 발생하였다고 하더라도 쟁의가 계속되고 있는 한 그러한 사유를 들어 쟁의기간 중에 징계위원회의 개최 등 조합원에 대한 징계절차의 진행을 포함한 일체의 징계 등 인사조치를 할 수 없다고(대판 2013.2.15. 2010두20362) 한다.

(2) 징계위원회의 개최시한조항

판례는 단체협약에서 "징계위원회는 징계사유 발생일로부터 15일 이내에 개최되어야 하고, 이를 따르지 않는 징계는 무효로 한다"고 정하고 있는 경우, 징계대상자 및 징계사유의 조사 및 확정에 상당한 기간이 소요되어 위 규정을 준수하기 어렵다는 등의 부득이한 사정이 없는 한, 위 규정을 위반하여 개최된 징계위원회에서 한 징계결의는 무효이다. 한편 징계위원회 개최시한의 기산점은 원칙적으로 징계사유가 발생한 때이지만, 쟁의기간 중에 쟁의과정에서 발생한 징계사유를 들어 징계하는 경우 '쟁의기간 중의 징계 금지'와 같이 징계가 불가능한 사유가 있는 경우에는 쟁의행위가 종료된 때로부터 위 기간이 기산된다고(대판 2013.2.15. 2010두20362) 한다.

3. 해고협의·합의조항(인사절차조항)

(1) 의 의

인사권이 원칙적으로 사용자의 권한에 속한다고 하더라도 사용자는 스스로의 의사에 따라 그 권한에 제약을 가할 수 있는 것이므로 사용자가 노동조합과 사이에 체결한 단체협약에 의하여 조합원의 인사에 대한 조합의 관여를 인정하였다면 그 효력은 협약규정의 취지에 따라 발생하는 것이다(대판 1993.9.28. 91다30620).

(2) 해고협의조항

판례에 의하면 단체협약에 "회사는 조합원의 신규채용, 해고, 휴직, 상벌에 관하여 노조의 의견을 참작하여 인사결정은 7일 이내에 노조에 통보하여야 한다"라고 규정하고 있는 경우 위 의견 참작은 노동조합과 협의하여 결정하는 경우와는 달리 단지 노동조합의 의견을 인사결정에 있어서 참고자료로 삼기 위한 것에 지나지 아니하여 인사결정의 효력에는 영향이 없다고 보여지므로, 조합원의 해고에 노동조합의 의견을 참작하지 않은 하자가 있다고 하여도 무효가 아니라고(대판 1992.4.14. 91다4775) 한다. 생각건대 판례가 협의의 의미를 과소평가하는 것은, 단체협약과 같은 처분문서는 문언의 내용에 따라 객관적으로 해석하여야 하고, 단체협약의 명문규정을 근로자에게 불리하게 해석할 수는 없다는 해석원칙에 반하는 것으로, 사용자가 협의를 위한 노력을 전혀 하지 아니하거나 불성실한 협의를 한 경우에는, 해고협의조항 위반을 이유로 그 해고를 무효로 보아야 한다.

(3) 해고합의조항

1) 해고합의조항 위반 해고의 효력

판례에 의하면 단체협약 등에 규정된 인사협의(합의)조항의 구체적 내용이 사용자가 인사처분을 함에 있어서 신중을 기할 수 있도록 노동조합이 의견을 제시할 수 있는 기회를 주어야 하도록 규정된 경우에는 그 절차를 거치지 아니하였다고 하더라도 인사처분의 효력에는 영향이 없다고 보아야 할 것이지만, 사용자가 인사처분을 함에 있어 노동조합의 사전동의나 승낙을 얻어야 한다거나 노동조합과 인사처분에 관한 논의를 하여 의견의 합치를 보아 인사처분을 하도록 규정된 경우에는 그 절차를 거치지 아니한 인사처분은 원칙적으로 무효라고 보아야 한다고(대판 1993.7.13. 92다45735) 판시하고 있다. `기출 22`

2) 합의권남용 시 해고의 효력

① 판례는 노사협상의 산물로서 노동조합 간부에 대한 징계해고를 함에 있어 노동조합의 사전 합의를 받도록 되었다 하더라도 이는 사용자의 노동조합 간부에 대한 부당한 징계권 행사를 제한하자는 것이지 사용자의 본질적 권한에 속하는 피용자에 대한 징계권 행사 그 자체를 부정할 수는 없는 것이므로, 노동조합의 사전합의권 행사는 어디까지나 신의성실의 원칙에 입각하여 합리적으로 행사되어야 할 것인바, 만약 노동조합 측 징계위원이 징계위원회의 개최나 심의를 방해하거나 그 방해를 위하여 징계위원회 출석 자체를 거부하고, 또는 출석하더라도 징계사유에 대한 정당한 의견 제시를 하지 아니하고 명백하고도 중대한 징계사유가 있음에도 불구하고 피징계자가 노동조합 간부라는 이유만으로 무작정 징계를 거부하는 등의 행위를 한다면 이는 이른바 합의거부권의 포기나 남용에 해당되어 이러한 경우에는 사전합의를 받지 아니하였다 하여 그 징계처분을 무효로 볼 수는 없다고 하여야 할 것이라고(대판 1993.7.13. 92다45735) 한다.

`기출 24`

② 또한 피징계자에게 객관적으로 명백한 징계사유가 있고, 이에 대한 징계를 함에 있어 사용자가 노동조합 측의 동의를 얻기 위하여 성실하고 진지한 노력을 다하였음에도 불구하고, 노동조합 측이 합리적 근거나 이유 제시도 없이 무작정 반대함으로써 동의거부권을 남용한 것이라고 인정되거나 노동조합 측이 스스로 이러한 사전동의권의 행사를 포기하였다고 인정된다면, 사용자가 노동조합 측의 사전동의를 받지 못하였다고 하여 그 징계처분을 무효로 볼 수는 없다고(대판 1993.9.28. 91다30620) 한다.

4. 고용안정협약(경영해고제한조항)

(1) 단체교섭의 대상 여부

정리해고나 사업조직의 통폐합 등 기업의 구조조정의 실시 여부는 경영주체에 의한 고도의 경영상 결단에 속하는 사항으로서 원칙적으로 단체교섭의 대상이 될 수 없으나, 사용자의 경영권에 속하는 사항이라 하더라도 노사는 임의로 단체교섭을 진행하여 단체협약을 체결할 수 있고, 그 내용이 강행법규나 사회질서에 위배되지 않는 이상 단체협약으로서의 효력이 인정된다(대판 2014.3.27. 2011두20406).

(2) 법적 성격

판례에 의하면 특별교섭합의서에서 정한 고용 보장에 관한 확약은 이 사건 회사 스스로 인위적인 구조조정으로 근로관계를 종료하지 아니하겠다는 내용의 고용 보장을 확약한 것으로 보아야 하고, 그 내용상 단순히 공장 이전에만 국한하여 적용할 사항이 아니라 그 이후의 제반 근로조건에 관한 사항을 정한 것으로 보아야 하며, 이러한 고용 보장에 관한 확약은 단체협약의 규범적 부분에 해당한다고(대판 2014.3.27. 2011두20406) 한다.

(3) 경영해고금지조항

1) 원 칙

사용자가 노동조합과의 협상에 따라 정리해고를 제한하기로 하는 내용의 단체협약을 체결하였다면 특별한 사정이 없는 한 단체협약이 강행법규나 사회질서에 위배된다고 볼 수 없고, 나아가 이는 근로조건, 기타 근로자에 대한 대우에 관하여 정한 것으로서 그에 반하여 이루어지는 정리해고는 원칙적으로 정당한 해고라고 볼 수 없다(대판 2014.3.27. 2011두20406).

2) 예 외

다만, 정리해고의 실시를 제한하는 단체협약을 두고 있더라도, 단체협약을 체결할 당시의 사정이 현저하게 변경되어 사용자에게 단체협약의 이행을 강요한다면 객관적으로 명백하게 부당한 결과에 이르는 경우에는 사용자가 단체협약에 의한 제한에서 벗어나 정리해고를 할 수 있다(대판 2014.3.27. 2011두20406).

(4) 경영해고합의조항

1) 합의로 해석한 사례

① 원칙 : 사용자가 인사처분을 할 때 노동조합의 사전동의나 승낙을 얻어야 한다거나 노동조합과 인사처분에 관한 논의를 하여 의견합치를 보아 인사처분을 하도록 단체협약 등에 규정된 경우, 그 절차를 거치지 아니한 인사처분은 원칙적으로 무효로 보아야 한다(대판 2012.6.28. 2010다38007).

② 예외 : 이처럼 사전합의조항을 두고 있다고 하더라도 사용자의 인사권이 어떠한 경우라도 노동조합의 동의나 합의가 있어야만 행사할 수 있는 것은 아니고, 노동조합이 사전합의권을 남용하거나 스스로 사전합의권 행사를 포기하였다고 인정되는 경우에는, 사용자가 이러한 합의 없이 한 인사처분도 유효하다고 보아야 한다. 여기서 노동조합이 사전합의권을 남용한 경우란, 노동조합 측에 중대한 배신행위가 있고 이로 인하여 사용자 측의 절차 흠결이 초래되었다거나, 인사처분의 필요성과 합리성이 객관적으로 명백하며 사용자가 노동조합 측과 사전합의를 위하여 성실하고 진지한 노력을 다하였음에도, 노동조합 측이 합리적 근거나 이유 제시도 없이 무작정 인사처분에 반대함으로써 사전합의에 이르지 못하였다는 등 사정이 있는 경우를 의미한다(대판 2012.6.28. 2010다38007).

2) 협의로 해석한 사례

사용자가 경영권의 본질에 속하여 단체교섭의 대상이 될 수 없는 사항에 관하여, 노동조합과 '합의'하여 시행한다는 취지의 단체협약의 일부 조항이 있는 경우, 그 조항 하나만을 주목하여 쉽게 사용자의 경영권의 일부 포기나 중대한 제한을 인정하여서는 아니 되고, 그와 같은 단체협약을 체결하게 된 경위와 당시의 상황, 단체협약의 다른 조항과의 관계, 권한에는 책임이 따른다는 원칙에 입각하여 노동조합이 경영에 대한 책임까지도 분담하고 있는지 여부 등을 종합적으로 검토하여, 그 조항에 기재된 '합의'의 의미를 해석하여야 한다. 회사와 노동조합이 체결한 단체협약서의 전체 내용, 단체협약 체결 당시의 상황 등 여러 사정에 비추어, '노동조합과의 합의에 의하여 정리해고를 실시할 수 있다'는 취지의 단체협약조항의 진정한 의미는 '회사가 정리해고 등 경영상 결단을 하기 위해서는 반드시 노동조합과 사전에 합의하여야 한다는 취지가 아니라, 사전에 노동조합에 해고기준 등에 관하여 필요한 의견을 제시할 기회를 주고, 그 의견을 성실히 참고하게 함으로써 구조조정의 합리성과 공정성을 담보하고자 하는 협의의 취지'로 해석하여야 한다(대판 2011.1.27. 2010도 11030).

3) 검 토

협약자치의 원칙상 경영해고합의조항에 위반한 해고는 원칙적으로 무효이나, 합의권을 남용한 경우의 정리해고는 유효하다고 하여야 한다. 다만, 경영해고합의조항상 합의를 판례와 같이 협의로 해석하는 것은, 단체협약과 같은 처분문서는 문언의 내용에 따라 객관적으로 해석해야 하고, 단체협약의 명문규정을 근로자에게 불리하게 해석할 수는 없다는 해석원칙에 반하는 것으로, 제한적으로 해석하여야 할 필요성이 있다.

5. 기타 중요조항

(1) 평화조항·쟁의절차조항

평화의무과는 달리 평화조항은 단체협약에 명시적 규정을 둠으로써 효력이 발생한다. 쟁의절차조항은 쟁의행위 등의 주체 등에 관한 규율을 목적으로 하는 조항이다. 평화조항이나 쟁의절차조항을 위반한 쟁의행위는, 당사자 사이의 채무불이행에 지나지 아니하여 쟁의행위 자체의 정당성이 부정되는 것은 아니다.

(2) 쟁의행위면책조항

면책조항은 당사자 사이에 특약의 형태로 체결되는 것이 일반적이며, 민사책임의 면제에는 손해배상책임 외에 징계책임도 포함되나, 형사책임의 면제는 당사자가 형사상의 고소·고발을 하지 아니하겠다는 의미로 이해하여야 한다.

6. 관련 판례

(1) 산재유족 특별채용 조항의 효력

1) 판결요지

[다수의견]

단체협약이 민법 제103조의 적용대상에서 제외될 수는 없으므로 단체협약의 내용이 선량한 풍속 기타 사회질서에 위배된다면 그 법률적 효력은 배제되어야 한다. 다만 단체협약이 선량한 풍속 기타 사회질서에 위배되는지를 판단할 때에는 단체협약이 헌법이 직접 보장하는 기본권인 단체교섭권의 행사에 따른 것이자 헌법이 제도적으로 보장한 노사의 협약자치의 결과물이라는 점 및 노조법에 의해 이행이 특별히 강제되는 점 등을 고려하여 법원의 후견적 개입에 보다 신중할 필요가 있다. 헌법 제15조가 정하는 직업선택의 자유, 헌법 제23조 제1항이 정하는 재산권 등에 기초하여 사용자는 어떠한 근로자를 어떠한 기준과 방법에 의하여 채용할 것인지를 자유롭게 결정할 자유가 있다. 다만 사용자는 스스로 이러한 자유를 제한할 수 있는 것이므로, 노동조합과 사이에 근로자 채용에 관하여 임의로 단체교섭을 진행하여 단체협약을 체결할 수 있고, 그 내용이 강행법규나 선량한 풍속 기타 사회질서에 위배되지 아니하는 이상 단체협약으로서의 효력이 인정된다. 사용자가 노동조합과의 단체교섭에 따라 업무상 재해로 인한 사망 등 일정한 사유가 발생하는 경우 조합원의 직계가족 등을 채용하기로 하는 내용의 단체협약을 체결하였다면, 그와 같은 단체협약이 사용자의 채용의 자유를 과도하게 제한하는 정도에 이르거나 채용 기회의 공정성을 현저히 해하는 결과를 초래하는 등의 특별한 사정이 없는 한 선량한 풍속 기타 사회질서에 반한다고 단정할 수 없다. 이러한 단체협약이 사용자의 채용의 자유를 과도하게 제한하는 정도에 이르거나 채용 기회의 공정성을 현저히 해하는 결과를 초래하는지는 단체협약을 체결한 이유나 경위, 그와 같은 단체협약을 통해 달성하고자 하는 목적과 수단의 적합성, 채용대상자가 갖추어야 할 요건의 유무와 내용, 사업장 내 동종 취업규칙 유무, 단체협약의 유지 기간과 준수 여부, 단체협약이 규정한 채용의 형태와 단체협약에 따라 채용되는 근로자의 수 등을 통해 알 수 있는 사용자의 일반 채용에 미치는 영향과 구직희망자들에게 미치는 불이익 정도 등 여러 사정을 종합하여 판단하여야 한다.

[반대의견]

노사가 업무상 재해로 사망한 근로자의 가족을 보호하기 위한 대책을 마련해 두는 것은 권장할 일이지만 그러한 대책은 실질적으로 공평하며 법질서에 맞는 것이어야 한다. 그러한 대책이 유족과 같은 입장에서 절실하게 직장을 구하는 구직희망자를 희생하거나, 사망 근로자 중 일부의 유족만 보호하고 다른 유족은 보호에서 제외하는 방식이어서는 안 된다. 특정한 목적을 달성하기 위해 기업의 필요성이나 업무능력과 무관한 채용기준을 채택하기로 노사가 합의하였고 그러한 기준이 기업의 규모와 근로자 수, 해당 기업의 일반적인 채용방식, 특정한 목적달성을 위한 채용기준의 적합성, 관련 법령의 규정, 채용 기회의 공정에 대한 사회적 인식 등에 비추어 볼 때 해당 기업에 대한 구직희망자들이나 다른 조합원을 합리적 이유 없이 차별하는 것이어서 공정한 채용에 관한 정의관념과 법질서를 벗어난 경우에는 민법 제103조가 정하는 사회질서에 위반되는 법률행위로 평가할 수 있다.

2) 판결이유

갑 주식회사 등이 노동조합과 체결한 각 단체협약에서 업무상 재해로 인해 조합원이 사망한 경우에 직계가족 등 1인을 특별채용하도록 규정한 이른바 '산재 유족 특별채용 조항'이 민법 제103조에 의하여 무효인지 문제된 사안에서, ① 업무상 재해에 대해 어떤 내용이나 수준의 보상을 할 것인지의 문제는 그 자체로 중요한 근로조건에 해당하고, 갑 회사 등과 노동조합은 이해관계에 따라 산재 유족 특별채용 조항이 포함된 단체협약을 체결한 것으로 보이는 점, ② 산재 유족 특별채용 조항은 사회적 약자를 배려하여 실질적 공정을 달성하는 데 기여한다고 평가할 수 있고, 보상과 보호라는 목적을 달성하기 위해 유효적절한 수단이라고 할 수 있는 점, ③ 갑 회사 등이 산재 유족 특별채용 조항에 합의한 것은 채용의 자유를 적극적으로 행사한 결과인데, 법원이 이를 무효라고 선언한다면 갑 회사 등의 채용의 자유를 부당하게 제한하는 결과가 될 수 있는 점, ④ 갑 회사 등의 사업장에서는 노사가 오랜 기간 산재 유족 특별채용 조항의 유효성은 물론이고 그 효용성에 대해서도 의견을 같이하여 이를 이행해 왔다고 보이므로 채용의 자유가 과도하게 제한된다고 평가하기 더욱 어려운 점, ⑤ 산재 유족 특별채용 조항으로 인하여 갑 회사 등이 다른 근로자를 채용할 자유가 크게 제한된다고 단정하기 어렵고, 구직희망자들의 현실적인 불이익이 크다고 볼 수도 없는 점, ⑥ 협약자치의 관점에서도 산재 유족 특별채용 조항을 유효하게 보아야 함이 분명한 점을 종합하면, 산재 유족 특별채용 조항이 갑 회사 등의 채용의 자유를 과도하게 제한하는 정도에 이르거나 채용 기회의 공정성을 현저히 해하는 결과를 초래하였다고 볼 특별한 사정을 인정하기 어려우므로, 선량한 풍속 기타 사회질서에 위반되어 무효라고 볼 수 없는데도, 이와 달리 본 원심판단에 법리오해의 잘못이 있다(대판 2020.8.27. 2016다248998[전합]).

3) 검 토

생각건대 산재유족특별채용조항은 그 도입배경이나 내용에 비추어 볼 때 사용자의 채용의 자유를 박탈하거나 제3자의 구직에 관한 기대이익을 박탈하기 위한 것이 아니라, 생계를 유지하던 근로자가 업무상 재해로 사망한 경우에 그 유족의 생활을 보장하기 위한 것으로 볼 수 있다. 그렇다면 특별채용조항은 단체협약으로 근로기준법상 사용자의 재해보상책임(근로기준법 제8장 재해보상 참조)을 보충하는 규정으로 평가되어야 한다.[15]

---

15) 인권과 정의 2021년 5월호 p.148, 서울시립대 법학전문대학원 노상헌 교수

(2) 경영해고를 제한하는 단체협약의 효력

1) 판결요지

[1] 정리해고나 사업조직의 통폐합 등 기업의 구조조정 실시 여부는 경영주체에 의한 고도의 경영상 결단에 속하는 사항으로서 이는 원칙적으로 단체교섭의 대상이 될 수 없으나, 사용자의 경영권에 속하는 사항이라 하더라도 노사는 임의로 단체교섭을 진행하여 단체협약을 체결할 수 있고, 그 내용이 강행법규나 사회질서에 위배되지 않는 이상 단체협약으로서의 효력이 인정된다. 따라서 사용자가 노동조합과의 협상에 따라 정리해고를 제한하기로 하는 내용의 단체협약을 체결하였다면, 특별한 사정이 없는 한 단체협약이 강행법규나 사회질서에 위배된다고 볼 수 없고, 나아가 이는 근로조건, 기타 근로자에 대한 대우에 관하여 정한 것으로서 그에 반하여 이루어지는 정리해고는 원칙적으로 정당한 해고라고 볼 수 없다.

[2] 다만, 정리해고의 실시를 제한하는 단체협약을 두고 있더라도, 단체협약을 체결할 당시의 사정이 현저하게 변경되어 사용자에게 단체협약의 이행을 강요한다면 객관적으로 명백하게 부당한 결과에 이르는 경우에는, 사용자가 단체협약에 의한 제한에서 벗어나 정리해고를 할 수 있다.

2) 판결이유

[2] 원심은 그 판시와 같은 사실을 인정한 다음, 이 사건 특별교섭 합의서에서 정한 고용보장에 관한 확약은 포레시아배기시스템코리아 주식회사(이하 '이 사건 회사')가 공장 이전을 계기로 근로자의 고용불안과 근로조건의 변화에 대처하기 위하여 이루어진 것으로서 이 사건 회사 스스로 인위적인 구조조정으로 근로관계를 종료하지 아니하겠다는 내용의 고용보장을 확약한 것으로 보아야 하고, 그 내용상 단순히 공장 이전에만 국한하여 적용할 사항이 아니라 그 이후의 제반 근로조건에 관한 사항을 정한 것으로 보아야 하며, 이러한 고용보장에 관한 확약은 단체협약의 규범적 부분에 해당한다고 판단하였다. 그리고 원심은 그 판시와 같은 사정을 들어 이 사건 회사가 이 사건 특별교섭 합의서 체결 당시 예상하지 못하였던 심각한 재정적 위기에 처하여 고용보장에 관한 확약의 효력을 유지하는 것이 객관적으로 부당한 상황에 이르렀다고 보기는 어렵다고 보아, 고용보장에 관한 확약에 반하여 단행된 이 사건 정리해고는 부당하다고 판단하였다.

원심판결 이유를 앞서 본 법리와 기록에 비추어 살펴보면 원심의 위와 같은 판단은 정당하고, 거기에 정리해고를 제한하는 노사합의의 효력에 관한 법리오해, 특별교섭 합의서의 해석 및 적용에 관한 법리오해, 정리해고 요건의 판단 기준에 관한 법리오해 내지 그 판단 과정에서의 채증법칙 위반 등으로 판결에 영향을 미친 위법이 없다(대판 2014.3.27. 2011두20406).

01 노동조합 및 노동관계조정법상 단체협약 등에 관한 설명으로 옳지 않은 것은?(다툼이 있는 경우에는 판례에 의함)

① 하나의 지역에 있어서 종업하는 동종의 근로자 3분의 2 이상이 하나의 단체협약의 적용을 받게 된 때에는 노동위원회는 그 직권으로 당해 지역에서 종업하는 다른 동종의 근로자와 그 사용자에 대하여도 당해 단체협약을 적용한다는 결정을 할 수 있다.

② 하나의 사업 또는 사업장에 상시 사용되는 동종의 근로자 반수 이상이 하나의 단체협약의 적용을 받게 된 때에는 당해 사업 또는 사업장에 사용되는 다른 동종의 근로자에 대하여도 당해 단체협약이 적용된다.

③ 노사 간의 협상을 통해 사용자가 그 해고권한을 제한하기로 합의하고 노동조합이 동의할 경우에 한하여 해고권을 행사하겠다는 의미로 해고의 사전합의조항을 단체협약에 두었다면, 그러한 절차를 거치지 아니한 해고처분은 원칙적으로 무효이다.

④ 노동조합의 하부단체인 분회나 지부가 독자적인 규약 및 집행기관을 가지고 독립된 조직체로서 활동을 하는 경우 당해 조직이나 그 조합원에 고유한 사항에 대하여는 독자적으로 단체교섭하고 단체협약을 체결할 수 있다.

⑤ 단체협약과 같은 처분문서를 해석할 때에는, 단체협약이 근로자의 근로조건을 유지·개선하고 복지를 증진하여 경제적·사회적 지위를 향상시킬 목적으로 근로자의 자주적 단체인 노동조합과 사용자 사이에 단체교섭을 통하여 이루어지는 것이므로, 명문의 규정을 근로자에게 불리하게 변형해석할 수 없다.

[해설]
하나의 지역에 있어서 종업하는 동종의 근로자 3분의 2 이상이 하나의 단체협약의 적용을 받게 된 때에는 <u>행정관청은</u> 당해 단체협약의 당사자의 쌍방 또는 일방의 <u>신청에 의하거나 그 직권으로 노동위원회의 의결을 얻어</u> 당해 지역에서 종업하는 다른 동종의 근로자와 그 사용자에 대하여도 <u>당해 단체협약을 적용한다는 결정을 할 수 있다</u>(노조법 제36조 제1항).

정답 ①

02 노동조합 및 노동관계조정법령상 단체협약에 관한 설명으로 옳지 않은 것은?(다툼이 있으면 판례에 따름)

① 단체협약에 정한 근로자의 대우에 관한 기준에 위반하는 취업규칙 또는 근로계약의 부분은 무효로 한다.

② 하나의 사업 또는 사업장에 상시 사용되는 동종의 근로자 반수 이상이 하나의 단체협약의 적용을 받게 된 때에는, 당해 사업 또는 사업장에 사용되는 다른 동종의 근로자에 대하여도 당해 단체협약이 적용된다.

③ 일반적 구속력과 관련하여 사업장 단위로 체결되는 단체협약의 적용범위가 특정되지 않았거나, 단체협약 조항이 모든 직종에 걸쳐서 공통적으로 적용되는 경우에는, 직종의 구분 없이 사업장 내의 모든 근로자가 동종의 근로자에 해당된다.

④ 단체협약에 그 유효기간이 경과한 후에도 새로운 단체협약이 체결되지 아니한 때에는, 새로운 단체협약이 체결될 때까지 종전 단체협약의 효력을 존속시킨다는 취지의 별도의 약정이 있는 경우에는, 당사자 일방은 종전의 단체협약을 해지할 수 없다.

⑤ 단체협약이 실효되었다 하더라도 임금 등 개별적인 노동조건에 관한 부분은, 그 단체협약의 적용을 받고 있던 개별적인 근로자의 근로계약의 내용으로 남아서 사용자와 근로자를 규율하게 되는 경우가 있다.

[해설]
단체협약에 그 유효기간이 경과한 후에도 새로운 단체협약이 체결되지 아니한 때에는 새로운 단체협약이 체결될 때까지 종전 단체협약의 효력을 존속시킨다는 취지의 별도의 약정이 있는 경우에는 그에 따르되, <u>당사자 일방은 해지하고자 하는 날의 6월 전까지 상대방에게 통고함으로써 종전의 단체협약을 해지할 수 있다</u>(노조법 제32조 제3항 단서).

정답 ④

01 기출 24

☑ 확인Check! ○ △ ✕

노동조합 및 노동관계조정법령상 교섭단위 결정 등에 관한 설명으로 옳지 않은 것은?

① 노동조합 또는 사용자는 사용자가 교섭요구 사실을 공고하기 전에는 노동위원회에 교섭단위를 분리하는 결정을 신청할 수 없다.

② 노동위원회는 법령에 따라 교섭단위 분리의 결정 신청을 받은 때에는 해당 사업 또는 사업장의 모든 노동조합과 사용자에게 그 내용을 통지하여야 한다.

③ 하나의 사업 또는 사업장에서 현격한 근로조건의 차이, 고용형태, 교섭 관행 등을 고려하여 교섭단위를 분리할 필요가 있다고 인정되는 경우에 노동위원회는 노동관계 당사자의 양쪽 또는 어느 한쪽의 신청을 받아 교섭단위를 분리하는 결정을 할 수 있다.

④ 교섭단위의 분리결정 신청은 사용자가 교섭요구 사실을 공고한 경우에는 교섭대표노동조합이 결정된 날 이후에 할 수 있다.

⑤ 교섭단위의 분리결정을 통지 받은 노동조합이 사용자와 교섭하려는 경우 자신이 속한 교섭단위에 단체협약이 있는 때에는 그 단체협약의 유효기간 만료일 이전 3개월이 되는 날부터 법령에 따라 필요한 사항을 적은 서면으로 교섭을 요구할 수 있다.

01

① (✕) 노동조합 또는 사용자는 교섭단위를 분리하거나 분리된 교섭단위를 통합하여 교섭하려는 경우에는 <u>사용자가 교섭요구 사실을 공고하기 전에 노동위원회에 교섭단위를 분리하거나 분리된 교섭단위를 통합하는 결정을 신청할 수 있다</u>(노조법 시행령 제14조의11 제1항 제1호).

② (○) 노동조합 또는 사용자로부터 교섭단위를 분리하거나 분리된 교섭단위를 통합하는 결정의 신청을 받은 노동위원회는 <u>해당 사업 또는 사업장의 모든 노동조합과 사용자에게 그 내용을 통지해야</u> 하며, 그 노동조합과 사용자는 노동위원회가 지정하는 기간까지 의견을 제출할 수 있다(노조법 시행령 제14조의11 제1항, 제2항).

③ (○) 하나의 사업 또는 사업장에서 현격한 근로조건의 차이, 고용형태, 교섭 관행 등을 고려하여 교섭단위를 분리하거나 분리된 교섭단위를 통합할 필요가 있다고 인정되는 경우에 <u>노동위원회는 노동관계 당사자의 양쪽 또는 어느 한쪽의 신청을 받아</u> 교섭단위를 분리하거나 분리된 교섭단위를 통합하는 결정을 할 수 있다(노조법 제29조의3 제2항).

④ (○) 노동조합 또는 사용자는 교섭단위를 분리하거나 분리된 교섭단위를 통합하여 교섭하려는 경우 <u>사용자가 교섭요구 사실을 공고한 경우에는 교섭대표노동조합이 결정된 날 이후</u> 노동위원회에 교섭단위를 분리하거나 분리된 교섭단위를 통합하는 결정을 신청할 수 있다(노조법 시행령 제14조의11 제1항 제2호).

⑤ (○) 노조법 시행령 제14조의11 제4항

정답 ①

02 기출 24

확인Check! ○ △ ✕

노동조합 및 노동관계조정법상 단체교섭 및 단체협약에 관한 설명으로 옳지 않은 것은?(다툼이 있으면 판례에 따름)

① 노동조합과 사용자 또는 사용자단체는 정당한 이유없이 교섭 또는 단체협약의 체결을 거부하거나 해태하여서는 아니 된다.

② 단체협약의 유효기간이 만료되는 때를 전후하여 당사자 쌍방이 새로운 단체협약을 체결하고자 단체교섭을 계속하였음에도 불구하고 새로운 단체협약이 체결되지 아니한 경우에는 별도의 약정이 있더라도 종전의 단체협약은 그 효력만료일부터 3월까지 계속 효력을 갖는다.

③ 단체협약의 일반적 구속력으로서 그 적용을 받게 되는 '동종의 근로자'라 함은 당해 단체협약의 규정에 의하여 그 협약의 적용이 예상되는 자를 가리키며, 단체협약의 규정에 의하여 조합원의 자격이 없는 자는 단체협약의 적용이 예상된다고 할 수 없어 단체협약의 적용을 받지 아니한다.

④ 단체협약에 그 유효기간을 정하지 아니한 경우에 그 유효기간은 3년으로 한다.

⑤ 노동조합과 사용자 또는 사용자단체는 교섭 또는 단체협약의 체결에 관한 권한을 위임한 때에는 그 사실을 상대방에게 통보하여야 한다.

03 기출 24

☑ 확인Check! ○ △ ✕

노동조합 및 노동관계조정법상 단체협약 등에 관한 설명으로 옳지 않은 것은?

① 노동위원회는 단체협약 중 위법한 내용이 있는 경우에는 그 시정을 명할 수 있다.

② 노동조합의 대표자는 그 노동조합 또는 조합원을 위하여 사용자나 사용자단체와 교섭하고 단체협약을 체결할 권한을 가진다.

③ 단체협약의 당사자는 단체협약의 체결일부터 15일 이내에 단체협약을 행정관청에게 신고하여야 한다.

④ 단체협약의 이행방법에 관하여 관계 당사자 간에 의견의 불일치가 있는 때에는 단체협약에 정하는 바에 의하여 사용자가 노동위원회에 그 이행방법에 관한 견해의 제시를 요청할 수 있다.

⑤ 노동위원회는 단체협약의 이행방법에 관한 견해 제시를 요청받은 때에는 그날부터 30일 이내에 명확한 견해를 제시하여야 한다.

02

① (○) 노조법 제30조 제2항

② (✕) 단체협약의 유효기간이 만료되는 때를 전후하여 당사자 쌍방이 새로운 단체협약을 체결하고자 단체교섭을 계속하였음에도 불구하고 새로운 단체협약이 체결되지 아니한 경우에는 별도의 약정이 있는 경우를 제외하고는 종전의 단체협약은 그 효력만료일부터 3월까지 계속 효력을 갖는다(노조법 제32조 제3항 본문).

③ (○) 대판 2004.1.29. 2001다5142

④ (○) 단체협약에 그 유효기간을 정하지 아니한 경우 또는 3년을 초과하는 유효기간을 정한 경우에 그 유효기간은 3년으로 한다(노조법 제32조 제2항).

⑤ (○) 노조법 제29조 제4항

정답 ②

03

① (✕) 행정관청은 단체협약 중 위법한 내용이 있는 경우에는 노동위원회의 의결을 얻어 그 시정을 명할 수 있다(노조법 제31조 제3항).

② (○) 노조법 제29조 제1항

③ (○) 노조법 제31조 제2항

④ (○) 단체협약의 해석 또는 이행방법에 관하여 관계 당사자 간에 의견의 불일치가 있는 때에는 당사자 쌍방 또는 단체협약에 정하는 바에 의하여 어느 일방이 노동위원회에 그 해석 또는 이행방법에 관한 견해의 제시를 요청할 수 있다(노조법 제34조 제1항).

⑤ (○) 노조법 제34조 제2항

정답 ①

노동조합 및 노동관계조정법령상 교섭창구 단일화 절차에 관한 설명으로 옳지 않은 것은?(다툼이 있으면 판례에 따름)

① 노동조합은 해당 사업 또는 사업장에 단체협약이 2개 이상 있는 경우에는 먼저 이르는 단체협약의 유효기간 만료일 이전 3개월이 되는 날부터 사용자에게 교섭을 요구할 수 있다.

② 하나의 사업 또는 사업장 단위에서 유일하게 존재하는 노동조합은, 설령 노동조합 및 노동관계조정법 및 그 시행령이 정한 절차를 형식적으로 거쳤다고 하더라도, 교섭대표노동조합의 지위를 취득할 수 없다.

③ 사용자는 노동조합으로부터 교섭 요구를 받은 때에는 그 요구를 받은 날부터 7일간 그 교섭을 요구한 노동조합의 명칭 등 고용노동부령으로 정하는 사항을 해당 사업 또는 사업장의 게시판 등에 공고하여 다른 노동조합과 근로자가 알 수 있도록 하여야 한다.

④ 교섭대표노동조합의 지위 유지기간이 만료되었음에도 불구하고 새로운 교섭대표노동조합이 결정되지 못할 경우 기존 교섭대표노동조합은 새로운 교섭대표노동조합이 결정될 때까지 기존 단체협약의 갱신을 위한 교섭대표노동조합의 지위를 유지한다.

⑤ 교섭대표노동조합으로 결정된 노동조합이 그 결정된 날부터 1년 동안 단체협약을 체결하지 못한 경우에는 어느 노동조합이든지 사용자에게 교섭을 요구할 수 있다.

① (○) 노동조합은 해당 사업 또는 사업장에 단체협약이 있는 경우에는 유효기간 만료일 이전 3개월이 되는 날부터 사용자에게 교섭을 요구할 수 있다. 다만, 단체협약이 2개 이상 있는 경우에는 <u>먼저 이르는 단체협약의 유효기간 만료일 이전 3개월이 되는 날부터</u> 사용자에게 교섭을 요구할 수 있다(노조법 시행령 제14조의2 제1항).

② (○) 교섭창구 단일화 제도의 취지 내지 목적, 교섭창구 단일화 제도의 체계 내지 관련 규정의 내용, 교섭대표노동조합의 개념 등을 종합하여 보면, <u>하나의 사업 또는 사업장 단위에서 유일하게 존재하는 노동조합은</u>, 설령 노조법 및 그 시행령이 정한 절차를 형식적으로 거쳤다고 하더라도, <u>교섭대표노동조합의 지위를 취득할 수 없다</u>고 해석함이 타당하다(대판 2017.10.31. 2016두36956).

③ (○) 노조법 시행령 제14조의3 제1항

④ (✕) 교섭대표노동조합의 지위 유지기간이 만료되었음에도 불구하고 새로운 교섭대표노동조합이 결정되지 못할 경우 기존 교섭대표노동조합은 새로운 교섭대표노동조합이 결정될 때까지 기존 단체협약의 <u>이행과 관련해서는</u> 교섭대표노동조합의 지위를 유지한다(노조법 시행령 제14조의10 제2항).

⑤ (○) 노조법 시행령 제14조의10 제3항

정답 ④

➕ **PLUS**

노동조합의 교섭 요구 시기 및 방법(노조법 시행령 제14조의2)

① 노동조합은 해당 사업 또는 사업장에 단체협약이 있는 경우에는 법 제29조 제1항 또는 제29조의2 제1항에 따라 그 유효기간 만료일 이전 3개월이 되는 날부터 사용자에게 교섭을 요구할 수 있다. <u>다만, 단체협약이 2개 이상 있는 경우에는 먼저 이르는 단체협약의 유효기간 만료일 이전 3개월이 되는 날부터 사용자에게 교섭을 요구할 수 있다.</u>

② 노동조합은 제1항에 따라 사용자에게 교섭을 요구하는 때에는 노동조합의 명칭, 그 교섭을 요구한 날 현재의 종사근로자인 조합원 수 등 <u>고용노동부령으로 정하는 사항</u>을 적은 서면으로 해야 한다.

노동조합 교섭요구 사실의 공고(노조법 시행령 제14조의3)

① 사용자는 노동조합으로부터 제14조의2에 따라 교섭 요구를 받은 때에는 <u>그 요구를 받은 날부터 7일간</u> 그 교섭을 요구한 노동조합의 명칭 등 고용노동부령으로 정하는 사항을 해당 사업 또는 사업장의 게시판 등에 공고하여 다른 노동조합과 근로자가 알 수 있도록 하여야 한다.

② <u>노동조합은</u> 사용자가 제1항에 따른 교섭요구 사실의 공고를 하지 아니하거나 다르게 공고하는 경우에는 고용노동부령으로 정하는 바에 따라 노동위원회에 시정을 요청할 수 있다.

③ 노동위원회는 제2항에 따라 시정 요청을 받은 때에는 그 요청을 받은 날부터 10일 이내에 그에 대한 결정을 하여야 한다.

교섭대표노동조합의 지위 유지기간 등(노조법 시행령 제14조의10)

① 법 제29조의2 제3항부터 제6항까지의 규정에 따라 결정된 교섭대표노동조합은 그 결정이 있은 후 사용자와 체결한 첫 번째 단체협약의 효력이 발생한 날을 기준으로 2년이 되는 날까지 그 교섭대표노동조합의 지위를 유지하되, 새로운 교섭대표노동조합이 결정된 경우에는 그 결정된 때까지 교섭대표노동조합의 지위를 유지한다.

② 제1항에 따른 교섭대표노동조합의 지위 유지기간이 만료되었음에도 불구하고 새로운 교섭대표노동조합이 결정되지 못할 경우 기존 교섭대표노동조합은 새로운 교섭대표노동조합이 결정될 때까지 기존 단체협약의 이행과 관련해서는 교섭대표노동조합의 지위를 유지한다.

③ 법 제29조의2에 따라 결정된 교섭대표노동조합이 그 결정된 날부터 1년 동안 단체협약을 체결하지 못한 경우에는 어느 노동조합이든지 사용자에게 교섭을 요구할 수 있다. 이 경우 제14조의2 제2항 및 제14조의3부터 제14조의9까지의 규정을 적용한다.

05 기출 24 ☑확인 Check! ○ △ ✕

노동조합 및 노동관계조정법상 단체교섭 및 단체협약에 관한 설명으로 옳지 않은 것은?(다툼이 있으면 판례에 따름)

① 교섭대표노동조합과 사용자는 교섭창구 단일화 절차에 참여한 노동조합 또는 그 조합원 간에 합리적 이유 없이 차별을 하여서는 아니 된다.

② 사용자가 단체협약 등에 따라 교섭대표노동조합에게 상시적으로 사용할 수 있는 노동조합 사무실을 제공한 이상, 특별한 사정이 없는 한 교섭창구 단일화 절차에 참여한 다른 노동조합에게도 반드시 일률적이거나 비례적이지는 않더라도 상시적으로 사용할 수 있는 일정한 공간을 노동조합 사무실로 제공하여야 한다.

③ 노동조합과 사용자 또는 사용자단체는 신의에 따라 성실히 교섭하고 단체협약을 체결하여야 하며 그 권한을 남용하여서는 아니 된다.

④ 국가 및 지방자치단체는 기업·산업·지역별 교섭 등 다양한 교섭방식을 노동관계 당사자가 자율적으로 선택할 수 있도록 지원하고 이에 따른 단체교섭이 활성화될 수 있도록 노력하여야 한다.

⑤ 교섭대표노동조합이나 사용자가 교섭창구 단일화 절차에 참여한 다른 노동조합을 차별한 것으로 인정되는 경우, 그와 같은 차별에 합리적인 이유가 있다는 점에 대하여 교섭대표노동조합이나 사용자에게는 주장·증명책임이 없다.

05

① (○) 노조법 제29조의4 제1항

② (○) 사용자가 단체협약 등에 따라 교섭대표노동조합에게 상시적으로 사용할 수 있는 노동조합 사무실을 제공한 이상, 특별한 사정이 없는 한 교섭창구 단일화 절차에 참여한 다른 노동조합에게도 반드시 일률적이거나 비례적이지는 않더라도 상시적으로 사용할 수 있는 일정한 공간을 노동조합 사무실로 제공하여야 한다고 봄이 타당하다. 이와 달리 교섭대표노동조합에게는 노동조합 사무실을 제공하면서 교섭창구 단일화 절차에 참여한 다른 노동조합에는 물리적 한계나 비용 부담 등을 이유로 노동조합 사무실을 전혀 제공하지 않거나 일시적으로 회사 시설을 사용할 수 있는 기회만을 부여하였다면, 이는 차별에 합리적인 이유가 있는 것으로 볼 수 없다(대판 2018.9.13. 2017두40655).

③ (○) 노조법 제30조 제1항

④ (○) 노조법 제30조 제3항

⑤ (✕) 교섭대표노동조합이나 사용자가 교섭창구 단일화 절차에 참여한 다른 노동조합 또는 그 조합원을 차별한 것으로 인정되는 경우, 그와 같은 차별에 합리적인 이유가 있다는 점은 교섭대표노동조합이나 사용자에게 그 주장·증명책임이 있다(대판 2018.9.13. 2017두40655).

정답 ⑤

☑ 확인Check! ○ △ ✕

노동조합 및 노동관계조정법상 노동조합과 조합원 등에 관한 설명으로 옳은 것은?(다툼이 있으면 판례에 따름)

① 사업 또는 사업장에 종사하는 근로자가 아닌 노동조합의 조합원은 사용자의 사업 운영 지장 여부와 무관하게 사업 또는 사업장 내에서 노동조합 활동을 할 수 없다.

② 유니언 숍 협정이 체결된 사업장의 사용자는 단체협약에 명문 규정이 있는 경우에도 노동조합에서 제명된 것을 이유로 근로자에게 신분상 불이익한 행위를 할 수 없다.

③ 유니언 숍 협정에 따라 사용자가 노동조합을 탈퇴한 근로자를 해고한 경우에 해고된 근로자가 조합원지위확인을 구하는 소를 제기하여 승소하면 그 해고는 취소된 것으로 본다.

④ 일정 범위의 근로자에 대하여만 단체협약을 적용하기로 규정하였더라도 단체협약은 조합원 모두에게 현실적으로 적용된다.

⑤ 헌법재판소는 헌법 제33조 제1항에서 정한 근로자의 단결권은 단결할 자유뿐 아니라 단결하지 아니할 자유를 포함한다고 해석한다.

① (✕) 사업 또는 사업장에 종사하는 근로자가 아닌 노동조합의 조합원은 사용자의 효율적인 사업 운영에 지장을 주지 아니하는 범위에서 사업 또는 사업장 내에서 노동조합 활동을 할 수 있다(노조법 제5조 제2항).

② (○) 노동조합이 당해 사업장에 종사하는 근로자의 3분의 2 이상을 대표하고 있을 때에는 근로자가 그 노동조합의 조합원이 될 것을 고용조건으로 하는 단체협약의 체결은 예외로 하며, 이 경우 사용자가 그 노동조합에서 제명된 것 또는 그 노동조합을 탈퇴하여 새로 노동조합을 조직하거나 다른 노동조합에 가입한 것을 이유로 근로자에게 신분상 불이익한 행위를 할 수 없다(노조법 제81조 제1항 제2호 단서).

③ (✕) 유니언 숍 협약에 따라 사용자가 노동조합을 탈퇴한 근로자를 해고한 경우에 해고근로자가 노동조합을 상대로 하여 조합원지위확인을 구하는 소를 제기하여 승소한다고 하더라도 바로 해고의 효력이 부정되는 것은 아닐 뿐 아니라, 사용자 또한 그 해고가 적법한 것이라고 주장하고 있고 해고무효확인소송에서도 그 선결문제로 조합원지위의 존부에 관하여 판단을 할 수 있으므로, 근로자가 노동조합을 상대로 조합원지위의 확인을 구하지 아니하고 막바로 해고무효확인소송을 제기하였다고 하더라도 그 소가 소익이 없다고 할 수는 없다(대판 1995.2.28. 94다15363).

④ (✕) 사용자와 노동조합 사이에 체결된 단체협약은 특약에 의하여 일정 범위의 근로자에 대하여만 적용하기로 정하고 있는 등의 특별한 사정이 없는 한 협약당사자로 된 노동조합의 구성원으로 가입한 조합원 모두에게 현실적으로 적용되는 것이 원칙이다(대판 2004.1.29. 2001다5142). 따라서 일정범위의 근로자에 대하여만 단체협약을 적용하기로 규정하였다면 단체협약은 그 범위에 속한 근로자에게만 적용된다.

⑤ (✕) 헌법상 보장된 근로자의 단결권은 단결할 자유만을 가리킬 뿐이고, 단결하지 아니할 자유 이른바 소극적 단결권은 이에 포함되지 않는다고 보는 것이 우리 재판소의 선례라고 할 것이다(헌재 2005.11.24. 2002헌바95).

정답 ②

노동조합 및 노동관계조정법령상 교섭단위 결정 등에 관한 설명으로 옳지 않은 것은?

① 교섭대표노동조합을 결정하여야 하는 단위는 하나의 사업 또는 사업장으로 한다.

② 노동위원회는 사용자의 신청을 받아 교섭단위를 분리하는 결정을 할 수 있다.

③ 노동위원회는 노동조합의 신청을 받아 분리된 교섭단위를 통합하는 결정을 할 수 있다.

④ 노동조합이 교섭단위를 분리하여 교섭하려는 경우 사용자가 교섭요구 사실을 공고하기 전에는 교섭단위를 분리하는 결정을 신청할 수 있다.

⑤ 사용자는 분리된 교섭단위를 통합하여 교섭하려는 경우 교섭대표노동조합이 결정된 날 이후에는 그 통합하는 결정을 신청할 수 없다.

07

① (○) 노조법 제29조의3 제1항

② (○) 하나의 사업 또는 사업장에서 현격한 근로조건의 차이, 고용형태, 교섭 관행 등을 고려하여 교섭단위를 분리하거나 분리된 교섭단위를 통합할 필요가 있다고 인정되는 경우에 노동위원회는 노동관계 당사자의 양쪽 또는 어느 한쪽의 신청을 받아 교섭단위를 분리하거나 분리된 교섭단위를 통합하는 결정을 할 수 있다(노조법 제29조의3 제2항).

③ (○) 노조법 제29조의3 제2항

④ (○) 사용자가 교섭요구사실을 공고하기 전이나, 사용자가 교섭요구사실을 공고한 경우에는 교섭대표노동조합이 결정된 날 이후에 노동위원회에 교섭단위를 분리하거나 분리된 교섭단위를 통합하는 결정을 신청할 수 있다(노조법 시행령 제14조의11 제1항).

⑤ (✕) 사용자가 교섭요구사실을 공고하기 전이나, 사용자가 교섭요구사실을 공고한 경우에는 교섭대표노동조합이 결정된 날 이후에 노동위원회에 교섭단위를 분리하거나 분리된 교섭단위를 통합하는 결정을 신청할 수 있다(노조법 시행령 제14조의11 제1항).

정답 ⑤

➕ PLUS

교섭단위 결정(노조법 시행령 제14조의11)

① 노동조합 또는 사용자는 법 제29조의3 제2항에 따라 교섭단위를 분리하거나 분리된 교섭단위를 통합하여 교섭하려는 경우에는 다음 각 호에 해당하는 기간에 노동위원회에 교섭단위를 분리하거나 분리된 교섭단위를 통합하는 결정을 신청할 수 있다.
  1. 제14조의3에 따라 사용자가 교섭요구 사실을 공고하기 전
  2. 제14조의3에 따라 사용자가 교섭요구 사실을 공고한 경우에는 법 제29조의2에 따른 교섭대표노동조합이 결정된 날 이후
② 제1항에 따른 신청을 받은 노동위원회는 해당 사업 또는 사업장의 모든 노동조합과 사용자에게 그 내용을 통지해야 하며, 그 노동조합과 사용자는 노동위원회가 지정하는 기간까지 의견을 제출할 수 있다.
③ 노동위원회는 제1항에 따른 신청을 받은 날부터 30일 이내에 교섭단위를 분리하거나 분리된 교섭단위를 통합하는 결정을 하고 해당 사업 또는 사업장의 모든 노동조합과 사용자에게 통지해야 한다.

08 기출 23

☑ 확인 Check! ○ △ ×

노동조합 및 노동관계조정법령상 공정대표의무 등에 관한 설명으로 옳지 않은 것은?(다툼이 있으면 판례에 따름)

① 교섭창구 단일화 절차에 참여한 노동조합은 단체협약의 내용의 일부가 공정대표의무에 위반되는 경우에는 단체협약 체결일부터 3개월 이내에 그 시정을 요청할 수 있다.

② 교섭대표노동조합과 사용자는 교섭창구 단일화 절차에 참여한 노동조합의 조합원 간에 합리적 이유 없이 차별을 하여서는 아니 된다.

③ 노동위원회는 공정대표의무 위반의 시정 신청을 받은 때에는 지체 없이 필요한 조사와 관계당사자에 대한 심문(審問)을 하여야 한다.

④ 노동위원회는 공정대표의무 위반의 시정 신청에 따른 심문을 할 때에는 관계 당사자의 신청이 없는 경우 직권으로 증인을 출석하게 하여 질문할 수 없다.

⑤ 교섭대표노동조합이 교섭창구 단일화 절차에 참여한 다른 노동조합을 차별한 것으로 인정되는 경우, 그와 같은 차별에 합리적인 이유가 있다는 점은 교섭대표노동조합에게 주장·증명책임이 있다.

08

① (○) 노동조합은 교섭대표노동조합과 사용자가 공정대표의무를 위반하여 차별한 경우에는 그 행위가 있은 날(단체협약의 내용의 일부 또는 전부가 공정대표의무에 위반되는 경우에는 단체협약 체결일)부터 3개월 이내에 대통령령으로 정하는 방법과 절차에 따라 노동위원회에 그 시정을 요청할 수 있다(노조법 제29조의4 제2항).

② (○) 노조법 제29조의4 제1항

③ (○) 노조법 시행령 제14조의12 제2항

④ (×) 노동위원회는 공정대표의무위반의 시정신청 따른 심문을 할 때에는 관계 당사자의 신청이나 직권으로 증인을 출석하게 하여 필요한 사항을 질문할 수 있다(노조법 시행령 제14조의12 제3항).

⑤ (○) 교섭대표노동조합이나 사용자가 교섭창구단일화절차에 참여한 다른 노동조합 또는 그 조합원을 차별한 것으로 인정되는 경우, 그와 같은 차별에 합리적인 이유가 있다는 점은 교섭대표노동조합이나 사용자에게 주장·증명책임이 있다(대판 2018.8.30. 2017다218642).

정답 ④

➕ PLUS

공정대표의무 등(노조법 제29조의4)

① 교섭대표노동조합과 사용자는 교섭창구 단일화 절차에 참여한 노동조합 또는 그 조합원 간에 합리적 이유 없이 차별을 하여서는 아니 된다.

② 노동조합은 교섭대표노동조합과 사용자가 제1항을 위반하여 차별한 경우에는 그 행위가 있은 날(단체협약의 내용의 일부 또는 전부가 제1항에 위반되는 경우에는 단체협약 체결일)부터 3개월 이내에 대통령령으로 정하는 방법과 절차에 따라 노동위원회에 그 시정을 요청할 수 있다.

③ 노동위원회는 제2항에 따른 신청에 대하여 합리적 이유 없이 차별하였다고 인정한 때에는 그 시정에 필요한 명령을 하여야 한다.

④ 제3항에 따른 노동위원회의 명령 또는 결정에 대한 불복절차 등에 관하여는 제85조 및 제86조를 준용한다.

공정대표의무 위반에 대한 시정(노조법 시행령 제14조의12)

① 노동조합은 법 제29조의2에 따라 결정된 교섭대표노동조합과 사용자가 법 제29조의4 제1항을 위반하여 차별한 경우에는 고용노동부령으로 정하는 바에 따라 노동위원회에 공정대표의무 위반에 대한 시정을 신청할 수 있다.

② 노동위원회는 제1항에 따른 공정대표의무 위반의 시정 신청을 받은 때에는 지체 없이 필요한 조사와 관계당사자에 대한 심문(審問)을 하여야 한다.

③ 노동위원회는 제2항에 따른 심문을 할 때에는 관계 당사자의 신청이나 직권으로 증인을 출석하게 하여 필요한 사항을 질문할 수 있다.

④ 노동위원회는 제2항에 따른 심문을 할 때에는 관계 당사자에게 증거의 제출과 증인에 대한 반대심문을 할 수 있는 충분한 기회를 주어야 한다.

⑤ 노동위원회는 제1항에 따른 공정대표의무 위반의 시정 신청에 대한 명령이나 결정을 서면으로 하여야 하며, 그 서면을 교섭대표노동조합, 사용자 및 그 시정을 신청한 노동조합에 각각 통지하여야 한다.

09 기출 23

☑ 확인 Check! ○ △ ✕

노동조합 및 노동관계조정법상 단체협약에 관한 규정 중 ( )에 들어갈 내용으로 옳은 것은?

> 제31조(단체협약의 작성)
> ② 단체협약의 당사자는 단체협약의 체결일부터 (ㄱ)일 이내에 이를 행정관청에게 신고하여야 한다.
>
> 제32조(단체협약 유효기간의 상한)
> ① 단체협약의 유효기간은 (ㄴ)년을 초과하지 않는 범위에서 노사가 합의하여 정할 수 있다.

① ㄱ : 10,　ㄴ : 2
② ㄱ : 10,　ㄴ : 3
③ ㄱ : 15,　ㄴ : 2
④ ㄱ : 15,　ㄴ : 3
⑤ ㄱ : 20,　ㄴ : 2

10 기출 22

☑ 확인 Check! ○ △ ✕

노동조합 및 노동관계조정법령상 단체교섭 및 단체협약에 관한 설명으로 옳지 않은 것은?(다툼이 있으면 판례에 따름)

① 노동조합은 정당한 이유 없이 교섭 또는 단체협약의 체결을 거부하거나 해태하여서는 아니 된다.
② 사용자로부터 교섭의 체결에 관한 권한을 위임받은 자는 그 사용자를 위하여 위임받은 범위 안에서 그 권한을 행사할 수 있다.
③ 교섭대표노동조합의 대표자는 단체협약 체결 여부에 대해 원칙적으로 소수노동조합이나 그 조합원의 의사에 기속된다고 볼 수 없다.
④ 노동조합은 해당 사업에 단체협약이 2개 이상 있는 경우에는 나중에 이르는 단체협약의 유효기간 만료일 이전 3개월이 되는 날부터 사용자에게 교섭을 요구할 수 있다.
⑤ 국가 및 지방자치단체는 다양한 교섭방식을 노동관계 당사자가 자율적으로 선택할 수 있도록 지원하고 이에 따른 단체교섭이 활성화될 수 있도록 노력하여야 한다.

09

- 단체협약의 당사자는 단체협약의 체결일부터 <u>15</u>일 이내에 이를 행정관청에게 신고하여야 한다(노조법 제31조 제2항).
- 단체협약의 유효기간은 <u>3</u>년을 초과하지 않는 범위에서 노사가 합의하여 정할 수 있다(노조법 제32조 제1항).

정답 ④

10

① (○) 노동조합과 사용자 또는 사용자단체는 <u>정당한 이유 없이 교섭 또는 단체협약의 체결을 거부하거나 해태하여서는 아니 된다</u>(노조법 제30조 제2항).
② (○) 노동조합과 사용자 또는 사용자단체로부터 교섭 또는 단체협약의 체결에 관한 권한을 위임받은 자는 <u>그 노동조합과 사용자 또는 사용자단체를 위하여 위임받은 범위 안에서</u> 그 권한을 행사할 수 있다(노조법 제29조 제3항).
③ (○) 교섭대표노동조합의 대표자는 교섭창구 단일화 절차에 참여한 노동조합 및 조합원 전체를 대표하여 독자적인 단체협약체결권을 가지므로, <u>단체협약 체결 여부에 대해 원칙적으로 소수노동조합이나 그 조합원의 의사에 기속된다고 볼 수 없다</u>(대판 2020.10.29. 2019다262582).
④ (✕) 노동조합은 해당 사업 또는 사업장에 단체협약이 있는 경우에는 그 유효기간 만료일 이전 3개월이 되는 날부터 사용자에게 교섭을 요구할 수 있다. 다만, 단체협약이 2개 이상 있는 경우에는 <u>먼저 이르는 단체협약의 유효기간 만료일 이전 3개월이 되는 날부터</u> 사용자에게 교섭을 요구할 수 있다(노조법 시행령 제14조의2 제1항).
⑤ (○) 국가 및 지방자치단체는 기업·산업·지역별 교섭 등 <u>다양한 교섭방식을 노동관계 당사자가 자율적으로 선택할 수 있도록 지원하고 이에 따른 단체교섭이 활성화될 수 있도록 노력하여야 한다</u>(노조법 제30조 제3항).

정답 ④

11 기출 23

☑ 확인 Check! ○ △ ✕

노동조합 및 노동관계조정법령상 단체교섭 및 단체협약에 관한 설명으로 옳은 것은?

① 교섭대표노동조합의 대표자는 교섭요구와 무관하게 사업장 내 모든 노동조합 또는 조합원을 위하여 사용자와 교섭하고 단체협약을 체결할 권한을 가진다.

② 교섭대표노동조합이 결정된 후 교섭창구단일화절차가 개시된 날부터 1년 동안 단체협약을 체결하지 못한 경우에는 어느 노동조합이든지 사용자에게 교섭을 요구할 수 있다.

③ 노동조합으로부터 적법한 교섭 요구를 받은 사용자는 그 요구를 받은 날부터 5일간 그 교섭요구 사실을 공고하여야 한다.

④ 노동조합은 사용자가 교섭요구 사실의 공고를 하지 아니하거나 다르게 공고하는 경우에는 고용노동부령으로 정하는 바에 따라 행정관청에 그 시정을 요청할 수 있다.

⑤ 단체협약의 당사자가 하여야 할 단체협약의 신고는 당사자 쌍방이 연명으로 해야 한다.

11

① (✕) 교섭대표노동조합의 대표자는 <u>교섭을 요구한 모든 노동조합 또는 조합원을 위하여</u> 사용자와 교섭하고 단체협약을 체결할 권한을 가진다(노조법 제29조 제2항).

② (✕) 교섭대표노동조합이 <u>그 결정된 날부터 1년 동안</u> 단체협약을 체결하지 못한 경우에는 어느 노동조합이든지 사용자에게 교섭을 요구할 수 있다(노조법 시행령 제14조의10 제3항).

③ (✕) 사용자는 노동조합으로부터 교섭 요구를 받은 때에는 <u>그 요구를 받은 날부터 7일간</u> 그 교섭을 요구한 노동조합의 명칭 등 고용노동부령으로 정하는 사항을 해당 사업 또는 사업장의 게시판 등에 공고하여 다른 노동조합과 근로자가 알 수 있도록 하여야 한다(노조법 시행령 제14조의3 제1항).

④ (✕) 노동조합은 사용자가 교섭요구 사실의 공고를 하지 아니하거나 다르게 공고하는 경우에는 고용노동부령으로 정하는 바에 따라 <u>노동위원회</u>에 시정을 요청할 수 있다(노조법 시행령 제14조의3 제2항).

⑤ (○) 노조법 시행령 제15조

정답 ⑤

✚ PLUS

노동조합 교섭요구 사실의 공고(노조법 시행령 제14조의3)

① 사용자는 노동조합으로부터 제14조의2에 따라 교섭 요구를 받은 때에는 <u>그 요구를 받은 날부터 7일간</u> 그 교섭을 요구한 노동조합의 명칭 등 고용노동부령으로 정하는 사항을 해당 사업 또는 사업장의 게시판 등에 공고하여 다른 노동조합과 근로자가 알 수 있도록 하여야 한다.

② 노동조합은 사용자가 제1항에 따른 교섭요구 사실의 공고를 하지 아니하거나 다르게 공고하는 경우에는 <u>고용노동부령으로 정하는 바에 따라 노동위원회에 시정을 요청</u>할 수 있다.

③ 노동위원회는 제2항에 따라 시정 요청을 받은 때에는 그 요청을 받은 날부터 10일 이내에 그에 대한 결정을 하여야 한다.

교섭대표노동조합의 지위 유지기간 등(노조법 시행령 제14조의10)

① 법 제29조의2 제3항부터 제6항까지의 규정에 따라 결정된 교섭대표노동조합은 그 결정이 있은 후 사용자와 체결한 <u>첫 번째 단체협약의 효력이 발생한 날을 기준으로 2년이 되는 날까지</u> 그 교섭대표노동조합의 지위를 유지하되, 새로운 교섭대표노동조합이 결정된 경우에는 그 결정된 때까지 교섭대표노동조합의 지위를 유지한다.

② 제1항에 따른 교섭대표노동조합의 지위 유지기간이 만료되었음에도 불구하고 새로운 교섭대표노동조합이 결정되지 못할 경우 기존 교섭대표노동조합은 새로운 교섭대표노동조합이 결정될 때까지 기존 단체협약의 이행과 관련해서는 교섭대표노동조합의 지위를 유지한다.

③ 법 제29조의2에 따라 결정된 교섭대표노동조합이 <u>그 결정된 날부터 1년 동안 단체협약을 체결하지 못한 경우에는 어느 노동조합이든지 사용자에게 교섭을 요구할 수 있다.</u> 이 경우 제14조의2 제2항 및 제14조의3부터 제14조의9까지의 규정을 적용한다.

12 기출 22

☑확인Check! ○ △ ✕

노동조합 및 노동관계조정법령상 교섭창구 단일화 절차 등에 관한 설명으로 옳지 않은 것은?

① 하나의 사업장에서 조직형태에 관계없이 근로자가 설립하거나 가입한 노동조합이 2개 이상인 경우 노동조합은 교섭대표노동조합을 정하여 교섭을 요구하여야 한다.

② 교섭대표노동조합을 자율적으로 결정하는 기한 내에 사용자가 교섭창구 단일화 절차를 거치지 아니하기로 동의한 경우에는 사용자는 교섭을 요구한 모든 노동조합과 성실히 교섭하여야 한다.

③ 교섭대표노동조합을 자율적으로 결정하는 기한까지 교섭대표노동조합을 정하지 못하고 사용자의 동의를 얻지 못한 경우에는 교섭창구 단일화 절차에 참여한 노동조합의 종사 근로자가 아닌 조합원을 포함한 전체 조합원 과반수로 조직된 노동조합이 교섭대표노동조합이 된다.

④ 공동교섭대표단의 구성에 합의하지 못할 경우에 노동위원회는 해당 노동조합의 신청에 따라 조합원 비율을 고려하여 이를 결정할 수 있다.

⑤ 사용자에게 공동교섭대표단의 통지가 있은 이후에는 그 공동교섭대표단 결정 절차에 참여한 노동조합 중 일부 노동조합이 그 이후의 절차에 참여하지 않더라도 교섭대표노동조합의 지위는 유지된다.

13 기출 21

☑확인Check! ○ △ ✕

노동조합 및 노동관계조정법상 단체협약에 관한 설명으로 옳지 않은 것은?(다툼이 있으면 판례에 따름)

① 단체협약에 자동연장협정규정이 있더라도 당초의 유효기간이 만료된 후 3월까지에 한하여 단체협약의 효력이 유효하다.

② 단체협약의 내용 중 임금·복리후생비, 퇴직금에 관한 사항을 위반한 자는 1천만원 이하의 벌금에 처한다.

③ 행정관청은 단체협약 중 위법한 내용이 있는 경우에는 노동위원회의 의결을 얻어 그 시정을 명할 수 있다.

④ 단체협약의 해석에 관하여 관계당사자 간에 의견의 불일치가 있는 때에는 당사자 쌍방 또는 단체협약에 정하는 바에 의하여 어느 일방이 노동위원회에 그 해석에 관한 견해의 제시를 요청할 수 있다.

⑤ 단체협약과 같은 처분문서를 해석함에 있어서는 그 명문의 규정을 근로자에게 불리하게 변형해석할 수 없다.

12

① (○) 노조법 제29조의2 제1항 본문

② (○) 노조법 제29조의2 제1항 단서, 제2항

③ (✕) 교섭대표노동조합을 자율적으로 결정하는 기한까지 교섭대표노동조합을 정하지 못하고 사용자의 동의를 얻지 못한 경우에는 교섭창구 단일화 절차에 참여한 노동조합의 전체 조합원 과반수로 조직된 노동조합이 교섭대표노동조합이 된다. 이때 조합원 수 산정은 종사근로자인 조합원을 기준으로 한다(노조법 제29조의2 제4항, 제10항).

④ (○) 노조법 제29조의2 제6항

⑤ (○) 노조법 시행령 제14조의8 제2항

정답 ③

13

① (✕) 노조법 제32조 제3항의 규정은 종전의 단체협약에 유효기간 만료 이후 협약갱신을 위한 단체교섭이 진행 중일 때에는 종전의 단체협약이 계속 효력을 갖는다는 규정이 없는 경우에 대비하여 둔 규정이므로, 종전의 단체협약에 자동연장협정의 규정이 있다면 위 법조항은 적용되지 아니하고, 당초의 유효기간이 만료된 후 위 법조항에 규정된 3월까지에 한하여 유효하다고 볼 것은 아니다(대판 1993.2.9. 92다27102).

② (○) 노조법 제92조 제2호 가목

③ (○) 노조법 제31조 제3항

④ (○) 노조법 제34조 제1항

⑤ (○) 단체협약과 같은 처분문서를 해석함에 있어서는, 단체협약이 근로자의 근로조건을 유지·개선하고 복지를 증진하여 그 경제적·사회적 지위를 향상시킬 목적으로 근로자의 자주적 단체인 노동조합과 사용자 사이에 단체교섭을 통하여 이루어지는 것이므로, 그 명문의 규정을 근로자에게 불리하게 변형해석할 수 없다(대판 2018.11.29. 2018두41532).

정답 ①

14 기출 22

☑ 확인Check! ○ △ X

노동조합 및 노동관계조정법령상 교섭단위 결정 등에 관한 설명으로 옳은 것은?

① 노동조합 또는 사용자는 사용자가 교섭요구 사실을 공고하기 전에는 노동위원회에 교섭단위를 분리하는 결정을 신청할 수 없다.

② 노동조합 또는 사용자는 분리된 교섭단위를 통합하여 교섭하려는 경우에는 노동위원회에 분리된 교섭단위를 통합하는 결정을 신청할 수 없다.

③ 노동위원회는 노동관계 당사자의 어느 한쪽이 신청한 경우에는 교섭단위를 분리하는 결정을 할 수 없다.

④ 노동위원회는 교섭단위를 분리하는 결정을 하고 해당 사업 또는 사업장의 모든 노동조합과 사용자에게 통지해야 한다.

⑤ 교섭단위 분리신청에 대한 노동위원회의 결정이 있기 전에 교섭 요구가 있는 때에는 교섭단위 분리 결정과 관계없이 교섭요구 사실의 공고 등 교섭창구단일화절차는 진행된다.

14

① (×) 노동조합 또는 사용자는 교섭단위를 분리하거나 분리된 교섭단위를 통합하여 교섭하려는 경우, 사용자가 교섭요구 사실을 공고하기 전에 노동위원회에 교섭단위를 분리하거나 분리된 교섭단위를 통합하는 결정을 신청할 수 있다(노조법 시행령 제14조의11 제1항 제1호).

② (×) 노동조합 또는 사용자는 교섭단위를 분리하거나 분리된 교섭단위를 통합하여 교섭하려는 경우, 노동위원회에 교섭단위를 분리하거나 분리된 교섭단위를 통합하는 결정을 신청할 수 있다(노조법 시행령 제14조의11 제1항).

③ (×) 하나의 사업 또는 사업장에서 현격한 근로조건의 차이, 고용형태, 교섭 관행 등을 고려하여 교섭단위를 분리하거나 분리된 교섭단위를 통합할 필요가 있다고 인정되는 경우에 노동위원회는 노동관계 당사자의 양쪽 또는 어느 한쪽의 신청을 받아 교섭단위를 분리하거나 분리된 교섭단위를 통합하는 결정을 할 수 있다(노조법 제29조의3 제2항).

④ (○) 노동위원회는 신청을 받은 날부터 30일 이내에 교섭단위를 분리하거나 분리된 교섭단위를 통합하는 결정을 하고 해당 사업 또는 사업장의 모든 노동조합과 사용자에게 통지해야 한다(노조법 시행령 제14조의11 제3항).

⑤ (×) 교섭단위를 분리하거나 분리된 교섭단위를 통합하는 결정의 신청에 대한 노동위원회의 결정이 있기 전에 교섭 요구가 있는 때에는 교섭단위를 분리하거나 분리된 교섭단위를 통합하는 결정이 있을 때까지 교섭요구 사실의 공고 등 교섭창구단일화절차의 진행은 정지된다(노조법 시행령 제14조의11 제5항).

정답 ④

15 기출 22

☑ 확인Check! ○ △ ✕

노동조합 및 노동관계조정법령상 단체협약에 관한 설명으로 옳지 않은 것은?

① 행정관청은 단체협약 중 위법한 내용이 있는 경우에는 노동위원회의 의결을 얻어 그 시정을 명할 수 있다.

② 하나의 사업장에 상시 사용되는 동종의 근로자 반수 이상이 하나의 단체협약의 적용을 받게 된 때에는 행정관청은 직권으로 다른 동종의 근로자에 대하여도 당해 단체협약을 적용한다는 결정을 하여야 한다.

③ 단체협약에 그 유효기간을 정하지 아니한 경우 그 유효기간은 3년으로 한다.

④ 단체협약의 신고는 당사자 쌍방이 연명으로 해야 한다.

⑤ 단체협약의 이행방법에 관하여 노동위원회가 제시한 이행방법에 관한 견해는 중재재정과 동일한 효력을 가진다.

15

① (○) 노조법 제31조 제3항
② (✕) 하나의 사업 또는 사업장에 상시 사용되는 동종의 근로자 반수 이상이 하나의 단체협약의 적용을 받게 된 때에는 당해 사업 또는 사업장에 사용되는 <u>다른 동종의 근로자에 대하여도 당해 단체협약이 적용된다</u>(노조법 제35조).
③ (○) 단체협약에 그 유효기간을 정하지 아니한 경우 또는 3년을 초과하는 유효기간을 정한 경우에 그 <u>유효기간은 3년으로 한다</u>(노조법 제32조 제2항).
④ (○) 노조법 시행령 제15조
⑤ (○) 노동위원회가 단체협약의 해석 또는 이행방법에 관한 견해의 제시를 요청받은 경우, 노동위원회가 <u>제시한 해석 또는 이행방법에 관한 견해는 중재재정과 동일한 효력을 가진다</u>(노조법 제34조).

정답 ②

16 기출 22

☑ 확인Check! ○ △ ✕

노동조합 및 노동관계조정법령상 단체교섭 및 단체협약에 관한 설명이다. ( )에 들어갈 내용으로 옳은 것은?

- 교섭창구 단일화 절차에 따라 결정된 교섭대표노동조합은 그 결정이 있은 후 사용자와 체결한 첫 번째 단체협약의 효력이 발생한 날을 기준으로 (ㄱ)년이 되는 날까지 그 교섭대표노동조합의 지위를 유지한다.
- 단체협약에 그 유효기간이 경과한 후에도 새로운 단체협약이 체결되지 아니한 때에는 새로운 단체협약이 체결될 때까지 종전 단체협약의 효력을 존속시킨다는 취지의 별도의 약정이 있는 경우에는 그에 따르되, 당사자 일방은 해지하고자 하는 날의 (ㄴ)월 전까지 상대방에게 통고함으로써 종전의 단체협약을 해지할 수 있다.

① ㄱ : 2, ㄴ : 2
② ㄱ : 2, ㄴ : 3
③ ㄱ : 2, ㄴ : 6
④ ㄱ : 3, ㄴ : 3
⑤ ㄱ : 3, ㄴ : 6

16

- 교섭대표노동조합은 그 결정이 있은 후 사용자와 체결한 첫 번째 단체협약의 효력이 발생한 날을 기준으로 <u>2</u>년이 되는 날까지 그 교섭대표노동조합의 지위를 유지하되, 새로운 교섭대표노동조합이 결정된 경우에는 그 결정된 때까지 교섭대표노동조합의 지위를 유지한다(노조법 시행령 제14조의10 제1항).
- 단체협약에 그 유효기간이 경과한 후에도 새로운 단체협약이 체결되지 아니한 때에는 새로운 단체협약이 체결될 때까지 종전 단체협약의 효력을 존속시킨다는 취지의 별도의 약정이 있는 경우에는 그에 따르되, 당사자 일방은 해지하고자 하는 날의 <u>6</u>월 전까지 상대방에게 통고함으로써 종전의 단체협약을 해지할 수 있다(노조법 제32조 제3항 단서).

정답 ③

제2장

제3장

제4장

제5장

제6장

제7장

제8장

제9장

17

☑ 확인 Check! ○ △ ✕

노동조합 및 노동관계조정법상 단체협약에 관한 설명으로 옳지 않은 것은?(다툼이 있으면 판례에 따름)

① 노동조합은 신의에 따라 성실히 교섭하고 단체협약을 체결하여야 하며 그 권한을 남용하여서는 아니 된다.

② 단체협약에 정한 근로조건 기타 근로자의 대우에 관한 기준에 위반하는 취업규칙 또는 근로계약의 부분은 무효로 한다.

③ 단체협약의 당사자인 노동조합은 단체협약의 유효기간 중에 단체협약에서 정한 근로조건 등에 관한 내용의 변경이나 폐지를 요구하는 쟁의행위를 행하지 않을 평화의무를 지고 있다.

④ 사용자가 인사처분을 할 때 노동조합의 사전 동의나 승낙을 얻어 인사처분을 하도록 단체협약 등에 규정된 경우 그 절차를 거치지 아니한 인사처분은 원칙적으로 무효로 보아야 한다.

⑤ 노동조합은 근로조건의 향상을 목적으로 하므로 사용자와 사이에 근로조건을 불리하게 변경하는 내용의 단체협약을 체결할 수 없다.

17

① (○) 노조법 제30조 제1항

② (○) 노조법 제33조 제1항

③ (○) 단체협약의 당사자인 노동조합은 단체협약의 유효기간 중에 단체협약에서 정한 근로조건 등에 관한 내용의 변경이나 폐지를 요구하는 쟁의행위를 행하지 아니하여야 함은 물론, 조합원들에 대하여도 통제력을 행사하여 그와 같은 쟁의행위를 행하지 못하게 방지하여야 할 이른바 평화의무를 지고 있다고 할 것이다(대판 1992.9.1. 92누7733).

④ (○) 사용자가 인사처분을 함에 있어 노동조합의 사전 동의나 승낙을 얻어야 한다거나 노동조합과 인사처분에 관한 논의를 하여 의견의 합치를 보아 인사처분을 하도록 단체협약에 규정된 경우에는 그 절차를 거치지 아니한 인사처분은 원칙적으로 무효라고 보아야 할 것이다(대판 1993.7.13. 92다45735).

⑤ (✕) 협약자치의 원칙상 노동조합은 사용자와 사이에 근로조건을 유리하게 변경하는 내용의 단체협약뿐만 아니라 근로조건을 불리하게 변경하는 내용의 단체협약을 체결할 수 있으므로, 근로조건을 불리하게 변경하는 내용의 단체협약이 현저히 합리성을 결하여 노동조합의 목적을 벗어난 것으로 볼 수 있는 경우와 같은 특별한 사정이 없는 한 그러한 노사 간의 합의를 무효라고 볼 수는 없다(대판 2000.9.29. 99다67536).

정답 ⑤

18 기출 21

☑ 확인 Check! ○ △ ✕

노동조합 및 노동관계조정법상 단체교섭 등에 관한 설명으로 옳지 않은 것은?(다툼이 있으면 판례에 따름)

① 교섭대표노동조합을 결정하여야 하는 단위는 하나의 사업 또는 사업장으로 한다.

② 노동조합의 하부단체인 분회나 지부가 독자적인 규약 및 집행기관을 가지고 독립된 조직체로서 활동을 하더라도 당해 조직이나 그 조합원에 고유한 사항에 대하여 독자적으로 단체교섭하고 단체협약을 체결할 수는 없다.

③ 일반적으로 구성원인 근로자의 노동조건 기타 근로자의 대우 또는 당해 단체적 노사관계의 운영에 관한 사항으로 사용자가 처분할 수 있는 사항은 단체교섭의 대상인 단체교섭사항에 해당한다.

④ 기업의 구조조정 실시 여부는 경영주체에 의한 고도의 경영상 결단에 속하는 사항으로서 원칙적으로 단체교섭의 대상이 될 수 없다.

⑤ 노동조합이 조합원들의 의사를 반영하고 대표자의 단체교섭 및 단체협약 체결업무 수행에 대한 적절한 통제를 위하여 대표자의 단체협약체결권한의 행사를 절차적으로 제한하는 것은, 그것이 단체협약체결권한을 전면적·포괄적으로 제한하는 것이 아닌 이상 허용된다.

18

① (○) 노조법 제29조의3 제1항

② (✕) 노동조합의 하부단체인 분회나 지부가 독자적인 규약 및 집행기관을 가지고 독립된 조직체로서 활동을 하는 경우 당해 조직이나 그 조합원에 고유한 사항에 대하여는 독자적으로 단체교섭하고 단체협약을 체결할 수 있고, 이는 그 분회나 지부가 노조법 시행령 제7조의 규정에 따라 그 설립신고를 하였는지 여부에 영향받지 아니한다(대판 2011.5.26. 2011다1842).

③ (○) 단체교섭의 대상이 되는 단체교섭사항에 해당하는지 여부는 헌법 제33조 제1항과 노조법 제29조에서 근로자에게 단체교섭권을 보장한 취지에 비추어 판단하여야 하므로 일반적으로 구성원인 근로자의 노동조건 기타 근로자의 대우 또는 당해 단체적 노사관계의 운영에 관한 사항으로 사용자가 처분할 수 있는 사항은 단체교섭의 대상인 단체교섭사항에 해당한다(대판 2003.12.26. 2003두8906).

④ (○) 정리해고나 사업조직의 통폐합 등 기업의 구조조정의 실시 여부는 경영주체에 의한 고도의 경영상 결단에 속하는 사항으로서 이는 원칙적으로 단체교섭의 대상이 될 수 없고, 그것이 긴박한 경영상의 필요나 합리적인 이유 없이 불순한 의도로 추진되는 등의 특별한 사정이 없는 한, 노동조합이 실질적으로 그 실시 자체를 반대하기 위하여 쟁의행위에 나아간다면, 비록 그 실시로 인하여 근로자들의 지위나 근로조건의 변경이 필연적으로 수반된다 하더라도 그 쟁의행위는 목적의 정당성을 인정할 수 없다(대판 2003.12.11. 2001도3429).

⑤ (○) 노동조합이 조합원들의 의사를 반영하고 대표자의 단체교섭 및 단체협약 체결업무 수행에 대한 적절한 통제를 위하여 규약 등에서 내부절차를 거치도록 하는 등 대표자의 단체협약체결권한의 행사를 절차적으로 제한하는 것은, 그것이 단체협약체결권한을 전면적·포괄적으로 제한하는 것이 아닌 이상 허용된다(대판 2018.7.26. 2016다205908).

정답 ②

19 기출 21

☑ 확인Check! ○ △ ✕

노동조합 및 노동관계조정법상 교섭대표노동조합 등에 관한 설명으로 옳지 않은 것은?(다툼이 있으면 판례에 따름)

① 교섭대표노동조합의 대표자는 교섭을 요구한 모든 노동조합 또는 조합원을 위하여 사용자와 교섭하고 단체협약을 체결할 권한을 가진다.

② 교섭대표노동조합결정절차에 참여한 모든 노동조합은 대통령령으로 정하는 기한 내에 자율적으로 교섭대표노동조합을 정한다.

③ 교섭창구단일화절차에서 교섭대표노동조합이 가지는 대표권은 법령에서 특별히 권한으로 규정하지 아니한 이상 단체교섭 및 단체협약 체결(보충교섭이나 보충협약 체결을 포함한다)과 체결된 단체협약의 구체적인 이행과정에만 미치는 것이고, 이와 무관하게 노사관계 전반에까지 당연히 미친다고 볼 수는 없다.

④ 공동교섭대표단에 참여할 수 있는 노동조합은 그 조합원 수가 교섭창구단일화절차에 참여한 노동조합의 전체 조합원 100분의 10 이상인 노동조합으로 한다.

⑤ 공동교섭대표단의 구성에 합의하지 못할 경우에 고용노동부장관은 해당 노동조합의 신청에 따라 조합원 비율을 고려하여 이를 결정할 수 있다.

20 기출 21

☑ 확인Check! ○ △ ✕

노동조합 및 노동관계조정법상 공정대표의무에 관한 설명으로 옳지 않은 것은?(다툼이 있으면 판례에 따름)

① 교섭대표노동조합은 교섭창구단일화절차에 참여한 노동조합 또는 그 조합원 간에 합리적 이유 없이 차별을 하여서는 아니 된다.

② 교섭창구단일화절차에 참여한 노동조합은 교섭대표노동조합이 공정대표의무를 위반하여 차별한 경우에는 그 행위가 있은 날(단체협약내용의 일부 또는 전부가 공정대표의무에 위반되는 경우에는 단체협약 체결일을 말한다)부터 3개월 이내에 대통령령으로 정하는 방법과 절차에 따라 노동위원회에 그 시정을 요청할 수 있다.

③ 노동위원회는 공정대표의무 위반의 시정신청에 대하여 합리적 이유 없이 차별하였다고 인정한 때에는 그 시정에 필요한 명령을 하여야 한다.

④ 공정대표의무는 단체교섭의 과정이나 그 결과물인 단체협약의 내용에 한하여 인정되므로 단체협약의 이행과정에서도 준수되어야 하는 것은 아니다.

⑤ 사용자의 공정대표의무 위반에 대한 벌칙규정은 없다.

19

① (○) 노조법 제29조 제2항

② (○) 노조법 제29조의2 제3항

③ (○) 교섭창구단일화 및 공정대표의무에 관련된 법령 규정의 문언, 교섭창구단일화제도의 취지와 목적, 교섭대표노동조합이 아닌 노동조합 및 그 조합원의 노동3권 보장 필요성 등을 고려하면, <u>교섭창구단일화절차에서 교섭대표노동조합이 가지는 대표권은 법령에서 특별히 권한으로 규정하지 아니한 이상 단체교섭 및 단체협약 체결</u>(보충교섭이나 보충협약 체결을 포함한다)과 체결된 단체협약의 구체적인 이행과정에만 미치는 것이고, 이와 무관하게 <u>노사관계 전반에까지 당연히 미친다고 볼 수는 없다</u>(대판 2019.10.31. 2017두37772).

④ (○) 노조법 제29조의2 제5항 후문

⑤ (✕) 공동교섭대표단의 구성에 합의하지 못할 경우에 <u>노동위원회</u>는 해당 노동조합의 신청에 따라 조합원 비율을 고려하여 이를 결정할 수 있다(노조법 제29조의2 제6항).

정답 ⑤

20

① (○) 노조법 제29조의4 제1항

② (○) 노조법 제29조의4 제2항

③ (○) 노조법 제29조의4 제3항

④ (✕) 공정대표의무는 헌법이 보장하는 단체교섭권의 본질적 내용이 침해되지 않도록 하기 위한 제도적 장치로 기능하고, 교섭대표노동조합과 사용자가 체결한 단체협약의 효력이 교섭창구단일화절차에 참여한 다른 노동조합에도 미치는 것을 정당화하는 근거가 된다. 따라서 <u>교섭대표노동조합이 사용자와 체결한 단체협약의 내용이 합리적 이유 없이 교섭대표노동조합이 되지 못한 노동조합 또는 그 조합원을 차별하는 경우 공정대표의무 위반에 해당한다. 그리고 이러한 공정대표의무의 취지와 기능 등에 비추어 보면, 공정대표의무는 단체교섭의 과정이나 그 결과물인 단체협약의 내용뿐만 아니라 단체협약의 이행과정에서도 준수되어야</u> 한다(대판 2019.10.31. 2017두37772).

⑤ (○) 노조법에는 사용자의 공정대표의무 위반에 대한 벌칙규정이 명시되어 있지 아니하다.

정답 ④

21 기출 21

☑ 확인Check! ○ △ X

노동조합 및 노동관계조정법령상 단체협약에 관한 설명으로 옳지 않은 것은?(다툼이 있으면 판례에 따름)

① 노동조합과 사용자 또는 사용자단체는 정당한 이유 없이 단체협약의 체결을 거부하거나 해태하여서는 아니 된다.

② 이미 구체적으로 지급청구권이 발생한 임금은 노동조합이 근로자들로부터 개별적인 동의나 수권을 받지 않더라도, 단체협약만으로 이에 반환이나 포기 및 지급유예와 같은 처분행위를 할 수 있다.

③ 단체협약의 당사자는 단체협약의 체결일부터 15일 이내에 당사자 쌍방의 연명으로 단체협약을 행정관청에게 신고하여야 한다.

④ 단체협약은 노동조합이 사용자 또는 사용자단체와 근로조건 기타 노사관계에서 발생하는 사항에 관한 합의를 문서로 작성하여 당사자 쌍방이 서명날인함으로써 성립하는 것이고, 그 합의가 반드시 정식의 단체교섭절차를 거쳐서 이루어져야만 하는 것은 아니다.

⑤ 단체협약이 실효되었다고 하더라도 임금 등 그 밖에 개별적인 노동조건에 관한 부분은 그 단체협약의 적용을 받고 있던 근로자의 근로계약내용이 되어 그것을 변경하는 새로운 단체협약, 취업규칙이 체결·작성되거나 또는 개별적인 근로자의 동의를 얻지 아니하는 한 개별적인 근로자의 근로계약내용으로서 효력을 갖는다.

21

① (○) 노조법 제30조 제2항

② (×) 이미 구체적으로 그 지급청구권이 발생한 임금이나 퇴직금은 근로자의 사적재산영역으로 옮겨져 근로자의 처분에 맡겨진 것이기 때문에 노동조합이 근로자들로부터 개별적인 동의나 수권을 받지 않는 이상, 사용자와 사이의 단체협약만으로 이에 대한 포기나 지급유예와 같은 처분행위를 할 수는 없다(대판 2020.1.16. 2019다223129).

③ (○) 노조법 제31조 제2항, 동법 시행령 제15조

④ (○) 단체협약은 노동조합이 사용자 또는 사용자단체와 근로조건 기타 노사관계에서 발생하는 사항에 관한 합의를 문서로 작성하여 당사자 쌍방이 서명날인함으로써 성립하는 것이고, 그 합의가 반드시 정식의 단체교섭절차를 거쳐서 이루어져야만 하는 것은 아니다. 따라서 노동조합과 사용자 사이에 근로조건 기타 노사관계에 관한 합의가 노사협의회의 협의를 거쳐서 성립되었더라도, 당사자 쌍방이 이를 단체협약으로 할 의사로 문서로 작성하여 당사자 쌍방의 대표자가 각 노동조합과 사용자를 대표하여 서명날인하는 등으로 단체협약의 실질적·형식적 요건을 갖추었다면 이는 단체협약이라고 보아야 한다(대판 2018.7.26. 2016다205908).

⑤ (○) 단체협약이 실효되었다고 하더라도 임금, 퇴직금이나 노동시간, 그 밖에 개별적인 노동조건에 관한 부분은 그 단체협약의 적용을 받고 있던 근로자의 근로계약의 내용이 되어 그것을 변경하는 새로운 단체협약, 취업규칙이 체결, 작성되거나 또는 개별적인 근로자의 동의를 얻지 아니하는 한 개별적인 근로자의 근로계약의 내용으로서 여전히 남아 있어 사용자와 근로자를 규율한다(대판 2018.11.29. 2018두41532).

정답 ②

22 기출 20 ☑ 확인Check! ○ △ ×

노동조합 및 노동관계조정법령상 단체교섭에 관한 설명으로 옳지 않은 것은?

① 교섭대표노동조합의 대표자는 교섭을 요구한 모든 노동조합을 위하여 사용자와 교섭하고 단체협약을 체결할 권한을 가진다.

② 노동조합으로부터 단체교섭에 관한 권한을 위임받은 자는 자유롭게 권한을 행사할 수 있다.

③ 사용자는 단체교섭에 관한 권한을 위임한 때에는 그 사실을 노동조합에게 통보하여야 한다.

④ 노동조합은 해당 사업 또는 사업장에 단체협약이 2개 이상 있는 경우에는 먼저 이르는 단체협약의 유효기간 만료일 이전 3개월이 되는 날부터 사용자에게 교섭을 요구할 수 있다.

⑤ 교섭대표노동조합과 사용자가 교섭창구단일화절차에 참여한 노동조합과 그 조합원 간에 합리적 이유 없이 차별한 경우에는 노동조합은 그 행위가 있은 날부터 3개월 이내에 노동위원회에 그 시정을 요청할 수 있다.

22

① (○) 노조법 제29조 제2항
② (×) 노동조합과 사용자 또는 사용자단체로부터 교섭 또는 단체협약의 체결에 관한 권한을 위임받은 자는 <u>그 노동조합과 사용자 또는 사용자단체를 위하여 위임받은 범위 안에서 그 권한을 행사할 수 있다</u>(노조법 제29조 제3항).
③ (○) 노조법 제29조 제4항
④ (○) 노조법 시행령 제14조의2 제1항 단서
⑤ (○) 노조법 제29조의4 제2항

정답 ②

23 기출 19 ☑ 확인Check! ○ △ ×

노동조합 및 노동관계조정법령상 단체교섭에 관한 설명으로 옳지 않은 것은?(다툼이 있으면 판례에 따름)

① 노동조합 대표자는 그 노동조합 또는 조합원을 위하여 사용자나 사용자단체와 교섭할 권한을 가진다.

② 단위노동조합이 당해 노동조합이 가입한 상부단체인 연합단체에 단체교섭권한을 위임한 경우 단위노동조합의 단체교섭 권한은 소멸한다.

③ 노동조합과 사용자 또는 사용자단체는 신의에 따라 성실히 교섭하여야 한다.

④ 노동조합과 사용자 또는 사용자단체는 정당한 이유 없이 교섭을 거부하여서는 아니 된다.

⑤ 노동조합의 하부단체인 지부가 독자적인 규약 및 집행기관을 가지고 독립된 조직체로서 활동하는 경우 당해 조직이나 그 조합원에 고유한 사항에 대하여는 독자적으로 단체교섭을 할 수 있다.

23

① (○) 노조법 제29조 제1항
② (×) <u>구 노조법 제33조 제1항에서 규정하고 있는 단체교섭권한의 '위임'이라고 함은 노동조합이 조직상의 대표자 이외의 자에게 조합 또는 조합원을 위하여, 조합의 입장에서 사용자 측과 사이에 단체교섭을 하는 사무처리를 맡기는 것을 뜻하고, 그 위임 후 이를 해지하는 등의 별개의 의사표시가 없더라도 노동조합의 단체교섭권한은 여전히 수임자의 단체교섭권한과 중복하여 경합적으로 남아 있다고 할 것이며, 같은 조 제2항의 규정에 따라 단위노동조합이 당해 노동조합이 가입한 상부단체인 연합단체에 그러한 권한을 위임한 경우에 있어서도 달리 볼 것은 아니다</u>(대판 1998.11.13. 98다20790).
③ (○) 노조법 제30조 제1항
④ (○) 노조법 제30조 제2항
⑤ (○) <u>노동조합의 하부단체인 분회나 지부가 독자적인 규약 및 집행기관을 가지고 독립된 조직체로서 활동을 하는 경우 당해 조직이나 그 조합원에 고유한 사항에 대하여는 독자적으로 단체교섭하고 단체협약을 체결할 수 있고, 이는 그 분회나 지부가 노조법 시행령 제7조의 규정에 따라 그 설립신고를 하였는지 여부에 영향받지 아니한다</u>(대판 2001.2.23. 2000도4299).

정답 ②

24 기출 18

☑ 확인 Check! ○ △ ✕

노동조합 및 노동관계조정법령상 단체교섭에 관한 설명으로 옳지 않은 것은?(다툼이 있으면 판례에 따름)

① 단체교섭의 대상에 해당하는지 여부는 헌법과 노동조합 및 노동관계조정법령상 근로자에게 단체교섭권을 보장한 취지에 비추어 판단하여야 한다.

② 근로조건 그 자체는 아니지만 근로조건과 밀접한 관련을 가지는 사항은 사용자의 경영권을 근본적으로 제약하지 않는 경우 단체교섭 대상이 될 수 있다.

③ 보건에 관한 사항은 노사협의회의 협의사항일 뿐 단체교섭 대상이 될 수 없다.

④ 비조합원의 근로조건이라도 그것이 조합원의 근로조건 및 집단적 노동관계에 영향을 주는 경우에는 단체교섭 대상이 될 수 있다.

⑤ 집단적 노동관계에 관한 사항은 근로조건과 밀접한 관계가 있기 때문에 강행법규나 공서양속에 반하지 않는 이상 단체교섭 대상이 될 수 있다.

24

① (○) 단체교섭의 대상이 되는 단체교섭사항에 해당하는지 여부는 헌법 제33조 제1항과 노조법 제29조에서 근로자에게 단체교섭권을 보장한 취지에 비추어 판단하여야 하므로 일반적으로 구성원인 근로자의 노동조건 기타 근로자의 대우 또는 당해 단체적 노사관계의 운영에 관한 사항으로 사용자가 처분할 수 있는 사항은 단체교섭의 대상인 단체교섭사항에 해당한다(대판 2003.12.26. 2003두8906).

② (○) 단체협약 중 조합원의 차량별 고정승무발령, 배차시간, 대기기사 배차순서 및 일당기사 배차에 관하여 노조와 사전합의를 하도록 한 조항은 그 내용이 한편으로는 사용자의 경영권에 속하는 사항이지만 다른 한편으로는 근로자들의 근로조건과도 밀접한 관련이 있는 부분으로서 사용자의 경영권을 근본적으로 제약하는 것은 아니라고 보여지므로 단체협약의 대상이 될 수 있고 그 내용 역시 헌법이나 노조법 기타 노동관계법규에 어긋나지 아니하므로 정당하다(대판 1994.8.26. 93누8993).

③ (✕) 근참법 제20조 제4호에서 협의회가 보건에 관한 사항을 협의하여야 한다고 규정하고 있으나, 근참법 제5조에서 노동조합의 단체교섭이나 그 밖의 모든 활동은 근참법에 의하여 영향을 받지 아니한다고 규정하고 있으므로, 보건에 관한 사항도 단체교섭의 대상이 될 수 있다.

④ (○) 비조합원의 근로조건은 원칙적으로 단체교섭의 대상은 아니나, 그것이 조합원의 근로조건 및 집단적 노동관계에 영향을 주는 경우에는 단체교섭 대상이 될 수 있다.

⑤ (○) 단체적 노사관계의 운영에 관한 사항으로 사용자가 처분할 수 있는 사항은 근로조건과 밀접한 관계가 있는 경우, 강행법규나 공서양속에 반하지 않는 이상 단체교섭 대상이 될 수 있다고 하여야 한다.

정답 ③

25

☑ 확인 Check! ○ △ ✕

노동조합 및 노동관계조정법령상 교섭단위 결정에 관한 설명으로 옳은 것은?

① 노동위원회는 사용자의 신청을 받아 교섭단위를 분리하는 결정을 할 수 없다.

② 교섭대표노동조합을 결정하여야 하는 단위는 하나의 사업 또는 사업장으로 한다.

③ 사용자가 교섭요구사실을 공고한 경우에는 교섭대표노동조합이 결정된 날 이후부터 교섭단위 분리신청을 할 수 없다.

④ 노동위원회는 교섭단위 분리신청을 받은 날부터 60일 이내에 교섭단위 분리에 관한 결정을 하여야 한다.

⑤ 교섭단위 분리에 관한 노동위원회의 결정에 대하여 중앙노동위원회에 재심을 신청하려는 자는 그 결정서를 송달받은 날로부터 15일 이내에 할 수 있다.

25

① (✕) 하나의 사업 또는 사업장에서 현격한 근로조건의 차이, 고용형태, 교섭관행 등을 고려하여 교섭단위를 분리하거나 분리된 교섭단위를 통합할 필요가 있다고 인정되는 경우에 노동위원회는 <u>노동관계당사자의 양쪽 또는 어느 한쪽의 신청을 받아 교섭단위를 분리하거나 분리된 교섭단위를 통합하는 결정을 할 수 있다</u>(노조법 제29조의3 제2항).

② (○) 노조법 제29조의3 제1항

③ (✕) 사용자가 교섭단위를 분리하거나 분리된 교섭단위를 통합하여 교섭하려는 경우, <u>사용자가 교섭요구사실을 공고한 경우에는 교섭대표노동조합이 결정된 날 이후에 노동위원회에 교섭단위를 분리하거나 분리된 교섭단위를 통합하는 결정을 신청할 수 있다</u>(노조법 시행령 제14조의11 제1항 제2호).

④ (✕) 노동위원회는 <u>신청을 받은 날부터 30일 이내에 교섭단위를 분리하거나 분리된 교섭단위를 통합하는 결정을 하고 해당 사업 또는 사업장의 모든 노동조합과 사용자에게 통지해야 한다</u>(노조법 시행령 제14조의11 제3항).

⑤ (✕) 관계당사자는 지방노동위원회 또는 특별노동위원회의 중재재정이 위법이거나 월권에 의한 것이라고 인정하는 경우에는 그 중재재정서의 송달을 받은 날부터 10일 이내에 중앙노동위원회에 그 재심을 신청할 수 있다(노조법 제69조 제1항).

정답 ②

➕ PLUS

교섭단위 결정(노조법 제29조의3)

② 하나의 사업 또는 사업장에서 현격한 근로조건의 차이, 고용형태, 교섭관행 등을 고려하여 교섭단위를 분리하거나 분리된 교섭단위를 통합할 필요가 있다고 인정되는 경우에 노동위원회는 <u>노동관계당사자의 양쪽 또는 어느 한쪽의 신청을 받아 교섭단위를 분리하거나 분리된 교섭단위를 통합하는 결정</u>을 할 수 있다.

③ 제2항에 따른 노동위원회의 결정에 대한 불복절차 및 효력은 <u>제69조와 제70조 제2항을 준용한다</u>.

26 기출 20

☑확인 Check! ○ △ ✕

상시근로자 100명을 고용하고 있는 A사업장에는 갑, 을, 병, 정 노동조합이 설립되어 있으며 각각 26명, 15명, 14명, 5명의 조합원이 가입되어 있다. 정 노동조합을 제외한 갑, 을, 병 3개의 노동조합이 교섭창구단일화절차에 참여하였다. 사용자가 교섭창구단일화절차를 거치지 아니하기로 별도로 동의하지 아니한 상황에서 자율적으로 결정하는 기한 내에 교섭대표노동조합을 결정하지 못한 경우 교섭대표노동조합이 될 수 없는 것은?

① 갑, 을, 병의 연합
② 갑, 병의 연합
③ 을의 위임을 받은 갑
④ 병의 위임을 받은 을
⑤ 정의 위임을 받은 갑

26

① (○), ② (○), ③ (○), ④ (○), ⑤ (✕)

자율적 교섭대표노조 결성기한 내에 교섭대표노조를 정하지 못하고 사용자의 개별교섭동의를 얻지 못한 경우에는, 2개 이상의 노조가 <u>위임 또는 연합 등의 방법으로 교섭창구단일화절차에 참여한 노조 전체 조합원의 과반수가 되는 경우</u>를 포함하여 교섭창구단일화절차에 참여한 노조 전체 조합원 과반수로 조직된 노조인 과반수노조를 교섭대표노조로 인정하고 있다(노조법 제29조의2 제4항). 따라서 갑, 을, 병의 연합은 당연히 교섭대표노조가 될 수 있고, 갑, 병의 연합은 40/55, 을의 위임을 받은 갑은 41/55, 병의 위임을 받은 을은 29/55로 단일화절차에 참여한 노조 전체 조합원의 과반수라는 점에서 교섭대표노조가 될 수 있다. 그러나 노조 정은 교섭창구단일화절차에 참여하지 아니하였다는 점에서 노조법 제29조의2 제4항이 적용되지 아니하므로, <u>정의 위임을 받은 갑은 26/55로 과반수에 미치지 아니하여 교섭대표노조가 될 수 없다.</u>

정답 ⑤

➕ PLUS

교섭창구단일화절차(노조법 제29조의2)
③ 교섭대표노동조합결정절차(이하 "교섭창구단일화절차")에 참여한 모든 노동조합은 대통령령으로 정하는 기한 내에 자율적으로 교섭대표노동조합을 정한다.
④ 제3항에 따른 기한까지 교섭대표노동조합을 정하지 못하고 제1항 단서에 따른 사용자의 동의를 얻지 못한 경우에는 <u>교섭창구단일화절차에 참여한 노동조합의 전체 조합원 과반수로 조직된 노동조합(2개 이상의 노동조합이 위임 또는 연합 등의 방법으로 교섭창구단일화절차에 참여한 노동조합 전체 조합원의 과반수가 되는 경우를 포함)이 교섭대표노동조합이 된다.</u>

27 기출 19

☑ 확인Check! ○ △ ×

노동조합 및 노동관계조정법령상 단체협약내용을 위반한 경우 형사처벌의 대상이 아닌 것은?

① 퇴직금에 관한 사항
② 휴가에 관한 사항
③ 쟁의행위에 관한 사항
④ 조직강제에 관한 사항
⑤ 안전보건에 관한 사항

➕ PLUS

벌칙(노조법 제92조)
다음 각 호의 1에 해당하는 자는 1천만원 이하의 벌금에 처한다.
　2. 제31조 제1항의 규정에 의하여 체결된 단체협약의 내용 중 다음 각 목의 1에 해당하는 사항을 위반한 자
　　가. 임금·복리후생비, 퇴직금에 관한 사항
　　나. 근로 및 휴게시간, 휴일, 휴가에 관한 사항
　　다. 징계 및 해고의 사유와 중요한 절차에 관한 사항
　　라. 안전보건 및 재해부조에 관한 사항
　　마. 시설·편의 제공 및 근무시간 중 회의참석에 관한 사항
　　바. 쟁의행위에 관한 사항

28 기출 19

☑ 확인Check! ○ △ ×

노동조합 및 노동관계조정법령상 공정대표의무에 관한 설명으로 옳지 않은 것은?(다툼이 있으면 판례에 따름)

① 사용자는 교섭창구단일화절차에 참여한 노동조합 또는 그 조합원 간에 합리적 이유 없이 차별을 하여서는 아니 된다.
② 노동조합은 교섭대표노동조합이 공정대표의무를 위반하여 차별한 경우에는 그 행위가 있은 날부터 6개월 이내에 노동위원회에 그 시정을 요청할 수 있다.
③ 공정대표의무 위반에 대한 형사벌칙규정이 없다.
④ 사용자가 교섭창구단일화절차에 참여한 다른 노동조합 또는 그 조합원을 차별한 것으로 인정되는 경우, 차별에 합리적인 이유가 있다는 점은 사용자에게 주장·증명책임이 있다.
⑤ 공정대표의무는 단체교섭의 과정이나 그 결과물인 단체협약의 내용뿐만 아니라 단체협약의 이행과정에서도 준수되어야 한다.

27

① (○), ② (○), ③ (○), ④ (×), ⑤ (○)
조직강제에 관한 사항은 형사처벌의 대상이 아니다.

정답 ④

28

① (○) 노조법 제29조의4 제1항
② (×) 노동조합은 교섭대표노동조합이 공정대표의무를 위반하여 차별한 경우에는 그 행위가 있은 날부터 <u>3개월 이내</u>에 대통령령으로 정하는 방법과 절차에 따라 노동위원회에 그 시정을 요청할 수 있다(노조법 제29조의4 제2항).
③ (○) 노조법은 공정대표의무 위반행위에 대해 따로 형사처벌규정을 두고 있지 아니하다.
④ (○) 교섭대표노동조합이나 사용자가 <u>교섭창구단일화절차에 참여한 다른 노동조합 또는 그 조합원을 차별한 것으로 인정되는 경우, 그와 같은 차별에 합리적인 이유가 있다는 점은 교섭대표노동조합이나 사용자에게 주장·증명책임이 있다</u>(대판 2018.8.30. 2017다218642).
⑤ (○) 공정대표의무의 취지와 기능 등에 비추어 보면, <u>공정대표의무는 단체교섭의 과정이나 그 결과물인 단체협약의 내용뿐만 아니라 단체협약의 이행과정에서도 준수되어야 한다고 봄이 타당하다</u>(대판 2018.8.30. 2017다218642).

정답 ②

29 기출 19

☑ 확인Check! ○ △ ✕

노동조합 및 노동관계조정법령상 교섭창구단일화제도에 관한 설명으로 옳은 것은?(다툼이 있으면 판례에 따름)

① 하나의 사업 또는 사업장 단위에서 유일하게 존재하는 노동조합이 교섭창구단일화절차를 형식적으로 거쳤다면 교섭대표노동조합의 지위를 취득할 수 있다.

② 교섭창구단일화절차에 따라 결정된 교섭대표노동조합이 그 결정된 날부터 6개월 동안 단체협약을 체결하지 못한 경우에는 어느 노동조합이든지 사용자에게 교섭을 요구할 수 있다.

③ 하나의 사업 또는 사업장에서 교섭단위를 분리할 필요가 있다고 인정되는 경우에 노동관계당사자는 합의를 통하여 교섭단위를 분리할 수 있다.

④ 공동교섭대표단에 참여할 수 있는 노동조합은 그 조합원 수가 교섭창구단일화절차에 참여한 노동조합의 전체 조합원 100분의 5 이상인 노동조합으로 한다.

⑤ 교섭대표노동조합의 지위 유지기간이 만료되었음에도 불구하고 새로운 교섭대표노동조합이 결정되지 못할 경우 기존 교섭대표노동조합은 새로운 교섭대표노동조합이 결정될 때까지 기존 단체협약의 이행과 관련해서는 교섭대표노동조합의 지위를 유지한다.

29

① (✕) 하나의 사업장 단위에서 유일하게 존재하는 노조는 설령 노조법과 그 시행령이 정한 절차를 형식적으로 거쳤더라도 교섭대표노조의 지위를 취득할 수 없다고 해석함이 타당하다(대판 2017.10.31. 2016두36956).

② (✕) 결정된 교섭대표노동조합이 그 결정된 날부터 1년 동안 단체협약을 체결하지 못한 경우에는 어느 노동조합이든지 사용자에게 교섭을 요구할 수 있다(노조법 시행령 제14조의10 제3항).

③ (✕) 하나의 사업 또는 사업장에서 현격한 근로조건의 차이, 고용형태, 교섭관행 등을 고려하여 교섭단위를 분리하거나 분리된 교섭단위를 통합할 필요가 있다고 인정되는 경우에 노동위원회는 노동관계당사자의 양쪽 또는 어느 한쪽의 신청을 받아 교섭단위를 분리하거나 분리된 교섭단위를 통합하는 결정을 할 수 있다(노조법 제29조의3 제2항).

④ (✕) 공동교섭대표단에 참여할 수 있는 노동조합은 그 조합원 수가 교섭창구단일화절차에 참여한 노동조합의 전체 조합원 100분의 10 이상인 노동조합으로 한다(노조법 제29조의2 제5항 후문).

⑤ (○) 노조법 시행령 제14조의10 제2항

정답 ⑤

30 기출 19

☑ 확인Check! ○ △ ✕

노동조합 및 노동관계조정법령상 단체협약에 관한 설명으로 옳지 않은 것은?(다툼이 있으면 판례에 따름)

① 단체협약은 서면으로 작성하여 당사자 쌍방이 서명 또는 날인하여야 한다.

② 근로계약에 규정되지 아니한 사항은 단체협약에 정한 기준에 의한다.

③ 행정관청은 단체협약 중 위법한 내용이 있는 경우에는 노동위원회의 의결을 얻어 그 시정을 명할 수 있다.

④ 노동조합이 조합원들의 의사를 반영하고 대표자의 단체협약체결업무수행에 대한 적절한 통제를 위하여 대표자의 단체협약체결권한의 행사를 절차적으로 제한하는 것은, 그것이 단체협약체결권한을 전면적·포괄적으로 제한하는 것이 아닌 이상 허용된다.

⑤ 노동조합과 사용자 쌍방이 노사협의회를 거쳐 실질적·형식적 요건을 갖춘 합의가 있더라도 단체교섭을 거치지 않고 체결한 것은 단체협약으로 볼 수 없다.

30

① (○) 노조법 제31조 제1항

② (○) 노조법 제33조 제2항

③ (○) 노조법 제31조 제3항

④ (○) 노조대표자의 협약체결권한에 대한 전면적·포괄적 제한은 위법하지만, 노동조합이 조합원들의 의사를 반영하고 대표자의 단체교섭 및 협약 체결업무 수행에 대한 적절한 통제를 위하여 규약 등에서 대표자의 단체협약체결권한의 행사를 절차적으로 제한하는 것은 허용된다(대판 2014.4.24. 2010다24534).

⑤ (✕) 그 협성(합의)이 반드시 정식의 단체교섭절차를 거쳐서 이루어져야만 하는 것은 아니라고 할 것이므로 노동조합과 사용자 사이에 근로조건 기타 노사관계에 관한 합의가 노사협의회의 협의를 거쳐서 성립되었더라도, 당사자 쌍방이 이를 단체협약으로 할 의사로 문서로 작성하여 당사자 쌍방의 대표자가 각 노동조합과 사용자를 대표하여 서명날인하는 등으로 단체협약의 실질적·형식적 요건을 갖추었다면 이는 단체협약이라고 보아야 할 것이다(대판 2005.3.11. 2003다27429).

정답 ⑤

31 기출 18

☑ 확인 Check! ○ △ ×

노동조합 및 노동관계조정법령상 교섭단위 분리에 관한 설명으로 옳지 않은 것은?

① 하나의 사업 또는 사업장에서 교섭단위를 분리할 필요가 있다고 인정되는 경우에 노동위원회는 노동관계당사자의 신청을 받아 교섭단위를 분리하는 결정을 할 수 있다.

② 노동위원회는 노동관계당사자 양쪽의 신청이 있으면 교섭단위를 분리하는 결정을 하여야 한다.

③ 노동위원회는 법령에 따라 교섭단위 분리의 결정신청을 받은 때에는 해당 사업 또는 사업장의 모든 노동조합과 사용자에게 그 내용을 통지해야 한다.

④ 노동위원회는 법령에 따른 신청을 받은 날부터 30일 이내에 교섭단위 분리에 관한 결정을 하고 해당 사업 또는 사업장의 모든 노동조합과 사용자에게 통지해야 한다.

⑤ 노동조합 또는 사용자는 법령에 따라 사용자가 교섭요구사실을 공고하기 전에 노동위원회에 교섭단위 분리의 결정을 신청할 수 있다.

31

① (○) 하나의 사업 또는 사업장에서 현격한 근로조건의 차이, 고용형태, 교섭관행 등을 고려하여 교섭단위를 분리하거나 분리된 교섭단위를 통합할 필요가 있다고 인정되는 경우에 노동위원회는 <u>노동관계당사자의 양쪽 또는 어느 한쪽의 신청을 받아 교섭단위를 분리하거나 분리된 교섭단위를 통합하는 결정을 할수 있다</u>(노조법 제29조의3 제2항).

② (×) 노동위원회는 <u>노동관계당사자의 양쪽 또는 어느 한쪽의 신청을 받아 교섭단위를 분리하거나 분리된 교섭단위를 통합하는 결정을 할 수 있다</u>(노조법 제29조의3 제2항).

③ (○) 노조법 시행령 제14조의11 제2항

④ (○) 노조법 시행령 제14조의11 제3항

⑤ (○) 노조법 시행령 제14조의11 제1항 제1호

정답 ②

32 기출 19

☑ 확인 Check! ○ △ ×

노동조합 및 노동관계조정법령상 단체협약의 해석에 관한 설명으로 옳지 않은 것은?(다툼이 있으면 판례에 따름)

① 단체협약과 같은 처분문서를 해석함에 있어서는 명문의 규정을 근로자에게 불리하게 변형해석할 수 없다.

② 단체협약의 해석에 관한 지방노동위원회의 제시견해가 위법 또는 월권에 의한 경우에는 중앙노동위원회에 재심을 신청할 수 있다.

③ 단체협약의 해석에 관하여 관계당사자 간에 의견을 불일치가 있는 때에는 노동위원회가 직권으로 그 해석에 관한 견해를 제시할 수 있다.

④ 노동위원회는 단체협약의 해석요청을 받은 때에는 그날부터 30일 이내에 명확한 견해를 제시하여야 한다.

⑤ 노동위원회가 단체협약의 해석요청에 대하여 제시한 견해는 중재재정과 동일한 효력을 가진다.

32

① (○) 대판 2011.10.13. 2009다102452

② (○) 노조법 제34조 제3항은 단체협약의 해석 또는 이행방법에 관하여 단체협약당사자의 견해 제시의 요청에 응하여 노동위원회가 제시한 견해는 중재재정과 동일한 효력을 가진다고 정하고 있으므로, <u>단체협약의 해석 또는 이행방법에 관한 노동위원회의 제시견해의 효력을 다투고자 할 때에는 노동위원회가 행한 중재재정의 효력을 다투는 절차를 정한 위 법 제69조에 의하여야</u> 할 것이고, 노동위원회가 단체협약의 의미를 오해하여 그 해석 또는 이행방법에 관하여 잘못된 견해를 제시하였다면 이는 법률행위인 단체협약의 해석에 관한 법리를 오해한 위법을 범한 것으로 위법 제69조에서 정한 불복사유인 위법사유가 있는 경우에 해당된다(대판 2005.9.9. 2003두896). 따라서 제시견해가 <u>위법이거나 월권에 의한 경우</u>, 의견서의 송달을 받은 날부터 <u>10일 이내에 중앙노동위원회에 그 재심을 신청할 수 있다</u>(노조법 제69조 제1항).

③ (×) 단체협약의 해석 또는 이행방법에 관하여 관계당사자 간에 의견의 불일치가 있는 때에는 <u>당사자 쌍방 또는 단체협약에 정하는 바에 의하여 어느 일방이 노동위원회에 그 해석 또는 이행방법에 관한 견해의 제시를 요청할 수 있다</u>(노조법 제34조 제1항).

④ (○) 노조법 제34조 제2항

⑤ (○) 노조법 제34조 제3항

정답 ③

33 기출 18

☑ 확인Check! ○ △ ✕

노동조합 및 노동관계조정법령상 단체협약에 관한 설명으로 옳지 않은 것은?

① 단체협약에 그 유효기간을 정하지 아니한 경우 그 유효기간은 3년으로 한다.
② 단체협약의 해석에 관하여 관계당사자 간에 의견의 불일치가 있는 때에는 당사자 쌍방은 고용노동부에 그 해석에 관한 견해의 제시를 요청할 수 있다.
③ 단체협약의 당사자는 단체협약의 체결일부터 15일 이내에 당사자 쌍방의 연명으로 단체협약을 행정관청에게 신고하여야 한다.
④ 행정관청은 단체협약 중 위법한 내용이 있는 경우에는 노동위원회의 의결을 얻어 그 시정을 명할 수 있다.
⑤ 단체협약은 서면으로 작성하여 당사자 쌍방이 서명 또는 날인하여야 한다.

33

① (○) 노조법 제32조 제2항
② (✕) 단체협약의 해석 또는 이행방법에 관하여 관계당사자 간에 의견의 불일치가 있는 때에는 당사자 쌍방 또는 단체협약에 정하는 바에 의하여 어느 일방이 노동위원회에 그 해석 또는 이행방법에 관한 견해의 제시를 요청할 수 있다(노조법 제34조 제1항).
③ (○) 단체협약은 서면으로 작성하여 당사자 쌍방이 서명 또는 날인하여야 하고, 단체협약의 당사자는 단체협약의 체결일부터 15일 이내에 이를 행정관청에게 신고하여야 한다(노조법 제31조 제1항·제2항).
④ (○) 노조법 제31조 제3항
⑤ (○) 노조법 제31조 제1항

정답 ②

34 기출 18

☑ 확인Check! ○ △ ✕

노동조합 및 노동관계조정법령상 단체협약의 지역적 구속력에 관한 설명으로 옳은 것은?

① 하나의 지역에 있어서 종업하는 동종의 근로자 3분의 2 이상이 하나의 단체협약의 적용을 받게 된 때에 행정관청이 법령에 따라 당해 단체협약의 지역적 구속력 적용을 결정하면 당해 지역에서 종업하는 다른 동종의 근로자와 그 사용자에 대하여도 당해 단체협약이 적용된다.
② 행정관청은 직권으로 노동위원회의 의결을 얻어 단체협약의 지역적 구속력 적용결정을 할 수 없다.
③ 단체협약의 당사자 쌍방의 신청으로 행정관청이 단체협약의 지역적 구속력 적용결정을 하는 경우에는 노동위원회의 의결을 얻지 아니할 수 있다.
④ 단체협약의 당사자 일방의 신청으로 행정관청이 단체협약의 지역적 구속력 적용결정을 하는 경우에는 중앙노동위원회의 조정을 거쳐야 한다.
⑤ 행정관청이 단체협약의 지역적 확장적용의 결정을 한 때에는 3개월 이내에 이를 공고하여야 한다.

34

① (○) 노조법 제36조 제1항
② (✕) 행정관청은 당해 단체협약의 당사자의 쌍방 또는 일방의 신청에 의하거나 그 직권으로 노동위원회의 의결을 얻어 단체협약의 지역적 구속력 적용결정을 할 수 있다(노조법 제36조 제1항).
③ (✕) 노동위원회의 의결을 얻어야 한다(노조법 제36조 제1항).
④ (✕) 중앙노동위원회의 조정을 거칠 필요는 없다.
⑤ (✕) 행정관청이 지역적 확장적용의 결정을 한 때에는 지체 없이 이를 공고하여야 한다(노조법 제36조 제2항).

정답 ①

35 기출 17

☑확인 Check! ○ △ ✕

노동조합 및 노동관계조정법령상 교섭대표노동조합에 관한 설명으로 옳지 않은 것은?

① 교섭대표노동조합의 대표자는 교섭을 요구한 모든 노동조합 또는 조합원을 위하여 사용자와 교섭하고 단체협약을 체결할 권한을 가진다.

② 교섭대표노동조합은 교섭창구단일화절차에 참여한 노동조합 또는 그 조합원 간에 합리적 이유 없이 차별을 하여서는 아니 된다.

③ 교섭대표노동조합이 결정된 날부터 1년 동안 단체협약을 체결하지 못한 경우에도 교섭대표노동조합만이 사용자에게 교섭을 요구할 수 있다.

④ 교섭대표노동조합은 그 지위 유지기간이 만료되었더라도 새로운 교섭대표노동조합이 결정될 때까지 기존 단체협약의 이행과 관련하여서는 그 지위를 유지한다.

⑤ 자율적으로 교섭대표노동조합을 결정하여 그 결과를 사용자에게 통지한 이후에는 그 교섭대표노동조합의 결정절차에 참여한 노동조합 중 일부 노동조합이 그 이후의 절차에 참여하지 않더라도 교섭대표노동조합의 지위는 유지된다.

35

① (○) 노조법 제29조 제2항
② (○) 노조법 제29조의4 제1항
③ (✕) 교섭대표노동조합이 그 결정된 날부터 1년 동안 단체협약을 체결하지 못한 경우에는 어느 노동조합이든지 사용자에게 교섭을 요구할 수 있다(노조법 시행령 제14조의10 제3항).
④ (○) 노조법 시행령 제14조의10 제2항
⑤ (○) 노조법 시행령 제14조의6 제2항

정답 ③

36 기출 18

☑확인 Check! ○ △ ✕

노동조합 및 노동관계조정법령상 교섭창구단일화절차 등에 관한 설명으로 옳지 않은 것은?

① 하나의 사업 또는 사업장에 2개 이상의 노동조합이 있더라도 교섭대표노동조합을 자율적으로 결정하는 기한 내에 사용자가 교섭창구단일화절차를 거치지 아니하기로 동의한 경우에는 해당 노동조합은 사용자와 개별적으로 교섭할 수 있다.

② 노동조합 교섭요구사실의 공고는 사용자가 법령에 따라 교섭을 요구받은 날부터 7일간 하여야 한다.

③ 교섭대표노동조합이 그 결정된 날부터 1년 동안 단체협약을 체결하지 못한 경우에는 어느 노동조합이든지 사용자에게 교섭을 요구할 수 있다.

④ 교섭창구단일화절차에 참여한 노동조합이 자율적으로 교섭대표노동조합을 정하지 못한 경우에는 해당 사업 또는 사업장 근로자 전체의 과반수로 조직된 노동조합이 교섭대표노동조합이 된다.

⑤ 교섭대표노동조합을 결정함에 있어 교섭요구사실 등에 대한 이의가 있는 때에는 노동위원회는 대통령령으로 정하는 바에 따라 노동조합의 신청을 받아 그 이의에 대한 결정을 할 수 있다.

36

① (○) 노조법 제29조의2 제1항 단서
② (○) 노조법 시행령 제14조의3 제1항
③ (○) 노조법 시행령 제14조의10 제3항 전문
④ (✕) 기한 내에 교섭대표노동조합을 정하지 못하고 사용자의 동의를 얻지 못한 경우에는 교섭창구단일화절차에 참여한 노동조합의 전체 조합원 과반수로 조직된 노동조합(2개 이상의 노동조합이 위임 또는 연합 등의 방법으로 교섭창구단일화절차에 참여한 노동조합 전체 조합원의 과반수가 되는 경우를 포함)이 교섭대표노동조합이 된다(노조법 제29조의2 제4항).
⑤ (○) 교섭대표노동조합을 결정함에 있어 교섭요구사실, 조합원 수 등에 대한 이의가 있는 때에는 노동위원회는 대통령령으로 정하는 바에 따라 노동조합의 신청을 받아 그 이의에 대한 결정을 할 수 있다(노조법 제29조의2 제7항).

정답 ④

04 단체행동권

제1절 서설

I 단체행동의 의의

1. 개념

단체행동의 개념에 대해서는 업무의 정상적 운영을 저해하는 쟁의행위로 파악하는 협의설과, 업무의 정상적 운영을 저해하는 쟁의행위는 물론, 완장 착용 등과 같이 반드시 업무의 정상적 운영을 저해하지 않는 단체과시도 포함된다는 광의설(다수설·판례), 그리고 쟁의행위 및 단체과시는 물론 조합활동도 포함된다는 최광의설이 있다.

2. 구별

(1) 노동쟁의

노동쟁의라 함은 노동조합과 사용자 또는 사용자단체 간에 임금·근로시간·복지·해고, 기타 대우 등 근로조건의 결정에 관한 주장의 불일치로 인하여 발생한 분쟁상태를 말하며, 실제적인 실력 행사를 필요로 하는 쟁의행위 및 단체과시 등과는 구별된다. 기출 13·15

(2) 쟁의행위

쟁의행위는 가장 대표적인 단체행동의 행위유형으로, 노조법은 파업·태업·직장폐쇄, 기타 노동관계당사자가 그 주장을 관철할 목적으로 행하는 행위와, 이에 대항하는 행위로서 업무의 정상적인 운영을 저해하는 행위라고 규정하고 있다(노조법 제2조 제6호).

(3) 조합활동

일반적으로 조합의 조직 및 운영에 관한 활동 중, 단체교섭권 및 단체행동권의 행사와 직접적인 관련이 없는 활동을 조합활동이라고 한다.

Ⅱ 단체행동의 종류

1. 단체행동의 유형

단체행동 중에서 쟁의행위는 반드시 단체교섭을 거쳐야 한다. 반면, 쟁의행위에 해당하지 않는 단체행동은 단체교섭을 거칠 필요가 없다.

2. 쟁의행위의 유형

(1) 근로자 측의 쟁의행위

근로자 측의 쟁의행위에는 파업·태업·준법투쟁·생산관리·보이콧·피케팅 및 직장점거 등이 있다. 이 중 파업·태업·준법투쟁·생산관리 등은 그 자체로서 쟁의행위에 해당하나 보이콧·피케팅 및 직장점거 등은 쟁의행위에 부수되거나 이를 지원하기 위한 단체행동이다.

(2) 사용자 측의 쟁의행위

사용자는 헌법상의 단체행동권을 가지지 못하나, 사용자의 쟁의행위인 직장폐쇄는 할 수 있다.

Ⅲ 쟁의행위에 대한 노조법상의 규율

1. 근로자의 구속 제한 [기출] 19·20·21·22·24

근로자는 쟁의행위기간 중에는 현행범 외에는 이 법위반을 이유로 구속되지 아니한다(노조법 제39조).

2. 대체근로 등의 제한

(1) 대체근로 등의 제한

사용자는 쟁의행위기간 중 그 쟁의행위로 중단된 업무의 수행을 위하여 당해 사업과 관계없는 자를 채용 또는 대체할 수 없고(노조법 제43조 제1항), 그 쟁의행위로 중단된 업무를 도급 또는 하도급 줄 수도 없다(노조법 제43조 제2항).

(2) 예외적 허용

필수공익사업의 사용자는 쟁의행위기간 중에 한하여 당해 사업과 관계없는 자를 당해 사업 또는 사업장 파업 참가자의 100분의 50을 초과하지 않는 범위 안에서 채용 또는 대체하거나 도급 또는 하도급 줄 수 있다(노조법 제43조 제3항·제4항).

3. 근로자파견의 금지

파견사업주는 쟁의행위 중인 사업장에 그 쟁의행위로 중단된 업무의 수행을 위하여 근로자를 파견하여서는 아니 된다(파견법 제16조 제1항).

I   정당성 판단기준

노동조합의 쟁의행위가 정당하기 위해서는 그 주체가 단체교섭의 주체로 될 수 있는 자이어야 하고, 노동조합과 사용자의 교섭과정에서 노사대등의 입장에서 근로조건의 향상 등 근로자의 경제적 지위를 향상시키려는 목적에서 나온 것이어야 하며, 사용자가 근로자의 근로조건 개선에 관한 구체적인 요구에 대하여 단체교섭을 거부하거나 단체교섭에서 그와 같은 요구에 반대의 의사표시를 하거나 묵살하고 반대하고 있는 것을 분명하게 하고 있을 경우에 개시할 수 있으며 특별한 사정이 없는 한 법령이 규정한 절차를 밟아야 하고, 그 수단과 방법이 사용자의 재산권과 조화를 이루어야 할 뿐 아니라, 다른 기본적 인권을 침해하지 아니하는 등 그 밖의 헌법상의 요청과 조화되어야 한다. 다만 이 경우에도 당해 쟁의행위 자체의 정당성과 이를 구성하거나 부수되는 개개의 행위의 정당성은 구별되어야 하므로 일부 소수의 근로자가 폭력행위 등의 위법행위를 하였다고 하더라도 전체로서의 쟁의행위가 위법하게 되는 것은 아니다(대판 2003.12.26. 2003두8906). **기출 20** 쟁의행위가 정당하기 위해 요구되는 이러한 기준은 쟁의행위의 목적을 알리는 등 적법한 쟁의행위에 통상 수반되는 부수적 행위가 형법상 정당행위에 해당하는지 여부를 판단할 때에도 동일하게 적용된다(대판 2022.10.27. 2019도10516).

II   쟁의행위주체의 정당성

> **쟁의행위의 기본원칙(노조법 제37조)**
> ② 조합원은 노동조합에 의하여 주도되지 아니한 쟁의행위를 하여서는 아니 된다. **기출 23**
>
> **쟁의행위의 제한과 금지(노조법 제41조)**
> ② 방위사업법에 의하여 지정된 주요방위산업체에 종사하는 근로자중 전력, 용수 및 주로 방산물자를 생산하는 업무에 종사하는 자는 쟁의행위를 할 수 없으며 주로 방산물자를 생산하는 업무에 종사하는 자의 범위는 대통령령으로 정한다.
>
> **방산물자 생산업무 종사자의 범위(노조법 시행령 제20조)**
> 법 제41조 제2항에서 "주로 방산물자를 생산하는 업무에 종사하는 자"라 함은 방산물자의 완성에 필요한 제조·가공·조립·정비·재생·개량·성능검사·열처리·도장·가스취급 등의 업무에 종사하는 자를 말한다. **기출 23**

1. 노동조합

(1) 노조법상의 노동조합

노동조합의 실질적 요건과 형식적 요건을 모두 구비한 노조법상의 노동조합은 당연히 쟁의행위의 주체가 된다. 쟁의행위는 기본적으로 단체교섭이 결렬된 경우 그 주장을 관철할 목적으로 수행되는 것이므로, 원칙적으로 쟁의행위의 주체는 해당 단체교섭의 주체와 일치한다고 볼 수 있다.

(2) 비노조쟁의행위

이는 노조법상의 노동조합이 아닌 근로자단결체, 즉 노동조합의 실질적 요건을 갖추지 못한 쟁의단, 실질적 요건은 갖추었으나 형식적 요건을 갖추지 못한 법외노조 등이 행하는 쟁의행위를 말한다.

1) 쟁의단

쟁의단 등 우발적·일시적 집단이 정당한 쟁의행위의 주체가 될 수 있는지 여부에 대하여는 견해가 나누어지고 있으나, 대외적 자주성이 인정되고 통일적 의사 형성이 가능하다면 쟁의행위의 주체가 될 수 있을 것이다.

2) 법외노조

법외노조가 단체교섭 및 쟁의행위의 주체가 될 수 있는지의 여부에 대하여는 이를 긍정하는 것이 다수설이다.

(3) 독립적 분회·지부

노동조합의 하부단체인 분회나 지부가 독자적인 규약 및 집행기관을 가지고 독립된 조직체로서 활동을 하는 경우 당해 조직이나 그 조합원에 고유한 사항에 대하여는 독자적으로 단체교섭하고 단체협약을 체결할 수 있고, 이는 그 분회나 지부가 노조법 시행령 제7조의 규정에 따라 그 설립신고를 하였는지 여부에 영향받지 아니한다(대판 2001.2.23. 2000도4299). 이러한 판례의 태도에 따를 경우, 분회·지부는 쟁의행위의 주체가 될 수 있다. 기출 21

(4) 비공인쟁의행위(Wildcat Strike)

노동조합의 내부에서 일부 조합원 또는 분회·지부가 노동조합의 의사와 무관하게 또는 이에 반하여 행하는 쟁의행위를 말한다. 조합원이 노동조합에 의하여 주도되지 아니한 쟁의행위를 한 경우에는 3년 이하의 징역 또는 3천만원 이하의 벌금에 처한다(노조법 제37조 제2항, 제89조 제1호). 그럼에도 불구하고 소수 조합원 또는 비독립적 분회·지부가 정당한 쟁의행위의 주체가 될 수 있는지 여부에 대하여 긍정설과 부정설이 대립한다. 판례는 전국기관차협의회는 노조법상의 노동조합이라고 볼 수 없고, 따라서 단체교섭권도 없어 쟁의행위의 정당한 주체로 될 수 없다고(대판 1997.2.11. 96누2125) 판시하고 있다. 기출 16·18·21·24

2. 쟁의행위주체의 제한

(1) 공무원·교원

공노법은 공무원의 쟁의행위를 금지하고 있고(공노법 제11조), 교노법은 교원의 쟁의행위를 금지하고 있다(교노법 제8조). 따라서 공무원·교원의 쟁의행위는 정당성을 인정받기 어려울 것이다.

(2) 주요방위산업체종사자

1) 단체행동권의 원칙적 제한

헌법은 법률이 정하는 주요방위산업체에 종사하는 근로자의 단체행동권은 법률이 정하는 바에 의하여 이를 제한하거나 인정하지 아니할 수 있다고 규정하고 있고(헌법 제33조 제3항), 노조법은 방위사업법에 의하여 지정된 주요방위산업체에 종사하는 근로자 중 전력, 용수 및 주로 방산물자를 생산하는 업무에 종사하는 자는 쟁의행위를 할 수 없다고 규정하고 있다(노조법 제41조 제2항). 기출 24

2) 방산물자의 생산 포기

방위산업체로서 지정을 받은 업체라고 하더라도 방산물자 생산을 포기하고 그 생산조직과 활동을 폐지하여 방산물자생산업체로서의 실체가 없어진 경우에는 형식상 방위산업체지정처분이 미처 취소되지 않은 채 남아 있다고 하더라도 구 노동쟁의조정법 제12조 제2항의 쟁의행위 제한규정을 적용할 방위산업체에 해당하지 않는다고 보아야 한다(대판 1991.1.15. 90도2278).

3) 사내하도급에 의한 방산물자 생산

노조법 제41조 제2항에 의하여 쟁의행위가 금지됨으로써 기본권이 중대하게 제한되는 근로자의 범위는 엄격하게 제한적으로 해석하여야 한다. 따라서 <u>주요방위산업체로 지정된 회사가 사업의 일부를 사내하도급방식으로 다른 업체에 맡겨 방산물자를 생산하는 경우에 하수급업체에 소속된 근로자는 노조법 제41조 제2항이 쟁의행위를 금지하는 '주요방위산업체에 종사하는 근로자'에 해당한다고 볼 수 없다</u>(대판 2017.7.18, 2016도3185).

4) 집단적 연장·휴일근로 거부[16]

쟁의행위에 대한 법령상의 엄정한 규율 체계와 헌법 제33조 제1항이 노동3권을 기본권으로 보장한 취지 등을 고려하면, <u>연장근로의 집단적 거부와 같이 사용자의 업무를 저해함과 동시에 근로자들의 권리행사로서의 성격을 아울러 가지는 행위가 노조법상 쟁의행위에 해당하는지는 해당 사업장의 단체협약이나 취업규칙의 내용, 연장근로를 할 것인지에 대한 근로자들의 동의 방식 등 근로관계를 둘러싼 여러 관행과 사정을 종합적으로 고려하여 엄격하게 제한적으로 판단하여야 한다. 이는 휴일근로 거부의 경우도 마찬가지이다</u>(대판 2022.6.9, 2016도11744).

Ⅲ 쟁의행위목적의 정당성

> **쟁의행위의 기본원칙(노조법 제37조)**
> ① 쟁의행위는 그 목적·방법 및 절차에 있어서 법령 기타 사회질서에 위반되어서는 아니 된다.
>
> **쟁의행위기간 중의 임금지급요구의 금지(노조법 제44조)**
> ① 사용자는 쟁의행위에 참가하여 근로를 제공하지 아니한 근로자에 대하여는 그 기간 중의 임금을 지급할 의무가 없다.
> ② 노동조합은 쟁의행위기간에 대한 임금의 지급을 요구하여 이를 관철할 목적으로 쟁의행위를 하여서는 아니 된다.
>
> **벌칙(노조법 제90조)**
> 제44조 제2항, 제69조 제4항, 제77조 또는 제81조 제1항의 규정에 위반한 자는 2년 이하의 징역 또는 2천만원 이하의 벌금에 처한다.

노조법 제2조 제6호는 이를 주장을 관철할 목적이라고 규정하고 있고, 노조법 제37조 제1항은 쟁의행위는 목적에 있어서 법령 기타 사회질서에 위반되어서는 아니 된다고 규정하고 있다. <u>근로자의 쟁의행위가 정당한 것으로 인정받기 위해서는 그 목적이 근로조건의 향상을 위한 노사 간의 자치적 교섭을 조성하는 데에 있어야 하며, 쟁의행위에서 추구하는 목적이 여러 가지이고 그중 일부가 정당하지 못한 경우에는 주된 목적 내지 진정한 목적의 당부에 의하여 그 쟁의목적의 당부를 판단하여야 하고, 부당한 요구사항을 제외하였다면 쟁의행위를 하지 않았을 것이라고 인정되는 경우에는 그 쟁의행위 전체가 정당성을 갖지 못한다고 보아야 한다</u>(대판 2009.6.23, 2007두12859). `기출` 13·16·18·21·22

---

16) 갑 노동조합의 간부인 피고인들이 주요방위산업체로 지정된 을 주식회사와 임금단체협상을 진행하면서 을 회사의 방산물자 생산부서 근로자인 조합원들을 포함하여 연장근로, 휴일근로를 집단적으로 거부하도록 결정함으로써 위 조합원들과 공모하여 방산물자를 생산하는 업무에 종사하는 자의 쟁의행위 금지 규정을 위반하였다고 하여 노조법 위반으로 기소된 사안에서, 제반 사정을 종합하면 단체협상 기간에 갑 노동조합의 지침에 따라 연장근로·휴일근로가 이루어지지 않았더라도 방산물자 생산부서 조합원들이 쟁의행위를 하였다고 볼 수 없고, 이를 전제로 피고인들에게 공동정범의 책임을 물을 수 없다고 한 사례(대판 2022.6.9, 2016도11744).

1. 쟁의행위의 목적과 단체교섭의 대상

반대견해도 있으나, 판례는 쟁의행위의 목적은 임금, 근로시간, 후생, 해고, 기타 대우 등 근로조건에 관한 당사자의 주장을 관철할 목적으로 행하는 행위로서 쟁의행위의 목적은 근로조건의 유지·개선인 단체교섭의 대상과 일치한다고 판시하고 있다. 따라서 기본적으로 단체교섭의 대상인 근로조건의 향상을 위한 사항이 쟁의행위의 목적이 된다.

2. 구체적 검토

(1) 경영사항

1) 판례

① **구조조정 반대쟁의행위의 정당성** : 사용자의 경영권 등 사용자가 법률상 또는 사실상 처분할 수 있는 사항이 쟁의행위의 목적에 포함되는지 여부에 대하여 견해가 대립하고 있다. 판례는 정리해고나 사업조직의 통·폐합 등 기업의 구조조정 실시 여부는 경영주체의 고도의 경영상 결단에 속하는 것으로서 이는 단체교섭의 대상이 될 수 없고, 그것이 긴박한 경영상의 필요나 합리적인 이유 없이 불순한 의도로 추진되는 등의 특별한 사정이 없는 한, 노동조합이 실질적으로 그 실시를 반대하기 위하여 쟁의행위에 나아간다면, 비록 그 실시로 인하여 근로자들의 지위나 근로조건의 변경이 필연적으로 수반된다 하더라도, 그 쟁의행위는 목적의 정당성을 인정할 수 없다고(대판 2002.2.26. 99도5380) 판시하고 있다. **기출 18**

② **고용안정협약이 존재하는 경우** : 판례는 사용자가 경영권의 본질에 속하여 단체교섭의 대상이 될 수 없는 사항에 관하여 노동조합과 '합의'하여 결정 혹은 시행하기로 하는 단체협약의 일부 조항이 있는 경우, 단체협약조항은 공사가 정리해고 등 경영상 결단을 하기 위하여는 반드시 노조의 사전동의를 요건으로 한다는 취지가 아니라 사전에 노조에게 해고의 기준 등에 관하여 필요한 의견을 제시할 기회를 주고 공사는 노조의 의견을 성실히 참고하게 함으로써 구조조정의 합리성과 공정성을 담보하고자 하는 '협의'의 취지로 해석함이 상당하다 할 것이라 하여 구조조정에 반대하는 쟁의행위의 정당성을 부정하고 있다(대판 2002.2.26. 99도5380).

2) 검토

기업의 구조조정 실시 여부와 같은 경영사항은 경영주체에 의한 고도의 경영상 결단에 속하는 사항으로, 이는 원칙적으로 단체교섭의 대상이 될 수 없으나, 근로조건과 밀접한 관련이 있는 경우에는 단체교섭의 대상이 될 수 있으므로, 쟁의행위의 목적이 될 수 있다. 고용안정협약이 존재하는 경우에도 마찬가지로 해석하는 것이 타당하다.

(2) 인사사항

전직·해고·징계 등의 인사사항은 그 자체로서 단체교섭사항에 속하므로, 근로조건과 밀접한 관련이 있는지를 불문하고 당연히 쟁의행위의 목적에 포함된다고 보아야 한다.

(3) 단체교섭의 실시 여부

단체교섭 대상에 일단 해당하기만 하면, 실제 이에 대하여 단체교섭을 실시하지 아니하였더라도 모두 쟁의행위의 목적에 해당하는지 여부가 문제된다. 쟁의행위는 단체교섭의 실시 결과 당사자 간의 주장이 불일치하는 단체교섭 대상에 국한되는 것이 원칙이고, 다만 근로자가 단체협약 체결을 위한 노력을 기울였음에도 불구하고 사용자가 정당한 이유 없이 단체교섭을 거부하거나 단체협약을 체결하지 아니한 경우, 노동쟁의가 발생된 것으로 간주하여 쟁의행위를 행할 수 있다.

(4) 부당노동행위

사용자의 부당노동행위에 대하여 쟁의행위를 행할 수 있는지가 문제되는데, 사용자의 부당노동행위는 근로자의 헌법상 노동3권을 침해하는 행위이므로, 이에 대항하여 근로자의 노동3권을 보호하기 위한 쟁의행위는 무방하다 할 것이다. 예컨대 사용자가 단체교섭을 정당한 이유 없이 거부하거나 해태하는 경우, 사용자에게 단체교섭의 개시를 요구하는 쟁의행위는 당연히 인정되어야 한다. 판례도 사용자 측이 정당한 이유 없이 근로자의 단체협약 체결 요구를 거부하거나 해태한 경우에 부당노동행위구제신청을 하지 아니하고 노동쟁의의 방법을 택하였다고 하여 노동조합법을 위반한 것이라고 할 수 없다고(대판 1991.5.14. 90누4006) 판시하고 있다.

기출 16·18

(5) 평화의무

평화의무는 협약에 본질적으로 내재하는 의무이므로, 평화의무에 위반하는 쟁의행위는 민·형사책임이 면제되지 아니한다. 한편, 평화의무의 법적 근거를 당사자의 합의 내지 계약에서 구하는 견해는, 평화의무 위반의 쟁의행위는 당연히 허용되며, 단지 그 의무 위반에 대하여 채무불이행의 책임을 질 뿐이라고 한다. 판례는 단체협약에서 이미 정한 근로조건이나 기타 사항의 변경·개폐를 요구하는 쟁의행위를 단체협약의 유효기간 중에 하여서는 아니 된다는 이른바 평화의무를 위반하여 이루어진 쟁의행위는 노사관계를 평화적·자주적으로 규율하기 위한 단체협약의 본질적 기능을 해치는 것일 뿐 아니라 노사관계에서 요구되는 신의성실의 원칙에도 반하는 것이므로 정당성이 없다고(대판 1994.9.30. 94다4042) 판시하고 있다.

(6) 집단적 노사관계에 관한 사항

판례는 단체교섭의 대상이 되는 단체교섭사항에 해당하는지 여부는 헌법 제33조 제1항과 노조법 제29조에서 근로자에게 단체교섭권을 보장한 취지에 비추어 판단하여야 하므로 일반적으로 구성원인 근로자의 노동조건 기타 근로자의 대우 또는 당해 단체적 노사관계의 운영에 관한 사항으로 사용자가 처분할 수 있는 사항은 단체교섭의 대상인 단체교섭사항에 해당한다고(대판 2003.12.26. 2003두8906) 판시하여, 집단적 노사관계에 관한 사항이 단체교섭과 쟁의행위의 대상이 됨을 분명히 하였다. 기출 21

(7) 권리분쟁에 관한 사항

쟁의행위는 단체교섭, 즉 단체협약 체결을 유리하게 전개하기 위한 수단이므로, 법령·단체협약의 이행 및 해석은 법원 또는 노동위원회를 통하여 해결하는 것이 원칙이며, 이를 쟁의행위에 호소하여 실현하는 것은 허용되지 아니한다. 최근 판례도 같은 취지에서 노동조합의 요구사항은 단순히 기존의 단체협약의 해석, 적용에 관한 사항을 주장하는 것이 아니라 단체협약의 이행을 실효적으로 확보할 수 있는 방안을 강구하기 위한 것이므로 이를 목적으로 한 쟁의행위는 근로조건의 결정에 관한 사항을 목적으로 한 쟁의행위에 해당한다고(대판 2022.12.16. 2015도8190) 판시하고 있다.

(8) 정치파업

정치파업이란 행정부 및 입법부 등 국가기관으로 하여금, 그 권한에 속하는 일정한 법령·정책 등을 취하게 하거나 이를 저지할 목적으로, 또는 이에 대한 의견을 표명할 목적으로 행하는 파업을 말한다.

1) 학 설

① 정치파업 긍정설 : 정치파업은 어떠한 경우에도 그 목적이 정당하다고 주장하는 견해와, 정치파업을 경제적 파업과 순수 정치파업으로 구분하여 전자의 경우에만 정당하다고 주장하는 견해로 나뉜다.

② 정치파업 부정설 : 헌법상의 쟁의권이 사용자와의 단체교섭을 보장하기 위한 수단이라고 이해하는 견해에 따르면, 쟁의행위는 단체교섭의 대상범위 내에서만 보장되는 것이므로, 정치파업은 허용되지 아니한다.

2) 판 례

판례는 쟁의행위가 주로 구속근로자에 대한 항소심 구형량이 1심보다 무거워진 것에 대한 항의와 석방 촉구를 목적으로 이루어진 것이라면 노조법의 적용 대상인 쟁의행위에 해당하지 않는다고(대판 1991.1.23. 90도2852) 한다.

3) 검 토

사용자가 처분할 수 없는 사항은 쟁의행위의 대상이 될 수 없다고 하여야 하므로, 정치파업 부정설이 타당하다.

(9) 동정파업

다른 노동조합이 행하는 쟁의행위를 지원하기 위한 파업을 말하며, 연대파업이라고도 한다. 동정파업은 다른 노동조합의 원파업이 있어야 존재할 수 있는 부수적인 성격의 파업이다. 동정파업에 대한 긍정설과 부정설의 대립이 있는데, 긍정설은 순수 긍정설과 제한적 긍정설로 나뉜다. 동정파업은 노동조합이 자신의 사용자에게 직접적·구체적 요구를 하지 아니하고, 사용자에게 처분권한이 없는 사항을 목적으로 하며, 사용자는 직접 상대방이 아닌 제3자로서 손해를 입는다는 점에서, 동정파업을 부정하는 견해가 타당하다.

3. 쟁의행위목적과의 관련 논점

(1) 쟁의기간 중 임금의 지급청구

사용자는 쟁의행위에 참가하여 근로를 제공하지 아니한 근로자에 대하여는 그 기간 중의 임금을 지급할 의무가 없고, 노동조합은 쟁의행위기간에 대한 임금의 지급을 요구하여 이를 관철할 목적으로 쟁의행위를 하여서는 아니 된다(노조법 제44조). 노동조합이 이를 위반하면 벌칙이 적용된다(노조법 제90조).

(2) 수용할 수 없는 과다한 요구

노동조합이 회사로서는 수용할 수 없는 요구를 하고 있었다고 하더라도 이는 단체교섭의 단계에서 조정할 문제이지 노동조합 측으로부터 과다한 요구가 있었다고 하여 막바로 그 쟁의행위의 목적이 부당한 것이라고 해석할 수는 없다(대판 1992.1.21. 91누5204).

(3) 상부노조와 하부노조 또는 지부·분회의 파업목적이 다른 경우

사업장 단위의 단체교섭 및 파업이 정당성을 갖추고 있더라도, 상부단체의 실제 파업목적이 정당하지 못한 경우에는 그 파업 전체의 정당성은 상실된다.

(4) 목적 일부의 부당성

쟁의행위에서 추구하는 목적이 여러 가지이고 그중 일부가 정당하지 못한 경우에는 주된 목적 내지 진정한 목적의 당부에 의하여 그 쟁의목적의 당부를 판단하여야 하고, 부당한 요구사항을 제외하였다면 쟁의행위를 하지 않았을 것이라고 인정되는 경우에는 그 쟁의행위 전체가 정당성을 갖지 못한다고 보아야 한다(대판 2009.6.23. 2007두12859).

쟁의행위의 제한과 금지(노조법 제41조)
① 노동조합의 쟁의행위는 그 조합원(제29조의2에 따라 교섭대표노동조합이 결정된 경우에는 그 절차에 참여한 노동조합의 전체 조합원)의 직접·비밀·무기명투표에 의한 조합원 과반수의 찬성으로 결정하지 아니하면 이를 행할 수 없다. 이 경우 조합원 수 산정은 종사근로자인 조합원을 기준으로 한다.

조정의 전치(노조법 제45조)
① 노동관계당사자는 노동쟁의가 발생한 때에는 어느 일방이 이를 상대방에게 서면으로 통보하여야 한다.
② 쟁의행위는 제5장 제2절 내지 제4절의 규정에 의한 조정절차(제61조의2의 규정에 따른 조정종료결정 후의 조정절차를 제외)를 거치지 아니하면 이를 행할 수 없다. 다만, 제54조의 규정에 의한 기간 내에 조정이 종료되지 아니하거나 제63조의 규정에 의한 기간 내에 중재재정이 이루어지지 아니한 경우에는 그러하지 아니하다.

쟁의행위의 신고(노조법 시행령 제17조)
노동조합은 쟁의행위를 하고자 할 경우에는 고용노동부령이 정하는 바에 따라 행정관청과 관할 노동위원회에 쟁의행위의 일시·장소·참가인원 및 그 방법을 미리 서면으로 신고하여야 한다.

벌칙(노조법 제91조)
제38조 제2항, 제41조 제1항, 제42조 제2항, 제43조 제1항·제2항·제4항, 제45조 제2항 본문, 제46조 제1항 또는 제63조의 규정을 위반한 자는 1년 이하의 징역 또는 1천만원 이하의 벌금에 처한다.

쟁의행위는 사용자가 근로자의 근로조건 개선에 관한 구체적인 요구에 대하여 단체교섭을 거부하거나, 단체교섭에서 그와 같은 요구에 반대의 의사표시를 하거나 묵살하고, 반대하고 있는 것을 분명하게 하고 있을 경우에 개시할 수 있으며, 특별한 사정이 없는 한 법령이 규정한 절차를 밟아야 한다.

1. 최후수단의 원칙

(1) 의 의

쟁의행위는 노사 사이에 평화적 단체교섭이 결렬되어 더 이상 교섭을 진행시키는 것이 무의미하게 된 경우에 최후수단으로 사용되어야 한다. 따라서 사용자와의 단체교섭을 개시하기 전에 또는 세력과시를 위하여 먼저 쟁의행위를 하는 것은 정당하지 아니하다.

(2) 다른 구제절차의 존재

사용자 측이 정당한 이유 없이 근로자의 단체협약 체결 요구를 거부하거나 해태한 경우에 노조법 제82조에 의한 구제신청을 하지 아니하고 노동쟁의의 방법을 택하였다고 하여 노조법을 위반한 것이라고 할 수 없다(대판 1991.5.14. 90누4006).

2. 조정전치주의

(1) 의 의

노동관계당사자는 노동쟁의가 발생한 때에는 어느 일방이 이를 상대방에게 서면으로 통보하여야 하고, 쟁의행위는 조정절차를 거치지 아니하면 이를 행할 수 없다(노조법 제45조 제1항·제2항).

(2) 취 지

판례는 노조법 제45조의 조정전치에 관한 규정의 취지는, 분쟁을 사전에 조정하여 쟁의행위 발생을 회피하는 기회를 주려는 데 있는 것이지 쟁의행위 자체를 금지하려는 데 있는 것이 아니므로, 쟁의행위가 조정전치의 규정에 따른 절차를 거치지 아니하였다고 하여 무조건 정당성이 결여된 쟁의행위라고 볼 것이 아니고, 그 위반행위로 말미암아 사회·경제적 안정이나 사용자의 사업운영에 예기치 않은 혼란이나 손해를 끼치는 등 부당한 결과를 초래할 우려가 있는지의 여부 등 구체적 사정을 살펴서, 그 정당성 유무를 가려 형사상 죄책 유무를 판단하여야 할 것이라고(대판 2000.10.13. 99도4812) 판시하고 있다. 기출 22

(3) 조정신청은 했으나 조정결정이 없는 경우

1) 문제점

노사당사자가 노동위원회의 조정안을 수락하지 아니하거나 조정기간이 경과한 경우에는, 조정전치의 요건을 충족한 것으로 본다. 그러나 노동위원회가 조정안 제시가 아닌 당사자부적격, 비교섭 대상, 교섭미진 등을 이유로 행정지도를 한 경우에는, 쟁의행위의 정당성 여부가 문제된다.

2) 판 례

판례는 사용자의 교섭거부에 따른 교섭미진 사례에서 노동위원회가 이를 노동쟁의가 아니라는 이유로 조정결정을 하지 않는 경우에, 조정전치를 거치지 않은 것으로 본다면 오히려 조정전치로 인하여 노동조합의 쟁의권이 침해된다는 점, 헌법상 단체행동권을 보장하는 규정취지와 노조법 제45조와 제54조의 해석상 조정종결원인과 관계없이 조정이 종료되었다면 조정절차를 거친 것으로 보는 것이 타당한 점 등에 비추어, 행정지도 이후에 이루어진 쟁의행위는 노조법 제45조의 규정에 따라 조정절차를 거친 이후에 이루어진 쟁의행위로 보는 것이 옳다는(대판 2001.6.26. 2000도2871) 입장이다.

3) 검 토

헌법상 단체행동권을 보장하는 규정취지를 고려하면, 행정지도 이후에 이루어진 쟁의행위는 조정절차를 거친 것으로서 정당성이 인정된다고 보는 것이 타당하다.

(4) 지부·분회의 조정전치주의

노동조합설립신고가 되어 있지 않지만, 독자적인 규약 및 집행기관을 가지고 독립된 조직체로서 활동을 하는 지부·분회는, 노조법 제7조 제1항의 규제를 받아 조정신청이 불가능하다. 판례의 입장에 따르면 이러한 지부·분회는 노동위원회에 노동쟁의조정신청을 할 수 없으므로, 조정절차를 거치지 아니한 채 쟁의행위를 하였다고 하더라도 노조법 제45조 제2항 위반이 아니다(대판 2007.5.11. 2005도8005).

(5) 조정기간의 경과

노조법 제45조 제2항은 "쟁의행위는 제5장 제2절 내지 제4절의 규정에 의한 조정절차를 거치지 아니하면 이를 행할 수 없다. 다만, 제54조의 규정에 의한 기간 내에 조정이 종료되지 아니하거나 제63조의 규정에 의한 기간 내에 중재재정이 이루어지지 아니하는 경우에는 그러하지 아니하다"고 규정하고 있고, 법 제54조 제1항은 "조정은 제53조의 규정에 의한 조정의 신청이 있은 날부터 일반사업에 있어서는 10일, 공익사업에 있어서는 15일 이내에 종료하여야 한다"고 규정하고 있으며, 법 제91조는 법 제45조 제2항 본문의 규정을 위반한 자에 대한 벌칙을 규정하고 있는바, 노동쟁의는 특별한 사정이 없는 한 그 절차에 있어 조정절차를 거쳐야 하지만, 노동조합이 노동위원회에 노동쟁의조정신청을 하여 조정절차가 마쳐지거나 조정이 종료되지 아니한 채 조정기간이 끝나면 노동위원회의 조정결정이 없더라도 조정절차를 거친 것으로 보아야 한다(대판 2008.9.11. 2004도746).

(6) 쟁의사항의 부가

근로조건에 관한 노동관계당사자 간 주장의 불일치로 인하여 근로자들이 조정전치절차 및 찬반투표절차를 거쳐 정당한 쟁의행위를 개시한 후 쟁의사항과 밀접하게 관련된 새로운 쟁의사항이 부가된 경우에는, 근로자들이 새로이 부가된 사항에 대하여 쟁의행위를 위한 별도의 조정절차 및 찬반투표절차를 거쳐야 할 의무가 있다고 할 수 없다(대판 2012.1.27. 2009도8917). **기출** 17

3. 쟁의행위에 대한 찬반투표 **기출** 16 · 17 · 18 · 19 · 22

노동조합의 쟁의행위는 그 조합원의 직접·비밀·무기명투표에 의한 조합원 과반수의 찬성으로 결정하지 아니하면 이를 행할 수 없다. 이 경우 조합원 수 산정은 종사근로자인 조합원을 기준으로 한다(노조법 제41조 제1항).

(1) 찬반투표를 거치지 아니한 쟁의행위의 정당성

1) 문제점
노조법 제41조 제1항의 규정에도 불구하고, 쟁의행위 찬반투표를 거치지 않은 쟁의행위의 정당성 인정 여부가 문제된다.

2) 판 례
① 종전 판례 : 종전 판례는 조합원의 민주적 의사결정이 실질적으로 확보된 경우에는, 위와 같은 투표절차를 거치지 않았다는 사정만으로 쟁의행위의 절차가 위법하여 정당성을 상실한다고 할 수는 없다는 입장이었다(대판 2000.3.10. 99도4838).

② 전합 판례 : 전합 판례는 노조법 제41조 제1항의 규정은 노동조합의 자주적이고 민주적인 운영을 도모함과 아울러, 쟁의행위에 참가한 근로자들이 사후에 그 쟁의행위의 정당성 유무와 관련하여 어떠한 불이익을 당하지 않도록, 그 개시에 관한 조합의사의 결정에 보다 신중을 기하기 위하여 마련된 규정이므로, 노조법 제41조 제1항에 의한 투표절차를 거치지 아니한 경우에도 조합원의 민주적 의사결정이 실질적으로 확보된 때에는, 단지 노동조합 내부의 의사형성과정에 결함이 있는 정도에 불과하다고 하여 쟁의행위의 정당성이 상실되지 않는 것으로 해석한다면, 위임에 의한 대리투표나 공개결의 및 사후결의, 사실상의 찬성간주 등의 방법이 용인된다고 하여 기존의 입장을 변경하였다(대판 2001.10.25. 99도4837[전합]).

기출 12 · 17 · 23

3) 검토

노조법 제41조 제1항은 쟁의행위 개시에 관한 조합의사의 결정에 신중을 기하기 위한 규정이므로, 찬반투표를 거치지 아니한 쟁의행위는 그 정당성을 상실한다고 하는 것이 타당하다.

(2) 찬반투표에 참여할 조합원의 범위

1) 지부·분회 `기출` 17·21

쟁의행위 찬반투표에 참여할 조합원은 쟁의행위가 예정되어 있는 단위의 조합원이다. 초기업적 노동조합의 경우에는 총파업이 아닌 이상 쟁의행위를 예정하고 있는 당해 지부나 분회 소속 조합원의 과반수의 찬성이 있으면 쟁의행위는 절차적으로 적법하다고 보아야 할 것이고, 쟁의행위와 무관한 지부나 분회의 조합원을 포함한 전체 조합원의 과반수 이상의 찬성을 요하는 것은 아니다(대판 2004.9.24. 2004도4641). 같은 취지에서 판례는 원심은 채택증거에 의하여 그 판시와 같은 사실을 인정한 다음, 보건의료노조 차원의 파업 찬반투표가 있었다고 하여 위 투표가 각 지부별 단체교섭 거부에 대응한 파업 찬반투표로서의 성격까지 겸한다고 할 수는 없고, 보건의료노조 차원의 단체협약이 체결되어 쟁의행위가 종료된 이상 지부 차원의 구체적인 요구사항들에 대하여 사용자와 협상을 거친 후 그 협상이 거부당하거나 결렬되었을 때 지부 차원의 파업 찬반투표를 별도로 거쳐야 한다고 판단하였는바, 기록에 비추어 살펴보면 원심의 위와 같은 사실인정과 판단은 정당한 것으로 수긍이 가고, 거기에 노조법 제41조 제1항에 대한 법리를 오해하거나 채증법칙 위배 또는 심리 미진으로 인한 사실 오인의 위법이 있다고 할 수 없으므로 피고인들의 이 부분 상고이유 역시 받아들일 수 없다고(대판 2007.5.11. 2005도8005) 판시하고 있다.

2) 교섭창구단일화절차

노동조합의 쟁의행위는 교섭대표노동조합이 결정된 경우에는 그 절차에 참여한 노동조합의 전체 조합원의 직접·비밀·무기명투표에 의한 조합원 과반수의 찬성으로 결정하지 아니하면 이를 행할 수 없다(노조법 제41조 제1항). `기출` 21

(3) 찬반투표의 시기

찬반투표는 쟁의행위 이전에 행하여야 한다. 조정절차를 거치기 전에 찬반투표를 할 수 있는지가 문제되나, 최근 하급심 판결은 조정절차가 종료되기 전이라 하더라도 조정이 이루어지지 아니할 경우를 대비하여 미리 찬반투표를 하는 것은 허용된다고(서울고판 2019.1.11. 2017누74728) 판시하고 있다. 더 나아가 대법원 판례는 쟁의행위에 대한 조합원 찬반투표가 노조법 제45조가 정한 노동위원회의 조정절차를 거치지 않고 실시되었다는 사정만으로는 그 쟁의행위의 정당성이 상실된다고 보기 어렵다고(대판 2020.10.15. 2019두40345) 한다. 찬반투표는 조합원의 직접·비밀·무기명투표에 의하여야 하고, 반드시 총회를 개최하여 실시할 필요는 없으며, 사업장별·부서별로 분산실시하여도 무방하다. 노동조합이 쟁의행위를 하기 위해서는 조합원 과반수의 찬성을 얻어야 한다. 이때 과반수라 함은 투표에 참가한 조합원의 과반수가 아닌, 재적조합원의 과반수를 의미한다.

(4) 찬반투표 위반의 효과

찬반투표를 거치지 아니하고 쟁의행위를 하는 경우 1년 이하의 징역 또는 1천만원 이하의 벌금에 처한다(노조법 제91조). `기출` 24

4. 그 밖의 경우

(1) 노동쟁의의 통보의무

노동관계당사자는 노동쟁의가 발생한 때에는 어느 일방이 이를 상대방에게 서면으로 통보하여야 한다(노조법 제45조 제1항). 기출 24 동조 위반에 대하여는 벌칙 규정이 없으며, 단지 훈시적 성격을 갖고 있는 것으로 해석된다.

(2) 쟁의행위의 사전신고

노동조합은 쟁의행위를 하고자 할 경우에는 고용노동부령이 정하는 바에 따라 행정관청과 관할 노동위원회에 쟁의행위의 일시·장소·참가인원 및 그 방법을 미리 서면으로 신고하여야 한다(노조법 시행령 제17조). 판례는 노조법 시행령 제17조에서 규정하고 있는 쟁의행위의 일시·장소·참가인원 및 그 방법에 관한 서면신고의무는 쟁의행위를 함에 있어 그 세부적·형식적 절차를 규정한 것으로서, 쟁의행위에 적법성을 부여하기 위하여 필요한 본질적인 요소라고 할 것은 아니므로, 노동쟁의 조정신청이나 조합원들에 대한 쟁의행위 찬반투표 등의 절차를 거친 후 이루어진 쟁의행위에 대하여 신고절차의 미준수만을 이유로 그 정당성을 부정할 수는 없다고(대판 2007.12.28, 2007도5204) 판시하고 있다. 기출 13·22

(3) 평화조항 위반의 쟁의행위

학설은 평화조항을 위반한 쟁의행위가 정당성을 상실하는지에 대하여 견해가 대립하고 있으나, 협약당사자 사이의 채무불이행에 지나지 아니하므로, 쟁의행위의 정당성에는 영향을 미치지 아니한다고 하여야 한다.

(4) 조합규약 위반의 쟁의행위

조합규약상의 쟁의행위절차에 위반하여 개시된 쟁의행위의 정당성과 관련하여, 이는 중대한 절차위반으로서 그 정당성을 상실한다는 견해가 있으나, 단순한 조합 내부의 의사형성과정에서의 하자에 불과할 뿐 정당성에는 영향을 주지 아니한다고 보아야 한다.

V 쟁의행위수단·방법의 정당성

쟁의행위의 기본원칙(노조법 제37조)
③ 노동조합은 사용자의 점유를 배제하여 조업을 방해하는 형태로 쟁의행위를 해서는 아니 된다. 기출 22·23

노동조합의 지도와 책임(노조법 제38조)
① 쟁의행위는 그 쟁의행위와 관계없는 자 또는 근로를 제공하고자 하는 자의 출입·조업 기타 정상적인 업무를 방해하는 방법으로 행하여져서는 아니 되며 쟁의행위의 참가를 호소하거나 설득하는 행위로서 폭행·협박을 사용하여서는 아니 된다. 기출 24
② 작업시설의 손상이나 원료·제품의 변질 또는 부패를 방지하기 위한 작업은 쟁의행위기간 중에도 정상적으로 수행되어야 한다.
③ 노동조합은 쟁의행위가 적법하게 수행될 수 있도록 지도·관리·통제할 책임이 있다.

폭력행위등의 금지(노조법 제42조)
① 쟁의행위는 폭력이나 파괴행위 또는 생산 기타 주요업무에 관련되는 시설과 이에 준하는 시설로서 대통령령이 정하는 시설을 점거하는 형태로 이를 행할 수 없다.

1. 과잉금지의 원칙 위배금지

쟁의행위의 수단은 과잉금지의 원칙에 위배되어서는 아니 된다. 과잉금지의 원칙이란 쟁의행위라는 수단은 헌법상 보장된 단체교섭의 목적달성에 적합하고 필요한 것이어야 하며, 그 정도를 초과하지 아니하도록 비례적이어야 함을 의미한다. 따라서 쟁의행위가 전적으로 사용자 또는 사용자의 거래상대방 등 제3자의 재산·명예 등에 손해를 끼치려는 것을 목적(가해목적)으로 하는 쟁의행위는 정당성이 부정된다.

2. 폭력·파괴행위 및 직장점거의 금지

쟁의행위는 폭력이나 파괴행위 또는 생산, 기타 주요업무에 관련되는 시설과 이에 준하는 시설로서 대통령령이 정하는 시설을 점거하는 형태로 이를 행할 수 없다(노조법 제42조 제1항). [기출] 24 사용자는 쟁의행위가 이에 위반되는 경우에는 즉시 그 상황을 행정관청과 관할 노동위원회에 서면·구두 또는 전화 기타의 적당한 방법으로 신고하여야 한다(노조법 시행령 제18조). 다만, 이 경우에도 당해 쟁의행위 자체의 정당성과 이를 구성하거나 부수되는 개개의 행위의 정당성은 구별되어야 하므로 일부 소수의 근로자가 폭력행위 등의 위법행위를 하였다고 하더라도 전체로서의 쟁의행위가 위법하게 되는 것은 아니다(대판 2003.12.26. 2003두8906). [기출] 18·21 판례는 쟁의행위에 따른 부수적 행위와 관련하여 피고인이 노동조합 간부들과 함께 무단으로 경영노무처 방송실 안으로 들어가 문을 잠근 다음 방송을 하고, 일부 노동조합 간부들은 방송실 출입문 밖에서 방송실 관리직원 등이 방송을 제지하려 한다는 이유로 약 4~5분 동안 방송실에 들어가지 못하도록 막은 경우, 피고인의 이러한 행위는 외견상 그 각 구성요건에 해당한다고 볼 여지가 있으나, 그 주체와 목적의 정당성이 인정되고 절차적 요건을 갖추어 적법하게 개시된 쟁의행위의 목적을 공지하고 이를 준비하기 위한 부수적 행위이자, 그와 관련한 절차적 요건의 준수 없이 관행적으로 실시되던 방식에 편승하여 이루어진 행위로서, 전체적으로 수단과 방법의 적정성을 벗어난 것으로 보이지 않으므로, 형법상 정당행위에 해당하여 위법성이 조각된다고 봄이 타당하다고(대판 2022.10.27. 2019도10516) 판시하고 있다.

> **점거가 금지되는 시설(노조법 시행령 제21조)**
> 법 제42조 제1항에서 "대통령령이 정하는 시설"이란 다음 각 호의 시설을 말한다.
> 1. 전기·전산 또는 통신시설
> 2. 철도(도시철도를 포함)의 차량 또는 선로
> 3. 건조·수리 또는 정박 중인 선박. 다만, 선원법에 의한 선원이 당해 선박에 승선하는 경우를 제외한다.
> 4. 항공기·항행안전시설 또는 항공기의 이·착륙이나 여객·화물의 운송을 위한 시설
> 5. 화약·폭약 등 폭발위험이 있는 물질 또는 화학물질관리법 제2조 제2호에 따른 유독물질을 보관·저장하는 장소
> 6. 기타 점거될 경우 생산 기타 주요업무의 정지 또는 폐지를 가져오거나 공익상 중대한 위해를 초래할 우려가 있는 시설로서 고용노동부장관이 관계 중앙행정기관의 장과 협의하여 정하는 시설

3. 타 법익과의 조화·균형

(1) 쟁의행위와 재산권 기출 19·20·21·23·24

쟁의행위는 사용자의 기업시설에 대한 소유권, 기타 재산권과 조화를 이루어야 한다. 따라서 파괴행위는 사용자의 재산권과의 조화·균형을 벗어나는 것으로서 정당성이 부정된다(노조법 제42조 제1항). 작업시설의 손상이나 원료·제품의 변질 또는 부패를 방지하기 위한 작업은 쟁의행위기간 중에도 정상적으로 수행되어야 한다(노조법 제38조 제2항). 이를 위반한 경우에는 1년 이하의 징역 또는 1천만원 이하의 벌금에 처한다(노조법 제91조). 노동조합은 쟁의행위가 적법하게 수행될 수 있도록 지도·관리·통제할 책임이 있다(노조법 제38조 제3항).

(2) 쟁의행위와 공공복리

1) 중재 시 쟁의행위의 금지

노동쟁의가 중재에 회부된 때에는 그날부터 15일간은 쟁의행위를 할 수 없다(노조법 제63조). 기출 13·18·19·22

2) 긴급조정제도(노조법 제76조)

① 고용노동부장관은 쟁의행위가 공익사업에 관한 것이거나 그 규모가 크거나 그 성질이 특별한 것으로서 현저히 국민경제를 해하거나 국민의 일상생활을 위태롭게 할 위험이 현존하는 때에는 긴급조정의 결정을 할 수 있다. 기출 14·16

② 고용노동부장관은 긴급조정의 결정을 하고자 할 때에는 미리 중앙노동위원회 위원장의 의견을 들어야 한다. 기출 14·16

O | X 💬

1. 전기시설은 노동조합 및 노동관계조정법령상 점거가 금지되는 시설이다.
2. 작업시설의 손상이나 원료·제품의 변질 또는 부패를 방지하기 위한 작업은, 쟁의행위기간 중에도 정상적으로 수행되어야 한다.
3. 노동조합은 쟁의행위가 적법하게 수행될 수 있도록 지도·관리·통제할 책임이 있다.

정답 1. ○ 2. ○ 3. ○

③ 고용노동부장관은 긴급조정을 결정한 때에는 지체 없이 그 이유를 붙여 이를 공표함과 동시에 중앙노동위
원회와 관계당사자에게 각각 통고하여야 한다. `기출` 14 · 15
④ 관계당사자는 긴급조정의 결정이 공표된 때에는 즉시 쟁의행위를 중지하여야 하며, 공표일부터 30일이
경과하지 아니하면 쟁의행위를 재개할 수 없다(노조법 제77조). `기출` 14 · 15

4. 쟁의행위의 유형과 정당성

(1) 파 업

1) 의 의

파업이란 다수의 근로자가 하나의 단결체를 형성하여 근로조건의 유지·개선을 목적으로 조직적·일시적으
로 사용자에게 근로제공을 거부하는 행위를 말한다.

2) 종 류

① **주체상의 구별** : 노동조합의 조합원이 행하는 조합파업(조직파업·노조파업)과 조합원이 아닌 자가 행하
는 비조합파업(비조직파업·비노조파업)이 있다. 조합파업 중에서 노동조합의 통제나 지시를 벗어난 소
수 조합원이 행하는 파업을 비공인파업(Wildcat Strike)이라고 한다.
② **규모상의 구별** : 전면파업과 부분파업이 있다. 전면파업은 모든 산업이나 전국적으로 행하여지는 총파업
보다 범위가 좁다.
③ **목적상의 구별** : 경제적 파업과 부당노동행위파업이 있다.
④ **상대방에 의한 구별** : 정치파업과 동정파업 및 연대파업이 있다.

3) 파업의 정당성

파업은 근로제공 거부의 효율성을 강화하기 위하여 피케팅과 직장점거가 동반되기도 하는데, 그러한 이유로
파업 자체가 정당성을 상실하지는 아니한다. 또한 총파업, 지명파업 및 부분파업도 조합의 통일적 의사결정
에 따라 이루어진 이상 정당성을 상실하지는 아니한다. 그러나 파업에 참가한 근로자들이 적극적으로 사용자
에 의한 생산설비의 지배·관리를 방해하거나, 환자의 생명·신체의 안전에 관계되는 의료행위를 거부하거
나, 공장 또는 사업장의 안전에 관한 보안작업을 거부하는 행위는 정당한 쟁의행위로 볼 수 없다.

(2) 태 업

1) 의 의

태업은 다수의 근로자가 하나의 단결체를 결성하여 근로조건의 유지·개선을 목적으로 조직적인 방법에 의
하여 작업능률을 저하시키는 행위를 말한다. 사보타주는 생산 또는 업무를 방해하는 행위로, 단순한 방법의
태업에 그치지 아니하고 생산설비를 파괴하는 행위까지 포함하는 개념이다.

2) 태업의 정당성

태업은 단순히 작업능률을 저하시키는 것에 불과하고, 근로자가 아직 사용자의 지휘·명령을 받고 있으므로
정당성이 인정된다. 사보타주는 그 정당성이 부정되거나 제한된 범위 내에서만 인정된다.

(3) 준법투쟁

1) 의 의

준법투쟁이란 노동조합의 통제하에 다수의 근로자들이 근로기준법, 노사관계법 등 관련 법령 및 단체협약·
취업규칙·근로계약 등에 규정된 권리를 동시에 행사하거나, 의무를 동시에 이행하여 파업이나 태업 등의
쟁의행위와 같은 효과를 발생시키는 것을 말한다.

2) 유형

① **권리행사형 준법투쟁** : 업무의 정상적인 운영을 저해하기 위하여 근로자들이 자신의 법률상 권리를 동시에 집단적으로 행사하는 행위를 말하며, 집단적 연장·휴일근로 거부나 집단적 연차휴가 사용 등이 이에 해당한다.

② **안전투쟁형 준법투쟁** : 근로자들이 노동관계법령을 필요 이상으로 엄격하게 준수함으로써 업무의 정상적인 운영을 저해하는 행위를 말한다.

3) 쟁의행위 해당 여부

① **학설**

ㄱ **사실정상설** : 업무의 정상적 운영이란 적법 여부를 불문하고 사실상 관행화되어 있는 평상시의 운영을 의미하므로, 준법투쟁은 쟁의행위에 해당한다는 견해이다.

ㄴ **법률정상설** : 업무의 정상적 운영이란 적법한 운영을 의미하므로, 적법한 업무의 운영을 방해하는 준법투쟁은 쟁의행위이지만, 위법한 업무의 운영을 방해하는 준법투쟁은 쟁의행위가 아니라는 견해이다.

② **판례** : 판례는 사실정상설에 근거하여, 근로자들이 통상적으로 해 오던 연장근로를 집단적으로 거부하도록 함으로써 회사업무의 정상운영을 방해하였다면, 이는 쟁의행위로 보아야 한다고(대판 1996.2.27. 95도2970) 판시하고 있다. `기출` 12·13·16

③ **검토** : 준법투쟁의 쟁의행위 해당 여부는 일률적으로 판단하기 어려우므로, 구체적 사실관계를 고려하여 개별적으로 판단하여야 한다.

4) 구체적 검토

① **권리행사형 준법투쟁**

ㄱ **집단적 연장·휴일근로 거부** : 연장근로가 당사자 합의에 의하여 이루어지는 것이라고 하더라도 근로자들을 선동하여 근로자들이 통상적으로 해 오던 연장근로를 집단적으로 거부하도록 함으로써 회사업무의 정상운영을 저해하였다면 이는 쟁의행위로 보아야 한다(대판 1991.10.22. 91도600). 근로자들이 주장을 관철시킬 목적으로 종래 통상적으로 실시해 오던 휴일근무를 집단적으로 거부하였다면, 이는 회사업무의 정상적인 운영을 저해하는 것으로서 구 노동쟁의조정법 제3조 소정의 쟁의행위에 해당한다(대판 1994.2.22. 92누11176).

ㄴ **집단적 연차휴가 사용** : 집단적 월차휴가는 형식적으로는 월차휴가권을 행사하려는 것이었다고 하여도 사용자 측 업무의 정상한 운영을 저해하는 행위를 하여 그들의 주장을 관철할 목적으로 하는 것으로서 실질적으로는 쟁의행위에 해당한다고 보아야 한다(대판 1991.12.24. 91도2323).

ㄷ **복장 위반 근무** : 위생문제에 특히 주의해야 하고 신분을 표시할 필요가 있는 간호사들이 집단으로 규정된 복장을 하지 않는 것은 병원업무의 정상저인 운영을 저해하는 것으로서 역시 쟁의행위에 해당한다(대판 1994.6.14. 93다29167).

② **안전투쟁형 준법투쟁** : 택시회사의 노동조합의 간부들이 준법운행을 주도하여 시행하면서 그 준법운행사항 외에 수입금의 상한선까지 정하여 1일 입금액을 통제함으로써 회사에 큰 손해를 입히는 등 행위를 한 경우, 구 노동쟁의조정법 제3조 소정의 쟁의행위에 해당한다(대판 1991.12.10. 91누636).

(4) 생산관리

1) 의 의
생산관리는 근로자들이 사용자의 지휘·명령을 거부하면서 사업장 또는 공장을 점거하여 조합간부의 지휘하에 근로를 제공하는 쟁의행위이다.

2) 유 형
근로자들이 직접 경영을 하되, 종전의 경영방침에 따라 임금을 지급하거나 생산활동을 하는 경우와, 기존의 회사경영방침을 무시하고 독자적인 경영방침을 세워 생산활동을 하거나, 회사의 이익금을 일방적으로 인상한 임금에 충당하는 경우 2가지 형태가 있다.

3) 생산관리의 정당성
쟁의행위는 소극적인 근로제공의 거부를 원칙으로 하므로, 사용자의 생산수단을 적극적으로 통제하는 생산관리는 정당한 쟁의행위가 아니라고 보는 생산관리 부당설이 다수설이다.

(5) 쟁의행위에 대한 보조적 행위

1) 보이콧
① 의의 : 노동조합이 쟁의행위의 상대방인 사용자의 제품불매를 호소하거나, 그 제품취급을 거부하게 함으로써 그 제품의 거래를 방해하는 쟁의수단이다.

② 보이콧의 정당성
　㉠ 1차 보이콧 : 노동조합이 사용자가 생산한 제품의 불매를 호소하거나, 일반시민에게 불매 또는 거래정지를 호소하는 쟁의수단이다. 이 경우 폭행 등 쟁의행위의 실질적 성립요건을 침해하지 아니하는 한 정당성이 인정된다.
　㉡ 2차 보이콧 : 사용자의 거래상대방에게 사용자와의 거래를 정지하도록 요구하고, 이에 불응하면 그 거래상대방의 상품을 보이콧하는 쟁의수단으로, 정당성을 인정하는 견해와 부정하는 견해가 대립한다. 쟁의행위는 원래 당사자 간의 실력 행사이므로, 2차 보이콧은 정당한 쟁의행위가 아니라는 견해가 다수설이다. 미국의 태프트–하틀리법은 제3자의 이익을 해하는 일련의 행위를 노동조합에 의한 부당노동행위로 규정함으로써 2차 보이콧을 불법화하고 있다.

2) 피케팅
① 의의 : 피케팅은 파업이나 태업 등의 효과를 유지·제고하기 위하여 다른 근로자 및 일반 시민에게 쟁의 중임을 알려 근로자 측에 유리한 여론을 형성하거나, 쟁의행위에서의 근로자의 이탈을 방지하고 대체근로 등 사용자의 방해행위를 저지함으로써, 주된 쟁의행위의 실효성을 높이기 위해서 사업장 입구 등 필요한 장소에 파업감시원(picketer)을 배치하거나 사업장의 출입통행에 제한을 가하는 쟁의수단이다. 쟁의행위의 보조적 행위로 보는 것이 일반적이나, 단체과시로서 독자적으로 수행되는 경우도 있다.

② 피케팅의 제한
　㉠ **출입 등 방해의 금지** : 쟁의행위는 그 쟁의행위와 관계없는 자 또는 근로를 제공하고자 하는 자의 출입·조업, 기타 정상적인 업무를 방해하는 방법으로 행하여져서는 아니 된다(노조법 제38조 제1항).

　　　　　　　　　　　　　　　　　　　　　　　　　　　　　　기출 12·13·16·20·21

　㉡ **폭행·협박 사용의 금지** : 쟁의행위의 참가를 호소하거나 설득하는 행위로서 폭행·협박을 사용하여서는 아니 된다(노조법 제38조 제1항). 기출 20

③ 피케팅의 정당성

　㉠ 학설 : 피케팅의 수단으로서 파업에 가담하지 아니하고 근무하려는 자에 대하여 평화적 설득을 하는 경우에만 이를 정당하다고 보는 견해(평화적 설득설)와, 피케팅은 언어적 설득 등의 평화적 설득의 범위를 넘어 실력에 의한 저지행위로 나아간 경우에도 정당성이 인정될 수 있고, 사용자의 시설관리권·경영권을 배타적·전면적으로 배제하거나 또는 적극적으로 폭행·협박에 이르지 아니하는 한, 어느 정도의 강경한 설득 내지 집단적 시위가 행하여지더라도 이를 정당하다고 보는 견해(실력 저지 인정설)가 있다.

　㉡ 판례 : 파업의 보조적 쟁의수단인 피케팅은 파업에 가담하지 않고 조업을 계속하려는 자에 대하여 평화적 설득, 구두와 문서에 의한 언어적 설득의 범위 내에서 정당성이 인정되는 것이고, 폭행, 협박 또는 위력에 의한 실력저지나 물리적 강제는 정당화될 수 없다(대판 1990.10.12. 90도1431). 기출 22·23 따라서 판례는 국민연금관리공단 근로자들의 파업기간 중 국민연금갹출료 고지서 발송업무가 파업에 참가하지 아니한 노조원이나 비노조원에 의하여 수행되고, 일부 출장소에서는 그 작업에 아르바이트 학생까지 동원하여 돕게 한 경우 구 노동쟁의조정법 제15조에 의하면 사용자는 쟁의기간 중 쟁의에 관계없는 자를 채용 또는 대체할 수 없다고 되어 있어 위 공단이 쟁의에 관계없는 자를 채용 또는 대체하여 고지서 발송작업을 하게 하거나 도와주도록 한 부분은 정당한 쟁의대항행위라고 할 수는 없다고(대판 1992.7.14. 91다43800) 한다.

　㉢ 검토 : 헌법에서 노동3권을 보장한 취지를 생각건대, 판례의 견해에 따라 사안마다 구체적 타당성을 고려하는 것이 타당하다.

3) 직장점거

① 의의 : 직장점거는 파업에 참가한 근로자가 파업의 실효성을 제고하기 위한 수단으로, 사용자의 의사에 반하여 사업장에 체류하는 부수적 쟁의행위이다. 연좌 또는 농성을 하는 연좌파업의 모습을 띠는 경우도 있다.

② 직장점거의 정당성

　㉠ 쟁의행위의 본질은 근로자의 근로제공을 소극적으로 거부하는 데 있으므로, 사용자가 소유·경영하는 시설을 실력으로 점거하는 직장점거는 원칙적으로 정당한 쟁의행위가 되지 못한다.

　㉡ 쟁의행위는 폭력이나 파괴행위 또는 생산, 기타 주요업무에 관련되는 시설과 이에 준하는 시설로서 대통령령이 정하는 시설을 점거하는 형태로 이를 행할 수 없다(노조법 제42조 제1항). 한편 직장점거 역시 사용자의 재산권과 조화를 이루는 범위 내에서 행하여져야 하기 때문에 점거가 금지되는 시설 이외의 시설에 대하여 무제한적으로 직장점거가 허용되는 것으로 볼 수 없다. 따라서 노동조합은 사용자의 점유를 배제하여 조업을 방해하는 형태로 쟁의행위를 해서는 아니 된다(노조법 제37조 제3항). 기출 23

　㉢ 직장점거는 사용자 측의 점유를 완전히 배제하지 아니하고 그 조업도 방해하지 않는 부분적, 병존적 점거일 경우에 한하여 정당성이 인정되는 것이고, 이를 넘어 사용자의 기업시설을 장기간에 걸쳐 전면적, 배타적으로 점유하는 것은 사용자의 시설관리권능에 대한 침해로서 정당화될 수 없는 것이다(대판 1992.7.14. 91다43800). 기출 12·13·16

　㉣ [1] 도급인은 원칙적으로 수급인 소속 근로자의 사용자가 아니므로, 수급인 소속 근로자의 쟁의행위가 도급인의 사업장에서 일어나 도급인의 형법상 보호되는 법익을 침해한 경우에는 사용자인 수급인에 대한 관계에서 쟁의행위의 정당성을 갖추었다는 사정만으로 사용자가 아닌 도급인에 대한 관계에서까지 법령에 의한 정당한 행위로서 법익 침해의 위법성이 조각된다고 볼 수는 없다. 그러나 사용자인

수급인에 대한 정당성을 갖춘 쟁의행위가 도급인의 사업장에서 이루어져 형법상 보호되는 도급인의 법익을 침해한 경우, 그것이 항상 위법하다고 볼 것은 아니고, 법질서 전체의 정신이나 그 배후에 놓여있는 사회윤리 내지 사회통념에 비추어 용인될 수 있는 행위에 해당하는 경우에는 형법 제20조의 '사회상규에 위배되지 아니하는 행위'로서 위법성이 조각된다.

[2] 사용자가 당해 사업과 관계없는 자를 쟁의행위로 중단된 업무의 수행을 위하여 채용 또는 대체하는 경우, 쟁의행위에 참가한 근로자들이 위법한 대체근로를 저지하기 위하여 상당한 정도의 실력을 행사하는 것은 쟁의행위가 실효를 거둘 수 있도록 하기 위하여 마련된 규정의 취지에 비추어 정당행위로서 위법성이 조각된다. 위법한 대체근로를 저지하기 위한 실력 행사가 사회통념에 비추어 용인될 수 있는 행위로서 정당행위에 해당하는지는 그 경위, 목적, 수단과 방법, 그로 인한 결과 등을 종합적으로 고려하여 구체적인 사정 아래서 합목적적·합리적으로 고찰하여 개별적으로 판단하여야 한다(대판 2020.9.3. 2015도1927).

5. 관련 판례 - 원청사업주 사업장에서의 쟁의행위

(1) 판결요지

[1] 단체행동권은 헌법 제33조 제1항에서 보장하는 기본권으로서 최대한 보장되어야 하지만 헌법 제37조 제2항에 의하여 국가안전보장·질서유지 또는 공공복리 등의 공익상의 이유로 제한될 수 있고 그 권리의 행사가 정당한 것이어야 한다는 내재적인 한계가 있다. 쟁의행위가 정당행위로 위법성이 조각되는 것은 사용자에 대한 관계에서 인정되는 것이므로, 제3자의 법익을 침해한 경우에는 원칙적으로 정당성이 인정되지 않는다. 그런데 도급인은 원칙적으로 수급인 소속 근로자의 사용자가 아니므로, 수급인 소속 근로자의 쟁의행위가 도급인의 사업장에서 일어나 도급인의 형법상 보호되는 법익을 침해한 경우에는 사용자인 수급인에 대한 관계에서 쟁의행위의 정당성을 갖추었다는 사정만으로 사용자가 아닌 도급인에 대한 관계에서까지 법령에 의한 정당한 행위로서 법익 침해의 위법성이 조각된다고 볼 수는 없다.

[2] 수급인 소속 근로자들이 집결하여 함께 근로를 제공하는 장소로서 도급인의 사업장은 수급인 소속 근로자들의 삶의 터전이 되는 곳이고, 쟁의행위의 주요 수단 중 하나인 파업이나 태업은 도급인의 사업장에서 이루어질 수밖에 없다. 또한 도급인은 비록 수급인 소속 근로자와 직접적인 근로계약관계를 맺고 있지는 않지만, 수급인 소속 근로자가 제공하는 근로에 의하여 일정한 이익을 누리고, 그러한 이익을 향수하기 위하여 수급인 소속 근로자에게 사업장을 근로의 장소로 제공하였으므로 그 사업장에서 발생하는 쟁의행위로 인하여 일정 부분 법익이 침해되더라도 사회통념상 이를 용인하여야 하는 경우가 있을 수 있다. 따라서 사용자인 수급인에 대한 정당성을 갖춘 쟁의행위가 도급인의 사업장에서 이루어져 형법상 보호되는 도급인의 법익을 침해한 경우, 그것이 항상 위법하다고 볼 것은 아니고, 법질서 전체의 정신이나 그 배후에 놓여있는 사회윤리 내지 사회통념에 비추어 용인될 수 있는 행위에 해당하는 경우에는 형법 제20조의 '사회상규에 위배되지 아니하는 행위'로서 위법성이 조각된다. 이러한 경우에 해당하는지 여부는 쟁의행위의 목적과 경위, 쟁의행위의 방식·기간과 행위 태양, 해당 사업장에서 수행되는 업무의 성격과 사업장의 규모, 쟁의행위에 참여하는 근로자의 수와 이들이 쟁의행위를 행한 장소 또는 시설의 규모·특성과 종래 이용관계, 쟁의행위로 인해 도급인의 시설관리나 업무수행이 제한되는 정도, 도급인 사업장 내에서의 노동조합 활동 관행 등 여러 사정을 종합적으로 고려하여 판단하여야 한다.

[3] 사용자는 쟁의행위 기간 중 그 쟁의행위로 중단된 업무의 수행을 위하여 당해 사업과 관계없는 자를 채용 또는 대체할 수 없다(노조법 제43조 제1항). 사용자가 당해 사업과 관계없는 자를 쟁의행위로 중단된 업무의 수행을 위하여 채용 또는 대체하는 경우, 쟁의행위에 참가한 근로자들이 위법한 대체근로를 저지하기 위하여 상당한 정도의 실력을 행사하는 것은 쟁의행위가 실효를 거둘 수 있도록 하기 위하여 마련된 위 규정의 취지에 비추어 정당행위로서 위법성이 조각된다. 위법한 대체근로를 저지하기 위한 실력 행사가 사회통념에 비추어 용인될 수 있는 행위로서 정당행위에 해당하는지는 그 경위, 목적, 수단과 방법, 그로 인한 결과 등을 종합적으로 고려하여 구체적인 사정 아래서 합목적적·합리적으로 고찰하여 개별적으로 판단하여야 한다.

(2) 판결이유

[2] 공소외 1 공사 사업장 내 쟁의행위 관련 피고인 1의 업무방해 및 퇴거불응의 점에 대하여

다음과 같은 사정들을 고려할 때, 피고인 1이 공소외 1 공사지회 조합원들과 함께 공소외 1 공사 사업장에서 이 사건 각 집회를 개최하였다고 하더라도 이러한 행위는 사회상규에 위배되지 아니하는 정당행위로서 위법성이 조각된다.

① 피고인 1을 비롯한 공소외 1 공사지회 조합원들은 이 사건 수급업체들을 상대로 임금인상 등 주장을 관철하기 위하여 이 사건 파업에 돌입하고 임금인상, 성실교섭 촉구 등을 요구하였다. 이 사건 파업은 피고인 1을 비롯한 공소외 1 공사지회 조합원들의 근로조건 및 경제적 지위의 향상이라는 정당한 목적을 달성하기 위한 것이다. 이 사건 파업 과정에서 단결을 유지하고 쟁의행위의 정당성을 호소하며 조합원들의 쟁의행위 참가를 독려하기 위하여 이 사건 각 집회가 이루어졌다.

② 이 사건 노동조합은 이 사건 수급업체들을 상대로 단체교섭이 결렬되고 노동위원회를 통한 조정도 불성립하자 조합원 찬반투표를 거쳐 집단적으로 노무제공을 거부하기로 하고 이 사건 파업에 돌입하였다. 피고인 1을 비롯한 공소외 1 공사지회 조합원들은 위 장소에서 쟁의행위의 일환으로 구호를 외치고 노동가를 제창하거나 행진을 하는 등 집회나 시위에서 통상 이용할 수 있는 수단을 사용하여 집단적인 의사를 표시하였고, 이러한 행위는 비교적 길지 않은 시간 동안 총 3일간 평화로운 방식으로 이루어졌다. 공소외 1 공사지회 조합원들의 이러한 행위는 폭력이나 시설물의 파괴를 수반한 것이 아니다. 게다가 피고인 1을 비롯한 공소외 1 공사지회 조합원들이 이 사건 각 집회를 통해 일시적으로 농성을 한 장소는 공소외 1 공사 직원들의 AE 관련 업무를 위한 주요 시설로 볼 수 있는 본관 건물 내부가 아니라 본관 건물과 Z 건물 사이의 인도이다. 이러한 장소는 공소외 1 공사가 업무수행을 위하여 배타적으로 사용하는 공간이 아니라 이 사건 수급업체들 소속 근로자들에게도 평소에 통행이 자유롭게 허용되는 장소이다. 피고인 1을 비롯한 공소외 1 공사지회 조합원들이 공소외 1 공사의 시설관리권을 배제하는 등 전면적이고 배타적인 점거에 이르지도 아니하였다.

③ 이 사건 각 집회 당시 일정한 소음을 발생시킨 사정이 있다고 하더라도, 헌법상 단체행동권 행사의 일환으로 다수가 공동 목적으로 회합한 이 사건 각 집회의 성격상 어느 정도의 소음이 발생하는 것은 부득이한 면이 있고, 반면 이로써 공소외 1 공사 직원들이 AE 관련 등 업무를 정상적으로 수행하는 데 실질적으로 지장이 초래되었다고 단정하기도 어려워 보인다. 나아가 이 사건 각 집회가 개최된 장소, 그 방식이나 태양 등에 비추어 볼 때 이 사건 각 집회로 인한 공소외 1 공사의 시설관리권에 대한 제약 역시 상당히 제한적이었다.

④ 공소외 1 공사는 사업장 내 본관 건물 지하에 공소외 1 공사지회의 정당한 노동조합 활동을 보장하기 위하여 노동조합 사무실을 제공하여 왔다. 그리고 공소외 1 공사지회는 이 사건 파업에 돌입하기 전 공소외 1 공사 사업장 내에서 이 사건 수급업체들과 단체교섭을 진행하였으며, 이 사건 파업 기간 중에도 피고인 1이 공소외 1 공사 사업장 내에서 공소외 3 회사 대표이사 등과 교섭을 계속하여 왔다.

⑤ 쟁의행위에 참가하지 않은 조합원들의 쟁의행위 참가를 독려하고, 위법한 대체근로를 저지하며, 쟁의행위 기간 중 단결을 유지하는 등 이 사건 수급업체들 소속 근로자의 헌법상 단체행동권을 실효적으로 보장하기 위해서는 이들의 근로제공이 현실적으로 이루어지는 장소인 공소외 1 공사의 사업장에서 쟁의행위가 이루어져야 할 필요성이 있었던 반면, 이 사건 수급업체들 본사나 사무소의 위치로 인해 이 사건 노동조합 조합원들이 이 사건 수급업체들의 사업장에서 단체행동권을 실효적으로 행사하는 것은 사실상 불가능한 측면이 있었다. 따라서 피고인 1의 이 부분 공소사실에 대해 정당행위에 해당한다고 보아 무죄를 선고한 원심 판단에 상고이유 주장과 같이 쟁의행위의 정당성에 관한 법리를 오해하거나 논리와 경험의 법칙을 위반하여 자유심증주의의 한계를 일탈하거나, 판단을 누락하는 등의 잘못이 없다.

[3] 대체근로 저지 관련 피고인들의 업무방해의 점에 대하여

① 원심은 공소외 1 공사의 청소업무 수급업체인 공소외 3 회사가 공소외 1 공사 본사 본관 건물에 이 사건 대체근로자들을 투입한 행위가 위법한 대체근로에 해당한다고 인정한 다음, 아래와 같은 사정을 들어 피고인들이 이 사건 대체근로자들의 작업을 방해한 것은 위법한 대체근로자 투입에 대항하기 위해 상당한 범위 내에서 실력 행사가 이루어진 정당행위에 해당하여 공소외 3 회사에 대한 관계에서뿐만 아니라 이 사건 대체근로자들이나 공소외 1 공사에 대한 관계에서도 마찬가지로 위법성이 조각된다고 보아, 이 부분 공소사실에 대해 무죄를 선고하였다.

② 피고인들은 수회에 걸쳐 이 사건 대체근로자들이 공소외 3 회사에 고용된 기존 근로자들인지 여부를 확인하기 위한 시도를 하였던 것으로 보이고, 공소외 3 회사 내지 대체근로자 측에서 직원 신분에 대한 아무런 확인 조치도 해주지 아니한 상태에서 이 사건 파업으로 중단된 청소업무 등을 수행하려 하자 이를 제지하기 위해 실력 행사에 나아갔다.

③ 피고인들은 이 사건 대체근로자들의 앞을 막으면서 청소를 그만두고 밖으로 나가라고 소리치는 등의 방식으로 이 사건 대체근로자들의 청소업무를 방해하였고, 이러한 행위는 폭력, 협박 및 파괴행위에 나아가지 아니한 소극적·방어적 행위로서 사용자 측의 위법한 대체근로를 저지하기 위한 상당한 범위 내에 있다고 인정된다.

④ 비록 피고인 2를 비롯한 일부 성명을 알 수 없는 공소외 1 공사지회 조합원들이 이 사건 대체근로자들에 의해 수거된 쓰레기를 복도에 투기하여 공소외 1 공사 본관 건물 일부 공간의 미관이 일시적으로 훼손되고 공소외 1 공사 직원들의 통행에 불편을 초래한 것은 사실이나, 이러한 쓰레기 투기행위 역시 이 사건 대체근로자들의 근로제공의 결과를 향유하지 못하게 하기 위한 소극적 저항행위였다는 점에서, 이 행위만을 별도로 상당한 범위를 벗어난 실력행사로 보기도 어렵다.

원심판결 이유를 기록에 비추어 살펴보면, 원심의 판단은 앞에서 본 법리에 기초한 것으로 정당하고, 원심의 위와 같은 판단에 상고이유 주장과 같이 정당행위의 요건에 관한 법리를 오해하거나 논리와 경험의 법칙을 위반하여 자유심증주의의 한계를 일탈하거나, 판단을 누락하는 등의 잘못이 없다(대판 2020.9.3. 2015도1927).

I　정당한 쟁의행위의 민·형사책임 면제[17]

> **손해배상청구의 제한(노조법 제3조)**
>
> 사용자는 이 법에 의한 단체교섭 또는 쟁의행위로 인하여 손해를 입은 경우에 노동조합 또는 근로자에 대하여 그 배상을 청구할 수 없다.
>
> **정당행위(노조법 제4조)**
>
> 형법 제20조의 규정은 노동조합이 단체교섭·쟁의행위 기타의 행위로서 제1조의 목적을 달성하기 위하여 한 정당한 행위에 대하여 적용된다. 다만, 어떠한 경우에도 폭력이나 파괴행위는 정당한 행위로 해석되어서는 아니 된다.
>
> **부당노동행위(노조법 제81조)**
>
> ① 사용자는 다음 각 호의 어느 하나에 해당하는 행위(이하 "부당노동행위")를 할 수 없다.
>
> 　5. 근로자가 정당한 단체행위에 참가한 것을 이유로 하거나 또는 노동위원회에 대하여 사용자가 이 조의 규정에 위반한 것을 신고하거나 그에 관한 증언을 하거나 기타 행정관청에 증거를 제출한 것을 이유로 그 근로자를 해고하거나 그 근로자에게 불이익을 주는 행위

1. 의 의

① 헌법상 단체행동권 보장의 당연한 법적 효과로서 정당한 쟁의행위에 대하여는 민·형사책임이 면제되고, 노사관계법도 이를 확인하고 있다.

② 사용자는 이 법에 의한 단체교섭 또는 쟁의행위로 인하여 손해를 입은 경우에 노동조합 또는 근로자에 대하여 그 배상을 청구할 수 없다(노조법 제3조).　기출 16·21

③ 형법 제20조(정당행위)는 노동조합이 단체교섭·쟁의행위 기타의 행위로서 노조법의 목적을 달성하기 위하여 한 정당한 행위에 대하여 적용된다. 다만, 어떠한 경우에도 폭력이나 파괴행위는 정당한 행위로 해석되어서는 아니 된다(노조법 제4조).

④ 사용자는 근로자가 정당한 단체행위에 참가한 것을 이유로 하거나 또는 노동위원회에 대하여 사용자가 이 조의 규정에 위반한 것을 신고하거나 그에 관한 증언을 하거나 기타 행정관청에 증거를 제출한 것을 이유로 그 근로자를 해고하거나 그 근로자에게 불이익을 주는 행위를 할 수 없다(노조법 제81조 제1항 제5호).

---

17) 1953년 노동쟁의조정법은 "사용자는 쟁의행위에 의하여 손해를 받았을 경우에 노동조합 또는 근로자에 대하여 배상을 청구할 수 없다"고 규정(1953년 노동쟁의조정법 제12조)하여 쟁의행위 민사면책조항을 신설하였고, 1996.12.31. 노동조합법과 노동쟁의조정법을 폐지하고 노동조합 및 노동관계조정법으로 통합하여 1997.3.1. 시행된 1997년 노조법은 구 노동쟁의조정법의 취지를 이어받아 노조법 제3조에 민사면책조항을 규정함으로써 현재에 이르고 있다.　기출 24　한편 1953년 노동쟁의조정법에서는 민사면책조항은 두었으나 현행 노조법 제4조와 같은 형사면책조항을 두고 있지는 않았다. 형사면책조항은 노동쟁의조정법이 폐지되고 1997년 제정된 노조법 제4조에 '정당행위'라는 제목 하에 비로소 규정되었다.

2. 민·형사책임 면제의 법적 성질

(1) 학 설

1) 위법성조각설

쟁의행위는 민법상의 채무불이행 또는 불법행위의 법률요건에 해당하거나, 형법상의 범죄구성요건에 해당하는 행위로서 본래 위법한 행위이지만, 예외적으로 위법성이 조각되어 민·형사책임이 면제된다고 보는 견해이다.

2) 구성요건해당성조각설

쟁의행위는 처음부터 민법상 채무불이행 또는 불법행위의 법률요건에 해당하지 아니하며, 형사상 업무방해죄나 강요죄 등의 범죄구성요건에도 해당하지 아니한다고 보는 견해이다.

(2) 판 례

종래의 대법원 판례는 정당한 파업의 경우 업무방해죄의 위법성이 조각되는 것으로 보았으나, 최근 판례는 정당한 파업의 경우 업무방해죄의 위력에 해당하지 아니하는 것으로 보아, 구성요건해당성 자체가 조각되는 것으로 판단하고 있다(대판 2011.3.17. 2007도482[전합]). 헌법재판소도 단체행동권에 있어서 쟁의행위는 핵심적인 것인데, 쟁의행위는 고용주의 업무에 지장을 초래하는 것을 당연한 전제로 하여, 헌법상 기본권 행사에 본질적으로 수반되는 것으로서 정당화될 수 있는 업무의 지장 초래가 당연히 업무 방해에 해당하여 원칙적으로 불법한 것이라 볼 수는 없다고(헌재 2010.4.29. 2009헌바168) 판시하여, 이 견해를 따르고 있다.

(3) 검 토

근로자의 단체행동권을 헌법상 기본권으로 규정한 취지를 고려하면, 구성요건해당성조각설이 타당하다고 판단된다.

Ⅱ 정당하지 않은 쟁의행위와 민·형사 및 징계책임

1. 민사책임 `기출` 14 · 16

노조법 제3조는 "사용자는 이 법에 의한 단체교섭 또는 쟁의행위로 인하여 손해를 입은 경우에 노동조합 또는 근로자에 대하여 그 배상을 청구할 수 없다"라고 규정하여 쟁의행위로 인한 사용자의 손해배상청구를 제한하고 있지만, 쟁의행위가 폭력이나 파괴행위를 수반하여 반사회성을 띠는 등으로 수단과 방법이 정당한 범위를 벗어난 경우에는 그로 인한 민사상 배상책임이 면제되지 않는다(대판 2023.6.15. 2019다38543). 이 경우 누구에게 어떠한 책임을 물을 수 있는지 문제된다.

(1) 노동조합의 손해배상책임

1) 채무불이행으로 인한 손해배상책임

노동조합이 평화의무에 위반하여 쟁의행위를 한 경우, 이로 인하여 발생한 손해에 대한 배상책임을 진다.

2) 불법행위로 인한 손해배상책임

법인인 노동조합이 불법행위책임의 주체가 되기 위해서는 노동조합의 대표자인 임원의 불법행위가 성립하여야 한다. 그러나 노동조합의 대표자가 정당하지 아니한 쟁의행위에 반대하였음에도 불구하고 조합원이 찬반투표를 거쳐 정당하지 못한 쟁의행위를 감행한 경우에는 노동조합은 대표자의 불법행위 없이도 불법행위책임의 주체가 된다. 또한 노동조합의 간부들이 불법쟁의행위를 기획, 지시, 지도하는 등으로 주도한 경우에 이와 같은 간부들의 행위는 조합의 집행기관으로서의 행위라 할 것이므로 이러한 경우 민법 제35조 제1항의 유추적용에 의하여 노동조합은 그 불법쟁의행위로 인하여 사용자가 입은 손해를 배상할 책임이 있다(대판 1994.3.25. 93다32828). 다만, 최근 판례는 산업별 노조인 갑 노동조합의 지부가 조합원들을 각 거점에 배치하고 새총, 볼트, 화염병 등을 소지한 채 공장 점거파업을 계속하자 경찰이 점거파업을 진압하기 위하여 헬기에서 조합원들이 있던 공장 옥상을 향하여 다량의 최루액을 살포하거나 공장 옥상으로부터 30~100m 고도로 제자리 비행을 하여 조합원들을 헬기 하강풍에 노출되게 하였고, 그 과정에서 헬기가 새총으로 발사된 볼트 등의 이물질에 맞아 손상된 사안에서, 헬기를 위와 같은 방법으로 사용하여 불법적인 농성을 진압하는 것은 경찰장비를 위법하게 사용함으로써 적법한 직무수행의 범위를 벗어났다고 볼 여지가 있으므로 갑 노동조합 등에 대하여 헬기의 손상에 관한 손해배상책임이 성립한다고 본 원심판단에 심리미진 등의 잘못이 있다고(대판 2022.11.30. 2016다26662) 판시하고 있다.

(2) 조합원 개인의 손해배상책임

1) 노동조합 간부의 책임

노동조합 간부가 근로계약상 근로제공의무를 이행하지 아니한 경우에는, 그에 대한 채무불이행책임을 부담하고, 노동조합 간부의 불법행위로 인한 책임이 노동조합에 귀속된다고 하여 노동조합 간부의 책임이 면제되는 것은 아니다. 노동조합 간부 개인의 손해배상책임과 노동조합 자체의 손해배상책임은 부진정 연대채무관계에 있는 것이므로, 노동조합의 간부도 불법쟁의행위와 상당인과관계에 있는 손해 전부를 배상할 책임이 있다(대판 2006.9.22. 2005다30610). 조합 간부들의 행위는 일면에 있어서는 노동조합단체로서의 행위라고 할 수 있는 외에 개인의 행위라는 측면도 아울러 지니고 있고, 일반적으로 쟁의행위가 개개근로자의 노무 정지를 조직하고 집단화하여 이루어지는 집단적 투쟁행위라는 그 본질적 특징을 고려하여 볼 때 노동조합의 책임 외에 불법쟁의행위를 기획, 지시, 지도하는 등으로 주도한 조합의 간부들 개인에 대하여도 책임을 지우는 것이 상당하기 때문이다(대판 1994.3.25. 93다32828). 기출 12·14

2) 일반조합원의 책임

조합원 개인이 위법한 쟁의행위에 참가하여 근로제공의무를 위반하면, 민법 제390조에 의하여 사용자에게 채무불이행으로 인한 손해배상책임을 부담한다. 불법행위책임과 관련하여, 불법쟁의행위 시 노동조합 등의 지시에 따라 단순히 노무를 정지한 일반조합원은, 노동조합 또는 조합간부들과 함께 공동불법행위책임을 지지 아니한다. 다만, 노무를 정지할 때에 준수하여야 할 사항 등이 정하여져 있고, 근로자가 이를 준수함이 없이 노무를 정지함으로써 그로 인하여 손해가 발생하였거나 확대되었다면, 그 근로자가 일반조합원이라고 할지라도 그와 상당인과관계에 있는 손해를 배상할 책임이 있다(대판 2006.9.22. 2005다30610). 기출 12·16

(3) 과실상계

사용자가 노동조합과의 성실교섭의무를 다하지 않거나 노동조합과의 기존 합의를 파기하는 등 불법쟁의행위에 원인을 제공하였다고 볼 사정이 있는 경우 등에는 사용자의 과실을 손해배상액을 산정함에 있어 참작할 수 있다(대판 2006.9.22. 2005다30610).

(4) 증명책임

채무불이행책임은 노동조합이나 조합원 개인이 자기에게 귀책사유가 없음을 증명하여야 하나, 불법행위책임은 피해자인 사용자가 가해자인 노동조합이나 조합원 개인의 귀책사유를 증명하여야 한다. 최근 판례는 제조업체가 불법휴무로 인하여 조업을 하지 못함으로써 입는 손해로는, 조업 중단으로 제품을 생산하지 못함으로써 생산할 수 있었던 제품의 판매로 얻을 수 있는 매출이익을 얻지 못한 손해와 조업 중단의 여부와 관계없이 고정적으로 지출되는 비용(차임, 제세공과금, 감가상각비, 보험료 등)을 무용하게 지출함으로써 입은 손해를 들 수 있고, 이러한 손해의 배상을 구하는 측에서는 불법휴무로 인하여 일정량의 제품을 생산하지 못하였다는 점뿐만 아니라, 생산되었을 제품이 판매될 수 있다는 점까지 증명하여야 할 것이지만, 판매가격이 생산원가에 미달하는 소위 적자제품이라거나 조업 중단 당시 불황 등과 같은 특별한 사정이 있어서 장기간에 걸쳐 당해 제품이 판매될 가능성이 없다거나, 당해 제품에 결함이 있어서 판매가 제대로 이루어지지 않는다는 등의 특별한 사정에 대한 간접반증[18]이 없는 한, 당해 제품이 생산되었다면 그 후 판매되어 당해 업체가 이로 인한 매출이익을 얻고 또 그 생산에 지출된 고정비용을 매출원가의 일부로 회수할 수 있다고 추정함이 타당하다고(대판 2018.11.29. 2016다12748) 판시하여, 간접반증이론에 의하여 증명책임을 분담하는 데까지 나아가고 있다.

(5) 관련 판례

1) 조합원 개인의 손해배상책임 제한 여부

[1] 노조법은 "쟁의행위의 주체가 노동조합이고(제2조, 제37조), 노동조합은 쟁의행위에 대한 지도·관리·통제책임을 지며(제38조 제3항), 쟁의행위는 조합원 과반수의 찬성으로 결정하여야 한다(제41조 제1항)고 규정하고 있다"고 전제하고, 노동조합이라는 단체에 의하여 결정·주도되고 조합원의 행위가 노동조합에 의하여 집단적으로 결합하여 실행되는 쟁의행위의 성격에 비추어, 단체인 노동조합이 쟁의행위에 따른 책임의 원칙적인 귀속주체가 된다.

[2] 위법한 쟁의행위를 결정·주도한 노동조합의 지시에 따라 그 실행에 참여한 조합원으로서는 쟁의행위가 다수결에 의해 결정되어 일단 그 방침이 정해진 이상 쟁의행위의 정당성에 의심이 간다고 하여도 노동조합의 지시에 불응하기를 기대하기는 사실상 어렵고, 급박한 쟁의행위 상황에서 조합원에게 쟁의행위의 정당성 여부를 일일이 판단할 것을 요구하는 것은 근로자의 단결권을 약화시킬 우려가 있고, 그렇지 않은 경우에도 노동조합의 의사결정이나 실행행위에 관여한 정도 등은 조합원에 따라 큰 차이가 있을 수 있다. 따라서 이러한 사정을 전혀 고려하지 않고 위법한 쟁의행위를 결정·주도한 주체인 노동조합과 개별 조합원 등의 손해배상책임의 범위를 동일하게 보는 것은 헌법상 근로자에게 보장된 단결권과 단체행동권을 위축시킬 우려가

---

18) 간접반증이란 권리의 발생·변경·소멸이라는 법률효과를 발생시키는 법규의 직접요건사실인 주요사실에 대하여 일응의 추정이 생긴 경우 그 추정의 전제사실과 양립되는 별개의 사실인 간접사실을 증명하여 일응의 추정을 방해하기 위한 증명활동을 말한다. 여기서 일응의 추정이란 사실상의 추정의 한 가지로 고도의 개연성이 있는 경험칙을 이용하여 간접사실로부터 주요사실을 추정하는 것을 말한다.

있을 뿐만 아니라 손해의 공평·타당한 분담이라는 손해배상제도의 이념에도 어긋난다. 따라서 개별 조합원 등에 대한 책임제한의 정도는 노동조합에서의 지위와 역할, 쟁의행위 참여 경위 및 정도, 손해 발생에 대한 기여 정도, 현실적인 임금 수준과 손해배상 청구금액 등을 종합적으로 고려하여 판단하여야 한다(대판 2023.6.15. 2017다46274).[19]

2) 조업중단으로 인한 손해발생 인정 여부

제조업체가 위법한 쟁의행위로 조업을 하지 못함으로써 입은 고정비용 상당 손해배상을 구하는 경우, 제조업체는 조업중단으로 인하여 일정량의 제품을 생산하지 못하였다는 점 및 그 생산 감소로 인하여 매출이 감소하였다는 점을 증명하여야 할 것이지만, 해당 제품이 이른바 적자제품이라거나 불황 또는 제품의 결함 등으로 판매가능성이 없다는 등의 특별한 사정의 간접반증이 없는 한, 제품이 생산되었다면 그 후 판매되어 제조업체가 이로 인한 매출이익을 얻고 또 그 생산에 지출된 고정비용을 매출원가의 일부로 회수할 수 있다고 추정함이 상당하다. 그런데 이러한 추정 법리가 매출과 무관하게 일시적인 생산 차질이 있기만 하면 고정비용 상당 손해가 발생한다는 취지는 아니므로, 위법한 쟁의행위로 조업이 중단되어 생산이 감소하였더라도 그로 인하여 매출 감소의 결과에 이르지 아니할 것으로 볼 수 있는 사정이 증명되면 고정비용 상당 손해의 발생이라는 요건사실의 추정은 더 이상 유지될 수 없다. 따라서 위법한 쟁의행위가 종료된 후 제품의 특성, 생산 및 판매방식 등에 비추어 매출 감소를 초래하지 않을 정도의 상당한 기간 안에 추가 생산 등을 통하여 쟁의행위로 인한 부족 생산량의 전부 또는 일부가 만회되었다면, 특별한 사정이 없는 한 그 범위에서는 조업중단으로 인한 매출 감소 및 그에 따른 고정비용 상당 손해의 발생을 인정하기 어렵다(대판 2023.6.29. 2017다49013).

2. 형사책임

(1) 의 의

사용자는 정당한 쟁의행위로 인하여 손해를 입은 경우, 노동조합 또는 근로자에 대하여 그 배상을 청구할 수 없다(노조법 제3조). 그러나 쟁의행위가 목적이나 절차 등에서 정당성을 상실한 경우에는 형사책임의 문제가 발생한다.

(2) 위력에 의한 업무방해죄의 성부

1) 판 례

① 종전 판례 : 다수의 근로자들이 상호 의사연락하에 집단적으로 작업장을 이탈하거나 결근하는 등 근로의 제공을 거부함으로써 사용자의 생산·판매 등 업무의 정상적인 운영을 저해하여 손해를 발생하게 하였다면, 그와 같은 행위가 노동관계법령에 따른 정당한 쟁의행위로서 위법성이 조각되는 경우가 아닌 한, 다중의 위력으로써 타인의 업무를 방해하는 행위에 해당하여 업무방해죄를 구성한다(대판 2006.5.25. 2002도5577).

---

19) 전국금속노동조합 현대자동차 비정규직지회가 2010.11.15.부터 2010.12.9. 사이에 원고 현대자동차 주식회사의 울산공장 1, 2라인을 점거하여 위 공정이 278.27시간 동안 중단되자, 원고가 위 쟁의행위에 가담한 피고들을 상대로 조업이 중단됨으로써 입은 고정비용 상당의 손해배상을 일부 청구하는 사안에서, 개별 조합원 등에 대한 책임제한의 정도는 노동조합에서의 지위와 역할, 쟁의행위 참여 경위 및 정도, 손해 발생에 대한 기여 정도 등을 종합적으로 고려하여 판단하여야 한다고 판단하고, 피고들이 비정규직지회와 동일한 책임을 부담한다는 전제에서 피고들의 책임을 50%로 제한한 것은 형평의 원칙에 비추어 현저히 불합리하다는 이유로 원심판결 중 피고들 패소부분을 파기·환송한 사례(대판 2023.6.15. 2017다46274).

제1장
제2장
제3장
제4장
제5장
제6장
제7장
제8장
제9장

② 전합 판례

　　㉠ **다수의견** : 파업이 업무방해죄에서 말하는 위력에 해당하는 요소를 포함하고 있다는 점은 인정하나, 근로자는 헌법상 보장된 기본권으로서 단체행동권을 갖기 때문에, 파업이 언제나 업무방해죄에 해당하는 것으로 볼 것은 아니고, 전후 사정과 경위 등에 비추어 사용자가 예측할 수 없는 시기에 전격적으로 이루어져 사용자의 사업운영에 심대한 혼란 내지 막대한 손해를 초래하는 등으로 사용자의 사업 계속에 관한 자유의사가 제압·혼란될 수 있다고 평가할 수 있는 경우에 비로소 그 집단적 노무 제공의 거부가 위력에 해당하여 업무방해죄가 성립한다(대판 2011.3.17. 2007도482[전합]). 기출 **14**

　　㉡ **반대의견** : 근로자들이 단결하여 소극적으로 근로제공을 거부하는 파업 등 쟁의행위를 하였으나 폭행·협박·강요 등의 수단이 수반되지 않는 한, 같은 법의 규정을 위반하여 쟁의행위로서 정당성을 갖추지 못하였다고 하더라도 당해 쟁의행위를 이유로 근로자를 형법상 업무방해죄로 처벌할 수는 없고, 근로자에게 민사상 채무불이행책임을 부담시킴과 함께 근로자를 노조법 위반죄로 처벌할 수 있을 뿐이며, 그것으로 충분하다(대판 2011.3.17. 2007도482[전합]).

2) 검 토

단순파업의 경우에는 형법상 업무방해죄의 구성요건에 해당하지 아니한다고 이해하는 것을 전제로, 파업 개시의 전격성이나 파업 결과의 심각성 등이 있는 경우에 비로소 위력에 의한 업무방해죄의 성립을 고려할 수 있다고 판시하여, 업무방해죄의 인정범위를 축소시킨 최근의 전합 판결의 태도가 타당하다.

(3) 형사책임의 귀속[20]

1) 노동조합의 형사책임

관련 법령에 명시적 규정이 있는 경우에 한하여 인정된다. 노조법 제94조는 노동조합의 대표자·대리인·사용인, 기타의 종업원이 노동조합의 업무에 관하여 위법행위를 한 경우에는 노동조합에도 벌금형을 부과한다.

2) 근로자 개인의 형사책임

① **노동조합 간부의 책임** : 정당하지 아니한 쟁의행위를 결의·주도·지시하였거나 참여한 경우, 정당한 쟁의행위를 하는 과정에서 독자적으로 정당하지 아니한 쟁의행위를 주도·지시·참여하는 경우에는, 관련 형사범죄의 공동정범·교사범·방조범의 책임이 인정된다.

② **일반조합원의 책임** : 정당하지 아니한 쟁의행위에 단순가담한 조합원의 행위는 위력에 의한 업무방해죄의 구성요건에는 해당하지 아니한다. 다만, 쟁의행위 중 개별조합원이 일탈행위로써 폭행·파괴행위 등의 행위를 한 경우에는 쟁의행위 전체의 정당성 여부와 관계없이 형사책임을 면할 수 없다. 기출 **12·17**

---

20) 판례는 쟁의행위에 관련된 제3자의 책임에 관하여 쟁의행위가 업무방해죄에 해당하는 경우 제3자가 그러한 정을 알면서 쟁의행위의 실행을 용이하게 한 경우에는 업무방해방조죄가 성립할 수 있다고(대판 2021.9.16. 2015도12632) 한다.

3. 징계책임

(1) 의 의

정당하지 아니한 쟁의행위에 참여한 조합원에 대하여 사용자가 징계처분을 하는 경우가 있는데, 이러한 징계처분은 성질상 노동조합에는 행할 수 없고, 근로자 개인에게만 행하여진다.

(2) 내 용

1) 노동조합 간부의 책임

위법한 쟁의행위에 따른 책임을 부담할 것이나, 단지 노동조합 간부라는 이유만으로 징계책임을 부담하는 것은 아니다.

2) 일반조합원의 책임

근로 제공의 정지는 쟁의행위가 정당성을 갖추지 못하는 한, 근로계약 위반으로서 징계처분의 대상이 될 수 있다. 또한 쟁의행위 그 자체는 정당한 절차를 통하여 개시되었더라도, 적극적인 형태의 업무 방해·폭력 등으로 인하여 쟁의행위가 위법하게 된 경우에는, 징계처분의 대상이 될 수 있다. 다만, 징계의 경우 상당성의 원칙이 준수되어야 한다. 판례도 일반조합원에 대하여 전면파업 등에 대한 무거운 책임을 지워 해임처분을 한 것은, 재량권을 일탈·남용한 것으로 부당하다고(대판 2014.9.24. 2013두1119) 판시하고 있다.

3) 면책협정과 징계권남용

쟁의행위 중에는 책임을 추궁하지 아니한다는 당사자 간의 면책특약을 한 경우에는, 사용자에게 정당한 이유가 있더라도 이에 반하여 징계처분을 할 수 없다. 면책특약에도 불구하고 사용자가 그 쟁의행위를 이유로 징계한 경우에는 징계권남용에 해당한다.

제4절 쟁의행위의 법적 효과

I 쟁의행위와 노사당사자 간의 법적 관계

> **쟁의행위기간 중의 임금지급요구의 금지(노조법 제44조)**
> ① 사용자는 쟁의행위에 참가하여 근로를 제공하지 아니한 근로자에 대하여는 그 기간 중의 임금을 지급할 의무가 없다.
> ② 노동조합은 쟁의행위기간에 대한 임금의 지급을 요구하여 이를 관철할 목적으로 쟁의행위를 하여서는 아니 된다.
>
> **벌칙(노조법 제90조)**
> 제44조 제2항, 제69조 제4항, 제77조 또는 제81조 제1항의 규정에 위반한 자는 2년 이하의 징역 또는 2천만원 이하의 벌금에 처한다.

쟁의행위가 정당한 경우에는 대표적인 법적 효과로서 민·형사책임이 면제된다.

1. 파업과 근로계약관계

(1) 근로계약파기설

파업에 의하여 근로계약이 파기된다고 하며, 근로자 측 계약파기설과 사용자 측 계약파기설로 나뉜다. 근로계약파기설에 따르면, 파업이 종료된 후 파기된 근로계약을 다시 체결하지 아니하고도 근로자가 다시 업무에 복귀하는 경우를 설명할 수 없다.

(2) 근로계약정지설

파업에 의하여 근로계약은 일시로 정지될 뿐 파기되는 것은 아니라고 한다. 근로계약정지설에 따르면, 파업에 의하여 근로자의 근로제공의무와 임금청구권, 사용자의 근로급부청구권과 임금지급의무 등의 주된 권리·의무가 정지되고, 파업의 종료와 더불어 다시 원상복귀된다. 현재의 통설이다.

2. 쟁의행위와 임금관계

(1) 파업과 임금관계

1) 파업참가자의 임금

① 임금지급의무의 부존재 : 사용자는 쟁의행위에 참가하여 근로를 제공하지 아니한 근로자에 대하여는 그 기간 중의 임금을 지급할 의무가 없다(노조법 제44조 제1항). 이를 무노동·무임금의 원칙이라고 한다. 다만, 사용자가 쟁의행위기간 중에 임금을 지급하거나 단체협약 및 취업규칙 등에 의하여 임금을 스스로 지급하는 것은 무방하다. 즉, 쟁의행위기간 중의 임금지급의무는 임의적 교섭 대상에 해당된다. 노동조합은 쟁의행위기간에 대한 임금의 지급을 요구하거나 이를 관철할 목적으로 쟁의행위를 하여서는 아니 된다(노조법 제44조 제2항). 이를 위반한 경우 2년 이하의 징역 또는 2천만원 이하의 벌금에 처한다(노조법 제90조).

기출 20 · 21 · 22 · 23 · 24

② 무노동·무임금원칙의 적용범위

㉠ 임금이 근로시간에 비례하지 아니하는 경우 : 도급제나 능률급은 임금이 근로시간에 비례하여 지급되지 아니하므로, 동 원칙이 적용되지 아니한다.

㉡ 임금이 근로시간에 비례하는 경우 : 무노동·무임금의 원칙이 적용된다. 이때 임금의 범위가 문제되는데, 종전 판례는 임금이분설에 따라 보장적 부분은 지급된다고 판시하였으나, 최근 판례는 임금일원론에 따라 파업기간 중에는 일체의 임금이 지급되지 아니한다고 판시하고 있다.

O | X 💬

1. 파업기간 중 파업참가자에게 임금을 지급하기로 한 단체협약상의 규정이 있더라도, 사용자는 파업참가자에게 임금지급의무가 없다.

정답 1. ✕

③ **파업기간 중 임금 삭감의 범위** : 파업기간 중에는 임금지급의무를 부담하지 않으나, 임의로 지급하거나 단체협약 또는 취업규칙 등에 의하여 스스로 지급하는 것은 무방하다. 다만, 이러한 명시적 합의나 규정이 없는 경우, 쟁의기간 중 임금 삭감의 범위가 문제된다.

　㉠ **학설** : 임금은 현실적 근로의 대가에 해당하는 교환적 부분과 근로자의 지위에서 보장되는 보장적 부분으로 나뉘고, 파업참가자는 보장적 부분의 임금은 청구할 수 있다는 일부삭감설과, 임금은 모두 근로의 대가로 지급된다는 점에서 모두 삭감할 수 있다는 전면삭감설, 그리고 이는 당사자의 근로계약, 취업규칙 및 단체협약 등의 해석을 통하여 그 내용이 정하여진다는 계약설이 대립하고 있다.

　㉡ **판례** : 판례는 단체협약이나 취업규칙 등에서 결근자 등에 관하여 어떤 임금을 지급하도록 규정하고 있거나 임금삭감 등을 규정하고 있지 않고 있거나 혹은 어떤 임금을 지급하여 온 관행이 있다고 하여 쟁의행위의 경우에 이를 유추하여 당사자 사이에 쟁의행위기간 중 쟁의행위에 참가하여 근로를 제공하지 아니한 근로자에게 그 임금을 지급할 의사가 있다거나 임금을 지급하기로 하는 내용의 근로계약을 체결한 것이라고는 할 수 없다고(대판 1995.12.21. 94다26721[전합]) 한다.

　㉢ **검토** : 삭감의 범위는 구체적 사정을 고려하여 결정할 문제라는 점에서 기본적으로 계약설이 타당하다고 보인다. 이에 따라 당사자의 의사 해석을 어떻게 하여야 하는지가 중요한 부분으로 등장하게 된다.

④ **파업기간 중 유급휴일·휴가에 대한 임금지급청구의 가부**

　㉠ 유급휴일에 대한 법리는 휴직 등과 동일하게 근로자의 근로제공의무 등의 주된 권리·의무가 정지되어 근로자의 임금청구권이 발생하지 아니하는 쟁의행위인 파업에도 적용된다 할 것이므로, 근로자는 파업기간 중에 포함된 유급휴일에 대한 임금의 지급 역시 구할 수 없다 할 것이다(대판 2009.12.24. 2007다73277). **기출 19**

　㉡ 근로자가 유급휴가를 이용하여 파업에 참여하는 것은 평상적인 근로관계를 전제로 하는 유급휴가권의 행사라고 볼 수 없으므로 파업기간 중에 포함된 유급휴가에 대한 임금청구권 역시 발생하지 않는다(대판 2010.7.15. 2008다33399). **기출 19**

⑤ **파업기간 중 전임자의 급여** : 판례는 노동조합전임자를 일반조합원보다 더욱 유리하게 처우하는 것은 단체협약의 규정을 둔 목적이나 취지에 비추어 볼 때 노사 쌍방이 당초 의도한 바와 합치하지 아니한다고 할 것이고, 또 파업으로 인하여 일반조합원들이 무노동·무임금원칙에 따라 임금을 지급받지 못하게 된 마당에 그 조합원들로 구성된 노동조합의 간부라고 할 수 있는 노동조합전임자들이 자신들의 급여만은 지급받겠다고 하는 것은 일반조합원들에 대한 관계에 있어서도 결코 정당성이 인정될 수 없는바, 위 단체협약 각 규정은 일반조합원들이 무노동·무임금의 원칙에 따라 사용자로부터 파업기간 중의 임금을 지급받지 못하는 경우에는 노동조합전임자도 일반조합원과 마찬가지로 사용자에게 급여를 청구할 수 없다는 내용으로 해석함이 상당하다고(대판 2003.9.2. 2003다4815) 판시하고 있다.

2) **파업비참가자의 임금과 휴업수당**

① **임 금**

　㉠ **근로를 제공한 경우** : 해당 근로자들은 조합원 여부와 상관없이 당연히 임금청구권을 갖는다. 이 경우 근로를 제공하였다 함은 근로자가 자신의 노동력을 사용자가 처분할 수 있는 상태에 두는 것을 의미한다.

　㉡ **근로를 제공하지 아니한 경우** : 파업비참가자들이 스스로 근로를 제공하지 아니한 경우에는 당연히 임금청구권을 갖지 못한다.

㉮ **조업계속 및 근로수령이 가능한 경우** : 조업계속 및 근로수령이 가능함에도 불구하고 사용자가 근로의 수령을 임의로 거부한 경우, 사용자는 임금 전액을 지급하여야 한다(민법 제538조 제1항). 사용자가 임금지급의무를 면하기 위해서는 직장폐쇄를 하여야 한다.

㉯ **조업계속 및 근로수령이 불가능한 경우** : 파업으로 인하여 전체 조업이 불가능하거나 부분적으로 조업이 가능하다 할지라도, 일부 조업만으로는 그 자체가 무의미하여 근로의 제공을 거부한 경우 또는 조업의 계속은 가능하나, 파업 중인 노동조합이 피케팅 및 직장점거 등을 통하여 출입·조업이 중단됨으로써 근로의 수령이 불가능한 경우에는, 채무자 위험부담주의에 따라 임금청구권이 부정된다고 하여야 한다(민법 제537조).

② **휴업수당** : 노동조합의 부분파업으로 조업이 불가능한 경우, 파업비참가자에 대하여 휴업수당을 지급하여야 하는지가 문제된다.

㉠ **학설** : 쟁의행위로 인한 조업 중단은 근로기준법 제46조의 사용자 귀책사유에 해당하므로 휴업수당지급의무가 있다는 견해(휴업수당 긍정설)와, 투쟁평등의 원칙과 근로자연대의 관점에서 휴업수당지급은 타당하지 아니하다는 견해(휴업수당 부정설)가 대립하고 있다.

㉡ **판례** : 쟁의행위로 정상조업이 불가능하여 사용자가 근로기준법 제46조 제2항에 근거하여 노동위원회에 휴업수당 감액을 신청하여 승인을 받아 휴업수당을 지급하지 아니한 경우, 판례는 노동위원회의 승인이 정당하다고 판시하고 있다(대판 2000.11.24. 99두4280).

㉢ **검토** : 투쟁평등의 원칙과 근로자연대의 관점을 고려하면, 휴업수당의 지급은 타당하지 아니하다고 판단된다.

---

01 노동조합 및 노동관계조정법령상 쟁의행위와 임금에 관한 설명으로 옳지 않은 것은?(다툼이 있으면 판례에 따름)

① 사용자는 쟁의행위에 참가하여 근로를 제공하지 아니한 근로자에 대하여는, 그 기간 중의 임금을 지급할 의무가 없다.

② 근로기준법상 유급휴일에 대한 법리는 휴직 등과 동일하게 근로자의 근로제공의무 등의 주된 권리·의무가 정지되어 근로자의 임금청구권이 발생하지 아니하는 쟁의행위인 파업에도 적용된다.

③ 근로를 불완전하게 제공하는 형태의 쟁의행위인 태업에도 근로제공이 일부 정지되는 것이라고 할 수 있으므로, 무노동·무임금원칙이 적용된다.

④ 노동조합은 쟁의행위기간에 대한 임금의 지급을 요구하여 이를 관철할 목적으로 쟁의행위를 하여서는 아니 된다.

⑤ 근로자가 유급휴가를 이용하여 파업에 참여하는 것은 정당한 유급휴가권의 행사로 볼 수 있으므로, 파업기간 중에 포함된 유급휴가에 대한 임금청구권이 발생한다.

【해설】
근로자가 유급휴가를 이용하여 파업에 참여하는 것은 평상적인 근로관계를 전제로 하는 유급휴가권의 행사라고 볼 수 없으므로 파업기간 중에 포함된 유급휴가에 대한 임금청구권 역시 발생하지 않는다(대판 2010.7.15. 2008다33399).

정답 ⑤

(2) 태업과 임금관계

1) 태업과 무노동·무임금의 원칙

쟁의행위 시의 임금지급에 관하여 단체협약이나 취업규칙 등에서 이를 규정하거나 그 지급에 관한 당사자 사이의 약정이나 관행이 있다고 인정되지 아니하는 한, 근로자의 근로제공의무 등의 주된 권리·의무가 정지되어 근로자가 근로를 제공하지 아니한 쟁의행위기간 동안에는 근로제공의무와 대가관계에 있는 근로자의 주된 권리로서의 임금청구권은 발생하지 아니한다. 근로를 불완전하게 제공하는 형태의 쟁의행위인 태업(怠業)도 근로제공이 일부 정지되는 것이라고 할 수 있으므로, 여기에도 이러한 무노동·무임금원칙이 적용된 다고 봄이 타당하다(대판 2013.11.28. 2011다39946). **기출** 19

2) 비율적 임금의 삭감

사용자인 주식회사가 태업을 이유로 근로자의 임금과 노동조합전임자의 급여를 삭감하여 지급한 경우, 회사 가 각 근로자별로 측정된 태업시간 전부를 비율적으로 계산하여 임금에서 공제한 것이 불합리하다고 할 수 없다(대판 2013.11.28. 2011다39946).

3) 노조전임자의 급여

노동조합전임자 역시 그에 상응하는 비율에 따른 급여의 감액을 피할 수 없는데 그 감액수준은 전체 조합원들 의 평균태업시간을 기준으로 산정함이 타당하다(대판 2013.11.28. 2011다39946).

4) 휴일임금

유급휴일에 대한 법리는 휴직 등과 동일하게 근로자의 근로제공의무 등의 주된 권리·의무가 정지되어 근로 자의 임금청구권이 발생하지 아니하는 쟁의행위인 파업에도 적용된다 할 것이므로, 근로자는 파업기간 중에 포함된 유급휴일에 대한 임금의 지급 역시 구할 수 없다. 그리고 이와 같은 법리는 파업과 마찬가지로 무노동 ·무임금원칙이 적용되는 태업에도 그대로 적용된다고 할 것이고, 따라서 근로자는 태업기간에 상응하는 유급휴일에 대한 임금의 지급을 구할 수 없다(대판 2013.11.28. 2011다39946).

3. 파업과 기타의 근로관계

(1) 파업과 근로일의 산정

노사자치원칙에 따라 근로계약·취업규칙 또는 단체협약이 정하는 바에 따른다. 명문의 규정이 없는 경우에 는 다음과 같다.

1) 근속기간 산정

파업에 참가하는 중에도 근로계약관계는 정지하거나 소멸하지 아니하고 그대로 계속되므로, 파업기간은 근 속기간에 포함된다.

2) 출근율 산정

현행법상 유급주휴 또는 연차휴가의 부여 및 기간은 출근율을 기준으로 산정한다. 이 경우 쟁의행위기간을 출근기간으로 볼 수 있는지 여부에 대하여 견해가 나뉜다. 판례는 위법한 쟁의행위기간은 결근으로 처리하 고, 적법한 쟁의행위기간은 소정근로일수에서 제외하여 출근율을 계산하고 있다. 한편, 근로기준법 시행령 제2조에 의하면 쟁의행위기간은 평균임금의 산정기간에서 제외된다.

(2) 파업과 산업재해보상보험

파업 중 발생한 근로자의 부상 등이 업무상 재해에 해당되는지 여부가 문제되는데, 이를 부정하는 것이 판례 및 학설의 일반적인 견해이다. 다만, 판례는 노동조합업무 전임자가 근로계약상 본래 담당할 업무를 면하고 노동조합의 업무를 전임하게 된 것이 단체협약 혹은 사용자인 회사의 승낙에 의한 것이라면 그 전임자가 노동조합업무를 수행하거나 이에 수반하는 통상적인 활동을 하는 과정에서 그 업무에 기인하여 발생한 재해는 산업재해보상보험법 소정의 업무상 재해에 해당한다고(대판 2007.3.29. 2005두11418) 판시하고 있다.

Ⅱ 쟁의행위와 제3자 간의 법적 관계

1. 거래상대방에 대한 손해배상책임

(1) 사용자의 손해배상책임

노동조합의 쟁의행위로 인하여 사용자가 거래상대방과 체결한 계약상의 채무를 이행하지 못한 경우, 사용자는 그 거래상대방에 대하여 계약상의 채무불이행으로 인한 손해배상책임을 지는지와 관련하여 견해가 대립한다. 생각건대 쟁의행위가 정당한 경우뿐만 아니라 정당하지 아니한 경우에도, 공평의 원칙상 사용자는 채무불이행책임을 부담한다고 보는 것이 타당하다.

(2) 노동조합 및 조합원의 손해배상책임

쟁의행위가 정당한 경우에는 민사책임이 면제되나, 쟁의행위가 정당하지 못한 경우에는 불법행위의 성립요건을 충족하면 불법행위로 인한 손해배상책임을 진다. 노동조합 및 조합원은 사용자의 거래상대방과는 아무런 계약관계가 없으므로, 채무불이행으로 인한 손해배상책임은 문제되지 않는다.

2. 제3자에 대한 손해배상책임

(1) 사용자의 손해배상책임

사용자는 쟁의행위로 인하여 제3자에게 발생한 손해에 대하여 어떠한 민사책임도 지지 아니한다. 사용자는 제3자와 어떠한 계약도 체결하지 아니하였고, 제3자에 대하여 쟁의행위를 방지하여야 할 의무를 부담하지 아니하기 때문이다.

(2) 노동조합 및 조합원의 손해배상책임

쟁의행위가 정당한 경우에는, 헌법 제33조 제1항의 입법취지를 고려하면 제3자는 쟁의행위로 받은 손해를 감수하여야 한다. 쟁의행위가 정당하지 아니한 경우에도, 쟁의행위는 기업 내부에서 발생하는 행위라는 점에서 노동조합 및 조합원은 원칙적으로 손해배상책임을 부담하지 아니하나, 제3자의 개인적 이익을 침해하는 불법행위에 해당되는 경우에는 손해배상책임을 진다고 보는 것이 타당하다.

폭력행위등의 금지(노조법 제42조)
① 쟁의행위는 폭력이나 파괴행위 또는 생산 기타 주요업무에 관련되는 시설과 이에 준하는 시설로서 대통령령이 정하는 시설을 점거하는 형태로 이를 행할 수 없다.
② 사업장의 안전보호시설에 대하여 정상적인 유지·운영을 정지·폐지 또는 방해하는 행위는 쟁의행위로서 이를 행할 수 없다.

직장폐쇄의 요건(노조법 제46조)
① 사용자는 노동조합이 쟁의행위를 개시한 이후에만 직장폐쇄를 할 수 있다.
② 사용자는 제1항의 규정에 의한 직장폐쇄를 할 경우에는 미리 행정관청 및 노동위원회에 각각 신고하여야 한다.

Ⅰ 직장폐쇄의 개념

직장폐쇄란 사용자가 노동조합의 쟁의행위에 대항하여, 직장을 폐쇄함으로써 근로자들의 근로수령을 거부하고 임금을 지급하지 아니하는 사용자의 쟁의행위를 말한다.

Ⅱ 직장폐쇄의 법적 성질

1. 헌법적 근거

그 근거를 헌법 제33조가 아닌, 노사 간의 형평원칙 또는 노사대등원칙에서 구하는 견해가 다수설과 판례이다.

2. 노동법적 특성

직장폐쇄는 집단해고를 하지 아니하고, 근로자와의 근로계약을 존속시킴과 동시에 근로계약상의 근로수령 및 임금지급을 거부하면서도, 손해배상책임을 부담하지 아니하는 특성을 지닌 노동법상 제도이다.

Ⅲ 직장폐쇄의 성립요건

1. 실질적 요건

실질적 요건은 직장폐쇄의 주체, 목적, 상대방 및 방법 등 직장폐쇄의 본질상 그 성립을 위하여 반드시 갖추어야 할 최소한의 요건을 말한다. 이러한 요건을 갖추지 아니하는 경우에는 직장폐쇄로서 성립하지 아니하고, 따라서 임금지불책임의 면제는 허용되지 아니한다.

(1) 의사표시

직장폐쇄가 성립하기 위해서는 노무의 수령을 거부하거나 작업장의 입장을 금지한다는 의사표시만으로 성립한다는 견해가 있으나, 사업장의 출입구의 폐쇄나 체류자의 퇴거 요구 또는 전원의 단절 등 사실행위가 있어야 한다.

(2) 주 체

직장폐쇄의 주체는 쟁의행위가 발생한 사업장의 사용자이다. 사용자 중 사업의 경영담당자 또는 사업주를 위하여 행위하는 자는, 내부위임 등에 의하여 직장폐쇄를 할 수 있는 권한을 가지고 있어야 한다.

(3) 목 적

직장폐쇄는 사용자의 재산권을 근로자의 쟁의행위로부터 보호하는 것을 그 목적으로 한다.

(4) 상대방

직장폐쇄의 상대방은 쟁의행위를 주도한 노동조합 및 근로자이다.

(5) 방 법

1) 근로수령의 거부

근로자가 제공하는 근로의 수령을 거부하는 것이다. 판례는 근로자가 적법하게 직장점거를 개시한 경우에도 사용자가 적법하게 직장폐쇄하면, 사용자의 사업장에 대한 물권적 지배권이 전면적으로 회복되는 결과 사용자는 근로자에 대하여 퇴거 요구를 할 수 있고, 퇴거 요구 이후의 직장점거는 위법하게 되어 퇴거불응죄에 해당한다고(대판 1991.8.13. 91도1324) 판시하고 있다. **기출** 13·14·15·16·21

2) 폭력·파괴행위의 금지

직장폐쇄는 폭력이나 파괴행위로써 이를 행하여서는 아니 되고, 안전보호시설의 정상적인 유지·운영을 정지·폐지 또는 방해하여서도 아니 된다(노조법 제42조 제1항·제2항).

2. 형식적 요건

형식적 요건이란 직장폐쇄의 절차 등에 관한 요건으로, 직장폐쇄의 본질적 내용과는 관련 없는 요건을 말한다.

(1) 단체협약 위반의 직장폐쇄

사용자가 직장폐쇄를 하지 아니하겠다는 단체협약상의 의무를 위반하여 직장폐쇄를 행한 경우에도 직장폐쇄는 유효하게 성립된다. 이 경우 사용자는 단체협약 위반으로 인한 손해배상책임을 부담한다.

(2) 신고절차 위반의 직장폐쇄

사용자가 직장폐쇄를 할 경우에는 미리 행정관청 및 노동위원회에 각각 신고하여야 한다(노조법 제46조 제2항). 사용자가 이를 위반하여 신고하지 아니한 경우에도 직장폐쇄는 유효하게 성립된다. **기출** 13·14·15·21

Ⅳ 직장폐쇄의 정당성

1. 대항성

사용자는 노동조합이 쟁의행위를 개시한 이후에만 직장폐쇄를 할 수 있다(노조법 제46조 제1항). 선제적 직장폐쇄는 인정되지 아니하고, 대항적 직장폐쇄만이 인정된다. 기출 16 · 20 · 21 · 23 · 24

2. 방어성

(1) 의 의

판례에 의하면 노동조합의 쟁의행위에 대한 방어적인 목적을 벗어나 적극적으로 노동조합의 조직력을 약화시키기 위한 목적 등을 갖는 선제적, 공격적 직장폐쇄에 해당하는 경우에는 정당성이 인정될 수 없고, 직장폐쇄가 정당한 쟁의행위로 평가받지 못하는 경우에는 사용자는 직장폐쇄기간 동안의 대상근로자에 대한 임금지불의무를 면할 수 없다고(대판 2016.5.24, 2012다85335) 판시하고 있다. 또한 사용자의 직장폐쇄가 정당한 쟁의행위로 평가받기 위하여는 노사 간의 교섭태도, 경과, 근로자 측 쟁의행위태양, 그로 인하여 사용자 측이 받는 타격의 정도 등에 관한 구체적 사정에 비추어 형평의 견지에서 근로자 측의 쟁의행위에 대한 대항·방위수단으로서 상당성이 인정되는 경우에 한한다 할 것이다(대판 2000.5.26, 98다34331). 기출 13 · 15 · 16 · 19 · 22

(2) 구체적 검토

① 노동조합이 파업을 시작한 지 불과 4시간 만에 사용자가 바로 직장폐쇄조치를 취한 것은 정당한 쟁의행위로 인정되지 아니하므로, 사용자 측 시설을 정당하게 점거한 조합원들이 사용자의 퇴거 요구에 불응하였더라도 퇴거불응죄가 성립하지 아니한다(대판 2007.12.28, 2007도5204). 기출 22

② 평균임금이 도내 택시회사 중 가장 높은 수준임에도 노동조합이 최고 수준의 임금 인상을 요구하여 임금협상이 결렬되었으나 노동조합이 준법투쟁에 돌입한 지 3일 만에 전격적으로 단행한 사용자의 직장폐쇄는 정당성을 결여하였다고(대판 2000.5.26, 98다34331) 보아야 한다.

3. 직장폐쇄의 대상

(1) 쟁의행위의 정당성과 직장폐쇄

근로자의 정당·합법적인 쟁의행위에 대하여 사용자가 직장폐쇄를 할 수 있음은 의문의 여지가 없으나, 정당·합법하지 아니한 쟁의행위에 대하여도 직장폐쇄가 가능한지와 관련하여 긍정설과 부정설의 대립이 있으나, 직장폐쇄가 가능하다고 하는 것이 타당하다.

(2) 파업불참조합원 및 비조합원에 대한 직장폐쇄

파업불참조합원이나 비조합원을 대상으로 한 직장폐쇄도 가능하다. 다만, 전면적 직장폐쇄의 경우, 조업을 희망한 근로자들에 대하여 사용자의 임금지급의무가 면제되는지 여부가 문제되는데, 사용자는 조합원은 물론 비조합원을 포함한 모든 근로자들에 대한 임금지급의무가 면제된다. 기출 14 · 16

4. 업무복귀의 의사표시 이후의 직장폐쇄

(1) 정당성 판단기준

근로자의 쟁의행위 등 구체적인 사정에 비추어 직장폐쇄의 개시 자체는 정당하지만, 어느 시점 이후에 근로자가 쟁의행위를 중단하고 진정으로 업무에 복귀할 의사를 표시하였음에도 사용자가 직장폐쇄를 계속 유지하면서 근로자의 쟁의행위에 대한 방어적인 목적에서 벗어나 적극적으로 노동조합의 조직력을 약화시키기 위한 목적 등을 갖는 공격적 직장폐쇄의 성격으로 변질된 경우에는 그 이후의 직장폐쇄는 정당성을 상실한 것이다(대판 2016.5.24. 2012다85335). **기출** 19 · 20 · 22

(2) 복귀의 의사표시

노동조합이 쟁의행위를 하기 위해서는 투표를 거쳐 조합원 과반수의 찬성을 얻어야 하고(노조법 제41조 제1항) 사용자의 직장폐쇄는 노동조합의 쟁의행위에 대한 방어수단으로 인정되는 것이므로, 근로자가 업무에 복귀하겠다는 의사 역시 일부 근로자들이 개별적·부분적으로 밝히는 것만으로는 부족하다. 복귀의사는 반드시 조합원들의 찬반투표를 거쳐 결정되어야 하는 것은 아니지만 사용자가 경영의 예측가능성과 안정을 이룰 수 있는 정도로 집단적·객관적으로 표시되어야 한다(대판 2017.4.7. 2013다101425). **기출** 20

(3) 관련 판례

① 판례는 직장폐쇄기간 중 조합원들의 경제적 어려움이 가중된 점, 조합원들이 제출한 자필 '근로의사표명서'의 진정성을 의심할 근거가 없고 피고인은 그 진의 확인을 위한 면담 등의 절차를 진행한 적도 없는 점, 공소외 회사가 직장폐쇄 철회를 거부한 이유가 정당하다고 볼 수 없는 점 등 판시사정을 종합하여 보면, 2007.12.28. 이후의 직장폐쇄는 공소외 회사에 유리한 방향으로 협상을 이끌기 위한 목적에서 비롯된 공격적 직장폐쇄로서 방어수단을 넘어선 것이고, 피고인이 조합원들의 개별적 근로의사표명이 시작된 2007.12.28. 이후에도 계속하여 직장폐쇄를 유지한 것은 노동조합의 운영에 지배·개입할 의사에 기한 부당노동행위에 해당한다고(대판 2017.7.11. 2013도7896) 판시하고 있다.

② 판례는 공소외 축협노조는 2002.11.14. 전면파업에서 노조 부지부장을 제외한 나머지 파업참가조합원들이 업무에 복귀하는 내용의 부분파업으로 파업형태를 변경하기로 하고 이를 공소외 축협에 통지하였으나, 파업을 전면적으로 철회하는 것인지 여부를 확인하기 위하여 파업종료확인서를 작성해 달라는 피고인의 요구를 거부하면서 업무에 복귀하지 않았고, 과거 공소외 축협노조의 파업태양 등에 비추어 언제든지 다시 전면파업으로 진행될 개연성이 높았으며, 실제로 2002.11.26. 직장폐쇄 종료 후에도 공소외 축협노조원들은 정시출근 등을 통한 준법투쟁, 익산축산업협동조합 앞에서의 합병반대집회, 업무에 복귀하였던 노조원 공소외 1의 파업참가 등으로 쟁의행위를 계속한 점, 공소외 축협의 경우 사업장이 금융기관이라는 특수성 때문에 업무의 연속성과 철저한 보안이 필수적이었던 점 등을 종합하면, 피고인이 업무에 복귀하고자 하는 노조원들의 진의를 확인한 후 직장폐쇄 유지 여부를 결정할 필요성 때문에 노조원들의 진정한 의사를 확인하는 차원에서 파업종료확인서에 서명을 요구한 것이 노조원들에게 부당한 요구를 한 것이거나 노동조합의 조직과 운영에 개입하기 위한 것으로 보이지 않으므로, 노조원들의 업무복귀의사를 확인할 수 없다고 하여 직장폐쇄를 계속 유지한 것이 위법하다고 볼 수 없고, 적법하게 유지된 직장폐쇄기간 중 파업에 참가한 근로자에 대하여 임금을 지급하지 않았다고 하여 근로기준법을 위반한 것이라고 할 수 없다는 이유로, 이 부분 각 공소사실에 대하여 무죄를 선고한 제1심 판결을 유지하였는바, 위 법리에 비추어 기록을 살펴보면, 이러한 원심의 조치는 옳은 것으로 수긍이 가고, 거기에 채증법칙을 위배하여 사실을 오인하거나 직장폐쇄의 정당성에 관한 법리를 오해한 위법이 있다고 할 수 없다고(대판 2005.6.9. 2004도7218) 판시하고 있다.

Ⅴ 직장폐쇄의 법적 효과

1. 당사자 간의 법적 효과

(1) 근로수령의 거부

정당한 직장폐쇄가 성립되면 사용자는 근로자를 생산수단으로부터 단절하고, 근로의 수령을 거부할 수 있다. 다만, 쟁의행위 중에도 안전보호시설의 정상적인 유지·운영은 정지·폐지 또는 방해할 수 없다. 따라서 사용자가 정당한 직장폐쇄를 한 경우에도 안전보호시설에 종사하는 근로자에게는 당연히 임금을 지급하여야 한다.

(2) 임금지급의무의 면제

[1] 우리 헌법과 노동관계법은 근로자의 쟁의권에 관하여는 이를 적극적으로 보장하는 명문의 규정을 두고 있는 반면 사용자의 쟁의권에 관하여는 이에 관한 명문의 규정을 두고 있지 않은바, 일반적으로는 힘에서 우위에 있는 사용자에게 쟁의권을 인정할 필요는 없다 할 것이나, 개개의 구체적인 노동쟁의의 장에서 근로자 측의 쟁의행위로 노사 간에 힘의 균형이 깨지고 오히려 사용자 측이 현저히 불리한 압력을 받는 경우에는 사용자 측에게 그 압력을 저지하고 힘의 균형을 회복하기 위한 대항·방위수단으로 쟁의권을 인정하는 것이 형평의 원칙에 맞는다 할 것이다. `기출` 19

[2] 구체적인 노동쟁의의 장에서 단행된 사용자의 직장폐쇄가 정당한 쟁의행위로 평가받기 위하여는 노사 간의 교섭태도, 경과, 근로자 측 쟁의행위의 태양, 그로 인하여 사용자 측이 받는 타격의 정도 등에 관한 구체적 사정에 비추어 형평의 견지에서 근로자 측의 쟁의행위에 대한 대항·방위수단으로서 상당성이 인정되는 경우에 한한다 할 것이고, 그 직장폐쇄가 정당한 쟁의행위로 평가받을 때 비로소 사용자는 직장폐쇄기간 동안의 대상근로자에 대한 임금지불의무를 면한다(대판 2000.5.26. 98다34331). 직장폐쇄는 파업불참조합원이나 비조합원을 대상으로도 할 수 있으므로, 직장폐쇄가 정당한 경우에는 해당 근로자들에 대한 임금지급의무 또한 면제된다. `기출` 19·21·22

(3) 정당한 직장점거의 배제 가부

1) 문제점

파업을 함에 있어 근로자의 부분적·병존적 직장점거의 정당성이 인정되는 경우, 사용자가 이러한 정당한 직장점거에 대하여 직장폐쇄로 퇴거 요구를 할 수 있는지 판례를 살펴본다.

2) 직장점거의 배제 가부

① **적법한 직장폐쇄의 경우** : 근로자들의 직장점거가 개시 당시 적법한 것이었다 하더라도 사용자가 이에 대응하여 적법하게 직장폐쇄를 하게 되면, 사용자의 사업장에 대한 물권적 지배권이 전면적으로 회복되는 결과 사용자는 점거 중인 근로자들에 대하여 정당하게 사업장으로부터의 퇴거를 요구할 수 있고 퇴거를 요구받은 이후의 직장점거는 위법하게 되므로, 적법히 직장폐쇄를 단행한 사용자로부터 퇴거 요구를 받고도 불응한 채 직장점거를 계속한 행위는 퇴거불응죄를 구성한다(대판 1991.8.13. 91도1324). `기출` 19

② **위법한 직장폐쇄의 경우** : 사용자의 직장폐쇄가 정당한 쟁의행위로 인정되지 아니하는 때에는 다른 특별한 사정이 없는 한 근로자가 평소 출입이 허용되는 사업장 안에 들어가는 행위가 주거침입죄를 구성하지 아니한다(대판 2002.9.24. 2002도2243).

> **전면적·배타적 직장점거**
> 전면적·배타적 직장점거는 그 정당성이 인정되지 아니하므로, 사용자의 퇴거 요구에 관계없이 처음부터 주거침입죄에 해당한다.

3) 직장점거 배제의 범위

① **노조사무실 출입의 허용** : 사용자의 직장폐쇄가 정당한 쟁의행위로 평가받는 경우에도 사업장 내의 노조사무실 등 정상적인 노조활동에 필요한 시설, 기숙사 등 기본적인 생활근거지에 대한 출입은 허용되어야 한다(대판 2010.6.10. 2009도12180). 기출 22

② **노조사무실 출입의 제한**

　㉠ **노조사무실을 쟁의장소로 활용하는 경우** : 쟁의 및 직장폐쇄와 그 후의 상황 전개에 비추어, 노조가 노조사무실 자체를 쟁의장소로 활용하는 등 노조사무실을 쟁의행위와 무관한 정상적인 노조활동의 장소로 활용할 의사나 필요성이 없음이 객관적으로 인정되는 경우에는, 합리적인 범위 내에서 노조사무실의 출입을 제한할 수 있다(대판 2010.6.10. 2009도12180).

　㉡ **노조사무실을 통한 생산시설 점거가 예상되고, 대체장소를 제공한 경우** : 노조사무실과 생산시설이 장소적·구조적으로 분리될 수 없는 관계에 있어, 일방의 출입 혹은 이용이 타방의 출입 혹은 이용을 직접적으로 수반하게 되는 경우로서 생산시설에 대한 노조의 접근 및 점거가능성이 합리적으로 예상되고, 사용자가 노조의 생산시설에 대한 접근·점거 등의 우려에서 노조사무실 대체장소를 제공하여 그것이 원래 장소에서의 정상적인 노조활동과 견주어 합리적 대안으로 인정된다면, 합리적인 범위 내에서 노조사무실의 출입을 제한할 수 있다(대판 2010.6.10. 2009도12180).

(4) 위법한 직장점거의 배제

위법한 직장점거는 당연히 쟁의행위로서의 정당성이 인정되지 아니하므로, 사용자도 수인의무를 부담하지 아니한다. 따라서 원래 사용자가 가지고 있던 물권적 지배권인 시설관리권으로 방해배제청구권을 행사함으로써 사업자의 지배를 회복할 수 있다.

2. 제3자에 대한 법적 효과

직장폐쇄로 인한 제3자에 대한 사용자의 손해배상책임 여부와 관련하여, 합법적인 직장폐쇄의 경우에는 손해배상책임이 면제되나, 위법적인 직장폐쇄의 경우에는 손해배상책임을 진다는 견해와, 직장폐쇄는 사용자의 통제범위에 있는 예측 가능한 행위로, 합법·위법 여부와 관계없이 손해배상책임을 진다는 견해가 있다.

✔ **핵심문제**

01 노동조합 및 노동관계조정법령상 직장폐쇄에 관한 설명으로 옳지 않은 것은?(다툼이 있으면 판례에 따름)

① 직장폐쇄가 사용자의 정당한 쟁의행위로 인정되는 경우, 사용자는 직장폐쇄기간 동안 대상근로자에 대한 임금지불의무를 면한다.

② 사용자의 직장폐쇄는 근로자의 쟁의행위에 대한 방어수단으로서 상당성이 있어야만 사용자의 정당한 쟁의행위로 인정할 수 있다.

③ 직장폐쇄의 개시 자체가 정당하면, 근로자의 쟁의행위에 대한 방어적인 목적에서 벗어나 공격적 직장폐쇄의 성격으로 변질되었더라도 정당성이 상실되는 것은 아니다.

④ 헌법은 근로자의 쟁의권에 관하여는 이를 적극적으로 보장하는 명문의 규정을 두고 있는 반면, 사용자의 쟁의권에 관하여는 이에 관한 명문의 규정을 두고 있지 않다.

⑤ 직장폐쇄가 정당한 쟁의행위로 평가받는 경우 사용자의 사업장에 대한 물권적 지배권이 전면적으로 회복되므로, 사용자는 직장폐쇄의 효과로서 사업장의 출입을 제한할 수 있다.

[해설]

쟁의행위에 대한 방어적인 목적을 벗어나 적극적으로 참가인의 조직력을 약화시키기 위한 목적 등을 갖는 선제적, 공격적 직장폐쇄에 해당하면 그 정당성이 인정될 수 없다(대판 2003.6.13. 2003두1097).

정답 ③

I 안전보호시설의 유지·운영의무

> **폭력행위등의 금지(노조법 제42조)**
> ② 사업장의 안전보호시설에 대하여 정상적인 유지·운영을 정지·폐지 또는 방해하는 행위는 쟁의행위로서 이를 행할 수 없다.
> ③ 행정관청은 쟁의행위가 제2항의 행위에 해당한다고 인정하는 경우에는 노동위원회의 의결을 얻어 그 행위를 중지할 것을 통보하여야 한다. 다만, 사태가 급박하여 노동위원회의 의결을 얻을 시간적 여유가 없을 때에는 그 의결을 얻지 아니하고 즉시 그 행위를 중지할 것을 통보할 수 있다.
> ④ 제3항 단서의 경우에 행정관청은 지체 없이 노동위원회의 사후승인을 얻어야 하며 그 승인을 얻지 못한 때에는 그 통보는 그때부터 효력을 상실한다.

1. 안전보호시설에 대한 쟁의행위 금지

사업장의 안전보호시설에 대하여 정상적인 유지·운영을 정지·폐지 또는 방해하는 행위는 쟁의행위로서 이를 행할 수 없다(노조법 제42조 제2항). **기출** 13 · 15 · 18

2. 안전보호시설의 범위

(1) 인명·신체의 안전보호시설

안전보호시설에는 인명·신체의 안전 보호를 위한 시설만이 포함된다는 견해와, 그 외에도 물적 설비의 보호를 위한 시설도 포함된다는 견해로 나뉘고 있으나, 물적 설비의 보호는 파괴행위 등의 금지에 의하여 보호되고 있고, 판례는 '안전보호시설이'라 함은 사람의 생명이나 신체의 위험을 예방하기 위해서나 위생상 필요한 시설을 말하고, 이에 해당하는지 여부는 당해 사업장의 성질, 당해 시설의 기능, 당해 시설의 정상적인 유지·운영이 되지 아니할 경우에 일어날 수 있는 위험 등 제반 사정을 구체적·종합적으로 고려하여 판단하여야 한다고(대판 2006.5.12. 2002도3450) 판시하고 있으므로 안전보호시설에는 인명·신체의 안전 보호를 위한 시설이 포함된다고 보는 것이 타당하다고 판단된다.

(2) 인적 조직의 포함 여부

안전보호시설의 범위에는 병원에서 종사하는 약제사 및 간호사 등의 인적 조직은 포함되지 아니한다. 다만, 병원의 조리, 식기 세척, 소독 등 환자의 급식 및 건강을 위한 시설은 안전보호시설에 포함된다.

3. 안전보호시설방해죄의 성부

노조법 제42조 제2항의 입법목적이 '사람의 생명·신체의 안전 보호'라는 점과 노조법 제42조 제2항이 범죄의 구성요건이라는 점 등을 종합적으로 고려하면, 성질상 안전보호시설에 해당하고 그 안전보호시설의 유지·운영을 정지·폐지 또는 방해하는 행위가 있었다 하더라도 사전에 필요한 안전조치를 취하는 등으로 인하여 사람의 생명이나 신체에 대한 위험이 전혀 발생하지 않는 경우에는 노조법 제91조, 제42조 제2항 위반죄가 성립하지 않는다(대판 2006.5.12. 2002도3450).

4. 행정관청의 행위중지통보

① 행정관청은 쟁의행위가 사업장의 안전보호시설에 대하여 정상적인 유지·운영을 정지·폐지 또는 방해하는 행위에 해당한다고 인정하는 경우에는 노동위원회의 의결을 얻어 그 행위를 중지할 것을 통보하여야 한다. 다만, 사태가 급박하여 노동위원회의 의결을 얻을 시간적 여유가 없을 때에는 그 의결을 얻지 아니하고 즉시 그 행위를 중지할 것을 통보할 수 있다(노조법 제42조 제3항). <mark>기출</mark> 20 · 23 · 24

② 이 경우 행정관청은 지체 없이 노동위원회의 사후승인을 얻어야 하며 그 승인을 얻지 못한 때에는 그 통보는 그때부터 효력을 상실한다(노조법 제42조 제4항).

Ⅱ 필수유지업무의 유지·운영의무

필수유지업무에 대한 쟁의행위의 제한(노조법 제42조의2)
① 이 법에서 필수유지업무라 함은 제71조 제2항의 규정에 따른 필수공익사업의 업무 중 그 업무가 정지되거나 폐지되는 경우 공중의 생명·건강 또는 신체의 안전이나 공중의 일상생활을 현저히 위태롭게 하는 업무로서 대통령령이 정하는 업무를 말한다.
② 필수유지업무의 정당한 유지·운영을 정지·폐지 또는 방해하는 행위는 쟁의행위로서 이를 행할 수 없다.

필수유지업무협정(노조법 제42조의3)
노동관계당사자는 쟁의행위기간 동안 필수유지업무의 정당한 유지·운영을 위하여 필수유지업무의 필요 최소한의 유지·운영수준, 대상직무 및 필요인원 등을 정한 협정(이하"필수유지업무협정")을 서면으로 체결하여야 한다. 이 경우 필수유지업무협정에는 노동관계당사자 쌍방이 서명 또는 날인하여야 한다.

필수유지업무 유지·운영수준 등의 결정(노조법 제42조의4)
① 노동관계당사자 쌍방 또는 일방은 필수유지업무협정이 체결되지 아니하는 때에는 노동위원회에 필수유지업무의 필요 최소한의 유지·운영수준, 대상직무 및 필요인원 등의 결정을 신청하여야 한다.
② 제1항의 규정에 따른 신청을 받은 노동위원회는 사업 또는 사업장별 필수유지업무의 특성 및 내용 등을 고려하여 필수유지업무의 필요 최소한의 유지·운영수준, 대상직무 및 필요인원 등을 결정할 수 있다.
③ 제2항의 규정에 따른 노동위원회의 결정은 제72조의 규정에 따른 특별조정위원회가 담당한다.
④ 제2항의 규정에 따른 노동위원회의 결정에 대한 해석 또는 이행방법에 관하여 관계당사자 간에 의견이 일치하지 아니하는 경우에는 특별조정위원회의 해석에 따른다. 이 경우 특별조정위원회의 해석은 제2항의 규정에 따른 노동위원회의 결정과 동일한 효력이 있다.
⑤ 제2항의 규정에 따른 노동위원회의 결정에 대한 불복절차 및 효력에 관하여는 제69조와 제70조 제2항의 규정을 준용한다.

O | X 💬

1. 노동조합이 사업장의 안전보호시설의 정상적인 운영을 정지하는 쟁의행위를 하는 경우에는, 사태가 급박하지 않더라도 행정관청은 직권으로 그 행위를 중지할 것을 통보할 수 있다.

정답 1. ×

노동위원회의 결정에 따른 쟁의행위(노조법 제42조의5)

제42조의4 제2항의 규정에 따라 노동위원회의 결정이 있는 경우 그 결정에 따라 쟁의행위를 한 때에는 필수유지업무를 정당하게 유지·운영하면서 쟁의행위를 한 것으로 본다.

필수유지업무 근무 근로자의 지명(노조법 제42조의6)

① 노동조합은 필수유지업무협정이 체결되거나 제42조의4 제2항의 규정에 따른 노동위원회의 결정이 있는 경우 사용자에게 필수유지업무에 근무하는 조합원 중 쟁의행위기간 동안 근무하여야 할 조합원을 통보하여야 하며, 사용자는 이에 따라 근로자를 지명하고 이를 노동조합과 그 근로자에게 통보하여야 한다. 다만, 노동조합이 쟁의행위 개시 전까지 이를 통보하지 아니한 경우에는 사용자가 필수유지업무에 근무하여야 할 근로자를 지명하고 이를 노동조합과 그 근로자에게 통보하여야 한다.

② 제1항에 따른 통보·지명 시 노동조합과 사용자는 필수유지업무에 종사하는 근로자가 소속된 노동조합이 2개 이상인 경우에는 각 노동조합의 해당 필수유지업무에 종사하는 조합원 비율을 고려하여야 한다.

중재재정등의 확정(노조법 제69조)

① 관계당사자는 지방노동위원회 또는 특별노동위원회의 중재재정이 위법이거나 월권에 의한 것이라고 인정하는 경우에는 그 중재재정서의 송달을 받은 날부터 10일 이내에 중앙노동위원회에 그 재심을 신청할 수 있다.

② 관계당사자는 중앙노동위원회의 중재재정이나 제1항의 규정에 의한 재심결정이 위법이거나 월권에 의한 것이라고 인정하는 경우에는 행정소송법 제20조의 규정에 불구하고 그 중재재정서 또는 재심결정서의 송달을 받은 날부터 15일 이내에 행정소송을 제기할 수 있다.

③ 제1항 및 제2항에 규정된 기간 내에 재심을 신청하지 아니하거나 행정소송을 제기하지 아니한 때에는 그 중재재정 또는 재심결정은 확정된다.

④ 제3항의 규정에 의하여 중재재정이나 재심결정이 확정된 때에는 관계당사자는 이에 따라야 한다.

벌칙(노조법 제89조)

다음 각 호의 어느 하나에 해당하는 자는 3년 이하의 징역 또는 3천만원 이하의 벌금에 처한다.

　1. 제37조 제2항, 제38조 제1항, 제42조 제1항 또는 제42조의2 제2항의 규정에 위반한 자

1. 의 의 [기출] 14 · 15 · 17 · 20 · 21

필수유지업무라 함은 필수공익사업의 업무 중 그 업무가 정지되거나 폐지되는 경우 공중의 생명·건강 또는 신체의 안전이나 공중의 일상생활을 현저히 위태롭게 하는 업무로서 대통령령이 정하는 업무를 말한다(노조법 제42조의2 제1항).

2. 필수유지업무에 대한 쟁의행위 금지

필수유지업무에 대하여 정당한 유지·운영을 정지·폐지·방해하는 행위는 쟁의행위로서 할 수 없다(노조법 제42조의2 제2항). '정당한'의 의미가 무엇인지 문제되는데, '정상적인'이 아닌 '필요 최소한'의 의미로 이해하여야 한다. 여기서 '필요 최소한'의 수준이란 공중의 생명·건강 또는 신체의 안전이나 공중의 일상생활을 현저히 위태롭게 하지 아니하는 수준을 의미한다. [기출] 14 · 17 · 24

3. 필수유지업무협정

(1) 의 의

노동관계당사자는 쟁의행위기간 동안 필수유지업무의 정당한 유지·운영을 위하여 필수유지업무의 필요 최소한의 유지·운영수준, 대상직무 및 필요인원 등을 정한 협정을 서면으로 체결하고 서면 또는 날인하여야 한다(노조법 제42조의3). 기출 17·20·21·23·24

(2) 법적 성격

필수유지업무협정의 체결방식은 단체협약의 방식과 동일하므로, 법적 성격은 단체협약으로 보아야 하고, 협정의 내용상 평화조항이나 쟁의절차조항은 단체협약의 채무적 부분이라고 하여야 한다.

4. 필수유지업무결정

(1) 의 의

필수유지업무협정이 체결되지 아니하였을 경우에는, 노동관계당사자 쌍방 또는 일방은 노동위원회에 필수유지업무결정에 대한 신청을 하여야 한다(노조법 제42조의4 제1항). 신청을 받은 노동위원회는 사업 또는 사업장별 필수유지업무의 특성 및 내용 등을 고려하여 필수유지업무의 필요 최소한의 유지·운영수준, 대상직무 및 필요인원 등을 결정할 수 있다. 이에 따른 노동위원회의 결정은 특별조정위원회가 담당한다(노조법 제42조의4 제2항·제3항). 기출 15·17·20·21·23

(2) 당사자 간의 의견불일치

노동위원회의 결정에 대한 해석 또는 이행방법에 관하여 관계당사자 간에 의견이 일치하지 아니하는 경우에는 특별조정위원회의 해석에 따른다. 이 경우 특별조정위원회의 해석은 노동위원회의 필수유지업무결정과 동일한 효력이 있다(노조법 제42조의4 제4항).

(3) 불복절차

노동위원회의 결정에 대한 불복절차 및 효력에 관하여는 제69조와 제70조 제2항의 규정을 준용한다(노조법 제42조의4 제5항). 따라서 노동위원회의 필수유지업무결정이 위법이거나 월권인 경우에 한하여 재심신청이나 행정소송을 제기할 수 있다(노조법 제69조).

필수유지업무 유지·운영수준 등의 결정신청 등(노조법 시행령 제22조의3)

① 노동관계당사자가 법 제42조의4 제1항에 따른 필수유지업무 유지·운영수준, 대상직무 및 필요인원 등의 결정(이하 "필수유지업무수준 등 결정")을 신청하면 관할 노동위원회는 지체 없이 그 신청에 대한 결정을 위한 특별조정위원회를 구성하여야 한다. 기출 24

② 노동위원회는 법 제42조의4 제2항에 따라 필수유지업무수준 등 결정을 하면 지체 없이 이를 서면으로 노동관계당사자에게 통보하여야 한다. 기출 21

③ 노동관계당사자의 쌍방 또는 일방은 제2항에 따른 결정에 대한 해석이나 이행방법에 관하여 노동관계당사자 간 의견이 일치하지 아니하면 노동관계당사자의 의견을 첨부하여 서면으로 관할 노동위원회에 해석을 요청할 수 있다.

④ 제3항에 따른 해석 요청에 대하여 법 제42조의4 제4항에 따라 해당 특별조정위원회가 해석을 하면 노동위원회는 지체 없이 이를 서면으로 노동관계당사자에게 통보하여야 한다.

⑤ 제1항에 따른 필수유지업무수준 등 결정의 신청절차는 고용노동부령으로 정한다.

5. 필수유지업무방해죄

(1) 의 의 기출 21

필수유지업무의 정당한 유지·운영을 정지·폐지 또는 방해하는 행위는 쟁의행위로서 이를 행할 수 없다(노조법 제42조의2 제2항). 이를 위반한 경우에는 3년 이하의 징역 또는 3천만원 이하의 벌금에 처한다(노조법 제89조 제1호).

(2) 필수유지업무방해죄의 성립요건

하급심 판례에 의하면 "필수유지업무방해죄의 성립을 위해서는 필수유지업무의 유지·운영을 정지·폐지 또는 방해하는 행위로 인하여 공중의 생명·건강 또는 신체의 안전이나 공중의 일상생활에 현저한 위험이 발생해야 한다"고 해석하거나, "필수유지업무의 유지·운영을 정지·폐지 또는 방해하는 행위가 있다고 평가하기 위해서는 단지 근로자가 필수유지업무에서 이탈하였다는 것만으로는 부족하고, 그로 인하여 공중의 생명·건강 또는 신체의 안전이나 공중의 일상생활에 현저한 위험이 발생해야 한다"고 해석하는 것이 타당하다고(인천지판 2015.6.19. 2015고정504) 한다.

> **필수유지업무방해죄의 판단기준**
> 필수유지업무방해죄에 대한 무죄를 선고한 이 판례의 입장(인천지판 2015.6.19. 2015고정504)은 대법원에서도 그대로 유지되었다(대판 2016.4.12. 2015도17326).

(3) 필수유지업무방해죄의 면책

1) 필수유지업무협정에 따른 쟁의행위

필수유지업무에 대한 노동위원회결정은 필수유지업무협정이 체결되지 아니하였을 경우 인정되는 수단이라는 점에서, 명문의 규정이 없더라도 필수유지업무협정에 따른 쟁의행위에도 면책이 인정된다고 하여야 한다.

2) 노동위원회결정에 따른 쟁의행위 기출 21

노동위원회의 결정이 있는 경우 그 결정에 따라 쟁의행위를 한 때에는 필수유지업무를 정당하게 유지·운영하면서 쟁의행위를 한 것으로 본다(노조법 제42조의5). 이 경우 노조법 제42조의2 제2항 위반죄는 성립하지 아니한다.

6. 필수유지업무 근로근무자의 지명

노동조합은 필수유지업무협정이 체결되거나 필수유지업무결정이 있는 경우 사용자에게 필수유지업무에 근무하는 조합원 중 쟁의행위기간 동안 근무하여야 할 조합원을 통보하여야 하며, 사용자는 이에 따라 근로자를 지명하고 이를 노동조합과 그 근로자에게 통보하여야 한다. 다만, 노동조합이 쟁의행위 개시 전까지 이를 통보하지 아니한 경우에는 사용자가 필수유지업무에 근무하여야 할 근로자를 지명하고 이를 노동조합과 그 근로자에게 통보하여야 한다(노조법 제42조의6 제1항). 기출 23·24 필수유지업무 근로자 통보·지명 시 노동조합과 사용자는 필수유지업무에 종사하는 근로자가 소속된 노동조합이 2개 이상인 경우에는 각 노동조합의 해당 필수유지업무에 종사하는 조합원 비율을 고려하여야 한다(노조법 제42조의6 제2항).

7. 필수유지업무 위반의 쟁의행위의 정당성

(1) 당사자의 협정 위반

당사자가 필수유지업무협정을 위반하였다고 반드시 쟁의행위의 정당성이 상실되는 것은 아니라고 보아야한다. 다만, 필수유지업무협정을 위반한 경우에는 협약 위반에 따른 채무불이행책임을 부담할 수 있다.

(2) 노동위원회결정 위반

노조법 제42조의5는 쟁의행위의 정당성에 대한 규정이 아니고, 노동위원회결정에 위반하였다고 쟁의행위의정당성이 상실되는 것은 아니라는 점에서 당사자의 협정 위반의 경우와 마찬가지로 보아야 한다. 정당성은실질적으로 필수유지업무의 정당한 유지·운영을 했는지에 따라 판단하여야 한다.

8. 관련 판례

필수유지업무는 공중의 생명·건강 또는 신체의 안전이나 공중의 일상생활을 현저히 위태롭게 하는 업무이므로 이에 대한 쟁의권 행사는 그 영향이 치명적일 수밖에 없다는 점에서 다른 업무영역의 근로자보다 쟁의권행사에 더 많은 제한을 가한다고 하더라도 그 차별의 합리성이 인정되므로 평등원칙을 위반한다고 볼 수없다(헌재 2011.12.29. 2010헌바385). **기출** 20

필수공익사업별 필수유지업무(노조법 시행령 [별표 1])

1. 철도사업과 도시철도사업의 필수유지업무
   가. 철도·도시철도차량의 운전업무
   나. 철도·도시철도차량 운행의 관제업무(정거장·차량기지 등에서 철도신호 등을 취급하는 운전취급업무를 포함)
   다. 철도·도시철도차량 운행에 필요한 전기시설·설비를 유지·관리하는 업무
   라. 철도·도시철도차량 운행과 이용자의 안전에 필요한 신호시설·설비를 유지·관리하는 업무
   마. 철도·도시철도차량 운행에 필요한 통신시설·설비를 유지·관리하는 업무 **기출** 23
   바. 안전운행을 위하여 필요한 차량의 일상적인 점검이나 정비업무
   사. 선로점검·보수업무
2. 항공운수사업의 필수유지업무
   가. 승객 및 승무원의 탑승수속업무
   나. 승객 및 승무원과 수하물 등에 대한 보안검색업무
   다. 항공기 조종업무
   라. 객실 승무업무 **기출** 24
   마. 비행계획 수립, 항공기 운항 감시 및 통제업무
   바. 항공기 운항과 관련된 시스템·통신시설의 유지·보수업무
   사. 항공기의 정비[창 정비(Depot Maintenance, 대규모 정비시설 및 장비를 운영하여 수행하는 최상위 정비단계)는제외] 업무
   아. 항공안전 및 보안에 관련된 법령, 국제협약 또는 취항국가의 요구에 따른 항공운송사업자의 안전 또는 보안조치와관련된 업무
   자. 항공기 유도 및 견인업무
   차. 항공기에 대한 급유 및 지상전원 공급업무
   카. 항공기에 대한 제설·제빙업무
   타. 승객 승하기시설·차량 운전업무
   파. 수하물·긴급물품의 탑재·하역업무
   하. 항공법 제2조 제16호에 따른 항행안전시설과 항공기 이·착륙시설의 유지·운영(관제를 포함)을 위한 업무

---

3. 수도사업의 필수유지업무

    가. 취수·정수(소규모 자동화 정수설비를 포함)·가압·배수시설의 운영업무

    나. 수도시설 통합시스템과 계측·제어설비의 운영업무

    다. 수도시설 긴급복구와 수돗물 공급을 위한 법정기준이나 절차 등의 준수를 위한 업무

4. 전기사업의 필수유지업무

    가. 발전부문의 필수유지업무

        1) 발전설비의 운전(운전을 위한 기술지원을 포함)업무

        2) 발전설비의 점검 및 정비(정비를 위한 기술·행정지원은 제외)업무와 안전관리업무

    나. 송전·변전 및 배전부문의 필수유지업무

        1) 지역전기 공급업무(무인변전소 순회·점검업무는 제외)

        2) 전력계통 보호를 위한 보호계전기 시험 및 정정업무

        3) 배전선개폐기 및 자동화시스템을 통한 배전설비의 감시·제어와 배전선로 긴급계통 전환업무

        4) 전력계통 보호를 위한 통신센터(전력계통원방감시제어장치를 포함) 운영업무

        5) 통신보안관제센터 운영업무

        6) 전력 공급 비상시 부하관리업무

        7) 송전·변전 및 배전설비의 긴급복구업무

    다. 전력거래부문의 필수유지업무

        1) 전력의 공급운영과 송전설비 계통운영의 제어업무

        2) 1주 이내의 단기 전력 수요 예측에 따른 전력계통의 안정적 운영계획 수립 등 급전 운영업무

        3) 전력계통 등의 운영을 위한 전산실 운영(출입보안관리를 포함)업무

5. 가스사업(액화석유가스사업은 제외)의 필수유지업무

    가. 천연가스의 인수(引受), 제조, 저장 및 공급업무

    나. 가목과 관련된 시설의 긴급정비 및 안전관리업무

6. 석유정제사업과 석유공급사업(액화석유가스사업을 포함)의 필수유지업무

    가. 석유(천연가스는 제외)의 인수, 제조, 저장 및 공급업무

    나. 가목과 관련된 시설의 긴급정비 및 안전관리업무

7. 병원사업의 필수유지업무

    가. 응급의료에 관한 법률 제2조 제2호에 따른 응급의료업무

    나. 중환자 치료·분만(신생아 간호를 포함)·수술·투석업무

    다. 가목과 나목의 업무수행을 지원하기 위한 마취, 진단검사(영상검사를 포함), 응급약제, 치료식 환자급식, 산소공급, 비상발전 및 냉난방업무

8. 혈액공급사업의 필수유지업무

    가. 채혈 및 채혈된 혈액의 검사업무

    나. 혈액관리법 제2조 제6호에 따른 혈액제제(수혈용에 한정) 제조업무

    다. 혈액 및 혈액제제의 수송업무

9. 한국은행사업의 필수유지업무

    가. 한국은행법 제6조, 제28조와 제29조에 따른 통화신용정책과 한국은행 운영에 관한 업무

    나. 한국은행법 제47조부터 제86조까지의 규정에 따른 다음의 업무

        1) 한국은행이 수행하는 한국은행권 발행업무

        2) 금융기관의 예금과 예금지급 준비업무

        3) 금융기관에 대한 대출·지급결제 등의 업무

    다. 가목과 나목의 업무수행을 지원하기 위한 각종 전산시스템 운영·통신 및 시설보호업무

    라. 다른 법령에 따라 한국은행에 위임 또는 위탁된 업무

10. 통신사업의 필수유지업무

    가. 기간망과 가입자망의 운영·관리업무

    나. 통신장애의 신고접수 및 수리업무

    다. 우편법 제14조에 따른 기본우편역무

    라. 우편법 제15조에 따른 부가우편역무 중 내용증명과 특별송달업무

I　서 설

노조법 제43조 제1항 및 제2항은 쟁의기간 중 대체근로 등을 제한하고 있는데, 이는 헌법상 보장된 노동3권을 보장하기 위함이다. 2006년 개정된 노조법에 의하면, 필수공익사업의 사용자가 쟁의행위기간 중에 한하여 당해 사업과 관계없는 자를 채용 또는 대체하거나 그 업무를 도급 또는 하도급주는 경우, 당해 사업 또는 사업장 파업참가자의 100분의 50을 초과하지 않는 범위 안에서 대체근로가 허용된다(노조법 제43조 제3항·제4항).

II　대체근로 등의 제한

사용자의 채용제한(노조법 제43조)
① 사용자는 쟁의행위기간 중 그 쟁의행위로 중단된 업무의 수행을 위하여 당해 사업과 관계없는 자를 채용 또는 대체할 수 없다.
② 사용자는 쟁의행위기간 중 그 쟁의행위로 중단된 업무를 도급 또는 하도급 줄 수 없다.

1. 사업과 관계없는 자의 대체 금지 `기출` 20

사용자는 쟁의행위기간 중 그 쟁의행위로 중단된 업무의 수행을 위하여 당해 사업과 관계없는 자를 채용 또는 대체할 수 없다(노조법 제43조 제1항). 즉, 쟁의행위로 중단된 업무의 수행을 위하여 사업 내부의 근로자를 투입하는 것은 허용되나, 사업 외부의 사람을 투입하는 것은 허용되지 아니한다.

2. 채용·대체의 허부범위

(1) 금지되는 채용·대체근로

1) 채용시기 불문

사용자가 노동조합이 쟁의행위에 들어가기 전에 근로자를 새로 채용하였다 하더라도 쟁의행위기간 중 쟁의행위에 참가한 근로자들의 업무를 수행케 하기 위하여 그 채용이 이루어졌고 그 채용한 근로자들로 하여금 쟁의행위기간 중 쟁의행위에 참가한 근로자들의 업무를 수행케 하였다면 노조법 제43조 제1항 위반죄를 구성하게 된다(대판 2000.11.28. 99도317).

2) 대체근로 실행

노조법 제43조는 쟁의행위를 보장하기 위한 규정이므로, 실제로 대체근로가 행하여져야만 노조법 제43조 제1항 위반이 된다. 따라서 그러하지 아니한 경우에는 동조 위반죄가 성립하지 아니한다.

(2) 허용되는 채용·대체근로

노조법 제43조 제1항은 노동조합의 쟁의행위권을 보장하기 위한 것으로서 쟁의행위권의 침해를 목적으로 하지 않는 사용자의 정당한 인사권 행사까지 제한하는 것은 아니므로, 자연감소에 따른 인원 충원 등 쟁의행위와 무관하게 이루어지는 신규채용은 쟁의행위기간 중이라 하더라도 가능하다(대판 2008.11.13. 2008도4831).

(3) 관련 판례

판례에 의하면 사용자는 쟁의행위기간 중 그 쟁의행위로 중단된 업무의 수행을 위하여 당해 사업과 관계없는 자를 채용 또는 대체할 수 없으므로 사용자가 당해 사업과 관계없는 자를 쟁의행위로 중단된 업무의 수행을 위하여 채용 또는 대체하는 경우, 쟁의행위에 참가한 근로자들이 위법한 대체근로를 저지하기 위하여 상당한 정도의 실력을 행사하는 것은 쟁의행위가 실효를 거둘 수 있도록 하기 위하여 마련된 위 규정의 취지에 비추어 정당행위로서 위법성이 조각되고, 위법한 대체근로를 저지하기 위한 실력행사가 사회통념에 비추어 용인될 수 있는 행위로서 정당행위에 해당하는지는 그 경위, 목적, 수단과 방법, 그로 인한 결과 등을 종합적으로 고려하여 구체적인 사정 아래서 합목적적·합리적으로 고찰하여 개별적으로 판단하여야 한다고(대판 2020.9.3. 2015도1927) 판시하고 있다.

3. 도급 등의 금지 기출 20

사용자는 쟁의행위기간 중 그 쟁의행위로 중단된 업무를 도급 또는 하도급 줄 수 없다(노조법 제43조 제2항). 파견사업주는 쟁의행위 중인 사업장에 그 쟁의행위로 중단된 업무의 수행을 위하여 근로자를 파견하여서는 아니된다(파견법 제16조 제1항).

Ⅲ 필수공익사업에서 일부 대체근로 등의 허용

사용자의 채용제한(노조법 제43조)

③ 제1항 및 제2항의 규정은 필수공익사업의 사용자가 쟁의행위기간 중에 한하여 당해 사업과 관계없는 자를 채용 또는 대체하거나 그 업무를 도급 또는 하도급 주는 경우에는 적용하지 아니한다.

④ 제3항의 경우 사용자는 당해 사업 또는 사업장 파업참가자의 100분의 50을 초과하지 않는 범위 안에서 채용 또는 대체하거나 도급 또는 하도급 줄 수 있다. 이 경우 파업참가자 수의 산정방법 등은 대통령령으로 정한다.

공익사업의 범위등(노조법 제71조)

② 이 법에서 "필수공익사업"이라 함은 공익사업으로서 그 업무의 정지 또는 폐지가 공중의 일상생활을 현저히 위태롭게 하거나 국민경제를 현저히 저해하고 그 업무의 대체가 용이하지 아니한 다음 각 호의 사업을 말한다.
1. 철도사업, 도시철도사업 및 항공운수사업
2. 수도사업, 전기사업, 가스사업, 석유정제사업 및 석유공급사업
3. 병원사업 및 혈액공급사업
4. 한국은행사업
5. 통신사업

파업참가자 수의 산정방법(노조법 시행령 제22조의4)

① 법 제43조 제4항 후단에 따른 파업참가자 수는 근로의무가 있는 근로시간 중 파업참가를 이유로 근로의 일부 또는 전부를 제공하지 아니한 자의 수를 1일 단위로 산정한다.

② 사용자는 제1항에 따른 파업참가자 수 산정을 위하여 필요한 경우 노동조합에 협조를 요청할 수 있다.

1. 의 의

필수공익사업의 사용자가 쟁의행위기간 중에 한하여 당해 사업과 관계없는 자를 채용 또는 대체하거나 그 업무를 도급 또는 하도급주는 경우, 사용자는 당해 사업 또는 사업장 파업참가자의 100분의 50을 초과하지 않는 범위 안에서 채용 또는 대체하거나 도급 또는 하도급 줄 수 있다(노조법 제43조 제3항·제4항). 기출 20·21·22

2. 필수공익사업의 범위

필수공익사업이라 함은 공익사업으로서 그 업무의 정지 또는 폐지가 공중의 일상생활을 현저히 위태롭게 하거나 국민경제를 현저히 저해하고 그 업무의 대체가 용이하지 아니한 ① 철도사업, 도시철도사업 및 항공운수사업, ② 수도사업, 전기사업, 가스사업, 석유정제사업 및 석유공급사업, ③ 병원사업 및 혈액공급사업, ④ 한국은행사업, ⑤ 통신사업을 말한다(노조법 제71조 제2항).

3. 대체근로자 수의 제한

필수공익사업의 경우 사용자는 당해 사업 또는 사업장 파업참가자의 100분의 50을 초과하지 않는 범위 안에서 대체근로가 허용된다(노조법 제43조 제4항). 이 경우 파업참가자 수는 근로의무가 있는 근로시간 중 파업참가를 이유로 근로의 일부 또는 전부를 제공하지 아니한 자의 수를 1일 단위로 산정한다(노조법 시행령 제22조의4). 다만, 필수공익사업일지라도 근로자파견을 통한 대체근로는 여전히 제한된다(파견법 제16조 제1항). 기출 20

Ⅳ 위반의 효과

1. 부당노동행위의 구성

판례에 의하면 산업별 노동조합이 총파업이 아닌 사내하청지회에 한정한 쟁의행위를 예정하고 지회에 소속된 조합원을 대상으로 찬반투표를 실시하여 그 조합원 과반수의 찬성을 얻어 쟁의행위를 하자 사업주가 쟁의기간 중에 근로자를 신규채용한 경우, 이는 노동조합의 조직·운영에 관여한 행위로서 부당노동행위에 해당할 수 있다고(대판 2009.6.23. 2007두12859) 한다.

2. 벌 칙

사용자가 쟁의기간 중 대체근로 제한규정을 위반한 경우에는 1년 이하의 징역 또는 1천만원 이하의 벌금에 처한다(노조법 제43조, 제91조).

✔ **핵심문제**

01 노동조합 및 노동관계조정법령상 쟁의행위에 관한 설명으로 옳지 않은 것은?

① 교섭대표노동조합이 결정된 경우에는, 교섭대표노동조합 전체 조합원의 직접·비밀·무기명대표에 의한 과반수의 찬성으로 결정하지 아니하면 쟁의행위를 할 수 없다.

② 쟁의행위는 생산 기타 주요업무에 관련되는 시설과 이에 준하는 시설로서 대통령령이 정하는 시설을 점거하는 형태로 이를 행할 수 없다.

③ 사업장의 안전보호시설에 대하여 정상적인 유지·운영을 방해하는 행위는 쟁의행위로서 이를 행할 수 없다.

④ 사용자는 쟁의행위에 참가하여 근로를 제공하지 아니한 근로자에 대하여는 그 기간 중의 임금을 지급할 의무가 없다.

⑤ 노동조합은 쟁의행위기간에 대한 임금의 지급을 요구하여 이를 관철할 목적으로 쟁의행위를 하여서는 아니 된다.

[해설]

노동조합의 쟁의행위는 <u>그 조합원(교섭대표노동조합이 결정된 경우에는 그 절차에 참여한 노동조합의 전체 조합원)의 직접·비밀·무기명투표에 의한 조합원 과반수의 찬성</u>으로 결정하지 아니하면 이를 행할 수 없다. 이 경우 조합원 수 산정은 <u>종사근로자인 조합원을 기준으로</u>한다(노조법 제41조 제1항). 따라서 전체 조합원이 아닌 그 절차에 참여한 노동조합의 전체 조합원이 옳다.

정답 ①

02 노동조합 및 노동관계조정법령상 쟁의행위의 절차에 관한 설명으로 옳지 않은 것은?(다툼이 있으면 판례에 따름)

① 노동조합의 쟁의행위는 그 조합원의 직접·비밀·무기명투표에 의한 조합원 과반수의 찬성으로 결정하지 아니하면 이를 행할 수 없다.

② 교섭대표노동조합이 결정된 경우에는, 그 절차에 참여한 노동조합의 전체 조합원의 직접·비밀·무기명투표에 의한 과반수의 찬성으로 결정하지 아니하면 쟁의행위를 할 수 없다.

③ 업종별 노동조합의 경우에는, 총파업이 아닌 이상 쟁의행위를 예정하고 있는 당해 지부나 분회 소속 조합원의 과반수의 찬성이 있으면 쟁의행위는 절차적으로 적법하다.

④ 쟁의행위를 위한 찬반투표절차를 거치지 아니한 경우, 조합원의 민주적 의사결정이 실질적으로 확보되었다고 볼 수 있는 때에는 그 절차를 따를 수 없는 객관적인 사정이 없더라도 그 쟁의행위는 정당성을 상실하지 않는다.

⑤ 근로자들이 찬반투표절차를 거쳐 정당한 쟁의행위를 개시한 후 쟁의사항과 밀접하게 관련된 새로운 쟁의사항이 부가된 경우에는, 근로자들이 새로이 부가된 사항에 대하여 쟁의행위를 위한 별도의 찬반투표절차를 거쳐야 할 의무가 있다고 할 수 없다.

[해설]

<u>쟁의행위를 함에 있어 조합원의 직접·비밀·무기명투표에 의한 찬성결정이라는 절차를 거쳐야 한다는</u> 노조법 규정은 노동조합의 자주적이고 민주적인 운영을 도모함과 아울러 쟁의행위에 참가한 근로자들이 사후에 그 쟁의행위의 정당성 유무와 관련하여 어떠한 불이익을 당하지 않도록 그 개시에 관한 조합의사의 결정에 보다 신중을 기하기 위하여 마련된 규정이므로 위의 <u>절차를 위반한 쟁의행위는 그 절차를 따를 수 없는 객관적인 사정이 인정되지 아니하는 한 정당성이 상실된다</u>(대판 2001.10.25. 99도4837[전합]).

정답 ④

CHAPTER
04 단체행동권

01 기출 24

☑확인Check! ○ △ ✕

노동조합 및 노동관계조정법령상 쟁의행위에 관한 설명으로 옳지 않은 것은?

① 작업시설의 손상이나 원료·제품의 변질 또는 부패를 방지하기 위한 작업은 쟁의행위 기간 중에도 정상적으로 수행되어야 한다.

② 행정관청은 쟁의행위가 그 쟁의행위와 관계없는 자의 정상적인 업무를 방해하는 방법으로 행하여지는 경우 즉시 관할 노동위원회에 신고하여야 한다.

③ 쟁의행위는 근로를 제공하고자 하는 자의 출입·조업을 방해하는 방법으로 행하여져서는 아니 된다.

④ 근로자는 쟁의행위 기간 중에는 현행범 외에는 노동조합 및 노동관계조정법 위반을 이유로 구속되지 아니한다.

⑤ 사용자는 노동조합이 쟁의행위를 개시한 이후에만 직장폐쇄를 할 수 있다.

02 기출 24

☑확인Check! ○ △ ✕

노동조합 및 노동관계조정법상 쟁의행위에 관한 설명으로 옳지 않은 것은?

① 노동조합은 쟁의행위 기간에 대한 임금의 지급을 요구하여 이를 관철할 목적으로 쟁의행위를 하여서는 아니 된다.

② 방위사업법에 의하여 지정된 주요방위산업체에 종사하는 근로자 중 전력, 용수 및 주로 방산물자를 생산하는 업무에 종사하는 자는 쟁의행위를 할 수 없다.

③ 쟁의행위는 생산 기타 주요업무에 관련되는 시설과 이에 준하는 시설로서 대통령령이 정하는 시설을 점거하는 형태로 이를 행할 수 없다.

④ 노동관계 당사자는 노동쟁의가 발생한 때에는 어느 일방이 이를 상대방에게 서면으로 통보하여야 한다.

⑤ 노동위원회는 쟁의행위가 안전보호시설에 대하여 정상적인 유지·운영을 정지·폐지 또는 방해하는 행위에 해당한다고 인정하는 경우에는 그 행위를 중지할 것을 통보하여야 한다.

정답 및 해설

01

① (○) 노조법 제38조 제2항

② (✕) 사용자는 쟁의행위가 그 쟁의행위와 관계없는 자의 정상적인 업무를 방해하는 방법으로 행하여지는 경우 즉시 그 상황을 행정관청과 관할 노동위원회에 신고하여야 한다(노조법 시행령 제18조 제1항, 노조법 제38조 제1항).

③ (○) 쟁의행위는 그 쟁의행위와 관계없는 자 또는 근로를 제공하고자 하는 자의 출입·조업 기타 정상적인 업무를 방해하는 방법으로 행하여져서는 아니 되며 쟁의행위의 참가를 호소하거나 설득하는 행위로서 폭행·협박을 사용하여서는 아니 된다(노조법 제38조 제1항).

④ (○) 노조법 제39조

⑤ (○) 노조법 제46조 제1항

정답 ②

02

① (○) 노조법 제44조 제2항

② (○) 방위사업법에 의하여 지정된 주요방위산업체에 종사하는 근로자 중 전력, 용수 및 주로 방산물자를 생산하는 업무에 종사하는 자는 쟁의행위를 할 수 없으며 주로 방산물자를 생산하는 업무에 종사하는 자의 범위는 대통령령으로 정한다(노조법 제41조 제2항).

③ (○) 쟁의행위는 폭력이나 파괴행위 또는 생산 기타 주요업무에 관련되는 시설과 이에 준하는 시설로서 대통령령이 정하는 시설을 점거하는 형태로 이를 행할 수 없다(노조법 제42조 제1항).

④ (○) 노조법 제45조 제1항

⑤ (✕) 사업장의 안전보호시설에 대하여 정상적인 유지·운영을 정지·폐지 또는 방해하는 행위는 쟁의행위로서 이를 행할 수 없다. 행정관청은 쟁의행위가 이에 해당한다고 인정하는 경우에는 노동위원회의 의결을 얻어 그 행위를 중지할 것을 통보하여야 한다(노조법 제42조 제2항, 제3항 본문).

정답 ⑤

03 기출 24

☑ 확인 Check! ○ △ ✕

노동조합 및 노동관계조정법령상 필수유지업무에 관한 설명으로 옳지 않은 것은?

① 객실승무 업무는 항공운수사업의 필수유지업무에 해당한다.
② 필수유지업무의 정당한 유지·운영을 정지·폐지 또는 방해하는 쟁의행위는 할 수 없다.
③ 노동관계 당사자는 쟁의행위기간 동안 필수유지업무의 정당한 유지·운영을 위하여 필수유지업무협정을 쌍방이 서명 또는 날인하여 서면으로 체결하여야 한다.
④ 사용자는 필수유지업무협정이 체결된 경우 필수유지업무에 근무하는 조합원 중 쟁의행위기간 동안 근무하여야 할 조합원을 노동위원회에 통보하여야 한다.
⑤ 노동관계 당사자가 필수유지업무 유지·운영 수준, 대상직무 및 필요인원 등의 결정을 신청하면 관할 노동위원회는 지체 없이 그 신청에 대한 결정을 위한 특별조정위원회를 구성하여야 한다.

03

① (○) 객실승무 업무는 노조법 시행령 [별표 1]에서 정한 필수유지업무에 해당한다.
② (○) 노조법 제42조의2 제2항
③ (○) 노동관계 당사자는 쟁의행위기간 동안 필수유지업무의 정당한 유지·운영을 위하여 필수유지업무의 필요최소한의 유지·운영 수준, 대상직무 및 필요인원 등을 정한 협정(이하 "필수유지업무협정")을 서면으로 체결하여야 한다. 이 경우 필수유지업무협정에는 노동관계 당사자 쌍방이 서명 또는 날인하여야 한다(노조법 제42조의3).
④ (✕) 노동조합은 필수유지업무협정이 체결되거나 필수유지업무에 대한 노동위원회의 결정이 있는 경우 사용자에게 필수유지업무에 근무하는 조합원 중 쟁의행위기간 동안 근무하여야 할 조합원을 통보하여야 하며, 사용자는 이에 따라 근로자를 지명하고 이를 노동조합과 그 근로자에게 통보하여야 한다(노조법 제42조의6 제1항 본문).
⑤ (○) 노조법 시행령 제22조의3 제1항

정답 ④

➕ PLUS

필수공익사업별 필수유지업무 중 항공운수사업의 필수유지업무(노조법 시행령 [별표 1])

2. 항공운수사업의 필수유지업무
   가. 승객 및 승무원의 탑승수속 업무
   나. 승객 및 승무원과 수하물 등에 대한 보안검색 업무
   다. 항공기 조종 업무
   라. 객실승무 업무
   마. 비행계획 수립, 항공기 운항 감시 및 통제 업무
   바. 항공기 운항과 관련된 시스템·통신시설의 유지·보수 업무
   사. 항공기의 정비[창정비(Depot Maintenance, 대규모 정비시설 및 장비를 운영하여 수행하는 최상위정비 단계)는 제외] 업무
   아. 항공안전 및 보안에 관련된 법령, 국제협약 또는 취항 국가의 요구에 따른 항공운송사업자의 안전 또는 보안 조치와 관련된 업무
   자. 항공기 유도 및 견인 업무
   차. 항공기에 대한 급유 및 지상전원 공급 업무
   카. 항공기에 대한 제설·제빙 업무
   타. 승객 승하기 시설·차량 운전 업무
   파. 수하물·긴급물품의 탑재·하역 업무
   하. 항공법 제2조 제16호에 따른 항행안전시설과 항공기 이·착륙시설의 유지·운영(관제를 포함)을 위한 업무

04 기출 24

☑ 확인Check! O △ X

노동조합 및 노동관계조정법상 위반 행위에 대하여 벌칙이 적용되지 않는 것은?

① 조합원이 노동조합에 의하여 주도되지 아니한 쟁의행위를 한 경우
② 노동조합 및 노동관계조정법에 의하여 설립된 노동조합이 아니면서 노동조합이라는 명칭을 사용한 경우
③ 노동조합이 사용자의 점유를 배제하여 조업을 방해하는 형태로 쟁의행위를 한 경우
④ 확정된 부당노동행위 구제명령에 위반한 경우
⑤ 조합원의 직접·비밀·무기명투표에 의한 조합원 과반수의 찬성으로 결정하지 아니한 쟁의행위를 행한 경우

04

① (O) 3년 이하의 징역 또는 3천만원 이하의 벌금에 처한다(노조법 제89조 제1호, 제37조 제2항).
② (O) 500만원 이하의 벌금에 처한다(노조법 제93조 제1호, 제7조 제3항).
③ (X) 노조법 제37조 제3항의 규정("노동조합은 사용자의 점유를 배제하여 조업을 방해하는 형태로 쟁의행위를 해서는 아니 된다")을 위반한 자에 대한 벌칙규정은 규정되어 있지 아니하다.
④ (O) 3년 이하의 징역 또는 3천만원 이하의 벌금에 처한다(노조법 제89조 제2호, 제85조 제3항, 제29조의4 제4항).
⑤ (O) 1년 이하의 징역 또는 1천만원 이하의 벌금에 처한다(노조법 제91조, 제41조 제1항).

정답 ③

05 기출 23

☑ 확인Check! O △ X

노동조합 및 노동관계조정법령상 쟁의행위에 관한 설명으로 옳지 않은 것은?(다툼이 있으면 판례에 따름)

① 노동조합은 사용자의 점유를 배제하여 조업을 방해하는 형태로 쟁의행위를 해서는 아니 된다.
② 쟁의행위가 사업장의 안전보호시설에 대하여 정상적인 운영을 방해하는 행위로 행하여지는 경우에 사용자가 행정관청과 관할 노동위원회에 하여야 할 신고는 전화로도 가능하다.
③ 피케팅은 파업에 가담하지 않고 조업을 계속하려는 자에 대하여 평화적 설득, 구두와 문서에 의한 언어적 설득의 범위 내에서 정당성이 인정되는 것이 원칙이고, 위력에 의한 물리적 강제는 정당화될 수 없다.
④ 사업장의 안전보호시설의 정상적인 유지·운영을 정지하는 쟁의행위에 대하여 노동위원회는 그 의결로 쟁의행위의 중지를 통보하여야 한다.
⑤ 방위사업법에 의하여 지정된 주요방위산업체에 종사하는 근로자 중 방산물자의 완성에 필요한 정비 업무에 종사하는 자는 쟁의행위를 할 수 없다.

05

① (O) 노조법 제37조 제3항
② (O) 사용자는 쟁의행위가 사업장의 안전보호시설에 대하여 정상적인 유지·운영을 정지·폐지 또는 방해하는 행위로 행하여지는 경우에는 즉시 그 상황을 서면·구두 또는 전화 기타의 적당한 방법으로 행정관청과 관할 노동위원회에 신고하여야 한다(노조법 제42조 제2항, 동법 시행령 제18조).
③ (O) 파업의 보조적 쟁의수단인 피케팅은 파업에 가담하지 않고 조업을 계속하려는 자에 대하여 평화적 설득, 구두와 문서에 의한 언어적 설득의 범위 내에서 정당성이 인정되는 것이고, 폭행, 협박 또는 위력에 의한 실력저지나 물리적 강제는 정당화될 수 없다(대판 1990.10.12. 90도1431).
④ (X) 행정관청은 쟁의행위가 사업장의 안전보호시설에 대하여 정상적인 유지·운영을 정지·폐지 또는 방해하는 행위에 해당한다고 인정하는 경우에는 노동위원회의 의결을 얻어 그 행위를 중지할 것을 통보하여야 한다(노조법 제42조 제3항 본문).
⑤ (O) 방위사업법에 의하여 지정된 주요방위산업체에 종사하는 근로자 중 전력, 용수 및 방산물자의 완성에 필요한 제조·가공·조립·정비·재생·개량·성능검사·열처리·도장·가스취급 등의 업무에 종사하는 자는 쟁의행위를 할 수 없다(노조법 제41조 제2항, 동법 시행령 제20조).

정답 ④

노동조합 및 노동관계조정법령상 필수유지업무 및 필수유지업무 협정 등에 관한 설명으로 옳지 않은 것은?

① 철도 차량 운행에 필요한 통신시설을 유지·관리하는 업무는 철도사업의 필수유지 업무에 해당한다.

② 필수유지업무협정은 노동관계 당사자가 서면으로 체결하여야 하고, 쌍방이 서명 또는 날인하여야 한다.

③ 노동관계 당사자 쌍방 또는 일방은 필수유지업무협정이 체결되지 아니하는 때에는 노동위원회에 필수유지업무의 대상직무 등의 결정을 신청하여야 한다.

④ 노동관계 당사자가 필수유지업무 수준 등 결정 신청을 하는 경우 그 결정은 공익사업의 노동쟁의 조정을 위한 노동위원회의 특별조정위원회가 담당한다.

⑤ 노동조합이 쟁의행위 개시 전까지 쟁의행위기간 동안 근무하여야 할 조합원을 통보하지 아니한 경우 사용자의 신청에 의하여 노동위원회가 필수유지업무에 근무하여야 할 근로자를 지명하고 이를 노동조합과 그 근로자에게 통보하여야 한다.

06

① (○) 노조법 제42조의2 제1항, 동법 시행령 제22조의2에 의한 [별표 1]

② (○) 노동관계 당사자는 쟁의행위기간 동안 필수유지업무의 정당한 유지·운영을 위하여 필수유지업무의 필요최소한의 유지·운영 수준, 대상직무 및 필요인원 등을 정한 협정을 서면으로 체결하여야 한다. 이 경우 필수유지업무협정에는 노동관계 당사자 쌍방이 서명 또는 날인하여야 한다(노조법 제42조의3).

③ (○) 노동관계 당사자 쌍방 또는 일방은 필수유지업무협정이 체결되지 아니하는 때에는 노동위원회에 필수유지업무의 필요 최소한의 유지·운영 수준, 대상직무 및 필요인원 등의 결정을 신청하여야 한다(노조법 제42조의4 제1항).

④ (○) 노동관계 당사자가 필수유지업무 수준 등 결정 신청을 하는 경우 그 결정은 공익사업의 노동쟁의의 조정을 위하여 노동위원회에 설치한 특별조정위원회가 담당한다(노조법 제42조의4 제3항, 제72조).

⑤ (✕) 노동조합은 필수유지업무협정이 체결되거나 필수유지업무 수준 등 결정신청에 따른 노동위원회의 결정이 있는 경우, 사용자에게 필수유지업무에 근무하는 조합원 중 쟁의행위기간 동안 근무하여야 할 조합원을 통보하여야 하며, 사용자는 이에 따라 근로자를 지명하고 이를 노동조합과 그 근로자에게 통보하여야 한다. 다만, 노동조합이 쟁의행위 개시 전까지 이를 통보하지 아니한 경우에는 사용자가 필수유지업무에 근무하여야 할 근로자를 지명하고 이를 노동조합과 그 근로자에게 통보하여야 한다(노조법 제42조의6 제1항).

정답 ⑤

➕ PLUS

필수공익사업별 필수유지업무(노조법 시행령 [별표 1])

1. 철도사업과 도시철도사업의 필수유지업무

   가. 철도·도시철도 차량의 운전업무

   나. 철도·도시철도 차량 운행의 관제 업무(정거장·차량기지 등에서 철도신호 등을 취급하는 운전취급 업무를 포함)

   다. 철도·도시철도 차량 운행에 필요한 전기시설·설비를 유지·관리하는 업무

   라. 철도·도시철도 차량 운행과 이용자의 안전에 필요한 신호시설·설비를 유지·관리하는 업무

   마. 철도·도시철도 차량 운행에 필요한 통신시설·설비를 유지·관리하는 업무

   바. 안전운행을 위하여 필요한 차량의 일상적인 점검이나 정비업무

   사. 선로점검·보수 업무

07 기출 23

☑ 확인Check! ○ △ ✕

노동조합 및 노동관계조정법상 쟁의행위에 관한 설명으로 옳지 않은 것은?(다툼이 있으면 판례에 따름)

① 조합원은 노동조합에 의하여 주도되지 아니한 쟁의행위를 하여서는 아니 된다.

② 노동조합은 쟁의행위가 적법하게 수행될 수 있도록 지도·관리·통제할 책임이 있다.

③ 조합원의 민주적 의사결정이 실질적으로 확보된 때에는 쟁의행위 찬반투표절차를 거치지 아니하였다는 사정만으로 쟁의행위의 정당성이 상실되지 아니한다.

④ 사용자는 노동조합이 쟁의행위를 개시한 이후에만 직장폐쇄를 할 수 있다.

⑤ 노동조합은 쟁의행위 기간에 대한 임금의 지급을 요구하여 이를 관철할 목적으로 쟁의행위를 하여서는 아니 된다.

07

① (○) 노조법 제37조 제2항
② (○) 노조법 제38조 제3항
③ (✕) 조합원의 직접·비밀·무기명 투표에 의한 과반수의 찬성결정을 거치지 아니하고 쟁의행위에 나아간 경우에 조합원의 민주적 의사결정이 실질적으로 확보되었더라도 <u>위와 같은 투표절차를 거치지 아니하였다면 쟁의행위는 정당성을 상실한다고 보아야</u>한다(대판 2001.10.25. 99도4837[전합]).
④ (○) 노조법 제46조 제1항
⑤ (○) 노조법 제44조 제2항

정답 ③

08 기출 22

☑ 확인Check! ○ △ ✕

노동조합 및 노동관계조정법상 사용자의 직장폐쇄에 관한 설명으로 옳지 않은 것은?(다툼이 있으면 판례에 따름)

① 사용자의 직장폐쇄가 정당한 쟁의행위로 평가받는 경우에는 사업장 내의 노조사무실 등 정상적인 노조활동에 필요한 시설이라 하더라도 조합원의 출입은 허용되지 않는다.

② 직장폐쇄의 개시 자체는 정당하더라도 근로자가 쟁의행위를 중단하고 진정으로 업무에 복귀할 의사를 표시하였음에도 사용자가 직장폐쇄를 계속 유지하면서 공격적 직장폐쇄의 성격으로 변질된 경우에는 그 이후의 직장폐쇄는 정당성을 상실하게 된다.

③ 사용자의 직장폐쇄는 근로자 측의 쟁의행위에 대한 대항·방위 수단으로서 상당성이 인정되는 경우에 한하여 정당한 쟁의행위로 평가받을 수 있다.

④ 사용자의 직장폐쇄가 정당한 쟁의행위로 인정되지 아니하는 때에는 적법한 쟁의행위로서 사업장을 점거 중인 근로자들이 사용자로부터 퇴거 요구를 받고 이에 불응한 채 직장점거를 계속하더라도 퇴거불응죄가 성립하지 아니한다.

⑤ 사용자의 직장폐쇄가 정당한 쟁의행위로 평가받을 때 비로소 사용자는 직장폐쇄 기간 동안의 대상 근로자에 대한 임금지불 의무를 면한다.

08

① (✕) 사용자의 직장폐쇄가 정당한 쟁의행위로 평가받는 경우에도 <u>사업장 내의 노조사무실 등 정상적인 노조활동에 필요한 시설, 기숙사 등 기본적인 생활근거지에 대한 출입은 허용되어야</u> 한다(대판 2010.6.10. 2009도12180).
② (○) 대판 2017.4.7. 2013다101425
③ (○) 사용자의 직장폐쇄는 노사 간의 교섭태도, 경과, 근로자 측 쟁의행위의 태양, 그로 인하여 사용자 측이 받는 타격의 정도 등에 관한 구체적 사정에 비추어 형평상 근로자 측의 쟁의행위에 대한 대항·방위 수단으로서 상당성이 인정되는 경우에 한하여 정당한 쟁의행위로 평가받을 수 있는 것이고, 사용자의 직장폐쇄가 정당한 쟁의행위로 인정되지 아니하는 때에는 적법한 쟁의행위로서 사업장을 점거 중인 근로자들이 직장폐쇄를 단행한 사용자로부터 퇴거 요구를 받고 이에 불응한 채 직장점거를 계속하더라도 <u>퇴거불응죄가 성립하지 아니한다</u>(대판 2007.12.28. 2007도5204).
④ (○) 대판 2007.12.28. 2007도5204
⑤ (○) 대판 2010.1.28. 2007다76566

정답 ①

09 기출 22

☑ 확인Check! ○ △ ✕

노동조합 및 노동관계조정법령상 노동조합이 쟁의행위를 하고자 할 경우에 행정관청과 관할노동위원회에 신고하여야 할 사항이 아닌 것은?

① 쟁의행위의 목적
② 쟁의행위의 일시
③ 쟁의행위의 장소
④ 쟁의행위의 참가인원
⑤ 쟁의행위의 방법

10 기출 22

☑ 확인Check! ○ △ ✕

노동조합 및 노동관계조정법상 쟁의행위에 관한 설명으로 옳은 것은?

① 근로자는 쟁의행위 기간 중에는 어떠한 경우라도 노동조합 및 노동관계조정법 위반을 이유로 구속되지 아니한다.
② 노동조합의 쟁의행위는 직접・비밀・무기명투표에 의한 종사근로자인 조합원 과반수의 찬성으로 결정하지 아니하면 이를 행할 수 없다.
③ 노동조합은 쟁의행위의 본질상 사용자의 점유를 배제하여 조업을 방해하는 형태로 쟁의행위를 할 수 있다.
④ 노동조합은 쟁의행위 기간에 대한 임금의 지급을 요구하여 이를 관철할 목적으로 쟁의행위를 할 수 있다.
⑤ 필수공익사업의 사용자는 쟁의행위 기간 중 그 쟁의행위로 중단된 업무의 수행을 위하여 당해 사업과 관계없는 자를 채용 또는 대체할 수 없다.

09

① (✕), ② (○), ③ (○), ④ (○), ⑤ (○)
노동조합은 쟁의행위를 하고자 할 경우에는 고용노동부령이 정하는 바에 따라 행정관청과 관할노동위원회에 쟁의행위의 일시・장소・참가인원 및 그 방법을 미리 서면으로 신고하여야 한다(노조법 시행령 제17조). 쟁의행위의 목적은 신고사항에 해당하지 아니한다.

정답 ①

10

① (✕) 근로자는 쟁의행위 기간 중에는 현행범 외에는 이 법 위반을 이유로 구속되지 아니므로(노조법 제39조), 현행범의 경우에는 구속될 수 있음을 유의하여야 한다.
② (○) 노동조합의 쟁의행위는 그 조합원의 직접・비밀・무기명투표에 의한 조합원 과반수의 찬성으로 결정하지 아니하면 이를 행할 수 없다. 이 경우 조합원 수 산정은 종사근로자인 조합원을 기준으로 한다(노조법 제41조 제1항).
③ (✕) 노동조합은 사용자의 점유를 배제하여 조업을 방해하는 형태로 쟁의행위를 해서는 아니 된다(노조법 제37조 제3항).
④ (✕) 노동조합은 쟁의행위 기간에 대한 임금의 지급을 요구하여 이를 관철할 목적으로 쟁의행위를 하여서는 아니 된다(노조법 제44조 제2항).
⑤ (✕) 필수공익사업의 사용자는 쟁의행위 기간 중에 한하여 당해 사업과 관계없는 자를 채용 또는 대체할 수 있다(노조법 제43조).

정답 ②

11 기출 22

☑확인 Check! ○ △ ✕

노동조합 및 노동관계조정법상 쟁의행위에 관한 설명으로 옳지 않은 것은?(다툼이 있으면 판례에 따름)

① 근로자의 쟁의행위가 정당한 것으로 인정받기 위해서는 그 목적이 근로조건의 향상을 위한 노사 간의 자치적 교섭을 조성하는 데에 있어야 한다.

② 노동조합 및 노동관계조정법상 적법한 절차를 거친 후 이루어진 쟁의행위에 대하여 쟁의발생 신고절차의 미준수만을 이유로 그 정당성을 부정할 수는 없다.

③ 쟁의행위 수단으로서 피케팅은 파업에 가담하지 않고 조업을 계속하려는 자에 대하여 평화적 설득, 구두와 문서에 의한 언어적 설득의 범위 내에서 정당성이 인정되는 것이 원칙이다.

④ 쟁의행위가 조정전치의 규정에 따른 절차를 거치지 않았더라도 무조건 정당성을 결여한 쟁의행위가 되는 것은 아니다.

⑤ 노동조합이 사용자가 수용할 수 없는 과다한 요구를 하였다면 그 쟁의행위의 목적의 정당성은 부정된다.

11

① (○) 대판 2018.2.13. 2014다33604

② (○) 노조법 시행령 제17조에서 규정하고 있는 쟁의행위의 일시·장소·참가인원 및 그 방법에 관한 서면신고의무는 쟁의행위를 함에 있어 그 세부적·형식적 절차를 규정한 것으로서, 쟁의행위에 적법성을 부여하기 위하여 필요한 본질적인 요소라고 할 것은 아니므로, 노동쟁의 조정신청이나 조합원들에 대한 쟁의행위 찬반투표 등의 절차를 거친 후 이루어진 이 사건 쟁의행위에 대하여 위와 같은 신고절차의 미준수만을 이유로 그 정당성을 부정할 수는 없다고 할 것이다(대판 2007.12.28. 2007도5204).

③ (○) 대판 1990.10.12. 90도1431

④ (○) 쟁의행위가 조정전치의 규정에 따른 절차를 거치지 아니하였다고 하여 무조건 정당성이 결여된 쟁의행위라고 볼 것이 아니고, 그 위반행위로 말미암아 사회·경제적 안정이나 사용자의 사업운영에 예기치 않은 혼란이나 손해를 끼치는 등 부당한 결과를 초래할 우려가 있는지의 여부 등 구체적 사정을 살펴서, 그 정당성 유무를 가려 형사상 죄책 유무를 판단하여야 할 것이다(대판 2000.10.13. 99도4812).

⑤ (✕) 노동조합이 회사로서는 수용할 수 없는 요구를 하고 있었다고 하더라도 이는 단체교섭의 단계에서 조정할 문제이지 노동조합 측으로부터 과다한 요구가 있었다고 하여 막바로 그 쟁의행위의 목적이 부당한 것이라고 해석할 수는 없다(대판 1992.1.21. 91누5204).

정답 ⑤

12 기출 21

☑확인 Check! ○ △ ✕

노동조합 및 노동관계조정법령상 쟁의행위에 관한 설명으로 옳지 않은 것은?

① 「방위사업법」에 의하여 지정된 주요방위산업체에 종사하는 근로자 중 방산물자의 완성에 필요한 개량업무에 종사하는 자는 쟁의행위를 할 수 없다.

② 근로자는 쟁의행위기간 중에는 현행범 외에는 노동조합 및 노동관계조정법 위반을 이유로 구속되지 아니한다.

③ 교섭대표노동조합이 결정된 경우에는 그 절차에 참여한 노동조합의 전체 조합원의 직접·비밀·무기명투표에 의한 과반수의 찬성으로 결정하지 아니하면 쟁의행위를 할 수 없다.

④ 필수공익사업의 사용자라 하더라도 쟁의행위기간 중에 그 쟁의행위로 중단된 업무를 도급 줄 수 없다.

⑤ 쟁의행위는 그 쟁의행위와 관계없는 자 또는 근로를 제공하고자 하는 자의 출입·조업 기타 정상적인 업무를 방해하는 방법으로 행하여져서는 아니 된다.

12

① (○) 방위사업법에 의하여 지정된 주요방위산업체에 종사하는 근로자 중 전력, 용수 및 방산물자의 완성에 필요한 제조·가공·조립·정비·재생·개량·성능검사·열처리·도장·가스취급 등의 업무에 종사하는 자는 쟁의행위를 할 수 없다(노조법 제41조 제2항, 동법 시행령 제20조).

② (○) 노조법 제39조

③ (○) 노조법 제41조 제1항 전문

④ (✕) 사용자의 채용제한에 대한 규정은 필수공익사업의 사용자가 쟁의행위기간 중에 한하여 당해 사업과 관계없는 자를 채용 또는 대체하거나 그 업무를 도급 또는 하도급 주는 경우에는 적용하지 아니한다(노조법 제43조 제3항).

⑤ (○) 노조법 제38조 제1항

정답 ④

13 기출 21

☑확인 Check! ○ △ X

노동조합 및 노동관계조정법상 직장폐쇄 등에 관한 설명으로 옳지 않은 것은?(다툼이 있으면 판례에 따름)

① 노동조합의 쟁의행위에 대한 방어적인 목적을 벗어나 적극적으로 노동조합의 조직력을 약화시키기 위한 목적 등을 갖는 공격적 직장폐쇄는 정당성이 인정될 수 없다.

② 적법하게 사업장을 점거 중인 근로자들이 사용자로부터 퇴거요구를 받고도 이에 불응한 채 직장점거를 계속하면 직장폐쇄의 정당성 여부와 관계없이 퇴거불응죄가 성립한다.

③ 사용자는 노동조합이 쟁의행위를 개시한 이후에만 직장폐쇄를 할 수 있다.

④ 직장폐쇄를 할 경우 사용자는 미리 행정관청 및 노동위원회에 각각 신고하여야 한다.

⑤ 직장폐쇄가 정당한 쟁의행위로 인정되는 경우 사용자는 직장폐쇄기간 동안의 대상근로자에 대한 임금지불의무를 면한다.

13

① (○) 대판 2003.6.13. 2003두1097

② (×) 근로자들의 직장점거가 개시 당시 적법한 것이었다 하더라도 사용자가 이에 대응하여 적법하게 직장폐쇄를 하게 되면, 사용자의 사업장에 대한 물권적 지배권이 전면적으로 회복되는 결과 사용자는 점거 중인 근로자들에 대하여 정당하게 사업장으로부터의 퇴거를 요구할 수 있고 퇴거를 요구받은 이후의 직장점거는 위법하게 되므로, 적법히 직장폐쇄를 단행한 사용자로부터 퇴거요구를 받고도 불응한 채 직장점거를 계속한 행위는 퇴거불응죄를 구성한다(대판 1991.8.13. 91도1324). 따라서 퇴거불응죄가 성립하기 위하여는 그 직장폐쇄의 정당성을 요한다고 할 것이다.

③ (○) 노조법 제46조 제1항

④ (○) 노조법 제46조 제2항

⑤ (○) 노조법 제46조에서 규정하는 사용자의 직장폐쇄가 사용자와 근로자의 교섭태도와 교섭과정, 근로자의 쟁의행위의 목적과 방법 및 그로 인하여 사용자가 받는 타격의 정도 등 구체적인 사정에 비추어 근로자의 쟁의행위에 대한 방어수단으로서 상당성이 있으면 사용자의 정당한 쟁의행위로 인정될 수 있고, 그 경우 사용자는 직장폐쇄기간 동안 대상근로자에 대한 임금지불의무를 면한다(대판 2017.4.7. 2013다101425).

정답 ②

14 기출 21

☑확인 Check! ○ △ X

노동조합 및 노동관계조정법령상 쟁의행위 등에 관한 설명으로 옳지 않은 것은?(다툼이 있으면 판례에 따름)

① 하나의 쟁의행위에서 추구되는 목적이 여러 가지이고 그중 일부가 정당하지 못한 경우에는 주된 목적 내지 진정한 목적의 당부에 의하여 그 쟁의목적의 당부를 판단하여야 한다.

② 산업별 노동조합의 경우에는 총파업이 아닌 이상 쟁의행위를 예정하고 있는 당해 지부나 분회 소속 조합원의 과반수의 찬성이 있으면 쟁의행위는 절차적으로 적법하다.

③ 조합원의 과반수의 찬성결정을 거치지 아니하고 쟁의행위에 나아간 경우 조합원의 민주적 의사결정이 실질적으로 확보되었다면 쟁의행위가 정당성을 상실하지 않는다.

④ 쟁의행위가 폭력이나 파괴행위의 형태로 행하여질 경우 사용자는 즉시 그 상황을 행정관청과 관할 노동위원회에 신고하여야 한다.

⑤ 사용자는 노동조합 및 노동관계조정법에 의한 쟁의행위로 인하여 손해를 입은 경우에 노동조합 또는 근로자에 대하여 그 배상을 청구할 수 없다.

14

① (○) 대판 1992.5.12. 91다34523

② (○) 대판 2009.6.23. 2007두12859

③ (×) 쟁의행위를 함에 있어 조합원의 직접·비밀·무기명투표에 의한 찬성결정이라는 절차를 거쳐야 한다는 노조법 제41조 제1항의 규정은 노동조합의 자주적이고 민주적인 운영을 도모함과 아울러 쟁의행위에 참가한 근로자들이 사후에 그 쟁의행위의 정당성 유무와 관련하여 어떠한 불이익을 당하지 않도록 그 개시에 관한 조합의사의 결정에 보다 신중을 기하기 위하여 마련된 규정이므로 위의 절차를 위반한 쟁의행위는 그 절차를 따를 수 없는 객관적인 사정이 인정되지 아니하는 한 정당성이 상실된다(대판 2001.10.25. 99도4837[전합]).

④ (○) 노조법 제42조 제1항, 동법 시행령 제18조 제1항

⑤ (○) 노조법 제3조

정답 ③

15 기출 21

☑확인Check! ○ △ ✕

노동조합 및 노동관계조정법령상 필수유지업무 등에 관한 설명으로 옳지 않은 것은?

① 필수공익사업의 모든 업무는 필수유지업무에 해당한다.

② 필수유지업무협정에는 노동관계당사자 쌍방이 서명 또는 날인하여야 한다.

③ 노동위원회는 노동조합 및 노동관계조정법상의 규정에 따라 필수유지업무수준 등 결정을 하면 지체 없이 이를 서면으로 노동관계당사자에게 통보하여야 한다.

④ 노동관계당사자 쌍방 또는 일방은 필수유지업무협정이 체결되지 아니하는 때에는 노동위원회에 필수유지업무의 필요 최소한의 유지·운영수준, 대상직무 및 필요인원 등의 결정을 신청하여야 한다.

⑤ 노동위원회의 필수유지업무수준 등 결정에 따라 쟁의행위를 한 때에는 필수유지업무를 정당하게 유지·운영하면서 쟁의행위를 한 것으로 본다.

15

① (✕) 필수유지업무라 함은 <u>필수공익사업의 업무 중 그 업무가 정지되거나 폐지되는 경우 공중의 생명·건강 또는 신체의 안전이나 공중의 일상생활을 현저히 위태롭게 하는 업무로서 대통령령이 정하는 업무</u>를 말한다(노조법 제42조의2 제1항).

② (○) 노동관계당사자는 쟁의행위기간 동안 필수유지업무의 정당한 유지·운영을 위하여 필수유지업무의 필요 최소한의 유지·운영수준, 대상직무 및 필요인원 등을 정한 협정(이하 "필수유지업무협정")을 서면으로 체결하여야 한다. 이 경우 필수유지업무협정에는 노동관계당사자 쌍방이 서명 또는 날인하여야 한다(노조법 제42조의3).

③ (○) 노조법 시행령 제22조의3 제2항

④ (○) 노조법 제42조의4 제1항

⑤ (○) 노조법 제42조의5

정답 ①

16 기출 21

☑확인Check! ○ △ ✕

다음 노동조합 및 노동관계조정법 조항의 규정을 위반한 자에 대해 동법에 벌칙규정이 없는 것은?

① 제37조 제2항(조합원은 노동조합에 의하여 주도되지 아니한 쟁의행위를 하여서는 아니 된다)

② 제38조 제2항(작업시설의 손상이나 원료·제품의 변질 또는 부패를 방지하기 위한 작업은 쟁의행위기간 중에도 정상적으로 수행되어야 한다)

③ 제38조 제3항(노동조합은 쟁의행위가 적법하게 수행될 수 있도록 지도·관리·통제할 책임이 있다)

④ 제42조의2 제2항(필수유지업무의 정당한 유지·운영을 정지·폐지 또는 방해하는 행위는 쟁의행위로서 이를 행할 수 없다)

⑤ 제44조 제2항(노동조합은 쟁의행위기간에 대한 임금의 지급을 요구하여 이를 관철할 목적으로 쟁의행위를 하여서는 아니 된다)

16

① (✕) 3년 이하의 징역 또는 3천만원 이하의 벌금에 처한다(노조법 제89조 제1호).

② (✕) 1년 이하의 징역 또는 1천만원 이하의 벌금에 처한다(노조법 제91조).

③ (○) 노조법 제38조 제3항의 규정을 위반한 자에 대한 벌칙규정은 명시되어 있지 아니하다.

④ (✕) 3년 이하의 징역 또는 3천만원 이하의 벌금에 처한다(노조법 제89조 제1호).

⑤ (✕) 2년 이하의 징역 또는 2천만원 이하의 벌금에 처한다(노조법 제90조).

정답 ③

벌칙(노조법 제88조)
제41조 제2항의 규정에 위반한 자는 5년 이하의 징역 또는 5천만원 이하의 벌금에 처한다.

벌칙(노조법 제89조)
다음 각 호의 어느 하나에 해당하는 자는 <u>3년 이하의 징역 또는 3천만원 이하의 벌금에 처한다.</u>
1. <u>제37조 제2항</u>, 제38조 제1항, 제42조 제1항 또는 <u>제42조의2 제2항</u>의 규정에 위반한 자
2. 제85조 제3항(제29조의4 제4항에서 준용하는 경우를 포함한다)에 따라 확정되거나 행정소송을 제기하여 확정된 구제명령에 위반한 자

벌칙(노조법 제90조)
<u>제44조 제2항</u>, 제69조 제4항, 제77조 또는 제81조 제1항의 규정에 위반한 자는 <u>2년 이하의 징역 또는 2천만원 이하의 벌금에</u> 처한다.

벌칙(노조법 제91조)
<u>제38조 제2항</u>, 제41조 제1항, 제42조 제2항, 제43조 제1항·제2항·제4항, 제45조 제2항 본문, 제46조 제1항 또는 제63조의 규정을 위반한 자는 <u>1년 이하의 징역 또는 1천만원 이하의 벌금에</u> 처한다.

벌칙(노조법 제92조)
다음 각 호의 1에 해당하는 자는 1천만원 이하의 벌금에 처한다.
1. 삭제 〈2021.1.5.〉
2. 제31조 제1항의 규정에 의하여 체결된 단체협약의 내용 중 다음 각 목의 1에 해당하는 사항을 위반한 자
    가. 임금·복리후생비, 퇴직금에 관한 사항
    나. 근로 및 휴게시간, 휴일, 휴가에 관한 사항
    다. 징계 및 해고의 사유와 중요한 절차에 관한 사항
    라. 안전보건 및 재해부조에 관한 사항
    마. 시설·편의 제공 및 근무시간 중 회의참석에 관한 사항
    바. 쟁의행위에 관한 사항
3. 제61조 제1항의 규정에 의한 조정서의 내용 또는 제68조 제1항의 규정에 의한 중재재정서의 내용을 준수하지 아니한 자

벌칙(노조법 제93조)
다음 각 호의 1에 해당하는 자는 500만원 이하의 벌금에 처한다.
1. 제7조 제3항의 규정에 위반한 자
2. 제21조 제1항·제2항 또는 제31조 제3항의 규정에 의한 명령에 위반한 자

17 기출 20

☑확인 Check! ○ △ ✕

노동조합 및 노동관계조정법상 필수유지업무에 관한 설명으로 옳지 않은 것은?(다툼이 있으면 판례에 따름)

① 필수유지업무란 필수공익사업의 업무 중 그 업무가 정지되거나 폐지되는 경우 공중의 생명·건강 또는 신체의 안전이나 공중의 일상생활을 현저히 위태롭게 하는 업무로서 대통령령이 정하는 업무를 말한다.

② 노동관계당사자는 필수유지업무의 필요 최소한의 유지·운영수준, 대상직무 및 필요인원 등을 정한 협정을 서면으로 체결하여야 한다.

③ 필수유지업무협정에는 노동관계당사자 쌍방이 서명 또는 날인하여야 한다.

④ 노동관계당사자 쌍방 또는 일방은 필수유지업무협정이 체결되지 아니하는 때에는 노동위원회에 필수유지업무의 필요 최소한의 유지·운영수준, 대상직무 및 필요인원 등의 결정을 신청하여야 한다.

⑤ 필수유지업무가 공중의 생명·건강 또는 신체의 안전이나 공중의 일상생활을 현저히 위태롭게 하는 업무라 하더라도 다른 업무영역의 근로자보다 쟁의권 행사에 더 많은 제한을 가하는 것은 평등원칙에 위반된다.

17

① (○) 노조법 제42조의2 제1항
② (○) 노조법 제42조의3 전문
③ (○) 노조법 제42조의3 후문
④ (○) 노조법 제42조의4 제1항
⑤ (✕) <u>필수유지업무는 공중의 생명·건강 또는 신체의 안전이나 공중의 일상생활을 현저히 위태롭게 하는 업무이므로 이에 대한 쟁의권 행사는 그 영향이 치명적일 수밖에 없다는 점에서 <u>다른 업무영역의 근로자보다 쟁의권 행사에 더 많은 제한을 가한다고 하더라도 그 차별의 합리성이 인정되므로 평등원칙을 위반한다고 볼 수 없다</u>(헌재 2011.12.29. 2010헌바385).

정답 ⑤

18 기출 20

☑확인 Check! ○ △ ✕

노동조합 및 노동관계조정법령상 사용자의 채용제한에 관한 내용으로 옳지 않은 것은?

① 사용자는 쟁의행위기간 중 그 쟁의행위로 중단된 업무를 도급 또는 하도급 줄 수 없다.

② 필수공익사업의 사용자는 쟁의행위기간 중에 한하여 당해 사업과 관계없는 자를 채용 또는 대체할 수 있다.

③ 필수공익사업의 경우 사용자는 당해 사업 또는 사업장 파업참가자의 100분의 50을 초과하지 않는 범위 안에서 도급 또는 하도급 줄 수 있다.

④ 필수공익사업의 사업 또는 사업장 파업참가자수는 근로의무가 있는 근로시간 중 파업 참가를 이유로 근로의 일부 또는 전부를 제공하지 아니한 자의 수를 7일 단위로 산정한다.

⑤ 사용자는 쟁의행위기간 중 그 쟁의행위로 중단된 업무의 수행을 위하여 당해 사업과 관계없는 자를 채용 또는 대체할 수 없다.

18

① (○) 노조법 제43조 제2항
② (○) 노조법 제43조 제3항
③ (○) 노조법 제43조 제4항
④ (✕) 필수공익사업의 사업 또는 사업장 파업참가자수는 근로의무가 있는 근로시간 중 파업 참가를 이유로 근로의 일부 또는 전부를 제공하지 아니한 자의 수를 <u>1일 단위로 산정한다</u>(노조법 시행령 제22조의4 제1항).
⑤ (○) 노조법 제43조 제1항

정답 ④

19 기출 19

☑ 확인Check! ○ △ ×

노동조합 및 노동관계조정법령상 쟁의행위와 임금에 관한 설명으로 옳지 않은 것은?(다툼이 있으면 판례에 따름)

① 사용자는 쟁의행위에 참가하여 근로를 제공하지 아니한 근로자에 대하여는 그 기간 중의 임금을 지급할 의무가 없다.
② 근로기준법상 유급휴일에 대한 법리는 휴직 등과 동일하게 근로자의 근로제공의무 등의 주된 권리·의무가 정지되어 근로자의 임금청구권이 발생하지 아니하는 쟁의행위인 파업에도 적용된다.
③ 근로를 불완전하게 제공하는 형태의 쟁의행위인 태업에도 근로제공이 일부 정지되는 것이라고 할 수 있으므로 무노동 무임금 원칙이 적용된다.
④ 노동조합은 쟁의행위기간에 대한 임금의 지급을 요구하여 이를 관철할 목적으로 쟁의행위를 하여서는 아니 된다.
⑤ 근로자가 유급휴가를 이용하여 파업에 참여하는 것은 정당한 유급휴가권의 행사로 볼 수 있으므로 파업기간 중에 포함된 유급휴가에 대한 임금청구권이 발생한다.

19

① (○) 노조법 제44조 제1항
② (○) 근로자의 근로제공의무 등의 주된 권리·의무가 정지되는 쟁의행위기간은 그 기간 중의 임금청구권이 발생하지 않고, 파업기간 중에 포함된 유급휴일에 대한 임금의 지급 역시 구할 수 없다(대판 2009.12.24. 2007다73277).
③ (○) 쟁의행위 시의 임금지급에 관하여 단체협약이나 취업규칙 등에서 이를 규정하거나 그 지급에 관한 당사자 사이의 약정이나 관행이 있다고 인정되지 아니하는 한, 근로자의 근로제공의무 등의 주된 권리·의무가 정지되어 근로자가 근로를 제공하지 아니한 쟁의행위기간 동안에는 근로제공의무와 대가관계에 있는 근로자의 주된 권리로서의 임금청구권은 발생하지 아니한다. 근로를 불완전하게 제공하는 형태의 쟁의행위인 태업(怠業)도 근로제공이 일부 정지되는 것이라고 할 수 있으므로, 여기에도 이러한 무노동 무임금 원칙이 적용된다고 봄이 타당하다(대판 2013.11.28. 2011다39946).
④ (○) 노조법 제44조 제2항
⑤ (×) 근로자가 유급휴가를 이용하여 파업에 참여하는 것은 평상적인 근로관계를 전제로 하는 유급휴가권의 행사라고 볼 수 없으므로 파업기간 중에 포함된 유급휴가에 대한 임금청구권 역시 발생하지 않는다(대판 2010.7.15. 2008다33399).

정답 ⑤

20 기출 18

☑ 확인Check! ○ △ ×

노동조합 및 노동관계조정법령상 사용자의 채용제한에 관한 설명으로 옳은 것을 모두 고른 것은?

ㄱ. 필수공익사업의 사용자는 쟁의행위기간 중에 한하여 그 쟁의행위로 중단된 업무의 수행을 위하여 당해 사업과 관계없는 자를 채용할 수 있으나 그 수의 제한이 있다.
ㄴ. 필수공익사업의 사용자라 하더라도 쟁의행위기간 중에 그 쟁의행위로 중단된 업무를 도급 줄 수 없다.
ㄷ. 필수공익사업의 파업참가자수는 근로의무가 있는 근로시간 중 파업참가를 이유로 근로의 일부 또는 전부를 제공하지 아니한 자의 수를 1일 단위로 산정한다.
ㄹ. 사용자는 당해 사업과 관계 있는 자라 하더라도 비노동조합원을 쟁의기간 중 쟁의행위로 중단된 업무의 수행을 위하여 대체할 수 없다.

① ㄱ, ㄴ
② ㄱ, ㄷ
③ ㄱ, ㄹ
④ ㄴ, ㄷ
⑤ ㄴ, ㄹ

20

ㄱ. (○) 필수공익사업의 사용자가 쟁의행위기간 중에 한하여 당해 사업과 관계없는 자를 채용 또는 대체하거나 그 업무를 도급 또는 하도급 주는 경우, 사용자는 당해 사업 또는 사업장 파업참가자의 100분의 50을 초과하지 않는 범위 안에서 채용 또는 대체하거나 도급 또는 하도급 줄 수 있다. 이 경우 파업참가자수의 산정방법 등은 대통령령으로 정한다(노조법 제43조 제4항).
ㄴ. (×) 필수공익사업의 사용자가 쟁의행위기간 중에 한하여 당해 사업과 관계없는 자를 채용 또는 대체하거나 그 업무를 도급 또는 하도급을 주는 경우에는 적용하지 아니한다(노조법 제43조 제3항).
ㄷ. (○) 노조법 시행령 제22조의4 제1항
ㄹ. (×) 사용자는 쟁의행위기간 중 그 쟁의행위로 중단된 업무의 수행을 위하여 당해 사업과 관계없는 자를 채용 또는 대체할 수 없다(노조법 제43조 제1항).

정답 ②

21

☑ 확인 Check! ○ △ ✕

노동조합 및 노동관계조정법령상 직장폐쇄에 관한 설명으로 옳지 않은 것은?(다툼이 있으면 판례에 따름)

① 직장폐쇄가 사용자의 정당한 쟁의행위로 인정되는 경우 사용자는 직장폐쇄기간 동안 대상근로자에 대한 임금지불의무를 면한다.

② 사용자의 직장폐쇄는 근로자의 쟁의행위에 대한 방어수단으로서 상당성이 있어야만 사용자의 정당한 쟁의행위로 인정할 수 있다.

③ 직장폐쇄의 개시 자체가 정당하면 근로자의 쟁의행위에 대한 방어적인 목적에서 벗어나 공격적 직장폐쇄의 성격으로 변질되었더라도 정당성이 상실되는 것은 아니다.

④ 헌법은 근로자의 쟁의권에 관하여는 이를 적극적으로 보장하는 명문의 규정을 두고 있는 반면 사용자의 쟁의권에 관하여는 이에 관한 명문의 규정을 두고 있지 않다.

⑤ 직장폐쇄가 정당한 쟁의행위로 평가받는 경우 사용자의 사업장에 대한 물권적 지배권이 전면적으로 회복되므로 사용자는 직장폐쇄의 효과로서 사업장의 출입을 제한할 수 있다.

21

① (○) 사용자는 직장폐쇄기간 동안 대상근로자에 대한 임금지불의무를 면한다(대판 2000.5.26. 98다34331).

② (○) 사용자의 직장폐쇄는 사용자와 근로자의 교섭태도와 교섭과정, 근로자의 쟁의행위의 목적과 방법 및 그로 인하여 사용자가 받는 타격의 정도 등 구체적인 사정에 비추어 근로자의 쟁의행위에 대한 방어수단으로서 상당성이 있어야만 사용자의 정당한 쟁의행위로 인정될 수 있다(대판 2003.6.13. 2003두1097).

③ (✕) 쟁의행위에 대한 방어적인 목적을 벗어나 적극적으로 참가인의 조직력을 약화시키기 위한 목적 등을 갖는 선제적, 공격적 직장폐쇄에 해당하면 그 정당성이 인정될 수 없다(대판 2003.6.13. 2003두1097).

④ (○) 우리 헌법과 노동관계법은 근로자의 쟁의권에 관하여는 이를 적극적으로 보장하는 명문의 규정을 두고 있는 반면 사용자의 쟁의권에 관하여는 이에 관한 명문의 규정을 두고 있지 않다(대판 2000.5.26. 98다34331).

⑤ (○) 사용자의 직장폐쇄는 사용자와 근로자의 교섭태도와 교섭과정, 근로자의 쟁의행위의 목적과 방법 및 그로 인하여 사용자가 받는 타격의 정도 등 구체적인 사정에 비추어 쟁의행위에 대한 방어수단으로서 상당성이 있어야만 사용자의 정당한 쟁의행위로 인정될 수 있고, 직장폐쇄가 정당한 쟁의행위로 평가받는 경우 사용자의 사업장에 대한 물권적 지배권이 전면적으로 회복되므로 사용자는 직장폐쇄의 효과로서 사업장의 출입을 제한할 수 있다고 할 것이다(대판 2010.6.10. 2009도12180).

정답 ③

22 기출 18 ☑확인Check! ○ △ ✕

노동조합 및 노동관계조정법령상 필수유지업무가 아닌 것은?

① 철도사업의 업무 중 철도 차량의 운전업무
② 통신사업의 업무 중 기간망의 운영·관리업무
③ 항공운수사업의 업무 중 창 정비업무
④ 혈액공급사업의 업무 중 채혈업무
⑤ 수도사업의 업무 중 배수시설의 운영업무

22
① (○), ② (○), ③ (✕), ④ (○), ⑤ (○)
항공기의 정비업무 중 창 정비는 노조법 시행령 [별표 1]에서 정한 필수유지업무에 해당하지 아니한다.

정답 ③

➕ PLUS

필수공익사업별 중요 필수유지업무(노조법 시행령 [별표 1])

1. 철도사업과 도시철도사업의 필수유지업무
   가. 철도·도시철도차량의 운전업무
   나. 철도·도시철도차량 운행의 관제업무(정거장·차량기지 등에서 철도신호 등을 취급하는 운전취급업무를 포함)
2. 항공운수사업의 필수유지업무
   사. 항공기의 정비[창 정비(Depot Maintenance, 대규모 정비시설 및 장비를 운영하여 수행하는 최상위 정비단계)는 제외]업무
   하. 항공법 제2조 제16호에 따른 항행안전시설과 항공기 이·착륙시설의 유지·운영(관제를 포함)을 위한 업무
3. 수도사업의 필수유지업무
   가. 취수·정수(소규모 자동화 정수설비를 포함)·가압·배수시설의 운영업무
4. 전기사업의 필수유지업무
   가. 발전부문의 필수유지업무
      1) 발전설비의 운전(운전을 위한 기술지원을 포함)업무
      2) 발전설비의 점검 및 정비(정비를 위한 기술·행정지원은 제외)업무와 안전관리업무
   나. 송전·변전 및 배전부문의 필수유지업무
      1) 지역전기 공급업무(무인변전소 순회·점검업무는 제외)
      4) 전력계통 보호를 위한 통신센터(전력계통원방감시제어장치를 포함) 운영업무
   다. 전력거래부문의 필수유지업무
      3) 전력계통 등의 운영을 위한 전산실 운영(출입보안관리를 포함)업무
5. 가스사업(액화석유가스사업은 제외)의 필수유지업무
6. 석유정제사업과 석유공급사업(액화석유가스사업을 포함)의 필수유지업무
   가. 석유(천연가스는 제외)의 인수, 제조, 저장 및 공급업무
7. 병원사업의 필수유지업무
   나. 중환자 치료·분만(신생아 간호를 포함)·수술·투석업무
   다. 가목과 나목의 업무수행을 지원하기 위한 마취, 진단검사(영상검사를 포함), 응급약제, 치료식 환자급식, 산소 공급, 비상발전 및 냉난방업무
8. 혈액공급사업의 필수유지업무
   가. 채혈 및 채혈된 혈액의 검사업무
   나. 혈액관리법 제2조 제6호에 따른 혈액제제(수혈용에 한정) 제조업무
9. 한국은행사업의 필수유지업무
10. 통신사업의 필수유지업무
    가. 기간망과 가입자망의 운영·관리업무

23 기출 19

☑ 확인Check! ○ △ ✕

노동조합 및 노동관계조정법령상 쟁의행위에 관한 설명으로 옳지 않은 것은?

① 근로자는 쟁의행위기간 중에는 현행범 외에는 노동조합 및 노동관계조정법 위반을 이유로 구속되지 아니한다.

② 방위사업법에 의하여 지정된 주요방위산업체에 종사하는 근로자 중 전력, 용수 및 주로 방산물자를 생산하는 업무에 종사하는 자는 쟁의행위를 할 수 없다.

③ 작업시설의 손상이나 원료·제품의 변질 또는 부패를 방지하기 위한 작업은 쟁의행위기간 중에도 정상적으로 수행되어야 한다.

④ 노동조합은 쟁의행위가 적법하게 수행될 수 있도록 지도·관리·통제할 책임이 있다.

⑤ 노동조합의 쟁의행위는 그 조합원의 직접·비밀·무기명투표에 의한 조합원 3분의 2 이상의 찬성으로 결정하지 아니하면 이를 행할 수 없다.

23

① (○) 노조법 제39조
② (○) 노조법 제41조 제2항
③ (○) 노조법 제38조 제2항
④ (○) 노조법 제38조 제3항
⑤ (✕) 노동조합의 쟁의행위는 <u>그 조합원(제29조의2에 따라 교섭대표노동조합이 결정된 경우에는 그 절차에 참여한 노동조합의 전체 조합원)의 직접·비밀·무기명투표에 의한 조합원 과반수의 찬성으로 결정</u>하지 아니하면 이를 행할 수 없다. 이 경우 조합원 수 산정은 <u>종사근로자인 조합원을 기준으로 한다</u>(노조법 제41조 제1항).

정답 ⑤

24 기출 17

☑ 확인Check! ○ △ ✕

노동조합 및 노동관계조정법령상 점거가 금지되는 시설로 옳은 것을 모두 고른 것은?

ㄱ. 전기시설	ㄴ. 철도의 차량
ㄷ. 항행안전시설	ㄹ. 항공기

① ㄱ, ㄴ
② ㄷ, ㄹ
③ ㄱ, ㄴ, ㄷ
④ ㄴ, ㄷ, ㄹ
⑤ ㄱ, ㄴ, ㄷ, ㄹ

24

ㄱ. (○), ㄴ. (○), ㄷ. (○), ㄹ. (○)
ㄱ·ㄴ·ㄷ·ㄹ. 모두 노조법 시행령 제21조에 의하여 점거가 금지되는 시설에 해당한다.

정답 ⑤

➕ **PLUS**

점거가 금지되는 시설(노조법 시행령 제21조)
법 제42조 제1항에서 "대통령령이 정하는 시설"이란 다음 각 호의 시설을 말한다.
1. <u>전기</u>·전산 또는 통신시설
2. <u>철도</u>(도시철도를 포함)의 <u>차량</u> 또는 선로
3. 건조·수리 또는 정박 중인 선박. 다만, 선원법에 의한 선원이 당해 선박에 승선하는 경우를 제외한다.
4. <u>항공기·항행안전시설</u> 또는 항공기의 이·착륙이나 여객·화물의 운송을 위한 시설
5. 화약·폭약 등 폭발위험이 있는 물질 또는 화학물질관리법 제2조 제2호에 따른 유독물질을 보관·저장하는 장소
6. 기타 점거될 경우 생산 기타 주요업무의 정지 또는 폐지를 가져오거나 공익상 중대한 위해를 초래할 우려가 있는 시설로서 고용노동부장관이 관계중앙행정기관의 장과 협의하여 정하는 시설

제1절 서 설

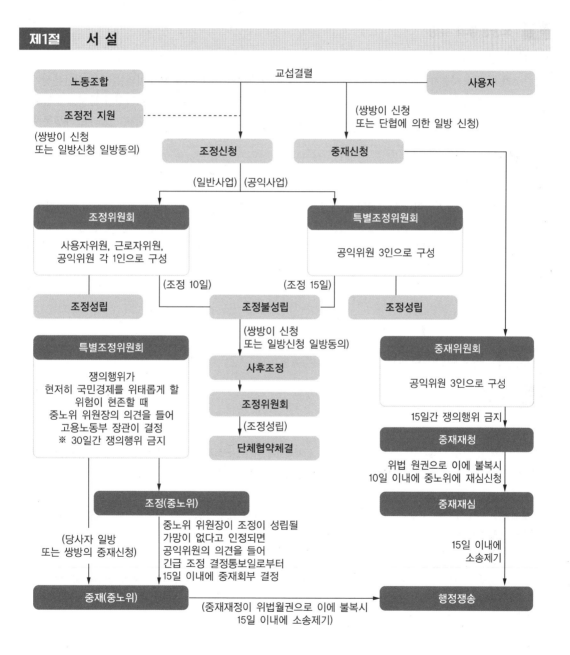

I 노동쟁의조정제도의 의의

집단적 노사관계는 당사자가 단체교섭을 행하고, 단체교섭의 결과 양 당사자의 이해관계가 일치하여 단체협약을 체결하는 것이 가장 이상적이다. 그러나 현실적으로 노사 간의 이해대립이 언제나 평화적으로 해결되기는 어려우므로, 단체교섭을 행하는 경우 당사자 간의 이해관계가 일치하지 아니하여 단체협약을 체결하지 못하고 분쟁상태에 놓이게 되는데, 이러한 분쟁상태를 해결하기 위한 제도가 노동쟁의조정제도이다.

II 노동분쟁의 유형

1. 개별분쟁과 집단분쟁

근로자 개인과 사용자 사이의 분쟁을 개별분쟁이라 하고, 노동조합과 사용자 사이의 분쟁을 집단분쟁이라 한다. 다수의 근로자가 관련된 경우일지라도, 노동조합이 개입되지 아니하고 각자 자신의 문제를 주장하는 경우에는 개별분쟁에 해당된다. 집단분쟁은 이익분쟁이나 권리분쟁 모두에 해당할 수 있으나, 개별분쟁은 대부분 권리분쟁이다.

2. 이익분쟁과 권리분쟁

이익분쟁이란 근로계약이나 단체협약을 체결하기 이전, 즉 당사자가 권리·의무관계가 형성되기 이전에 그 권리·의무관계를 어떠한 내용으로 형성할 것인지에 대하여 각자의 이익을 주장함으로써 발생하는 분쟁을 말한다. 반면, 권리분쟁이란 근로자의 권리·의무관계를 이미 형성하고 있는 근로계약, 단체협약 및 법률의 해석 적용에 관한 당사자 간의 분쟁을 말한다.

제2절 노동쟁의조정제도

I 개 관

자주적 조정의 노력(노조법 제47조)
이 장의 규정은 노동관계당사자가 직접 노사협의 또는 단체교섭에 의하여 근로조건 기타 노동관계에 관한 사항을 정하거나 노동관계에 관한 주장의 불일치를 조정하고 이에 필요한 노력을 하는 것을 방해하지 아니한다.

당사자의 책무(노조법 제48조)
노동관계당사자는 단체협약에 노동관계의 적정화를 위한 노사협의 기타 단체교섭의 절차와 방식을 규정하고 노동쟁의가 발생한 때에는 이를 자주적으로 해결하도록 노력하여야 한다.

국가등의 책무(노조법 제49조)
국가 및 지방자치단체는 노동관계당사자 간에 노동관계에 관한 주장이 일치하지 아니할 경우에 노동관계당사자가 이를 자주적으로 조정할 수 있도록 조력함으로써 쟁의행위를 가능한 한 예방하고 노동쟁의의 신속·공정한 해결에 노력하여야 한다.

신속한 처리(노조법 제50조)

이 법에 의하여 노동관계의 조정을 할 경우에는 노동관계당사자와 노동위원회 기타 관계기관은 사건을 신속히 처리하도록 노력하여야 한다.

공익사업등의 우선적 취급(노조법 제51조)

국가·지방자치단체·국공영기업체·방위산업체 및 공익사업에 있어서의 노동쟁의의 조정은 우선적으로 취급하고 신속히 처리하여야 한다.

사적 조정·중재(노조법 제52조)

① 제2절 및 제3절의 규정은 노동관계당사자가 쌍방의 합의 또는 단체협약이 정하는 바에 따라 각각 다른 조정 또는 중재방법(이하 "사적조정등")에 의하여 노동쟁의를 해결하는 것을 방해하지 아니한다.

② 노동관계당사자는 제1항의 규정에 의하여 노동쟁의를 해결하기로 한 때에는 이를 노동위원회에 신고하여야 한다.

③ 제1항의 규정에 의하여 노동쟁의를 해결하기로 한 때에는 다음 각 호의 규정이 적용된다.

　1. 조정에 의하여 해결하기로 한 때에는 제45조 제2항 및 제54조의 규정. 이 경우 조정기간은 조정을 개시한 날부터 기산한다.

　2. 중재에 의하여 해결하기로 한 때에는 제63조의 규정. 이 경우 쟁의행위의 금지기간은 중재를 개시한 날부터 기산한다.

④ 제1항의 규정에 의하여 조정 또는 중재가 이루어진 경우에 그 내용은 단체협약과 동일한 효력을 가진다.

⑤ 사적조정등을 수행하는 자는 노동위원회법 제8조 제2항 제2호 각 목의 자격을 가진 자로 한다. 이 경우 사적조정등을 수행하는 자는 노동관계당사자로부터 수수료, 수당 및 여비 등을 받을 수 있다.

1. 기본원칙

(1) 자주성

노동쟁의당사자 간의 자주적 해결원칙(노조법 제47조 및 제48조), 사적 조정제도의 채택(노조법 제52조), 노동쟁의의 자주적 해결을 위한 정부의 조력(노조법 제49조) 등은 노사자치의 원칙을 규정하고 있다. 기출 19

(2) 신속성

국가 및 지방자치단체의 신속처리노력(노조법 제49조), 당사자와 노동위원회 기타 관계기관의 신속한 사건처리 의무(노조법 제50조) 등은 신속성의 원칙을 규정하고 있다. 기출 19

(3) 공정성

국가 및 지방자치단체의 공정한 해결을 위한 노력의무(노조법 제49조)를 규정하고 있다.

(4) 공익성

국가·지방자치단체·국공영기업체·방위산업체·공익사업에 있어서 노동쟁의 조정의 우선적 취급(노조법 제51조) 기출 23 , 노사위원회 위원에 공익위원을 포함시키는 것 등은 공익을 위한 취지이다.

O | X 💬

1. 공익사업에 있어서의 노동쟁의의 조정은 우선적으로 취급하고, 신속히 처리하도록 노력하여야 한다.

2. 노동관계당사자는 노동쟁의가 발생한 때에는, 이를 자주적으로 해결하도록 노력하여야 한다.

3. 국가 및 지방자치단체는 노동관계당사자 간에 노동관계에 관한 주장이 일치하지 아니할 경우에 쟁의행위를 가능한 한 예방하고, 노동쟁의의 신속·공정한 해결에 노력하여야 한다.

4. 노동관계의 조정을 할 경우에는, 노동관계당사자와 노동위원회 기타 관계기관은 사건을 신속히 처리하도록 노력하여야 한다.

5. 노동쟁의 조정에 관한 규정은 노동관계당사자가 직접 노사협의 또는 단체교섭에 의하여 근로조건 기타 노동관계에 관한 사항을 정하거나 노동관계에 관한 주장의 불일치를 조정하고 이에 필요한 노력을 하는 것을 방해하지 아니한다.

정답 1. × 2. ○ 3. ○ 4. ○ 5. ○

2. 적용범위

(1) 노동쟁의

노조법은 조정의 대상을 노동쟁의로 규정하고 있다(노조법 제53조). 노동쟁의라 함은 노동조합과 사용자 또는 사용자단체 간에 임금·근로시간·복지·해고 기타 대우등 근로조건의 결정에 관한 주장의 불일치로 인하여 발생한 분쟁상태를 말한다. 이 경우 주장의 불일치라 함은 당사자 간에 합의를 위한 노력을 계속하여도 더 이상 자주적 교섭에 의한 합의의 여지가 없는 경우를 말한다(노조법 제2조 제5호). 동법은 노동쟁의를 근로조건의 결정에 관한 분쟁으로 한정하고 있는데, 이러한 사항들은 단체협약이 체결되면 단체협약의 규범적 부분을 구성하게 된다.

(2) 집단적 노사관계

1) 원칙적 부정

판례는 노동조합 조합원의 근무시간 중의 노조활동은 원칙적으로 근로자의 근로제공의무와 배치되는 것이므로 허용되는 것이 아니고, 사용자와 근로자 사이의 근로계약관계에 있어서 근로자의 대우에 관하여 정한 근로조건에 해당하는 것이라고 할 수 없고, 종전의 단체협약이나 단체교섭을 진행하던 노동관계당사자 쌍방의 단체협약안에 그 사항에 관한 규정이 있다 하더라도 그것이 당연히 근로조건으로 되는 것이라고 할 수도 없으므로 이에 관한 노동관계당사자 사이의 주장의 불일치는 노동쟁의라고 할 수 없고, 따라서 특별한 사정이 없는 한 이를 중재재정의 대상으로 할 수 없으며, 노조전임제는 노동조합에 대한 편의제공의 한 형태로서 사용자가 단체협약 등을 통하여 승인하는 경우에 인정되는 것일 뿐 사용자와 근로자 사이의 근로계약관계에 있어서 근로자의 대우에 관하여 정한 근로조건이라고 할 수 없는 것이고, 단순히 임의적 교섭사항에 불과하여 이에 관한 분쟁 역시 노동쟁의라 할 수 없으므로 특별한 사정이 없는 한 이것 또한 중재재정의 대상으로 할 수 없다고(대판 1996.2.23. 94누9177) 한다.

2) 예외적 인정

판례는 중재절차는 노동쟁의의 자주적 해결과 신속한 처리를 위한 광의의 노동쟁의조정절차의 일부분이므로 노사관계당사자 쌍방이 합의하여 단체협약의 대상이 될 수 있는 사항에 대하여 중재를 해 줄 것을 신청한 경우이거나 이와 동일시할 수 있는 사정이 있는 경우에는 근로조건 이외의 사항에 대하여도 중재재정을 할 수 있다고 봄이 상당하다고(대판 2003.7.25. 2001두4818) 한다.

(3) 권리분쟁

1) 구 노동쟁의조정법하에서의 판례의 태도

판례는 노동쟁의의 정의에서 말하는 '노동조건에 관한 노동관계당사자 간의 주장'이란 개별적 노동관계와 단체적 노동관계의 어느 것에 관한 주장이라도 포함하는 것이고, 그것은 단체협약이나 근로계약상의 권리의 주장(권리쟁의)과 그것들에 관한 새로운 합의의 형성을 꾀하기 위한 주장(이익쟁의)을 모두 포함하는 것이므로 중재위원회의 중재 대상에는 이익분쟁과 권리분쟁이 모두 포함된다고(대판 1990.9.28. 90도602) 판시하고 있다.

2) 현행 노조법 규정

현행 노조법 제2조 제5호는 노동쟁의의 개념을 근로조건의 결정에 관한 분쟁으로 한정함으로써 종전보다 그 범위를 축소하였다. 노조법 제2조 제5호에 결정을 삽입한 취지는, 노동쟁의를 이익분쟁에 한정하여 해고자 복직 등의 권리분쟁 등은 조정·중재의 대상에서 제외하려는 데 있다고 보는 것이 학설의 일반적 태도이다.

Ⅱ 노동쟁의조정제도의 기본체계

노조법은 노동분쟁을 해결함에 있어 노사자치의 원칙을 천명하고 있다. 이러한 원칙 아래 법은 노동쟁의 조정의 방식으로서 사적 조정절차와 공적 조정절차를 두고 있다. 다만, 사적 조정에 관한 당사자 간의 합의가 있는 경우에는 사적 조정절차가 우선 적용된다.

1. 사적 조정절차

(1) 성 립

조정·중재의 규정은 노동관계당사자가 쌍방의 합의 또는 단체협약이 정하는 바에 따라 각각 다른 조정 또는 중재방법(이하 "사적조정등")에 의하여 노동쟁의를 해결하는 것을 방해하지 아니한다. 노동관계당사자는 이에 의하여 노동쟁의를 해결하기로 한 때에는 이를 노동위원회에 신고하여야 한다(노조법 제52조 제1항·제2항). 신고는 공적 조정 또는 중재가 진행 중인 경우에도 할 수 있다(노조법 시행령 제23조 제1항, 제2항).

기출 17·18·20·23·24

(2) 내 용

① 조정·중재의 형태는 법에 규정된 조정 및 중재의 형태와 반드시 일치하지 아니하여도 무방하다. 당사자는 조정·중재의 절차 모두를 선택할 수 있고, 이 중 어느 절차를 생략할 수도 있다. 다만, 사적 조정절차는 물론 공적 조정절차도 적용받지 아니하기로 하는 당사자 간의 약정은 무효이다.
② 당사자는 사적 조정절차의 조정안에 대하여 그 선임·구성·권한·비용 분담 등에 관하여 임의로 정할 수 있다. **기출** 13·16
③ 노조법상 사적조정등을 수행하는 자는 지방노동위원회의 조정담당공익위원으로서의 자격이 있어야 하며, 사적 조정인은 노동관계당사자로부터 수수료, 수당 및 여비 등을 받을 수 있다(노조법 제52조 제5항).

기출 23

(3) 공적 조정절차규정의 적용

① 근로조건에 관한 이익분쟁뿐만 아니라, 기타 교섭단체 및 협약의 대상이 될 수 있는 사항은 사적조정등의 대상이 될 수 있다.
② 사적 조정절차에 의하는 경우에도 공적 조정절차에 관한 규정이 적용되는 경우가 있다. 사적 조정절차에도 노동쟁의 조정전치주의의 원칙이 적용되며(노조법 제45조 제2항), 노동쟁의를 조정에 의하여 해결하기로 한 때에는 조정 개시 이후 일반사업에 있어서는 10일, 공익사업에 있어서는 15일 이내에 종료하여야 하고(노조법 제52조 제3항 제1호), 노동쟁의를 중재에 의하여 해결하기로 한 때에는 중재 개시 이후 15일간은 쟁의행위를 할 수 없다(노조법 제52조 제3항 제2호). **기출** 17
③ 공적 조정절차에 관한 사항 중 강행적 효력을 가지고 있는 규정은 이를 위반하여서는 아니 된다. 긴급조정절차는 사적 조정절차의 대상이 될 수 없다.

O | X 💬

1. 노동관계당사자는 법령에 의한 사적 조정·중재에 의하여 노동쟁의를 해결하기로 한 경우에는, 고용노동부령이 정하는 바에 따라 관할 노동위원회에 신고하여야 한다.
2. 사적조정등에 의하여 조정 또는 중재가 이루어진 경우에 그 내용은 단체협약과 동일한 효력을 가진다.
3. 사적조정등을 수행하는 자는 노동관계당사자로부터 수수료 등을 받을 수 없다.

정답 1. ○ 2. ○ 3. ×

(4) 효 력

1) 사적조정등이 이루어진 경우

사적 조정절차에 의하여 조정 또는 중재가 이루어진 경우에 그 내용은 단체협약과 동일한 효력을 갖는다(노조법 제52조 제4항). **기출** 16 · 23 · 24

2) 사적조정등이 이루어지지 아니한 경우

① 노동관계당사자는 사적 조정·중재에 의하여 노동쟁의가 해결되지 않는 경우에는 노동쟁의를 조정 또는 중재하여 줄 것을 관할 노동위원회에 신청할 수 있다. 이 경우 관할 노동위원회는 지체 없이 조정 또는 중재를 개시해야 한다(노조법 시행령 제23조 제3항).

② 사적 조정·중재도 노조법 제45조 제2항의 조정전치주의가 적용되므로, 사적조정등이 이루어지지 아니한 경우에는 노동위원회에 공적 조정을 신청하거나, 그 사적 조정·중재기간이 경과한 후 쟁의행위를 할 수 있다.

2. 공적 조정절차

(1) 개 시

당사자 간의 사적 조정절차가 마련되어 있지 아니하거나, 사적 조정절차가 마련되어 있다 할지라도 이에 의하여 노동쟁의가 해결되지 아니하는 경우에는, 당사자의 신청에 의하여 공적 조정절차가 적용된다.

(2) 내 용

공적 조정절차에는 일반조정절차와 긴급조정절차가 있다. 일반조정절차의 경우, 노동위원회가 적극적으로 행정서비스를 제공할 수 있도록 사전조정과 사후조정을 규정하고 있다. 즉, 노동위원회는 조정신청 전이라도 원활한 조정을 위하여 교섭을 주선하는 등 관계당사자의 자주적인 분쟁 해결을 지원할 수 있고(노조법 제53조 제2항), 조정의 종료가 결정된 후에도 노동쟁의의 해결을 위하여 조정을 할 수 있다(노조법 제61조의2 제1항).

기출 19 · 22

(3) 효 력

조정 또는 중재의 절차에 의하여 분쟁이 해결되면 조정서 또는 중재재정서가 작성되고, 그 내용은 단체협약과 동일한 효력을 갖는다.

O | X 💬

1. 노동위원회는 조정신청 전이라도 원활한 조정을 위하여 교섭을 주선하는 등 관계당사자의 자주적인 분쟁 해결을 지원할 수 있다.

정답 1. ○

Ⅲ 노동쟁의 조정의 유형 및 절차

1. 유 형

노동쟁의조정절차에는 크게 일반조정절차와 긴급조정절차가 있고, 일반조정절차에는 일반사업, 공익사업, 교원 및 공무원에 관한 조정절차가 있다.

2. 일반사업에 대한 조정절차

(1) 조 정

1) 조정의 의의

조정이란 노동위원회에 설치된 조정위원회가 당사자의 의견을 청취하고, 조정안을 작성하여 수락을 권고하는 절차를 말한다. 조정은 일반사업과 공익사업에 모두 적용되고, 강제성이 없는 조정안의 수락을 권고하는 것이므로, 당사자 간에 자주적인 분쟁의 해결을 도모할 수 있다.

2) 조정의 개시

노동위원회는 관계당사자의 일방이 노동쟁의의 조정을 신청한 때에는 지체 없이 조정을 개시하여야 하며 관계당사자 쌍방은 이에 성실히 임하여야 한다(노조법 제53조 제1항). 기출 15·20·22

3) 조정의 진행

① **조정의 담당자** : 조정위원회 또는 단독조정인이 조정을 행한다.

② **조정위원회의 구성** : 노동쟁의의 조정을 위하여 노동위원회에 조정위원회(3인으로 구성)를 두고, 조정위원은 당해 노동위원회의 위원 중에서 사용자를 대표하는 자, 근로자를 대표하는 자 및 공익을 대표하는 자 각 1인을 그 노동위원회의 위원장이 지명하되, 근로자를 대표하는 조정위원은 사용자가, 사용자를 대표하는 조정위원은 노동조합이 각각 추천하는 노동위원회의 위원 중에서 지명하여야 한다. 다만, 조정위원회의 회의 3일 전까지 관계당사자가 추천하는 위원의 명단 제출이 없을 때에는 당해 위원을 위원장이 따로 지명할 수 있다(노조법 제55조 제1항, 제2항, 제3항). 기출 20 노동위원회의 위원장은 근로자를 대표하는 위원 또는 사용자를 대표하는 위원의 불참 등으로 인하여 조정위원회의 구성이 어려운 경우, 노동위원회의 공익을 대표하는 위원 중에서 3인을 조정위원으로 지명할 수 있다. 다만, 관계 당사자 쌍방의 합의로 선정한 노동위원회의 위원이 있는 경우에는 그 위원을 조정위원으로 지명한다(노조법 제55조 제4항). 기출 24

③ **조정위원회 위원장** : 조정위원회의 위원장은 공익을 대표하는 조정위원이 된다(노조법 제56조 제2항 본문).

④ **단독조정인** : 노동위원회는 관계당사자 쌍방의 신청이 있거나 관계당사자 쌍방의 동의를 얻은 경우에는 조정위원회에 갈음하여 단독조정인에게 조정을 행하게 할 수 있다. 단독조정인은 당해 노동위원회의 위원 중에서 관계당사자의 쌍방의 합의로 선정된 자를 그 노동위원회의 위원장이 지명한다(노조법 제57조).

기출 18·20·21·22·24

4) 조정기간

① 조정은 조정의 신청이 있는 날부터 일반사업에 있어서는 10일, 공익사업에 있어서는 15일 이내에 종료하여야 한다(노조법 제54조 제1항). 기출 20

② 조정기간은 관계당사자 간의 합의로 일반사업에 있어서는 10일, 공익사업에 있어서는 15일 이내에서 연장할 수 있다(노조법 제54조 제2항). 기출 15·22

5) 조정의 절차

① 조정위원회 또는 단독조정인은 기일을 정하여 관계당사자 쌍방을 출석하게 하여 주장의 요점을 확인하여야 한다(노조법 제58조).

② 조정위원회의 위원장 또는 단독조정인은 관계당사자와 참고인 외의 자의 출석을 금할 수 있다(노조법 제59조). 기출 13

③ 조정위원회 또는 단독조정인은 조정안을 작성하여 이를 관계당사자에게 제시하고 그 수락을 권고하는 동시에 그 조정안에 이유를 붙여 공표할 수 있으며, 필요한 때에는 신문 또는 방송에 보도 등 협조를 요청할 수 있다(노조법 제60조 제1항).

6) 조정의 효력

① 조정안이 수락된 경우

ㄱ 조정안이 관계당사자에 의하여 수락된 때에는 조정위원 전원 또는 단독조정인은 조정서를 작성하고 관계당사자와 함께 서명 또는 날인하여야 한다(노조법 제61조 제1항). 기출 12·14 조정서의 내용을 준수하지 아니한 자는 1천만원 이하의 벌금에 처한다(노조법 제92조 제3호). 기출 22

ㄴ 조정서의 내용은 단체협약과 동일한 효력을 가진다(노조법 제61조 제2항). 기출 15·18·21

ㄷ 조정안이 관계당사자 쌍방에 의하여 수락된 후 그 해석 또는 이행방법에 관하여 관계당사자 간에 의견의 불일치가 있는 때에는 관계당사자는 당해 조정위원회 또는 단독조정인에게 그 해석 또는 이행방법에 관한 명확한 견해의 제시를 요청하여야 하고, 조정위원회 또는 단독조정인은 그 요청을 받은 날부터 7일 이내에 명확한 견해를 제시하여야 한다(노조법 제60조 제3항·제4항). 기출 24

ㄹ 해석 또는 이행방법에 관한 견해가 제시될 때까지는 관계당사자는 당해 조정안의 해석 또는 이행에 관하여 쟁의행위를 할 수 없다(노조법 제60조 제5항). 기출 20

ㅁ 조정위원회 또는 단독조정인이 제시한 해석 또는 이행방법에 관한 견해는 중재재정과 동일한 효력을 가진다(노조법 제61조 제3항).

② 조정안이 수락되지 아니한 경우 : 조정위원회 또는 단독조정인은 관계당사자가 수락을 거부하여 더 이상 조정이 이루어질 여지가 없다고 판단되는 경우에는 조정의 종료를 결정하고 이를 관계당사자 쌍방에 통보하여야 한다(노조법 제60조 제2항).

노동쟁의의 조정 등의 신청(노조법 시행령 제24조)

① 노동관계당사자는 법 제53조 제1항 또는 제62조에 따른 조정 또는 중재를 신청할 경우에는 고용노동부령으로 정하는 바에 따라 관할 노동위원회에 신청하여야 한다.

② 제1항에 따른 신청을 받은 노동위원회는 그 신청내용이 법 제5장 제2절 또는 제3절에 따른 조정 또는 중재의 대상이 아니라고 인정할 경우에는 그 사유와 다른 해결방법을 알려 주어야 한다.

조정의 통보(노조법 시행령 제25조)

노동위원회는 법 제53조, 법 제62조, 법 제78조 및 법 제80조의 규정에 의한 조정과 중재를 하게 된 경우에는 지체 없이 이를 서면으로 관계당사자에게 각각 통보하여야 한다.

조정위원회의 구성(노조법 시행령 제26조)

노동위원회는 법 제53조에 따라 노동쟁의의 조정을 하게 된 경우에는 지체 없이 해당 사건의 조정을 위한 조정위원회 또는 특별조정위원회를 구성해야 한다.

(2) 중 재

중재는 조정과정에서 당사자 간의 합의가 이루어지지 아니하는 경우 개시되는 절차이다. 중재의 중재안은 당사자를 구속한다는 점에서 당사자를 구속하지 아니하는 조정과 구별된다. 중재에 대하여는 공익사업에 대한 중재에서 상술한다.

3. 공익사업에 관한 조정절차

(1) 공익사업과 필수공익사업(노조법 제71조)

1) 공익사업 기출 21 · 24

① 공익사업이라 함은 공중의 일상생활과 밀접한 관련이 있거나 국민경제에 미치는 영향이 큰 사업으로서 다음의 사업을 말한다.
  ㉠ 정기노선여객운수사업 및 항공운수사업
  ㉡ 수도사업, 전기사업, 가스사업, 석유정제사업 및 석유공급사업
  ㉢ 공중위생사업, 의료사업 및 혈액공급사업
  ㉣ 은행 및 조폐사업
  ㉤ 방송 및 통신사업
② 국민건강보험공단, 투자금융회사 및 종합금융회사 등은 공익사업에 해당되지 아니한다.
③ 지역난방사업이 공중의 일상생활에 없어서는 아니 된다면 공익사업에 해당되고, 위성방송도 방송통신사업에 해당된다.

2) 필수공익사업 기출 13 · 20 · 22 · 24

필수공익사업이라 함은 공익사업으로서 그 업무의 정지 또는 폐지가 공중의 일상생활을 현저히 위태롭게 하거나 국민경제를 현저히 저해하고 그 업무의 대체가 용이하지 아니한 다음의 사업을 말한다.
① 철도사업, 도시철도사업 및 항공운수사업
② 수도사업, 전기사업, 가스사업, 석유정제사업 및 석유공급사업
③ 병원사업 및 혈액공급사업

O | X 💬

1. 조정이 이루어진 경우에 그 내용은 단체협약과 동일한 효력을 가진다.
2. 노동위원회는 관계당사자 쌍방의 신청이 있거나 관계당사자 쌍방의 동의를 얻은 경우에는, 조정위원회에 갈음하여 단독조정인에게 조정을 행하게 할 수 있다.

정답 1. O 2. O

④ 한국은행사업

⑤ 통신사업

(2) 공익사업에 대한 특칙

1) 노동쟁의 우선처리 `기출` 13 · 16 · 19

공익사업에 있어서의 노동쟁의의 조정은 우선적으로 취급하고 신속히 처리하여야 한다(노조법 제51조).

2) 조정기간

공익사업에 있어서의 조정은 조정의 신청이 있은 날부터 15일 이내에 종료하여야 한다(노조법 제54조 제1항).

3) 긴급조정 `기출` 15

고용노동부장관은 쟁의행위가 공익사업에 관한 것이거나 그 규모가 크거나 그 성질이 특별한 것으로서 현저히 국민경제를 해하거나 국민의 일상생활을 위태롭게 할 위험이 현존하는 때에는 긴급조정의 결정을 할 수 있다(노조법 제76조 제1항).

(3) 특별조정

1) 담당자(노조법 제72조)

① 공익사업의 노동쟁의의 조정을 위하여 노동위원회에 특별조정위원회를 둔다. `기출` 17

② 특별조정위원회는 특별조정위원 3인으로 구성한다. `기출` 21

③ 특별조정위원은 그 노동위원회의 공익을 대표하는 위원 중에서 노동조합과 사용자가 순차적으로 배제하고 남은 4인 내지 6인 중에서 노동위원회의 위원장이 지명한다. 다만, 관계당사자가 합의로 당해 노동위원회의 위원이 아닌 자를 추천하는 경우에는 그 추천된 자를 지명한다. `기출` 24

④ 위원장은 공익을 대표하는 노동위원회의 위원인 특별조정위원 중에서 호선하고, 당해 노동위원회의 위원이 아닌 자만으로 구성된 경우에는 그중에서 호선한다. 다만, 공익을 대표하는 위원인 특별조정위원이 1인인 경우에는 당해 위원이 위원장이 된다(노조법 제73조 제2항). `기출` 21

2) 조정활동

특별조정위원회의 조정절차 및 방법 등에 관하여 법은 아무런 명문규정을 두고 있지 아니하다. 따라서 일반사업에 대한 조정절차 및 방법 등이 적용되어야 할 것이다.

3) 조정의 결과

① 조정이 성립된 경우 : 조정안을 작성하여야 한다.

② 조정이 성립되지 아니한 경우 : 일반사업과 마찬가지로 파업을 할 수 있고, 노동위원회 위원장이 특별조정위원회의 권고에 의하여 중재회부결정을 한 때에는, 노동위원회가 중재를 행한다.

(4) 중 재

공익사업에 대한 중재절차 및 그 효력에 관한 사항은 일반사업의 경우와 동일하다.

1) 중재의 의의

중재는 노동위원회에 설치된 중재위원회가 당사자 쌍방에 대하여 당사자의 수락 여부와 관계없이 구속력 있는 중재결정을 내리는 절차를 의미한다.

2) 중재의 개시

① **중재의 유형** : ㉠ 관계당사자와 쌍방이 함께 중재를 신청[21]한 때(당사자 일방의 단독신청 불가), ㉡ 관계당사자의 일방이 단체협약에 의하여 신청을 한 때(노조법 제62조), ㉢ 긴급조정에 있어 중앙노동위원회의 위원장이 조정이 성립될 가망이 없다고 인정한 경우에 공익위원의 의견을 들어 중재회부결정을 한 때(노조법 제79조 제1항) 및 ㉣ 교노법·공노법에 의하여 조정이 실패한 때에 직권으로 중재절차를 개시할 수 있도록 규정하고 있다. ㉠·㉡의 경우 임의중재로서 노사자치원칙에 위배되지 아니하나, ㉢·㉣의 경우에는 강제중재이다. 종래 필수공익사업에 대한 직권중재제도는 2006년 노조법 개정으로 폐지되었다.

기출 13·18·21·22

② **중재 시 쟁의행위의 금지** : 노동쟁의가 중재에 회부된 때에는 그날부터 15일간은 쟁의행위를 할 수 없다(노조법 제63조). 기출 20·21·24

3) 중재의 진행

① **중재의 담당자**(노조법 제64조)

㉠ 중재는 노동위원회의 중재위원회가 담당한다.

㉡ 중재위원회는 중재위원 3인으로 구성한다. 기출 13

㉢ 중재위원은 당해 노동위원회의 공익을 대표하는 위원 중에서 관계당사자의 합의로 선정한 자에 대하여 그 노동위원회의 위원장이 지명한다. 다만, 관계당사자 간에 합의가 성립되지 아니한 경우에는 노동위원회의 공익을 대표하는 위원 중에서 지명한다. 기출 19

② **중재위원회의 위원장**(노조법 제65조) : 중재위원회에 위원장을 두며, 위원장은 중재위원 중에서 호선한다.

기출 13·20

③ **중재의 활동**(노조법 제66조)

㉠ 중재위원회는 기일을 정하여 관계당사자 쌍방 또는 일방을 중재위원회에 출석하게 하여 주장의 요점을 확인하여야 한다.

㉡ 관계당사자가 지명한 노동위원회의 사용자를 대표하는 위원 또는 근로자를 대표하는 위원은 중재위원회의 동의를 얻어 그 회의에 출석하여 의견을 진술할 수 있다. 기출 13

㉢ 중재위원회의 위원장은 관계당사자와 참고인 외의 자의 회의 출석을 금할 수 있다(노조법 제67조).

4) 중재의 대상

① **노동쟁의** : 중재의 대상은 노조법 제2조 제5호의 노동쟁의이다. 노동쟁의라 함은 노동조합과 사용자 또는 사용자단체 간에 임금·근로시간·복지·해고 기타 대우등 근로조건의 결정에 관한 주장의 불일치로 인하여 발생한 분쟁상태를 말한다.

② **근로조건 이외의 사항** : 근로조건 이외의 사항에 관한 노동관계당사자 사이의 주장의 불일치로 인한 분쟁상태는 근로조건의 결정에 관한 분쟁이 아니어서 현행법상의 노동쟁의라고 할 수 없고, 특별한 사정이 없는 한 이러한 사항은 중재재정의 대상으로 할 수 없다. 따라서 근로조건 이외의 사항인 근무시간 중 조합활동, 조합전임자, 시설편의제공, 출장 취급 등을 중재재정의 대상으로 할 수 없다. 다만, 중재절차는 노동쟁의의 자주적 해결과 신속한 처리를 위한 광의의 노동쟁의조정절차의 일부분이므로 노사관계당사자 쌍방이 합의하여 단체협약의 대상이 될 수 있는 사항에 대하여 중재를 해 줄 것을 신청한 경우이거나 이와 동일시할 수 있는 사정이 있는 경우에는 근로조건 이외의 사항에 대하여도 중재재정을 할 수 있다(대판 2003.7.25. 2001두4818).

---

21) 중재는 일반사업이든 공익사업이든 관계없이 신청할 수 있다. 또한 중재는 일반적으로 조정이 실패한 경우에 신청하지만 조정을 거치지 않고 신청할 수도 있다. 기출 22

5) 중재의 효력

① 중재재정은 서면으로 작성하여 이를 행하며 그 서면에는 효력발생기일을 명시하여야 한다(노조법 제68조 제1항). 기출 12·13·20·21·24 중재재정서의 내용을 준수하지 아니한 자는 1천만원 이하의 벌금에 처한다(노조법 제92조 제3호). 기출 22

② 중재재정의 내용은 단체협약과 동일한 효력을 가진다(노조법 제70조 제1항). 기출 22

③ 중재재정의 해석 또는 이행방법에 관하여 관계당사자 간에 의견의 불일치가 있는 때에는 당해 중재위원회의 해석에 따르며 그 해석은 중재재정과 동일한 효력을 가진다(노조법 제68조 제2항). 기출 12·24

6) 중재재정에 대한 불복

① 불복절차 기출 20·21

  ㉠ 중재재정에 대한 불복절차에는 재심절차와 행정소송절차가 있고, 이러한 불복절차를 밟는 경우에도 그 불복절차 개시에 의하여 중재재정 또는 재심결정은 그 효력이 정지되지 아니한다(노조법 제70조 제2항). 기출 24

  ㉡ 관계당사자는 지방노동위원회 또는 특별노동위원회의 중재재정이 위법이거나 월권에 의한 것이라고 인정하는 경우에는 그 중재재정서의 송달을 받은 날부터 10일 이내에 중앙노동위원회에 그 재심을 신청할 수 있다(노조법 제69조 제1항). 기출 22

  ㉢ 관계당사자는 중앙노동위원회의 중재재정이나 재심결정이 위법이거나 월권에 의한 것이라고 인정하는 경우에는 그 중재재정서 또는 재심결정서의 송달을 받은 날부터 15일 이내에 행정소송을 제기할 수 있다(노조법 제69조 제2항). 기출 24

② 불복사유 : 판례에 의하면 노조법 제69조 제1항, 제2항은 지방노동위원회의 중재재정이 위법하거나 월권에 의한 것이라고 인정하는 경우 관계당사자가 중앙노동위원회에 그 재심을 신청할 수 있고, 중앙노동위원회의 재심결정이 위법하거나 월권에 의한 것이라고 인정하는 경우 행정소송을 제기할 수 있도록 정하고 있는바, 여기에서 '위법' 또는 '월권'이라 함은 중재재정의 절차가 위법하거나 그 내용이 근로기준법 위반 등으로 위법한 경우 또는 당사자 사이에 분쟁의 대상이 되어 있지 않는 사항이나 정당한 이유 없이 당사자 간의 분쟁범위를 벗어나는 부분에 대하여 월권으로 중재재정을 한 경우를 말하고, 중재재정이 단순히 어느 일방에 불리하거나 불합리한 내용이라는 사유만으로는 불복이 허용되지 않는다고(대판 2007.4.26. 2005두 12992) 한다.

7) 중재재정의 확정

재심신청기간 및 행정소송제소시간 내에 재심을 신청하지 아니하거나 행정소송을 제기하지 아니한 때에는 그 중재재정 또는 재심결정은 확정된다(노조법 제69조 제3항).

중재위원회의 구성(노조법 시행령 제28조)
노동위원회는 법 제62조에 따라 노동쟁의의 중재를 하게 된 경우에는 지체 없이 해당 사건의 중재를 위한 중재위원회를 구성해야 한다.

중재재정서의 송달(노조법 시행령 제29조)
① 노동위원회는 법 제68조 제1항에 따라 중재를 한 때에는 지체 없이 그 중재재정서를 관계 당사자에게 각각 송달해야 한다.
② 중앙노동위원회는 법 제69조 제1항에 따라 지방노동위원회 또는 특별노동위원회의 중재재정을 재심한 때에는 지체 없이 그 재심결정서를 관계 당사자와 관계 노동위원회에 각각 송달해야 한다. 기출 24

4. 긴급조정절차

(1) 긴급조정의 의의

쟁의행위가 공익사업에 관한 것이거나, 그 규모·성질이 특별한 것으로서 현저히 국민경제를 해치거나, 국민의 일상생활을 위태롭게 할 위험이 있을 경우, 고용노동부장관이 일시적으로 쟁의행위를 중지시키고, 긴급하게 조정할 것을 결정하여 행하는 조정을 말한다. 긴급조정절차는 당사자의 의견과는 상관없이 고용노동부장관의 결정에 의하여 강제적으로 개시되고, 쟁의행위가 이미 행하여진 후에도 이를 중지할 수 있어 쟁의권에 중대한 제한을 가져온다. **기출 18**

(2) 긴급조정의 요건

1) **실질적 요건**(노조법 제76조 제1항) **기출 20**

쟁의행위가 공익사업에 관한 것이거나 그 규모가 크거나 그 성질이 특별한 것으로서 현저히 국민경제를 해하거나 국민의 일상생활을 위태롭게 할 위험이 현존하여야 한다.

2) **형식적 요건**(노조법 제76조 제2항·제3항, 동법 시행령 제32조) **기출 15·18·19·20·23**

고용노동부장관은 긴급조정의 결정을 하고자 할 때에는 미리 중앙노동위원회 위원장의 의견을 들어야 한다. 이 경우 고용노동부장관이 중앙노동위원회의 위원장의 의견에 구속되는 것은 아니다. 고용노동부장관은 긴급조정을 결정한 때에는 지체 없이 그 이유를 붙여 이를 공표함과 동시에 중앙노동위원회와 관계당사자에게 각각 통고하여야 한다. 긴급조정 결정의 공표는 신문·라디오 그 밖에 공중이 신속히 알 수 있는 방법으로 해야 한다.

O | X 💬

1. 노동쟁의가 중재에 회부된 때에는 그날부터 15일간은 쟁의행위를 할 수 없다.
2. 노동위원회는 노동쟁의에 대한 조정이 실패한 경우에 한하여 중재를 행할 수 있다.
3. 고용노동부장관은 쟁의행위가 그 성질이 특별한 것으로서 현저히 국민경제를 해하거나, 국민의 일상생활을 위태롭게 할 위험이 현존하는 때에는 긴급조정의 결정을 할 수 있다.
4. 고용노동부장관은 긴급조정의 결정을 하고자 할 때에는, 미리 중앙노동위원회 위원장의 의견을 들어야 한다.
5. 긴급조정이 결정되면 관계당사자는 즉시 쟁의행위를 중지하여야 하고, 결정일부터 30일이 경과하지 아니하면 쟁의행위를 재개할 수 없다.
6. 고용노동부장관은 긴급조정을 결정한 때에는, 지체 없이 이를 공표하여야 한다.
7. 중앙노동위원회는 법령에 따라 긴급조정 결정의 통고를 받은 때에는, 지체 없이 조정을 개시하여야 한다.

정답 1. O 2. X 3. O 4. O 5. X 6. O 7. O

(3) 긴급조정결정의 효과

1) 쟁의행위의 중지

관계당사자는 긴급조정의 결정이 공표된 때에는 즉시 쟁의행위를 중지하여야 하며, 공표일로부터 30일이 경과하지 아니하면 쟁의행위를 재개할 수 없다(노조법 제77조). 기출 18·19·20·21·24

2) 중앙노동위원회에 의한 조정과 중재

① 중앙노동위원회는 고용노동부장관의 통고를 받은 때에는 지체 없이 조정을 개시하여야 한다(노조법 제78조).
기출 16·18·23

② 중앙노동위원회의 위원장은 조정이 성립될 가망이 없다고 인정한 경우에는 공익위원의 의견을 들어 그 사건을 중재에 회부할 것인가의 여부를 통고받은 날부터 15일 이내에 결정하여야 한다(노조법 제79조).
기출 16·20

③ 중앙노동위원회는 당해 관계당사자의 일방 또는 쌍방으로부터 중재신청이 있거나 중재회부의 결정을 한 때에는 지체 없이 중재를 행하여야 한다(노조법 제80조).

④ 중앙노동위원회의 중재재정의 내용은 단체협약과 동일한 효력을 가진다(노조법 제70조 제1항). 기출 20

✔ 핵심문제

01 노동쟁의의 조정(調停)에 관한 설명으로 옳지 않은 것은?

① 노동위원회는 조정의 종료가 결정된 후에도 조정을 할 수 있다.
② 노동위원회는 필요하다고 인정하는 경우 조정기간의 연장을 결정할 수 있다.
③ 조정안이 관계당사자에 의하여 수락된 때에는, 조정위원 전원 또는 단독조정인은 조정서를 작성하고 관계당사자와 함께 서명 또는 날인하여야 한다.
④ 단독조정인은 당해 노동위원회의 위원 중에서 관계당사자의 쌍방의 합의로 선정된 자를 그 노동위원회의 위원장이 지명한다.
⑤ 노동관계당사자의 조정안의 해석 요청에 따라 조정위원회가 제시한 해석에 관한 견해는, 중재재정과 동일한 효력을 가진다.

[해설]
조정기간은 관계당사자 간의 합의로 연장할 수 있다(노조법 제54조 제2항).

정답 ②

02 노동조합 및 노동관계조정법령상 조정 및 중재에 관한 설명으로 옳은 것은?

① 노동위원회는 조정위원회 또는 단독조정인이 조정의 종료를 결정한 후에도 노동쟁의 해결을 위하여 조정을 할 수 있다.
② 노동쟁의가 노동위원회의 중재에 회부된 때에는 그날부터 10일간은 쟁의행위를 할 수 없다.
③ 노동쟁의의 중재를 위하여 당해 노동위원회의 위원 중에서 사용자를 대표하는 자, 근로자를 대표하는 자 및 공익을 대표하는 자 각 1인으로 구성된 중재위원회를 둔다.
④ 중앙노동위원회 위원장은 긴급조정의 결정을 하고자 할 때에는 미리 고용노동부장관의 의견을 들어야 한다.
⑤ 관계당사자는 긴급조정의 결정이 공표된 때에는 즉시 쟁의행위를 중지하여야 하며, 공표일부터 15일이 경과하지 아니하면 쟁의행위를 재개할 수 없다.

[해설]
노조법 제61조의2 제1항

정답 ①

05 노동쟁의조정제도

정답 및 해설

01 기출 24

☑ 확인 Check! ○ △ ✕

노동조합 및 노동관계조정법상 노동쟁의의 조정 등에 관한 설명이다. ( )에 들어갈 내용으로 옳은 것은?

- 조정위원회는 조정안이 관계 당사자의 쌍방에 의하여 수락된 후 그 해석 또는 이행방법에 관하여 관계 당사자 간에 의견의 불일치가 있어 명확한 견해의 제시를 요청받은 때에는 그 요청을 받은 날부터 (ㄱ)일 이내에 명확한 견해를 제시하여야 한다.
- 노동쟁의가 중재에 회부된 때에는 그날부터 (ㄴ)일간은 쟁의행위를 할 수 없다.
- 관계 당사자는 긴급조정의 결정이 공표된 때에는 즉시 쟁의행위를 중지하여야 하며, 공표일부터 (ㄷ)일이 경과하지 아니하면 쟁의행위를 재개할 수 없다.

① ㄱ : 7, ㄴ : 7, ㄷ : 10
② ㄱ : 7, ㄴ : 15, ㄷ : 30
③ ㄱ : 10, ㄴ : 10, ㄷ : 15
④ ㄱ : 10, ㄴ : 15, ㄷ : 30
⑤ ㄱ : 15, ㄴ : 30, ㄷ : 30

01

- 조정안이 관계 당사자의 쌍방에 의하여 수락된 후 그 해석 또는 이행방법에 관하여 관계 당사자 간에 의견의 불일치가 있는 때에는 관계 당사자는 당해 조정위원회 또는 단독조정인에게 그 해석 또는 이행방법에 관한 명확한 견해의 제시를 요청하여야 한다. 조정위원회 또는 단독조정인은 요청을 받은 때에는 그 요청을 받은 날부터 7일 이내에 명확한 견해를 제시하여야 한다(노조법 제60조 제3항, 제4항).
- 노동쟁의가 중재에 회부된 때에는 그날부터 15일간은 쟁의행위를 할 수 없다(노조법 제63조).
- 관계 당사자는 긴급조정의 결정이 공표된 때에는 즉시 쟁의행위를 중지하여야 하며, 공표일부터 30일이 경과하지 아니하면 쟁의행위를 재개할 수 없다(노조법 제77조).

정답 ②

02 기출 24

☑확인Check! ○ △ ✕

노동조합 및 노동관계조정법령상 사적 조정·중재에 관한 설명으로 옳지 않은 것은?

① 사적 조정의 신고는 조정이 진행되기 전에 하여야 한다.
② 노동관계 당사자는 사적 조정에 의하여 노동쟁의를 해결하기로 한 때에는 이를 노동위원회에 신고하여야 한다.
③ 사적 조정에 의하여 조정이 이루어진 경우에 그 내용은 단체협약과 동일한 효력을 가진다.
④ 노동조합 및 노동관계조정법 제2절(조정) 및 제3절(중재)의 규정은 노동관계 당사자가 쌍방의 합의 또는 단체협약이 정하는 바에 따라 각각 다른 조정 또는 중재방법에 의하여 노동쟁의를 해결하는 것을 방해하지 아니한다.
⑤ 사적 조정을 수행하는 자는 노동관계 당사자로부터 수수료, 수당 및 여비 등을 받을 수 있다.

02

① (✕) 노동관계당사자는 사적 조정·중재에 의하여 노동쟁의를 해결하기로 한 경우에는 고용노동부령이 정하는 바에 따라 관할 노동위원회에 신고해야 한다. <u>신고는 공적 조정 또는 중재가 진행 중인 경우에도 할 수 있다</u>(노조법 시행령 제23조 제1항, 제2항).
② (○) 노조법 제52조 제2항
③ (○) 사적 조정등에 의하여 조정 또는 중재가 이루어진 경우에 그 내용은 <u>단체협약과 동일한 효력을 가진다</u>(노조법 제52조 제4항).
④ (○) 노조법 제52조 제1항
⑤ (○) 노조법 제52조 제5항 후문

정답 ①

03 기출 24

☑확인Check! ○ △ ✕

노동조합 및 노동관계조정법상 노동쟁의의 조정에 관한 설명으로 옳은 것은?

① 조정위원회의 조정위원은 당해 노동위원회의 공익을 대표하는 위원 중에서 관계 당사자의 합의로 선정한 자에 대하여 그 노동위원회의 위원장이 지명한다.
② 노동위원회의 위원장은 조정위원회의 구성이 어려운 경우 노동위원회의 각 근로자를 대표하는 위원, 사용자를 대표하는 위원 및 공익을 대표하는 위원 각 1인씩 3인을 조정위원으로 지명할 수 있다.
③ 단독조정인은 그 노동위원회의 공익을 대표하는 위원 중에서 노동조합과 사용자가 순차적으로 배제하고 남은 4인 내지 6인 중에서 노동위원회의 위원장이 지명한다.
④ 중재위원회의 중재위원은 당해 노동위원회의 위원 중에서 사용자를 대표하는 자, 근로자를 대표하는 자 및 공익을 대표하는 자 각 1인을 그 노동위원회의 위원장이 지명한다.
⑤ 특별조정위원회의 특별조정위원은 관계 당사자가 합의로 당해 노동위원회의 위원이 아닌 자를 추천하는 경우에는 그 추천된 자를 노동위원회의 위원장이 지명한다.

03

① (✕) 조정위원회의 조정위원은 <u>당해 노동위원회의 위원 중에서 사용자를 대표하는 자, 근로자를 대표하는 자 및 공익을 대표하는 자 각 1인을 그 노동위원회의 위원장이 지명하되</u>, 근로자를 대표하는 조정위원은 사용자가, 사용자를 대표하는 조정위원은 노동조합이 각각 추천하는 노동위원회의 위원 중에서 지명하여야 한다(노조법 제55조 제3항 본문).
② (✕) 노동위원회의 위원장은 근로자를 대표하는 위원 또는 사용자를 대표하는 위원의 불참 등으로 인하여 조정위원회의 구성이 어려운 경우 <u>노동위원회의 공익을 대표하는 위원 중에서 3인을 조정위원으로 지명할 수 있다</u>(노조법 제55조 제4항 본문).
③ (✕) 단독조정인은 <u>당해 노동위원회의 위원 중에서 관계 당사자의 쌍방의 합의로 선정된 자를 그 노동위원회의 위원장이 지명한다</u>(노조법 제57조 제2항).
④ (✕) 중재위원회의 중재위원은 당해 노동위원회의 <u>공익을 대표하는 위원 중에서 관계 당사자의 합의로 선정한 자에 대하여 그 노동위원회의 위원장이 지명한다</u>(노조법 제64조 제3항 본문).
⑤ (○) 특별조정위원회의 특별조정위원은 그 노동위원회의 공익을 대표하는 위원 중에서 노동조합과 사용자가 순차적으로 배제하고 남은 4인 내지 6인중에서 노동위원회의 위원장이 지명한다. 다만, 관계 당사자가 합의로 당해 노동위원회의 위원이 아닌 자를 추천하는 경우에는 그 추천된 자를 지명한다(노조법 제72조 제3항).

정답 ⑤

☑ 확인 Check! ○ △ ✕

노동조합 및 노동관계조정법상 필수공익사업에 해당하지 않는 사업을 모두 고른 것은?

> ㄱ. 철도사업
> ㄴ. 수도사업
> ㄷ. 공중위생사업
> ㄹ. 조폐사업
> ㅁ. 방송사업

① ㄱ

② ㄱ, ㄴ

③ ㄴ, ㄷ

④ ㄴ, ㄹ, ㅁ

⑤ ㄷ, ㄹ, ㅁ

04

ㄱ. 철도사업, ㄴ. 수도사업 등은 노조법 제71조 제2항에서 정한 필수공익사업에 해당하나, ㄷ. 공중위생사업, ㄹ. 조폐사업, ㅁ. 방송사업 등은 필수공익사업이 아니라 동법 제71조 제1항에서 정한 공익사업에 해당한다.

`정답` ⑤

➕ PLUS

공익사업의 범위등(노조법 제71조)

① 이 법에서 "공익사업"이라 함은 공중의 일상생활과 밀접한 관련이 있거나 국민경제에 미치는 영향이 큰 사업으로서 다음 각 호의 사업을 말한다.
  1. 정기노선 여객운수사업 및 항공운수사업
  2. 수도사업, 전기사업, 가스사업, 석유정제사업 및 석유공급사업
  3. 공중위생사업, 의료사업 및 혈액공급사업
  4. 은행 및 조폐사업
  5. 방송 및 통신사업

② 이 법에서 "필수공익사업"이라 함은 제1항의 공익사업으로서 그 업무의 정지 또는 폐지가 공중의 일상생활을 현저히 위태롭게 하거나 국민경제를 현저히 저해하고 그 업무의 대체가 용이하지 아니한 다음 각 호의 사업을 말한다.
  1. 철도사업, 도시철도사업 및 항공운수사업
  2. 수도사업, 전기사업, 가스사업, 석유정제사업 및 석유공급사업
  3. 병원사업 및 혈액공급사업
  4. 한국은행사업
  5. 통신사업

05 기출 24

☑확인Check! ○ △ ✕

노동조합 및 노동관계조정법령상 중재재정에 관한 설명으로 옳지 않은 것은?

① 중재재정은 서면으로 작성하며 그 서면에는 효력발생 기일을 명시하여야 한다.
② 중재재정의 해석 또는 이행방법에 관하여 관계 당사자 간에 의견의 불일치가 있는 때에는 당해 중재위원회의 해석에 따르며 그 해석은 중재재정과 동일한 효력을 가진다.
③ 중앙노동위원회는 지방노동위원회 또는 특별노동위원회의 중재재정을 재심한 때에는 지체 없이 그 재심결정서를 관계 당사자와 관계 노동위원회에 각각 송달해야 한다.
④ 관계 당사자는 중앙노동위원회의 중재재정이나 재심결정이 위법이거나 월권에 의한 것이라고 인정하는 경우에는 중재재정 또는 재심결정을 한 날부터 15일 이내에 행정소송을 제기할 수 있다.
⑤ 노동위원회의 중재재정 또는 재심결정은 중앙노동위원회에의 재심신청 또는 행정소송의 제기에 의하여 그 효력이 정지되지 아니한다.

05

① (○) 노조법 제68조 제1항
② (○) 노조법 제68조 제2항
③ (○) 노조법 시행령 제29조 제2항
④ (✕) 관계 당사자는 중앙노동위원회의 중재재정이나 중재재정에 대한 재심결정이 위법이거나 월권에 의한 것이라고 인정하는 경우에는 그 중재재정서 또는 재심결정서의 송달을 받은 날부터 15일 이내에 행정소송을 제기할 수 있다(노조법 제69조 제2항).
⑤ (○) 노조법 제70조 제2항

정답 ④

06 기출 23

☑확인Check! ○ △ ✕

노동조합 및 노동관계조정법상 공익사업등의 우선적 취급에 관한 규정에서 (   )에 들어갈 내용으로 옳은 것은?

> 제51조(공익사업등의 우선적 취급)
> 국가·지방자치단체·국공영기업체·방위산업체 및 공익사업에 있어서의 (   )은(는) 우선적으로 취급하고 신속히 처리하여야 한다.

① 쟁의행위의 조정
② 부당노동행위의 구제
③ 단체협약의 해석
④ 노동쟁의의 조정
⑤ 노동조합 해산의 의결

06

국가·지방자치단체·국공영기업체·방위산업체 및 공익사업에 있어서의 노동쟁의의 조정은 우선적으로 취급하고 신속히 처리하여야 한다(노조법 제51조).

정답 ④

☑ 확인Check! ○ △ ✕

노동조합 및 노동관계조정법상 노동쟁의 조정에 관한 설명으로 옳은 것은?

① 사적조정 등을 수행하는 자는 노동관계 당사자로부터 수수료, 수당 및 여비 등을 받을 수 있다.
② 노동관계 당사자가 노동쟁의를 단체협약에서 정하는 바에 따라 해결하기로 한 경우 이를 행정관청에 신고하여야 한다.
③ 노동관계 당사자가 단체협약이 정하는 바에 따라 노동쟁의의 조정을 한 경우 그 내용은 재판상 화해와 같은 효력을 가진다.
④ 고용노동부장관은 긴급조정의 결정을 하고자 할 때에는 중앙노동위원회 의결을 거쳐야 한다.
⑤ 중앙노동위원회는 고용노동부장관의 긴급조정결정 통고를 받은 때에는 지체 없이 중재를 개시하여야 한다.

07
① (○) 노조법 제52조 제5항 후문
② (✕) 노조법 제2절 및 제3절의 규정은 노동관계 당사자가 쌍방의 합의 또는 단체협약이 정하는 바에 따라 각각 다른 조정 또는 중재방법("사적조정등")에 의하여 노동쟁의를 해결하는 것을 방해하지 아니한다. 노동관계 당사자가 이에 의하여 노동쟁의를 해결하기로 한 때에는 노동위원회에 신고하여야 한다(노조법 제52조 제1항, 제2항).
③ (✕) 노동관계 당사자가 단체협약이 정하는 바에 따라 노동쟁의의 조정을 한 경우 그 내용은 단체협약과 동일한 효력을 가진다(노조법 제52조 제4항).
④ (✕) 고용노동부장관은 긴급조정의 결정을 하고자 할 때에는 미리 중앙노동위원회 위원장의 의견을 들어야 한다(노조법 제76조 제2항).
⑤ (✕) 중앙노동위원회는 고용노동부장관의 긴급조정결정 통고를 받은 때에는 지체 없이 조정을 개시하여야 한다(노조법 제78조).

정답 ①

☑ 확인Check! ○ △ ✕

노동조합 및 노동관계조정법상 노동위원회가 행하는 노동쟁의의 조정 등에 관한 설명으로 옳지 않은 것은?

① 노동위원회는 관계당사자의 일방이 노동쟁의의 조정을 신청한 때에는 지체 없이 조정을 개시하여야 한다.
② 조정은 조정의 신청이 있는 날부터 일반사업에 있어서는 10일, 공익사업에 있어서는 15일 이내에 종료하여야 한다.
③ 노동위원회는 조정신청 전에는 교섭을 주선하는 등 관계당사자의 자주적인 분쟁해결을 지원할 수 없다.
④ 노동위원회는 관계당사자 쌍방의 신청 또는 동의를 얻은 경우에는 조정위원회에 갈음하여 단독조정인에게 조정을 행하게 할 수 있다.
⑤ 조정서의 내용을 준수하지 아니한 자는 벌칙에 처한다.

08
① (○) 노동위원회는 관계당사자의 일방이 노동쟁의의 조정을 신청한 때에는 지체 없이 조정을 개시하여야 하며 관계당사자 쌍방은 이에 성실히 임하여야 한다(노조법 제53조 제1항).
② (○) 노조법 제54조 제1항
③ (✕) 노동위원회는 조정신청 전이라도 원활한 조정을 위하여 교섭을 주선하는 등 관계당사자의 자주적인 분쟁해결을 지원할 수 있다(노조법 제53조 제2항).
④ (○) 노조법 제57조 제1항
⑤ (○) 조정서의 내용 또는 중재재정서의 내용을 준수하지 아니한 자는 1천만원 이하의 벌금에 처한다(노조법 제92조 제3호).

정답 ③

☑ 확인Check! ○ △ ✕

노동조합 및 노동관계조정법상 노동위원회가 행하는 노동쟁의의 중재에 관한 설명으로 옳은 것은?

① 노동쟁의가 중재에 회부된 때에는 그날부터 20일간은 쟁의행위를 할 수 없다.

② 관계당사자의 일방이 단체협약에 의하여 중재를 신청한 때에도 노동위원회는 중재를 행한다.

③ 중재는 조정을 거치지 않으면 신청할 수 없다.

④ 관계당사자는 지방노동위원회의 중재재정이 월권에 의한 것이라고 인정하는 경우에는 중앙노동위원회에 재심을 신청할 수 없다.

⑤ 중재재정의 내용은 관계당사자의 동의를 받아야 단체협약과 동일한 효력을 가진다.

09

① (✕) 노동쟁의가 중재에 회부된 때에는 그날부터 15일간은 쟁의행위를 할 수 없다(노조법 제63조).

② (○) 노동위원회는 다음 각 호의 어느 하나에 해당하는 때에는 중재를 행한다(노조법 제62조).
1. 관계당사자의 쌍방이 함께 중재를 신청한 때
2. 관계당사자의 일방이 단체협약에 의하여 중재를 신청한 때

③ (✕) 중재는 일반적으로 조정이 실패한 경우에 신청하지만 조정을 거치지 않고 신청할 수도 있다.

④ (✕) 관계당사자는 지방노동위원회 또는 특별노동위원회의 중재재정이 위법이거나 월권에 의한 것이라고 인정하는 경우에는 그 중재재정서의 송달을 받은 날부터 10일 이내에 중앙노동위원회에 그 재심을 신청할 수 있다(노조법 제69조 제1항).

⑤ (✕) 중재재정의 내용은 단체협약과 동일한 효력을 가진다(노조법 제70조 제1항). 중재재정의 확정으로 단체협약과 동일한 효력을 가지게 되며 별도로 당사자의 동의는 필요로 하지 아니한다.

정답 ②

---

10 기출 22

☑ 확인Check! ○ △ ✕

노동조합 및 노동관계조정법상 필수공익사업에 해당하는 것을 모두 고른 것은?

ㄱ. 공중위생사업	ㄴ. 통신사업
ㄷ. 방송사업	ㄹ. 한국은행사업
ㅁ. 조폐사업	ㅂ. 병원사업

① ㄱ, ㄹ, ㅂ
② ㄴ, ㄷ, ㅁ
③ ㄴ, ㄹ, ㅂ
④ ㄷ, ㄹ, ㅁ
⑤ ㄷ, ㅁ, ㅂ

10

ㄱ. (✕), ㄴ. (○), ㄷ. (✕), ㄹ. (○), ㅁ. (✕), ㅂ (○)

ㄱ. 공중위생사업, ㄷ. 방송사업, ㅁ. 조폐사업 등은 공익사업에 해당한다(노조법 제71조 제1항).

정답 ③

＋ PLUS

필수공익사업(노조법 제71조 제2항)
- 철도사업, 도시철도사업 및 항공운수사업
- 수도사업, 전기사업, 가스사업, 석유정제사업 및 석유공급사업
- 병원사업 및 혈액공급사업
- 한국은행사업
- 통신사업

☑ 확인Check! ○ △ ✕

노동조합 및 노동관계조정법상 노동쟁의의 조정 등에 관한 설명이다. (   )에 들어갈 내용으로 옳은 것은?

> • 노동쟁의가 중재에 회부된 때에는 그날부터 (ㄱ)일간은 쟁의행위를 할 수 없다.
> • 관계당사자는 긴급조정의 결정이 공표된 때에는 즉시 쟁의행위를 중지하여야 하며, 공표일부터 (ㄴ)일이 경과하지 아니하면 쟁의행위를 재개할 수 없다.

① ㄱ : 10,   ㄴ : 10
② ㄱ : 10,   ㄴ : 15
③ ㄱ : 15,   ㄴ : 15
④ ㄱ : 15,   ㄴ : 30
⑤ ㄱ : 30,   ㄴ : 30

11
• 노동쟁의가 중재에 회부된 때에는 그날부터 <u>15일</u>간은 쟁의행위를 할 수 없다(노조법 제63조).
• 관계당사자는 긴급조정의 결정이 공표된 때에는 즉시 쟁의행위를 중지하여야 하며, 공표일부터 <u>30일</u>이 경과하지 아니하면 쟁의행위를 재개할 수 없다(노조법 제77조).

정답 ④

☑ 확인Check! ○ △ ✕

노동조합 및 노동관계조정법상 노동쟁의의 조정 등에 관한 설명으로 옳지 않은 것은?

① 노동위원회는 관계당사자 쌍방의 신청이 있는 경우에는 조정위원회에 갈음하여 단독조정인에게 조정을 행하게 할 수 있다.
② 조정서의 내용은 단체협약과 동일한 효력을 가진다.
③ 노동위원회는 관계당사자의 일방이 단체협약에 의하여 중재를 신청한 때에는 중재를 행한다.
④ 중재재정은 서면으로 작성하여 이를 행하며 그 서면에는 효력발생기일을 명시하여야 한다.
⑤ 노동위원회의 중재재정은 중앙노동위원회에의 재심신청에 의하여 그 효력이 정지된다.

12
① (○) 노조법 제57조 제1항
② (○) 노조법 제61조 제2항
③ (○) 노조법 제62조
④ (○) 노조법 제68조 제1항
⑤ (✕) <u>노동위원회의 중재재정 또는 재심결정은 중앙노동위원회에의 재심신청 또는 행정소송의 제기에 의하여 그 효력이 정지되지 아니한다</u>(노조법 제70조 제2항).

정답 ⑤

13 기출 21

☑ 확인Check! ○ △ ×

노동조합 및 노동관계조정법상 공익사업 등의 조정에 관한 특칙의 내용으로 옳지 않은 것은?

① 의료사업은 공익사업에 해당한다.
② 방송사업은 필수공익사업에 해당한다.
③ 공익사업의 노동쟁의의 조정을 위하여 노동위원회에 특별조정위원회를 둔다.
④ 특별조정위원회는 특별조정위원 3인으로 구성한다.
⑤ 공익을 대표하는 위원인 특별조정위원이 1인인 경우에는 당해 위원이 특별조정위원회의 위원장이 된다.

➕ PLUS

공익사업(노조법 제71조 제1항)
• 정기노선 여객운수사업 및 항공운수사업
• 수도사업, 전기사업, 가스사업, 석유정제사업 및 석유공급사업
• 공중위생사업, 의료사업 및 혈액공급사업
• 은행 및 조폐사업
• 방송 및 통신사업

필수공익사업(노조법 제71조 제2항)
• 철도사업, 도시철도사업 및 항공운수사업
• 수도사업, 전기사업, 가스사업, 석유정제사업 및 석유공급사업
• 병원사업 및 혈액공급사업
• 한국은행사업
• 통신사업

13

① (○) 노조법 제71조 제1항 제3호
② (×) 방송사업은 공익사업에 해당한다(노조법 제71조 제1항 제5호).
③ (○) 노조법 제72조 제1항
④ (○) 노조법 제72조 제2항
⑤ (○) 위원장은 공익을 대표하는 노동위원회의 위원인 특별조정위원 중에서 호선하고, 당해 노동위원회의 위원이 아닌 자만으로 구성된 경우에는 그중에서 호선한다. 다만, 공익을 대표하는 위원인 특별조정위원이 1인인 경우에는 당해 위원이 위원장이 된다(노조법 제73조 제2항).

정답 ②

14 기출 20

☑ 확인Check! ○ △ ✕

노동조합 및 노동관계조정법상 노동쟁의의 조정(調停)에 관한 설명으로 옳지 않은 것은?

① 노동위원회는 관계당사자의 일방이 노동쟁의의 조정을 신청한 때에는 지체 없이 조정을 개시하여야 하며 관계당사자 쌍방은 이에 성실히 임하여야 한다.

② 조정은 그 신청이 있은 날부터 일반사업에 있어서는 10일 이내에, 공익사업에 있어서는 15일 이내에 종료하여야 한다.

③ 근로자를 대표하는 조정위원은 사용자가 추천하는 당해 노동위원회의 위원 중에서 그 노동위원회의 위원장이 지명하여야 한다.

④ 노동위원회는 관계당사자 쌍방의 신청이 있거나 관계당사자 쌍방의 동의를 얻은 경우에는 조정위원회에 갈음하여 단독조정인에게 조정을 행하게 할 수 있다.

⑤ 조정위원회의 조정안의 해석 또는 이행방법에 관한 견해가 제시되기 전이라도 관계당사자는 당해 조정안의 해석 또는 이행에 관하여 쟁의행위를 할 수 있다.

15 기출 20

☑ 확인Check! ○ △ ✕

노동조합 및 노동관계조정법상 노동쟁의의 중재에 관한 설명으로 옳은 것은?

① 노동쟁의의 조정(調整)에서 사적 중재는 허용되지 않는다.

② 중재재정은 서면으로 작성하여 이를 행하며 그 서면에는 효력발생기일을 명시하여야 한다.

③ 중재위원회 위원장은 중재위원 중에서 당해 노동위원회 위원장이 지명한다.

④ 노동쟁의가 중재에 회부된 때에는 그날부터 30일간은 쟁의행위를 할 수 없다.

⑤ 노동위원회의 중재재정은 중앙노동위원회에의 재심신청 또는 행정소송의 제기에 의하여 그 효력이 정지된다.

14

① (○) 노조법 제53조 제1항

② (○) 노조법 제54조 제1항

③ (○) 노조법 제55조 제3항 본문

④ (○) 노조법 제57조 제1항

⑤ (✕) 조정위원회의 <u>조정안의 해석 또는 이행방법에 관한 견해가 제시될 때까지는 관계당사자는 당해 조정안의 해석 또는 이행에 관하여 쟁의행위를 할 수 없다</u>(노조법 제60조 제5항).

정답 ⑤

15

① (✕) 조정 및 중재의 규정은 노동관계당사자가 <u>쌍방의 합의 또는 단체협약이 정하는 바에 따라 각각 다른 조정 또는 중재방법(이하 "사적조정등")에 의하여 노동쟁의를 해결하는 것을 방해하지 아니한다</u>(노조법 제52조 제1항).

② (○) 노조법 제68조 제1항

③ (✕) 중재위원회 위원장은 <u>중재위원 중에서 호선한다</u>(노조법 제65조 제2항).

④ (✕) 노동쟁의가 <u>중재에 회부된 때에는 그날부터 15일간은 쟁의행위를 할 수 없다</u>(노조법 제63조).

⑤ (✕) 노동위원회의 중재재정 또는 재심결정은 중앙노동위원회에의 재심신청 또는 행정소송의 제기에 의하여 그 효력이 정지되지 아니한다(노조법 제70조 제2항).

정답 ②

16 기출 20

☑ 확인 Check! ○ △ ✕

노동조합 및 노동관계조정법상 긴급조정에 관한 설명으로 옳지 않은 것은?

① 고용노동부장관은 쟁의행위가 공익사업에 관한 것이거나 그 규모가 크거나 그 성질이 특별한 것으로서 현저히 국민경제를 해하거나 국민의 일상생활을 위태롭게 할 위험이 현존하는 때에는 긴급조정의 결정을 할 수 있다.

② 고용노동부장관은 긴급조정을 결정한 때에는 지체 없이 그 이유를 붙여 이를 공표함과 동시에 중앙노동위원회와 관계당사자에게 각각 통고하여야 한다.

③ 관계당사자는 긴급조정의 결정이 공표된 때에는 즉시 쟁의행위를 중지하여야 하며, 공표일부터 30일이 경과하지 아니하면 쟁의행위를 재개할 수 없다.

④ 중앙노동위원회의 위원장은 긴급조정이 성립될 가망이 없다고 인정한 경우에는 관계당사자의 의견을 들어 그 사건을 중재에 회부할 것인가의 여부를 결정하여야 한다.

⑤ 중앙노동위원회의 위원장이 중재회부의 결정을 한 때에는 중앙노동위원회는 지체 없이 중재를 행하여야 한다.

16

① (○) 노조법 제76조 제1항
② (○) 노조법 제76조 제3항
③ (○) 노조법 제77조
④ (✕) 중앙노동위원회의 위원장은 중앙노동위원회의 조정이 성립될 가망이 없다고 인정한 경우에는 <u>공익위원의 의견을 들어</u> 그 사건을 중재에 회부할 것인가의 여부를 결정하여야 한다(노조법 제79조 제1항).
⑤ (○) 노조법 제80조

정답 ④

17 기출 19

☑ 확인 Check! ○ △ ✕

노동조합 및 노동관계조정법령상 노동쟁의 조정의 기본 원칙으로 옳지 않은 것은?

① 공익사업에 있어서의 노동쟁의 조정은 우선적으로 취급하고 신속히 처리하도록 노력하여야 한다.

② 노동관계당사자는 노동쟁의가 발생한 때에는 이를 자주적으로 해결하도록 노력하여야 한다.

③ 국가 및 지방자치단체는 노동관계당사자 간에 노동관계에 관한 주장이 일치하지 아니할 경우에 쟁의행위를 가능한 한 예방하고 노동쟁의의 신속·공정한 해결에 노력하여야 한다.

④ 노동관계의 조정을 할 경우에는 노동관계당사자와 노동위원회 기타 관계기관은 사건을 신속히 처리하도록 노력하여야 한다.

⑤ 노동쟁의 조정에 관한 규정은 노동관계당사자가 직접 노사협의 또는 단체교섭에 의하여 근로조건 기타 노동관계에 관한 사항을 정하거나 노동관계에 관한 주장의 불일치를 조정하고 이에 필요한 노력을 하는 것을 방해하지 아니한다.

17

① (✕) 국가·지방자치단체·국공영기업체·방위산업체 및 공익사업에 있어서의 노동쟁의 조정은 우선적으로 취급하고 <u>신속히 처리하여야</u> 한다(노조법 제51조).
② (○) 노조법 제48조
③ (○) 노조법 제49조
④ (○) 노조법 제50조
⑤ (○) 노조법 제47조

정답 ①

18 기출 18

☑ 확인 Check! ○ △ ✕

노동조합 및 노동관계조정법령상 조정 및 중재에 관한 설명으로
옳지 않은 것은?

① 조정이 이루어진 경우에 그 내용은 단체협약과 동일한 효력을
  가진다.
② 노동위원회는 관계당사자 쌍방의 신청이 있는 경우에는 조정
  위원회에 갈음하여 단독조정인에게 조정을 행하게 할 수 있다.
③ 노동쟁의가 중재에 회부된 때에는 그날부터 15일간은 쟁의행
  위를 할 수 없다.
④ 노동관계당사자는 법령에 의한 사적 조정·중재에 의하여 노
  동쟁의를 해결하기로 한 경우에는 고용노동부령이 정하는 바
  에 따라 관할노동위원회에 신고해야 한다.
⑤ 노동위원회는 노동쟁의에 대한 조정이 실패한 경우에 한하여
  중재를 행할 수 있다.

18

① (○) 노조법 제52조 제4항, 제61조 제2항
② (○) 노조법 제57조 제1항
③ (○) 노동쟁의가 중재에 회부된 때에는 <u>그날부터 15
  일간은 쟁의행위를 할 수 없다</u>(노조법 제63조).
④ (○) 노조법 시행령 제23조 제1항
⑤ (✕) 노동위원회는 다음 각 호의 어느 하나에 해당하
  는 때에는 중재를 행한다(노조법 제62조).
  1. 관계당사자의 쌍방이 함께 중재를 신청한 때
  2. 관계당사자의 일방이 단체협약에 의하여 중재를
     신청한 때

정답 ⑤

19 기출 20

☑ 확인 Check! ○ △ ✕

노동조합 및 노동관계조정법상 필수공익사업에 해당하는 것을 모
두 고른 것은?

ㄱ. 도시철도사업	ㄴ. 공중위생사업
ㄷ. 혈액공급사업	ㄹ. 방송사업
ㅁ. 은행사업	ㅂ. 석유공급사업

① ㄱ, ㄴ, ㄷ   ② ㄱ, ㄷ, ㅂ
③ ㄱ, ㅁ, ㅂ   ④ ㄴ, ㄷ, ㄹ
⑤ ㄷ, ㅁ, ㅂ

19

ㄱ. (○), ㄴ. (✕), ㄷ. (○), ㄹ. (✕), ㅁ. (✕), ㅂ. (○)
ㄴ. 공중위생사업, ㄹ. 방송사업, ㅁ. 은행사업은 필수공
익사업에 해당하지 아니한다.

정답 ②

➕ PLUS

공익사업의 범위등(노조법 제71조)
② 노동조합 및 노동관계조정법에서 "필수공익사업"이라 함은 공익사업으로서 그 업무의 정지 또는 폐지가 공중의 일상생활을
  현저히 위태롭게 하거나 국민경제를 현저히 저해하고 그 업무의 대체가 용이하지 아니한 다음의 사업을 말한다.
  1. 철도사업, <u>도시철도사업</u> 및 항공운수사업
  2. 수도사업, 전기사업, 가스사업, 석유정제사업 및 <u>석유공급사업</u>
  3. 병원사업 및 <u>혈액공급사업</u>
  4. 한국은행사업
  5. 통신사업

20 기출 19

확인Check! ○ △ ×

노동조합 및 노동관계조정법령상 조정 및 중재에 관한 설명으로 옳은 것은?

① 노동위원회는 조정위원회 또는 단독조정인이 조정의 종료를 결정한 후에도 노동쟁의 해결을 위하여 조정을 할 수 있다.

② 노동쟁의가 노동위원회의 중재에 회부된 때에는 그날부터 10일간은 쟁의행위를 할 수 없다.

③ 노동쟁의의 중재를 위하여 당해 노동위원회의 위원 중에서 사용자를 대표하는 자, 근로자를 대표하는 자 및 공익을 대표하는 자 각 1인으로 구성된 중재위원회를 둔다.

④ 중앙노동위원회 위원장은 긴급조정의 결정을 하고자 할 때에는 미리 고용노동부장관의 의견을 들어야 한다.

⑤ 관계당사자는 긴급조정의 결정이 공표된 때에는 즉시 쟁의행위를 중지하여야 하며, 공표일부터 15일이 경과하지 아니하면 쟁의행위를 재개할 수 없다.

20

① (○) 노동위원회는 조정의 종료가 결정된 후에도 노동쟁의의 해결을 위하여 조정을 할 수 있다(노조법 제61조의2 제1항).

② (×) 노동쟁의가 중재에 회부된 때에는 그날부터 15일간은 쟁의행위를 할 수 없다(노조법 제63조).

③ (×) 노동쟁의의 중재 또는 재심을 위하여 노동위원회에 중재위원 3인으로 구성되는 중재위원회를 둔다(노조법 제64조 제1항·제2항). 중재위원은 당해 노동위원회의 공익을 대표하는 위원 중에서 관계당사자의 합의로 선정한 자에 대하여 그 노동위원회의 위원장이 지명한다. 다만, 관계당사자 간에 합의가 성립되지 아니한 경우에는 노동위원회의 공익을 대표하는 위원 중에서 지명한다(노조법 제64조 제3항).

④ (×) 고용노동부장관은 긴급조정의 결정을 하고자 할 때에는 미리 중앙노동위원회 위원장의 의견을 들어야 한다(노조법 제76조 제2항).

⑤ (×) 관계당사자는 긴급조정의 결정이 공표된 때에는 즉시 쟁의행위를 중지하여야 하며, 공표일부터 30일이 경과하지 아니하면 쟁의행위를 재개할 수 없다(노조법 제77조).

정답 ①

21 기출 18

확인Check! ○ △ ×

노동조합 및 노동관계조정법령상 긴급조정에 관한 설명으로 옳지 않은 것은?

① 고용노동부장관은 쟁의행위가 그 성질이 특별한 것으로서 현저히 국민경제를 해하거나 국민의 일상생활을 위태롭게 할 위험이 현존하는 때에는 긴급조정의 결정을 할 수 있다.

② 고용노동부장관은 긴급조정의 결정을 하고자 할 때에는 미리 중앙노동위원회 위원장의 의견을 들어야 한다.

③ 긴급조정이 결정되면 관계당사자는 즉시 쟁의행위를 중지하여야 하며, 결정일부터 30일이 경과하지 아니하면 쟁의행위를 재개할 수 없다.

④ 고용노동부장관은 긴급조정을 결정한 때에는 지체 없이 이를 공표하여야 한다.

⑤ 중앙노동위원회는 법령에 따라 긴급조정결정의 통고를 받은 때에는 지체 없이 조정을 개시하여야 한다.

21

① (○) 고용노동부장관은 쟁의행위가 공익사업에 관한 것이거나 그 규모가 크거나 그 성질이 특별한 것으로서 현저히 국민경제를 해하거나 국민의 일상생활을 위태롭게 할 위험이 현존하는 때에는 긴급조정의 결정을 할 수 있다(노조법 제76조 제1항).

② (○) 노조법 제76조 제2항

③ (×) 관계당사자는 긴급조정의 결정이 공표된 때에는 즉시 쟁의행위를 중지하여야 하며, 공표일부터 30일이 경과하지 아니하면 쟁의행위를 재개할 수 없다(노조법 제77조).

④ (○) 고용노동부장관은 긴급조정을 결정한 때에는 지체 없이 그 이유를 붙여 이를 공표함과 동시에 중앙노동위원회와 관계당사자에게 각각 통고하여야 한다(노조법 제76조 제3항).

⑤ (○) 노조법 제78조

정답 ③

제1절 서 설

I 부당노동행위제도의 의의

1. 개 념

부당노동행위란 사용자가 근로자의 노동3권을 침해하는 행위를 말하며, 부당노동행위구제제도란 사용자의 부당노동행위로부터 근로자의 노동3권을 보호하기 위하여 국가가 정책적으로 설정한 일종의 공법상 구제제도이다.

2. 연 혁

(1) 와그너(Wagner)법(미국, 1935)

와그너법은 근로자의 단결권·단체교섭권·단체행동권을 명문화하였고 부당노동행위제도를 최초로 규정하였으나, 사용자의 부당노동행위만을 금지하였다. 기출 23

(2) 태프트 하틀리(Taft-Hartley)법(미국, 1947)

노사 간 교섭력의 균형을 유지하기 위하여 기존 사용자의 부당노동행위에 근로자 측의 부당노동행위를 신설하였다.

(3) ILO 협약

ILO 기본협약 중 결사의 자유 및 단결권 보호에 관한 협약(제87호)은 단결권의 적극적 보호와 조성을 요구하였으며, 단결권 및 단체교섭권에 대한 원칙 적용에 관한 협약(제98호)은 부당노동행위제도의 정립을 요청하고 있다.

(4) 우리나라의 부당노동행위제도

1) 1953년 노동조합법과 노동쟁의조정법

1953년 노동조합법은 사용자의 부당노동행위를 금지하고, 같은 해 노동쟁의조정법(이하 "노쟁법")은 정당한 쟁의행위에 대한 사용자의 불이익취급을 금지하면서 각각 그 위반을 처벌하는 규정을 두고 있었다. 기출 21

2) 1963년 노동조합법

1963년 종전의 노동조합법을 전면개정하면서 노조법 및 노쟁법에 흩어져 있던 부당노동행위제도 관련 조문들을 부당노동행위로 통합하여 규정하였다. 또한 부당노동행위에 대해 처벌규정을 삭제하고, 그 대신 노동위원회가 구제명령을 내리는 구제제도를 규정함으로써 구제주의로 전환하였다.

3) 1986년 개정법 이후

기존의 구제주의에 처벌주의를 병행하였고 미확정된 구제명령 위반자에 대한 처벌규정의 헌법재판소의 위헌 결정으로 1997년 긴급이행명령제도를 도입하였고, 부당노동행위를 한 자에 대하여 피해자의 명시적 의사를 불문하고 처벌하도록 하였다. `기출 14`

Ⅱ 부당노동행위제도의 법적 성질

헌법 제33조 제1항의 노동3권 보장과 부당노동행위의 법적 관계와 관련하여, 부당노동행위제도의 본질은 국가가 헌법상 단결권을 보장하는 데 있다고 보는 견해인 노동3권 보장설이 있으나, 이보다는 부당노동행위제도의 본질이 헌법상 단결권 보장에 있음을 부정하는 것은 아니지만, 그 위에 확립되어야 할 공정한 노사관계질서 혹은 노동3권의 법인단계에 있어서 합리적인 노사관계질서 형성에 있다고 보는 노사관계질서 보장설이 타당하다고 판단된다.

Ⅲ 부당노동행위의 주체

우리나라의 경우 사용자만이 부당노동행위의 주체가 된다. 부당노동행위의 주체로서의 사용자 개념은 부당노동행위금지명령의 수규자(受規者), 부당노동행위구제명령의 수규자 및 형벌부과대상자로서의 사용자로 구분된다.

1. 부당노동행위금지명령의 수규자로서의 사용자

노조법 제81조는 부당노동행위의 유형을 열거하고, 사용자로 하여금 이러한 부당노동행위를 할 수 없다고 규정하고 있다. 부당노동행위금지명령의 수규자로서의 사용자는 사업주는 물론, 사업의 경영담당자 또는 그 사업의 근로자에 관한 사항에 대하여 사업주를 위하여 행동하는 자도 포함된다.

2. 부당노동행위구제명령의 수규자로서의 사용자

부당노동행위구제명령의 수규자로서의 사용자는 고용주인 사용자에 국한된다.

3. 형벌부과대상자로서의 사용자

형벌부과대상자로서의 사용자는 부당노동행위금지명령의 수규자와 일치하는 것이 원칙이나, 반드시 일치하는 것은 아니다.

O | X 💬

1. 1935년 미국의 와그너법은 근로자의 단결권·단체교섭권·단체행동권을 명문화하였다.

`정답` 1. ○

4. 사용자 개념의 확장

(1) 내부적 확장

부당노동행위가 하위관리직 등 노조법 제2조 제2호의 사용자가 아닌 자에 의하여 행하여진 경우에는, 그 자의 행위의 직무관련성, 사용자의 명시적·묵시적 승낙 여부 등을 고려하여 사용자의 부당노동행위 여부를 판단하여야 할 것이다.

(2) 외부적 확장

1) 종전 판례

원·하청의 노동관계 등 사업 외부에 있는 자를 부당노동행위의 주체로 인정할 수 있는지에 대하여 종전 판례는, 원고용주에게 고용되어 제3자의 사업장에서 제3자의 업무에 종사하는 자를 제3자의 근로자라고 할 수 있으려면 원고용주는 사업주로서의 독자성이 없거나 독립성을 결하여 제3자의 노무대행기관과 동일시할 수 있는 등 그 존재가 형식적, 명목적인 것에 지나지 아니하고, 사실상 당해 피고용인은 제3자와 종속적인 관계에 있으며, 실질적으로 임금을 지급하는 자도 제3자이고, 또 근로제공의 상대방도 제3자이어서 당해 피고용인과 제3자 간에 묵시적 근로계약관계가 성립되어 있다고 평가될 수 있어야 할 것이라고(대판 1999.11.12. 97누19946) 판시하여, 사내하도급관계에서 도급인과 수급인의 근로자 사이에 묵시적 근로계약관계가 성립되지 아니하면, 부당노동행위가 성립할 여지가 없다고 하였다.

2) 최근 판례

[1] 부당노동행위의 예방·제거는 노동위원회의 구제명령을 통해서 이루어지는 것이므로, 구제명령을 이행할 수 있는 법률적 또는 사실적인 권한이나 능력을 가지는 지위에 있는 한 그 한도 내에서는 부당노동행위의 주체로서 구제명령의 대상인 사용자에 해당한다고 볼 수 있을 것이다. 기출 19

[2] 원청회사가 사내하청업체 소속 근로자들의 기본적인 노동조건 등에 관하여 고용사업주인 사내하청업체의 권한과 책임을 일정 부분 담당하고 있다고 볼 정도로 실질적·구체적으로 지배·결정할 수 있는 지위에 있고 사내 하청업체의 사업 폐지를 유도하고 그로 인하여 사내하청업체 노동조합의 활동을 위축시키거나 침해하는 지배·개입행위를 하였다면, 원청회사는 부당노동행위구제명령의 대상인 사용자에 해당한다(대판 2010.3.25. 2007두8881).

O | X 💬

1. 노동위원회의 부당노동행위구제명령을 이행할 수 있는 법률적 또는 사실적인 권한이나 능력을 가지는 지위에 있더라도, 직접고용관계에 있지 않는 한 사용자에 해당한다고 볼 수 없다.

정답 1. ×

Ⅳ 부당노동행위의 객체

1. 부당노동행위의 객체로서의 노동조합과 조합원 개인

노동조합의 실질적·형식적 요건을 모두 갖춘 노동조합은 부당노동행위구제신청을 할 수 있으므로, 노조법상 노조는 부당노동행위 중 노조법 제81조 제1항 제1호·제2호 및 제5호에 규정된 사항에 대하여 구제신청을 할 수 있다. 반면, 법외노조는 부당노동행위구제신청을 할 수 없고(노조법 제7조 제1항), 민사소송을 통한 사법상 구제를 받을 수 있을 뿐이다. 조합원 개인은 부당노동행위 중 노조법 제81조 제1항 제1호·제2호 및 제5호에 규정된 사항에 대하여 부당노동행위구제신청을 할 수 있다. 조합원 개인에 대한 부당노동행위는 궁극적으로 노동조합의 조직 및 활동에 부정적 영향을 가져오므로, 이에 대하여 노동조합 또한 부당노동행위구제신청을 할 수 있다. `기출 14`

2. 부당노동행위의 객체의 확장

[1] 노동조합으로서는 자신에 대한 사용자의 부당노동행위가 있는 경우뿐만 아니라, 그 소속 조합원으로 가입한 근로자 또는 그 소속 조합원으로 가입하려고 하는 근로자에 대하여 사용자의 부당노동행위가 있는 경우에도 노동조합의 권리가 침해당할 수 있으므로, 그 경우에도 자신의 명의로 부당노동행위에 대한 구제신청을 할 수 있는 권리를 가진다. 이러한 법리는 다른 노동조합에 가입하려고 하거나 다른 노동조합과 연대하려고 하는 노동조합에 대하여 사용자의 부당노동행위가 있는 경우에도 적용된다. 따라서 특정 노동조합에 가입하려고 하거나 특정 노동조합과 연대하려고 하는 노동조합에 대한 부당노동행위로 인하여 특정 노동조합의 권리가 침해당할 수 있는 경우에는 그 특정 노동조합이 부당노동행위의 직접 상대방이 아닌 경우에도 자신의 명의로 부당노동행위에 대한 구제신청을 할 수 있다.

[2] 노조법 제2조 제2호의 '그 사업의 근로자에 관한 사항에 대하여 사업주를 위하여 행동하는 자'는 근로자의 인사, 급여, 후생, 노무관리 등 근로조건의 결정 또는 업무상의 명령이나 지휘·감독을 하는 등의 사항에 대하여 사업주로부터 일정한 권한과 책임을 부여받았으므로, 그 사업의 근로자에 관한 사항에 대하여 사업주를 위하여 행동하는 사람이 그 권한과 책임의 범위 내에서 사업주를 위하여 한 행위가 노동조합의 조직이나 운영 및 활동을 지배하거나 이에 개입하는 의사로 한 것으로 부당노동행위가 되는 경우 이러한 행위는 사업주의 부당노동행위로도 인정할 수 있다. 다만 사업주가 그 선임 및 업무수행상 감독에 상당한 주의를 하였음에도 부당노동행위가 행해진 경우와 같은 특별한 사정이 있는 경우에는 그러하지 않을 수 있다. 이때 특별한 사정에 대한 주장·증명책임은 사업주에게 있다(대판 2022.5.12. 2017두54005).

제2절 부당노동행위의 유형

Ⅰ 서 설

노조법 제81조는 다섯 종류의 부당노동행위를 규정하여 이를 금지하고 있는데, 이에 관한 법적 성질이 문제된다. 노조법 제81조 제1항 제4호의 지배·개입에 통칙적 지위를 인정할 것인지에 대하여 우리나라 다수설은, 노조법 제81조 제1항 제4호를 포괄규정으로 보거나 병렬규정으로 보더라도, 이는 모두 부당노동행위의 구제범위를 넓게 이해하고자 한다는 점에서 커다란 차이점은 없으므로, 노동위원회가 각 유형을 형식적·피상적으로 준별함이 없이 상호 보완적으로 해석·적용하여 사안의 내용에 적합하게 부당노동행위를 구성하고, 이에 대한 적절한 구제를 모색하는 것이 중요하다고 한다.

Ⅱ 불이익취급

1. 의 의

근로자가 노동조합에 가입 또는 가입하려고 하였거나 노동조합을 조직하려고 하였거나 기타 노동조합의 업무를 위한 정당한 행위를 한 것(노조법 제81조 제1항 제1호), 근로자가 정당한 단체행위에 참가한 것 또는 노동위원회에 대하여 사용자가 이 조의 규정에 위반한 것을 신고하거나 그에 관한 증언을 하거나 기타 행정관청에 증거를 제출한 것 등을 이유로 그 근로자를 해고하거나 그 근로자에게 불이익을 주는 행위(노조법 제81조 제1항 제5호)는 부당노동행위로서 금지하고 있다. 기출 12 · 15 · 21

2. 성립요건

(1) 근로자의 정당한 단결활동 등

1) 노동조합의 가입 · 조직(노조법 제81조 제1항 제1호)

① 정당한 노조활동에는 이미 조직된 노동조합을 위한 행위와 그에 가입하거나 가입하려고 한 행위뿐만 아니라, 새로운 노동조합을 결성하기 위한 행위로서의 준비행위나 원조행위까지도 포함된다.

② 노동조합의 조합원인 것을 이유로 하는 불이익취급에는 조합원을 비조합원과 차별하는 경우뿐만 아니라, 다른 조합의 조합원과 차별하는 경우도 포함된다.

③ 노동조합은 법상의 자주성과 민주성을 갖춘 조합이어야 한다. 다만, 현재는 노동조합의 실질적 · 형식적 요건을 갖추지 못한 근로자단체에 불과할지라도, 법상의 노동조합으로 만들려는 조직이나 준비과정에 있는 근로자단체는 여기에서 보호하고자 하는 노동조합에 포함된다.

2) 노동조합의 업무를 위한 정당한 행위(노조법 제81조 제1항 제1호)

① 노동조합의 활동이 정당하다고 하기 위하여는 행위의 성질상 노동조합의 활동으로 볼 수 있거나 노동조합의 묵시적인 수권 또는 승인을 받았다고 볼 수 있는 것으로서 근로조건의 유지 · 개선과 근로자의 경제적 지위의 향상을 도모하기 위하여 필요하고 근로자들의 단결 강화에 도움이 되는 행위이어야 하며, 취업규칙이나 단체협약에 별도의 허용규정이 있거나 관행 또는 사용자의 승낙이 있는 경우 외에는 취업시간 외에 행하여져야 하고, 사업장 내의 조합활동에 있어서는 사용자의 시설관리권에 바탕을 둔 합리적인 규율이나 제약에 따라야 하며, 폭력과 파괴행위 등의 방법에 의하지 않는 것이어야 한다(대판 1994.2.22, 93도 613). 기출 19

② 취업규칙과 노사협의에 의하여 지급하도록 정하여진 목욕권과 예비군 훈련기간의 수당을 지급하지 않는다고 노동부에 진정한 행위는 노동조합의 목적인 근로조건의 유지·개선, 기타 근로자의 경제적 지위 향상을 도모하기 위한 행위로서 조합의 묵시적 승인 내지 수권을 얻은 행위라고 보아야 할 것이므로 근로조합의 업무를 위한 정당한 행위로 볼 것이다(대판 1990.8.10. 89누8217).

③ 노동조합의 의사결정 또는 지시·통제에 위배되는 행위는 조합활동으로 볼 수 없다.

3) 정당한 단체행위에 참가(노조법 제81조 제1항 제5호)

근로자가 단체행위에 참가하는 행위도 단결활동의 한 유형이나, 이를 이유로 하는 사용자의 불이익취급으로부터 보호받기 위해서는 근로자가 참여한 단체행위가 반드시 정당하여야만 한다.

4) 신고·증언·증거의 제출 등(노조법 제81조 제1항 제5호)

노동위원회에 사용자의 부당노동행위를 신고하거나 증거 등을 제출하는 행위도 넓은 의미에서의 단결활동으로, 이를 이유로 사용자가 불이익을 준다면 이는 일종의 불이익취급이라고 하여야 한다.

(2) 사용자의 불이익처분

1) 의 의

불이익처분이란 일반적으로 근로자의 근로조건이나 지위를 저하시키는 것을 의미하는데, 근로기준법 제23조 제1항의 부당해고등이 이에 해당한다. 판례에 따르면 '불이익을 주는 행위'란 해고 이외에 그 근로자에게 휴직·전직·배치전환·감봉 등 법률적·경제적으로 불이익한 대우를 하는 것을 의미하는 것으로서 어느 것이나 현실적인 행위나 조치로 나타날 것을 요한다고 할 것이므로, 단순히 그 근로자에게 향후 불이익한 대우를 하겠다는 의사를 말로써 표시하는 것만으로는, 노조법 제81조 제1항 제4호에 규정된 노동조합의 조직 또는 운영을 지배하거나 이에 개입하는 행위에 해당한다고 할 수 있음은 별론으로 하고 노조법 제81조 제1항 제1호 소정의 불이익을 주는 행위에 해당한다고는 볼 수 없다(대판 2004.8.30. 2004도3891). **기출 19**

2) 조합활동상 불이익처분

① 사용자의 불이익처분에는 근로기준법상의 불이익처분뿐만 아니라, 근로자가 조합활동을 할 수 없거나 곤란하게 만드는 조합활동상의 불이익처분도 포함된다. 판례에 따르면 사용자가 근로자의 노동조합활동을 혐오하거나 노동조합활동을 방해하려는 의사로 노동조합의 간부이거나 노동조합활동에 적극적으로 관여하는 근로자를 승진시켜 조합원자격을 잃게 한 경우에는 노동조합활동을 하는 근로자에게 불이익을 주는 행위로서 부당노동행위가 성립한다고(대판 1998.12.23. 97누18035) 한다. **기출 14**

② 노조전임자 등에 대하여 그들의 쟁의행위 등 정당한 조합활동을 혐오한 나머지 조합활동을 곤란하게 할 목적으로 원직복귀명령을 하였다면 이는 사용자의 고유인사권에 기한 정당한 조치라 볼 수 없고 노조법 제81조 제1항 제1호, 제5호 소정의 부당노동행위에 해당하고, 또한 노조의 조직과 운영에 지배, 개입하는 행위로서 같은 조 제1항 제4호 소정의 부당노동행위에 해당한다(대판 1991.5.28. 90누6392).

3) 인사상 불이익처분

① 노동조합의 조합원이라는 이유로 비조합원(또는 노조의 다른 조합원)보다 불리하게 인사고과를 하여 불이익을 주는 경우도 부당노동행위에 해당된다(대판 2009.3.26. 2007두25695). **기출 20**

② 노조전임자들에 대한 승격기준을 별도로 정하지 않은 채 다른 영업사원과 동일하게 판매실적에 따른 승격기준만을 적용하여 노조전임자들을 승격 대상에 포함시키지 않은 경우, 이는 노조전임자로 활동하였다는 이유만으로 승격가능성을 사실상 배제한 것으로 부당노동행위에 해당한다(대판 2011.7.28. 2009두9574).

4) 경제상 불이익처분

각종의 임금, 퇴직금 및 복리후생적 급부 등과 관련하여 불리하게 처우하는 것을 말한다. 일반적으로 근로자가 연장 또는 휴일근로를 희망할 경우 회사에서 반드시 이를 허가하여야 할 의무는 없지만, 특정 근로자가 파업에 참가하였거나 노조활동에 적극적이라는 이유로 해당 근로자에게 연장근로 등을 거부하는 것은 해당 근로자에게 경제적 내지 업무상의 불이익을 주는 행위로서 부당노동행위에 해당할 수 있다(대판 2006.9.8. 2006도388). **기출** 19·21

3. 인과관계

(1) 부당노동행위의사 요부

부당노동행위가 성립하기 위해서는, 근로자들의 정당한 노동3권 행사와 사용자의 해고·기타 불이익취급 사이에 인과관계가 존재하여야 한다. 이 경우 인과관계에 사용자의 부당노동행위의사가 필요한지가 문제된다.

1) 학 설

사용자의 반조합적 의도 내지 동기와 같은 부당노동행위의사를 필요로 한다는 주관적 인과관계설과, 사용자의 주관적 의도 내지 동기는 문제되지 아니하고, 외부에 나타난 행위에서 객관적으로 그 의사를 추정할 수 있으면 족하다는 객관적 인과관계설이 대립하고 있다. 객관적 인과관계설에 따르면, 사용자가 근로자의 정당한 쟁의행위를 정당하지 아니한 쟁의행위로 오인하여 이에 참가한 조합원을 해고한 경우에도, 사용자에게는 이러한 착오와 상관없이 부당노동행위가 성립한다. **기출** 14

2) 판 례

판례에 의하면 부당노동행위가 성립하려면 부당노동행위의사가 필요하다고 하면서 사용자가 표면적으로 내세우는 징계사유와는 달리 실질적으로는 근로자의 정당한 조합활동 등을 이유로 해고 등의 징계처분을 한 것인지 여부는 사용자가 내세우는 징계사유와 근로자가 한 노동조합활동 등의 행위의 내용, 징계처분을 한 시기, 징계처분을 하기까지 사용자가 취한 절차, 동종 사례에 있어서의 제재의 불균형, 사용자와 노동조합과의 관계 등 부당노동행위의사를 추정할 수 있는 제반 사정을 비교·검토하여 종합적으로 판단하여야 하고, 단순히 징계절차에 하자가 있다거나 징계양정이 부당하다는 사정은 그것이 부당노동행위의사 여부를 판단하는 하나의 자료가 되기는 하여도 그러한 사정만으로 곧바로 부당노동행위를 인정할 수는 없다고(대판 1997.3.28. 96누4220) 한다. **기출** 14

3) 검 토

부당노동행위가 성립하는 경우에는 사용자가 불법행위책임을 질 수 있으므로, 부당노동행위의사가 필요하다고 보는 것이 타당하다. 다만, 근로자 측의 입증 곤란의 위험을 고려하면, 일정한 경우에는 사용자의 의사를 추정할 수 있을 것이다.

(2) 인과관계의 입증 및 경합

① 사용자의 행위가 노조법에 정한 부당노동행위에 해당한다는 점은 이를 주장하는 근로자 또는 노동조합이 증명하여야 하므로, 필요한 심리를 다하였어도 사용자에게 부당노동행위의사가 존재하였는지 여부가 분명하지 아니하여 그 존재 여부를 확정할 수 없는 경우에는 그로 인한 위험이나 불이익은 이를 주장하는 근로자 또는 노동조합이 부담할 수밖에 없다(대판 2011.7.28. 2009두9574). **기출** 19·21·23

② 불이익처분의 실질적인 이유를 판단함에 있어서는, 불이익처분 당시의 제반 사정을 종합적·구체적으로 고려하여야 한다.

③ 인과관계의 경합문제가 발생하는 경우, 둘 이상의 부당노동행위 중 최소한 하나의 부당노동행위가 성립되는 한 사용자는 이에 대한 책임을 지게 된다.

4. 불이익취급원인의 경합

(1) 의 의

사용자의 불이익취급사유로서 근로자의 정당한 조합활동과 근로자에 대한 징계사유가 동시에 존재하는 경우, 이를 불이익취급원인의 경합이라고 한다. 이 경우 부당노동행위를 인정할 것인지에 대하여 견해가 대립한다.

(2) 학 설

견해가 대립하나, 근로자가 정당한 노동3권을 행사하지 아니하였더라면 불이익취급이 없었을 것으로 판단되는 경우, 부당노동행위의 성립을 인정하는 상당인과관계설이 다수설이다. 이에 따르면 정당한 단결활동이 없었다면 불이익처분은 없었을 것이라는 인과관계가 인정되는 경우, 부당노동행위가 성립한다.

(3) 판 례 `기출` 19·20

판례는 사용자가 근로자에 대하여 해고를 함에 있어서 <u>표면적으로 내세우는 해고사유와는 달리 실질적으로는 근로자의 정당한 조합활동을 이유로 해고한 것으로 인정되는 경우에 있어서 그 해고는 부당노동행위라고 보아야 하고</u>, 정당한 해고사유가 있어 해고한 경우에 있어서는 비록 사용자가 근로자의 조합활동을 못마땅하게 여긴 흔적이 있다거나 사용자에게 반노동조합의 의사가 추정된다고 하여 당해 해고사유가 단순히 표면상의 구실에 불과하다고 할 수는 없는 터이므로, <u>그것이 부당노동행위에 해당한다고 할 수 없다고</u>(대판 1996.4.23. 95누6151) 판시하여, 부정설을 취하고 있다.

(4) 검 토

불이익취급원인이 경합하는 경우에는 <u>사용자의 이익을 고려하지 아니할 수 없으므로</u>, 부정설이 타당하다고 판단된다.

✔ 핵심문제

01 노동조합 및 노동관계조정법령상 부당노동행위에 관한 설명으로 옳지 않은 것은?(다툼이 있으면 판례에 따름)

① 부당노동행위에 대한 증명책임은 이를 주장하는 근로자 또는 노동조합에 있다.

② 사용자가 근로자를 해고함에 있어서 표면적으로 내세우는 해고사유와는 달리, 실질적으로 근로자의 정당한 조합활동을 이유로 해고한 것으로 인정되는 경우에는 그 해고는 부당노동행위로 보아야 한다.

③ 불이익취급의 부당노동행위는 현실적인 행위나 조치로 나타날 것을 요하지 않으므로, 그 근로자에게 향후 불이익한 대우를 하겠다는 의사를 말로써 표시하는 것으로 성립한다.

④ 근로자가 노동조합의 업무를 위한 정당한 행위를 하고, 사용자가 이를 이유로 근로자에 대하여 해고 등의 불이익을 주는 차별적 취급행위는 부당노동행위에 해당한다.

⑤ 일반적으로 근로자가 연장근로를 희망할 경우 회사에서 반드시 이를 허가하여야 할 의무는 없지만, 특정 근로자가 파업에 참가하였다는 이유로 해당 근로자에게 연장근로를 거부하는 것은, 해당 근로자에게 경제적 불이익을 주는 행위로서 부당노동행위에 해당할 수 있다.

[해설]

<u>불이익을 주는 행위란 해고 이외에 그 근로자에게 휴직·전직·배치전환·감봉 등 법률적·경제적으로 불이익한 대우를 하는 것을 의미하는 것으로서 어느 것이나 현실적인 행위나 조치로 나타날 것을 요한다고 할 것이므로, 단순히 그 근로자에게 향후 불이익한 대우를 하겠다는 의사를 말로써 표시하는 것만으로는, 소정의 불이익을 주는 행위에 해당한다고는 볼 수 없다</u>(대판 2004.8.30. 2004도3891).

`정답` ③

5. 불이익취급에 대한 구제

(1) 처 벌

사용자의 불이익취급이 부당노동행위에 해당하는 경우에는, 사용자에게 2년 이하의 징역 또는 2천만원 이하의 벌금이 부과된다(노조법 제90조, 제81조 제1항).

(2) 노동위원회에 의한 구제

근로자 또는 노동조합은 노동위원회에 구제신청을 할 수 있고, 노동위원회는 사용자의 불이익취급이 인정되면 원직복귀명령, 공고문게시명령 등 재량에 따라 구제명령을 할 수 있다.

(3) 법원에 의한 구제

① 근로자 또는 노동조합은 불이익취급이 법률행위(해고, 징계 및 전직 등)에 해당하면 처분무효확인의 소를 법원에 제기할 수 있고, 사실행위에 해당하면 그에 대한 손해배상을 청구할 수 있다.

② 판례에 의하면 해고무효확인청구의 소의 경우, 근로자가 자신에 대한 해고 등의 불이익처분이 부당해고 및 부당노동행위에 해당한다고 주장하면서 노동위원회에 행정적 구제신청을 하여 구제절차가 진행 중에 별도로 사용자를 상대로 해고무효확인청구의 소를 제기하고 그 결과 청구기각판결이 선고되어 확정되었다면, 부당해고가 아니라는 점은 이미 확정되어 더 이상 부당해고구제절차를 유지할 필요가 없게 되며, 또한 이처럼 해고 등 불이익처분이 정당한 것으로 인정된 이상 노동위원회로서는 그 불이익처분이 부당노동행위에 해당한다고 하여 구제명령을 발할 수 없게 되므로 부당노동행위구제절차를 유지할 이익도 소멸한다고(대판 2012.5.24. 2010두15964) 한다.

6. 관련 판례 – 무쟁의 장려금과 불이익취급[22]

[1] 하나의 기업 내에 복수 노동조합이 존재하는 경우 사용자는 각 노동조합의 단결권을 평등하게 승인·존중하여야 하고, 각 노동조합에 대하여 중립적인 태도를 유지하여야 하며, 각 노동조합의 성격 및 경향 등에 따라서 차별적인 취급을 하는 것은 허용되지 않는다.

[2] 사용자가 복수 노동조합하의 각 노동조합에 동일한 내용의 조건을 제시하였고, 또 그 내용이 합리적·합목적적이라면 원칙적으로 부당노동행위의 문제는 발생하지 않는다. 그러나 예외적으로 사용자가 복수 노동조합 중 한 노동조합의 약체화를 꾀하기 위하여 해당 노동조합의 입장에서 받아들이기 어려울 것으로 예상되는 전제조건을 제안하고 이를 고수함으로써 다른 노동조합은 그 전제조건을 받아들여 단체교섭이 타결되었으나 해당 노동조합은 그 전제조건을 거절하여 단체교섭이 결렬되었고, 그와 같은 전제조건을 합리적·합목적적이라고 평가할 수 없는 경우와 같이 다른 복수 노동조합과의 단체교섭을 조작하여 해당 노동조합 또는 그 조합원의 불이익을 초래하였다고 인정되는 특별한 사정이 있는 경우에는 사용자의 중립유지의무 위반으로서 해당 노동조합에 대한 불이익취급의 부당노동행위 내지는 지배·개입의 부당노동행위가 성립한다. 그리고 위와 같은 특별한 사정은 전제조건의 합리성, 근로조건 등의 연관성, 전제조건이 각 노동조합에 미치는 영향, 조건 제안의 사정, 교섭과정, 사용자의 노동조합에 대한 현재 및 과거의 태도 등을 종합적으로 고려하여 판단하여야 한다.

---

22) 2018나11667 판결에 대하여 피고가 상고하였으나, 대법원은 원심판단에 상고이유 주장과 같이 필요한 심리를 다하지 않은 채 논리와 경험의 법칙을 위반하여 자유심증주의의 한계를 벗어나거나 부당노동행위의 판단 기준과 손해액 산정 등에 관한 법리를 오해한 잘못이 없다며 상고를 모두 기각하였다(대판 2021.8.19. 2019다200386).

[3] 피고는 이 사건 통상임금소송을 유지하는 F지회 조합원들로 하여금 무쟁의 장려금을 지급받을 수 없도록 하여 위 조합원들을 불이익하게 취급함으로써 F지회의 단결력을 약화시키려는 의도로 무쟁의 장려금 지급 조건을 통상임금 부제소 격려금 지급 조건과 결부시키는 내용의 이 사건 합의를 제시하고 이를 계속 고수하였다고 봄이 타당하고, 이 사건 합의가 F지회 조합원들뿐만 아니라 기업노조 조합원들에게도 동일하게 적용된다고 하더라도 이는 F지회 조합원들 중 이 사건 통상임금 소송을 유지할 필요성이 있었던 원고들에 대한 관계에서 받아들이기 어려운 전제조건일 뿐만 아니라 합리성이 있다고 볼 수도 없으므로 원고들에 대한 사실상의 차별에 해당하며, 이로 인하여 실제 F지회 조합원들 중 상당수가 이 사건 통상임금 소송을 취하하고 F지회를 탈퇴함으로써 F지회의 단결력도 약화되었다고 할 것이다. 따라서 이는 <u>노조법 제81조 제1항 제1호의 불이익취급 및 제81조 제1항 제4호의 지배·개입의 부당노동행위에 해당하고, 이는 원고들에 대한 관계에서 건전한 사회통념이나 사회상규상 용인될 수 없는 불법행위를 구성한다고 할 것이므로, 피고는 원고들에게 위와 같은 부당노동행위로 인하여 원고들이 입은 손해를 배상할 의무가 있다</u>(부산고판 2018.12.13. 2018나11667).

Ⅲ 반조합계약(비열계약)

부당노동행위(노조법 제81조)
① 사용자는 다음 각 호의 어느 하나에 해당하는 행위(이하 "부당노동행위")를 할 수 없다.
  2. 근로자가 어느 노동조합에 가입하지 아니할 것 또는 탈퇴할 것을 고용조건으로 하거나 특정한 노동조합의 조합원이 될 것을 고용조건으로 하는 행위. 다만, 노동조합이 당해 사업장에 종사하는 근로자의 3분의 2 이상을 대표하고 있을 때에는 근로자가 그 노동조합의 조합원이 될 것을 고용조건으로 하는 단체협약의 체결은 예외로 하며, 이 경우 사용자는 근로자가 그 노동조합에서 제명된 것 또는 그 노동조합을 탈퇴하여 새로 노동조합을 조직하거나 다른 노동조합에 가입한 것을 이유로 근로자에게 신분상 불이익한 행위를 할 수 없다.

벌칙(노조법 제90조)
제44조 제2항, 제69조 제4항, 제77조 또는 제81조 제1항의 규정에 위반한 자는 2년 이하의 징역 또는 2천만원 이하의 벌금에 처한다.

1. 의 의

근로자가 노동조합에 가입하지 아니하거나 탈퇴할 것 또는 특정한 노동조합의 조합원이 될 것을 고용조건으로 하는 계약을 반조합계약이라고 한다. 노조법 제81조 제1항 제2호 본문은, 반조합계약의 체결만으로도 부당노동행위가 성립한다고 규정하고 있다. 반조합계약은 강행규정 위반으로서 사법상 무효이다. 기출 15

2. 반조합계약

(1) 요 건

1) 조합 불가입을 고용조건으로 하는 경우
모든 노동조합에의 불가입을 조건으로 하는 경우와, 특정 노동조합에의 불가입을 조건으로 하는 경우를 포함한다.

2) 조합 탈퇴를 고용조건으로 하는 경우

3) 특정한 노동조합의 조합원이 될 것을 고용조건으로 하는 경우

다만, 노조법 제81조 제1항 제2호 단서에 의하면, 유니온숍을 예외적으로 인정하고 있다.

4) 조합활동의 금지를 고용조건으로 하는 경우

이에 대한 명문의 규정은 없으나, 고용조건뿐만 아니라 고용 계속의 조건으로 하더라도 반조합계약에 해당한다.

(2) 효 과

1) 사법상 무효

반조합계약은 헌법 제33조 제1항과 노조법 제81조에 위반하여 사법상 무효이므로, 반조합계약을 체결한 근로자는 노동위원회에 구제신청을 하거나 법원에 소를 제기할 수 있다.

2) 처 벌

사용자가 근로자와 반조합계약을 체결한 경우에는, 부당노동행위에 해당하여 사용자에게 2년 이하의 징역 또는 2천만원 이하의 벌금이 부과된다(노조법 제90조, 제81조 제1항).

3. 유니온숍제도

(1) 의 의

노동조합이 당해 사업장에 종사하는 근로자의 3분의 2 이상을 대표하고 있을 때에는 근로자가 그 노동조합의 조합원이 될 것을 고용조건으로 하는 단체협약의 체결은 예외로 하며, 이 경우 사용자는 근로자가 당해 노동조합에서 제명된 것을 이유로 신분상 불이익한 행위를 할 수 없다(노조법 제81조 제1항 제2호 단서). [기출] 12 · 18 · 22

(2) 요 건

1) 근로자의 3분의 2 이상을 대표하는 노동조합

근로자의 개념에는 해고자 · 실업자 등의 미취업자도 포함되나, 여기에서의 근로자는 당해 사업장에 고용되어 있는 취업자만을 지칭하는 것임을 명문으로 규정하고 있다(노조법 제81조 제1항 제2호 단서). 노동조합의 조합원이 대량으로 조합을 탈퇴하여 노동조합이 근로자의 3분의 2 이상을 대표하지 못하는 경우에는, 유니언숍 협정의 효력은 상실하게 되고, 대량탈퇴자도 해고할 수 없는 것으로 보아야 한다.

2) 단체협약의 체결

① 유니언숍 협정은 단체협약을 통하여 체결하는 경우에만 허용된다. 따라서 취업규칙이나 근로계약에 유니언숍 협정을 두는 것은 허용되지 아니한다.

② 유니언숍 협정은 근로자의 단결을 강제함으로써 헌법상 단결권을 침해할 우려가 있는바, 이에 대하여는 견해가 나뉘고 있으나, 헌법재판소 판례는 유니언숍 협정이 근로자 개인의 조합에 가입하지 않은 자유나 조합 선택의 자유와 충돌하는 측면이 있기는 하지만, 조직 강제의 일환으로서 노조의 조직 유지와 강화에 기여하는 측면을 고려하여 이를 합헌으로 보고 있다(헌재 2005.11.24. 2002헌바95).

3) 조합원 지위의 취득

유니언숍 협정이 체결되었다고 하더라도, 대상근로자가 당연히 그 협정이 적용되는 노조의 조합원이 되는 것은 아니다. 조합원이 되기 위해서는 근로자의 가입의사와 노동조합의 승낙이 있어야 한다(대판 2004.11.12. 2003다264).

(3) 효 과

1) 단결강제

근로자들의 노동조합 가입이 강제된다. 근로자가 해당 노동조합에 가입하지 아니하거나 탈퇴하는 경우에는, 사용자가 해고·전직 등 신분상 불이익한 행위를 할 수 있다.

2) 제명 등의 경우에 불이익행위 금지

다만, 사용자는 근로자가 그 노동조합에서 제명된 것 또는 그 노동조합을 탈퇴하여 새로 노동조합을 조직하거나 다른 노동조합에 가입한 것을 이유로 근로자에게 신분상 불이익한 행위를 할 수 없다(노조법 제81조 제1항 제2호 단서).

3) 인적 효력범위 제한

유니언숍 협정 체결 당시 근로자가 이미 다른 노동조합의 조합원인 경우에는, 이들 소수 조합원의 단결권 보장을 위하여 유니언숍 협정이 적용되지 아니한다. 판례도 같은 취지에서 근로자의 노동조합 선택의 자유 및 지배적 노동조합이 아닌 노동조합의 단결권이 침해되는 경우에까지 지배적 노동조합이 사용자와 체결한 유니언숍 협정의 효력을 그대로 인정할 수는 없고, 유니언숍 협정의 효력은 근로자의 노동조합 선택의 자유 및 지배적 노동조합이 아닌 노동조합의 단결권이 영향을 받지 아니하는 근로자, 즉 어느 노동조합에도 가입하지 아니한 근로자에게만 미치므로 신규로 입사한 근로자가 노동조합 선택의 자유를 행사하여 지배적 노동조합이 아닌 노동조합에 이미 가입한 경우에는 유니언숍 협정의 효력이 해당 근로자에게까지 미친다고 볼 수 없고, 비록 지배적 노동조합에 대한 가입 및 탈퇴 절차를 별도로 경유하지 아니하였더라도 사용자가 유니언숍 협정을 들어 신규 입사 근로자를 해고하는 것은 정당한 이유가 없는 해고로서 무효로 보아야 한다고(대판 2019.11.28, 2019두47377) 판시하고 있다.

(4) 유니온숍협정과 해고

1) 사용자의 해고의무

유니언숍협정은 노동조합의 단결력을 강화하기 위한 강제의 한 수단으로서 근로자가 대표성을 갖춘 노동조합의 조합원이 될 것을 '고용조건'으로 하는 것이므로 단체협약에 유니언숍협정에 따라 근로자는 노동조합의 조합원이어야만 된다는 규정이 있는 경우에는 다른 명문의 규정이 없더라도 사용자는 노동조합에서 탈퇴한 근로자를 해고할 의무가 있다. 다만, 단체협약상의 유니온숍협정에 의하여 사용자가 노동조합을 탈퇴한 근로자를 해고할 의무는 단체협약상의 채무일 뿐이고, 이러한 채무의 불이행 자체가 바로 노동조합에 대한 지배·개입의 부당노동행위에 해당한다고 단정할 수 없다(대판 1998.3.24, 96누16070). 판례는 유니언 숍 협약에 따라 사용자가 노동조합을 탈퇴한 근로자를 해고한 경우에 해고근로자가 노동조합을 상대로 하여 조합원지위확인을 구하는 소를 제기하여 승소한다고 하더라도 바로 해고의 효력이 부정되는 것은 아닐 뿐 아니라, 사용자 또한 그 해고가 적법한 것이라고 주장하고 있고 해고무효확인소송에서도 그 선결문제로 조합원지위의 존부에 관하여 판단을 할 수 있으므로, 근로자가 노동조합을 상대로 조합원지위의 확인을 구하지 아니하고 막바로 해고무효확인소송을 제기하였다고 하더라도 그 소가 소익이 없다고 할 수는 없다고(대판 1995.2.28, 94다15363) 한다. 기출 23

2) 재가입의 거부 금지

조합이 조합원의 자격을 갖추고 있는 근로자의 조합가입을 함부로 거부하는 것은 허용되지 아니하고, 특히 유니언숍협정에 의한 가입강제가 있는 경우에는 단체협약에 명문규정이 없더라도 노동조합의 요구가 있으면 사용자는 노동조합에서 탈퇴한 근로자를 해고할 수 있기 때문에 조합 측에서 근로자의 조합가입을 거부하게 되면 이는 곧바로 해고로 직결될 수 있으므로 조합은 노조가입신청인에게 제명에 해당하는 사유가 있다는 등의 특단의 사정이 없는 한 그 가입에 대하여 승인을 거부할 수 없고, 따라서 조합가입에 조합원의 사전동의를 받아야 한다거나 탈퇴조합원이 재가입하려면 대의원대회와 조합원총회에서 각 3분의 2 이상의 찬성을 얻어야만 된다는 조합가입에 관한 제약은 그 자체가 위법·부당하므로, 특별한 사정이 없는 경우에까지 그와 같은 제약을 가하는 것은 기존 조합원으로서의 권리남용 내지 신의칙 위반에 해당된다(대판 1996.10.29. 96다 28899).

4. 반조합계약에 대한 구제

사용자가 반조합계약을 체결한 것에 대하여 노동조합은 노동위원회에 구제신청을 할 수 있다. 노동위원회는 사용자가 근로자에게 특정 조합에 가입·불가입 및 탈퇴하도록 강요하는 것을 중지하거나, 이러한 반조합계약을 파기하도록 명할 수 있다.

Ⅳ 단체교섭 거부·해태

교섭등의 원칙(노조법 제30조)
① 노동조합과 사용자 또는 사용자단체는 신의에 따라 성실히 교섭하고 단체협약을 체결하여야 하며 그 권한을 남용하여서는 아니 된다.
② 노동조합과 사용자 또는 사용자단체는 정당한 이유 없이 교섭 또는 단체협약의 체결을 거부하거나 해태하여서는 아니 된다.
③ 국가 및 지방자치단체는 기업·산업·지역별 교섭 등 다양한 교섭방식을 노동관계당사자가 자율적으로 선택할 수 있도록 지원하고 이에 따른 단체교섭이 활성화될 수 있도록 노력하여야 한다.

부당노동행위(노조법 제81조)
① 사용자는 다음 각 호의 어느 하나에 해당하는 행위(이하 "부당노동행위")를 할 수 없다.
　3. 노동조합의 대표자 또는 노동조합으로부터 위임을 받은 자와의 단체협약 체결 기타의 단체교섭을 정당한 이유 없이 거부하거나 해태하는 행위

구제신청(노조법 제82조)
① 사용자의 부당노동행위로 인하여 그 권리를 침해당한 근로자 또는 노동조합은 노동위원회에 그 구제를 신청할 수 있다.
② 제1항의 규정에 의한 구제의 신청은 부당노동행위가 있은 날(계속하는 행위는 그 종료일)부터 3월 이내에 이를 행하여야 한다.

벌칙(노조법 제89조)
다음 각 호의 어느 하나에 해당하는 자는 3년 이하의 징역 또는 3천만원 이하의 벌금에 처한다.
　2. 제85조 제3항(제29조의4 제4항에서 준용하는 경우를 포함)에 따라 확정되거나 행정소송을 제기하여 확정된 구제명령에 위반한 자

벌칙(노조법 제90조)
제44조 제2항, 제69조 제4항, 제77조 또는 제81조 제1항의 규정에 위반한 자는 2년 이하의 징역 또는 2천만원 이하의 벌금에 처한다.

1. 의 의

노동조합의 대표자 또는 노동조합으로부터 위임을 받은 자와의 단체협약 체결, 기타의 단체교섭을 정당한 이유 없이 거부하거나 해태하는 행위는 부당노동행위로서 금지된다(노조법 제81조 제1항 제3호). 사용자의 단체교섭 의무는 성실하게 단체교섭을 수행하는 것에 국한되며, 반드시 단체교섭을 타결시켜 단체협약을 체결할 의무는 없다. 기출 14·15·22

2. 단체교섭에 있어서 성실교섭의무

성실교섭의무는 그 개념상 단체교섭에 본질적으로 내재되어 있는 의무로, 당사자는 성실하게 단체교섭을 행할 의무가 있다(노조법 제30조). 사용자가 성실하게 단체교섭을 행하고 있는지는 구체적 사안 및 사회통념에 따라 판단되어야 한다.

3. 단체교섭 거부·해태의 부당노동행위

(1) 성립요건

단체교섭 거부·해태의 부당노동행위가 성립하기 위해서는 ① 사용자가 ② 노동조합의 대표자 또는 수임자의 정당한 교섭요구에 대하여 ③ 단체협약 기타 단체교섭을 거부하거나 해태하는 행위를 하고 ④ 이러한 행위에 정당한 이유가 없어야 한다.

(2) 정당한 이유의 판단기준

판례는 노조법 제81조 제1항 제3호가 정하는 부당노동행위는, 사용자가 아무런 이유 없이 단체교섭을 거부 또는 해태하는 경우는 물론이고, 사용자가 단체교섭을 거부할 정당한 이유가 있다거나 단체교섭에 성실히 응하였다고 믿었더라도 객관적으로 정당한 이유가 없고 불성실한 단체교섭으로 판정되는 경우에도 성립한다고 할 것이고, 한편 정당한 이유인지의 여부는 노동조합 측의 교섭권자, 노동조합 측이 요구하는 교섭시간, 교섭장소, 교섭사항 및 그의 교섭태도 등을 종합하여 사회통념상 사용자에게 단체교섭의무의 이행을 기대하는 것이 어렵다고 인정되는지 여부에 따라 판단할 것이라고(대판 1998.5.22. 97누8076) 한다.

1) 교섭주체

① **인준투표제를 이유로 한 거부의 정당성** : 판례는 노동조합의 대표자 또는 수임자가 단체교섭의 결과에 따라 사용자와 단체협약의 내용을 합의한 후 다시 협약안의 가부에 관하여 조합원총회의 의결을 거친 후에만 단체협약을 체결할 것임을 명백히 하였다면 노사 쌍방 간의 타협과 양보의 결과로 임금이나 그 밖의 근로조건 등에 대하여 합의를 도출하더라도 노동조합의 조합원총회에서 그 단체협약안을 받아들이기를 거부하여 단체교섭의 성과를 무로 돌릴 위험성이 있으므로 사용자 측으로서는 최종적인 결정권한이 없는 교섭대표와의 교섭 내지 협상을 회피하거나 설령 교섭에 임한다 하더라도 성실한 자세로 최후의 양보안을 제출하는 것을 꺼리게 될 것이고, 그와 같은 사용자 측의 단체교섭 회피 또는 해태를 정당한 이유가 없는 것이라고 비난하기도 어렵다 할 것이므로, 사용자 측의 단체교섭 회피가 노조법 제81조 제1항 제3호가 정하는 부당노동행위에 해당한다고 보기도 어렵고, 그에 대항하여 단행된 쟁의행위는 그 목적에 있어서 정당한 쟁의행위라고 볼 수 없다고(대판 1998.1.20. 97도588) 한다.

② 불명확한 교섭주체를 이유로 한 거부의 정당성 : 판례는 노동조합연맹의 단체교섭 요구에 앞서 위 노동조합 위원장인 공소외인이 피고인에게 단체교섭을 촉구하는 서면을 보낸 사실을 인정할 수는 있으나, 그 내용은 피고인의 단체교섭 회피에 대한 항의로서 연맹과의 성실한 단체교섭을 촉구하는 것일 뿐 자기를 교섭주체로 인정하여 달라는 것이 아니며 연맹에 위임한 단체교섭권한과 관련하여서는 아무런 언급이 없는 점, 연맹의 단체교섭 요구 문건에 공소외인이 교섭위원으로 포함되어 있는 점 등에 비추어 보면, 교섭주체가 연맹인지 위 노동조합인지 여부가 명확하지 아니한 것으로 볼 수 없으므로, 피고인이 연맹의 단체교섭 요구에 대하여 교섭주체가 명확하지 아니하다는 이유를 들어 거부한 것은 정당한 이유가 있다고 할 수 없다고(대판 2006.2.24. 2005도8606) 한다.

2) 교섭일시

① 단체교섭일시에 단체교섭 거부의 정당성 : 사용자인 피고인이 노동조합 측이 정한 단체교섭일시의 변경을 구할 만한 합리적 이유가 있었다고 보이지 아니하고, 위 교섭일시 전에 노동조합 측에 교섭일시의 변경을 구하는 등 교섭일시에 관한 어떠한 의사도 표명한 적이 없었던 경우, 피고인이 노동조합 측이 정한 일시에 단체교섭에 응하지 아니한 것에 정당한 이유가 없다(대판 2006.2.24. 2005도8606).

② 쟁의행위기간 중 단체교섭 거부의 정당성 : 쟁의행위는 단체교섭을 촉진하기 위한 수단으로서의 성질을 가지므로 쟁의기간 중이라는 사정이 사용자가 단체교섭을 거부할 만한 정당한 이유가 될 수 없고, 한편 당사자가 성의 있는 교섭을 계속하였음에도 단체교섭이 교착상태에 빠져 교섭의 진전이 더 이상 기대될 수 없는 상황이라면 사용자가 단체교섭을 거부하더라도 그 거부에 정당한 이유가 있다고 할 것이지만, 위와 같은 경우에도 노동조합 측으로부터 새로운 타협안이 제시되는 등 교섭 재개가 의미 있을 것으로 기대할 만한 사정 변경이 생긴 경우에는 사용자로서는 다시 단체교섭에 응하여야 하므로, 위와 같은 사정 변경에도 불구하고 사용자가 단체교섭을 거부하는 경우에는 그 거부에 정당한 이유가 있다고 할 수 없다(대판 2006.2.24. 2005도8606).

3) 교섭사항

정리해고나 사업조직의 통폐합, 공기업의 민영화 등 기업의 구조조정의 실시 여부는 경영주체에 의한 고도의 경영상 결단에 속하는 사항으로서 이는 원칙적으로 단체교섭의 대상이 될 수 없어 교섭거부의 정당한 이유가 된다(대판 2006.5.12. 2002도3450). 그러나 노동조합이 회사로서는 수용할 수 없는 요구를 하고 있었다고 하더라도 이는 단체교섭의 단계에서 조정할 문제이지 노동조합 측으로부터 과다한 요구가 있었다고 하여 막바로 그 쟁의행위의 목적이 부당한 것이라고 해석할 수는 없어 단체교섭을 거부할 수 없다(대판 1992.1.21. 91누5204).

기출 22

4) 교섭태도

판례에 의하면 노동조합이 그 조합원인 근로자가 회사에 채용된 지 7일 만에 회사와의 사전협의 없이 일방적으로 단체교섭을 요구하는 교섭요구서를 팩스로 보내었고, 교섭요구시에 구체적인 단체교섭의 사항을 기재하지도 않았으며, 교섭일시를 문서전송일로부터 2일 후로, 교섭장소도 자신의 조합사무실로 정한 경우, 사회통념상 합리적이고 정상적인 교섭요구라고 보기 어려워 사업주인 피고인이 교섭요구서에 정해진 일시·장소에 출석하지 않았다는 것만으로 '정당한 이유' 없이 단체교섭을 거부하거나 해태한 것이라고 단정하기는 어렵다고(대판 2009.12.10. 2009도8239) 한다.

4. 단체교섭 거부·해태에 대한 구제

(1) 행정적 구제

사용자가 정당한 이유 없이 단체교섭을 거부하거나 해태하는 경우에는, 노동조합은 노동위원회에 부당노동행위구제신청을 할 수 있다(노조법 제81조 제1항 제3호, 제82조). 노동위원회는 조사와 심문 후 부당노동행위에 해당한다고 판단하면, 사용자에게 단체교섭에 응할 것을 명하는 구제명령을 발하여야 한다.

(2) 민사적 구제

1) 단체교섭의무 확인의 소

노동조합 대표자에게는 사용자 또는 사용자단체에 대하여 단체교섭에 응할 것을 요구할 권리가 있고, 사용자 또는 사용자단체가 그 요구를 거부하는 경우에는 단체교섭의무확인의 소를 제기할 수 있다.

2) 단체교섭응낙가처분신청

회사의 단체교섭 거부에 대하여 노동위원회에 의한 구제신청이 인정된다고 하더라도 사법적 구제수단에 의한 권리구제가 배제된다고 할 수 없으므로 노동조합이 단체교섭권을 피보전권리로 하여 가처분을 구하는 것도 가능하다는 것이 하급심 판례의 태도이다(서울지법 의정부 지결 2002.5.17. 2002카합240).

3) 사용자의 불법행위책임

① 판단기준 : 사용자의 단체교섭거부행위가 원인과 목적, 과정과 행위태양, 그로 인한 결과 등에 비추어 건전한 사회통념이나 사회상규상 용인될 수 없다고 인정되는 경우에는 부당노동행위로서 단체교섭권을 침해하는 위법한 행위로 평가되어 불법행위의 요건을 충족한다(대판 2006.10.26. 2004다11070).

② 집행력 있는 판결이나 가처분결정 후 단체교섭 거부 : 사용자가 노동조합과의 단체교섭을 정당한 이유 없이 거부하다가 법원으로부터 노동조합과의 단체교섭을 거부하여서는 아니 된다는 취지의 집행력 있는 판결이나 가처분결정을 받고도 이를 위반하여 노동조합과의 단체교섭을 거부하였다면, 그 단체교섭거부행위는 건전한 사회통념이나 사회상규상 용인할 수 없는 행위로서 헌법이 보장하고 있는 노동조합의 단체교섭권을 침해하는 위법한 행위이므로 노동조합에 대하여 불법행위가 된다(대판 2006.10.26. 2004다11070).

(3) 형사적 구제

사용자가 정당한 이유 없이 단체교섭을 거부하거나 해태하는 경우에는, 2년 이하의 징역 또는 2천만원 이하의 벌금에 처한다(노조법 제90조, 제81조 제1항). 또한 노동위원회의 확정된 구제명령을 위반하는 경우에는, 3년 이하의 징역 또는 3천만원 이하의 벌금에 처한다(노조법 제89조 제2호). 기출 24

(4) 자력구제

판례는 사용자 측이 정당한 이유 없이 근로자의 단체협약 체결 요구를 거부하거나 해태한 경우에 노조법 제82조의 규정에 의한 구제신청을 하지 아니하고 노동쟁의의 방법을 택하였다고 하여 노조법을 위반한 것이라고 할 수 없다고(대판 1991.5.14. 90누4006) 한다.

O | X 💬

1. 사용자는 쟁의기간 중이라는 사정을 이유로 단체교섭을 거부할 수 있다.
2. 확정된 부당노동행위구제명령을 이행하지 아니한 사용자는, 3년 이하의 징역 또는 3천만원 이하의 벌금에 처한다.

정답 1. × 2. ○

지배 · 개입

> **부당노동행위(노조법 제81조)**
>
> ① 사용자는 다음 각 호의 어느 하나에 해당하는 행위(이하 "부당노동행위")를 할 수 없다.
>   4. 근로자가 노동조합을 조직 또는 운영하는 것을 지배하거나 이에 개입하는 행위와 근로시간면제한도를 초과하여 급여를 지급하거나 노동조합의 운영비를 원조하는 행위. 다만, 근로자가 근로시간 중에 제24조 제2항에 따른 활동을 하는 것을 사용자가 허용함은 무방하며, 또한 근로자의 후생자금 또는 경제상의 불행 그 밖에 재해의 방지와 구제 등을 위한 기금의 기부와 최소한의 규모의 노동조합사무소의 제공 및 그 밖에 이에 준하여 노동조합의 자주적인 운영 또는 활동을 침해할 위험이 없는 범위에서의 운영비원조행위는 예외로 한다.
>
> **벌칙(노조법 제90조)**
>
> 제44조 제2항, 제69조 제4항, 제77조 또는 제81조 제1항의 규정에 위반한 자는 2년 이하의 징역 또는 2천만원 이하의 벌금에 처한다.

1. 의 의

근로자가 노동조합을 조직 또는 운영하는 것을 지배하거나, 이에 개입하는 행위는 부당노동행위로서 금지된다(노조법 제81조 제1항 제4호). `기출` 12

2. 성립요건

지배 · 개입의 부당노동행위가 성립하기 위해서는 ① 사용자가 ② 근로자의 노동조합 조직 또는 운영을 ③ 지배하거나 이에 개입하여야 한다.

(1) 지배 · 개입의 의사

부당노동행위의 성립에 사용자의 지배 · 개입의사가 필요한지에 대하여 견해가 대립하고 있으나, 판례는 사용자가 연설, 사내방송, 게시문, 서한 등을 통하여 의견을 표명할 수 있는 언론의 자유를 가지고 있음은 당연하나, 그것이 행하여진 상황, 장소, 그 내용, 방법, 노동조합의 운영이나 활동에 미친 영향 등을 종합하여 노동조합의 조직이나 운영을 지배하거나 이에 개입하는 의사가 인정되는 경우에는 노조법 제81조 제1항 제4호에 정한 부당노동행위가 성립한다고(대판 1998.5.22. 97누8076) 판시하여, 지배 · 개입의사 필요설의 입장을 취하고 있다.

(2) 결과의 발생 불요 `기출` 20

부당노동행위구제제도는 이미 발생된 손해의 배상을 목적으로 하는 것이 아니라, 근로자의 노동3권 보호 자체를 그 목적으로 하고 있으므로, 구체적인 결과나 손해 발생을 요건으로 하지 아니한다. 판례도 노조법 제81조 제1항 제4호의 지배 · 개입으로서의 부당노동행위의 성립에 반드시 근로자의 단결권의 침해라는 결과의 발생을 요하는 것은 아니라고(대판 1997.5.7. 96누2057) 판시하여, 같은 입장이다. `기출` 14 · 16 · 18 · 24

3. 구체적 검토

(1) 노동조합의 조직·운영에 대한 지배·개입

1) 조직·운영

노동조합의 조직이란 조직준비행위 등 노동조합의 결성을 지향하는 근로자의 일체의 행위를 말하고, 노동조합의 운영이란 노동조합의 내부적 운영뿐만 아니라, 단체교섭 및 쟁의행위 등 필요목적을 달성하기 위한 활동은 물론, 선전·계몽 및 교육 등 임의목적을 달성하기 위한 활동을 포함하는, 노동조합의 유지·존속 확대를 위한 일체의 행위를 말한다.

2) 지배·개입

① **지배와 개입의 구별** : 노조법은 지배와 개입을 구별하고 있으나, 지배와 개입은 그 정도의 차이는 있지만 노동3권에 대한 침해행위이고, 그 구제의 내용과 방법도 다르지 아니하므로 특별히 양자를 엄밀하게 구별할 필요성은 없어 보인다.

② **사용자의 중립의무 위반** : 판례에 의하면 사용자가 제2노조와 단체협약을 체결한 이후에 제1노조와 단체교섭을 하는 과정에서 근로조건에 관한 사항에 관하여 제2노조와 체결한 위 단체협약과 비교하여 불리한 내용의 단체협약안을 제1노조에 제시한 경우, 이는 근로자의 단결권을 보장한 헌법 제33조와 노조법상의 부당노동행위제도의 취지 등에서 도출되는 사용자의 중립의무를 위반한 것으로, 제1노조의 운영과 활동을 위축시키려는 의도에서 이루어진 지배·개입의 부당노동행위에 해당한다고(대판 2018.9.13. 2016도2446) 한다.

③ **특정 조합원에 한정된 금품 지급** : 판례에 의하면 노조법 제29조의2 제1항 단서에 따라 개별교섭절차가 진행되던 중에 사용자가 특정 노동조합과 체결한 단체협약의 내용에 따라 해당 노동조합의 조합원에게만 금품을 지급한 경우, 사용자의 이러한 금품지급행위가 다른 노동조합의 조직이나 운영을 지배하거나 이에 개입하는 의사에 따른 것이라면 부당노동행위에 해당할 수 있다고(대판 2019.4.25. 2017두33510) 한다.

④ **편의제공 중단** : 판례에 의하면 사용자가 산업별 노동조합의 지부에 제공하던 사무실을 폐쇄하는 등 편의시설의 제공을 일방적으로 거절한 경우, 그것이 기업별 노동조합의 설립이 같은 사업장에 설치된 산업별 노동조합의 지부의 유효한 조직변경형태의 결의에 따른 것이라고 오인하였기 때문이라 하여도 부당노동행위에 해당한다고(대판 2008.10.9. 2007두15506) 한다.

⑤ **위법한 직장폐쇄** : 근로자의 쟁의행위 등 구체적인 사정에 비추어 직장폐쇄의 개시 자체는 정당하다고 할 수 있지만, 어느 시점 이후에 근로자가 쟁의행위를 중단하고 진정으로 업무에 복귀할 의사를 표시하였음에도 사용자가 직장폐쇄를 계속 유지하면서 근로자의 쟁의행위에 대한 방어적인 목적에서 벗어나 적극적으로 노동조합의 조직력을 약화시키기 위한 목적 등을 갖는 공격적 직장폐쇄의 성격으로 변질되었다고 볼 수 있는 경우에는, 그 이후의 직장폐쇄는 정당성을 상실한 것으로 보아야 한다(대판 2017.7.11. 2013도7896).

기출 21

⑥ **대체근로의 제한 위반** : 산업별 노동조합이 총파업이 아닌 사내하청지회에 한정한 쟁의행위를 예정하고 지회에 소속된 조합원을 대상으로 찬반투표를 실시하여 그 조합원 과반수의 찬성을 얻어 쟁의행위를 하자 사업주가 쟁위기간 중에 근로자를 신규채용한 경우, 이는 노동조합의 조직·운영에 관여한 행위로서 부당노동행위에 해당할 수 있다(대판 2009.6.23. 2007두12859).

(2) 사용자의 언론의 자유와 지배·개입

1) 문제점

일반적으로 힘에서 우위에 있는 사용자가 노조활동이나 노사관계에 대하여 의견을 표명한 경우, 이를 지배·개입의 부당노동행위라고 할 수 있는지가 문제된다.

2) 학 설

사용자의 노조활동이나 노사관계에 대한 의견 표명에 보복의 위협이나 이익의 약속이 포함되어 있지 아니하면, 지배·개입이 성립하지 아니한다는 견해(보복위협 필요설)와, 사용자의 노사관계에 대한 발언이 노조의 자주성을 침해할 우려가 있으면, 보복의 위협이나 이익의 약속이 없더라도 지배·개입이 성립한다는 견해(보복위협 불요설)가 대립하고 있다.

3) 판 례

종전 판례는 불이익위협 등을 지배·개입의 요건으로 하지 아니하였으나, 최근 판례는 불이익위협 등의 요건이 있어야만 지배·개입이 성립한다는 태도를 취하고 있다.

① **종전 판례**: 사용자가 연설, 사내방송, 게시문, 서한 등을 통하여 의견을 표명할 수 있는 언론의 자유를 가지고 있음은 당연하나, 그것이 행하여진 상황, 장소, 그 내용, 방법, 노동조합의 운영이나 활동에 미친 영향 등을 종합하여 노동조합의 조직이나 운영을 지배하거나 이에 개입하는 의사가 인정되는 경우에는 노조법 제81조 제1항 제4호에 정한 부당노동행위가 성립한다(대판 1998.5.22. 97누8076).

② **최근 판례**: 사용자가 노동조합의 활동에 대하여 단순히 비판적 견해를 표명하거나 근로자를 상대로 집단적인 설명회 등을 개최하여 회사의 경영상황 및 정책방향 등 입장을 설명하고 이해를 구하는 행위 또는 비록 파업이 예정된 상황이라 하더라도 파업의 정당성과 적법성 여부 및 파업이 회사나 근로자에 미치는 영향 등을 설명하는 행위는 거기에 징계 등 불이익의 위협 또는 이익 제공의 약속 등이 포함되어 있거나 다른 지배·개입의 정황 등 노동조합의 자주성을 해칠 수 있는 요소가 연관되어 있지 않는 한, 사용자에게 노동조합의 조직이나 운영 및 활동을 지배하거나 이에 개입하는 의사가 있다고 가볍게 단정할 것은 아니다(대판 2013.1.10. 2011도15497).

4) 검 토

생각건대 우리나라의 경우에는 헌법상 기본권으로 노동3권을 인정하고 있으므로, 사용자의 의견 표명에 보복의 위협이나 이익의 약속이 없더라도 부당노동행위가 성립한다고 보는 것이 타당하다.

(3) 노동조합 간 차별에 의한 지배·개입

1) 금품지급행위와 관련된 차별적 취급

[1] 노조법 제29조의2 제1항 단서에 따라 개별교섭절차가 진행되던 중에 사용자가 특정 노동조합과 체결한 단체협약의 내용에 따라 해당 노동조합의 조합원에게만 금품을 지급한 경우, 사용자의 이러한 금품지급행위가 다른 노동조합의 조직이나 운영을 지배하거나 이에 개입하는 의사에 따른 것이라면 부당노동행위에 해당할 수 있다. 이 경우 사용자의 행위가 부당노동행위에 해당하는지는 금품을 지급하게 된 배경과 명목, 금품 지급에 부가된 조건, 지급된 금품의 액수, 금품 지급의 시기나 방법, 다른 노동조합과의 교섭경위와 내용, 다른 노동조합의 조직이나 운영에 미치거나 미칠 수 있는 영향 등을 종합적으로 고려하여 판단하여야 한다. 다만, 그 지배·개입으로서의 부당노동행위의 성립에 반드시 근로자의 단결권의 침해라는 결과의 발생까지 요하는 것은 아니다.

[2] 원고 회사가 참가인 노동조합 및 대신증권 노동조합과의 개별교섭과정에서 대신증권 노동조합의 조합원들에게만 '무쟁의 타결 격려금'을 지급하기로 한 행위는 여전히 개별교섭 중인 참가인 노동조합의 자유로운 의사에 기초한 쟁의행위 여부 결정 등에 간접적으로 영향을 미쳐 그 의사결정을 원고 회사가 의도한 대로 변경시키려 한 행위로 볼 여지가 크므로 이는 피고 보조참가인(이하 "참가인 노동조합")의 단체교섭을 방해하기 위한 의도로 행하여진 것으로 노조법 제81조 제1항 제4호에서 정한 지배·개입의 부당노동행위에 해당한다(대판 2019.4.25. 2017두33510).

2) 조합비 공제 및 단체협약과 관련된 차별적 취급

[1] 조합비 공제 관련 지배·개입의 부당노동행위의 점

주식회사 E의 근로자들로서 전국금속노동조합 대전충북지부 E지회(이하 "제1노조") 소속 조합원 210명이 2012.2.24.부터 같은 해 3.3.까지 사이에 제1노조를 탈퇴하고, 같은 해 2.22. 설립된 E노동조합(이하 "제2노조")에 가입하자, E 측이 임금지급일인 같은 해 3.7. 위 조합원들의 임금에서 2012년 2월분 조합비를 공제하여 제2노조에 이를 일괄적으로 인도한 행위는 노동조합의 조직과 활동에 영향을 미치려는 의도에서 이루어진 지배·개입의 부당노동행위에 해당한다.

[2] 단체협약과 관련된 차별적 취급에 의한 지배·개입의 부당노동행위의 점

E 측은 제2노조와 단체협약을 체결한 이후 제1노조와 단체교섭을 하는 과정에서, 공무 취임 인정 여부, 조합비 공제, 인사원칙, 규정의 제정과 개정, 장애인의 계속근로조건, 징계절차, 고용 안정, 임시직 사원의 채용, 공장 신설로 인한 조합원 이동, 임금체계의 개편, 근무시간 등의 사항에 관하여 제2노조와 체결한 위 단체협약과 비교하여 불리한 내용의 단체협약안을 제1노조에 제시하였다. 이는 근로자의 단결권을 보장한 헌법 제33조와 노조법상의 부당노동행위제도의 취지 등에서 도출되는 사용자의 중립의무를 위반한 것으로, 제1노조의 운영과 활동을 위축시키려는 의도에서 이루어진 지배·개입의 부당노동행위에 해당한다.

[3] 경영소식지 발간으로 인한 지배·개입의 부당노동행위의 점

E 측이 발행한 원심판결문 별지 범죄일람표 기재의 경영소식지내용은 제1노조의 주장에 대한 비판적 견해를 밝히고, 회사의 경영상황 및 정책방향 등 입장을 설명하는 것으로, 사용자 측에 허용된 언론의 자유의 범위를 벗어난 것이라고 단정하기 어렵다. 따라서 위와 같은 내용의 경영소식지를 발행한 피고인 A, B, C, D의 행위가 노동조합의 조직이나 운영 및 활동을 지배하거나 이에 개입한 부당노동행위에 해당한다고 볼 수 없다(대판 2018.9.13. 2016도2446).

4. 지배·개입에 대한 구제

사용자의 지배·개입행위에 대하여 노동조합은 노동위원회에 구제신청을 할 수 있다. 그러나 지배·개입행위는 그 행위의 특성상 원상회복이 어려우므로, 부작위명령이나 공고문게시명령 등으로 구제를 받을 수 있다. 또한 사용자의 행위가 불법행위를 구성하는 경우에는 법원에 손해배상을 청구할 수 있다. 노동조합의 운영비 원조를 내용으로 하는 단체협약은, 노조법 제31조 제3항에 의하여 시정명령의 대상이 된다. 판례는 사용자가 노동조합의 조직 또는 운영에 지배·개입하는 행위가 건전한 사회통념이나 사회상규상 용인될 수 없는 정도에 이른 부당노동행위로 인정되는 경우 그 지배·개입행위는 헌법이 보장하고 있는 노동조합의 단결권을 침해하는 위법한 행위로 평가되어 노동조합에 대한 불법행위가 되고, 사용자는 이로 인한 노동조합의 비재산적 손해에 대하여 위자료 배상책임을 부담한다고 한다(대판 2020.12.24. 2017다51603).

5. 관련 판례 - 사용자의 언론의 자유와 지배·개입

(1) 판결요지

사용자가 연설, 사내방송, 게시문, 서한 등을 통하여 의견을 표명하는 경우 표명된 의견의 내용과 함께 그것이 행하여진 상황, 시점, 장소, 방법 및 그것이 노동조합의 운영이나 활동에 미치거나 미칠 수 있는 영향 등을 종합하여 노동조합의 조직이나 운영 및 활동을 지배하거나 이에 개입하는 의사가 인정된다면 노조법 제81조 제4호에 규정된 '근로자가 노동조합을 조직 또는 운영하는 것을 지배하거나 이에 개입하는 행위'로서 부당노동행위가 성립하고, 또 그 지배·개입으로서 부당노동행위의 성립에 반드시 근로자의 단결권 침해라는 결과 발생까지 요하는 것은 아니다. 그러나 사용자 또한 자신의 의견을 표명할 수 있는 자유를 가지고 있으므로, 사용자가 노동조합의 활동에 대하여 단순히 비판적 견해를 표명하거나 근로자를 상대로 집단적인 설명회 등을 개최하여 회사의 경영상황 및 정책방향 등 입장을 설명하고 이해를 구하는 행위 또는 비록 파업이 예정된 상황이라 하더라도 파업의 정당성과 적법성 여부 및 파업이 회사나 근로자에 미치는 영향 등을 설명하는 행위는 거기에 징계 등 불이익의 위협 또는 이익제공의 약속 등이 포함되어 있거나 다른 지배·개입의 정황 등 노동조합의 자주성을 해칠 수 있는 요소가 연관되어 있지 않는 한, 사용자에게 노동조합의 조직이나 운영 및 활동을 지배하거나 이에 개입하는 의사가 있다고 가볍게 단정할 것은 아니다.

(2) 판결이유

① 원심판결 이유 및 기록에 의하면, ㉠ 한국철도공사가 2009.11.24. 이 사건 노동조합과의 단체협약을 해지하자 이 사건 노동조합은 같은 해 11.26.부터 같은 해 12.2.까지 파업을 진행하다가 같은 해 12.3. 업무에 복귀한 사실, ㉡ 이 사건 노동조합은 이후 계속하여 한국철도공사와 단체교섭을 진행하였음에도 교섭이 이루어지지 않자, 2010.5.12.까지 교섭이 결렬될 경우 재차 파업을 하겠다고 한국철도공사에 예고(파업 예정일은 2010.5.12. 04:00경임)한 사실, ㉢ 이에 한국철도공사의 ○○본부장이자 단체교섭의 사용자측 교섭위원 중 한 명인 공소외 1은 2010.5.8.부터 같은 달 11일까지 한국철도공사 산하 차량사업소 및 정비단 등 현장을 순회하면서 직원설명회를 개최하기로 하여 파업 예정일 이전 며칠 동안 집중적으로 전국을 이동하며 직원설명회를 개최한 사실, ㉣ 공소외 1이 2010.5.11. 한국철도공사 산하 서울차량사업소에서 약 300여 명에 이르는 직원을 상대로 위와 같은 설명회(이하 '이 사건 설명회')를 개최하려고 위 사업소에 도착하자, 피고인들 및 조합원 30여 명은 건물 1층 현관 앞을 막아서서 '내일이 파업인데 본사에 가서 협상하는 데 가 있어야지 여기 있을 때가 아니다'고 하거나 '파업을 하루 앞두고 성실교섭이나 하지 뭐 하러 왔어. 현장에 설명회를 할 시간이 있으면 다시 돌아가 교섭에 충실히 임해 파업을 막도록 하라'고 하면서 멱살을 잡는 등으로 건물 안으로 들어가지 못하게 가로막은 사실, ㉤ 피고인들의 위와 같은 출입방해 등으로 인하여 공소외 1은 결국 그날 서울차량사업소 2층 회의실에서 과장 등 중간관리자와 차량팀원 일부 등 몇십 명만 참석한 가운데 약 10분간 설명회를 진행하면서 한국철도공사의 현황에 비추어 파업에 무리가 있다는 취지의 발언을 하고 나아가 국민들의 파업에 대한 시각과 국가가 처한 현실 등과 함께 현재로서는 철도가 파업이 된다면 한국철도공사 전체의 위기가 올 수 있다고 언급한 사실을 알 수 있다. 이러한 순회설명회의 경과 등에 비추어 볼 때, 공소외 1이 이 사건 설명회에서 설명하고자 한 내용은 다른 지역설명회에서 한 발언과 유사할 것으로 보이지만, 원심은 그 내용에 대해서는 구체적으로 심리한 바가 없다. 그리고 그 발언의 내용이 이 사건 설명회가 무산된 뒤 중간관리자 등을 상대로 하였던 발언 내용과 별 차이가 없는 것이라면, 이는 파업이 예정된 상황에서 한국철도공사의 전반적 현황과 파업이

회사에 미치는 영향을 설명하면서 파업 참여에 신중할 것을 호소·설득하는 등 사용자 입장에서 노동조합이 예정한 파업방침에 대해 비판적 견해를 표명한 것으로서 사용자 측에 허용된 언론의 자유의 범위를 벗어난 것이라고 단정하기는 어렵다 할 것이다. 다만 원심판결 이유 및 기록에 의하면, 피고인들의 출입방해 행위 당시 서울차량사업소장 공소외 2가 피고인들 등에게 '내일 파업이니까 오신 거예요. 파업하지 말라고. 내일 파업하면 우리 직원들이 많이 다치니까 하지 말라고 얘기하러 오신 거예요'라는 취지로 말한 사실이 인정되기는 한다. 그러나 이는 공소외 2가 서울차량사업소장으로서 피고인들이 공소외 1의 출입을 막아선 상황에서 이를 풀 것을 설득하는 과정에서 우발적으로 한 것으로 보이고, 그 내용도 그 사업소 소속 직원인 피고인들이 파업으로 인해 입을 손해를 우려하는 취지의 충고성 발언으로 볼 수 있는 등 발언 당시의 상황, 발언의 경위 및 시기 등 여러 사정들에 비추어 볼 때, 보복이나 위협 등의 의사가 표시되었다고 보기는 어렵다. 그 밖에 공소외 1이 이 사건 설명회를 개최하려고 한 과정에서 노동조합의 조직이나 운영을 지배하거나 이에 개입하는 의사가 있었던 것으로 볼만한 행동을 하였다는 자료는 찾아볼 수 없다. 그렇다면 원심으로서는, 비록 이 사건 설명회가 파업이 임박한 시기에 개최된 것이라고 하더라도, 공소외 1이 이 사건 설명회 전 다른 지역에서 한 순회설명회에서 표명한 발언의 내용 및 그러한 발언 등이 조합원이나 노동조합의 활동에 미쳤거나 미칠 수 있는 영향, 그리고 당초 예정된 파업의 정당성 여부 등 지배·개입의 부당노동행위를 인정하는 전제가 되는 전후 상황 등에 대하여 구체적으로 심리하여, 이 사건 설명회 개최가 사용자 입장에서 단순히 파업에 대한 의견을 개진하는 수준을 넘어 조합원에 대해 회유 내지 위협적 효과를 가지는 등의 사정이 있어, 사용자에게 노동조합의 운영이나 활동을 지배하거나 노동조합의 활동에 개입하려는 의사가 있었던 것으로 추단되는지 여부를 판단하였어야 할 것이다. 그럼에도 원심은 이에 이르지 아니한 채 단지 그 판시와 같은 사정만으로 이 사건 설명회 개최가 '근로자가 노동조합을 운영하는 것을 지배하거나 이에 개입하는 행위'로서 업무방해죄의 보호법익으로서의 업무에 해당하지 않는다고 판단하였으니, 이러한 원심의 판단에는 지배·개입에 의한 부당노동행위의 성립에 관한 법리 또는 업무방해죄의 보호법익으로서의 업무에 관한 법리를 오해하여 필요한 심리를 다하지 아니함으로써 판결에 영향을 미친 위법이 있다.

② 원심판결 이유 및 기록에 의하면, 이 사건 노동조합의 간부들인 피고인들은 '사용자 측에서 조합원들이 파업을 못하게 할 의도로 특별교육을 시킨다'고 스스로 판단한 후 앞서 본 바와 같은 방법으로 이 사건 설명회 개최를 저지하였음을 알 수 있다. 그러나 원심 판시와 같은 사정만으로는 피고인들이 이 사건 설명회 개최가 부당노동행위에 해당한다는 착오를 하지 않도록 하기 위한 진지한 노력을 다하였다고 볼 수 없으므로, 설사 이 사건 설명회 개최가 부당노동행위에 해당한다고 오인하였다 하더라도 거기에 정당한 이유가 있다고는 할 수 없다. 따라서 원심이 그 판시와 같은 이유만으로 피고인들의 이 사건 설명회 개최 저지행위가 법령에 의하여 죄가 되지 아니한 것으로 오인한 것이 정당한 이유가 있는 때에 해당한다고 판단한 데에는 형법 제16조의 정당한 이유에 관한 법리를 오해한 잘못이 있다(대판 2013.1.10. 2011도15497).

정의(노조법 제2조)

이 법에서 사용하는 용어의 정의는 다음과 같다.

4. 노동조합이라 함은 근로자가 주체가 되어 자주적으로 단결하여 근로조건의 유지·개선 기타 근로자의 경제적·사회적 지위의 향상을 도모함을 목적으로 조직하는 단체 또는 그 연합단체를 말한다. 다만, 다음 각 목의 1에 해당하는 경우에는 노동조합으로 보지 아니한다.

가. 사용자 또는 항상 그의 이익을 대표하여 행동하는 자의 참가를 허용하는 경우

나. <u>경비의 주된 부분을 사용자로부터 원조받는 경우</u>

근로시간 면제 등(노조법 제24조)

① <u>근로자는 단체협약으로 정하거나 사용자의 동의가 있는 경우에는 사용자 또는 노동조합으로부터 급여를 지급받으면서 근로계약 소정의 근로를 제공하지 아니하고 노동조합의 업무에 종사할 수 있다.</u>

④ 제2항을 위반하여 <u>근로시간면제한도를 초과하는 내용을 정한 단체협약 또는 사용자의 동의는 그 부분에 한정하여 무효로</u> 한다.

부당노동행위(노조법 제81조)

① 사용자는 다음 각 호의 어느 하나에 해당하는 행위(이하 "부당노동행위")를 할 수 없다.

4. 근로자가 노동조합을 조직 또는 운영하는 것을 지배하거나 이에 개입하는 행위와 근로시간면제한도를 초과하여 급여를 지급하거나 노동조합의 운영비를 원조하는 행위. 다만, 근로자가 근로시간 중에 제24조 제2항에 따른 활동을 하는 것을 사용자가 허용함은 무방하며, 또한 근로자의 후생자금 또는 경제상의 불행 그 밖에 재해의 방지와 구제 등을 위한 기금의 기부와 최소한의 규모의 노동조합사무소의 제공 및 그 밖에 이에 준하여 노동조합의 자주적인 운영 또는 활동을 침해할 위험이 없는 범위에서의 운영비원조행위는 예외로 한다.

② 제1항 제4호 단서에 따른 <u>"노동조합의 자주적 운영 또는 활동을 침해할 위험"</u> 여부를 판단할 때에는 다음 각 호의 사항을 <u>고려하여야</u> 한다.

1. 운영비 원조의 목적과 경위
2. 원조된 운영비 횟수와 기간
3. 원조된 운영비 금액과 원조방법
4. 원조된 운영비가 노동조합의 총수입에서 차지하는 비율
5. 원조된 운영비의 관리방법 및 사용처 등

벌칙(노조법 제90조)

제44조 제2항, 제69조 제4항, 제77조 또는 제81조 제1항의 규정에 위반한 자는 2년 이하의 징역 또는 2천만원 이하의 벌금에 처한다.

1. 서 설

노조법은 경비의 주된 부분을 사용자로부터 원조받는 경우를 노동조합의 결격사유로 규정하고 있고(노조법 제2조 제4호 나목), 사용자가 노동조합 운영비를 원조하는 행위를 부당노동행위로서 금지하고 있다(노조법 제81조 제1항 제4호). 노조법이 사용자의 노동조합 운영비에 대한 원조행위(이하 "운영비원조행위")를 금지하는 입법목적은 <u>노동조합이 사용자에게 경제적으로 의존하거나 어용화되는 것을 막고 노동조합의 자주성을 확보하는 데에 있다고 할 것이다</u>(대판 2016.1.28. 2012두12457).

2. 노조전임자의 급여지원

(1) 부당노동행위의 성립 여부

1) 종전 판례 - 실질설의 입장

노조 전임자나 노조 간부가 사용자로부터 급여를 지급받는 것이 형식적으로 보면 부당노동행위의 하나인 노조법 제81조 제1항 제4호 본문에 해당하는 것 같지만, 위 법조 소정의 <u>부당노동행위의 성립 여부는 형식적으로만 볼 것은 아니고 그 급여 지급으로 인하여 조합의 자주성을 잃을 위험성이 현저하게 없는 한 부당노동행위가 성립되지 않는다고 봄이 상당하고</u>, 특히 그 급여 지급이 조합의 적극적인 요구 내지는 투쟁 결과로 얻어진 것이라면 그 급여 지급으로 인하여 조합의 자주성이 저해될 위험은 거의 없다고 보아야 할 것이므로 이는 위 법조 소정의 부당노동행위에 해당하지 않는다고 보아야 할 것이다(대판 1991.5.28. 90누6392).

2) 최근 판례 - 형식설의 입장

노조 전임자라 하더라도 구 노조법 제24조 제4항에 따라 근로시간면제한도를 초과하지 아니하는 범위에서 임금의 손실 없이 사용자와의 협의·교섭 등의 업무를 할 수 있지만, 그 외에는 구 노조법 제24조 제2항에 따라 전임기간 동안 사용자로부터 일체의 급여를 지급받는 것이 금지되며, 노조법 제81조 제1항 제4호 본문과 단서는 이를 반영하여 규정하고 있으므로, <u>노조 전임자 급여지원행위는 별도로 노동조합의 자주성을 저해할 위험성이 있는지 가릴 필요 없이 그 자체로 부당노동행위를 구성한다고 해석된다. 따라서 노조 전임자 급여지원행위와 대등하게 규정되어 있는 운영비원조행위의 경우에도 이와 마찬가지로 해석할 수 있을 것이다</u>(대판 2016.1.28. 2012두12457).[23)]

(2) 근로시간면제한도 초과

1) 근로시간면제한도 초과의 급여지급 `기출 22`

<u>2021년 개정법은 근로시간면제한도를 초과하여 사용자가 급여를 지급하는 경우 부당노동행위로 처벌하도록 하고 있으나</u>(노조법 제81조 제1항 제4호), 이는 구법 제81조 제1항 제4호의 내용과 차이가 없다. 다시 살펴건대 2021년 개정법 전후의 경우 모두 근로시간면제한도를 초과하는 급여지급은 부당노동행위에 해당하고 이에 해당하는지의 여부는 형식설에 의하여 판단한다.

2) 근로시간면제자에 대한 급여지급

① 부당노동행위의 원칙적 부정 : 단순히 노동조합의 업무에만 종사하는 근로자(이하 "노조 전임자")에 불과할 뿐 근로시간 면제 대상으로 지정된 근로자(이하 "근로시간 면제자")로 지정된 바 없는 근로자에게 급여를 지원하는 행위는 그 자체로 부당노동행위가 되지만, <u>근로시간 면제자에게 급여를 지급하는 행위는 특별한 사정이 없는 한 부당노동행위가 되지 않는 것이 원칙이다</u>(대판 2016.4.28. 2014두11137).

② 과다지급의 경우 부당노동행위 인정 : 단체협약 등 노사 간 합의에 의한 경우라도 타당한 근거 없이 과다하게 책정된 급여를 근로시간 면제자에게 지급하는 사용자의 행위는 노조법 제81조 제1항 제4호 단서에서 허용하는 범위를 벗어나는 것으로서 노조 전임자 급여지원행위나 노동조합 운영비원조행위에 해당하는 부당노동행위가 될 수 있다. 여기서 근로시간 면제자에 대한 급여 지급이 과다하여 부당노동행위에 해당하는지는 <u>근로시간 면제자가 받은 급여 수준이나 지급 기준이 그가 근로시간 면제자로 지정되지 아니하고 일반 근로자로 근로하였다면 해당 사업장에서 동종 혹은 유사 업무에 종사하는 동일 또는 유사 직급·호봉의 일반 근로자의 통상 근로시간과 근로조건 등을 기준으로 받을 수 있는 급여 수준이나 지급 기준을 사회통념상 수긍할 만한 합리적인 범위를 초과할 정도로 과다한지 등의 사정을 살펴서 판단하여야 한다</u>(대판 2016.4.28. 2014두11137).

---

23) 이러한 판단방법은 근로시간 면제자에게 과다한 급여를 지급한 경우에도 마찬가지로 적용된다고 보는 것이 타당하다 (대판 2016.4.28. 2014두11137).

3. 노동조합의 운영비 원조

(1) 문제점

전임자의 급여지급과 마찬가지로, 노동조합이 적극적으로 요구하여 사용자가 운영비 원조를 한 경우, 부당노동행위에 해당하는지가 문제된다.

(2) 대법원 판례

1) 종전 판례 – 실질설의 입장

노조전임자나 노조간부가 사용자로부터 급여를 지급받는 것이 형식적으로 보면 부당노동행위의 하나인 노조법 제81조 제1항 제4호 본문에 해당하는 것 같지만, 위 법조 소정의 부당노동행위의 성립 여부는 형식적으로만 볼 것은 아니고 그 급여지급으로 인하여 조합의 자주성을 잃을 위험성이 현저하게 없는 한 부당노동행위가 성립되지 않는다(대판 1991.5.28. 90누6392).

2) 최근 판례 – 형식설의 입장

① **자주성 저해의 위험성 불요** : [1] 노조전임자라 하더라도 구 노조법 제24조 제4항에 따라 근로시간면제한도를 초과하지 아니하는 범위에서 임금의 손실 없이 사용자와의 협의·교섭 등의 업무를 할 수 있지만, 그 외에는 구 노조법 제24조 제2항에 따라 전임기간 동안 사용자로부터 일체의 급여를 지급받는 것이 금지되며, 노조법 제81조 제1항 제4호 본문과 단서는 이를 반영하여 규정하고 있으므로, 노조전임자급여지원행위는 별도로 노동조합의 자주성을 저해할 위험성이 있는지 가릴 필요 없이 그 자체로 부당노동행위를 구성한다고 해석된다. 따라서 노조전임자급여지원행위와 대등하게 규정되어 있는 운영비원조행위의 경우에도 이와 마찬가지로 해석할 수 있을 것이다.

[2] 노조법 제81조 제1항 제4호 단서에서 정한 행위를 벗어나서 주기적이나 고정적으로 이루어지는 사용자의 노동조합 운영비에 대한 원조행위는 노동조합의 전임자에게 급여를 지원하는 행위와 마찬가지로 노동조합의 자주성을 잃게 할 위험성을 지닌 것으로서 노조법 제81조 제1항 제4호 본문에서 금지하는 부당노동행위라고 해석되고, 비록 운영비 원조가 노동조합의 적극적인 요구 내지 투쟁으로 얻어진 결과라 하더라도 이러한 사정만으로 달리 볼 것은 아니다(대판 2016.1.28. 2012두12457).

② **허용되는 운영비 원조의 범위** : 판례는 단체협약 중 이 사건 사무보조비조항은 노동조합이 사용자로부터 최소한의 규모의 노동조합사무소와 함께 통상 비치되어야 할 책상, 의자, 전기시설 등의 비품과 시설을 제공받는 것은 허용되나, 매월 상당한 금액의 돈을 지급받는 것은 노동조합의 자주성을 침해할 현저한 위험성이 있어 부당노동행위에 해당하고(대판 2016.1.28. 2012두12457), 또한 노조활동의 편의를 위해 자동차를 무상으로 제공받는 것도 부당노동행위에 해당한다고(대판 2016.1.28. 2013다1419) 판시하고 있다.

(3) 헌재 판례 – 실질설의 입장

[1] 사용자의 노동조합에 대한 운영비 원조에 관한 사항은 대등한 지위에 있는 노사가 자율적으로 협의하여 정하는 것이 근로3권을 보장하는 취지에 가장 부합한다. 따라서 운영비원조행위에 대한 제한은 실질적으로 노동조합의 자주성이 저해되었거나 저해될 위험이 현저한 경우에 한하여 이루어져야 한다.

[2] 그럼에도 불구하고 운영비원조금지조항은 단서에서 정한 두 가지 예외를 제외한 일체의 운영비원조행위를 금지하고 있으므로, 입법목적 달성을 위한 적합한 수단이라고 볼 수 없고, 필요한 범위를 넘어서 노동조합의 단체교섭권을 과도하게 제한하여 침해의 최소성에 반하고, 법익균형에도 반하여 과잉금지원칙을 위반하여 청구인의 단체교섭권을 침해하므로 헌법에 위반된다(헌재 2018.5.31. 2012헌바90, 헌법불합치).

(4) 검 토

전임자급여지급에서 살펴본 바와 같이, 운영비원조금지조항도 노동조합의 자주성을 확보하기 위한 규정이므로, 사용자의 노동조합에 대한 운영비원조행위가 자주성을 침해할 구체적 위험성은 없더라도, 추상적인 위험이 인정된다면 부당노동행위가 성립한다고 하여야 한다.

4. 2020년 개정 노조법의 태도

(1) 운영비 원조의 예외적 허용

근로자가 근로시간 중에 사용자와 협의·교섭하는 등의 활동을 하는 것을 사용자가 허용함은 무방하며, 또한 근로자의 후생자금 또는 경제상의 불행 그 밖에 재해의 방지와 구제 등을 위한 기금의 기부와 최소한의 규모의 노동조합사무소의 제공 및 그 밖에 이에 준하여 노동조합의 자주적인 운영 또는 활동을 침해할 위험이 없는 범위에서의 운영비원조행위는 예외로 한다(노조법 제81조 제1항 제4호 단서). 기출 15·18·22·24

(2) 고려사항

노동조합의 자주적 운영 또는 활동을 침해할 위험 여부를 판단할 때에는 ① 운영비 원조의 목적과 경위, ② 원조된 운영비횟수와 기간, ③ 원조된 운영비금액과 원조방법, ④ 원조된 운영비가 노동조합의 총수입에서 차지하는 비율, ⑤ 원조된 운영비의 관리방법 및 사용처 등을 고려하여야 한다(노조법 제81조 제2항).

기출 22·24

Ⅶ 부당노동행위금지규정에 위반한 법률행위의 효력

판례는 노조법 제81조의 부당노동행위금지규정은 헌법이 규정하는 근로3권을 구체적으로 확보하기 위한 것으로 이에 위반하는 행위에 대하여 처벌규정을 두고 있는 한편 부당노동행위에 대하여 신속한 권리구제를 받을 수 있도록 같은 법에서 행정상의 구제절차까지 규정하고 있는 점에 비추어 이는 효력규정인 강행법규라고 풀이되므로 위 규정에 위반된 법률행위는 사법상으로도 그 효력이 없고, 근로자에 대한 불이익취급행위로서의 법률행위가 부당노동행위로서 무효인 이상 그것이 근로기준법 제23조 소정의 정당한 이유가 있는지 여부는 더 나아가 판단할 필요가 없다고(대판 1993.12.21. 93다11463) 한다. 기출 16

O | X 💬

1. 부당노동행위금지규정은 효력규정인 강행법규이므로, 이에 위반된 법률행위는 사법상으로도 그 효력이 없다.

정답 1. O

I　서 설

부당노동행위구제제도는 헌법이 보장하는 노동3권의 구체적 실현을 목적으로 한다. 부당노동행위의 구제에는 노동위원회에 의한 행정적 구제와 법원에 의한 사법적 구제가 있다.

1. 구제주의와 처벌주의

현행법은 부당노동행위의 구제를 위한 구제주의와, 부당노동행위의 예방을 위한 처벌주의를 병행하고 있다.

(1) 구제주의

① 구제주의는 부당노동행위 그 자체는 범죄로 보지 아니한다. 다만, 이에 대한 구제를 중요시하여 구제명령에 위반한 경우에야 비로소 당해 위반행위를 범죄로 본다.

② 이는 구제명령을 통하여 부당노동행위가 행하여지기 이전의 상태로 원상회복시킴으로써 근로자의 침해된 권리를 바로잡는 데 그 실익이 있다.

③ 구제주의에 의하면 사용자는 언제든지 부당노동행위를 반복하여 행할 위험이 있다.

(2) 처벌주의

① 처벌주의는 부당노동행위 그 자체를 범죄로 보고, 이를 처벌함으로써 그러한 행위를 사전에 예방·억제하고자 한다.

② 처벌주의는 노동3권이 침해된 근로자의 피해를 원상회복하는 데 적합하지 아니하다.

2. 행정적 구제제도와 사법적 구제제도

(1) 노동위원회에 의한 구제

① 부당노동행위구제제도는 근로자의 노동3권 보호를 주된 목적으로 하고, 사용자의 부당노동행위에 대하여 책임을 부과하는 것은 부차적인 목적이다.

② 노동3권의 보호는 그 성질상 구제절차의 신속성·간이성 및 전문성이 요구되는데, 이를 위하여 제도화된 절차가 노동위원회에 의한 부당노동행위구제제도이다.

(2) 법원에 의한 구제

부당노동행위 결과 발생한 노사당사자 간의 권리·의무관계의 확정 및 손해의 전보 등을 위하여 사법적 구제제도가 필요하다.

(3) 양자의 관계

근로자는 동일한 부당노동행위에 대하여 양자에 의한 구제절차를 동시에 진행할 수 있다. 다만, 법원에서 구제절차가 완료된 경우에는, 노동위원회에 다시 구제신청을 할 수 없을 것이다.

Ⅱ 노동위원회에 의한 구제절차

1. 서 설

노동위원회에 의한 구제절차는 초심절차와 재심절차로 나뉜다. 중앙노동위원회의 결정에 대하여 불복하는 자는 행정법원에 행정소송을 제기할 수 있다.

2. 관 할

(1) 지방노동위원회의 관할

부당노동행위가 발생한 사업장의 소재지를 관할하는 지방노동위원회가 초심관할권을 가진다(노위법 제3조 제2항).

(2) 특별노동위원회의 관할

부당노동행위가 특별노동위원회의 설치목적으로 규정된 특정 사항에 관한 것일 경우에는, 특별노동위원회가 초심관할권을 가진다(노위법 제3조 제3항).

(3) 중앙노동위원회의 관할

중앙노동위원회는 원칙적으로 지방노동위원회 또는 특별노동위원회를 초심으로 하는 사건의 관할권을 가진다(노위법 제3조 제1항 제1호).

3. 당사자

(1) 신청인

① 사용자의 부당노동행위로 인하여 그 권리를 침해당한 근로자 또는 노동조합이다(노조법 제82조 제1항).

기출 15 · 24

② 노동조합은 노동조합의 성립요건을 모두 갖춘 법상의 노동조합을 말한다. 노조법상 노동조합이 아닌 근로자단체의 조합원은 불이익취급이나 반조합계약 사건과 관련하여 근로자 개인이 직접 구제신청을 할 수 있다. 또한 노동조합을 조직하려고 한다는 이유로 근로자에 대하여 부당노동행위를 한 경우, 후에 설립된 노동조합도 독자적인 구제신청권을 갖는다(대판 1991.1.25. 90누4952). **기출** 14 · 16 · 21

③ 근로자는 원칙적으로 노조법상 노동조합의 조합원을 말한다.

④ 노조법상 노동조합의 성립요건을 갖추지 못하였더라도, 이를 지향·설립하는 과정에 있는 근로자단체 및 이에 속한 근로자는 신청인이 될 수 있다.

⑤ 노조법 제81조 제1항 제1호·제2호 및 제5호에 대하여는 근로자가, 노조법 제81조 제1항 제3호 및 제4호에 대하여는 노동조합이 신청인이 되는 것이 원칙이나, 전자의 경우 당해 조합원이 소속된 노동조합이 신청인이 될 수 있다.

⑥ 하나의 사안에 대하여 노동조합과 조합원 개인이 동시에 구제신청권을 보유한 경우, 양자는 상대방의 구제신청권과는 독립된 구제신청권을 보유하는 것이므로, 근로자가 노동조합 조합원으로서의 자격을 상실하거나, 구제신청을 포기·반대하는 경우에도 노동조합은 독자적으로 구제신청을 할 수 있다.

(2) 피신청인

피신청인은 원칙적으로 사용자이다. 개인기업의 경우에는 기업주, 법인기업의 경우에는 법인이 피신청인이 된다. 또한 근로자의 기본적인 노동조건 등에 관하여 그 근로자를 고용한 사업주로서의 권한과 책임을 일정 부분 담당하고 있다고 볼 정도로 실질적이고 구체적으로 지배·결정할 수 있는 지위에 있는 자가, 노동조합을 조직 또는 운영하는 것을 지배하거나 이에 개입하는 등으로 노조법 제81조 제1항 제4호에서 정한 행위를 하였다면, 그 시정을 명하는 구제명령을 이행하여야 할 사용자에 해당한다(대판 2010.3.25. 2007두8881).

4. 초심절차

(1) 구제의 신청(노조법 제82조)

① 사용자의 부당노동행위로 인하여 그 권리를 침해당한 근로자 또는 노동조합은 노동위원회에 그 구제를 신청할 수 있다. **기출** 18·21·22

② 부당노동행위 구제의 신청은 부당노동행위가 있은 날(계속하는 행위는 그 종료일)부터 3월 이내에 이를 행하여야 한다. **기출** 18·19·21·22·24

(2) 구제의 이익

구제를 신청할 이익이 없는 경우에는 노동위원회가 부당노동행위의 성립 여부에 대한 실체적 판단을 하지 아니하고 신청을 기각하게 된다. 판례는 근로자를 해고한 회사가 실질적으로 폐업하여 법인격까지 소멸됨으로써 그 복귀할 사업체의 실체가 없어졌다면 기업의 존재를 전제로 하여 기업에 있어서의 노사의 대립관계를 유지하는 것을 목적으로 하는 부당노동행위 구제신청의 이익도 없다고(대판 1991.12.24. 91누2762) 한다. 문제는 근로자가 해고되어 구제절차가 진행되는 중에 근로계약기간 만료 등의 사유로 노동관계가 종료되어 원직복귀가 불가능하게 된 경우에 신청의 이익이 있다고 할 수 있는지 여부에 있다. 최근 판례는 부당해고 구제사례이기는 하지만 근로자가 부당해고구제신청을 하여 해고의 효력을 다투던 중 정년에 이르거나 근로계약기간이 만료하는 등의 사유로 원직에 복직하는 것이 불가능하게 된 경우에도 해고기간 중의 임금 상당액을 지급받을 필요가 있다면 임금 상당액 지급의 구제명령을 받을 이익이 유지되므로 구제신청을 기각한 중앙노동위원회의 재심판정을 다툴 소의 이익이 있다고(대판 2020.2.20. 2019두52386[전합]) 판시하고 있다.

(3) 심문(노조법 제83조)

① 신청하는 구제의 내용이 법령상이나 사실상 실현할 수 없음이 명백한 경우에는, 신청을 각하하는 결정을 하여야 한다(노동위원회규칙 제60조 제1항 제6호).

② 노동위원회는 구제신청을 받은 때에는 지체 없이 필요한 조사와 관계당사자의 심문을 하여야 한다. **기출** 12·21·24

③ 노동위원회는 심문을 할 때에는 관계당사자의 신청에 의하거나 그 직권으로 증인을 출석하게 하여 필요한 사항을 질문할 수 있다. **기출** 14·16·21·22·23

④ 노동위원회는 심문을 함에 있어서는 관계당사자에 대하여 증거의 제출과 증인에 대한 반대심문을 할 수 있는 충분한 기회를 주어야 한다. **기출** 12·14·16·19

⑤ 부당노동행위의 심문을 함에 있어서는 반드시 심문을 거쳐 판정을 하여야 하고, 조사를 끝낸 것만으로는 구제명령을 내릴 수 없다.

(4) 화해(노동위원회규칙 제69조, 제71조)

① 심판위원회는 사건의 조사과정이나 심문회의 진행 중에 당사자에게 화해를 권고하거나 주선할 수 있다(노동위원회규칙 제69조).

② 화해는 당사자와 화해에 관여한 심판위원이 서명이나 날인함으로써 성립되며 화해가 성립된 후 당사자는 이를 번복할 수 없다(노동위원회규칙 제71조 제2항).

(5) 판정(노동위원회규칙 제59조)

① 심판위원회가 심문을 종결하였을 경우 판정회의를 개최하여야 한다.

② 심판위원회 위원장은 판정회의에 앞서 당해 심문회의에 참석한 근로자위원과 사용자위원에게 의견 진술의 기회를 주어야 한다.

③ 심판위원회는 심문회의에서의 새로운 주장에 대한 사실확인이나 증거의 보완이 필요하다고 판단되거나 화해를 위한 회의 진행으로 추가적인 사실 심문 등이 필요한 경우에는 추후에 심문회의나 판정회의를 재개할 수 있다.

(6) 구제명령

1) 노조법 규정

노동위원회는 심문을 종료하고 부당노동행위가 성립한다고 판정한 때에는 사용자에게 구제명령을 발하여야 하며, 부당노동행위가 성립되지 아니한다고 판정한 때에는 그 구제신청을 기각하는 결정을 하여야 한다(노조법 제84조 제1항). **기출 24**

2) 구제명령의 내용

구제명령의 내용은 신청인의 구제청구내용을 존중하되, 이에 반드시 구속되는 것은 아니고 노동위원회의 재량권에 속한다. 구제명령은 부당노동행위가 행하여지지 아니하였던 것과 동일한 상태로의 회복, 즉 원상회복을 목적으로 하므로 원상회복명령이 원칙이다.

① **불이익취급** : 해고의 경우 근로자를 원직 또는 원직에 상당하는 지위에 복직시키도록 하고, 해고로 인하여 근로자가 지급받지 못한 임금의 소급지급을 명하는 것이 원칙이다. 정직·감봉 등 징계처분의 경우 그 처분의 취소를 명한다. 판례는 인사고과에 의한 성과금차별이 부당노동행위에 해당하는 경우, 반조합적 의사를 배제한 상태에서 성과평가를 재실시한 후 그 평가 결과에 따라 재산정한 성과상여금과 기존에 지급한 성과상여금과의 차액을 지급할 것을 명하는 구제명령은 적법하다고(대판 2018.12.27. 2017두47311) 판시하고 있다.

② **반조합계약(비열계약)** : 사용자가 근로자에게 특정 조합에 가입·불가입 및 탈퇴하도록 강요하는 것을 중지하거나, 이러한 반조합계약을 파기하도록 명한다.

③ **단체교섭의 거부·해태** : 교섭 대상, 교섭담당자, 교섭시기 및 교섭방법 등을 정하여 성실하게 단체교섭을 할 것을 명한다.

④ **지배·개입** : 지배·개입행위를 특정하여 이를 금지하는 부작위명령이나 공고문게시명령이 적절할 것이다. 판례는 사용자의 지배·개입행위가 사실행위로 이루어진 경우 그 행위 자체를 제거 내지 취소하여 원상회복하는 것이 곤란하며 또한 사용자의 행위가 장래에 걸쳐 계속 반복하여 행하여질 가능성이 많기 때문에 사용자의 지배·개입에 해당하는 행위를 금지하는 부작위명령은 적절한 구제방법이 될 수 있다고 (대판 2010.3.25. 2007두8881) 판시하고 있다.

3) 구제명령의 효력

① 부당노동행위구제명령은 서면으로 하되, 이를 당해 사용자와 신청인에게 각각 교부하여야 한다(노조법 제84조 제2항). **기출** 20

② 관계당사자는 부당노동행위구제명령이 있을 때에는 이에 따라야 한다(노조법 제84조 제3항).

③ 정해진 기간 내에 재심을 신청하지 아니하거나 행정소송을 제기하지 아니한 때에는 그 구제명령·기각결정 또는 재심판정은 확정된다(노조법 제85조 제3항). 이 경우 관계당사자는 확정된 기각결정 또는 재심판정을 따라야 하며(노조법 제85조 제4항), 이에 따르지 아니하는 경우에는 3년 이하의 징역 또는 3천만원 이하의 벌금에 처한다(노조법 제89조 제2호).

④ 미확정된 구제명령에 대하여는 그 실효성을 확보하기 위하여 긴급이행명령제도를 도입하였다(노조법 제85조 제5항). **기출** 13 · 20

⑤ 판례는 부당노동행위구제제도는 헌법상 노동3권의 대국가적 효력을 구체화한 제도로, 부당노동행위구제명령은 사용자에게 공법상의 의무를 부담시킬 뿐, 직접 노사 간의 사법상의 법률관계를 발생 또는 변경시키는 것은 아니라고(대판 1996.4.23. 95다53102) 판시하고 있다. 근로자가 사법상의 권리구제를 받기 위해서는 사용자를 상대로 법원에 민사소송을 제기하여야 한다. **기출** 14 · 19

✔ **핵심문제**

01 노동조합 및 노동관계조정법령상 부당노동행위구제제도에 관한 설명으로 옳지 않은 것은?(다툼이 있으면 판례에 따름)

① 노동위원회의 사용자에 대한 부당노동행위구제명령은 사용자에게 공법상의 의무를 부담시킬 뿐, 직접 노사 간의 사법상의 법률관계를 발생 또는 변경시키는 것은 아니다.

② 사용자의 부당노동행위로 인하여 그 권리를 침해당한 근로자 또는 노동조합은 부당노동행위가 있은 날(계속하는 행위는 그 종료일)부터 3월 이내에 구제를 신청해야 한다.

③ 노동위원회는 부당노동행위에 대한 심문을 함에 있어서는, 관계당사자에 대하여 증거의 제출과 증인에 대한 반대심문을 할 수 있는 충분한 기회를 주어야 한다.

④ 노동위원회는 부당노동행위구제명령을 받은 후 이행기한까지 구제명령을 이행하지 아니한 사용자에게 이행강제금을 부과한다.

⑤ 중앙노동위원회의 재심판정에 불복하여 사용자가 행정소송을 제기한 경우, 관할 법원은 중앙노동위원회의 신청에 의하여 결정으로써 판결이 확정될 때까지 중앙노동위원회의 구제명령의 전부 또는 일부를 이행하도록 명할 수 있다.

[해설]

이행강제금제도는 정당한 이유 없는 부당해고에 대한 구제명령에 대하여만 적용되고, 부당노동행위구제명령에는 적용되지 아니한다.

정답 ④

5. 재심절차

(1) 재심신청(노조법 제85조 제1항)

지방노동위원회 또는 특별노동위원회의 구제명령 또는 기각결정에 불복이 있는 관계당사자는 그 명령서 또는 결정서의 송달을 받은 날부터 10일 이내에 중앙노동위원회에 그 재심을 신청할 수 있다. 한편, 초심절차에서 신청인 또는 피신청인이 될 수 있었던 자는, 비록 초심절차에서 신청인 또는 피신청인이 아니었을지라도 초심결정에 불복하여 재심을 신청할 수 있다. 기출 15 · 18 · 20 · 21 · 22

(2) 재심범위(노동위원회규칙 제89조)

당사자의 재심신청은 초심에서 신청한 범위를 넘어서는 아니 되며, 중앙노동위원회의 재심심리와 판정은 당사자가 재심신청한 불복의 범위 안에서 하여야 한다.

(3) 재심절차(노동위원회규칙 제33조)

초심절차에 관한 규정은 그 성질에 반하지 아니하는 한 재심절차에도 그대로 준용된다.

(4) 재심판정(노동위원회규칙 제94조)

① 중앙노동위원회는 재심신청이 요건을 충족하지 못한 경우 재심신청을 각하하고, 재심신청이 이유 없다고 판단하는 경우에는 기각하며, 이유 있다고 판단하는 경우에는 지방노동위원회의 처분을 취소하고 구제명령이나 각하 또는 기각결정을 하여야 한다.

② 중앙노동위원회는 근로관계의 소멸이나 사업장 폐쇄 등으로 초심의 구제명령내용을 그대로 유지하는 것이 적합하지 않다고 판단하는 경우에는 그 내용을 변경할 수 있다.

6. 행정소송

(1) 소의 제기

1) 당사자

원고는 재심판정에 불복하는 사용자, 피해근로자 및 노동조합이 되고, 취소소송에서의 피고는 당해 명령 또는 결정을 내린 중앙노동위원회의 위원장이 되며, 상대방은 피고의 보조참가인이 된다.

2) 제소기간 기출 16 · 18

중앙노동위원회의 재심판정에 대하여 관계당사자는 그 재심판정서의 송달을 받은 날부터 15일 이내에 행정소송법이 정하는 바에 의하여 소를 제기할 수 있고(노조법 제85조 제2항), 해당 기간 내에 행정소송을 제기하지 아니한 때에는 그 구제명령 · 기각결정 또는 재심판정은 확정된다(노조법 제85조 제3항). 이 경우 관계당사자는 이에 따라야 하며(노조법 제85조 제4항), 이에 따르지 아니하는 경우에는 형벌이 부과된다(노조법 제89조 제2호).

기출 20

3) 구제명령 등의 효력 부정지

노동위원회의 구제명령 · 기각결정 또는 재심판정은 행정소송의 제기에 의하여 그 효력이 정지되지 아니한다(노조법 제86조). 기출 15 · 16 · 18 · 20 · 22

(2) 긴급이행명령제도

1) 의의

긴급이행명령이란 사용자가 행정소송을 제기한 경우, 관할 법원이 중앙노동위원회의 신청에 의하여 결정으로써 판결이 확정될 때까지 중앙노동위원회의 구제명령의 전부 또는 일부를 이행하도록 명할 수 있는 제도를 말한다(노조법 제85조 제5항). 이는 구제명령을 위반한 자에 대한 처벌규정이 헌법재판소에 의하여 위헌으로 결정됨에 따라, 구제명령의 실효성 확보 차원에서 인정된 것이다. 기출 15·16·18·19·23

2) 내용

① 긴급이행명령은 사용자가 행정소송을 제기한 경우에 한하여 허용된다.

② 관할 법원이 결정으로써 판결 확정 전까지 중앙노동위원회의 구제명령의 전부 또는 일부를 이행하도록 중앙노동위원회가 신청하여야 한다.

③ 관할 법원은 쌍방이 제출한 소명자료 등을 통하여 중앙노동위원회의 재심명령에 중대하고 명백한 하자가 없고, 긴급이행의 필요성이 부정되는 등 특별한 사정이 없는 경우에는 긴급이행명령을 내린다. 이 경우 재심명령의 적법성은 본안심리에서 심사되어야 할 사항이다.

④ 긴급이행명령의 효력은 판결이 확정될 때까지 지속된다. 다만, 판결이 확정되기 전이라도 당사자의 신청에 의하거나 법원의 직권으로 그 결정을 취소할 수 있다.

3) 위반의 효과

법원이 긴급이행명령결정을 하면 사용자는 중앙노동위원회의 구제명령의 전부 또는 일부를 이행하여야 한다. 법원의 명령에 위반한 자는 500만원 이하의 금액(당해 명령이 작위를 명하는 것일 때에는 그 명령의 불이행일수 1일에 50만원 이하의 비율로 산정한 금액)의 과태료에 처한다(노조법 제95조).

(3) 판결의 내용

① 중앙노동위원회에서 내린 각하 또는 기각결정에 대하여 법원이 취소한 경우, 중앙노동위원회는 취소판결의 취지에 따라 다시 이전의 신청에 대한 처분을 하여야 한다(행정소송법 제30조 제2항).

② 중앙노동위원회에서 내린 부당노동행위구제명령에 대하여 법원이 이를 취소한 경우, 취소판결의 확정에 의하여 중앙노동위원회의 구제명령은 그 효력을 상실한다.

③ 청구기각판결이 확정되면 중앙노동위원회의 재심판정은 확정된다.

✔ 핵심문제

01 노동조합 및 노동관계조정법상 부당노동행위구제제도에 관한 설명으로 옳지 않은 것은?

① 부당노동행위에 대하여 구제주의 이외에 처벌주의를 병용하는 입법정책을 취하고 있다.

② 노동위원회는 관계당사자에 대하여 증거의 제출과 증인에 대한 반대심문을 할 수 있는 충분한 기회를 주어야 한다.

③ 구제명령은 재심 또는 행정소송에 의하여 그 효력이 정지되지 아니한다.

④ 노동위원회는 관계당사자의 신청이 없는 경우에는, 증인을 출석하게 하여 필요한 사항을 질문할 수 없다.

⑤ 구제신청은 부당노동행위가 있은 날(계속하는 행위는 그 종료일)부터 3월 이내에 이를 행하여야 한다.

[해설]

노동위원회는 심문을 할 때에는 관계당사자의 신청에 의하거나 그 직권으로 증인을 출석하게 하여 필요한 사항을 질문할 수 있다(노조법 제83조 제2항).

정답 ④

Ⅲ 법원에 의한 구제절차

1. 의 의

부당노동행위의 구제는 신속하고 간편한 노동위원회에 의한 구제절차가 일반적이나, 법원에 의한 사법적 구제도 가능하다.

2. 민사적 구제

민사적 구제로는 무효확인청구소송, 방해배제청구소송 및 단체교섭응낙청구소송 등 본소에 의한 구제와, 본소가 확정될 때까지의 가처분제도에 의한 구제를 생각할 수 있다.

3. 형사적 구제

① 형벌부과 : 노조법은 부당노동행위를 한 사용자에 대하여 2년 이하의 징역 또는 2천만원 이하의 벌금에 처할 수 있도록 규정하고 있다(노조법 제90조, 제81조 제1항). 기출 23

② 양벌규정 : 법인 또는 단체의 대표자, 법인·단체 또는 개인의 대리인·사용인 기타의 종업원이 그 법인·단체 또는 개인의 업무에 관하여 제88조 내지 제93조의 위반행위를 한 때에는 행위자를 벌하는 외에 그 법인·단체 또는 개인에 대하여도 각 해당 조의 벌금형을 과한다. 기출 23 다만, 법인·단체 또는 개인이 그 위반행위를 방지하기 위하여 해당 업무에 관하여 상당한 주의와 감독을 게을리하지 아니한 경우에는 그러하지 아니하다(노조법 제94조).

01 기출 24

☑ 확인 Check! ○ △ ×

노동조합 및 노동관계조정법상 부당노동행위에 관한 설명으로 옳은 것은 모두 몇 개인가?

- 사용자의 부당노동행위로 인하여 그 권리를 침해당한 근로자 또는 노동조합은 노동위원회에 그 구제를 신청할 수 있다.
- 노동위원회는 부당노동행위 구제신청을 받은 때에는 지체없이 필요한 조사와 관계 당사자의 심문을 하여야 한다.
- 근로자가 노동조합의 업무를 위한 정당한 행위를 한 것을 이유로 그 근로자에게 불이익을 주는 사용자의 행위는 부당노동행위에 해당한다.
- 부당노동행위 구제의 신청은 부당노동행위가 있은 날(계속하는 행위는 그 종료일)부터 3월 이내에 이를 행하여야 한다.

① 0개
② 1개
③ 2개
④ 3개
⑤ 4개

정답 및 해설

01
- (○) 노조법 제82조 제1항
- (○) 노조법 제83조 제1항
- (○) 근로자가 노동조합에 가입 또는 가입하려고 하였거나 노동조합을 조직하려고 하였거나 <u>기타 노동조합의 업무를 위한 정당한 행위를 한</u> 것을 이유로 그 근로자를 해고하거나 그 근로자에게 불이익을 주는 사용자의 행위는 부당노동행위에 해당한다(노조법 제81조 제1항 제1호).
- (○) 노조법 제82조 제2항

정답 ⑤

02 기출 24

☑ 확인Check! ○ △ ✕

노동조합 및 노동관계조정법상 부당노동행위에 관한 설명으로 옳지 않은 것은?(다툼이 있으면 판례에 따름)

① 사용자는 노동조합의 운영비를 원조하는 행위를 할 수 없으나, 노동조합의 자주적인 운영 또는 활동을 침해할 위험이 없는 범위에서의 운영비 원조행위는 할 수 있다.

② 노동조합 및 노동관계조정법 제81조(부당노동행위) 제1항 제4호 단서에 따른 "노동조합의 자주적인 운영 또는 활동을 침해할 위험" 여부를 판단할 때 원조된 운영비 금액과 원조방법을 고려할 필요가 없다.

③ 노동위원회는 부당노동행위가 성립한다고 판정한 때에는 사용자에게 구제명령을 발하여야 하며, 부당노동행위가 성립되지 아니한다고 판정한 때에는 그 구제신청을 기각하는 결정을 하여야 한다.

④ 지배·개입으로서의 부당노동행위의 성립에 반드시 근로자의 단결권의 침해라는 결과의 발생까지 요하는 것은 아니다.

⑤ 지방노동위원회의 구제명령은 중앙노동위원회에의 재심신청에 의하여 그 효력이 정지되지 아니 한다.

02

① (○) 노동조합의 운영비를 원조하는 행위는 사용자의 부당노동행위에 해당하나, 노동조합의 자주적인 운영 또는 활동을 침해할 위험이 없는 범위에서의 운영비 원조행위는 부당노동행위에 해당하지 아니하므로 예외적으로 허용된다(노조법 제81조 제1항 제4호 단서).

② (✕) "원조된 운영비 금액과 원조방법"도 "노동조합의 자주적 운영 또는 활동을 침해할 위험" 여부를 판단할 때 고려할 사항에 포함된다(노조법 제81조 제2항 제3호).

③ (○) 노동위원회는 구제신청에 따른 심문을 종료하고 부당노동행위가 성립한다고 판정한 때에는 사용자에게 구제명령을 발하여야 하며, 부당노동행위가 성립되지 아니한다고 판정한 때에는 그 구제신청을 기각하는 결정을 하여야 한다(노조법 제84조 제1항).

④ (○) 대판 2019.4.25. 2017두33510

⑤ (○) 노동위원회의 구제명령·기각결정 또는 재심판정은 중앙노동위원회에의 재심신청이나 행정소송의 제기에 의하여 그 효력이 정지되지 아니한다(노조법 제86조).

정답 ②

➕ PLUS

부당노동행위(노조법 제81조)
② 제1항 제4호 단서에 따른 "노동조합의 자주적 운영 또는 활동을 침해할 위험" 여부를 판단할 때에는 다음 각 호의 사항을 고려하여야 한다.
1. 운영비 원조의 목적과 경위
2. 원조된 운영비 횟수와 기간
3. 원조된 운영비 금액과 원조방법
4. 원조된 운영비가 노동조합의 총수입에서 차지하는 비율
5. 원조된 운영비의 관리방법 및 사용처 등

03 기출 23

☑ 확인 Check! ○ △ ✕

노동조합 및 노동관계조정법상 부당노동행위에 관한 설명으로 옳은 것은?(다툼이 있으면 판례에 따름)

① 부당노동행위에 대한 입증책임은 사용자가 부담한다.
② 노동위원회가 부당노동행위의 구제신청을 받고 심문을 할 때에는 그 직권으로 증인을 출석하게 하여 필요한 사항을 질문할 수 있다.
③ 부당노동행위를 한 사용자는 3년 이하의 징역 또는 3천만원 이하의 벌금에 처한다.
④ 중앙노동위원회의 재심판정에 대하여 행정소송을 제기한 경우에 관할법원은 부당노동 행위구제 신청자의 신청에 의하여 판결이 확정될 때까지 중앙노동위원회의 구제명령의 전부를 이행하도록 명할 수 있다.
⑤ 부당노동행위 규정 위반에 관한 명문의 양벌규정은 존재하지 아니한다.

03

① (✕) 노조법 제81조 제1항 제1호 소정의 부당노동행위가 성립하기 위해서는 근로자가 "노동조합의 업무를 위한 정당한 행위"를 하고, 회사가 이를 이유로 근로자를 해고한 경우라야 하고, 같은 사실의 주장 및 입증책임은 부당노동행위임을 주장하는 근로자에게 있다(대판 1991.7.26. 91누2557). 판례의 취지를 고려할 때 부당노동행위에 대한 증명책임은 부당노동행위임을 주장하는 근로자 또는 노동조합에게 있다고 보는 것이 타당하다. 반면 부당해고구제재심판정을 다투는 소송에 있어서 해고의 정당성에 관한 입증책임은 사용자가 부담한다(대판 1999.4.27. 99두202).
② (○) 노동위원회는 부당노동행위의 구제신청을 받고 심문을 할 때에는 관계 당사자의 신청에 의하거나 그 직권으로 증인을 출석하게 하여 필요한 사항을 질문할 수 있다(노조법 제83조 제2항).
③ (✕) 부당노동행위를 한 사용자는 2년 이하의 징역 또는 2천만원 이하의 벌금에 처한다(노조법 제90조, 제81조 제1항).
④ (✕) 사용자가 중앙노동위원회의 재심판정에 대하여 행정소송을 제기한 경우에 관할법원은 중앙노동위원회의 신청에 의하여 결정으로써, 판결이 확정될 때까지 중앙노동위원회의 구제명령의 전부 또는 일부를 이행하도록 명할 수 있으며, 당사자의 신청에 의하여 또는 직권으로 그 결정을 취소할 수 있다(노조법 제85조 제5항).
⑤ (✕) 법인 또는 단체의 대표자, 법인·단체 또는 개인의 대리인·사용인 기타의 종업원이 그 법인·단체 또는 개인의 업무에 관하여 제88조 내지 제93조의 위반행위를 한 때에는 행위자를 벌하는 외에 그 법인·단체 또는 개인에 대하여도 각 해당 조의 벌금형을 과한다(노조법 제94조 본문). 따라서 법인 등의 대표자 등이 부당노동행위를 한 경우에는 행위자를 벌하는 외에 양벌규정에 의하여 그 법인 등을 각 해당 조의 벌금형으로 처벌할 수 있다.

정답 ②

04 기출 22

☑확인Check! ○ △ ✕

노동조합 및 노동관계조정법 제81조(부당노동행위) 제1항 제4호 단서에 따른 "노동조합의 자주적인 운영 또는 활동을 침해할 위험" 여부를 판단할 때 고려하여야 하는 사항이 아닌 것은?

① 원조된 운영비의 관리방법 및 사용처
② 원조된 운영비가 노동조합의 총지출에서 차지하는 비율
③ 원조된 운영비 금액과 원조방법
④ 원조된 운영비 횟수와 기간
⑤ 운영비 원조의 목적과 경위

➕ PLUS

부당노동행위(노조법 제81조)
② 제1항 제4호 단서에 따른 "노동조합의 자주적 운영 또는 활동을 침해할 위험" 여부를 판단할 때에는 다음 각 호의 사항을 고려하여야 한다.
1. 운영비 원조의 목적과 경위
2. 원조된 운영비 횟수와 기간
3. 원조된 운영비 금액과 원조방법
4. 원조된 운영비가 노동조합의 총수입에서 차지하는 비율
5. 원조된 운영비의 관리방법 및 사용처 등

05 기출 22

☑확인Check! ○ △ ✕

노동조합 및 노동관계조정법상 부당노동행위 구제에 관한 설명으로 옳은 것은?

① 사용자의 부당노동행위로 인하여 그 권리를 침해당한 근로자는 노동위원회에 그 구제를 신청할 수 없다.
② 노동위원회가 관계당사자의 심문을 할 때에는 관계당사자의 신청 없이는 증인을 출석하게 하여 필요한 사항을 질문할 수 없다.
③ 부당노동행위 구제의 신청은 계속하는 부당노동행위의 경우 그 종료일부터 3월 이내에 행하여야 한다.
④ 지방노동위원회의 기각결정에 불복이 있는 관계당사자는 그 결정이 있은 날부터 10일 이내에 중앙노동위원회에 그 재심을 신청할 수 있다.
⑤ 중앙노동위원회의 재심판정은 행정소송의 제기에 의하여 그 효력이 정지된다.

04

① (○), ② (✕), ③ (○), ④ (○), ⑤ (○)
원조된 운영비가 노동조합의 총지출에서 차지하는 비율은 노조법 제81조 제2항에서 정한 고려사항에 해당하지 아니한다.

정답 ②

05

① (✕) 사용자의 부당노동행위로 인하여 그 권리를 침해당한 근로자 또는 노동조합은 노동위원회에 그 구제를 신청할 수 있다(노조법 제82조 제1항).
② (✕) 노동위원회는 관계당사자의 심문을 할 때에는 관계당사자의 신청에 의하거나 그 직권으로 증인을 출석하게 하여 필요한 사항을 질문할 수 있다(노조법 제83조 제2항).
③ (○) 노조법 제82조 제2항
④ (✕) 지방노동위원회 또는 특별노동위원회의 구제명령 또는 기각결정에 불복이 있는 관계당사자는 그 명령서 또는 결정서의 송달을 받은 날부터 10일 이내에 중앙노동위원회에 그 재심을 신청할 수 있다(노조법 제85조 제1항).
⑤ (✕) 노동위원회의 구제명령·기각결정 또는 재심판정은 중앙노동위원회에의 재심신청이나 행정소송의 제기에 의하여 그 효력이 정지되지 아니한다(노조법 제86조).

정답 ③

06 _{기출} 22

☑ 확인 Check! ○ △ ✕

노동조합 및 노동관계조정법상 부당노동행위에 관한 설명으로 옳지 않은 것은?

① 근로시간 면제한도를 초과하여 사용자가 급여를 지급하더라도 부당노동행위가 성립하지 않는다.

② 사용자가 근로자의 후생자금을 위해 기금을 기부하는 경우에 부당노동행위가 성립하지 않는다.

③ 노동조합이 해당 사업장에 종사하는 근로자의 3분의 2 이상을 대표하고 있을 때에 근로자가 그 노동조합의 조합원이 될 것을 고용조건으로 하는 단체협약의 체결은 부당노동행위에 해당하지 않는다.

④ 사용자가 최소한의 규모의 노동조합 사무소를 제공하는 경우 부당노동행위가 성립하지 않는다.

⑤ 사용자가 노동조합으로부터 위임을 받은 자와의 단체협약체결 기타의 단체교섭을 정당한 이유 없이 거부하거나 해태하는 경우 부당노동행위가 성립할 수 있다.

06

① (✕) 근로자가 노동조합을 조직 또는 운영하는 것을 지배하거나 이에 개입하는 행위와 <u>근로시간 면제한도를 초과하여 급여를 지급하거나 노동조합의 운영비를 원조하는 행위는 부당노동행위에 해당한다</u>(노조법 제81조 제1항 제4호 본문).

② (○) 노조법 제81조 제1항 제4호 단서

③ (○) 노조법 제81조 제1항 제2호 단서

④ (○) 노조법 제81조 제1항 제4호 단서

⑤ (○) 노조법 제81조 제1항 제3호

정답 ①

➕ PLUS

부당노동행위(노조법 제81조)

① 사용자는 다음 각 호의 어느 하나에 해당하는 행위(이하 "부당노동행위")를 할 수 없다.

1. 근로자가 노동조합에 가입 또는 가입하려고 하였거나 노동조합을 조직하려고 하였거나 기타 노동조합의 업무를 위한 정당한 행위를 한 것을 이유로 그 근로자를 해고하거나 그 근로자에게 불이익을 주는 행위

2. 근로자가 어느 노동조합에 가입하지 아니할 것 또는 탈퇴할 것을 고용조건으로 하거나 특정한 노동조합의 조합원이 될 것을 고용조건으로 하는 행위. <u>다만, 노동조합이 당해 사업장에 종사하는 근로자의 3분의 2 이상을 대표하고 있을 때에는 근로자가 그 노동조합의 조합원이 될 것을 고용조건으로 하는 단체협약의 체결은 예외로 하며,</u> 이 경우 사용자는 근로자가 그 노동조합에서 제명된 것 또는 그 노동조합을 탈퇴하여 새로 노동조합을 조직하거나 다른 노동조합에 가입한 것을 이유로 근로자에게 신분상 불이익한 행위를 할 수 없다.

3. <u>노동조합의 대표자 또는 노동조합으로부터 위임을 받은 자와의 단체협약 체결 기타의 단체교섭을 정당한 이유 없이 거부하거나 해태하는 행위</u>

4. 근로자가 노동조합을 조직 또는 운영하는 것을 지배하거나 이에 개입하는 행위와 <u>근로시간면제한도를 초과하여 급여를 지급하거나 노동조합의 운영비를 원조하는 행위</u>. 다만, 근로자가 근로시간 중에 제24조 제2항에 따른 활동을 하는 것을 사용자가 허용함은 무방하며, 또한 <u>근로자의 후생자금</u> 또는 경제상의 불행 그 밖에 재해의 방지와 구제 <u>등을 위한 기금의 기부와 최소한의 규모의 노동조합사무소의 제공</u> 및 그 밖에 이에 준하여 노동조합의 자주적인 운영 또는 활동을 침해할 위험이 없는 범위에서의 <u>운영비원조행위는 예외로</u> 한다.

5. 근로자가 정당한 단체행동에 참가한 것을 이유로 하거나 또는 노동위원회에 대하여 사용자가 이 조의 규정에 위반한 것을 신고하거나 그에 관한 증언을 하거나 기타 행정관청에 증거를 제출한 것을 이유로 그 근로자를 해고하거나 그 근로자에게 불이익을 주는 행위

07 기출 17

☑ 확인Check! ○ △ ✕

노동조합 및 노동관계조정법령 위반행위에 대하여 벌칙이 적용되지 않는 것을 모두 고른 것은?

> ㄱ. 노동조합의 대표자가 성별, 연령을 이유로 조합원에게 차별대우를 한 경우
> ㄴ. 사용자가 노동조합의 대표자와의 단체교섭을 정당한 이유 없이 거부하는 행위를 한 경우
> ㄷ. 서면으로 작성하여 당사자 쌍방이 서명한 단체협약의 내용 중 사용자가 휴일에 관한 사항을 위반한 경우
> ㄹ. 노동조합 및 노동관계조정법에 의하여 설립된 노동조합이 아님에도 노동조합이라는 명칭을 사용한 경우

① ㄱ
② ㄴ
③ ㄷ
④ ㄹ
⑤ ㄱ, ㄹ

07

ㄱ. (✕) 노동조합의 대표자가 차별대우를 한 경우에는 벌칙이 적용되지 않는다.

ㄴ. (○) 2년 이하의 징역 또는 2천만원 이하의 벌금(노조법 제90조, 제81조 제1항 제3호)

ㄷ. (○) 1천만원 이하의 벌금(노조법 제92조 제2호 나목)

ㄹ. (○) 500만원 이하의 벌금(노조법 제93조 제1호, 제7조 제3항)

정답 ①

08 기출 21

☑ 확인Check! ○ △ ✕

노동조합 및 노동관계조정법상 부당노동행위 구제에 관한 설명으로 옳지 않은 것은?

① 부당노동행위 구제의 신청은 부당노동행위가 있은 날(계속하는 행위는 그 종료일)부터 3월 이내에 이를 행하여야 한다.
② 노동위원회는 부당노동행위구제신청을 받은 때에는 지체 없이 필요한 조사와 관계당사자의 심문을 하여야 한다.
③ 사용자의 부당노동행위로 인하여 그 권리를 침해당한 노동조합은 노동위원회에 그 구제를 신청할 수 있다.
④ 노동위원회는 부당노동행위구제신청에 따른 심문을 할 때에는 직권으로 증인을 출석하게 하여 필요한 사항을 질문할 수 있다.
⑤ 지방노동위원회의 구제명령에 불복이 있는 관계당사자는 그 명령서의 송달을 받은 날부터 15일 이내에 중앙노동위원회에 그 재심을 신청할 수 있다.

08

① (○) 노조법 제82조 제2항
② (○) 노조법 제83조 제1항
③ (○) 사용자의 부당노동행위로 인하여 그 권리를 침해당한 근로자 또는 노동조합은 노동위원회에 그 구제를 신청할 수 있다(노조법 제82조 제1항).
④ (○) 노동위원회는 부당노동행위구제신청에 따른 심문을 할 때에는 관계당사자의 신청에 의하거나 그 직권으로 증인을 출석하게 하여 필요한 사항을 질문할 수 있다(노조법 제83조 제2항).
⑤ (✕) 지방노동위원회 또는 특별노동위원회의 구제명령 또는 기각결정에 불복이 있는 관계당사자는 그 명령서 또는 결정서의 송달을 받은 날부터 10일 이내에 중앙노동위원회에 그 재심을 신청할 수 있다(노조법 제85조 제1항).

정답 ⑤

☑ 확인Check! ○ △ ✕

노동조합 및 노동관계조정법상 부당노동행위에 관한 설명으로 옳지 않은 것은?(다툼이 있으면 판례에 따름)

① 노동조합을 조직하려고 하였다는 이유로 근로자에 대하여 한 부당노동행위에 대하여는 후에 설립된 노동조합은 독자적인 구제신청권을 가지지 않는다.

② 단체협약 등 노사 간 합의에 의한 경우라도 타당한 근거 없이 과다하게 책정된 급여를 근로시간면제자에게 지급하는 사용자의 행위는 부당노동행위가 될 수 있다.

③ 근로자가 노동조합의 업무를 위한 정당한 행위를 한 것을 이유로 그 근로자에게 불이익을 주는 사용자의 행위는 부당노동행위에 해당한다.

④ 특정 근로자가 파업에 참가하였거나 노조활동에 적극적이라는 이유로 해당 근로자에게 연장근로 등을 거부하는 것은 해당 근로자에게 경제적 내지 업무상의 불이익을 주는 행위로서 부당노동행위에 해당할 수 있다.

⑤ 부당노동행위에 대한 사실의 주장 및 증명책임은 부당노동행위임을 주장하는 측에 있다.

09

① (✕) 노조법 제82조 제1항에 의하면, 사용자의 부당노동행위로 인하여 그 권리를 침해당한 근로자 또는 노동조합은 노동위원회에 그 구제를 신청할 수 있도록 되어 있으므로 <u>노동조합을 조직하려고 하였다는 것을 이유로 근로자에 대하여 한 부당노동행위에 대하여는 후에 설립된 노동조합도 독자적인 구제신청권을 가지고 있다고 보아야</u> 할 것이다(대판 1991.1.25. 90누4952).

② (○) <u>단체협약 등 노사 간 합의에 의한 경우라도 타당한 근거 없이 과다하게 책정된 급여를 근로시간면제자에게 지급하는 사용자의 행위는</u> 노조법 제81조 제1항 제4호 단서에서 허용하는 범위를 벗어나는 것으로서 노조전임자급여지원행위나 노동조합운영비원조행위에 해당하는 <u>부당노동행위가 될 수 있다</u>(대판 2018.5.15. 2018두33050).

③ (○) <u>근로자가 노동조합에 가입 또는 가입하려고 하였거나 노동조합을 조직하려고 하였거나 기타 노동조합의 업무를 위한 정당한 행위를 한 것을 이유로 그 근로자를 해고하거나 그 근로자에게 불이익을 주는 행위는 부당노동행위에 해당한다</u>(노조법 제81조 제1항 제1호).

④ (○) 일반적으로 근로자가 연장 또는 휴일근로(이하 '연장근로 등')를 희망할 경우 회사에서 반드시 이를 허가하여야 할 의무는 없지만, <u>특정 근로자가 파업에 참가하였거나 노조활동에 적극적이라는 이유로 해당 근로자에게 연장근로 등을 거부하는 것은 해당 근로자에게 경제적 내지 업무상의 불이익을 주는 행위로서 부당노동행위에 해당할 수 있다</u>(대판 2006.9.8. 2006도388).

⑤ (○) 부당노동행위가 성립하기 위해서는 근로자가 '노동조합의 업무를 위한 정당한 행위'를 하고 사용자가 이를 이유로 근로자에 대하여 해고 등의 불이익을 주는 차별적 취급행위를 한 경우라야 하며, <u>그 사실의 주장 및 증명책임은 부당노동행위임을 주장하는 측에 있다</u>(대판 2018.12.27. 2017두37031).

정답 ①

10 기출 18

☑ 확인 Check! ○ △ ✕

노동조합 및 노동관계조정법령상 부당노동행위에 관한 설명으로 옳지 않은 것은?(다툼이 있으면 판례에 따름)

① 정당한 해고사유가 있어 근로자를 해고한 경우에 있어서는 비록 사용자에게 반노동조합의사가 추정된다고 하더라도 부당노동행위에 해당한다고 할 수 없다.

② 영업활동을 하지 아니하는 노조전임자를 다른 영업사원과 동일하게 판매실적에 따른 승격기준만을 적용하여 승격에서 배제한 것은 부당노동행위에 해당한다.

③ 노동조합이 당해 사업장에 종사하는 근로자의 3분의 2 이상을 대표하고 있을 때에는 근로자가 그 노동조합의 조합원이 될 것을 고용조건으로 하는 단체협약의 체결은 부당노동행위에 해당하지 아니한다.

④ 지배·개입으로서의 부당노동행위의 성립에는 반드시 근로자의 단결권의 침해라는 결과의 발생을 요하는 것은 아니다.

⑤ 타당한 근거 없이 과다하게 책정된 급여를 근로시간면제자에게 지급하는 사용자의 행위가 단체협약 등 노사 간 합의에 의한 경우에는 부당노동행위가 될 수 없다.

10

① (○) 사용자가 근로자에 대하여 해고를 함에 있어서 표면적으로 내세우는 해고사유와는 달리 실질적으로는 근로자의 정당한 조합활동을 이유로 해고한 것으로 인정되는 경우에 있어서 그 해고는 부당노동행위라고 보아야 하고, 정당한 해고사유가 있어 해고한 경우에 있어서는 비록 사용자가 근로자의 조합활동을 못마땅하게 여긴 흔적이 있다거나 사용자에게 반노동조합의 의사가 추정된다고 하여 당해 해고사유가 단순히 표면상의 구실에 불과하다고 할 수는 없는 터이므로, 그것이 부당노동행위에 해당한다고 할 수 없다(대판 1996.4.23. 95누6151).

② (○) 전임자라는 이유로 승진가능성을 사실상 배제한 것으로 부당노동행위에 해당한다(대판 2011.7.28. 2009두9574).

③ (○) 노조법 제81조 제1항 제2호 단서

④ (○) 지배·개입의 부당노동행위는 조합활동에 대한 사용자의 개입 내지 간섭행위가 존재하면 인정되는 것이고, 그러한 사용자의 행위로 인하여 일정한 단결권의 침해의 현실적인 결과 내지 손해가 반드시 발생해야 하는 것은 아니다(대판 1997.5.7. 96누2057).

⑤ (✕) 단체협약 등 노사 간 합의에 의한 경우라도 타당한 근거 없이 과다하게 책정된 급여를 근로시간면제자에게 지급하는 사용자의 행위는 노조법 제81조 제1항 제4호 단서에서 허용하는 범위를 벗어나는 것으로서 노조전임자급여지원행위나 노동조합운영비원조행위에 해당하는 부당노동행위가 될 수 있다(대판 2016.4.28. 2014두11137).

정답 ⑤

11 기출 20

☑ 확인Check! ○ △ ✕

노동조합 및 노동관계조정법상 부당노동행위 구제에 관한 설명으로 옳지 않은 것은?

① 지방노동위원회의 구제명령 또는 기각결정에 불복이 있는 관계당사자는 그 명령서 또는 결정서의 송달을 받은 날부터 10일 이내에 중앙노동위원회에 그 재심을 신청할 수 있다.

② 중앙노동위원회의 재심판정에 대하여 관계당사자는 그 재심판정서의 송달을 받은 날부터 15일 이내에 행정소송법이 정하는 바에 의하여 소를 제기할 수 있다.

③ 노동위원회의 판정·명령 및 결정은 서면으로 하되, 이를 당해 사용자와 신청인에게 각각 교부하여야 한다.

④ 사용자가 행정소송을 제기한 경우 관할 법원은 노동조합의 신청에 의하여 결정으로써, 판결이 확정될 때까지 중앙노동위원회의 구제명령의 전부 또는 일부를 이행하도록 명할 수 있다.

⑤ 노동위원회의 구제명령·기각결정 또는 재심판정은 중앙노동위원회에의 재심신청이나 행정소송의 제기에 의하여 효력이 정지되지 아니한다.

11

① (○) 노조법 제85조 제1항
② (○) 노조법 제85조 제2항
③ (○) 노조법 제84조 제2항
④ (✕) 사용자가 행정소송을 제기한 경우에 관할 법원은 <u>중앙노동위원회의 신청에 의하여 결정으로써</u>, 판결이 확정될 때까지 중앙노동위원회의 구제명령의 전부 또는 일부를 이행하도록 명할 수 있으며, 당사자의 신청에 의하여 또는 직권으로 그 결정을 취소할 수 있다(노조법 제85조 제5항).
⑤ (○) 노조법 제86조

정답 ④

12 기출 20

☑ 확인Check! ○ △ ✕

노동조합 및 노동관계조정법상 부당노동행위에 관한 설명으로 옳지 않은 것은?(다툼이 있으면 판례에 따름)

① 사용자가 근로자를 해고함에 있어서 표면적으로 내세우는 해고사유와는 달리 실질적으로 근로자의 정당한 조합활동을 이유로 해고한 것으로 인정되는 경우에는 그 해고는 부당노동행위라고 보아야 한다.

② 근로자에 대한 인사고과가 상여금의 지급기준이 되는 사업장에서 사용자가 특정 노동조합의 조합원이라는 이유로 다른 노동조합의 조합원 또는 비조합원보다 불리하게 인사고과를 하여 상여금을 적게 지급하는 불이익을 주었다면 그러한 사용자의 행위도 부당노동행위에 해당할 수 있다.

③ 지배·개입으로서의 부당노동행위가 성립하기 위해서는 근로자의 단결권의 침해라는 결과의 발생을 요한다.

④ 노동조합의 자주성을 저해하거나 저해할 위험이 현저하지 않은 운영비원조행위를 부당노동행위로 규제하는 것은 헌법에 합치되지 아니한다.

⑤ 단체협약 등 노사 간 합의에 의한 경우라도 타당한 근거 없이 과다하게 책정된 급여를 근로시간면제자에게 지급하는 사용자의 행위는 부당노동행위가 될 수 있다.

12

① (○) 대판 1997.7.8. 96누6431
② (○) 대판 2018.12.27. 2017두37031
③ (✕) 사용자가 연설, 사내방송, 게시문, 서한 등을 통하여 의견을 표명할 수 있는 언론의 자유를 가지고 있음은 당연하나, 그 표명된 의견의 내용과 함께 그것이 행하여진 상황, 시점, 장소, 방법 및 그것이 노동조합의 운영이나 활동에 미치거나 미칠 수 있는 영향 등을 종합하여 노동조합의 조직이나 운영 및 활동을 지배하거나 이에 개입하는 의사가 인정되는 경우에는 '근로자가 노동조합을 조직 또는 운영하는 것을 지배하거나 이에 개입하는 행위'로서 부당노동행위가 성립하고, 또 <u>그 지배·개입으로서의 부당노동행위의 성립에 반드시 근로자의 단결권의 침해라는 결과의 발생까지 요하는 것은 아니다</u>(대판 2006.9.8. 2006도388).
④ (○) 헌재 2018.5.31. 2012헌바90, 헌법불합치
⑤ (○) 대판 2018.5.15. 2018두33050

정답 ③

13 기출 19

☑확인Check! ○ △ ✕

노동조합 및 노동관계조정법령상 부당노동행위에 관한 설명으로 옳지 않은 것은?(다툼이 있으면 판례에 따름)

① 부당노동행위에 대한 증명책임은 이를 주장하는 근로자 또는 노동조합에 있다.

② 사용자가 근로자를 해고함에 있어서 표면적으로 내세우는 해고사유와는 달리 실질적으로 근로자의 정당한 조합활동을 이유로 해고한 것으로 인정되는 경우에는 그 해고는 부당노동행위로 보아야 한다.

③ 불이익취급의 부당노동행위는 현실적인 행위나 조치로 나타날 것을 요하지 않으므로 그 근로자에게 향후 불이익한 대우를 하겠다는 의사를 말로써 표시하는 것으로 성립한다.

④ 근로자가 노동조합의 업무를 위한 정당한 행위를 하고 사용자가 이를 이유로 근로자에 대하여 해고 등의 불이익을 주는 차별적 취급행위는 부당노동행위에 해당한다.

⑤ 일반적으로 근로자가 연장근로를 희망할 경우 회사에서 반드시 이를 허가하여야 할 의무는 없지만, 특정 근로자가 파업에 참가하였다는 이유로 해당 근로자에게 연장근로를 거부하는 것은 해당 근로자에게 경제적 불이익을 주는 행위로서 부당노동행위에 해당할 수 있다.

14 기출 19

☑확인Check! ○ △ ✕

노동조합 및 노동관계조정법령상 부당노동행위 구제제도에 관한 설명으로 옳지 않은 것은?(다툼이 있으면 판례에 따름)

① 노동위원회의 사용자에 대한 부당노동행위구제명령은 사용자에게 공법상의 의무를 부담시킬 뿐, 직접 노사 간의 사법상의 법률관계를 발생 또는 변경시키는 것은 아니다.

② 사용자의 부당노동행위로 인하여 그 권리를 침해당한 근로자 또는 노동조합은 부당노동행위가 있은 날(계속하는 행위는 그 종료일)부터 3월 이내에 구제를 신청해야 한다.

③ 노동위원회는 부당노동행위에 대한 심문을 함에 있어서는 관계당사자에 대하여 증거의 제출과 증인에 대한 반대심문을 할 수 있는 충분한 기회를 주어야 한다.

④ 노동위원회는 부당노동행위구제명령을 받은 후 이행기한까지 구제명령을 이행하지 아니한 사용자에게 이행강제금을 부과한다.

⑤ 중앙노동위원회의 재심판정에 불복하여 사용자가 행정소송을 제기한 경우 관할 법원은 중앙노동위원회의 신청에 의하여 결정으로써, 판결이 확정될 때까지 중앙노동위원회의 구제명령의 전부 또는 일부를 이행하도록 명할 수 있다.

13

① (O) 사용자의 행위가 노조법에 정한 부당노동행위에 해당하는지 여부는 사용자의 부당노동행위의사의 존재 여부를 추정할 수 있는 모든 사정을 전체적으로 심리 검토하여 종합적으로 판단하여야 하고, 부당노동행위에 대한 증명책임은 이를 주장하는 근로자 또는 노동조합에게 있으므로, 필요한 심리를 다하였어도 사용자에게 부당노동행위의사가 존재하였는지 여부가 분명하지 아니하여 그 존재 여부를 확정할 수 없는 경우에는 그로 인한 위험이나 불이익은 그것을 주장한 근로자 또는 노동조합이 부담할 수밖에 없다 (대판 2007.11.15. 2005두4120).

② (O) 대판 1991.4.23. 90누7685

③ (✕) 불이익을 주는 행위란 해고 이외에 그 근로자에게 휴직·전직·배치전환·감봉 등 법률적·경제적으로 불이익한 대우를 하는 것을 의미하는 것으로서 어느 것이나 현실적인 행위나 조치로 나타날 것을 요한다고 할 것이므로, 단순히 그 근로자에게 향후 불이익한 대우를 하겠다는 의사를 말로써 표시하는 것만으로는, 소정의 불이익을 주는 행위에 해당한다고는 볼 수 없다(대판 2004.8.30. 2004도3891).

④ (O) 대판 2009.3.26. 2007두25695

⑤ (O) 근로자가 파업에 참가하였다는 이유로 연장근로를 거부하는 것은 부당노동행위에 해당할 수 있다(대판 2006.9.8. 2006도388).

정답 ③

14

① (O) 대판 1996.4.23. 95다53102

② (O) 노조법 제82조 제2항

③ (O) 노조법 제83조 제3항

④ (✕) 이행강제금제도는 정당한 이유 없는 부당해고에 대한 구제명령에 대하여만 적용되고, 부당노동행위 구제명령에 대하여는 적용되지 아니한다.

⑤ (O) 노조법 제85조 제5항

정답 ④

I   노사협의제도의 의의

노사협의제도는 근로자의 근로조건은 물론 기업의 경영 전반에 관한 노사의 공동관심사항에 대하여, 노사가 상호 협의함으로써 노사관계를 상호 협조적 관계로 정립하여 근로자의 경제적 · 사회적 지위를 향상시키고, 기업 경영을 합리화하고자 하는 제도를 말한다.

II   단체교섭과 노사협의제도의 구별

1. 목 적

① 단체교섭은 근로자의 근로조건을 유지 · 개선함으로써 근로자의 경제적 · 사회적 지위의 향상을 목적으로 한다.
② 노사협의는 근로자와 사용자가 참여 · 협력을 통하여 근로자의 복지 증진과 기업의 건전한 발전을 도모하기 위한 제도로, 노사협의회는 이를 위한 협의기구이다(근참법 제3조 제1호). **기출** 23

2. 당사자

① 단체교섭의 대표자는 노동조합의 조합원으로서의 지위를 가지나, 노사협의회에서의 근로자대표는 기업의 구성원으로서의 지위를 가진다.
② 단체교섭은 노사 간 당사자 수의 비율에 관한 규정이 없으나, 노사협의회는 근로자와 사용자를 대표하는 같은 수의 위원으로 구성하여야 한다(근참법 제6조 제1항). 다만, 과반수노동조합이 있는 경우에는, 노동조합의 대표자와 그 노동조합이 위촉하는 자가 노사협의회의 근로자위원이 되도록 규정하고 있으므로, 사실상 주체가 동일한 경우가 많다.

3. 대 상

① 단체교섭은 노사 간 이해가 대립되는 임금이나 근로시간 등 근로조건을 그 대상으로 한다.
② 노사협의는 노사 간 이해가 공통되는 사항을 그 대상으로 한다.

4. 교섭권의 위임

① 단체교섭은 그 권한을 위임할 수 있다.

② 노사협의는 그 권한의 위임이 금지된다.

5. 주장관철 수단

① 단체교섭이 결렬되면 노동쟁의발생신고를 하고 노동쟁의를 할 수 있다.

② 노사협의에서 합의에 도달하지 못하더라도 노동쟁의가 발생하는 것은 아니며, 쟁의행위를 할 수도 없다.

6. 조정기구

① 단체교섭이 결렬되면 노동위원회에서 조정한다.

② 노사협의를 조정하는 법정기구는 없다. 다만, 예외적으로 합의사항에 대한 임의중재가 인정된다.

7. 교섭 및 협의의 결과

① 단체교섭이 합의에 이르면 단체협약이 체결되고, 단체협약은 당사자 간에 법규범 및 계약으로서의 이중적 지위를 가지게 된다.

② 노사협의가 합의에 도달할지라도 그 합의 결과는 단체협약으로 귀결되지 아니한다. 따라서 노사 간의 합의에 대한 법적 효력이 명확하지 아니하다.

제2절 노사협의제도

I 서 설

1. 연 혁

노사협의회법은 1980년 12월 31일 제정되었다. 이 법이 제정되기 이전에는 1963년 노동조합법 제6조에 의하여 노사협의제도가 운영되었다.[24] 이후 1996년에는 노사협의회법에서 근로자참여 및 협력증진에 관한 법률(이하 "근참법")로의 명칭 변경과 일부 개정이 있었고, 2019년에는 동법 제20조를 개정하여 근로자와 사용자 쌍방의 참여와 협력을 통하여 직장 내 성희롱을 예방할 수 있는 대책이 마련될 수 있도록, 직장 내 성희롱과 고객 등에 의한 성희롱 예방에 관한 사항을 노사협의회의 협의사항에 추가하였다.

---

24) 노사협의회는 1963년 4월 17일 전부개정된 노동조합법에서 처음으로 등장하였다. 다만, 1980년 12월 31일 제정된 노사협의회법에서 노사협의회의 설치, 구성, 운영 및 임무 등을 구체적으로 규정하였음을 유의하여야 한다. 기출 21

2. 특 성

(1) 법률에 의한 의무적 설치(근참법 제4조 제1항)

노사협의회는 근로조건에 대한 결정권이 있는 사업이나 사업장 단위로 설치하여야 한다. 다만, 상시 30명 미만의 근로자를 사용하는 사업이나 사업장은 그러하지 아니하다. **기출** 20·22

(2) 노사협의제도의 경영참가적 성격

노사협의제도는 경영참가적 성격을 가지고 있으나, 경영참가적 성격을 가진다고 하여 노사 간의 완전한 공동 결정을 허용하지는 아니한다.

(3) 노동조합의 노사협의회에 대한 참여(근참법 제6조 제2항, 제3항)

근로자를 대표하는 위원(이하 "근로자위원")은 근로자 과반수가 참여하여 직접·비밀·무기명 투표로 선출한다. 다만, 사업 또는 사업장의 특수성으로 인하여 부득이한 경우에는 부서별로 근로자 수에 비례하여 근로자위원을 선출할 근로자(이하 "위원선거인")를 근로자 과반수가 참여한 직접·비밀·무기명 투표로 선출하고 위원선거인 과반수가 참여한 직접·비밀·무기명 투표로 근로자위원을 선출할 수 있다. 사업 또는 사업장에 근로자의 과반수로 조직된 노동조합이 있는 경우에는 근로자위원은 노동조합의 대표자와 그 노동조합이 위촉하는 자로 한다. **기출** 18

(4) 노사협의제도와 단체교섭제도의 구별(근참법 제5조)

노동조합의 단체교섭이나 그 밖의 모든 활동은 이 법에 의하여 영향을 받지 아니한다.

(5) 행정관청의 지도·감독(근참법 제11조)

고용노동부장관은 사용자가 근로자위원에게 불이익을 주는 처분을 하거나 근로자위원의 선출에 개입하거나 방해하는 경우에는 그 시정(是正)을 명할 수 있다.

Ⅱ 노사협의회의 목적(근참법 제1조)

근로자와 사용자 쌍방이 참여와 협력을 통하여 노사 공동의 이익을 증진함으로써 산업평화를 도모하고 국민경제 발전에 이바지함을 목적으로 한다.

O | X 💬

1. 우리나라의 노사협의회제도는 과거 노동조합법에 규정된 적이 있었다.
2. 하나의 사업에 지역을 달리하는 사업장이 있을 경우에는 그 사업장에도 설치할 수 있다.
3. 근로자위원은 근로자의 과반수로 조직된 노동조합이 있는 경우에는 노동조합의 대표자와 그 노동조합이 위촉하는 자로 한다.
4. 노사협의회는 근로자와 사용자를 대표하는 같은 수의 위원으로 구성하되, 근로자위원 중에는 여성근로자가 1명 이상 포함되어야 한다.

정답 1. ○ 2. ○ 3. ○ 4. ×

Ⅲ 노사협의회의 설치

1. 법규정(근참법 제4조) 기출 16 · 17 · 18

① 노사협의회(이하 "협의회")는 근로조건에 대한 결정권이 있는 사업이나 사업장 단위로 설치하여야 한다. 다만, 상시 30명 미만의 근로자를 사용하는 사업이나 사업장은 그러하지 아니하다.
② 하나의 사업에 지역을 달리하는 사업장이 있을 경우에는 그 사업장에도 설치할 수 있다.

2. 시행령규정(근참법 시행령 제2조)

하나의 사업에 종사하는 전체 근로자 수가 30명 이상이면 해당 근로자가 지역별로 분산되어 있더라도 그 주된 사무소에 협의회를 설치하여야 한다. 기출 22

Ⅳ 노사협의회의 구성

1. 노사대표의 선정(근참법 제6조 제1항) 기출 13 · 18 · 20 · 21 · 23

협의회는 근로자와 사용자를 대표하는 같은 수의 위원으로 구성하되, 각 3명 이상 10명 이하로 한다.

2. 근로자위원의 선임(근참법 제6조 제2항, 제3항, 동법 시행령 제3조)

(1) 근로자의 투표에 의한 선출

1) 원 칙

근로자위원은 근로자 과반수가 참여하여 직접·비밀·무기명 투표로 선출한다. 이때 근로자위원의 선출에 입후보하려는 사람은 해당 사업이나 사업장의 근로자여야 한다. 기출 23

2) 예 외

사업 또는 사업장의 특수성으로 인하여 부득이한 경우에는 부서별로 근로자 수에 비례하여 근로자위원을 선출할 근로자("위원선거인")를 근로자 과반수가 참여한 직접·비밀·무기명 투표로 선출하고 위원선거인 과반수가 참여한 직접·비밀·무기명 투표로 근로자위원을 선출할 수 있다.

(2) 과반수노동조합이 있는 경우

사업 또는 사업장에 근로자의 과반수로 조직된 노동조합이 있는 경우에는 근로자위원은 노동조합의 대표자와 그 노동조합이 위촉하는 자로 한다. 기출 18

3. 사용자위원의 선임(근참법 제6조 제4항)

사용자를 대표하는 위원(이하 "사용자위원")은 해당 사업이나 사업장의 대표자와 그 대표자가 위촉하는 자로 한다. 기출 17 · 18

4. 의장과 간사(근참법 제7조)

① 협의회에 의장을 두며, 의장은 위원 중에서 호선한다. 이 경우 근로자위원과 사용자위원 중 각 1명을 공동의장으로 할 수 있다. [기출] 13·15·20

② 의장은 협의회를 대표하며 회의업무를 총괄한다.

③ 노사 쌍방은 회의 결과의 기록 등 사무를 담당하는 간사 1명을 각각 둔다.

5. 위원의 임기(근참법 제8조)

① 위원의 임기는 3년으로 하되, 연임할 수 있다(제1항). [기출] 12·14

② 근로자위원의 결원이 생기면 30일 이내에 보궐위원을 위촉하거나 선출하되, 근로자의 과반수로 구성된 노동조합이 조직되어 있지 아니한 사업 또는 사업장에서는 근로자위원 선출 투표에서 선출되지 못한 사람 중 득표 순에 따른 차점자를 근로자위원으로 할 수 있다(근참법 시행령 제4조). 보궐위원의 임기는 전임자 임기의 남은 기간으로 한다(제2항). [기출] 15·23

③ 위원은 임기가 끝난 경우라도 후임자가 선출될 때까지 계속 그 직무를 담당한다(제3항). [기출] 13

6. 위원의 신분(근참법 제9조) [기출] 15·20·23

① 위원은 비상임·무보수로 한다.

② 사용자는 협의회위원으로서의 직무수행과 관련하여 근로자위원에게 불이익을 주는 처분을 하여서는 아니 된다.

③ 위원의 협의회 출석시간과 이와 직접 관련된 시간으로서 협의회규정으로 정한 시간은 근로한 시간으로 본다.

7. 사용자의 의무(근참법 제10조)

① 사용자는 근로자위원의 선출에 개입하거나 방해하여서는 아니 된다. [기출] 13

② 사용자는 근로자위원의 업무를 위하여 장소의 사용 등 기본적인 편의를 제공하여야 한다. [기출] 13·15·23

O | X 💬

1. 노사협의회 위원은 임기가 끝난 경우라도 후임자가 선출될 때까지 계속 그 직무를 담당한다.

[정답] 1. ○

1. 회 의

(1) 개최(근참법 제12조) 기출 24

① 협의회는 3개월마다 정기적으로 회의를 개최하여야 한다. 사용자가 정기적으로 협의회를 개최하지 아니하는 경우에는 200만원 이하의 벌금에 처한다(근참법 제32조). 기출 12 · 21

② 협의회는 필요에 따라 임시회의를 개최할 수 있다. 기출 12

(2) 회의의 소집(근참법 제13조)

① 의장은 협의회의 회의를 소집하며 그 의장이 된다.

② 의장은 노사 일방의 대표자가 회의의 목적을 문서로 밝혀 회의의 소집을 요구하면 그 요구에 따라야 한다. 기출 21

③ 의장은 회의 개최 7일 전에 회의일시, 장소, 의제 등을 각 위원에게 통보하여야 한다. 기출 24

(3) 정족수(근참법 제15조)

회의는 근로자위원과 사용자위원 각 과반수의 출석으로 개최하고 출석위원 3분의 2 이상의 찬성으로 의결한다. 기출 15 · 21 · 24

(4) 회의의 운영

① 협의회의 회의는 공개한다. 다만, 협의회의 의결로 공개하지 아니할 수 있다(근참법 제16조). 기출 24

② 협의회의 위원은 협의회에서 알게 된 비밀을 누설하여서는 아니 된다(근참법 제17조).

③ 협의회는 의결된 사항을 신속히 근로자에게 널리 알려야 한다(근참법 제23조).

④ 협의회는 개최일시 및 장소, 출석위원, 협의내용 및 의결된 사항, 그 밖의 토의사항을 기록한 회의록을 작성하여 갖추어 두어야 하고, 회의록은 작성한 날부터 3년간 보존하여야 한다(근참법 제19조).

(5) 임의중재(근참법 제25조)

① 협의회는 다음의 어느 하나에 해당하는 경우에는 근로자위원과 사용자위원의 합의로 협의회에 중재기구를 두어 해결하거나 노동위원회나 그 밖의 제3자에 의한 중재를 받을 수 있다. 기출 16 · 23

 ㉠ 의결사항에 관하여 협의회가 의결하지 못한 경우

 ㉡ 협의회에서 의결된 사항의 해석이나 이행방법 등에 관하여 의견이 일치하지 아니하는 경우

② 중재결정이 있으면 협의회의 의결을 거친 것으로 보며 근로자와 사용자는 그 결정에 따라야 한다.

③ 중재결정의 내용을 정당한 사유 없이 이행하지 아니한 자는 1천만원 이하의 벌금에 처한다(근참법 제30조 제3호).

2. 노사협의회규정의 제정 및 변경

① 협의회는 그 조직과 운영에 관한 규정(이하 "협의회규정")을 제정하고 협의회를 설치한 날부터 15일 이내에 고용노동부장관에게 제출하여야 한다. 이를 변경한 경우에도 또한 같다(근참법 제18조 제1항). 기출 24

② 사용자가 협의회규정을 제출하지 아니한 때에는 200만원 이하의 과태료를 부과한다(근참법 제33조 제1항).

③ 협의회규정을 제정하거나 변경할 경우에는 노사협의회의 의결을 거쳐야 한다(근참법 시행령 제5조 제2항).

Ⅵ 노사협의회의 임무

1. 협의사항(근참법 제20조)

(1) 의 의

협의사항은 당사자가 협의에 그칠 뿐 반드시 합의할 필요는 없으나, 원하는 경우 의결할 수 있는 사항이다.

(2) 내 용

① 생산성 향상과 성과 배분
② 근로자의 채용·배치 및 교육훈련
③ 근로자의 고충처리
④ 안전, 보건, 그 밖의 작업환경 개선과 근로자의 건강 증진
⑤ 인사·노무관리의 제도 개선
⑥ 경영상 또는 기술상의 사정으로 인한 인력의 배치전환·재훈련·해고 등 고용조정의 일반원칙
⑦ 작업과 휴게시간의 운용
⑧ 임금의 지불방법·체계·구조 등의 제도 개선 [기출 22]
⑨ 신기계·기술의 도입 또는 작업공정의 개선
⑩ 작업수칙의 제정 또는 개정
⑪ 종업원지주제와 그 밖에 근로자의 재산 형성에 관한 지원
⑫ 직무 발명 등과 관련하여 해당 근로자에 대한 보상에 관한 사항
⑬ 근로자의 복지 증진 [기출 24]
⑭ 사업장 내 근로자 감시설비의 설치 [기출 23]
⑮ 여성근로자의 모성보호 및 일과 가정생활의 양립을 지원하기 위한 사항
⑯ 남녀고용평등과 일·가정 양립 지원에 관한 법률에 따른 직장 내 성희롱 및 고객 등에 의한 성희롱 예방에 관한 사항
⑰ 그 밖의 노사협조에 관한 사항

2. 의결사항

(1) 의결사항의 내용(근참법 제21조)

사용자는 다음의 어느 하나에 해당하는 사항에 대하여는 협의회의 의결을 거쳐야 한다.
① 근로자의 교육훈련 및 능력개발 기본계획의 수립 [기출 14·16·22]
② 복지시설의 설치와 관리 [기출 24]
③ 사내근로복지기금의 설치 [기출 24]
④ 고충처리위원회에서 의결되지 아니한 사항 [기출 23]
⑤ 각종 노사공동위원회의 설치 [기출 21·24]

(2) 의결사항의 공지(근참법 제23조)

협의회는 의결된 사항을 신속히 근로자에게 널리 알려야 한다.

(3) 의결사항의 이행(근참법 제24조)

근로자와 사용자는 협의회에서 의결된 사항을 성실하게 이행하여야 한다.

3. 보고사항(근참법 제22조)

(1) 사용자위원의 보고사항

사용자는 정기회의에 다음의 어느 하나에 해당하는 사항에 관하여 성실하게 보고하거나 설명하여야 한다.

기출 19

① 경영계획 전반 및 실적에 관한 사항
② 분기별 생산계획과 실적에 관한 사항
③ 인력계획에 관한 사항 기출 24
④ 기업의 경제적·재정적 상황

(2) 근로자위원의 보고사항

근로자위원은 근로자의 요구사항을 보고하거나 설명할 수 있다.

(3) 근로자위원의 자료제출요구권

근로자위원은 사용자가 보고와 설명을 이행하지 아니하는 경우에는 보고사항에 관한 자료를 제출하도록 요구할 수 있으며 사용자는 그 요구에 성실히 따라야 한다.

Ⅶ 고충처리제도

1. 고충의 의의

고충이란 근로조건 및 근로환경 등에 대한 근로자 개인의 불만을 말한다.

2. 고충처리위원회

(1) 설치대상(근참법 제26조)

모든 사업 또는 사업장에는 근로자의 고충을 청취하고 이를 처리하기 위하여 고충처리위원을 두어야 한다. 다만, 상시 30명 미만의 근로자를 사용하는 사업이나 사업장은 그러하지 아니하다. 기출 24

(2) 고충처리위원의 선임(근참법 제27조 제1항)

고충처리위원은 노사를 대표하는 3명 이내의 위원으로 구성하되, 협의회가 설치되어 있는 사업이나 사업장의 경우에는 협의회가 그 위원 중에서 선임하고, 협의회가 설치되어 있지 아니한 사업이나 사업장의 경우에는 사용자가 위촉한다. 기출 24

O | X 💬

1. 사내근로복지기금의 설치에 관한 사항은, 근로자참여 및 협력증진에 관한 법률상 사용자가 노사협의회 정기회의에 보고할 사항에 해당하지 아니한다.
2. 근로자참여 및 협력증진에 관한 법률상 근로자의 교육훈련 및 능력개발 기본계획의 수립은 노사협의회의 의결사항에 해당한다.

정답 1. ○ 2. ○

(3) 고충처리위원의 임기(근참법 제27조 제2항)

고충처리위원의 임기는 노사협의회 위원의 임기에 관한 규정을 준용하여 3년으로 하되, 연임할 수 있다. 보궐위원의 임기는 전임자 임기의 남은 기간으로 하고, 위원은 임기가 끝난 경우라도 후임자가 선출될 때까지 계속 그 직무를 담당한다. <u>기출</u> 24

(4) 고충처리위원의 신분 및 처우(근참법 시행령 제8조)

① 고충처리위원은 비상임·무보수로 한다.

② 사용자는 고충처리위원의 직무수행과 관련하여 고충처리위원에게 불리한 처분을 하여서는 아니 된다.

③ 고충처리위원이 고충사항의 처리에 관하여 협의하거나 고충처리업무에 사용한 시간은 근로한 시간으로 본다.

3. 고충처리절차

① 근로자는 고충사항이 있는 경우에는 고충처리위원에게 구두 또는 서면으로 신고할 수 있고, 신고를 접수한 고충처리위원은 지체 없이 처리하여야 한다(근참법 시행령 제7조).

② 고충처리위원은 근로자로부터 고충사항을 청취한 경우에는 10일 이내에 조치사항과 그 밖의 처리 결과를 해당 근로자에게 통보하여야 한다(근참법 제28조 제1항). <u>기출</u> 12·24

③ 고충처리위원이 처리하기 곤란한 사항은 협의회의 회의에 부쳐 협의 처리한다(근참법 제28조 제2항). <u>기출</u> 16·24

④ 고충처리위원은 고충사항의 접수 및 그 처리에 관한 대장을 작성하여 갖추어 두고 1년간 보존하여야 한다(근참법 시행령 제9조).

Ⅷ 벌 칙

1. 벌칙(근참법 제30조 내지 제32조)

(1) 1천만원 이하의 벌금 <u>기출</u> 23·24

협의회의 설치를 정당한 사유 없이 거부하거나 방해한 자, 협의회에서 의결된 사항을 정당한 사유 없이 이행하지 아니한 자, 중재 결정의 내용을 정당한 사유 없이 이행하지 아니한 자는 1천만원 이하의 벌금에 처한다.

(2) 500만원 이하의 벌금

사용자가 정당한 사유 없이 시정명령을 이행하지 아니하거나 자료제출 의무를 이행하지 아니하면 500만원 이하의 벌금에 처한다. <u>기출</u> 24

(3) 200만원 이하의 벌금

사용자가 협의회를 정기적으로 개최하지 아니하거나 고충처리위원을 두지 아니한 경우에는 200만원 이하의 벌금에 처한다.

2. 과태료(근참법 제33조)

사용자가 협의회규정을 제출하지 아니한 때에는 200만원 이하의 과태료를 부과한다. 과태료는 대통령령으로 정하는 바에 따라 고용노동부장관이 부과·징수한다. <u>기출</u> 24

1. 근로자 과반수의 동의

노사협의회는 근로자와 사용자 쌍방이 이해와 협조를 통하여 노사 공동의 이익을 증진함으로써 산업평화를 도모할 것을 목적으로 하는 제도로서 노동조합과 그 제도의 취지가 다르므로 비록 회사가 근로조건에 관한 사항을 그 협의사항으로 규정하고 있다 하더라도 근로자들이 노사협의회를 구성하는 근로자위원들을 선출함에 있어 그들에게 근로조건을 불이익하게 변경함에 있어서 근로자들을 대신하여 동의를 할 권한까지 포괄적으로 위임한 것이라고 볼 수 없으며, 그 근로자위원들이 퇴직금규정의 개정에 동의를 함에 있어서 사전에 그들이 대표하는 각 부서별로 근로자들의 의견을 집약 및 취합하여 그들의 의사표시를 대리하여 동의권을 행사하였다고 볼만한 자료도 없다면, 근로자위원들의 동의를 얻은 것을 근로자들 과반수의 동의를 얻은 것과 동일시할 수 없다(대판 1994.6.24. 92다28556).

2. 노사협의회의 협의사항

근로자와 사용자 쌍방이 이해와 협조를 통하여 노사 공동의 이익을 증진함으로써 산업평화를 도모하고 국민경제 발전에 기여한다는 노사협의회제도의 목적이나 노사협의회의 협의사항에 관한 근참법 제20조의 규정에 비추어 볼 때, 정리해고에 관한 사항은 노사협의회의 협의사항이 될 수 있다(대판 1997.9.5. 96누8031).

01 기출 24

☑ 확인 Check! O △ X

근로자참여 및 협력증진에 관한 법률상 노사협의회의 운영에 관한 설명으로 옳지 않은 것은?

① 노사협의회는 3개월마다 정기적으로 회의를 개최하여야 하며, 필요에 따라 임시회의를 개최할 수 있다.

② 노사협의회 의장은 회의 개최 7일 전에 회의 일시, 장소, 의제 등을 각 위원에게 통보하여야 한다.

③ 노사협의회는 그 조직과 운영에 관한 규정을 제정하고 노사협의회를 설치한 날부터 30일 이내에 고용노동부장관에게 제출하여야 한다.

④ 노사협의회의 회의는 공개한다. 다만, 노사협의회의 의결로 공개하지 아니할 수 있다.

⑤ 노사협의회 회의는 근로자위원과 사용자위원 각 과반수의 출석으로 개최하고 출석위원 3분의 2 이상의 찬성으로 의결한다.

02 기출 24

☑ 확인 Check! O △ X

근로자참여 및 협력증진에 관한 법률상 고충처리에 관한 설명으로 옳은 것은?

① 고충처리위원이 처리하기 곤란한 사항은 노사협의회의 회의에 부쳐 협의 처리한다.

② 고충처리위원은 노사를 대표하는 5명 이내의 위원으로 구성한다.

③ 고충처리위원은 근로자로부터 고충사항을 청취한 경우에는 15일 이내에 조치 사항과 그 밖의 처리결과를 해당 근로자에게 통보하여야 한다.

④ 고충처리위원은 임기가 끝난 경우에는 후임자가 선출되기 전이라도 계속 그 직무를 담당하지 못한다.

⑤ 모든 사업 또는 사업장에는 근로자의 고충을 청취하고 이를 처리하기 위하여 고충처리위원을 두어야만 한다.

정답 및 해설

01

① (O) 근참법 제12조

② (O) 근참법 제13조 제3항

③ (×) 노사협의회는 그 조직과 운영에 관한 규정(이하 "협의회규정")을 제정하고 협의회를 설치한 날부터 15일 이내에 고용노동부장관에게 제출하여야 한다(근참법 제18조 제1항 전문).

④ (O) 근참법 제16조

⑤ (O) 근참법 제15조

정답 ③

02

① (O) 근참법 제28조 제2항

② (×) 고충처리위원은 노사를 대표하는 3명 이내의 위원으로 구성하되, 협의회가 설치되어 있는 사업이나 사업장의 경우에는 협의회가 그 위원 중에서 선임하고, 협의회가 설치되어 있지 아니한 사업이나 사업장의 경우에는 사용자가 위촉한다(근참법 제27조 제1항).

③ (×) 고충처리위원은 근로자로부터 고충사항을 청취한 경우에는 10일 이내에 조치 사항과 그 밖의 처리결과를 해당 근로자에게 통보하여야 한다(근참법 제28조 제1항).

④ (×) 고충처리위원은 임기가 끝난 경우라도 후임자가 선출될 때까지 계속 그 직무를 담당한다(근참법 제27조 제2항, 제8조 제3항).

⑤ (×) 모든 사업 또는 사업장에는 근로자의 고충을 청취하고 이를 처리하기 위하여 고충처리위원을 두어야 한다. 다만, 상시 30명 미만의 근로자를 사용하는 사업이나 사업장은 그러하지 아니한다(근참법 제26조).

정답 ①

03 기출 24

☑ 확인Check! ○ △ ✕

근로자참여 및 협력증진에 관한 법률상 벌칙 등에 관한 설명으로 옳지 않은 것은?

① 제4조(노사협의회의 설치) 제1항에 따른 노사협의회의 설치를 정당한 사유 없이 거부하거나 방해한 자는 1천만원 이하의 벌금에 처한다.

② 제24조(의결 사항의 이행)를 위반하여 노사협의회에서 의결된 사항을 정당한 사유 없이 이행하지 아니한 자는 1천만원 이하의 벌금에 처한다.

③ 제25조(임의 중재) 제2항을 위반하여 중재 결정의 내용을 정당한 사유 없이 이행하지 아니한 자는 1천만원 이하의 벌금에 처한다.

④ 사용자가 정당한 사유 없이 제11조(시정명령)에 따른 시정명령을 이행하지 아니하면 1천만원 이하의 벌금에 처한다.

⑤ 사용자가 제18조(협의회규정)를 위반하여 노사협의회규정을 제출하지 아니한 때에는 200만원 이하의 과태료를 부과한다.

03

① (○) 근참법 제30조 제1호, 제4조 제1항
② (○) 근참법 제30조 제2호, 제24조
③ (○) 근참법 제30조 제3호, 제25조 제2항
④ (✕) 사용자가 정당한 사유 없이 시정명령을 이행하지 아니하거나 사용자가 정기회의에 보고와 설명을 이행하지 아니하는 경우 인정되는 자료제출 의무를 이행하지 아니하면 500만원 이하의 벌금에 처한다(근참법 제31조, 제11조).
⑤ (○) 근참법 제33조 제1항, 제18조

정답 ④

➕ PLUS

벌칙(근참법 제30조)
다음 각 호의 어느 하나에 해당하는 자는 1천만원 이하의 벌금에 처한다.
　1. 제4조 제1항에 따른 협의회의 설치를 정당한 사유 없이 거부하거나 방해한 자
　2. 제24조를 위반하여 협의회에서 의결된 사항을 정당한 사유 없이 이행하지 아니한 자
　3. 제25조 제2항을 위반하여 중재 결정의 내용을 정당한 사유 없이 이행하지 아니한 자

벌칙(근참법 제31조)
사용자가 정당한 사유 없이 제11조에 따른 시정명령을 이행하지 아니하거나 제22조 제3항에 따른 자료제출의무를 이행하지 아니하면 500만원 이하의 벌금에 처한다.

벌칙(근참법 제32조)
사용자가 제12조 제1항을 위반하여 협의회를 정기적으로 개최하지 아니하거나 제26조에 따른 고충처리위원을 두지 아니한 경우에는 200만원 이하의 벌금에 처한다.

과태료(근참법 제33조)
① 사용자가 제18조를 위반하여 협의회규정을 제출하지 아니한 때에는 200만원 이하의 과태료를 부과한다.
② 제1항에 따른 과태료는 대통령령으로 정하는 바에 따라 고용노동부장관이 부과·징수한다.

근로자참여 및 협력증진에 관한 법률상 노사협의회의 협의 사항으로 옳은 것은?

① 인력계획에 관한 사항
② 근로자의 복지증진
③ 사내근로복지기금의 설치
④ 각종 노사공동위원회의 설치
⑤ 복지시설의 설치와 관리

✚ PLUS

의결 사항(근참법 제21조)
사용자는 다음 각 호의 어느 하나에 해당하는 사항에 대하여는 협의회의 의결을 거쳐야 한다.
1. 근로자의 교육훈련 및 능력개발 기본계획의 수립
2. 복지시설의 설치와 관리
3. 사내근로복지기금의 설치
4. 고충처리위원회에서 의결되지 아니한 사항
5. 각종 노사공동위원회의 설치

보고 사항 등(근참법 제22조)
① 사용자는 정기회의에 다음 각 호의 어느 하나에 해당하는 사항에 관하여 성실하게 보고하거나 설명하여야 한다.
1. 경영계획 전반 및 실적에 관한 사항
2. 분기별 생산계획과 실적에 관한 사항
3. 인력계획에 관한 사항
4. 기업의 경제적·재정적 상황
② 근로자위원은 근로자의 요구사항을 보고하거나 설명할 수 있다.
③ 근로자위원은 사용자가 제1항에 따른 보고와 설명을 이행하지 아니하는 경우에는 제1항 각 호에 관한 자료를 제출하도록 요구할 수 있으며 사용자는 그 요구에 성실히 따라야 한다.

04

② 근로자의 복지증진은 근참법 제20조 제1항 제13호에서 정한 노사협의회의 협의사항에 해당하나, ① 인력계획에 관한 사항은 동법 제22조 제1항 제3호의 사용자의 정기회의에의 보고사항이고, ③ 사내근로복지기금의 설치, ④ 각종 노사공동위원회의 설치, ⑤ 복지시설의 설치와 관리 등은 동법 제21조에서 정한 협의회의 의결사항에 해당한다.

정답 ②

05 기출 23

☑ 확인Check! ○ △ ✕

근로자참여 및 협력증진에 관한 법률상 노사협의회에 관한 설명으로 옳지 않은 것은?

① 노사협의회란 근로자와 사용자가 참여와 협력을 통하여 근로자의 복지증진과 기업의 건전한 발전을 도모하기 위하여 구성하는 협의기구를 말한다.

② 사업장 내 근로자 감시 설비의 설치는 노사협의회가 협의하여야 할 사항에 해당한다.

③ 사용자는 고충처리위원회에서 의결되지 아니한 사항에 대하여는 노사협의회의 의결을 거쳐야 한다.

④ 노사협의회는 노사협의회에서 의결된 사항의 해석에 관하여 의견이 일치하지 아니하는 경우 노동위원회의 중재를 받을 수 있다.

⑤ 법령에 따른 노사협의회의 설치를 정당한 사유 없이 거부하거나 방해한 자는 1년 이하의 징역 또는 1천만원 이하의 벌금에 처한다.

05

① (○) 근참법 제3조 제1호

② (○) 근참법 제20조 제1항 제14호

③ (○) 근참법 제21조 제4호

④ (○) 노사협의회는 의결 사항에 관하여 협의회가 의결하지 못한 경우, 협의회에서 의결된 사항의 해석이나 이행방법 등에 관하여 의견이 일치하지 아니하는 경우에는 근로자위원과 사용자위원의 합의로 협의회에 중재기구(仲裁機構)를 두어 해결하거나 노동위원회나 그 밖의 제3자에 의한 중재를 받을 수 있다(근참법 제25조 제1항).

⑤ (✕) 노사협의회의 설치를 정당한 사유 없이 거부하거나 방해한 자는 1천만원 이하의 벌금에 처한다(근참법 제30조 제1호, 제4조 제1항).

정답 ⑤

➕ PLUS

협의 사항(근참법 제20조)

① 협의회가 협의하여야 할 사항은 다음 각 호와 같다.

1. 생산성 향상과 성과 배분
2. 근로자의 채용·배치 및 교육훈련
3. 근로자의 고충처리
4. 안전, 보건, 그 밖의 작업환경 개선과 근로자의 건강증진
5. 인사·노무관리의 제도 개선
6. 경영상 또는 기술상의 사정으로 인한 인력의 배치전환·재훈련·해고 등 고용조정의 일반원칙
7. 작업과 휴게 시간의 운용
8. 임금의 지불방법·체계·구조 등의 제도 개선
9. 신기계·기술의 도입 또는 작업 공정의 개선
10. 작업 수칙의 제정 또는 개정
11. 종업원지주제(從業員持株制)와 그 밖에 근로자의 재산형성에 관한 지원
12. 직무 발명 등과 관련하여 해당 근로자에 대한 보상에 관한 사항
13. 근로자의 복지증진
14. 사업장 내 근로자 감시 설비의 설치
15. 여성근로자의 모성보호 및 일과 가정생활의 양립을 지원하기 위한 사항
16. 남녀고용평등과 일·가정 양립 지원에 관한 법률 제2조 제2호에 따른 직장 내 성희롱 및 고객 등에 의한 성희롱 예방에 관한 사항
17. 그 밖의 노사협조에 관한 사항

② 협의회는 제1항 각 호의 사항에 대하여 제15조의 정족수에 따라 의결할 수 있다.

제1절　서 설

I　의 의

1. 개 념

노사문제는 노사자치의 원칙하에 근로자와 사용자 양 당사자가 해결하는 것이 바람직하지만, 이를 양 당사자에게만 맡긴다면 서로 극단적으로 대립하여 합의의 도출가능성이 사라지는 경우도 있다. 이때 양 당사자의 입장을 조절하여 줄 제3자의 개입이 필요하게 되는데, 이처럼 제3자로써 노사문제를 공정하고 합리적으로 해결하기 위하여 설립된 기구가 노동위원회이다. 노동위원회는 합의제 행정기관으로서 심판기능을 담당하는 준사법적 기관이다.

2. 연 혁

1953년 3월 8일 구 노동위원회법이 제정·공포되어 사회부장관 소속하에 중앙노동위원회와 지방노동위원회가 설치되었다. **기출** 23 이후 1997년 3월 13일 구 노동위원회법이 근로기준법, 노조법, 근참법과 함께 새로 제정되면서 노동위원회의 구성, 운영 및 기능이 획기적으로 변화되었고, 그간 논란의 대상이 되었던 독립성, 공정성 및 전문성 제고를 위한 제도적 기반을 마련하였다. **기출** 18·24

II　노동위원회의 특성

1. 독립성

노동위원회는 행정위원회로서 하나의 행정기관에 해당하지만, 노동위원회법(이하 "노위법")은 노동위원회의 독립성을 보장하고 있다.

① 노동위원회는 그 권한에 속하는 업무를 독립적으로 수행한다(노위법 제4조 제1항). **기출** 20

② 중앙노동위원회 위원장은 중앙노동위원회 및 지방노동위원회의 예산·인사·교육훈련, 그 밖의 행정사무를 총괄하며, 소속 공무원을 지휘·감독한다(노위법 제4조 제2항). **기출** 14·20·23

2. 공정성

위원은 다음의 어느 하나에 해당하는 경우에 해당 사건에 관한 직무집행에서 제척된다(노위법 제21조 제1항).

① 위원 또는 위원의 배우자이거나 배우자였던 사람이 해당 사건의 당사자가 되거나 해당 사건의 당사자와 공동권리자 또는 공동의무자의 관계에 있는 경우

② 위원이 해당 사건의 당사자와 친족이거나 친족이었던 경우 [기출] 24

③ 위원이 해당 사건에 관하여 진술이나 감정을 한 경우 [기출] 24

④ 위원이 당사자의 대리인으로서 업무에 관여하거나 관여하였던 경우 [기출] 24

⑤ 위원이 속한 법인, 단체 또는 법률사무소가 해당 사건에 관하여 당사자의 대리인으로서 관여하거나 관여하였던 경우

⑥ 위원 또는 위원이 속한 법인, 단체 또는 법률사무소가 해당 사건의 원인이 된 처분 또는 부작위에 관여한 경우 [기출] 16 · 24

3. 전문성

① 중앙노동위원회와 지방노동위원회는 고용노동부장관 소속으로 두며, 지방노동위원회의 명칭·위치 및 관할 구역은 대통령령으로 정한다(노위법 제2조 제2항). [기출] 14 · 23

② 특별노동위원회는 관계 법률에서 정하는 사항을 관장하기 위하여 필요한 경우에 해당 사항을 관장하는 중앙행정기관의 장 소속으로 둔다(노위법 제2조 제3항). [기출] 18 · 23

③ 노동조합 또는 사용자단체가 공익위원을 추천하는 절차나 추천된 공익위원을 순차적으로 배제하는 절차를 거부하는 경우에는 해당 노동위원회 위원장이 위촉 대상공익위원을 선정할 수 있다(노위법 제6조 제5항). 이러한 공익위원은 그 담당업무에 따라 자격기준을 달리 정한다.

O | X 💬

1. 고용노동부장관은 중앙노동위원회 및 지방노동위원회의 예산·인사·교육훈련, 그 밖의 행정사무를 총괄하며, 소속 공무원을 지휘·감독한다.
2. 우리나라의 노동위원회법은 1953년 처음으로 제정되었다.

[정답] 1. × 2. ○

I 노동위원회의 종류와 소관사무

1. 종 류

노동위원회는 중앙노동위원회, 지방노동위원회 및 특별노동위원회로 구분되고 중앙노동위원회, 지방노동위원회는 고용노동부장관 소속으로, 특별노동위원회는 관계법률에서 정하는 사항을 관장하기 위하여 필요한 경우에 해당 사항을 관장하는 중앙행정기관의 장 소속으로 둔다(노위법 제2조). 기출 15 · 19 · 20

2. 소관사무

(1) 중앙노동위원회

1) 지방노동위원회 및 특별노동위원회의 처분에 대한 재심사건 기출 20

① 중앙노동위원회는 당사자의 신청이 있는 경우 지방노동위원회 또는 특별노동위원회의 처분을 재심하여 이를 인정·취소 또는 변경할 수 있다(노위법 제26조 제1항). 기출 24

② 재심신청은 관계법령에 특별한 규정이 있는 경우를 제외하고는 지방노동위원회 또는 특별노동위원회가 한 처분을 송달받은 날부터 10일 이내에 하여야 한다(노위법 제26조 제2항).

③ 중앙노동위원회의 처분에 대한 소송은 중앙노동위원회 위원장을 피고로 하여 처분의 송달을 받은 날부터 15일 이내에 제기하여야 한다(노위법 제27조 제1항). 기출 12

④ 소송의 제기로 처분의 효력은 정지하지 아니한다(노위법 제27조 제2항).

⑤ 재심신청기간이나 중앙노동위원회의 처분에 대한 소송제기기간은 불변기간으로 한다(노위법 제26조 제3항, 제27조 제3항).

2) 둘 이상의 지방노동위원회의 관할 구역에 걸친 노동쟁의의 조정사건

중앙노동위원회는 둘 이상의 지방노동위원회의 관할 구역에 걸친 노동쟁의의 조정사건을 관장하나, 효율적인 노동쟁의의 조정을 위하여 필요하다고 인정하는 경우에는 지방노동위원회를 지정하여 해당 사건을 처리하게 할 수 있다(노위법 제3조 제4항). 기출 14 · 16 · 18

3) 다른 법률에서 그 권한에 속하는 것으로 규정된 사건

노조법은 고용노동부장관의 긴급조정결정에 대한 중앙노동위원회 위원장의 의견청취(노조법 제76조 제2항), 중앙노동위원회의 긴급조정 및 중재권한(노조법 제78조 내지 제80조) 등을 규정하고 있다. 공노법과 교노법은 공무원 및 교원의 노동쟁의를 조정하기 위하여 중노위에 공무원노동관계조정위원회(공노법 제14조)와 교원노동관계조정위원회(교노법 제11조)를 둘 것을 규정하고 있다.

4) 사무처리 및 법령의 해석에 관한 지시권

중앙노동위원회는 지방노동위원회 또는 특별노동위원회에 대하여 노동위원회의 사무처리에 관한 기본방침 및 법령의 해석에 관하여 필요한 지시를 할 수 있다(노위법 제24조). 기출 24

5) 협조 요청과 개선 권고 등

① 중앙노동위원회는 그 사무집행을 위하여 필요하다고 인정하는 경우에 관계 행정기관에 협조를 요청할 수 있으며, 협조를 요청받은 관계 행정기관은 특별한 사유가 없으면 이에 따라야 한다. 또한 중앙노동위원회는 관계 행정기관으로 하여금 근로조건의 개선에 필요한 조치를 하도록 권고할 수 있다(노위법 제22조).

기출 19·24

② 중앙노동위원회는 소관 사무와 관련하여 사실관계를 확인하는 등 그 사무집행을 위하여 필요하다고 인정할 때에는 근로자, 노동조합, 사용자, 사용자단체, 그 밖의 관계인에 대하여 출석·보고·진술 또는 필요한 서류의 제출을 요구하거나 위원장 또는 부문별 위원회의 위원장이 지명한 위원 또는 조사관으로 하여금 사업 또는 사업장의 업무상황, 서류, 그 밖의 물건을 조사하게 할 수 있다(노위법 제23조 제1항).

③ 협조 요청(노위법 제22조)과 조사권(노위법 제23조) 등의 권한은 지방노동위원회와 특별노동위원회에게도 인정된다.

6) 규칙제정권

중앙노동위원회는 중앙노동위원회, 지방노동위원회 또는 특별노동위원회의 운영, 부문별 위원회가 처리하는 사건의 지정방법 및 조사관이 처리하는 사건의 지정방법, 그 밖에 위원회 운영에 필요한 사항에 관한 규칙을 제정할 수 있다(노위법 제25조).

(2) 지방노동위원회

① 지방노동위원회는 해당 관할 구역에서 발생하는 사건을 관장하되, 둘 이상의 관할 구역에 걸친 사건(노동쟁의의 조정사건은 제외)은 주된 사업장의 소재지를 관할하는 지방노동위원회에서 관장한다(노위법 제3조 제2항). 기출 17

② 중앙노동위원회 위원장은 주된 사업장을 정하기 어렵거나 주된 사업장의 소재지를 관할하는 지방노동위원회에서 처리하기 곤란한 사정이 있는 경우에는 직권으로 또는 관계당사자나 지방노동위원회 위원장의 신청에 따라 지방노동위원회를 지정하여 해당 사건을 처리하게 할 수 있다(노위법 제3조 제5항).

③ 지방노동위원회의 심판위원회는 노조법, 근기법, 근참법, 그 밖의 법률에 따른 노동위원회의 판정·의결·승인 및 인정 등과 관련된 사항의 초심사건을 처리한다. 한편, 차별시정위원회는 기단법, 파견법, 산업현장 일학습병행 지원에 관한 법률 또는 고평법에 따른 비정규직에 대한 차별적 처우의 시정 등과 관련된 사항의 초심사건을 처리한다(노위법 제15조 제3항·제4항).

④ 지방노동위원회는 해당 관할 구역에서 발생하는 조정사건에 대하여 조정위원회·특별조정위원회 및 특별위원회의 노동쟁의 조정·중재 또는 관계당사자의 자주적인 노동쟁의 해결 지원에 관한 업무를 지원한다(노위법 제15조 제5항).

(3) 특별노동위원회

① 특별노동위원회는 관계법률에서 정하는 바에 따라 그 설치목적으로 규정된 특정 사항에 관한 사건을 관장한다(노위법 제3조 제3항).

② 특별노동위원회로서 해양수산부장관 소속으로 선원노동위원회를 둔다(선원법 제4조 제1항).

3. 사건의 이송(노위법 제3조의2) 기출 17

① 노동위원회는 접수된 사건이 다른 노동위원회의 관할인 경우에는 지체 없이 해당 사건을 관할 노동위원회로 이송하여야 한다. 조사를 시작한 후 다른 노동위원회의 관할인 것으로 확인된 경우에도 또한 같다. 이송된 사건은 관할 노동위원회에 처음부터 접수된 것으로 본다.

② 노동위원회는 사건을 이송한 경우에는 그 사실을 지체 없이 관계 당사자에게 통지하여야 한다.

Ⅱ 노동위원회의 조직

1. 구성(노위법 제6조 제1항·제2항)

① 노동위원회는 근로자를 대표하는 위원(이하 "근로자위원")과 사용자를 대표하는 위원(이하 "사용자위원") 및 공익을 대표하는 위원(이하 "공익위원")으로 구성한다.

② 노동위원회 위원의 수는 다음의 구분에 따른 범위에서 노동위원회의 업무량을 고려하여 대통령령으로 정한다. 이 경우 근로자위원과 사용자위원은 같은 수로 한다.
　㉠ 근로자위원 및 사용자위원 : 각 10명 이상 50명 이하
　㉡ 공익위원 : 10명 이상 70명 이하

2. 위원의 위촉(노위법 제6조 제3항)

(1) 근로자위원 등의 위촉

근로자위원은 노동조합이 추천한 사람 중에서, 사용자위원은 사용자단체가 추천한 사람 중에서 다음의 구분에 따라 위촉한다. 기출 20

① 중앙노동위원회 근로자위원 등 : 고용노동부장관의 제청으로 대통령이 위촉 기출 17

② 지방노동위원회 근로자위원 등 : 지방노동위원회 위원장의 제청으로 중앙노동위원회 위원장이 위촉
기출 18

(2) 공익위원의 위촉(노위법 제6조 제4항·제5항)

① 공익위원은 해당 노동위원회 위원장, 노동조합 및 사용자단체가 각각 추천한 사람 중에서 노동조합과 사용자단체가 순차적으로 배제하고 남은 사람을 위촉 대상공익위원으로 하고, 그 위촉 대상공익위원 중에서 다음의 구분에 따라 위촉한다. 기출 22
　㉠ 중앙노동위원회 공익위원 : 고용노동부장관의 제청으로 대통령이 위촉
　㉡ 지방노동위원회 공익위원 : 지방노동위원회 위원장의 제청으로 중앙노동위원회 위원장이 위촉
기출 21

O | X 💬

1. 노동위원회는 중앙노동위원회, 지방노동위원회 및 특별노동위원회로 구분한다.
2. 중앙노동위원회와 지방노동위원회는 고용노동부장관 소속으로 둔다.

정답 1. ○ 2. ○

② 노동조합 또는 사용자단체가 공익위원을 추천하는 절차나 추천된 공익위원을 순차적으로 배제하는 절차를 거부하는 경우에는 해당 노동위원회 위원장이 위촉 대상공익위원을 선정할 수 있다.

근로자위원 및 사용자위원 위촉대상자 추천 시 고려사항(노위법 시행령 제4조)

① 노동조합 및 사용자단체는 법 제6조 제3항에 따라 근로자를 대표하는 위원(이하 "근로자위원")과 사용자를 대표하는 위원(이하 "사용자위원")을 추천할 경우에는 해당 노동위원회 관할 구역의 산업 및 기업규모별 근로자 수, 노동조합 수 등을 고려하여야 한다.

② 제1항에 따라 노동조합과 사용자단체가 추천하는 위원의 수는 각각 위촉될 근로자위원 및 사용자위원 수의 100분의 150 이상으로 한다.

공익위원 위촉대상자의 선정(노위법 시행령 제6조)

① 노동위원회 위원장, 노동조합 및 사용자단체는 법 제6조 제4항에 따라 공익을 대표하는 위원(이하 "공익위원")을 추천하는 경우에는 심판담당 공익위원, 차별시정담당 공익위원 및 조정담당 공익위원으로 구분하여 추천하되, 위촉될 공익위원 수의 범위에서 각각 추천하여야 한다. 다만, 노동위원회 위원장은 위촉될 공익위원 수만큼 추천하여야 한다.

② 공익위원은 제1항에 따라 다음 각 호의 구분에 따른 자가 추천한다. 다만, 총연합단체인 노동조합에 소속되지 아니한 노동조합이 있는 경우에는 그 노동조합으로부터 직접 추천을 받을 수 있다.

   1. 총연합단체인 노동조합 및 전국 규모의 사용자단체 : 중앙노동위원회의 공익위원
   2. 지방노동위원회의 관할 구역에 조직되어 있는 총연합단체인 노동조합의 지역대표기구 및 사용자단체 : 해당 지방노동위원회의 공익위원

③ 제2항에 따라 공익위원을 추천하는 노동조합이 복수인 경우 해당 노동위원회 위원장은 노동조합의 조합원 수를 고려하여 각 노동조합이 추천할 수 있는 사람의 수를 조정할 수 있다.

④ 노동조합과 사용자단체가 제1항부터 제3항까지의 규정에 따라 공익위원으로 추천된 사람을 법 제6조 제4항에 따라 순차적(順次的)으로 배제하는 경우에는 위촉될 공익위원 수가 남을 때까지 배제한다. 이 경우 순차배제의 절차에 참여하는 노동조합이 복수인 경우 노동위원회 위원장은 해당 노동조합의 조합원 수를 고려하여 각 노동조합이 배제할 수 있는 사람의 수를 조정할 수 있다.

⑤ 노동위원회 위원장은 제1항부터 제3항까지의 규정에 따라 공익위원으로 추천된 사람이 법 제8조에 따른 자격을 갖추지 못하였거나 법 제12조의 결격사유에 해당되는 경우에는 그 사유를 구체적으로 밝혀 제4항에 따른 순차배제절차의 대상에서 제외하여야 한다.

---

3. 사회취약계층에 대한 권리구제 대리(노위법 제6조의2) 기출 17

노동위원회는 판정·결정·승인·인정 및 차별적 처우 시정 등에 관한 사건에서 사회취약계층을 위하여 변호사나 공인노무사로 하여금 권리구제업무를 대리하게 할 수 있다. 변호사나 공인노무사로 하여금 사회취약계층을 위한 권리구제업무를 대리하게 하려는 경우의 요건, 대상, 변호사·공인노무사의 보수 등에 관하여 필요한 사항은 고용노동부령으로 정한다.

4. 위원장 및 상임위원 등

(1) 위원장

1) 위원장(노위법 제9조)

① 노동위원회에 위원장 1명을 둔다.

② 중앙노동위원회 위원장은 중앙노동위원회의 공익위원이 될 수 있는 자격을 갖춘 사람 중에서 고용노동부장관의 제청으로 대통령이 임명하고, 지방노동위원회 위원장은 지방노동위원회의 공익위원이 될 수 있는 자격을 갖춘 사람 중에서 중앙노동위원회 위원장의 추천과 고용노동부장관의 제청으로 대통령이 임명한다.

③ 중앙노동위원회 위원장은 정무직으로 한다.

④ 노동위원회 위원장(이하 "위원장")은 해당 노동위원회의 공익위원이 되며, 심판사건, 차별적 처우 시정사건, 조정사건을 담당할 수 있다. 기출 23

2) 위원장의 직무(노위법 제10조)

① 위원장은 해당 노동위원회를 대표하며, 노동위원회의 사무를 총괄한다.

② 위원장이 부득이한 사유로 직무를 수행할 수 없을 때에는 대통령령으로 정하는 공익위원이 그 직무를 대행한다.

> **위원장의 직무대행(노위법 시행령 제9조)**
> 법 제10조 제2항에 따라 위원장이 부득이한 사유로 직무를 수행할 수 없을 때에는 상임위원(상임위원이 둘 이상인 경우에는 위원장이 미리 정한 순서에 따른 상임위원)이, 위원장 및 상임위원이 모두 부득이한 사유로 직무를 수행할 수 없을 때에는 위원장이 미리 정한 순서에 따른 공익위원이 그 직무를 대행한다.

(2) 상임위원(노위법 제11조)

① 노동위원회에 상임위원을 두며, 상임위원은 해당 노동위원회의 공익위원이 될 수 있는 자격을 갖춘 사람 중에서 중앙노동위원회 위원장의 추천과 고용노동부장관의 제청으로 대통령이 임명한다.

② 상임위원은 해당 노동위원회의 공익위원이 되며, 심판사건, 차별적 처우 시정사건, 조정사건을 담당할 수 있다. 기출 18 · 21

③ 노동위원회에 두는 상임위원의 수와 직급 등은 대통령령으로 정한다.

(3) 사무처와 사무국(노위법 제14조)

① 중앙노동위원회에는 사무처를 두고, 지방노동위원회에는 사무국을 둔다. 기출 23

② 고용노동부장관은 노동위원회 사무처 또는 사무국 소속 직원을 고용노동부와 노동위원회 간에 전보할 경우 중앙노동위원회 위원장의 의견을 들어야 한다.

(4) 중앙노동위원회 사무처장(노위법 제14조의2)

① 중앙노동위원회에는 사무처장 1명을 둔다.

② 사무처장은 중앙노동위원회 상임위원 중 1명이 겸직한다. 기출 23

③ 사무처장은 중앙노동위원회 위원장의 명을 받아 사무처의 사무를 처리하며 소속 직원을 지휘 · 감독한다.

(5) 조사관(노위법 제14조의3)

① 노동위원회 사무처 및 사무국에 조사관을 둔다.

② 중앙노동위원회 위원장은 노동위원회 사무처 또는 사무국 소속 공무원 중에서 조사관을 임명한다.

③ 조사관은 위원장, 부문별 위원회의 위원장 또는 주심위원의 지휘를 받아 노동위원회의 소관 사무에 필요한 조사를 하고, 부문별 위원회에 출석하여 의견을 진술할 수 있다.

5. 위원의 임기(노위법 제7조) 기출 15 · 16 · 22

① 노동위원회의 위원의 임기는 3년으로 하되, 연임할 수 있다.

② 노동위원회 위원이 궐위(闕位)된 경우 보궐위원의 임기는 전임자 임기의 남은 기간으로 한다. 다만, 노동위원회 위원장 또는 상임위원이 궐위되어 후임자를 임명한 경우 후임자의 임기는 새로 시작된다.

③ 임기가 끝난 노동위원회 위원은 후임자가 위촉될 때까지 계속 그 직무를 집행한다.

6. 공익위원의 자격기준_(노위법 제8조) 기출 17

중앙노동위원회의 공익위원은 다음의 구분에 따라 노동문제에 관한 지식과 경험이 있는 사람을 위촉하되, 여성의 위촉이 늘어날 수 있도록 노력하여야 한다.

(1) 심판담당 공익위원 및 차별시정담당 공익위원

① 노동문제와 관련된 학문을 전공한 사람으로서 고등교육법상의 학교에서 부교수 이상으로 재직하고 있거나 재직하였던 사람

② 판사·검사·군법무관·변호사 또는 공인노무사로 7년 이상 재직하고 있거나 재직하였던 사람

③ 노동관계 업무에 7년 이상 종사한 사람으로서 2급 또는 2급 상당 이상의 공무원이나 고위공무원단에 속하는 공무원으로 재직하고 있거나 재직하였던 사람

④ 그 밖에 노동관계 업무에 15년 이상 종사한 사람으로서 심판담당 공익위원 또는 차별시정담당 공익위원으로 적합하다고 인정되는 사람

(2) 조정담당 공익위원

① 고등교육법상의 학교에서 부교수 이상으로 재직하고 있거나 재직하였던 사람

② 판사·검사·군법무관·변호사 또는 공인노무사로 7년 이상 재직하고 있거나 재직하였던 사람

③ 노동관계 업무에 7년 이상 종사한 사람으로서 2급 또는 2급 상당 이상의 공무원이나 고위공무원단에 속하는 공무원으로 재직하고 있거나 재직하였던 사람

④ 그 밖에 노동관계 업무에 15년 이상 종사한 사람 또는 사회적 덕망이 있는 사람으로서 조정담당 공익위원으로 적합하다고 인정되는 사람

7. 신분보장 및 공무원의제

① 노동위원회 위원은 ㉠ 국가공무원법상 공무원임용 결격사유의 어느 하나에 해당하는 경우, ㉡ 장기간의 심신쇠약으로 직무를 수행할 수 없는 경우, ㉢ 직무와 관련된 비위사실이 있거나 노동위원회 위원직을 유지하기에 적합하지 아니하다고 인정되는 비위사실이 있는 경우, ㉣ 행위규범을 위반하여 노동위원회 위원으로서 직무를 수행하기 곤란한 경우, ㉤ 공익위원으로 위촉된 후 공익위원의 자격기준에 미달하게 된 것으로 밝혀진 경우를 제외하고는 그 의사에 반하여 면직되거나 위촉이 해제되지 아니한다_(노위법 제13조 제1항).

② 노동위원회의 위원 중 공무원이 아닌 위원은 형법이나 그 밖의 법률에 따른 벌칙을 적용할 때에는 공무원으로 본다_(노위법 제29조).

O | X 💬

1. 노동위원회 위원의 임기는 3년으로 하되, 연임할 수 있다.
2. 노동위원회 위원장 또는 상임위원이 궐위되어 후임자를 임명한 경우, 후임자의 임기는 새로 시작된다.

정답 1. ○ 2. ○

I 회의의 구성 및 업무

1. 전원회의(노위법 제15조 제2항)

① 전원회의는 해당 노동위원회 소속 위원 전원으로 구성한다.

② 전원회의는 ㉠ 노동위원회의 운영 등 일반적인 사항의 결정, ㉡ 근로조건의 개선에 관한 권고, ㉢ 지방노동위원회 및 특별노동위원회에 대한 지시 및 규칙의 제정(중앙노동위원회만 해당)을 처리한다.

2. 부문별 위원회

(1) 심판위원회(노위법 제15조 제3항)

심판위원회는 심판담당 공익위원 중 위원장이 지명하는 3명으로 구성하며, 노조법, 근로기준법, 근참법, 그 밖의 법률에 따른 노동위원회의 판정·의결·승인 및 인정 등과 관련된 사항을 처리한다.

1) 의결권한

① 노조법상의 의결권한

㉠ 행정관청의 노동조합 임시총회 소집권자 지명에 대한 의결(노조법 제18조 제3항)

㉡ 행정관청의 노동관계법령에 위반한 노동조합규약의 시정명령에 대한 의결(노조법 제21조 제1항)

㉢ 행정관청의 노동관계법령 또는 규약에 위반한 노동조합의 결의 또는 처분의 시정명령에 대한 의결(노조법 제21조 제2항)

㉣ 임원이 없고, 활동을 1년 이상 하지 아니한 것으로 인정되는 노동조합에 대한 해산의결(노조법 제28조 제1항 제4호) **기출 13**

㉤ 행정관청의 위법한 단체협약의 시정명령에 대한 의결(노조법 제31조 제3항)

㉥ 행정관청의 단체협약의 지역적 구속력 확장에 대한 의결(노조법 제36조 제1항)

㉦ 행정관청의 안전보호시설의 정상적인 유지·운영을 침해하는 쟁의행위중지명령에 대한 사전의결 또는 사후승인(노조법 제42조) **기출 17**

② 근로기준법상의 재해 보상에 관한 심사·중재의 권한(근기법 제89조)

2) 판정권한

① 노조법상의 판정권한

㉠ 단체협약의 해석 또는 이행방법에 관한 당사자 간의 의견 불일치 시 의견 제시(노조법 제34조)

㉡ 부당노동행위에 대한 판정 및 구제명령(노조법 제84조)

② 근로기준법상의 판정권한

㉠ 근로계약상의 근로조건 위반으로 인한 손해배상청구에 대한 처리(근기법 제19조)

㉡ 부당해고등의 구제신청(근기법 제28조)

㉢ 휴업수당 지급의 예외를 인정하는 부득이한 사유에 관한 승인(근기법 제46조 제2항)

㉣ 휴업 보상 또는 장해 보상의 면제사유로서 근로자의 중대한 과실 여부에 관한 인정(근기법 제81조)

③ **근참법상의 판정권한** : 노사협의회의 의결사항에 관한 분쟁이 있는 경우 노동위원회의 중재(근참법 제25조)

(2) 차별시정위원회(노위법 제15조 제4항)

차별시정위원회는 차별시정담당 공익위원 중 위원장이 지명하는 3명으로 구성하며, 기단법, 파견법, 산업현장 일학습병행 지원에 관한 법률 또는 고평법에 따른 차별적 처우의 시정과 관련된 사항을 처리한다.

기출 21

(3) 조정위원회·특별조정위원회·중재위원회(노위법 제15조 제5항)

조정위원회·특별조정위원회 및 중재위원회는 노조법에서 정하는 바에 따라 구성하며, 같은 법에 따른 조정·중재, 그 밖에 이와 관련된 사항을 각각 처리한다. 이 경우 공익위원은 조정담당 공익위원 중에서 지명한다.

(4) 교원노동관계조정위원회(노위법 제15조 제8항)

교원노동관계조정위원회는 교노법에서 정하는 바에 따라 설치·구성하며, 같은 법에 따른 조정·중재, 그 밖에 이와 관련된 사항을 처리한다.

(5) 공무원노동관계조정위원회(노위법 제15조 제9항)

공무원노동관계조정위원회는 공노법에서 정하는 바에 따라 설치·구성하며, 같은 법에 따른 조정·중재, 그 밖에 이와 관련된 사항을 처리한다.

Ⅱ 회의의 운영

1. 회의의 소집(노위법 제16조)

① 부문별 위원회 위원장은 다른 법률에 특별한 규정이 있는 경우를 제외하고는 부문별 위원회의 위원 중에서 호선(互選)한다.

② 위원장 또는 부문별 위원회 위원장은 전원회의 또는 부문별 위원회를 각각 소집하고 회의를 주재한다. 다만, 위원장은 필요하다고 인정하는 경우에 부문별 위원회를 소집할 수 있다.

③ 위원장 또는 부문별 위원회 위원장은 전원회의 또는 부문별 위원회를 구성하는 위원의 과반수가 회의 소집을 요구하는 경우에 이에 따라야 한다.

④ 위원장 또는 부문별 위원회 위원장은 업무수행과 관련된 조사 등 노동위원회의 원활한 운영을 위하여 필요한 경우 노동위원회가 설치된 위치 외의 장소에서 부문별 위원회를 소집하게 하거나 단독심판을 하게 할 수 있다.

O | X 💬

1. 노동위원회의 전원회의는 재적위원 과반수의 출석으로 개의하고, 출석위원 과반수의 찬성으로 의결한다.
2. 노동위원회는 처분 결과를 당사자에게 서면으로 통지하여야 하며, 처분의 효력은 판정서·명령서·결정서 또는 재심판정서를 송달한 날부터 발생한다.

정답 1. O 2. ✕

2. 회의의 진행

(1) 주심위원(노위법 제16조의2)

부문별 위원회 위원장은 부문별 위원회의 원활한 운영을 위하여 필요하다고 인정하는 경우에 주심위원을 지명하여 사건의 처리를 주관하게 할 수 있다. 기출 23

(2) 보고 및 의견청취(노위법 제18조)

① 위원장 또는 부문별 위원회의 위원장은 소관 회의에 부쳐진 사항에 관하여 구성위원 또는 조사관으로 하여금 회의에 보고하게 할 수 있다.

② 심판위원회 및 차별시정위원회는 의결하기 전에 해당 노동위원회의 근로자위원 및 사용자위원 각 1명 이상의 의견을 들어야 한다. 다만, 근로자위원 또는 사용자위원이 출석 요구를 받고 정당한 이유 없이 출석하지 아니하는 경우에는 그러하지 아니하다.

③ 노동위원회의 회의는 공개한다. 다만, 해당 회의에서 공개하지 아니하기로 의결하면 공개하지 아니할 수 있다(노위법 제19조).

(3) 단독심판을 통한 처리(노위법 제15조의2)

위원장은 사건의 효율적 처리를 위하여 ① 신청기간을 넘기는 등 신청요건을 명백하게 갖추지 못한 경우, ② 관계당사자 양쪽이 모두 단독심판을 신청하거나 단독심판으로 처리하는 것에 동의한 경우에 심판담당 공익위원 또는 차별시정담당 공익위원 중 1명을 지명하여 사건을 처리하게 할 수 있다. 기출 22

(4) 위원의 제척·기피·회피 등(노위법 제21조)

① 위원은 제척사유에 해당하는 경우에 해당 사건에 관한 직무집행에서 제척되고, 위원장은 제척사유가 있는 경우에 관계당사자의 신청을 받아 또는 직권으로 제척의 결정을 하여야 한다.

② 당사자는 공정한 심의·의결 또는 조정 등을 기대하기 어려운 위원이 있는 경우에 그 사유를 적어 위원장에게 기피신청을 할 수 있고, 위원장은 기피신청이 이유 있다고 인정되는 경우에는 기피의 결정을 하여야 한다.

③ 위원에게 제척사유나, 공정한 심의·의결 또는 조정 등을 기대하기 어려운 사유가 있는 경우에는 스스로 그 사건에 관한 직무집행에서 회피할 수 있다. 이 경우 해당 위원은 위원장에게 그 사유를 소명하여야 한다.

3. 회의의 의결과 송달 기출 15 · 18

(1) 회의의 의결

① 노동위원회의 전원회의는 재적위원 과반수의 출석으로 개의하고, 출석위원 과반수의 찬성으로 의결하며, 부문별 위원회의 회의는 구성위원 전원의 출석으로 개의하고, 출석위원 과반수의 찬성으로 의결한다(노위법 제17조 제1항·제2항). 기출 23

② 전원회의 또는 부문별 위원회의 회의에 참여한 위원은 그 의결사항에 대하여 서명하거나 날인하여야 한다(노위법 제17조 제4항).

(2) 송 달

1) 서면송달

노동위원회는 부문별 위원회의 의결 결과를 지체 없이 당사자에게 서면으로 송달하여야 한다. 또한 노동위원회는 처분 결과를 당사자에게 서면으로 송달하여야 하며, 처분의 효력은 판정서·명령서·결정서 또는 재심판정서를 송달받은 날부터 발생한다(노위법 제17조의2 제1항·제2항). **기출 19·21**

2) 공시송달 **기출 24**

① 노동위원회는 서류의 송달을 받아야 할 자가 주소가 분명하지 아니한 경우, 주소가 국외에 있거나 통상적인 방법으로 확인할 수 없어 서류의 송달이 곤란한 경우, 등기우편 등으로 송달하였으나 송달을 받아야 할 자가 없는 것으로 확인되어 반송되는 경우 등에는 공시송달을 할 수 있다.

② 공시송달은 노동위원회의 게시판이나 인터넷 홈페이지에 게시하는 방법으로 하며, 게시한 날부터 14일이 지난 때에 효력이 발생한다(노위법 제17조의3).

4. 화해(노위법 제16조의3) **기출 13·16·22·23·24**

① 노동위원회는 교섭창구단일화절차에 참여한 노동조합 또는 조합원에 대한 차별 및 부당노동행위, 부당해고등에 대한 판정·명령 또는 결정이 있기 전까지 관계당사자의 신청을 받아 또는 직권으로 화해를 권고하거나 화해안을 제시할 수 있다.

② 노동위원회는 화해안을 작성할 때 관계당사자의 의견을 충분히 들어야 하고, 관계당사자가 화해안을 수락하였을 때에는 화해조서를 작성하여야 한다.

③ 화해조서에는 관계 당사자 및 화해에 관여한 부문별 위원회(단독심판을 포함)의 위원 전원이 모두 서명하거나 날인하여야 한다.

④ 작성된 화해조서는 민사소송법에 따른 재판상 화해의 효력을 갖는다.

Ⅲ 중앙노동위원회의 처분에 대한 불복(노위법 제27조)

중앙노동위원회의 처분에 대한 소송은 중앙노동위원회 위원장을 피고로 하여 처분의 송달을 받은 날부터 15일 이내에 제기하여야 한다. 이 경우 소송의 제기로 처분의 효력은 정지하지 아니하고, 제소기간은 불변기간으로 한다. **기출 19·22·24**

Ⅰ　비밀엄수의무 등(노위법 제28조)

① 노동위원회의 위원이나 직원 또는 그 위원이었거나 직원이었던 사람은 직무에 관하여 알게 된 비밀을 누설하면 아니 된다.
② 노동위원회의 사건처리에 관여한 위원이나 직원 또는 그 위원이었거나 직원이었던 변호사·공인노무사 등은 영리를 목적으로 그 사건에 관한 직무를 하면 아니 된다. 기출 21

Ⅱ　벌칙적용에서 공무원 의제(노위법 제29조)

노동위원회의 위원 중 공무원이 아닌 위원은 형법이나 그 밖의 법률에 따른 벌칙을 적용할 때에는 공무원으로 본다.

CHAPTER

08 노동위원회

01 기출 24

☑ 확인Check! ○ △ ✕

노동위원회법상 노동위원회의 화해의 권고 등에 관한 설명으로 옳지 않은 것은?

① 노동위원회는 노동조합 및 노동관계조정법 제84조에 따른 판정·명령 또는 결정이 있기 전까지 관계 당사자의 신청을 받아 화해를 권고하거나 화해안을 제시할 수 있다.

② 노동위원회는 노동조합 및 노동관계조정법 제84조에 따른 판정·명령 또는 결정이 있기 전까지 직권으로 화해를 권고하거나 화해안을 제시할 수 있다.

③ 노동위원회는 관계 당사자가 화해안을 수락하였을 때에는 화해조서를 작성하여야 한다.

④ 노동위원회법에 따라 작성된 화해조서는 민사소송법에 따른 재판상 화해의 효력을 갖는다.

⑤ 단독심판의 위원을 제외하고 화해에 관여한 부문별 위원회의 위원 전원은 화해조서에 모두 서명하거나 날인하여야 한다.

정답 및 해설

01

① (○) 노동위원회는 노동조합 및 노동관계조정법 제29조의4 및 제84조, 근로기준법 제30조에 따른 판정·명령 또는 결정이 있기 전까지 관계 당사자의 신청을 받아 또는 직권으로 화해를 권고하거나 화해안을 제시할 수 있다(노위법 제16조의3 제1항).

② (○) 노동위원회는 노동조합 및 노동관계조정법 제29조의4 및 제84조, 근로기준법 제30조에 따른 판정·명령 또는 결정이 있기 전까지 관계 당사자의 신청을 받아 또는 직권으로 화해를 권고하거나 화해안을 제시할 수 있다(노위법 제16조의3 제1항).

③ (○) 노위법 제16조의3 제3항

④ (○) 노위법 제16조의3 제5항

⑤ (✕) 관계 당사자뿐만 아니라 화해에 관여한 부문별 위원회(단독심판 포함)의 위원 전원은 화해조서에 모두 서명하거나 날인하여야 한다(노위법 제16조의3 제4항).

정답 ⑤

02 기출 24

☑ 확인Check! ○ △ ✕

노동위원회법상 노동위원회의 공시송달에 관한 설명으로 옳은 것은?

① 노동위원회는 서류의 송달을 받아야 할 자의 주소가 분명하지 아니한 경우에는 공시송달을 하여야 한다.

② 노동위원회는 서류의 송달을 받아야 할 자의 주소가 통상적인 방법으로 확인할 수 없어 서류의 송달이 곤란한 경우에는 공시송달을 하여야 한다.

③ 공시송달은 노동위원회의 게시판이나 인터넷 홈페이지에 게시하는 방법으로 하며, 게시한 날부터 14일이 지난 때에 효력이 발생한다.

④ 노동위원회는 서류의 송달을 받아야 할 자에게 등기우편 등으로 송달하였으나 송달을 받아야 할 자가 있는 것으로 확인되어 반송되는 경우에는 공시송달을 하여야 한다.

⑤ 노동위원회는 서류의 송달을 받아야 할 자의 주소가 국외에 있어서 서류의 송달이 곤란한 경우에는 공시송달을 하여야 한다.

03 기출 24

☑ 확인Check! ○ △ ✕

노동위원회법상 노동위원회의 권한 등에 관한 설명으로 옳지 않은 것은?

① 노동위원회는 그 사무집행을 위하여 필요하다고 인정하는 경우에 관계 행정기관에 협조를 요청할 수 있으며, 협조를 요청받은 관계 행정기관은 특별한 사유가 없으면 이에 따라야 한다.

② 노동위원회는 관계 행정기관으로 하여금 근로조건의 개선에 필요한 조치를 하도록 명령하여야 한다.

③ 중앙노동위원회는 지방노동위원회 또는 특별노동위원회에 대하여 노동위원회의 사무처리에 관한 기본방침 및 법령의 해석에 관하여 필요한 지시를 할 수 있다.

④ 중앙노동위원회는 당사자의 신청이 있는 경우 지방노동위원회 또는 특별노동위원회의 처분을 재심하여 이를 인정·취소 또는 변경할 수 있다.

⑤ 중앙노동위원회의 처분에 대한 소송은 중앙노동위원회 위원장을 피고로 하여 처분의 송달을 받은 날부터 15일 이내에 제기하여야 한다.

02

① (✕) 노동위원회는 서류의 송달을 받아야 할 자의 주소가 분명하지 아니한 경우에는 <u>공시송달을 할 수 있다</u>(노위법 제17조의3 제1항 제1호).

② (✕) 노동위원회는 서류의 송달을 받아야 할 자의 주소가 국외에 있거나 통상적인 방법으로 확인할 수 없어 서류의 송달이 곤란한 경우에는 <u>공시송달을 할 수 있다</u>(노위법 제17조의3 제1항 제2호).

③ (○) 노위법 제17조의3 제2항, 제3항

④ (✕) 노동위원회는 서류의 송달을 받아야 할 자가 등기우편 등으로 송달하였으나 송달을 받아야 할 자가 없는 것으로 확인되어 반송되는 경우에는 <u>공시송달을 할 수 있다</u>(노위법 제17조의3 제1항 제3호).

⑤ (✕) 노동위원회는 서류의 송달을 받아야 할 자의 주소가 국외에 있거나 통상적인 방법으로 확인할 수 없어 서류의 송달이 곤란한 경우에는 <u>공시송달을 할 수 있다</u>(노위법 제17조의3 제1항 제2호).

정답 ③

03

① (○) 노위법 제22조 제1항

② (✕) 노동위원회는 관계 행정기관으로 하여금 근로조건의 개선에 필요한 조치를 하도록 <u>권고할 수 있다</u>(노위법 제22조 제2항).

③ (○) 노위법 제24조

④ (○) 노위법 제26조 제1항

⑤ (○) 노위법 제27조 제1항

정답 ②

04 기출 24

☑확인Check! ○ △ ✕

노동위원회법상 위원이 해당 사건에 관한 직무집행에서 제척(除斥)되는 경우를 모두 고른 것은?

> ㄱ. 위원이 해당 사건의 당사자와 친족이었던 경우
> ㄴ. 위원이 해당 사건에 관하여 진술한 경우
> ㄷ. 위원이 당사자의 대리인으로서 업무에 관여하였던 경우
> ㄹ. 위원 또는 위원이 속한 법인, 단체 또는 법률사무소가 해당 사건의 원인이 된 처분 또는 부작위에 관여한 경우

① ㄱ
② ㄱ, ㄴ
③ ㄱ, ㄷ, ㄹ
④ ㄴ, ㄷ, ㄹ
⑤ ㄱ, ㄴ, ㄷ, ㄹ

04

ㄱ. 위원이 해당 사건의 당사자와 친족이었던 경우, ㄴ. 위원이 해당 사건에 관하여 진술한 경우, ㄷ. 위원이 당사자의 대리인으로서 업무에 관여하였던 경우, ㄹ. 위원 또는 위원이 속한 법인, 단체 또는 법률사무소가 해당 사건의 원인이 된 처분 또는 부작위에 관여한 경우 등은 모두 노위법 제21조 제1항에서 정한 노위법상 위원의 제척 사유에 해당한다.

정답 ⑤

➕ PLUS

위원의 제척·기피·회피 등(노위법 제21조)
① 위원은 다음 각 호의 어느 하나에 해당하는 경우에 해당 사건에 관한 직무집행에서 제척(除斥)된다.
　1. 위원 또는 위원의 배우자이거나 배우자였던 사람이 해당 사건의 당사자가 되거나 해당 사건의 당사자와 공동권리자 또는 공동의무자의 관계에 있는 경우
　2. 위원이 해당 사건의 당사자와 친족이거나 친족이었던 경우
　3. 위원이 해당 사건에 관하여 진술이나 감정을 한 경우
　4. 위원이 당사자의 대리인으로서 업무에 관여하거나 관여하였던 경우
　4의2. 위원이 속한 법인, 단체 또는 법률사무소가 해당 사건에 관하여 당사자의 대리인으로서 관여하거나 관여하였던 경우
　5. 위원 또는 위원이 속한 법인, 단체 또는 법률사무소가 해당 사건의 원인이 된 처분 또는 부작위에 관여한 경우

05 기출 23

☑ 확인 Check! ○ △ ✕

노동위원회법상 노동위원회에 관한 설명으로 옳은 것을 모두 고른 것은?

> ㄱ. 중앙노동위원회와 지방노동위원회는 고용노동부장관 소속으로 둔다.
> ㄴ. 특별노동위원회는 관계 법률에서 정하는 사항을 관장하기 위하여 필요한 경우에 해당 사항을 관장하는 중앙행정기관의 장 소속으로 둔다.
> ㄷ. 중앙노동위원회 위원장은 중앙노동위원회 및 지방노동위원회의 예산·인사·교육훈련, 그 밖의 행정사무를 총괄한다.
> ㄹ. 노동위원회 위원장은 해당 노동위원회의 공익위원이 되며, 심판사건, 차별적 처우 시정사건을 담당하되 조정사건은 담당할 수 없다.

① ㄱ
② ㄴ, ㄷ
③ ㄱ, ㄴ, ㄷ
④ ㄱ, ㄴ, ㄹ
⑤ ㄴ, ㄷ, ㄹ

05

ㄱ. (○) 중앙노동위원회와 지방노동위원회는 <u>고용노동부장관 소속</u>으로 두며, 지방노동위원회의 명칭·위치 및 관할구역은 대통령령으로 정한다(노위법 제2조 제2항).

ㄴ. (○) 노위법 제2조 제3항

ㄷ. (○) 중앙노동위원회 위원장은 중앙노동위원회 및 지방노동위원회의 <u>예산·인사·교육훈련, 그 밖의 행정사무를 총괄</u>하며, 소속 공무원을 지휘·감독한다(노위법 제4조 제2항).

ㄹ. (✕) 노동위원회 위원장은 해당 노동위원회(중앙노동위원회, 지방노동위원회)의 공익위원이 되며, 심판사건, 차별적 처우 시정사건, <u>조정사건을 담당할 수 있다</u>(노위법 제9조 제2항, 제4항).

정답 ③

06 기출 23

☑ 확인 Check! ○ △ ✕

노동위원회법상 노동위원회에 관한 설명으로 옳은 것은?

① 중앙노동위원회 및 지방노동위원회에는 사무처를 둔다.
② 중앙노동위원회 상임위원은 사무처장을 겸직할 수 없다.
③ 부문별 위원회 위원장은 부문별 위원회의 원활한 운영을 위하여 필요하다고 인정하는 경우에 주심위원을 지명하여 사건의 처리를 주관하게 하여야 한다.
④ 노동위원회는 판정·명령 또는 결정이 있기 전까지 화해안을 제시할 수 있으며 관계 당사자가 화해안을 수락하였을 때에는 취하조서를 작성하여야 한다.
⑤ 노동위원회의 부문별 위원회의 회의는 구성위원 전원의 출석으로 개의한다.

06

① (✕) 중앙노동위원회에는 사무처를 두고, <u>지방노동위원회에는 사무국을 둔다</u>(노위법 제14조 제1항).

② (✕) <u>사무처장은 중앙노동위원회 상임위원 중 1명이 겸직한다</u>(노위법 제14조의2 제2항).

③ (✕) 부문별 위원회 위원장은 부문별 위원회의 원활한 운영을 위하여 필요하다고 인정하는 경우에 주심위원을 지명하여 <u>사건의 처리를 주관하게 할 수 있다</u>(노위법 제16조의2).

④ (✕) 노동위원회는 판정·명령 또는 결정이 있기 전까지 관계 당사자의 신청을 받아 또는 직권으로 화해를 권고하거나 화해안을 제시할 수 있고, <u>관계 당사자가 화해안을 수락하였을 때에는 화해조서를 작성하여야 한다</u>(노위법 제16조의3 제1항, 제3항).

⑤ (○) 부문별 위원회의 회의는 <u>구성위원 전원의 출석으로 개의</u>하고, 출석위원 과반수의 찬성으로 의결한다(노위법 제17조 제2항).

정답 ⑤

노동위원회법상 노동위원회에 관한 설명으로 옳지 않은 것은?

① 공익위원은 해당 노동위원회 위원장, 노동조합 및 사용자단체가 각각 추천한 사람 중에서 노동조합과 사용자단체가 순차적으로 배제하고 남은 사람을 위촉대상 공익위원으로 한다.

② 관계당사자 양쪽이 모두 단독심판을 신청하거나 단독심판으로 처리하는 것에 동의한 경우 단독심판으로 사건을 처리할 수 있다.

③ 노동위원회 위원의 임기는 3년으로 하되, 연임할 수 없다.

④ 중앙노동위원회의 처분에 대한 소송은 중앙노동위원회 위원장을 피고(被告)로 하여 제기하여야 한다.

⑤ 노동위원회법에 따라 작성된 화해조서는 민사소송법에 따른 재판상 화해의 효력을 갖는다.

07

① (○) 노위법 제6조 제4항

② (○) 위원장은 관계당사자 양쪽이 모두 단독심판을 신청하거나 단독심판으로 처리하는 것에 동의한 경우에 심판담당 공익위원 또는 차별시정담당 공익위원 중 1명을 지명하여 사건을 처리하게 할 수 있다(노위법 제15조의2).

③ (×) 노동위원회 위원의 임기는 3년으로 하되, 연임할 수 있다(노위법 제7조 제1항).

④ (○) 중앙노동위원회의 처분에 대한 소송은 중앙노동위원회 위원장을 피고(被告)로 하여 처분의 송달을 받은 날부터 15일 이내에 제기하여야 한다(노위법 제27조 제1항).

⑤ (○) 노위법 제16조의3 제5항

정답 ③

09 기타 법령

제1절 공무원의 노동조합 설립 및 운영 등에 관한 법률[25]

Ⅰ 목적(공노법 제1조)

이 법은 대한민국 헌법 제33조 제2항에 따른 공무원의 노동기본권을 보장하기 위하여 노조법 제5조 제1항 단서에 따라 공무원의 노동조합 설립 및 운영 등에 관한 사항을 정함을 목적으로 한다.

Ⅱ 주체(공노법 제2조)

공무원이란 국가공무원법 및 지방공무원법에서 규정하고 있는 공무원을 말한다. 다만, 국가공무원법 및 지방공무원법에 따른 사실상 노무에 종사하는 공무원과 교노법의 적용을 받는 교원인 공무원은 제외한다. 공무원의 신분보장을 위하여 공무원의 노동조합에 대하여는 유니온숍규정 등 단결강제조항은 적용되지 아니함을 유의하여야 한다. 기출 18

Ⅲ 노동조합활동의 보장 및 한계(공노법 제3조)

① 이 법에 따른 공무원의 노동조합(이하 "노동조합")의 조직, 가입 및 노동조합과 관련된 정당한 활동에 대하여는 국가공무원법 및 지방공무원법에 따른 단체행동권 제한규정을 적용하지 아니한다.
② 공무원은 노동조합활동을 할 때 다른 법령에서 규정하는 공무원의 의무에 반하는 행위를 하여서는 아니 된다.

기출 14 · 19 · 23

Ⅳ 정치활동의 금지(공노법 제4조)

노동조합과 그 조합원은 정치활동을 하여서는 아니 된다. 기출 16 · 17 · 18 · 20 · 21

---

25) 공노법은 2005.1.27. 제정되었으나, 교노법은 1999.1.29. 제정되었다. 기출 21 · 23

V 노동조합의 설립(공노법 제5조)

1. 설립의 최소단위

공무원이 노동조합을 설립하려는 경우에는 국회·법원·헌법재판소·선거관리위원회·행정부·특별시·광역시·특별자치시·도·특별자치도·시·군·구(자치구) 및 특별시·광역시·특별자치시·도·특별자치도의 교육청을 최소 단위로 하고, 노동조합을 설립하려는 사람은 고용노동부장관에게 설립신고서를 제출하여야 한다. 기출 15·16

2. 관련 판례

(1) 공무원법외노조의 노동기본권

판례는 헌법과 노조법, 공노법 등 공무원의 노동기본권 관련 규정내용을 종합하면, 공무원으로 조직된 근로자단체는 공노법에 따라 설립된 공무원노동조합인 경우에 한하여 노동기본권의 향유주체가 될 수 있다고(대판 2016.12.27. 2011두921) 판시하여, 일반근로자로 구성된 법외노조와는 달리 공무원법외노조의 노동기본권을 부정하고 있다.

(2) 공무원노조의 합병

판례는 기존 공무원노동조합은 합병결의 및 새로운 공무원노동조합 설립을 위한 결성·조직행위가 있었다는 사정만으로 당연히 소멸하는 것이 아니라, 공무원노동조합의 실체를 갖추어 공노법에 따른 설립신고를 마침으로써 새로운 공무원노동조합으로 설립되는 때에 비로소 합병의 효력이 발생하여 소멸하게 되며, 이 경우 합병결의 및 새로운 공무원노동조합 설립을 위한 결성·조직행위가 이루어진 시점부터 새로운 공무원노동조합의 설립신고가 수리되는 시점까지 존재하는 기존 공무원노동조합은 소멸이 예정된 조직이어서 지위가 잠정적인 것이지만, 기존 법률관계를 정리·청산하는 데에 필요한 범위 내에서는 공무원노동조합으로 활동할 수 있다고(대판 2016.12.27. 2011두921) 한다.

VI 가입범위

1. 노동조합에 가입할 수 있는 공무원(공노법 제6조 제1항)

① 일반직공무원
② 특정직공무원 중 외무영사직렬·외교정보기술직렬 외무공무원, 소방공무원 및 교육공무원(다만, 교원은 제외) 기출 24
③ 별정직공무원
④ ①에서 ③까지의 어느 하나에 해당하는 공무원이었던 사람으로서 노동조합규약으로 정하는 사람

2. 노동조합에 가입할 수 없는 공무원(공노법 제6조 제2항) 기출 13·18·20·23·24

① 업무의 주된 내용이 다른 공무원에 대하여 지휘·감독권을 행사하거나 다른 공무원의 업무를 총괄하는 업무에 종사하는 공무원
② 업무의 주된 내용이 인사·보수 또는 노동관계의 조정·감독 등 노동조합의 조합원 지위를 가지고 수행하기에 적절하지 아니한 업무에 종사하는 공무원
③ 교정·수사 등 공공의 안녕과 국가안전 보장에 관한 업무에 종사하는 공무원

> **노동조합 가입이 금지되는 공무원의 범위(공노법 시행령 제3조)**
>
> 법 제6조 제2항 및 제4항에 따라 노동조합에 가입할 수 없는 공무원의 범위는 다음 각 호와 같다.
>
> 1. 업무의 주된 내용이 다른 공무원에 대하여 지휘·감독권을 행사하거나 다른 공무원의 업무를 총괄하는 업무에 종사하는 공무원으로서 다음 각 목의 어느 하나에 해당하는 공무원
>   가. 법령·조례 또는 규칙에 따라 다른 공무원을 지휘·감독하며 그 복무를 관리할 권한과 책임을 부여받은 공무원(직무 대리자를 포함)
>   나. 훈령 또는 사무분장 등에 따라 부서장을 보조하여 부서 내 다른 공무원의 업무수행을 지휘·감독하거나 총괄하는 업무에 주로 종사하는 공무원
> 2. 인사·보수에 관한 업무를 수행하는 공무원 등 노동조합과의 관계에서 행정기관의 입장에서 업무를 수행하는 공무원으로서 다음 각 목의 어느 하나에 해당하는 업무에 주로 종사하는 공무원(자료정리 등 단순히 업무를 보조하는 사람은 제외)
>   가. 공무원의 임용·복무·징계·소청심사·보수·연금 또는 그 밖에 후생복지에 관한 업무
>   나. 노동조합 및 공무원직장협의회의 설립·운영에 관한 법률에 따른 직장협의회에 관한 업무
>   다. 예산·기금의 편성 및 집행(단순집행은 제외)에 관한 업무
>   라. 행정기관의 조직과 정원의 관리에 관한 업무
>   마. 감사에 관한 업무
>   바. 보안업무, 질서유지업무, 청사시설의 관리 및 방호(防護)에 관한 업무, 비서·운전업무
> 3. 업무의 주된 내용이 노동관계의 조정·감독 등 노동조합의 조합원 지위를 가지고 수행하기에 적절하지 아니하다고 인정되는 업무에 종사하는 공무원으로서 다음 각 목의 어느 하나에 해당하는 공무원
>   가. 노동위원회법에 따른 노동위원회의 사무국에서 조정사건이나 심판사건의 업무를 담당하는 공무원
>   나. 근로기준법에 따라 고용노동부 및 그 소속 기관에서 근로기준법, 산업안전보건법, 그 밖의 노동관계법령 위반의 죄에 관하여 사법경찰관의 직무를 수행하는 근로감독관
>   다. 선원법에 따라 선원법, 근로기준법, 그 밖의 선원근로관계법령 위반의 죄에 관하여 사법경찰관의 직무를 수행하는 선원근로감독관
>   라. 지방자치단체에서 노동조합 및 노동관계조정법에 따른 노동조합설립신고, 단체협약 및 쟁의행위 등에 관한 업무에 주로 종사하는 공무원
> 4. 교정·수사 등 공공의 안녕과 국가안전 보장에 관한 업무에 종사하는 공무원으로서 다음 각 목의 어느 하나에 해당하는 공무원
>   가. 공무원임용령 [별표 1]의 공무원 중 교정·보호·검찰사무·마약수사·출입국관리 및 철도경찰 직렬의 공무원
>   나. 조세범 처벌절차 법령에 따라 검찰총장 또는 검사장의 지명을 받아 조세에 관한 범칙사건(犯則事件)의 조사를 전담하는 공무원
>   다. 수사업무에 주로 종사하는 공무원
>   라. 국가정보원에 근무하는 공무원

제12장
제3장
제4장
제5장
제6장
제7장
제8장
제9장

Ⅶ 노동조합전임자 등

1. 노동조합 전임자의 지위(공노법 제7조)

① 공무원은 임용권자의 동의를 받아 노동조합으로부터 급여를 지급받으면서 노동조합의 업무에만 종사할 수 있다. 동의를 받아 노동조합의 업무에만 종사하는 사람[이하 "전임자"(專任者)]에 대하여는 그 기간 중 휴직명령을 하여야 한다. 기출 24

② 국가와 지방자치단체는 공무원이 전임자임을 이유로 승급이나 그 밖에 신분과 관련하여 불리한 처우를 하여서는 아니 된다.

2. 근무시간 면제자 등(공노법 제7조의2)

① 공무원은 단체협약으로 정하거나 정부교섭대표(이하 "정부교섭대표")가 동의하는 경우 근무시간 면제 한도를 초과하지 아니하는 범위에서 보수의 손실 없이 정부교섭대표와의 협의·교섭, 고충처리, 안전·보건활동 등 관계법령에서 정하는 업무와 건전한 노사관계 발전을 위한 노동조합의 유지·관리업무를 할 수 있다.

② 근무시간 면제 시간 및 사용인원의 한도(이하 "근무시간 면제 한도")를 정하기 위하여 공무원근무시간면제심의위원회(이하 이 조에서 "심의위원회")를 경제사회노동위원회에 둔다.

③ 심의위원회는 노동조합 설립 최소 단위를 기준으로 조합원(일반직공무원, 특정직공무원 중 외무영사직렬·외교정보기술직렬 외무공무원, 소방공무원 및 교원을 제외한 교육공무원, 별정직공무원 등의 조합원을 의미)의 수를 고려하되 노동조합의 조직형태, 교섭구조·범위 등 공무원 노사관계의 특성을 반영하여 근무시간 면제 한도를 심의·의결하고, 3년마다 그 적정성 여부를 재심의하여 의결할 수 있다.

④ 근무시간 면제 한도를 초과하는 내용을 정한 단체협약 또는 정부교섭대표의 동의는 그 부분에 한정하여 무효로 한다.

근무시간 면제 절차(공노법 시행령 제3조의2)

① 노동조합의 대표자가 법 제7조의2 제1항에 따른 공무원의 근무시간 면제에 관한 사항을 단체협약으로 정하는 경우에는 법 제8조 및 제9조에 따른 교섭 절차에 따른다.

② 노동조합의 대표자는 법 제7조의2 제1항에 따른 공무원의 근무시간 면제에 관한 사항에 대하여 법 제8조 제1항 본문에 따른 정부교섭대표(이하 "정부교섭대표")의 동의를 받으려는 경우에는 다음 각 호의 사항에 관한 동의를 서면으로 정부교섭대표에게 요청해야 한다.
1. 근무시간 면제 시간
2. 근무시간 면제 사용인원

③ 정부교섭대표는 제2항에 따른 동의 요청을 받은 경우 법 제7조의2 제2항 및 제3항에 따라 공무원근무시간면제심의위원회(이하 "심의위원회")에서 정한 근무시간 면제 시간 및 사용인원의 한도(이하 "근무시간 면제 한도")를 넘지 않는 범위에서 다음 각 호의 사항 등을 고려하여 동의할 수 있다. 이 경우 정부교섭대표는 제2항 각 호의 사항에 대한 동의 여부를 서면으로 알려야 한다.
1. 노동조합별 조합원(법 제6조 제1항 제1호부터 제3호까지의 어느 하나에 해당하는 조합원을 말한다. 이하 같다) 수
2. 법 제7조 제2항에 따른 전임자(專任者) 수

④ 정부교섭대표는 제3항 제1호에 따른 노동조합별 조합원 수를 확인하는 데 필요한 자료의 제공을 해당 노동조합의 대표자에게 요청할 수 있다. 이 경우 해당 노동조합의 대표자는 자료 제공에 적극 협조해야 한다.

⑤ 노동조합의 대표자가 제3항 제1호에 따른 조합원 수 산정과 관련하여 이견이 있는 경우 그 조합원의 수는 제2항에 따른 동의 요청일 이전 1개월 동안 전자금융거래법 제2조 제11호에 따른 전자지급수단의 방법으로 조합비를 납부한 조합원을 기준으로 산정한다. 다만, 둘 이상의 노동조합에 가입하여 조합비를 납부한 조합원에 대하여 조합원의 수를 산정하는 경우에는 숫자 1을 조합비를 납부한 노동조합의 수로 나눈 후에 그 산출된 숫자를 조합비를 납부한 노동조합의 조합원 수에 각각 더한다.

⑥ 노동조합의 대표자와 정부교섭대표는 제1항부터 제3항까지의 규정에 따라 법 제7조의2 제1항에 따른 공무원의 근무시간 면제에 관한 사항을 정한 경우 3년을 초과하지 않는 범위에서 그 유효기간을 합의하여 정할 수 있다.

근무시간 면제자 확정 및 변경 절차(공노법 시행령 제3조의3)

① 노동조합의 대표자는 제3조의2 제1항부터 제3항까지의 규정에 따라 정해진 근무시간 면제 시간 및 근무시간 면제 사용인원의 범위에서 근무시간 면제 사용 예정자(이하 이 조에서 "예정자") 명단과 예정자별 사용시간을 정하여 정부교섭대표 및 임용권자에게 제출해야 한다.

② 정부교섭대표는 제1항에 따른 예정자 명단과 예정자별 사용시간을 제출받은 경우 해당 명단에 있는 사람을 근무시간 면제자(법 제7조의2 제1항에 따라 보수의 손실 없이 근무시간 면제 시간에 같은 항에 따른 업무를 할 수 있는 공무원. 이하 "근무시간면제자")로 확정한다. 이 경우 정부교섭대표는 정부교섭대표와 임용권자가 다른 경우에는 임용권자로 하여금 확정을 하게 할 수 있다.

---

③ 노동조합의 대표자는 부득이한 사유가 있거나 제4항 전단에 따른 변경요청을 받은 경우에는 근무시간면제자를 변경할 수 있다. 이 경우 근무시간면제자 변경절차에 관하여는 제1항 및 제2항을 준용한다.

④ 정부교섭대표 또는 임용권자는 근무시간면제자가 법 제7조의2 제1항에 따른 업무 외의 목적으로 근무시간 면제 시간을 사용하는 경우 해당 근무시간면제자의 변경을 노동조합의 대표자에게 요청할 수 있다. 이 경우 노동조합의 대표자는 특별한 사정이 없으면 그 요청에 따라야 한다.

근무시간 면제 시간 사용 절차(공노법 시행령 제3조의4)

① 근무시간면제자는 근무시간 면제 시간을 사용하기 7일 전까지 정부교섭대표 또는 임용권자에게 그 사용일시 및 업무내용을 포함하여 근무시간 면제 시간 사용 신청을 해야 한다. 다만, 긴급한 사정이 있는 경우에는 하루 전까지 신청할 수 있다.

② 정부교섭대표 또는 임용권자는 제1항 본문에 따른 신청을 받은 경우 특별한 사정이 없으면 이를 승인해야 한다. 다만, 특별한 사정이 있는 경우에는 그 사유를 제시하고 근무시간면제자와 협의하여 그 사용일시 등을 조정할 수 있다.

연간 근무시간면제자의 자료 제출(공노법 시행령 제3조의5)

연간 근무시간을 전부 면제받는 근무시간면제자(이하 제3조의6에서 "연간근무시간면제자")는 매월 10일까지 전월의 근무시간 면제 사용결과를 정부교섭대표 또는 임용권자에게 제출해야 한다.

근무시간면제자에 대한 복무 및 보수 등(공노법 시행령 제3조의7)

법 제7조의2에 따라 근무시간을 면제받은 사람에 대한 복무관리 및 보수 등에 관한 사항은 국가공무원법 및 지방공무원법에 따른 복무 및 보수에 관한 규정 등 관계 법령에서 정하는 바에 따른다.

3. 근무시간 면제사용의 정보 공개(공노법 제7조의3)

정부교섭대표는 국민이 알 수 있도록 전년도에 노동조합별로 근무시간을 면제받은 시간 및 사용인원, 지급된 보수 등에 관한 정보를 대통령령으로 정하는 바에 따라 공개하여야 한다. 이 경우 정부교섭대표가 아닌 임용권자는 정부교섭대표에게 해당 기관의 근무시간 면제 관련 자료를 제출하여야 한다.

근무시간 면제 사용 정보의 공개 방법 등(공노법 시행령 제3조의6)

① 정부교섭대표는 법 제7조의3 전단에 따라 다음 각 호의 정보를 매년 4월 30일까지 고용노동부장관이 지정하는 인터넷 홈페이지에 3년간 게재하는 방법으로 공개한다.
   1. 노동조합별 전년도 근무시간 면제 시간과 그 결정기준
   2. 노동조합별 전년도 근무시간 면제 사용인원(연간근무시간면제자와 근무시간 부분 면제자를 구분)
   3. 노동조합별 전년도 근무시간 면제 사용인원에게 지급된 보수 총액

② 정부교섭대표가 아닌 임용권자는 법 제7조의3 후단에 따라 정부교섭대표에게 제1항 제2호·제3호에 따른 정보를 매년 3월 31일까지 제출해야 한다.

Ⅷ 교섭 및 체결권한 등

1. 단체교섭의 담당자(공노법 제8조)

① 노동조합의 대표자는 그 노동조합에 관한 사항 또는 조합원의 보수·복지 그 밖의 근무조건에 관하여 국회 사무총장·법원 행정처장·헌법재판소 사무처장·중앙선거관리위원회 사무총장·인사혁신처장(행정부를 대표)·특별시장·광역시장·특별자치시장·도지사·특별자치도지사·시장·군수·구청장(자치구의 구청장) 또는 특별시·광역시·특별자치시·도·특별자치도의 교육감 중 어느 하나에 해당하는 사람(이하 "정부교섭대표")과 각각 교섭하고 단체협약을 체결할 권한을 가진다. 다만, 법령 등에 따라 국가나 지방자치단체가 그 권한으로 행하는 정책결정에 관한 사항, 임용권의 행사 등 그 기관의 관리·운영에 관한 사항으로서 근무조건과 직접 관련되지 아니하는 사항은 교섭의 대상이 될 수 없다. 기출 24

② 정부교섭대표는 법령 등에 따라 스스로 관리하거나 결정할 수 있는 권한을 가진 사항에 대하여 노동조합이 교섭을 요구할 때에는 정당한 사유가 없으면 그 요구에 따라야 한다. 기출 15 · 22

③ 정부교섭대표는 효율적인 교섭을 위하여 필요한 경우 다른 정부교섭대표와 공동으로 교섭하거나, 다른 정부교섭대표에게 교섭 및 단체협약체결권한을 위임할 수 있다. 기출 15 · 16 · 22

④ 정부교섭대표는 효율적인 교섭을 위하여 필요한 경우 정부교섭대표가 아닌 관계기관의 장으로 하여금 교섭에 참여하게 할 수 있고, 다른 기관의 장이 관리하거나 결정할 권한을 가진 사항에 대하여는 해당 기관의 장에게 교섭 및 단체협약체결권한을 위임할 수 있다. 기출 17 · 19 · 21 · 23

⑤ 정부교섭대표 또는 다른 기관의 장이 단체교섭을 하는 경우 소속 공무원으로 하여금 교섭 및 단체협약 체결을 하게 할 수 있다.

2. 단체교섭의 대상

(1) 교섭 대상(공노법 제8조 제1항)

1) 내 용

노동조합의 대표자는 그 노동조합에 관한 사항 또는 조합원의 보수·복지, 그 밖의 근무조건에 관하여 정부교섭대표와 각각 교섭할 수 있다.

2) 관련 판례

① 판례는 구 공노법 제8조 제1항, 구 공노법 시행령 제4조의 내용을 종합하여 보면, 법령 등에 따라 국가나 지방자치단체가 권한으로 행하는 정책결정에 관한 사항, 임용권의 행사 등 기관의 관리·운영에 관한 사항이 단체교섭의 대상이 되려면 그 자체가 공무원이 공무를 제공하는 조건이 될 정도로 근무조건과 직접 관련된 것이어야 하며, 이 경우에도 기관의 본질적·근본적 권한을 침해하거나 제한하는 내용은 허용되지 아니한다고(대판 2017.1.12. 2011두13392) 한다.

② 판례는 법령 등에 따라 국가나 지방자치단체가 그 권한으로 행하는 정책결정에 관한 사항, 임용권의 행사 등 그 기관의 관리·운영에 관한 사항이 단체교섭의 대상이 되려면 그 자체가 공무원이 공무를 제공하는 조건이 될 정도로 근무조건과 직접 관련된 것이어야 한다고 하면서, 단체교섭사항 중 제16조의 전라남도 소속 도, 시·군 간 지방공무원 인사교류에 관한 사항은 인사교류의 일반적인 기준이나 절차를 정하는 것으로 단위노동조합 소속 공무원들의 근무조건과 직접 관련되어 있어 교섭 대상에 해당한다고(대판 2014.12.11. 2010두5097) 한다.

(2) 비교섭 대상 <small>(공노법 시행령 제4조)</small>

① 정책의 기획 또는 계획의 입안 등 정책결정에 관한 사항
② 공무원의 채용·승진 및 전보 등 임용권의 행사에 관한 사항
③ 기관의 조직 및 정원에 관한 사항
④ 예산·기금의 편성 및 집행에 관한 사항
⑤ 행정기관이 당사자인 쟁송(불복신청을 포함)에 관한 사항
⑥ 기관의 관리·운영에 관한 그 밖의 사항

3. 단체교섭의 절차 <small>(공노법 제9조)</small> `기출` 12·15·18·19·21

(1) 내용

① 노동조합은 단체교섭을 위하여 노동조합의 대표자와 조합원으로 교섭위원을 구성하여야 한다.
② 노동조합의 대표자는 정부교섭대표와 교섭하려는 경우에는 교섭하려는 사항에 대하여 권한을 가진 정부교섭대표에게 서면으로 교섭을 요구하여야 한다.
③ 정부교섭대표는 노동조합으로부터 교섭을 요구받았을 때에는 교섭을 요구받은 사실을 공고하여 관련된 노동조합이 교섭에 참여할 수 있도록 하여야 한다.
④ 정부교섭대표는 교섭을 요구하는 노동조합이 둘 이상인 경우에는 해당 노동조합에 교섭창구를 단일화하도록 요청할 수 있다. 이 경우 교섭창구가 단일화된 때에는 교섭에 응하여야 한다. `기출` 24
⑤ 정부교섭대표는 관련된 노동조합과 단체협약을 체결한 경우 그 유효기간 중에는 그 단체협약의 체결에 참여하지 아니한 노동조합이 교섭을 요구하더라도 이를 거부할 수 있다.

교섭요구의 시기(공노법 시행령 제6조)
법 제9조 제2항에 따른 교섭요구는 고용노동부령으로 정하는 바에 따라 단체협약의 유효기간 만료일 3개월 전부터 교섭시작 예정일 30일 전까지 하여야 한다.

교섭요구사실의 공고와 교섭참여(공노법 시행령 제7조)
① 정부교섭대표는 법 제9조 제3항에 따라 노동조합으로부터 교섭을 요구받았을 때에는 지체 없이 자신의 인터넷 홈페이지 또는 게시판에 그 사실을 공고해야 한다.
② 법 제9조 제3항에 따라 교섭에 참여하려는 노동조합은 제1항에 따른 공고일부터 7일 이내에 고용노동부령으로 정하는 바에 따라 정부교섭대표에게 교섭을 요구하여야 한다.
③ 정부교섭대표는 제2항에 따른 교섭요구기간이 끝난 후 지체 없이 법 제9조 제2항 및 제3항에 따라 교섭요구를 한 노동조합(이하 "교섭노동조합")을 자신의 인터넷 홈페이지 또는 게시판에 공고하고, 교섭노동조합에 알려야 한다.
④ 정부교섭대표는 제6조와 제2항에 따른 교섭요구기간 안에 교섭요구를 하지 아니한 노동조합의 교섭요구는 거부할 수 있다.

교섭위원의 선임(공노법 시행령 제8조)
① 교섭노동조합은 제7조 제3항에 따른 공고일부터 20일 이내에 법 제9조 제1항에 따른 교섭위원(이하 "교섭위원")을 선임하여 교섭노동조합의 대표자가 각각 서명 또는 날인한 서면으로 정부교섭대표에게 알려야 한다. 이 경우 교섭위원의 수는 조직의 규모 등을 고려하여 정하되, 10명 이내가 되도록 해야 한다.
② 교섭노동조합이 둘 이상인 경우에는 교섭노동조합 사이의 합의에 따라 교섭위원을 선임하여 교섭창구를 단일화해야 한다. 다만, 제1항 전단에 따른 기간 내에 합의하지 못했을 때에는 교섭노동조합의 조합원 수(법 제6조 제1항 제1호부터 제3호까지의 규정에 해당하는 조합원의 수)에 비례하여 제1항 전단에 따른 기간이 끝난 날부터 20일 이내에 교섭위원을 선임해야 한다.

`기출` 24

③ 교섭노동조합은 제2항에 따라 교섭위원을 선임하는 때에는 해당 교섭노동조합의 조합원 수를 확인하는 데 필요한 기준과 방법 등에 대해 성실히 협의하고, 그에 필요한 자료를 제공하는 등 적극 협조해야 한다.

④ 교섭노동조합이 제2항 단서 및 제3항에 따른 교섭노동조합의 조합원 수 산정과 관련하여 이견이 있는 경우 그 조합원의 수는 제7조 제3항에 따른 교섭노동조합의 공고일 이전 1개월 동안 전자금융거래법 제2조 제11호에 따른 전자지급수단의 방법으로 조합비를 납부한 조합원을 기준으로 산정한다. 다만, 둘 이상의 노동조합에 가입하여 조합비를 납부한 조합원에 대하여 조합원의 수를 산정하는 경우에는 숫자 1을 조합비를 납부한 노동조합의 수로 나눈 후에 그 산출된 숫자를 조합비를 납부한 노동조합의 조합원 수에 각각 더한다.

교섭의 준비 · 시작 등(공노법 시행령 제9조)
노동관계 당사자는 제8조 제1항에 따라 교섭위원의 선임이 통보되면 지체 없이 교섭 내용, 교섭 일시, 교섭 장소, 그 밖에 교섭에 필요한 사항을 협의하고 교섭을 시작하여야 한다.

(2) 관련 판례

판례에 의하면 공노법 제9조 제3항, 제4항, 같은 법 시행령 제7조는, 정부교섭대표가 노동조합으로부터 교섭을 요구받았을 때에는 교섭을 요구받은 사실을 공고하여 관련된 노동조합이 교섭에 참여할 수 있도록 하여야 하고, 교섭요구기간 안에 교섭요구를 하지 아니한 노동조합의 교섭요구에 대해서는 이를 거부할 수 있다고 규정함으로써 공무원노동조합의 경우 조직 대상이나 조직형태의 중복과 관계없이 관련된 복수의 노동조합이 교섭에 참가하는 경우에 교섭창구의 단일화를 요구하고 있어, 위 각 규정의 취지가 교섭의 효율화를 도모하기 위하여 교섭요구사항이 동일한 경우에는 교섭창구를 단일화하려는 데 있다는 점에 비추어 보면, 여기서 '관련된 노동조합'에 해당하기 위해서는 최초 교섭을 요구한 노동조합과 교섭창구를 단일화할 수 있을 정도로 교섭 대상이 동일할 것이 요구된다고(대판 2014.12.11. 2010두5097) 한다.

Ⅸ 단체협약의 효력(공노법 제10조)

① 체결된 단체협약의 내용 중 법령 · 조례 또는 예산에 의하여 규정되는 내용과 법령 또는 조례에 의하여 위임을 받아 규정되는 내용은 단체협약으로서의 효력을 가지지 아니한다. 기출 16 · 18 · 20 · 23

② 정부교섭대표는 단체협약으로서의 효력을 가지지 아니하는 내용에 대하여는 그 내용이 이행될 수 있도록 성실하게 노력하여야 한다. 기출 22 · 24

③ 정부교섭대표는 단체협약으로서의 효력을 가지지 아니하는 단체협약의 내용에 대한 이행 결과를 해당 단체협약의 유효기간 만료일 3개월 전까지 상대방에게 서면으로 알려야 한다(공노법 시행령 제10조).

Ⅹ 쟁의행위의 금지(공노법 제11조)

노동조합과 그 조합원은 파업, 태업 또는 그 밖에 업무의 정상적인 운영을 방해하는 어떠한 행위도 하여서는 아니 된다. 기출 14 · 15 · 20

1. 조 정

(1) 조정의 개시(공노법 제12조 제1항)

단체교섭이 결렬된 경우에는 당사자 어느 한쪽 또는 양쪽은 중앙노동위원회에 조정을 신청할 수 있다.

기출 17 · 21

(2) 조정의 담당자(공노법 제14조)

① 조정은 공무원노동관계조정위원회에서 담당한다.

② 단체교섭이 결렬된 경우 이를 조정 · 중재하기 위하여 중앙노동위원회에 공무원 노동관계조정위원회(이하 "위원회")를 둔다. 기출 22 · 23 · 24

③ 위원회는 대통령이 위촉하는 7명 이내의 조정담당 공익위원으로 구성한다. 기출 13

(3) 조정기간(공노법 제12조 제4항)

조정은 신청을 받은 날부터 30일 이내에 마쳐야 한다. 다만, 당사자들이 합의한 경우에는 30일 이내의 범위에서 조정기간을 연장할 수 있다. 기출 12 · 21

(4) 조정안의 수락 권고(공노법 제12조 제3항 전단)

중앙노동위원회는 조정안을 작성하여 관계당사자에게 제시하고 수락을 권고하는 동시에 그 조정안에 이유를 붙여 공표할 수 있다.

2. 중 재

(1) 중재의 개시(공노법 제13조)

중앙노동위원회는 ① 단체교섭이 결렬되어 관계당사자 양쪽이 함께 중재를 신청한 경우, ② 조정이 이루어지지 아니하여 공무원노동관계조정위원회 전원회의에서 중재회부를 결정한 경우에는 지체 없이 중재를 한다.

기출 16 · 24

(2) 중재의 담당자(공노법 제14조 제1항)

중재는 공무원노동관계조정위원회에서 담당한다.

(3) 중재의 효력(공노법 제16조 제5항)

확정된 중재재정의 내용은 단체협약과 같은 효력을 가진다.

O | X 💬

1. 노동조합과 그 조합원은 정치활동을 할 수 있다.
2. 노동조합을 설립하려는 사람은 행정안전부장관에게 설립신고서를 제출하여야 한다.
3. 정부교섭대표는 다른 정부교섭대표에게 교섭 및 단체협약체결권한을 위임할 수 없다.
4. 단체협약의 내용 중 법령 또는 조례에 의하여 위임을 받아 규정되는 내용은, 단체협약으로서의 효력을 가지지 아니한다.
5. 지방노동위원회는 단체교섭이 결렬되어 관계당사자 양쪽이 함께 중재를 신청한 경우에는, 지체 없이 중재를 한다.
6. 공무원은 노동조합활동을 할 때 다른 법령에서 규정하는 공무원의 의무에 반하는 행위를 하여서는 아니 된다.
7. 노동조합과 그 조합원은 파업, 태업 또는 그 밖에 업무의 정상적인 운영을 방해하는 어떠한 행위도 하여서는 아니 된다.

정답 1. × 2. × 3. × 4. ○ 5. × 6. ○ 7. ○

(4) 불복절차(공노법 제16조) `기출` 18

① 공무원의 경우 중재재정에 관한 불복절차로서 행정소송만이 인정되고, 재심절차는 인정되지 아니한다.

② 관계당사자는 중앙노동위원회의 중재재정이 위법하거나 월권에 의한 것이라고 인정하는 경우에는 행정소송법에도 불구하고 중재재정서를 송달받은 날부터 15일 이내에 중앙노동위원회 위원장을 피고로 하여 행정소송을 제기할 수 있다. `기출` 24

③ 중재재정서를 송달받은 날부터 15일 이내에 행정소송을 제기하지 아니하면 그 중재재정은 확정된다.

④ 중재재정이 확정되면 관계당사자는 이에 따라야 한다. `기출` 24

⑤ 중앙노동위원회의 중재재정은 행정소송의 제기에 의하여 그 효력이 정지되지 아니한다. `기출` 24

XII 다른 법률과의 관계

1. 공무원직장협의회의 설립·운영에 관한 법률과의 관계

이 법의 규정은 공무원이 공무원직장협의회의 설립·운영에 관한 법률에 따라 직장협의회를 설립·운영하는 것을 방해하지 아니한다(공노법 제17조 제1항). `기출` 24

2. 노조법과의 관계

① 공무원(일반직공무원, 특정직공무원 중 외무영사직렬·외교정보기술직렬 외무공무원, 소방공무원 및 교육공무원, 별정직공무원이었던 사람으로서 노동조합 규약으로 정하는 사람 포함)에게 적용할 노동조합 및 노동관계 조정에 관하여 이 법에서 정하지 아니한 사항에 대해서는 ②에서 정하는 경우를 제외하고는 노조법에서 정하는 바에 따른다. `기출` 24

② 노조법 제2조 제4호 라목(근로자가 아닌 자의 가입을 허용하는 경우), 제24조(근로시간 면제 등), 제24조의2 제1항·제2항(근로시간면제심의위원회의 설치, 근로시간 면제한도의 적정성 여부 3년마다 재심의), 제29조(교섭 및 체결권한), 제29조의2부터 제29조의5까지(교섭창구 단일화 절차, 교섭단위 결정, 공정대표의무 등, 그 밖의 교섭창구 단일화 관련 사항), 제36조부터 제39조까지(지역적 구속력, 쟁의행위의 기본원칙, 노동조합의 지도와 책임, 근로자의 구속제한), 제41조(쟁의행위의 제한과 금지), 제42조(폭력행위등의 금지), 제42조의2부터 제42조의6까지(필수유지업무에 대한 쟁의행위의 제한, 필수유지업무협정, 필수유지업무 유지·운영 수준 등의 결정, 노동위원회의 결정에 따른 쟁의행위, 필수유지업무 근무근로자의 지명), 제43조부터 제46조까지(사용자의 채용제한, 쟁의행위 기간 중의 임금지급 요구의 금지, 조정의 전치, 직장폐쇄의 요건), 제51조부터 제57조까지(공익사업등의 우선적 취급, 사적 조정·중재, 조정의 개시, 조정기간, 조정위원회의 구성, 조정위원회의 위원장, 단독조정), 제60조 제1항·제5항(조정위원회 또는 단독조정인의 조정안의 작성·제시, 조정위원회 또는 단독조정인의 조정안에 대한 견해제시 시까지 쟁의행위의 금지), 제62조부터 제65조까지(중재의 개시, 중재시의 쟁의행위의 금지, 중재위원회의 구성, 중재위원회의 위원장), 제66조 제2항(사용자위원, 근로자위원의 의견진술권), 제69조부터 제73조까지(중재재정등의 확정, 중재재정 등의 효력, 공익사업의 범위등, 특별조정위원회의 구성, 특별조정위원회의 위원장), 제76조부터 제80조까지(긴급조정의 결정, 긴급조정시의 쟁의행위 중지, 중앙노동위원회의 조정, 중앙노동위원회의 중재회부 결정권, 중앙노동위원회의 중재), 제81조 제1항 제2호 단서(유니온숍제도), 제88조부터 제92조까지(벌금) 및 제96조 제1항 제3호(미리 직장폐쇄를 신고하지 아니한 자)는 이 법에 따른 노동조합에 대해서는 적용하지 아니한다.

제2절   교원의 노동조합 설립 및 운영 등에 관한 법률

Ⅰ   목적(교노법 제1조)

이 법은 국가공무원법 및 사립학교법에 따른 단체행동권 제한규정에도 불구하고 노조법 제5조 제1항 단서에 따라 교원의 노동조합 설립에 관한 사항을 정하고 교원에 적용할 노동조합 및 노동관계조정법에 대한 특례를 규정함을 목적으로 한다. **기출** 24

Ⅱ   정의(교노법 제2조)

교원이란 ① 유아교육법에 따른 교원, ② 초 · 중등교육법에 따른 교원, ③ 고등교육법에 따른 교원(다만, 강사는 제외)에 해당하는 사람을 말한다. 교원의 신분보장을 위하여 교원의 노동조합에 대하여는 유니온숍규정 등 단결강제조항은 적용되지 아니함을 유의하여야 한다.

Ⅲ   정치활동의 금지(교노법 제3조)

교원의 노동조합(이하 "노동조합")은 어떠한 정치활동도 하여서는 아니 된다. **기출** 12 · 13 · 19 · 24

IV 노동조합의 설립(교노법 제4조) 기출 20·21·22

① 유아교육법에 따른 교원·초·중등교육법에 따른 교원은 특별시·광역시·특별자치시·도·특별자치도 (이하 "시·도") 단위 또는 전국 단위로만 노동조합을 설립할 수 있다.

② 고등교육법에 따른 교원(다만, 강사는 제외)은 개별학교 단위, 시·도 단위 또는 전국 단위로 노동조합을 설립할 수 있다.

③ 노동조합을 설립하려는 사람은 고용노동부장관에게 설립신고서를 제출하여야 한다.

V 가입범위(교노법 제4조의2)

노동조합에 가입할 수 있는 사람은 ① 교원, ② 교원으로 임용되어 근무하였던 사람으로서 노동조합규약으로 정하는 사람이다. 기출 22·23

VI 노동조합전임자 등

1. 노동조합 전임자의 지위(교노법 제5조)

① 교원은 임용권자의 동의를 받아 노동조합으로부터 급여를 지급받으면서 노동조합의 업무에만 종사할 수 있다. 동의를 받아 노동조합의 업무에만 종사하는 사람[이하 "전임자"(專任者)]은 그 기간 중 휴직명령을 받은 것으로 본다. 기출 24

② 전임자는 그 전임기간 중 전임자임을 이유로 승급 또는 그 밖의 신분상의 불이익을 받지 아니한다.

기출 23·24

2. 근무시간 면제자 등(교노법 제5조의2)

① 교원은 단체협약으로 정하거나 임용권자가 동의하는 경우 근무시간 면제 한도를 초과하지 아니하는 범위에서 보수의 손실 없이 교육부장관, 시·도 교육감, 시·도지사, 또는 사립학교 설립·경영자, 국·공립학교의 장 등과의 협의·교섭, 고충처리, 안전·보건활동 등 관계법률에서 정하는 업무와 건전한 노사관계 발전을 위한 노동조합의 유지·관리업무를 할 수 있다.

② 근무시간 면제 시간 및 사용인원의 한도(이하 "근무시간 면제 한도")를 정하기 위하여 교원근무시간면제심의위원회(이하 "심의위원회")를 경제사회노동위원회에 둔다. 기출 24

③ 심의위원회는 다음의 구분에 따른 단위를 기준으로 조합원(교원인 조합원을 의미)의 수를 고려하되 노동조합의 조직형태, 교섭구조·범위 등 교원 노사관계의 특성을 반영하여 근무시간 면제 한도를 심의·의결하고, 3년마다 그 적정성 여부를 재심의하여 의결할 수 있다. 기출 24

  ㉠ 유아교육법에 따른 교원, 초·중등교육법에 따른 교원 : 시·도 단위

  ㉡ 강사를 제외한 고등교육법에 따른 교원 : 개별학교 단위 기출 24

④ 근무시간 면제 한도를 초과하는 내용을 정한 단체협약 또는 임용권자의 동의는 그 부분에 한정하여 무효로 한다. 기출 24

근무시간 면제 절차(교노법 시행령 제2조의2)

① 노동조합의 대표자가 법 제5조의2 제1항에 따른 교원의 근무시간 면제에 관한 사항을 단체협약으로 정하는 경우에는 법 제6조에 따른 교섭 절차에 따른다.

② 노동조합의 대표자는 법 제5조의2 제1항에 따라 교원의 근무시간 면제에 관한 사항에 대하여 임용권자의 동의를 받으려는 경우에는 다음 각 호의 사항에 관한 동의를 서면으로 임용권자에게 요청해야 한다.
  1. 근무시간 면제 시간
  2. 근무시간 면제 사용인원

③ 임용권자는 제2항에 따른 동의 요청을 받은 경우 법 제5조의2 제2항 및 제3항에 따라 교원근무시간면제심의위원회(이하 "심의위원회")에서 정한 근무시간 면제 시간 및 사용인원의 한도(이하 "근무시간 면제 한도")를 넘지 않는 범위에서 다음 각 호의 사항 등을 고려하여 동의할 수 있다. 이 경우 임용권자는 제2항 각 호의 사항에 대한 동의 여부를 서면으로 알려야 한다.
  1. 노동조합별 조합원(법 제4조의2 제1호에 해당하는 조합원. 이하 같다) 수
  2. 법 제5조 제2항에 따른 전임자(專任者) 수

④ 임용권자는 제3항 제1호에 따른 노동조합별 조합원 수를 확인하는 데 필요한 자료의 제공을 해당 노동조합의 대표자에게 요청할 수 있다. 이 경우 해당 노동조합의 대표자는 자료 제공에 적극 협조해야 한다.

⑤ 제3항 제1호에 따른 노동조합별 조합원 수의 산정과 관련하여 이의가 있는 경우 그 조합원 수 산정에 관하여는 제3조의2 제5항을 준용한다. 이 경우 "교섭노동조합"은 각각 "노동조합의 대표자"로, "제3조 제5항에 따른 공고일"은 "제2항에 따른 동의 요청일"로 본다.

⑥ 노동조합의 대표자와 임용권자는 제1항부터 제3항까지의 규정에 따라 법 제5조의2 제1항에 따른 교원의 근무시간 면제에 관한 사항을 정한 경우 3년을 초과하지 않는 범위에서 그 유효기간을 합의하여 정할 수 있다.

근무시간 면제자 확정 및 변경 절차(교노법 시행령 제2조의3)

① 노동조합의 대표자는 제2조의2 제1항부터 제3항까지의 규정에 따라 정해진 근무시간 면제 시간 및 근무시간 면제 사용인원의 범위에서 근무시간 면제 사용 예정자(이하 이 조에서 "예정자") 명단과 예정자별 사용시간을 정하여 임용권자에게 제출해야 한다.

② 임용권자는 제1항에 따른 예정자 명단과 예정자별 사용시간을 제출받은 경우 해당 명단에 있는 사람을 근무시간 면제자(법 제5조의2 제1항에 따라 보수의 손실 없이 근무시간 면제 시간에 같은 항에 따른 업무를 할 수 있는 교원. 이하 "근무시간면제자")로 확정한다.

③ 노동조합의 대표자는 부득이한 사유가 있거나 제4항 전단에 따른 변경요청을 받은 경우에는 근무시간면제자를 변경할 수 있다. 이 경우 근무시간면제자 변경절차에 관하여는 제1항 및 제2항을 준용한다.

④ 임용권자는 근무시간면제자가 법 제5조의2 제1항에 따른 업무 외의 목적으로 근무시간 면제 시간을 사용하는 경우 해당 근무시간면제자의 변경을 노동조합의 대표자에게 요청할 수 있다. 이 경우 노동조합의 대표자는 특별한 사정이 없으면 그 요청에 따라야 한다.

근무시간 면제 시간 사용 절차(교노법 시행령 제2조의4)

① 근무시간면제자는 근무시간 면제 시간을 사용하기 7일 전까지 임용권자 또는 학교의 장에게 그 사용일시 및 업무내용을 포함하여 근무시간 면제 시간 사용 신청을 해야 한다. 다만, 근무시간면제자와 임용권자 또는 학교의 장이 협의한 경우에는 학사일정 등을 고려하여 본문에 따른 신청 기한을 변경할 수 있다.

② 임용권자 또는 학교의 장은 제1항 본문에 따른 신청을 받은 경우 특별한 사정이 없으면 이를 승인해야 한다. 다만, 특별한 사정이 있는 경우에는 그 사유를 제시하고 근무시간면제자와 협의하여 그 사용일시 등을 조정할 수 있다.

연간 근무시간면제자의 자료 제출(교노법 시행령 제2조의5)

연간 근무시간을 전부 면제받는 근무시간면제자(이하 제2조의6에서 "연간근무시간면제자")는 매월 10일까지 전월의 근무시간 면제 사용결과를 임용권자 또는 학교의 장에게 제출해야 한다. 다만, 사립학교법에 따른 사립학교의 경우에는 노동조합의 대표자와 임용권자 또는 학교의 장이 협의하여 근무시간 면제 사용결과의 제출 시기·주기를 달리 정할 수 있다.

근무시간면제자에 대한 복무 및 보수 등(교노법 시행령 제2조의7)

법 제5조의2에 따라 근무시간을 면제받은 사람에 대한 복무관리 및 보수 등에 관한 사항은 국가공무원법, 지방공무원법 및 사립학교법에 따른 복무 및 보수에 관한 규정 등 관계 법령에서 정하는 바에 따른다.

3. 근무시간 면제사용의 정보 공개(교노법 제5조의3)

임용권자는 국민이 알 수 있도록 전년도에 노동조합별로 근무시간을 면제받은 시간 및 사용인원, 지급된 보수 등에 관한 정보를 대통령령으로 정하는 바에 따라 공개하여야 한다.

> **근무시간 면제 사용 정보의 공개 방법 등(교노법 시행령 제2조의6)**
> 임용권자는 법 제5조의3에 따라 다음 각 호의 정보를 매년 4월 30일까지 고용노동부장관이 지정하는 인터넷 홈페이지에 3년간 게재하는 방법으로 공개한다. `기출` `24`
> 1. 노동조합별 전년도 근무시간 면제 시간과 그 결정기준
> 2. 노동조합별 전년도 근무시간 면제 사용인원(연간근무시간면제자와 근무시간 부분 면제자를 구분)
> 3. 노동조합별 전년도 근무시간 면제 사용인원에게 지급된 보수 총액

Ⅶ 교섭 및 체결권한 등(교노법 제6조)

1. 단체교섭의 담당자

① 노동조합의 대표자는 그 노동조합 또는 조합원의 임금, 근무조건, 후생복지 등 경제적·사회적 지위 향상에 관하여 다음의 구분에 따른 자와 교섭하고 단체협약을 체결할 권한을 가진다. `기출` `20`

    ㉠ 유아교육법에 따른 교원·초·중등교육법에 따른 교원이 설립한 노동조합의 대표자의 경우 : 교육부장관, 시·도 교육감 또는 사립학교 설립·경영자. 이 경우 사립학교 설립·경영자는 전국 또는 시·도 단위로 연합하여 교섭에 응하여야 한다. `기출` `20·24`

    ㉡ 고등교육법에 따른 교원이 설립한 노동조합의 대표자의 경우 : 교육부장관, 특별시장·광역시장·특별자치시장·도지사·특별자치도지사(이하 "시·도지사"), 국·공립학교의 장 또는 사립학교 설립·경영자

② 이 경우에 노동조합의 교섭위원은 해당 노동조합의 대표자와 그 조합원으로 구성하여야 한다.

`기출` `20·24`

2. 단체교섭의 대상

노동조합 또는 조합원의 임금·근무조건·후생복지 등 경제적·사회적 지위 향상에 관하여 단체교섭을 할 수 있다.

3. 단체교섭의 절차 `기출` `13·17·18·20`

(1) 내 용

① 노동조합의 대표자는 교육부장관, 시·도지사, 시·도 교육감, 국·공립학교의 장 또는 사립학교 설립·경영자와 단체교섭을 하려는 경우에는 교섭하려는 사항에 대하여 권한을 가진 자에게 서면으로 교섭을 요구하여야 한다. `기출` `24`

② 교육부장관, 시·도지사, 시·도 교육감, 국·공립학교의 장 또는 사립학교 설립·경영자는 노동조합으로부터 교섭을 요구받았을 때에는 교섭을 요구받은 사실을 공고하여 관련된 노동조합이 교섭에 참여할 수 있도록 하여야 한다.

③ 교육부장관, 시·도지사, 시·도 교육감, 국·공립학교의 장 또는 사립학교 설립·경영자는 교섭을 요구하는 노동조합이 둘 이상인 경우에는 해당 노동조합에 교섭창구를 단일화하도록 요청할 수 있다. 이 경우 교섭창구가 단일화된 때에는 교섭에 응하여야 한다.

④ 교육부장관, 시·도지사, 시·도 교육감, 국·공립학교의 장 또는 사립학교 설립·경영자는 노동조합과 단체협약을 체결한 경우 그 유효기간 중에는 그 단체협약의 체결에 참여하지 아니한 노동조합이 교섭을 요구하여도 이를 거부할 수 있다.

⑤ 단체교섭을 하거나 단체협약을 체결하는 경우에 관계당사자는 국민여론과 학부모의 의견을 수렴하여 성실하게 교섭하고 단체협약을 체결하여야 하며, 그 권한을 남용하여서는 아니 된다. `기출` 22

(2) 관련 판례

조직 대상을 같이하는 둘 이상의 노동조합이 설립되어 있는 경우, 그 노동조합은 교섭창구를 단일화하여 단체교섭을 요구하여야 한다. 판례에 따르면 구 교노법 제6조 제3항은 조직 대상을 같이하는 복수의 교원노동조합이 존재하는 경우 단체교섭을 위해서는 그 교섭요구의 단계에서부터 자율적인 교섭창구단일화를 요구하고 있는바, 이러한 교섭창구단일화방식에는 아무런 제한이 없으므로 복수의 교원노동조합이 단체교섭 이전에 단일한 교섭주체를 구성하기 위하여 위임 등의 형식으로 교섭창구를 단일화하는 것도 가능하다고(대판 2010.4.29. 2007두11542) 한다.

단체교섭 요구 및 절차 등(교노법 시행령 제3조)

① 노동조합의 대표자는 법 제6조 제1항 및 제4항에 따라 다음 각 호의 어느 하나에 해당하는 자(이하 "상대방")에게 단체교섭을 요구하려는 경우 노동조합의 명칭, 대표자의 성명, 주된 사무소의 소재지, 교섭요구사항 및 조합원 수(단체교섭을 요구하는 날을 기준) 등을 적은 서면으로 알려야 한다.
 1. 교육부장관
 2. 특별시장·광역시장·특별자치시장·도지사·특별자치도지사(이하 "시·도지사")
 3. 시·도 교육감
 4. 국·공립학교의 장
 5. 사립학교 설립·경영자(법 제6조 제1항 제1호에 따른 사립학교 설립·경영자의 경우 이들을 구성원으로 하는 단체가 있을 때에는 그 단체의 대표자)

② 제1항 제5호의 사립학교 설립·경영자는 법 제4조 제1항에 따른 노동조합의 대표자로부터 제1항에 따른 단체교섭을 요구받은 때에는 그 교섭이 시작되기 전까지 전국 또는 시·도 단위로 교섭단을 구성해야 한다.

③ 상대방은 제1항에 따른 단체교섭을 요구받은 때에는 법 제6조 제5항에 따라 관련된 노동조합이 알 수 있도록 지체 없이 자신의 인터넷 홈페이지 또는 게시판에 그 사실을 공고해야 한다.

④ 법 제6조 제5항에 따라 단체교섭에 참여하려는 관련된 노동조합은 제3항에 따른 공고일부터 7일 이내에 제1항에 따른 서면으로 상대방에게 교섭을 요구해야 한다.

⑤ 상대방은 제4항에 따른 교섭요구기한이 지나면 지체 없이 제1항 및 제4항에 따라 교섭을 요구한 노동조합(이하 "교섭노동조합")을 자신의 인터넷 홈페이지 또는 게시판에 공고하고, 교섭노동조합에 그 공고한 사항을 알려야 한다.

⑥ 교섭노동조합과 상대방(이하 "노동관계당사자")은 제5항에 따른 공고가 있는 경우(법 제6조 제6항에 따라 둘 이상의 노동조합이 교섭창구를 단일화하려는 경우에는 제3조의2에 따라 교섭위원의 선임이 완료된 경우) 그 소속원 중에서 지명한 사람에게 교섭내용, 교섭일시·장소, 그 밖에 교섭에 필요한 사항에 관하여 협의하도록 하고, 교섭을 시작해야 한다.

⑦ 상대방은 제4항에 따른 교섭요구기간에 교섭요구를 하지 않은 노동조합의 교섭요구를 거부할 수 있다.

교섭위원의 선임(교노법 시행령 제3조의2)

① 교섭노동조합은 제3조 제5항에 따른 공고일부터 20일 이내에 법 제6조 제2항에 따른 노동조합의 교섭위원(이하 "교섭위원")을 선임하여 상대방에게 교섭노동조합의 대표자가 서명 또는 날인한 서면으로 그 사실을 알려야 한다. 이 경우 교섭노동조합이 법 제6조 제6항에 해당하면 교섭노동조합의 대표자가 연명으로 서명 또는 날인해야 한다.

② 교섭위원의 수는 교섭노동조합의 조직 규모 등을 고려하여 정하되, 10명 이내로 한다. `기출` 24

---

③ 교섭노동조합이 둘 이상인 경우에는 교섭노동조합 사이의 합의에 따라 교섭위원을 선임하여 교섭창구를 단일화하되, 제1항 전단에 따른 기간에 자율적으로 합의하지 못했을 때에는 교섭노동조합의 조합원 수(교원인 조합원의 수)에 비례(산출된 교섭위원 수의 소수점 이하의 수는 0으로 본다)하여 교섭위원을 선임한다. 이 경우 교섭노동조합은 전단에 따른 조합원 수를 확인하는 데 필요한 기준과 방법 등에 대하여 성실히 협의하고 필요한 자료를 제공하는 등 교섭위원의 선임을 위하여 적극 협조해야 한다. **기출** 24

④ 제3항에 따른 조합원 수에 비례한 교섭위원의 선임은 제1항 전단에 따른 기간이 끝난 날부터 20일 이내에 이루어져야 한다.

⑤ 교섭노동조합이 제3항에 따른 조합원 수의 산정과 관련하여 이견이 있는 경우 그 조합원의 수는 제3조 제5항에 따른 공고일 이전 1개월 동안 전자금융거래법 제2조 제11호에 따른 전자지급수단의 방법으로 조합비를 납부한 조합원의 수로 하되, 둘 이상의 노동조합에 가입한 조합원에 대해서는 다음 각 호의 구분에 따른 방법으로 해당 조합원 1명에 대한 조합원 수를 산정한다. 이 경우 교섭노동조합은 임금에서 조합비를 공제한 명단을 상대방에게 요청할 수 있고, 상대방은 지체 없이 해당 교섭노동조합에 이를 제공해야 한다.
  1. 조합비를 납부하는 노동조합이 1개인 경우 : 조합비를 납부하는 노동조합의 조합원 수에 숫자 1을 더한다.
  2. 조합비를 납부하는 노동조합이 둘 이상인 경우 : 숫자 1을 조합비를 납부하는 노동조합의 수로 나눈 후에 그 산출된 숫자를 그 조합비를 납부하는 노동조합의 조합원 수에 각각 더한다.

⑥ 교섭노동조합은 제3항부터 제5항까지의 규정에도 불구하고 조합원 수에 대하여 이견이 계속되거나 제4항에 따른 기간에 교섭위원을 선임하지 못한 경우 고용노동부장관 또는 노동조합의 주된 사무소의 소재지를 관할하는 지방고용노동관서의 장에게 조합원 수의 확인을 신청할 수 있다. 이 경우 고용노동부장관 또는 해당 지방고용노동관서의 장은 조합원 수의 확인을 위한 자료가 불충분하여 그 확인이 어려운 경우 등 특별한 사정이 없으면 신청일부터 10일 이내에 조합원 수를 확인하여 제3조 제5항에 따라 공고된 교섭노동조합에 알려야 한다.

Ⅷ 단체협약의 효력(교노법 제7조)

① 체결된 단체협약의 내용 중 법령·조례 및 예산에 의하여 규정되는 내용과 법령 또는 조례에 의하여 위임을 받아 규정되는 내용은 단체협약으로서의 효력을 가지지 아니한다. **기출** 13·14·17·19·24

② 교육부장관, 시·도지사, 시·도 교육감, 국·공립학교의 장 및 사립학교 설립·경영자는 단체협약으로서의 효력을 가지지 아니하는 내용에 대하여는 그 내용이 이행될 수 있도록 성실하게 노력하여야 한다.

③ 교육부장관, 시·도지사, 시·도 교육감, 국·공립학교의 장 및 사립학교 설립·경영자는 단체협약으로서의 효력을 가지지 않는 단체협약내용에 대한 이행 결과를 다음 교섭 시까지 교섭노동조합에 서면으로 알려야 한다(교노법 시행령 제5조).

Ⅸ 쟁의행위의 금지(교노법 제8조)

노동조합과 그 조합원은 파업·태업 또는 그 밖에 업무의 정상적인 운영을 방해하는 어떠한 쟁의행위도 하여서는 아니 된다. **기출** 16·18·19·21·22

X 조정절차

1. 조정

(1) 조정의 개시(교노법 제9조 제1항·제2항)

① 단체교섭이 결렬된 경우에는 당사자 어느 한쪽 또는 양쪽은 중앙노동위원회에 조정을 신청할 수 있다.

기출 23

② 당사자 어느 한쪽 또는 양쪽이 조정을 신청하면 중앙노동위원회는 지체 없이 조정을 시작하여야 하며 당사자 양쪽은 조정에 성실하게 임하여야 한다.

(2) 조정의 담당자(교노법 제11조) 기출 14·15·17·18·21

① 교원의 노동쟁의를 조정·중재하기 위하여 중앙노동위원회에 교원노동관계조정위원회(이하 "위원회")를 둔다.

② 위원회는 중앙노동위원회 위원장이 지명하는 조정담당 공익위원 3명으로 구성한다. 다만, 관계당사자가 합의하여 중앙노동위원회의 조정담당 공익위원이 아닌 사람을 추천하는 경우에는 그 사람을 지명하여야 한다.

③ 위원회의 위원장은 위원회의 위원 중에서 호선한다.

(3) 조정기간(교노법 제9조 제3항)

조정은 신청을 받은 날부터 30일 이내에 마쳐야 한다. 기출 19·24

(4) 노조법의 준용(교노법 제14조)

이 법에서 정하지 아니한 사항은 노조법에서 정하는 바에 따른다.

2. 중재

(1) 중재의 개시(교노법 제10조)

중앙노동위원회는 ① 단체교섭이 결렬되어 관계당사자 양쪽이 함께 중재를 신청한 경우, ② 중앙노동위원회가 제시한 조정안을 당사자의 어느 한쪽이라도 거부한 경우, ③ 중앙노동위원회 위원장이 직권으로 또는 고용노동부장관의 요청에 따라 중재에 회부한다는 결정을 한 경우에는 중재를 한다. 기출 12·21·23·24

O | X 💬

1. 노동조합은 교육제도 개선을 목적으로 하는 정치활동을 할 수 있다.
2. 노동조합을 설립하려는 사람은 교육부장관에게 설립신고서를 제출하여야 한다.
3. 노동조합과 그 조합원은 파업을 제외한 그 밖의 쟁의행위를 할 수 있다.
4. 단체협약의 내용 중 법령·조례 및 예산에 의하여 규정되는 내용은 단체협약으로서의 효력을 가지지 아니한다.
5. 단체교섭이 결렬된 경우에는 당사자 어느 한쪽 또는 양쪽은 중앙노동위원회에 조정을 신청할 수 있고, 조정은 신청을 받은 날부터 15일 이내에 마쳐야 한다.
6. 교원은 전국 단위로만 노동조합을 설립하여야 한다.
7. 교원의 노동쟁의를 조정·중재하기 위하여 중앙노동위원회에 교원노동관계조정위원회를 둔다.

정답 1. × 2. × 3. × 4. ○ 5. × 6. × 7. ○

(2) 중재의 담당자(교노법 제11조 제1항)

중재는 교원노동관계조정위원회에서 담당한다. `기출 24`

(3) 중재의 효력(교노법 제12조 제5항)

확정된 중재재정의 내용은 단체협약과 같은 효력을 가진다.

(4) 불복절차(교노법 제12조) `기출 12·23`

① 교원의 경우 중재재정에 관한 불복절차로서 행정소송만이 인정되고, 재심절차는 인정되지 아니한다.

② 관계당사자는 중앙노동위원회의 중재재정이 위법하거나 월권에 의한 것이라고 인정하는 경우에는 행정소송법에도 불구하고 중재재정서를 송달받은 날부터 15일 이내에 중앙노동위원회 위원장을 피고로 하여 행정소송을 제기할 수 있다.

③ 중재재정서를 송달받은 날부터 15일 이내에 행정소송을 세기하지 아니하면 그 중재재정은 확정된다.

④ 중재재정이 확정되면 관계당사자는 이에 따라야 한다.

⑤ 중앙노동위원회의 중재재정은 행정소송의 제기에 의하여 효력이 정지되지 아니한다.

XI 다른 법률과의 관계

① 교원(교원으로 임용되어 근무하였던 사람으로서 노동조합 규약으로 정하는 사람 포함)에 적용할 노동조합 및 노동관계조정에 관하여 이 법에서 정하지 아니한 사항에 대해서는 ②에서 정하는 경우를 제외하고는 노조법에서 정하는 바에 따른다.

② 노조법 제2조 제4호 라목(근로자가 아닌 자의 가입을 허용하는 경우), 제24조(근로시간 면제 등), 제24조의2 제1항·제2항(근로시간면제심의위원회의 설치, 근로시간 면제한도의 적정성 여부 3년마다 재심의), 제29조 제2항부터 제4항까지(교섭대표노동조합의 단체협약체결권한, 그 권한의 위임과 상대방에 대한 통지), 제29조의2부터 제29조의5까지(교섭창구 단일화 절차, 교섭단위 결정, 공정대표의무 등, 그 밖의 교섭창구 단일화 관련 사항), 제36조부터 제39조까지(지역적 구속력, 쟁의행위의 기본원칙, 노동조합의 지도와 책임, 근로자의 구속제한), 제41조(쟁의행위의 제한과 금지), 제42조(폭력행위등의 금지), 제42조의2부터 제42조의6까지(필수유지업무에 대한 쟁의행위의 제한, 필수유지업무협정, 필수유지업무 유지·운영 수준 등의 결정, 노동위원회의 결정에 따른 쟁의행위, 필수유지업무 근무 근로자의 지명), 제43조부터 제46조까지(사용자의 채용제한, 쟁의행위 기간 중의 임금지급 요구의 금지, 조정의 전치, 직장폐쇄의 요건), 제51조부터 제57조까지(공익사업등의 우선적 취급, 사적 조정·중재, 조정의 개시, 조정기간, 조정위원회의 구성, 조정위원회의 위원장, 단독조정), 제60조 제5항(조정위원회 또는 단독조정인의 조정안에 대한 견해제시 시까지 쟁의행위의 금지), 제62조부터 제65조까지(중재의 개시, 중재시의 쟁의행위의 금지, 중재위원회의 구성, 중재위원회의 위원장), 제66조 제2항(사용자위원, 근로자위원의 의견진술권), 제69조부터 제73조까지(중재재정등의 확정, 중재재정 등의 효력, 공익사업의 범위등, 특별조정위원회의 구성, 특별조정위원회의 위원장), 제76조부터 제80조까지(긴급조정의 결정, 긴급조정시의 쟁의행위 중지, 중앙노동위원회의 조정, 중앙노동위원회의 중재 회부 결정권, 중앙노동위원회의 중재), 제81조 제1항 제2호 단서(유니온숍제도), 제88조(벌금 : 방위사업법에 의하여 지정된 주요방위산업체에 종사하는 근로자 중 전력, 용수 및 주로 방산물자를 생산하는 업무에

종사하는 자가 쟁의행위를 한 경우), 제89조 제1호(벌금 : 조합원이 노동조합에 의하여 주도되지 아니한 쟁의행위를 한 경우, 쟁의행위가 그 쟁의행위와 관계없는 자 또는 근로를 제공하고자 하는 자의 출입·조업 기타 정상적인 업무를 방해하는 방법으로 행하여지거나, 쟁의행위의 참가를 호소하거나 설득하는 행위로서 폭행·협박을 사용하는 경우, 쟁의행위가 폭력이나 파괴행위 또는 생산 기타 주요업무에 관련되는 시설과 이에 준하는 시설로서 대통령령이 정하는 시설을 점거하는 형태로 행하여진 경우, 쟁의행위로 필수유지업무의 정당한 유지·운영을 정지·폐지 또는 방해하는 행위를 한 경우 등), 제91조(벌금) 및 제96조 제1항 제3호 (미리 직장폐쇄를 신고하지 아니한 자)는 이 법에 따른 노동조합에 대해서는 적용하지 아니한다.

심의위원회 위원의 자격기준(교노법 시행령 제2조의8)
① 법 제14조 제1항에서 준용하는 노동조합 및 노동관계조정법 제24조의2 제5항 제1호 및 제2호에 따라 전국적 규모의 노동단체 또는 교원 노동단체나 교육부장관이 심의위원회의 위원으로 추천할 수 있는 사람의 자격기준은 다음 각 호와 같다.
  1. 전국적 규모의 노동단체 또는 교원 노동단체의 전직·현직 임원
  2. 3급 또는 3급 상당 이상의 공무원이나 고위공무원단에 속하는 공무원으로 재직하고 있는 사람
  3. 사립학교법에 따른 사립학교를 설립·경영하는 법인의 임원 또는 사립학교경영자나 사립학교를 설립·경영하는 법인의 임원이었던 사람 또는 사립학교경영자이었던 사람
② 법 제14조 제1항에서 준용하는 노동조합 및 노동관계조정법 제24조의2 제5항 제3호에 따라 공익을 대표하는 위원으로 추천받을 수 있는 사람의 자격기준은 다음 각 호와 같다.
  1. 노동 관련 학문을 전공한 사람으로서 고등교육법 제2조 제1호·제2호·제5호에 따른 학교나 공인된 연구기관에서 같은 법 제14조 제2항에 따른 교원 또는 연구원으로 5년 이상 근무한 경력이 있는 사람
  2. 그 밖에 제1호에 해당하는 학식과 경험이 있다고 인정되는 사람

심의위원회 위원의 임기(교노법 시행령 제2조의9)
① 심의위원회 위원의 임기는 3년으로 한다.
② 심의위원회의 위원이 궐위된 경우에 보궐위원의 임기는 전임자(前任者) 임기의 남은 기간으로 한다.
③ 심의위원회의 위원은 임기가 끝났더라도 후임자가 위촉될 때까지 계속하여 그 직무를 수행한다.

✔ **핵심문제**

01 공무원의 노동조합 설립 및 운영 등에 관한 법률의 설명으로 옳지 않은 것은?

① 공무원은 노동조합활동을 할 때 다른 법령에서 규정하는 공무원의 의무에 반하는 행위를 하여서는 아니 된다.
② 정부교섭대표는 교섭을 요구하는 노동조합이 둘 이상인 경우에는 해당 노동조합에 교섭창구를 단일화하도록 요청할 수 있고, 교섭창구가 단일화된 때에는 교섭에 응하여야 한다.
③ 노동조합의 대표자는 정부교섭대표와 교섭하려는 경우에는, 교섭하려는 사항에 대하여 권한을 가진 정부교섭대표에게 서면으로 교섭을 요구하여야 한다.
④ 공무원은 임용권자의 동의를 받아 노동조합으로부터 급여를 지급받으면서 노동조합의 업무에만 종사할 수 있다.
⑤ 정부교섭대표는 효율적인 교섭을 위하여 관계기관의 장을 교섭에 참여하게 하여야 한다.

[해설]
정부교섭대표는 효율적인 교섭을 위하여 필요한 경우 정부교섭대표가 아닌 관계기관의 장으로 하여금 교섭에 참여하게 할 수 있고, 다른 기관의 장이 관리하거나 결정할 권한을 가진 사항에 대하여는 해당 기관의 장에게 교섭 및 단체협약체결권한을 위임할 수 있다(공노법 제8조 제4항).

정답 ⑤

01 기출 24

☑ 확인 Check! ○ △ ✕

교원의 노동조합 설립 및 운영 등에 관한 법률의 내용으로 옳지 않은 것은?

① 교원의 노동조합은 어떠한 정치활동도 하여서는 아니 된다.
② 교원은 임용권자의 동의를 받아 노동조합으로부터 급여를 지급받으면서 노동조합의 업무에만 종사할 수 있다.
③ 교원의 노동조합과 그 조합원은 노동운동이나 그 밖에 공무 외의 일을 위한 어떠한 집단행위도 하여서는 아니 된다.
④ 법령·조례 및 예산에 의하여 규정되는 내용은 단체협약으로 체결되더라도 효력을 가지지 아니한다.
⑤ 교원의 노동조합의 전임자는 그 전임기간 중 전임자임을 이유로 승급 또는 그 밖의 신분상의 불이익을 받지 아니한다.

01

① (○) 교노법 제3조
② (○) 교노법 제5조 제1항
③ (✕) 교노법은 일정한 범위의 교원이 국가공무원법 제66조 제1항("공무원은 노동운동이나 그 밖에 공무 외의 일을 위한 집단 행위를 하여서는 아니 된다. 다만, 사실상 노무에 종사하는 공무원은 예외로 한다")에도 불구하고 교원의 노동조합 설립에 관한 사항을 정하고 교원에 적용할 노조법에 대한 특례를 규정함을 목적으로 한다(교노법 제1조). 따라서 교노법 제2조에서 정한 교원은 노동조합을 설립하여 단체교섭에 나설 수 있다(교노법 제4조, 제6조 참조).
④ (○) 체결된 단체협약의 내용 중 법령·조례 및 예산에 의하여 규정되는 내용과 법령 또는 조례에 의하여 위임을 받아 규정되는 내용은 단체협약으로서의 효력을 가지지 아니한다(교노법 제7조 제1항).
⑤ (○) 교노법 제5조 제4항

정답 ③

02 기출 24 ☑ 확인Check! ○ △ ✕

공무원의 노동조합 설립 및 운영 등에 관한 법률의 내용으로 옳은 것은?

① 교원과 교육공무원은 공무원의 노동조합에 가입할 수 없다.

② 업무의 주된 내용이 다른 공무원에 대하여 지휘·감독권을 행사하거나 다른 공무원의 업무를 총괄하는 업무에 종사하는 공무원 중 대통령령으로 정하는 공무원은 공무원의 노동조합에 가입할 수 없다.

③ 교정·수사 등 공공의 안녕과 국가안전보장에 관한 업무에 종사하는 공무원은 공무원의 노동조합에 가입할 수 있다.

④ 공무원의 노동조합이 있는 경우 공무원이 공무원직장협의회를 설립·운영할 수 없다.

⑤ 공무원은 임용권자의 동의를 받아 노동조합으로부터 급여를 지급받으면서 노동조합의 업무에만 종사할 수 있으며, 그 기간 중 휴직명령을 받은 것으로 본다.

02

① (✕) 교원을 제외한 교육공무원은 공무원의 노동조합에 가입할 수 있다(공노법 제6조 제1항 제2호).

② (○) 업무의 주된 내용이 다른 공무원에 대하여 지휘·감독권을 행사하거나 다른 공무원의 업무를 총괄하는 업무에 종사하는 공무원으로서 법령·조례 또는 규칙에 따라 다른 공무원을 지휘·감독하며 그 복무를 관리할 권한과 책임을 부여받은 공무원(직무 대리자를 포함)이거나, 훈령 또는 사무 분장 등에 따라 부서장을 보조하여 부서 내 다른 공무원의 업무 수행을 지휘·감독하거나 총괄하는 업무에 주로 종사하는 공무원 등은 공무원의 노동조합에 가입할 수 없다(공노법 제6조 제2항 제1호, 동법 시행령 제3조 제1호).

③ (✕) 교정·수사 등 공공의 안녕과 국가안전보장에 관한 업무에 종사하는 공무원은 공무원의 노동조합에 가입할 수 없다(공노법 제6조 제2항 제3호).

④ (✕) 공노법의 규정에 의한 노동조합이 있는 경우, 공무원이 공무원직장협의회의 설립·운영에 관한 법률에 따라 직장협의회를 설립·운영하는 것을 방해하지 아니한다(공노법 제17조 제1항 참조).

⑤ (✕) 임용권자의 동의를 받아 노동조합으로부터 급여를 지급받으면서 노동조합의 업무에만 종사하는 사람[이하 "전임자"]에 대하여는 그 기간 중 국가공무원법 또는 지방공무원법에 따라 휴직명령을 하여야 한다(공노법 제7조 제2항).

정답 ②

➕ PLUS

노동조합 가입이 금지되는 공무원의 범위(공노법 시행령 제3조)

법 제6조 제2항 및 제4항에 따라 노동조합에 가입할 수 없는 공무원의 범위는 다음 각 호와 같다.

1. 업무의 주된 내용이 다른 공무원에 대하여 지휘·감독권을 행사하거나 다른 공무원의 업무를 총괄하는 업무에 종사하는 공무원으로서 다음 각 목의 어느 하나에 해당하는 공무원
   가. 법령·조례 또는 규칙에 따라 다른 공무원을 지휘·감독하며 그 복무를 관리할 권한과 책임을 부여받은 공무원(직무 대리자를 포함)
   나. 훈령 또는 사무 분장 등에 따라 부서장을 보조하여 부서 내 다른 공무원의 업무 수행을 지휘·감독하거나 총괄하는 업무에 주로 종사하는 공무원

2. 인사·보수에 관한 업무를 수행하는 공무원 등 노동조합과의 관계에서 행정기관의 입장에서 업무를 수행하는 공무원으로서 다음 각 목의 어느 하나에 해당하는 업무에 주로 종사하는 공무원(자료 정리 등 단순히 업무를 보조하는 사람은 제외)
   가. 공무원의 임용·복무·징계·소청심사·보수·연금 또는 그 밖에 후생복지에 관한 업무
   나. 노동조합 및 공무원직장협의회의 설립·운영에 관한 법률에 따른 직장협의회에 관한 업무
   다. 예산·기금의 편성 및 집행(단순 집행은 제외)에 관한 업무
   라. 행정기관의 조직과 정원의 관리에 관한 업무
   마. 감사에 관한 업무
   바. 보안업무, 질서유지업무, 청사시설의 관리 및 방호(防護)에 관한 업무, 비서·운전 업무

3. 업무의 주된 내용이 노동관계의 조정·감독 등 노동조합의 조합원 지위를 가지고 수행하기에 적절하지 아니하다고 인정되는 업무에 종사하는 공무원으로서 다음 각 목의 어느 하나에 해당하는 공무원
   가. 노동위원회법에 따른 노동위원회의 사무국에서 조정사건이나 심판사건의 업무를 담당하는 공무원
   나. 근로기준법에 따라 고용노동부 및 그 소속 기관에서 근로기준법, 산업안전보건법, 그 밖의 노동관계 법령 위반의 죄에 관하여 사법경찰관의 직무를 수행하는 근로감독관

다. 선원법에 따라 선원법, 근로기준법, 그 밖의 선원근로관계 법령 위반의 죄에 관하여 사법경찰관의 직무를 수행하는 선원근로감독관

라. 지방자치단체에서 노동조합 및 노동관계조정법에 따른 노동조합 설립신고, 단체협약 및 쟁의행위 등에 관한 업무에 주로 종사하는 공무원

4. 교정·수사 등 공공의 안녕과 국가안전보장에 관한 업무에 종사하는 공무원으로서 다음 각 목의 어느 하나에 해당하는 공무원

가. 공무원임용령 [별표 1]의 공무원 중 교정·보호·검찰사무·마약수사·출입국관리 및 철도경찰 직렬의 공무원

나. 조세범 처벌절차 법령에 따라 검찰총장 또는 검사장의 지명을 받아 조세에 관한 범칙사건(犯則事件)의 조사를 전담하는 공무원

다. 수사업무에 주로 종사하는 공무원

라. 국가정보원에 근무하는 공무원

03 기출 24

☑확인Check! ○ △ ✕

교원의 노동조합 설립 및 운영 등에 관한 법령상 근무시간 면제에 관한 설명으로 옳지 않은 것은?

① 근무시간 면제 시간 및 사용인원의 한도를 정하기 위하여 경제사회노동위원회에 교원근무시간면제심의위원회를 둔다.

② 고등교육법에 따른 교원에 대해서는 시·도 단위를 기준으로 근무시간 면제 한도를 심의·의결한다.

③ 교원근무시간면제심의위원회는 3년마다 근무시간 면제 한도의 적정성 여부를 재심의하여 의결할 수 있다.

④ 근무시간 면제 한도를 초과하는 내용을 정한 단체협약 또는 임용권자의 동의는 그 부분에 한정하여 무효로 한다.

⑤ 임용권자는 전년도에 노동조합별로 근무시간을 면제받은 시간 및 사용인원, 지급된 보수 등에 관한 정보를 고용노동부장관이 지정하는 인터넷 홈페이지에 3년간 게재하는 방법으로 공개하여야 한다.

03

① (○) 교노법 제5조의2 제2항

② (✕) 심의위원회는 고등교육법에 따른 교원의 경우, 개별학교 단위를 기준으로 조합원의 수를 고려하되, 노동조합의 조직형태, 교섭구조·범위 등 교원 노사관계의 특성을 반영하여 근무시간 면제 한도를 심의·의결하고, 3년마다 그 적정성 여부를 재심의하여 의결할 수 있다(교노법 제5조의2 제3항 제2호).

③ (○) 심의위원회는 유아교육법, 초중등교육법에 따른 교원의 경우 시·도 단위를 기준으로, 고등교육법에 따른 교원의 경우, 개별학교 단위를 기준으로 조합원의 수를 고려하되, 노동조합의 조직형태, 교섭구조·범위 등 교원 노사관계의 특성을 반영하여 근무시간 면제 한도를 심의·의결하고, 3년마다 그 적정성 여부를 재심의하여 의결할 수 있다(교노법 제5조의2 제3항).

④ (○) 교노법 제5조의2 제4항

⑤ (○) 교노법 제5조의3, 동법 시행령 제2조의6

정답 ②

✚ PLUS

근무시간 면제 사용의 정보 공개(교노법 제5조의3)
임용권자는 국민이 알 수 있도록 전년도에 노동조합별로 근무시간을 면제받은 시간 및 사용인원, 지급된 보수 등에 관한 정보를 대통령령으로 정하는 바에 따라 공개하여야 한다.

근무시간 면제 사용 정보의 공개 방법 등(교노법 시행령 제2조의6)
임용권자는 법 제5조의3에 따라 다음 각 호의 정보를 매년 4월 30일까지 고용노동부장관이 지정하는 인터넷 홈페이지에 3년간 게재하는 방법으로 공개한다.
   1. 노동조합별 전년도 근무시간 면제 시간과 그 결정기준
   2. 노동조합별 전년도 근무시간 면제 사용인원(연간근무시간면제자와 근무시간 부분 면제자를 구분)
   3. 노동조합별 전년도 근무시간 면제 사용인원에게 지급된 보수 총액

04 기출 24

☑ 확인 Check! ○ △ ✕

공무원의 노동조합 설립 및 운영 등에 관한 법률상 단체교섭 및 단체협약에 관한 설명으로 옳지 않은 것은?

① 공무원의 노동조합 설립 및 운영 등에 관한 법률은 단체교섭에 대하여 개별교섭방식만을 인정하고 있다.

② 단체협약의 유효기간은 3년을 초과하지 않는 범위에서 노사가 합의하여 정할 수 있다.

③ 정부교섭대표는 교섭을 요구하는 노동조합이 둘 이상인 경우에는 해당 노동조합에 교섭창구를 단일화하도록 요청할 수 있으며, 교섭창구가 단일화된 때에는 교섭에 응하여야 한다.

④ 법령 또는 조례에 의하여 위임을 받아 규정되는 내용은 단체협약으로 체결되더라도 효력을 가지지 않지만, 정부교섭대표는 그 내용이 이행될 수 있도록 성실하게 노력하여야 한다.

⑤ 법령 등에 따라 국가나 지방자치단체가 그 권한으로 행하는 정책결정에 관한 사항, 임용권의 행사 등 그 기관의 관리·운영에 관한 사항으로서 근무조건과 직접 관련되지 아니 하는 사항은 교섭의 대상이 될 수 없다.

05 기출 24

☑ 확인 Check! ○ △ ✕

공무원의 노동조합 설립 및 운영 등에 관한 법률상 조정 및 중재에 관한 설명으로 옳은 것은?

① 단체교섭이 결렬된 경우 이를 조정·중재하기 위하여 중앙노동위원회에 특별조정위원회를 둔다.

② 중앙노동위원회 위원장이 직권으로 중재에 회부한다는 결정을 하는 경우 지체 없이 중재를 한다.

③ 관계 당사자는 중앙노동위원회의 중재재정이 위법하거나 월권에 의한 것이라고 인정하는 경우에는 중재재정서를 송달받은 날부터 30일 이내에 중앙노동위원회 위원장을 피고로 하여 행정소송을 제기할 수 있다.

④ 관계 당사자는 확정된 중재재정을 따라야 하나, 위반에 대한 벌칙 규정은 없다.

⑤ 중앙노동위원회의 중재재정에 대한 행정소송이 제기되면 중재재정의 효력은 정지된다.

04

① (✕) 개별교섭은 같은 교섭단위에서 복수노조가 있는 경우 사용자가 각 노동조합과 개별적으로 교섭하는 것을 의미한다. 공무원의 교섭노동조합이 둘 이상인 경우 교섭노동조합 사이의 합의에 따라 교섭위원을 선임하여 교섭창구를 단일화해야 하므로(공노법 시행령 제8조 제2항 본문), **공노법은 개별교섭을 금지하고 있다고 이해해야 한다.**

② (○) 공무원에게 적용할 노동조합 및 노동관계 조정에 관하여 공노법에서 정하지 아니한 사항에 대해서는 동법 제17조 제3항에서 정하는 경우를 제외하고는 노조법에서 정하는 바에 따르게 되므로, 공무원 노동조합의 대표자와 정부교섭대표에 의해 체결된 단체협약의 유효기간은 3년을 초과하지 않는 범위에서 노사가 합의하여 정할 수 있다(공노법 제17조 제2항 전문, 노조법 제32조 제1항).

③ (○) 공노법 제9조 제4항

④ (○) 체결된 단체협약의 내용 중 법령·조례 또는 예산에 의하여 규정되는 내용과 법령 또는 조례에 의하여 위임을 받아 규정되는 내용은 단체협약으로서의 효력을 가지지 아니하나, 정부교섭대표는 단체협약으로서의 효력을 가지지 아니하는 내용에 대하여는 그 내용이 이행될 수 있도록 성실하게 노력하여야 한다(공노법 제10조 제1항, 제2항).

⑤ (○) 공노법 제8조 제1항 단서

정답 ①

05

① (✕) 단체교섭이 결렬된 경우 이를 조정·중재하기 위하여 중앙노동위원회에 공무원 노동관계 조정위원회를 둔다(공노법 제14조 제1항).

② (✕) 공무원 노동관계 조정위원회 전원회의에서 중재 회부를 결정한 경우, 중앙노동위원회는 지체 없이 중재를 한다(공노법 제13조 제2호).

③ (✕) 관계 당사자는 중앙노동위원회의 중재재정이 위법하거나 월권에 의한 것이라고 인정하는 경우에는 행정소송법 제20조에도 불구하고 중재재정서를 송달받은 날부터 15일 이내에 중앙노동위원회 위원장을 피고로 하여 행정소송을 제기할 수 있다(공노법 제16조 제1항).

④ (○) 중재재정이 확정되면 관계 당사자는 이에 따라야 하나(공노법 제16조 제3항), 확정된 중재재정을 위반한 행위에 대한 벌칙 규정은 없다.

⑤ (✕) 중앙노동위원회의 중재재정은 이에 대한 행정소송의 제기에 의하여 그 효력이 정지되지 아니한다(공노법 제16조 제4항).

정답 ④

06 기출 24 ☑확인Check! ○ △ ✕

노동조합 및 노동관계조정법의 내용 중 공무원의 노동조합 설립 및 운영 등에 관한 법률에 적용되는 것으로 옳은 것은?

① 공정대표의무 등(노동조합 및 노동관계조정법 제29조의4)
② 일반적 구속력(노동조합 및 노동관계조정법 제35조)
③ 조정의 전치(노동조합 및 노동관계조정법 제45조)
④ 사적 조정·중재(노동조합 및 노동관계조정법 제52조)
⑤ 긴급조정의 결정(노동조합 및 노동관계조정법 제76조)

06

공무원에게 적용할 노동조합 및 노동관계 조정에 관하여 공노법에서 정하지 아니한 사항에 대해서는 동법 제17조 제3항에서 정하는 경우를 제외하고는 노조법에서 정하는 바에 따르게 되어 있어, 노조법상 일반적 구속력에 관한 규정(노조법 제35조)은 공노법상의 노동조합에 적용되나, ① 공정대표의무 등(노조법 제29조의4), ③ 조정의 전치(노조법 제45조), ④ 사적 조정·중재(노조법 제52조), ⑤ 긴급조정의 결정(노조법 제76조) 규정은 동법 제17조 제3항에서 공노법상의 노동조합에의 적용을 배제하고 있으므로 이들 규정은 적용되지 아니한다(공노법 제17조 제2항 전문, 제3항).

정답 ②

07 기출 24 ☑확인Check! ○ △ ✕

교원의 노동조합 설립 및 운영 등에 관한 법령상 단체교섭에 관한 설명으로 옳지 않은 것은?

① 노동조합의 대표자는 교섭하려는 사항에 대하여 권한을 가진 자에게 서면으로 교섭을 요구하여야 한다.
② 초·중등교육법 제19조 제1항에 따른 교원의 노동조합의 대표자는 교육부장관, 시·도 교육감 또는 사립학교 설립·경영자와 교섭하고 단체협약을 체결할 권한을 가진다.
③ 교섭위원의 수는 교섭노동조합의 조직 규모 등을 고려하여 정하되, 10명 이내로 한다.
④ 노동조합의 교섭위원은 해당 노동조합의 대표자와 그 조합원으로 구성하여야 한다.
⑤ 교섭노동조합이 둘 이상인 경우 교섭창구 단일화 합의가 이루어지지 않으면 교섭창구단일화 절차에 참여한 노동조합의 전체 조합원 과반수로 조직된 노동조합이 교섭대표노동조합이 된다.

07

① (○) 노동조합의 대표자는 교육부장관, 시·도지사, 시·도 교육감, 국·공립학교의 장 또는 사립학교 설립·경영자와 단체교섭을 하려는 경우에는 교섭하려는 사항에 대하여 권한을 가진 자에게 서면으로 교섭을 요구하여야 한다(교노법 제6조 제4항).
② (○) 초·중등교육법 제19조 제1항에 따른 교원의 노동조합의 대표자는 그 노동조합 또는 조합원의 임금, 근무조건, 후생복지 등 경제적·사회적 지위 향상에 관하여 교육부장관, 시·도 교육감 또는 사립학교 설립·경영자등과 교섭하고 단체협약을 체결할 권한을 가진다(교노법 제6조 제1항 제1호).
③ (○) 교노법 시행령 제3조의2 제2항
④ (○) 교노법 제6조 제2항
⑤ (✕) 교섭노동조합이 둘 이상인 경우에는 교섭노동조합 사이의 합의에 따라 교섭위원을 선임하여 교섭창구를 단일화하되, 교섭노동조합에 대한 공고일부터 20일 이내에 자율적으로 합의하지 못했을 때에는 교섭노동조합의 조합원 수(교원인 조합원의 수)에 비례하여 교섭위원을 선임하여 교섭을 하여야 한다(교노법 시행령 제3조의2 제3항 전문).

정답 ⑤

08 기출 24   ☑ 확인 Check! ○ △ ×

교원의 노동조합 설립 및 운영 등에 관한 법률상 조정 및 중재에 관한 설명으로 옳은 것은?

① 중앙노동위원회가 제시한 조정안을 당사자의 어느 한쪽이라도 거부한 경우 중앙노동위원회는 중재를 하며, 중재기간에 대하여는 법률의 정함이 없다.
② 관계 당사자 쌍방의 동의를 얻은 경우에는 교원 노동관계 조정위원회에 갈음하여 단독조정인에게 조정을 행하게 할 수 있다.
③ 조정은 신청을 받은 날부터 30일 이내에 마쳐야 하며, 다만 당사자들이 합의한 경우에는 30일 이내의 범위에서 조정기간을 연장할 수 있다.
④ 관계 당사자의 일방이 단체협약에 의하여 중재를 신청한 때 중앙노동위원회는 중재를 한다.
⑤ 중앙노동위원회 위원장은 직권으로 중재에 회부한다는 결정을 할 수 없다.

08

① (O) 중앙노동위원회가 제시한 조정안을 당사자의 어느 한쪽이라도 거부한 경우 중앙노동위원회는 중재를 하며(교노법 제10조 제2호), 중재기간에 대하여는 교노법에 특별히 규정하고 있지 아니하다.
② (×) 교원의 노동쟁의를 조정·중재하기 위하여 중앙노동위원회에 교원 노동관계 조정위원회를 둔다고 규정(교노법 제11조 제1항)하고 있을 뿐 단독조정인에 의한 조정 규정은 존재하지 아니한다.
③ (×) 조정은 중앙노동위원회가 조정신청을 받은 날로부터 30일 이내에 마쳐야 하나(교노법 제9조 제3항), 별도의 조정기간 연장 규정은 존재하지 아니한다.
④ (×) "관계 당사자의 일방이 단체협약에 의하여 중재를 신청한 때"는 교노법 제10조가 정한 중재개시 사유에 해당하지 아니하므로 지문의 경우 중앙노동위원회는 중재를 할 수 없다. 교노법 제10조 제1호는 "단체교섭이 결렬되어 관계 당사자 양쪽이 함께 중재를 신청한 경우"를 중재개시 사유의 하나로 규정하고 있다.
⑤ (×) 중앙노동위원회는 중앙노동위원회 위원장이 직권으로 또는 고용노동부장관의 요청에 따라 중재에 회부한다는 결정을 한 경우, 중재를 한다(교노법 제10조 제3호).

정답 ①

공무원의 노동조합 설립 및 운영 등에 관한 법률에 관한 설명으로 옳지 않은 것은?

① 공무원은 노동조합 활동을 할 때 다른 법령에서 규정하는 공무원의 의무에 반하는 행위를 하여서는 아니 된다.

② 교정·수사 등 공공의 안녕과 국가안전보장에 관한 업무에 종사하는 공무원은 노동조합에 가입할 수 없다.

③ 단체협약의 내용 중 법령·조례 또는 예산에 의하여 규정되는 내용과 법령 또는 조례에 의하여 위임을 받아 규정되는 내용은 단체협약으로서의 효력을 가지지 아니한다.

④ 정부교섭대표는 효율적인 교섭을 위하여 필요한 경우 다른 정부교섭대표와 공동으로 교섭할 수 있으나 정부교섭대표가 아닌 관계 기관의 장으로 하여금 교섭에 참여하게 할 수 없다.

⑤ 단체교섭이 결렬된 경우 이를 조정·중재하기 위하여 중앙노동위원회에 공무원 노동관계 조정위원회를 둔다.

09

① (○) 공노법 제3조 제2항

② (○) 공노법 제6조 제2항 제3호

③ (○) 공노법 제10조 제1항

④ (✕) 정부교섭대표는 효율적인 교섭을 위하여 필요한 경우 다른 정부교섭대표와 공동으로 교섭하거나, 다른 정부교섭대표에게 교섭 및 단체협약 체결 권한을 위임할 수 있다. 정부교섭대표는 효율적인 교섭을 위하여 필요한 경우 정부교섭대표가 아닌 관계 기관의 장으로 하여금 교섭에 참여하게 할 수 있고, 다른 기관의 장이 관리하거나 결정할 권한을 가진 사항에 대하여는 해당 기관의 장에게 교섭 및 단체협약 체결 권한을 위임할 수 있다(공노법 제8조 제3항, 제4항).

⑤ (○) 공노법 제14조 제1항

정답 ④

➕ PLUS

가입 범위(공노법 제6조)

① 노동조합에 가입할 수 있는 사람의 범위는 다음 각 호와 같다.

　1. 일반직공무원

　2. 특정직공무원 중 외무영사직렬·외교정보기술직렬 외무공무원, 소방공무원 및 교육공무원(다만, 교원은 제외)

　3. 별정직공무원

　4. 제1호부터 제3호까지의 어느 하나에 해당하는 공무원이었던 사람으로서 노동조합 규약으로 정하는 사람

　5. 삭제 〈2011.5.23.〉

② 제1항에도 불구하고 다음 각 호의 어느 하나에 해당하는 공무원은 노동조합에 가입할 수 없다.

　1. 업무의 주된 내용이 다른 공무원에 대하여 지휘·감독권을 행사하거나 다른 공무원의 업무를 총괄하는 업무에 종사하는 공무원

　2. 업무의 주된 내용이 인사·보수 또는 노동관계의 조정·감독 등 노동조합의 조합원 지위를 가지고 수행하기에 적절하지 아니한 업무에 종사하는 공무원

　3. 교정·수사 등 공공의 안녕과 국가안전보장에 관한 업무에 종사하는 공무원

　4. 삭제 〈2021.1.5.〉

10 기출 23

☑ 확인Check! ○ △ ✕

교원의 노동조합 설립 및 운영 등에 관한 법률에 관한 설명으로 옳지 않은 것은?

① 교원으로 임용되어 근무하였던 사람으로서 노동조합 규약으로 정하는 사람은 노동조합에 가입할 수 있다.

② 전임자는 그 전임기간 중 전임자임을 이유로 승급 또는 그 밖의 신분상의 불이익을 받지 아니한다.

③ 단체교섭이 결렬된 경우 중앙노동위원회는 당사자 양쪽이 조정을 신청하는 경우에 한하여 조정을 시작할 수 있다.

④ 중앙노동위원회가 제시한 조정안을 당사자의 어느 한쪽이라노 서부힌 경우에는 중앙노동위원회는 중재를 한다.

⑤ 관계 당사자는 중앙노동위원회의 중재재정이 위법하거나 월권에 의한 것이라고 인정하는 경우에는 중재재정서를 송달받은 날부터 15일 이내에 중앙노동위원회 위원장을 피고로 하여 행정소송을 제기할 수 있다.

10

① (○) 교노법 제4조의2 제2호

② (○) 교노법 제5조 제4항

③ (✕) 단체교섭이 결렬된 경우에는 <u>당사자 어느 한쪽 또는 양쪽</u>은 중앙노동위원회에 조정(調停)을 신청할 수 있다(교노법 제9조 제1항).

④ (○) 중앙노동위원회는 단체교섭이 결렬되어 관계 당사자 양쪽이 함께 중재를 신청한 경우, <u>중앙노동위원회가 제시한 조정안을 당사자의 어느 한쪽이라도 거부한 경우</u>, 중앙노동위원회 위원장이 직권으로 또는 고용노동부장관의 요청에 따라 중재에 회부한다는 결정을 한 경우 등에 해당하는 경우에는 <u>중재(仲裁)를 한다</u>(교노법 제10조).

⑤ (○) 교노법 제12조 제1항

정답 ③

11 기출 22

☑ 확인Check! ○ △ ✕

공무원의 노동조합 설립 및 운영 등에 관한 법률에 관한 설명으로 옳지 않은 것은?

① 정부교섭대표는 다른 정부교섭대표와 공동으로 교섭할 수 있지만, 다른 정부교섭대표에게 교섭 및 단체협약 체결 권한을 위임할 수 없다.

② 전임자에 대하여는 그 기간 중 국가공무원법 제71조 또는 지방공무원법 제63조에 따라 휴직명령을 하여야 한다.

③ 정부교섭대표는 법령 등에 따라 스스로 관리하거나 결정할 수 있는 권한을 가진 사항에 대하여 노동조합이 교섭을 요구할 때에는 정당한 사유가 없으면 그 요구에 따라야 한다.

④ 단체교섭이 결렬된 경우 이를 조정·중재하기 위하여 중앙노동위원회에 공무원 노동관계 조정위원회를 둔다.

⑤ 정부교섭대표는 단체협약으로서의 효력을 가지지 아니하는 내용에 대하여는 그 내용이 이행될 수 있도록 성실하게 노력하여야 한다.

11

① (✕) 정부교섭대표는 효율적인 교섭을 위하여 필요한 경우 다른 정부교섭대표와 공동으로 교섭하거나, <u>다른 정부교섭대표에게 교섭 및 단체협약 체결 권한을 위임할 수 있다</u>(공노법 제8조 제3항).

② (○) 공노법 제7조 제2항

③ (○) 공노법 제8조 제2항

④ (○) 공노법 제14조 제1항

⑤ (○) 공노법 제10조 제2항

정답 ①

12 기출 22

☑ 확인Check! ○ △ ✕

교원의 노동조합 설립 및 운영 등에 관한 법률에 관한 설명으로 옳은 것은?

① 초·중등교육법에 따른 교원은 개별학교 단위로 노동조합을 설립할 수 있다.

② 교원으로 임용되어 근무하였던 사람은 규약에 정함이 있더라도 노동조합에 가입할 수 없다.

③ 노동조합과 그 조합원은 파업, 태업 또는 그 밖에 업무의 정상적인 운영을 방해하는 쟁의행위를 할 수 있다.

④ 단체교섭을 하거나 단체협약을 체결하는 경우에 관계당사자는 국민여론과 학부모의 의견을 수렴하여 성실하게 교섭하고 단체협약을 체결하여야 한다.

⑤ 교원은 임용권자의 동의를 받아 노동조합의 업무에만 종사할 수 있으나, 노동조합으로부터 급여를 지급받을 수는 없다.

12

① (✕) 유아교육법에 따른 교원, 초·중등교육법에 따른 교원은 특별시·광역시·특별자치시·도·특별자치도 단위 또는 전국 단위로만 노동조합을 설립할 수 있다(교노법 제4조 제1항).

② (✕) 교원으로 임용되어 근무하였던 사람으로서 노동조합 규약으로 정하는 사람은 노동조합에 가입할 수 있다(교노법 제4조의2 제2호).

③ (✕) 노동조합과 그 조합원은 파업, 태업 또는 그 밖에 업무의 정상적인 운영을 방해하는 어떠한 쟁의행위도 하여서는 아니 된다(교노법 제8조).

④ (○) 단체교섭을 하거나 단체협약을 체결하는 경우에 관계당사자는 국민여론과 학부모의 의견을 수렴하여 성실하게 교섭하고 단체협약을 체결하여야 하며, 그 권한을 남용하여서는 아니 된다(교노법 제6조 제8항).

⑤ (✕) 교원은 임용권자의 동의를 받아 노동조합으로부터 급여를 지급받으면서 노동조합의 업무에만 종사할 수 있다(교노법 제5조 제1항).

정답 ④

---

13 기출 21

☑ 확인Check! ○ △ ✕

교원의 노동조합 설립 및 운영에 관한 법률에 관한 설명으로 옳지 않은 것은?

① 교원의 노동조합을 설립하려는 사람은 교육부장관에게 설립신고서를 제출하여야 한다.

② 교원의 노동조합과 그 조합원은 업무의 정상적인 운영을 방해하는 어떠한 쟁의행위도 하여서는 아니 된다.

③ 교원의 노동쟁의를 조정·중재하기 위하여 중앙노동위원회에 교원 노동관계조정위원회를 둔다.

④ 교원은 임용권자의 동의를 받아 노동조합으로부터 급여를 지급받으면서 노동조합의 업무에만 종사할 수 있다.

⑤ 중앙노동위원회가 제시한 조정안을 당사자의 어느 한쪽이라도 거부한 경우 중앙노동위원회는 중재를 한다.

13

① (✕) 교원의 노동조합을 설립하려는 사람은 고용노동부장관에게 설립신고서를 제출하여야 한다(교노법 제4조 제3항).

② (○) 교원의 노동조합과 그 조합원은 파업, 태업 또는 그 밖에 업무의 정상적인 운영을 방해하는 어떠한 쟁의행위(爭議行爲)도 하여서는 아니 된다(교노법 제8조).

③ (○) 교노법 제11조 제1항

④ (○) 교노법 제5조 제1항

⑤ (○) 교노법 제10조 제2호

정답 ①

➕ **PLUS**

> **중재의 개시(교노법 제10조)**
> 중앙노동위원회는 다음 각 호의 어느 하나에 해당하는 경우에는 중재(仲裁)를 한다.
> 1. 제6조에 따른 단체교섭이 결렬되어 관계당사자 양쪽이 함께 중재를 신청한 경우
> 2. 중앙노동위원회가 제시한 조정안을 당사자의 어느 한쪽이라도 거부한 경우
> 3. 중앙노동위원회 위원장이 직권으로 또는 고용노동부장관의 요청에 따라 중재에 회부한다는 결정을 한 경우

14 기출 21

☑ 확인Check! ○ △ ✕

공무원의 노동조합 설립 및 운영 등에 관한 법률에 관한 설명으로 옳지 않은 것은?

① 노동조합과 그 조합원은 정치활동을 하여서는 아니 된다.

② 정부교섭대표는 효율적인 교섭을 위하여 필요한 경우 다른 정부교섭대표와 공동으로 교섭하거나, 다른 정부교섭대표에게 교섭 및 단체협약체결권한을 위임할 수 있다.

③ 노동조합은 단체교섭을 위하여 노동조합의 대표자와 조합원으로 교섭위원을 구성하여야 한다.

④ 국가와 지방자치단체는 공무원이 전임자임을 이유로 승급이나 그 밖에 신분과 관련하여 불리한 처우를 하여서는 아니 된다.

⑤ 단체교섭이 결렬된 경우에는 당사자 어느 한쪽 또는 양쪽은 중앙노동위원회에 조정을 신청할 수 있고, 조정은 신청을 받은 날부터 15일 이내에 마쳐야 한다.

14

① (○) 공노법 제4조

② (○) 공노법 제8조 제3항

③ (○) 공노법 제9조 제1항

④ (○) 공노법 제7조 제4항

⑤ (✕) 단체교섭이 결렬(決裂)된 경우에는 당사자 어느 한쪽 또는 양쪽은 노동위원회법 제2조에 따른 중앙노동위원회에 조정을 신청할 수 있다. 조정은 조정신청을 받은 날부터 30일 이내에 마쳐야 한다. 다만, 당사자들이 합의한 경우에는 30일 이내의 범위에서 조정기간을 연장할 수 있다(공노법 제12조 제1항, 제4항).

정답 ⑤

15 기출 20

☑ 확인Check! ○ △ ✕

교원의 노동조합 설립 및 운영 등에 관한 법률의 내용으로 옳지 않은 것은?

① 노동조합을 설립하려는 사람은 고용노동부장관에게 설립신고서를 제출하여야 한다.

② 노동조합의 대표자는 그 노동조합 또는 조합원의 임금, 근무조건, 후생복지 등 경제적 · 사회적 지위 향상에 관하여 교육부장관 등과 교섭하고 단체협약을 체결할 권한을 가진다.

③ 노동조합의 대표자가 사립학교 설립 · 경영자와 교섭하고 단체협약을 체결할 경우 사립학교 설립 · 경영자가 개별적으로 교섭에 응하여야 한다.

④ 노동조합의 교섭위원은 해당 노동조합의 대표자와 그 조합원으로 구성하여야 한다.

⑤ 단체교섭을 하거나 단체협약을 체결하는 경우에 관계당사자는 국민여론과 학부모의 의견을 수렴하여 성실하게 교섭하고 단체협약을 체결하여야 한다.

15

① (○) 교노법 제4조 제3항

② (○) 교노법 제6조 제1항

③ (✕) 노동조합의 대표자가 사립학교 설립 · 경영자와 교섭하고 단체협약을 체결할 경우 사립학교 설립 · 경영자는 전국 또는 시 · 도 단위로 연합하여 교섭에 응하여야 한다(교노법 제6조 제1항 제1호).

④ (○) 교노법 제6조 제2항

⑤ (○) 교노법 제6조 제8항

정답 ③

가장 빠른 지름길은

지름길을 찾지 않는 것이다.

- 다산 정약용 -

공인노무사 1차

노동법 Ⅰ·Ⅱ

판례색인

판례색인

PART 01 　**노동법 I**

[대법원]

대결 2003.7.16. 2002마4380 　　　　　95

대판 1962.3.22. 4294민상1301 　　　　349

대판 1968.9.17. 68누151 　　　　　　150

대판 1970.2.24. 69다1568 　　　　　148

대판 1972.11.14. 72다895 　　　　　　85

대판 1972.11.28. 72다1758 　　　　　223

대판 1976.9.28. 75다1768 　　　　　173

대판 1977.7.26. 77다355 　　　　　　261

대판 1979.1.30. 78다304 　　　　　　355

대판 1980.9.24. 80다1040 　　　　　　81

대판 1984.11.13. 84다카414 　　　　　257

대판 1987.6.9. 85다카2473 　　　　30, 62

대판 1987.9.8. 87다카555 　　　　　　89

대판 1988.5.10. 87도2098 　　　　　146

대판 1988.11.22. 88도1162 　　　　　56

대판 1988.12.13. 87다카2803[전합]

　　　　　　139, 167, 172, 173

대판 1989.4.11. 87다카2901 　　　　　109

대판 1990.9.25. 90누2727

　　　　10, 14, 16, 17, 18, 19, 21

대판 1990.11.9. 90다카4683 　　　　　109

대판 1990.11.23. 90다카21589 　　　　333

대판 1990.12.7. 90다카19647 　　　106, 259

대판 1990.12.26. 90다카12493 　　　　209

대판 1991.1.29. 90도2852 　　　　　222

대판 1991.2.22. 90다카27389 　　　　359

대판 1991.3.22. 90다6545 　　　　　187

대판 1991.3.27. 90다카25420 　　　　298

대판 1991.4.9. 90다16245 　　　　43, 277

대판 1991.6.28. 90다카14758 　　　176, 185

대판 1991.6.28. 90다카25277 　　　　152

대판 1991.7.9. 90다8077 　　　302, 303, 323

대판 1991.7.12. 90다9353 　　　　　364

대판 1991.7.12. 90다11554 　　　　　331

대판 1991.7.26. 90다카11636 　　224, 246, 248

대판 1991.11.12. 91다12806 　　　　315

대판 1991.12.13. 90다18999 　　149, 360, 365

대판 1991.12.24. 90다12991 　　　　299

대판 1992.2.25. 91다26232 　　　　　49

대판 1992.4.10. 92누404 　　　　　222

대판 1992.4.14. 91다4775 　　　　　305

대판 1992.4.24. 91다17931 　　　　　324

대판 1992.4.28. 91누8104 　　　　　105

대판 1992.5.12. 91다27518 　　　296, 346

대판 1992.6.23. 92다7542 　　　　　222

대판 1992.7.14. 91다37256 　　　　　191

대판 1992.7.24. 91다34073 　　　　　262

대판 1992.7.28. 91다30729 　　　　　309

대판 1992.7.28. 92누6099 　　　　　358

대판 1992.10.9. 91다14406 　　　　　174

대판 1992.11.10. 91다19463 　　　　342

대판 1992.11.13. 92다16690 　　　290, 292

대판 1992.12.22. 91다45165

　　261, 262, 266, 274, 277, 278, 279

대판 1993.1.26. 92다11695 　　　11, 288, 289

대판 1993.4.27. 92다48697 　　　　　296

대판 1993.5.14. 93다1893 　　　257, 277, 279

대판 1993.9.10. 92다42897 　　　　　87

대판 1993.9.24. 93누4199 　　　　　350

대판 1993.10.12. 92다43586 　　　　366

대판 1993.10.26. 92다54210 　　　347, 348

대판 1993.11.9. 93누1671 　　　　　151

대판 1993.11.9. 93다7464 　　　　　329

대판 1993.12.21. 93누5796 　　　　　179

대판 1994.2.8. 92다893 　　　　　285

대판 1994.3.8. 93다1589 　　　　　319

대판 1994.4.12. 92다20309 　　　　　116

대판 1994.5.27. 93다57551 　　　　　298

대판 1994.6.14. 93누20115   345
대판 1994.6.24. 92다28556   261
대판 1994.6.28. 93다33173   316, 377
대판 1994.7.29. 92다30801   106, 107
대판 1994.9.30. 94다4042   304
대판 1994.9.30. 94다21337   294
대판 1994.10.25. 94다25889   355, 360, 364
대판 1994.12.9. 94다22859   32
대판 1994.12.13. 93누23275   298, 321, 324, 326
대판 1994.12.13. 94다27960   257, 297
대판 1994.12.27. 93다52525   296, 345
대판 1995.2.10. 94다19228   179
대판 1995.2.14. 94누5069   345
대판 1995.2.17. 94누7959   286
대판 1995.2.28. 94다8631   117
대판 1995.5.9. 93다51263   287
대판 1995.5.12. 94다55934   107
대판 1995.6.29. 94다18553   248
대판 1995.6.30. 94누9955   150
대판 1995.7.11. 93다26168[전합]   456
대판 1995.8.11. 95다10778   287
대판 1995.9.15. 94누12067   35
대판 1995.10.12. 94다36186   453
대판 1995.10.13. 94다52928   284
대판 1995.12.5. 94다43351   310
대판 1995.12.5. 95다36138   308
대판 1995.12.26. 95다41659   317, 318
대판 1996.4.23. 95다6823   91, 98, 365
대판 1996.5.31. 95다33238   315
대판 1996.6.14. 95누6410   296
대판 1996.6.28. 94다53716   305, 307, 326
대판 1996.8.23. 95누11238   358
대판 1996.9.6. 95다16400   303
대판 1996.10.15. 95다53188   262, 275
대판 1996.10.29. 95누15926   308, 309
대판 1996.12.6. 95다24944   81

대판 1996.12.23. 95다29970   290
대판 1997.1.21. 95다24821   373
대판 1997.2.14. 96누5926   357
대판 1997.4.25. 95다4056   189
대판 1997.5.16. 96다47074   305
대판 1997.5.23. 97다9239   345
대판 1997.5.28. 95다45903   346
대판 1997.5.28. 96누15084   9, 10
대판 1997.7.22. 97다18165   283, 284
대판 1997.8.26. 97다18875   26
대판 1997.10.10. 97누5732   80
대판 1997.11.11. 96다23627   304, 305, 326
대판 1997.11.28. 97다28971   26
대판 1997.12.13. 97다25477   74
대판 1997.12.26. 97다17575   322
대판 1998.2.10. 95다39533   55
대판 1998.2.27. 97다43567   21
대판 1998.3.13. 95다55733   105
대판 1998.3.24. 96다24699   188, 191
대판 1998.3.27. 97다49732   458
대판 1998.4.24. 97다54727   107
대판 1999.5.12. 97다5015   108
대판 1998.6.26. 97다14200   141, 142
대판 1999.2.9. 97다56235   172
대판 1999.3.26. 98두4672   296, 304
대판 1999.6.22. 98두6647   256
대판 1999.11.12. 98다49357   117
대판 1999.11.12. 99다30473   77, 88, 104
대판 1999.11.26. 98두6951   302
대판 2000.1.18. 99도2910   36, 56
대판 2000.3.14. 99도1243   71
대판 2000.4.25. 99다34475   332
대판 2000.6.9. 98두16613   323
대판 2000.6.23. 98다54960   201
대판 2000.9.5. 99두8657   331, 377
대판 2000.9.22. 99다7367   186

판례색인

대판 2000.9.29. 99다45376   269
대판 2000.11.24. 99두4280   150, 151
대판 2000.11.28. 2000다51476   86, 87, 90, 104
대판 2001.4.24. 99다9370   257
대판 2001.6.12. 2001다13044   355
대판 2001.10.23. 2001다25184   142
대판 2001.10.23. 2001다53950   10, 110
대판 2001.11.13. 2000다18608   316
대판 2001.12.14. 2001도5025   51
대판 2002.3.26. 2000다3347   318
대판 2002.3.29. 2000두8455   314, 316, 317
대판 2002.3.29. 2001다83838   157
대판 2002.4.23. 2000다50701   9, 11, 16
대판 2002.5.28. 2001두10455   298, 323, 324
대판 2002.5.31. 2000다18127   112
대판 2002.6.14. 2002다16958   190
대판 2002.6.28. 2000두4606   342
대판 2002.7.9. 2000두9373   369
대판 2002.7.9. 2001다29452   336, 338, 340, 341, 342, 369, 374
대판 2002.7.26. 2002다19292   332
대판 2002.8.23. 2000다60890   302
대판 2002.8.23. 2002다4399   106, 111
대판 2002.9.24. 2002두6620   323
대판 2002.11.8. 2002다35867   173
대판 2002.11.26. 2002도649   38
대판 2002.12.10. 2000다25910   87
대판 2002.12.26. 2000두8011   309
대판 2002.12.27. 2002두9063   13, 40
대판 2003.3.14. 2002도3883   436
대판 2003.4.11. 2001다71528   290
대판 2003.4.11. 2002다60528   332
대판 2003.6.10. 2001두3136   321
대판 2003.6.27. 2003다10421   112
대판 2003.9.23. 2003두3420   37
대판 2003.9.26. 2002다64681   33

대판 2003.11.13. 2003두4119   343, 371
대판 2003.12.11. 2003다40538   456
대판 2003.12.18. 2002다2843[전합]   273
대판 2004.1.27. 2001다42301   257
대판 2004.2.12. 2001다63599   256, 267
대판 2004.2.27. 2001두8568   34
대판 2004.4.28. 2001다53875   82
대판 2004.5.27. 2002다65905   159
대판 2005.6.9. 2002다70822   314, 322
대판 2004.6.25. 2002두2857   214
대판 2004.6.25. 2003두15317   303
대판 2005.2.18. 2003다63029   291, 292
대판 2005.3.11. 2003다27429   262, 278
대판 2005.7.15. 2003다50580   89
대판 2005.8.19. 2003다66523   189
대판 2005.9.9. 2004다41217   109, 110, 114
대판 2005.10.13. 2004다13762   107
대판 2006.1.12. 2005두9873   282
대판 2006.1.26. 2003다69393   342
대판 2006.2.23. 2005다54029   111
대판 2006.2.24. 2002다62432   88, 104, 377
대판 2006.11.23. 2006다48069   304
대판 2007.2.23. 2005다3991   309, 325
대판 2007.5.31. 2007두1460   310, 311, 321, 325
대판 2007.6.1. 2005다5812   314, 322
대판 2007.6.28. 2007도1539   146
대판 2007.7.12. 2005다25113   56
대판 2007.8.23. 2007도3192   51
대판 2007.9.6. 2005두8788   303, 324, 326
대판 2007.9.6. 2006다83246   254, 277, 278
대판 2007.9.7. 2005두16901   390
대판 2007.9.7. 2006도777   32, 34
대판 2007.10.11. 2007두11566   252
대판 2007.10.26. 2005도9218   59
대판 2008.2.29. 2007다85997   260, 275, 328
대판 2008.3.14. 2007다1418   29

대판 2008.3.27. 2008도364   26
대판 2008.4.10. 2007도1199   36
대판 2008.6.26. 2006다1930   158
대판 2008.7.10. 2005다75088   38
대판 2008.7.10. 2007두22498   301
대판 2008.7.10. 2008두2484   306
대판 2008.9.25. 2006도7660   51, 72
대판 2008.10.9. 2008다41666   219
대판 2008.10.23. 2006다37274   81, 82, 98
대판 2009.2.12. 2007다62840   347
대판 2009.3.26. 2007다54498   257, 283
대판 2009.4.9. 2008두22211   299
대판 2009.4.23. 2007두20157   282
대판 2009.5.28. 2006다17287   116
대판 2009.5.28. 2009두2238   260, 275, 278
대판 2009.9.10. 2007두10440   292
대판 2009.11.12. 2009다49377   260
대판 2009.12.10. 2008다57852   189
대판 2009.12.10. 2008두22136   358
대판 2009.12.24. 2007다73277   215
대판 2010.1.14. 2009두6605   299
대판 2010.1.28. 2009다32522   260
대판 2010.3.11. 2009다82244   92
대판 2010.4.15. 2009도13833   349
대판 2010.5.20. 2007다90760[전합]   143, 144, 167
대판 2010.7.29. 2007두18406   312, 325
대판 2010.9.30. 2010다41089   316, 322
대판 2011.1.27. 2010다24541   312
대판 2011.3.10. 2010다13282   365
대판 2011.3.10. 2010다77514   107
대판 2011.4.14. 2007두1729   377, 391, 392
대판 2011.6.9. 2010다50236   170
대판 2011.6.24. 2009다58364   280
대판 2011.7.14. 2011다23149   107, 110
대판 2011.7.28. 2009두5374   327

대판 2011.10.13. 2009다86246   110
대판 2011.10.27. 2011다42324   352
대판 2011.11.10. 2009다63205   354
대판 2011.12.8. 2011다68777   159
대판 2012.1.27. 2010다100919   296, 300
대판 2012.2.23. 2010다3735   337, 338
대판 2012.2.23. 2011두31505   358
대판 2012.3.29. 2010다91046   189, 191
대판 2012.3.29. 2011다101308   144, 167
대판 2012.5.9. 2010다88880   91
대판 2012.5.10. 2011다45217   316
대판 2012.5.24. 2011두11310   341
대판 2012.7.5. 2009두16763   96, 324, 346
대판 2012.9.27. 2010다99279   364
대판 2012.10.11. 2010다95147   144
대판 2012.10.25. 2011두7045   398
대판 2012.12.26. 2012두18585   389
대판 2013.2.14. 2011두24361   392
대판 2013.2.15. 2010두20362   306
대판 2013.2.28. 2010다52041   285
대판 2013.2.28. 2010두20447   284, 286
대판 2013.4.26. 2012도5385   32
대판 2013.5.9. 2012다64833   309, 310, 324
대판 2013.6.27. 2013다9475   284
대판 2013.9.12. 2013두11031   97
대판 2013.10.11. 2012다12870   313, 325
대판 2013.10.31. 2013두13198   302, 346
대판 2013.12.12. 2011두4282   320
대판 2013.12.18. 2012다89399[전합]   119, 120, 121, 122, 123, 125, 126, 127, 130, 169, 170, 172
대판 2013.12.18. 2012다94643[전합]   122
대판 2013.12.26. 2011다4629   220, 221, 245
대판 2014.1.23. 2013다71180   140
대판 2014.2.27. 2011다109531   18, 19
대판 2014.3.13. 2011다95519   218, 245

판례색인

대판 2014.6.12. 2014두4931 ·················· 307
대판 2014.9.4. 2013두1232 ·················· 115
대판 2014.9.24. 2012두2207 ············· 399, 400
대판 2014.11.13. 2014다20875 ······ 337, 338, 340
대판 2014.11.27. 2011다41420 ············· 323, 324
대판 2014.11.27. 2011두5391 ·················· 399
대판 2014.11.27. 2013다2672 ·················· 389
대판 2015.2.12. 2014도12753 ················· 147
대판 2015.5.28. 2012두25873
··························· 337, 339, 371, 374
대판 2015.5.28. 2013두3351 ·················· 305
대판 2015.6.11. 2012다55518 ··············· 84, 85
대판 2015.6.24. 2013다22195 ·················· 43
대판 2015.7.9. 2014다76434 ·················· 352
대판 2015.8.13. 2012다43522 ·················· 263
대판 2015.8.19. 2015다204762 ····· 157, 158, 160
대판 2015.8.27. 2015다211630 ················ 330
대판 2015.9.10. 2015두41401 ·················· 353
대판 2015.10.29. 2013다1051 ·················· 41
대판 2015.11.26. 2013다14965 ················ 381
대판 2015.11.27. 2015두48136 88, 102, 104, 373
대판 2016.1.28. 2015도11659 ·················· 78
대판 2016.5.26. 2014도12141 ·················· 35
대판 2016.8.18. 2014다211053 ················ 390
대판 2016.10.13. 2016도1060 ················· 189
대판 2016.10.27. 2015다5170 ················· 347
대판 2016.10.27. 2015다221903 ············· 92, 94
대판 2016.11.10. 2014두45765 ············ 393, 394
대판 2017.2.3. 2016다255910 ············ 330, 388
대판 2017.2.3. 2016두50563 ·················· 393
대판 2017.3.15. 2013두26750 ················· 307
대판 2017.5.17. 2014다232296
··························· 218, 223, 224, 242, 246
대판 2017.5.31. 2017다209129 ················ 260
대판 2017.7.11. 2013도7896 ·················· 146
대판 2017.9.26. 2016다238120 ············ 121, 126

대판 2017.10.12. 2015두44493 ············ 392, 394
대판 2017.10.12. 2015두59907 ················ 393
대판 2017.12.5. 2014다74254 ················· 175
대판 2017.12.13. 2016다243078 ··············· 175
대판 2017.12.22. 2013다25194 ·············· 95, 100
대판 2018.4.12. 2015다24843 ············ 291, 293
대판 2018.4.12. 2017두74702 ················· 301
대판 2018.5.30. 2014다9632 ·················· 313
대판 2018.6.15. 2016두62795 ················· 388
대판 2018.6.19. 2013다85523 ············ 393, 511
대판 2018.6.19. 2017두54975 ················· 389
대판 2018.6.21. 2011다112391[전합] ··········· 187
대판 2018.6.28. 2013다28926 ············ 174, 176
대판 2018.6.28. 2016다48297 ············ 245, 248
대판 2018.7.12. 2018다21821 ············ 167, 458
대판 2018.9.13. 2017다16778 ················· 351
대판 2018.9.13. 2017두38560 ················· 268
대판 2018.9.28. 2015다209699 ················ 259
대판 2018.9.28. 2017다53210 ················· 118
대판 2018.10.12. 2015두36157 ············ 111, 165
대판 2019.1.31. 2018다209706 ················· 83
대판 2019.2.14. 2015다66052
··························· 218, 219, 220, 221
대판 2019.2.14. 2015다217287 ················ 131
대판 2019.3.14. 2015두46321 ··············· 45, 60
대판 2019.4.18. 2016다2451[전합] ········ 181, 261
대판 2019.4.23. 2014다27807 ················· 132
대판 2019.6.13. 2015다65561 ················· 116
대판 2019.6.13. 2015다69846 ················· 131
대판 2019.6.13. 2018도17135 ·················· 82
대판 2019.8.14. 2016다9704 ·················· 127
대판 2019.8.14. 2018다244631 ················ 188
대판 2019.8.22. 2016다48785[전합] ······· 107, 127
대판 2019.9.9. 2017다230079 ················· 106
대판 2019.9.26. 2016두47857 ············ 399, 400
대판 2019.10.17. 2015다213568 ··············· 184

대판 2019.10.18. 2018다239110 223, 226
대판 2019.10.18. 2019다230899 133
대판 2019.10.18. 2019두40338 306
대판 2019.11.14. 2018다200709 13, 40, 274
대판 2019.11.28. 2017다257869 297
대판 2019.11.28. 2017두57318 298, 321, 366
대판 2019.11.28. 2019다261084 56, 167
대판 2019.12.24. 2015다254873 388
대판 2020.1.22. 2015다73067[전합] 133, 134
대판 2020.2.6. 2015다233579 189, 192
대판 2020.2.6. 2018다241083 183
대판 2020.2.20. 2019두52386[전합] 358
대판 2020.2.27. 2019다279283 226, 228
대판 2020.4.9. 2015다44069 185
대판 2020.4.9. 2019다267013 37, 38
대판 2020.4.29. 2016다7647 107, 109, 127
대판 2020.6.25. 2015다8803 191
대판 2020.6.25. 2016다3386 186
대판 2020.6.25. 2016두56042 304, 324
대판 2020.8.20. 2018두34480 301
대판 2020.8.27. 2016다16054 132
대판 2020.11.5. 2018두54705 315, 322
대판 2020.11.16. 2016다13437 344, 369
대판 2020.11.26. 2017다239984 185
대판 2020.11.26. 2017두70793 304, 305
대판 2020.11.26. 2019다262193 46
대판 2020.12.24. 2019다293098 141, 143
대판 2021.1.14. 2020두48017 286, 303
대판 2021.2.25. 2017다226605 352
대판 2021.2.25. 2018다253680 335, 336
대판 2021.4.8. 2021도1500 234
대판 2021.4.29. 2016두57045 396
대판 2021.4.29. 2018두43958 89, 354
대판 2021.4.29. 2020다270770 295
대판 2021.6.10. 2017다49297 126, 132
대판 2021.6.10. 2021다217370 163

대판 2021.6.24. 2016다200200 112
대판 2021.7.8. 2020다296321 163
대판 2021.7.29. 2016두64876 334, 340, 341, 362
대판 2021.7.29. 2021두36103 352
대판 2021.8.19. 2017다56226 124
대판 2021.8.19. 2018다270876 98, 100
대판 2021.8.26. 2017다269145 124
대판 2021.9.9. 2021다234924 93
대판 2021.9.30. 2019다288898 125
대판 2021.10.14. 2017다204087 288
대판 2021.10.14. 2021다227100 227
대판 2021.10.28. 2021두45114 392
대판 2021.11.11. 2020다224739 129
대판 2021.11.11. 2021다255051 163
대판 2021.11.25. 2019두30270 295
대판 2021.12.10. 2020두44213 287
대판 2021.12.16. 2016다7975 132, 138
대판 2021.12.16. 2016다10544 137
대판 2022.1.13. 2020다232136 12
대판 2022.1.14. 2021두50642 352
대판 2022.2.10. 2020다279951 85
대판 2022.2.11. 2017다238004 194
대판 2022.2.17. 2021다218083 88
대판 2022.3.11. 2017다202272 80
대판 2022.3.17. 2020다219928 258
대판 2022.3.31. 2020다294486 156
대판 2022.4.14. 2019두55859 87, 88, 100
대판 2022.4.14. 2020도9257 259
대판 2022.4.14. 2021다280781 257, 259
대판 2022.4.28. 2019다238053 126
대판 2022.4.28. 2020다299955 160
대판 2022.5.12. 2022다203798 175, 186
대판 2022.5.26. 2017다292343 44
대판 2022.5.26. 2022도2188 146
대판 2022.6.9. 2017두71604 337

대판 2022.6.30. 2017두76005   287
대판 2022.7.14. 2019다299393   283
대판 2022.7.14. 2020두54852   359
대판 2022.7.14. 2021두46285   359
대판 2022.8.11. 2022다243871   141
대판 2022.8.19. 2017다292718   106
대판 2022.8.19. 2020다296819   35
대판 2022.9.7. 2022다245419   226
대판 2022.9.15. 2018다251486   335
대판 2022.9.29. 2017다242928   142
대판 2022.9.29. 2018다301527   252, 254, 273
대판 2022.10.14. 2022다245518   258, 273, 275
대판 2022.12.1. 2022다219540   141
대판 2022.12.29. 2018도2720   162
대판 2023.2.2. 2022두57695   332
대판 2023.4.13. 2022두64518   109
대판 2023.4.27. 2020도16431   195
대판 2023.5.11. 2017다35588[전합]   264, 272, 279, 317
대판 2023.6.15. 2019두40260   299
대판 2023.6.15. 2020도16228   27
대판 2023.6.15. 2021두39034   394, 395
대판 2023.6.29. 2018두62492   395
대판 2023.7.13. 2020다253744   285
대판 2023.7.13. 2022추5156   41
대판 2023.7.27. 2023다221359   190
대판 2023.9.21. 2016다255941[전합]   42, 48, 60
대판 2023.9.21. 2022다286755   321
대판 2023.11.2. 2023두41727   395

대판 2023.11.16. 2019두59349   100
대판 2023.11.16. 2022다231403   224
대판 2023.11.30. 2019두53952   399, 499
대판 2023.12.7. 2020도15393   179
대판 2023.12.7. 2023도2318   329, 348
대판 2023.12.28. 2021두33470   334
대판 2024.1.4. 2021다169   363
대판 2024.1.25. 2022다215784   112, 226
대판 2024.1.25. 2023다275998   26, 27
대판 2024.2.8. 2018다206899   121, 133, 183, 189, 190
대판 2024.4.12. 2023다300559   360
대판 2024.4.25. 2024도1309   35, 361

[헌법재판소]
헌재 1998.11.26. 97헌바31   20
헌재 1999.9.16. 98헌마310   20, 71
헌재 2001.7.19. 99헌마663   20
헌재 2002.11.28. 2001헌바50   73
헌재 2007.8.30. 2004헌마670   20, 23, 24
헌재 2011.7.28. 2009헌마408   20

[고등법원]
서울고판 2017.1.13. 2015나2049413   260
서울고판 2017.11.24. 2016나2070186   42

[지방법원]
광주지판 2022.5.18. 2021나63388   141
의정부지판 2018.10.15. 2018노676   82

PART 02　　**노동법Ⅱ**

[대법원]

대결 1995.3.10. 94마605	132
대결 1995.8.29. 95마645	48
대결 2011.5.6. 2010마1193	141
대판 1990.2.21. 90다카24496	134
대판 1990.5.15. 90도357	5, 8, 13, 18, 57, 60
대판 1990.8.10. 89누8217	280
대판 1990.9.28. 90도602	252
대판 1990.10.12. 90도1431	201, 236, 240
대판 1990.10.23. 89누3243	34
대판 1991.1.11. 90다카21176	138
대판 1991.1.15. 90도2278	186
대판 1991.1.23. 90도2852	190
대판 1991.1.25. 90누4952	302, 315
대판 1991.4.23. 90누7685	318
대판 1991.5.14. 90누4006	189, 191, 290
대판 1991.5.28. 90누6392	63, 280, 298, 299
대판 1991.7.26. 91누2557	311
대판 1991.8.13. 91도1324	218, 221, 241
대판 1991.10.22. 91도600	199
대판 1991.11.12. 91누4164	57, 59, 93
대판 1991.12.10. 91누636	199
대판 1991.12.24. 91누2762	303
대판 1991.12.24. 91도2323	199
대판 1992.1.21. 91누5204	190, 240, 289
대판 1992.2.25. 90누9049	100
대판 1992.3.27. 91다29071	47
대판 1992.3.31. 91다14413	47
대판 1992.4.14. 91다4775	151
대판 1992.5.12. 91다34523	241
대판 1992.6.23. 92누4253	59
대판 1992.7.14. 91다43800	201
대판 1992.9.1. 92누7733	137, 170

대판 1992.12.22. 92누13189	140
대판 1993.2.9. 92다27102	143, 167
대판 1993.4.27. 91누12257[전합]	15, 104
대판 1993.7.13. 92다45735	152, 170
대판 1993.9.28. 91다30620	151, 152
대판 1993.12.21. 92도2247	142
대판 1993.12.21. 93누5796	135
대판 1993.12.21. 93다11463	300
대판 1994.2.22. 92누11176	199
대판 1994.2.22. 93도613	58, 60, 61, 93, 279
대판 1994.3.25. 93다32828	207
대판 1994.5.10. 93다21750	67
대판 1994.6.14. 93다29167	199
대판 1994.6.24. 92다28556	328
대판 1994.6.28. 93누22463	135
대판 1994.8.26. 93누8993	126, 175
대판 1994.9.30. 94다4042	60, 137, 189
대판 1994.12.22. 93다23152	57
대판 1995.2.28. 94다15363	162, 286
대판 1995.4.11. 94다58087	51
대판 1995.9.15. 94누12067	24
대판 1995.11.10. 94다54566	62
대판 1995.12.21. 94다26721[전합]	213
대판 1996.2.23. 94누9177	125, 252
대판 1996.2.27. 95도2970	199
대판 1996.4.23. 95누6151	59, 282, 316
대판 1996.4.23. 95다53102	305, 318
대판 1996.9.20. 95다20454	147
대판 1996.10.29. 96다28899	41, 287
대판 1997.2.11. 96누2125	186
대판 1997.3.11. 95다46715	62
대판 1997.3.28. 96누4220	281
대판 1997.4.25. 97다6926	64
대판 1997.5.7. 96누2057	291, 316
대판 1997.6.13. 96누17738	51, 63
대판 1997.7.8. 96누6431	317

판례색인

대판 1997.7.11. 95다55900　　　59
대판 1997.7.25. 95누4377　　　69
대판 1997.8.22. 96다6967　　　136
대판 1997.9.5. 96누8031　　　328
대판 1997.9.5. 97누3644　　　101
대판 1997.10.14. 96누9829　　　34
대판 1997.10.28. 96다13415　　　140
대판 1997.11.7. 95구30316　　　64
대판 1998.1.20. 97도588　　　105, 288
대판 1998.2.27. 97다43567　　　43, 80
대판 1998.3.13. 97누19830　　　29, 68
대판 1998.3.24. 96누16070　　　286
대판 1998.4.24. 97다54727　　　62
대판 1998.5.22. 97누8076　　129, 288, 291, 293
대판 1998.11.13. 98다20790　　102, 103, 174
대판 1998.12.8. 98두14006　　　63
대판 1998.12.23. 97누18035　　　280
대판 1999.4.27. 99두202　　　311
대판 1999.11.12. 97누19946　　　277
대판 1999.11.23. 99다45246　　　62
대판 1999.12.10. 99두6927　　　140
대판 2000.1.14. 97다41349　　　48
대판 2000.3.10. 99도4838　　　193
대판 2000.5.26. 98다34331　　219, 221, 246
대판 2000.9.29. 99다67536　　　170
대판 2000.10.13. 99도4812　　　192, 240
대판 2000.11.24. 99두4280　　　214
대판 2000.11.28. 99도317　　　230
대판 2000.12.22. 99다10806　　　136
대판 2001.1.19. 99다72422　　　103
대판 2001.2.23. 2000도4299　　99, 174, 186
대판 2001.5.29. 2001다15422　　　132
대판 2001.6.26. 2000도2871　　　192
대판 2001.10.25. 99도4837[전합]
　　　193, 233, 238, 241
대판 2002.2.22. 2000다65086　　　44, 80

대판 2002.2.26. 99도5380　　126, 149, 188
대판 2002.3.26. 2000다3347　　　145
대판 2002.4.12. 2001다41384　　　135
대판 2002.4.23. 2000다50701　　　136
대판 2002.7.26. 2001두5361　　　88
대판 2002.8.27. 2001다79457　　　132
대판 2002.9.24. 2002도2243　　　221
대판 2002.10.25. 2000다23815　　　21
대판 2002.11.26. 2001다36504　　　102
대판 2002.12.27. 2002두9063　　　134
대판 2003.2.11. 2002두9919　　　137
대판 2003.6.13. 2003두1097　　222, 241, 246
대판 2003.7.25. 2001두4818　　252, 259
대판 2003.9.2. 2003다4815　　　213
대판 2003.9.5. 2001다14665　　　135
대판 2003.12.11. 2001도3429　　　171
대판 2003.12.26. 2003두8906
　　124, 126, 171, 175, 185, 189, 196
대판 2004.1.29. 2001다5142　　159, 162
대판 2004.1.29. 2001다6800　　42, 150
대판 2004.2.27. 2001두8568　　22, 89
대판 2004.8.30. 2004도3891　　280, 282, 318
대판 2004.9.24. 2004도4641　　　194
대판 2004.11.12. 2003다264　　　285
대판 2005.1.28. 2004도227　　65, 66
대판 2005.3.11. 2003다27429
　　105, 131, 132, 179
대판 2005.5.12. 2003다52456　　　141
대판 2005.6.9. 2004도7218　　　220
대판 2005.9.9. 2003두896　　150, 180
대판 2006.2.24. 2005도8606　　129, 289
대판 2006.5.12. 2002도3450　　223, 289
대판 2006.5.25. 2002도5577　　　209
대판 2006.9.8. 2006도388　281, 315, 317, 318
대판 2006.9.22. 2005다30610　　207, 208
대판 2006.10.26. 2004다11070　　　290

대판 2007.3.29. 2005두11418 52, 63, 216
대판 2007.4.26. 2005두12992 260
대판 2007.5.11. 2005도8005 137, 192, 194
대판 2007.11.15. 2005두4120 318
대판 2007.12.14. 2007다18584 131
대판 2007.12.27. 2007다51758 145
대판 2007.12.28. 2007도5204 195, 219, 238, 240
대판 2008.9.11. 2004도746 193
대판 2008.9.11. 2006다40935 100
대판 2008.10.9. 2007두15506 64, 292
대판 2008.11.13. 2008도4831 230
대판 2009.2.12. 2008다70336 144
대판 2009.3.12. 2008다2241 47
대판 2009.3.26. 2007두25695 280, 318
대판 2009.6.23. 2007두12859 187, 190, 232, 241, 292
대판 2009.12.10. 2009도8239 289
대판 2009.12.24. 2007다73277 213, 245
대판 2009.12.24. 2009도9347 51
대판 2010.1.28. 2007다76566 238
대판 2010.3.25. 2007두8881 89, 277, 303, 304
대판 2010.4.29. 2007두11542 365
대판 2010.6.10. 2009도12180 222, 238, 246
대판 2010.7.15. 2008다33399 213, 214, 245
대판 2010.7.22. 2010도3249 64
대판 2011.1.27. 2010도11030 126, 153
대판 2011.3.17. 2007도482[전합] 206, 210
대판 2011.5.26. 2011다1842 84, 171
대판 2011.7.28. 2009두7790 135
대판 2011.7.28. 2009두9574 280, 281, 316
대판 2011.9.8. 2008두13873 30, 89
대판 2011.10.13. 2009다102452 180
대판 2012.1.27. 2009도8917 193
대판 2012.5.24. 2010두15964 283
대판 2012.6.28. 2010다38007 148, 153

대판 2013.1.10. 2011도15497 293, 296
대판 2013.2.15. 2010두20362 151
대판 2013.9.27. 2011두15404 104
대판 2013.11.28. 2011다39946 215, 245
대판 2014.2.13. 2011다86287 148
대판 2014.3.27. 2011두20406 152, 153, 156
대판 2014.4.10. 2011두6998 35
대판 2014.4.24. 2010다24534 104, 105, 179
대판 2014.5.29. 2014두35232 63
대판 2014.8.26. 2012두6063 49, 80
대판 2014.9.24. 2013두1119 211
대판 2014.12.11. 2010두5097 356, 358
대판 2015.1.29. 2012다32690 105
대판 2015.6.25. 2007두4995[전합] 15, 24, 33
대판 2015.10.29. 2012다71138 144
대판 2016.1.14. 2012다96885 106
대판 2016.1.14. 2013다84643 109
대판 2016.1.28. 2012두12457 297, 298, 299
대판 2016.1.28. 2013다1419 299
대판 2016.2.18. 2014다11550 110
대판 2016.2.19. 2012다96120[전합] 69, 70, 88
대판 2016.3.10. 2013두3160 144
대판 2016.4.12. 2015도17326 227
대판 2016.4.15. 2013두11789 13, 100
대판 2016.4.28. 2014두11137 298, 316
대판 2016.5.24. 2012다85335 219, 220
대판 2016.7.22. 2013두24396 136
대판 2016.12.27. 2011두921 38, 39, 99, 352
대판 2017.1.12. 2011두13392 356
대판 2017.3.22. 2016다26532 148
대판 2017.4.7. 2013다101425 220, 238, 241
대판 2017.6.19. 2014다63087 145
대판 2017.7.11. 2013도7896 220, 292
대판 2017.7.18. 2016도3185 187
대판 2017.10.31. 2016두36956 114, 160, 179
대판 2018.1.24. 2014다203045 71, 79

판례색인

대판 2018.2.13. 2014다33604   240
대판 2018.4.26. 2012다8239   53
대판 2018.5.15. 2018두33050   315, 317
대판 2018.6.15. 2014두12598   23, 89
대판 2018.7.26. 2016다205908   80, 105, 171, 173
대판 2018.8.30. 2017다218642   120, 121, 164, 178
대판 2018.9.13. 2015두39361   117, 119
대판 2018.9.13. 2016도2446   292, 294
대판 2018.9.13. 2017두40655   161
대판 2018.10.12. 2015두38092   86
대판 2018.11.29. 2016다12748   208
대판 2018.11.29. 2018두41532   145, 167, 173
대판 2018.12.27. 2017두37031   315, 317
대판 2018.12.27. 2017두47311   304
대판 2019.4.23. 2016두42654   122
대판 2019.4.25. 2017두33510   292, 294, 310
대판 2019.10.31. 2017두37772   113, 122, 172
대판 2019.11.28. 2019두47377   286
대판 2020.1.16. 2019다223129   173
대판 2020.2.20. 2019두52386[전합]   303
대판 2020.7.29. 2017도2478   58
대판 2020.8.27. 2016다248998[전합]   155
대판 2020.9.3. 2015도1927   202, 204, 231
대판 2020.9.3. 2016두32992[전합]   7, 40, 79
대판 2020.10.15. 2019두40345   194
대판 2020.10.29. 2017다263192   120
대판 2020.10.29. 2019다262582   108, 121, 165
대판 2020.12.24. 2017다51603   294
대판 2021.2.25. 2017다51610   30, 79, 99, 114
대판 2021.8.19. 2019다200386   283
대판 2021.9.16. 2015도12632   210
대판 2022.3.31. 2021다229861   135
대판 2022.5.12. 2017두54005   278
대판 2022.6.9. 2016도11744   187
대판 2022.10.27. 2019도10516   185, 196

대판 2022.11.30. 2016다26662   207
대판 2022.12.15. 2022두53716   116, 117
대판 2022.12.16. 2015도8190   125, 189
대판 2023.6.15. 2017다46274   209
대판 2023.6.15. 2019다38543   206
대판 2023.6.29. 2017다49013   209
대판 2023.11.16. 2019다289310   48

[헌법재판소]
헌재 1991.7.22. 89헌가106   5
헌재 1993.3.11. 92헌바33   18
헌재 1996.12.26. 90헌바19   5, 8
헌재 1998.2.27. 94헌바13   5, 13, 14, 16, 18
헌재 1998.3.26. 96헌가20   138
헌재 1999.11.25. 98헌마141   18
헌재 2005.11.24. 2002헌바95   13, 14, 16, 20, 21, 162, 285
헌재 2008.7.31. 2004헌바9   38
헌재 2009.10.29. 2007헌마1359   11, 14
헌재 2010.4.29. 2009헌바168   206
헌재 2011.12.29. 2010헌바385   228, 244
헌재 2012.3.29. 2011헌바53   36
헌재 2012.4.24. 2011헌마338   123
헌재 2017.9.28. 2015헌마653, 헌법불합치   11
헌재 2018.5.31. 2012헌바90, 헌법불합치   299, 300, 317

[고등법원]
부산고판 2018.12.13. 2018나11667   284
서울고판 2019.1.11. 2017누74728   194

[지방법원]
대전지판 2011.10.6. 2011카합782   100
서울지법 의정부 지결 2002.5.17. 2002카합240   290
인천지판 2015.6.19. 2015고정504   227

성공은 준비하는 시간이 8할입니다.
나머지 2할은 보상을 받는 시간입니다.

– 에이브러햄 링컨 –

참고문헌

1과목 노동법 I
- 임종률, 김홍영 공저, 노동법, 박영사, 2024
- 김형배, 박지순 공저, 노동법 강의, 신조사, 2024
- 이상윤, 노동법, 법문사, 2024
- 조용만, 김홍영 공저, 로스쿨 노동법 해설, 오래, 2023
- 전시춘, 에센스 노동법 I, 청출어람, 2023
- 방강수, 통합노동법, 웅비, 2021
- 김기범, 2024 이론·판례 노동법, 에듀비, 2023
- 김유성, 노동법 I, 법문사, 2005
- 박홍규, 노동법 I 고용법·근로조건법, 삼영사, 2005
- 이병태, 최신 노동법, 중앙경제사, 2008

2과목 노동법 II
- 임종률, 김홍영 공저, 노동법, 박영사, 2024
- 김형배, 박지순 공저, 노동법 강의, 신조사, 2024
- 이상윤, 노동법, 법문사, 2024
- 조용만, 김홍영 공저, 로스쿨 노동법 해설, 오래, 2023
- 전시춘, 에센스 노동법 II, 청출어람, 2023
- 방강수, 통합노동법, 웅비, 2021
- 김기범, 2024 이론·판례 노동법, 에듀비, 2023
- 김유성, 노동법 II, 법문사, 2001
- 박홍규, 노동법 II 노동단체법, 삼영사, 2002
- 이병태, 최신 노동법, 중앙경제사, 2008

2025 시대에듀 EBS 공인노무사 1차 노동법 I · II

개정5판1쇄 발행	2024년 08월 30일(인쇄 2024년 07월 25일)
초 판 발 행	2020년 01월 10일(인쇄 2019년 11월 14일)
발 행 인	박영일
책 임 편 집	이해욱
저 자	EBS 교수진
편 집 진 행	안효상 · 이재성 · 김민지
표 지 디 자 인	박종우
편 집 디 자 인	표미영 · 하한우
발 행 처	(주)시대고시기획
출 판 등 록	제10-1521호
주 소	서울시 마포구 큰우물로 75 [도화동 538 성지 B/D] 9F
전 화	1600-3600
팩 스	02-701-8823
홈 페 이 지	www.sdedu.co.kr
I S B N	979-11-383-7452-1(13360)
정 가	35,000원

개정법령 관련 대처법을
소개합니다!

도서만이 전부가 아니다! 시험 관련 정보 확인법!
법령이 자주 바뀌는 과목의 경우, 도서출간 이후에 아래와 같은 방법으로
변경된 부분을 업데이트 · 수정하고 있습니다.

01 정오표
도서출간 이후 발견된 오류는 그 즉시 해당 내용을 확인한 후
수정하여 정오표 게시판에 업로드합니다.

※ 시대에듀 : 홈 ≫ 학습자료실 ≫ 정오표

02 추록(최신 개정법령)
도서출간 이후 법령개정으로 인한 수정사항은 도서의 구성에
맞게 정리하여 도서업데이트 게시판에 업로드합니다.

※ 시대에듀 : 홈 ≫ 학습자료실 ≫ 도서업데이트

시대에듀 www.sdedu.co.kr

공인노무사시험
합격을 꿈꾸는 수험생들에게...

기출문제집

- 최신 기출문제와 상세한 첨삭해설
- 최신 개정법령 및 관련 판례 완벽반영

기본서

- 최신 개정법령을 반영한 핵심이론+
  실전대비문제
- 온라인 동영상강의용 교재

한권으로 끝내기

- 단기간 반복학습을 위한 최적의 구성
- 단 한 권으로 1차시험 전 과목 대비

공인노무사라는 꿈을 향해 도전하는 수험생 여러분에게
정성을 다해 만든 최고의 수험서를 선사합니다.

1차시험

1차시험

2차시험

핵지총

- 10개년 핵심 기출지문 총망라
- 최신 개정법령 및 관련 판례
  완벽반영

객관식 문제집

- 종합기출문제해설

기본서

- 최신 개정법령을 반영한 주요논점
- Chapter별 최신 기출문제와 예시답안
- 온라인 동영상강의용 교재

관계법령집

- 노동법 I·II 최신 개정법령 완벽반영
- 암기용 셀로판지로 무한 반복학습

※ 각 도서의 세부구성 및 이미지는 변동될 수 있습니다.

EBS
교육방송

공인노무사
동영상강의

합격을 위한 동반자, EBS 동영상강의와 함께하세요!

수강회원들을 위한 특별한 혜택

❶ G-TELP 특강

1차시험 필수 영어과목은 지텔프 특강으로 대비!

❷ 기출해설 특강

최종 학습 마무리, 실전대비를 위한 기출분석!

❸ 모바일강의

스마트폰 스트리밍서비스 무제한 수강 가능!

❹ 1:1 맞춤학습 Q&A

온라인 피드백서비스로 빠른 답변 제공!